· 毛泽东谈文论史全编 ·

顾 问：龙新民 郑欣淼 陈 晋 阎晓宏

评点中国古代名词赏析

MAOZEDONG PINGDIAN ZHONGGUO
GUDAI MINGCI SHANGXI

1

毕桂发 主 编

陈锡祥 副主编

中国文史出版社

图书在版编目（CIP）数据

毛泽东评点中国古代名词赏析：全3册 / 毕桂发主编 . —— 北京：中国文史出版社，2023.12

（毛泽东谈文论史全编）

ISBN 978-7-5205-4570-9

Ⅰ . ①毛… Ⅱ . ①毕… Ⅲ . ①毛泽东著作研究 ②词（文学）– 诗歌欣赏 – 中国 – 古代 Ⅳ . ① A841.68 ② I207.23

中国国家版本馆 CIP 数据核字 (2023) 第 244915 号

责任编辑：窦忠如

特约编辑：王德俊　窦广利　赵增越　张幼平　邓文华　张永俊

出版发行：中国文史出版社

社　　址：北京市海淀区西八里庄路 69 号院　　邮编：100142

电　　话：010-81136606　81136602　81136603（发行部）

传　　真：010-81136655

印　　装：廊坊市海涛印刷有限公司

经　　销：全国新华书店

开　　本：787 毫米 ×1092 毫米　1/16

印　　张：93.5

字　　数：1386 千字

版　　次：2024 年 1 月北京第 1 版

印　　次：2025 年 7 月第 4 次印刷

定　　价：298.00 元（全 3 册）

总　序

2023 年 12 月 26 日，是中国人民的伟大领袖毛泽东同志诞辰 130 周年。经过多年酝酿策划和组织编撰，我们于今年正式出版发行《毛泽东谈文论史全编》（以下简称《全编》）以示隆重纪念。

十年前，习近平总书记在纪念毛泽东同志诞辰 120 周年座谈会上的重要讲话中指出："毛泽东同志是伟大的马克思主义者，是伟大的无产阶级革命家、战略家、理论家，是马克思主义中国化的伟大开拓者，是近代以来中国伟大的爱国者和民族英雄，是党的第一代领导核心，是领导中国人民彻底改变自己命运和国家面貌的一代伟人。"同时，毛泽东同志又是世所公认的伟大的文学家、史学家、诗人和作家。在深入学习贯彻党的二十大精神、纪念毛泽东同志诞辰 130 周年的重要时间节点上，组织编撰出版这一大型项目图书，为人们缅怀毛泽东同志的丰功伟绩，学习毛泽东同志的伟人品格、政治智慧和文化思想，提供了一套非常重要的文化历史资料；对于弘扬中华优秀传统文化，学习贯彻党的二十大报告中关于"推进文化自信自强，铸就社会主义文化新辉煌"的重要精神，具有十分宝贵的启示和积极的意义。

在组织编撰这部大型项目图书的过程中，我们坚持以习近平新时代中国特色社会主义思想为指导，认真学习党中央关于历史问题的三个决议精神，特别是十九届六中全会通过的《中共中央关于党的百年奋斗重大成就和历史经验的决议》精神，对全部书稿的政治观点和思想内容进行了认真把关，使其符合三个决议精神，也符合习近平总书记十年来有关论述毛泽东同志历史功绩和毛泽东思想指导地位的重要讲话精神，以及关于学习党史国史和弘扬中华传统文化的重要讲话精神。

《全编》计27种40册1500万字。编撰者耗费数十年心血收集、整理、阐析、赏评，把毛泽东在各个时期的文章、诗词、书信、讲话、谈话中引用、化用、批注、圈阅、点评、编选的古今人物和文史作品，把毛泽东传记、年谱、回忆录中提及或引用和评点的古今人物和文史作品，即使片言只语、寸缣尺楮也收集入册，希望能够集散为专、分门别类，尽量避免遗珠之憾，力求内容全面系统、表述科学客观。

这部《全编》有以下几个特点：

资料齐全。毛泽东同志一生酷爱读书，可以说是博览群书、通古贯今。他曾说："饭可以一日不吃，觉可以一日不睡，书不可以一日不读。"他熟读《二十四史》《资治通鉴》等中国历代著名历史著作，熟读中国历代优秀的诗词文学作品，且不动笔墨不读书，读书时做了大量批注和圈画，还常常在自己的文章、诗词、讲话、谈话中引经据典、巧妙运用，真可谓博学约取、学以致用。这就给我们留下了浩如烟海的珍贵史料。在编著这部《全编》时，我们想最大限度地收集、整理、汇编其所涵盖的各个方面的文献史料，力争做到文献可靠、史料精准，可读性、知识性和趣味性兼具，使其成为研究毛泽东思想特别是毛泽东文化思想的重要资料。

分类精细。毛泽东同志喜欢中国古代文学，阅读、圈评了大量各类体式的文学作品，他的诗词创作尤为脍炙人口。因此，收录《全编》中关于毛泽东同志的文史资料，浩瀚如海，编撰者都进行了认真严格的划分整理，将其分三辑，文学类就有两辑，所占分量最大。比如，编撰者将其细分为评点名诗、名词、散曲、辞赋、小说、散文、戏曲的"毛泽东同志评点中国传统文化赏析"7种19册，以及《跟着毛泽东学诗词》《毛泽东诗话》《周世钊论毛泽东诗词》《毛泽东致周世钊书信手迹》与毛泽东读唐诗、宋词、元曲、古文等的"毛泽东与中国诗词曲赋"8种9册。

评述允当。在这部《全编》中，编撰者将每篇作品分为毛泽东评点、人物、事件评述或毛泽东评点、原文和赏析，力求评述或赏析允妥、适当，即深刻理解毛泽东原文含义，紧扣毛泽东的评点，不作过多发挥，文字力求简明生动。同时，编撰者注重史料收集整理的文献性，兼顾知识性和趣味性，这就使得这部大型项目图书兼具很强的可读性。

这部《全编》还有一个最突出的重要特点，那就是比较集中地梳理和呈现了毛泽东同志的历史自信和文化自信。习近平总书记在纪念毛泽东同志诞辰 120 周年座谈会上的讲话中明确指出，毛泽东同志"是马克思主义中国化的伟大开拓者，是近代以来中国的爱国者和民族英雄"。这个评价反映在毛泽东同志学习和运用、继承和发展中华优秀传统文化方面，鲜明地体现为他的历史自信和文化自信。因此，我们认为这部《全编》的编撰出版，有益于读者更深入体会党的二十大报告论述的"坚持和发展马克思主义，必须同中华优秀传统文化相结合"的重大论断。在这部《全编》中，有关毛泽东圈阅、评点历史人物和文史作品的材料，就很具体地体现了他作为"马克思主义中国化的伟大开拓者"，是如何运用马克思主义的世界观和方法论，去激活中华优秀传统文化的；又是如何通过继承、运用和发挥中华优秀传统文化，为坚持和发展马克思主义提供深厚滋养的。

　　《全编》除了引用毛泽东同志的相关评点外，主要篇幅是介绍、叙述和评论毛泽东同志评点的对象即历史人物和文史作品，所引毛泽东的评点内容都出自公开的出版物并注明出处。从目前已出版的各类关于毛泽东同志的书籍来看，这是目前更加全面系统反映伟人毛泽东同志的一部大型丛书，但每册又可独立成书，以满足不同读者的阅读喜好与多样需求。当然，限于编撰者的水平和时间，这部《全编》的体例编排和文字表述等方面还有改进和完善空间，恳请专家学者和广大读者朋友不吝批评指正。

《毛泽东谈文论史全编》编委会

2023 年 12 月 18 日

凡　例

一、本书收入的毛泽东同志评点圈阅的中国古代名词，都有直接或间接的可靠依据，或引用，或化用，或手书，各不相同。

二、本书体例分为原文、毛泽东评点圈阅、注释和赏析四个部分。其间注释与赏析并举，此体例与一般读本颇不相同（一般是有注释而无赏析，或有赏析而无注释）；我们以为，对于读者欣赏作品来说，这种方式更为便捷有益。以此，我们在注释作品时也不嫌累赘，同一典故史实，屡见屡注，不搞互见，以方便理解和阅读。

三、本书收录作者大体依年代先后为序，其间偶有参差，是为局部参照体裁内容等微有调整。

四、本书一律采用简体汉字排印，在可能引起歧义时，酌情采用繁体字或异体字。行文中括注部分汉语拼音，以便读者阅读。

五、本书涉及的历史地名，一律在旧地名后括注今地名。括注内的地名，一般省去"省""市""县"等字样。

目　录

唐　词

五代十国词

宋　词

唐
词

李 白

　　李白（701—762），字太白，号青莲居士。祖籍陇西成纪（今甘肃静宁西南），隋末其先人流寓碎叶（今吉尔吉斯斯坦北部托克马克附近）。幼时随父迁居绵州昌隆（今四川江油）青莲乡。唐代伟大诗人。李白少年时代的学习范围很广泛，除儒家经典、古代文史名著外，还浏览诸子百家之书，并"好剑术"。相信道教，有超脱尘俗的思想；同时又有建功立业的政治抱负。他青少年时期在蜀地所写诗歌，留存很少，但已显示出突出的才华。李白约在二十五六岁时出蜀东游。在此后 10 年内，漫游了长江、黄河中下游的许多地方，唐玄宗开元十八年（730）左右，他曾一度抵长安，争取政治出路，但失意而归。唐玄宗天宝元年（742），被玄宗召入长安，供奉翰林，作为文学侍从之臣，参加草拟文件等工作，不满两年即被迫辞官离京。此时期李白的诗歌创作趋于成熟。此后 11 年内，李白继续在黄河、长江的中下游地区漫游，"浪迹天下，以诗酒自适"。他仍然关心国事，希望重获朝廷任用。天宝三年（744），李白在洛阳与杜甫认识，结成好友，次年分手后未再会面。天宝十四年（755），安史之乱爆发，李白正在宣城（今属安徽）、庐山一带隐居。次年十二月他怀着消灭叛乱、恢复国家统一的志愿应邀入永王李璘幕府。永王触怒肃宗被杀后，李白也因此获罪，被系浔阳（今江西九江）狱，不久流放夜郎（今贵州桐梓一带）。途中遇赦得归，时已 59 岁。晚年流落在江南一带。61 岁时，听到太尉李光弼率大军出征临淮，讨伐安史叛军，还北上准备从军杀敌，半路因病折回。次年在他的从叔当涂（今属安徽）县令李阳冰的寓所病逝，葬龙山。唐宪宗元和十二年（817），宣歙池等州观察使范传正根据李白生前"志在青山"的遗愿，将其墓迁至青山。

　　李白的诗歌散失不少，今尚存 900 多首，内容丰富多彩，有《李太白文集》三十卷行世。李白还有若干词作。《尊前集》著录 12 首，《花庵绝妙词选》著录7首。其中《清平调·云想衣裳花想容》3首，体裁实为七言绝句，当时配乐演唱。其他传为李白作的长短句均不甚可信，其中《菩萨蛮·平林漠漠烟如织》《忆秦娥·箫声咽》两篇最为著名。

【原文】

清平调三首

其 一

云想衣裳花想容⁽¹⁾，春风拂槛露华浓⁽²⁾。若非群玉山头见⁽³⁾，会向瑶台月下逢⁽⁴⁾。

其 二

一枝红艳露凝香⁽⁵⁾，云雨巫山枉断肠⁽⁶⁾。借问汉宫谁得似，可怜飞燕倚新妆⁽⁷⁾。

其 三

名花倾国两相欢⁽⁸⁾，长得君王带笑看。解释春风无限恨⁽⁹⁾，沉香亭北倚阑干⁽¹⁰⁾。

【毛泽东圈评等情况】

毛泽东曾两次手书这三首词。

[参考]中央档案馆整理：《毛泽东手书选集·古诗词（上）》，北京出版社1996年版，第173—174、175—176页。

毛泽东曾圈阅这三首词。在词牌"清平调"上方画了一个大圈，在三首词正文上方各画了一个小圈。

[参考]中央档案馆整理：《毛泽东评点诗词曲精选·〈注释唐诗三百首〉》，中央档案出版社1998年版，第142—143页。

【注释】

（1）"云想"句，见云之灿烂想其衣之华艳，见花之艳丽想美人之容貌照人。实际上是以云喻衣，以花喻人。

（2）槛，栏杆。露华浓，牡丹花沾着晶莹的露珠更显得颜色艳丽。

（3）"若非……会向……"，相当于"不是……就是……"的意思。群玉，山名，传说中西王母所住之地。《山海经》："玉山，西王母所居也。"指传说中的神仙居处。

（4）瑶台，传说中西王母所居宫殿。晋王嘉《拾遗记·昆仑山》："旁有瑶台十二，各有千步，皆无色玉为台阶。"

（5）红艳，红艳艳的牡丹花滴着露珠，好像凝结着袭人的香气。红，一作"秾"。

（6）巫山云雨，传说中三峡巫山顶上神女与楚王欢会接受楚王宠爱的神话故事。战国楚宋玉《高唐赋序》中说楚王梦与巫山神女会于高唐，神女自谓："旦为行云，暮为行雨。"后称男女欢合为"云雨"，典出于此。枉，空自，徒然。

（7）飞燕，赵飞燕。倚新妆，形容女子艳服华妆的姣好姿态。

（8）名花，牡丹花。倾国，喻美色惊人，此指杨贵妃。典出汉李延年《佳人歌》："一顾倾人城，再顾倾人国。"

（9）解释，了解，体会。释，一作"识"。春风，指唐玄宗。

（10）沉香，亭名，沉香木所筑。在唐兴庆宫龙池东面。阑干，即栏杆。

【赏析】

清平调，一种歌的曲调，《通典》："平调、清调、瑟调，皆周《房中》之遗声也。"

据晚唐五代人的记载，这三首词是李白在长安供奉翰林时所作。唐玄宗天宝二年（743）或天宝三年（744）春天的一日，唐玄宗和杨贵妃在宫中的沉香亭观赏牡丹花，伶人们正准备表演歌舞以助兴。唐玄宗却说："赏名花，对妃子，岂可用旧日乐词？"因急召翰林待诏李白进宫写新乐章。李白奉诏进宫，即在金花笺上作了这三首词。据宋乐史《杨太真外传》云："开元中，禁中种木芍药，即今牡丹也。得数本，红、紫、浅红、通白者，上因移植于兴庆池东沉香亭北。会花方繁开，上乘照夜白，妃以步辇从，诏选梨园子弟中优者，得乐一十六色。李龟年因歌擅一时之名，手捧檀板，押众乐前，将欲歌之。上曰：'赏名花，对妃子，焉用旧乐词为？'遽命龟年持金花笺，宣赐翰林学士李白立进《清平乐》三章。白承旨，因援笔赋之。龟年持词进，上命梨园子弟略约词调，抚丝竹，遂促龟年以歌之。太真妃转烦梨七宝杯，酌西凉州葡萄酒，笑颜歌辞，意甚厚。上因调玉笛以倚曲，每曲编将换，则迟其声以媚之。"这段话说明李白才气非凡，即席赋词，奇思妙想，善用比喻，将神话传说、历史人物与现实中的人物结合起来，具有高度的艺术性。

在这三首诗中，把木芍药（牡丹）和杨贵妃交互在一起写，花即是人，人即是花，人面花光浑融一片，同蒙唐玄宗的恩泽。从篇章结构上说，第一首从空间来写，把读者引入蟾宫阆苑；第二首从时间来写，把读者引入楚襄王的阳台、汉成帝的宫廷；第三首归到目前的现实，点明唐宫中的沉香亭北。诗笔不仅挥洒自如，而且相互钩带。"其一"中的"春风"，和"其三"中的"春风"，前后遥相呼应。三首词一面咏牡丹，一面咏杨贵妃，咏美人是主，咏名花是宾，名花与美人互相衬托，反复歌咏了杨贵妃的美丽以及她与唐玄宗的宫廷生活。

第一首是赞美杨贵妃的美丽，主要是通过丰富的想象来颂扬杨贵妃的姿色之美。一二句因花起兴，以花喻人。一起七字："云想衣裳花想容"，把杨贵妃的衣服，写成真如霓裳羽衣一般，簇拥着她那丰满的玉容。"想"字有正反两面的理解，可以说是见云而想到衣裳，见花而想到容貌，也可以说把衣裳想象为云，把容貌想象为花，这样交互参差，七字之中就给人以花团锦簇之感。接下去"春风拂槛露华浓"，进一步以"露华浓"来点染花容，美丽的牡丹花在晶莹的露水中显得更加艳冶，这就使上句更为酣满，同时也以风露暗喻君王的恩泽，使花容人面倍见精神。下面，诗人的想象忽又升腾到天堂西王母所居的群玉山、瑶台。"若非""会向"，诗人故作选择，意实肯定：这样超绝人寰的花容，恐怕只有在上天仙境才能见到。

玉山、瑶台、月色，一色素淡的字眼，映衬花容人面，使人自然联想到白玉般的人儿，又像一朵温馨的白牡丹花。与此同时，诗人又不露痕迹，把杨贵妃比作天女下凡，真是精妙至极。

第二首，借历史上的美人来描写牡丹，写杨贵妃因貌美而得宠。起句"一枝红艳露凝香"，不但写色，而且写香；不但写天然的美，而且写含露的美，比上首的"露华浓"更进一层。"云雨巫山枉断肠"用楚王的故事，把上句的花，加以人化，指出楚王为神女而断肠，其实梦中的神女，根本及不到当前的花容人面。再算下来，汉成帝的皇后赵飞燕，可算得绝代美人了，可是赵飞燕还得倚仗新妆，哪里及得眼前花容月貌般的杨贵妃，不须脂粉，便是天然绝色。这一首以压低神女和飞燕，来抬高杨贵妃，借古喻今，亦是尊题之法。相传赵飞燕体态轻盈，能站在宫人手托的水晶盘中歌舞，而杨贵妃则比较丰肥，故有"环肥燕瘦"之语（杨贵妃名玉环）。后有人据此说，杨贵妃极喜此三诗，时常吟哦，高力士因李白曾命之脱靴，认为大辱，就向杨贵妃进谗，说李白以飞燕之瘦，讥杨贵妃之肥，以飞燕之私通赤凤，讥杨贵妃之宫闱不检。但这种说法遭到很多学者反对。这些学者认为：李白诗中果有此意，首先就瞒不过博学能文的玄宗，而且杨贵妃也不是毫无文化修养的人。据原诗来看，有明显的抑古尊今之意。

第三首从仙境古人返回到现实。起首二句"名花倾国两相欢，长得君王带笑看"，"倾国"美人，当然指杨贵妃，诗到此处才正面点出，并用"两相欢"把牡丹和"倾国"合为一体，"带笑看"三字再来一统，使牡丹、杨贵妃、玄宗三位一体，融合在一起了。由于第二句的"笑"，逗起了第三句的"解释春风无限恨"，春风两字即君王之代词，这一句，把牡丹、美人动人的姿色写得情趣盎然，君王既带笑，当然无恨，烦恼都为之消释了。末句点明玄宗、杨贵妃赏花地点——"沉香亭北"。花在阑外，人倚阑干，十分优雅风流。

这三首诗，借助于丰富的想象，创造出一种迷离惝恍的艺术境界，语语浓艳，字字流葩，而最突出的是将花与人浑融在一起写，如"云想衣裳花想容"，又似在写花光，又似在写人面。"一枝红艳露凝香"，也都是人、物交融，言在此而意在彼。读这三首诗，如觉春风满纸，花光满眼，人面迷离，不待什么刻画，而自然使人觉得这是牡丹，这是美人玉色，而不是别的。无怪这三首诗当时就深为唐玄宗所赞赏。清人沈德潜在《唐诗别裁集》中说："三章合花与人言之，风流旖旎，绝世风神。或谓首章咏妃子，次章咏花，三章合咏，殊见执滞。"

【原文】

菩萨蛮·平林漠漠烟如织

平林漠漠烟如织(1)，寒山一带伤心碧(2)。暝色入高楼(3)，有人楼上愁。　玉阶空伫立(4)，宿鸟归飞急(5)。何处是归程？长亭更短亭(6)。

【毛泽东圈评等情况】

毛泽东曾圈阅这首词。

[参考] 张贻玖：《毛泽东评点、圈阅的中国古典诗词》，
中国工人出版社 1992 年版，第 228 页。

【注释】

（1）平林，平原上的林木。《诗经·小雅·车舝》："依彼平林，有集维鷮。"毛传："平林，林木之在平地者也。"漠漠，迷蒙之状。烟如织，暮烟浓密。

（2）寒山，令人心生寒意的山。一带，山势如一条飘带。伤心，极甚之辞，愁苦、欢快均可言伤心，此处极言暮山之青。

（3）暝色，暮色。

（4）玉阶，玉砌的台阶。这里泛指华美洁净的台阶。一作"阑干"，见明沈际飞《草堂诗余》，又作"玉梯"，见明陈耀文《花草粹编》。伫（zhù）立，长时间地站着等候。南北朝齐谢朓《秋夜》诗："夜夜空伫立。"

（5）归，一作"回"。

（6）长亭更短亭，古代设在路边供行人休歇的亭舍。北周庾信《哀江南赋》云："十里五里，长亭短亭。"说明当时每隔十里设一长亭，五里设一短亭。亭，《释名》卷五："亭，停也，人所停集也。""更"，一作"连"。

【赏析】

此作品背景已经不详。据宋僧文莹《湘山野录》卷上说："此词不知何人写在鼎州沧水驿楼，复不知何人所撰。魏道辅见而爱之。后至长沙，得古集于子宣内翰家，乃知李白所作。"文中所云曾子宣，即曾巩弟曾布。曾巩是李白集子的整理者，曾布家藏《古风集》载《菩萨蛮》一词，应较可信。但有人认为中唐以前的词尚在草创时期，这样成熟的表现形式，不可能出于盛唐诗人李白之手。明人胡应麟《少室山房笔丛》："《菩萨蛮》之名，当起于晚唐也。"其实盛唐崔令钦《教坊记曲名表》有此调，可见盛唐时已有《菩萨蛮》曲。敦煌卷中《春秋后语》纸背写有唐人词三首，其一即《菩萨蛮》，亦颇成熟。

这首词上下两片采用了不同的手法，上片偏于客观景物的渲染，下片着重主观心理的描绘。然而景物的渲染中却带有浓厚的主观色彩，主观心理的描绘又糅合在客观景物之中。因而从整体上来说，情与景、主观与客观融成一片。

这首词上片是对可逛景物的描绘。词人选择的时间是一个暮色苍茫、烟云暖暖的黄昏，季节是秋冬之交。开头两句为远景，"平林漠漠烟如织"便传达出一种空寞惆怅的情绪，它起到笼罩全篇的作用。如烟如织，扯也扯不开，割也割不断，就连那远处碧绿的山色也使人着恼，叫人伤感。这似乎是静态的写生，是一种冷色的画面，但静态之中又夹杂着主观的感受，给人一种潜在的骚动感，撩人意绪。接着，这种骚动感由潜在表面化了。"暝色"句为近景，用一"入"字由远而近，从全景式的平林远山拉到楼头思妇的特写镜头，突出了"有人楼上愁"的人物主体，层次井然，一个"入"字使整个画面波动起来，由远及近、由潜在到表面。看起来是客观景物感染了其人，实际上是此人内心感受在不断深化。至"有人楼上愁"句，这个由客观到主观、由物到人的过渡完成了。这个"愁"字把整个上片惆怅空寞的情绪全部绾结在一起，同时又自然地过渡到下片，承上启下，臻于绝妙。

下片着重主观感受的渲染。在暮霭沉沉之中，主人公久久地站立在石阶前，感到一片空茫。"空"也是上片所勾画的景物感染下的必然结果。主观情绪并不是孤立存在的，它立刻又融入了景物之中——"宿鸟归飞急"。这一句插得很巧妙。作者用急飞的宿鸟与久立之人形成强烈的对照。一方面，宿鸟急归反衬出人的落拓无依；另一方面，宿鸟急归无疑使主人公的内心骚动更加剧烈。于是，整个情绪波动起来。如果说上片的"愁"字还只是一种泛泛的心理感受状态，那么，现在那种朦胧泛泛的意识逐渐明朗化了。它是由宿鸟急归导发的，所以下面就自然道出了："何处是归程？"主人公此刻也急于寻求自己的归宿，来挣脱无限的愁绪。可是归程在何处呢？只不过是"长亭更短亭"，并没有一个实在的答案。有的仍然是连绵不断的落拓、惆怅和空寞，在那十里五里、长亭短亭之间。征途上无数长亭短亭，不但说明归程遥远，同时也说明归期无望，以与过片"空伫立"之"空"字相应。如此日日空候，思妇的离愁也就永无穷尽了。结句不怨行人忘返，却愁道路几千，归程迢递，不露哀怨，语甚蕴藉。

短短的一首词中，掇取了密集的景物：平林、烟霭、寒山、暝色、高楼、宿鸟、长亭、短亭，借此移情、寓情、传情，手法极为娴熟，展现了丰富而复杂的内心世界活动，反映了词人在客观现实中找不到人生归宿的无限落拓惆怅的愁绪。

【原文】

忆秦娥·箫声咽

箫声咽[(1)]，秦娥梦断秦楼月[(2)]。秦楼月，年年柳色，灞陵伤别[(3)]。　　乐游原上清秋节[(4)]，咸阳古道音尘绝[(5)]。音尘绝，西风残照[(6)]，汉家陵阙[(7)]。

【毛泽东圈评等情况】

毛泽东曾手书这首词。

[参考] 中央档案馆整理：《毛泽东手书古诗词选》，文物出版社、档案出版社1984年版，第76—78页。

【注释】

（1）箫，一种竹制的管乐器。咽，呜咽，形容箫管吹出的曲调低沉而悲凉，呜呜咽咽，如泣如诉。

（2）梦断，梦被打断，即梦醒。

（3）灞陵，在今陕西西安东，是汉文帝的陵墓所在地。当地有一座桥，为通往华北、东北和东南各地必经之处。《三辅黄图》卷六："文帝灞陵，在长安城东七十里。……跨水作桥。汉人送客至此桥，折柳送别。"伤别，为别离而伤心。

（4）乐游原，又叫"乐游园"，在长安东南郊，是汉宣帝乐游苑的故址，其地势较高，可俯视长安城，在唐代是游览之地。清秋节，指农历九月九日的重阳节，是当时人们重阳登高的节日。

（5）咸阳古道，咸阳，秦都，在长安西北数百里，是汉唐时期由京城往西北从军、经商的要道。古咸阳在今陕西咸阳东二十里。唐人常以咸阳代指长安，"咸阳古道"就是长安道。音尘，一般指消息，这里是指车行走时发出的声音和扬起的尘土。

（6）残照，指落日的光辉。

（7）汉家，汉朝。陵阙，皇帝的坟墓和宫殿。

【赏析】

《忆秦娥》，词牌名。双调，共四十六字，有仄韵、平韵两体。仄韵格为定格，多用入声韵，上下片各五句，三仄韵一叠韵。世传李白首制此词，中有"秦娥梦断秦楼月"句，故名。别名甚多，有"秦楼月""碧云深""双荷叶"等。"秦娥"本指古代秦国的女子弄玉。传说她是秦穆公嬴任好的女儿，爱吹箫，嫁给仙人萧史。

"忆秦娥"词牌最早见于《忆秦娥·箫声咽》。关于《忆秦娥·箫声咽》，两宋之交邵博的《邵氏闻见后录》始称为李白之作，南宋黄升的《唐宋诸贤绝妙词选》亦录于李白名下。明代以来屡有质疑者，理由是《李太白全集》并无此词，至今所知盛唐诗人除李白外无一人作此词。因此一般认为是晚唐五代词人所作，后被误归于李白名下。

此词描绘了一个女子思念爱人的痛苦心情,读来凄婉动人。古人对它评价很高,把它与《菩萨蛮·平林漠漠烟如织》一起誉为"百代词曲之祖"。

近人王国维在《人间词话》中称此词"以气象胜"。这首词中的气象,与人们常说的开元(唐玄宗年号,713—741)时期的"盛唐气象"已有很大不同,但它又确实是盛唐气象之一种。它博大深厚、意境开阔、气韵沉雄,又带有悲凉之气。它反映了天宝后期表面上依然歌舞升平、内部已危机重重的盛唐之衰。因此,这首词可能作于天宝后期。词人以比拟的手法,托秦娥抒情怀,把直观的感情与意象浑融在一起,上片由个人的忧愁写开,下片过渡到历史忧愁。

"箫声咽,秦娥梦断秦楼月",上片一开始就写出人物内心的情态:呜咽的箫声把秦娥从梦中惊醒,此时,一钩残月斜映在窗前。梦虽断了,她却还似乎沉浸在梦境之中,与情人欢会,可是眼前只有这冰冷的残月陪伴着她。多少个这样的月夜,叫她黯然销魂、顾影自怜。因此,下面自然转入对"灞陵伤别"的回忆。宋程大昌《雍录》载:"汉世凡东出函、潼,必自灞陵始,故赠行者于此折柳相送。"可是,柳色绿了,一年又一年,而伊人依然远隔一方,只有那呜咽的箫声和着低声的啜泣,冰冷的残月陪伴着消瘦的倩影,葱绿的柳色勾起往事的回忆。实际上这是作者以秦娥对情人的思念来表达内心对某种事物的苦思与追求,这种苦思与追求是执着的,然而又是没有结果的。

词的上片始终纠葛在个人的悲欢离合之中,下片则出现了较大的跌宕。似乎比拟手法已不能满足感情的表达了,词人要撇开先前的主体,直接把自己融入画面之中。换头处突兀地以"乐游原上清秋节"起,画面是清秋节佳侣如云的狂欢时景,可是主人公茕茕孑立在西风残照之中,"此身饮罢无归处,独立苍茫自咏诗"(杜甫《乐游园歌》)。此时,个人的忧愁完全被抛开了,或者说融入了历史的忧愁之中,词人通过对秦、汉那样赫赫王朝的遗迹——咸阳古道、汉代陵墓的掇取,从而进入了历史的反思。古道悠悠,音尘杳然,繁华、奢侈、纵欲,一切都被埋葬了,只剩下陵墓相伴着萧瑟的西风,如血的残阳,百年、千年地存在下去。作者不是在凭吊秦皇汉武,他是在反思历史和现实。这里交杂着盛与衰、古与今、悲与欢的反思。词人固然没有正面写唐王朝的苟且繁华，但"乐游原上清秋节"这就足够了，这使人自然想象到天宝后期那种古罗马式的穷奢极欲和狂欢极乐，可没有人能从中去体会那潜在的破碎感。秦代、汉代过去了，只剩下悠悠的古道和孤独的陵墓，面对着西风残照。这固然是过去的遗迹，然而它又是实实在在的实景，同时，这"西风残照、汉家陵阙"的实景又必然使人联系到王朝的未来。于是，过去、现在、未来的界限被取消了，浑融在一起，历史的时序给人们留下的只是一种表象——"西风残照，汉家陵阙"，造成一种悲壮的历史消亡感，或者说是毁灭感，填塞在人们心头，这就是历史反思的结果。

此词意境博大开阔，风格宏妙浑厚。读者从敦煌曲子词中也可以看到类似格调，而不类中晚唐的清婉绮丽。陆游说："唐自大中以后，诗家日趋浅薄，其间不复有前辈宏妙浑厚之作。"（《花间集跋》）。诗风与词风自身存在着交错否定之趋势。

毛泽东曾手书这首词，说明他对这首词的熟悉和喜爱。

【原文】

清平乐令·禁帷秋夜

禁帷秋夜⁽¹⁾，月探金窗罅⁽²⁾。玉帐鸳鸯喷兰麝⁽³⁾，时落银灯香炧⁽⁴⁾。
女伴莫话孤眠，六宫罗绮三千⁽⁵⁾。一笑皆生百媚⁽⁶⁾，宸衷教在谁边⁽⁷⁾？

【毛泽东圈评等情况】

毛泽东曾圈阅这首词。

[参考] 张贻玖：《毛泽东评点、圈阅的中国古典诗词》，
中国工人出版社 1992 年版，第 229 页。

【注释】

（1）帷（wéi），亦作"禁闱"，后宫妃子住的地方。"秋夜"，亦作"清夜"。

（2）金窗，华美的窗户。罅（xià），空隙。

（3）玉帐，玉饰之帐。鸳鸯，鸟名。《诗经·小雅·鸳鸯》："鸳鸯于飞，毕之罗之。"此指被褥上的鸳鸯图案。南朝梁简文帝《和徐录事见内人作卧具》："衣裁合欢褥，文作鸳鸯连。"兰麝，用兰花与麝香，指名贵的香料。《晋书·石崇传》："崇尽出其婢妾数十人以示之，皆蕴兰麝，被罗縠。"

（4）炧，烧灯芯时的余烬。

（5）六宫，皇后嫔妃居住的地方。罗绮，一种丝织品，这里以物喻人，穿这种华丽丝织品的娇媚佳人和妃嫔。

（6）百媚，献出媚宠，阿附皇上。

（7）宸（chén）衷，帝王的心意。"宸"原指北斗星的居所，唐朝时引申到皇帝的居所，后多指帝王。"衷"原指初衷，后引申至心情、心意。教（jiāo），介词，"为"的意思。

【赏析】

《清平乐·禁闱秋夜》词是李白在宫中所作，宋黄昇《花庵词选》作《清平乐令》，调下有题："翰林应制"，说明是李白应唐明皇之命而作。另外还有两首词《清平乐·画堂晨起》和《清平乐·禁庭春昼》，分别写在宫中起床时的状况和下午的状况，而这首是写夜里的状况。词中描写了宫中后妃孤独凄凉的生活，揭露了封建统治者的贪色。

词分上下两片。"禁帷秋夜，月探金窗罅。玉帐鸳鸯喷兰麝，时落银灯香炧。"这四句是说，在一个深秋的夜晚，宫廷院内，清冷的月光从有金色彩饰的窗户缝里照进来。玉帐之内喷射着麝香的鸳鸯被，香气馥郁，银灯上灯灰不时落下。前两句写室外，点明时间（秋夜）、地点（禁帷）；后两句写室内，灯灰时落，暗示夜静更深，寥寥数笔，便写出一个宫闱月夜宁静寂寞的氛围，这便是宫妃们的生活环境。

"女伴莫话孤眠，六宫罗绮三千。一笑皆生百媚，宸衷教在谁边？"下片抒情。这四句是说，女伴们不要说我们孤眠，因为后宫有三千宫妃，个个生得非常漂亮，一笑有百种媚态，皇帝就是都喜欢，他也分身乏术，只能轮流就寝，今晚又睡在谁那里呢？似劝实怨，宫妃们寂寞难耐，皇帝的好淫贪色不说自明，但笔有藏锋，并不直露。正如清沈际飞在《草堂诗余别集》卷一中所说："读末语，不胜低徊叹息，古来怨女弃才何限也。"

张志和

张志和（730—810？），字子同，初名龟龄，婺州（今浙江金华）人，自号烟波钓徒，又号玄真子，唐代著名道士、词人和诗人。十六岁参加科举，以明经擢第，授左金吾卫录事参军，唐肃宗赐名为"志和"。因事获罪贬南浦尉，不久赦还，自此看破红尘，浪迹江湖，隐居祁门赤山镇。其兄张鹤龄担心他遁世不归，在越州（今绍兴）城东筑茅屋让他居住。史载唐肃宗曾赐他奴婢各一人，张志和让他们结婚，取名渔童和樵青。著有《玄真子》集。

【原文】

渔歌子·西塞山前白鹭飞

西塞山前白鹭飞⁽¹⁾，桃花流水鳜鱼肥⁽²⁾。青箬笠⁽³⁾，绿蓑衣⁽⁴⁾，斜风细雨不须归⁽⁵⁾。

【毛泽东圈评等情况】

毛泽东曾圈阅这首词。

[参考] 张贻玖：《毛泽东评点、圈阅的中国古典诗词》，中国工人出版社 1992 年版，第 242 页。

【注释】

（1）西塞山，在今浙江湖州吴兴区西南二十五里。白鹭，一种白色的水鸟。

（2）桃花流水，桃花盛开的季节正是春水盛涨的时候，俗称桃花汛或桃花水。鳜（guì）鱼，俗称"花鱼""桂鱼"，扁平、口大、鳞细、黄绿色，味道鲜美。

（3）箬（ruò）笠，用竹篾、箬叶编的斗笠。

（4）蓑（suō）衣，用草或棕麻编织的雨衣。

（5）不须，不一定要。

【赏析】

渔歌子，词牌名，又名"渔父""渔父乐""渔父词""秋日田父辞"等。以张志和《渔歌子·西塞山前白鹭飞》为正体，单调二十七字，五句四平韵。另有单调二十七字，五句三平韵；双调五十字，前后段各六句、四仄韵等变体。"子"即是"曲子"的简称。

唐代宗大历七年（772）九月，颜真卿任湖州刺史，次年到任。张志和驾舟往谒，时值暮春，桃花水涨，鳜鱼水美，他们即兴唱和，张志和首唱，作词五首，这首词是其中之一。这首词于宪宗时一度散失，唐穆宗长庆三年（823），李德裕访得之，著录于其《玄真子渔歌记》一文中，始流传至今。

西塞山在今浙江湖州吴兴区境内的西苕溪上，从前叫道士矶，是一座突出在河边的大石岩。西苕溪北通太湖，南邻莫干山，风景很优美。张志和这首词描绘春汛期的景物，反映了太湖流域水乡的可爱。

"西塞山前白鹭飞，桃花流水鳜鱼肥"，这首词的前两句写景，勾勒出一幅江南风景长卷。"西塞山前"点明地点。"白鹭"是闲适的象征，写白鹭自在地飞翔，衬托渔夫的悠闲自得。"桃红"与"流水"相映，显现了暮春西塞山前的湖光山色，渲染了渔父的生活环境。

"青箬笠，绿蓑衣，斜风细雨不须归"，后三句叙事，由写景转入写人：既描绘了雨中渔夫垂钓之态，又抒发了词人恬淡闲适的隐逸情怀。末两句描写渔父捕鱼的情态，与富有诗情画意的大自然完全融合在一起，令人神往。作者虽只是概括地叙述了渔夫捕鱼的生活，但从词的言外之意中，读者不难发现作者对渔父悠闲自在生活的向往。

这首词构思巧妙，意境优美，语言生动，格调清新，寄情于景，显现出一种出污泥而不染的清纯和淡泊，成为一首千古流传、脍炙人口的词作。清人刘熙载《艺概》："张志和《渔歌子》'西塞山前白鹭飞'一阕，风流千古。东坡尝以其成句用入《鹧鸪天》，又用于《浣溪沙》，然其所足成之句，犹未若原词之妙通造化也。黄山谷亦尝以其词增为《浣溪沙》，且诵之有矜色焉。"清人黄苏《蓼园词评》："数句只写渔家之自乐其乐，无风波之患。对面已有不能自由者已。隐跃言外，蕴含不露，笔墨入化，超然尘埃之外。"

韦应物

韦应物（737—791），字义博，京兆杜陵（今陕西西安）人。唐朝时期大臣、藏书家，右丞相韦待价曾孙，宣州司法参军韦銮第三子。出身京兆韦氏逍遥公房，以门荫入仕，起家右千牛备身，出任栎阳县令，迁比部员外郎，加朝散大夫。外放治理滁州、江州刺史，检校左司郎中、苏州刺史，世称"韦苏州""韦左司""韦江州"。贞元七年（791），去世，时年五十五岁，葬于少陵原。韦应物以善于写景和描写隐逸生活著称。个人作品有六百余篇。今传《韦江州集》10 卷、《韦苏州诗集》2 卷、《韦苏州集》10 卷。

【原文】

调啸词·河汉，河汉

河汉⁽¹⁾，河汉，晓挂秋城漫漫。愁人起望相思⁽²⁾，江南塞北别离⁽³⁾。离别，离别，河汉虽同路绝⁽⁴⁾。

【毛泽东圈评等情况】

毛泽东读龙榆生编选《唐宋名家词选》时圈阅了这首词。

[参考] 张贻玖：《毛泽东评点、圈阅的中国古典诗词》，
中国工人出版社 1992 年版，第 242 页。

【注释】

（1）河汉，本是黄河与汉水的并称。《庄子·齐物论》："王倪曰：'至人神矣！大泽焚而不能热，河汉沍而不能寒。'"南朝梁江淹《被黜为吴兴令辞笺诣建平王》："濯以河汉之流，曝以秋阳之景。"此指银河。

《古诗十九首·迢迢牵牛星》："河汉清且浅，相去复几许。"南朝梁沈约《夜夜曲》之一："河汉纵且横，北斗横复直。"

（2）愁人，指戍卒。

（3）塞（sài）北，指长城以北。亦泛指我国北边地区。南朝宋范晔等《后汉书·袁安传》："北单于为耿夔所破，遁走乌孙，塞北地空，余部不知所属。"南朝梁江淹《侍始安王石头》诗："何如塞北阴，云鸿尽来翔。"隋江总《赠贺左丞萧舍人》诗："江南有桂枝，塞北无萱草。"

（4）路绝，戍卒与妻子团聚的道路断绝。

【赏析】

　　"调啸词"即调笑令，词牌名的一种，有多种格式，源自中唐。宋郭茂倩《乐府诗集》载，中唐时《三台调笑》等六词，即所谓《中唐六调》；本是六言乐府诗，后乃演为长短句之词。部分文献称它为拗体之滥觞。《调笑令》属离别曲，一名《古调笑》，一名《转应曲》，凡三换韵，起用叠句，第六七句，即例叠第五句末，转应者，意即取此。

　　这首词在龙榆生编选的《唐宋名家词选》中题作《调啸词别作调笑令》，清人朱彝尊、汪森的《词综》题作《调笑》。韦应物的《调啸词》共二首，此为第二首，写远戍在外的征人于秋夜破晓之时起视河汉，引起相思之情。这首词在写法上，层层递进、步步加深地表达相思之情，从时空统一上来渲染绵绵离恨。

　　全词可分三层。"河汉，河汉，晓挂秋城漫漫"是第一层。这一层，作者用简洁清丽的词句，描绘了一幅秋夜河汉图。天，深湛、渺远；繁星，清冷、光亮，像无数盏悬挂在秋城上空的灯。星河，无边无际，思绪，飞向远方。这一层为写相思渲染凄清的气氛。

　　"愁人起望相思，江南塞北别离。"这又是一幅图画，是词的第二层。在这清冷寂静的拂晓，"愁人"披衣下床，仰望天空，思念着远别的亲人。"相思"是这首词的中心。"起望"说明秋城河汉图是"愁人"眼中景。"情人怨遥夜，竟夕起相思"（唐张九龄《月夜怀远》），这一夜他辗转反侧，因无法入睡，才起望相思，望到星河漫漫，让人猜到感觉中的长夜漫漫。

这起望相思的情景又让人联想到"明月皎皎照我床，星汉西流夜未央，牵牛织女遥相望，尔独何辜限河梁？"（三国魏曹丕《燕歌行》）的意境。他望着银河，想着对方此时也许同样在仰望星空思念自己，这时，他们的心贴近了。这种神交是他们唯一的联系。虽然他暂且把自己的情思寄给河汉，河汉却引起他新的更深的忧愁。

"江南塞北别离"写的是离别，想的是相逢，比相思更进一层。他们的离别是江南塞北的遥远离别，不知要翻多少重山，涉多少道水，攀怎样的悬崖，过怎样的险滩。鱼雁传书恐怕都做不到。相逢的渴望在这天遥地远的困难中愈显强烈。末句"离别，离别，河汉虽同路绝"，由相逢的渴望进而想到相逢的可能性。仰望银河，想到牛郎织女，于是联系双方的心的银河仿佛横亘在江南和塞北之间，阻绝了他们相会的道路。

这首词，既写了"愁人"长夜不眠，起望相思——这是写离情别绪的诗词里常见的，也写了别后相逢难再——这在诗词中也不乏先例。但以前诗词中"相见时难"的慨叹多来自蓬山万重式的人为阻隔，而这首词把离恨的长久与空间的无限连接起来，形成因果关系。这两人江南塞北之距，犹如牛郎织女的银河之阻。空间大，成了他们相见难的原因。距离遥远，相见无期是主人公愁苦的两端。这是在交通不便，地球显得特别大的古代，空间感必然给人造成的心理压力。这种心理压力的强度，随着相思之情的发展而增大。词作开始写眼前景相思情，是以往愁绪的延续。接着写当想到他们之间的距离时，他的忧思加重，末句联想到未来，以"路绝"写别离的痛楚。相逢之路因空间的遥远而断绝，这生离何异于死别。全词在此恨绵绵无绝期的气氛中结束。

戴叔伦

　　戴叔伦（约732—约789），字幼公（一作次公），润州金坛（今江苏常州金坛区）人，唐代诗人。年轻时师事萧颖士。贞元进士。曾任新城令、东阳令、抚州刺史、容管经略使。晚年上表自请为道士。其诗多表现隐逸生活和闲适情调，但《女耕田行》《屯田词》等篇也反映了人民生活的艰苦。其论诗主张"诗家之景，如蓝田日暖，良玉生烟，可望而不可置于眉睫之前"。其诗体裁皆有所涉猎。明人辑有《戴叔伦集》。《全唐诗》录存其诗（附词）二卷。

【原文】

转应词·边草，边草

　　边草(1)，边草，边草尽来兵老。山南山北雪晴，千里万里月明。明月，明月，胡笳一声愁绝(2)。

【毛泽东圈评等情况】

毛泽东曾手书这首词。

　　　　[参考]中央档案馆编：《毛泽东手书古诗词选》，文物出版社、中央档案出版社1984年版，第92页。

【注释】

　　（1）边草，边塞之草。此草秋天干枯变白，为牛马所食。

　　（2）胡笳（jiā），一种流行于北方游牧民族地区的管乐器，相传由汉代张骞从西域传入，汉魏鼓吹乐常用之。汉蔡琰的《悲愤诗》之二："胡笳动兮边马鸣，孤雁归兮声嘤嘤。"绝，极，很，表示事物程度的副词。

【赏析】

戴叔伦的词，只存这首《转应词》，《全唐诗》作《调笑令》，并注明即《转应词》。戴叔伦的作品，在唐代宗大历、德宗贞元年间，以能反映社会现实见称。其写边地生活的诗有《边城曲》《屯田词》等，词则是这首《转应词》。

这首词以明白如话的语言，比较深刻地反映了边地戍卒的思乡情绪，真实地揭示了中唐时代民间以戍边为苦的社会心理。起句以"边草"点明边塞的地理环境，以边草的"尽"与戍卒的"老"构成一对鲜明的形象，借以反映长期戍边生活的愁怨。以"草"衬"兵"，以"尽"喻"老"，不独用笔新颖，而且暗寓作者对当时戍卒的同情。这种思想情绪一直贯穿全词。

"山南山北"的"山"，自然也是指边塞的山，这一句明写冰天雪地的景象。"千里万里"字面是写月光普照，实则是写戍卒离家之遥远，而以明月这个最易使人动情之景，暗写戍卒的思乡怀人之情。在那遥远的边塞的山地上，雪堆里，戍卒们望着天上的明月，思念着远在千里万里之外的同此明月的家乡，偶尔一声胡笳传来，悲悲切切，呜呜咽咽，此情此景，戍卒的心都碎了！这种心情，作者在词的结尾以"愁绝"二字加以概括，起到了画龙点睛、卒章显志、揭示主题的作用。

"愁绝"为一篇之骨，也是全词之"眼"。作者为了使之得以突出表现，增加其艺术感染力，在写作上成功地使用了"烘托"的艺术手法。首先是景物的烘托。全词的绝大篇幅是写自然景物；边塞将尽的枯草、积满山山岭岭的冰雪、初晴的夜空上普照大地的明月、偶尔传来的悲切呜咽的胡笳声，用这诸般景物托出那羸弱的老兵。这样步步写来，层层烘托，感情所至，就自然凝成"愁绝"二字。这样的"愁"，自有其沉重的扣人心弦的力量。景物的烘托之外，作者又运用叠句的艺术形式所创造的艺术氛围加以烘托。全词八句之中，有两对叠句（"边草""边草"与"明月""明月"），用这种重叠复沓的结构形式，丰富歌咏，加强语意、感情的抒发，以尽其情，另一方面也起到一种创造意境的作用。"边草"的叠句，就造成了一种茫茫无边的荒凉草原的意境，从而为那老兵提供了一片迷离的活动背景，以烘托其空虚的、彷徨的心理状态。这是单一句"边草"所收不到的艺术效果。"明月"一叠，又有其特殊性：这两句乃是"千里"句末二字"月明"的倒词重叠，用这种倒叠的手法使叠句与上句相呼应（"转应词"的名称即由此而来）。这样一来，既造成了一种月光满地使戍卒辗转难寐的意境，又形成了一种回环往复的韵致和上下勾连的构局。这种复杂的艺术氛围，就强烈地烘托了那老兵辗转反侧的思乡情绪，再加一声追魂夺魄的悲笳，困于戍守的老兵还会不"愁绝"吗？

　　《转应词》尽管属于单调小令，但在用韵上却是比较复杂的。在全词八句之中，共押四仄韵、两平韵、两叠韵，而且又要三换其韵（起韵用仄，二韵换平，三韵再换仄），使全词句句入韵，连绵而下，虽然其唱法早已失传，但诵读起来，我们仍能感觉到它确有一种行云流水般的音韵美。据白居易说，这种调子本来是一种"抛打曲"。于小令之中有如此复杂的用韵和如此多变的构局，是前无古人的。

王　建

王建（生卒年不详），字仲初，颍川（今河南许昌）人，唐朝诗人。出身寒微，一生潦倒。曾一度从军，大历十年（775）进士，约46岁始入仕，曾任昭应县丞、太常寺丞等职。后出为陕州司马，世称王司马。约64岁为光州（治所在今河南潢川）刺史。其诗题材广泛，生活气息浓厚，思想深刻。体裁多为七言歌行，篇幅短小。语言通俗凝练，富有民歌谣谚色彩。其诗反映田家、水夫、海人、蚕农、织妇等各方面劳动者的悲惨生活，题材广泛，生活气息浓厚，思想深刻，爱憎分明，揭露了君主荒淫、权豪凶横和藩镇混战等现实，抨击了给广大人民带来灾难的开边战争，同时也谴责了边将的无能，表现了既反对穷兵黩武，又慨叹国土沦丧的进步立场。与张籍友善，乐府与张齐名，世称张王乐府。王建又以《宫词》，以白描见长，突破前人抒写宫怨的窠臼，广泛地描绘宫禁中的宫阙楼台、早朝仪式、节日风光，以及君王的行乐游猎、歌伎乐工的歌舞弹唱、宫女的生活和各种宫禁琐事，犹如一幅幅风俗图画，是研究唐代宫廷生活的重要资料。今存有《王建诗集》《王建诗》《王司马集》等本及《宫词》一卷。

【原文】

调笑二首

一

团扇⁽¹⁾，团扇！美人并来遮面⁽²⁾。玉颜憔悴三年⁽³⁾，谁复商量管弦⁽⁴⁾？弦管！弦管！春草昭阳路断⁽⁵⁾！

二

蝴蝶，蝴蝶！飞上金枝玉叶⁽⁶⁾。君前对舞春风，百叶桃花树红。红树，
红树！燕语莺啼日暮⁽⁷⁾。

【毛泽东圈评等情况】

毛泽东曾圈阅这两首词。

[参考] 张贻玖：《毛泽东评点、圈阅的中国古典诗词》，
中国工人出版社1992年版，第233页。

【注释】

（1）团扇，古代皇宫中所用的圆形绢扇，又称宫扇。汉代班婕妤所
写的《怨歌行》，有"新裂齐纨素，皎洁如霜雪，裁为合欢扇，团
团似明月"的句子，所以叫作"团扇"。她又说："常恐秋节至，凉飙夺炎热，弃
捐箧笥中，恩情中道绝！"用它来比喻宫中美人的失宠。

（2）美人，容貌美丽的人，多指女子，亦指相貌俊逸、才德出众的
男子。此指妃嫔的称号，起于东汉，止于明朝。并，伴。

（3）玉颜，形容美丽的容貌，多指美女。战国楚宋玉《神女赋》："貌
丰盈以庄姝兮，苞温润之玉颜。"南朝宋鲍照《拟古·拟〈青青河畔草〉》
诗："明志逸秋霜，玉颜艳春红。"唐王昌龄《长信秋词》之三："玉颜不及
寒鸦色，犹带昭阳日影来。"憔悴，指瘦弱无力、脸色难看的样子。见《国
语·吴语》："使吾甲兵钝弊，民人离落，而日以憔悴，然后安受吾烬。"

（4）商量，研讨、切磋之意。《易·兑》："商兑未宁。"三国魏王弼
注："商，商量裁制之谓也。"北齐魏收《魏书·食货志》："臣等商量，
请依先朝之诏，禁之为便。"管弦，管乐如笙、箫之类，弦乐如琴、瑟琵
琶之类。

（5）昭阳，汉朝宫殿名，原为汉成帝赵皇后（赵飞燕）所住。后来
借用作得宠妃嫔所住的地方。春草遮断了通往昭阳宫殿的道路，意思是说
已没了再次得宠的可能。《三辅黄图·未央宫》："武帝时，后宫八区，有
昭阳……等殿。"

（6）金枝玉叶，原形容花木枝叶美好，后多指皇族子孙，现也比喻出身高贵或娇嫩柔弱的人。晋崔豹《古今注·舆服》："与蚩尤战于涿鹿之野，常有五色云气、金枝玉叶止于帝上，有花葩之象，故因而作华盖也。"

（7）燕，燕子。莺，黄鹂。燕语莺啼，燕子的话语，黄鹂的歌声，形容大好春光。唐皇甫冉《春思》诗："莺啼燕语报新年，马邑龙堆路几千？"

【赏析】

《调笑》，词牌名，即《调笑令》，原题为《宫中调笑》。其定格为起首第一句为一个词，重复一遍，第四句最后一个词颠倒过来重复两遍，由于这种重复，就使这两个词变得十分醒目和突出，往往对塑造形象、抒发感情起着至关重要的作用。

毛泽东在朱彝尊、汪森编选的《词综》卷一中圈阅了王建的《调笑》二首。

第一首《调笑》中塑造了一位失意、痛苦、绝望的美人形象。这首小令，描写宫廷歌女的痛苦生活。"谁复"一句，描述被摈弃后百无聊赖的愁苦况味。"弦管"一转，说明春虽再来，而自身却再无召幸的希望。"路断"，绝望之词，情极哀婉。

词首以宫女常执之饰物团扇起兴，妥帖恰切，却又非随意拈来，它使我们联想起汉代班婕妤那著名的《怨歌行》："新裂齐纨素，皎洁如霜雪。裁为合欢扇，团团似明月。出入君怀袖，动摇微风发。常恐秋节至，凉飙夺炎热。弃捐箧笥中，恩情中断绝。"故"美人并来遮面"，既是实写，又别有幽情。行坐举止，扇不离手，难道只是扇凉和遮饰日益憔悴的面容么？一个"并"字，就暗示出其寓意，同王昌龄《长信秋词》"且将团扇共徘徊"的"共"字一样，一语双关，将人与物共同的遭遇和命运联系起来，透出惺惺惜惺惺、怜同病的微妙心理。

三、四句由人物行动转入心灵，点明主人公确是失意已久之人。玉容花貌早已憔悴不堪，谁还有心思再去演练那宫廷乐舞呢？"商量"，古诗中多指准备，即习练之意。而"管弦"在此泛代宫内各种乐舞。它常用于帝王行乐，而宫妃亦借以显艺邀宠。当年赵飞燕、杨玉环都正是以声色出众、技压群芳而获独宠的。故作者以此概括出昔日承恩之荣。可见这位美人过去也定是位"自夸歌舞胜诸人"的宠妃,缓歌曼舞、红颜凝露,令六宫粉黛黯然失色,风流天子如醉如痴。那么,今日"霓裳法曲浑抛却",就不仅仅是说自己兴味索然,无心演练了。幽居冷宫,纵有才艺,又有何人欣赏呢?仅此一句,便足以显出抚今追昔的怅惘和感伤。

管弦虽不再复奏,但那悦耳的乐音却仍在缭绕回荡,不绝如缕,令人不禁连声叹息:弦管啊弦管,多么难以忘怀,又多么不堪回首啊!这乐音既是心中的幻觉,又实为耳畔所闻。远处正飘来隐隐笙歌,喻示着"平阳歌舞新承宠",故末句即由此跳跃,转到远眺所见:芳草萋萋,直接天外,遮住原野,也遮住了昭阳殿旁的条条幽径。昭阳本为汉代赵飞燕姊妹所居殿名,后成为宠妃居所的代称。"昭阳路断",既谓芳径寥落,春草侵掩;亦谓冷宫与昭阳咫尺天涯,无路可通。这意味着君王从此不早朝,日日耽于温柔乡,点明美人失宠之因;并暗示出她期待君王回心转意已成泡影,永无重见天日之望。而她的心也正像这野草一样迷茫无绪,凄黯无主。所以这结句是景语,也是情语,将失意宫嫔那凄婉绝望的心境生动形象地烘托出来,对封建帝王的谴责也都尽在不言之中了。

明顾起纶的《花庵词选跋》云:"王仲初古《调笑》,融情汇景,犹不失题旨。"指出了这首词的特点。王建以娱宾遣兴之词体写宫怨,别开生面,而又不牵强生涩,完全合于词律的艺术要求。如第五句,须将上句末尾二字颠倒并重复,形成所谓调笑口吻。王词与之相符,但读后却令人笑不出声,而是发出沉重的慨叹,对宫女不幸命运产生深切的同情。艺术形式为健康主题服务,这大概便是它高于当时一般发噱无聊之作的根本原因吧。

第二首《调笑》,描写了宫中生活的剪影。"蝴蝶,蝴蝶!飞上金枝玉叶。"这首词一开始,以"蝴蝶,蝴蝶"比兴,写春暖花开时,一群蝴蝶飞在绿叶间的黄花上嬉戏闹春的景象。这个比兴,使人联想到蝴蝶在鲜花盛开时是这样,一旦花谢花落时该是怎样的,由此引起了下面一段宫中生活描写。

"君前对舞春风,百叶桃花树红。"接下来二句写宫女在皇帝面前歌舞的情况。美如鲜花的宫女，在皇帝面前歌舞，歌舞如春风一般柔和。"百叶桃花树红"，指无数嫩绿的叶子衬托着满树粉红的桃花，这里用来比喻姿色艳丽的宫女，形象贴切，使人想起皇上宠爱的宫女美如桃花，而桃花的艳美是不会长久的，春天过去，必然会萎蔫凋落，零落成泥。而宫女呢，盛容如花时会得到皇帝的宠爱，一旦容貌憔悴，必然是冷落深宫。

"红树，红树，燕语莺啼日暮。"末三句写宫女在皇帝面前歌舞，一直到夜晚。燕语莺啼，指歌声、乐器声。"燕语莺啼日暮"，这是一句极其简练的结语，包含着极其丰富的内容。这里隐含着皇帝整天沉醉于歌舞之中的讽刺之意。王建的《白纻》诗中写道："此时但愿可君意，回昼为宵亦不寐，年年奉君君莫弃。""燕语莺啼日暮"中的欢乐，隐含着宫女的无限忧愁和哀怨。

这首小令，画面描绘鲜明生动，有声有色，有歌有舞，语言明白如话。这是王建生活在人民中间接触现实的人民口语的自然流露。从此词中，可看出王建的词在反映唐代宫中生活方面确实是精要深刻，他以生动的笔触，寥寥数语，把唐代宫中的现实形象深刻而鲜明地描绘了出来，真实反映出宫女的苦闷哀怨。宋代欧阳修说："建词多言唐宫中事。群书所阙记者，往往见于其诗，皆摭实，非凿空话。"确实如此。

韩翃

韩翃（719—788），字君平，南阳（今河南沁阳附近）人，唐代诗人。一直在军队里做文书工作，擅长写送别体裁的诗歌，与钱起等诗人齐名，时称"大历十才子"。天宝十三年（754）考中进士，宝应年间在淄青节度使侯希逸幕府中任从事，后随侯希逸回朝，闲居长安十年。建中年间，因作一首《寒食》而被唐德宗所赏识，除驾部郎中，知制诰，晋升不断，擢中书舍人，卒。韩翃的诗笔法轻巧，写景别致，在当时传诵很广泛。原有集，已散佚，明人辑有《韩君平诗集》。

【原文】

章台柳二首

其一

章台柳⁽¹⁾，章台柳，颜色青青今在否⁽²⁾？纵使长条似旧垂，也应攀折他人手⁽³⁾。

其二

章台柳，章台柳，往日依依今在否⁽⁴⁾？纵使长条似旧垂，也应攀折他人手。

【毛泽东圈评等情况】

毛泽东曾圈阅这两首词。

[参考] 张贻玖：《毛泽东评点、圈阅的中国古典诗词》，中国工人出版社1992年版，第232页。

【注释】

（1）章台，汉长安中街名，在陕西长安故城西南，见《汉书·张敞传》，是繁华的地方，后来每借称妓院所在。六朝、唐人已用其事与杨柳相连。如南朝梁费昶的《和萧记事春旦有所思》："杨柳何时归，袅袅复依依，已映章台陌，复扫长门扉。"唐崔国辅的《少年行》："章台折杨柳。"宋李颀《古今诗话》："汉张敞为京兆尹，走马章台街。街有柳，终唐世曰章台柳。"故杜诗云："京兆空柳色。"（《古今图书集成·草木典》卷二六七柳部引）。

（2）颜色青青，指柳树的青色，借以比喻柳氏的青春年华。

（3）攀折，拉折，折取。南朝梁简文帝《折杨柳》："杨柳乱成丝，攀折上春时……曲中无别意，并为久相思。"唐孟浩然《早梅》："少妇争攀折，将归插镜台。"

（4）依依，柔软之状。《诗经·小雅·采薇》："昔我往矣，杨柳依依。"

【赏析】

《章台柳》在《全唐诗》分别为两首，一首题为《寄柳氏》，一首题为《章台柳（寄柳氏）》。清朱彝尊、汪森编选的《词综》收《寄柳氏》一首。

第一首作品，有人认为是诗，有人认为是词（词牌名为"章台柳"）。在《全唐诗》中，卷二四五中收录此作，定为诗，题为《寄柳氏》；卷八九〇又收录此作，定作词，题为《章台柳·寄柳氏》。"章台"，本是战国时所建宫殿，以宫内有章台而得名，在长安故城西南隅。这里借指长安。"章台柳"，即暗喻长安柳氏。但因柳氏本娼女，故后人遂将章台街喻指娼家聚居之所。两个叠句用于寻觅，加强呼唤之急切，韵味深长，表达作者日思夜想的怀恋之情。"颜色青青"，喻柳氏昔日之青春妙龄，丰容艳丽。"今在否"，谓是否安全健在，暗言社会动乱，邪恶猖獗，柳氏单身独处，其安全令人担忧，以疑问声口，则其忧虑担心之情可见。"长条似旧垂"，喻柳氏袅袅婷婷的身段和体态仍不减当年，与上文"颜色青青"相呼应。"攀折他人手"，暗指柳氏值此兵荒马乱之秋，恐已为他人所劫夺占有，是"今在否"的进一步推测。前句见怀想之切，后句见忧虑之深，两句以"纵使""也应"开合进退,将其希望与失望、侥幸与不幸、揣测与担忧等复杂的矛盾心情写得传神活现。

全篇语意双关,表面上是写柳树,实际上是对柳氏的问候,问候了两件诗人最关切的事:是否还在人世?是否已经嫁人?写得情真意切,感人肺腑,催人泪下。

这两首词,一、三、四句完全相同,只有第二句将"颜色青青"改为"往日依依",用此变换而意思仍然相同。从整体上看,几乎完全相同。如果作为一题二首来看待,属于反复吟咏,与《诗经》的手法类似,亦未尝不可。

作者写这两首词,以柳喻人,借柳写人,柳的形象具体生动,人的形象栩栩如生,耐人寻味,发人深省,这是本词的妙处。

关于这两首词,包含着韩翃与柳氏的一段爱情故事。韩翃是大历十才子之一。据唐人许尧佐的《柳氏传》和孟棨的《本事诗》记载,韩翃少负才名,孤贞静默,所与游者皆当时名士。一富家李生,负气爱才,因看重韩翃,遂将家中一歌姬柳氏赠与韩翃。安史之乱爆发,长安、洛阳两京陷落,士女奔骇。柳氏以色艳独居,恐不免,便落发为尼。不久,柳氏为蕃将沙吒利所劫,宠之专房。时韩翃为缁青节度使侯希逸府中书记。京师收复后,韩翃派人到长安寻柳氏,并准备了一个白口袋,袋装沙金,袋上题了此诗。柳氏在长安接到这个口袋后,捧诗呜咽,并写了《答韩翃》(一作《杨柳枝·答韩翃》):"杨柳枝,芳菲节。可恨年年赠离别!一叶随风忽报秋,纵使君来岂堪折。"清万树的《词律》云:"君平(韩翃字)赠句本只是诗,后人采入词谱,即以起句为名。其柳姬答词,亦以起句名《杨柳枝》,句法与此相同。"

柳　氏

柳氏，姓名、生卒年、籍贯、字号均不详。原为李生姬，能诗词。天宝中，韩翃馆于李家，被赠予翃为妾。安史乱中被番将沙吒利所劫，后得虞侯许俊之力，归至韩翃身边。

【原文】

杨柳枝·答韩员外·杨柳枝

杨柳枝，芳菲节⁽¹⁾，所恨年年赠离别！一叶随风忽报秋⁽²⁾，纵使君来岂堪折⁽³⁾。

【毛泽东圈评等情况】

毛泽东曾圈阅这首词。

[参考] 张贻玖：《毛泽东评点、圈阅的中国古典诗词》，
中国工人出版社 1992 年版，第 242 页。

【注释】

（1）芳菲，花草盛美。南朝陈顾野王《阳春歌》："春草正芳菲，重楼启曙扉。"唐韩愈《梁国惠康公主挽歌》之一："从今沁园草，无复更芳菲。"

（2）一叶，一片叶子。《列子·说符》："宋人有为其君以玉为楮叶者，三年而成……列子闻之曰：'使天地之生物，三年而成一叶，则物之有叶者寡矣。'"唐李白《赠别舍人弟台卿之江南》诗："梧桐落金井，一叶飞银床。"一叶随风忽报秋，即从一片树叶的凋落，知道秋天的到来。比喻通过个别的、细微的迹象，可以看到整个形势的发展趋向与结果。东汉刘安《淮南子·说山训》："见一叶落而知岁之将暮。"宋唐庚《文录》

引唐人诗："山僧不解数甲子，一叶落知天下秋。"

（3）纵使，即使，连接分句，表示假设的让步，即在偏句提出某种情况。北齐颜之推的《颜氏家训·养生》："纵使得仙，终当有死。"唐杜甫《戏为六绝句》之三："纵使卢王操翰墨，劣于汉魏近《风》《骚》。"

【赏析】

　　这首小令是对前一首韩翃《章台柳》的答复，是一个妓女对一个员外的答复。也许地位的悬殊是命中注定，也许命中注定妓女就只能接受杨柳的轻薄形象，但杨柳也是有它美好的时光的。"杨柳枝，芳菲节。"这"芳菲"二字，写出了多少春意、多少生机，写出了多少青春的美丽。这是柳氏的回答。杨柳枝，语意双关。故人别离，常折柳枝以相赠，指自然景物中真实之物。此词还含有柳氏以杨柳枝比喻自况之意。唐武元衡《寒食下第》诗云："柳挂九衢丝，花飘万家雪。如何憔悴人，对此芳菲节。"面对着"往日依依今在否"的询问，她似乎忽然意识到了青春的流逝。"杨柳枝，芳菲节，所恨年年赠离别！"一句"芳菲"一句"恨"，这一扬一抑中，蕴藏了多少感慨与悲哀，而这些感慨与悲哀，除了柳氏外，又有谁能知晓？作为一个妓女，柳氏没有更多的要求，她只愿能与心上人朝夕相伴，"镇相随，莫抛躲"。但就是这一点愿望也未能得到满足，她得到的只有离别，而且一别就是三年。三年来桃花开了又重开，燕子去了又归来，美好的青春年华就这样与美好的春光一同虚度了。桃花开了还会再开，燕子去了还会再来，但逝去的年华从哪里能再找回来？"杨柳枝，芳菲节，所恨年年赠离别！"这里的"恨"，用语言是无法说清楚的。

　　作为答复，这篇首的两句，已足以推卸掉韩翃"也应攀折他人手"的责难了。"所恨年年赠离别"的"恨"是谁造成的，已无需再说。但柳氏还是要说下去，她要对"往日依依今在否"的询问和"也应攀折他人手"的猜测作出回答。"一叶随风忽报秋，纵使君来岂堪折！"这就是回答。说它委婉不如说它凄凉。"纵使"二字虽然暗示了某种韩翃曾猜测到而柳氏又难以明言的可能，但也仅只是一种可能；只有"一叶随风忽报秋"才是事实。青春终于在离别中销损了，往日依依的章台柳已不再是颜色青青，它的秋天到了。有了这个事实，是否"攀折他人手"就已经不再有意义，不再需要证实了。一句"纵使君来岂堪折"，既是回答，也是极沉痛的自语。所有的青春的美好，所有的命运的无情，所有的往日的希望与今天的痛苦，都尽在这"岂堪折"三字中了。

"杨柳枝，芳菲节。"这是青春的色彩和旋律。但当"一叶随风忽报秋"的柳氏唱出这一旋律时，她的心中该是怎样的沉痛！是的，青春终究是要逝去的；但逝去的青春应该是美好的、了无怨恨的。然而，身处封建桎梏中的妓女，又有几人能得到无怨的青春呢？

这首词以象征的手法托物喻人，词意哀婉凄切。作者处处不离"折柳"之典故，借物言情，倾诉内心无法尽言的哀怨苦衷。全词以情动人，读来不禁令人潸然泪下，扼腕叹息！

张 曙

张曙，生卒年不详，小字阿灰，一作阿威，南阳（今河南邓州）人（一作成都人），兵部尚书张炜之子（一说侄）。唐昭宗元年（889）进士。曾官右补阙。词传一首，或疑张泌作。

【原文】

浣溪沙·枕障薰炉隔绣帷

枕障薰炉隔绣帷[(1)]，二年终日苦相思，杏花明月始应知[(2)]。　天上人间何处去[(3)]，旧欢新梦觉来时[(4)]，黄昏微雨画帘垂[(5)]。

【毛泽东圈评等情况】

毛泽东曾圈阅这首词。

[参考] 张贻玖：《毛泽东评点、圈阅的中国古典诗词》，中国工人出版社 1992 年版，第 242 页。

【注释】

（1）枕障，枕头和屏障。薰（xūn）炉，用来薰香或取暖的炉子。

（2）杏花明月，杏花每年春天盛开，月亮每月一度圆缺，故以之拟指岁月时间。应知，才能知，或正可知。始，一作"尔"，你们。这里指杏花、明月。

（3）天上人间，一个在天上，一个在人间，多比喻境遇完全不同。南唐李煜《浪淘沙》词："流水落花春去也，天上人间。"

（4）旧欢新梦，指回忆梦中与爱妾的欢情。觉，醒。

（5）画帘，精绣垂彩之帘。

【赏析】

这首小词，委婉地抒写了相思之苦。词的上阕点出相思。看似平淡，然而有些地方也颇见精巧。如首句的"隔"字，既交代了室内枕屏、薰炉与绣帏间的位置，更使人生出一种人去楼空、远隔天涯的联想。第三句，杏花明月用来作为春秋季节的特征，并且用拟人的手法赋予它们人的感知，点明只有杏花明月深知作者的相思之苦。这样写，的确为词的意境增添了一分落寞与惆怅。"始应知"三字，想有所指，非空语也，对法活泼，导人先路，结句尤佳。

词的下阕构意佳妙。代为设想爱姬已逝，却不愿信其逝，故着一问句，愈见其恍惚哀恸之态。下面两句更妙，旧日的欢情只有在新梦中重现，正当缠绵悱恻之际，忽然醒来，唯有"枕障薰炉隔绣帏"，此时的悲哀之情可想而知。但作者到此意犹未足，再着力添上一笔，醒来之时，正值黄昏，画帘低垂，雨声沥沥，真是到了"此恨绵绵无绝期"的境界。古人曾说，词起结最难，而结尤难于起，如这首词的结句，不仅为全词增添了画意诗情，并且给人留下了极为丰富的想象余地，真是所谓词家本色，故能打动悼亡者之心。

纵观全词，词的上片先写悼亡、相思之情，枕障、薰炉、绣帏依然如故，但物在人非。面对有情之物，悼亡之人仿佛看到了昔日爱姬。遐想当年，他与爱姬情之融融、爱之切切，深情所系，爱姬逝去的两年之中，每日情思袅袅，过往的回忆使他无法忘怀，不禁邀请春花、明月与之共语。因这情，花知、月知、天知、地知，如此深切的感情确实哀婉动人。下片写梦中相会，情到深处，悼亡人竟不信爱姬已逝，上天入地苦苦寻觅，但都成空，只好在梦乡重温旧情，而这往日的欢乐，又仿佛别添几分新鲜。这新鲜，是经年之后爱情的一种升华。全词写得真切、自然、哀婉动人。北宋孙光宪《北梦琐言》："唐张祎侍郎，朝望甚高。有爱姬早逝，悼念不已。因入朝未回，其犹子右补阙曙，才俊风流，因增大阮之悲，乃制《浣溪沙》，其词曰：'枕障薰炉隔绣帏'云云。"

白居易

白居易（772—846），字乐天，号香山居士，又号醉吟先生，祖籍太原，到其曾祖父时迁居下邽，生于河南新郑，是唐代伟大的现实主义诗人，唐代三大诗人之一。白居易与元稹共同倡导新乐府运动，世称"元白"，与刘禹锡并称"刘白"。白居易的诗歌题材广泛，形式多样，语言平易通俗。在文学上，早期的讽喻诗，较广泛地揭露了社会政治的黑暗，反映了人民的疾苦。长篇叙事诗《长恨歌》《琵琶行》也很有名。其诗风格平易浅切，明畅通俗，相传老妪皆解。他还能写曲子词，其《忆江南》《长相思》诸小令，为文人词的发展开辟了道路。官至翰林学士、左赞善大夫。公元846年，白居易在洛阳逝世，葬于香山（洛阳龙门对过）。

【原文】

花非花·花非花

花非花，雾非雾。夜半来，天明去。来如春梦几多时[(1)]，去似朝云无觅处[(2)]。

【毛泽东圈评等情况】

毛泽东曾圈阅这首词。

[参考] 张贻玖：《毛泽东评点、圈阅的中国古典诗词》，中国工人出版社1992年版，第232页。

【注释】

（1）来如，来的时候。春梦，春夜的梦。几多时，没有多少时间。唐沈佺期《杂诗》之二："妾家临渭北，春梦著辽西。"比喻转瞬即逝的好景，也比喻不能实现的愿望。

（2）去似，去了以后，如早晨飘散的云彩，无处寻觅。朝（zhāo）云，此借用楚襄王梦巫山神女之典故。战国楚宋玉《高唐赋》序："妾在巫山之阳，高丘之阻，旦为朝云，暮为行雨，朝朝暮暮，阳台之下。"

【赏析】

《花非花》，词牌名，由白居易自度成曲。词取前三字为题，近乎"无题"。

这首词大约写于唐穆宗长庆三年（823）以前，时当词人出任杭州刺史之后，卸任苏州刺史之前。这时词人已年逾半百，老节将至，被贬谪的忧惧创伤已经愈合，生活安定，置身于经济繁荣、风景秀丽、号称天堂的苏杭二州，经常与歌妓交往，过着悠然自得的生活。

这首写歌妓容貌和生活的词，既写出了歌妓的姿色之美，又写出了其生活的特征，字里行间渗透着词人的深深爱慕和思念之情。全词用虚笔，写得玲珑剔透、迷离恍惚，具有一种朦胧美。

首二句应读作"花——非花，雾——非雾"，先就给人一种捉摸不定的感觉。"非花""非雾"均系否定，却包含一个不言而喻的前提：似花、似雾。因此可以说，这是两个灵巧的比喻。苏东坡似从这里获得一丝灵感，写出了"似花还似非花，也无人惜从教坠"（《水龙吟·似花还似非花》）的名句。苏词所咏为杨花柳絮，而白诗所咏何物未尝显言。但是，从"夜半来，天明去"的叙写，可知这里取喻于花与雾，在于比方所咏之物的短暂易逝、难持长久。

单看"夜半来，天明去"，颇使读者疑心是在说梦。但从下句"来如春梦"四字，可见又不然了。"梦"原来也是一比。这里"来""去"二字，在音情上有承上启下的作用，由此生发出两个新鲜比喻。"夜半来"者春梦也，春梦虽美却短暂，于是引出一问："来如春梦几多时？""天明"见者朝霞也，云霞虽美却易幻灭，于是引出一叹："去似朝云无觅处"。

诗由一连串比喻构成，这叫博喻。它们环环紧扣，如云行水流，自然成文。反复以鲜明的形象突出一个未曾说明的喻意。诗词中善用博喻者不乏其例，如《古诗十九首·明月皎夜光》之"南箕北有斗，牵牛不负轭"，宋贺铸《青玉案·凌波不过横塘路》中的"一川烟草，满城风絮，梅子黄时雨"。但这些博喻都不过是诗词中一个组成部分，像此诗通篇用博喻构成则甚罕见。再者，前一例用南箕、北斗、牵牛等星象作比，喻在"虚名复何益"；后一例用烟草、风絮、梅雨等景象作比，喻在"借问闲愁都几许"，其喻本（被喻之物）都是明确的。而此诗只见喻体（用作比喻之物）而不知喻本，就像一个耐人寻思的谜，从而诗的意境也就蒙上一层"朦胧"的色彩了。

这首词运用三字句与七字句轮换的形式（这是当时民间歌谣三三七句式的活用），兼有节律整饬与错综之美，极似后来的小令。所以后人竟采此诗句法为词调，而以"花非花"为调名。词对五七言诗在内容上的一大转关，就在于更倾向于人的内在心境的表现。在这一点上，此诗也与词相近。这种"诗似小词"的现象，出现在唐代较早从事词体创作的诗人白居易笔下，原是很自然的。

语意双关、富有朦胧美是这首小诗的最大特点。雾、春梦、朝云，这几个意象都是朦胧、飘渺的，意象之间又故意省略了衔接，显出较大的跳跃性，文字空灵、精练，使人咀嚼不尽，显示了诗人不凡的艺术功力。明代著名文学家杨慎《词品》："白乐天之辞，予独爱其《花非花》一首，盖其自度之曲，因情生文者也。""花非花，雾非雾"，虽《高唐》《洛神》绮丽不及也。

【原文】

忆江南三首

一

江南好，风景旧曾谙(1)；日出江花红胜火(2)，春来江水绿如蓝(3)。能不忆江南？

二

江南忆，最忆是杭州；山寺月中寻桂子⁽⁴⁾，郡亭枕上看潮头⁽⁵⁾。何日更重游！

三

江南忆，其次忆吴宫⁽⁶⁾；吴酒一杯春竹叶⁽⁷⁾，吴娃双舞醉芙蓉⁽⁸⁾。早晚复相逢！⁽⁹⁾

【毛泽东圈评等情况】

毛泽东曾圈阅这三首词。

[参考] 张贻玖：《毛泽东评点、圈阅的中国古典诗词》，
中国工人出版社 1992 年版，第 233 页。

【注释】

（1）谙（ān），熟悉。作者年轻时曾三次到过江南。

（2）江花，江边的花朵，一说指江中的浪花。红胜火，颜色鲜红胜过火焰。

（3）绿如蓝，绿得比蓝还要绿。如，用法犹"于"，有胜过的意思。蓝，蓝草，其叶可制青绿染料。

（4）"山寺"句，作者《东城桂》诗自注说："旧说杭州天竺寺每岁中秋有月桂子堕。"桂子，桂花。宋柳永《望海潮·东南形胜》词："有三秋桂子，十里荷花。"

（5）郡亭，疑指杭州城东楼。作者有《郡亭》诗云："况有虚白亭，坐见海门山。"看潮头，钱塘江入海处，有二山南北对峙如门，水被夹束，势极凶猛，为天下名胜。

（6）吴宫，指吴王夫差为西施所建的馆娃宫，在苏州西南灵岩山上。

（7）竹叶，酒名，即竹叶青，亦泛指美酒。南朝梁萧统《文选·张协〈七命〉》："乃有荆南乌程，豫北竹叶，浮蚁星沸，飞华萍接。"

（8）吴娃，原为吴地美女名。南朝梁萧统《文选·枚乘〈七发〉》："使先施、徵舒、阳文、段干、吴娃、闾娵、傅予之徒……嬿服而御。"此词泛指吴地美女。醉芙蓉，形容舞伎之美。

（9）早晚，犹言何日、几时。北齐颜之推《颜氏家训·风操》："尝有甲设宴席，请乙为宾；而旦于公庭见乙之子，问之曰：'尊侯早晚顾宅？'"

【赏析】

《忆江南》：作者题下自注说："此曲亦名谢秋娘，每首五句。"按《乐府诗集》："《忆江南》一名《望江南》""因白氏词，后遂改名《江南好》。"至晚唐、五代成为词体之一。

白居易少年时期曾随家迁居江南达六年之久，青年时期再度漫游江南，行旅苏杭，其后又在苏杭做官，唐穆宗长庆二年（822）七月出任杭州刺史，十月到任，长庆四年五月任满离杭，唐敬宗宝历元年（825）三月出任苏州刺史，五月到任，次年秋天因目疾免郡事，到洛阳，这时候，他五十五岁。苏杭是江南名郡，风景秀丽，人物风流，给白居易留下了美好的记忆。到洛阳之后，写了不少怀念旧游的诗作，这三首《忆江南》是他晚年所作。

第一首泛忆江南，兼包苏、杭，写春天的景色。"江南好，风景旧曾谙。"开头是说，江南的风景多么美好，如画的风景久已熟悉。正因为"好"，才不能不"忆"。"风景旧曾谙"一句，说明那江南风景之好，不是听人说的，而是当年亲身感受到的、体验到的，因而在自己的审美意识里留下难忘的记忆。既落实了"好"字，又点明了"忆"字。

"日出江花红胜火，春来江水绿如蓝。"中间两句是说，春天到来时，太阳从江面升起，把江边的鲜花照得比火红，碧绿的江水绿得胜过蓝草。春来百花盛开，已极红艳，红日普照，更红得耀眼。在这里，因为相同颜色相烘染而提高了色彩的明亮度。春江水绿，红艳艳的阳光洒满了江岸，更显得绿波粼粼。在这里因为异色相映衬而加强了色彩的鲜明性。作者把"花"和"日"联系起来，为的是同色相烘染；又把"花"和"江"联系起来，为的是异色相映衬。江花红，江水绿，二者互为背景。于是红者更红，"红胜火"；绿者更绿，"绿如蓝"。

"能不忆江南？"末句是说，怎能叫人不怀念江南？全词以追忆的情怀，写"旧曾谙"的江南春景。而此时，作者却在洛阳。比起江南来，洛阳的春天来得晚些。当作者信马寻春，看见的水都是黄的，花呢，还因春寒料峭尚未开，他触景生情，怎能不追忆江南春景？怎能不从内心深处赞叹"江南好"？

"江南忆，最忆是杭州。"第二首开头是说，江南的忆，最能唤起追思的是像天堂一样的杭州。

第二首紧承前首结句"能不忆江南"，将记忆的镜头移向杭州。

"山寺月中寻桂子，郡亭枕上看潮头。"中间两句是说，游玩灵隐寺，寻找皎洁月亮中的桂子，登上郡亭，枕卧其上，欣赏那起落的钱塘江大潮。这两句词，都有人有景，以人观景，人是主体。所不同的是上句以动观静，下句以静观动。

"何日更重游？"末句是说，什么时候能够再次去游玩？这首诗仅就作者的心理活动而言，已蕴含着人生有限而宇宙无穷的哲理，值得人们深思。

第三首词，追忆苏州往事。"江南忆，其次忆吴宫。"开头是说，江南的忆，再来就是忆苏州的吴宫。照应第一首的结尾和第二首的开头，把镜头移向苏州。

"吴酒一杯春竹叶，吴娃双舞醉芙蓉。"中间两句是说，喝一喝吴宫的美酒春竹叶，看一看吴宫的歌女双双起舞像朵朵美丽的芙蓉，一面品尝美酒，一面欣赏美女双双起舞。"春竹叶"，是对"吴酒一杯"的补充说明。

"春"在这里是形容词。所谓"春竹叶"，可解释成春天酿熟的酒，也可解释为能给饮者带来春意的酒，从"春"与"醉"的对偶来看，后一句解释也许更符合原意。"醉芙蓉"是对"吴娃双舞"的形象描绘。以"醉"字形容"芙蓉"，极言那花儿像美人喝醉酒似的红艳。"娃"，美女。西施被称为"娃"。

开头不说忆苏州而说"忆吴宫"，既是为了与下文协韵，更是为了唤起读者对西施这位绝代美人的联想，读到"吴娃双舞醉芙蓉"，这种联想就更加活跃了。这两句，前宾后主，喝酒是为了观舞助兴，着眼点落在"醉芙蓉"似的"吴娃"身上。

"早晚复相逢？"末句是说，不知何时会再次相逢？抒发了词人当时郁闷不得志的情怀和对以往美好生活的向往，余味不尽。

三首词各自独立成章，又前后照应、脉络贯通，使三首词构成一个有机的整体。语言通俗、明快，具有民歌风格；感情真挚，音韵悠扬，朗朗上口，极富感染力。

【原文】

长相思·二首

一

汴水流[(1)]，泗水流[(2)]，流到瓜洲古渡头[(3)]，吴山点点愁[(4)]。
思悠悠[(5)]，恨悠悠，恨到归时方始休，月明人倚楼。

二

深画眉，浅画眉，蝉鬓鬅鬙云满衣[(6)]，阳台行雨回[(7)]。
巫山高[(8)]，巫山低，暮雨潇潇郎不归[(9)]，空房独守时。

【毛泽东圈评等情况】

毛泽东曾圈阅这三首词。

[参考]张贻玖：《毛泽东评点、圈阅的中国古典诗词》，
中国工人出版社1992年版，第233页。

【注释】

（1）汴水，古水名，源于河南荥阳，流到开封（古称汴京）称汴水，东南流入安徽宿州、泗县，与泗水合流，入淮河。

（2）泗水，古水名，源于山东泗水东蒙山南麓，四源并发，故名。经徐州后，与汴水合流入淮河。

（3）瓜洲古渡，在江苏扬州南长江北岸。瓜洲本为江中沙洲，沙渐长，状如瓜字，故名。汴水与泗水于徐州会合后，经江苏扬州南面的瓜洲渡口而流入长江。

（4）吴山，在浙江杭州，春秋时为吴国南界，故名。此处泛指江南群山。

（5）悠悠，深长的意思。《诗经·邶风·终风》："莫来莫来，悠悠我思。"郑玄笺："言我思其如是，心悠悠然。"

（6）蝉鬓（bìn），妇女的一种发式，其特点是轻而薄，望之缥缈如蝉翼。鬅鬙（péng sēng），发乱之状。

（7）阳台行雨，战国楚宋玉《高唐赋》载，楚王曾游高唐，"怠而昼寝。梦见一妇人……去而辞曰：'……旦为朝云，暮为行雨，朝朝暮暮，阳台之下。'""阳台行雨"因此成为后人谓男女欢合的代称。

（8）巫山，山名，现在主要指横贯湖北、重庆、湖南交界一带，"东北—西南"走向的连绵群峰。主峰为重庆奉节境内的乌云顶，海拔2400米，是中国地势二、三级阶梯的分界线，北与大巴山相连，南面深入武陵山地，东为长江中下游平原，西为四川盆地。

（9）潇潇（xiāo），微雨之状。南唐王周《宿疎坡驿》："谁知孤宦天涯意，微雨潇潇古驿中。"郎，旧时妇女对丈夫或情人的称呼。

【赏析】

第一首《长相思·汴水流》词，是抒发"闺怨"的名篇，构思比较新颖奇巧。它写一个闺中少妇，月夜倚楼眺望，思念久别未归的丈夫，充满无限深情。词作采用画龙点睛之笔，最后才点出主人公的身份，突出作品的主题思想，因而给读者留下强烈的悬念。

上片全是写景，暗喻恋情。前三句以流水比人，写少妇的丈夫外出，随着汴水、泗水向东南行，到了遥远的地方；同时也暗喻少妇的心亦随着流水而追随丈夫的行踪飘然远去。第四句"吴山点点愁"才用拟人化的手法，婉转地表现少妇思念丈夫的愁苦。前三句是陈述句，写得比较隐晦，含而不露，如若不细细体会，只能看到汴水、泗水远远流去的表面意思，而看不到更深的诗意，这就辜负了作者的苦心。汴水发源于河南，古汴水一支自开封东流至今徐州，汇入泗水，与运河相通，经江苏扬州南面的瓜洲渡口而流入长江，向更远的地方流去。

这三句是借景抒情，寓有情于无情之中，使用的是暗喻和象征的手法。"吴山点点愁"一句，承"瓜洲古渡"而入吴地，而及吴山，写得清雅而沉重，是上片中的佳句。"吴山点点"是写景，在这里，作者只轻轻一带，着力于"愁"字，就陡然使意境发生了巨大的变化：吴山之秀色不复存在，只见人之愁如山之多且重，这是一；山亦因人之愁而愁，这是二；山是愁山，则上文之水也是恨水了，这是三。一个字点醒全片，笔力堪称强劲。

下片直抒胸臆，表达少妇对丈夫长期不归的怨恨。前三句写她思随流水，身在妆楼，念远人而不得见，思无穷，恨亦无穷。"悠悠"二字，意接流水，笔入人情。"恨到归时方始休"一句，与《长恨歌》之"天长地久有时尽，此恨绵绵无绝期"，各擅胜场。《长恨歌》写死别，故恨无绝期；此词写生离，故归即无恨。"恨到归时方始休"，直抒胸臆，句意拙直，不假藻饰，然而深刻有味，情真意真。末句"月明人倚楼"，是画景也是情语。五字包拢全词，从而知道以上的想水想山、含思含恨，都是人于明月下、倚楼时的心事；剪影式的画幅，又见出她茫茫然远望驰思，人仍未归，恨亦难休，几乎要化为山头望夫石也。这才是画龙点睛之笔，点出主人公，突出作品的主题思想。清俞陛云《唐五代两宋词选释》，谓此词若"晴空冰柱"，通体虚明，不着迹象，而含情无际。由汴而泗而江，心逐流波，愈行愈远，直到天末吴山，仍是愁痕点点，凌虚着想，音调复动宕入古。第四句用一"愁"字，而前三句皆化"愁"痕，否则汴泗交流，与人何涉耶！结句盼归之时人月同圆，昔日愁眼中山色江光，皆入倚楼一笑矣。

第二首《长相思·深画眉》，大约作于作者任夷陵县令时，是为描绘一位闺中女子待夫归来而作。

闺怨词要写得一往情深，很重要的一着就是把闺妇生活中最能表现其闺怨情怀的片断吸取入文。这首词，颇得力于此。

先从时间上说。作者把闺妇置于"暮雨潇潇"的傍晚时分，很见匠心。一天之中，傍晚时分无疑是最易惹动离愁的。飞鸟投林，牛羊下括，农夫收工回家，都在傍晚时分。当此之时，如果丈夫行役异乡，久久未归，闺妇自然会加倍地感到空虚寂寞。白居易不是截取一般的傍晚时分，而是截取一个"雨潇潇"的傍晚时分。这就使这一敏感的时间在展示离人愁怀方面更恰到好处。不难想见，词中的闺妇处此时刻之中，于空虚寂寞之外，必然会平添心烦意乱之感。那感触，较之一般的暝色起愁更为强烈。

次从心态的刻画上说。作者把闺妇内心的潜意识以梦幻的方式出之，愈感真切。上片所写的境界颇为恍惚。"深画眉，浅画眉"两句，显然不是"现在时"，而是"过去时"。为了逗丈夫喜欢，她精心地画过眉。究竟是画得深好，还是画得浅好，颇费思量。在夫妻生活中，画眉这件事尽管很小，却幸福而甜蜜，因而在这相思的时刻，最先从记忆中跳出来。回忆过去，不仅仅是为了填补当前的不足，更重要的是在于追求，对曾经获得过的幸福的追求。"蝉鬓鬅鬙云满衣，阳台行雨回"，则是由热烈的追求和缠绵的相思所引起的一种极为艳丽的梦幻。由于不便直说，便借用巫山神女这个熟典来曲说。众所周知，梦幻是潜意识的活跃状态。而潜意识的活跃状态，正是思之深、念之切的必然结果。闺妇在现实生活中无法得到的幸福终于在梦幻中暂时地得到了，但是她必须付出代价，这就是下片所写的从梦幻中醒来以后的加倍的痛苦。

换头"巫山高，巫山低"，紧扣上片中的"阳台"一词，"高""低"两字又与上片的"回"字相关，句法细密无间。由于与丈夫分别太久，相思之苦太深，因而当她悠悠醒来以后，仍然惦念着那高高低低的巫山。这时，她发现作为梦幻中的欢会之地的巫山离自己是那样的遥远，简直是虚无缥缈，而留在自己心头的却是一大堆迷惘、杂乱、剪不断、数不清的离愁。听着窗外潇潇的暮雨声，她比先前更为痛楚地叹息自己的可悲处境："空房独守时。""空""独"两字以其触目惊心的敏锐感觉，与梦幻中的朦胧恍惚适成对照。

这首词选取闺妇的梦境为叙写对象。从描眉起笔，借用熟典写梦，直至结拍才点明闺妇独处的状况。春闺一梦，情真意切，期待心上人早日回还的闺思尽在不言中。对爱情甜蜜生活的描写坦诚、泼辣、大胆，突破了儒家所提倡的含蓄敦厚笔法，极富艺术感染力。清俞陛云《唐五代两宋词选释》："先言其妆饰，风鬟雾鬓，约步而来。次言其情思，虚帷听雨，其寥寂可知。转头以巫山高低，联合上下文之'阳台''暮雨'，句法细密。长短句本嗣响乐府，此首音节，饶有乐府之神。"

【原文】

竹枝·二首

一

瞿塘峡口水烟低[1]，白帝城头月向西[2]。唱到竹枝声咽处[3]，寒猿暗鸟一时啼[4]。

二

巴东船舫上巴西[5]，波面风生雨脚齐[6]。水蓼冷花红簇簇[7]，江蓠湿叶碧凄凄[8]。

【毛泽东圈评等情况】

1958 年 3 月成都会议期间，毛泽东圈阅的《诗词若干首》（唐宋明朝诗人写的有关四川的一些诗和词）中有这两首词。

[参考] 刘开扬注释：《诗词若干首》（唐宋明朝诗人咏四川），

四川人民出版社 1979 年版，第 95—97 页。

【注释】

（1）瞿塘峡，又名夔峡，长江三峡之一，西起今重庆奉节白帝山，东迄巫山大溪乡，长八公里，是三峡中最短的一个，却最为雄伟险峻，该峡以"雄"著称。

（2）白帝城，在今重庆奉节白帝山上，西汉末公孙述据此，自号白帝，山、城因此得名。刘备伐东吴败归就死在白帝城。用地名即景，亦有怀古之意。

（3）咽，哽咽。

（4）暗，传世本《尊前集》，如黄尧圃旧藏明抄本、《唐宋名贤百家词》本、汲古阁本，俱作"暗"，疆村本作"闲"，盖误。残夜鸟啼，作"暗"自好。白氏本集亦作"暗"。北魏郦道元《水经注》卷三十四《江水》："每至晴初霜旦，林寒涧肃，常有高猿长啸，属引凄异，空谷传响，哀转久绝，故渔者歌曰：'巴东三峡巫峡长，猿鸣三声泪沾裳。'"李白诗云："两岸猿声啼不住"。

（5）巴东、巴西，均为郡名，前者在今重庆奉节一带，后者在今四川阆中一带。治所分别在鱼腹（今重庆奉节东）和阆中（今四川阆中）。唐朝改为夔州（今奉节）、朗州（今阆中）。

（6）雨脚，雨丝、雨点。

（7）水蓼，蓼科植物，生水边，夏秋间开白色带红五瓣小花。簇簇（cù），丛列成行貌。

（8）江蓠，香草名，亦生于水边。

【赏析】

《竹枝词》原为巴、渝间民歌，唐诗人顾况、刘禹锡、白居易等均有拟作，以七言绝句的形式，歌咏地方风物习俗及男女恋情。此诗为白居易于元和十四年（819）年所作，叙写听唱《竹枝》歌及其感受。原词四首，这里选两首。其中第一首，写深夜听唱《竹枝》。

"瞿塘峡口水烟低，白帝城头月向西。"前二句写景，交代地点、时间和周围的环境。"水烟低"写江面上烟雾迷漫，给人一种压抑之感；"月向西"说明时间之晚。在这烟波江上，深宵夜半，竟有人吟唱一首悲歌，应该是遇到了极其悲伤的事，郁愤不能自已，故发而为歌，声调凄惨。"唱到竹枝声咽处，寒猿暗鸟一时啼。"后二句写人，以环境烘托歌声的悲哀，流露出人民的痛苦。北魏郦道元《水经注》卷三十四《江水》："每至晴初霜旦，林寒涧肃，常有高猿长啸，属引凄异，空谷传响，哀转久绝。故渔者歌曰：'巴东三峡巫峡长，猿鸣三声泪沾裳。'"猿鸣鸟啼原本似人之哭泣，悲凉的歌声牵动了鸟啼猿鸣，而猿鸟鸣啼又成为《竹枝》的协奏曲，更加倍衬托出悲歌凄怆的情境气氛。诗歌写得如此凄婉动人，与当时诗人寂寞的心情有关。四句之中没有介绍是什么人在唱《竹枝》，是男还是女，以及他因为什么要唱这样一种凄凉哀怨的曲子。而只是说在瞿塘峡口，白帝城头，月亮西沉时，烟雾迷漫，一阵阵歌声远远传来，悲凉凄楚，如泣如诉，如怨如慕，唱到声情凄苦之处，音调梗塞，致使周围宿猿栖鸟齐声悲啼，更烘托出这一曲悲歌的哀婉动人。

第二首《竹枝》，描写词人所见江川从巴东向巴西逆流而上的情状，赞扬船夫们不畏艰难险阻的乐观主义精神。"巴东船舫上巴西，波面风生雨脚齐。"前两句叙事，描绘船夫风雨中撑船从巴东逆流而上巴西。巴东、巴西，均为郡名，前者在今重庆奉节一带，后者在今四川阆中一带。船舫所经之地，正是长江上最险要的三峡地段。地险流急，暗滩礁石，稍有不慎，就会船毁人亡，何况是逆水行舟，不进则退，就更加凶险。在这种恶劣的天气中行船，就更加惊心动魄了。两句看似平铺直叙，内涵却极为丰富。

"水蓼冷花红簇簇，江篱湿叶碧凄凄。"后二句写景，写景中包含着对船夫们乐观精神的礼赞。这两句由第二句生出，描绘水边景致。"冷花""湿叶"，雨气逼人；"红簇簇""碧凄凄"，描绘歌乡雨景，乡土色彩浓郁而体物入微。"簇簇"的红花，竟然以"冷"意写出，确是别开生面，别有心境，也赋予水蓼另一种情味。这是一种诗性的生发，一种文人的落寞。二句不仅写出长江岸边特有的景色，而且这景色只有在安闲中才能观察到，从而表现了船夫们战胜艰险之后胜利的喜悦，以及诗人对他们由衷的赞叹。

【原文】

杨柳枝

一树春风千万枝⁽¹⁾，嫩于金色软于丝。永丰西角荒园里⁽²⁾，尽日无人属阿谁⁽³⁾？

【毛泽东圈评等情况】

毛泽东曾手书这首词。

[参考]中央档案馆编:《毛泽东手书选集·古诗词(上)》,

北京出版社 1996 年版,第 245 页。

【注释】

（1）千万枝,一作"万万枝"。

（2）永丰,永丰坊,唐代东都洛阳坊名。

（3）阿（ā）谁,疑问代词,犹言谁,何人。阿,作语助,用在称呼的前头。汉乐府《十五从军征》:"家中有阿谁?"

【赏析】

《杨柳枝》,词牌名。此调源于北朝乐府横笛曲《折杨柳》。唐玄宗开元年间入教坊曲,后经白居易、刘禹锡整理、改编,依旧曲作词,翻为新声。唐五代词皆咏杨柳枝本意。其正体为齐言体,单调二十八字,平韵,格式同于七言绝句。

这首《杨柳枝》词,是白居易晚年寓居洛阳时所作。《乐府诗集》卷八十一载:"《杨柳枝》,白居易洛中所制也。《本事诗》曰:'白尚书有妓樊素善歌,小蛮善舞。'尝为诗曰:'樱桃樊素口,杨柳小蛮腰。'年既高迈,而小蛮方丰艳,乃作《杨柳枝》辞以托意曰:'永丰西角荒园里,尽日无人属阿谁?'及宣宗朝,国乐唱是辞,帝问谁辞,永丰在何处?左右俱以对。时永丰坊西南角园中有垂柳一株,柔条极茂,因东使命取两枝,植于禁中。居易感上知名,且好尚风雅,又作辞一章:'定知玄象今春后,柳宿光中添两星。'"当时河南尹卢贞有一首和诗,并写了题序说:"永丰坊西南角园中,有垂柳一株,柔条极茂。白尚书曾赋诗,传入乐府,遍流京都。近有诏旨,取两枝植于禁苑。乃知一顾增十倍之价,非虚言也。"白居易于武宗会昌二年（842）以刑部尚书致仕后寓居洛阳,直至会昌六年去世;卢贞于会昌四年七月任河南尹（治所在洛阳）。白诗写成到传至京都,须一段时间,然后诏旨下达洛阳,卢贞始作和诗。据此推知,白居易此诗约作于会昌三年至五年之间。移植永丰柳诏下达后，他还写了一首《诏取永丰柳植禁苑感赋》的诗。

以上史料说明，这首词是咏洛阳永丰坊西南角园中垂柳的，并以柳喻人，有所寄托。此词前两句写柳的风姿可爱，后两句抒发感慨，是一首咏物言志的小词。

"一树春风千万枝，嫩于金色软于丝。"前二句写景，描写垂柳的不凡风姿。词中写的是春日的垂柳。最能表现垂柳特色的是它的枝条，此诗亦即于此着笔。首句写枝条之盛，舞姿之美。"春风千万枝"，是说春风吹拂，千丝万缕的柳枝，随风起舞。一树而千万枝，可见柳之繁茂。次句极写柳枝之秀色夺目、柔嫩多姿。春风和煦，柳枝绽出细叶嫩芽，望去一片嫩黄；细长的柳枝，随风飘荡，比丝缕还要柔软。"金色""丝"，比喻形象，写尽早春新柳又嫩又软之娇态。此句上承春风，写的仍是风中情景，风中之柳，才更能显出枝条之软。句中叠用两个"于"字，接连比况，更加突出了"软"和"嫩"，而且使节奏轻快流动，与诗中欣喜赞美之情非常协调。这两句把垂柳之生机横溢、秀色照人、轻盈袅娜，写得极生动。《唐宋诗醇》称此诗"风致翩翩"，确是中肯之论。"永丰西角荒园里，尽日无人属阿谁？"后二句叙事，写这株垂柳的生活环境。这样美好的一株垂柳，照理应当受到人们的赞赏，为人珍爱；但诗人笔锋一转，写的却是它荒凉冷落的处境。词于第三句才交代垂柳生长之地，有意给人以突兀之感，在诗意转折处加重特写，强调垂柳之不得其地。"西角"为背阳阴寒之地，"荒园"为无人所到之处，生长在这样的场所，垂柳再好，无人来一顾，只好终日寂寞了。反过来说，那些不如此柳的，因为生得其地，却备受称赞，为人爱惜。诗人对垂柳表达了深深的惋惜。这里的孤寂落寞，同前两句所写的动人风姿，正好形成鲜明的对比；而对比越是鲜明，越是突出了感叹的强烈。

这首咏物词，抒发了对永丰柳的痛惜之情，实际上是对当时政治腐败、人才埋没的感慨。白居易生活的时期，由于朋党斗争激烈，不少有才能的人都受到排挤。诗人自己，也为避朋党倾轧，自请外放，长期远离京城。此诗所写，亦当含有诗人自己的身世感慨在内。此词将咏物和寓意融在一起，不着一丝痕迹。全词明白晓畅，有如民歌，加以描写生动传神，当时就"遍流京都"。后来苏轼写《洞仙歌》词咏柳，有"永丰坊那畔，尽日无人，谁见金丝弄晴昼"之句，隐括此诗，读来仍然令人有无限低回之感，足见其艺术力量感人至深了。

唐皎然《诗式》："《诗·葛覃》一篇，托于时物起兴。诗须能兴，为合于《三百篇》之旨。假如此题直写己年已高迈，小蛮方丰艳，则索然兴尽，全失诗人之旨。惟寄托于杨柳。首句、二句写杨柳之盛时，即言小蛮之丰艳。三句'永丰西角'与'荒园'，即言乐天之年迈。四句总收，合小蛮、乐天都到，仍跟三句来，题意、题面无不关照。昔称乐天诗老妪都解，谓乐天诗之平易近人则可，谓乐天率意写意、全不斟酌则不可。"

刘禹锡

刘禹锡（772—842），字梦得，洛阳（今河南洛阳）人，唐代文学家、哲学家。自称"家本荥上，籍占洛阳"，又自言系出中山，其先为中山靖王刘胜。有"诗豪"之称。唐德宗贞元九年（793），进士及第，初在淮南节度使杜佑幕府中任记室，为杜佑所器重，后从杜佑入朝，为监察御史。贞元末，与柳宗元、陈谏、韩晔等结交于王叔文，形成了一个以王叔文为首的政治集团。后历任朗州司马、连州刺史、夔州刺史、和州刺史、主客郎中、礼部郎中、苏州刺史等职。会昌时，加检校礼部尚书。卒年七十，赠户部尚书。刘禹锡诗文俱佳，涉猎题材广泛，与柳宗元并称"刘柳"，与韦应物、白居易合称"三杰"，并与白居易合称"刘白"，有《陋室铭》《竹枝词》《杨柳枝词》《乌衣巷》等名篇。有《刘梦得文集》，存世有《刘宾客集》。

【原文】

潇湘神·斑竹枝

斑竹枝[(1)]，斑竹枝，泪痕点点寄相思[(2)]。楚客欲听瑶瑟怨[(3)]，潇湘深夜月明时[(4)]。

【毛泽东圈评等情况】

毛泽东曾圈阅这首词。

[参考] 张贻玖：《毛泽东评点、圈阅的中国古典诗词》，中国工人出版社1992年版，第234页。

【注释】

（1）斑竹，即湘妃竹。相传舜崩苍梧，娥皇、女英二妃追至，哭啼极哀，泪染于竹，斑斑如泪痕，故谓"斑竹"。

（2）泪痕点点寄相思，南朝齐祖冲之《述异记》载："舜南巡，葬于苍梧。尧二女娥皇、女英泪下沾竹，文悉为之斑。"

（3）楚客，本指屈原，此处为作者自况。作此词时刘禹锡正值贬官朗州（治所在今湖南常德）。瑶瑟，以美玉妆饰成的瑟，古代之管弦乐器。

（4）潇湘，潇水在今湖南零陵西北合于湘水，称潇湘。

【赏析】

《潇湘神》，词牌名，又名"潇湘曲"，调见《尊前集》所辑刘禹锡词，以其《潇湘神·斑竹枝》为正体，单调二十七字，五句三平韵、一叠韵，有《潇湘神·湘水流》等代表作品。

此词咏湘妃故事，正是调名本意。湘妃是指帝舜的两个妃子娥皇、女英。据《列女传》《博物志》等书记载，帝舜巡游南方，死于苍梧，她们两人赶至湘江边，哭泣甚哀，以泪挥竹，染竹成斑，后投水而死，成为湘水女神，俗称湘灵。这是本词调名的由来。

"斑竹枝，斑竹枝。"这首词的开头两句以重叠的形式写出了心中无限低回曲折的叹息。自然界的竹枝，本属雅品，其姿娟秀，其质清丽，而潇湘之竹，自从一染娥皇、女英之泪，便增添了一层长存永在的哀伤色彩，从而成为与众竹不同的特殊景物了。由于作者深深地被斑竹的特征和传说所激动，所以他感到竹上的每一个斑痕都包含深意："泪痕点点寄相思。""点点"两字极写泪痕之多和泪痕之深。唯其多，故幽篁翠箓，无不尽染，湘妃之情多可知；唯其深，故千年百代，虽久不灭，湘妃之怨深可见。情多，故相思绵绵不绝；怨深，故悲韵世世相传。至此，作者笔下的枝枝斑竹，已经不是单纯的景物，而俨然成为一种永生不死的多情精灵的象喻了。

"楚客欲听瑶瑟怨，潇湘深夜月明时。"这两句是说，楚地的游子啊若想听听瑶瑟的幽怨，在这潇水湘江之上夜深月明之时。

这两句写湘妃通过鼓瑟以抒发千古哀怨之情。楚客，本指屈原，这里是作者以屈原自比。作者写作此词时，正值贬官朗州（治所在今湖南常德）。他的遭遇与屈原极为类似，而且又在屈原贬谪的地区，难以排遣的哀怨与对帝京的强烈思念，使他希望成为善于鼓悲瑟的湘灵的知音。"瑶瑟"是瑟的美称。"瑶瑟怨"是说湘灵演奏的瑟曲韵调悲苦，特别动人。在这静谧的湘江月夜，作者那种因忠信而见弃的怨愤和在极度苦闷中所产生的无穷惆怅，同传说中的湘灵的瑟声梦幻般地交织在一起，构成了一种迷惘惝恍、亦真亦幻的艺术境界。说它幻，是因为湘灵的瑟声在现实世界中是听不到的；说它真，是因为湘竹上的泪痕犹在，只要人间还有哀伤的情事，这古老的传说将会永远牵惹人们的情思。词的结句"潇湘深夜月明时"，具体描绘了瑶瑟的哀怨动人：湘流之清冷如斯，夜深之孤寂若彼，更兼明月如霜，给夜景平添了几分凄清的情韵。此时此境，湘灵那如怨如慕、如泣如诉的瑟声，从幽密的竹林和静谧的江面上轻轻飘出，无处不在，却又若有若无。这是天籁自鸣，还是作者心灵的感叹，抑或两者兼而有之？清俞陛云《唐五代两宋词选释》："此九疑怀古之作。当湘帆九转时，访英、皇遗迹，而芳草露寒，五铢佩远，既欲即而无从，则相思所寄，惟斑竹之'泪痕'；哀音所传，惟夜寒之'瑶瑟'，亦如萼绿华之来无定所也。李白诗'白云明月吊湘娥'，与此词之'深夜月明'同其幽怨。"

【原文】

忆江南·春去也

一

春去也，多谢洛城人[(1)]。弱柳从风疑举袂[(2)]，丛兰裛露似沾巾[(3)]。独坐亦含颦[(4)]。

二

春去也，共惜艳阳年[(5)]。犹有桃花流水上，无辞竹叶醉尊前[(6)]。惟待见青天[(7)]。

【毛泽东圈评等情况】

毛泽东曾圈阅这首词。

[参考] 张贻玖：《毛泽东评点、圈阅的中国古典诗词》，
中国工人出版社 1992 年版，第 234 页。

【注释】

（1）多谢，殷勤致意的意思。晋陶潜《赠羊长史》诗："路若经商山，为我少踌躇。多谢绮与角，精爽今何如？"洛城人，即河南洛阳人。

（2）弱柳，柳条柔弱，故称弱柳。南朝陈张正见《赋得垂柳映斜溪》："千仞青溪险，三阳弱柳垂。"袂（mèi），衣袖。

（3）丛兰，丛生的兰草。裛（yì），通"浥"，沾湿。

（4）颦（pín），皱眉。

（5）艳阳年，即艳阳天，阳光灿烂的春天，这里指暮春。南朝宋鲍照《学刘公干体》诗："胡风吹朔雪，千里度龙山。集君瑶台里，飞舞两楹前。兹辰自为美，当避艳阳年。"

（6）无辞，无语，默默地。竹叶，竹叶酒。尊前，在酒樽之前，指酒筵上。尊，同"樽"，酒杯。唐马戴《赠友人边游回》诗："尊前语尽北风起，秋色萧条胡雁来。"

（7）惟待，只等。青天，无云的天，指晴天。

【赏析】

此词作于唐文宗开成三年（838），作者以太子宾客分司东都（洛阳）时。题下原有作者自注："和乐天（即）春词，依《忆江南》曲拍为句。"这是我国文学史上有关依曲填词的最早记录，标志着词体已经发展到"由乐定词"的成熟阶段。

第一首词写的是一位洛阳少女的惜春之情。"春去也，多谢洛城人。"起首二句叙事，她把姗姗来迟的春光拟人化，比作一个多情的姑娘。她一边惋惜春天的归去，一边又觉得春天对她也有无限依恋之情。词人不写人惜春，却从春恋人着笔，别具一格。

"弱柳从风疑举袂,丛兰裛露似沾巾。"三、四两句描写,杨柳丝迎风飘拂,春姑娘正举起纤手挥舞衣袖向殷勤的洛城人告别,丛生的兰花上滚动着晶莹的露珠,像似春姑娘惜别时滴在罗巾上的眼泪,二句用喻,十分贴切,不仅形象生动,而且富于美的意蕴。写来婉转有致,耐人寻味。

"独坐亦含颦。"末句白描,通过一个花季少女的造型,把惜春之情推向顶点。以人惜春收束全词,更增添了全词的抒情色彩。

第二首的主旨是惜春,其抒情线索十分显明,抒情的中心非常突出。"春去也,共惜艳阳年。"首句重复第一首的发端,既加深了咏叹的意味,强化了作者伤春、惜春的情感,在结构上也起到与第一首互相呼应的勾连作用,感慨春天的"大势"已去。次句中的"艳阳年",即"艳阳天",指阳光灿烂、风光旖旎的春天,"余春"尚在,大家赶紧来抓住这最后的机会好好地赏玩一下暮春的风致。

"犹有桃花流水上,无辞竹叶醉尊前。"描写了词人为自己"惜春"的行为所做的打算,桃花凋落,飘洒在溪流水上,这正是暮春常见的景象,倘若桃花落瓣已被流水飘尽,那春天的身影就确实消逝得无影无踪了。词人愿意在溪水边的草茵上席地而坐,面对着落花流水,斟上一杯春竹叶酒,慢慢地喝,悄悄地看,静静地想。

"惟待见青天",强烈表达出希望自己拟想中的"惜春"行为能够实现的心声。纵然风景无限好,倘使碰上个淫雨连绵、路滑泥烂的天气,这一番打算就全都落空了。所以诗人末句希望老天爷能够帮忙,给人间送来个无云无风的大好晴天。这两首词运用了拟人的手法,表现了从人到春,又从春到人的三次主角转换。作者不写人惜春,反写春惜人,将人情物态糅为一体,构思新颖,手法多变;语言朴实无华,结构紧凑奇巧。全词充分体现了诗人乐府小章"清新流畅、含思婉转"的艺术特色。

杜秋娘

　　杜秋娘（约791—？），《资治通鉴》称杜仲阳，后世多称为"杜秋娘"，唐代金陵人。15岁时成了李锜的侍妾。唐宪宗元和二年（807），李锜正式起兵造反，后来失败，杜秋娘被纳入宫中，后受到唐宪宗宠幸。元和十五年（820）唐穆宗即位，任命她为儿子李凑的傅姆。后来李凑被废去漳王之位，杜秋娘赐归故乡。杜牧经过金陵时，看见她又穷又老的景况，作了《杜秋娘诗》，其序简述了杜秋娘的身世。诗中附了一段注："劝君莫惜金缕衣，劝君惜取少年时。花开堪折直须折，莫待无花空折枝。李锜长唱此辞。"并没有说这首七绝是谁所作，但后世多归入杜秋娘的作品，包括《唐诗三百首》。

【原文】

金缕衣·劝君莫惜金缕衣

　　劝君莫惜金缕衣⁽¹⁾，劝君惜取少年时。花开堪折直须折，莫待无花空折枝⁽²⁾。

【毛泽东圈评等情况】

　　毛泽东曾圈阅这首词。

　　　　　　　[参考] 张贻玖：《毛泽东评点、圈阅的中国古典诗词》，
　　　　　　　　　　　　中国工人出版社1992年版，第242页。

【注释】

　　（1）金缕衣，以金丝编织的衣服。南朝梁刘孝威《拟古应教》诗："青铺绿琐琉璃扉，琼筵玉笥金缕衣。"宋崔公度《金华神记》："女子笑

曰：'君怯耶！'即以金缕衣置肩上，生稍安。'"

（2）空，徒然。

【赏析】

《金缕衣》，词牌名，一名《金缕曲》，是唐诗名篇。《唐诗三百首》的最后一首就是《金缕衣》，作者署名杜秋娘。《乐府诗集》编于李锜名下，《全唐诗》谓无名氏作。

此诗含意很单纯，可以用"莫负好时光"一言以蔽之。这原是一种人所共有的思想感情。可是，它使读者感到其情感虽单纯却强烈，能长久在人心中缭绕，有一种不可思议的魅力。它每个诗句似乎都在重复那单一的意思"莫负好时光"，而每句又都寓有微妙变化，重复而不单调，回环而有缓急，形成优美的旋律。

"劝君莫惜金缕衣，劝君惜取少年时。"一、二句式相同，都以"劝君"开始，"惜"字也两次出现，这是二句重复的因素。但第一句说的是"劝君莫惜"，二句说的是"劝君惜取"，"莫惜"与"惜取"意正相反，又形成重复中的变化。这两句诗意又是贯通的。"金缕衣"是华丽贵重之物，却"劝君莫惜"，可见还有远比它更为珍贵的东西，这就是"劝君莫惜"的"少年时"了。何以如此？诗句未直说，然而青春对任何人只有一次，它一旦逝去是永不复返的。可是，世人多惑于此，爱金如命、虚掷光阴的真不少呢。一再"劝君"，用对白语气，致意殷勤，有很浓的歌味，和娓娓动人的风韵。两句一否定、一肯定，否定前者乃是为肯定后者，似分实合，构成诗中第一次反复和咏叹，其旋律节奏是纡回徐缓的。三、四句则构成第二次反复和咏叹，单就诗意看，与一、二句差不多，还是"莫负好时光"的意思。这样，除了句与句之间的反复，又有上联与下联之间的较大的回旋反复。但两联表现手法就不一样，上联直抒胸臆，是赋法；下联却用了譬喻方式，是比义。于是重复中仍有变化。

"花开堪折直须折，莫待无花空折枝。"三、四句没有一、二那样整饬的句式，但意义上彼此是对称的。上句说"有花"应怎样，下句说"无花"会怎样；上句说"须"怎样，下句说"莫"怎样，也有肯定否定的对立。二句意义又紧紧关联："有花堪折直须折"是从正面说"行乐须及春"意，"莫待无花空折枝"是从反面说"行乐须及春"意，似分实合，反复倾诉同一情愫，是"劝君"的继续，但语调节奏由徐缓变得峻急、热烈。"堪折—直须折"这句中节奏短促，力度极强，"直须"比前面的"须"更加强调。这是对青春与欢爱的放胆歌唱。这里的热情奔放，不但真率、大胆，而且形象、优美。"花"字两见，"折"字竟三见；"须—莫"云云与上联"莫—须"云云，又自然构成回文式的复叠美。这一系列天然工妙的字与字的反复、句与句的反复、联与联的反复，使诗句朗朗上口、语语可歌。除了形式美，其情绪由徐缓的回环到热烈的动荡，又构成此诗内在的韵律，诵读起来就更使人感到回肠荡气了。

此词另一显著特色在于修辞的别致新颖。一般情况下，旧诗中比兴手法往往合一，用在诗的发端；而绝句往往先景语后情语。此诗一反常例，它赋中有兴，先赋后比，先情语后景语，殊属别致。"劝君莫惜金缕衣"一句是赋，而以物起情，又有兴的作用。诗的下联是比喻，也是对上句"须惜少年时"诗意的继续生发。不用"人生几何"式直截的感慨，用花（青春、欢爱的象征）来比少年好时光，用折花来比莫负大好青春，既形象又优美，因此远远大于"及时行乐"这一庸俗思想本身，创造出一个意象世界。这就是艺术表现的形象思维。错过青春便会导致无穷悔恨这层意思，此诗本来可以用但却没有用"老大徒伤悲"一类成语来表达，而紧紧朝着折花的比喻向前走，继而造出"无花空折枝"这样闻所未闻的奇语。没有沾一个悔字恨字，而"空折枝"三字多耐人寻味，多有艺术说服力！

温庭筠

温庭筠（约812—866），本名岐，字飞卿，太原祁（今山西祁县东南）人，唐代诗人、词人。唐初宰相温彦博之后裔，富有天才，文思敏捷，每入试，押官韵，八叉手而成八韵，所以也有"温八叉"之称。然恃才不羁，多犯忌讳，屡举进士不第；又好讥刺权贵，取憎于时。唐宣宗朝试宏辞，温庭筠代人作赋，因扰乱科场，贬为隋县尉，后襄阳刺史署为巡官，授检校员外郎，不久离开襄阳，终生潦倒不得志，官终国子助教，客于江陵。

温庭筠是第一位专力于"倚声填词"的诗人。温庭筠词风婉丽、情致含蕴、辞藻浓艳，但并不单一，有一些境界阔大的描写，也有一些清新疏朗，甚至通俗明快之作。温庭筠作为词人的地位很高，后世词人如冯延巳、周邦彦、吴文英等多受他影响。后蜀广政三年（940）赵崇祚编选《花间集》，开卷便是温庭筠词六十六首。温庭筠词多写花间月下、闺情绮怨，形成了以绮艳香软为特征的花间词风，是为"花间词派"鼻祖，成为"婉约词派"的直接源头，对五代以后词的大发展起了很强的推动作用。温庭筠在创造词的意境上表现出了杰出的才能。他善于选择富有特征的景物构成艺术境界，表现人物的情思。温庭筠对词的贡献，永远受到后人的尊敬。李煜、欧阳修、柳永、晏几道、李清照、陆游都视温庭筠为偶像级人物或深受温庭筠的影响。代表词作有《望江南》二首、《菩萨蛮》十四首、《更漏子》六首、《酒泉子》四首、《杨柳枝》、《南歌子》、《河渎神》、《诉衷情》等。

其词注重词的文采和声情，今存七十余首，收录于《花间集》《金荃词》等书中。

【原文】

杨柳枝·馆娃宫外邺城西

馆娃宫外邺城西⁽¹⁾，远映征帆近拂堤。系得王孙归意切⁽²⁾，不关芳草绿萋萋⁽³⁾。

【毛泽东圈评等情况】

毛泽东曾圈阅这首词。

> [参考] 张贻玖：《毛泽东评点、圈阅的中国古典诗词》，中国工人出版社1992年版，第237页。

【注释】

（1）馆娃宫，春秋时吴国宫名。据《越绝书》载，吴王于研石山置馆娃宫。传说西施至吴，吴王夫差筑此宫以住西施。晋左思《吴都赋》："幸乎馆娃之宫。"此宫旧址在今江苏吴县西南灵岩山上。《吴郡志》：研石山一日灵岩山，上有馆娃宫、琴台等。邺城，三国曹操做魏王时的都城，故址在今河北临漳西南，曹操曾筑铜雀台在此。

（2）系得，连结，拴着。王孙，贵族的后裔，泛指富贵人家的子弟。唐杜甫《哀王孙》："腰下宝玦青珊瑚，可怜王孙泣路隅。"古时也表示对青年的敬称，《史记·淮阴侯列传》："吾哀王孙而进食，岂望报乎？"此处代指游子。

（3）不关，不相关。萋萋，草木茂盛之状。《诗经·周南·葛覃》："葛之覃兮，施于中谷，维叶萋萋。"毛传："萋萋，茂盛貌。"西汉刘安《招隐士》："王孙游兮不归，春草生兮萋萋。"唐崔颢《黄鹤楼》诗："晴川历历汉阳树，芳草萋萋鹦鹉洲。"

【赏析】

这首词写思妇望着柳条而产生的纷繁思绪。"馆娃宫外邺城西，远映征帆近拂堤。"一、二句写柳树所在之地，"馆娃"和"邺城"，都是古时与美女有关的地方，西施曾居于馆娃宫中；邺城有铜雀台，唐杜牧《赤壁》诗有"东风不与周郎便，铜雀春深锁二乔"之句，曹操姬妾歌女，都住在此地。这里用这两个地名，不仅使人想见其树，更想见住在那里的美人。树与人暗自映衬，柳的娇美自在不言中，并含有思妇以美人自况之意。越觉己美，春思愈切，于是举目眺望，所见只是远近垂柳，拂堤映帆。次句写江岸之柳沐浴春风，飘拂多姿，思妇由征帆而想起远去的征人。"馆娃"和"邺城"，一南一北，构成跨度很大的空间，配合着流水征帆、大堤杨柳，构成一幅广阔渺远的离别图。而"馆娃宫外"与"邺城西"、"远映征帆"与"近拂堤"，句中自对，则又构成一种回旋荡漾的语调，渲染了一种别情依依的气氛。

"系得王孙归意切，不关芳草绿萋萋。"三、四两句是写杨柳枝的内在柔美，进而写思妇由柳条而产生的奇异想象：芳草可以使游子怀乡，柳条虽不是芳草，然而它也像芳草一样碧绿，而且还有袅袅长丝，它足以牵住远游的人儿，使他思归更切。这种意境是很新颖的。但上文既然说杨柳拂堤，枝条无疑是既柔且长，用它来系住游子的心意，又是一种很合理的推想。古代有折柳送别的习俗，"柳"与"留"谐音，折柳相赠，正是为了加强对方对于己方的系念。有这种习俗，又加上柳枝形态在心理上所唤起的感受，就让人觉得柳枝似乎真有此神通，能系住归心了。由此再趁势推进一层："王孙游兮归不归，春草生兮萋萋"，作者巧妙地借此说芳草没有能耐，反衬出柳枝神通之广大。

这首词不仅扣住《杨柳枝》词调咏杨柳，而且加以生发，决不粘滞在题上。词中的杨柳，实际上是系住游子归意的女子的化身。词中处处有伊人的情影，但笔笔都只写杨柳；写杨柳亦只从空际盘旋，传其神韵，这是这首词写得很成功的地方。清黄生《唐诗摘抄》卷四："言王孙归意甚切，而杨柳能系之，非为春草之故。盖讽惑溺之士也。"

【原文】

南歌子·手里金鹦鹉

手里金鹦鹉⁽¹⁾，胸前绣凤凰⁽²⁾。偷眼暗形相⁽³⁾，不如从嫁与⁽⁴⁾，作鸳鸯⁽⁵⁾。

【毛泽东圈评等情况】

毛泽东曾圈阅这首词。

[参考] 张贻玖：《毛泽东评点、圈阅的中国古典诗词》，
中国工人出版社 1992 年版，第 237 页。

【注释】

（1）金鹦鹉，金色鹦鹉，此指女子绣件上的花样。

（2）凤凰，亦作"凤皇"，古代传说中的百鸟之王，雄的叫凤，雌的叫凰，通称为凤或凤凰，羽毛五色，声如箫乐，常用来象征瑞应，此指凤形饰物。五代和凝《临江仙》词："碧罗冠子稳犀簪，凤凰双飐步摇金。"

（3）偷眼，偷偷瞥视、窥望。暗形相，暗中打量。

（4）从嫁与，就这样嫁给他。从，跟、随。

（5）作鸳鸯，比喻结为夫妻。鸳鸯，鸟名，形似野鸭，雌雄双栖双止，偶居不离，古称"匹鸟"。

【赏析】

《南歌子》，唐教坊曲名，后用作词牌名，又名"南柯子""春宵曲""望秦川""凤蝶令"等。杨文生考此词曲调本。

这首小令，借助民间艺术中常用的比兴手法，使流于浅近的词饶有趣味，为人们描绘了一幅世俗的、平凡的而又充满了生命活力的民间生活小景。

"手里金鹦鹉，胸前绣凤凰。"这是在描写女子即将出嫁时的穿着打扮，衣袖上绣着鹦鹉，衣服胸前绣着凤凰。开头二句以闺中极寻常的女工活计，点示出主人公的身份，以及她的勤敏、朴实和心灵手巧。

末三句是写神情。"偷眼暗形相"，这是女主人公的活动。"形相"，端详、打量也。一"偷"一"暗"，一个思春心切又不无娇羞的少女形象便出来了。遣词简洁而又精巧。

"不如从嫁与，作鸳鸯。"一番"形相"之后，女主人公很快地作出了嫁他的抉择。在这里，作者为人们展示了一个鸟的意象系列：活的鹦鹉、绣的凤凰、抽象的富于象征意味的鸳鸯。唐人多以鹦鹉、凤凰对举，如骆宾王诗云："鹦鹉杯中浮竹叶，凤凰琴里落梅花。"又如杜甫诗云："香稻啄余鹦鹉粒，碧梧栖老凤凰枝。"但词中的鹦鹉、凤凰似乎只是为了招来鸳鸯。她端详了半天，看到的是她手里的鹦鹉、胸前的凤凰，于是自然而然地，她想到了鸳鸯，选择了鸳鸯。"不如从嫁与"一句颇觉突兀，而"作鸳鸯"又使"不如从嫁与"变得顺理成章，意象的转换揭示了少女的心理变化进程。明白如话，简洁传神，格调清新活泼，饶有民歌风味。

全词拟女子口吻而发。起二句写贵介公子，从外貌来写，为女子所见；后三句写闺人心绪，从神态和心理活动来写，为女子所想。此词截取少女一瞬间的神情和心理活动，表达她初萌的爱情，短小而精致。

【原文】

菩萨蛮·小山重叠金明灭

小山重叠金明灭[1]，鬓云欲度香腮雪[2]。懒起画蛾眉[3]，弄妆梳洗迟[4]。　　照花前后镜，花面交相映。新帖绣罗襦[5]，双双金鹧鸪[6]。

【毛泽东圈评等情况】

毛泽东曾圈阅这首词。

[参考] 张贻玖：《毛泽东评点、圈阅的中国古典诗词》，中国工人出版社 1992 年版，第 237 页。

【注释】

（1）小山，眉妆的名目，指小山眉，弯弯的眉毛。另外一种理解为：

小山是指屏风上的图案，由于屏风是折叠的，所以说小山重叠。金，指唐时妇女眉际妆饰之"额黄"。明灭，隐现明灭的样子。金明灭，形容阳光照在屏风上金光闪闪的样子。一说描写女子头上插戴的饰金小梳子重叠闪烁的情形，或指女子额上涂成梅花图案的额黄有所脱落而或明或暗。

（2）鬓云，像云朵似的鬓发，形容发髻蓬松如云。度，覆盖，过掩，形容鬓角延伸向脸颊，逐渐轻淡，像云影轻度。欲度，将掩未掩的样子。香腮雪，雪白的面颊。

（3）蛾眉，女子的眉毛细长弯曲像蚕蛾的触须，故称蛾眉。一说指元和以后较浓阔的时新眉式"蛾翅眉"。《诗经·卫风·硕人》："蝤首蛾眉，巧笑倩兮。"

（4）弄妆，梳妆打扮，修饰仪容。

（5）罗襦，丝绸短袄。

（6）鹧鸪，贴绣上去的鹧鸪图。这里说的是当时的衣饰，就是用金线绣好花样，再绣贴在衣服上，谓之"贴金"。

【赏析】

《菩萨蛮》，唐教坊曲名，后用为词牌。亦作"菩萨鬘"，又名"子夜歌""花间意""重叠金"等。此调原出外来舞曲。唐苏鹗《杜阳杂编》："大中初，女蛮国入项，危髻金冠，璎珞被体，号菩萨蛮队。"当时倡优遂制《菩萨蛮曲》，文士亦往往声其词。于是《菩萨蛮》就成了词牌名。小令，双调四十四字，前后阕各两仄韵、两平韵，平仄递转，情调由紧促转低沉。

这首词写一个闺中贵妇的苦闷心情。"小山重叠金明灭，鬓云欲度香腮雪。"开头两句，写她脸孔雪白、芳香，头发像浓云一般乌黑柔软，再衬上金黄色的眉毛，光艳毕现。在短短十四字中，把色泽、气味、体态……连同神情都生动地描绘出来。首句中的"小山"一词，历来有多种解释。一解认为指屏风山的小山。清许昂霄《词综偶评》说："盖指屏山而言。"则全句意为：屏风上雕绘着重重叠叠的小山，在阳光的照耀下，金光一明一灭地闪烁。另一解认为指眉。《天宝遗事》载："明皇幸蜀，命画工作十眉图。"据《海录碎事》："十眉图：一鸳鸯，二小山……"又一解认为指发髻。"金明灭"指首饰，或金银牙玉小梳背，在头发间光彩闪烁。"重叠金"，谓把眉毛画成黄色，像金一般重叠（金，或指"金钗"）。明杨慎《词品》说："北周静帝令人黄眉墨妆，其风流于后世。"全句是说，眉上涂的颜料有的掉了，因此金光有明有灭，暗示睡觉后妆残了的意思。

首句说眉上的颜色褪了，次句说头发蓬蓬松松地快垂到腮边了，"懒起画蛾眉，弄妆梳洗迟"，三、四两句才接着说女主人公懒洋洋地起床画眉和梳妆。这样前后呼应，层次极为分明。

在词人的联想中，"云"字乃从"鬓"字生出，"度"字又从"云"字生出。现代词学家俞平伯先生指出："度字含有飞动意。"现代词学家叶嘉莹女士《迦陵论词丛稿》也说："'度'字生动，……足以唤起人活泼之意象。"词人再于"度"字添一"欲"字，就把无生命的"鬓云"写活了。试想：于金光明灭之中，云鬓飘拂之际，连细小的眉、发也如此富有生气，岂不更撩人乎？这两句，已写出女主人公娇慵万分，所以第三句点出一个"懒"字，这才不使人觉得"懒"字突兀。不仅不觉得突兀，反觉得它与上文扣得很紧。因为眉残了，便画眉；发松了，便梳妆。第四句末用个"迟"字，说明女主人公对梳妆打扮并无兴致。因为她心上的人不在身旁，打扮得再漂亮又给谁看呢？又"妆"字上着一"弄"字，便含无聊已极而借此消遣的意味。

下片写她梳洗和打扮齐整了，为了看头上的花饰是否插好，便拿两面镜子一前一后地照着瞧。镜子里交叉出现了她的脸孔和花饰。它相互辉映，显得格外好看。末两句写她穿上新贴图样的绣花丝绸短袄，袄子上盘着一对对金色的鹧鸪。这双双对对的鹧鸪，勾起她无限的情思。

表面看来，这首词写的不过是女主人公从睡醒后到梳妆打扮完这一过程中的几个镜头，却能充分透露出她内心的复杂感受，做到神情毕现。

"照花前后镜，花面交相映。"过片五、六两句，衬出一幅花面相映图。花似人面，人面似花。花固然美，但"有花堪折直须折，莫待无花空折枝"！人面固然也美，但红颜易老，青春难驻，只怕也跟花一样易开易落啊！

"新帖绣罗襦，双双金鹧鸪。"结拍两句，说她穿上短袄，看着一双双用金线绣成的鹧鸪出神。鹧鸪尚懂得成双成对，而人呢？鹧鸪似乎在叫：

"行不得也哥哥！行不得也哥哥！"

而她的哥哥却早已出门远去，这怎不教人难挨难耐呢？

这首词艺术技巧极高，浓墨重彩，章法极密，层次极清。全首词一气呵成，表情隐约，风格含蓄，整首词都是写女子的梳妆打扮，好像无一字谈及女子的情感，但作者的高明之处在于，由隐情中见真情，无一字提到怨，而悠远之意见语言外。清刘熙载在《艺概》中说："温飞卿词，精妙绝伦，然类不出乎绮怨。"说得相当中肯。清陈廷焯《白雨斋词话》亦云："飞卿词如'懒起画蛾眉，弄妆梳洗迟'，无限伤心，溢于言表。"

【原文】

菩萨蛮·南园满地堆轻絮

南园满地堆轻絮⁽¹⁾，愁闻一霎清明雨⁽²⁾。雨后却斜阳⁽³⁾，杏花零落香⁽⁴⁾。　　无言匀睡脸，枕上屏山掩⁽⁵⁾。时节欲黄昏⁽⁶⁾，无慘独倚门⁽⁷⁾。

【毛泽东圈评等情况】

1933年夏，毛泽东写的《菩萨蛮·大柏地》中"雨后复斜阳"当从这首词中"雨后却斜阳"一句化出。

[参考]中共中央文献研究室编：《毛泽东诗词集》，中央文献出版社1996年版，第44页。

【注释】

（1）轻絮，指柳絮。

（2）一霎，时间极短，顷刻之间，一下子。唐孟郊《春后雨》诗："昨夜一霎雨，天意苏群物。"清明，二十四节气之一，春季的第五个节气。清明时，气清景明，万物皆显，因此得名。清明，既是节气，又是节日。节气的清明，是春耕春种的大好时机；节日的清明，是民间寄放情感和慰劳自己的传统日子。

（3）斜阳，夕阳。

（4）零落，残缺不全，零碎。宋曾公亮《进唐书表》："文采不明，事实零落。"

（5）屏山，指屏风。宋欧阳修《蝶恋花》词："枕畔屏山围碧浪，翠被华灯，夜夜空相向。"时节，时间，时候。汉孔融《论盛孝章书》："岁月不居，时节如流。"

（6）黄昏，傍晚，日已落而天色尚未黑的时候。《楚辞·离骚》："日黄昏以为期兮，羌中道而改路。"

（7）无憀（liáo），空闲而烦闷的心情。

【赏析】

五代孙光宪《北梦琐言》卷四载："宣宗爱唱《菩萨蛮》。令狐相国（绹）假其（温庭筠）新撰密进之，戒令勿泄，而遽言于人，由是疏之。温亦有言曰：'中书堂内坐将军。'讥相国无学也。"《乐府纪闻》记载此事云："令狐绹假温庭筠手撰二十阕以进。"据此，《菩萨蛮》诸阕乃温庭筠所撰而由令狐绹进献唐宣宗之作。其时当在大中后期（850—859），正值温庭筠屡试不第之时。

温庭筠的《菩萨蛮》没有全部流传下来，现在能见到的有《花间集》收录的十四首，这是其中第十一首。

清刘熙载在《艺概》中称温庭筠词"精妙绝伦，然类不出乎绮怨"。这首《菩萨蛮》写的就是一独处闺中的女子春昼睡起后的生活情态，也可以说是黄昏时候女子的"绮怨"。

上阕纯写时节景物。作者寥寥几笔就勾画出一幅典型的暮春景象，其间略露人情。"愁闻一霎清明雨"一句是上阕的关键，说"闻"即有人在，而且是"愁闻"，更透露出人情。前后三句的景物，都是"愁闻"的人感受到的。从下阕首句看，其人闻雨是在床榻上，并且是被雨惊醒的，闻雨而愁，是下意识的惜春之情的流露。首句先从景物表明时节，柳絮飞于春暮时。"轻絮"前用一"堆"字形容花絮落积之厚，在杨柳树多的地方即有这种景象。次句明言节候。"一霎"的雨是阵雨，下面两句即是阵雨后的景象。"雨后"二句写暮春阵雨后的光景：雨余气清，斜阳照射，落花犹香，一切作用于人的各种感官，总的给人以凄艳的感觉。"却"字为倒转之意，雨与阳光乃是相反的气象，而"雨后"即出现"斜阳"，故用一"却"字表示感觉的特异，亦有助于营造整个境象的新鲜之感。雨停下来了，天空中出现斜阳，只见那零落的杏花，依旧散着芳香。但落花之香给予人的并不是美的享受，而是心灵上的刺激，只能加重伤春情绪。

下阕描写主人公睡起后的情态，在这种环境熏染下的百无聊赖的心情。"无言"二句为午睡初起的表情。由"无言"二字可见主人公冷寂的心情，也可看出她是独处香闺的。"匀睡脸"则是由冷寂心情产生的懒散容态，只是略匀面脂而未着意梳妆。"枕上"句是对睡处的回顾，只淡淡地把屏枕物象略提一下，暗露主人公起身后离开屏枕时的空虚心情，也是产生"无言"句那种表情的环境气氛，因为在这样的处境中，人自然地要懒洋洋的了。"屏山"是床畔的掩蔽物，即屏风。这里只提"枕上屏山掩"，因起身后枕上空虚，最是关情。末二句以主人公之黄昏无聊，觉光景人情，一片黯然。"月上柳梢头，人约黄昏后"（宋朱淑真《生查子》），黄昏时候人世间有多少浪漫故事发生。她也是人，也有爱情婚姻的要求，她的那颗心再也无法平静下来，便无聊地起身依门张望。至于是望谁、能否达到目的，词中没有说，留下了悬念。此词上阕所布设的时节景物，如堆絮、落花、愁雨、斜阳，与下阕描写人的活动如无言匀脸、无聊倚门，情境同此索寞，互为表里，可见匠心。

【原文】

诉衷情·莺语花舞

莺语，花舞，春昼午⁽¹⁾，雨霏微⁽²⁾。金带枕⁽³⁾，宫锦⁽⁴⁾，凤皇帷⁽⁵⁾。柳弱蝶交飞⁽⁶⁾，依依⁽⁷⁾。辽阳音信稀⁽⁸⁾，梦中归。

【毛泽东圈评等情况】

毛泽东读清朱彝尊编选的《词综》卷一时圈阅了这首词。

（1）春昼午，谓正当春日中午时分。午，十二时辰之一，十一时至十三时为午时。午时，日正中，因称日中为午。

（2）雨霏微，细雨弥漫的样子。温庭筠《和友人悼亡》："画罗轻鬓雨霏微。"

（3）金带枕，以金带装饰的枕头。三国魏曹植《洛神赋》李善注："帝示植甄后玉缕金带枕，植见之不觉泣。"金带枕，因亦借指所爱之人的遗物。

（4）宫锦，皇宫中所用锦绸之类，这里指床上用的被垫均用宫锦所制，言其富丽。五代前蜀毛文锡《虞美人》词："宝檀金缕鸳鸯枕，绶带盘官锦。"

（5）凤凰帷，绣有凤凰的帷帐。

（6）柳弱，即弱柳，嫩柳。蝶交飞，谓蝴蝶上下双飞，交互嬉戏。

（7）依依，轻柔披拂之状。《诗经·小雅·采薇》："昔我往矣，杨柳依依；今我来思，雨雪霏霏。"唐李商隐《离亭赋得折杨柳》诗："含烟惹雾每依依，万绪千条拂落晖。"

（8）辽阳，今辽宁辽河以东，当时是边防要地，征戍之人所居。唐崔道融《春闺诗》："辽阳在何处？莫望寄征袍。"唐沈佺期《古意》诗："九月寒砧催木叶，十年征戍忆辽阳。"

【赏析】

本调为温飞卿所创，取《离骚》中"众不可户说兮，孰云察余之中情。"而曰《诉衷情》。唐教坊曲名，后用为词调。又名"一丝风""步花间""桃花水""偶相逢""画楼空""渔父家风"。分单调、双调两体。单调三十三字，平韵仄韵混用。双调四十一字，平韵。又有《诉衷情近》，双调七十五字，仄韵，属南曲商调。字数与词牌同，亦有仅用前半阕者，用作引子。

《诉衷情·莺语花舞》是晚唐著名诗人温庭筠的作品，收录在《花间集》中。这首词描写思妇对征夫的怀念，表达了妇人盼望丈夫早日归来、夫妻二人双宿双飞的美好愿景。

"莺语，花舞，春昼午，雨霏微。"起首四个短句，勾勒出莺啼花摇、细雨霏霏的春日正午景象。黄莺，每于芳春之时双飞和鸣，犹五代词人毛文锡《喜迁莺》咏物词"芳春景，暖晴烟，香木见莺迁。传枝偎叶语关关……百啭千娇相唤"的描写。这里简劲地写出"莺语"二字，即以关关和鸣的鸟儿起兴引发以下男女情思的描写，与《诗经》中名篇《关雎》之首起两句"关关雎鸠，在河之洲"所用比兴手法相同。"花舞"，谓花枝摇曳，宋欧阳修《丰乐亭游春》诗之一可作此句注脚。其诗云："绿树交加山鸟啼，晴风荡漾落花飞。鸟歌花舞太守醉，明日酒醒春已归。"这"花舞"的意象，即指花摇、花落，蕴含着春将归去的惜春、伤春的感怀。一"舞"字，更给人以迷乱之感。"雨霏微"三字，又为词带来了迷蒙霏微的意境，那轻柔飘动的雨丝，隐含着幽细隐微的愁绪，正是"无边丝雨细如愁"（宋秦观《浣溪纱》）。这样的景物、环境氛围，都为词人以下抒写征妇之怨，作了很好的铺垫。

"金带枕，宫锦，凤凰帷。"接下来三个短句，由室外莺语花舞雨霏微的自然景色，转至室内床榻陈设的描写。"金带枕，宫锦"，极言枕之华美，是说在闺室卧榻上，放着精制的枕头。这种枕头是用皇宫中才有的宫锦制成的，还配着金线制作的绶带。这漂亮的枕头，原来是心上人留下的，自然会睹物思人。"凤凰帷"，谓床的周围，张挂着用绣有凤凰图案的丝罗制作的帷帐。此处"凤凰"作为无生命的装饰图案，从表层意思看，是在点染女主人公居室内环境的富贵华美；从深层意蕴看，与温词中常见的"金鹧鸪""绣鸳鸯""双鹦办"等鸟类意象相同，都在托物传情。联系全篇看，这里借雌雄偶居不离的鸳鸯，正反衬出思妇的独处、寂寞。因而"金带枕，宫锦，凤凰帷"，三短句依次排出，实际暗示的仍是离人意象。

那么，女主人公的情思、意绪，到底是什么呢？且看，"柳弱蝶交飞，依依"。如果说前五句描写了一个适宜于女主人公昼寝的外部环境，是造成这位女子昼寝晏起的外因，后四句则揭示了其内在原因。这里，词人将笔触集中于庭院中一幕动人的景致上：在嫩绿柔细的柳丝间，对对蝴蝶，上下翻飞，难舍难离。这"依依"恋恋、交互嬉戏的双飞"蝶"意象，寄托的正是女主人公渴盼两情相悦、永不分离的爱情梦想。梦想多么美好，但是，她的梦想能够实现吗？"辽阳音信稀，梦中归。"此结拍二句，意象突变，点出闺中人的梦想只是梦想而已，难以实现。她的丈夫戍边辽阳，已很久没有消息，她只有在梦中才能看见丈夫归来。"梦中归"三字，与"蝶交飞"的意象对比，借美好的意象，衬托孤独女子的忧愁，使思妇怀人的感情更加沉痛。

刘彩春

　　刘彩春，生卒年不详，淮甸（今江苏淮安、淮阴一带）人，一作越州（今浙江绍兴）人，中唐时期江南女艺人。她是伶工周季崇的妻子。刘采春擅长参军戏，又会唱歌，深受元稹的赏识，说她"言辞雅措风流足，举止低回秀媚多。"可见她在当时是一名很有影响的女艺人。《全唐诗》录存六首。

　　她的丈夫周季崇和夫兄周季南都是有名的伶人，擅长参军戏。参军戏是唐代盛行的一种滑稽戏，有点类似于今日的相声，最开始由两人搭档，一人揶揄戏耍另一人，如一个逗哏，一个捧哏。后来演变成多人合演，也有了女演员的参与。刘采春三人组成一个家庭戏班，四处走穴。除善弄参军戏外，刘采春歌唱得尤其好。据说她有夜莺般的嗓子，"歌声彻云"，或许果真绕梁三日而不绝。《啰唝曲》是她的代表歌曲，相当于"来罗"，有盼望远行人回来之意，可见是抒发离愁的感伤之歌。《全唐诗》收录了6首《啰唝曲》。"不喜秦淮水，生憎江上船。载儿夫婿去，经岁又经年。""莫作商人妇，金钗当卜钱。朝朝江口望，错认几人船。"这《曲》又名《望夫歌》，所以唐元稹在《赠刘采春》一诗中说她："更有恼人肠断处，选词能唱《望夫歌》"。只可惜这歌声无法流传下来。

【原文】

啰唝曲·六首之三

其　一

不喜秦淮水⁽¹⁾，生憎江上船⁽²⁾。载儿夫婿去，经岁又经年。

其 二

莫作商人妇，金钗当卜钱⁽³⁾。朝朝江口望⁽⁴⁾，错认几人船。

其 三

那年离别日，只道住桐庐⁽⁵⁾。桐庐人不见，今得广州书⁽⁶⁾。

【毛泽东圈评等情况】

毛泽东曾圈阅这三首词。

[参考] 张贻玖：《毛泽东评点、圈阅的中国古典诗词》，

中国工人出版社1992年版，第242页。

【注释】

（1）秦淮，河名，流经今江苏南京，是南京名胜之一。相传秦始皇南巡至龙藏浦，发现有王气，于是凿方山，断长垄为渎入于江，以泄王气，故名秦淮。唐杜牧《泊秦淮》诗："烟笼寒水月笼沙，夜泊秦淮近酒家。"

（2）生憎，最恨，偏恨。唐卢照邻《长安古意》诗："生憎帐额绣孤鸾，好取门帘帖双燕。"宋晏几道《木兰花》词："生憎繁杏绿阴时，正碍粉墙偷眼觑。"

（3）金钗，妇女插于发髻的金制首饰，由两股合成。南朝宋鲍照《拟行路难》诗之九："还君金钗玳瑁簪，不忍见之益愁思。"唐温庭筠《懊恼曲》："两股金钗已相许，不令独作空成尘。"卜钱，卜术的一种。掷铜钱，以钱的反正代阴阳，看其变化以定吉凶。清赵翼《陔余丛考·以钱代蓍》："《辍耕录》云：今人卜卦，以钱占蓍，便于用也。然不详所始……今考《朱子语类》，钱卜实自汉始。"

（4）朝朝，天天，每天。战国郑列御寇《列子·仲尼》："子列子亦微焉，朝朝相与辩。"

（5）桐庐，桐庐县，浙江杭州下辖县，在富春江岸边。

（6）广州，今广东广州。

【赏析】

《啰唝曲》，词牌名，五言体又名"望夫歌"，七言体又名"江南曲""江南意"等。兴起于唐代，调名源自陈后主所建啰唝楼。有单调四体，字数有二十字和二十八字两种，格律多为平韵格。

"不喜秦淮水"一首，表达的是因长期与夫婿分别而产生的闺思。这本是一个陈旧而常见的题材，但它却于陈中见新、常中见奇，把想入非非的念头、憨态横生的口语写入诗篇，使人读诗如见人。"不喜秦淮水，生憎江上船。"一、二句为言事。这位少妇在独处空闺、百无聊赖之际，想到夫婿的离去，一会怨水，一会恨船，既说"不喜"，又说"生憎"；想到离别之久，已说"经岁"，再说"经年"，好像是胡思乱想，想到哪里就说到哪里，但却情真意切，生动地传出了闺中少妇"天真烂漫"的神态。"载儿夫婿去，经岁又经年"，后两句就交代了怨恨的原因。应当说，把离恨转嫁给水和船的作品并非绝无仅有，例如晁补之在一首《忆少年》词中曾怨"无情画舸"，刘长卿在一首《送李判官之润州行营》诗中也抱怨"江春不肯留行客"，但都不如这首诗之风韵天成，妙语生姿。

"莫作商人妇"一首，写因盼归不归而产生的怨情，也就是李益《江南曲》"嫁得瞿塘贾，朝朝误妾期"的意思。前一首怨水恨船，当然并不是真正怨恨所注，到这一首才点出真正怨恨的对象原来是她的夫婿，而夫婿之可怨恨，因为他是白居易《琵琶行》中所说的"重利轻别离"的商人。"莫作商人妇，金钗当卜钱"，一、二句直言为商妇之苦。商人去后，自然盼其归来，而又不知归期何日，就只有求助于占卜。这里用金钗代替金钱，想必为了取用便利，可见其占卜之勤。"朝朝江口望，错认几人船"，以商妇的行动写其盼夫之苦。而由于归期无定，就又抱着随时会突然归来的希望，所以在占卜的同时，还不免要"朝朝江口望"。但望了又望，带来的只是失望，得到的只是"错认几人船"的结果。唐温庭筠《望江南》词"梳洗罢，独倚望江楼，过尽千帆皆不是，斜晖脉脉水悠悠，肠断白蘋洲"，宋柳永《八声甘州》词"想佳人、妆楼颙望，误几回、天际识归舟"，也都是写错认船。但这首诗所表达的感情更朴素，更真切。从全诗看，这位少妇既以金钗权当卜钱，又朝朝江口守望，足以说明其望归之切、期待之久，而错认船后的失望之深也就可想而知了。

"那年离别日"一首，写夫婿逐利而去，行踪无定。"那年离别日，只道住桐庐。"一、二句点明夫妻离别之事。唐张朝（一作张潮）有首《江南行》："茨菰叶烂别西湾，莲子花开犹未还。妾梦不离江上水，人传郎在凤凰山。"所写情事，与这首诗所写有相似之处。"朝朝江口望，今得广州书"，后两句写丈夫因逐利而行踪不定。一心望夫婿归来，而不料愈行愈远。这正是望而终于失望的原因，正是每次盼到船来以为是夫婿的归船，却总是空欢喜一场的原因。正如清李锳在《诗法易简录》中所分析："桐庐已无归期。今在广州，去家益远，归期益无日矣。只淡淡叙事，而深情无尽。"长期分离，已经够痛苦了；加上归期难卜，就更痛苦；再加以行踪无定，愈行愈远，是痛苦上又加痛苦。在这情况下，诗中人只有空闺长守，一任流年似水，青春空负，因而接着在下一首诗中不禁发出"昨日胜今日，今年老去年。黄河清有日，白发黑无缘"的近乎绝望的悲叹了。

随着唐代商业的发达，嫁作商人妇的少女越来越多，因而有《啰唝曲》之类的作品出现，而闺妇、行人之所以听到此曲"莫不涟泣"，正因为它写的是一个有社会意义的题材，写出了商人家庭的矛盾和苦闷。

无名氏

【原文】

醉公子·门外猧儿吠

门外猧儿吠⁽¹⁾，知是萧郎至⁽²⁾。划袜下香阶⁽³⁾，冤家今夜醉⁽⁴⁾。　　扶得入罗帏⁽⁵⁾，不肯脱罗衣。醉则从他醉，还胜独睡时。

【毛泽东圈评等情况】

毛泽东曾圈阅这首词。

[参考]张贻玖：《毛泽东评点、圈阅的中国古典诗词》，中国工人出版社1992年版，第243页。

【注释】

（1）猧（wō），一种供玩赏的小狗。吠（fèi），狗的叫声。东汉许慎《说文》："吠，犬鸣也。"

（2）萧郎，对姓萧的男子的敬称。唐姚思廉《梁书·武帝纪上》："俭一见（萧衍）深相器异，谓庐江何宪曰：'此萧郎三十内当作侍中，出此则贵不言。'"唐崔郊之姑有一婢女，后卖给连帅，崔郊十分思慕她，因赠之以诗曰："公子王孙逐后尘，绿珠垂泪滴罗巾。侯门一入深如海，从此萧郎是路人。"见旧题宋尤袤《全唐诗话·崔郊》。后因以"萧郎"指美好的男子或女子爱恋的男子。唐于鹄《题美人》诗："胸前空戴宜男草，嫁得萧郎爱远游。"

（3）划（chǎn）袜，不穿鞋子，踩着袜子走路叫"划袜"。划，同"铲"，光着。

（4）冤家，女子对男子或情人的爱称。

（5）罗帏，丝织帘幕。战国楚宋玉《风赋》："跻于罗帏，经于洞庭。"唐卢照邻《长安古意》诗："双燕双飞绕画梁，罗帏翠被郁金香。"

【赏析】

《醉公子》，词牌名，又名"四换头""醉翁子"。以顾夐《醉公子·河汉秋云澹》为正体，双调四十字，前后段各四句，两仄韵、两平韵。另有双调四十字，前后段各四句，两仄韵，两平韵；双调一百零六字，前段十二句六仄韵，后段十句六仄韵等变体。代表作品有尹鹗《醉公子·暮烟笼薜荔》等。

这首词收入《全唐诗·附词》，出于民间作者之手。此词既无字面上的精雕细琢，也无句法章法上的刻意经营，但在悬念的设置上颇具特色，读者当看到其中那一份生活情趣。词牌为《醉公子》，意即咏醉公子，调名与词的内容吻合，此即所谓的"本意"词。

这首小词着意于"醉"，刻画人物内心活动，极有层次，曲折跌宕，情韵毕至。此词在活泼谐谑的语言形式下，于朴素自然中体现深厚的情味。

"门外猧儿吠，知是萧郎至。"开头两句是说，一听到门外小狗的叫声，就知道意中人来了。情人的如期而至，对她来说真是喜出望外，于是她便"刬袜下香阶"，就是连鞋子也顾不上穿，只穿着袜子就跑下台阶去迎接。可是"冤家今夜醉"，这个冤家却是喝得醉醺醺的来了。这不免使怀着无限喜悦的女子，十分懊丧。因为人虽然来了，但并非专程来与她相会。不知他在哪里作乐，竟喝得酩酊大醉，看来她所期盼的云情雨意，今晚是不可能的了，但也没有别的办法，只能不得已而求其次吧。

"扶得入罗帏，不肯脱罗衣。"下片前两句是说，扶着他进入罗帐，他醉得连衣服也不肯脱，倒头便睡，可见他醉酒之深。此情此景，和他理论不得，女主人公无奈，只得让他和衣而睡。

"醉则从他醉，还胜独睡时。"末二句是说，随他的便，醉就让他醉吧，只怕他不醉还不来呢。本来好戏已经演完，偏偏末尾通过女主人的心理刻画，翻出一道波澜。本来，按照情理，女主人公此时的心情应是打翻五味瓶，不是滋味。但她聊以自慰地说"还胜独睡时"，就是说今晚虽不能成就好事，但睡在情人旁边，总要比一个人独守空闺要好受得多，一个温柔贤淑的女性形象，也就更加丰满了。

这首小词，以女子的情感变化为主线，上下两片紧密相连，在多次转折中层层递进，顺理成章，言简意赅，极为精巧，读来发人深思。

五代十国词

李存勖

后唐庄宗李存勖（xù）（885—926），本姓朱邪，字亚子，应州金城（今山西应县）人，沙陀族。五代时期后唐开国皇帝，后唐太祖李克用之子。李存勖善于骑射，文武双全。唐朝末年，随父征战四方，颇有功勋，累迁检校司空、晋州刺史。天佑五年（908），出任河东节度使，袭封晋王。骁勇善战，长于谋略，南击后梁，北却契丹，东取河北，西并河中，使得晋国日益强盛。唐庄宗同光元年（923），于魏州称帝，建立后唐。带兵灭亡后梁，定都于洛阳。在位期间，吞并岐国，灭亡前蜀，取得凤翔、汉中及两川，震动南方割据诸国，"五代领域，无盛于此者"。后期沉湎声色，用人无方，纵容皇后干政，重用伶人、宦官，猜忌杀戮功臣，横征暴敛，吝惜钱财，以致百姓困苦、藩镇怨愤、士卒离心。同光四年（926），于兴教门之变中被杀，时年四十二岁，在位三年，谥号光圣神闵孝皇帝，庙号庄宗，安葬于雍陵。《尊前集》收录有李存勖的四首词作：《一叶落》《歌头·赏芳春》《阳台梦·薄罗衫子金泥凤》《忆仙姿·曾宴桃源深洞》。

【原文】

一叶落·一叶落

一叶落，褰珠箔⁽¹⁾。此时景物正萧索⁽²⁾。画楼月影寒⁽³⁾，西风吹罗幕⁽⁴⁾。吹罗幕，往事思量着⁽⁵⁾。

【毛泽东圈评等情况】

毛泽东曾圈阅这首词。

[参考] 张贻玖：《毛泽东评点、圈阅的中国古典诗词》，中国工人出版社 1992 年版，第 243 页。

【注释】

（1）褰（qián），揭起。珠箔，即珠帘。

（2）萧索，萧条，冷落，凄凉。晋陶潜《自祭文》："天寒夜长，风气萧索，鸿雁于征，草木黄落。"宋刘过《谒金门》词："休道旅怀萧索，生怕香浓灰薄。"

（3）画楼，雕饰华丽的楼阁。唐李峤《晚秋喜雨》诗："聚霭笼仙阙，连霏绕画楼。"

（4）罗幕，丝罗帐幕。南朝梁萧统《文选·陆机〈君子有所思行〉》："遨宇列倚窗，兰室接罗幕。"张铣注："罗幕即罗帐。"

（5）思量，考虑，忖度。唐姚思廉《晋书·王豹传》："得前后白事，具意，辄别思量也。"唐杜荀鹤《秋日寄吟友》诗："闲坐细思量，惟吟不可忘。"

【赏析】

《一叶落》，词牌名，后唐庄宗李存勖自度曲，以其《一叶落·一叶落》为正体，单调三十一字，七句五仄韵、一叠韵，代表作品有清代朱彝尊《一叶落·泪眼注》等。

秋风落叶，景物萧索。触景怀人，能不勾起往事的回忆！"思量着"，余味无限，耐人寻思。这首小词借景抒情，睹物思人。"画楼月影"，"落叶西风"，意境优美，情韵绵长。

这首词的作年、本事均无考。从词中所写的景物来看，当属悲秋怀旧之作。

首句"一叶落"被用作调名，可见在全词中地位之重要。西汉刘安《淮南子·说山训》"见一叶落而知岁之将暮"，原是见微知著、以近论远之意。由此而来的"一叶知秋"的成语，则包含着人们对于时序变换的特殊敏感。李存勖是武夫，对哲理未必有兴趣，但对时序的变换是有感触的。透过珠帘，他看到一叶飘零，立即引起了严重的关注，以至要掀起珠帘，看看帘外的萧索景象。唐戎昱《宿桂州江亭》诗"露滴千家静，年流一叶催"，也许可以借来概括此句的第一层意思。一年的好光景即将逝去，怎能不感惜时光易逝呢？不过，"一叶落"的意象在唐代的诗词中也时常与离情别绪联系在一起。唐韦应物《送榆次林明府》："别思方萧索，新秋一叶飞。"唐韩翃妻柳氏《杨柳枝》词："一叶随风忽报秋，纵使君来岂堪折！"都是显例。尤其是韦诗，此词的前三句可能是从它化出来的，"萧索""一叶"等词不像是偶然的巧合。因而有理由认为，李存勖由"一叶落"所引起的感怀，与离情别绪的关系更密切。尽管他意中的离人是谁，已无从考索，但从"此时景物正萧索"的感慨中，可以窥见他的心境是相当苍凉落寞的；又从"画楼月影寒，西风吹罗幕"两句，可以看出他确有所思。对月怀人，临风思远，原是人之常情。虽然史称李存勖"其心豁如也"，但置身于此境，也不能无动于衷。古乐府云："秋风入窗里，罗帐起飘扬。仰头看明月，寄情千里光。"（《子夜秋歌》）相比较而言，"画楼"两句思致稍显深沉，而托物兴怀则同，因此两者有异曲同工之妙。

结末两句："吹罗幕，往事思量着。"隐约点到了全词的主旨，而"往事"究竟指什么，则始终不肯说破。作者故意留下的这点模糊性，不仅有助于词境的浑成，而且还使全词增添了几分朦胧的美，读来愈觉悠然神远。难怪清俞陛云激赏地说："庄宗《一叶落》词，其佳处在结句，与《如梦令》同一机局。'残月落花'句，寓情于景，用兴体也。'往事思量'句，直抒己意，用赋体也。因悲秋而怀旧，情耶？怨耶？在'思量'两字中索之。"（《唐词选释》）李存勖的词作大都写于作公子时期，其后用兵，"前后队伍皆以所撰词授之，使揭声而唱，谓之御制。至于入阵，不论胜负，马头才转，则众歌齐作。故凡所斗战，人忘其死，斯亦用军之一奇也。"（《五代史补》）应该说，像李存勖这样的词家，在词史上也数得上是"一奇"了。

李　璟

李璟（916—961），字伯玉，徐州彭城（今江苏徐州）人，生于升州（今江苏南京），唐烈祖李昇长子，南唐第二位皇帝，于943年嗣位。后因受到后周威胁，削去帝号，改称国主，史称南唐中主。

李璟即位后开始大规模对外用兵，消灭楚、闽二国。他在位时，南唐疆土最大。不过李璟奢侈无度，导致政治腐败，国力下降，被后周夺取淮南江北之地，遂从金陵迁都洪州，称南昌府。961年逝世于南昌，时年四十六岁，葬顺陵。死后获宗主国宋朝特许而被追上庙号元宗，谥号明道崇德文宣孝皇帝。其诗词被收录在《南唐二主词》中。李璟好读书，多才艺，常与宠臣韩熙载、冯延巳等饮宴赋诗。他的词，感情真挚，风格清新，语言不事雕琢，"小楼吹彻玉笙寒"是流芳千古的名句。

【原文】

浣溪沙·手卷真珠上玉钩

手卷真珠上玉钩⁽¹⁾，依前春恨锁重楼。风里落花谁是主？思悠悠！　青鸟不传云外信⁽²⁾，丁香空结雨中愁⁽³⁾。回首绿波三楚暮⁽⁴⁾，接天流。

【毛泽东圈评等情况】

毛泽东曾圈阅这首词。

[参考] 张贻玖：《毛泽东评点、圈阅的中国古典诗词》，
中国工人出版社1992年版，第243页。

【注释】

（1）真珠，即珍珠，代指珠帘。唐罗隐《帘》诗之一："会应得见神仙在，休下真珠十二行。"

（2）青鸟，中国古代神话中的神鸟。传说曾为西王母传递消息给武帝，共三只，又称三鸟。本为多力健飞的猛禽，后渐传为娇弱依人的小鸟。汉代画像砖上常见于西王母座侧。《楚辞·九叹》："三鸟飞以自南兮，览其志而欲北。愿寄言于三鸟兮，去飘疾而不可得。"清洪兴祖补注："《博物志》：'王母来见武帝，有三青鸟如乌大，夹王母。'三鸟，王母使也，出《山海经》。"《山海经·海内北经》："西王母梯几而戴胜。其南有三青鸟，为西王母取食。"又《大荒西经》："三青鸟赤首黑目，一名曰大鹜，一名小鹜，一名曰青鸟。"晋陶潜《读〈山海经〉》诗之五："翩翩三青鸟，毛色奇可怜。"又，诗词中常借用指相思爱情的使者。

（3）空，徒然。丁香结，丁香的花蕾。此处诗人用以象征愁心。唐李商隐《代赠》诗："芭蕉不展丁香结，同向春风各自愁。"

（4）三楚，指南楚、东楚、西楚。三楚地域，说法不一。这里用《汉书·高帝纪》注："江陵（今湖北江陵一带）为南楚，吴（今江苏苏州吴中、相城区一带）为东楚，彭城（今江苏铜山一带）为西楚。""三楚暮"，一作"三峡暮"。

【赏析】

此词是一首伤春词，描写一位思妇伤春之情、别离之恨。"手卷真珠上玉钩。"起句写思妇手卷珍珠帘的动作。《漫叟诗话》说："李璟有曲云'手卷真珠上玉钩'，或改为'珠帘'，非所知音者。"改"真珠"为"珍珠"，为什么就不是知音呢？大概因为"珠帘"重在说"帘"；而"真珠"则是"真珠帘"的省称，重在强调帘是真正的珠子制成的，显示其名贵；在这里，说"珠帘"，比较直露，说"真珠"，则多一层曲折，这样看来以用"真珠"为好，改作未谙作者之旨，故说不是知音。珠帘、玉钩珠联璧合，表明窗帘的名贵，且一上一下，两个慢悠悠的细小动作，把女主人忧心忡忡的神态写出来了。这位女主人为什么这样无精打采呢？次句"依前春恨锁重楼"作了回答。原来这位女子心中有"恨"，而且这"恨"已非一日。有恨如能排解，也还好过，却又被锁在重楼之中。重楼，层楼，高楼。所以，"依前"和"锁重楼"，就从时间和环境上对春恨进行了渲染和强化。上句叙事，此句抒情，抒发了无法排解的一腔怨恨。所恨者何？三、四两句又推进一层："风里落花谁是主？思悠悠。"风不仅吹落花朵，更将凋零的残红吹得四处飞扬，那么谁是落花的主人呢？何处是落花的归宿呢？在这里可以看出人的身世飘零、孤独无依。"谁是主"，用语沉痛，写出女子亲人远去，不知归期，无所依傍，满腔忧愤的失落感。结句"思悠悠"正是因此而思绪飘忽、悠然神往。风里落花无主，云外不见青鸟传来亲人的书信，雨中的丁香花蕾空结在枝头，又一次将绝望的愁绪浓得化也化不开。回首三楚大地，天低日暮，长江水滚滚东去，更加映衬了愁思的深广和渺无尽头。有人认为这首词非一般的对景抒情之作，可能是在南唐受后周严重威胁的情况下，李璟借小词寄托其彷徨无措的心情，表达其深重的愁恨与感慨。"手卷真珠上玉钩，依前春恨锁重楼"二句委婉、细腻，卷起珠帘本想观看楼前的景物，借以抒发怀抱，可是卷起珠帘之后，发觉依旧春愁浩荡，春愁就像那锁住重楼的浓雾一样铺天盖地。可见"锁"是一种无所不在的心灵桎梏，使人欲销愁而不可得。而"春恨"并不是抽象的，眼前的落花得以体现这种无边无际弥漫着的春愁。

上片叙事中间有抒情，点出悠悠之思；下片接写离别之恨，是"思悠悠"的具体内容。"青鸟不传云外信，丁香空结雨中愁。"二句用典，指出了"春恨"绵绵的缘由所在。青鸟是古代传说中传递信息的信使。青鸟不传信，想得到所思念的人的音信而不得，于是有"丁香空结雨中愁"的叹息。至此，词的感情已经十分浓郁、饱满。当手卷真珠上玉钩的时刻，已经春恨绵绵，风里落花无主，青鸟不传信，丁香空结，则徒然的向往已经成为无望，这已是无可逃避的结局。最后诗人以景语作结，"回首绿波三楚暮，接天流。"楚天日暮，长江接天，这样的背景暗示着愁思的深广。"接天流"三个字让人想起"问君能有几多愁？恰似一江春水向东流"。就这一意境而言，李璟、李煜父子是一脉相承的。另外，从整首词来看，末句的境界突然拓展，词中的一腔愁怀置于一个与其身世密切相关的历史地理环境中，与心灵的起伏波动也是密切相合的。清人黄蓼园说："手卷真珠，似可旷日舒怀，谁知依然恨锁重楼。所以恨者何？见落花无主，不觉心共悠悠耳。且远信不来，忧愁空结，第见波接天流，此恨何能自已乎？清和婉转，词旨秀颖"。(《蓼园词选》)

【原文】

山花子·菡萏香销翠叶残

菡萏香销翠叶残(1)，西风愁起绿波间。还与韶光共憔悴(2)，不堪看。　　细雨梦回鸡塞远(3)，小楼吹彻玉笙寒(4)。多少泪珠何限恨(5)，倚阑干(6)。

【毛泽东圈评等情况】

毛泽东曾圈阅这首词。

[参考] 张贻玖：《毛泽东评点、圈阅的中国古典诗词》，中国工人出版社 1992 年版，，第 243 页。

【注释】

（1）菡萏（hàn dàn），荷花的别名。《尔雅·释草》："荷，芙蕖，其花菡萏。"

（2）韶光，美好的时光。一作"容光""寒光"。共憔悴，指菡萏残败，再加上秋意萧条，含有自己"与秋俱老"的感叹。

（3）梦回，梦醒。鸡塞，即鸡鹿塞，是中国汉代通塞北之隘口。位于今内蒙古西部磴口县（巴彦高勒）西北，狼山西南段哈隆格乃峡谷南口。峡谷贯通阳山（今狼山）南北，谷底平坦。北依汉长城，东邻屠申泽，为汉代西北部门户，扼控穿越阳山之交通咽喉。西汉置塞。塞城临崖建筑，以石砌成，呈正方形，屹立于峡口西侧。这里泛指边塞。

（4）吹彻，吹到最后一曲。彻，大曲中的最后一遍。玉笙，饰玉的笙，亦用为笙之美称。南朝梁刘孝威《奉和简文帝太子应令》："园绮随金铬，浮丘侍玉笙。"笙，管乐器名，一般用十三根长短不同的竹管，列置弧中，簧片放入管底，吹之发声。

（5）多少，一作"簌簌"。何限，一作"无限"或"多少"。

（6）阑干，即栏杆。用竹、木、砖石或金属等构制而成，设于亭台楼阁或路边、水边等处作遮拦用。唐李白《清平调词》之三："解释春风无限恨，沉香亭北倚阑干。"

【赏析】

《山花子》，词牌名，原为唐教坊曲名，后用作词牌，又名"添字浣溪沙""南唐浣溪沙""摊破浣溪沙""感恩多令"。以李璟《山花子·菡萏香销翠叶残》为定格，双调四十八字，前段四句三平韵，后段四句两平韵。

这首《山花子》词描绘一个妇女思念远行的丈夫，她对着秋风残荷自伤，梦醒后的吹笙更使她愈感凄凉。词中细腻地抒发了她的凄楚哀怨之情，境界旷大，感情深沉，艺术上非常圆熟，全词纯用白描手法，情景交融，语言清新，格调委婉，有很强的艺术感染力，是李璟的代表作。

词的上片着重写景。写景从西风残荷的画面写起，所以作者一上来就说："菡萏香销翠叶残。"说"香"，点其"味"；说"翠"，重其"色"。此时味去叶枯确然使人惆怅。"西风愁起绿波间"，"西风"，秋风之谓也。"绿波"，写的是莹莹秋水。如果说上句是重在写秋色，那么这一句则重在写秋容。一个"愁"字，把秋风和秋水都拟人化了，于是，外在的景物也霎时同作者的内在感情融为一体了，词作也因之而笼罩了一层浓重的萧瑟气氛。"还与韶光共憔悴，不堪看。"三、四两句，由景生情，更进一步突出作者的主观感受。"韶光"，指美好的时光。在这里，作者以其独特而深刻的感受告诉人们：在这秋色满天的时节，美好的春光连同荷花的清芬、荷叶的秀翠，还有观荷人的情趣一起憔悴了，在浓重的萧瑟气氛中又平添了一种悲凉凄清的气氛。"不堪看"三字，质朴而有力、明白而深沉，活脱脱地抒发了诗人的主观感情。"自古逢秋悲寂寥"，李璟虽然位为皇帝，但是生性懦弱，再加上当时内外矛盾重重，境遇相当危苦，此时此刻，触景伤情，从而产生无穷的痛苦和哀怨是十分自然的。

词的下片着重抒情。"细雨梦回鸡塞远。"首句托梦境诉衷情。一梦醒来,雨声细细,梦境即便美好,但所梦之人毕竟远在边塞,可思可望而不可即,的确是"雨亦绵绵,思亦绵绵"。"小楼吹彻玉笙寒",以吹笙衬凄清。风雨高楼,玉笙整整吹奏了一曲,因吹久而凝水,笙寒而声咽,映衬了作者的寂寞孤清。这两句亦远亦近、亦虚亦实、亦声亦情,而且对仗工巧,是千古传唱的名句。"多少泪珠何限恨,倚阑干。"最后两句,直抒胸臆。环境如此凄清,人事如此悲凉,不能不使人潸然泪下,满怀怨恨。"多少","何限",数不清,说不尽。流不完的泪,诉不尽的恨;泪因恨洒,恨依泪倾。语虽平淡,但很能打动人心。结语"倚栏干"一句,写物写人更写情,脉脉深长,语已尽而意无穷。

这首词有些版本题名"秋思",看来是切合的。李廷机评论这首词是"字字佳,含秋思极妙"(《全唐五代词》四四一页)。确实,它布景生思,情景交融,有很强的艺术感染力。近代学者王国维《人间词话》:"南唐中主'菡萏香销翠叶残,西风愁起绿波间',大有众芳芜秽,美人迟暮之感。乃古今独赏其'细雨梦回鸡塞远,小楼吹彻玉笙寒',故知解人正不易得。"

李 煜

　　李煜（937－978），南唐中主李璟第六子，初名从嘉，字重光，号钟隐、莲峰居士，南唐最后一位国君。北宋太祖建隆二年（961），李煜继位，尊宋为正统，岁贡以保平安。宋太祖开宝四年（971）十月，宋太祖灭南汉，李煜去除唐号，改称"江南国主"；并于次年贬损仪制，撤去金陵（今南京）台殿鸱吻，以示尊奉宋廷。开宝八年（975），宋军攻破金陵，李煜被迫降宋，被俘至汴京（今开封），封为右千牛卫上将军、违命侯。宋太宗太平兴国三年（978）七月七日，李煜死于汴京，世称南唐后主、李后主。

　　李煜精书法、工绘画、通音律，诗文均有一定造诣，尤以词的成就最高。李煜的词，继承了晚唐以来温庭筠、韦庄等花间派词人的传统，又受李璟、冯延巳等的影响，语言明快、形象生动、用情真挚、风格鲜明，其亡国后词作更是题材广阔，含意深沉，在晚唐五代词中别树一帜，对后世词坛影响深远。李煜词集注本有清人刘继增《南唐二主词笺》，近人唐圭璋《南唐二主词汇笺》、詹安泰《李璟李煜词》等。

【原文】

相见欢·林花谢了春红

　　林花谢了春红⁽¹⁾，太匆匆。无奈朝来寒雨晚来风⁽²⁾。　　胭脂泪⁽³⁾，相留醉⁽⁴⁾，几时重⁽⁵⁾。自是人生长恨水长东⁽⁶⁾。

【毛泽东圈评等情况】

毛泽东曾圈阅这首词。

　　[参考]张贻玖：《毛泽东评点、圈阅的中国古典诗词》，中国工人出版社1992年版，第243页。

【注释】

（1）林花，林林总总的花。林，盛，多。《诗经·小雅·宾之初筵》："百礼既至，有壬有林。"朱熹集传："壬，大；林，盛。"谢，凋谢。春红，春天的花朵。

（2）无奈，一作"常恨"。

（3）胭脂泪，形容女子的泪。女子脸上搽胭脂，泪流过脸成为胭脂泪。在这里，胭脂是指林花着雨的鲜艳颜色，指代美好的花。胭脂，又作燕支。

（4）相留醉，一作"留人醉"，意为令人陶醉。留，遗留，给以。醉，心醉。

（5）重（chóng），何时再度相会。

（6）自是，自然是，必然是。

【赏析】

《相见欢》，词牌名，原为唐教坊曲，又名"乌夜啼""秋夜月""上西楼"等。三十六字，上片平韵，下片两仄韵两平韵。

这首词当作于北宋太祖开宝八年（975）李煜被俘之后。南唐灭亡，李煜被俘北上，留居汴京（今河南开封）两年多。待罪被囚的生活使他感到极大的痛苦。此词即写于作者身为阶下囚时期。

这是一首即景抒情的小词，通过伤春来抒发人生失意的怅恨之情，是李煜词后期的代表作之一。

词的上阕主要写景。首句"林花谢了春红"，且说以"春红"二字代花，即是修饰，即是艺术，天巧人工，总须"两赋而不来"方可。此春红者，无待更言，乃是极美好可爱之名花无疑，可惜竟已凋谢。凋零倘是时序推迁，自然衰谢，虽是可惜，毕竟理所当然，尚可开解；如今却是朝雨暮风，不断摧残所致。名花之凋零，如美人之夭逝，其为可怜可痛，不止倍蓰。以此可知，"太匆匆"一句，叹息中着一"太"字；"无奈朝来寒雨晚来风"，第三句愤慨中着一"无奈"字，皆非普通字眼，质具千钧，情同一恸矣。若明此义，则上片三句，亦千回百转之情怀，又匪特一笔三过折也。

词的下片抒写好景不再的哀怨和人生痛苦的怨恨。"胭脂泪，相留醉，几时重。"过片三字三叠句，前二句换暗韵（仄韵），后一句归原韵，别有风致。但"胭脂泪"三字，异样哀艳，尤宜着眼，让人们想到唐杜甫的名句"林花着雨胭脂湿"（《曲江对雨》），此乃南唐后主也熟读杜诗之证也。后主分明从杜少陵的"林花"而来，而且因朝来寒"雨"竟使"胭脂"尽"湿"，其思路十分清楚。他将杜句加以消化，提炼，只运化了三字而换了一个"泪"字来代"湿"，于是便青出于蓝，而大胜于蓝，便觉全幅因此一字而生色无限。"泪"字已是神奇，但"醉"亦非趁韵谐音的妄下之字。此醉，非陶醉俗义，盖悲伤凄惜之甚，心如迷醉也。

"自是人生长恨水长东"，末句略如上片歇拍长句，也是运用叠字衔联法："朝来""晚来"，"长恨""长东"，前后呼应更增其异曲而同工之妙，即加倍具有强烈的感染力量。

李煜此词以花喻人喻情，语言清新，情调哀怨，意味深长。

【原文】

相见欢·无言独上西楼

无言独上西楼[(1)]，月如钩[(2)]。寂寞梧桐深院锁清秋[(3)]。　剪不断，理还乱，是离愁[(4)]，别是一般滋味在心头[(5)]。

【毛泽东圈评等情况】

毛泽东曾圈阅这首词。

[参考]张贻玖：《毛泽东评点、圈阅的中国古典诗词》，中国工人出版社1992年版，第243页。

【注释】

（1）西楼，在古代有相思之地的含义。西楼、西窗、西厢、西宫、西阁、西亭等一直是古人诗文中的地望，作为表达相思、哀怨的一系列凄美意象，成为古人寄托情思的建筑。"西楼"一词最早见于六朝诗歌，南朝宋鲍照《玩月城西门廨中》："始出西南楼，纤纤如玉钩。末映东北墀，娟娟似蛾眉。蛾眉蔽珠栊，玉钩隔琐窗。三五二八时，千里与君同。……回轩驻轻盖，留酌待情人。"

（2）月如钩，指的是月亮像钩子一样挂在夜空。南朝宋鲍照《玩月》："始见西南楼，纤纤如玉钩。"

（3）锁清秋，深院被秋色所笼罩。清秋，一作"深秋"。

（4）剪，一作"翦"。离愁，指去国之愁。三句当从唐李白《宣州谢朓楼饯别校书叔云》中"抽刀断水水更流，举杯消愁愁更愁"化出。

（5）别是一般，另有一种意味。别是，一作"别有"．

【赏析】

这首词上片选取典型的景物为感情的抒发渲染铺垫，下片借用形象的比喻委婉含蓄地抒发真挚的感情。

词的上片写景。"无言独上西楼"，首句将人物引入画面。"无言"二字活画出词人的愁苦神态，"独上"二字勾勒出作者孤身登楼的身影，孤独的词人默默无语，独自登上西楼。神态与动作的描写，揭示了词人内心深处隐寓的很多不能倾诉的孤寂与凄婉。

"月如钩，寂寞梧桐深院锁清秋。"二、三两句寥寥12个字，形象地描绘出了词人登楼所见之景。仰视天空，缺月如钩。"如钩"不仅写出月形，表明时令，而且意味深长：那如钩的残月经历了无数次的阴晴圆缺，见证了人世间无数的悲欢离合，如今又勾起了词人的离愁别恨。俯视庭院，茂密的梧桐叶已被无情的秋风扫荡殆尽，只剩下光秃秃的树干和几片残叶在秋风中瑟缩，词人不禁"寂寞"情生。然而，"寂寞"的不只是梧桐，即使是凄惨秋色，也要被"锁"于这高墙深院之中。而"锁"住的也不只是这满院秋色，落魄的人，孤寂的心，思乡的情，亡国的恨，都被这高墙深院禁锢起来，此景此情，用一个愁字是说不完的。

词的上片依次点出人物、地点、时间、环境、季节，十分精练。缺月、梧桐、深院、清秋，这一切无不渲染出一种凄凉的境界，反映出词人内心的孤寂之情，同时也为下片的抒情做好铺垫。作为一个亡国之君、一个苟延残喘的囚徒，他在下片中用极其婉转而又无奈的笔调，表达了心中复杂而又不可言喻的愁苦与悲伤。

词的下片直抒愁情。"剪不断，理还乱，是离愁。"用丝喻愁，新颖而别致。前人以"丝"谐音"思"，用来比喻思念，如唐李商隐"春蚕到死丝方尽，蜡炬成灰泪始干"（《无题》）就是大家熟悉的名句。李煜用"丝"来比喻"离愁"，别有一番新意。然而丝长可以剪断，丝乱可以整理，而那千丝万缕的"离愁"却是"剪不断，理还乱"。这位昔日的南唐后主心中所涌动的离愁别绪，是追忆"红日已高三丈后，金炉次第添金兽，红锦地衣随步皱"（《浣溪沙》）的荣华富贵，是思恋"凤阁龙楼连霄汉，玉树琼枝作烟萝"（《破阵子》）的故国家园，是悔失"四十年来家国，三千里地山河"（《破阵子》）的帝王江山。然而，时过境迁，如今的李煜已是亡国奴、阶下囚，荣华富贵已成过眼烟云，故国家园亦是不堪回首，帝王江山毁于一旦。

阅历了人间冷暖、世态炎凉，经受了国破家亡的痛苦折磨，这诸多的愁苦悲恨哽咽于词人的心头难以排遣。作者尝尽了愁的滋味，而这滋味，是难以言喻、难以说完的。

"别是一般滋味在心头。"末句紧承上句写出了李煜对愁的体验与感受。以滋味喻愁，而味在酸甜之外，它根植于人的内心深处，是一种独特而真切的感受。"别是"二字极佳，昔日唯我独尊的天子，如今成了阶下囚徒，备受屈辱，遍历愁苦，心头淤积的是思、是苦、是悔、还是恨……词人自己也难以说清，常人更是体会不到。若是常人，倒可以号啕倾诉，而李煜不能。他是亡国之君，即使有满腹愁苦，也只能"无言独上西楼"，眼望残月如钩、梧桐清秋，将心头的哀愁、悲伤、痛苦、悔恨强压在心底。这种无言的哀伤更胜过痛哭流涕之悲。全词情景交融，感情沉郁。现代词学家唐圭璋在《唐词简释》中说："此词写别愁，凄惋已极。'无言独上西楼'一句，叙事直起，画出后主愁容。其下两句，画出后主所处之愁境。举头见新月如钩，低头见桐阴深锁，俯仰之间，万感萦怀矣。此片写景亦妙，惟其桐阴深黑，新月乃愈显明媚也。下片，因景抒情。换头三句，深刻无匹，使有千丝万缕之离愁，亦未必不可剪，不可理，此言'剪不断，理还乱'，则离愁之纷繁可知。所谓'别是一般滋味'，是无人尝过之滋味，唯有自家领略也。后主以南朝天子，而为北地幽囚；其所受之痛苦，所尝之滋味，自与常人不同，心头所交集者，不知是悔是恨，欲说则无从说起，且亦无人可说，故但云'别是一般滋味'。"

【原文】

清平乐·别来春半

别来春半⁽¹⁾，触目柔肠断⁽²⁾。砌下落梅如雪乱⁽³⁾，拂了一身还满。　　雁来音信无凭⁽⁴⁾，路遥归梦难成⁽⁵⁾。离恨恰如春草⁽⁶⁾，更行更远还生⁽⁷⁾。

【毛泽东圈评等情况】

毛泽东曾圈阅这首词。

[参考] 张贻玖：《毛泽东评点、圈阅的中国古典诗词》，
中国工人出版社 1992 年版，第 243 页。

【注释】

（1）春半，即半春，春天的一半。唐代柳宗元《柳州二日》中有句："宦情羁思共凄凄，春半如秋意转迷。"

（2）柔，一作"愁"。柔肠，原指温柔的心肠，此指绵软情怀。

（3）砌（qì）下，台阶下。砌，台阶。落梅，指白梅花，开放较晚。

（4）雁来音信无凭，这句话是说鸿雁虽然来了，却没将书信传来。古代有凭借雁足传递书信的故事。《汉书·苏武传》中记载："天子射上林中，得雁，足有系帛书。"故见雁就联想到了所思之人的音信。无凭，没有凭证，指没有书信。

（5）遥，远。归梦难成，指有家难回。

（6）恰如，恰好像。一作"却如""怯如"。

（7）更行更远还生，更行更远，指行程越远。更，越。还生，还是生得很多。还，仍然，还是。

【赏析】

公元 971 年秋，李煜派弟弟李从善去宋朝进贡，被扣留在汴京。974年，李煜请求宋太祖让从善回国，未获允许。李煜非常想念他，常常痛哭。陆永品认为这首词有可能是从善入宋的第二年春天，李煜为思念他而作的。据《续选草堂诗余》《古今诗余醉》调下题作《忆别》可知，是写离愁别恨的。然而此词并不拘泥于这一件事，而是虚笔点染，表现了作者在恼人的春色中，触景生情，思念离家在外的亲人的情景，具有高度的概括力和强烈的艺术感染力，能唤起读者的强烈共鸣。

词的上片，"别来春半，触目柔肠断。"开篇即直抒胸臆、毫无遮拦地道出郁抑于心的离愁别恨。一个"别"字，是起意，也是点题，单刀直入，紧扣人心。李煜前期作品中因各种原因，这种开篇直抒胸臆的不多，但中、后期作品中不少，想必是生活际遇之大变，作者的感情已如洪水注池，不泄不行罢。"春半"有人释为春已过半，有理，但如释为相别半春，亦有据，两义并取也无不可。接下二句承"触目"来，"砌下落梅如雪乱"突出一个"乱"字，既写出了主人公独立无语却又心乱如麻，也写出了触景伤情、景如人意的独特感受，用生动的比喻把愁情说得明白如见。"拂了一身还满"，前有"拂"字，显见有主人公克制思念的想法，但一个"满"字，却把主人公那种无奈之苦、企盼之情、思念之深刻画得至真至实。上片的画面是情景交融、虚实相生而又动静结合的，直抒胸臆中见委婉含蓄，活泼喻象中透深沉凝重。

词的下片抒情。他之所以久久地站在花下，是因为思念远方的亲人。"雁来音信无凭，路遥归梦难成"两句把思念具体化，写出作者盼信，并希望能在梦中见到亲人。古代有大雁传书的故事。西汉时，苏武出使北方，被匈奴扣留多年，但他坚贞不屈。汉昭帝派使臣要匈奴释放苏武，匈奴谎说苏武已死。使臣知苏武未死，假称皇帝曾射下大雁，雁足上系有苏武的书信说他正在匈奴的某地。匈奴听了，只得将苏武放回。所以作者说，他看到大雁横空飞过，为它没有给自己带来书信而感到失望。他又设想，和亲人在梦中相会，但"路遥归梦难成"，距离实在是太遥远了，恐怕他的亲人在梦中也难以回来。古人认为人们在梦境中往往是相通的。对方做不成"归梦",自己也就梦不到对方了。梦中一见都不可能,思念万分之情溢于言表,从而更强烈地表现了作者的思念之切。他怀着这种心情,向远处望去,望着那遍地滋生的春草,突然发现,"离恨恰如春草,更行更远还生"。"更行更远"是说无论走得多么远,自己心中的"离恨"就像那无边无际、滋生不已的春草。无论人走到哪里,它们都在眼前,使人无法摆脱。这个结句,比喻浅显生动,而且通过形象给人以离恨无穷无尽、有增无已的感觉,使这首词读起来显得意味深长。

全词以离愁别恨为中心,线索明晰而内蕴,上下两片浑成一体而又层层递进,感情的抒发和情绪的渲染都十分到位。作者手法自然,笔力透彻,尤其在喻象上独到而别致,使这首词具备了不同凡品的艺术魅力。

【原文】

浪淘沙·帘外雨潺潺

帘外雨潺潺⁽¹⁾,春意阑珊⁽²⁾。罗衾不耐五更寒⁽³⁾。梦里不知身是客⁽⁴⁾,一晌贪欢⁽⁵⁾。 独自莫凭栏⁽⁶⁾,无限江山⁽⁷⁾,别时容易见时难⁽⁸⁾。流水落花春去也⁽⁹⁾,天上人间⁽¹⁰⁾。

【毛泽东圈评等情况】

毛泽东曾背诵、手书这首词。

[参考] 中央档案馆编:《毛泽东手书选集·古诗词(上)》,
北京出版社 1996 年版,第 92—94 页。

【注释】

(1) 潺潺(chán chán),形容雨声。唐柳宗元《雨中赠仙人山贾山人》诗:"寒江夜雨声潺潺,晓云遮尽仙人山。"

(2) 阑珊,衰残,一作"将阑"。

(3) 罗衾(qīn),绸被子。不耐,受不了,一作"不暖"。

(4) 身是客,指被拘汴京,形同囚徒。

（5）一晌（shǎng），一会儿，片刻。一作"饷"（xiǎng）。贪欢，指贪恋梦境中的欢乐。

（6）莫，一作"暮"。凭栏，靠着栏杆。

（7）江山，指南唐河山。

（8）别时容易见时难，三国魏曹丕《燕歌行》："别时何易会日难。"

（9）春去，亦作"归去"。

（10）天上人间，一个在天上，一个在人间，多比喻境遇完全不同。

【赏析】

《浪淘沙》，此词原为唐教坊曲，又名"浪淘沙令""卖花声"等。唐人多用七言绝句入曲，南唐李煜始演为长短句。双调，五十四字（宋人有稍作增减者），平韵，此调又由柳永、周邦彦演为长调《浪淘沙漫》，是别格。

这首词作于李煜被囚汴京期间，抒发了由天子降为臣虏后难以排遣的失落感，以及对南唐故国故都的深切眷念。全词情真意切、哀婉动人，深刻地表现了词人的亡国之痛和囚徒之悲，生动地刻画了一个亡国之君的艺术形象。

上片用倒叙，先写梦醒再写梦中。"帘外雨潺潺，春意阑珊。罗衾不耐五更寒。"起首三句说五更梦回，薄薄的罗衾挡不住晨寒的侵袭。帘外是潺潺不断的春雨，是寂寞零落的残春；这种境地使他倍增凄苦之感。"梦里不知身是客，一晌贪欢"两句，回过来追忆梦中情事，睡梦里好像忘记自己身为俘虏，似乎还在故国华美的宫殿里，贪恋着片刻的欢娱，可是梦醒以后，"想得玉楼瑶殿影，空照秦淮"（《浪淘沙》），却加倍地感到痛苦。

"独自莫凭栏，无限江山，别时容易见时难。"过片三句自为呼应。说"独自莫凭栏"，是因为"凭栏"而不见"无限江山"，又将引起"无限伤感"。"别时容易见时难"，是当时常用的语言。《颜氏家训·风操》有"别易会难"之句，三国魏曹丕《燕歌行》中也说"别日何易会日难"。然而作者所说的"别"，并不仅仅指亲友之间，而主要是与故国"无限江山"分别；至于"见时难"，即指亡国以后，不可能见到故土的悲哀之感，这也就是他不敢凭栏的原因。在另一首《虞美人》词中，他说："凭栏半日独无言，依旧竹声新月似当年。"眼前绿竹眉月，还一似当年，但故人、故土，不可复见，"凭栏"只能引起内心无限痛楚，这和"独自莫凭栏"意思相仿。

"流水落花春去也，天上人间。"末两句，叹息春归何处。唐张泌《浣溪沙》有"天上人间何处去，旧欢新梦觉来时"之句，"天上人间"，是说相隔遥远，不知其处。这是指春，也兼指人。词人长叹水流花落，春去人逝，故国一去难返，无由相见。

这首词，情真意切、哀婉动人，深刻地表现了词人的亡国之痛和囚徒之悲，生动地刻画了一个亡国之君的艺术形象。正如李煜后期词反映了他亡国以后囚居生涯中的危苦心情，确实是现代学者王国维所说"眼界始大，感慨遂深"，且能以白描手法诉说内心的极度痛苦，具有撼动读者心灵的惊人艺术魅力，此词就是一个显著的例子。清人沈际飞《草堂诗余正集》："'梦觉'语妙，那知半生富贵，醒亦是梦耶？末句，可言不可言，伤哉。"

【原文】

浪淘沙·往事只堪哀

往事只堪哀，对景难排[(1)]。秋风庭院藓侵阶[(2)]。一任珠帘闲不卷[(3)]，终日谁来。　　金锁已沉埋[(4)]，壮气蒿莱[(5)]。晚凉天净月华开[(6)]。想得玉楼瑶殿影，空照秦淮[(7)]。

【毛泽东圈评等情况】

毛泽东曾圈阅这首词。

[参考] 张贻玖：《毛泽东评点、圈阅的中国古典诗词》，
中国工人出版社 1992 年版，第 243 页。

（1）排，排遣。

（2）藓侵阶，苔藓上阶，表明很少有人来。

（3）一任，任凭。也有作"一行""一片""一桁"。

（4）金锁，即铁锁，用三国时吴国用铁锁封江对抗晋军事；或以为"金锁"即"金琐"，指南唐旧日宫殿；也有人把"金锁"解为金线串制的铠甲，代表南唐对宋兵的抵抗。众说皆可通。

（5）蒿莱，借指野草、杂草，这里用作动词，意为淹没野草之中，以此象征消沉、衰落。

（6）净，也作"静"。月华，月光。开，光芒四射之意。

（7）秦淮，即秦淮河，是长江下游流经今南京市区的一条支流。据说是秦始皇为疏通淮水而开凿的，故名秦淮。秦淮一直是南京的胜地，南唐时期两岸有舞馆歌楼，河中有画舫游船。

【赏析】

这首词是李煜囚于汴京期间（976—978）所作。宋人王铚《默记》记载，李煜的居处有"老卒守门"，"不得与外人接"，所以李煜降宋后，实际上是被监禁起来了。他曾传信给旧时官人说，"此中日夕以泪洗面"。

上片就眼前景物而写孤苦的凄凉心境。起句"往事只堪哀"，将全篇基调定出，并凝结到一个"哀"字上。这"哀"是如此深重，以至于"对景难排"。本来"对景难排"就在说无人可以倾诉，只好独自面对景物，希望能作排遣，在诉说哀痛深重的同时，已有孤独之意。由此拈出"难"，是说孤苦之深，面对景物也无法排遣。更接以"秋风庭院藓侵阶"，用苔藓满地写无人造访，用庭院秋风写空旷凄凉，景色已然寂寞，孤苦唯见深重。这样便将人的孤独写得很具体，很形象。那内心的哀伤，非但是"难排"，"对景"更是徒然增痛而已。时当秋天，是枯索萧瑟之季；身在庭院，有高墙围困之难。而在这小院中，秋风吹过，树叶黄落，唯一的绿色就是蔓延生长的苔藓，那层暗绿一直爬到了进入堂室的台阶上，看着令人心酸。刘禹锡的《陋室铭》有"苔痕上阶绿，草色入帘青"的名句，表现高逸脱俗的文人雅趣。这里写苔藓，是说生活的孤寂，在寒瑟的秋天虽然有这一点绿色，却是长年没有人行走的痕迹，尤增悲哀。于是作者"一任珠帘闲不卷"，既然"终日"都无人来。"一任"写索性，不是痛快的豪放，而是无奈的放弃，"闲"写门帘长垂的状态，实指自己百无聊赖的生活处境，既不是"一帘风月闲"（《长相思》）的悠闲，也不是"同醉与闲平，诗随羯鼓成"（《菩萨蛮》）的闲散。

下片转折由情入景，描写秦淮夜色，着重写深夜的孤凄和凄凉。以"金锁已沉埋，壮气蒿莱"悲悼国家破灭、身陷为虏的遭遇。想当年，身为君主，群臣俯首，宫娥簇拥，有过颐指气使的威严，有过春花雪月的风流，而所有的繁华与富贵都一起随着金陵的陷落而烟消云散，化为了乌有。"晚凉天净月华开"，此时徘徊庭院，往事无限，看秋夜天高，秋月澄明，那金陵城中，"想得玉楼瑶殿影"，想来旧日南唐宫殿的影子，却不再是往日的气象，而只在想象之中了。南唐已破灭，君主成囚虏，秋月还是那轮秋月，只是"空照秦淮"而已。这里的"玉楼瑶殿影"，可以分作两层理解。第一层是指秦淮河边的旧时宫苑，映照在月光下，投影在河水中，却是有楼影而无人影，重在一个"照"字。第二层是指神话传说中的月宫，华丽壮观却虚无缥缈，就像此刻记忆中的故国宫苑，重在一个"空"。就第一层讲，作者是凭着想象回到旧地，就第二层讲，则作者是在当地望月而遥寄哀思。这两层意思就将一人而两地的情思通过一轮秋月糅合到一起，"空照"不仅在秦淮的楼阁，也与在汴京的人一心。"空照"的感受中有无尽的心酸与哀苦。

这首词写当前的孤寂，与往日的繁华相对，不过不是直接道出，而是借景抒情。上片景色"秋风庭院藓侵阶"，写得寒瑟凄惨；下片景色"晚凉天净月华开"，虽然清冷，却是一片澄明。这两处景色，一明一暗，又一在白日，一在夜晚，就构成了双重的联系。在格调上是现在与过去的对比，在时间上则是日以继夜的相承。因此，"对景难排"不仅是说眼前景，而且是指所有的景物，无论四季，无论日夜，都不能为孤苦的作者排遣悲哀，不说"往事只堪哀"，用其他的话也是无法表达出悲哀的。现代词学家唐圭璋《唐宋词简释》："此首念秣陵。上片，白昼凄清状况，哀思弥切。

起两句，总括全篇。'秋风'一句，补实上句难排之景。秋风裛裛，苔藓满阶，想见荒凉无人之情，与当年"'春殿嫔娥鱼贯列'之盛较之，真有天渊之别。'一桁'两句，极致孤独之哀。后主入汴以后之生活，于此可见。换头，自叹当年之意气都已销尽。'晚凉'一句，点月出。'想得'两句，因月生感，怅望无极。月影空照秦淮，画出失国后惨淡景象。"

【原文】

玉楼春·晚妆初了明肌雪

晚妆初了明肌雪⁽¹⁾，春殿嫔娥鱼贯列⁽²⁾。凤箫吹断水云间⁽³⁾，重按霓裳歌遍彻⁽⁴⁾。　临春谁更飘香屑⁽⁵⁾？醉拍阑干情味切⁽⁶⁾。归时休放烛光红，待踏马蹄清夜月。

【毛泽东圈评等情况】

毛泽东曾圈阅这首词。

[参考] 张贻玖：《毛泽东评点、圈阅的中国古典诗词》，
中国工人出版社 1992 年版，第 243 页。

【注释】

（1）晚妆，有的本子作"晓妆"，与下阕踏月而归不合。明肌雪，肌肤明洁，白滑似雪。韦庄《菩萨蛮》："皓腕凝霜雪。"亦是用白雪形容肌肤清亮光洁。

（2）嫔娥，宫中的姬妾与宫女。鱼贯，游鱼先后接续，比喻一个挨一个地依序排列。

（3）凤箫，凤凰箫，泛指管乐器。水云，水和云，此指水云相接之处。

（4）重按，一再按奏。霓裳，《霓裳羽衣舞》的简称，唐代著名法曲。歌遍彻，唱完大曲中的最后一曲。唐宋大曲系按一定顺序连接若干小曲而成，又称大遍。其中各小曲亦有称"遍"的。一说遍、彻都是曲调中的名目。据王国维《宋元戏曲史》云："彻者，如破之末一遍也。"

（5）香屑，香粉，香的粉末。一说指花瓣，花的碎片。

（6）阑干，栏杆，用竹、木、砖石或金属等构制而成，设于亭台楼阁或路边、水边等处作遮拦用。情味，犹情趣。

【赏析】

《玉楼春》，词牌名，又名"归朝欢令""呈纤手""春晓曲""惜春容""归朝欢令"等。以顾敻词《玉楼春·拂水双飞来去燕》为正体，双调五十六字，前后段各四句三仄韵。另有双调五十六字，前段四句三仄韵，后段四句两仄韵等变体。代表作有欧阳修《玉楼春·尊前拟把归期说》等。

《玉楼春·晓妆初了明肌雪》描写春宫夜宴歌舞享乐的盛况，是李煜在南唐亡国之前赏乐生活的真实写照，也是他全盛时期创作的代表作之一。词中形象丰美、情趣盎然，显得俊爽超逸、高雅不凡，具有极强的艺术感染力。

词的上片主要写春夜宴乐的盛大场面。"晚妆初了明肌雪"，首句突出描绘嫔娥们的盛妆和美艳，由此写出作者对这些明艳丽人一片飞扬的意兴，同时从开篇即渲染出夜宴的奢华豪丽。"春殿嫔娥鱼贯列。凤箫吹断水云间，重按霓裳歌遍彻。"接下来三句写宴乐开始，歌舞登场，作者极写音乐的悠扬和器物的华美。比如，笙箫二字描写一种精美、奢丽的情景，与词中所描写的奢靡之享乐生活、情调恰相吻合。而"吹"作"吹断"，"按"作"重按"，不但字字可见作者的放任与耽于奢逸，而且十分传神地赋予音乐以强烈的感情色彩。据马令《南唐书》载："唐之盛时，《霓裳羽衣》最为大典，罹乱，瞽师旷职，其音遂绝。后主独得其谱，乐工曹生亦善琵琶，按谱粗得其声，而未尽善也。（大周）后辄变易讹谬，颇去哇淫，繁手新音，清越可听。"李煜与大周后都精通音律，二人情爱又笃深，更何况《霓裳羽衣》本为唐玄宗时的著名大曲，先失后得，再经过李煜和周后的发现和亲自整理，此时于宫中演奏起来，自然欢愉无比。所以不仅要"重按"，而且要"歌遍彻"，由此也可想见作者之耽享纵逸之情。

词的下片是描写曲终人散、踏月醉归的情景。"临春谁更飘香屑"一句明是写香，暗是写风，暗香随风飘散，词人兴致阑珊，由"临春"二字而出，更显得活泼有致。"醉拍阑干情味切"，"醉拍"二字直白而出，写醉态，写尽兴尽欢妥帖至极。到这里，诗人有目见的欣赏、有耳听的享受，有闻香的回味，加上醉拍由口饮而生的意态，正是极色、声、香、味之娱于一处，心旷神驰，兴奋不已，因此才"情味切"，耽溺其中无以自拔。

"归时休放烛光红，待踏马蹄清夜月。"结尾二句，写酒阑歌罢却写得意味盎然、余兴未尽，所以向来为人所称誉。而且"踏马蹄"三字写得极为传神，不仅用马蹄去踏，而且踏在马蹄之下的乃是如此清夜的一片月色，且恍闻有得之声入耳矣。这种纯真任纵的抒写，带给了读者极其真切的感受。读此二句，既可感作者的痴醉心情，也可视清静朗洁的月夜美景，更可见作者身上充盈着的文人骚客的雅致逸兴。

全词笔法自然奔放，意兴流畅挥洒，语言明丽直快，情境描绘动人。诗人从个人宫廷生活场面出发，虽然带有较为浓郁的富贵脂粉气，未能表现出深刻的思想内容，但短短一篇就把一次盛大欢宴的情形淋漓尽致地表现出来，艺术描绘生动逼真，情景刻画细腻动人，由喻象中见情思，于浅白处见悠远，充分显示了作者高妙的艺术功力，是"写得极为俊逸神飞的一首小词"。

【原文】

子夜·人生愁恨何能免

人生愁恨何能免[(1)]，销魂独我情何限[(2)]！故国梦重归[(3)]，觉来双泪垂[(4)]。　　高楼谁与上[(5)]？长记秋晴望[(6)]。往事已成空，还如一梦中[(7)]。

【毛泽东圈评等情况】

毛泽东曾圈阅这首词。

[参考]张贻玖：《毛泽东评点、圈阅的中国古典诗词》，中国工人出版社1992年版，第243页。

【注释】

（1）何能，怎能。免，免去，免除，消除。

（2）销魂，同"消魂"，谓灵魂离开肉体，这里用来形容哀愁到极点，好像魂魄离开了形体。独我，只有我。何限，即无限。

（3）故国，此指南唐王朝。重归，《南唐书·后主书》注中作"初归"。全句意思是说，梦中又回到了故国。

（4）觉（jiào）来，醒来。觉，睡醒。垂，流而不落之态。《诗经·王风·兔爰》："尚寐无觉。"

（5）谁与，同谁。

（6）长记，永远牢记。秋晴，晴朗的秋天。这里指过去秋游欢情的景象。望，远望，眺望。

（7）还如，仍然好像。还，仍然。

【赏析】

《子夜》，词牌名，《菩萨蛮》的别名，又名"子夜歌""花问意""梅花句""晚云烘日"等。此词于《尊前集》《词综》等本中均作《子夜》，无"歌"字。共44字，共享四个韵。前阕后二句与后阕后二句字数平仄相同。前后阕末句都可改用律句平平仄仄平。

这首词纯用白描手法，直抒胸臆，抒发了对故国的思念和亡国之恨，这是作者在汴京（今河南开封）当阶下囚时的作品。

词的上片写作者感怀亡国的愁恨和梦回故国的痛苦。"人生愁恨何能免，销魂独我情何限。"起首二句由悲叹、感慨而入，用直白的方式抒发胸中的无限愁恨。"人生"句是一种感叹，也是对生活的一种抽象概括，既是说自己，也是说众生，其"愁恨"自有一番别样的滋味，"愁"是自哀，也是自怜，是自己囚居生活的无奈心情；"恨"是自伤，也是自悔，是自己亡国之后的无限追悔。也正因有如此"愁恨"，作者才"销魂独我情何限"，而句中"独我"语气透彻，词意更进，表现了作者深切体会的一种特殊的悲哀和绝望。正如近代俞陛云《南唐二主词集述评》中所云："起句用翻笔，明知难免而自我销魂，愈觉埋愁之无地。"第三句"故国梦重归"是把前两句关于愁恨的感慨进一步地具体化和个人化。李煜作为亡国之君,自然对自己的故国有不可割舍的情感,所以定会朝思夜想。可是事非昨日,人非当年,过去的欢乐和荣华只能在梦中重现,而这种重现带给作者的却只能是悲愁无限、哀情不已,所以一觉醒来,感慨万千、双泪难禁。"觉来双泪垂"不仅是故国重游的愁思万端,而且还有现实情境的孤苦无奈,其中今昔对比,抚今追昔,反差巨大,情绪也更复杂。

词的下片续写作者往日成空、人生如梦的感伤和悲哀。"高楼谁与上"是无人与上,也是高楼无人之意,进一步点明作者的困苦环境和孤独心情。所谓登高望远,作者是借登高以远眺故国、追忆故乡。故国不可见,即便可见也已不是当年之国,故乡不可回,此恨此情只能用回忆来寄托。所以作者的一句"长记秋晴望",实是一种无可奈何的哀鸣。现实中的无奈总让人有一种空虚无着落之感,人生的苦痛也总给人一种不堪回首的刺激,作者才有"往事已成空,还如一梦中"的感慨。在现实中,"往事"真的"成空"。但这种现实却是作者最不愿看到的,他希望这现实同样是一场梦。"如一梦"不是作者的清醒,而是作者的迷惘,这种迷惘中有太多的无奈,以此作结,突显全词的意境。

全词以"梦"为中心,集中写"空",笔意直白,用心挚真。全词八句,句句如白话入诗,以歌代哭,不事雕琢,用情挚切。全词有感慨,有追忆,有无奈,有悲苦,这一切因其情真意深而感人不浅,同时也因其自然流露而愈显其曲致婉转。现代词学家唐圭璋《唐宋词简释》:"此首思故国,不假采饰,纯用白描,但句句重大,一往情深。起句两问,已将古往今来之人生及己之一生说明。'故国'句开,'觉来'句合,言梦归故国,及醒来之悲伤。换头,言近况之孤苦。高楼独上,秋晴空望,故国杳杳,销魂何限!'往事'句开,'还如'句合。上下两'梦'字亦幻,上言梦似真,下言真似梦也。"

【原文】

子夜·花明月暗拢轻雾

花明月暗笼轻雾[1]，今宵好向郎边去[2]。刬袜步香阶[3]，手提金缕鞋[4]。　　画堂南畔见[5]，一向偎人颤[6]。奴为出来难[7]，教君恣意怜[8]。

【毛泽东圈评等情况】

毛泽东曾圈阅这首词。

> [参考] 张贻玖：《毛泽东评点、圈阅的中国古典诗词》，
> 中国工人出版社1992年版，第243页。

【注释】

（1）暗，一作"黯"。笼轻雾，笼罩着薄薄的晨雾。笼，一作"飞"，一作"水"。

（2）今宵，今夜，一作"今朝"。郎边，一作"侬边"。

（3）刬（chǎn），《全唐诗》及《南唐书》中均作"衩"。刬，只，仅，犹言"光着"。刬袜，只穿着袜子着地。唐无名氏《醉公子》词中有："刬袜下香阶，冤家今夜醉。"步，这里作动词用，意为走过。香阶，台阶的美称，即飘散香气的台阶。

（4）手提，一作"手携"。金缕鞋，指鞋面用金线绣成的鞋。缕，线。

（5）画堂，古代宫中绘饰华丽的殿堂，《汉书·成帝纪》："孝成皇帝，元帝太子也。母曰王皇后，元帝在太子宫生甲观画堂，为世嫡皇孙。"颜师古注："画堂，但画饰耳……霍光止画室中，是则宫殿中通有彩画之堂室。"这里泛指华丽的堂屋。南朝梁简文帝《饯庐陵内史王修应令》："回池泻飞栋，浓云垂画堂。"南畔，南边。

（6）一向，一作"一晌"，一向，同一晌，即一时，刹时间。偎，紧紧地贴着，紧挨着。一作"畏"。颤，由于心情激动而身体发抖。

（7）奴，一作"好"。奴，古代妇女自称的谦词，也作奴家。出来，一作"去来"。

（8）教君，让君，让你。一作"教郎"，一作"从君"。恣（zì）意，任意，放纵。恣，放纵，无拘束。怜，爱怜，疼爱。

【赏析】

此词当是李煜描写自己与小周后幽会之情景，创作于北宋乾德二年（964）前后。小周后为昭惠后之胞妹，昭惠后名娥皇而小周后名女英，她们的命运与舜的两个妃子娥皇、女英也颇有相似之处。后周显德元年（954），李煜十八岁，娶昭惠，称为大周后。十年后，大周后病重，一日，见小周后在宫中，"惊曰：'汝何日来？'小周后尚幼，未知嫌疑，对曰'既数日矣'。后恚怒，至死，面不外向。"（宋陆游《南唐书·昭惠传》）北宋乾德五年（967），大周后死后三年，小周后被立为国后；马令《南唐书·昭惠后传》载，小周后"警敏有才思，神采端静"。"自昭惠殂，常在禁中。后主乐府词有'刬袜步香阶，手提金缕鞋'之类，多传于外。至纳后，乃成礼而已。"可见这首词所写是李煜与小周后婚前的一次幽会。

词的上片以夜景铺垫。"花明月暗笼轻雾，今宵好向郎边去。"起首二句是说，黯淡的月、迷离的雾，给半夜悄然赴约、生怕被人发觉的女主人公一点方便，暗影中的明艳花朵象征着偷情少女的娇媚和青春。女人呼男子为"郎"，说明她的心已然相许了。如今主动前去践约，恐怕曾经多次犹豫才有今天的决心。下面原该接续下片的幽会场面，词人却做了一个颠倒的结构：他把女人行动的一来一去、幽会的一首一尾，这两个画面捏在一起，作为上片，因为它们描摹的都是女人的单独行动。第一个是淡月轻雾中女子潜来的画面。第二个则是幽会事毕，女子仓皇离去的画面。"刬袜步香阶，手提金缕鞋。"三、四两句是说，女人何等慌张，因来不及穿鞋，光着袜底便跑了，一双手还提着鞋子。这个画面虽涉猥亵，但生动传神，饶有情致。少女初次偷情，上片是这等行为，下片是那样心态。一方面因做错了事而害怕、害羞，一方面因偷情成功，激动而有幸福感。

下片写幽会的中心，更加精彩："画堂西畔见，一向偎人颤。"女人走到践约之处——画堂西畔，一眼瞥见等待她的情郎，便扑过去，紧相偎倚，身子抖动着，好一会儿享受着难得的欢乐。词人用了一个"一向"，一个"颤",描摹女子的情态,可谓大胆的暴露、极度的狎昵。"奴为出来难,教郎恣意怜。"末二句描摹女子的言语,更是写实之笔。越礼偷情,幽会不易,感郎挚爱,今来就郎。任你乐意爱怜吧,我只珍惜这幸福的一刻!女子如此毫无忌讳地吐露爱情,真令男子销魂无限。只有后主之情和他的笔,才会把本人的风流韵事写得如此淋漓尽致。

从这首词可看出,李煜是如何擅长写人物的。他以白描手法,认真细致地描摹人物的行动、情态和语言,毫无雕饰和做作,只凭画面和形象,便做成了艺术品。不过如此狎昵的、猥亵的内容,不足为法。和古代《诗经》《汉乐府》五代诗词等描摹妇女的热烈坦率的爱情、反叛坚定的性格的那些名著,是不可相提并论的。

李煜的这首词,极俚,极真,也极动人,用浅显的语言呈现出深远的意境,虽无意于感人,而能动人情思,达到了近代学者王国维所说"专作情语而绝妙"的境地。

【原文】

虞美人·春花秋月何时了

春花秋月何时了[1],往事知多少[2]?小楼昨夜又东风,故国不堪回首月明中[3]! 雕栏玉砌应犹在[4],只是朱颜改[5]。问君能有几多愁[6]?恰似一江春水向东流。

【毛泽东圈评等情况】

毛泽东曾手书这首词。

[参考]中央档案馆编:《毛泽东手书古诗词选》,文物出版社、档案出版社1984年版,第172页。

【注释】

(1)春花秋月,春天的花朵,秋天的月亮,泛指春秋美景。了,了结,完结。

(2)往事,指过去的事。战国赵荀况《荀子·成相》:"观往事,以自戒，治乱是非亦可识。"《史记·太史公自序》："此人皆意有所郁结，不得通其道也，故述往事，思来者。"

（3）故，指南唐故都金陵（今江苏南京）。

（4）雕，雕绘；栏，栏杆；砌，石阶。雕栏玉砌，形容富丽的建筑物，指远在金陵的南唐故宫。应犹，一作"依然"。

（5）朱颜改，指所怀念的人已衰老。朱颜，红润美好的容颜。《楚辞·大招》："嫭目宜笑，娥眉曼只。容则秀雅，稚朱颜只。"王夫之通释："稚朱颜者，肌肉滑润，如婴稚也。"美色，美女。三国魏曹植《杂诗》之四："时俗薄朱颜，谁为发皓齿？"余冠英注："朱颜为美色。"南朝梁简文帝《美女篇》："朱颜半已醉，微笑隐香屏。"这里指南唐旧日的宫女。

（6）君，作者自称。能，或作"都""那""还""却"。几多，多少。

【赏析】

《虞美人》，词牌名，源于唐教坊曲，取名于项羽爱姬虞美人，后用作词牌。又名"虞美人令""玉壶冰""一江春水"等。双调五十六字，上下阕均两仄韵转两平韵。

此词与《浪淘沙·帘外雨潺潺》均作于李煜被毒死之前，为北宋太宗太平兴国三年（978），是时李煜归宋已近三年。宋太祖开宝八年（975），宋军攻破南唐都城金陵，李煜奉表投降，南唐灭亡。三年后，即太平兴国三年，徐铉奉宋太宗之命探视李煜，李煜对徐铉叹曰："当初我错杀潘佑、李平，悔之不已！"大概是在这种心境下，李煜写下了这首《虞美人》。

《虞美人》是李煜的代表作，也是李后主的绝命词。相传他于自己生日（七月七日）之夜（"七夕"），在寓所命歌妓作乐，唱新作《虞美人》词，声闻于外。宋太宗闻之大怒，命人赐药酒，将他毒死。

这首词通过今昔交错对比，表现了一个亡国之君的无穷的哀怨。"春花秋月何时了，往事知多少！"三春花开，中秋月圆，岁月不断更替，人生多么美好，可我这囚犯的苦难岁月，什么时候才能完结呢？"春花秋月何时了"表明词人身为阶下囚，怕春花秋月勾起往事而伤怀。回首往昔，身为国君，过去许许多多的事到底做得如何呢，怎么会弄到今天这步田地？

据史书记载，李煜当国君时，日日纵情声色，不理朝政，枉杀臣子……透过此诗句，我们不难看出，这位从威赫的国君沦为阶下囚的南唐后主，此时此刻心中有的不只是悲苦愤慨，多少也有悔恨之意。"小楼昨夜又东风，故国不堪回首月明中。"苟且偷生的小楼又一次春风吹拂，春花又将怒放。回想起南唐的王朝、李氏的社稷——自己的故国却早已被灭亡。诗人身居囚屋，听着春风，望着明月，触景生情，愁绪万千，夜不能寐。一个"又"字，表明此情此景已多次出现，这精神上的痛苦真让人难以忍受。"又"点明了"春花秋月"的时序变化，词人降宋又苟活了一年，加重了上两句流露的愁绪，也引出词人对故国往事的回忆。

"雕栏玉砌应犹在，只是朱颜改。"尽管"故国不堪回首"，可又不能不"回首"。这两句就是具体写"回首""故国"的——故都金陵华丽的宫殿大概还在，只是那些丧国的宫女朱颜已改。这里暗含着李后主对国土更姓，山河变色的感慨！"朱颜"一词在这里固然具体指往日宫中的红粉佳人，但同时又是过去一切美好事物、美好生活的象征。以上六句，诗人竭力将美景与悲情、往昔与当今、景物与人事的对比融为一体，尤其是通过自然永恒和人事沧桑的强烈对比，把蕴蓄于胸中的悲愁悔恨曲折有致地倾泻出来，凝成最后的千古绝唱——"问君能有几多愁？恰似一江春水向东流。"诗人先用发人深思的设问，点明抽象的本体"愁"，接着用生动的喻体——奔流的江"水"作答。用满江的春水来比喻满腹的愁恨，极为贴切形象，不仅显示了愁恨的悠长深远，而且显示了愁恨的汹涌翻腾，充分体现出奔腾中的感情所具有的力度和深度。

全词以明净、凝练、优美、清新的语言，运用比喻、对比、设问等多种修辞手法，高度概括和淋漓尽致地表达了诗人的真情实感。难怪前人赞誉李煜的词是"血泪之歌""一字一珠"。全词虚设回答，在问答中又紧扣回首往事，感慨今昔，写得自然而一气流注，最后进入语尽意不尽的境界，使词显得阔大雄伟。现代词学家唐圭璋《唐宋词简释》："此首感怀故国，悲愤已极。起句，追思往事，痛不欲生！满腔恨血，喷薄而出：诚《天问》之遗也。'小楼'句承起句，缩笔吞咽；'故国'句承起句，放笔呼号。一'又'字惨甚。东风又入，可见春花秋月一时尚不得遽了。罪孽未满，苦痛未尽，仍须偷息人间，历尽磨折。下片承上，从故国月明想入，揭出物是人非之意。末以问答语，吐露心中万斛愁恨，令人不堪卒读。通首一气盘旋，曲折动荡，如怨如慕，如泣如诉。"

【原文】

虞美人·风回小院庭芜绿

风回小院庭芜绿⁽¹⁾，柳眼春相续⁽²⁾。凭阑半日独无言⁽³⁾，依旧竹声新月似当年⁽⁴⁾。　笙歌未散尊罍在⁽⁵⁾，池面冰初解⁽⁶⁾。烛明香暗画楼深⁽⁷⁾，满鬓青霜残雪思难禁⁽⁸⁾。

【毛泽东圈评等情况】

毛泽东曾圈阅这首词。

[参考] 张贻玖：《毛泽东评点、圈阅的中国古典诗词》，
中国工人出版社1992年版，第243页。

【注释】

（1）风，指春风。庭芜，庭院里的草。芜，丛生的杂草。

（2）柳眼，早春时柳树初生的嫩叶，好像人的睡眼初展，故称柳眼。唐李商隐《二月二日》中有"花须柳眼多无赖，紫蝶黄蜂俱有情"之句。春相续，一年又一年的春天继续来到人间。

（3）凭阑，靠着栏杆。阑，同"栏"。

（4）竹声，竹制管乐器发出的声音。竹，古乐八音之一，指竹制管乐器，箫、管、笙、笛之类。一说"竹声"为风吹竹叶之声。新月，月初的月亮。

（5）笙歌，泛指奏乐唱歌，这里指乐曲。尊罍（léi）在，意谓酒席未散，还在继续。尊罍，一作"尊前"。尊，酒杯；罍，一种酒器，小口大肚，有盖，上部有一对环耳，下部有一鼻可系。

（6）池面冰初解，池水冰面初开，指时已初春。

（7）烛明香暗，是指夜深之时。香，熏香。画楼，雕有花纹图案的楼房，一作"画歌"，一作"画阑"，指华丽而精美的楼房。深，一作"声"，指幽深。

（8）清霜残雪，形容鬓发苍白，如同霜雪，谓年已衰老。思难禁，忧思令人难以承受，即指极度忧伤。思，忧思。难禁，难以遏止、阻止。

【赏析】

这首词应作于李煜亡国之后。宋太祖开宝九年（976）正月，李煜打了败仗，失去属国君主的地位，离开江南、宫廷，后妃、臣子由战胜军带到汴京（今河南开封），当了宋王朝的俘虏。宋太祖恼他有过反抗，封他为违命侯，以示惩戒。十月太祖死，太宗即位。十一月，改封李煜为陇西郡公，赐第（今河南开封城外西北角二里孙（逊）李唐新村即其旧址）因居，两年之间，李煜与旧臣、后妃难得相见，行动言论没有自由，笙歌筵宴都歇，有时贫苦难言。这首词就是在此背景下写成的。明卓人月《古今词统》说是"在汴京念金陵作"。

这首词书写伤春怀旧之情，《续选草堂诗余续集》："诸本调下题作《春怨》。"上片写春景，并由此引出对过去的回忆。"风回小院庭芜绿"，首句称春风又回到小院里来，院子里的草又绿了。院子里的柳条上新生柳叶，细长如人的睡眼初展，这样的柳叶在春天到来时，连续着生出来。这里写出小院中春天的信息，可以从庭草的绿色里，从柳叶的舒展和相续生出中看出来。"柳眼春相续"，写得很细，是诗人的观察。这里也透露出他的寂寞之感来。他在《玉楼春》里写在金陵时的春天景象："晚妆初了明肌雪，春殿嫔娥鱼贯列。凤箫吹断水云闲，重按霓裳歌遍彻。"是盛极一时，跟被拘留中的寂寞正好构成对照。"凭阑半日独无言，依旧竹声新月似当年。"三、四句是说，想起当日的情况，靠着栏杆半天没有一句话，透露出故国之思的痛苦。这时想替自己排解，说风吹竹子的声音和新月的照耀还像当年，想来小院中还有竹子，春风吹来，还有竹声。与《玉楼春》中的"醉拍阑干情味切"相比，这时的"半日独无言"对照鲜明。

下片写往日的欢欣与今日的凄苦。"笙歌未散尊罍在，池面冰初解。"

二句写他在赐第里还可以听歌、饮酒。他还有故妓，还可以奏乐。笙歌未散，酒杯还在，还可以喝酒。春天到来，池面的冰开始融化了。就他的处境来说，也许也像东风解冻。"烛明香暗画楼深，满鬓清霜残雪思难禁。"末二句用"烛明香暗"来陪衬"画楼深"，用"满鬓清霜残雪"的霜雪来反衬东风解冻的"冰初解"。"画楼深"是深沉，看来故妓的奏乐也是寂寞中的聊以自慰，不能跟"凤箫吹断水云闲，重按霓裳歌遍彻"相比，所以无法解除寂寞，因此有画堂深沉的感觉。东风解冻透露春天的气息，但对他说来，春天永远过去了，这表现在四十岁光景的人已经是满鬓霜雪了，自然"思难禁"了，这里含有对故国的怀念，还有亡国的痛苦难以负担。

这首词，结合被俘后的生活来反映故国之思，写春天的到来、东风的解冻，在生机盎然、勃勃向上的春景中寄寓了作者的深沉怨痛，在对往昔的依恋怀念中也蕴含了作者不堪承受的痛悔之情。现代词学家唐圭璋《唐宋词选释》："此首忆旧词，起点春景，次入人事。风回柳绿，又是一年景色。自后主视之，能毋增慨。凭阑脉脉之中，寄恨深矣。'依旧'一句，猛忆当年今日，景物依稀，而人事则不堪回首。下片承上，申述当年笙歌饮宴之乐。'满鬓'句，勒转今情，振起全篇。自摹白发穷愁之态，尤令人悲痛。"

【原文】

阮郎归·东风吹水日衔山

东风吹水日衔山，春来长是闲[(1)]。落花狼籍酒阑珊[(2)]，笙歌醉梦间[(3)]。佩声悄[(4)]，晚妆残[(5)]，凭谁整翠鬟[(6)]？留连光景惜朱颜[(7)]，黄昏独倚阑[(8)]。

【毛泽东圈评等情况】

毛泽东曾圈阅这首词。

[参考] 张贻玖：《毛泽东评点、圈阅的中国古典诗词》，中国工人出版社 1992 年版，第 243 页。

五代十国词

【注释】

（1）长是闲，总是闲。闲，无事，无聊。

（2）狼籍（jí），今通作"狼藉"，形容纵横散乱、乱七八槽的样子。阑珊，衰落，将尽，残。

（3）笙歌，合笙之歌。笙，管乐器名，用若干根长短不同的簧管制成，用口吹奏。《礼记·檀弓上》："孔子既祥，五日弹琴而不成声，十日而成笙歌。"

（4）佩，同"珮"，即环珮，古人衣带上佩带的饰物。悄，声音低微。

（5）晚妆残，天色已晚，晚妆因醉酒而不整。残，零乱不整。

（6）翠鬟，女子环形的发式，绿色的发髻。翠，翡翠鸟，羽毛青绿色，尾短，捕食小鱼。鬟，古代妇女的一种环形发髻。整翠鬟，整理头发。唐高蟾《华清宫》："何事全奥不在游？翠鬟丹脸岂胜愁。"

（7）留连光景，指珍惜时间。留连，留恋而舍不得离开。朱颜，美好红润的容颜，这里指青春。《楚辞·大招》："嫮目宜笑，娥眉曼只。容则秀雅，稚朱颜只。"清王夫之通释："稚朱颜者，肌肉滑润，如婴稚也。"

（8）独倚阑，独自依靠栏杆。倚，依靠。阑，栏杆。

【赏析】

《阮郎归》，词牌名。以神话传说刘晨、阮肇遇仙而复归事得名。双调，九句，四十七字，平韵。又名"碧桃源""醉桃源""宴桃源""濯缨曲"。

此词《草堂诗余》《古今词统》中有题作"春景"。据明吴讷《百家词》之各种抄本《南唐二主词》，此词调名下有注："呈郑王十二弟"，篇末有注："后有隶书东宫书府印。"郑王，李煜弟李从善。本篇写对被拘北国的七弟李从善的怀念之情。李从善为南唐郑王，宋太祖开宝三年（970）朝贡北宋，被宋太祖扣留在汴京。这首词又见于南唐冯延巳《阳春集》、宋欧阳修《近体乐府》。今依《词综》归于李煜名下。

本篇从表面上看是写男女相思之情，实际上是借女子的相思来寄托自己对兄弟的思念。

上片主要写主人公暮春饮酒歌舞空虚无聊、无所寄托、醉生梦死的生活。首句"东风吹水",形象生动,但新意不强,与李煜同时代稍早些的冯延巳就有"风乍起,吹皱一池春水"的名句。而"日衔山"则要好得多。虽然"日衔山"与"青山欲衔半边日"意思相同,同样都是拟人化的手法,但"山衔日"有日升之意,多用于形容山极高之势;而"日衔山"则寓日落之意,有夕阳斜照、余晖映山之感。这里不仅点明了傍晚这一时间的概念,而且还暗从主人公细致的观察和感受中渗透出"闲"的味道。

"风吹水""日衔山",两个动词很精妙,将风过水皱、日坠山巅的情景描写得十分细腻、形象。这本是每日都在发生的景象,没有什么特别,女子却观察入微,并如此精准地表达出来,可见其"闲"。因为闲,所以连这每日可见的景色也会细腻入微地观察,借此打发时间。或许,她已经这样观察了一整个春天。落花满地,酒意阑珊,这就是她每日生活的写照。除了观景、醉酒,她没有别的事可做。因此这闲不是悠闲,而是空虚寂寞的"闲"。于是二句"春来长是闲"就有了更深的寓意。女主人公不仅"闲",而且"长是闲"。"落花狼籍酒阑珊,笙歌醉梦间。"三、四两句承上具体写"长是闲"。为了打发日子,词中女主人公便喝点美酒,听听歌曲,借酒浇愁,听曲解闷。小宴是在花园中进行的,落花洒了满地,宴席上杯盘狼藉,酒也喝得差不多了,在一片笙歌声中,女主人睡眼惺忪,似醉似梦。两句白描,生动地画出了一个百无聊赖的贵妇人形象。

下片写主人公梦醒残妆、伤春自伤的情状和情绪。女子春睡醒来,明知晚妆已残,却懒得装扮,是因为爱人不在身边,青春无人欣赏。开头三字另一版本为"珮声悄",这是借物写人,说明女子醉意未消、懒动腰肢,自然有慵倦之意。"晚妆残,凭谁整翠鬟"更说明女子无意梳妆、不饰仪容,只因春心无人解,自伤无人知,写出女子的伤春并非为他人,而是为自己。"留连光景惜朱颜,黄昏独倚阑。"结末两句点明主旨,进一步渲染出女主人公感慨年华逝去,无奈空唤青春的情绪。春光是美好的,朱颜也是,但若无人欣赏,再美也是枉然,其美也就失去了意义。或者说,越是美好,就越是遗憾。春光与朱颜,是美丽的,也是易逝的。等到"一朝春尽红颜老"之时,再来欣赏就没有什么意义了。所以她在独自倚阑远眺,等待着爱人归来。

全词由大处着眼，至小处落笔，喻象生动、自然，描写细腻、真实，艺术技巧纯熟。但是全词哀愁太盛，有流于颓废之嫌，格调是不高的。

【原文】

临江仙·樱桃落尽春归去

樱桃落尽春归去[1]，蝶翻金粉双飞[2]。子规啼月小楼西[3]，玉钩罗幕[4]，惆怅暮烟垂[5]。　　别巷寂寥人散后[6]，望残烟草低迷[7]。炉香闲袅凤凰儿[8]，空持罗带[9]，回首恨依依[10]。

【毛泽东圈评等情况】

毛泽东曾圈阅这首词。

[参考] 张贻玖：《毛泽东评点、圈阅的中国古典诗词》，中国工人出版社 1992 年版，第 243 页。

【注释】

（1）樱桃，初夏时结果实，古代有帝王以樱桃献宗庙的传统。《礼记·月令》中记载："仲夏之月，天子以含桃（樱桃）先荐寝庙。"落尽，凋谢之意。

（2）翻，翻飞。金粉，妇女装饰用的铅粉，这里借指蝴蝶的翅膀。

（3）子规，鸟名，即杜鹃鸟的别名。古代传说失国的蜀帝杜宇，被其臣相所逼，逊位后隐居山中，其魂化为杜鹃。又经常于夜间鸣叫，令人生悲，故古人有"杜鹃啼血"之说。唐白居易《琵琶行》中有"其间旦暮闻何物？杜鹃啼血猿哀鸣"之句。啼月，指子规在夜里啼叫。

（4）玉钩，玉制帘钩。罗幕，帘幕。

（5）惆怅，因失意而怨恨。

（6）寂寥，冷冷清清。散，一作"去"。

（7）望残，望尽，尽力望去。草，一作"柳"。低迷，模糊不清。一作"凄迷"。

（8）闲袅，形容细长柔软的东西随风轻轻摆动，这里指香烟缭绕悠闲而缓慢上升的样子。凤凰儿，指绣有凤凰花饰的丝织品。这里指饰有凤凰图形或制成凤凰形状的香炉。

（9）空，徒然，有无可奈何之意。持，拿着。罗带，系在身上的丝带。

（10）回首，回头，回想。依依，形容思慕怀念的心情。南朝宋范晔等《后汉书·章帝纪》："岂亡克慎肃雍之臣，辟公之相，皆助朕之依依。"李贤注："依依，思慕之意。"恨依依，形容愁恨绵绵不断的样子。

【赏析】

《临江仙》词牌名。本为唐教坊曲名，多用以咏水仙，故名。双调五十八字或六十字，皆用平韵。

这首词是李煜在宋太祖开宝八年（975）初夏于围城中作，十一月城破。当时围城危急，无力挽回，诗人缅怀往事，触目伤心，故全诗所发之亡国哀怨，深切感人。这首词还是一首春怨词，诗人借思妇怨女之口传达自己亡国失势、朝不保夕的无奈愁恨之情。词中字句，各本有出入，词尾原缺十六字，据陈鹄《耆旧续闻》所录补足。

词的上片写景，主要是写主人公独处伤怀、春怨无归的怅恨、无奈之情。"樱桃落尽春归去。"首句由写景入，点明时间、环境，先营造出了一种春尽无归的氛围，暗示着主人公伤春怀忧的情势，也昭示出全词的主旨和思路。"蝶翻金粉双飞"句是反写，眼中所见之活泼欢快，更映衬出主人公内心的孤苦无奈。三句"子规啼月小楼西"，有听觉，有视觉，而且点明时间已是夜半之后，主人公却依旧难以入眠，显见是愁思纷扰、怨恨满心。虽然樱桃、蝴蝶、杜鹃等都是春夏之交的景物，但其中恐怕亦另有深意。有人说，"樱桃落尽"和"子规啼月"都是用典，"用樱桃难献宗庙、杜宇（子规）失国的两个典故，写伤逝之情、亡国的预感，用心良深"（蒲仁、梅龙《南唐二主词全集》），分析起来，不失其理。李煜这位南唐后主尽管做得很不称职，但国势危亡、百姓罹难这样的大事他还是心中有数的，只是己无大计、士无良策，虽然终日忧思，但却无可奈何，所以在这里以典喻今、以思妇喻忧恨，当是不可免的。想必当此围城之时能作此春怨词，思妇的哀怨和他本人的愁苦相通是更主要的原因。"玉钩罗幕，惆怅暮烟垂。"接下来二句写内景，时空的转移依然无法抹去思妇的感伤，所以惆怅不尽，眼中的一切都有了难遣的情怀。

词的下片仍是写景，但是写内景，视线由外向内，时间由暮入夜。起首即是"别巷寂寥人散后"，承上片而来，一腔心事虽未直言而出，但孤苦伶仃之意已跃然纸上。望穿秋水，望断云桥，"望残烟草低迷"，具体、形象、生动，赋予前句的"寂寥"以更鲜活的内容。"炉香闲袅凤凰儿"句是写暗夜空室的实景，由外转内、由远及近，这一转眼本身就说明了主人公的情迷意乱。"空持罗带"，而室内的景色还比"门巷"更"寂寥"，"闲袅"衬"空持"，一个孤苦无依、忧思无解的形象呼之欲出。全词最后一句"回首恨依依"当是词眼，一个"恨"倒贯全篇，其中是否有李煜于亡国之忧中"回首"自己、检讨往昔的寓意，亦未可知。

全词写景徐徐道来，写情却有突兀之语，全词意境皆由"恨"生，并由"恨"止。在写法上是虚实相生、内外结合，时空转换自然、顺畅，笔意灵活，喻象空泛，直抒胸臆却不失含蓄，柔声轻诉却极其哀婉动人，正如清人陈廷焯《别调集》中所云："低回留恋，宛转可怜，伤心语，不忍卒读。"

【原文】

捣练子·深院静

深院静，小庭空[(1)]，断续寒砧断续风[(2)]。无奈夜长人不寐[(3)]，数声和月到帘栊[(4)]。

【毛泽东圈评等情况】

毛泽东曾圈阅这首词。

[参考] 张贻玖：《毛泽东评点、圈阅的中国古典诗词》，
中国工人出版社 1992 年版，第 243 页。

【注释】

（1）庭，堂阶前的院子。

（2）寒砧，寒夜捣帛声。古代秋来，家人捣帛为他乡游子准备寒衣。砧（zhēn），捣衣石。唐代杜甫《秋兴》中有诗句云："寒衣处处催刀尺，白帝城高急暮砧。"

（3）无奈，一作"早是"。不寐，不能入睡，一作"不寝"。

（4）数声，几声，这里指捣衣的声音。和月，伴随着月光。到，传到。帘栊（lóng），挂着竹帘的格子窗。栊，有横直格的窗子。

【赏析】

《捣练子》，词牌名，又名"捣练子令""深院月""剪征袍"等。以李煜词《捣练子·深院静》为正体，单调二十七字，五句三平韵。另有双调三十八字，前后段各五句，三平韵的变体。代表作有贺铸《捣练子·砧面莹》等。

这首小令通过描绘深院小庭夜深人静，以断续传来的风声、捣衣声，以及映照着帘栊的月色，刻意营造出一种凄凉孤寂的夜境，写出抒情主人公内心的焦躁烦恼，让人不觉沉浸其中，去感受长夜不寐者的悠悠情怀。

这是一首本义词。白练是古代一种丝织品，其制作要经过在砧石上用木棒捶捣这道工序，而这工序一般都是由妇女操作的。这首词的词牌即因其内容以捣练为题材而得名。

我们先看词人对一个失眠者夜听砧上捣练之声的描绘。"深院静，小庭空。"开头两句乍一看仿佛是重复的，其实并不重复。第一句是诉诸听觉，第二句是诉诸视觉。然而尽管耳在听、目在看，却什么也没有听到和看到。这样，"静"和"空"这两个字，不仅在感受上给人以差别，而且也看出作者在斟酌用词时是颇费了一番心思的。至于"深院"，是写居住的人远离尘嚣；"小庭"则写所居之地只有一个空荡荡的小小天井，不仅幽静，而且空虚。头两句看似写景，实际衬托出主人公内心的寂寞无聊。只有在这绝对安静的环境里，远处被断续风声吹来的砧上捣练之声才有可能被这小庭深院的主人听到。

"断续寒砧断续风。"自古以来，砧上捣衣或捣练的声音一直是夫妇或情人彼此相思回忆的诗料；久而久之，也就成为诗词里的典故。比如李白在《子夜吴歌》的第三首里写道："长安一片月，万户捣衣声。秋风吹不尽，总是玉关情。何日平胡虏，良人罢远征？"杜甫的一首题为《捣衣》的五律也说："亦知戍不返，秋至拭清砧。已近苦寒月，况经长别心。宁辞捣衣倦，一寄塞垣深。用尽闺中力，君听空外音。"李、杜两家所写，是从捣衣人的角度出发的。而李煜这首词却是从听砧声的人的角度来写的。这个听砧的人不管是男是女，总之是会因听到这种声音而引起相思离别之情的。不过，第三句虽连用两次"断续"字样，含义却不尽相同。一般地说，在砧上捣衣或捣练，总是有节奏的，因此一声与一声之间总有短暂的间歇，而这种断续的、有节奏的捣练声并没有从头至尾一声不漏地送入小庭深院中来。这是因为风力时强时弱，风时有时无，这就使身居小庭深院中的听砧者有时听得到，有时听不到。正因为"风"有断续，才使得砧声时有时无、若断若续。这就把一种诉诸听觉的板滞沉闷的静态给写活了。

"无奈夜长人不寐"，明明是人因捣练的砧声搅乱了自己的万千思绪，因而心潮起伏，无法安眠；作者却偏偏翻转过来倒果为因，说人由于夜长无奈而睡不着觉，这才使砧声时断时续地达于耳畔。"数声和月到帘栊。"末句说夜深了，砧声还在断断续续地响，是伴随着月光传入帘栊的。这就又把听觉和视觉相互结合起来，做到了声色交融——秋月的清光和捣练的音响合在一起，共同触动着这位"不寐"者的心弦。然而作者并没有绘声绘色，大事渲染，只是用单调的砧声和素朴的月光唤起了读者对一个孤独无眠者的同情。这正是李煜写词真正见功力的地方。

前人评论李煜词的特点，都说他不假雕饰，纯用白描。其实李煜写词何尝不雕饰呢，只是洗尽铅华，摆脱了尘俗的浓妆艳抹，使人不觉其雕饰而已。这首小词无论结构、布局、遣辞、造句，作者都经过了严密的构思和细致的安排，而给予读者的感受，却仿佛只是作者的自然流露。一个作者能于朴实无华之中体现匠心，才是真正的白描高手。清人俞陛云《唐五代两宋词选释》说："曲名《捣练子》，即以咏之。乃唐词本体。首二句言闻捣练之时，院静庭空，已写出幽悄之境。三句赋捣练。四五句由闻砧者说到砧声之远递。通首赋捣练，而独夜怀人情味，摇漾于寒砧断续之中，可谓极此题之能事。"

【原文】

长相思·秋怨

一重山⁽¹⁾，两重山，山远天高烟水寒⁽²⁾，相思枫叶丹⁽³⁾。　　菊花开，菊花残，塞雁高飞人未还⁽⁴⁾，一帘风月闲⁽⁵⁾。

【毛泽东圈评等情况】

毛泽东曾圈阅这首词。

[参考] 张贻玖：《毛泽东评点、圈阅的中国古典诗词》，
中国工人出版社 1992 年版，第 243 页。

【注释】

（1）重（chóng），量词，层，道。

（2）烟水，雾气蒙蒙的水面。唐代孟浩然《送袁十岭南寻弟》中有"苍梧白云远，烟水洞庭深"句。

（3）枫叶，枫树叶。枫，落叶乔木，春季开花，叶子掌状三裂。其叶经秋季而变为红色，因此称"丹枫"。古代诗文中常用枫叶形容秋色。丹，红色。

（4）塞（sāi）雁，塞外的鸿雁，也作"塞鸿"。塞雁春季北去，秋季南来，所以古人常以之作比，表示对远离故乡亲人的思念。唐代杜甫《登舟将适汉阳》诗："塞雁与时集，樯乌终岁飞。"

（5）帘，帷帐，帘幕。风月，风声月色。梁沈约《宋书·始平孝敬王子鸾传》："上痛爱不已，拟汉武《李夫人赋》，其词曰：'……徙倚云日，裴回风月。'"指男女间情爱之事。前蜀韦庄《多情》诗："一生风月供惆怅，到处烟花恨别离。"

【赏析】

《长相思》，调名取自南朝乐府"上言长相思，下言久离别"句，多写男女相思长情。又名"相思令""双红豆""吴山青""山渐青""忆多娇""长思仙""青山相送迎"等。此调有几种不同格体，俱为双调。此词为三十六字体。

这首小令，《新刻注释草堂诗余评林》在词调下题作"秋怨"。这"秋怨"，便是统贯全词的抒情中心。词中通过对秋景的描写，抒发了女主人公对行人的思念和闺房独守的寂寞和空虚之感。

"一重山，两重山，山远天高烟水寒，相思枫叶丹。"词的上阕主要写景。可是，进入视野的除了重重叠叠的山岭峰峦外，还有的就是辽阔高远的青冥和天际处的迷离烟水了。第三句描写了一幅荒寂寥廓的群山秋色图，层次极为分明："一重山"，是近景；"二重山"，是中景；"山远天高烟水寒"，是远景。这一切都是跟着思妇眺望目光的由近及远渐次展开的。清初词人纳兰性德的名作《长相思》曰："山一程，水一程，身向榆关那畔行。"写主人公越山过水，渐去渐远，很可能是受了该词的启发。需注意的是，"烟水寒"的"寒"，并非仅仅用来形容"烟水"，而且还曲折传出了思妇的心理感觉。正因为久望不见，更添哀伤，心头才滋生了寒意。如此，则目中所见，自然皆带寒意了。上片结句说她"望尽天涯路"而无所得，便收束眼光，不经意地扫视周遭景物，瞥见不远处有枫叶如火，灼人眼目。这使她猛然想起：时令又到了丹枫满山的秋天，自己经年累月的相思之情何日才能了结啊？"相思"一词的出现，使得词旨豁然显现。

词的下阕抒情。"菊花开，菊花残"，用短促、相同的句式，点出时间流逝之速，暗示了她相思日久，怨愁更多。紧连着的"塞雁高飞人未还"，可视为她的直接抒情，也可以看作她在触景生情。她想：塞外大雁尚且知道逢秋南归，那飘泊在外的游子为什么还见不到他的踪影呢？用雁知"归"来反衬人不知"还"，就更深一层地表现出了她的内心怨苦。怨恨尽可以怨恨，但它毕竟是产生于"相思"基础上的，如今良人未还，说不定他碰上了什么意外，或是在路途上染上了风疾。这些想法涌上心头，使得女主人公在怨恨之余，又深深地为他担忧起来了。"一帘风月闲"，刻画出了思妇由于离人不归，对帘外风晨月夕的美好景致无意赏玩的心境。宋柳永《雨霖铃》词写一对恋人分别后的意绪说："此去经年，应是良辰好景虚设。便纵有千种风情，更与何人说"，含意正与此同。

这首词的最大特点是，句句写思妇"秋怨"，"秋怨"二字却深藏不露。对思妇的外貌、形象、神态、表情未作任何描摹，而是侧重于表现出她的眼中之景，以折现其胸中之情，用笔极其空灵。李煜词的语言锤炼功夫很深，他善于用单纯明净、简洁准确的语言生动地再现物象，展示意境。这个特点在该词里也有鲜明的体现，像"山远天高烟水寒"句，自然明朗，形象丰富，立体感强，境界阔远，并且景中蕴情，耐人寻味。对这首词，前人评价颇多，其中以清俞陛云之说为精当："此词以轻淡之笔，写深秋风物，而兼葭怀远之思，低回不尽，节短而格高，五代词之本色也。"（《南唐二主词辑述评》）

韦 庄

韦庄（约836—910），字端己，京兆郡杜陵县（今陕西西安）人，晚唐五代诗人、词人，五代时前蜀宰相。

韦庄出身京兆韦氏东眷逍遥公房。早年屡试不第，后因黄巢起义作《秦妇吟》。乾宁元年（894），再试时进士及第，出任校书郎。唐昭宗乾宁四年（897），以判官职随谏议大夫李询入蜀宣谕，归朝后升任左补阙。天复元年（901），入蜀为王建掌书记，自此终身仕蜀。唐哀帝天佑四年（907），朱全忠灭唐建梁，韦庄劝王建称帝，任左散骑常侍，判中书门下事，定开国制度，次年升任宰相。官终吏部侍郎兼平章事，谥"文靖"。

韦庄工诗，其律诗圆稳整赡、音调浏亮，绝句情致深婉、包蕴丰厚；其词善用白描手法，词风清丽。与温庭筠同为"花间派"代表作家，并称"温韦"。所著长诗《秦妇吟》与《孔雀东南飞》《木兰诗》并称"乐府三绝"。有《浣花集》十卷，后人又辑《浣花词》。另有《菩萨蛮》五首为宋词奠基之作。

【原文】

女冠子·四月十七

四月十七，正是去年今日，别君时。忍泪佯低面⁽¹⁾，含羞半敛眉⁽²⁾。不知魂已断⁽³⁾，空有梦相随。除却天边月，没人知。

【毛泽东圈评等情况】

毛泽东曾手书这首词。

[参考]中央档案馆整理：《毛泽东手书选集·古诗词（下）》，
北京出版社1996年版，第77页。

（1）佯（yáng）低面，假装着低下脸。

（2）敛（liǎn）眉，皱眉头。敛，蹙。

（3）魂已断，即"魂销"。江淹《别赋》云："黯然消魂者，唯别而已。"

【赏析】

《女冠子》，词牌名。本唐教坊名，后用为词牌。内容多咏女道士。有小令、双调、长调等。以温庭筠《女冠子·含娇含笑》为正体，双调四十一字，前段五句两仄韵、两平韵，后段四句两平韵。另有双调一百七字，前段十二句六仄韵，后段十一句六仄韵；双调一百十字，前段十一句六仄韵，后段十二句六仄韵等变体。代表作品有韦庄《女冠子二首》等。

这首词在《草堂诗余别集》中题作《闺情》，写女子追忆与情人的相别以及别后相思，抒发了闺中少女的相思之情。词句质朴率真，哀婉动人，是历来广为传诵的名篇。

词的上阕忆与郎君相别。"四月十七，正是去年今日。"连用记载日期的二句，在整个词史上少见。似乎是脱口而出，又似乎是沉醉之中的惊呼。"正是"二字用得传神，表现出记忆之深，让人如闻其声。"别君时"非常直接地点明让这个少女如此痴迷的原因。原来是与郎君分别了，痴迷、沉醉于苦苦的相思而忘了时间的飞逝，忘了四季的轮回，忘了身在何处。好像是在一觉醒来，忽然发现，别离已一年，相思也一年了。然而，这一年似快又慢，快是指别离太快，相聚太短，慢是蕴涵了无数煎熬，无数牵挂。"忍泪佯低面，含羞半敛眉。""佯"是掩饰，但不是故意做作，是基于感情的真挚。害怕郎君发现脸上的泪水，而牵挂、担心，而假装低头；"含羞"是别时有千言万语却又无从说起，欲说还休，难于启齿。这两句通过白描手法，生动地再现了送别时女子玲珑剔透的面部表情与细腻真实的心理活动。

词的下阕抒别后眷念。"不知魂已断"，是过片。"魂断"即"魂销"，江淹《别赋》云："黯然消魂者，唯别而已。"紧扣上片"别君时"，承上；只好"空有梦相随"，启下，过渡自然，不留痕迹。"不知"故作糊涂，实指知，但比知更深更悲。知是当时，是如今，还是这一年，却又不知。

事实上，三者已融在一起，无从分别，也无需分别。君去人不随，也不能随，只好梦相随。日有所思，夜有所梦，但这里的梦是凄苦的，是在无法选择的前提下，不得不选择聊以慰藉的方式，可见相思之深、相思之苦、相思之无奈。"除却天边月，无人知。""天边月"与首句"四月十七"在时间上相应。"无人知"即是不知，重复上文，加强凄苦。魂销梦断都无法排遣相思之苦，那就只有对月倾诉了，这是古人常用的寄托方式，没有人知道，但明月知道，不仅知，还理解，更会把这一切记住，作为见证。在少女的心目中，月竟成了她在人间的唯一知己，这是十分无奈的选择，更见其孤独、寂寞。况且明月的"知"，本是子虚乌有。寄托相思，相思却更浓，排遣相思，相思却更深，真是欲哭无泪，欲罢不能。少女受相思折磨，为相思煎熬，楚楚动人，愈发憔悴的形象跃然纸上，让人为之流泪。

这首词也可以看成是男子的回忆。现代词学家刘永济先生《唐五代两宋词简析》中评道："此二首（包括后一首《女冠子·昨夜夜半》）乃追念其宠姬之词。前首是回忆临别时情事，后首则梦中相见之情事也。明言'四月十七'者，姬人被夺之日，不能忘也。"

【原文】

荷叶杯·记得那年花下

记得那年花下，深夜，初识谢娘时[1]。水堂西面画帘垂[2]，携手暗相期[3]。　惆怅晓莺残月[4]，相别，从此隔音尘[5]。如今俱是异乡人，相见更无因[6]。

【毛泽东圈评等情况】

1958年3月，毛泽东在成都会议期间圈阅的《诗词若干首》（唐宋明朝诗人写的有关四川的一些诗和词）中有这首词。

[参考]刘开扬注释：《诗词若干首》（唐宋明朝诗人咏四川），

四川人民出版社1979年版，第124—126页。

【注释】

（1）谢娘，晋王凝之妻谢道韫，有文才，后人因称才女为"谢娘"。唐韩翃《送李舍人携家归江东觐省》诗："承颜陆郎去，携手谢娘归。"

（2）水堂，临近水池的厅堂。《北齐书·河南王孝瑜传》："孝瑜遂于第作水堂、龙舟，植幡稍于舟上，数集诸弟宴射为乐。"画帘，有画饰的帘子。唐杜牧《怀钟陵旧游》诗之三："一声明月采莲女，四面朱楼卷画帘。"

（3）相期，相约会。唐李白《月下独酌》："永结无情游，相期邈云汉。"

（4）惆怅（chóu chàng），伤感，愁闷，失意。残月，谓将落的月亮。唐白居易《客中月》诗："晓随残月行，夕与新月宿。"宋柳永《雨霖铃》词："今宵酒醒何处？杨柳岸、晓风残月。"

（5）音尘，消息。隔音尘，即音信断绝。

（6）因，缘由，这里指机会。

【赏析】

《荷叶杯》，本唐酒器名。古代文人饮酒尚雅，碧筒饮则是雅中之雅。所谓碧筒饮，就是采摘卷栊如盏，刚刚冒出水面的荷叶盛酒，将叶心捅破使之与叫茎相通，然后从茎管中吸酒，人吮莲茎，使酒流入口中，诚为暑天清供之一。用来盛酒的荷叶就称为"荷杯""荷盏""碧筒杯"。

这首词有特殊的写作背景，清俞陛云说："《古今词话》称韦庄为蜀王所羁，庄有爱姬，资质艳美，兼工词翰。蜀王闻之，托言教授宫人，强夺之去。庄追念怏怏，作《荷叶杯》诸词，情意凄怨。"即韦庄的爱姬被蜀主王建所夺，韦庄创作这首词，就是回忆以前的欢乐，诉说此后的痛苦。又传说韦庄的爱姬读了这首词后，因痛苦而绝食而死。杨偈《古今词话》和蒋一葵《尧山堂外记》记载："韦庄有宠姬，姿质艳丽，兼擅词翰，为蜀主王建所夺，于是作《荷叶杯》《小重山》等词，词流入禁宫，姬闻之不食而死。"

这首词上半阕追忆前欢。"记得那年花下，深夜。"开头二句描写，是说记得那年那个夜晚，我与谢娘在临水的池塘边花丛下初次相遇。点出二人初次约会的时间和地点，夜静更深，花前月下，是情人约会的大好时机。"那年"二字，说明事隔若干年，已记不真切了。"初识谢娘时。水堂西面画帘垂，携手暗相期。"在一个深夜的花下与"谢娘"初识，水堂西面，画帘低垂，彼此倾诉衷怀，相期永好（"相期"是互相期许爱慕之意，不是约订后期），写得环境优美、情致缠绵。词中虽然并未对"谢娘"本人作任何描绘，但是在叙写相聚的环境与相处的情谊中，已经衬托出"谢娘"是一位美丽多情的女子，这是韦庄词艺高妙之处。

下半阕写别后思念。"惆怅晓莺残月，相别。"二句叙事，追忆分别的情形，在一个"晓莺残月"的清晨彼此相别了（古人出门启程多在早晨）。离别亦人生之常，本来可以希望重会的。"从此隔音尘"一句用典。语出南朝宋谢庄《月赋》："美人迈兮音尘阙，隔千里兮共明月。"哪知道从此天各一方，许多年中，声问渺然，打听不出对方的下落。"如今俱是异乡人，相见更无因。"末二句叙事而兼抒情，如今分居两地，又不知女子所居何处，再想久别重逢，就更无从说起了。而当初相聚的欢情在心中更留有深刻的印象，使人追念，益增凄感。这种情事，在人生中也是常有的，但是韦庄能感之而又能写之，感受既深，写得又好，故凄怆动人。

韦庄与温庭筠都是晚唐诗人中善于填词者，后人并称"温韦"，但二人词的风格不同。温词多是写精美的物象，而韦词多是写真淳的情思，温词华艳，韦词清淡。在词的发展史上，始自歌筵酒席间不具个性的艳歌而为抒写一己之真情实感的诗篇，此不仅为韦词的一大特色，也是词的内容的一大转变。现代词学家唐圭璋《唐宋词简释》："此首伤今怀昔。'记得'以下，直至相别，皆回忆当年初识及相别时之情景。'从此'以下三句，言别后之思念，语浅情深。"

【原文】

荷叶杯·绝代解人难得

绝代佳人难得，倾国[1]，花下见无期。一双愁黛远山眉[2]，不忍更思惟[3]。　　闲掩翠屏金凤[4]，残梦，罗幕画堂空[5]。碧天无路信难通[6]，惆怅旧房栊[7]。

【毛泽东圈评等情况】

1958年3月成都会议期间，毛泽东圈阅的《诗词若干首》（唐宋明朝诗人写的有关四川的一些诗和词）中有这首词。

[参考] 刘开扬注释：《诗词若干首》（唐宋明朝诗人咏四川），

四川人民出版社1979年版，第124—125页。

【注释】

（1）绝代，当代独一无二；佳人，美人。绝代佳人，倾国，当代最美的女人。《汉书·外戚传》载李延年歌："北方有佳人，绝世而独立。一顾倾人城，再顾倾人国。宁不知倾城与倾国，佳人难再得。"唐玄宗《好时光》词："莫倚倾国貌，嫁取个、有情郎。"指其妹李夫人。韦庄用以写他的爱姬。

（2）愁黛，带愁绪的眉毛。画眉用黛色，称"眉黛"。唐白居易《新柳》诗："须教碧玉羞眉黛。"远山眉，形容女子秀丽之眉。典出《西京杂记》卷二："文君姣好，眉色如望远山，脸际常若芙蓉。"亦指美女。唐杜牧《少年行》："豪持出塞节，笑别远山眉。"

（3）思惟，亦作"思维"，思量。《汉书·张汤传》："使专精神，忧念天下，思惟得失。"

（4）掩，关合。翠屏，绿色屏风。南朝梁江淹《丽色赋》："紫帷铪匝，翠屏环合。"后蜀鹿虔扆《思越人》词："翠屏欹，银烛背，漏残清夜迢迢。"金凤，织物上的金色凤形图案。唐温庭筠《菩萨蛮》词："竹风轻动庭除冷，珠帘月上玲珑影。山枕隐秾妆，绿檀金凤凰。"现代学者华钟彦注："金凤凰，枕之纹也。"唐王建《宫词》之十七："罗衫叶叶绣重重，金凤银鹅各一丛。"

（5）罗幕，丝罗帐幕。南朝梁萧统《文选·陆机〈君子有所思行〉》："遄宇列绮窗，兰室接罗幕。"张铣注："罗幕即罗帐。"唐岑参《白雪歌送武判官归京》诗："散入珠帘湿罗幕，狐裘不暖锦衾薄。"画堂，古代宫中有彩绘的殿堂。《汉书·成帝纪》："孝成皇帝，元帝太子也。母曰王皇后，元帝在太子宫生甲观画堂，为世嫡皇孙。"颜师古注："画堂，但画饰耳……霍止画室中，是则宫殿中通有彩画之堂室。"泛指华丽的堂舍。南朝梁简文帝《饯庐陵内史王修应令》诗："回池泻飞栋，浓云垂画堂。"

（6）碧天，青天，蓝色的天空。晋王羲之《兰亭》诗："仰视碧天际，俯瞰绿水滨。"唐薛用弱《集异记·蔡少霞》："碧天虚旷，瑞日瞳眬。"

（7）惆怅，因失意或失望而伤感、懊恼，用来表达人们心里的情绪。南朝梁萧统《文选·陶渊明〈归去来〉》："既自以心为形役，奚惆怅而独悲？"

【赏析】

据《古今词话》，唐昭宗光化三年（900），韦庄在王建幕下为记室。后王建即位后，见韦庄有一爱姬，容貌美丽，能歌善舞，又会诗作文。昏淫好色的王建便假借教宫内嫔妃学词为名，硬逼韦庄将其爱姬送进宫中。韦庄因爱姬被王建夺走后，思念不已，于是作下《荷叶杯二首》和《小重山》词，传诵于时，姬闻其词，不食而死。

这首词，是悼亡姬追忆旧欢之作。上阕描写与分离已久的佳人美貌及思念旧欢的悲切心情。"绝代佳人难得，倾国。花下见无期。"开头三句，说得毫不掩饰，而词直意深，语淡而悲。只有心中有真情和深爱的人，方能如此，在仿佛脱口而出的词语中，带着情不自禁的口吻，写出一往情深的怀思与憾恨之情。这三个句子，语言的节奏与句意的表达，配合得恰到好处。开头一句感叹（赞叹）"绝代佳人难得"，接着短短的两字一句顿住，再一声感叹——"倾国"，仿佛是开头这一声感叹（赞叹）的回声和呼应，使人有销魂荡魄之感，这开头两句化用了李延年的《佳人曲》，造语自然，犹如己出，是对这首神奇的古歌的最佳缩写；接着第三句词意一转，"花下见无期"，前面两句的意思全落在这里了，在对佳人的赞叹中，包含了无望的相思所带来的无言的憾恨与悲哀。"花下见无期"，也就是第二首结句所说的"相见更无因"，都写得语淡情深、辞简意悲。"见无期"前面加上"花下"这个平常的词语，恰如其分地传达了对昔日美好情事的追思与向往。接下去两句，"一双愁黛远山眉，不忍更思惟。"写相思的苦恨与难堪，也见出了佳人令人难忘的忧郁的美。想念佳人的眉眼，想见她美丽而忧伤（"愁黛"）的容颜，只有意苦情深的想念，才有这样不忍思量的难堪。

　　词的下阕写好梦惊醒之后的惆怅。"闲掩翠屏金凤，残梦。"置身于跟"她"一起生活过的旧房子（"旧房栊"）中所引发的人去楼空之感。"翠屏金凤"的"闲掩"，说"闲掩"而非"闲"，因思念旧欢而哀痛至极。一个"闲"字准确地传达了词人哀痛到极点而导致的万念俱灰、恍恍惚惚的精神状态。接下来"罗幕画堂"的"空"，写的正是梦幻般的失落感。所谓"残梦"，正是追忆旧欢的迷思和梦想。"碧天无路信难通"一句写隔绝的悲哀，却忽然以"惆怅旧房栊"一句收煞，使人觉得这无穷的悲哀和憾恨，仿佛就隐藏在这房间的每一个阴暗的角落里。对于伤心人来说，这令人"惆怅"的"旧房栊"正是诱发哀愁的触媒。

　　这首词语浅而意浓，言淡而情深；不敛不纵，欲纵又敛，直中有曲，似直而曲，自臻佳境。现代词学家叶嘉莹《灵谿词话》对韦词的评价即可概括此词的艺术特色："韦词多作直接而分明之叙述。"

【原文】

思帝乡·春日游

　　春日游，杏花吹满头。陌上谁家年少[(1)]，足风流[(2)]。妾拟将身嫁与[(3)]，一生休[(4)]。纵被无情弃[(5)]，不能羞[(6)]。

【毛泽东圈评等情况】

　　毛泽东曾圈阅这首《思帝乡·春日游》。

　　　　[参考]张贻玖：《毛泽东评点、圈阅的中国古典诗词》，
　　　　　　　　中国工人出版社1992年版，第243页。

【注释】

　　（1）陌（mò），田间东西方向的道路，这里泛指野外的道路。陌上，道路之上。年少，即"少年"，小伙子，青年。

（2）足，程度副词，很，非常。风流，举止飘逸，洒脱放逸，风雅潇洒。足风流，犹云十分风流，够气派、潇洒、够俊俏、多情。

（3）妾，古代女子对自己的谦称。拟，是定、准、必的意思，打算，想要。与，给，这个介词后面省略了宾语。将身嫁与，把自己嫁给他。

（4）休，此处指心愿得遂后的罢休，喜悦，欢乐。一生休，一辈子就这样罢了，意思是一生就满足了，这一辈子也就算了，意谓一生有了依托，一生满足。

（5）纵，纵然，即便。无情，没有情义，没有感情。《汉书·公孙弘传》："齐人多诈而无情，始为与臣等建此议，今皆背之，不忠。"唐崔涂《春夕》诗："水流花谢两无情，送尽东风过楚城。"弃，抛弃，弃置。

（6）不能羞，不以为羞，不害羞，意谓不会感到害羞后悔，即也不在乎。

【赏析】

《思帝乡》又名《万斯年曲》，本是唐玄宗时教坊曲名，后用作词牌。单调三十三至三十六字，平韵。

《思帝乡》原是唐教坊曲名，后用作词调名。词起源于唐，流行于中唐以后，到宋而达极盛。这首《思帝乡》小令以一个普通女子游春时对一个风流多情男子的向往和期待为主题，词中语言清新，读起来独具美感。

"春日游，杏花吹满头。陌上谁家年少"，前三句写女子心目中的风流少年。此词开端之"春日游"三字，表面看来原只是极为简单直接的一句叙述，然而却已经为后文所写的感情之浓炽做了很好的准备和渲染。中间一句"杏花吹满头"是关捩：杏花与"春日游"之"春"字呼应，"吹满头"则直接将人物引出，并同时映衬了游春者的风流。首二句已经为以后的感情之引发，培养和渲染了足够的气势，于是下面才一泻而出毫无假借地写了"陌上谁家年少，足风流"一个上六下三的九字长句，读起来笔力异常饱满。接下二句"妾拟将身嫁与，一生休"，乃是在一见钟情基础上作出的大胆决定。"纵被无情弃，不能羞。"末二句是进一步的说法：为求所爱，甘冒风险。可见这位女子执意追求的是两情相悦的境界。此词与白居易《井底引银瓶》近似。白诗云："妾弄青梅倚短墙，君骑白马傍垂杨。墙头马上遥相顾，一见知君即断肠。"接下去写女子被抛弃后的心情："今日悲羞归不得。"并告诫说："寄言痴少人家语，慎勿将身轻许人。"将白诗与韦词对比，其精神境界还是有相当距离的。

　　这首词语言浅显，主题也比较明确，抒写了一位女子在婚姻生活上要求自由选择的强烈愿望，体现了在当时社会条件下，女子对爱情狂热而大胆的追求精神。作者以白描手法，清新明朗的笔触，勾出了一位天真烂漫、热烈追求爱情的少女形象。语言质朴多情韵，无辞藻堆砌现象，却有浓郁的民歌风味，在"花间"词中独具一格。清贺裳《皱水轩词筌》："小词以含蓄为佳，亦有作决绝语而妙者，如韦庄'谁家年少，足风流'之类是也。"

【原文】

思帝乡·云髻坠

　　云髻坠[(1)]，凤钗垂[(2)]，髻坠钗垂无力，枕函欹[(3)]。翡翠屏深月落[(4)]，漏依依[(5)]。说尽人间天上[(6)]，两心知[(7)]。

【毛泽东圈评等情况】

　　毛泽东曾圈阅这首《思帝乡·云髻坠》。

[参考] 张贻玖：《毛泽东评点、圈阅的中国古典诗词》，
中国工人出版社 1992 年版，第 243 页。

【注释】

　　（1）云髻，高耸的发髻，形容头发蓬松如云。坠，一作堕。"云髻"也有作"云鬟"。

　　（2）凤钗，一种妇女的首饰，钗头作凤形，故名。唐李洞《赠入内供奉僧》："因逢夏日西明讲，不觉宫人拔凤钗。"五代马缟《中华古今注·钗子》："始皇又金银作凤头，以玳瑁为脚，号曰凤钗。"

　　（3）枕函，中间可以藏物的枕头，即枕匣，古代枕头或以木制，中空如匣，故称枕匣。唐人习用语。唐韩偓《闻语》："罗帷四垂红烛背，玉钗敲着枕函声。"又据元脱脱等《宋史·李光传》记载，枕函中可放匕首。欹（qī），倚也，斜倚，斜靠。

（4）翡翠屏，以翡翠玉石等嵌饰的屏风。一种深绿色的屏风，又可依律省作"翠屏"，词意更为显明。

（5）漏依依，古时用铜壶滴漏计时刻。漏声迟缓，形容时间过得慢，谓漏刻缓慢。依依，留恋不舍。

（6）人间天上，喻范围广阔也。

（7）两心知，谓盟誓深广，两心共知。

【赏析】

黄巢乱后，中原文士多往归西蜀克保偏安之局，韦庄两度入蜀，后为王建赏识，卜居成都，王建建国称帝后，官至门下侍郎同平章事（宰相），治号小康，得以余力从事于文艺。清沈雄撰《古今词话》称："庄有宠人，资质艳丽，兼善词翰。建闻之，托以教内人为词，强夺去。"韦词牵涉此事者甚多。

韦庄所作《思帝乡》共二首，在体式上略有变化，所写内容则大致相近，前一首词咏闺情，抒写相思的情怀，表达对爱情的追求；这首词写女子相思难眠。"云髻坠，凤钗垂。"开头两句写明主人公髻偏、钗垂，无力凭枕的情思，已暗示了她心思重重。"髻坠钗垂无力，枕函欹。"开头四句，描写女主人公的妆饰与情态：髻坠，钗垂，困乏无力，倚枕而卧，暗示出人物的孤寂与慵懒；"翡翠屏深月落，漏依依"，接下来二句，是写女子在漏长更深、月落屏暗之时，整夜辗转难眠的苦况，着意渲染长夜寂寂的环境气氛，用以衬托人物辗转不眠整夜；"说尽人间天上，两心知。"末尾两句，说出事由。唐白居易《长恨歌》："但令心似金钿坚，天上人间会相见。临别殷勤重寄词，词中有誓两心知。七月七日长生殿，夜半无人私语时。在天愿作比翼鸟，在地愿做连理枝。"二句化用白诗语意，点明这对青年男女，窃窃私语，山盟海誓，表示永结同心，流露出一种纯真的爱情。"说尽"二字，直贯而下，谓其恋恋不忘，两心至死不渝，表达对爱情的忠贞不渝和执着追求。

词的风格表现为清丽疏淡，神韵格调迫近民歌，感情热烈、真挚，率真抒情。清俞陛云《五代词选释》："调寄《思帝乡》，当是思唐之作，而托为绮词。身既相蜀，焉能求谅于故君？结句言此心终不忘唐，犹李陵降胡，未能忘汉也。"认为此词是以绮词表象掩盖的思唐之作，这种托寓说法固然有穿凿附会的嫌疑，但由此也可以看出韦庄此词抒情真切的特征。

【原文】

谒金门·空相忆

空相忆，无计得传消息⁽¹⁾。天上嫦娥人不识⁽²⁾，寄书何处觅⁽³⁾？　　新睡觉来无力⁽⁴⁾，不忍把伊书迹⁽⁵⁾。满院落花春寂寂⁽⁶⁾，断肠芳草碧⁽⁷⁾。

【毛泽东圈评等情况】

毛泽东曾圈阅这首《谒金门·空相忆》。

[参考] 张贻玖：《毛泽东评点、圈阅的中国古典诗词》，
中国工人出版社 1992 年版，第 243 页。

【注释】

（1）无计，没有办法。消息，音信，信息。汉蔡琰《悲愤诗》："迎问其消息，辄复非乡里。"唐刘𬤲《隋唐嘉话》卷上："人言陛下欲幸山南，在外悉装了，而竟不行，因何有此消息？"

（2）嫦娥，是中国上古神话中的仙女，也是为人熟知的神话人物。据说"嫦娥"本称姮娥，因西汉时为避讳汉文帝刘恒的名字而改称嫦娥，又作常娥。在东汉之前，无任何资料显示嫦娥与羿是夫妻关系，直到高诱注解西汉刘安《淮南子》才指出嫦娥是羿之妻。南朝宋范晔等《后汉书·天文志》："羿请不死之药于西王母，姮娥窃之以奔月。"姮娥，即嫦娥。

（3）寄书，寄信。觅（mì），找，寻求。寄书句，意思是本想请嫦娥代为传书，但因不相识，而无处寻找她。

（4）觉（jué），醒。

（5）伊，她。书迹，指过去的来信。

（6）寂寂，寂静无声之状。三国魏曹植《释愁文》："愁之为物，惟惚惟怳，不召自来，推之弗往，寻之不知其际，握之不盈一掌。寂寂长夜，或群或党，去来无方，乱我精爽。"

（7）断肠，割开或切断肠子，形容极度的、使人承受不了的感情刺激，有时用以形容极度悲伤之情。三国魏曹丕《燕歌行》："念君客游思断肠，慊慊思归恋故乡。"芳草，香草。东汉班固《西都赋》："竹林果园，芳草甘木。郊野之富，号为近蜀。"

【赏析】

谒金门，词牌名，又名"空相忆""花自落""垂杨碧""出塞""东风吹酒面""不怕醉""醉花春""春早湖山"等，原为唐教坊曲。以韦庄《谒金门·空相忆》为正体，双调四十五字，前后段各四句、四仄韵。另有双调四十五字，前段四句四仄韵，后段五句四仄韵；双调四十五字，前后段各四句、四仄韵等变体。代表作品有冯延巳《谒金门·风乍起》、李好古《谒金门·花过雨》等。《白香词谱》载，汉武帝刘彻诏命学士待诏金马门，以备顾问。

诗歌史上，真挚、沉痛的悼亡之作甚多，都具有永恒的魅力。生活中一些有某种纪念意义的小物品，就会像一颗小石子投入池塘一样，在感情的波澜里激起层层涟漪。这首《谒金门·空相忆》词写一纸昔日情人的旧书信，在词人的心中荡起了层层涟漪，从而勾起了无数的回忆。

上片着重勾画了主人公的心理活动。"空相忆，无计得传消息。天上嫦娥人不识"，开头三句，上句设问，下句作答，句句相联，环环相扣。首句"空相忆"，平地奇峰突兀而起，是主人公心理活动的基础。这三个字既笼罩全篇，又包孕无遗。一个"空"字不仅表现了"相忆"数量的以简代繁，而且写出了这种"相忆"的深和苦，"空相忆"是情至深处的痴人语。"无计得传消息"是紧承首句而答，意思是无法传递消息。第三句"天上嫦娥人不识"，是写欲向那位"天上嫦娥"传达殷切思念的痴情。

"嫦娥"形容伊人体貌之美，"天上"则暗示了伊人已仙去。至此，才看出相忆成空是由于生死相分、幽明相隔。第四句"寄书何处觅"与第二句"无计得传消息"意思大致相同，显示了要通款曲情意的执着和真切。向亡人通消息、寄书信，看似无理，实是深情的反映。这最后一句将自己虽欲寄书而无处寄书以至于最终不可描述的款款情意，以反问的形式加以表达，更是含蓄曲折、哀婉动人。

下片侧重于人物形态和景物描写，从而传出了幽深的隐曲心绪。"新睡觉来无力，不忍把伊书迹"两句以形传神，将上下片衔接得异常紧密。"新睡"二字暗示出是困倦已极的、不由自主的睡。"无力"紧应"新睡"，睡醒之后应觉得有力，此言无力，自是伤心人别有怀抱。明沈际飞说："'把伊书迹'，四字颇秀。"（《草堂诗余正集》）"伊"字，口吻非常亲切。"把伊书迹"可见伊人兼有才情。"不忍"二字更妙，正写出"伊书"的感人至深，表现出伤心人看与不看的矛盾心理。"把伊书迹"不仅"颇秀"，而且是这首词通体皆活的词眼。这句词语意淡而情深，故沁人心脾。"满院落花春寂寂，断肠芳草碧。"末二句别出心意，宕开一笔，以景作结。"满院落花春寂寂"是花落人亡的孤寂境。这首词，意不浅露，词不穷尽，余味悠长，悼亡之情"似直而纡，似达而郁"（清陈廷焯《白雨斋词话》）。

【原文】

小重山·一闭昭阳春又春

一闭昭阳春又春[(1)]。夜寒更漏永[(2)]，梦君恩。卧思陈事暗销魂[(3)]。罗衣湿[(4)]，红袂有啼痕[(5)]。　　歌吹隔重闉[(6)]。绕亭芳草绿，倚长门[(7)]。万般惆怅向谁论[(8)]？凝情立[(9)]，宫殿欲黄昏。

【毛泽东圈评等情况】

毛泽东曾圈阅这首《小重山·一闭昭阳春又春》。

[参考] 张贻玖：《毛泽东评点、圈阅的中国古典诗词》，中国工人出版社1992年版，第243页。

【注释】

（1）昭阳，本汉代宫名，汉武帝时后宫八区有昭阳殿，陈皇后所居。《三辅黄图·未央宫》："武帝时，后宫八区，有昭阳等殿。"此借指王建之宫。春又春，过了一春又一春。

（2）更漏，古时宫中的铜壶滴漏计时。《花间集》《全唐诗》皆作"宫漏"。永，长，慢悠悠。

（3）陈事，往事，旧事，一说指陈阿娇事，均通。暗，同"黯"。即黯然神伤之态。销魂，灵魂离开肉体，形容极其哀愁。南朝梁江淹《别赋》："黯然销魂者，唯别而已矣。"

（4）罗衣，丝罗衣服。

（5）红袂（mèi），红袖。袂，衣袖，袖口。啼痕，泪迹。

（6）歌吹，歌唱弹吹，泛指音乐之声。重阍（hūn），重重宫门。屈原《离骚》："吾令帝阍开关兮，倚阊阖而望予。"阍，本指管理宫门开闭之卒隶，后引申为宫门。常指天门、宫门。《文选·汉扬雄〈甘泉赋〉》："选巫咸兮叫帝阍，明无庭兮延群神。"刘良注："帝阍，天门也。""重阍"，言门有多层，故深远难入。

（7）长门，汉代宫名，汉武帝皇后陈阿娇失宠之后，退居长门。西汉司马相如《长门赋》，专写陈皇后失宠后的苦痛。

（8）惆怅，因失意或失望而伤感、懊恼。《楚辞·九辩》："廓落兮，羁旅而无友生；惆怅兮，而私自怜。"向谁论，向谁说。论，说，诉说。

（9）凝情，情意专注。唐李康成《玉华仙子歌》："转态凝情五云里，娇颜千岁芙蓉花。"

【赏析】

《小重山》，调见明吴讷《金奁集》，又名《小重山令》《小冲山》《柳色新》《群玉轩》《璧月堂》《玉京山》。相传这个词牌是韦庄所创。据说韦庄有一个心爱的侍妾，貌美如花且禀赋词翰，却被蜀主王建夺去。身为人臣，韦庄只好压抑了自己的思念，作了一阕《小重山》。曲调一经唱出，凄婉异常，侍妾听后，竟抑郁而终。侍妾去了，因她而来的《小重山》调却渐渐被人们永久地记住。从此，《小重山》成了凄苦思念的代名词。正体双调五十八字，前后段各四句、四平韵。以薛昭蕴《小重山·春到长门春草青》为代表。变体一：双调六十字，前后段各五句、四平韵，以赵长卿《小重山·一夜中庭拂翠条》为代表。变体二：双调五十七字，前后段各四句、四平韵，以无名氏《小重山·不是蛾儿不是酥》为代表。变体三：双调五十八字，前后段各四句、四仄韵，以黄子行《小重山·一点斜阳红欲滴》为代表。此调例押平声韵，但此词押入声韵，即所谓平声字可以入声替也。

《小重山·一闭昭阳春又春》写的是宫怨，描写皇帝后宫佳丽因不得"幸"、不得宠、失宠而哀怨的情状。此词上片首言一入深宫，与世隔绝，幽禁得愈久愈严，心则愈渴望自由与幸福。"一闭昭阳春又春"，此词起句显出一个失宠的宫女凄凉孤独的影子。"春又春"，重复的两个"春"字淡淡点出如水流逝的时光。春来了，春去了，草荣复枯，花谢花开，恍然中不知过了多少年月。春来了，万物复苏，生命蓬勃，可是失宠的女子只能独对凄然。春去复来，青春一去不再。"夜寒更漏永，梦君恩"，是说夜里又冷时间又长，做梦都想得到皇帝的恩宠临幸。"卧思陈事暗销魂"，是对过去爱情的怀恋。前事历历，犹在眼前，卧思旧事，仍疑幻疑真。"罗衣湿，红袂有啼痕。"结尾两句写梦醒后的无望。由思而梦，由梦而疑，由疑而绝望泪下，女主人公曲折幽微的心理被细致入微、层次分明地刻画出来。

哀情至此，似已无可深入。下片再转一层，以他人隔重门的歌舞欢乐，反衬主人公的凄苦，并以景托情，把人物的心理活动与环境的描写统一起来，把主人公深闭宫中，旧怀难忘、空倚长门的无限怅望之情，化入芳草碧萋、宫殿黄昏的苍茫景色之中，含蓄不尽，韵味无穷。"歌吹隔重闉"，首句从女子长夜独泣的情景中脱离出来。宫门外的笙歌乐舞之声，是当年她也曾承欢侍宴的热闹繁华。霓裳如旧，丝竹依然，而一切已不属于她。她在重重宫门的这边，在君王早已忘却的深院里。君恩一断，咫尺天涯。这种对比是不堪体会的：昔日的承宠与今日的落寞，彼处的歌舞繁华与此地的凄清萧索。见此闻此之下，是一种极致的入骨凄凉。失宠的宫人，在强烈对比中，伤痛无奈之情又深了一层。

芳草接天，春色寂寂，又是一年无望的等待。"绕亭芳草绿，倚长门。万般惆怅向谁论？"接下三句是说，不能不担心她年华永逝。纵能如陈皇后以千金买赋，恩情亦无法换回。独倚长门，满怀是无可解释的绝望与无奈。天下之大，宫墙之深，竟无一人可以共语，这份凄清烘托到极致，更让读者看到一个茕茕孑立的女子，她的无助与哀伤。

"凝情立，宫殿欲黄昏。"结末二句疏疏八字，凝聚的是深深浓浓的凄绝。唐白居易《后宫词》中说："红颜未老恩先断，斜倚熏笼坐到明。"诗中的宫女只是倚笼坐到明，而此词的女子又历尽了芳草斜阳，年复一年，迎来的仍是"宫殿欲黄昏"。五字平白，却令人炫目醉心，真如有黄昏的一阵风，吹遍荒凉。余韵悠然，低回不已。全首词一直在淡淡地娓娓叙来，说幽宫，说寒夜，说梦醒衣湿、芳草连天，说宫殿黄昏，说万般惆怅；无掩饰，无刻意雕琢，只是坦白率真地洒落真情。一切出于自然却并不平淡无味，真情幽怨才意蕴动人。运密于疏、寓浓于淡是韦庄词的清艳绝伦之处。

【原文】

菩萨蛮·红楼别夜堪惆怅

红楼别夜堪惆怅[1]，香灯半卷流苏帐[2]。残月出门时[3]，美人和泪辞[4]。　　琵琶金翠羽[5]，弦上黄莺语[6]。劝我早还家，绿窗人似花[7]。

【毛泽东圈评等情况】

1958 年 3 月成都会议期间，毛泽东圈阅的《诗词若干首》（唐宋明朝诗人写的有关四川的一些诗和词）中有这首《菩萨蛮·红楼别夜堪惆怅》。

[参考]刘开扬注释：《诗词若干首》（唐宋明朝诗人咏四川），

四川人民出版社 1979 年版，第 120 页。

（1）红楼，红色的楼，泛指华美的楼房，此指官宦人家女子的闺室；一说犹青楼，妓女所居。堪惆怅，堪，"那堪"的省文，此指因失意或失望而伤感、懊恼。

（2）香灯，即长明灯，通常用琉璃缸盛香油燃点。流苏帐，用彩色羽毛或丝线等制成的穗状垂饰物。常饰于车马、帷帐等物上，此指饰有流苏的帷帐。唐王维《扶南曲》："翠羽流苏帐。"

（3）残月，清晨出现的弯月，残缺不圆的弯月。唐白居易《客中月》诗："晓随残月行，夕与新月宿。"

（4）和泪辞，女子流着眼泪与之辞别。

（5）金翠羽，指琵琶上用黄金和翠玉制成的饰物。

（6）弦上黄莺语，此句是指琵琶之声犹如黄莺的啼叫。唐白居易《琵琶行》："间关莺语花底滑，幽咽泉流水下难。"

（7）绿窗，绿色纱窗，指贫女的闺室。与红楼相对，红楼为富家女子闺室。

【赏析】

《菩萨蛮》，原本为唐代教坊曲名，后用为词牌。《宋史·乐志》《尊前集》《金奁集》并入"中吕宫"，《张子野词》作"中吕调"，又名《子夜歌》《花间意》《重叠金》等。双调四十四字，前后阕均两仄韵转两平韵。其调原出外来舞曲，输入时间在公元847年以后。唐苏鹗《杜阳杂编》："大中（847—859）初，女蛮国贡双龙犀，明霞锦，其国人危髻金冠，璎络被体，故谓之'菩萨蛮'。当时倡优，遂歌《菩萨蛮曲》，文士亦往往效其词。"（见《词谱》卷五引）《唐音癸签》《南部新书》略同。

韦庄《菩萨蛮》共五首，是他在成都作的怀乡词，从侧面反映出当时中原的战乱及自己的思念。此是第一首。

《菩萨蛮·红楼别夜堪惆怅》描写的是对一段艳情生活的回忆，是一幅夜阑泣别的画图。词的上阕正面写离别之夜，爱人和泪送行的动人情景。主要运用赋法，叙说离别之景，抒发离别之苦。"红楼别夜堪惆怅，香灯半卷流苏帐。"起首二句展现在读者面前的是：一对恋人寂静分别，时间是深夜，地点是小小的"红楼"，散发出清香的灯光，流苏帐半卷着，这里充满了温馨的气氛。然而这样美好的情景又是那般地让人感伤悲苦，因为这亦是一个离别的夜晚，明日就山岳相隔、天各一方了，此情此景令人不堪。"流苏"，是用五彩毛羽或丝绸做成的须带或垂饰，称流苏。"半卷流苏帐"，指人还未入睡。"残月出门时，美人和泪辞。"此二句写情深似海，难舍难分，一直到残月将落时，爱人带着泪水，才送我离开家门，分手告别。良宵苦短，残天晓，和泪辞别。但这一辞，可能是生离，也可能是死别，都未可知，所以看似极平常的字眼，承载的感情的分量却极沉重。

词的下阕，写客地思归，由听到琵琶乐声想到所爱之人正倚窗远望，等候自己归去。运用比喻，有含蓄不尽、余味曲包的艺术效果，给人以想象的广阔空间。"琵琶金翠羽，弦上黄莺语"下阕开始二句用形象的比喻写"美人"临别时一支如泣如诉的琵琶曲。那琵琶是用黄金翠羽装饰起来的，弹起来如莺声娇软，婉转动人。整个曲子凝成一句话"劝我早归家"，叮咛之语，温柔缠绵，弦上之乐与辞别之语两两相应，而今回首往事，历历在目，思归之心，更加迫切。末一句以"绿窗人似花"作结，更添一层相思。绿窗之前苦苦等待的人儿像花一样的美丽，也像花一样地容易凋零。作者用"人是花"比喻女子，固然写出女子之美貌，但花之为喻，也含有花无常好、月无常圆之意，偶一蹉跎，纵使他日归来，说不定"一日春尽红颜老，花落人亡两不知"，到那时便悔之莫及了，所以这是至关紧要的叮咛之词，从而写出了别情的深挚，表现了对故乡和亲人的依依深情。韦庄词大体上用语淡雅，而这首词在遣词造句上却颇为华美，"红楼""香灯""流苏帐""美人""金翠羽""黄莺语""绿窗"等语词的连缀，将小小情事，写得楚楚动人，读来令人心移目眩。

【原文】

菩萨蛮·人人尽说江南好

人人尽说江南好⁽¹⁾，游人只合江南老⁽²⁾。春水碧于天⁽³⁾，画船听雨眠⁽⁴⁾。　　垆边人似月⁽⁵⁾，皓腕凝霜雪⁽⁶⁾。未老莫还乡，还乡须断肠⁽⁷⁾。

【毛泽东圈评等情况】

1958 年 3 月成都会议期间，毛泽东圈阅的《诗词若干首》（唐宋明朝诗人写的有关四川的一些诗和词）中有这首《菩萨蛮·人人尽说江南好》。

[参考]刘开扬注释：《诗词若干首》（唐宋明朝诗人咏四川），

四川人民出版社 1979 年版，第 120 页。

【注释】

（1）江南好，唐白居易《忆江南》词："江南好，风景旧曾谙，日出江花红胜火，春来江水绿如蓝，能不忆江南？"

（2）游人，这里指飘泊江南的人，即作者自谓。只合，只应。

（3）碧于天，一片碧绿，胜过天色。

（4）画船，装饰华美的游船。南朝梁元帝《玄圃牛渚矶碑》："画船向浦，锦缆牵矶。"宋范仲淹《献百花洲图上陈州晏相公》诗："步随芳草远，歌逐画船移。"

（5）垆边，指酒家。垆，旧时酒店用土砌成酒瓮卖酒的地方。《史记·司马相如列传》记载，司马相如妻卓文君长得很美，曾当垆卖酒："买一酒舍沽就，而令文君当垆。"

（6）皓腕凝霜雪，形容双臂洁白如雪。凝霜雪，像霜雪凝聚那样洁白。

（7）未老莫还乡，还乡须断肠，年尚未老，且在江南行乐。如还乡离开江南，当使人悲痛不已。须，必定，肯定。

【赏析】

韦庄《菩萨蛮》五首是一个整体，但又可分前后两个层次。前三首为一层，重在对江南情事的追忆，后二首又是一层，重在寓居洛阳的所经所感。这组词有两层含义，可以说词人所写的只是跟一个现实的女子离别的相思怀念，也可能是暗写对于唐朝故国的一份忠爱的感情。

《菩萨蛮·人人尽说江南好》是第二首，它是对第一首的回应。写词人离家之后寓居成都成为江南游子的生活情况。上阕写江南景色之美。难道主人公不愿意回到家中吗？可是自己求取功名不得，又怎能轻言回去呢？"人人尽说江南好，游人只合江南老。"起首二句叙事，写得多美！但这种美，不是靠意象的美而烘托的，却是靠浓挚的情感，而且是经过理性的浸润后的浓挚的情感动人。江南之美，甲于天下，但寓居在此，逃避战乱的人，又怎么会有归属感？故这两句是沉郁的。"春水碧于天，画船听雨眠。"三、四两句描写，说的是碧绿的春水，比天空还要明净，躺在游船画舫之中，和着雨声入睡，写出了景色之美和生活之美，这是何等之美、何等之空灵。前二句的沉郁，与后二句的空灵，就形成了难以言喻的艺术张力。

词的下阕写江南生活之美。过片暗用卓文君之典。汉时蜀人司马相如，与巨富卓王孙之女卓文君私奔，因卓王孙宣布与文君断绝关系，司马相如就令文君当垆，自己穿着短裤，在大街上洗涤酒器。所以"炉边人似月，皓腕凝霜雪"，炉就是酒垆，炉边人指的就是自己的妻子，也就是上一首中的"绿窗人"。主人公何尝不思念这位面如皎月、肤色赛霜雪的妻子？但是"未老莫还乡，还乡须断肠"。古人云富贵而不还乡，就像衣锦而夜行，而一事无成的人，回到家乡，心情却只有更加抑郁哀凉。这两句没有任何艺术技巧可言，纯粹靠人生阅历和情感动人，成为千古名句。清末大词人王鹏运提出，写词要符合"重、大、拙"三字诀，这两句就是"拙"的审美境界。

【原文】

菩萨蛮·如今却忆江南乐

如今却忆江南乐⁽¹⁾，当时年少春衫薄⁽²⁾。骑马倚斜桥⁽³⁾，酒楼红袖招⁽⁴⁾。　　翠屏金屈曲⁽⁵⁾，醉入花丛宿⁽⁶⁾。此度见花枝⁽⁷⁾，白头誓不归。

【毛泽东圈评等情况】

1958年3月成都会议期间，毛泽东圈阅的《诗词若干首》（唐宋明朝诗人写的有关四川的一些诗和词）中有这首《菩萨蛮·如今却忆江南乐》。

[参考] 刘开扬注释：《诗词若干首》（唐宋明朝诗人咏四川），

四川人民出版社1979年版，第120页。

【注释】

（1）却忆，反忆。

（2）年少，少年，作者自谓。春衫，春天穿的衣衫。唐元稹《六年春遣怀八首》之一："重纩犹存孤枕在，春衫无复旧裁缝。"

（3）斜桥，指的是桥梁的纵轴线与河堤斜交的桥梁。

（4）酒，一作"满"。红袖，指代少女。南朝梁简文帝《采莲赋》："素腕举，红袖长。"这里指青楼中妓女之类。

（5）翠屏，镶有翡翠的屏风。金屈曲，屏风的折叠处反射着金光。一说金屈曲是屏风上的金属环纽。南朝梁简文帝《乌栖曲四首》之四："织成屏风金曲膝。"屈曲即屈膝，环钮相钩连可使屏风开合。

（6）花丛，指代游冶处的艳丽境界。

（7）花枝，比喻所钟爱的女子如花枝招展。

【赏析】

此词追忆词人于翩翩少年之时在江南的冶游生活，反映了封建时代文人学士的某些生活侧面。根据中国古典文学专家叶嘉莹教授的研究，韦庄的《菩萨蛮》五首词中的"江南"，都是确指江南之地，并非指蜀地。这首词的写作时间，是韦庄离开江南之后，词当是韦庄晚年的追忆之作，而写作地点则很可能是其晚年羁身之蜀地。

首句"如今却忆江南乐"的"如今"是跟从前作对比的，意思是说：我现在才反而回想起江南的好处。"却"是反对之词，"如今却忆"四个字一笔勾销了当年的"人人尽说江南好"，再次突出他当时并没有认为江南好的意思。当时在江南，他并不以江南为快乐，他的心心意意都在那"红

五代十国词

楼别夜"的中原，都在那"劝我早归家"的美人，所以对那风景如画的江南，垆边似月的酒女都并没产生丝毫的留恋。但等他离开了江南，反而却回忆起在江南那段生活的美好了。他在江南思念着中原，离开江南到更远的蜀中，他又觉得在江南的生活也是快乐的，是值得怀念的了。韦庄多数的词所传达的感发的力量不是靠形象，而是靠叙述的口吻，也就是用赋的笔法。可是他并不是不用形象，"当时年少春衫薄"中的"春衫薄"三字就是形象，写少年的光景之美好和可怀念。"骑马倚斜桥"，十分形象，怎样描写男青年的英武潇洒，西方文学作品里少女心目中的男青年形象就是所谓的白马王子，中国也有类似的传统，白居易的诗："郎骑白马傍垂杨，妾折青梅倚短墙，墙头马上遥相望，一见识君即断肠。"这位中国青年骑的也是白马。三、四句"骑马倚斜桥，满楼红袖招。"也是写的这样的男女之间感情的遇合，一定要重视他们共同所写的这种遇合的传统，这种遇合同时有一种共同的含意，就是要以最好的年华、最出人的才能、最好的面貌去得到这种可贵的遇合。"骑马倚斜桥"是英武与潇洒的结合，"骑马"是英雄勇武的一面，"倚斜桥"是风流潇洒的一面，"满楼红袖招"是说满楼的女子都为之倾倒。韦庄的这两句词是说他当年何尝没有才华、何尝没有遇合、何尝没有人赏爱，然而他那时没有对满楼的红袖钟情。因为他第一句就写的是"如今却忆江南乐"，所以他所说的"满楼红袖招"都是反面的陪衬，意思是说：我当年有那样的年华、遇合、赏爱，但我没有看重这些，而这一切现在都过去了。至此为止，写的都是对江南往昔的回忆。

"翠屏金屈曲，醉入花丛宿。"下半阕开头二句，一则可能仍是写回忆中的情事，再则也可能是写今日之情事，有两种可能，也可以兼指。用"翠""金"二字，意在写明环境之美。"花丛"在古人诗词中，不单是指自然界的花丛，广义的还指如花的女子。他说：我当年面对"满楼红袖招"都没有钟情，而现在要能再有像当时那样的遇合，"此度见花枝"，我便将要"白头誓不归"了。"誓"表示其态度之断然坚决。"白头誓不归"这句与《菩萨蛮·人人尽说江南好》的"未老莫还乡"是鲜明的对比，当年是说没有年老还可以暂时不回故乡，真正意思是说年老时一定要回乡。而如今白发苍苍却不但不会还乡，反而说誓不回乡了。韦庄是京兆杜陵人，而且也在洛阳住过，所以不管是长安也好，洛阳也好，都是他的故园和旧居所在，他现在由"未老莫还乡"转变成"白头誓不归"，是因为他无家可回、无国可归了，唐朝已经完全灭亡了。韦庄留在蜀中，王建曾一度驰檄四方，欲联合讨伐朱温，从而形成两个对立的阵营。对于唐朝灭亡这样一件震动天下的大事，韦庄不可能没有受到震动。当年在江南时说"未老莫还乡"，是因为长安还有希望收复，回乡的希望依然存在，但在他留寓蜀中时，唐朝已经彻底灭亡了，回乡的希望荡然无存，所以他才决然地说"白头誓不归"，口气极为决断，含义则极为沉痛。着一"誓"字，无比坚决，以斩尽杀绝之语，写无穷无尽之悲。这正是韦庄词的特色。清张惠言《词选》："上云'未老莫还乡'，犹冀老而还乡也。其后朱温篡成，中原愈乱，遂决劝进之志。故曰'如今却忆江南乐'，又曰'白头誓不归'，则此词之作，其在相蜀时乎！"

【原文】

菩萨蛮·劝君今夜须沈醉

劝君今夜须沈醉[1]，罇前莫话明朝事[2]。珍重主人心，酒深情亦深。 须愁春漏短[3]，莫诉金杯满[4]。遇酒且呵呵[5]，人生能几何[6]！

【毛泽东圈评等情况】

1958年3月成都会议期间，毛泽东圈阅的《诗词若干首》（唐宋明朝诗人写的有关四川的一些诗和词）中有这首《菩萨蛮·劝君今夜须沈醉》。

[参考]刘开扬注释：《诗词若干首》（唐宋明朝诗人咏四川），四川人民出版社1979年版，第120页。

【注释】

（1）沈，同"沉"。

（2）罇前，酒席前，一作"尊前"。

（3）"须愁"句，应愁时光短促。漏，刻漏，指代时间。

（4）莫诉，不要推辞，一作"莫厌"，不要辞而不饮之意。诉，辞酒。

（5）呵呵（huō huō），笑声，这里是指"得过且过"，勉强作乐。

（6）人生能几何，几何，多少。人生几何，人的一生这样能有多少（回能像这样）呢，指人生时间有限，后来也用来指及时行乐。出自三国魏曹操《短歌行》："对酒当歌，人生几何。"唐王维《哭殷遥》："人生能几何，毕竟归无形。"

【赏析】

此首紧乘第三首而来。前面既已说出"白头誓不归"的失望决绝之词，是自知故乡之终老难返，则词人唯一可做之事是沉醉忘忧而已。这首词借主人劝酒，抒写了词人心中难言的隐痛，表现了人生如梦、及时行乐的消极思想。全词满腔悲愤，故作达语，这也是社会现实与词人自身遭遇的反映。

这首词头两句说"劝君今夜须沈醉，罇前莫话明朝事"，是深情的主人的劝客之语，一个"今夜"，一个"明朝"具有沉痛的含义。这两句是说：你今夜定要一醉方休，酒杯之前不要说起明天的事情。人是要有明天才有希望的，明天是未来希望的寄托，可是他现在用了一个"莫"字，今朝有酒今朝醉，明天的事千万别提起。"莫话明朝事"，那必然是明天的事情有不可期望、不可以诉说的悲哀和痛苦，所以反映了非常沉痛的悲哀。这是主人劝客之词，如果联想到他的"红楼别夜"的美人劝他早归家，则当时他的希望原当在未来、在明天，明天回去可以见到他"绿窗人似花"的美人，而现在主人劝他"罇前莫话明朝事"，是明天绝无回去的希望了。"珍重主人心，酒深情亦深。"三、四两句便是客子对主人的感激之词。"主人"显然是异地的主人，对于思乡而不能返回的游子，这种难却的盛情，更是一种慰藉，或许那思乡之苦，能在那沉沉的迷醉和殷勤的情谊之中得以忘却，那也是一种解脱吧。在韦庄这二句写的主人劝酒之词中，也隐含了深重的悲哀。

下半阕的"须愁春漏短，莫诉金杯满。"叶嘉莹认为此处乃是客人自劝之词：我忧愁的是像今晚这般欢饮的春夜非常短暂，而不会以你把酒杯斟得太满作为推托之辞。"遇酒且呵呵","呵呵"是笑声,但并不是真的欢笑。因为"呵呵"两个字只是空洞的笑的声音,没有真正欢笑的感情,韦庄所写的正是强作欢笑的酸辛。他说,如果你再不珍惜今天"春漏短"的光阴,今天的欢笑,今天这"酒深情亦深"的感情,明天也都不会再存在了。唐朝灭亡,当时的韦庄已经是七十岁以上的老人了,所以他说"遇酒且呵呵,人生能几何"。词人在浅直的词语中,表现出深切凝重的意味,有一种撼人心魄的力量。由此可见,韦庄词中于浅直中见深切的特色,是非常高明的。

【原文】

菩萨蛮·洛阳城里春光好

洛阳城里春光好[(1)],洛阳才子他乡老[(2)]。柳暗魏王堤[(3)],此时心转迷。　桃花春水渌[(4)],水上鸳鸯浴[(5)]。凝恨对斜晖[(6)],忆君君不知[(7)]。

【毛泽东圈评等情况】

1958年3月成都会议期间,毛泽东圈阅的《诗词若干首》(唐宋明朝诗人写的有关四川的一些诗和词)中有这首《菩萨蛮·洛阳城里春光好》。

[参考]刘开扬注释:《诗词若干首》(唐宋明朝诗人咏四川),

四川人民出版社1979年版,第120页。

【注释】

(1)洛阳,今河南洛阳,为汉魏以来九朝古都。春,一作"风"。

(2)洛阳才子,语出晋潘岳《西征赋》:"终童山东之英妙,贾生洛阳之才子。"西汉时洛阳人贾谊,年十八能诵书,长于写作,人称洛阳才子。这里指作者本人,作者早年寓居洛阳。

(3)魏王堤,即魏王池。唐代洛水在洛阳溢成一个池,成为洛阳的名胜。唐太宗贞观中赐给魏王李泰,故名魏王池。有堤与洛水相隔,因称魏王堤。唐白居易《魏王堤》诗:"柳条无力魏王堤。"《清一统志》卷一六三引《明一统志》："洛水溢为池，为唐都城之胜。贞观中赐魏王泰，故名。"

（4）桃花春水，即桃花水，指春汛。汉韩婴《诗传》："三月桃花水。"唐孟浩然《送元公之鄂渚寻观主张骖鸾》诗："桃花春水涨，之子忽乘流。"渌（lù），一本作"绿"，水清的样子。

（5）鸳鸯，鸟名，似野鸭，体形较小，嘴扁，颈长，趾间有蹼，善游泳，翼长，能飞。雄的羽色绚丽，头后有铜赤、紫、绿等色羽冠；嘴红色，脚黄色。雌的形体稍小，羽毛苍褐色，嘴灰黑色，为我国著名特产珍禽之一。旧传雌雄偶居不离。

（6）古称"匹鸟"。《诗经·小雅·鸳鸯》："鸳鸯于飞，毕之罗之。"毛传："鸳鸯，匹鸟也。"晋崔豹《古今注·鸟兽》："鸳鸯，水鸟，凫类也。雌雄未尝相离，人得其一，则一思而死，故曰匹鸟。"

（7）凝恨，愁恨聚结在一起。斜晖，一作"残晖"，指傍晚西斜的阳光。南朝梁简文帝《序愁赋》："玩飞花之入户，看斜晖之度寮。"唐杜牧《怀钟灵旧游》诗之三："斜辉更落西山影，千步虹桥气象兼。"

（8）君不知，用《越人歌》"心悦君兮君不知"句意。

【赏析】

这首《菩萨蛮》词，是写作者身在江南，回忆他47岁时春天从长安到洛阳，次年离开洛阳这段生活的。"洛阳城里春光好，洛阳才子他乡老。"上片写回忆，洛阳的春日美景，回忆起来，勾起令人迷惘的乡思。"洛阳才子他乡老"又流露了作者的无限伤感。所以词一开头，就以排比偶句写景抒慨。上句写景，洛阳多花，春光确实很好；下句抒慨，洛阳多才子，但他们却因为生不逢时而垂老他乡。洛阳的大好春光未能使之陶醉，反而触发了他的隐忧，可见这位"洛阳才子"此时感慨颇深。这里，"春光好"是淡写，"他乡老"却是重笔，情景两两对举，比照十分鲜明，以情景的反差表现了心理的反差，突出了"春光"却在"他乡"、虽"好"可惜已"老"的矛盾心境。明代戏剧家汤显祖读到这里说"可怜可怜，使我心恻"（汤显祖评本《花间集》卷一），可见"他乡老"一语，既是韦庄一类晚唐士人的慨叹，也是历代失意士人胸中共有的块垒。"柳暗魏王堤，此时心转迷。"三、四句承上，一句写景，一句写心。魏王堤即魏王池，因"贞观中，以赐魏王泰"而得名，它是东都洛阳的游赏胜景。但安史乱后，东都已失去昔日的魅力，更何况此时游赏，就更有一番今不如昔之感了。句中着一"暗"字，虽是烟笼柳堤的实景描绘，但也确是作者的虚笔映衬，从中透露出一种历史与人生的迷蒙感，所以下句就直接托出"此时心转迷"的心态。眼前所见的是春光缭乱、烟柳迷茫之景，胸中翻腾的是怀才不遇、心志凄迷之情。眼迷心迷、景迷情迷，使他又一次陷入迷惘忧伤之中。这也正是他在《中渡晚眺》一诗中所写的"魏王堤畔柳如烟，有客伤时独扣舷"的情与景，不过这里情景更为密合，意旨更为蕴藉。

下片写江南春景，抒发内心的感慨。全词写景妍秀，抒情自然，二者巧妙地结合，写景采用白描写法，通过具体事物来展现感情，颇能体现韦词的风格。"桃花春水渌，水上鸳鸯浴。"过片与首句呼应，具体描绘春光之好：桃花红艳，春水清澈，鸳鸯双双，嬉戏水上，一片明丽的春色，一派盎然的春意。写到这里，作者似乎已从上片心迷之情中解脱出来，陶醉于融洽的春光之中了。其实并不，后面两句说明他又一次以情景的反差来表现自己心理的反差，又一次表达自己的心迷："凝恨对残晖，忆君君不知。"这里，词人面对斜晖，一方面是恨意郁结，家国之痛、身世之悲，都化成恨在心头凝结。下一"凝"字，极其沉重。另一方面是深切忆念，故国之忆、亲友之忆，都化成怨在心底激荡。下一个"忆"字，格外深挚。"君不知"三字，以怨对方的不知、无情、无动于衷，曲折表达自己的忆念之深、之切、之诚、之纯，真是"无限低徊，可谓语重心长矣"。

现代词学家唐圭璋《唐宋词简释》评："此首忆洛阳之词，身在江南，还乡固不能，即洛阳亦不得去，回忆洛阳之乐，不禁心迷矣。起两句，述人在他乡，回忆洛阳春光之好。'柳暗'句，又说到眼前景色，使人心恻。末句，对景怀人，朴厚沉郁。"

孟　昶

　　孟昶（919—965），本名孟仁赞，字保元，邢州龙冈（今河北邢台）人。五代十国时期后蜀末代皇帝（934—965），后蜀高祖孟知祥之子。吴越王钱镠天祐十六年（919），出生于太原。后蜀建立后，出任东川节度使、同平章事，不久册立为皇太子。后蜀孟知祥明德元年（934），正式即位，勤于政事，诛杀大将李仁罕、张业，攻取秦、凤、阶、成四州，尽有前蜀之地。适逢中原多故，境内少有战事，发展社会经济。统治后期，奢侈淫靡，受到后周攻击，后受到宋朝军队攻击，兵败投降，进入开封，拜检校太师兼中书令，册封秦国公。宋太祖乾德三年（965），去世，时年四十七岁，获赠尚书令、楚王，谥号"恭孝"。好学能文，《全唐诗》存其诗一首，有词二首（《夜起避暑摩诃池上作》《玉楼春·与花蕊夫人夜起》）（分别载于南宋本《阳春白雪》和万历本《花草粹编》）。

【原文】

玉楼春·夜起避暑摩诃池上作

　　冰肌玉骨清无汗[(1)]，水殿风来暗香满[(2)]。绣帘一点月窥人[(3)]，欹枕钗横云鬓乱[(4)]。　　起来琼户启无声[(5)]，时见疏星渡河汉[(6)]。屈指西风几时来，只恐流年暗中换[(7)]。

【毛泽东圈评等情况】

　　一天深夜，中南海派人来接冒广生（鹤亭），舒湮奉命陪他父亲去见毛泽东。后来，他们谈到词的问题。冒广生提到："诗变为词，小令衍为长调，不外增、减、摊、破四法。蜀后主孟昶的《玉楼春·冰肌玉骨》是

154

两首七绝，经苏轼的增字、增韵而成八十三字的《洞仙歌》。诗词贵简练含蓄。孟昶原作本意已足，东坡好事，未免文字游戏。"

毛泽东真是风趣的解人。他说："东坡是大家，所以论者不以蹈袭前人为非。如果是别人，后人早指他是文抄公了。"

[参考] 舒湮：《一九五七年夏季，我又见到了毛主席》，

《新华文摘》1989 年第 1 期。

【注释】

（1）冰肌玉骨，肌肤洁白如冰雪。冰肌，语出《庄子·逍遥游》："藐姑射之山，有神人居焉，肌肤若冰雪，绰约若处子。"又作"玉骨冰肌"。宋杨无咎《柳梢青》："玉骨冰肌，为谁偏好，特地相宜，一段风流。"后以冰肌形容女子纯净洁白的肌肤。玉骨，清瘦秀丽的身材。唐李商隐《偶成转韵七十二句赠四同舍》："天官补吏府中趋，玉骨瘦来无一把。"

（2）水殿，临水的殿堂。唐李白《口号吴王美人半醉》："风动荷花水殿香，姑苏台上宴吴王。"暗香，幽香。唐羊士谔《郡中即事》诗之二："红衣落尽暗香残，叶上秋光白露寒。"

（3）绣帘，绣花的帘子。

（4）倚（yǐ）枕，斜靠着枕头。《荀子·宥坐》："吾闻宥坐之器者，虚则欹，中则正，满则覆。"钗，旧时妇女别在发髻上的一种首饰，由两股簪子合成，如金钗。云鬟，亦作"云鬓"，形容妇女浓黑而柔美的鬟发。《乐府诗集·横吹曲辞五·古辞〈木兰诗〉》："当窗理云鬓，对镜帖花黄。"

（5）琼户，饰玉的门户，形容华美的居室。唐宋之问《明河篇》："复道连甍共蔽亏，画堂琼户特相宜。"启，开。

（6）疏星，天空中的星星很稀疏、很少。河汉，指银河。《古诗十九首·迢迢牵牛星》："河汉清且浅，相去复几许。"

（7）流年，如水般流逝的光阴、年华。南朝宋鲍照《登云阳九里埭》诗："宿心不复归，流年抱衰疾。"

【赏析】

《玉楼春》，词牌名，又名《玉楼春令》《木兰花》《春晓曲》《西湖曲》《惜春容》《归朝欢令》《呈纤手》《归风便》《东邻妙》《梦乡亲》《续渔歌》等。双调五十六字，前后阕格式相同，各三仄韵，一韵到底。

孟昶的这阕词，因苏轼做了点手脚，遂引起了后世的许多争论。苏轼在他的《洞仙歌》前安了篇小序，说："余七岁时，见眉州老尼，……自言尝随其师入蜀主孟昶宫中。一日大热，蜀主与花蕊夫人夜纳凉摩诃池上，作一词，……但记其前两句。暇日寻味，岂《洞仙歌》乎？乃为足之云。词曰：'冰肌玉骨，自清凉无汗。水殿风来暗香满。绣帘开，一点明月窥人；人未寝，欹枕钗横鬓乱。　起来携素手，庭户无声，时见疏星渡河汉。试问夜如何？夜已三更，金波淡，玉绳低转。但屈指西风几时来，又不道流年，暗中偷换。'"

《墨庄漫录》说这是"东坡少年遇美人，喜《洞仙歌》，又邂逅处景色暗香似故，櫽括稍协律以赠之也"，并指出，他之所以要在前面加上那个序，是"公以自叙自晦耳"。这是说苏轼改孟词以适己意。《乐府余论》则反了过来，说孟昶的"'冰肌玉骨清无汗'一词，不过櫽括苏词。然删去数虚字，语遂平直，了无意味"。以时间计，孟昶死于公元 965 年，后 71 年，苏轼始诞生。孟不可能先知而櫽括尚未创作之苏词。可见他全然颠倒了事实。至于说到词的艺术性，张惠言以苏词为佳。而朱锡鬯则说苏词"未免反有点金之憾"。而郑振铎又认为"此词实高出于《花间》中诸作远甚！"谭复堂却说："此词终当有疑。"可见这阕词无论就它的艺术性还是真实性来说，都存在有极大的争论。

北宋乾德二年（964），宋太祖赵匡胤打下了荆、楚二州，这时"水陆皆可趋蜀"，正是他认为攻蜀的条件已经具备了的时候，故他于这年的夏季，积极训练水师，作入蜀的准备。作为后蜀国君的孟昶，对于这种强敌压境的气势，自然十分敏感。故他还特地派遣了孙遇、赵彦韬等到宋都汴梁去打探。所以说，他对赵匡胤的打算是比较清楚的。这阕词便是写在这样一个"黑云压城城欲摧"的政治气氛之下。它无异于展现了一个小国的风流君主，在他面临这种险恶形势下的一幅心理电路图。词写得极凄美、极含蓄、极有层次，流露了真挚的感情，展现了完整的人性，表达了典型的个性心理特征，有很高的艺术欣赏价值。孟昶在写完此词之后的次年正月即国亡被俘。作为一个面临灭顶之灾的君主，孟昶在面对即将与之分手的爱妃面前，出于对她的爱，他不得不对她隐瞒事实真相，强自压抑内心的痛苦，还要装着十分快乐的样子与她极尽缠绵。他知道他俩的日子已无多了，其内心无疑交织着命运和感情的双重痛苦。而这种痛苦，偏又只能独自承受。所以这阕词便在精神上出现了二元分裂。上阕与爱妃在一起时，是何等的缠绵缱绻，甚至无妨说它香艳已极。当然，这对孟昶来说，也许就是对死亡的追欢。而当下阕离开了爱妃而转入独自沉思时，词便转入面对死亡的凄惶与无奈了。

词题为《夜起避暑摩诃池上作》。摩诃池，又名龙跃池、宣华池，位于四川成都东南十二里昭觉寺。摩诃池始建于隋文帝开皇二年（582），初为隋朝益州刺史杨秀筑成都子城时取土所留大坑；唐时积水并联通水渠，成为旅游景区；前蜀永平五年（915），摩诃池被纳入宫苑；民国三年（1914），摩诃池被全部填平并作为演武场。花蕊夫人，五代十国女诗人、后蜀后主孟昶妃子，姓徐（一说姓费），青城（今都江堰东南）人。得幸于蜀主孟昶，封慧妃，赐号花蕊夫人，幼能文，尤长于宫词，代表作《述国亡诗》。

上阕开始有一个小小的时间跨度。"冰肌玉骨清无汗，水殿风来暗香满。"起首二句，没有写他与爱妃花蕊夫人如何的缠绵缱绻，而用"暗香"来承接"冰肌玉骨"，在艺术处理上采用暗示的手法。"暗香"并非指水殿四周的荷香。因为荷花的花瓣入夜是包起来的，那么这里充满水殿的暗香，是暗示花蕊夫人那冰肌乍展时所发出的幽香。肌是冰肌，骨为玉骨，玉人在抱而幽香满怀，则此时他与花蕊夫人欢情之融洽就可想而知了。这就写出了一种哀绝的"凄艳"。

"绣帘一点月窥人，倚枕钗横云鬓乱。"后二句写花蕊夫人已经睡熟了。这时，月光透过帘隙，照见了她熟睡时那钗横鬓乱的娇慵酣态，非常妩媚。"钗横鬓乱"，这里只四个字，写得十分风流，然而又是非常蕴藉，将一场颠倒鸳鸯的恩爱写得如此旖旎香艳，而字面上又是这样的雅洁，诚为绮语高手。前二句"冰肌玉骨清无汗"是感觉，"水殿风来暗香满"是嗅觉，全没有视觉的成分。也许因为"大热"，不让人有一丝丝的燥感，所以连水殿的灯烛也撤去了。既然什么都看不见，而是只凭了嗅觉与感觉，故可知这时的月亮是还没有出来的。从上二句到下句的"月窥人"，这其中也有一大段时间被作者有意省去了。因为这一段里的情景太艳了，艳得令人不能着墨，只要稍一描绘，就会坠入色障。所以作者全用暗示的手法。不仅"冰肌""暗香"是欢情的暗示，就是"月窥人"，也同样是欢情的暗示。这一"窥"字，写月尚如此，已将"钗横鬓乱"过程之无限风光泄露无遗；而又为"倚枕"作出了注脚。作者在这里将月人格化了，且赋予以好奇心，这虽是为了表达花蕊夫人横陈之美的魅力，使无情之月也不禁要为之情动而偷看；将一段艳情从画外显示出来，而不直接去描绘，却达到了比直接描绘有更多想象的空间。这种手法是极为高明的。其实更高明的还在于它同时也流露了诗人自己主观情愫中那欲舍难舍的凄惶之情。孟昶在国家即将灭亡的关头，他当然懂得在这残酷的历史进程中，他将要付出多么惨重的牺牲。对着酣睡中如此娇美的玉人，这种对于爱的牺牲，作为一个"人"的感情世界来说，也许并不比一个国君丧失了他的国家来得轻松。孟昶为了人民少受战乱之苦，他是举国以降了。人民避免了战乱之苦，而作为国君的他，却不得不屈辱地送上自己心爱的妻子，这于她将是加倍的难堪。然而他这样做了，他是可以死的，然而他却不忍心强迫他的爱妻去死。这对他很难说是无私的伟大，还是极端自私的卑怯。其实，这时的他，在精神上已是死了的。是以这时在他的眼中，花蕊夫人横陈于月下之玉体，是宁静的美，又是无可奈何的死亡之凄艳。她将面临死别前的痛苦，写得非常深沉、非常缠绵，又非常冷静，真个要"痛煞人也"。

下阕似乎与上阕截然分开。其实，过拍似断而连，从心理上讲，过渡得非常巧妙。花蕊夫人此时对于国家将发生什么样的严重变故自然是全然不知的，是以她无妨恬然酣睡。而孟昶心里却十分明白，他明知他在摩诃池上消夏之时，正是赵匡胤督练水师之日。他与花蕊夫人并肩月下、卿卿我我，而赵匡胤此时却已在调兵遣将，杀气腾腾地作跃然之虎扑。故他俩在欢情消歇之时，花蕊夫人可以安然入睡，而他却万难合眼。"起来琼户启无声，时见疏星渡河汉。"换头处二句是说，他只有悄无声息地起来，轻轻拉开殿门，来到水榭走廊，独自排遣他的烦闷。"启无声"，是他不愿惊动花蕊夫人的好梦，这一动作，是爱，是怜，是生离死别之前的那一点无可奈何的"丈夫"气概：就让这一枚坚硬的苦果由自己一人来啃，而让她哪怕是多安稳地睡一会儿吧。这一动作，透出了孟昶的无限爱抚和细心入微的体贴，同时也透露出了孟昶心里的悲凉。他知道，他可以为她而补偿的时日已无多了。出得户来，偏偏一颗流星划过银河。《尔雅·释天》："彗星为欃枪。"古人以为它的出现，主"为兵丧乱"，甚至"破国乱君"。沉重的心事自然让他马上想到即将要沿江西上来此的宋军，这真是"不思量，自难忘"，怎地也躲不了的哀愁。所以说"屈指西风几时来？"很自然地便接着想到了。"西风"，金风。金者，兵也。这使百花凋残的西风，也正是大宋铁骑所卷起的狂飙。"几时来？"是在他的理念中是一定会要来，只是不知什么时候来罢了。是以孟昶此时所担心的，倒不是宋军来得早晚，而是担心他那比花蕊还要娇嫩的花蕊夫人，能否经得起这番蹂躏。他深知自己将无力回天，这一天是屈指可至的，所以他这才不得不发出"只恐流年暗中换"的哀叹。"流年"如果指时光，这是"逝者如斯"，谈不上恐怕不恐怕。这里的"流年"也是代指他的国号。将来代他而主宰西蜀的是大宋皇帝，他的"广政"年号事实上已成为"暗中换"去之势。特别是对于此时尚在梦中的花蕊夫人更是这样。所以当她一旦好梦惊残之时，已是"十四万人齐解甲"之日，一切皆已今非昔比。这太快了。她不能不奇怪："更无一个是男儿！"这"一个"对于她来说，应当首先使她悲哀的是她曾是那样热烈爱恋过的孟昶。作为国君，他不能殉国；作为爱人，他不能殉情，这在她看来，就算不得是一个"男儿"。花蕊夫人因不能忘蜀，特别是到了宋宫以后，犹悬挂孟昶之像以祀，因而处死于蚕室，她是有权这样评价男子汉的。

这阕词之所以感人，就在于它使人看到了作为亡国之君孟昶的心理的艰难历程。他不像李煜，写得那么悲悲切切。他把一曲悲剧写得如此美，如此冷静。他只是这样热烈地肯定着美与爱，而在不得不舍弃的时候，他无怨无悔，因为他已是这样强烈地爱过了。作为一个情人，而又不幸是命定了该做亡国之君的人，他更要为千万人的生存团聚而去承担个人死别的痛苦。他之所以不死情而以国降，其实在这阕词里所表现出的个性心理特征中已见端倪。他不是如李煜的"仓皇辞庙"，而是在冷静地等待"几时来"。这阕词几乎没有写花蕊夫人的主体意识，只是对她的形体姿态作了极客观的描画：他笔下的心上人是那么惊人的美，其形体姿态无一不艳极、娇极、媚极，甚至香极；然而正是在这里，透出了她的热烈、果敢，甚至无妨说是放肆。于无限妖媚风情之中，早已伏下了一个敢爱、敢恨的刚烈的灵魂。这阕词，看似纯为孟昶的主观心理，却又妙在它同时显露了与花蕊夫人两人不同的地位和性格，深刻揭示了他们各自丰富的精神世界。

通过以上艺术分析，可以认为这阕词出于孟昶之手是十分合情合理的。正因为它在艺术的表现上是很见个性的，是很见心理特征的，无此经历者写不出，无此情意者同样也未必写得出，所以它不可能是伪作。至于苏轼把他所喜欢的前人的诗词檃括以寄意，这原是当时词人的故技，本无足怪。如果就它与苏词两词的艺术性来加以比较，则苏词虽是就孟词略加增减，但将孟词下阕的独自排遣内心痛苦的独白，改为两人低诉的情话，这就不仅缩小了词的含量，亦且没了孟词的深致和心理的光彩。

牛峤

牛峤，字松卿（约890年前后去世，大约出生于848），一字延峰，陇西人。生卒年均不详，约唐昭宗大顺初前后在世。唐僖宗乾符五年（878）进士及第。历官拾遗，补尚书郎，后人又称"牛给事"。以词著名，词格类温庭筠。

【原文】

江城子·鵁鶄飞起郡城东

鵁鶄飞起郡城东[(1)]。碧江空，半滩风。越王宫殿[(2)]，蘋叶藕花中[(3)]。帘卷水楼鱼浪起[(4)]，千片雪[(5)]，雨蒙蒙[(6)]。

【毛泽东圈评等情况】

毛泽东曾圈阅这首《江城子·鵁鶄飞起郡城东》。

[参考] 张贻玖：《毛泽东圈阅、评点的中国古典诗词》，中国工人出版社1992年版，第243页。

【注释】

（1）鵁鶄（jiāo jīng），水鸟名，鹭鸶的一种，头细身长，身披花纹，颈有白毛，头有红冠，能入水捕鱼，又名"鱼鵁"。郡城，此指古会稽（今浙江绍兴），春秋时为越国国都。

（2）越王宫殿，越王勾践的宫殿。

（3）蘋（píng），多年生水生蕨类植物，茎横卧在浅水的泥中，叶柄长，顶端集生四片小叶，全草可入药，亦作猪饲料，亦称"大萍""田字草"。《诗经·召南·采蘋》："于一采蘋？南涧之滨。"毛传："蘋，大萍也。"

藕花，荷花。唐孟浩然《送吴翔习之》："新秋折藕花，应对吴语娇。"

（4）水楼，水边或水上的楼台。唐孟浩然《与薛司户登樟亭楼作》诗："水楼一登眺，半出青林高。"鱼浪，秋水鱼肥，逐浪出没。鱼，一作"渔"。

（5）千片雪，言浪花如雪。片，一作"江"。

（6）蒙蒙，迷茫不清之状。

【赏析】

《江城子》，词牌名，又名"村意远""江神子""水晶帘"。兴起于晚唐，来源于唐著词曲调，由韦庄最早依调创作，此后所作均为单调，直至北宋苏轼时始变单调为双调。有单调四体，字数有三十五、三十六、三十七三种；双调一体，七十字，上下片各七句，五平韵。

格律多为平韵格，双调体偶有填仄韵者。代表作有宋苏轼《江城子·密州出猎》《江城子·乙卯正月二十日夜记梦》等。

这首《江城子·鸂鶒飞起郡城东》，写的是江城会稽多彩多姿的风物。字数虽然不多，但字字珠玑，形神兼备地将江城的风物栩栩如生地刻画出来，使读者可以领略到古城生机勃勃的景象。从既是郡城又曾有越国宫殿等情况来看，自然写的是古会稽。前三句"鸂鶒飞起郡城东。碧江空，半滩风"，写的是江城的外景：一江碧水从城东流过，江面空阔，沙滩阵阵风起，好一派秀美、旷远的江郊景色。"越王宫殿，蘋叶藕花中。"四、五两句是对此城历史的回顾与沉思。越王勾践是春秋时期赫赫有名的霸主之一，他曾在这里建都，可如今已不见痕迹，往日的宫殿遗址上已是一片片红藕翠蘋了，这就点明了此城的显赫历史，增加了一个描写层次，无异于在它的背景上涂了一层古老苍凉的底色，丰富了江城的形象。当然作者的怀古之情也是显而易见的，那就是说任何雄图霸业、奕奕生光，都经不起时间的销蚀而云飞烟灭。"帘卷水楼鱼浪起，千片雪，雨蒙蒙"，结尾三句集中描写最富江城特色的景观：登上临江的水楼，卷起帏帘，凭窗一望时，只见鱼跃浪翻，激起千片飞雪，一江雨雾，迷迷蒙蒙，蔚为壮观。尤其是此番景色是透过水楼窗口而摄入眼帘的，更如一幅逼真的画卷，美不胜收。

此词仅三十五字，却把一个江城的风物描写得如此形神兼备，笔力实在不凡。究其奥妙，大约有三端：一是注意多侧面、多角度的描写。它先从远观角度写江郊景色，次以历史眼光看湖塘风光，再用特写镜头写水楼观涛。如此不仅层次清晰，而且颇富立体感。二是注意色彩的调配和多样。斑斓的鸂鶒、碧绿的江水与白色的沙滩构成一种清新淡远的色调；翠绿的蘋叶与鲜红的荷花相配，又以秾丽的色泽耀人眼目；浪花之如雪和水雨之蒙蒙又构成一种朦胧混茫的气象。三是注意景物的动态描写，如鸂鶒的起飞、碧水的东流、半滩风吹、浪花飞舞等，这种动态景象，无疑赋予江城以勃勃的生机和飞动的气韵。在秾艳的牛峤词中，此词可谓独具一格。

【原文】

望江怨·东风急

东风急，惜别花时手频执[(1)]，罗帷愁复入[(2)]。马嘶残雨春芜湿[(3)]。倚门立，寄语薄情郎[(4)]，粉香和泪泣。

【毛泽东圈评等情况】

毛泽东曾圈阅这首《望江怨·东风急》。

[参考] 张贻玖：《毛泽东评点、圈阅的中国古典诗词》，
中国工人出版社 1992 年版，第 243 页。

【注释】

（1）惜别，舍不得离别。南朝齐王融《萧谘议西上夜集》诗："徘徊将所爱，惜别在河梁。"花时，花开时节。手频执，多次执手，表示惜别依依之情。

（2）罗帷，丝制帷幔。战国楚宋玉《风赋》："蹑于罗帷，经于洞房。"愁复入，亦作"愁独入"。

（3）马嘶，马嘶鸣。春芜，香草名。旧题汉郭宪《洞冥记》卷一："［波祇国］献神精香草，亦名荃蘼，一名春芜。一根百条，其间如竹节

柔软，其皮如丝可为布"，"妇人带之，弥月芳馥"。一作"香草"。"残雨春芜湿"，当从杜诗"雨露洗春芜"化出。

（4）寄语，传话，转告。南朝宋鲍照《代少年时至衰老行》："寄语后生子，作乐当及春。"唐刘希夷《晚春》诗："寄语同心伴，迎春且薄妆。"薄情郎，无情意的男子。宋欧阳修《玉楼春·湖边柳外楼高处》词："算伊浑似薄情郎，去便不来来便去。"

【赏析】

《望江怨》，词牌名。调见《花间集》，且仅见牛峤一词。单调三十五字，七句六仄韵。

这是一首闺中词，通过写送别的场面，表现主人公的离愁别恨。从体式看，这是一首小令，单调不分开。从情节结构看，它包含三层意思：一忆惜别，二叙等待，三寄情思。每层之间，既有内在联系，又留下大块想象余地。词的发端运用追忆手法，以突兀而来的"东风急"领起，似乎有一种紧迫感。东风劲吹，百花争艳，这是一个春意盎然的季节。值此良辰美景，一对情人双手紧握，离别在即。那依依惜别、难舍难分、万语千言之情，全从这个富有动作性的"频"字中传达出来。两情是何等的深挚、热切。"东风""花时"，点明了"惜别"的物候和时令。作品以美好的景致和环境，反衬离愁凄恻之情，收到相反相成之效。第三句补上一笔，正面点出"愁"来。这个"愁"字，把女主人公闷闷不乐、郁郁寡欢的情态和心境写出来了。而"复入"，更点出她从此孤居寂寞的处境。正当她沉浸在痛苦的回忆时，突然远处传来了马嘶声。"倚门立"应"马嘶"，为有所盼的动作。不言而喻，以为"郎骑青骢马"归来了。但竟不如所愿，门外只见"残雨春芜湿"。此句当从杜诗"雨露洗春芜"化出。牛词用此，语意双关，既点明此时此际的实景：淅淅沥沥、时断时续的雨水，春草都沾湿了；又隐喻这位女子暗暗抽泣，泪痕斑斑，如同残雨。"马嘶"声没有给她带来希望，反而倍增其凄楚之情。难怪她要责骂那个无情无义的"薄情郎"了。末二句写临别寄语。其中有以景象渲染离情，有白描写离情，有形象刻画展现离情，表现了主人公惜别的缠绵之情，以及她的惆怅与痛苦。前三句写惜别情依依，"马嘶"二句写主人公送情郎远去，全篇文情往复，情调凄恻。

牛峤此词在布景造情、章法安排、选调用韵等方面颇具特色。它以女主人公"倚门立"为轴心，思路朝两个方向延伸：一是对往事的追忆、惜别的难舍，勾画出一幅情深似海的"惜别图"，切望情人归来的思想基础。一是对未来的思考，遥寄相思的深沉，倾诉别后的情怀。哀怨、惆怅、失望、期待，各种思绪错综交织，弹出一曲"诉衷情"。今朝与昔日沟通，景物是个触媒。此时眼前所见的"春芜"，触发往日彼时的"花时"；由"残雨湿"引出"和泪泣"，又从昔时的"手频执"，反照今日的"薄情郎"。而"薄情"却从"马嘶残雨春芜湿"的写景中透露出消息。

清俞陛云《五代词选释》："当花时春好，而郎偏远出，临歧执手殷勤，留君不住，看驱马向平芜而去。懒入虚帏，姑立门前凝望，泪痕湿粉，而行者已遥，惟有寄语使知，以明我之相忆耳。三十五字中次第写来，情调凄恻。"

【原文】

西溪子·捍拨双盘金凤

捍拨双盘金凤[(1)]，蝉鬓玉钗摇动[(2)]。画堂前[(3)]，人不语，弦解语。弹到昭君怨处[(4)]，翠蛾愁[(5)]，不抬头。

【毛泽东圈评等情况】

毛泽东曾圈阅这首《西溪子·捍拨双盘金凤》。

[参考]张贻玖：《毛泽东评点、圈阅的中国古典诗词》，中国工人出版社1992年版，第243页。

【注释】

（1）捍拨，弹拨乐器上的饰物，用来防护琴身，以免弹拨时磨坏其处。据宋叶廷珪《海录碎事·音乐部》载，金捍拨在琵琶面上当弦，或以金涂为饰，所以捍护其拨也。唐张籍《宫词》："黄金捍拨紫檀槽，弦索初张调更高。"双盘金凤，指琵琶捍拨上所绘的图案。

（2）蝉鬓，古代汉族妇女的发饰之一，其鬓发薄如蝉翼，黑如蝉身，故称。蝉身黑而光润，两鬓薄如蝉翼，故称。多用来形容古代美女的发式。亦借指妇女。唐马缟《中华古今注》卷中："琼树始制为蝉鬓，望之缥缈如蝉翼，故曰'蝉鬓'。"琼树，即莫琼树，魏文帝宫人。玉钗，玉制的钗，由两股合成，燕形。汉司马相如《美人赋》："玉钗挂臣冠，罗袖拂臣衣。"

（3）画堂，古代宫中有彩绘的殿堂，泛指华丽的堂舍。典出《汉书·成帝纪》："孝成皇帝，元帝太子也。母曰王皇后，元帝在太子宫生甲观画堂，为世嫡皇孙。"颜师古注："画堂，但画饰耳……霍光止画室中，是则宫殿中通有彩画之堂室。"

（4）昭君，王昭君，晋代为避司马昭之讳，改称明君。昭君姓王名嫱，汉元帝宫女，后赐给呼韩单于，出塞和番，临行时令琵琶马上作乐，以慰其道路之思。古乐府辞中有《王昭君》，或名《昭君辞》《昭君叹》，描写昭君出塞之事。宋郭茂倩《乐府诗集·琴趣歌词三·昭君怨》题解引《乐府解题》："昭君恨帝始不见遇，乃作怨思之歌。"

（5）翠娥，指美女。唐李白《忆旧游寄谯郡元参军》诗："翠娥婵娟初月晖，美人更唱舞罗衣。"

【赏析】

《西溪子》，词牌名，以牛峤《西溪子·捍拨双盘金凤》为正体，单调三十三字，八句四仄韵、一叠韵、两平韵。另有单调三十五字，八句五仄韵、两平韵变体。代表作品有毛文锡《西溪子·昨日西溪游赏》等。

这首词写琵琶女难言的幽怨。"捍拨双盘金凤"，词中首句是写琵琶乐器制作之精美与名贵。"捍拨"是指琵琶类弹拨乐器上的金属薄片饰物，它用来防护琴身，以免弹拨时磨坏其处。"双盘金凤"是指琵琶捍拨上所绘的双凤图案。据宋叶廷珪《海录碎事·音乐部》载："金捍拨在琵琶面上当弦，或以金涂为饰，所以捍护其拨也。"唐张籍《宫词》："黄金捍拨紫檀槽，弦索初张调更高。"

"蝉鬓玉钗摇动。"此句写琵琶演奏者的姿态。"蝉鬓玉钗"写琵琶女的梳妆服饰之美。"蝉鬓"一词最早出现在三国时代的魏国，是魏国王宫中一名叫莫琼树的宫女所梳发型。唐马缟《中华古今注·杂注》："魏文帝宫人绝所宠者，有莫琼树、薛夜来、田尚衣、段巧笑，日夕在侧，琼树乃制蝉鬓。缥眇如蝉翼，故曰蝉鬓。"这里的"蝉鬓"是指面颊两侧贴近耳边的头发薄如蝉翼。盛唐时，禁中宫廷及王公贵族之家的女子流行蝉鬓。据说唐时"蝉鬓"梳法是：将鬓角处的头发向外梳掠得极其扩张，形成薄薄一层，有如蝉翼之形。这种梳法与魏庭宫女莫琼树所制"缥眇如蝉翼"的蝉鬓基本相符，只是更加夸饰、更加张扬，是盛唐时人们追求个性张扬、意气风发的流行时风所致。唐白居易有词云："蝉鬓䯼髻云满衣"，描述极其恰切。

"画堂前，人不语，弦解语。"三句叙事，从听众的反应写演奏的效果。词人将听琵琶曲的位置、气氛和神态写得简洁概括。人们完全可以据此想象当时的情形。"弹到昭君怨处，翠蛾愁，不抬头。"末三句仍是叙事，写演奏者完全沉浸在演奏之中而不能自拔的情景，把弹奏推向高潮，尤其令人回味不已。词中"弹到昭君怨处"，昭君指西汉美女王昭君，原名王嫱，为汉元帝宫女，后赐给呼韩单于，出塞和番，临行时令琵琶马上作乐，以慰其道路之思。可见，琵琶曲目是表现昭君远嫁塞外单于后的孤独心境。唐杜甫有诗云："千载琵琶作胡语，分明怨恨曲中论。"有道是"琵琶弦上说相思"，这位琵琶女子自己的情感和心事显然被幽怨曲声拨动了，她的思想情感完全投入到了自己指尖下的琵琶声里。"翠蛾愁，不抬头"这一传神之笔表达出女主人公无限丰富和深刻的内心情感世界，具有一种"此时无声胜有声"的效果，情思幽深，耐人回味。应当说，这是一位将自己的生命体验、感悟和情感深深融入琵琶声里的女子，让我们想起唐白居易《琵琶行》里那位风尘琵琶女。现代词学家唐圭璋评点此词："此首记弹琵琶。起言琵琶上捍拨之美；次言弹琵琶者之美；'画堂'三句，言琵琶声音之美。末言弹者姿态，倍显弹者之无限幽怨，尽自弦上发出。张子野词'弹到断肠时，春山眉黛低'即袭此。然落牛词之后，亦不见其佳胜也。"

牛希济

牛希济（872？—？），陇西（今甘肃）人，五代词人，牛峤之侄。早年即有文名，遇丧乱，流寓于蜀，依峤而居。后为前蜀主王建所赏识，任起居郎。前蜀后主王衍时，累官翰林学士、御史中丞。后唐庄宗同光三年（925），随前蜀主降于后唐。牛希济所作词，今存十四首（见唐五代词），收于《花间集》及《唐五代词》。

【原文】

生查子·春山烟欲收

春山烟欲收⁽¹⁾，天澹星稀小⁽²⁾。残月脸边明⁽³⁾，别泪临清晓⁽⁴⁾。　　语已多，情未了⁽⁵⁾，回首犹重道⁽⁶⁾：记得绿罗裙⁽⁷⁾，处处怜芳草。

【毛泽东圈评等情况】

毛泽东曾圈阅这首《生查子·春山烟欲收》。

[参考] 张贻玖：《毛泽东评点、圈阅的中国古典诗词》，
中国工人出版社 1992 年版，第 243 页。

【注释】

（1）春山烟欲收，山上的雾气正开始收敛。

（2）澹（dàn），淡薄，浅淡，通"淡"。星稀，亦作"稀星"。

（3）残月，清晨出现的弯月，残缺不圆的弯月。唐白居易《客中月》诗："晓随残月行，夕与新月宿。"

（4）清晓，清晨，天刚亮的时候。唐孟浩然《登鹿门山怀古》诗："清晓因兴来，乘流越江岘。"宋欧阳修《渔家傲》词之七："人语悄，那堪夜雨催清晓。"

（5）语已多，情未了，这两句一本并作一句，无"已"字。

（6）回首，回头看。汉司马相如《封禅文》："昆虫闿怿，回首面内。"宋苏轼《观湖》诗之一："回首不知沙界小，飘衣犹觉色尘高。"犹，还。重道，再次说。

（7）罗裙，丝罗制的裙子，多泛指妇女衣裙。南朝梁江淹《别赋》："攀桃李兮不忍别，送爱子兮霑罗裙。"唐白居易《琵琶行》："钿头云篦击节碎，血色罗裙翻酒污。"绿罗裙代指所爱女子。

（8）芳草，香草。东汉班固《西都赋》："竹林果园，芳草甘木。郊野之富，号为近蜀。"比喻忠贞或贤德之人。《楚辞·离骚》："何昔日之芳草兮，今直为此萧艾也。"王逸注："以言往日明智之士，今皆佯愚，狂惑不顾。"

【赏析】

《生查（zhā）子》，词牌名。又名"相和柳""梅溪渡""陌上郎""遇仙楂""愁风月""绿罗裙""楚云深""梅和柳""晴色入青山"等。原唐教坊曲，后用为词调。有双调五体，字数有四十、四十一、四十二三种。正体双调，四十字。前后段各四句，两仄韵。代表作有五代牛希济《生查子·春山烟欲收》，北宋欧阳修《生查子·元夕》、晏几道《生查子·关山魂梦长》等。

这首词写女子对即将话别的情人的殷殷嘱咐的情景，用清峻委婉的语言，生动形象而又细致入微地刻画了一对情人分别时难舍难分的场面，表现了缠绵婉转的"人生自古伤别离"的思想感情，描摹出一种深沉悱恻的情绪。

"春山烟欲收，天澹星稀小。残月脸边明，别泪临清晓。"词的上阕描写有情人即将分别的环境，交代了时间、空间和情状。远处连绵起伏的春山上，白茫茫的雾气开始散去，依稀现出黑黝黝的如画剪影；东方渐明，露出鱼肚白色，寥落的几颗晨星也慢慢黯淡下去。天上挂着将要落下的残月，天很快就要大亮，一个美好的春日即将开始，然而无情的离别时刻也逼近了。词以"欲收""澹""稀小"等含有动态的语词，写出天色由朦胧逐渐明朗的过程，暗示恋人抬望天色而渐渐收紧的心情。"春山"二句，在勾勒晨景中，挑明了季节、时间、环境、恋人早起等内容，为伤别垫下了丰富的内涵和广阔的想象空间。

"语已多，情未了，回首犹重道：记得绿罗裙，处处怜芳草。"下阕描写两人离别时的情态。执手歧路，细细叮咛。别泪拭不干，别语嘱不尽，有情人送别，情深意长。"语已多，情未了。"纵说了千言万语，也难尽几多情意。花前月下的欢快日子已成陈迹，此后是闺房孤灯、梧桐细雨，梦里相思，"纵有千种风情，更与何人说"。"情未了"，情难了。《栩庄漫记》："过片将人人共有之情，和盘托出，是为善于言情。""回首犹重道：记得绿罗裙，处处怜芳草。"最后三句，词人借助芳草与罗裙同色的联想，生动地表现了女子临别时的复杂心理和眷恋情绪。女子看见萋萋遮满古道伸向远方的芳草，想到行人将离开自己而跋涉天涯，又想到自己将苦苦地思念他，又转想到他对自己的思念，猝而又担心他会不会忘了自己。芳草与自己身上的绿罗裙颜色相同，女子由这一联想生发开去：天涯处处有芳草，她希望行人睹芳草而记得绿罗裙（自己），行遍天涯，爱情永远不变。"怜芳草"即恋女子也。这两句词化用前人诗句而翻进一层，把许多层的心情意思糅合进去，显得更为出色。从女子回身再追补的这句话中，读者可窥到女子内心深层的秘密。女子祈愿的是两情久长，远游他乡的男子永不变心。意不明说，又非说不可，于是含蓄而婉转地指草指裙，郑重叮咛了这么一句痴语。女子的情深如海、韧如蒲草，自在言外不喻之中。南朝江总妻《赋庭草》云："雨过草芊芊，连云锁南陌。门前君试看，是妾罗裙色。"咏裙草同色。唐杜甫诗云："名花留宝靥，蔓草见罗裙。"说睹景思人。结尾二句，通过联想，将自然景色与心中感情巧妙地结合起来。现代词学家唐圭璋《唐宋词简释》云："此首写别情。上片别时景，下片别时情。起写烟收星小，是黎明景色。'残月'两句，写晓景尤真切。残月映脸，别泪晶莹并当时人之愁情，都已写出。换头，记别时言语，悱恻温厚。着末，揭出别后难忘之情，以处处芳草之绿，而联想人罗裙之绿，设想似痴，而情则极挚。"

欧阳炯

　　欧阳炯（896—971），益州华阳（今四川成都）人，五代十国时后蜀词人。在后蜀任职为中书舍人。据《宣和画谱》载，他事孟昶时历任翰林学士、门下侍郎同平章事，随孟昶降宋后，授为散骑常侍，以本官分司西京卒，时年七十六岁。欧阳炯性情坦率放诞，生活俭素自守。他颇多才艺，精音律，通绘画，能文善诗，尤工小词，又善长笛，是花间派重要作家。其词多写艳情，风格秾丽，有的流于淫靡。曾为《花间集》作序，述花间词的宗旨源流，反映了此派词人的创作态度和艺术趣味。今存文两篇，见《全唐文》《唐文拾遗》。诗五首，见《全唐诗》《全唐诗外编》《全唐诗续拾》。词四十七首，见《花间集》《尊前集》。

【原文】

三字令·春欲尽

　　春欲尽，日迟迟⁽¹⁾，牡丹时⁽²⁾。罗幌卷⁽³⁾，翠帘垂⁽⁴⁾。彩笺书⁽⁵⁾，红粉泪⁽⁶⁾，两心知。　　人不在，燕空归⁽⁷⁾，负佳期⁽⁸⁾。香烬落⁽⁹⁾，枕函欹⁽¹⁰⁾。月分明，花淡薄⁽¹¹⁾，惹相思。

【毛泽东圈评等情况】

　　毛泽东曾圈阅这首《三字令·春欲尽》。

　　　　［参考］张贻玖：《毛泽东评点、圈阅的中国古典诗词》，
　　　　　　　　中国工人出版社1992年版，第243页。

【注释】

　　（1）迟迟，日长而天暖。《诗经·豳风·七月》："春日迟迟，采蘩

祁祁。"朱熹注："迟迟，日长而暄也。"

（2）牡丹，著名的观赏植物。群花品中，牡丹第一，芍药第二，故世谓牡丹为花王，芍药为花相。每年农历三月中旬开花。牡丹时，指阳春三月。

（3）罗幌，罗绸制的帷幕。幌，帷幔。宋郭茂倩《乐府诗集·清商曲辞一·子夜四时歌秋歌八》："中宵无人语，罗幌有双笑。"

（4）翠帘，绿色的帘幕。翠，一作"绣"。南朝梁萧统《文选谢朓〈齐敬皇后哀策文〉》："翠幕舒阜，玄堂启扉。"吕延济注："翠帘，翠幕也。"

（5）彩笺，小幅彩色纸张，常供题咏或书信之用。

（6）红粉，妇女化妆用的胭脂和铅粉。《古诗十九首·青青河畔草》："娥娥红粉妆，纤纤出素手。"这里借指美女。宋计有功《唐诗纪事·杜牧》："忽发狂言惊满座，两行红粉一时回。"

（7）空归，空空归来。

（8）负，辜负。佳期，情人约会的日期、时间。《楚辞·九歌·湘夫人》："登白薠兮骋望，与佳期兮夕张。"王逸注："佳谓湘夫人也……与夫人期歃飨之也。"后用以指男女约会的日期。

（9）香烬，焚香的余烬，香灰。唐李颀《送綦毋三寺中赋得纱灯》："禅室吐香烬，轻纱笼翠烟。"

（10）枕函，枕套子。唐司空图《杨柳枝寿杯词》之六："偶然楼上卷珠帘，往往长条拂枕函。"欹，倾斜之状。唐张鷟《游仙窟》："锦帐划然落，罗帷捶半欹。"

（11）淡薄，稀疏，稀少。

【赏析】

《三字令》，词牌名，始见《花间集》。《张子野词》入"林钟商"。以欧阳炯词《三字令·春欲尽》为正体，双调四十八字，前后段各八句、四平韵。另有双调五十四字，前后段各九句、四平韵的变体。

欧阳炯是继温庭筠、韦庄之后，花间派词人的又一个代表作家。他的词色彩艳丽而敦厚，语言清新而温和，不像其他的词，给人以不胜愁苦的感觉。

此词的题材是最常见的暮春思妇之闺怨，但用《三字令》这一特殊词调，在表现上显得格外别致。清俞陛云《五代词选释》："十六句皆三字，短兵相接，一句一意。如以线贯珠，粒粒分明，仍一丝萦曳。""春欲尽，日迟迟，牡丹时。"开头三句，点明时令，寓美人迟暮，是说暮春的白昼一日长似一日，正是牡丹花开的时候。遣词上容易使读者联想到《诗经·豳风·七月》"春日迟迟"和唐白居易"共道牡丹时，相随买花去"（《买花》）等诗句。然而此词的女主人公在这样绵长的春日，却无心参加赏花士女之行列，独自闷闷在家。"罗幌卷"五句由妇人室内写到思念在外的人。"罗幌卷，翠帘垂。"就表现出这样的意态，同时词意就自然由外景描写转入闺房之内。一"卷"一"垂"，又正好暗示女主人公的内心矛盾。"彩笺书，红粉泪。"她深锁春光而犯愁，原来她正看这一封信——"彩笺书"，流着泪。"两心知"一句设想对方也在此刻念己。从"两心知"一句看，这信与其是她自己写就的情书，无宁看作是远方寄来的尺素。否则，便应是"忆君君不知"了。然而，书来正意味着人不来。那人一去或许经年，须知"红粉"楼中正计日。

　　过片紧承此意，"人不在，燕空归，负佳期。香烬落，枕函欹"五句又是一层，从远人又写到室内，深藏怀念之情。"人不在"三字，形容女子的孤单；"燕空归"，似乎暗示来信徒增幽怨，又有以双飞燕反衬孤独处境之意。想必来信中有许多托词，但不能改变一个铁的事实："负佳期"。想当初离别，必有盟誓"两心知"。而到今日，又苦留后约将人误。这里词语虽简单，怨思却甚深。"香烬落"，极见境之清寥；"枕函欹"，又极见人之无聊。此时心情，知之者其唯"枕函"乎！以下写景，又由室内推移室外，时间已由上片的白昼推移到夜晚。结尾三句照应开头，春光欲尽，故花淡薄。伤春惜时之情，包寓其中。这里以景染情，情景相融，别具韵味。"月分明，花澹薄。"这是花好月圆之夜。花的"澹薄"是沐浴月光之故。但这花好月圆，却不能慰藉孤栖者的愁怀，反而惹起"相思"之情，徒增感伤。以景写哀，倍增其哀。同一美好之花、月，分形以"淡薄""分明"的对比词语，拨换字面，颇增情致。这词在歌筵演唱该是很富情味的。它出句短促而整齐，断而不见乱，真有明珠走盘之清脆感、节奏感。

现代词学家唐圭璋在《唐宋词简释》评说："此首每句三字，笔随意转，一气呵成。大抵上片白昼之情景，由外及内；下片午夜之情景，由内及外。起句，总点春尽之时。次两句，点帘外日映牡丹之景。'罗幌'两句，记人在帘内之无绪。'彩笺'两句，记人在帘内之感伤。人去不归，徒有彩笺，见笺思人，故不禁泪下难制。'两心知'一句，因己及人，弥见两情之深厚。换头三句，说明燕归人不归，空负佳期。'香烬'两句，写夜来室内之惨淡景象。结句，又从室内窥见外面之花月，引起无限相思。"

顾 敻

顾敻（xiòng），五代词人。生卒年、籍贯及字号均不详。前蜀王建通正（916）时，以小臣给事内廷，见秃鹫翔摩诃池上，作诗刺之，几遭不测之祸。后擢茂州刺史。入后蜀又事高祖（孟知祥），累官至太尉。顾敻能诗善词，全部写男女艳情，词风绮丽却不浮靡，意象十分清新生动，情致极其悱恻缠绵，有些词作（如《荷叶杯》）还化用口语，朗朗上口，增加了谐趣和可读性。《花间集》收其词55首。

【原文】

杨柳枝·秋夜香闺思寂寥

秋夜香闺思寂寥⁽¹⁾，漏迢迢⁽²⁾，鸳帏罗幌麝烟销⁽³⁾，烛光摇。　　正忆玉郎游荡去⁽⁴⁾，无寻处，更闻帘外雨潇潇⁽⁵⁾，滴芭蕉。

【毛泽东圈评等情况】

毛泽东曾圈阅这首《杨柳枝·秋夜香闺思寂寥》。

[参考] 张贻玖：《毛泽东评点、圈阅的中国古典诗词》，中国工人出版社1992年版，第243页。

【注释】

（1）香闺，指青年女子的内室。唐陶翰《柳陌听早莺》诗："乍使香闺静，偏伤远客情。"前蜀韦庄《赠姬人》诗："请看京与洛，谁在旧香闺。"寂寥，寂静无声。《古文苑·枚乘〈忘忧馆柳赋〉》："鎗鍠啾唧，萧条寂寥。"章樵注："鎗鍠，大音；啾唧，小音。并寂然无声。"

（2）漏迢迢（tiáo），更漏之声悠长。古时以漏壶滴水计时。迢迢，时间久长之状。唐戴叔伦《雨》诗："历历愁心乱，迢迢独夜长。"

（3）鸳帷，绣着鸳鸯的帷帐。罗幌，丝罗床帐。麝烟，焚麝香发出的烟。烟，一作"香"。

（4）玉郎，古代女子对男子的美称。唐元稹《送王十一郎游剡中》诗："想得玉郎乘画舸，几回明月坠云间。"

（5）潇潇，风雨声，一作"萧萧"。《诗经·郑风·风雨》："风雨潇潇，鸡鸣胶胶。既见君子，云胡不瘳。"

【赏析】

《杨柳枝》，词牌名。此调源于北朝乐府横笛曲《折杨柳》。唐玄宗开元年间入教坊曲，后经白居易、刘禹锡整理、改编，依旧曲作词，翻为新声。唐五代词皆咏杨柳枝本意。其正体为齐言体，单调二十八字，平韵，格式同于七言绝句。代表作有《杨柳枝·城外春风吹酒旗》等。

这是又一阕抒写独处孤居、思念情人的怨苦情绪的小令。此词写女主人公的闺中情思。上片写她秋夜深闺独处，十分寂寥的情怀。"秋夜香闺思寂寥"，首句"思寂寥"三字，将情怀点出。上阕从时间的延续上来写孤独感、思念苦。"漏迢迢"是明写在寂寥的秋夜坐守香闺，只觉夜长迢迢，愁苦绵绵。后两句是暗喻的写法。"鸳帏罗幌麝烟销，烛光摇。"接下来二句以下是环境的描写，意在渲染孤凄的气氛，烘托寂寥的心情。"鸳帷"应是成双作对共枕同寐之处，可是现今单身只影坐守空房，徒让"麝烟销"。这麝香之烟，本应熏欢情合抱的枕衾，眼下徒然销尽散去在时间的流逝里；红烛之光原当在情侣携手共入鸳帐时熄灭的，可是目前挑灯夜候，"烛光摇"，烛泪低垂，孤影摇晃。处处都暗写孤独，暗写长夜难度。

下阕写她对丈夫的不尽思念。前两句直接抒情，"正忆玉郎游荡去"而且"无寻处"，痛苦之状宛如眼前。后两句言室外萧瑟凄凉的声音，愁苦之情自在不言中。下片从空间上写"无寻处"，那个"玉郎"不知到哪儿去寻花问柳了。空间的阻隔愈大，孤独的寂寥感也就愈深，时间的延续度也愈长，何况现今是"无寻处"，茫茫不知所去。词的结句非常含蓄有致。"更闻帘外雨潇潇，滴芭蕉。"从听觉角度来体现孤独的思念苦，来表现心境。雨打芭蕉，正是滴滴在心头，声声见苦情。同时，满耳雨打芭蕉声，正见出一种寂寥感。此时别无他声令人更觉寂寥，而雨打芭蕉之声更比无声使人哀苦。愈静愈孤寂，愈觉思念苦，雨点声声愈增静寂感，心境愈显豁地写出。此词意在言外，以物以景传情，显得委婉缠绵。

此词的成功之处在于艺术表现的颇具匠心。这首词突破了花间词醉心描摹外形身态的陋习，着意渲染主人公耳闻目见的景物，来突出"她"的心理感受。在这里，作者不再是一个轻薄无聊的旁观者，而是设身处地地在为主人公抒发哀怨，读来也便使人觉得有身临其境之感，无疑，这就很自然增强了艺术感染力。

【原文】

荷叶杯·春尽小庭花落

春尽小庭花落，寂寞(1)。凭槛敛双眉(2)，忍教成病忆佳期(3)。知摩知，知摩知？

【毛泽东圈评等情况】

毛泽东曾圈阅这首《荷叶杯·春尽小庭花落》。

[参考] 张贻玖：《毛泽东评点、圈阅的中国古典诗词》，中国工人出版社 1992 年版，第 243 页。

【注释】

（1）寂寞，冷清，孤单。三国魏曹植《杂诗》之四："闲房何寂寞，绿草被阶庭。"唐李朝威《柳毅传》："山家寂寞兮难久留，欲将辞去兮悲绸缪。"

（2）凭槛，靠着栏杆。唐白居易《江楼偶宴赠同座》诗："南埔闲行罢，西楼小宴时。望湖凭槛久，待月放盂迟。"槛，栏杆。敛（liǎn），收拢，聚集。

五代十国词

177

（3）忍教句，你怎忍心使我因忆佳期而成病呢？忍使，岂忍使，反诘词。唐杜甫《丹青引》诗："忍使骅骝气凋丧？将军画善盖有神。"教（jiāo），使，令。佳期，《楚辞·九歌·湘夫人》："登白薠兮骋望，与佳期兮夕张。"王逸注："佳谓湘夫人也……与夫人期歆飨之也。"后用以指男女约会的日期。

（4）知摩知，知不知？设问句。摩，"么"，表疑问语气，助词。《词律》说："'摩'字应系'么'字，设为问答之词。"

【赏析】

《荷叶杯》，词牌名，原为唐代教坊曲名。以温庭筠《荷叶杯·一点露珠凝冷》为正体，单调二十三字，六句四仄韵、两平韵，另有单调二十六字，六句两仄韵、三平韵、一叠韵；双调五十字，前后段各五句，两仄韵、三平韵变体。代表作品有韦庄《荷叶杯·绝代佳人难得》等。

顾夐九首《荷叶杯》，很像是写的一个女子的相思全过程。清李冰若《栩庄漫记》评曰："顾夐以艳词擅长，有浓有淡，均极形容之妙。其淋漓真率处，前无古人。如《荷叶杯》九首，已为后代曲中一半儿张本。"

此首写女子怀人。"春尽小庭花落，寂寞。"首二句写春暮花落，小庭寂寞。满园春花凋谢，落英缤纷，女主人公却满怀愁思，百无聊赖，无心收拾。这是为什么呢？"寂寞"便是回答。它突出了女主人公那种寂寞难耐、孤独惆怅的情怀。所以这种情绪占据了她的整个精神空间，其他的一切对她来说，都是视而不见的。"凭槛敛双眉，忍教成病忆佳期"二句，写女子心中痛苦，盼望相会的佳期已将成心病。"凭槛敛双眉"，凭槛，写女主人公的一个动作，"敛"写她的一个神情，把她凭槛遥望，翘首以待时那份期望、等待、寂寞、怅惘的神情表现得淋漓尽致。"知摩知，知摩知？"结尾二句用叠句，加强询问语气，表示迫切希望对方了解自己的心情。把女子那种喃喃自语、痴情凝想之神态表现得惟妙惟肖，深刻地揭示出萦绕在她内心深处的无限愁思。细细品来，耐人寻味。

诉衷情·香灭帘垂春漏永

香灭帘垂春漏永[(1)]，整鸳衾[(2)]。罗带重[(3)]，双凤[(4)]，缕黄金[(5)]。　　窗外月光临，沉沉[(6)]。断肠无处寻[(7)]，负春心[(8)]。

【毛泽东圈评等情况】

毛泽东曾圈阅这首《诉衷情·香灭帘垂春漏永》。

[参考] 张贻玖：《毛泽东评点、圈阅的中国古典诗词》，
中国工人出版社 1992 年版，第 243 页。

【注释】

（1）香，熏香。帘，门帘、窗帘之类。漏，即漏壶，古代计时器。此处指漏壶滴水之声。永，长。

（2）鸳衾（qīn），绣有鸳鸯的被子，亦指夫妻共寝的被子。唐钱起《长信怨》诗："鸳衾久别难为梦，凤管遥闻更起愁。"唐温庭筠《南歌子》词："倚枕覆鸳衾，隔帘莺百啭，感君心。"

（3）罗带，丝织的衣带。隋李德林《夏日》诗："微风动罗带，薄汗染红妆。"

（4）双凤，一对凤凰。唐苏颋《侍宴安乐公主山庄应制诗》："箫鼓宸游陪宴日，和鸣双凤喜来仪。"

（5）缕黄金，黄金缕的倒置，金线绣的衣服。唐陈羽《古意》："朝参暮拜白玉堂，绣衣着尽黄金缕。"唐郑谷《江梅》："莫惜黄金缕，难忘白雪枝。"

（6）沉沉，形容心事沉重。唐王建《将归故山留别杜侍御》诗："沉沉百忧中，一日如一生。"

（7）断肠，割开或切断肠子，形容极度的、使人承受不了的感情刺激，有时用以形容极度悲伤之情。三国魏曹丕《燕歌行》："念君客游思断肠，慊慊思归恋故乡。"唐李白《清平调》词之二："一枝红艳露凝香，云

雨巫山枉断肠。"此处指断肠人，即情人。

（8）负，辜负。春心，指男女之间相思爱慕的情怀。南朝梁元帝《春别应令》诗之一："花朝月夜动春心，谁忍相思不相见？"

【赏析】

《诉衷情》，唐教坊曲名，后用为词调，又名《一丝风》《步花间》《桃花水》《偶相逢》《画楼空》《渔父家风》。分单调、双调两体。单调三十三字平韵、仄韵混用。双调四十一字，平韵。又有《诉衷情近》，双调七十五字，仄韵。

这首词写月夜春思。词的上阕写主人公就寝之前睹物思人的情思。"香灭帘垂春漏永，整鸳衾。"开头两句写夜深将眠，香已燃尽，珠帘低垂，只有那永不止息的滴漏在发出不停的响声。漏声不仅衬托周围环境的宁静，而且也衬托出主人公心情的不能平静。"罗带重，双凤，缕黄金"四句写脱衣所见服装上的花饰：可正当主人公要整理被褥，准备就寝时，却发现罗衾之上，绣着的成双成对的鸳鸯图案，丝织的衣带，还有那一对凤凰，以及用金色丝线绣成的装饰品。在主人的眼里，这被褥上的"鸳鸯""双凤"虽是绣物，尚能成双成对，比翼双飞，而自己却只能孤栖空闺，好不凄清，因此，夜不能寐，心事重重，心情再也平静不下来，于是索性凭窗而坐，愁思绵绵。

下阕写女主人公对窗望月，思念离人的情景。"窗外月光临，沉沉"，"窗外"二句写月光临窗的寂静环境。此时此刻，女主人公已毫无睡意，她望着窗外一轮明月，思念着那离她而去的心上人。这里"月光临"，一个"临"字，把"月光"反客为主，仿佛不是女主人公在望它，而是它主动光临探望女主人公似的。女主人公思念的是离人，而离人却杳无音信，倒是这"月光"年年月月，如期而至，从不负约。而且又每每和她隔窗相望，默默无语而又脉脉含情。倘若这"月光"是"离人"，她这满腔的愁苦之情，倒可以一吐为快了，然而它分明又不是。他可以说是女主人公自身的生动写照，可见其凄凉的境况。"沉沉"二字，委婉含蓄，夜已经很深了，该是月落西沉的时候了，女主人公仍在那里心情沉重，思前想后，越发伤心。"断肠无处寻，负春心"，最后二句写闺人春怨。那离人的踪影无处寻找，怎不令她愁肠欲断，暗恨顿生呢？辜负她一片真心诚意，可怜她满腔衷情，却无处诉说，真是欲哭无泪，十分感人，耐人寻味，令人遐想。

尹 鹗

尹鹗，字不详，生卒年均不详，成都人。约唐昭宗乾宁中前后在世。事前蜀后主王衍，为翰林校书，累官至参卿。花间集称尹参卿，性滑稽，工诗词，其词"明浅动人，以简净成句"。与李珣友善，作风与柳永相近，今存十七首。词存《花间集》《尊前集》中。今有王国维辑《尹参卿词》一卷。

【原文】

杏园芳·严装嫩脸花明

严妆嫩脸花明[1]，教人见了关情[2]。含羞举步越罗轻[3]，称娉婷[4]。终朝咫尺窥香阁[5]，迢遥似隔层城[6]。何时休遣梦相萦[7]？入云屏[8]。

【毛泽东圈评等情况】

毛泽东曾圈阅这首《杏园芳·严妆嫩脸花明》。

[参考] 张贻玖：《毛泽东评点、圈阅的中国古典诗词》，中国工人出版社 1992 年版，第 243 页。

【注释】

（1）严妆，认真地妆扮。嫩脸，即脸嫩，犹言脸皮薄，易害羞。花明，繁花灿烂的景象。唐韩鄂《岁华纪丽·春》："风暖而燕南雁北，日酥而柳暗花明。"

（2）教，使，令。关情，动心，牵动情怀。唐陆龟蒙《又酬袭美次韵》："酒香偏入梦，花落又关情。"

（3）越罗，越地所产的丝织品，以轻柔精致著称。唐刘禹锡《酬乐天衫酒见寄》诗："酒法众传吴米好，舞衣偏尚越罗轻。"

（4）娉婷（pīng tíng），女子姿态美好之态，亦借指美人。西汉辛延年《羽林郎》："不意金吾子，娉婷过我庐。"

（5）终朝（zhāo），整日。晋陆机《答张悛》诗："终朝理文案，薄暮不遑瞑。"咫尺，周制八寸为咫，十寸为尺。谓接近或刚满一尺。唐柳宗元《石渠记》："渠之广，或咫尺，或倍尺。"形容距离近。《左传·僖公九年》："天威不违颜咫尺。"香阁，青年妇女的内室或住室。唐李白《菩萨蛮》词："泣归香阁恨，和泪淹红粉。"唐谢偓《踏歌词》之二："逶迤度香阁，顾步出兰闺。"

（6）迢遥，遥远之状。南朝宋颜延之《秋胡诗》："迢遥行人远，婉转年运徂。"一本作"超遥"。层城，重城，高城。南朝宋刘义庆《世说新语·言语》："遥望层城，丹楼如霞。"

（7）休遣，不让，不要使。萦（yíng），回旋缠绕。"梦相萦"，或作"梦相迎"。

（8）入云屏，意思是进入所爱之人的云屏之内，使梦想变为现实。云屏，有云形彩绘的屏风，或用云母作装饰的屏风。晋张协《七命》："云屏烂汗，琼璧青葱。"

【赏析】

《杏园芳》，词牌名，定格为双调，四十五字，前段四句四平韵；后段四句三平韵，以尹鹗词《杏园芳·严妆嫩脸花明》为代表。另有陆求可词《杏园芳·百花时节芳菲》等代表作品。杏园，在唐朝京城长安东南的曲江池畔。唐时皇帝在此赐宴新科进士。五代王定保《唐摭言》云："唐进士杏花园初会，谓之探花宴。"唐刘沧《及第后宴曲江》诗："及第新春选胜游，杏园初宴曲江头。"调名本意即咏杏花园的芳香，含皇帝赐宴新科进士的意蕴。《词谱》卷五："调见《花间集》。"孤调，清万树撰《词律》卷四、清王奕清等《词谱》卷五录之。此调始创者所云不一，调名由来亦无据稽考。

这首词写男子对女子的相思。上阕极言女子之美，也就是男子眼中的女子形象。"严妆嫩脸花明，教人见了关情"，起首二句着重写女子的容颜美。"严妆"二字表现女子的俏丽，浓艳的化妆更衬托出少女那如花一样鲜嫩、水灵的脸庞。接下二句写她的体态美："含羞举步越罗轻，称娉婷。""含羞"写少女的妩媚之态，步履轻盈，罗衣飘飘，亭亭玉立，美丽无比，这才真叫美人哪！至此，一个美丽的少女形象便栩栩如生地站立在我们面前。仿佛她就在我们面前来回走动，给读者如见其人、如闻其声的美感。

下阕写男子的相思之情，有咫尺天涯，不能如愿之恨。"终朝咫尺窥香阁，迢遥似隔层城"两句是说附近有一位少年，整天都在咫尺之间，偷偷地望着香阁中的动静，希望看到少女的一举一动，一饱眼福。因此，虽然二人只有咫尺之隔，对少年来说，却是千里迢迢，远隔层层的围城，可望而不可即。"终朝""迢遥""层城"三词，把少年特殊的心理感受描绘得恰如其分，细腻逼真。再加一个"窥"字，更把他的一片痴情写得活灵活现，形神毕至。"何时休遣梦相萦？入云屏。"末二句是他对美好爱情生活的向往。少年虽然终日相窥，却不得一见，回到房中，他梦绕魂牵不能平静，于是发问：何时才能了却此情，不再这么苦苦相等，能够如愿以偿地和少女双双进入彩绘的屏风？可见少年的一片痴情。

张 泌

张泌（bì），生卒年不详，安徽淮南人，五代后蜀词人，花间派的代表人物之一。其词用字工炼，章法巧妙，描绘细腻，用语流便，风格介乎温庭筠、韦庄之间而倾向于韦庄。

【原文】

蝴蝶儿·蝴蝶儿

蝴蝶儿，晚春时。阿娇初着淡黄衣⁽¹⁾，倚窗学画伊⁽²⁾。　　还似花间见，双双对对飞。无端和泪拭胭脂⁽³⁾，惹教双翅垂。

【毛泽东圈评等情况】

毛泽东曾圈阅这首《蝴蝶儿·蝴蝶儿》。

[参考] 张贻玖：《毛泽东评点、圈阅的中国古典诗词》，中国工人出版社 1992 年版，第 243 页。

【注释】

（1）阿娇，汉武帝的陈皇后名阿娇。《汉武故事》："胶东王数岁，公主抱置膝上问曰：'儿欲得妇否？'长主指左右长御百余人，皆云不用，指其女：'阿娇好否？'笑对曰：'好，若得阿娇作妇，当作金屋贮之。'长主大悦。"此泛指少女的小名。

（2）倚窗，靠着窗户。伊，它，这里指蝴蝶。

（3）无端，指无因由，无缘无故。《楚辞·九辩》："塞充倔而无端兮，泊莽莽而无垠。"王逸注："媒理断绝，无因缘也。"和泪，带着泪。拭（shì），擦。胭脂，一作"燕脂"。

【赏析】

《蝴蝶儿》，词牌名，调见《花间集》载张泌词，以其《蝴蝶儿·蝴蝶儿》为正体，双调四十字，前段四句四平韵，后段四句三平韵，其首句三字为"蝴蝶儿"，故名。全词描写的是少女在描画蝴蝶时的情思，调名本意即咏画中的蝴蝶。《词律》卷三、《钦定词谱》卷三俱列此词。今传仅此一首，唐宋别无作者。有《蝴蝶儿·本意》等代表作品。

张泌的《蝴蝶儿》是一首闺情词，词中为我们塑造了一个天真无邪的少女对幸福爱情的追求。"蝴蝶儿，晚春时"，开头两句即紧扣题目，前三字完全重复题目字面，可说是特例。审视题旨，词应该描绘蝴蝶的形神姿态，这两句偏不作摹写语，而用叙述的方法，但却把蝴蝶翩翩飞动的轻盈形象活灵活现地写出来了。关键是"晚春时"三字起到了极好的作用。它虽只点明特定的时节，却可以让我们想象出繁花如锦，草木丰茂，莺歌燕舞的暮春三月的风光。蝴蝶正是在这时出现，驾东风，采花粉，扇起它灵巧的双翅，又给春天增添了新的活力和气息。接着，诗人撇下蝴蝶，运转笔锋写人："阿娇初着淡黄衣，倚窗学画伊。"阿娇，汉武帝陈皇后的小名，后用以代称少女。元末明初陶宗仪《辍耕录》"关中以女儿为阿娇"可证。这少女被翩翩飞舞的蝴蝶所吸引，凭倚着疏窗，手挥彩笔为它写真。这对上文摹写蝴蝶具有充实深化的作用，更好地表现了纷飞的蝴蝶非常惹人喜爱，以至少女捃摭入画。这两句写少女也是十分工致的。晚春是春夏更替的季节，人感受到新季节的来临，带着欣喜的心情送旧迎新，换装是自然的事。"初着淡黄衣"，不仅说出了这些变化，而且"淡黄衣"更显出少女美丽动人，充满青春活力的形象。"倚窗"的情态更描写出了少女凭窗握管的风姿。前人说："阿娇二句妩媚。"（旧题汤显祖《花间集评》）是很有见地的。

"还似花间见，双双对对飞。"换头就少女"学画"运笔，少女画出的蝴蝶栩栩如生，妙通造化，犹如真的蝴蝶一样。"双双对对"既同字重叠，又近义词反复，强调了所画蝴蝶的特点。古代诗词中，写蜂蝶成双成对的情景，往往是表现男女相恩相爱的感情。词中的少女这么爱画双蝶，透露了她内心感情的秘密。她触景生情，借物寓情，一种情窦初开的怀春感情涌起。眼前数不清的双蝶可说是冶游酣畅，春情骀荡，而少女的心事毕竟虚幻成空，这就引起了她的伤心："无端和泪湿胭脂，惹教双翅垂。"结末二句说，她泪下滂沱，沾湿了脸上的胭脂，真是伤心透了。这似乎感染了蝴蝶，惹得它们双翅下垂，不再翩翩飞动，同情少女的悲伤。作者不直写主人公心情沮丧，致使她笔下的蝴蝶失却了写真的生气，而说蝴蝶灵犀一点，关怀同情人，极为深刻地表现了人的感情的婉曲、细腻。

这首词，写得切题但又不粘题，既写真蝴蝶，也写画的蝴蝶，真假不辨，玲珑剔透，还关合着作画少女的情感，表现了深致、凄婉的心理活动。词虽属小令，气势却一波三折，极富变化。词的语言浅近通俗，颇具民间词的特色，而表情达意，则很含蓄蕴藉，隽永有味。

【原文】

浣溪沙·晚逐香车入凤城

晚逐香车入凤城[(1)]，东风斜揭绣帘轻[(2)]，慢回娇眼笑盈盈[(3)]。　消息未通何计是[(4)]？便须佯醉且随行[(5)]，依稀闻道太狂生[(6)]。

【毛泽东圈评等情况】

据徐中远撰文说，在延安时，毛泽东得到一套1938年上海出版的《鲁迅全集》的"纪念本"（这套"纪念本"共发行不到二百套）。他"忙里偷闲"，在枣园里挑灯夜读，边读边圈点，遇有排版上的错讹，还顺手改正过来。《鲁迅全集》第四卷的《二心集》里有一篇《唐朝的钉梢》的散文。其中有一段文字，记载唐代诗人张泌，写有《浣溪沙》十首。其九云："晚逐香车入凤城，东风斜揭绣帘轻，慢回娇眼笑盈盈。消息未通何计从？便须佯醉且随行，依稀闻道太狂生。"毛泽东读到"消息未通何计从"时，将"从"字改为"是"。

[参考] 萧永义著：《毛泽东诗词史话》，东方出版社1996年版，第354页。

【注释】

（1）香车，华丽的车子。凤城，京城，帝王所居之城。杜甫《夜》诗："步蟾倚杖看牛斗，银汉遥应接凤城。"仇兆鳌注引赵次公曰："秦穆公女吹箫，凤降其城，因号丹凤城。其后言京城曰凤城。"

（2）斜揭，轻轻地揭开帘帷。

（3）"慢回"句，漫不经心地回眼相顾，含羞带笑。漫，随意地。娇眼，妩媚可爱的眼睛。盈盈，仪态美好的样子。盈，通"嬴"。南朝梁徐陵编《玉台新咏·古乐府〈日出东南隅行〉》："盈盈公府步，冉冉府中趋。"南朝梁萧统《文选·古诗〈青青河畔草〉》："盈盈楼上女，皎皎当窗牖。"李善注："《广雅》曰：'嬴，容也。''盈'与'嬴'同。"

（4）消息未通，指与车中美人的情意未通。消息，音信，信息。汉蔡琰《悲愤诗》："迎问其消息，辄复非乡里。"

（5）便须，即应。佯醉，佯装酒醉。

（6）"依稀"句：好像听到车中女子责怪说："太狂了！"依稀，亦作"依希""依俙"，隐约，不清晰。南朝宋谢灵运《行田登海口盘屿山》诗："依稀采菱歌，仿佛含嚬容。"太狂生，太过于狂妄了。生，语尾助词，诗词中常用，乃唐宋口语。唐李白《戏赠杜甫》诗："借问别来太瘦生，总为从前作诗苦。"南宋辛弃疾《江神子》："太狂生，转关情，写尽胸中块垒未全平。"

【赏析】

从张泌的出生经历及词中所言凤城（长安的美称）来看，此词应是张泌早年宦游于长安所作。

张泌现存的九首《浣溪沙》多写深闺绣闱，怜香惜玉，散发着脂粉气，但这首《浣溪沙》以轻松、风趣的笔调，写一个青年男子对一位素不相识的女子穷追不舍的趣事。他不过是封建社会中青年男女的一种风流韵事，却别富情调，生动活泼。

词的上阕，写男青年追逐的结果赢得女子的嫣然一笑。"晚逐香车入凤城"，首句叙事，直入情节：在游春人众归去的时候，从郊外进城的道路上一辆华丽的香车迤逦而行，一个骑马的翩翩少年尾随其后。显然，这还只是一种单方面毫无把握的追求。也许那香车再拐几个弯儿，彼此就要永远分手，只留下一片空虚和失望，要是没有后来那阵好风的话。"东风斜揭绣帘轻"，这句是说，"东风"之来是偶然的，而成功往往不可忽略这种偶然的机缘。当那少年正苦于彼此隔着一层难以逾越的帷幕时，这风恰巧像是有意为他揭开了那青色的绣帘。虽是"斜揭"，揭开不多，却也够意思了，他终于得以见着他早想见到的帘后的那人。果然是一双美丽的"娇眼"，而意想不到的是她竟然"慢回娇眼笑盈盈"。这样眼风，虽则是"慢回"，却已表明她在帘后也窥探多时。这嫣然一笑，是下意识的勾引，是对"钉梢"不动声色的响应，两情相逢，这场即兴的追求势必要继续下去了。

词的下阕写男子穷追不舍，得到是女子的詈骂。这盈盈一笑，是一种暗示，一种挑逗，当然也是一种"消息"，但由于未交一言，没有得到女子语言上的明确印证，故仍然觉得"消息未通"。而进城之后，更不能肆无忌惮。"消息未通何计是"的问句，就写少年的心理活动，颇能传焦急与思索之神。情急生智——"便须佯醉且随行"。醉是假的，紧随不舍才是真的。这套"误随车"的把戏，许能掩人耳目，但瞒不过车中那人。于是："依稀闻道太狂生！"

剧情到此戛然而止，留给读者的则是丰富的想象。少女对少男的心意怎样，是佯怒实喜呢，还是其他？两人之间会不会演出红拂夜奔或待月西厢的剧情呢，则更让人期待了。这突来的一骂富有生活的情趣。明徐士俊："（'依稀'句）闻此语，当更狂矣。"鲁迅说："上海的摩登少爷要勾搭摩登小姐，首先第一步，是追随不舍"，"第二步便是'扳谈'：即使骂，也就大有希望：因为一骂便可有语语来往。所以也就是'扳谈'的开头。"（《二心集·唐朝的钉梢》）这里的一骂虽然不一定会马上引起扳谈，但它是那盈盈一笑的继续，是打情骂俏的骂，是"大有希望"的"消息"，将词意推进了一步。

词到此为止，前后片分两步写来，每次都写了男女双边的活动。在郊外，一个放胆追逐，一个则秋波暗送；入城来，一个佯醉随行，一个则佯骂轻狂。前后表现的不同根据在于环境的改变。作者揭示出男女双方内心与表面的不一致甚至矛盾，戳穿了这一套由特定社会生活导演的恋爱的"把戏"，自然产生出浓郁的喜剧效果。此词不涉比兴，亦不务为含蓄，只用白描抒写，它开篇便入情节。结尾只到闻骂为止，结构紧凑、简洁。所写情事，逼肖生活。清李冰若《栩庄漫记》："笔下无难达之情，无不尽之境，信手描写，情状如生，所谓冰雪聪明者也。如此词活画出一个狂少年举动来。"

鹿虔扆

鹿虔扆（yǐ），五代词人，生卒年、籍贯、字号均不详。后蜀进士，累官学士，后蜀孟昶广政间（约938—950）曾任永泰军节度使、进检校太尉、加太保，人称鹿太保。与欧阳炯、韩琮、阎选、毛文锡等俱以工小词供奉后主孟昶。

【原文】

临江仙·金锁重门荒苑静

金锁重门荒苑静⁽¹⁾，绮窗愁对秋空⁽²⁾。翠华一去寂无踪⁽³⁾。玉楼歌吹⁽⁴⁾，声断已随风。　烟月不知人事改⁽⁵⁾，夜阑还照深宫⁽⁶⁾。藕花相向野塘中⁽⁷⁾，暗伤亡国，清露泣香红⁽⁸⁾。

【毛泽东圈评等情况】

毛泽东读清朱彝尊、汪森编选的《词综》卷三圈阅了所收鹿虔扆这首《临江仙·金锁重门荒苑静》。（张贻玖在鹿虔扆名下的词是《上行杯·草草离亭鞍马》，这是孙光宪的词，而《词综》只收《临江仙·金锁重门荒苑静》一首词，所以是这首词无疑。）

[参考]张贻玖：《毛泽东评点、圈阅的中国古典诗词》，中国工人出版社1992年版，第243页。

【注释】

（1）金锁重（chóng）门，指重重宫门上了锁。金锁，精致贵重的锁。唐杜牧《宫词》二首之二："银钥却收金锁合，月明花落又黄昏。"重门，宫门，屋内的门。南朝梁萧统《文选·谢脁〈观朝雨〉诗》："平明振衣坐，重门犹未开。"吕向注："重门，帝宫门也。"荒苑（yuàn），荒废了的皇家园林。苑，古时供帝王游赏狩猎的园林。

（2）绮（qǐ）窗，饰有彩绘花纹的窗户。绮是有花纹的丝织品。东汉《古诗十九首·西北有高楼》："西北有高楼，上与齐云浮。交疏结绮窗，阿阁三重阶。"

（3）翠华，"翠羽华盖"的省语，皇帝仪仗所用的以翠鸟羽毛装饰的旗子或车盖，此用以代指御车或皇帝。南朝梁萧统《文选·司马相如〈上林赋〉》："建翠华之旗，树灵鼍之鼓。"李善注："翠华，以翠羽为葆也。"唐陈鸿《长恨歌传》："潼关不守，翠华南幸。"

（4）玉楼，华丽的楼，指宫中楼阁。唐宗楚客《奉和幸安乐公主山庄应制》："玉楼银榜枕严城，翠盖红旗列禁营。"歌吹，歌唱和演奏音乐的声音。吹，鼓吹，指用鼓、钲、箫、笳等乐器合奏的乐曲。《汉书·霍光传》："引内昌邑乐人，击鼓歌吹作俳倡。"

（5）烟月，云雾笼罩的月亮，朦胧的月色。唐张九龄《初发道中赠王司马》诗："林园事益简，烟月赏恒余。"

（6）夜阑，夜残，夜将尽。汉蔡琰《胡笳十八拍》："山高地阔兮，见汝无期；更深夜阑兮，梦汝来斯。"

（7）藕花，荷花。相向，相对。

（8）香红，代指藕花。

【赏析】

赵崇祚编选《花间集》，据欧阳炯《花间集·叙》后题为"大蜀广政三年夏四月"，即公元940年。《花间集》已收入此词，是时距后蜀之亡于宋太祖乾德三年（965），尚有二十五年，故此词或为前蜀王衍亡国（925）后所作。

词的作者生活在动荡的五代十国之际，他曾做过后蜀的永泰节度使，进检校太尉，加太保，可说是位极人臣。然而前蜀王衍究竟是个扶不起的阿斗，后蜀终为赵宋所灭。鹿虔扆品性高洁，不仕新朝，得到了自由之身。然而，当他重游故地，看到当年的雕梁画栋变成了而今的残垣断壁时，不觉"中心摇摇",一种强烈的黍离之悲油然升起在心头。在这首词中却看不到一个人影,听不到一点声音,作者的"黍离之悲",既不是通过自己之口直接表达的,也不是借助他人之口间接描述的,而是由词人笔下的景物折射出来的。

笔下全是景,景中全是情,是这首词的最大特点。词的上阕,"金锁重门荒苑静,绮窗愁对秋空",起首二句描写,在词人的笔下,重门深锁、绮窗紧闭的废苑,完全是一片荒凉而凄清的景象。起二句,写秋空荒苑,重门静锁,已足见凄凉。"翠华一去寂无踪。玉楼歌吹,声断已随风。"接下来三句,作者以"翠华"(皇帝的仪仗,代指蜀主王衍)已去点明苑内杳无人迹,以歌声吹断点明苑内阒无人声,从而给人以极度荒凉之感。"翠华"三句,写人去无踪,歌吹声断,更觉黯然。

词的下阕,"烟月不知人事改,夜阑还照深宫",换头处二句描写而兼议论,"人事",人为的动乱。《国语·越语下》:"人事不起,弗为之始。"韦昭注:"人事,谓怨叛、逆乱之萌也。"二句是说,朦胧的月光,还不知道前蜀已经亡国,已经深夜了,月光还照耀深宫。作者更以"烟月"点明时间已是深夜。"烟月"两句,从刘禹锡"淮水东边旧时月,夜深还过女墙来"化出。"藕花相向野塘中,暗伤亡国,清露泣香红。"结末三句描写而兼议论。三句是说,藕花相对在野塘中,它们也暗自伤感蜀国已亡,荷花上的露珠像人们哭泣的眼泪。作者以露荷点出季节是初秋,展现了一个月照深宫、残荷泣露的画面,进一步为这座荒寂的废苑,增添了凄清的色彩,把环境气氛渲染得更为悲怆。词人虽也写"金锁""重门""绮窗""翠华""玉楼",但这些不过是以当年曾经的繁华富丽来反衬此时的悄寂荒颓,揭示出正是这国破家亡的惨史才使得昔日的繁华如被雨打风吹去。在词中,词人不用一句直接抒写自己的感情,而是笔下全是景,几乎将其目之所及、身之所感的景物写尽了,但"情、景名为二,而实不可离",诚然,没有单纯的写景,写景的目的总是为了抒发一种情怀,在这首词中,词人抒写的是他的亡国之隐痛,因而景中蕴含着的又全是一片哀情。下片又以烟月、藕花无知之物反衬人之悲伤,其章法之密、用笔之妙,感喟之深,实胜后主"晚凉天净月华开"一首也。"藕花"句,体会细微。末句尤凝重，不啻字字血泪。

近代词学家王国维说："以我观物，则物皆著我之色彩。"在此词中，词人没有让自己露面，然而在词的字里行间却隐现着他"行迈靡靡"的身影，喟叹着他"悠悠苍天，彼何人哉"的心声。"烟月不知人事改，夜阑还照深宫"，本是自然的场景，此刻却染上了词人的心绪，于是，又生发出一种物是而人非之感。就这样，"绮窗"带上了词人的愁而对秋空，"藕花"含蕴了词人的哀而泣香红，暗伤亡国，一缕幽恨，都赋予秋空、野塘。将无知亦无情的景物写得如此富于情致，正是词人内心无限悲怆使然。"神于诗者，（善将情、景）妙合无垠"，作者以无一字写情，而笔笔关情的高超技巧将内心的黍离之悲抒写得如此有致，使人们仿佛可以从他笔下的景物中看到他忧患的面影，听到他悠长的叹息声。

孙光宪

孙光宪（901—968），字孟文，自号葆光子，出生在陵州贵平（今属四川仁寿东北的向家乡贵坪村），五代诗人、词人。仕南平三世，累官荆南节度副使、朝议郎、检校秘书少监，试御史中丞。入宋，为黄州刺史。太祖乾德六年（968）卒。《宋史》卷四八三、《十国春秋》卷一〇二有传。孙光宪"性嗜经籍，聚书凡数千卷。或手自钞写，孜孜校雠，老而不废"。著有《北梦琐言》《荆台集》《橘斋集》等，仅《北梦琐言》传世。词存八十四首，风格与"花间"的浮艳、绮靡有所不同。

【原文】

上行杯·离棹逡巡欲动

离棹逡巡欲动(1)，临极浦(2)，故人相送(3)，去住心情知不共(4)。　　金船满捧(5)，绮罗愁(6)，丝管咽(7)。回别，帆影灭(8)，江浪如雪。

【毛泽东圈评等情况】

毛泽东曾手书这首《上行杯·离棹逡巡欲动》。

［参考］中央档案馆整理：《毛泽东手书选集·古诗词（上）》，北京出版社 1996 年版，第 90 页。

【注释】

（1）离棹（zhào），指载客离去的船。逡巡（qūn xún），徘徊不进，迟疑不决。汉王逸《九思·悯上》："逡巡兮圃薮，率彼兮畛陌。"

（2）极浦，遥远的水滨。《楚辞·九歌·湘君》："望涔阳兮极浦，横大江兮扬灵。"王逸注："极，远也；浦，水涯也。"

（3）故人，旧交，老友。《庄子·山木》："夫子出于山，舍于故人之家。"

（4）去住，离去与留下。

（5）金船，一种金质的盛酒器。庾信《北园新斋成应赵王教》诗："玉节调笙管，金船代酒卮。"倪璠注："《八王故事》曰：'"陈思有神思，为鸭头杓，浮于九曲酒池。王意有所劝，鸭头则回向之。又为鹊尾杓，柄长而直。王意有所到处，于樽上璇之，鹊则指之。'……按：金船即鸭头杓之遗，陈思王所制也。"

（6）绮（qǐ）罗，指穿着绮罗的人，多为贵妇、美女之代称。北齐颜之推《颜氏家训·治家》："邺下风俗，专以妇持门户，争讼曲直，造请逢迎，车乘填街衢，绮罗盈府寺，代子求官，为夫诉屈。"

（7）丝管，弦乐器与管乐器，泛指乐器，亦借指音乐。北魏杨衒之《洛阳伽蓝记·高阳王寺》："入则歌姬舞女，击竹吹笙，丝管迭奏，连宵尽日。"

（8）帆影，指帆船去远而模糊的形象。唐李峤《军师凯旋自邕州顺流舟中》诗："岸回帆影疾，风逆鼓声迟。"

【赏析】

《上行杯》，原为唐教坊曲，后用作词牌名，有三种格式。其正体单调三十八字，九句两平韵、五仄韵。此词以平韵为主，间用仄韵于平韵之内。凡两换仄韵，唐词中无他首可校。按《花间集》所载孙词二首，代表作有孙光宪的《上行杯·草草离亭鞍马》等。变体一，单调三十九字，九句八仄韵。此词全用仄韵，与前词异。变体二，单调四十一字，八句七仄韵。此词不换韵，又全用仄韵，与孙词异。

这首词是写与故人水路送别的情景，纯用白描的方法，从"极浦送别"写到帆影消失在"浪如雪"的碧江中，把去者和住者依依惜别的真挚感情，十分细腻地表现出来。清王湘绮说孙词写"常语常景，自然风采"，这首词正体现了这一艺术特色。

"离棹逡巡欲动，临极浦，故人相送，去住心情知不共。"词的上阕，概括地写"故人相送"的地点和心情。原来"离棹逡巡欲动"的原因，是行人的船就要出发了，可有人却依依不舍，故又赶来相送。"逡巡"写活了人的离船，似动非动，仿佛船也有情，把岸上行人那种已决心离去，而又恋恋不舍的心情，以及友人那种明知不可能而又竭力挽留的心情表现得惟妙惟肖。那无穷的离愁、不尽的祝愿、依依难舍的心情，都在这里得到了生动的体现。"去住心情知不共"一语，在结构上来说，既是上阕的结句，又是下阕的过渡。从传达手法上来说，它是语常而意新、语浅而意深，描绘了更为广阔、更为深邃的美的境界。在去者此时此刻不免有"此地一为别，孤蓬万里征"（唐李白《送友人》）之感；而在住者则自然而然地要在内心里发出"春草明年绿，王孙归不归"（唐王维《山中送别》）的疑问。这句话写的是常景常情，但它所包含的意义和韵味，大大地超出了它的语言框架，值得去思索和玩味。

　　"金船满捧，绮罗愁，丝管咽。"下阕前三句是铺叙宴别时的情景，是"故人相送"的具体描绘。两位老朋友难分难舍，于是在渡口驿亭，置酒作别。酒酣情浓，亭中那愁情依依的绮罗歌女，和着那幽咽凄清的丝竹管弦，徐徐唱来。此情此景，是两位即将分手的老友默默相对，愁思绵绵。"回别，帆影灭，江浪如雪。"后三句是写送行人伫立凝望的神情，是依依惜别的形象刻画。这回分手，行人已乘船离去，船已走远，连船帆的影子也看不见了，友人还伫立在江边不回，表现了行人与送行人的依依惜别之情。而结语"江浪如雪"，不仅刻画出友人一往情深、不能平静的内心世界，同时又创造一种神情淡远、比较开阔的意境。这些都是司空见惯的情和景，而词人却把它写得别有风采。故人举行丰盛的惜别宴会，捧着满杯的酒，向去者表示美好的祝愿。然而别易会难，聚少离多，在这"连理分枝鸾失伴，又是一场离散"（孙光宪《清平乐》）的时候，那穿着绮罗的美人，必会"歌袖半遮眉黛惨，泪珠旋滴衣襟"（孙光宪《何满子》）。那奏着丝管的美人，必会发出"轻别离，甘抛掷，江上满帆风疾"（《谒金门》）的感叹。这一个"愁"字，一个"咽"字，把送行人黯然销魂的心情形象地表现出来。"回别，帆影灭，江浪如雪"，是以景语总结全词，一句一韵，一韵一顿。他伫立极浦，目送征帆，一直看到帆影消失在浩渺的烟波之中，但江上的浪涛卷起千堆雪，而他还在伫立凝思，种种神情心事，婉曲传出。

这情景很像唐李白《金乡送韦八之西京》的"望望不见君，连山起烟雾"和《送孟浩然之广陵》的"孤帆远影碧空尽，唯见长江天际流"的诗句。他们都是用同一机杼，构造出一个余味无穷的审美意境，都是不言情而情自见，不言愁而愁自深。不过李白写的是当时当地的真实生活，是实写；而作者在这里所写的是想象。是想到"挥手自兹去"以后，故人的一往情深，不忍离别，伫立极浦，如痴如醉的情状，是虚写。以实写虚，或者以虚写实，都是含蓄美最常见、最一般的表现手法。他写的现象是具体的，是有限的，但他辐射出来的内涵却是抽象的、无限的，耐人深思、耐人咀嚼的，因而具有更好的、感人的艺术魅力。现代词学家吴梅认为"孟文（孙光宪）之沉郁处，可与后主并美"。又说："俊逸语，亦孟文独有。"这首词的下片的沉郁，上片的俊逸，确实是不容易达到的艺术境界。

【原文】

浣溪沙·蓼岸风多橘柚香

蓼岸风多橘柚香[(1)]，江边一望楚天长[(2)]。片帆烟际闪孤光[(3)]。　目送征鸿飞杳杳[(4)]，思随流水去茫茫。兰红波碧忆潇湘[(5)]。

【毛泽东圈评等情况】

毛泽东曾圈阅这首《浣溪沙·蓼岸风多橘柚香》。

[参考] 张贻玖：《毛泽东评点、圈阅的中国古典诗词》，中国工人出版社 1992 年版，第 244 页。

【注释】

（1）蓼岸，开满蓼花的江岸。蓼，红蓼，秋日开花，多生水边，有水蓼、虹蓼、刺蓼等，味辛，可作调味用。《诗经·颂·良耜》："以薅荼蓼。"毛传："蓼，水草也。"橘柚，橘子和柚子，两种水果名。

（2）楚天，古时长江中下游今湖北湖南一带属楚国，故用以泛指南方的天空。唐杜甫《暮春》："楚天不断四时雨，巫峡常吹万里风。"

（3）片帆，指孤舟。烟际（jì），云烟迷茫之处。北齐刘昼《新论·通塞》："入井望天，不过圆盖；登峰眺目，极于烟际。"孤光，指片帆在日光照耀下的闪光。

（4）征鸿，即征雁，远飞的大雁，此喻离别而去的亲人。南朝梁江淹《赤亭渚》诗："远心何所类，云边有征鸿。"杳杳（yǎo yǎo），深远之状。《楚辞·九章·哀郢》："尧舜之抗行兮，瞭杳杳而薄天。"洪兴祖补注："杳杳，远貌。"

（5）兰红，即红兰，植物名，秋开红花。南朝梁江淹《别赋》："见红兰之受露，望青楸之催霜。"忆潇湘，比喻分别在天涯的亲人，相互在殷切地思念着。传说舜南巡时，其妃娥皇、女英未同行，她们深感不安，随后赶去。在洞庭湖畔时，闻舜已死，悲痛不已，溺于湘水而死。潇湘，湘江与潇水的并称，多借指今湖南地区。唐杜甫《去蜀》诗："五载客蜀鄙，一年居梓州。如何关塞阻，转作潇湘游？"

【赏析】

孙光宪写了十九首《浣溪沙》，《浣溪沙·蓼岸风多橘柚香》是其中较好的一首抒情词。此作的抒情特点，不是直抒胸臆，而是借写景之笔，来抒发炽热的惜别留恋之情。此词写送别之情，词意含蓄。

词的上阕写景。"蓼岸风多橘柚香"，首句以乐景橘柚飘香反衬惜别之情。从词中描写的景象看，此是作者在荆南做官时所写。描绘的是中国长江两岸深秋时节的景色，是一种特定的典型环境。首句是写主人公送别亲人时，在江岸上看到的喜人景象。蓼花盛开，清风徐徐，传来阵阵橘柚的芳馨。在这蓼花争艳、橘柚成熟的季节，与亲人团聚，品尝蜜橘甜柚，该是很美好的。此时此刻，亲人却突然离别而去，这实在令作者感到惋惜。令人喜悦的景象，只写一句，在刹那之间，便转入抒发惜别之情，这种构思恰到好处。否则，过多地描写喜悦景色，便会冲淡惜别之情，改变词作的基调。"江边一望楚天长。片帆烟际闪孤光"，后两句写人去后，主人公"江边一望"之景。其中，江天空寂与片帆孤光相映，写出离情之凄苦。第二句"一望"二字，颇能传神，表现了主人公顷刻之间由喜悦变为忧愁的神态。第三句紧承第二句，在写景上，与第二句构成不可或缺的完整画图。仅看"片帆烟际"四字，可以说是一幅优美的风景画。第二句描写的是高远清廓的"楚天"。第三句描写客人乘坐小船，孤身只影，在烟水迷漫的江流飘荡。天上地面，景色凄清一片。江边船上，感情密切相连。仅看"片帆烟际"四个字，可以说是一幅优美的风景画。配上"闪孤光"三字，就突然改变了词句的感情色彩，给人一种孤寂凄清之感，写景与抒情结合得相当完美，有浑然一体之妙。

下阕抒情。"目送征鸿飞杳杳，思随流水去茫茫"，前两句写目送心随以表现依依离情，对仗工稳，构思新巧，意境优美，感情深挚，成为传诵的名句。此词在抒情上，采用的是递增法，层层深化，愈转愈深。过片两句惜别留恋之情达到高潮。上句是写目送，下句是写心随，构思新颖巧妙，对仗工整，意境深远，确是风流千古的名词。这两句采用象征手法，以"目送征鸿"远去，象征依依不舍地送别亲人，以"目送征鸿"，象征心跟着亲人远去。末句从主人公的心理写他遥祝对方，希望日后他能记住这潇湘的美景。深情目送远帆时的默默祝愿，遥与"蓼岸风多橘柚香"首尾呼应，写出了潇湘美景，笔触又饱含深情。整首词句句写景又句句含情，充满诗情画意，堪称佳作。清陈廷焯《云韶集》："'片帆'七字，压遍古今词人。'闪孤光'三字警绝，无一字不秀炼，绝唱也。"

【原文】

清平乐·愁肠欲断

愁肠欲断[(1)]，正是青春半[(2)]。连理分枝鸾失伴[(3)]，又是一场离散！
掩镜无语眉低，思随芳草萋萋[(4)]。凭仗东风吹梦[(5)]，与郎终日东西[(6)]。

【毛泽东圈评等情况】

毛泽东曾圈阅这首《清平乐·愁肠欲断》。

[参考]张贻玖：《毛泽东评点、圈阅的中国古典诗词》，
中国工人出版社1992年版，第244页。

【注释】

（1）愁肠，忧思郁结的心肠。《艺文类聚》卷一引晋傅玄诗："青云徘徊，为我愁肠。"南朝齐谢朓《秋夜讲解》诗："沉沉倒营魄，苦荫蔑愁肠。"

（2）青春，指春天。春季草木茂盛，其色青绿，故称。《楚辞·大招》："青春受谢，白日昭只。"王逸注："青，东方春位，其色青也。"这里指青年时期。南朝梁萧统《文选·潘尼〈赠陆机出为吴王郎中令〉》："予涉素秋，子登青春。"李善注："青春，喻少也。"

（3）连理，连理枝，两树枝条相连，比喻恩爱的夫妻。隋江总《杂曲》之三："合欢锦带鸳鸯鸟，同心绮袖连理枝。"唐白居易《长恨歌》："在天愿作比翼鸟，在地愿为连理枝。"鸾，青鸾又名鸾鸟、青鸟、鸡趣等。鸾是古代中国神话传说中凤凰一类的鸟，在凤凰的诸种异名中，可能是最为人们熟知的一种。汉、晋小说中流行的说法，是把鸾鸟、玄鸟、青鸟视为春神之使者，以及东王公与西王母的象征。《山海经》："女床之山，有鸟，其状如翟，名曰鸾鸟，见则天下安宁。"《说文》："鸾，神灵之精也，赤色五彩，鸡形，鸣中五音。"《禽经》曰："鸾，瑞鸟，一名鸡趣，首翼赤，曰丹凤；青，曰羽翔；白，曰化翼；玄，曰阴萧；黄，曰土符。"鸾交比喻夫妇或情侣。鸾失伴，指夫妇或情侣分开。

（4）芳草，香草。东汉班固《西都赋》："竹林果园，芳草甘木。郊野之富，号为近蜀。"芳草萋萋，唐崔颢《黄鹤楼》诗："晴川历历汉阳树，芳草萋萋鹦鹉洲。"草萋萋，草木茂盛之状。《诗经·周南·葛覃》："葛之覃兮，施于中谷，维叶萋萋。"毛传："萋萋，茂盛貌。"汉淮南小山《招隐士》："王孙游兮不归，春草生兮萋萋。"后以"王孙草"指牵人离愁的景色。

（5）凭仗，依赖，依靠。

（6）郎，旧时妇女对丈夫或情人的称呼。南朝宋刘义庆《世说新语·贤媛》："郗嘉宾丧，妇兄弟欲迎妹还，终不肯归。曰：'生纵不得与郗郎同室，死宁不同穴！'"唐李商隐《留赠畏之》诗之二："待得郎来月已低，寒暄不道醉如泥。"

【赏析】

《清平乐》，原为唐教坊曲名，取用汉乐府"清乐""平乐"这两个乐调而命名。后用作词牌。又名"清平乐令""醉东风""忆萝月"，为宋词常用词牌。此调正体双调八句四十六字，前片四仄韵，后片三平韵。《宋史·乐志》入"大石调"，《金奁集》《乐章集》并入"越调"。通常以李煜词为准。双调四十六字，八句，前片四仄韵，后片三平韵。一说李白曾作《清平乐》，《尊前集》载有李白词四首，恐后人伪托，不可信。晏殊、晏几道、黄庭坚、辛弃疾等词人均用过此调，其中晏几道尤多。同时又是曲牌名，属南曲羽调。

这首词写伤别离。词的上阕写正值青春节气，却遇别离时。"愁肠欲断"，起语惊人，给人以突兀之感。什么事使词人产生忧思郁结的心肠呢？"正是青春半"，次句是说他正在青春年华的时候，这不是很好吗？"连理分枝鸾失伴"一句，比喻恩爱夫妻别离。原来是一位年轻貌美的女子，正当青春过半、姿色迷人的时候，心上人又要和她分别了，就好像连理枝分开、鸾鸟失去同伴一样，这是多么叫人伤心哪！接下来"又是一场离散"，说明这样伤心的分离不只一次。女子非常看重这次分离，她已经不能再忍受这种痛苦的煎熬了。

下阕写别后的思念之情。"掩镜无语低眉"一句，是说女子在愁苦无比的情况下，来到了梳妆台前，对着镜子一照，她那憔悴愁容便使她不忍再看一眼，只好把镜子遮盖起来，低着头深深地思考。"思随芳草萋萋"，想起了从前他和情人的你恩我爱，思情是何等的重啊！"凭仗东风吹梦，与郎终日东西。"末二句是说，虽然靠着春天的东风把自己从好梦中吹醒，才知道自己与情人已经天各一方，思情是何等真挚。清陈廷焯《白雨斋词话》曰："柔情蜜意，思路凄然，痴情幻想，说得温厚，便有风骚遗意。"

思帝乡·如何？遣情情更多

如何[1]？遣情情更多[2]。永日水晶帘下[3]，敛羞蛾[4]。六幅罗裙窣地[5]，微行曳碧波[6]。看尽满池疏雨[7]，打团荷[8]。

【毛泽东圈评等情况】

毛泽东曾圈阅这首《思帝乡·如何？遣情情更多》。

[参考] 张贻玖：《毛泽东评点、圈阅的中国古典诗词》，
中国工人出版社1992年版，第243页。

【注释】

（1）如何，为何，为什么。

（2）遣情，排遣情怀。

（3）永日，整天。水晶帘，用水晶制成的帘子，比喻晶莹华美的帘子。晶，一作"堂"。唐李白《玉阶怨》："却下水晶帘，玲珑望秋月。"

（4）敛羞蛾，意谓紧皱眉头。

（5）六幅，六褶。罗裙，丝罗制的裙子，多泛指妇女衣裙。南朝梁江淹《别赋》："攀桃李兮不忍别，送爱子兮霑罗裙。"窣（sū）地，拂地。

（6）微行，指悄无声息的行动。行，一作"云"。曳（yè），拖，拉。

（7）池，一作"地"。疏雨，稀疏小雨。

（8）团荷，圆的荷花。

【赏析】

《思帝乡》，唐教坊曲名。词牌名，又名"万斯年曲""两心知"，由唐代词人温庭筠创调。《词谱》以《思帝乡·花花》为正体，单调三十六字，七句五平韵。另有单调三十四字，七句五平韵等两种变体。代表作品有韦庄《思帝乡·春日游》等。

这首词写的是一个多情女子因失意而产生的寂寞与怅惘。

女主人公一开头就用两个字的短句"如何"自问，语意斩截而警醒。接着是自答："遣情情更多。"问，问得突兀；答，答得坦诚。一心想排遣内心的情味，而这种情味却越发增添许多。语句是明明白白的，语意是含蓄无穷的。词有"词眼"，这一句就是此词的"眼"，相思、忧愁、离恨，一切的一切，都由这句传达；开头、中间、结尾，全篇都由这句绾联。此前未知多少事，尽在多情答问中。南宋女词人李清照亦曾唱出过"一种相思，两处离愁。此情无计可消除，才下眉头，又上心头"这样深沉的相思曲。

如果说上两句写的是内心的种种矛盾纠葛，"永日水晶帘下，敛羞蛾"，那么，三、四两句写的就是外在的终日不展愁眉。"永日"，点明时间难捱，日之长。从后面的"疏雨，打团荷"来看，时令似乎是在夏季，而夏季是昼长夜短，但这里有意用"永日"，既含有"整天"的意思，也含有因相思难遣，日更长的意味。这种写法，既强化了相思情，又深化了相思意，作者匠心可见。"水晶帘"，以富贵气的装饰写出少女的深闺秀阁。看来，这位少女雍容华贵，生活上是富裕的。但是，物质上的丰腴无法掩盖精神上的空虚。"敛羞蛾"传达的正是这么一种形象，情窦初开最含羞的少女虽则美艳动人，但一个"敛"字，就写尽了她那满怀的忧思愁绪。"六幅罗裙窣地，微行曳碧波"两句，工笔细描，极写服饰的华美与步姿的轻盈。王昌龄《采莲曲》的"荷叶罗裙一色裁"之句可资参证。"曳碧波"，描画少女行步时的习惯姿态，是双手拉着自己的裙子，缓缓走过，衣随人动，看上去仿佛晃动着阵阵清波。作者笔下的少女俨然青青年少、翩翩风韵，但惟其如此，上文"遣情情更多"一句才更能感染读者，也更能打动人们的心灵。最后两句"看尽满池疏雨，打团荷"，归结全篇，又回应开头。"看尽"，其实是百无聊赖的同义语，只有内心烦闷，无所事事的人，才有可能不惮枯燥，看遍池塘，用以消磨迟迟难过的时光。"满池""疏雨"，正反相间，自成机趣。"打团荷"，重在一个"团"字，荷叶如钱，团团池水面，而且映衬着夏日疏雨，雨成涟漪荷成团，人间反而未团圆，可谓"物态有意，人际无情"。词以"遣情"开端，以"情更多"作结，回环往复，一唱三叹，不由人不为之掩卷太息。

此词紧紧围绕"遣情"两字展开。遣情，遣不了，反而"情更多"了。"永日"沉浸在痛苦中，不能摆脱。但她想竭力摆脱它，于是出外散步。结果触景伤情，在心中引起更大的伤感。一曲小词一波三折，跌宕生姿，将女子感情的起伏变化，曲曲传出。清陈廷焯评孙光宪词"气骨甚遒"，然"少闲婉之致"（《白雨斋词话》），词人运其清健之笔，表现深婉之情，显豁而又含蓄、直快而又婉曲，在孙词中别开生面。清王闿运在他的《湘绮楼词选》中称赞这首词"常语常新，自然风采"，是颇有道理的。

【原文】

思越人·渚莲枯

渚莲枯[(1)]，宫树老[(2)]，长洲废苑萧条[(3)]。想象玉人空处所[(4)]，月明独上溪桥。　经春初败秋风起[(5)]，红兰绿蕙愁死[(6)]。一片风流伤心地[(7)]，魂销目断西子[(8)]。

【毛泽东圈评等情况】

毛泽东曾圈阅这首《思越人·渚莲枯》。

[参考]张贻玖：《毛泽东评点、圈阅的中国古典诗词》，中国工人出版社1992年版，第244页。

【注释】

（1）渚（zhǔ）莲，渚洲上的荷花。唐赵嘏《长安晚秋》诗："紫艳半开篱菊净，红衣落尽渚莲愁。"渚，水中小块陆地。

（2）宫树，馆娃宫院内的树木。

（3）长洲，吴王阖闾游猎之苑，在今江苏苏州西南。

（4）玉人，容貌美丽的人。《晋书·卫玠传》："［玠］年五岁，风神秀异……总角乘羊车入市，见者皆以为玉人，观之者倾都。"此指西施。

（5）败，本意指毁坏，引申指凋残，指荷叶凋残。

（6）红兰句，花草也为往事而含愁枯死。兰，指兰草和兰花。蕙，即佩兰。多年生草本植物，叶丛生，狭长而尖，初夏开淡黄绿色花，气味很香，供观赏。

（7）风流，指风度，仪表。语出《汉书·赵充辛庆赞国忌等传》："其风声气俗自古而然，今之歌谣慷慨，风流犹存耳。"

（8）魂销，亦作"魂消"。灵魂离体而消失，形容极度悲伤或极度欢乐激动。后晋刘煦等《旧唐书·郑畋传》："自函洛构氛，銮舆避狄，莫不指铜驼而眥裂，望玉垒以魂销。"目断，犹望断，一直望到看不见。唐丘为《登润州城》诗："乡山何处是，目断广陵西。"西子，指西施。西施与王昭君、貂蝉、杨玉环并称为中国古代四大美女，其中西施居首，是美的化身和代名词。《孟子·离娄下》："西子蒙不洁，则人皆掩鼻而过之。"宋苏轼《饮湖上初晴后雨》："欲把西湖比西子，淡妆浓抹总相宜。"

【赏析】

《思越人》，词牌名，亦称《思佳客》《思越人》《醉梅花》。双调五十五字，前后阕各三平韵，一韵到底。前后片各三平韵，前片第三、四句与过片三言两句多作对偶。全词实由七绝两首合并而成；惟后阕换头，改第一句为三字两句。通体平仄，除后阕首、次两句有一定，及前阕首尾，后阕末句之第三字不能移易外，余均与七绝相通，但应仄起，不得用平起，且词的上阕第三、四句和下阕两个三句一般宜对仗。调见《花间集》。

这首词是怀古之作，咏西施之事。"渚莲枯，宫树老，长洲废苑萧条。"词的上阕头三句写吴宫废苑的荒凉景象。词人一气连用了"枯""老""废""萧条"等四个格调低沉、色彩暗淡的词语，并且以此作为一个大的背景描写，从而使整个作品笼罩在这种黯然低沉的氛围之中，读来给人以荒芜凄凉之感。词人即景思人，浮想联翩，思绪仿佛在千载之前的历史中徘徊。"想象玉人空处所，月明独上溪桥。"接下来二句追怀西施，怅然有怀。词人想象着昔日长洲苑内、吴王宫中那繁花似锦的盛况，而今却人去楼空，如此的萧条冷落，尤其是在这个月明星稀的夜晚，他独自一个人走向溪桥，来到这昔日吴王与西施相会的地方，回想当年他们那欢乐的情景，此时却这样的孤寂空旷，怎不使那个人伤感呢？这种描绘充满了诗情画意。

"经春初败秋风起，红兰绿蕙愁死。"下阕头二句是实景，春去秋来，兰蕙愁死，是自然界季节的更迭，红兰绿蕙都是江南的香草，当秋风乍起的时候，这些香花芳草都飘零凋落，忧愁死去。花草是没有感情的，它无所谓忧愁与欢喜，这是词人自己的感受赋予了花草；也是暗喻，是指吴王夫差短短的强盛时期的结束，吴宫的贵妃美人也都流离失散，甚至忧郁而死了，这是当年吴国败亡的惨景。"一片风流伤心地，魂销目断西子。"结尾二句直抒胸臆，当词人看到眼前的长洲苑是如此凄凉，想象着它昔日的繁华已烟消云散，如今空剩当年风流而又个人伤心之地一片，再也看不到美丽的西子了。词人的一声慨叹，震撼人心，给读者留下了充分的想象空间。清陈廷焯《白雨斋词话》评："笔致疏冷，'经春'二语，凄艳而笔力甚遒。"

【原文】

思越人·古台平

古台平(1)，芳草远(2)，馆娃宫外春深(3)。翠黛空留千载恨(4)，教人何处相寻(5)？　　绮罗无复当时事(6)，露花点滴香泪(7)。惆怅遥天横渌水(8)，鸳鸯对对飞起(9)。

【毛泽东圈评等情况】

毛泽东曾圈阅这首《思越人·古台平》。

[参考] 张贻玖：《毛泽东评点、圈阅的中国古典诗词》，中国工人出版社 1992 年版，第 244 页。

【注释】

（1）古台，春秋时吴王夫差为西施所建。平，不倾斜，无凹凸，像静止的水面一样，即被夷为平地之意。

（2）芳草，香草。汉班固《西都赋》："竹林果园，芳草甘木。郊野之富，号为近蜀。"比喻忠贞或贤德之人。《楚辞·离骚》："何昔日之芳草分，今直为此萧艾也。"王逸注："以言往日明智之士，今皆佯愚，狂惑不顾。"此指吴王宫中的贵妃美人西施等。远，时间长，久远。

（3）馆娃宫，古代吴宫名。春秋时吴王夫差为西施而建。在今江苏苏州西南灵岩山上，灵岩寺即其旧址。晋左思《吴都赋》："幸乎馆娃之宫，张女乐而娱群臣。"春深，春意浓郁。唐储光羲《钓鱼湾》诗："垂钓绿湾春，春深杏花乱。"

（4）翠黛，眉的别称。古代女子用螺黛（一种青黑色矿物颜料）画眉，故名。唐杜甫《陪诸公子丈八沟携妓纳凉》诗之二："越女红裙湿，燕姬翠黛愁。"借代为美女，此处特指西施。千载，千年，形容岁月长久。《汉书·王莽传上》："于是群臣乃盛陈'莽功德致周成白雉之瑞，千载同符'。"

（5）教人，使人，令人。

（6）绮罗，泛指华贵的丝织品或丝绸衣服。汉徐干《情诗》："绮罗失常色，金翠暗无精。"指穿着绮罗的人，多为贵妇、美女之代称。北齐颜之推《颜氏家训·治家》："邺下风俗，专以妇持门户，争讼曲直，造请逢迎，车乘填街衢，绮罗盈府寺，代子求官，为夫诉屈。"无复，指不再有，没有。晋葛洪《抱朴子·对俗》："不死之事已定，无复奄忽之虑。"当时，指过去发生某件事情的时候，昔时。《韩诗外传》卷一："臣先殿上绝缨者也。当时宜以肝胆涂地。负日久矣，未有所致。今幸得用于臣之义，尚可为王破吴而强楚。"当时事，即吴王宠爱西施，以致国破身亡之事。

（7）露花句，露珠点点如西子思乡之泪。露花，带露的花。南朝梁刘孝威《采莲曲》："露花时湿钏，风茎乍拂钿。"此指露珠。香泪，女子的眼泪。

（8）惆怅（chóu chàng），因失意或失望而伤感、懊恼。《楚辞·九辩》："廓落兮，羁旅而无友生；惆怅兮，而私自怜。"遥天，犹长空。三国魏阮籍《咏怀》之三二："遥天耀四海，倏忽潜濛汜。"唐太宗《望终南山》诗："重峦俯渭水，碧嶂插遥天。"渌（lù）水，清澈的水。汉张衡《东京赋》："于东则洪池清籞，渌水澹澹。"

（9）鸳鸯，鸟名，似野鸭，体形较小，嘴扁，颈长，趾间有蹼，善游泳，翼长，能飞。雄的羽色绚丽，头后有铜赤、紫、绿等色羽冠，嘴红色，脚黄色。雌的形体稍小，羽毛苍褐色，嘴灰黑色。栖息于内陆湖泊和溪流边。在我国内蒙古和东北北部繁殖，越冬时在长江以南直到华南一带，为我国著名特产珍禽之一。旧传雌雄偶居不离，古称"匹鸟"。《诗经·小雅·鸳鸯》："鸳鸯于飞，毕之罗之。"毛传："鸳鸯，匹鸟也。"

【赏析】

孙光宪的这首《思越人·古台平》和《思越人·渚莲枯》可以说是姊妹篇。基调大致相同，内容也基本相似，写法上也是异曲同工，都是从不同角度发挥想象，表达了词人那种触景生情的伤感情绪。

"古台平，芳草远，馆娃宫外春深。"上阕头三句，写馆娃宫的春色，就像电影镜头一样，由远及近、由点到面一一写来，点出了时间、地点和人物。"古台""馆娃宫"都是吴王夫差为西施所建。如今高台已经夷为平地，馆娃宫想也已不存在，所以宫内定是景色不佳，作者转而写宫外"春深"，即春色浓郁，煞是好看。这一"外"一"深"，耐人思索和寻味。馆娃宫破败不堪的旧址，已无春色可言，即使宫外的春色，也被这一个"深"字，蒙上了一层暗淡的颜色。于是，词人便触景生情，遥想当年西施在这里曾受到吴王的百般恩宠，繁华盛极，到头来却是"翠黛空留千载恨，教人何处相寻"，二句是说物是人非，当年的绝代佳人西施，如今不知何处寻，只有那绵绵不绝的遗恨垂千载。

"绮罗无复当时事，露花点滴香泪。"下阕头二句写吴王当时繁华艳美之事已不复存。紧乘上阕的千载余恨而来，抒发词人的怀古之思，想当初那种繁华盛世，吴王和西施携手宴游于古台之上，是何等的欢乐。然而这一切都已成为历史，一去不复返了，眼前只有这满园芳草上的点点露珠，犹如西施等贵妃美人洒下的滴滴香泪，令人回忆起那如烟的往事。"惆怅遥天横渌水，鸳鸯对对飞起。"末二句，忆昔抚今，怀着惆怅，遥对天际渌水，看着那水中对对飞起的鸳鸯。以景结情，更激起他那无限的惆怅。这句和前边的"教人何处相寻"遥遥呼应，首尾圆合，把词人面对往事古迹的怅惘心情表现得十分充足。全词意境幽远，气氛冷静，韵味深沉。

【原文】

谒金门·留不得

留不得，留得也应无益。白纻春衫如雪色⁽¹⁾，扬州初去日⁽²⁾。　　轻别离，甘抛掷⁽³⁾，江上满帆风疾⁽⁴⁾。却羡彩鸳三十六⁽⁵⁾，孤鸾还一只⁽⁶⁾。

【毛泽东圈评等情况】

毛泽东曾圈阅这首《谒金门·留不得》。

[参考] 张贻玖：《毛泽东评点、圈阅的中国古典诗词》，
中国工人出版社 1992 年版，第 244 页。

【注释】

（1）白纻（zhù）春衫，古代士人未得功名时所穿衣服。白纻，即白苎，白色的苎麻。春衫，春天穿的衣衫。唐元稹《六年春遣怀八首》之一：“重纩犹存孤枕在，春衫无复旧裁缝。”

（2）扬州，今属江苏扬州。

（3）抛掷，丢弃，弃置。唐颜师古《隋遗录》卷上：“帝饮之甚欢，因请丽华舞《玉树后庭花》。丽华辞以抛掷岁久，自井中出来，腰肢依拒，无复往时姿态。”

（4）满帆，张起比平日数量多的风帆，以达到最高的速度。风疾，风的速度很快。

（5）彩鸳，五彩鸳鸯。彩鸳三十六，即彩色鸳鸯三十六对。古乐府《鸡鸣高树巅》：“鸳鸯七十二，罗列自成行。”唐李商隐《代应》：“谁为王昌报消息，尽知三十六对鸳鸯。”

（6）孤鸾，孤单的鸾鸟，比喻失去配偶或没有配偶的人。

【赏析】

《谒金门》，唐教坊曲名，后用作词牌名。《词谱》以韦庄词为正体。仄韵，四十五字，上片二十一字，下片二十四字。上下片各四句，四仄

韵。又名"空相忆""花自落""垂杨碧""杨花落""出塞""东风吹酒面""醉花春""春早湖山"等。

本词是代闺人抒写离情别怨。在这首词里，词人采用通篇回忆的手法，表现了女子的相思之苦。在浮艳成风的花间派词苑里，赋别多的是缠绵悱恻之作，词的上阕却别开生面。"留不得"，一起何其突兀，却是干净利落，绝无吞吞吐吐、欲说还休之态。欲留而不得，犹见留恋之情，而次句"留得也应无益"，却是决绝之辞，怨之深溢于言表。陡起急转，一下子就把感情的浪涛激至最高点；妙在绝非一泻无余，而是恰如巨闸截波，以高位取势。顿起之后，继以缓承，行文摇曳生姿。"白纻春衫如雪色，扬州初去日"两句，回叙行者初去扬州之日，江头送别，其人白纻春衫，莹洁如雪，举服饰之潇洒飘逸，其人之风神如玉可知。印象如此鲜明，标志着对行者之犹存眷恋，就意脉言，暗承"留不得"。

下阕"轻别离，甘抛掷，江上满帆风疾"三句，紧承上阕的回忆往事，回想当初和离人分别时的情景，仍历历在目，记忆犹新。江边送别，自己依依不舍，而离人上船之后，风帆满鼓，行者恨不得舟行如飞，毫无眷恋之意；看来，"天下三分明月夜，二分无赖在扬州"，有这样的繁华去处在招手，行者就视别离如等闲，视抛掷如儿戏，薄情面目，昭然若揭，就意脉言，暗承"留得也应无益"。接下来词人一笔宕开，"却羡彩鸳三十六，孤鸾还一只"，结尾两句，写的是别后的内心独白。古乐府《鸡鸣高树巅》："舍后有方池，池中双鸳鸯。鸳鸯七十二，罗列自成行。"词句中之"彩鸳三十六"，盖指三十六对。一方面，羡慕鸳鸯之双栖双宿；一方面，伤自身之有如孤鸾。这里，既寄寓对幸福之仍抱憧憬，也透露对行者怨念之深。怨之深与爱之切，相反相成，与开端仍一脉相承。此词一起一结，在写法上，前者是直抒胸臆，斩钉截铁；后者是托诸物象，言外见意。一气斡旋，两般笔墨。词人告别扬州的时候是果断的，"满帆风疾"正说明无所留恋。但结尾二句词意顿转，以孤鸾自喻，描绘孤寂的心境，暗含对轻易离别的后悔之意。原来前面说得那样轻松，不过是为了反衬后面的沉郁之情。

孙光宪词之见于《花间集》和《尊前集》者有八十四首，数量之多，在花间派词人中居首位。就其艺术表现，孙词的特色主要体现在气骨的精健爽朗上。就此阕论，一开端就是顶点的抒情手法，一气贯注的通体结构，确是以峭劲取胜。清陈廷焯《白雨斋词话》评孙词"气骨甚遒，措语亦多警炼"，可谓鞭辟入里。

【原文】

河渎神·江上草芊芊

江上草芊芊[(1)]，春晚湘妃庙前[(2)]。一方卵色楚南天[(3)]，数行征雁联翩[(4)]。独倚朱栏情不极[(5)]，魂断终朝相忆[(6)]。两桨不知消息[(7)]，远汀时起鸂鶒[(8)]。

【毛泽东圈评等情况】

毛泽东曾圈阅这首《河渎神·江上草芊芊》。

[参考] 张贻玖：《毛泽东评点、圈阅的中国古典诗词》，
中国工人出版社 1992 年版，第 244 页。

【注释】

（1）芊芊（qiān qiān），形容草木茂盛。

（2）湘妃庙，即湘山祠。尧的两女，后为舜之二妃，舜死于苍梧，二妃死于江湘之间。立庙于洞庭君山之上，曰湘妃庙。唐白居易《画竹歌》："东丛八茎疏且寒，忆曾湘妃庙里雨中看。"

（3）卵色，蛋青色。古多用以形容天的颜色。唐沈青箱《过台城感旧》诗："夜月琉璃水，春风卵色天。"楚，周代诸侯国，战国七雄之一。熊绎受封于周成王，立国于荆山一带，都丹阳（今湖北秭归东南）。周人称为荆蛮。后建都于郢（今湖北江陵西北纪王城）。春秋战国时国势强盛，疆域由湖北、湖南扩展到今河南、安徽、江苏、浙江、江西和四川。战国末，屡败于秦，公元前 223 年为秦所灭。南天，南方的天空。唐房玄龄等《晋书·天文志上》："夏至极起，而天运近北，故斗去人远，日去人近，南天气至，故蒸热也。"

（4）征雁，迁徙的雁，多指秋天南飞的雁。南朝梁刘潜《从军行》："木落雕弓燥，气秋征雁肥。"

（5）朱栏，朱红色的围栏。唐李嘉祐《同皇甫冉登重元阁》诗："高阁朱栏不厌游，蒹葭白水绕长洲。"不极，无穷，无限。南朝梁江淹《杂体诗序》："蓝朱成彩，杂错之变无穷；宫角为音，靡曼之态不极。"

（6）魂断，犹断魂，形容极其悲伤或激动。唐黄滔《旅怀》诗："雪貌潜凋雪发生，故园魂断弟兼兄。"

（7）两桨，借代为舟，舟又借代为乘舟之人。消息，音信，信息。汉蔡琰《悲愤诗》："迎问其消息，辄复非乡里。"

（8）汀（tīng），水边平地，小洲。鸂鶒（xī chì），亦作"鸂鶆"。水鸟名。形大于鸳鸯，而多紫色，好并游，俗称紫鸳鸯。

【赏析】

《河渎神》，词牌名，原唐教坊曲名。以温庭筠《河渎神·河上望丛祠》为正体，双调四十九字，前段四句四平韵，后段四句四仄韵。另有双调四十九字，前段四句四平韵，后段四句两平韵的变体。代表词作有张泌《河渎神·古树噪寒鸦》等。此体全押平韵，无唐宋词可校。

此调始创作者人云不一，无凿据确定，初出之处亦无资参校。南宋黄升《花庵词选》云："《河渎神》则咏祠庙。"渎，本义是沟渠，衍为河流大川。秦汉时期的《尔雅·释水》云："江、淮、河、济为四渎。四渎者，发原注海者也。"即河流入海的河川方叫作"渎"。中国古代自周朝以来，祭祀河神就成了一种定制。民间专门祭祀所居住区域河川的河神，官方则祭祀名川大江的河神。所以，各地祭祀的河渎神仙各不相同，祭祀的形式也五花八门。近人认为，《河渎神》是"送神迎神曲"。总之，调名本意即咏在祠庙举办祭赛河神的活动。此调最早的作者唐温庭筠的同题词，开篇即云"河上望丛祠，庙前春雨来时"，犹含调名本意。

这首词写湘妃庙前怀人。词的上阕写景，描绘湘妃庙周围的景象。"江上草芊芊，春晚湘妃庙前。"起首二句便点出时间、地点和周围的景况。春日的黄昏时分，词人独自来到野草繁茂、夕阳残照、一片荒凉的湘妃庙前。"草芊芊",说明这里很久已无人问津,杂草丛生,满目凄凉,再加上黄昏时分就更加惨淡了。"一方卵色楚南天,数行征雁联翩。"接下来二句继续写景,词人仰望着这一片楚天辽阔明净,只有几行征雁翩翩飞向北方。词人便触景生情:征雁如期而回,而游子则不一定能如期而归。古代有鸿雁传书的说法,如果游子不能回来,那通过征雁带来一封书信也是好的。因此,词人那种羁旅之愁,感怀伤事的情绪,也就尽在不言之中了。

下阕抒情,"两桨不知消息,远汀时起鸂鶒",结末二句以景结情,写女主人公的情怀。她倚阑怅望,情绪不尽,思念着心上的人。但极目天涯,不见帆影。只是时而从汀洲之上飞起双双鸂鶒,莫不羡慕神往,便更引起她的伤感。伤离念远之绪便跃然纸上。

【原文】

河渎神·汾水碧依依

汾水碧依依[1],黄云落叶初飞[2]。翠娥一去不言归[3],庙门空掩斜晖[4]。四壁阴森排古画[5],依旧琼轮羽驾[6]。小殿沈沈清夜[7],银灯飘落香炧[8]。

【毛泽东圈评等情况】

毛泽东曾圈阅这首《河渎神·汾水碧依依》。

[参考] 张贻玖:《毛泽东评点、圈阅的中国古典诗词》,中国工人出版社 1992 年版,第 244 页。

【注释】

(1)汾水,河名,即汾河,为黄河第二大支流。依依,依稀隐约之状。晋陶潜《归园田居》诗之一:"暧暧远人村,依依墟里烟。"

(2)黄云,黄尘,沙尘。

(3)翠娥,用翠羽饰于旗杆顶上的旗子,仪仗之一种。这里指执此仪仗的神仙们。翠华,有时特指君王,如唐杜甫《韦讽录事宅观曹将军马图歌》:"忆昔巡幸新丰宫,翠华拂天来向东。"一作"翠华"。

（4）庙，汾水边有龙王庙、玄泉寺、观音阁等庙宇。斜晖，亦作"斜辉"，指傍晚西斜的阳光。南朝梁简文帝《序愁赋》："玩飞花之入户，看斜晖之度寮。"唐杜牧《怀钟灵旧游》诗之三："斜辉更落西山影，千步虹桥气象兼。"

（5）阴森，阴沉、昏暗而令人害怕，形容幽暗惨淡的样子。唐李绅《过荆门》诗："阴森鬼庙当邮亭，鸡豚日宰闻膻腥。"

（6）琼轮、羽驾，用玉做的车轮，用翠羽装饰的车盖，指古画上神仙所乘的车舆。

（7）沈沈，即沉沉。清夜，清静的夜晚。汉司马相如《长门赋》："悬明月以自照兮，徂清夜于洞房。"

（8）炧（xiè），灯烛烧后的余灰。汉许慎《说文》："炧，烛烬也。"唐李白《清平乐》词之二："玉帐鸳鸯喷兰麝，时落银灯香炧。"

【赏析】

这首词写了山西汾水边一座神庙的景象，抒发了词人的羁旅之愁。从词的内容来看，是词人游历山西、途经汾水时所作，并无太深的思想意义，但却寄寓了词人感怀时序、伤于羁旅的愁绪，读来颇为感人。

词的上阕描写神庙周围的环境。"汾水碧依依，黄云落叶初飞。"上片头二句写出庙的环境。此二句从大处落笔，由"分水""黄云""落叶"写起，既点出了时间、地点，又勾画出秦晋高原所特有的深秋特色，境界深邃。秋风所至，黄土飞扬，落叶缤纷，汾水清凉。这样的背景为全词定下了一个萧瑟的基调。"翠娥一去不言归，庙门空掩斜晖。"接下来二句，是写词人在黄昏时分来到了汾水边上的破庙。四周一片荒凉，庙已破败不堪，可见已年久失修，无人在此祭奠神灵了。神仙们已去，空留庙宇，含有抚昔伤今之意，与崔颢《黄鹤楼》诗中的"昔人已乘黄鹤去，此地空余黄鹤楼"意境相似。这里主要是从大到小、由远及近地描绘了汾河岸边的秋色。在一抹夏阳的照射之下，神庙更显得萧条冷落。可是天已黄昏，再向前行更不知夜宿何方。于是词人只有在破庙中安顿行李，贮备就寝。

下阕写庙内清凄的景象。"四壁阴森排古画，依旧琼轮羽驾"，这是进入庙内所见：破庙四壁装饰着一些面目狰狞、阴森可怖的雕塑和图画，中间的河神则依然坐着他那以玉为轮，以羽毛装饰的车驾，耀武扬威，甚是可怕。置身这样一个环境，不是十分困倦的人，是很难入睡的。"小殿沈沈清夜，银灯飘落香炧。"结末二句是说，因此在这凄清寒彻的夜晚，破庙四周万籁俱寂，一片宁静。词人在这破庙之中，面对着阴森可怖的雕塑古画，只盯着隐约的银灯里边香灰的飘落，久久不能入睡。

这首词通篇看来，全是写景，无一字抒情，然而"一切景语皆情语"也（王国维）。景语中渗透着词人那无限孤寂的心情，感人肺腑，引人共鸣。

【原文】

定西番·帝子枕前秋夜

帝子枕前秋夜[1]，霜幄冷[2]，月华明[3]，正三更[4]。　　何处戍楼寒笛[5]？梦残闻一声[6]。遥想汉关万里[7]，泪纵横[8]。

【毛泽东圈评等情况】

毛泽东曾圈阅这首《定西番·帝子枕前秋夜》。

[参考] 张贻玖：《毛泽东评点、圈阅的中国古典诗词》，
中国工人出版社 1992 年版，第 244 页。

【注释】

（1）帝子，天女或神女称帝子，一说本指娥皇、女英。《楚辞·九歌·湘夫人》："帝子降兮北渚，目眇眇兮愁予。"朱熹集注："帝子，谓湘夫人，尧之次女女英，舜次妃也。"此处帝子疑指汉代乌孙公主。汉元封中，乌孙王昆莫遣使求婚，武帝饰江都王建之女细君为公主而嫁之，世称乌孙公主。昆莫年老，言语不通，公主悲郁，自作歌以写忧，曰："吾家嫁我兮天一方，远托异国兮乌孙王。穹庐为室兮毡为墙，以肉为食兮酪为浆，常思汉土兮心内伤，愿为黄鹄兮还故乡。"

（2）幄（wò），亦作"幄"，帐幕，由于四面围合起来像屋宇而得名。

《左传·哀公十七年》："卫侯为虎幄于藉圃。"杜预注："于藉田之圃新造幄幕，皆以虎兽为饰。"霜幄，沾满霜露的帐篷，一说指雪白的帐子。

（3）月华，月光，月色。南朝梁江淹《杂体诗·效王微〈养疾〉》："清阴往来远，月华散前墀。"

（4）三更，第三更，指半夜十一时至翌晨一时。宋郭茂倩《乐府诗集·清商曲辞二·子夜变歌一》："三更开门去，始知子夜变。"

（5）戍楼（shù lóu），边防驻军的瞭望楼，一说戍所的城楼。南朝梁元帝《登堤望水》："旅泊依村树，江槎拥戍楼。"

（6）梦残，即残梦，零乱不全之梦。唐李贺《同沉驸马赋得御沟水》诗："别馆惊残梦，停杯泛小觞。"

（7）汉关，汉代的边关，亦泛指边关，一说汉人在边境设的关塞。唐严武《军城早秋》诗："昨夜秋风入汉关，朔云边雪满西山。"

（8）纵横，多貌。南朝梁萧统《文选·左思〈吴都赋〉》："钩饵纵横，网罟接绪。"张铣注："纵横，言多也。"清吴伟业《赠辽左故人》诗之五："路出西河望八城，保宫老母泪纵横。"

【赏析】

《定西番》，词牌名，本唐教坊曲名。以温庭筠《定西番·汉使昔年离别》为正体，双调，正体三十五字，前段四句一仄韵、两平韵，后段四句两仄韵、两平韵。另有双调三十五字，前段四句两平韵，后段四句两仄韵、两平韵；双调四十一字，前段五句两平韵，后段四句两平韵等变体。代表作品有孙光宪《定西番·帝子枕前秋夜》等。

在五代至宋初这一特殊的历史时期，社会动荡不安，战事较为频繁。作为花间派重要代表的孙光宪，也摆脱了绮靡浮艳风格的束缚，在一定程度上引进了苍凉遒劲的词风。

词表面抒写边塞女子乡心怅触之怀，实际写的是戍边战士那种透骨思乡之愁。词上阕写景，但景中含情，通过描摹寂静、萧瑟的秋夜景致，渲染清冷、凄迷的环境氛围。词的开头，作者并没有急于把镜头带到边塞的戍楼跟前，而是带到了皇宫之中、帝子的枕前，就意味迥然了。"帝子枕前秋夜，霜幄冷，月华明，正三更"四句，指出了时令的变换。秋天的深夜，到了月光最明亮的三更时分，也就是一天中最寒冷的时刻。这时候，即便是生活在皇宫的帝子们枕前，也会感到霜幄之冷。从结构上讲，这是词的前阕；但从意义上看，这只不过是一个铺垫。作者的用意并不在描写皇宫之冷暖，而是让它为后边的边塞戍笛等作垫笔。因此，如果说生活在皇宫之中还有寒冷的话，那汉关之外、边塞之上的战士们则是寒彻心底了。

"何处戍楼寒笛？梦残闻一声。遥想汉关万里，泪纵横。"下阕由景及情，借笛感发出乡关万里的愁绪。尤其是那戍楼里的寒笛，只要响上一声，就会惊断战士们那思乡的残梦；只要听上一曲，就会激起人们无限的乡愁，以致使人潸然泪下。从艺术上看，前阕只是从时令上让人感到了冷，是一般的冷的感受，较为浅直。而后阕则是让人感到了那发自肺腑的乡愁之凄凉，就深婉得多了。这样以浅直作深婉的铺垫，以一般的感受衬托戍边战士在深秋时节有家不能归的思乡之愁，边塞的乡愁之凄凉有甚于宫庭时令之寒冷，就使词的立意显得更加深刻而突出。征夫们思念自己的家乡和亲人，可是遥望汉关，相隔万里，这就使他们的思乡之苦更加铭心刻骨。特别最后二句"遥想汉关万里，泪纵横"，更是撼人心魄的点睛之笔，情感深沉厚重，意境雄浑悲凉；女主人公肝肠寸断，热泪纵横，情感的基调至此达到高潮。

作品语言明净，情景交融，全词以冷清的秋夜景色烘托人物幽怨的心情，韵味悠长，表达出女子特定环境的凄苦感受，深情绵邈，意境苍茫。词中所吟咏的乡愁已超出女性化的情思，而被赋予悲凉沉雄的硬笔，更具男性化的力度，情味、意境与其他花间派词人的词作迥异。

【原文】

风流子·金络玉衔嘶马

金络玉衔嘶马[1]，系向绿杨阴下。朱户掩[2]，绣帘垂[3]，曲院水流花谢[4]。欢罢[5]，归也，犹在九衢深夜[6]。

【毛泽东圈评等情况】

毛泽东曾圈阅这首《风流子·金络玉衔嘶马》。

[参考] 张贻玖：《毛泽东评点、圈阅的中国古典诗词》，

中国工人出版社 1992 年版，第 244 页。

【注释】

（1）金络玉衔，配有金络头、玉嚼子的马。金络，即金络头。南朝梁何逊《学古》诗之一："玉羁玛瑙勒，金络珊瑚鞭。"玉衔，玉饰的马嚼子。唐杜牧《长安杂题长句》诗之五："草炉佳人钿杂色，风回公子玉衔声。"

（2）朱户，古代帝王赏赐诸侯或有功大臣的朱红色的大门，古为"九锡"之一种。《韩诗外传》卷八："诸侯之有德，天子锡之。一锡车马，再锡衣服……六锡朱户。"泛指朱红色大门。

（3）绣帘，彩饰华丽的帘幕。宋柳永《西江月·凤额绣帘高卷》词："凤额绣帘高卷，兽环朱户频摇。"

（4）曲院，妓院。

（5）欢罢，欢会已完。欢，欢会，欢乐的聚会，特指男女相会寻欢。三国魏曹植《闺情》诗："欢会难再逢，芝兰不重荣。"

（6）九衢，纵横交叉的大道，繁华的街市。《楚辞·天问》："靡萍九衢，枲华安居。"王逸注："九交道曰衢。"

【赏析】

《风流子》，词牌名，又名"内家娇""神仙伴侣""骊山石"，原唐教坊曲。此调有单调、双调不同诸格体。以孙光宪《风流子·楼倚长衢欲暮》为正体，三十四字，八句六仄韵。另有双调一百一十字，前段十二句四平韵，后段十句四平韵等八种变体。《花间集》中，孙光宪的《风流子》共三首，毛泽东在读《词综》时圈阅了它收录的两首。但只有这一首是从风流公子的角度，描写贵族子弟任情放荡的生活情景，深刻地揭示了五代时期，国力艰难，王孙贵族却娇纵子弟，无视国事的社会现象。

"金络玉衔嘶马，系向绿杨阴下。"该词头二句绘出了一幅绿阴系马的

图画。从画面上，我们可以看出某富家子弟已来到此处，但作者只写"嘶马"，不写人，曲笔妙语。词人用"金络"头、"玉衔"嚼子，来显示公子的高贵，地位非同一般。所到之处是"绿杨阴下"，青楼之外。这位公子已是轻车熟路，直奔而来，毫不犹豫。"朱户掩，绣帘垂"二句，暗示男方已入室内。"曲院水流花谢"一句，写室外景，略去内景的描写。曲院，即妓院。水流花谢，指河水流逝，花儿也凋谢了，形容景色凋零残败，用来比喻局面残破，好景已不存在，无法挽回，亦作"花谢水流"。词人把一个风流倜傥、放荡不羁的贵族公子形象刻画得如在读者面前。"欢罢，归也"四字，写寻欢作乐已罢，就要归去，用笔简略。"犹在九衢深夜。"结尾一句，来时是"系马绿杨阴下"，当是上午的时光，归时已是"九衢深夜"，说明天尚未明，可见全为男女幽会之事。那种终日寻欢作乐、荒淫无度的情形也就昭然若揭了，然含而不露，境界深幽，并无猥亵之感。

【原文】

风流子·楼倚长衢欲暮

楼倚长衢欲暮(1)，瞥见神仙伴侣(2)。微傅粉(3)，拢梳头，隐映画帘开处(4)。无语，无绪，慢曳罗裙归去(5)。

【毛泽东圈评等情况】

毛泽东曾圈阅这首《风流子·楼倚长街欲暮》。

[参考] 张贻玖：《毛泽东评点、圈阅的中国古典诗词》，中国工人出版社 1992 年版，第 244 页。

【注释】

（1）楼，即青楼，指女子所住之处，多指妓院。倚，靠着。长衢（qú），大道。《古诗十九首·青青陵上柏》："长衢罗夹巷，王侯多第宅。"

（2）瞥，短时间地大略看看。神仙，神话传说中的人物，有超人的能力，可以超脱尘世，长生不老。伴侣，同伴，伙伴。此指妓女。

（3）傅粉，擦粉。《汉书·广川王刘越传》："前画工画望卿舍，望卿袒裼傅粉其傍。"

（4）隐映句，意思是姑娘隐约出现在画帘揭开的地方。隐映，掩映。南朝齐丘巨源《咏七宝扇》："拂眄迎娇意，隐映含歌人。"画帘，有画饰的帘子。唐杜牧《怀钟陵旧游》诗之三："一声明月采莲女，四面朱楼卷画帘。"

（5）曳（yè），拉，牵引。罗裙，丝罗制的裙子，多泛指妇女衣裙。南朝梁江淹《别赋》："攀桃李兮不忍别，送爱子兮沾罗裙。"

【赏析】

这是一首艳情词。词中作者运用平淡质朴的语言，对青楼佳人进行细腻的描绘，流露出风流公子的一片痴情。

"楼倚长衢欲暮，瞥见神仙伴侣。"头二句是说在长街暮色之中，瞥见如仙女般的漂亮姑娘，交代了时间、地点和人物：时间是天将暮的黄昏时分；地点是依靠长街的青楼之上；人物是一位恰似仙女的美人。可谓开门见山，直接入题。这又是纯属白描的句子，句中"瞥见"二字是表现人物心理活动的，它是全词的词眼所在，词中描绘的全部内容，都是由男主人公这一动作生发开来的。"瞥见"二字乍一看来，似乎是无意中看见的，目光一掠而过，不甚留意，但细细品来，却别有意味。你想，既然天色将晚，这位公子哥儿不是赶快回家，却久久立在大街之上青楼下边，仰望青楼，仔细观察，功夫不负有心人，果然看到了他想看见的像神仙一样的美人，而幻想着可以作为自己的生活伴侣。因此，着一"瞥"字，神韵皆出，曲折婉转地表达了这位公子哥儿那心灵深处微妙而复杂的心理，给人留下了无尽的回味。

"微傅粉，拢梳头，隐映画帘开处"三句，紧承上文的"瞥见"，写女子的装束、仪态。这位佳人并没有浓施粉黛，着意打扮，而是淡施脂粉，满头秀发微微拢起，端庄秀丽的身影在画帘开处隐隐约约，素淡的妆束，宛如画中之人。可能她并不知道楼下有一位公子正在动情地注视着她的一举一动，她行动自如，神情泰然。俗话说"情人眼里出西施"，她越是这样，越显出其自然之美、内在之美，楼下的那位公子也就越发动情。

"无语，无绪"四字，从佳人的表情来写，刻画妙极，姑娘可能已经注意到楼下有人在看她，她是那么沉静，一句话也没说，也没喜出望外的表情，甚至连嫣然一笑都没有。"慢曳罗裙归去。"结尾句更妙，姑娘飘然而去，神态自若；而少年倾慕留连，久久难舍。清陈廷焯《白雨斋词话》曰："情态逼真，令人如见。结三语有无限惋惜。"

【原文】

女冠子·淡花瘦玉

淡花瘦玉[1]，依约神仙妆束[2]，佩琼文[3]。瑞露通宵贮[4]，幽香尽日焚[5]。　碧纱笼绛节[6]，黄藕冠浓云[7]。勿以吹箫伴[8]，不同群。

【毛泽东圈评等情况】

毛泽东曾圈阅这首《女冠子·淡花瘦玉》。

[参考] 张贻玖：《毛泽东评点、圈阅的中国古典诗词》，中国工人出版社 1992 年版，第 244 页。

【注释】

（1）淡花瘦玉，淡色的花饰，素净的穿戴，形容女子身材瘦削，气质高雅。

（2）依约，好像，仿佛。妆束，打扮，装饰。

（3）佩琼文，佩带着有文采的玉石。琼文，美玉的文采。南朝梁江淹《水上神女赋》："石琼文而翕烂，山龙鳞而照烂。"

（4）瑞露，象征吉祥之露，甘露。南朝陈徐陵《陈文皇帝哀册文》："东京飞其瑞露，北陆賈其祥星。"

（5）幽香，清淡的香气，亦谓香气清淡。唐温庭筠《东郊行》："绿渚幽香生白苹，差差小浪吹鱼鳞。"

（6）碧纱笼，五代王定保《唐摭言·起自寒苦》："王播少孤贫，尝客扬州惠昭寺木兰院，随僧斋食。诸僧厌怠，播至，已饭矣。后二纪，播自重位出镇是邦，因访旧游，向之题已皆碧纱幕其上。播继以二绝句曰：'……上堂已了各西东，惭愧阇黎饭后钟。二十年来尘扑面，如今始得碧纱笼。'"后以"碧纱笼"为诗以人重的典故。亦省作"碧纱"。绛节，作法术时所用的一种道具。

（7）黄藕，冠名。华钟彦注："黄藕，状其冠之色也。"浓云，指女道士乌黑浓密的头发。

（8）吹箫伴，指箫史、弄玉。据《列仙传》载：周宣王的史官箫史，善吹箫作凤鸣，秦穆公以女弄玉妻之，日教弄玉吹箫，数年而似凤鸣。有凤来止，公为筑凤台，后箫史乘龙，弄玉乘凤，俱飞升去。

【赏析】

《女冠子》，词牌名，原为唐教坊曲。以温庭筠《女冠子·含娇含笑》为正体，双调四十一字，前段五句两仄韵、两平韵，后段四句两平韵。另有双调一百七字，前段十二句六仄韵，后段十一句六仄韵；双调一百十字，前段十一句六仄韵，后段十二句六仄韵等变体。代表作品有韦庄的《女冠子二首》等。女冠，亦称女黄冠、女道士、道姑。唐代女道士皆戴黄冠，因俗女子本无冠，唯女道士有冠，故名。清毛先舒《填词名解》云："《女冠子》，唐薛绍蕴始撰此词，云：'求仙去也，翠钿金篦尽舍。'以词咏女冠，故名。《词谱》援汉宫掖承恩者，赐芙蓉冠子，或绯或碧。然词名未必缘此事也。"子，"曲子"的省称，即小曲的意思。调名本意即为歌咏女道士情态的小曲。

这首《女冠子》词就是通过对一位遁入道观的女子那种内秀外惠的气质描写，深刻地表现出她那孤傲、清高的个性特征。词的上阕写女子的装束和行动。"淡花瘦玉，依约神仙妆束，佩琼文。"开头三句写女道士的妆束。首句"淡花瘦玉"写女子的仪态端方，这是她的外表。从装束上看，她风采非凡，隐隐约约就好像下凡的神仙一般。"神仙"二字，非常独到，既给人一种朦朦胧胧的、幻觉上的美感，同时又让人觉得她依稀可见，清澈可照。女子那种清高孤傲的心性也就和盘托出了。"佩琼文。瑞露通宵贮，幽香尽日焚"三句，写她所处的幽静环境，是通过她的行动来体现的，这叫以动写静。"瑞露""幽香"，充满了仙气。为了更好地进入境界，她特意佩戴上淡雅高贵的美玉之饰，通宵贮存那清澈的露水，清淡的香气整天充盈房中。这是她为了修炼自己的心性而进行的必要行动，也以形写神刻画出女子独有的精神特质。

词的下阕刻画女子的内心世界。"碧纱笼绛节，黄藕冠浓云。"下阕头二句写其作法时的模样：女子已潜心法事，她手持作法术时所用的道具红色的符节，微黄的帽子遮盖着她那乌黑的头发。她已经漫步在那神圣的殿堂之中，心情似水，情淡如露，尘世间的万事万物已与她无缘了。这些都是在氛围和神情上表现女子的气质。"勿以吹箫伴，不同群。"末尾二句写她可与真仙同群。这是画龙点睛之笔，则在更深层次上揭示出女子的感情世界。这里化用萧史弄玉之典。如果有像萧史那样的才子来向她撩情，使其天天听凤鸣鸾唱，恐怕她也会像弄玉一样感到欢喜，与之为伴，以至双双升天，过着神仙般的日子。"群"，就是与之为伍。自己也会与弄玉那样成仙入圣，信心满满，虔诚至极。这就把一个清心寡欲、超凡脱俗的美人形象写得栩栩如生了。

【原文】

后庭花·石城依旧空江国

石城依旧空江国(1)，故宫春色(2)。七尺青丝芳草碧，绝世难得(3)。　　玉英凋落尽(4)，更何人识？野棠如织(5)，只是教人添怨忆，怅望无极(6)。

【毛泽东圈评等情况】

毛泽东曾圈阅这首《风流子·楼倚长街欲暮》。

[参考] 张贻玖：《毛泽东评点、圈阅的中国古典诗词》，中国工人出版社1992年版，第244页。

【注释】

（1）石城，石头城，亦称石首城。战国楚威王灭越，置金陵邑。汉建安十六年（211），孙权徙治秣陵，改名石头。吴时为土坞，晋义熙中始加砖累石。因山为城，因江为池，地形险固，为攻守金陵必争之地。故址在今南京西石头山后。江国，河流多的地区，多指江南。唐李白《献从叔当涂宰阳冰》诗："秀句满江国，高才拔天庭。"

（2）故宫春色，意思是陈后主的宫殿春色依然如故。故宫，旧时的宫殿。《汉书·食货志下》："公卿白议封禅事，而郡国皆豫治道，修缮故宫。"

（3）"七尺"二句，七尺长发如春草碧色，这样的美人世上难得。据《南史·后妃列传下》载："张贵妃（丽华）发长七尺，鬓黑如漆，其光可鉴；特聪慧，有神采，进止闲华，容色端丽，每瞻视眄睐，光彩溢目，照映左右；尝于阁上靓妆，临于轩槛，宫中遥望，飘若神仙。及隋军克台城，贵妃与后主俱入井，隋军出之，晋王广命斩之于青溪中桥。"绝世，冠绝当世。《汉书·外戚传上·孝武李夫人》："北方有佳人，绝世而独立。"

（4）玉英，玉之精英。战国魏尸佼《尸子》卷下："清水有黄金，龙渊有玉英。"《史记·孝文本纪》："欲出周鼎，当有玉英见。"这里指张贵妃如玉英般的美色。凋落，草木花叶脱落。《素问·五常政大论》："草木晚荣，苍乾凋落。"

（5）野棠，果木名，即棠梨。南朝梁沈约《早发定山》诗："野棠开未落，山樱发欲然。"如织，像织布的线一样，密密麻麻。

（6）怅望，惆怅地看望或想望。南朝齐谢朓《新亭渚别范零陵》诗："停骖我怅望，辍棹子夷犹。"无极，无穷尽，无边际。《左传·僖公二十四年》："女德无极，女怨无终。"

【赏析】

《后庭花》，乐府清商曲，吴声歌曲名。唐为教坊曲名。本名《玉树后庭花》，南朝陈后主制。其辞轻荡，而其音甚哀，故后多用以称亡国之音。唐杜牧《泊秦淮》诗："商女不知亡国恨，隔江犹唱《后庭花》。"后庭花，花名，鸡冠花的一种。宋王灼《碧鸡漫志》卷五："吴蜀鸡冠花有一种小者，高不过五六寸，或红，或浅红，或白，或浅白，世目曰后庭花。"明徐光启《农政全书》卷五九引明朱橚《救荒本草》："后庭花，一名雁来红，人家园圃多种之……其叶众叶攒聚，状如花朵，其色娇红可爱，故以名之。"

这首词咏陈后主亡国之事。词人触景生情，吊古思今，抒发了满怀的怅怨之情。词的上阕写城池依旧，江水空流。"石城依旧空江国，故宫春色。"起首二句为我们描绘了一幅"石城"依旧，"江国"空空的破败景象。石城，即石头城，在今江苏南京西清凉山，曾是南朝陈之国都。此城负山面江，故有"江国"之称。词人登临此处，看到石城依旧，物是人非，不能不撩起他怀念故人的情思。回想当年，石城之内，故宫之中，满园春色。"七尺青丝芳草碧，绝世难得"二句，是描写陈后主所宠爱的张贵妃之美色，以揭示后主贪色亡国的历史事实。当时在宫中居住的这位发长七尺、鬓黑如漆、光彩照人的绝代佳人张丽华，她和后主宴游赏乐，荣华富贵，真是一派繁花似锦、热闹非凡的景象。然而，如今词人足下的石头城却是如此的冷落、孤寂和凄凉。今昔对比，形成了鲜明的对照，因此，抚今追昔，词人便禁不住百感交集。

词的下阕抒情，凭吊古迹中流露出哀怨之情。首二句"玉英凋落尽，更何人识"，写陈亡国后，美人如玉英凋落，再也无人欣赏她了。"野棠如织，只是教人添怨忆，怅望无极。"结尾三句是说野棠花繁盛似锦，还如当年，而人事已非，只是教人徒生惆怅和怨叹而已。清李冰若《栩庄漫记》："《后庭花》二首吊张丽华，词意蕴藉凄怨，读之使人意消。"

【原文】

上行杯·草草离亭鞍马

草草离亭鞍马(1)，从远道，此地分袂(2)，燕宋秦吴千万里(3)。　　无辞一醉(4)。野棠开(5)，江草湿。伫立，沾泣(6)，征骑骎骎(7)。

【毛泽东圈评等情况】

毛泽东曾圈阅这首《上行杯·草草离亭鞍马》。

[参考] 张贻玖：《毛泽东评点、圈阅的中国古典诗词》，
中国工人出版社 1992 年版，第 243 页。

【注释】

（1）草草，忧虑劳神的样子。《诗经·小雅·巷伯》："骄人好好，劳人草草。"毛传："草草，劳心也。"离亭，古代建于离城稍远的道旁供人歇息的亭子，就是驿站，古人往往于此送别。南朝陈阴铿《江津送刘光录不及》诗："泊处空于鸟，离亭已散人。"鞍马，马和鞍子。

（2）分衿，分别，亦作"分襟"。唐王勃《春夜桑泉别王少府序》："他乡握手，自伤关塞之春；异县分襟，竟切悽怆之路。"

（3）燕宋秦吴，春秋时国名，这里表示北东西南各方。燕，主要部分在今河北北部；宋，主要部分在今河南东部；秦，主要在今陕西一带；吴，主要在今江苏南部。南朝梁江淹《别赋》："况秦吴兮绝国，复燕宋兮千里。"

（4）无辞，毋辞，不要辞。醉，饮酒过量，神志不清。《诗经·小雅·宾之初筵》："既醉而出，并受其福。"

（5）野棠，果木名，即棠梨。南朝梁沈约《早发定山》诗："野棠开未落，山樱发欲然。"

（6）沾泣，指哭泣。

（7）征骑，指战马。唐韩愈《送汀州监军俱文珍》诗："晓日驱征骑，春风咏采兰。"骎骎（qīn qīn），马走得很快之状。《诗经·小雅·四牡》："驾彼四骆，载骤骎骎。"朱熹注："骎骎，骤貌。"

【赏析】

这首词根据张贻玖先生《毛泽东评点、圈阅的中国古典诗词》一书提供的目录，作者是鹿虔扆，但查阅毛泽东圈阅的清代朱彝尊、汪森编《词综》和现代词学家龙榆生编选的《唐宋名家词选》二书，在鹿虔扆名下都仅收入他的一首《临江仙·金锁重门荒苑静》一词而并未收入《上行杯·草草离亭鞍马》这首词。而清林大椿《唐五代词》一书，在孙光宪名下收入《上行杯》二首，其中一首就是《上行杯·草草离亭鞍马》这首词，因此我们姑且把它归于孙光宪名下。

这是一首送别词，写词人在江边离亭设宴送别几位各奔东西的朋友，抒发了对其友人的深厚情谊。

上阕叙事，写词人在离亭送别友人。"草草离亭鞍马"，首句点明送别地点——离亭，而人物则是鞍马的主人。这些鞍马的主人看来是些勤于国事之人，这从"草草"二字可以看出。《诗经·小雅·巷伯》云："骄人好好，劳人草草。""劳人草草"就是忠厚老实的人憔悴困苦。作者用"草草""鞍马"来形容他这些朋友，可见他们都是忠于职守、为国效力的人，所以作者才为他们送别。勤于国事的朋友分别是很平常的，可能不是一次，而这一次还是有点不同："从远道，此地分衿，燕宋秦吴千万里。"此三句点题：这些朋友都是从很远的地方而来，现在又要在这里分别，而且这次分手，你东我西，有千里万里之遥。由此可以看出这次分别的不同寻常。"分衿"，指情投意合的朋友的分别。挚友当然不愿离别，离别难免伤心，旷达一点也要说："无为在歧路，儿女共沾巾。"而作者却质朴地叙写分别的事实，特别是用"燕宋秦吴千万里"来表现作者的大度，确实不同凡响。这种写法，与唐代诗人郑谷《淮上与友人别》中的名句"数声风笛离亭晚，君向潇湘我向秦"，有异曲同工之妙。

在上阕总叙送别的基础上，下阕则细写送别的经过。"无辞一醉"，点出是词人设宴为朋友饯行。饮宴中，他殷勤劝酒，让大家开怀畅饮，一醉方休，既是他发自内心的劝勉，又是掩饰自己悲不自胜的情怀。在劝酒之时，作者的视线又转向了亭前，只见"野棠开，江草湿"。野棠在农历二月开白花，点明时在早春，是个乍暖还寒时节；"江草湿"，说明是个阴雨天气，这绵绵细雨更易惹人愁怀。二句景物描写，很好地营造了送别时的氛围。下面才写到人物："伫立，沾泣，征骑骎骎。"前者写分别时的自我形象，握别之后，自己在离亭旁伫立凝望，泣下沾巾；后者从友人着笔，他们策马急去，头也不回。二者都是深于情者，表现各不相同：一写静态，一写动态，写法各异。而且末句"征骑骎骎"，透露了一股"壮士一去兮不复还"的豪爽之气。这种气概与上阕"燕宋秦吴千万里"廓大境界，形成全词的一种豪放风格，因而成为作者的一篇代表性作品。

冯延巳

冯延巳（903—960），又作延己、延嗣，字正中，五代江都府（今江苏扬州）人，五代十国时南唐著名词人、大臣。仕于南唐烈祖、中主二朝，三度入相，官终太子太傅，卒谥忠肃。词多写闲情逸致，有词集《阳春集》传世。

【原文】

调笑令·明月

明月，明月，照得离人愁绝⁽¹⁾。更深影入空床⁽²⁾，不道帷屏夜长⁽³⁾。长夜，长夜，梦到庭花阴下⁽⁴⁾。

【毛泽东圈评等情况】

毛泽东曾圈阅这首《调笑令·明月》。

[参考] 张贻玖：《毛泽东评点、圈阅的中国古典诗词》，中国工人出版社1992年版，第243页。

【注释】

（1）离人，离别的人，离开家园、亲人的人。晋陶潜《赠长沙公族祖》诗："敬哉离人，临路凄然。款襟或辽，音问其先！"愁绝，指极端忧愁。唐杜甫《自京赴奉先县咏怀五百字》："沉饮聊自遣，放歌颇愁绝。"

（2）更深，夜深。唐杜甫《火》诗："流汗卧江亭，更深气如缕。"影，指的是月光下的影子。更，旧时夜间计时单位，一夜分为五更。空床，指独宿的卧具，比喻无偶独居。《古诗十九首·青青河畔草》："昔为倡家女，今为荡子妇；荡子行不归，空床难独守。"

（3）不道，不奈，不堪，谓难以承受。帷屏，帷帐和屏风，借指内室。晋潘岳《京陵女公子王氏哀辞》："帷屏媚子，奄离顾复，哀无废心，涕不辍目。"

（4）庭花，庭院里的鲜花。

【赏析】

《调笑令》，词牌名。唐教坊曲中有大曲《三台》。据唐刘禹锡《嘉话录》云："邺中有曹公铜雀、金虎、冰井三台，北齐高洋毁之更筑金凤、圣应、崇光三台，宫人拍呼上台送酒，因名其曲为《三台》。"又名《三台令》《开元乐》《翠华引》《宫中调笑》《转应曲》等，或加"令"字。"令"又曰小令、令词，为词牌之一种名称，多指短小的曲调（亦有例外），从唐代文人宴会上即席填写之酒令而来。与小令相对者，为慢词，体制较长。单调，分两体：一体为三十二字，平仄韵换叶。起句二字重叠。又一体仄韵三十八字，词之前用七言古诗八句，并以诗的末句二字，为词的首句二字。

这首小令，是描写月夜闺情的。"明月，明月，照得离人愁绝。更深影入空床，不道帷屏夜长。"前五句写春天月夜离人愁绝难眠。开头"明月"二字叠用，使人捉摸不定，次句"照得离人愁绝"方才使人明白，词人不是在赏月，而是对"明月"怀着一种恐惧心理，因为它是惹起"离人愁绝"的星星之火，这星火已经点燃，大有燎原之势。在总写离人深深的怨情之后，词人径直把镜头转到闺中，具体而形象地刻画了思妇的"愁绝"：你看，已经到了更深夜半，月光透过薄薄的帷屏，直接影射到思妇的空床之上，致使"离人""不道帷屏夜长"。"空床"一词，暗示出思妇的身份，与上局的"离人"相照应，同时烘托出愁苦悲凉的氛围。所以接着写道："不道帷屏夜长"。张相解释这句说："言不奈帷屏夜长也。"（《诗词曲语辞汇释》卷四）不奈者，不堪忍受之谓也。清陈廷焯评论说："'不道'一语，中含无数曲折。"（《别高速集》卷一）可以说：这"无数曲折"，都是"明月"引起的。"长夜，长夜，梦到庭花阴下"，结末三句说，久不能寐而相思成梦，进一步地刻画思妇一片痴情，是离人相思的升华。然而，"明月，明月"，一刻也不离地照着"长夜，长夜"，甚至照到离人的梦中：当"离人"做梦到庭院花树下徘徊，"明月"仍然透过花树，把阴影笼罩在"离人"身上。"梦"中又重现了往日的欢乐，但它毕竟它是空的，梦醒之后所思也就成了徒劳，故痛苦又深化了。词人从梦境落笔，可以想见当初两人两情依依的欢乐情景。梦醒后得到的满足还是惆怅的，真乃"剪不断，理还乱，是离愁，别是一般滋味在心头"。词到此戛然而止，给读者留下了遐想的空间，只觉余韵袅袅，情韵深长。

【原文】

抛球乐·逐胜归来雨未晴

逐胜归来雨未晴[1]，楼前风重草烟轻[2]。谷莺语软花边过[3]，水调声长醉里听[4]。款举金觥劝[5]，谁是当筵最有情。

【毛泽东圈评等情况】

毛泽东曾圈阅这首《抛球乐·逐胜归来雨未晴》。

[参考] 张贻玖：《毛泽东评点、圈阅的中国古典诗词》，中国工人出版社 1992 年版，第 244 页。

【注释】

（1）逐胜，追寻胜景。唐李廓《长安少年行》之六："赏春惟逐胜，大宅可曾归。"

（2）风重，风力强劲。

（3）谷莺，典出《毛诗正义》卷九之三《小雅·鹿鸣之什·伐木》。"伐木丁丁，鸟鸣嘤嘤。出自幽谷，迁于乔木。"后遂以"出谷莺"指从幽谷飞出的鸟。语软，温和的叫声。

（4）水调，曲调名。唐杜牧《扬州》诗之一："谁家唱《水调》，明月满扬州。"自注："炀帝凿汴渠成，自造《水调》。"

（5）款，诚恳。金觥（gōng），酒杯的美称。唐刘禹锡《牛相公见示新什谨依本韵次用以抒下情》："玉柱琤瑽韵，金觥靅凸棱。"

【赏析】

《抛球乐》，原唐教坊曲名，后为词牌名，又名"莫思归"等。明胡震亨撰《唐音癸笺》云："《抛球乐》，酒筵中抛球为令，其所唱之词也。"《宋史·乐志》：女弟子舞队，三日抛球乐。按：此调三十字者，始于刘禹锡，以刘禹锡词《抛球乐·五色绣团圆》为正体，单调三十字，六句四平韵。另有单调三十三字，七句三平韵一叠韵；单调四十字，六句四平韵；双调一百八十七字，前段十九句七仄韵，后段十七句七仄韵的变体。代表作有冯延巳《抛球乐·逐胜归来雨未晴》等。三十三字者始于冯延巳词，因词有"且莫思归去"句，或名"莫思归"。然皆五七言小律诗体。至宋柳永，则借旧曲名别倚新声，始有两段一百八十七字体。

这是一首言情词。词人通过春日醉酒，传达了一种深微幽隐情绪的萌发。"逐胜归来雨未晴"，词的开端第一句，先由时节和天气写起，在时节与天气之间，表现了一种矛盾情况。时节是美好的游春逐胜的日子，而天气则是阴雨未晴。"逐胜"，指春日争逐于游春赏花之事，意兴原该是高扬的，但阴雨天则使人扫兴。"雨未晴"似乎也透露一种将晴而未晴之意。诗人"逐胜"已经"归来"，虽在阴雨之中，却也未曾放弃"逐胜"的春游。在这种种矛盾的结合之间，便已显示了一种繁复幽微的感受，既有兴奋，也有怅惘。既有春光之美好，也有细雨之迷蒙。这开端一句看似非常平淡，实已具含了足以引发人心触动的多种因素。像这种幽微婉曲的情境，只有最为敏锐善感的心灵才能感受得到，也只有最具艺术修养的诗人才能表现得出来。

"楼前风重草烟轻"，接着第二句，写的正是这情绪触引中的眼前所见。"楼前"二字，表面只写诗人倚立楼头，为以下写楼前所见之景物做准备，但诗人"逐胜归来"，依然倚立楼头，就是内心由于逐胜之游引起了感发。"风重草烟轻"使心中原已触引起的一种感发，更为滋长和扩大。"风重"是说风力之强劲，"草烟轻"，是说草上烟霭因风吹散而逐渐消失。表面写眼前将晴未晴的景色，然而"物色之动，心亦摇焉"，这种景色，正是引起人心微妙之触发的重要因素。北宋词人柳永就曾写过"草色烟光残照里，无人会得凭栏意"，可见"草色烟光"的景色，确实可以引起人内心的一种感发。一个人如能够观察到风力之"重"与草烟之"轻"，此人必是已在楼头伫立了相当长的时间了。于是诗人对四周的景物情事也就有了更为清楚的认知与更为深刻的感受。"谷莺语软花边过，水调声长醉里听"，因此下面三、四两句继之以叙写。"谷莺"，是才出谷的黄莺，正是鸣声最为娇软之时，这种鸣声代表了春天所滋育出来的最新鲜的生命。何况这种娇软的莺啼，又是从繁枝密叶的花树边传送过来的，有声，有色，这种情景和声音所给予诗人的感发，当然就较之第二句的"风重草烟轻"更为明显和动人了。如此逐渐写下来，大自然的景象便与诗人的情意逐渐加强了关联。于是下一句的"水调声长醉里听"便写到了人的情事。"水调"是一种哀怨动人的曲子。"水调"且"声长"更可想见其声调之绵远动人。何况诗人还在后面又加了"醉里听"三个字，这就不仅写出了饮酒之醉，而且因酒之醉更增加了诗人对歌曲的沉醉。有了如此幽微深切的感发，便不由人不想到要寻找一个足以将这些情思加以投注的对象，于是诗人终于在最后写出了"款举金觥劝，谁是当筵最有情"两句深情专注的词句。"款举"是极其珍重、尊敬的态度，"金觥"是极其珍贵美好的器皿，金觥中又是极其芳醇的酒浆，最后更加一"劝"字，当然是劝饮之意，如此珍重地想要将芳醇的美酒呈献给一个值得呈献的人，诗人心中所引发洋溢着的是无比深挚的情意。最后结之以"谁是当筵最有情"，意谓：在今日的筵席之上，哪一个才是真正能够体会这种深浓的情意，值得呈献这一杯美酒的有情人呢？于平淡的叙写中逐渐加深了情意的感发，表现出内心深微幽隐的追寻与向往之情，这正是冯延巳词的一贯特色。

【原文】

长相思·红满枝

红满枝，绿满枝，宿雨厌厌睡起迟[1]，闲庭花影移[2]。　　忆归期[3]，数归期。梦见虽多相见稀，相逢知几时[4]。

【毛泽东圈评等情况】

毛泽东曾圈阅这首《长相思·红满枝》。

[参考]张贻玖：《毛泽东评点、圈阅的中国古典诗词》，

中国工人出版社 1992 年版，第 244 页。

【注释】

（1）宿雨，夜雨，经夜的雨水。隋江总《诒孔中丞奂》诗："初晴原野开，宿雨润条枚。"厌厌，微弱貌，精神不振貌。《汉书·李寻传》："列星皆失色，厌厌如灭。"

（2）闲庭，寂静的庭院。唐杨炯《梓州惠义寺重阁铭》："闲庭不扰，退食自公，远览形势，虔心净域。"

（3）归期，归来的日期。唐李商隐《夜雨寄北》诗："君问归期未有期，巴山夜雨涨秋池。"

（4）相逢，彼此遇见，会见。几时，什么时候，哪一天。唐杜甫《天末怀李白》诗："鸿雁几时到，江湖秋水多。"

【赏析】

《长相思》，词牌名，又名"吴山青""山渐青""相思令""长思仙""越山青"等。以白居易词《长相思·汴水流》为正体，双调三十六字，前后段各四句，三平韵一叠韵。另有三十六字，前段四句三平韵一叠韵，后段四句三平韵，三十六字前后段各四句四平韵等变体。代表作有纳兰性德《长相思·山一程》等。原为唐教坊曲名。调名出自《古诗十九首》："客从远方来，遗我一端绮。相去万余里，故人心尚尔。文彩双鸳鸯，裁为合欢被。著以长相思，缘以结不解。以胶投漆中，谁能别离此。"

本诗是抒写闺怨之作，写一个独处深闺的少妇，在明媚的春光中想念远行在外、久别不归的丈夫。

词的上阕写少妇因夜里下雨，精神不振，因而起床很晚，在幽静的庭院里注视着花影移动的情形。"红满枝，绿满枝。"起首二句写景，点明时令。芳春时节，花红柳绿，一派生机盎然的景象。在这激发人们赏春兴致

最浓的时候，词人出人意料地把笔锋一转，由室外转入室内，由景及人，写女主人公无心赏春的孤独寂寞、百无聊赖的情绪。"宿雨厌厌睡起迟。"第三句看似不经意的叙事，说是昨天晚上听着外边下了一夜的春雨，导致精神不振，困倦不堪，所以起来得晚了。使女主人公这般慵懒的原因是什么呢？本应该回答这个问题了，可词人又将笔锋由室内回到室外，由写人而及写景。"闲庭花影移"一句写庭院的幽静、时间的推移。此处写景与开头写景有所不同，它不是单纯的写景，而是景中有人。女主人公起床之后倚窗梳洗，随着花影的渐渐推移，突然觉得自己在大好春光中被冷落而孤独的遗憾。上阕虽无一处说愁言恨，但愁苦寂寥的少妇形象已经鲜明地浮现在读者眼前。

词的下阕写女主人公追忆离家在外的丈夫的情景，点明她愁思萦绕的原因。"忆归期，数归期"二句，包含着女主人公对远行在外的丈夫的无尽思念。"忆"是回想。"忆归期"是回想丈夫临行时说定的归来的时间；"数归期"，是天天计算离他"归期"还有多少天。这一"忆"一"数"，足见她痴态可掬，情深可感。常言说："日有所思，夜有所梦。"频数归期，所梦遂多。"梦见虽多相见稀"，梦里相见虽然多，相比之下，实际相见的日子就很少了，可见梦境是虚幻的。丈夫羁旅天涯，迟迟不归，所约归期到底准不准呢？于是就有了"相逢能几时"的慨叹，引起更强烈的相思。明人李廷机在《草堂诗余评林》中评此词说："梦多见稀，正是闺中之语，'相逢能几时'，又发相思之意。"

综观全词，上阕写景，下阕抒情。上阕手法细腻，含蓄委婉；下阕明白晓畅，直抒胸臆，相反相成，构成一个和谐的整体，展示了人物的外在表现和内心世界，生动地刻画出一个外表柔弱、内心热烈奔放的少妇形象。少妇的性格特点，使得这首词所表达的感情具有"哀而不伤"的特色。

【原文】

谒金门·风乍起

　　风乍起⁽¹⁾，吹皱一池春水⁽²⁾。闲引鸳鸯芳径里⁽³⁾，手挼红杏蕊⁽⁴⁾。　　斗鸭阑干独倚⁽⁵⁾，碧玉搔头斜坠⁽⁶⁾。终日望君君不至，举头闻鹊喜⁽⁷⁾。

【毛泽东圈评等情况】

　　1962 年 8 月 9 日，毛泽东在北戴河中央工作会议上的一次讲话中谈到，1957 年国际上有点小风波，是"风乍起，吹皱一池春水"。

　　　　　[参考]董学文：《毛泽东的文艺美学思想》，高等教育出版社
　　　　　　　　　　　　　　　　　　　　1995 年版，第 217 页。

【注释】

　　（1）乍，忽然，突然。《孟子·公孙丑上》："今人乍见孺子将入于井，皆有怵惕恻隐之心。"朱熹集注："乍，犹忽也。"

　　（2）皱，物体上的褶纹，此指水浪的重叠。

　　（3）闲引，无聊地逗引着玩。芳径，花径。

　　（4）挼（ruó），揉搓。

　　（5）斗鸭，以鸭相斗为欢乐。汉代刘歆著《西京杂记》卷二："鲁恭王好斗鸡鸭及鹅雁。"斗鸭和斗鸡台，都是官僚显贵取乐的场所。阑干，即栏杆。独，一作"遍"。

　　（6）碧玉搔头，一种碧玉做的簪子。汉代刘歆著《西京杂记》载："（汉）武帝过李夫人，就取玉簪搔头；自此后，宫人搔头皆用玉。"坠（zhuì），落，掉下。

　　（7）闻鹊喜，西汉刘安《淮南子·氾论训》高诱注："乾鹊，鹊也，人将有来客，忧喜之征则鸣。"五代王仁裕撰《开元天宝遗事》："时之人家闻鹊声皆以为喜兆，故谓灵鹊报喜。"

【赏析】

《谒金门》，词牌名，又名"空相忆""花自落""垂杨碧""出塞""东风吹酒面""不怕醉""醉花春""春早湖山"等，原为唐教坊曲。西汉武帝以西域大宛马铜像立于皇宫鲁班门外，因改鲁班门称金马门。西汉时的文士东方朔、扬雄、公孙弘等曾待诏金马门，称"金门待诏"。调名本意即咏朝官等待君王召见。以韦庄《谒金门·空相忆》为正体，双调四十五字，前后段各四句、四仄韵。另有双调四十五字，前段四句四仄韵，后段五句四仄韵；双调四十五字，前后段各四句、四仄韵等变体。代表作品有冯延巳《谒金门·风乍起》、李好古《谒金门·花过雨》等。

这首词是冯延巳的名作。宋代马令《南唐书》记载："元宗乐府词云'小楼吹彻玉笙寒'，延巳有'风乍起，吹皱一池春水'之句，皆为警策。元宗尝戏延巳：'吹皱一池春水，干卿何事？'延巳曰：'未若陛下'小楼吹彻玉笙寒'。'元宗悦。"元宗，即南唐中主李璟，也是一位才情横溢的词人。从这一段诙谐的对话中，可以看出李璟对这首词十分欣赏。需要说明的是，这首词在清朱彝尊、汪森编选的《词综》中归于成幼文名下。

冯延巳这首写思妇的词，描写贵族少妇在春日思念丈夫的百无聊赖的景况，反映了她的苦闷心情。由于封建社会妇女无地位，上层社会的妇女依附于男子，女子又禁锢在闺房，精神上很忧郁，这种情况在封建社会相当普遍，因此古典诗歌中写闺阁之怨的也有很多，这种闺怨诗或多或少从侧面反映了妇女的不幸遭遇。如唐王昌龄《闺怨》："闺中少妇不知愁，春日凝妆上翠楼。忽见陌上杨柳色，悔教夫婿觅封侯。"这首词着力表现的，不是情事的直接描述，而是雅致优美的意境。词上阕以写景为主，点明时令、环境及人物活动。"风乍起，吹皱一池春水。"这两句是双关语，表面写景，实际写情，本来水波不兴，忽然刮来风吹皱了池塘的水，象征着词中女主人公的心动荡不安，起伏不平静。春回大地，万象更新，丈夫远行在外，女主人公孤独一人，不由产生寂寞苦闷。开头这两句起语惊拔，是传诵古今的名句。清俞陛云《唐五代两宋词选释》："'风乍起'二句破空而来，在有意无意间，如柴浮水，似沾非著，宜后主盛加称赏。此在南唐全盛时作。'喜闻鹊报'句，殆有束带弹冠之庆及效忠尽瘁之思也。"

"闲引鸳鸯芳径里，手挼红杏蕊。"鸳鸯是水鸟，雌雄成双成对，在诗歌中经常作为爱情的象征。这两句是倒装句，女主人公为了排遣苦闷，就双手揉搓着红杏的花蕊，引逗着鸳鸯徘徊在园中的小路里，这多少给她带来了愉悦，暂时忘掉自己的寂寞；但是看见鸳鸯成双成对，更显得自己孤单，又勾起了自己的烦恼，引起对心上人的怀念。

下阕以抒情为主，并点明所以烦愁的原因，揭示女子的内心世界。"斗鸭阑干独倚，碧玉搔头斜坠"，二句直承上阕，继续写女主人公的活动。古代有以鸭相斗为戏的。《三国志·吴书·陆逊传》："时建昌侯虑于堂前作斗鸭阑，颇施小巧。"古代小说《赵飞燕外传》中也说过："忆在江都时，阳华李姑畜斗鸭水池上，苦獭啮鸭。"晋代蔡洪、唐代李邕都作有《斗鸭赋》。这里的"斗鸭"有人认为就是看斗鸭，有人认为是看水中的鸭子嬉戏，还有人认为是栏杆上的一种雕饰。从句式和意境看，理解为雕饰合适。女主人公心绪不佳，独自靠着栏杆站着，头上的簪随便斜插着，快掉下来，勾画出女主人公懒散的心情。《诗经·卫风·伯兮》中有"自伯之东，首如飞蓬。岂无膏沐？谁适为容"的句子，有异曲同工之妙。

"终日望君君不至"，才揭示出其真实原因。原来她的丈夫长期在外不归，她天天翘首盼望，从早到晚心中想到的是心上人儿现在何处，何时才会回到自己身边。"举头闻鹊喜。"末句给她带来了希望，可谓神来之笔。我国古代有喜鹊叫是报喜的说法。五代王仁裕撰《开元天宝遗事》记载："时人之家，闻鹊声皆以为喜兆，故谓灵鹊报喜。"喜鹊的再次鸣叫，又勾起她的期待，但谁又知道新的期待不是新的失落呢？无须过多语言，只这一句"举头闻鹊喜"就够了。词如池塘的涟漪，波折不停，最后掀起了一个较高的波浪，定住作结，婉转含蓄，耐人寻味，可以说，这一句是整篇词的画龙点睛之笔。清黄苏《蓼园词选》引沈际飞云："闻鹊报喜，须知喜中还有疑在，无非望幸希宠之心，而语自清隽。"清贺裳《皱水轩词筌》："南唐主（李璟）语冯延巳曰：'风乍起，吹皱一池春水'，何与卿事？'冯曰：'未若"细雨梦回鸡塞远，小楼吹彻玉笙寒"。'不可使闻于邻国。然细看词意，含蓄尚多。又云：'无凭谐鹊语，犹觉暂心宽'，韩偓语也。冯延巳去偓不多时，用其语曰：'终日望君君不至，举头闻鹊喜。'虽窃其意，而语加蕴藉。"

　　毛泽东熟知这首词。1962 年 8 月 9 日，他在北戴河中央工作会议上的一次讲话中谈到，1957 年国际上有点小风波，是"风乍起，吹皱一池春水"。毛泽东说的 1957 年国际上有点小风波，是指匈牙利事件。1957 年，在西方帝国主义的策动下，当时东欧的一些社会主义国家发生动乱，波兰的首都华沙出现动乱，匈牙利社会主义政府被推翻，结果由于前苏联的果断出兵，很快平定了动乱，控制了形势，恢复了匈牙利社会主义政权。毛泽东在这次北戴河讲话时重提阶级斗争，是作为阶级斗争的成功例证而讲的。但他把那场国际动乱，说成是一场小风波，是"风乍起，吹皱一池春水"，表现了他的伟大的革命胆略和气派。

五代十国词

宋

词

赵 佶

　　赵佶（1082—1135），宋神宗第十一子、宋哲宗之弟，宋朝第八位皇帝，先后被封为遂宁王、端王。哲宗于公元1100年正月病逝时无子，同月立他为帝。宋徽宗即位之后启用新法，在位初期颇有明君之气，后经蔡京等大臣的诱导，政治情形一落千丈，后来金军兵临城下，受李纲之言，匆匆禅让给太子赵桓，在位25年（1100—1126）。宋钦宗靖康二年（1127）金人攻破汴京，徽、钦二帝被俘，囚禁于五国城（今黑龙江依兰）九年，受折磨而死，终年54岁。宋徽宗是古代少有的艺术天才与全才，他吹弹、书画、声歌、辞赋皆善，自创一种书法字体，被后人称为"瘦金体"，长于画花鸟画，自成"院体"。现代学者唐圭璋《全宋词》收词十二首，今有曹元忠辑本《宋徽宗词》。

【原文】

燕山亭·北行见杏花作

　　裁剪冰绡⁽¹⁾，打叠数重，冷淡燕脂匀注⁽²⁾。新样靓妆⁽³⁾，艳溢香融，羞杀蕊珠宫女⁽⁴⁾。易得凋零⁽⁵⁾，更多少、无情风雨。愁苦。问院落凄凉，几番春暮。　　凭寄离恨重重⁽⁶⁾，这双燕⁽⁷⁾，何曾会人言语⁽⁸⁾！天遥地远，万水千山，知他故宫何处⁽⁹⁾？怎不思量，除梦里、有时曾去。无据⁽¹⁰⁾，和梦也有时不作⁽¹¹⁾。

【毛泽东圈评等情况】

　　毛泽东曾圈阅这首《燕山亭·北行见杏花作》。

　　　　[参考] 张贻玖：《毛泽东评点、圈阅的中国古典诗词》，
　　　　　　　　中国工人出版社1992年版，第244页。

（1）冰绡，薄而洁白的丝绸，比喻花瓣。唐王勃《七夕赋》："停翠梭兮卷霜縠，引鸳杼兮割冰绡。"

（2）原文"燕脂"，即胭脂，亦作"臙脂"，一种用于化妆和国画的红色颜料，亦泛指鲜艳的红色。唐杜甫《曲江对雨》诗："林花着雨臙脂湿，水荇牵风翠带长。"

（3）靓（jìng）装，艳丽的妆饰打扮。

（4）蕊珠宫女，指仙女。蕊珠宫，亦省称"蕊宫"，道教经典中所指天上仙宫。唐顾云《华清词》诗："相公清斋朝蕊宫，太上符箓龙蛇踪。"

（5）凋零，零落，多指草木花叶。《素问·五常政大论》："秋气劲切，甚则肃杀，清气大至，草木凋零，邪乃伤肝。"

（6）凭寄，凭谁寄，托谁寄。

（7）这，原作"者"。

（8）何曾，反问表示为何，何故。《孟子·公孙丑上》："尔何曾比予于管仲？"赵岐注："何曾，犹何乃也。"

（9）故宫，旧时的宫殿。《汉书·食货志下》："公卿白议封禅事，而郡国皆豫治道，修缮故宫。"

（10）无据，没有依据或证据。唐颜师古《明堂议》："大戴所说，初有近郊之言，为称文王之庙。进退无据，自为矛盾。"

（11）和，连。有时，一作"新来"。

【赏析】

《燕山亭》，词牌名，又名《宴山亭》。以曾觌《燕山亭·中秋诸王席上作》为定格，双调九十九字，前段十一句五仄韵，后段十句五仄韵。代表词作有宋徽宗赵佶《燕山亭·北行见杏花》等。

此词为北宋徽宗皇帝在 1127 年覆国被掳往北方五国城时，北行途中见杏花盛开，于是产生联想，托物兴感，抒发郁积在心的亡国之痛。词通过写杏花的凋零，借以哀伤自己悲苦无告、横遭摧残的命运。

上阕"裁剪冰绡，打叠数重，冷淡燕脂匀注"三句为第一层，正面近处细写杏花形态之美，以细腻笔触描绘杏花的外形而及神态，勾勒出一幅绚丽的杏花图。杏花的瓣儿好似一叠叠冰清玉洁的缣绸，经过巧手裁剪出重重花瓣，又逐步匀称地晕染上浅淡的胭脂。朵朵花儿都是那样精美绝伦地呈现在人们眼前。"新样靓妆，艳溢香融，羞杀蕊珠宫女。"接下来三句，采用拟人手法，再进一步把杏花比拟为装束入时而匀施粉黛的美人，她容颜光艳照人，散发出阵阵暖香，胜过天上蕊珠宫里的仙女。"羞杀"两字，是说连天上仙女看见她都要自愧不如，由此进一步衬托出杏花的形态、色泽和芳香都是不同于凡俗之花，也充分表现了杏花盛放时的动人景象。"易得凋零，更多少、无情风雨。愁苦。问院落凄凉，几番春暮。"以下六句笔锋突转，描写杏花遭到风雨摧残后的黯淡场景。春日绚丽非常，正如宋柳永《木兰花慢》中所云："正艳杏烧林，缃桃绣野，芳景如屏。"但为时不久就逐渐凋谢，又经受不住料峭春寒和无情风雨的摧残，终于花落枝空；更可叹的是暮春之时，庭院无人，美景已随春光逝去，显得那样凄凉冷寂。这里不仅是怜惜杏花，而且也兼以自怜。作者以帝王之尊，降为阶下之囚，流徙至千里之外，其心情之愁苦自非笔墨所能形容，杏花的烂漫和易得凋零感发他的种种感慨和联想，往事和现实交杂一起，不由得让他感到杏花凋零，犹有人怜，而自身沦落，却只空有"故国不堪回首月明中"的无穷慨恨和感伤。"愁苦"之下接一"问"字，其含意与李后主"问君能有几多愁，恰似一江春水向东流"相仿佛。

词之下阕，以杏花的由盛而衰暗示作者自身的境遇，抒写词人对自身遭遇的沉痛哀诉，表达出词人内心的无限苦痛。"凭寄离恨重重，这双燕，何曾会人言语。"前三句写一路行来，忽见燕儿双双，从南方飞回寻觅旧巢，不禁有所触发，本想托付燕儿寄去重重离恨，再一想它们又怎么能够领会和传达自己的千言万语？但除此以外又将凭谁传递音问呢？作者这里借着问燕表露出音讯断绝以后的思念之情。"天遥地远，万水千山，知他故宫何处？"三句叹息自己父子降为臣虏，与宗室臣僚三千余人被驱赶着向北行去，路途是那样的遥远，艰辛地跋涉了无数山山水水，回首南望，再也见不到汴京故宫，真可以说是"别时容易见时难"了。"怎不思量，除梦里、有时曾去。无据，和梦也有时不作。"以下三句紧接上句，以反诘说明怀念故国之情，然而，"故宫何处"点出连望见都不可能，只能求之于梦寐之间了。梦中几度重临旧地，带来了片刻的慰安。"无据，和梦也有时不作。"结尾两句写亡国之恨、绝望之情。宋晏几道《阮郎归》末两句"梦魂纵有也成虚，那堪和梦无"，宋秦观《阮郎归》结尾"衡阳犹有雁传书，郴阳和雁无"，都是同样的意思。梦中的一切，本来是虚无空幻的，但近来连梦都不做，真是一点希望也没有了，反映出内心百折千回，可说是哀痛已极。

作者乃北宋著名书画家，其绘画重写生，以精工逼真著称于世。这种手法于此词的景物刻画中也有所体现，尤其上片对杏花的描绘，颇具工笔画的意蕴。现代词学家唐圭璋的《唐宋词简释》说："此词为赵佶被俘北行见杏花之作。起首六句，实写杏花。前三句，写花片重叠，红白相间。后三句，写花容艳丽，花气浓郁。'羞杀'一句，总束杏花之美。'易得'以下，转变徵之音，怜花怜己，语带双关。花易凋零一层、风雨摧残一层、院落无人一层，愈转愈深，愈深愈痛。换头，因见双燕穿花，又兴孤栖膻幕之感。燕不会人言语一层，望不见故宫一层，梦里思量一层，和梦不做一层，且问且叹，如泣如诉。总是以心中有万分委曲，故有此无可奈何之哀音，忽吞咽，忽绵邈，促节繁音，回肠荡气。况蕙风云：'真'字是词骨，若此词及后主之作，皆以'真'胜者。"

徐昌图

徐昌图（约965年前后在世），生卒年、字号均不详，约宋太祖乾德年中前后在世。徐寅曾孙，与兄徐昌嗣并有才名。五代末以明经及第，初仕闽陈洪进（仙游人，时任清源军节度使）归宋，陈遣其奉《纳地表》入宋进贡。太祖留之汴京，命为国子博士，迁殿中丞。昌图好作词，风格隽美，为五代词坛有数名手，启北宋一代词风。遗词仅存三首，收入《全唐诗》卷898中，亦曾收入《尊前集》。

【原文】

临江仙·饮散离亭西去

饮散离亭西去(1)，浮生常恨飘蓬(2)。回头烟柳渐重重(3)。淡云孤雁远(4)，寒日暮天红(5)。　　今夜画船何处(6)？潮平淮月朦胧(7)。酒醒人静奈愁浓。残灯孤枕梦(8)，轻浪五更风(9)。

【毛泽东圈评等情况】

毛泽东曾圈阅这首《临江仙·饮散离亭西去》。

[参考] 张贻玖：《毛泽东评点、圈阅的中国古典诗词》，中国工人出版社1992年版，第244页。

【注释】

（1）离亭，就是驿亭。古代建于离城稍远的道旁供人歇息的亭子。古时人们常在这个地方举行告别宴会。南朝陈阴铿《江津送刘光录不及》诗："泊处空余鸟，离亭已散人。"

（2）浮生，一生。《庄子·刻意》："其生若浮，其死若休。"以人生在世，虚浮不定，因称人生为"浮生"。南朝宋鲍照《答客》诗："浮生急驰电，物道险弦丝。"飘蓬，飘飞的蓬草。唐贾岛《送友人游塞》诗："飘蓬多塞下，君见益潸然。"比喻飘泊无定。

（3）烟柳，烟雾笼罩的柳林，亦泛指柳林、柳树。唐张仲素《春游曲》之一："烟柳飞轻絮，风榆落小钱。"

（4）孤雁，离群的孤单的雁。

（5）暮天，傍晚的天空。

（6）画船，装饰华美的游船。

（7）朦胧，微明之状。宋张先《少年游》词："碎霞浮动晓朦胧，春意与花浓。"

（8）残灯，将熄的灯。唐白居易《秋房夜》诗："水窗席冷未能卧，挑尽残灯秋夜长。"孤枕，独枕，借指独宿、独眠。唐李白《月下独酌》诗之三："醉后失天地，兀然就孤枕。"

（9）五更，旧时把一夜分为五更，即一更、二更、三更、四更、五更。这里指第五更的时候，即天将明时。

【赏析】

这首词是羁旅伤怀的词作。词中将汉魏古诗中的游子思妇及晚唐五代词离愁别恨的题材结合起来，因而写得情景交融、意绪深沉。

词的上阕写离散时的情景。"饮散离亭西去"，钱别之宴已散，只剩下自己孤单单的一个人离开寂寥的长亭，向西远去。"离亭"，是供人钱别的亭子。作者不写离亭钱别，也不写彼此惜别，却从"饮散""西去"写起，把这一切都抛在词外，省却多少笔墨！正因为起得好，植根于这个起句的以下各句，才那样富于魅力。"浮生长恨飘蓬"，此句是直接由"饮散离亭西去"激发的深沉慨叹。"浮生"即人生，乃抒情主人公自指。"生"而"浮"，已见得飘流无定；又"恨"其像断"蓬"那样随风"飘"荡，身不由己：则离亭饮散之后，虽说"西去"，实则前途茫茫！而于"恨"前又加一"长"字，自然使读者想到：对于这位抒情主人公来说"饮散离亭"并非第一次，而是经常重演的；重演一次，就增加一分身世飘零之恨。这首词，大约写于徐昌图入宋之前，它所反映的个人身世，饱和着五代乱离的时代投影。接着写"西去"。"回头烟柳渐重重"一句，将身去而意留的情景作了生动的、多层次的体现。上船西行，却频频回头东望，始而"回头"，见送行者已隔一"重""烟柳"，继续"回头"，则"烟柳"由一"重"而再"重"、三"重"、四"重"、五"重"，乃至无数"重"，送行者的身影，也就逐渐模糊，终于望而不见了。从行者方面说，情景如此；于送者而言，又何尝不然。"烟柳"乃常见之词，一旦用作"回头"的宾语，又用"渐重重"修饰，便场景迭现，意象纷呈，人物栩栩欲活，其惜别之情与飘蓬之恨，亦随之跃然纸上，动人心魄。头等者既为重重烟柳所遮，"回头"已属徒然，这才沿着"西去"的方向朝前看。朝前看，可以看见的东西当然并不少，但由于特定心态的支配，摄入眼底的，只是"淡云孤雁远，寒日暮天红"。"淡云""寒日""暮天"，都是情中景，倍感凄凉。而那"远"去的"孤雁"，则分明是抒情主人公的象征。雁儿啊，天已寒，日已暮，夕阳西下，西天边一片红色。

下阕设想别后情景："今夜画船何处？"设问自答。当然不是问船夫，而只是问自己。"潮平淮月朦胧。酒醒人静奈愁浓。残灯孤枕梦，轻浪五更风。"以下四句所写，乃是想象中可能出现的情景，作为对问语的回答。船在淮水上行进，现在还未起风，"潮"该是"平"的；天空中"淡云"飘动，月光是"朦胧"的；离亭话别之际，为了麻醉自己，只管喝酒，但酒意终归要消失，一旦"酒醒"，正当夜深"人静"，又有什么办法解愁？一个人躺在船里，"孤枕""残灯"，思前想后，哪能入睡？熬到五更天，也许会有点儿睡意，恍惚间梦见亲人；然而五更天往往有风，有风就起浪，即使是"轻浪"吧，也会把人从梦中惊醒；醒来之后，风声、浪声，更增愁烦，将何以解怀？这是多么细致入微的心理描写！此情此景，此种滋味，怎能让人禁受得起啊！

这首词从"饮散"写起，截去饯行的场景，让读者去想象；一问之后展现的画面转换和心理变化，又完全出于想象，其艺术构思，极富独创性。

李重元

李重元（生卒年不详），宋代词人，约1122年（宋徽宗宣和）前后在世。南宋黄升编《花庵词选》及《全宋词》收其《忆王孙》词4首，分别咏春、夏、秋、冬四季。《婉约词》中收2首。

【原文】

忆王孙·春

蒌蒌芳草忆王孙[1]，柳外楼高空断魂[2]，杜宇声声不忍闻[3]，欲黄昏[4]。雨打梨花深闭门。

【毛泽东圈评等情况】

毛泽东曾圈阅这首《忆王孙·春》。

[参考] 张贻玖：《毛泽东评点、圈阅的中国古典诗词》，中国工人出版社1992年版，第244页。

【注释】

（1）蒌蒌，草木茂盛貌。《诗经·周南·葛覃》："葛之覃兮，施于中谷，维叶蒌蒌。"毛传："蒌蒌，茂盛貌。"芳草，香草。汉班固《西都赋》："竹林果园，芳草甘木。郊野之富，号为近蜀。"王孙，王的子孙，后泛指贵族子弟。《左传·哀公十六年》："王孙若安靖楚国，匡正王室，而后庇焉。启之愿也。"《楚辞·淮南小山〈招隐士〉》："王孙游兮不归，春草生兮蒌蒌。"王夫之通释："王孙，隐士也。秦汉以上，士皆王侯之裔，故称王孙。"

（2）断魂，销魂神往，形容一往情深或哀伤。唐宋之问《江亭晚望》

诗："望水知柔性，看山欲断魂。"

（3）杜宇，即杜鹃鸟。据《成都记》载："杜宇又曰杜主，自天而降，称望帝，好稼穑，治郫城。后望帝死，其魂化为鸟，名曰杜鹃。"传说中的古代蜀国国王。《太平御览》卷一六六引汉扬雄《蜀王本纪》："荆人鳖令死，其尸流亡，随江水上至成都，见蜀王杜宇，杜宇立以为相。杜宇号望帝，自以德不如鳖令，以其国禅之，号开明帝。"

（4）黄昏，日已落而天色尚未黑的时候。《楚辞·离骚》："曰黄昏以为期兮，羌中道而改路。"

【赏析】

《忆王孙》，词牌名，又名《独脚令》《忆君王》《豆叶黄》《画蛾眉》《阑干万里心》《怨王孙》。单调三十一字，五句五平韵。亦有双调五十四字，仄韵。

李重元，传世词作仅《忆王孙》四首（春词、夏词、秋词、冬词），皆以思妇的口吻，倾诉一年四季思念恋人的脉脉情思。每首又以当时季节的景物来烘托离愁，颇具情景交融之特色。

这一首为其中的春词，即以"芳草""柳""杜宇""梨花"这些春季特有之景物来写胸中无限的离别乡思之情。词中所取之春景，无一不关涉离愁别绪。"萋萋芳草忆王孙"，此词起笔展示的是一种开阔的伤心碧色：连天芳草，千里萋萋，极目所望，古道晴翠，而思念的人更在天涯芳草外，闺中人的心也轻轻飘扬到天尽头了。这一句，情与景都呈现出一种杳渺深微的特征。"柳外楼高空断魂。"接下来，场景收束为田间路头杨柳、柳外高楼。"杜宇声声不忍闻"，"杜宇"，即杜鹃鸟，常于春季啼鸣，传说为古代蜀国国王魂魄所化，其啼叫声如"不如归去"。古代文学作品中常以杜宇的意象来表达思乡、怀归一类的感情，所以，在杜鹃声声中，将到黄昏时，随着时间的推移，场景再次收束为小院梨花带春雨。"欲黄昏，雨打梨花深闭门。"最后二句是说，暝色入庭院，场景收束为一个无言深闭门的近镜头。可以想见，闭门人游荡在千里外的芳心也将最后回到常日紧闭的心扉内。词作结构由大而小、由外而内、由景生情，总体上表现为收束的特征。这一特征又准确地表现了古代妇女那种内向型的心态。词的结尾以暮雨的情景来烘托愁苦的氛围，以闭门的行为来状写孤寂失意的情怀，极富表现力。古代文学作品有以暮雨梧桐或雨打芭蕉等意象表达怀人之情境，此词却以"雨打梨花"写意，其"梨花"之"梨"又与离别之"离"谐音。这种谐音双关的手法运用得颇为巧妙，产生出声情并茂、情景交融的极佳艺术效果。正因为如此，"雨打梨花深闭门"便成了脍炙人口的名句。

寇　准

寇准（961—1023），字平仲，华州下邽（今陕西渭南）人，北宋政治家、诗人、词人。宋太宗太平兴国（980）五年进士，授大理评事、知归州巴东县，改大名府成安县。累迁殿中丞、通判郓州。召试学士院，授右正言、直史馆，为三司度支推官、转盐铁判官。历同知枢密院事、参知政事。后两度入相，一任枢密使，出为使相。宋真宗乾兴元年（1022）数被贬谪，终雷州司户参军，宋仁宗天圣元年（1023）九月，病逝于雷州。寇准善诗能文，七绝尤有韵味，与白居易、张仁愿并称渭南"三贤"。《全宋词》共辑其词4首。

【原文】

江南春·波渺渺

波渺渺[1]，柳依依[2]。孤村芳草远[3]，斜日杏花飞[4]。江南春尽离肠断[5]，蘋满汀洲人未归[6]。

【毛泽东圈评等情况】

毛泽东曾圈阅这首《江南春·波渺渺》。

[参考] 张贻玖：《毛泽东评点、圈阅的中国古典诗词》，中国工人出版社1992年版，第244页。

【注释】

（1）渺渺（miǎo miǎo），幽远之状，悠远之状。《管子·内业》："折折乎如在于侧，忽忽乎如将不得，渺渺乎如穷无极。"尹知章注："渺渺，微远貌。"

（2）柳依依，化用《诗经·小雅·采薇》诗句："昔我往矣，杨柳依依。"

（3）芳草远，化用《楚辞·招隐士》句："王孙游兮不归，春草生兮萋萋。"

（4）斜日，傍晚时西斜的太阳。南朝梁简文帝《纳凉》诗："斜日晚骎骎，池塘生半阴。"

（5）离肠，充满离愁的心肠。唐武元衡《南徐别业早春有怀》诗："虚度年华不相见，离肠怀土并关情。"

（6）蘋满汀洲，代指春末夏初的时令。蘋，一种水生植物，也叫四叶菜、田字草。汀州，水中的小块陆地。《楚辞·九歌·湘夫人》："搴汀州兮杜若，将以遗兮远者。"

【赏析】

《江南春》，单调小令，为北宋寇准所创。三十字，三平韵。

寇准这首《江南春·波渺渺》以思妇的口吻抒写伤离惜别之情绪，其情调、意境乃至用语，皆明显是由南朝梁柳恽《江南曲》点化而成："汀洲采白蘋，日暖江南春。洞庭有归客，潇湘逢故人。故人何不返，春华复应晚。不道新知乐，只言行路远。"

词以清丽宛转、柔美多情的笔触，以景起，以情结，以景寄情，情景交融，抒写了女子怀人伤春的情愫。"波渺渺，柳依依。孤村芳草远，斜日杏花飞。"前四句写景，景中含情。词人勾勒出一幅江南暮春图景：一泓春水，烟波渺渺，岸边杨柳，柔条飘飘。那绵绵不尽的萋萋芳草蔓伸到遥远的天涯。夕阳映照下，孤零零的村落阒寂无人，只见纷纷凋谢的杏花飘飞满地。以上四句含有丰富的意蕴和情思。"波渺渺"，既是思妇眼前之景，也渗透着她无限的深情，含有佳人望穿秋水的深情。"柳依依"三字暗用《诗经·小雅·采薇》"昔我往矣，杨柳依依"的诗句，使人触目伤怀，想起当年长亭惜别之时。唐宋人有折柳送别的习俗，思妇眼前的株株杨柳，自然使她回忆起当时送别游子依依惜别的情景，如今柳色依旧，青翠欲滴，而游人却不见踪影，怎不使她黯然伤神？"孤村芳草远"五字也同样具有浓重的感情色彩。"孤村"与其说是写村"孤"，不如说是写她心境之孤寂，说明主人公心情之孤寂。而"芳草"的意象又是古代诗人常用的表现离愁和怀人之思的。《楚辞·招隐士》有"王孙游兮不归，春草生兮萋萋"的句子，于是后人总是以萋萋芳草与离别或怀人、思妇相关合。此处的"孤村芳草远"，正是用以表现思妇如芳草一般没有穷尽的离愁别恨。"斜阳杏花飞"五字大有美人迟暮之感慨，自然也是因为怀人而引起韶华易逝之伤感情绪。所以，此包含有"无可奈何花落去"的凄凉和感伤。同时，"杏花飞"三字也明显点出暮春时节。"江南春尽离肠断，蘋满汀洲人未归。"词的后两句由景及情，直抒胸臆，点醒一篇之主旨。前面作者花了很大力气，连续四句都是写景，实际上就是为了说出"江南春尽离肠断"这一层意思。因为有了前面写景的层层渲染铺垫，这句直抒胸臆之语，才显得情深意挚。

南宋胡仔《苕溪渔隐丛话》中评此词云："观此语意，疑若优柔无断者；至其端委庙堂，决澶渊之策，其气锐然，奋仁者之勇，全与此诗意不相类。盖人之难知也如此！"

钱惟演

钱惟演（977—1034），字希圣，钱塘（今浙江杭州）人，北宋大臣、文学家、词人。吴越忠懿王钱俶第七子。钱惟演随钱俶归宋，历任右神武将军、太仆少卿、命直秘阁，预修《册府元龟》，累迁工部尚书，拜枢密使，官终崇信节度使。钱惟演博学能文，在文学创作上颇有建树。宋真宗景德年间与杨亿、刘筠等唱和，编成《西昆酬唱集》，风靡诗坛，号"西昆体"，为"西昆体"骨干诗人。他喜招徕文士，奖掖后进，晚年为西京留守时，对欧阳修、梅尧臣等人颇有提携之恩。

【原文】

玉楼春·城上风光莺语乱

城上风光莺语乱[(1)]，城下烟波春拍岸[(2)]。绿杨芳草几时休[(3)]，泪眼愁肠先已断[(4)]。　　情怀渐觉成衰晚，鸾镜朱颜惊暗换[(5)]，昔年多病厌芳樽[(6)]，今日芳尊惟恐浅。

【毛泽东圈评等情况】

毛泽东曾圈阅这首《玉楼春·城上风光莺语乱》。

[参考] 张贻玖：《毛泽东评点、圈阅的中国古典诗词》，
中国工人出版社 1992 年版，第 244 页。

【注释】

（1）莺语，黄莺婉转鸣叫声。晋孙绰《兰亭》诗之二："莺语吟修竹，游鳞戏澜涛。"唐白居易《琵琶引》："间关莺语花底滑，幽咽泉流水下难。"

（2）烟波，指烟雾苍茫的水面。隋江总《秋日侍宴娄苑湖应诏》诗："雾开楼阙近，日迥烟波长。"拍岸，指翻起的波浪拍打着岸边。

（3）芳草，香草。东汉班固《西都赋》："竹林果园，芳草甘木。郊野之富，号为近蜀。"几时，什么时候，哪一天。唐杜甫《天末怀李白》诗："鸿雁几时到，江湖秋水多。"

（4）愁肠，愁苦的心情，郁结愁闷的心绪。

（5）鸾镜，镜子。《太平御览》卷九一六引南朝宋范泰《鸾鸟诗》序："昔罽宾王结罝峻祁之山，获一鸾鸟，王甚爱之，欲其鸣而不致也。乃饰以金樊，飨以珍羞。对之逾戚，三年不鸣。夫人曰：'闻鸟见其类而后鸣，何不县镜以映之！'王从言。鸾睹形感契，慨焉悲鸣，哀响中宵，一奋而绝。"后即以"鸾镜"指妆镜。唐骆宾王《代女道士王灵妃赠道士李荣》诗："龙飙去去无消息，鸾镜朝朝减容色。"朱颜，红润美好的容颜。这里指年轻的时候。

（6）芳尊，亦作"芳樽""芳罇"，精致的酒器。亦借指美酒。唐房玄龄等《晋书·阮籍等传论》："嵇阮竹林之会，刘毕芳樽之友。"

【赏析】

《玉楼春》，词牌名，又名"归朝欢令""呈纤手""春晓曲""惜春容""归朝欢令"等。以顾夐词《玉楼春·拂水双飞来去燕》为正体，双调五十六字，前后段各四句三仄韵。另有双调五十六字、前段四句三仄韵、后段四句两仄韵等变体。代表作有欧阳修《玉楼春·尊前拟把归期说》等。

此词是作者晚年谪迁汉东（今湖北随州）时所作。南宋胡仔《苕溪渔隐丛话后集》卷三十九引《侍儿小名录》云："钱思公（惟演）谪汉东日，撰《玉楼春》词云云，每酒阑歌之则泣下。后阁有白发姬，乃邓王（惟演父俶）歌鬟惊鸿也，遽言：'先王将薨，预戒挽铎中歌《木兰花》（即《玉楼春》）引绋为送，今相公亦将亡乎？'果薨于随州。邓王旧曲，亦尝有'帝乡烟雨锁春愁，故国山川空泪眼'之句。"宋仁宗明道二年（1033）三月，垂帘听政的刘太后崩，仁宗开始亲政，即着力在朝廷廓清刘氏党羽。与刘氏结为姻亲的钱惟演自然在劫难逃，同年九月，坐擅议宗庙罪，贬崇信军节度使，谪居汉东。紧接着，其子钱暧也罢官。不久，与钱氏有姻亲关系的郭皇后被废。这一切，都预示着他的政治生命行将结束。这首词正是作于此时，离钱惟演去世不到一年。

此词抒发迟暮之感，写得"词极凄婉"，处处流露出一种垂暮之感。词在上阕借景抒情。"城上风光莺语乱，城下烟波春拍岸。"词的前两句写景，意思只是说，城头上莺语婉转动听，风光无限，城脚下烟波浩淼，春水拍岸，是一派春景。作者在这里是借景抒情，而不是因景生情，因此用粗线条勾勒春景，体现出作者此时此刻的心情：并非着意赏春，而是一片春声在侵扰着他，使他无计避春，从而更触发了满怀愁绪。"绿杨芳草几时休，泪眼愁肠先已断。"三、四两句进一步由景而及情，绿杨芳草年年生发，而我则已是眼泪流尽，愁肠先断，愁惨之气溢于言表。用芳草来比喻忧愁的词作很多，如"芳草年年与恨长"（冯延巳《南乡子》），"离恨恰如春草，更行更远还生"（李煜《清平乐》），这些句子都比钱惟演的词来得深婉，但同时又都没有他来得凄婉。从表现手法上讲，用绿杨芳草来渲染泪眼愁肠，也就达到了情景相生的效果。这两句是由上面两句对春色的描写直接引发的，由景入情，并且突作"变徵之声"，把词推向高潮，中间的过渡是很自然的。

词的下阕抒情更加具体，手法更加细腻。"情怀渐觉成衰晚，鸾镜朱颜惊暗换。"前两句仍是抒情。"情怀渐觉成衰晚"，并不是虚写，而是有着充实的内容。钱惟演宦海沉浮几十年，能够"官兼将相，阶、勋、品皆第一"（见欧阳修《归田录》），靠的就是刘太后，因此，刘太后的死，对钱惟演确实是致命的一击。一贬汉东，永无出头之日，这对于一生"雅意柄用"的钱惟演来说，是一种无法忍受的痛苦，当时的情怀可想而知。"鸾镜朱颜惊暗换"，亦徐干《室思》诗"郁结令人老"之意，承上句而来。人不能自见其面，说是镜里面而始惊，亦颇入情。这两句从精神与形体两方面来感叹老之已至，充满了无可奈何的伤感之情。

"昔年多病厌芳樽，今日芳尊惟恐浅。"最后两句是全词的精粹，收得极有分量，使整首词境界全出。用酒浇愁是一个用滥了的主题，但这里运用得却颇出新意，原因正在于作者捕捉到对"芳尊"态度的前后变化，形成强烈对照，写得直率。以全篇结构来看，这也是最精彩的一笔，使得整首词由景入情、由粗及细，层层推进，最后"点睛"，形成所谓"警策句"，使整首词表达了一个完整的意境。

这首遣怀之作，在遣词造句上未脱尽脂粉气，芳草、泪眼、鸾镜、朱颜等，颇有几分像"妇人之语"，实际上它只是抒写作者政治失意的感伤而已，反映出宋初纤丽词风特征。

晏　殊

晏殊（991—1055），字同叔，抚州临川（今江西临川）人，北宋著名文学家、政治家。生于宋太宗淳化二年（991），十四岁以神童入试，赐进士出身，命为秘书省正字，官至右谏议大夫、集贤殿学士、同平章事兼枢密使、礼部刑部尚书、观文殿大学士知永兴军、兵部尚书，1055年病逝于京中，封临淄公，谥号元献，世称晏元献。晏殊以词著于文坛，尤擅小令，风格含蓄婉丽，与其子晏几道，被称为"大晏"和"小晏"，又与欧阳修并称"晏欧"。其词吸收了南唐"花间派"和冯延巳的典雅流丽词风，开创北宋婉约词风，被称为"北宋倚声家之初祖"。

【原文】

浣溪沙·一曲新词酒一杯

一曲新词酒一杯[(1)]，去年天气旧亭台[(2)]。夕阳西下几时回[(3)]？　　无可奈何花落去[(4)]，似曾相识燕归来[(5)]。小园香径独徘徊[(6)]。

【毛泽东圈评等情况】

有些人，像印度资产阶级中的一些人，又不同一点他们有两面性。他们一方面非常不高兴，非常反对我们三月二十日以后开始的坚决镇压叛乱，非常反对我们这种政策，他们同情叛乱分子。另一方面，又不愿意和我们闹翻，他们想到过去几年中国和印度都没有闹翻过，没有战争，同时，他们看到无可奈何花落去，花已经落去了。1954那年中印两国订了条约，就是声明五项原则的那个条约，他们承认西藏是中国的一部分，是中国的领土。

[参考]毛泽东：《关于西藏评叛》，《毛泽东文集》，第八卷，中央文献出版社1999年版，第44页。

【注释】

（1）一曲新词酒一杯，此句化用唐白居易《长安道》诗意："花枝缺入青楼开，艳歌一曲酒一杯"。一曲，一首。因为词是配合音乐唱的，故称"曲"。新词，刚填好的词，意指新歌。酒一杯，一杯酒。

（2）去年天气旧亭台，是说天气、亭台都和去年一样。此句化用郑谷《和知己秋日伤怀》诗："流水歌声共不回，去年天气旧池台。"晏词"亭台"一本作"池台"。去年天气，跟去年此日相同的天气。旧亭台，曾经到过的或熟悉的亭台楼阁。旧，旧时。

（3）夕阳，指傍晚的太阳。西下，向西方地平线落下。几时回，什么时候回来。

（4）无可奈何，指感到没有办法，只有这样了。奈何，如何，怎么办。

（5）似曾相识，好像曾经认识，形容见过的事物再度出现，后用作成语。燕归来，燕子从南方飞回来。燕归来，春中常景，在有意无意之间。

（6）小园香径，花草芳香的小径，或指落花散香的小径。因落花满径，幽香四溢，故云香径。香径，带着幽香的园中小径。独，副词，用于谓语前，表示"独自"的意思。徘徊，来回走。

【赏析】

这是晏殊词中最为脍炙人口的篇章。全词抒发了悼惜残春之情，表达了时光易逝，难以追挽的伤感。词的上阕写景，写主人公饮酒听曲之乐。"一曲新词酒一杯，去年天气旧亭台。"起句写对酒听歌的现境。从复叠错综的句式、轻快流利的语调中可以体味出，词人面对现境时，开始是怀着轻松喜悦的感情，带着潇洒安闲的意态的，似乎主人公十分醉心于宴饮涵咏之乐。的确，作为安享尊荣而又崇文尚雅的"太平宰相"，以歌侑酒，是作者习于问津，也乐于问津的娱情遣兴方式之一。"去年天气旧亭台"，此句说，他边听边饮，这现境却又不期然而然地触发对"去年"所历类似境界的追忆：也是和"今年"一样的暮春天气，面对的也是和眼前一样的楼台亭阁，一样的清歌美酒。然而，似乎一切依旧的表象下又分明感觉到有的东西已经起了难以逆转的变化，这便是悠悠流逝的岁月和与此相关的一系列人事。此句中正包蕴着一种景物依旧而人事全非的怀旧之感。在这种怀旧之感中又糅合着深婉的伤今之情，作者纵然襟怀冲澹，仍不免有些微的伤感。于是词人从心底涌出这样的喟叹："夕阳西下几时回？"

夕阳西下，是眼前景。但词人由此触发的，却是对美好景物情事的流连、对时光流逝的怅惘，以及对美好事物重现的微茫希望。这是即景兴感，但所感者实际上已不限于眼前的情事，而是扩展到整个人生，其中不仅有感性活动，而且包含着某种哲理性的沉思。夕阳西下，是无法阻止的，只能寄希望于它的东升再现，而时光的流逝、人事的变更，却再也无法重复。细味"几时回"三字，所折射出的似乎是一种企盼其返，却又情知难返的纤细心态。

下篇抒情，仍以融情于景的笔法申发前意。"无可奈何花落去，似曾相识燕归来。"前两句都是描写春天的，妙在对仗工整，为天然奇偶句。此句工巧而浑成、流利而含蓄，声韵和谐，寓意深婉，用虚字构成工整的对仗，唱叹传神，表现出词人的巧思深情，也是这首词出名的原因。但更值得玩味的是这一联所含的意蕴。花的凋落、春的消逝、时光的流逝，都是不可抗拒的自然规律，惋惜流连也无济于事，所以说"无可奈何"，这一句承上"夕阳西下"；然而这暮春天气中，所感受到的并不只是无可奈何的凋衰消逝，而是还有令人欣慰的重现，那翩翩归来的燕子就像是去年曾在此处安巢的旧时相识。这一句应上"几时回"。花落、燕归虽也是眼前景，但一经与"无可奈何""似曾相识"相联系，它们的内涵便变得非常广泛，意境非常深刻，带有美好事物的象征意味。惋惜与欣慰的交织中，蕴含着某种生活哲理：一切必然要消逝的美好事物都无法阻止其消逝，但消逝的同时仍然有美好事物的再现，生活不会因消逝而变得一片虚无。只不过这种重现毕竟不等于美好事物的原封不动地重现，它只是"似曾相识"罢了。渗透在句中的是一种混杂着眷恋和怅惘，既似冲澹又似深婉的人生感触。唯其如此，此联作者既用于此词，又用于《示张寺丞王校勘》一诗。据《词林纪事》载张宗橚云："元献尚有《示张寺丞王校勘》七律一首：'元巳清明假未开，小园幽径独徘徊。春寒不定斑斑雨，宿酒难禁滟滟杯。无可奈何花落去，似曾相识燕归来。游梁赋客多风味，莫惜青钱万选才。'诗中三句与此词同，只易一字。细玩'无可奈何'一联，意致缠绵的倚声家语，若作七律，未免软弱矣。""小园香径独徘徊。"末句是说他独自一人在花间踱来踱去，心情无法平静。这里伤春的感情胜于惜春的感情，含着淡淡的哀愁，情调是低沉的。

此词之所以脍炙人口，广为传诵，其根本的原因于情中有思。词中似乎于无意间描写司空见惯的现象，却有哲理的意味，启迪人们从更高层次思索宇宙人生问题。词中涉及时间永恒而人生有限这样深广的意念，却表现得十分含蓄。

范仲淹

范仲淹（989—1052），字希文，北宋初年政治家、文学家。范仲淹幼年丧父，母亲改嫁长山朱氏，遂更名朱说。大中祥符八年（1015），范仲淹苦读及第，授广德军司理参军。后历任兴化县令、秘阁校理、陈州通判、苏州知州等职，因秉公直言而屡遭贬斥。康定元年（1040），与韩琦共任陕西经略安抚招讨副使，采取"屯田久守"方针，巩固西北边防。庆历三年（1043），出任参知政事，发起"庆历新政"。不久后，新政受挫，范仲淹自请出京，历知邠州、邓州、杭州、青州。皇佑四年（1052），改知颍州，在扶疾上任的途中逝世，年六十四。累赠太师、中书令兼尚书令、楚国公，谥号"文正"，世称范文正公。范仲淹政绩卓著，文学成就突出。范仲淹词作存世共五首，虽然数量较少，但首首脍炙人口，在宋词的发展中起着承前启后的重要作用。

【原文】

苏幕遮·碧云天

碧云天，黄叶地⁽¹⁾，秋色连波⁽²⁾，波上寒烟翠⁽³⁾。山映斜阳天接水⁽⁴⁾，芳草无情⁽⁵⁾，更在斜阳外。　　黯乡魂⁽⁶⁾，追旅意⁽⁷⁾。夜夜除非好梦留人睡⁽⁸⁾。明月楼高休独倚，酒入愁肠⁽⁹⁾，化作相思泪⁽¹⁰⁾。

【毛泽东圈评等情况】

词有婉约、豪放两派，各有兴会，应当兼读。读婉约派久了，厌倦了，要改读豪放派。豪放派读久了，又厌倦了，应当改读婉约派。我的兴趣偏于豪放，不废婉约。婉约派中有许多意境苍凉而又优美的词。范仲淹的上两首（按：指《苏幕遮·碧云天》和《渔家傲·塞上秋来风景异》）介于婉约与豪放两派之间，可算中间派吧；但基本上仍属婉约，既苍凉又优美，使人不厌读。婉约派中一味儿女情长，豪放派中一味铜琶铁板，读久了，都令人厌倦的。人的心情是复杂的，有所偏袒仍是复杂的。所谓复杂，就是对立统一。人的心情经常有对立的成分，不是单一的，是可以分析的。词的婉约、豪放两派，在一个人读起来，有时喜欢前者，有时喜欢后者，就是一例。睡不着，哼范词，写了这些。江青看后，给李讷看一看。

[参考]毛泽东：《读范仲淹两首词的批语》，中共中央文献研究室编：《毛泽东诗词集》，中央文献出版社1996年版，第230—231页。

毛泽东还手书过这首《苏幕遮·碧云天，黄叶地》。

[参考]中央档案馆整理：《毛泽东手书选集·（古诗词下）》，北京出版社1996年版，第105—106页。

【注释】

（1）碧云天，黄叶地，大意是蓝天白云映衬下的金秋大地，一片金黄。碧云，青云，碧空中的云，喻远方或天边，意同云霄，多用以表达离情别绪。南朝梁萧统《文选·江淹〈杂体诗·效惠休"别怨"〉》："日暮碧云合，佳人殊未来。"张铣注："碧云，青云也。"黄叶，枯黄的树叶，亦借指将落之叶。

（2）秋色，秋日的景色、气象。北周庾信《周骠骑大将军柴烈李夫人墓志铭》："秋色悽怆，松声断绝，百年几何，归于此别。"

（3）波上寒烟翠，远远望去，水波映着的蓝天翠云青烟。寒烟，寒冷的烟雾。南朝宋颜延之《应诏观北湖田收》诗："阳陆团精气，阴谷曳寒烟。"

（4）斜阳，傍晚西斜的太阳，夕阳。唐赵嘏《东望》诗："斜阳映阁山当寺，微绿含风树满川。"

（5）芳草，香草。东汉班固《西都赋》："竹林果园，芳草甘木。郊野之富，号为近蜀。"

（6）黯乡魂，心神因怀念故乡而悲伤。黯，黯然，形容心情忧郁，悲伤。

（7）追旅意，撇不开羁旅的愁思。追，紧随，可引申为纠缠。旅意，旅途中的愁苦。一作"旅思"。

（8）夜夜除非好梦留人睡，每天夜里，只有做返回故乡的好梦才得以安睡。夜夜除非，即"除非夜夜"的倒装。按本文意应作"除非夜夜好梦留人睡"。

（9）愁肠，愁苦的心情，郁结愁闷的心绪。

（10）相思，彼此想念，后多指男女相悦而无法接近所引起的想念。汉苏武《留别妻》诗："生当复来归，死当长相思。"

【赏析】

《苏幕遮》本为我国少数民族乐舞，亦指乐曲。后用作词牌名，如唐吕岩《苏幕遮·天不高》、宋范仲淹《苏幕遮·碧云天》等。又因宋周邦彦《苏幕遮》词有"鬓云鬆"之句，故亦名《鬓云松令》。

范仲淹是宋朝一代名臣，他在政治和军事上叱咤风云的同时，也不失其风雅之度。此词言辞婉丽，深情绵邈。内容写羁旅思乡之感，题材一般，但写法别致。

词的上阕写景，写秾丽阔远的秋色，暗透乡思，视点由上及下、由近到远。上阕皆为景语，仅"无情"二字点出愁绪，犹是对景而言，不露痕迹。"碧云天，黄叶地。"上阕起首两句点明节令，天地对举，境界阔大。从高低两个角度描绘出寥廓苍茫、衰飒零落的秋景。元代王实甫《西厢记》第四本第三折《长亭送别》〔正宫端正好〕云："碧云天，黄花地，西风紧，北雁南飞。晓来谁染霜林醉，总是离人泪。"即由此词点染而成。"秋色连波，波上寒烟翠。"三、四两句，从碧天广野写到遥接天地的秋水。秋色，承上指碧云天、黄叶地。这湛碧的高天、金黄的大地一直向远方伸展，连接着天地尽头的淼淼秋江。江波之上，笼罩着一层翠色的寒烟。烟霭本呈白色，但由于上连碧天，下接绿波，远望即与碧天同色而莫辨，如所谓"秋水共长天一色"，所以说"天接水"。"寒"字突出了这翠色的烟霭给予人的秋意感受。这两句境界悠远，与前两句高广的境界互相配合，构成一幅极为寥廓而多彩的秋色图。

"山映斜阳天接水，芳草无情，更在斜阳外。"上阕结尾三句进一步将天、地、山、水通过斜阳、芳草组接在一起，景物自目之所接延伸到想象中的天涯。这三句写景中带有强烈的主观感情色彩，着一"情"字，更为上阕的写景转为下阕的抒情作了有力的渲染和铺垫。

下阕直接抒情。"黯乡魂，追旅意"，过片紧承芳草天涯，直接点出"乡魂""旅意"。乡魂，即思乡的情思，与"旅意"意近。这两句是说自己思乡的情怀黯然凄怆，羁旅的愁绪重叠相续。上下互文对举，带有强调的意味，而主人公羁泊异乡时间之久与乡思离情之深自见。

"夜夜除非好梦留人睡。明月楼高休独倚。"下阕三、四两句，表面上看去，好像是说乡思旅愁也有消除的时候，实际上是说它们无时无刻不横梗心头。如此写来，使词的造语奇特，表情达意更为深切婉曲。"明月"句写夜间因思旅愁而不能入睡，尽管月光皎洁，高楼上夜景很美，也不能去观赏，因为独自一人倚栏眺望，更会增添怅惘之情。

"酒入愁肠，化作相思泪。"结拍两句，写因为夜不能寐，故借酒浇愁，但酒一入愁肠，却都化作了相思之泪，欲遣相思反而更增相思之苦了。这两句，抒情深刻，造语生新而又自然。写到这里，郁积的乡思旅愁在外物触发下发展到最高潮，词至此黯然而止。

上阕写景，下阕抒情，本是词中常见的结构和情景结合方式。这首词的特殊性在于丽景与柔情的统一，即阔远之境、秾丽之景与深挚之情的统一。写乡思离愁的词，往往借萧瑟的秋景来表达，这首词却反其道而行之，景色写得阔远而秾丽。它一方面显示了词人胸襟的广阔和对生活、对自然的热爱，反过来衬托了离情的可伤，另一方面又使下阕所抒之情显得柔而有骨，深挚而不流于颓靡。

毛泽东曾手书这首词，还就这首词和《渔家傲·塞下秋来风景异》词，写信给江青，并让李讷也看一下，谈怎样读词的问题。他把宋词分为婉约和豪放两派，并说自己是不废婉约，偏于豪放，但对宋词中的清新、柔丽、自然风格的肯定，是提倡风格多样化。他自己读词的体会，又包含着丰富的心理学内容。他对风格的选择，有两个角度，一是由阅读节奏引起的自然调节，他对风格的选择有时间的阶段性；一是从个人兴趣出发的主观需要，他对风格的选择，又不受时间的限制，反映接受主体与作品风格的较为稳定的关系。当然，毛泽东谈的是个人读词的体会，他并不强加于人，这种提法无疑也是科学的。

【原文】

渔家傲·塞下秋来风景异

塞下秋来风景异[(1)]，衡阳雁去无留意[(2)]。四面边声连角起[(3)]。千嶂里[(4)]，长烟落日孤城闭。　　浊酒一杯家万里，燕然未勒归无计[(5)]。羌管悠悠霜满地[(6)]。人不寐[(7)]，将军白发征夫泪[(8)]。

【毛泽东圈评等情况】

词有婉约、豪放两派，各有兴会，应当兼读。读婉约派久了，厌倦了，要改读豪放派。豪放派读久了，又厌倦了，应当改读婉约派。我的兴趣偏于豪放，不废婉约。婉约派中有许多意境苍凉而又优美的词。范仲淹的上两首（按：指《苏幕遮·碧云天》和《渔家傲·塞上秋来风景异》）介于婉约与豪放两派之间，可算中间派吧；但基本上仍属婉约，既苍凉又优美，使人不厌读。婉约派中一味儿女情长，豪放派中一味铜琶铁板，读久了，都令人厌倦的。

人的心情是复杂的，有所偏袒仍是复杂的。所谓复杂，就是对立统一。人的心情经常有对立的成分，不是单一的，是可以分析的。词的婉约、豪放两派，在一个人读起来，有时喜欢前者，有时喜欢后者，就是一例。睡不着，哼范词，写了这些。江青看后，给李讷看一看。

[参考]毛泽东：《读范仲淹两首词的批语》，中共中央文献研究室编：《毛泽东诗词集》，中央文献出版社1996年版，第230—231页。

【注释】

（1）塞，边界要塞之地，这里指西北边疆。

（2）衡阳雁去，湖南衡阳南有回雁峰，相传雁至此不再南飞，所以叫"回雁峰"。北周庾信《和侃法师三绝》诗："近学衡阳雁，秋分俱渡河。"东汉班固《两都赋》："南翔衡阳。"

（3）边声，边塞特有的声音，如大风、号角、羌笛、马啸的声音。汉李陵《答苏武书》："夜不能寐，侧耳远听，胡笳互动，牧马悲鸣，吟啸成群，边声四起。"

（4）千嶂（zhàng），千峰，绵延而峻峭的山峰，崇山峻岭。嶂，高险的山，如屏障的山峰。千嶂里，绵延而峻峭的山峰几千万里。

（5）燕然未勒，指战事未平，功名未立。燕然，即燕然山。据东汉班固《后汉书·窦宪传》记载，东汉窦宪率兵追击匈奴单于，"登燕然山，去塞三千余里，刻石勒功，纪汉威德，令班固作铭"。

（6）羌管，即羌笛，出自古代西部羌族的一种乐器。汉代由西羌传入内地，长二尺四寸，三孔或四孔，因出产于羌中而名。唐李商隐《和郑愚赠汝阳王孙家筝妓二十韵》："羌管促蛮柱，从醉吴宫耳。"悠悠，形容声音飘忽不定。

（7）寐（mèi），睡，入睡。《诗经·卫风·氓》："夙兴夜寐。"不寐，就是睡不着。

（8）征夫，从役之人，出征的士兵。《诗经·小雅·何草不黄》："哀我征夫，独为匪民。"郑玄笺："征夫，从役者也。"

【赏析】

这首《渔家傲》是范仲淹的代表作之一，反映的是他亲身经历的边塞生活。古代把汉族政权和少数民族政权之间的交界地方叫作"塞（sài）"或"塞上""塞下"。这首词所说的塞下，指的是北宋和西夏交界的陕北一带。范仲淹于仁宗康定元年（1040）出任陕西经略安抚副使兼知延州（今陕西延安），肩负抗击西夏之重任，其时长达四年之久。时人称赞他"胸中有数万甲兵"，"军中有一范，西贼闻之惊破胆"，可见范仲淹在当时边防中的地位和作用。他的这首《渔家傲》词即作于陕西安抚副使任上。词中表现了作者御敌守边，渴望建功立业的英雄气概和宏伟抱负，同时也流露出边地之苦和思乡之情。

词的上阕写塞上秋天的景色。边塞地区本来就较落后，又遭到长期战乱的破坏，春夏两季有绿杨青草的点缀，人们不会觉得它太荒凉。但秋风一来，草木凋零，四处光秃秃的，景象顿然改变了。作者是江南人，对西北之秋特别敏感。他觉得这里和自己家乡的秋天是不同的，所以说"塞下秋来风景异"。"异"，不同。不用说人会思念家乡，连长空不时飞过的雁群也显得那么匆忙，它们似乎也不愿停留，想早早离开这里飞回到衡阳去，因此，又说"衡阳雁去无留意"。这是倒装句，正常的词序应是"雁去衡阳"。大雁是候鸟，每年秋天成群往南飞，衡阳城南有一座回雁峰，传说大雁到此为止。作者大约是巡视归来，在途中望见了南飞雁。这时天色已近黄昏，边城的军营中响起了召唤部队的号角声，即所谓"四面边声连角起"。角，古代军中一种吹的乐器。角声应和着四面八方的边声在耳畔鸣响。边声，指形成边地悲凉气氛的声音，如风吼、马嘶、少数民族的音乐声等。"千嶂里，长烟落日孤城闭。"像屏风一样的山叫"嶂"。群山莽莽，重重叠叠，所以词里用"千嶂"来描写。"长烟"，形容雾气一大片。这时一大片雾气弥漫在落日的孤城上空。边地戒备森严，城门已经关闭了。词的上片所写的凄凉景象，显然是染上了作者当时的感情色彩。

　　词的下阕转入直接抒情，写作者忧国思家的苦闷心情。他长时间镇守西北，不免动了思家的念头，产生了思想上的矛盾："浊酒一杯家万里，燕然未勒归无计。""浊酒"，就是江米酒一类的酒。因为这种酒的酒汁和酒糟混在一起，色浑，所以习惯上叫作浊酒。万里，是形容相隔遥远。他思家，但保卫国家的责任感和他的职务又使他不能像大雁那样自由飞走。他认为在还没有赶走敌人之前，是"归无计"的。"燕然未勒"指抗击敌人的大功还没有完成。燕然，山名，这里用了东汉窦宪的典故。公元89年，窦宪打败匈奴，乘胜追击到燕然山，在那里立碑，刻（勒）了歌颂汉朝威德和纪功的碑文。范仲淹借用古代英雄的事迹来打比喻，写他忧国思家的矛盾心情。"归无计"等于说无计可归。"羌管悠悠霜满地"，是说他正在心神不宁的时候，忽然从远处传来了一阵一阵的音乐声，把他从沉思中惊醒。于是他放下酒杯，踱出室外，只见繁霜满地，夜已深了。细听，那悠悠的乐声原来是士兵在吹奏羌管。悠悠，这里是形容音乐声音飘忽不定。羌是我国古代西北的一个兄弟民族，传说他们用竹管制造了羌笛。他写到这里，很自然地把自己的苦闷和士兵的痛苦联系起来，用"人不寐，将军白发征夫泪"作结束，表现了国家贫弱时代将帅和士兵们的共同悲哀。寐，睡。不寐就是睡不着。将军是作者自称。他的苦恼前面已作了淋漓尽致的抒发，所以这里只刻画他白发苍苍，白发自然也是长期忧思的结果。征夫，远征的士兵。他们离乡背井被宋王朝征来打仗。由于政治、军事上积弊未除，战争旷日持久地进行着，他们的痛苦更深于将帅。词中说他们流泪，不一定是范仲淹当时看见的，很可能是那如怨如诉的羌笛声，使作者想到了他们的不眠、他们的痛苦、他们的眼泪。作者不是那种"战士军前半死生，美人帐下犹歌舞"的将军，他有"先天下之忧而忧，后天下之乐而乐"的怀抱，所以他能关心士兵的痛苦。

范仲淹的《苏幕遮·碧云天，黄叶地》和《渔家傲·塞下秋来风景异》两词，一写朋友送别，一写戍边生活，题材不同，但作者写来都境界阔大，苍凉悲壮，而又出语流利，十分婉丽，但基本上属于婉约派"既苍凉，又优美，使人不厌读"。清邹祗谟云："范希文《苏幕遮》一词，前段多入丽语，后段纯写柔情，遂成绝唱。'将军白发征夫泪'亦复苍凉悲壮，慷慨生哀。"（《远志斋词衷》）指出的也是这一点。

【原文】

御街行·纷纷坠叶飘香砌

纷纷坠叶飘香砌⁽¹⁾。夜寂静，寒声碎⁽²⁾。真珠帘卷玉楼空⁽³⁾，天淡银河垂地。年年今夜，月华如练⁽⁴⁾，长是人千里。　愁肠已断无由醉⁽⁵⁾，酒未到，先成泪。残灯明灭枕头欹⁽⁶⁾，谙尽孤眠滋味⁽⁷⁾。都来此事⁽⁸⁾，眉间心上，无计相回避⁽⁹⁾。

【毛泽东圈评等情况】

毛泽东曾圈阅这首《御街行·纷纷坠叶飘香砌》。

[参考] 张贻玖：《毛泽东评点、圈阅的中国古典诗词》，
中国工人出版社 1992 年版，第 244 页。

（1）香砌（qì），洒满落花的台阶。砌，台阶。

（2）寒声，飘落的树叶在秋风中发出的声音。碎，细碎，微弱，时断时续。

（3）真珠帘，用珍珠穿成的帘子，即珠帘。真珠，即珍珠。玉楼，华丽的楼。

（4）月华，月光，月色。南朝梁江淹《杂体诗·效王微〈养疾〉》："清阴往来远，月华散前墀。"练，素白未染之熟绢。

（5）愁肠，愁苦的心情，郁结愁闷的心绪。《艺文类聚》卷一引晋傅玄诗："青云徘徊，为我愁肠。"

（6）明灭，灯光摇曳，忽明忽暗。敧，也作"欹"，通"倚"，倾斜、歪。

（7）谙尽，尝尽。谙，熟悉，有经验。

（8）都来，算来。清王闿运《湘绮楼词选》："'都来'，即'算来'也。因此字宜平（平声），故用都字。"

（9）无计相回避，没有办法逃避。回避，躲避，避让。唐韩偓《即目》诗："宦途弃掷须甘分，回避红尘是所长。"

【赏析】

《御街行》，词牌名，又名"孤雁儿"。以柳永《御街行·圣寿》为正体，双调七十六字，前后段各七句、四仄韵。另有双调七十七字，前后段各七句、四仄韵；双调七十八字，前后段各七句、四仄韵等变体。代表作品有范仲淹《御街行·秋日怀旧》等。京城中皇帝巡行的街道叫御街，也称天街。调名本意即咏京城天街上皇帝及其仪仗队御驾的出入巡行。柳永《乐章集》注"夹钟宫"。清陈廷敬等编《钦定词谱》卷十八："《古今词话》，无名氏词有'听孤雁，声嘹唳'句，更名'孤雁儿'。"

这是一首怀人之作，其间洋溢着一片柔情。一本题作《秋月怀旧》。

词的上片以写景为主，景中含情。"一叶落而知秋"，词人先从落叶写起。"纷纷坠叶飘香砌，夜寂静，寒声碎。"起首三句先从视觉和听觉写起，枯黄的落叶轻盈地落在地上，声音轻而细碎，然而词人仅凭耳朵就能听到这些轻细的声音，说明词人的内心极度孤寂，也反衬了夜的岑静。"寒声碎"一句，词人意在告诉读者这细碎的声响不仅带着寒冷的秋意，更传达着他落寞的心境。因此，词人通过开头对秋声、秋色的描绘，渲染出秋夜寒寂的景象，为全词奠定了悲凉的基调。"真珠帘卷玉楼空，天淡银河垂地。年年今夜，月华如练，长是人千里。"后五句词人卷起珠帘，观看夜色，只见天色清淡如洗，星河如瀑，飞泻远方。词人本是一个"不以物喜，不以己悲"的刚毅男子，然而，空寂的天宇下，皎皎的明月还是触发了他内心世界的幽邈情思。因此，接下来就抒写了词人的落寞之情：年年到了今夜，月光皎洁如练，可惜意中人远在千里之外，不能陪伴自己共赏良辰美景，实在令人惆怅不已。此时感情的激流汹涌澎湃，以景寓情的手法已不能淋漓尽致地抒发内心的情感。于是，词人在下阕中，采用了直接抒情的手法倾吐愁思。

词的下阕抒写词人长夜不寐，无法排遣忧愁别恨的情景和心态。"愁肠已断无由醉，酒未到，先成泪。"三句是说因见不到思念的人儿，词人只好借酒浇愁，可愁到深处，已是肠断，酒也无法来麻醉，酒尚未饮下，已先化作了眼泪。比起入肠化泪，更进一层，足见词人愁思之厚重、情意之凄切。"残灯明灭枕头欹，谙尽孤眠滋味。都来此事，眉间心上，无计相回避。"后五句是说，浓浓的愁苦本已侵扰着离人，可一盏如豆的青灯忽明忽暗，与室外月明如昼两相映衬，自然更添凄凉，倍加酸楚，使人无法入睡。因而只能斜靠枕头，寂然凝思，黯然神伤。"谙尽孤眠滋味"中的"谙尽"与上阕的"年年"遥相呼应，再次说明愁绪由来已久。词的下阕由景入情，情景交融，层层递进，反复咏叹，语直情真，悲凉凄切。

自《诗经·关雎》"悠哉悠哉，辗转反侧"出，古诗词便多以卧不安席来表现愁态。范仲淹这里说"残灯明灭枕头欹"，室外月明如昼，室内昏灯如灭，两相映照，自有一种凄然的气氛。枕头欹斜，写出了愁人倚枕对灯寂然凝思的神态，这神态比起辗转反侧更加形象，更加生动。"谙尽孤眠滋味。"由于有前句铺垫，这句独白也十分入情，很富于感人的力量。

"都来此事"，算来这怀旧之事，是无法回避的，不是心头萦绕，就是眉头攒聚。愁，内为愁肠愁心，外为愁眉愁脸。古人写愁情，设想愁像人体中的"气"，气能行于体内体外，故或写愁由心间转移到眉上，或写由眉间转移到心上。范仲淹这首词则说"眉间心上，无计相回避"。两者兼而有之，比较全面，不失为入情入理的佳句。

这首词上阕写景为主，景中寓情，以寒夜秋声衬托主人公所处环境的冷寂，突出人去楼空的落寞感，并抒发了良辰美景无人与共的愁情。下阕抒情为主，通过写作者长期客居他乡，不免被如素练般的月光感发出阵阵思愁，将怀人相思之情表达得淋漓尽致。末尾以"都来此事，眉间心上，无计相回避"作结，把思妇对丈夫的思念推向高峰。全词虽然没有出现一个"思"字，但字字句句都是"思"，历来的评词者均认为此词情景两到。另外，词中比喻、通感、白描等手法的运用也极大地增强了艺术表达效果，是一首情景俱佳的名篇。

本篇虽写相思之苦，并不现浮艳淫靡之态，关键在于真实，形象逼真，感情真挚。清况周颐《蕙风词话》中说："真字是词骨。情真景真，所作必佳。"范仲淹这首词正是如此。

张　先

张先（990—1078），字子野，乌程（今浙江湖州）人，北宋词人。婉约派代表人物。仁宗天圣八年（1030）进士。历任宿州掾、吴江知县、嘉禾（今浙江嘉兴）判官。宋仁宗皇佑二年（1050），晏殊知永兴军（今陕西西安），辟为通判。后以屯田员外郎知渝州，又知虢州。以尝知安陆，故人称"张安陆"。治平元年（1064）以尚书都官郎中致仕，宋英宗元丰元年病逝，年八十八岁。张先"能诗及乐府，至老不衰"（《石林诗话》卷下）。其词与柳永齐名，擅长小令，亦作慢词。题材大多为男欢女爱、相思离别，或反映封建士大夫的闲适生活。

【原文】

浣溪沙·楼倚春江百尺高

楼倚春江百尺高⁽¹⁾，烟中还未见归桡⁽²⁾，几时期信似江潮⁽³⁾？　花片片飞风弄蝶⁽⁴⁾，柳阴阴下水平桥⁽⁵⁾，日长才过又今宵⁽⁶⁾。

【毛泽东圈评等情况】

毛泽东圈阅的张先《浣溪沙二首》中有这首《浣溪沙·楼倚春江百尺高》。

[参考] 张贻玖：《毛泽东评点、圈阅的中国古典诗词》，中国工人出版社 1992 年版，第 245 页。

【注释】

（1）倚，靠，表示楼的位置。春江，春天的江。唐张若虚《春江花月夜》诗："滟滟随波千万里，何处春江无月明。"

（2）烟，在这里指江雾之类的水气。归桡，归舟。桡（ráo），即划船的桨，古诗词中常代指船。唐戴叔伦《戏留顾十一明府》诗："未可动归桡，前程风浪急。"

（3）期信，遵守预先约定的时间。后蜀顾敻《荷叶杯》词："一去又乖期信，春尽。满院长莓苔，手接裙带独徘徊。"

（4）弄，戏弄，这里指相戏。

（5）阴阴，形容柳阴幽暗的样子。

（6）今宵，今夜。

【赏析】

这首词是一首以闺中人思念远人的口吻创作的闺怨词。词写丈夫远出，逾期未归，妻子在家望眼欲穿。上阕叙事言情，下阕因景及情。此词虽是古典诗词中常见的题材，意境却与众不同；结构上"无大起落"，却层次分明，在平易晓畅之中显现出浓郁蕴藉的情思、丰腴隽永的韵致。全词语言工巧，情感表现得细腻而又生动、含蓄而又深沉。

词的上阕叙事言情，写出女主人望远盼归时望眼欲穿的心中之怨。"楼倚春江百尺高，烟中还未见归桡。"起首两句写闺妇登高楼凭曲阑，思亲怀远凝目看，江上水雾弥漫，白帆点点，由远而近，却始终不见她所盼的那只归夫船。看似平直，慢慢体味，颇多婉曲。"楼倚春江"一方面交代了百尺高楼临江而建，且因楼、江及人，把楼上凭栏人与春江中的"归桡"联系起来；二是以"春江"之浩瀚衬托倚楼人之孤单冷寂。"春江"及下阕又写到的繁花飞落、柳树成荫等，交代出时间是暮春——惜春之情甚也！"百尺高"与"还未见"相呼应，写出思妇从低到高，拾级而上，登高骋望，伤高怀远的急切情态与望而不见、思而不得的苦恼和哀怨。一个"倚"字，就指示了位置。"烟中"二字乃点染之笔，它一是春江景象的具体、形象的描绘，二是以这迷蒙的春江景象巧妙地烘托思妇的伤高怀远、惆怅哀怨的情怀。"几时期信似江潮？"失望之余，她埋怨起那远行未归的人来了：你还不如江潮有信，什么时候你也能如江潮那样如期如约？第三句紧承前面，从叙事言情转而直抒胸臆。此句既扣上"春江"，即景取喻，又暗用唐代李益的乐府诗《江南曲》"嫁得瞿塘贾，朝朝误妾期。

早知潮有信，嫁与弄潮儿"的诗意。诘问之语，进一步刻画出思妇的心理活动，写出失望尚未绝望的思妇痴情、幽怨与期待的复杂心理。

下阕因景及情，以景物衬托出女主人公度日如年的痛苦心情。"花片片飞风弄蝶，柳阴阴下水平桥。"过片两句写暮春的对偶句，是思妇望中的眼前之景：落花在风中片片飞舞，蝴蝶在飞红中翩翩相戏；溪边细柳荫浓浓，柔条拂水渌溶溶，雨后新波涨满春江，江水与桥相平。"水平桥"与上片的"春江""江潮"前后呼应，结构严谨。"弄""平"两个动词用得极妙，用拟人手法把景物写活了。在思妇眼前，庭院池塘，小桥流水，春风杨柳，飞花舞蝶，自然界充满生机，和谐惬意。然而在这一美景前，孑然独处的她，触景伤情，反而增添了无穷的哀怨。看飞花舞蝶亲昵作态，叹人不如物之感生，见杨柳青青之色，则想起曾与丈夫分手时春日重聚的约定，春将去，人不见，引起无限的怨情，真有"忽见陌头杨柳色，悔教夫婿觅封侯"（唐王昌龄《闺怨》）之感！"日长才过又今宵。"日复一日地登高凝望，又到斜阳西下暮色昏暝时，主人公不由得发出一声压抑已久的喟然长叹：漫长的白天刚刚挨过去，寂寞难耐的夜晚又将开始——登高望春春将去，高楼望远念情人。人未归，怨难平，结句的一声喟叹，把女子度日如年的离别之苦写得含蓄而又深沉。行文至此，戛然而止，给读者留下想象的天地，"言有尽而意无穷"，收到了情味幽长的艺术效果。

【原文】

生查子·含羞整翠鬟

含羞整翠鬟⁽¹⁾，得意频相顾⁽²⁾。雁柱十三弦⁽³⁾，一一春莺语⁽⁴⁾。　娇云容易飞，梦断知何处⁽⁵⁾？深院锁黄昏，阵阵芭蕉雨⁽⁶⁾。

【毛泽东圈评等情况】

毛泽东曾圈阅这首《生查子·含羞整翠鬟》。

[参考]张贻玖：《毛泽东评点、圈阅的中国古典诗词》，中国工人出版社 1992 年版，第 244 页。

【注释】

（1）翠鬟（huán），妇女环形发髻称鬟。翠鬟，泛称美发。

（2）相顾，相视，互看。南朝梁刘勰《文心雕龙·知音》："乃称史迁著书，谤东方朔，于是桓谭之徒，相顾嗤笑。"

（3）雁柱十三弦，筝有十三弦，琴柱斜排如雁斜飞，称雁柱。这里均代指古筝。

（4）春莺，黄莺。南朝宋谢庄《怀园引》："夭桃晨暮发，春莺旦夕喧。"

（5）"娇云"二句，语出战国楚宋玉《高唐赋》："昔者楚襄王与宋玉游于云梦之台，望高唐之观，其上独有云气，崒兮直上，忽兮改容，须臾之间，变化无穷。王问玉曰：'此何气也？'玉对曰：'所谓朝云者也。'王曰：'何谓朝云？'玉曰：'昔者先王尝游高唐，怠而昼寝，梦见一妇人曰："妾，巫山之女也，为高唐之客。闻君游高唐，愿荐枕席。"王因幸之。去而辞曰：'妾在巫山之阳，高丘之阻，旦为朝云，暮为行雨。朝朝暮暮，阳台之下。'旦朝视之，如言。"容易，犹言轻易。梦断，梦醒。

（6）芭蕉雨，急骤的雨。芭蕉，多年生草本植物。叶子很大，长椭圆形，花白色，果实跟香蕉相似，也指这种植物的果实。

【赏析】

《生查（zhā）子》，词牌名，原唐教坊曲名，调见《尊前集》。又名"楚云深""相和柳""晴色入青山""梅溪渡""陌上郎""遇仙楂""愁风月""绿罗裙"等。双调，四十字，仄韵格，前后片格式相同，各四句两仄韵，上去通押。各家平仄颇多出入。上下片各与作仄韵五言绝句相仿。单数句不是韵位，但最后一字限用平声，在双数句用韵。

这首词一说为欧阳修作，见《欧阳文忠公近体乐府》卷一。《全宋词》也归于欧阳修名下。但《类编草堂诗余》卷一、《草堂诗余集》《蓼园词选》等皆作张先作。毛泽东阅读的清朱彝尊、汪森编《词综》也收为张先词，今从之。

此词以男子的口吻，写一女子弹筝的情景，并在其中渗入爱情与离愁，声情并茂，意味隽永。上阕描写从前女子与情郎相聚时弹筝的情景。

"含羞整翠鬟"，起首一句好似一个特写镜头，先画出这位女子的娇容美态。此时她仿佛坐在筝前，旁边站着一位英俊少年。在弹筝之前，她娇羞怯怯，理了理头发。"含羞"二字表现出女子的娇柔之美。"整翠鬟"三字把她内心深处一股难以名状的激动感情恰当地反映出来。次句"得意频相顾"，是写女子弹筝弹到高潮，她的感情已和筝声融为一片，忘记了方才的羞怯，不时地回眸，看看身旁的少年。这是用白描的手法表现演奏者与欣赏者的感情交流，写得非常准确而生动。"雁柱十三弦，一一春莺语。"三、四两句具体地描写筝声。唐宋时筝有十三弦，每弦用一柱支撑，斜列如雁行，故称"雁柱"。"一一春莺语"，系以莺语拟筝声。唐白居易《琵琶行》云："间关莺语花底滑。"前蜀韦庄《菩萨蛮五首》云："琵琶金翠羽，弦上黄莺语。"似为此句所本。前一句以"雁行"比筝柱，这一句以"莺语"状筝声，在视觉和听觉上都给人以美感。而"十三""一一"两组数字，又使人觉得女子的十指在一一按动筝弦，轻拢慢捻，很有节奏。随着十指的滑动，弦上发出悦耳的曲调。在这里，词人着一"语"字，又进一步拟人化，好像这弦上发出的声音在倾诉女子的心曲。而这心曲又是愉悦的，象征着他们的爱情十分美满。

下阕写别后的凄苦。"娇云容易飞，梦断知何处。"二句叙写二人分别。暗用战国楚宋玉《高唐赋》，暗示他们在弹筝之后曾有一段幽会，然而好景不长，他们很快分离了。著以"容易"二字，说明他们的分离是那样的轻易、那样的迅速，其中充满了懊恼与怅恨，也充满了怜惜与怀念之情。"梦断知何处"，表明他们的欢会像一场梦；然而鸳魂缥缈，旧梦依稀，一觉醒来，仍被冷冷清清的氛围所笼罩。这就逗出了意境悠远的结句："深院锁黄昏，阵阵芭蕉雨。"结尾二句，写男子深院独处，黄昏时刻，谛听着窗外的雨声。这是从字面上理解，若从全词意脉来看，实际上是虚拟的筝声。阵阵急雨，敲打芭蕉，这是男子在回忆中产生的错觉，也是他促迫烦躁心情的写照，同时又表现了孤栖时刻幽寂凄清的况味。雨声即为筝声，这样的筝声，最易触动愁绪。

这首词在艺术上具有很多特点。一是巧妙地运用了哀乐对比。上片充满了欢乐的气氛、明快的节奏；下片则情深调苦，表现了孤单寂寞的悲哀。以乐景反衬哀情，故哀情更为动人。二是虚实相应。词中正面描写弹筝的女子，而以英俊少年作侧面的陪衬；上片中写这男子隐约在场，下片中则写女子在回忆中出现，虚实相间，错综叙写，词中的感情就不会变得单调。三是善于运用比喻，如以"雁行"比筝柱，以"莺语"拟筝声，以"娇云"状远去的弹筝女子，以雨打芭蕉喻筝中的哀音，或明比，或暗喻，都增加了词的形象性和感染力。四是采取了跳跃的过渡形式。按照生活逻辑，上下片之间，应该有欢会，有饯别，可是词人却一笔带过，没有正面描写。他所着力刻画的只是初会和别后的两个阶段，因而显得笔酣墨畅、婉曲动人。清黄苏《蓼园词选》："此一阕写别后情怀，无限凄苦，胥以筝寓之……凡遇合无常，思妇中年，英雄末路，读之皆堪泪下。"

柳 永

柳永（约984—约1053），原名三变，字景庄，后改名柳永，字耆卿，因排行第七，又称柳七，福建崇安人，北宋著名词人，婉约派代表人物。柳永出身官宦世家，少时学习诗词，有功名用世之志。宋真宗咸平五年（1002），柳永离开家乡，流寓杭州、苏州，沉醉于听歌买笑的浪漫生活之中。大中祥符元年（1008），柳永进京参加科举，屡试不中，遂一心填词。宋仁宗景祐元年（1034），柳永暮年及第，历任睦州团练推官、余杭县令、晓峰盐监、泗州判官等职，以屯田员外郎致仕，故世称柳屯田。皇祐五年（1053），柳永与世长辞。柳永是第一位对宋词进行全面革新的词人，也是两宋词坛上创用词调最多的词人。柳永大力创作慢词，将敷陈其事的赋法移植于词，同时充分运用俚词俗语，以适俗的意象、淋漓尽致的铺叙、平淡无华的白描等独特的艺术个性，对宋词的发展产生了深远影响。有《乐章集》传世。

毛泽东说："诗词也是一样，在同一朝代，如宋朝，有柳永、李清照一派，也有苏东坡、陆游一派。柳李的作品只讲爱情。"他把柳永视为婉约派的代表作家。毛泽东中南海故居书房里，有一本柳词《乐章集》。在这本专集和清朱彝尊、汪森编《词综》里，他圈画过的柳词有三十五首，有的词还是反复圈画的。（张贻玖：《毛泽东评点、圈阅的中国古典诗词》，中国工人出版社1992年版，第176页）

【原文】

甘草子·秋暮

秋暮[1]。乱洒衰荷[2]，颗颗真珠雨[3]。雨过月华生[4]，冷彻鸳鸯浦[5]。　　池上凭阑愁无侣[6]。奈此个、单栖情绪[7]。却傍金笼教鹦鹉[8]，念粉郎言语[9]。

【毛泽东圈评等情况】

毛泽东曾圈阅的柳永《甘草子二首》中有这首《甘草子·秋暮》。

[参考] 张贻玖：《毛泽东评点、圈阅的中国古典诗词》，
中国工人出版社 1992 年版，第 245 页。

【注释】

（1）秋暮，秋日的傍晚。《大戴礼记·保傅》："三代之礼，天子春朝朝日，秋暮夕月，所以明有别也。"

（2）衰，衰落，衰败。衰荷，将败的荷花。

（3）真珠雨，像珍珠样的雨珠。真珠即珍珠。

（4）月华，月光照射到云层上，呈现在月亮周围的彩色光环。南朝梁江淹《杂体诗·效王微〈养疾〉》："清阴往来远，月华散前墀。"生，产生、出现。

（5）彻，程度极深、透的意思。鸳鸯浦，地名，水池边。这里是虚写。浦，水边或河流入海的地方，如浦口等，此指水塘。鸳鸯浦，鸳鸯栖息的水滨，比喻美色荟萃之所。

（6）凭阑，靠着栏杆。"阑"通"栏"。侣，伴侣。三国魏曹植《洛神赋》："命俦啸侣，或戏清流，或翔神渚。"

（7）奈，奈何，怎么办。单栖，指单独栖息，独宿。南朝梁简文帝《乌夜啼》诗："羞言独眠枕下泪，托道单栖城上乌。"情绪，情感。

（8）却，表示转折。傍，靠近。

（9）念，道白，说。粉郎，即傅粉郎君。三国魏何晏，美仪容，面如傅粉，尚魏公主，封列侯，人称粉侯，亦称粉郎，后用作心爱郎君的爱称，亦称"何郎粉"等。在这里指所思之人。

【赏析】

《甘草子》，双调四十七字，前段五句四仄韵，后段四句四仄韵。寇准《乐章集》注"正宫"。

这首词写一个女子在秋雨之夜对其所钟爱男子的思念，语言华美，意境浑成。

词的上阕写女主人公池上凭阑的孤寂情景。秋天本易触动寂寥之情，何况"秋暮"。"乱洒衰荷，颗颗真珠雨。"起首二句比喻贴切，句中"乱"字亦下得极好，它既写出雨洒衰荷历乱惊心的声响，又画出跳珠乱溅的景色，间接地，还显示了凭栏凝伫、寂寞无聊的女主人公的形象。紧接着，以顶针格写出"雨过月华生，冷彻鸳鸯浦"两句。词连而境移，可见女主人公在池上阑边移时未去，从雨打衰荷直到雨霁月升。雨来时池上已无鸳鸯，"冷彻鸳鸯浦"即有冷漠空寂感，不仅是雨后天气转冷而已，这对女主人公之愁闷是有力的暗示。

下阕抒情，写对所钟爱男子的思念。过片"池上凭阑愁无侣"一句收束上意，点明愁因。"奈此个、单栖情绪"则推进一层，写孤眠之苦，场景也由池上转入屋内。此词妙在结尾二句别开生面，写出新意："却傍金笼教鹦鹉，念粉郎言语。"荷塘月下，轩窗之内，一个不眠的女子独自在调弄鹦鹉，自是一幅绝妙仕女图。而画图难足的，是那女子教鹦鹉念的"言语"，不直写女主人公念念不忘"粉郎"及其"言语"，而通过鹦鹉学"念"来表现，实为婉曲含蓄。鸟语之后，反添一种凄凉，因鸟语之戏不过是自我安慰，又岂能真正遣志空虚。清彭孙遹《金粟词话》云："柳耆卿'却傍金笼教鹦鹉，念粉郎言语'，《花间》之丽句也。"是说柳永此词的尾句，类花间派，语辞艳丽，各是异彩，如"真珠""月华""鸳鸯""金笼""鹦鹉"等。然不同的是环境的华美不能掩盖人物心境的空虚，这样写恰有反衬的妙用。

【原文】

雨霖铃·寒蝉凄切

寒蝉凄切[1]，对长亭晚[2]，骤雨初歇[3]。都门帐饮无绪[4]，留恋处，兰舟催发[5]。执手相看泪眼，竟无语凝噎[6]。念去去[7]，千里烟波，暮霭沉沉楚天阔[8]。　　多情自古伤离别，更那堪、冷落清秋节[9]！今宵酒醒何处[10]？杨柳岸、晓风残月。此去经年[11]，应是良辰好景虚设[12]。便纵有千种风情[13]，更与何人说？[14]

【毛泽东圈评等情况】

毛泽东说，他的兴趣是"偏于豪放，不废婉约"。因此，他对柳永的这首代表作颇为激赏，曾多次圈画过。1956年6月，他写的《水调歌头·游泳》词中"极目楚天舒"一句，当从柳永词《雨霖铃》中"暮霭沉沉楚天阔"化出。

[参考] 中共中央文献研究室编：《毛泽东诗词集》，中央文献出版社
1996年版，第95页。

1957年2月11日，毛泽东在《致黄炎培》的信中说："游长江二小时漂三十多里才达彼岸，可见水流之急。都是仰游侧游，故用'极目楚天舒'为宜。"

[参考] 中共中央文献研究室编：《毛泽东书信选集》，人民出版社
1983年版，第522页。

【注释】

（1）寒蝉，天冷后不叫或低鸣的蝉。《后汉书·党锢传·杜密》："刘胜位为大夫，见礼上宾，而知善不荐，闻恶无言，隐情惜己，自同寒蝉，此罪人也。"李贤注："谓寂默也。《楚词》曰：'悲哉秋之为气也，蝉寂漠而无声。'"凄切，凄凉而悲切。《艺文类聚》卷五七引晋湛方生《七欢》："若严霜之凄切，困寒风之萧条。"

（2）长亭，古时于道路每隔十里设长亭，故亦称"十里长亭"，供行旅停息。近城者常为送别之处。北周庾信《哀江南赋》："十里五里，长亭短亭。"

（3）骤雨，暴雨。《老子》："骤雨不终日。"

（4）都门，京都城门。《汉书·王莽传下》："兵从宣平城门入，民间所谓都门也。"颜师古注："长安城东出北头第一门。"这里代指北宋的首都汴京（今河南开封）。帐饮，在郊外设帐饯行。无绪，没有情绪。

（5）兰舟，木兰木制造的船。《太平御览》卷九五八木部七引任昉《述异记》："七里洲中有鲁班刻木兰为舟，至今在洲中。诗家所言木兰舟出于此。"形容舟之华贵。唐许浑《重游练湖怀旧》诗："西风渺渺月连

天，同醉兰舟未十年。"这里用作对船的美称。

（6）凝噎，喉咙哽塞，欲语不出的样子。噎，通"咽"。

（7）去去，重复"去"字，表示行程遥远。烟波，指烟雾苍茫的水面。隋江总《秋日侍宴娄苑湖应诏》诗："雾开楼阙近，日迥烟波长。"

（8）暮霭沈沈楚天阔，傍晚的云雾笼罩着南天，深厚广阔，不知尽头。暮霭，傍晚的云雾。沈沈，同沉沉，深厚之状。楚天，指南方楚地的天空。古代楚国在今长江中下游一带，位居南方，所以泛指南方天空为楚天。唐杜甫《暮春》诗："楚天不断四时雨，巫峡常吹万里风。"

（9）清秋节，指农历九月九日重阳节。唐李白《忆秦娥》词："乐游原上清秋节，咸阳古道音尘绝。"

（10）今宵，今夜。南朝陈徐陵《走笔戏书应令》诗："今宵花烛泪，非是夜迎人。"

（11）经年，经过一年或若干年。明宗臣《报刘一丈书》："卧病经年。"

（12）良辰好景，即良辰美景，美好的时光和景物。南朝宋谢灵运《拟魏太子邺中集诗序》："天下良辰、美景、赏心、乐事，四者难并。"

（13）纵，即使。风情，指男女相爱之情。南唐李煜《柳枝》词："风情渐老见春羞，到处芳魂感旧游。"情，一作"流"。

（14）更，一作"待"。

【赏析】

《雨霖铃》，唐教坊曲，后用为词牌。《乐章集》入"双调"。唐段安节《乐府杂录》："《雨霖铃》，明皇自西蜀返，乐人张野狐所制。"南宋王灼《碧鸡漫志》卷五引《明皇杂录》及《杨妃外传》云："帝幸蜀，初入斜谷，霖雨弥旬，栈道中闻铃声。帝方悼念贵妃，采其声为《雨霖铃曲》以寄恨。时梨园弟子惟张野狐一人，善筚篥，因吹之，遂传于世。"《漫志》又称："今双调《雨淋铃慢》，颇极哀怨，真本曲遗声。"

这首词是作者离开北宋首都汴京，乘汴河船南下吴楚，与情人话别之作。词的上阕写一对恋人饯行时难分难舍的别情。"寒蝉凄切，对长亭晚，骤雨初歇。"起首三句写别时之景，点明了时间、地点和节序。《礼记·月令》云："孟秋之月，寒蝉鸣。"可见时间大约在农历七月。然而词人并没有纯客观地铺叙自然景物，而是通过景物的描写、氛围的渲染，融情入景，暗寓别意。时当秋季，景已萧瑟；且值天晚，暮色阴沉；而骤雨滂沱之后，继之以寒蝉凄切，词人所见所闻，无处不凄凉。加之当中"对长亭晚"一句，句法结构是一、二、一，极顿挫吞咽之致，更准确地传达了这种凄凉况味。前三句通过景色的铺写，也为后两句的"无绪"和"催发"设下伏笔。"都门帐饮无绪"，语本南朝梁江淹《别赋》："帐饮东都，送客金谷。"他的恋人在都门外长亭摆下酒筵给他送别，然而面对美酒佳肴，词人毫无兴致，可见他的思绪正专注于恋人，所以词中接下去说："留恋处、兰舟催发。"这七个字完全是写实，然却以精练之笔刻画了典型环境与典型心理：一边是留恋情浓，一边是兰舟催发，这样的矛盾冲突何其尖锐！宋林逋《相思令》云："君泪盈，妾泪盈，罗带同心结未成，江头潮欲平。"仅是暗示船将启碇，情人难舍。南宋刘克庄《长相思》云："烟迢迢，水迢迢，准拟江边驻画桡，舟人频报潮。"虽较明显，但仍未脱出林词窠臼。可是这里的"兰舟催发"，却以直笔写离别之紧迫，虽没有他们含蕴缠绵，但却直而能纡，更能促使感情的深化。于是后面便迸出"执手相看泪眼，竟无语凝噎"二句，语言通俗而感情深挚，形象逼真，如在眼前，寥寥十一字，真是力敌千钧！后来传奇戏曲中常有"流泪眼看流泪眼，断肠人对断肠人"的唱词，然却不如柳词凝练有力。那么词人凝噎在喉的是什么话呢？"念去去，千里烟波，暮霭沉沉楚天阔"三句便是他的内心独白。词是一种依附于音乐的抒情诗体，必须讲究每一个字的平仄阴阳，而去声字尤居关键地位。这里的去声"念"字用得特别好。清人万树《词律发凡》云："名词转折跌荡处，多用去声，何也？三声之中，上、入二者可以作平，去则独异。……当用去者，非去则激不起。"此词以去声"念"字作为领格，上承"凝噎"而自然一转，下启"千里"以下而一气流贯。"念"字后"去去"二字连用，则愈益显示出激越的声情，读时一字一顿，遂觉去路茫茫，道里修远。"千里"以下，声调和谐，景色如绘。既曰"烟波"，又曰"暮霭"，更曰"沉沉"，着色可谓浓矣；既曰"千里"，又曰"阔"，空间可谓广矣。在如此广阔辽远的空间里，充满了如此浓密深沉的烟霭，其离愁之深，令人可以想见。

上阕正面话别，到此结束，下阕抒情。作者宕开一笔，先作泛论，从个别说到一般，得出一条人生哲理："多情自古伤离别。"意谓伤离惜别，并不自我始，自古皆然。接以"更那堪、冷落清秋节"一句，则为层层加码，极言时当冷落凄凉的秋季，离情更甚于常时。"清秋节"一辞，映射起首三句，前后照应，针线极为绵密；而冠以"更那堪"三个虚字，则加强了感情色彩，比起首三句的以景寓情更为明显、深刻。"今宵酒醒何处？杨柳岸、晓风残月"三句蝉联上句而来，是全篇之警策，后来竟成为苏轼相与争胜的对象。据清代沈雄《古今词话·词话上卷》引南宋俞文豹《吹剑录》云："东坡在玉堂，有幕士善歌，因问：'我词何如柳七？'对曰：'柳郎中词，只合十七八女郎，执红牙板，歌'杨柳岸、晓风残月'。学士词，须关西大汉，（执）铜琵琶，铁绰板，唱'大江东去'。"这三句本是想象今宵旅途中的况味：一舟临岸，词人酒醒梦回，只见习习晓风吹拂萧萧疏柳，一弯残月高挂杨柳梢头，整个画面充满了凄清的气氛，客情之冷落，风景之清幽，离愁之绵邈，完全凝聚在这画面之中。比之上片结尾二句，虽同样是写景，写离愁，但前者仿佛是泼墨山水，一片苍茫；这里却似工笔小帧，无比清丽。词人描绘这清丽小帧，主要采用了画家所常用的点染笔法。清人刘熙载在《艺概》中说："'多情自古伤离别，更那堪、冷落清秋节。今宵酒醒何处？杨柳岸、晓风残月。'上二句点出离别冷落，'今宵'二句乃就上二句意染之。点染之间，不得有他语相隔，隔则警句亦成死灰矣。"也就是说，这四句密不可分，相互烘托，相互陪衬，中间若插上另外一句，就破坏了意境的完整性、形象的统一性，而后面这两个警句，就将失去光彩。"此去经年，应是良辰好景虚设。便纵有千种风情，更与何人说？"四句，构成另一种情境。因为上面是用景语，此处则改用情语。他们相聚之日，每逢良辰好景，总感到欢娱；可是别后非止一日，年复一年，纵有良辰好景，也引不起欣赏的兴致，只能徒增惆怅而已。"此去"二字，遥应上片"念去去"，"经年"二字，近应"今宵"，在时间与思绪上均是环环相扣、步步推进，可见结构之严密。"便纵有千种风情，更与何人说"，益见钟情之殷、离愁之深。而归纳全词，犹如奔马收缰，有住而不住之势；又如众流归海，有尽而未尽之致。其以问句作结，更留有无穷意味，耐人寻绎。

【原文】

倾杯乐·木落霜洲

木落霜洲[(1)]，雁横烟渚[(2)]，分明画出秋色。暮雨乍歇，小楫夜泊[(3)]，宿苇村山驿[(4)]。何人月下临风处，起一声羌笛[(5)]。离愁万绪[(6)]，闲岸草、切切蛩吟如织[(7)]。　　为忆芳容别后[(8)]，水遥山远，何计凭鳞翼[(9)]。想绣阁深沉[(10)]，争知憔悴损[(11)]，天涯行客。楚峡云归[(12)]，高阳人散[(13)]，寂寞狂踪迹[(14)]。望京国[(15)]，空目断、远峰凝碧[(16)]。

【毛泽东圈评等情况】

毛泽东曾圈阅这首《倾杯乐·木落霜洲》。

[参考]张贻玖：《毛泽东评点、圈阅的中国古典诗词》，
中国工人出版社1992年版，第245页。

【注释】

（1）木落，叶落。木，一作"鹜（wù）"，野鸭。唐王勃《滕王阁序》："落霞与孤鹜齐飞，秋水共长天一色。"洲，水中的陆地。

（2）烟渚，雾气笼罩的水中小洲。唐孟浩然《宿建德江》："移舟泊烟渚，日暮客愁新。"

（3）小楫，小船。楫，船桨，此处代指船。夜泊，夜里船舶停靠码头。唐张继《枫桥夜泊》："月落乌啼霜满天，江枫渔火对愁眠。姑苏城外寒山寺，夜半钟声到客船。"

（4）苇村山驿，指僻野的村驿。苇、山为互文，指僻野。

（5）羌笛，羌族簧管乐器，因出于羌中，故名。唐王之涣《凉州词》之一："羌笛何须怨杨柳，春风不度玉门关。"

（6）离愁万绪，一作"离愁万端"。离愁，离别的愁思。

（7）切切，拟声词，蟋蟀的鸣叫声。蛩（qióng），蝗虫、蟋蟀的别名。西汉刘向《淮南子》："飞蛩满野。"此指蝗虫。唐钱起《晚次宿预馆》："回云随去雁，寒露滴鸣蛩。"此指蟋蟀。

（8）芳容，指美好的容颜、仪态。

（9）鳞翼，鱼雁，指书信。古人以为鱼雁能为人传递书信。

（10）绣阁，绣房。女子的居室装饰华丽如绣，故称。后蜀欧阳炯《菩萨蛮》词之四："画屏绣阁三秋雨，香肩腻脸偎人语。"

（11）争知，怎知。憔悴，亦作"憔瘁"。黄瘦，瘦损。损，表程度，意为极。

（12）楚峡，楚地峡谷，多指巫峡。

（13）高阳，指"高阳酒徒"。《史记·郦生陆贾列传》："郦食其，陈留高阳人，沛公领兵过陈留，郦食其到军门求见。沛公见说其人状类大儒，使使者出谢曰：'沛公敬谢先生，方以天下为事，未暇见儒人也。'郦生嗔目案剑叱使者曰：'走，复入言沛公，吾高阳酒徒也，非儒人也。'"后用以指代酒徒。

（14）寂寞，冷清，孤单。

（15）京国，京城，国都。

（16）目断，望断，一直望到看不见。

【赏析】

《倾杯乐》，唐教坊曲名，后用作词牌名，又名"倾杯""古倾杯"。《乐府杂录》云："《倾杯乐》，宣宗喜吹芦管，自制此曲。"以柳永《倾杯乐·楼锁轻烟》为正体，双调一百四字，前段十句四仄韵，后段十一句五仄韵。另有双调一百四字，前段十句四仄韵，后段十二句六仄韵；双调一百六字，前段十一句六仄韵，后段八句六仄韵等变体。"倾杯"为进酒之动作，此曲或源于舞席间所歌劝酒之词。

柳永成年后离开家乡福建崇安，虽寓居京都汴梁，但生活一直比较动荡。中举前为求取功名、维持生计，四处干谒漫游，中举后又为官务公事奔走在外，羁旅行役成了他的家常便饭。他对羁旅漂泊的苦况有着深切的体会乃至清醒的认识，为后人留下了许多羁旅行役词，这首《倾杯乐·木落霜洲》就是其中之一。

此词用曲折多变的笔法描绘了清寂的山光水影，寄寓着词人落拓江湖的身世之感，构成一幅游子秋日行吟的连环画卷。词人在旅行途中言情，扩大了人物情感活动的空间，并且充实了言情的社会内容，将词的创作引向广阔的天地，在词史上乃是创举。

词的上阕写景，写行舟途中的境况。"木落霜洲，雁横烟渚。"起首两句描绘洲渚宿鸟，对偶工整，"落"字、"横"字使整个画面充满了灵动感；而"霜"字与"烟"字又使得这幅画面水雾弥漫，多了几分迷蒙之感，虽为景语，但其愁情，已隐然言外。"分明画出秋色"，第三句一语，不仅音节响亮，读来铿锵有力，更使读者有一种如置身画中之感。"暮雨乍歇，小楫夜泊，宿苇村山驿。"接下来三句，以小舟晚泊江边作为背景来衬托词人出场。"夜泊"指出停舟的时间，"苇村山驿"点明投宿之处乃荒村驿店。暮雨无论绵密或者稀疏，皆可拟为离愁之情，而雨后秋月夜则以其凄清寥廓，显示出了词人的孤寂冷落。"何人月下临风处，起一声羌笛"二句，以设问提起，借笛声以抒旅怀。羌笛之声使词人思远之情油然而出，一泄无余。一个"起"字强调了声音突兀传来的响亮与气势，而"何人月下临风处"一语又带着一种遗世独立的孤傲与悲凉的味道。虽写愁，却写得画面清旷而气象高远，此境可谓婉约豪放兼而有之，相辅相成，正如清宋翔凤《乐府余论》所言："柳词曲折委婉，而中具浑沦之气，虽多俚语，而高处足冠恒流。""离愁万绪"四字点题，揭出词人内心活动。接着"闲岸草"一句，以"蛩吟似织"喻离愁之密集、深广，与迷离的雾气相映相衬，更可见愁情的难解与无奈。

词人这里借蟋蟀声托出怨情，触发起无限愁绪，由此引出下文。整个上阕层层深入，细致入微地勾画了一种深邃幽远的意境。下阕由景入情，直抒途中孤寂惆怅之感。"为忆芳容别后，水遥山远，何计凭鳞翼"三句，触景而生情，抒别后思念。"忆"字写思恋之情。以下再诉关山阻隔，鱼雁难通，从而反映出内心的焦虑。"想绣阁深沉，争知憔悴损，天涯行客"三句，为对方设想，伊人深居闺房，怎能体会出行客漂流天涯，"为伊消得人憔悴"的苦处？这里委婉曲折，设想奇景比女子自诉衷肠更为感人。"楚峡云归，高阳人散，寂寞狂踪迹"三句，又从对方回到自己。"楚峡"句用宋玉之典，暗指自己旧日的欢爱已散，接着转笔归到目前境遇，说明往昔"暮宴朝欢"都已烟消云散，而此时孤村独坐，惟有对月自伤。"望京国，空目断、远峰凝碧。"末尾两句，以景结情，遥望京华，杳不可见，但见远峰清苦，像是聚结着万千愁恨，"望"与"空"都是加强语气，这幅秋景中注入强烈的感情色彩，相思之意、怅惘之情不绝如缕。这首词上、下片一气贯通，浑然一体，感情起伏跌宕，把离情别苦渲染得淋漓尽致，具有很强的艺术感染力，堪称佳作。

【原文】

卜算子慢·江枫渐老

江枫渐老[1]、汀蕙半凋[2]，满目败红衰翠。楚客登临[3]，正是暮秋天气[4]，引疏砧[5]，断续残阳里[6]。对晚景，伤怀念远，新愁旧恨相继。

脉脉人千里[7]。念两处风情[8]，万重烟水。雨歇天高，望断翠峰十二[9]。侭无言，谁会凭高意[10]？纵写得、离肠万种，奈归云谁寄[11]？

【毛泽东圈评等情况】

毛泽东曾圈阅这首《卜算子慢·江枫渐老》。

[参考] 张贻玖：《毛泽东评点、圈阅的中国古典诗词》，中国工人出版社 1992 年版，第 245 页。

【注释】

（1）江枫，江边枫树。枫，落叶乔木，春季开花，叶子边缘有锯齿，秋季变成红色，树脂可入药，亦称"枫香树"。《楚辞·招魂》："湛湛江水兮有枫，目极千里兮伤春心。"

（2）汀蕙，沙汀上的蕙草。蕙，即蕙兰，多年生草本植物，叶瘦长，丛生，狭长而尖，初夏开淡黄绿色花，气味很香。一茎可开十来朵花，色、香都比兰清淡，可供观赏，根皮可做药材。《楚辞·离骚》："余既滋兰之九畹兮，又树蕙之百亩。"

（3）楚客，客居楚地的人，特指屈原。屈原忠而被谤，身遭放逐，流落他乡，故称"楚客"。唐李白《愁阳春赋》："明妃玉塞，楚客枫林，试登高而望远，痛切骨而伤心。"唐岑参《送人归江宁》诗："楚客忆乡信，向家湖水长。"登临，登山临水。

（4）暮秋，秋末，农历九月。三国魏曹植《迷迭香赋》："芳暮秋之幽兰兮，丽昆仑之芝英。"唐徐坚等撰《初学记》卷三引南朝梁元帝《纂要》："九月季秋，亦曰暮秋。"

（5）疏砧（zhēn），稀疏的捣衣声。砧，指捣衣石。唐杜甫《捣衣》："亦知戍不返，秋至拭清砧。"

（6）残阳，指将落的太阳，夕阳，西沉的太阳。唐白居易《暮江吟》："一道残阳铺水中，半江瑟瑟半江红。可怜九月初三夜，露似珍珠月似弓。"

（7）脉脉，含情不语之态。《古诗十九首·迢迢牵牛星》："盈盈一水间，脉脉不得语。"

（8）风情，指男女相爱之情。南唐李煜《柳枝》词："风情渐老见春羞，到处芳魂感旧游。"

（9）翠峰十二，即巫山十二峰。

（10）谁会，谁能理解。

（11）归云，喻归思。

【赏析】

《卜算子慢》，词牌名，又名卜算子，以柳永词《卜算子慢·江枫渐老》为正体，双调八十九字，前段八句，四仄韵；后段八句，五仄韵。另有双调九十三字，前段九句五仄韵，后段九句六仄韵的变体。代表作品有张先词《卜算子慢·溪山别意》等。明末清初毛先舒《填词名解》云："唐骆宾王诗好用数名，人称为卜算子，词以取名。"清万树《词律》则谓："盖取义以今卖卜算命之人也。"

这首词是伤怀念远之作。上阕以写景为主，景中有情，奠定了凄清的基调，烘托出抑郁怀人的氛围。"江枫渐老、汀蕙半凋，满目败红衰翠。"起首三句，乃登高所见。"败红"就是"渐老"的"江枫"，"衰翠"就是"半凋"的"汀蕙"，而曰"满目"，则是举枫树、蕙草以概其余，点出当时已是深秋时节了，整个画面呈现红和绿两种对比色。不是鲜红嫩绿，而是黯淡、憔悴的红和绿。"败红"和"衰翠"是对应上文的"江枫"和"汀蕙"，请注意不是已老和全凋，而是"渐老"和"半凋"；所以还残留一些凄凄惨惨的红和稀稀疏疏的绿，"渐"和"半"意味正老、正凋，还将不断地老下去、凋下去。"楚客登临，正是暮秋天气。"接下来二句是一幅大笔渲染、满画面的深秋枫黄图，秋色极浓。在写足秋色之后，睹此浓浓秋色的抒情主人公出现了，并点明了"暮秋"季节。"楚客"两句，引用宋玉《九辩》："悲哉，秋之为气也。萧瑟兮草木摇落而变衰。憭栗兮，若在远行。登山临水送将归。"柳永曾宦游于荆襄一带古代楚地，故这里自称为"楚客"；"登临"补出了上文之秋景是他登高所目见，并暗示主题。"引疏砧，断续残阳里。"接下来二句写所闻。深秋万物衰败，已让人心生哀愁，何况在这"满目败红衰翠"之中，耳中又闻这断断续续、稀稀朗朗的砧杵之声，在残阳中回荡呢？古代妇女，在秋天到来时，便以砧杵捣练，制寒衣以送漂泊在外之人，所以在异地漂泊的行人，听闻捣衣声便生旅愁，这里也是暗寓长期漂泊，"伤怀念远"。"暮秋"是秋天将尽，"残阳"则是一日将尽，都是"晚景"。对景难排，因此下文就直接道出"伤怀念远"的主旨。"对晚景，伤怀念远，新愁旧恨相继。"浓重的秋声秋色深深地触动诗人的离情，接着"对晚景"三字，承上文的所见所闻，启下文的"伤怀念远"，是对主旨的补充，说明这种"伤"和"念"并非偶然触发，而是本来心头有"恨"，才见景生"愁"。"旧恨"难忘，"新愁"又起，故曰"相继"。从写景过渡到抒情，"新愁旧恨相继"，此刻先后涌上心头，这愁恨又是多么的浓重。

下阕抒情，承接上阕直接写出愁恨的原因。"脉脉人千里。念两处风情，万重烟水"三句，叙事而兼抒情。"脉脉"，化用《古诗十九首》："盈盈一水间，脉脉不得语。"就是我与她互相对望，也就是她怀念我，我也怀念她，因此接着才会有二、三句。"两处风情"，从"脉脉"来；"万重烟水",从"千里"来。细针密线,丝丝入扣。"念两处风情"紧扣"脉脉","万重烟水"与"千里"呼应,绘出词人与伊人远隔千里,山水重重,两相怀念的情状。一个"念"字,令作者怀人之情顿生层澜。"雨歇天高,望断翠峰十二。""雨歇"一句,不但写出登临时天气的实况,而且点出是风吹雨打才使红败翠衰,补暮秋雨后之状,秋雨初停,天高山青,而怀人之情让这雨后晴景引逗得愈加郁厄,将山峰望穿亦难消解。"望断"句既是写实,又是寓意。就写实方面说,是讲雨收云散,天高气朗,极目所见,惟有山岭重叠连绵不断。就寓意方面说,则是讲那位"旦为朝云,暮为行雨"的巫山神女,由于云散雨收,此时也看不见了。"望断翠峰十二",也是徒然。巫山有十二峰,诗人常在诗中使用巫山神女的传说。词人在这里暗中抒发了对情人的思念,而且暗示了所思之人,乃是天仙般的一流人物。"伫无言,谁会凭高意?"深进一层。"凭高"之意,无人可会,只能默然无语。以"伫"字至"无言"之上,表达了词人复杂深沉的情感无人能解,也无法自诉,使得作品的情感更显深进。"无言""谁会"更是紧扣上阕"脉脉人千里",表达了词人无人与说的心情。无人与说,只好把书信寄予千里之人,然而"纵写得、离肠万种,奈归云谁寄?"结尾两句再深进两层。既无人与说又千里难寄,词人的苦闷愈加深重了。第一层,既然此刻此处无人可诉,无人能会此情此意,那么这"离肠万种",就只有写之寄于词中。第二层,可是即使写下思念,又如何才能送至她手中呢?一种无可奈何之情,在柔情百转中倾吐而出,增强了感染力。

此词艺术上的特色主要是衬托渲染的手法和宛转往复的情思。词的上片,取正衬的手法,以苦景写悲怀,同时又将凄怨之情灌注到客观的景物中去,以悲写悲,渲染烘托出浓烈的悲苦气氛;下片写出了词人感情上的波澜起伏,采取了总起总收、间以分述的笔法,以使感情的抒发层层逼进,步步加深。近人蔡嵩云《柯亭词论》评曰:"柳词胜处,在气骨,不在字面。其写景处,远胜其抒情处。而章法大开大合,为后起清真、梦窗诸家所取法,信为创调名家。如《卜算子慢·江枫渐老》,写羁旅行役中秋景,均穷极工巧。"

【原文】

少年游·参差烟树灞陵桥

参差烟树灞陵桥⁽¹⁾，风物尽前朝⁽²⁾。衰杨古柳，几经攀折，憔悴楚宫腰⁽³⁾。　夕阳闲淡秋光老⁽⁴⁾，离思满蘅皋⁽⁵⁾。一曲《阳关》⁽⁶⁾，断肠声尽⁽⁷⁾，独自凭兰桡⁽⁸⁾。

【毛泽东圈评等情况】

毛泽东读《乐章集》卷中《少年游》九首时曾圈阅过这首《少年游·参差烟树霸陵桥》。

[参考]张贻玖：《毛泽东评点、圈阅的中国古典诗词》，
中国工人出版社1992年版，第246页。

【注释】

（1）灞陵桥，在长安东（今陕西西安）。古人送客至此，折杨柳枝赠别。

（2）风物，风光景物。晋陶潜《游斜川》诗序："天气澄和，风物闲美。"前朝，过去的朝代。唐刘禹锡《杨柳枝词》之一："请君莫唱前朝曲，听唱新翻《杨柳枝》。"

（3）憔悴，黄瘦，瘦损。楚宫腰，本指楚宫女的细腰，后泛称女子苗条的细腰。南朝梁萧子显《日出东南隅行》："逶迤梁家髻，冉弱楚宫腰。"唐李商隐《碧瓦》诗："无双汉殿鬓，第一楚宫腰。"以楚腰喻柳。

（4）夕阳，指傍晚的太阳。闲淡，亦作"闲澹"，闲静淡泊。

（5）蘅皋（héng gāo），长满杜蘅的沼泽。南朝梁萧统《文选·曹植〈洛神赋〉》："尔乃税驾乎蘅皋，秣驷乎芝田。"刘良注："蘅皋，香草之泽也。"蘅即杜蘅。多年生草本植物，野生在山地，开紫色小花，根茎可入药，亦作"杜衡"，又名苦叶细辛、南细辛，古称香草。马兜铃科，花被筒钟状，暗紫色。全草入药，并可提取芳香油。南朝梁顾野王撰《玉篇》："蘅，杜蘅，香草。"

（6）《阳关》，即《阳关三叠》，是一首古琴曲，又名《阳关曲》《渭

城曲》，是根据唐代诗人王维的七言绝句《送元二使安西》"渭城朝雨浥轻尘，客舍青青柳色新。劝君更尽一杯酒，西出阳关无故人"谱写的一首著名的艺术歌曲，是目前所见的一首中国古琴曲，为古人送别之曲。

（7）断肠，割开或切断肠子，形容极度的、使人承受不了的感情刺激，有时用以形容极度悲伤之情。西晋陈寿《三国志·魏志·华佗传》："病若在肠中，便断肠湔洗。"三国魏曹丕《燕歌行》："念君客游思断肠，慊慊思归恋故乡。"

（8）兰桡（ráo），小舟的美称。唐太宗《帝京篇》之六："飞盖去芳园，兰桡游翠渚。"桡，即船桨。

【赏析】

《少年游》，词牌名，又名"小阑干""玉腊梅枝"等。以晏殊《少年游·芙蓉花发去年枝》为正体，双调五十字，前段五句三平韵，后段五句两平韵。另有双调五十字，前后段各五句、两平韵等十四个变体。代表词作有苏轼词《少年游·润州作代人寄远》、姜夔词《少年游·戏平甫》等。

《少年游·参差烟树灞陵桥》是柳永漫游长安时所作的一首怀古伤今之词。这首词抒发了作者在长安东灞桥这一传统离别场所与友人分别时的离愁别恨和怀古伤今之情。全词通过描写富有寓意和韵味的景物来表达悲愁与离愁、羁旅与感昔的双重惆怅，使人触景生情，见微知著。

上阕写词人乘舟离别长安时之所见。开篇总揽灞桥全景，"参差烟树灞陵桥"一句，直接点明所咏对象，暮色苍茫中，杨柳如烟；柳色明暗处，灞桥横卧。灞桥是别离的象征，眼前凄迷的灞桥暮景，更易牵动羁泊异乡的情怀。灞桥不仅目睹人世间的离鸾别鹤之苦，而且也是人世沧桑、升沉变替的见证。"风物尽前朝"一句，紧承首句又拓展词意，使现实的旅思羁愁与历史的兴亡之感交织，把空间的迷茫感与时间的悠远感融为一体，貌似冷静的描述中，透露出作者沉思的神情与沉郁的情怀。"衰杨古柳"三句从折柳送别着想，专写离愁。作者想象年去岁来，多少离人在此折柳赠别，杨柳屡经攀折，纤细轻柔的柳条竟至"憔悴"。以哀景映衬哀情，借伤柳以伤别，加倍突出人间别离之频繁，别恨之深重。

下阕写离别长安时所感。自"夕阳闲淡秋光老"一句始，词境愈加凄清又无限延伸。面对灞桥，已令人顿生离思，偏又时当秋日黄昏，日色晚，秋光老，夕阳残照，给本已萧瑟的秋色又抹上一层惨淡的色彩，也给作者本已凄楚的心灵再笼罩一层黯淡的阴影。想到光阴易逝，游子飘零，离思愁绪绵延不尽，终于溢满蘅皋了。"离思满蘅皋"，是用夸张的比喻形容离愁之多，无所不在。

"一曲《阳关》"两句，转而从听觉角度写离愁。作者目瞻神驰，正离思索怀，身边忽又响起《阳关》曲，将作者的思绪带回别前的离席。眼前又在进行一场深情的饯别，而行者正是自己。客中再尝别离之苦，旧恨加上新愁，已极可悲，而此次分袂，偏偏又是传统的离别之地，情形加倍难堪，耳闻《阳关》促别，自然使人肝肠寸断了。至此，目之所遇，耳之所闻，无不关合离情纷至沓来。词末以"独自凭兰桡"陡然收煞。"独自"二字，下得沉重，依依难舍的别衷、孤身飘零的苦况，尽含其中。

【原文】

少年游·长安古道马迟迟

长安古道马迟迟⁽¹⁾，高柳乱蝉嘶⁽²⁾。夕阳岛外⁽³⁾，秋风原上⁽⁴⁾，目断四天垂⁽⁵⁾。　　归云一去无踪迹⁽⁶⁾，何处是前期⁽⁷⁾？狎兴生疏⁽⁸⁾，酒徒萧索⁽⁹⁾，不似少年时⁽¹⁰⁾。

【毛泽东圈评等情况】

毛泽东读《乐章集》卷中《少年游》九首时曾圈阅这首《少年游·长安古道马迟迟》。

[参考] 张贻玖：《毛泽东评点、圈阅的中国古典诗词》，
中国工人出版社 1992 年版，第 246 页。

【注释】

（1）长安，今陕西西安。马迟迟，马行缓慢之状。

（2）乱蝉嘶，一作"乱蝉栖"。蝉，又名知了。嘶，鸣叫。

（3）岛，一作"鸟"。

（4）原上，乐游原上，在长安西南，是唐代长安城内地势最高地。汉宣帝立乐游庙，又名乐游苑，登上它可望长安城。乐游原在秦代属宜春苑的一部分，得名于西汉初年。《汉书·宣帝纪》载"神爵三年，起乐游苑。"因"苑"与"原"谐音，乐游苑也称"乐游原"。

（5）目断，极目望到尽头。四天垂，天的四周夜幕降临。

（6）归云，飘逝的云彩。这里比喻往昔经历而现在不可复返的一切。此句一作"归去一云无踪迹"。

（7）前期，以前的期约。既可指往日的志愿心期，又可指旧日的欢乐约期。

（8）狎（xiá）兴，游乐的兴致。狎，亲近而态度不庄重。

（9）酒徒，嗜酒的人。萧索，萧条冷落，凄凉。

（10）少年时，又作"去年时"。

【赏析】

这首小词，写的是秋天的景色，在这里，柳永既失去了那一份高远飞扬的意兴，也消逝了那一份迷恋眷念的感情，全词弥漫的只是低沉萧瑟的色调和声音。从这种表现来判断，这首词很可能是柳永的晚期之作。

词的上阕写景。"长安古道马迟迟"，首句有写实与托喻两重含义。先就写实而言，则柳永确曾到过陕西长安，他曾写有另一首《少年游》，有"参差烟树灞陵桥"之句，足可为证。再就托喻言，"长安"原为中国历史上著名古都，前代诗人往往以"长安"借指首都所在之地，而长安道上来往的车马，便也往往被借指对名利禄位的争逐。不过柳永此词在"马"字之下接上"迟迟"两字，这便与前面的"长安道"所可能引起的争逐的联想，形成了一种强烈的反衬。至于在"道"字上著以一"古"字，则又可以使人联想到秦汉以来在此长安道上的车马之奔驰，原是自古而然，因而遂又可产生无限沧桑之感。总之，"长安古道马迟迟"一句意蕴深远，既表现了词人对争逐之事早已灰心淡薄，也表现了一种对今古沧桑的若有深慨的思致。"高柳乱蝉嘶",秋蝉之嘶鸣独具一种凄凉之致。《古诗十九首》云"秋蝉鸣树间",三国魏曹植《赠白马王彪》云"寒蝉鸣我侧",都表现了一种时节变易、萧瑟惊秋的哀感。柳永在蝉嘶之上,加上了一个"乱"字,如此便不仅表现了蝉声的缭乱众多,也表现了被蝉嘶而引起哀感的词人心情的缭乱纷纭。至于"高柳"二字,一则表示了蝉嘶所在之地,再则又以"高"字表现了"柳"之零落萧疏,是其低垂的浓枝密叶已凋零,所以弥见其树之"高"也。"夕阳岛外,秋风原上,目断四天垂"接下来三句,写词人在秋日郊野所见之萧瑟凄凉的景象。"夕阳岛外"一句,也有的本子作"鸟外"。长安道上不可能有"岛"。作"鸟外",则足可以表现郊原之寥阔无垠。昔杜牧有诗云"长空澹澹孤鸟没",飞鸟之隐没在长空之外,而夕阳之隐没更在飞鸟之外,故曰"夕阳鸟外"。值此日暮之时,郊原上寒风四起,故又曰"秋风原上",此景此情,读之如在眼前。然则在此情景之中,此一失志落拓之词人,难有所归往之处。故继之乃曰"目断四天垂",则天之苍苍、野之茫茫,词人乃双目望断而终无一可供投止之所矣。以上前半阕是词人自写其当时之飘零落拓,望断念绝,全自外界之景象着笔,而感慨极深。

下阕抒情,开始写对于过去的追思,则一切希望与欢乐也已经不可复得。"归云一去无踪迹",第一句便已经是对一切消逝不可复返之事物的一种象喻。盖天下之事物其变化无常一逝不返者,实以"云"之形象最为明显。柳永词此句之喻托,口气实与下句之"何处是前期"直接贯注。所谓"前期"者,可以有两种提示:一则是指旧日之志意心期,一则可以指旧日的欢爱约期。总之"期"字乃是一种愿望和期待,对于柳永而言,他可以说正是一个在两种期待和愿望上,都已经同样落空了的不幸人物。于是下面三句乃直写自己当时的寂寥落寞:"狎兴生疏,酒徒萧索,不似少年时。"早年失意之时的"幸有意中人,堪寻访"的狎玩之意兴,既已经冷落荒疏,而当日与他在一起嗜酒之徒的"狂朋怪侣"也都已老大凋零。志意无成,年华一往,于是便只剩下了"不似少年时"的悲哀与叹息。这一句的"少年时"三字,很多本子都作"去年时"。本来"去年时"三字也未尝不好,盖人当老去之时,其意兴与健康之衰损,往往会不免有一年不如一年之感。故此句如作"去年时"，其悲慨亦复极深。不过，如果就此词前面之"归云一去无踪迹，何处是前期"诸句来看，则其所追怀眷念的，似乎原当是多年以前的往事，如此则承以"不似少年时"，便似乎更为气脉贯注，也更富于伤今感昔的慨叹。

柳永这首《少年游》词，前阕全从景象写起，而悲慨尽在言外；后阕则以"归云"为喻象，写一切期望之落空，最后三句以悲叹自己之落拓无成作结。全词情景相生，虚实互应，是一首极能表现柳永一生之悲剧而艺术造诣又极高的好词。清谭献《复堂词话》云："挑灯读宋人词，至柳耆卿云：'狎兴生疏，酒徒萧索，不似少年时。'语不工，甚可慨也。"

【原文】

夜半乐·冻云黯淡天气

冻云黯淡天气[1]，扁舟一叶[2]，乘兴离江渚[3]。渡万壑千岩[4]，越溪深处[5]。怒涛渐息，樵风乍起[6]，更闻商旅相呼[7]。片帆高举。泛画鹢[8]、翩翩过南浦[9]。　　望中酒旆闪闪[10]，一簇烟村，数行霜树。残日下，渔人鸣榔归去[11]。败荷零落，衰杨掩映，岸边两两三三，浣沙游女[12]。避行客、含羞笑相语。　　到此因念[13]，绣阁轻抛[14]，浪萍难驻[15]。叹后约丁宁竟何据[16]。惨离怀，空恨[18]岁晚归期阻。凝泪眼、杳杳[19]神京路。断鸿[20]声远长天暮。

【毛泽东圈评等情况】

毛泽东曾圈阅这首《夜半乐·冻云暗淡天气》。

[参考]张贻玖：《毛泽东评点、圈阅的中国古典诗词》，中国工人出版社1992年版，第245页。

【注释】

（1）冻云，严冬的阴云。唐方干《冬日》诗："冻云愁暮色，寒日淡斜晖。"

（2）扁（piān）舟，小船。《史记·货殖列传》："范蠡既雪会稽之耻，乃喟然而叹曰：'计然之策七，越用其五而得意。既已施于国，吾欲用之家。'乃乘扁舟浮于江湖。"

（3）江渚（zhǔ），江中小洲，亦指江边。《三国志·吴志·陆凯传》："江渚有事，责其死效。"渚，水中沙洲，此指水边。

（4）万壑千岩，出自南朝宋刘义庆《世说新语·言语》，顾恺之自会稽归来，盛赞那里的山川之美，说："千岩竞秀，万壑争流"。这里指千山万水。

（5）越溪，泛指越地的溪流。越溪传说为越国美女西施浣纱之处，在今浙江绍兴若耶山。唐李白《送祝八之江东赋得浣纱石》诗："西施越溪女，明艳光云海。"唐杜甫《奉先刘少府新画山水障歌》："若耶溪，云门寺，吾独胡为在泥滓？青鞋布袜从此始。"

（6）樵风，指顺风。南朝宋范晔等《后汉书·郑弘传》："郑弘字巨君，会稽山阴人。"李贤注引南朝宋孔灵符《会稽记》："射的山南有白鹤山，此鹤为仙人取箭。汉太尉郑弘尝采薪，得一遗箭，顷有人觅，弘还何所欲，弘识其神人也，曰：'常患若邪溪载薪为难，愿旦南风，暮北风。'后果然。"后因以"樵风"指顺风、好风。唐宋之问《游禹穴回出若邪》诗："归舟何虑晚，日暮使樵风。"乍起，指山风突然地吹起来。

（7）商旅，行商之旅客，这里泛指旅客。

（8）画鹢（yì），船其首画鹢鸟者，以图吉利。鹢是古书上说的一种水鸟，不怕风暴，善于飞翔。这里以"画鹢"代指舟船。

（9）翩，形容船行轻快之状。南浦，南岸的水边，泛指水滨。

（10）望中，在视野里。酒旆（pèi），古代旌旗末端形如燕尾的垂旒飘带，现在泛指旌旗。唐杜牧《代人寄远》诗："河桥酒旆风软，候馆梅花雪娇。"一簇烟村，一处冒着炊烟的村庄。

（11）鸣榔，用木长棒敲击船舷。渔人有时用它敲船，使鱼受惊入网；有时用它敲船以为唱歌的节拍，这里用后者，即渔人唱着渔歌回家。唐李白《送殷淑》诗之一："惜别耐取醉，鸣榔且长谣。"王琦注："所谓鸣榔者，常是击船以为歌声之节，犹叩舷而歌之义。"

（12）浣纱游女，水边洗衣劳作的农家女子。

（13）因，这里是"于是""就"的意思。

（14）绣阁轻抛，轻易抛弃了偎红倚翠的生活。

（15）浪萍难驻，漂泊漫游如浪中浮萍一样行踪无定。

（16）后约，约定以后相见的日期。丁宁，同"叮咛"，临别郑重嘱咐。何据，有什么根据，是说临别时相互的约定、嘱咐都不可靠，都无法实现。

（18）空恨，徒恨。

（19）杳杳（yǎo yǎo），遥远的意思。《楚辞·九章·哀郢》："尧舜之抗行兮，瞭杳杳而薄天。"洪兴祖补注："杳杳，远貌。"神京，指帝都京城。此指北宋都城汴京。

（20）断鸿，失群的孤雁。长天暮，远天出现茫茫暮色。

【赏析】

《夜半乐》，词牌名。以柳永词《夜半乐·冻云黯淡天气》为正体，三段一百四十四字，前段十五句五仄韵，中段九句四仄韵，后段七句五仄韵。另有三段一百四十五字，前两段各十句，四仄韵，后一段七句五仄韵的变体。代表词作有柳永《夜半乐·艳阳天气》等。

此词系柳永用旧曲创制的新声。全词分为三阕，前两阕绘景，中阕描写舟中的见闻，层次分明，不紧不慢，颇显其善于铺陈的手笔。下阕则是写情，情由前两片中的景自然引出。三阕联系紧密，天衣无缝，是一篇错落有致、大开大合的长调。

上阕叙述舟行的经历。"冻云黯淡天气"，首句点明时令，交代出发时的天气。"冻云"句说明已届初冬，天公似酿雪，显得天色黯淡。"扁舟一叶，乘兴离江渚"二句写到自身，以"黯淡"的背景，反衬自己乘一叶扁舟驶离江渚时极高的兴致。"乘兴"二字是首阕的主眼，从"离江渚"开始，直到"过南浦"，词人一直保持着饱满的游兴。"渡万壑千岩，越溪深处"二句，交代行了很长的一段路程，给人以"轻舟已过万重山"的轻快感觉。"怒涛渐息，樵风乍起，更闻商旅相呼。片帆高举"四句，写扁舟继续前行时的所见所闻。此时已从万壑千岩的深处出来，到了比较热闹的开阔江面上，浪头渐小，吹起顺风，听见过往经商办事的船客彼此高兴地打招呼，船只高高地扯起了风帆。"片帆高举"是写实，也可想象出词人顺风扬帆时独立船头、怡然自乐的情状。"泛画鹢，翩翩过南浦"二句，小舟很快地渡过河的南边。"翩翩"遥应"乘兴"，既写舟行的轻快，也是心情轻快的写照。从整个上阕来看，柳永当时的心情是轻松愉快的。

中阕写舟中所见，所有景物都"望中"生发，时间是"过南浦"以后，已届傍晚，地点从溪山深处转到了南浦以下的江村。词人乘兴扬帆翩翩而行，饶有兴味地观赏着展现在眼前的风光。"望中酒旆闪闪，一簇烟村，数行霜树"三句写岸上，只见高挑的酒帘风中闪动，烟霭朦胧中隐约可见有一处村落，其间点缀着几排霜树。"残日下"句转写江中，渔人用木棒敲击船舷的声音把词人的注意力吸引了过来，发现残日映照的江面上，"渔人鸣榔归去"。"败荷零落，衰杨掩映，岸边两两三三"，接下来却见，浅水滩头，芰荷零落；临水岸边，杨柳只剩下光秃秃的枝条；透过掩映的柳枝，看得见岸边一小群浣纱归来的女子。"浣纱游女"是词人描写的重点，他工笔细描她们"避行客、含羞笑相语"的神情举止。眼前这三三两两浣纱游女，触动并唤醒了词人沉埋心底的种种思绪，顿生羁旅行役的感慨，真所谓因触目而惊心。

下阕由景入情，写的是去国离乡的感慨，用"到此因念"四个字展开。"此"字直承二阕末的写景，"念"字引出此叠的离愁别恨。"绣阁轻抛"，后悔当初轻率离家；"浪萍难驻"，慨叹此时浪迹他乡。将离家称为"抛"，更在"抛"前着一"轻"字，后悔之意溢于言表；自比浮萍，又在"萍"前安一"浪"字，对于眼下行踪不定的生活，不满之情见于字间。最使词人感到凄楚的是后会难期。"叹后约丁宁竟何据。惨离怀，空恨岁晚归期阻。凝泪眼、杳杳神京路，断鸿声远长天暮"四句，便是从不同的角度抒写难以与亲人团聚的感慨。"叹后约"句遥应当年别离时分，妻子殷勤叮咛，约定归期，而此时难以兑现。"惨离怀"二句一叹现时至岁暮，但还不能回家，因而只能空自遗憾；再叹自己离妻子寄身的京城汴梁，路途遥远，不易到达，只得"凝泪眼"而长望。结语"断鸿声远长天暮"句，重又由情回到景上，望神京而不见，映入眼帘的，唯有空阔长天，苍茫暮色，听到耳中的只有离群的孤雁渐去渐远的叫声。这一景色，境界浑涵，所显示的氛围与词人的感情十分合拍。

【原文】

玉蝴蝶·望处雨收云断

望处雨收云断⁽¹⁾，凭阑悄悄⁽²⁾，目送秋光。晚景萧疏⁽³⁾，堪动宋玉悲凉⁽⁴⁾。水风轻，蘋花渐老⁽⁵⁾，月露冷、梧叶飘黄，遣情伤⁽⁶⁾。故人何在，烟水茫茫。　　难忘，文期酒会⁽⁷⁾，几孤风月⁽⁸⁾，屡变星霜⁽⁹⁾。海阔山遥，未知何处是潇湘⁽¹⁰⁾。念双燕、难凭远信，指暮天⁽¹¹⁾、空识归航⁽¹²⁾。黯相望。断鸿声里，立尽斜阳⁽¹³⁾。

【毛泽东圈评等情况】

毛泽东读宋本《乐章集》卷中时曾圈阅这首《玉蝴蝶·望处雨收云断》。

[参考] 张贻玖：《毛泽东评点、圈阅的中国古典诗词》，
中国工人出版社 1992 年版，第 245 页。

【注释】

（1）雨收云断，雨停云散。

（2）凭阑，倚靠着栏杆。阑，通"栏"。

（3）萧疏，清冷疏散，稀稀落落。

（4）堪，可以。宋玉悲凉，指宋玉《九辩》，引申为悲秋。《九辩》："悲哉！秋之为气也，萧瑟分草木摇落而变衰！"

（5）蘋花，一种夏秋间开小白花的浮萍。

（6）遣情伤，令人伤感。遣，使得。

（7）文期酒会，文人们相约饮酒赋诗的聚会。期，约。

（8）几孤风月，辜负了多少美好的风光景色。几，多少回。孤，一作"孤"，辜负。风月，美好的风光景色。

（9）屡变星霜，经过了好几年。星霜，星辰一年一周转，霜每年遇

寒而降，因以星霜指年岁。

（10）潇湘，湘江与潇水的并称，多借指今湖南地区。这里指所思念的人居住的地方。

（11）暮天，指傍晚的天气。

（12）空，白白地。归航，返航的船。

（13）立尽斜阳，在傍晚西斜的太阳下立了很久，直到太阳落山。斜阳，傍晚西斜的太阳。

【赏析】

《玉蝴蝶》，词牌名，《乐章集》注"仙吕调"。此调有小令及长调两体，小令为唐温庭筠所创，双调，上片四句，押三平韵，二十一字；下片四句，押三平韵，二十字，共四十一字。长调始于柳永，又称为《玉蝴蝶慢》，双调，九十九字，平韵。亦有九十八字体。

这首词是作者为怀念湘中故人所作，以抒情为主，把写景和叙事、忆旧和怀人、羁旅和离别、时间和空间，融汇为一个浑然的艺术整体，具有很强的艺术感染力。

词的上阕写景。"望处雨收云断"，首句是写即目所见之景，可以看出远处天边风云变幻的痕迹，使清秋之景，显得更加疏朗。次句"凭阑悄悄"四字，写出了独自倚阑远望时的忧思。这种情怀，又落脚到"目送秋光"上。"悄悄"，忧愁之态。面对向晚黄昏的萧疏秋景，很自然地会引起悲秋的感慨，想起千古悲秋之祖的诗人宋玉来。"晚景萧疏，堪动宋玉悲凉"二句，紧接上文，概括了这种感受。宋玉的悲秋情怀和身世感慨，这时都涌向柳永的心头，引起他的共鸣。他将万千的思绪按捺住，将视线由远及近，选取了最能表现秋天景物特征的东西，作精细的描写："水风轻、蘋花渐老，月露冷、梧叶飘黄。"这两句，似乎是用特写镜头摄下的一幅很有诗意的画面：只见秋风轻轻地吹拂着水面，白蘋花渐渐老了，秋天月寒露冷的时节，梧桐叶变黄了，正一叶叶地轻轻飘下。萧疏衰飒的秋夜，自然使人产生凄清沉寂之感。"轻""冷"二字，正写出了清秋季节的这种感受。"蘋花渐老"，既是写眼前所见景物，也寄寓着词人寄迹江湖、华发渐增的感慨。"梧叶飘黄"的"黄"字用得好，突出了梧叶飘落的形象。"飘"者有声，"黄"者有色，"飘黄"二字，写得有声有色，"黄"字渲染了气氛，点缀了秋景。作者捕捉了最典型的水风、蘋花、月露、梧叶等秋日景物，用"轻""老""冷""黄"四字烘托，交织成一幅冷清孤寂的秋光景物图，为下文抒情作了充分的铺垫。紧接着"遣情伤"一句，由上文的景物描写中来，由景及情，词中是一转折。景物描写之后，词人引出"故人何在，烟水茫茫"两句，既承上启下，又统摄全篇，为全词的主旨。"烟水茫茫"是迷蒙而不可尽见的景色，阔大而浑厚，同时也是因思念故人而产生的茫茫然的感情，这里情与景是交织在一起的。这几句短促凝重，大笔濡染，声情跌宕，苍莽横绝，为全篇之精华。

词的下阕插入回忆。换头"难忘"二字唤起回忆，写怀念故人之情，波澜起伏，错落有致。词人回忆起与朋友一起时的"文期酒会"，那赏心乐事，至今难忘。分离之后，已经物换星移、秋光几度，不知有多少良辰美景因无心观赏而白白地过去了。"几孤风月，屡变星霜"二句，言离别之久，旨在加强别后的怅惘。"海阔山遥"句，又从回忆转到眼前的思念。"潇湘"这里指友人所往之地，因不知故人身在何处，故云"未知何处是潇湘"。"念双燕、难凭远信，指暮天、空识归航"，将思念友人的深沉、诚挚的感情表现得娓娓入情。看到天际的归舟，疑是故人归来，但到头来却是一场误会，归舟只是空惹相思，好像嘲弄自己的痴情。一个"空"字，把急盼友人归来的心情写活了。它把思念友人之情推向了高潮和顶点。词人这里替对方着想，从对方着笔，从而折射出自己长年羁旅、怅惘不堪的留滞之情。"黯相望。断鸿声里，立尽斜阳。"结末三句笔锋转回自身。词人用断鸿的哀鸣，来衬托自己的孤独怅惘，可谓妙合无垠，声情凄婉。"立尽斜阳"四字，画出了抒情主人公的形象，他久久地伫立夕阳残照之中，如呆如痴，感情完全沉浸在回忆与思念之中。"立尽"二字言凭栏伫立之久，念远怀人之深，从而使羁旅不堪之苦言外自现。

这首词层次分明，结构完整，脉络井然，有效地传达了诗人感情的律动。同时修辞上既不雕琢，又不轻率，而是俗中有雅，平中见奇，隽永有味，故能雅俗共赏。清俞陛云《唐五代两宋词选释》："'水风'二句善状萧疏晚景，且引起下文离思。'情伤'以下至结句黯然魂消，可抵江淹《别赋》，令人增《蒹葭》怀友之思。"

【原文】

八声甘州·对潇潇暮雨洒江天

对潇潇暮雨洒江天[(1)]，一番洗清秋[(2)]。渐霜风凄紧[(3)]，关河冷落[(4)]，残照当楼[(5)]。是处红衰翠减[(6)]，苒苒物华休[(7)]。惟有长江水，无语东流。 不忍登高临远，望故乡渺邈[(8)]，归思难收[(9)]。叹年来踪迹，何事苦淹留[(10)]？想佳人妆楼颙望[(11)]，误几回、天际识归舟[(12)]。争知我[(13)]，倚阑干处[(14)]，正恁凝愁[(15)]！

【毛泽东圈评等情况】

毛泽东读宋本《乐章集》卷下时曾圈阅这首《八声甘州·对潇潇暮雨洒江天》。

[参考] 张贻玖：《毛泽东评点、圈阅的中国古典诗词》，
中国工人出版社 1992 年版，第 245 页。

【注释】

（1）潇潇，下雨声，一说雨势急骤的样子。一作"萧萧"，义同。

（2）清秋，明净爽朗的秋天。

（3）霜风，指秋风。凄紧，凄凉紧迫。

（4）关河，关塞与河流，此泛指山河。南朝宋范晔等《后汉书·荀彧传》："此实天下之要地，而将军之关河也。"

（5）残照，落日余光。当，对。

（6）是处，到处。红衰翠减，指花叶凋零。红，代指花。翠，代指绿叶。此句为借代用法。

（7）苒苒（rǎn），同"荏苒"，形容时光消逝，渐渐（过去）的意思。物华，美好的景物。休，这里是衰残的意思。

（8）渺邈（miǎo），久远，广远。渺茫遥远。一作"渺渺"，义同。

（9）归思，做心绪愁思讲，渴望回家团聚的心思。

（10）淹留，长期停留，羁留。

（11）佳人，美女。古诗文中常用代指自己所怀念的对象。颙（yóng）望，抬头凝望。颙，一作"长"。

（12）"误几回"两句意为多少次错把远处驶来的船只当作心上人的归舟。天际，指目力所能达到的极远之处。

（13）争，怎。

（14）处，这里表示时间。"倚阑干处"，即"倚栏杆时"。阑干，即栏杆。

（15）恁，如此。凝愁，愁苦不已，愁恨深重。凝，表示一往情深，专注不已。

【赏析】

　　《八声甘州》既是词牌名也是曲牌名。词牌《八声甘州》又名《甘州》《潇潇雨》《宴瑶池》，是从唐教坊大曲《甘州》截取一段改制的。后用为词牌。因全词前后片共八韵，故名八声，慢词。正体双调九十七字，前后段各九句、四平韵。此调以此词为正体。

　　柳永出身士族家庭，从小接受儒家思想文化熏陶，有求仕用世之志。因其天性浪漫，极具音乐天赋，适逢北宋安定统一，城市繁华，开封歌楼妓馆林林总总，被流行歌曲吸引，乐与伶工、歌妓为伍。初入仕，竟因谱写俗曲歌词，遭致当权者挫辱，而不得伸其志。他于是浪迹天涯，用词抒写羁旅之志和怀才不遇的痛苦愤懑。《八声甘州》即此类词的代表作。

　　这首词中表达了作者常年宦游在外，于清秋薄暑时分，感叹漂泊的生涯和思念情人的心情。词的上阕写作者登高临远，景物描写中融注着悲凉之感。一开头，总写秋景，雨后江天，澄澈如洗。"对潇潇暮雨洒江天，一番洗清秋。"头两句用"对"字作领字，勾画出词人正面对着一幅暮秋傍晚的秋江雨景。"洗"字生动真切，潜透出一种心情。"潇"和"洒"字，用来形容暮雨，仿佛使人听到了雨声，看到了雨的动态。接着写高处景象，连用三个排句："渐霜风凄惨，关何冷落，残照当楼。"进一步烘托凄凉、萧索的气氛，连一向鄙视柳词的苏轼也赞叹"此语于诗句不减唐人高处"（赵令畤《侯鲭录》）。所谓"不减唐人高处"，主要是指景中有情，情景交融，悲壮阔大；凄冷的寒风和着潇潇暮雨紧相吹来，关山江河都冷落了，残日的余辉映照着作者所在的高楼，所写的每一个景色里，都渗透着作者深沉的感情。这三句由"渐"字领起。雨后傍晚的江边，寒风渐冷渐急，身上的感觉如此，眼前看到的也是一片凄凉。"关河"是冷落的，词人所在地也被残阳笼罩，同样是冷落的，景色苍茫辽阔，境界高远雄浑，勾勒出深秋雨后的一幅悲凉图景，也渗透进了天涯游客的忧郁伤感。"是处红衰翠减，苒苒物华休。"接下来两句写低处所见，到处花落叶败，万物都在凋零，更引起作者不可排解的悲哀。这既是景物描写，也是心情抒发，看到花木都凋零了，自然界的变化不能不引起人的许多感触，何况又是他乡做客之人。作者却没明说人的感触，而只用"惟有长江水，无语东流"来暗示。词人认为"无语"便是无情。"惟有"二字暗示"红衰翠减"的花木不是无语无情的，登高临远的旅人当然更不是无语无情的，只有长江水无语东流，对长江水的指责无理而有情。在无语东流的长江水中，寄托了韶华易逝的感慨。

词的下阕抒情。作者由写景转入抒情，写对故乡亲人的怀念。"不忍登高临远"，换头处即景抒情，表达想念故乡而又不忍心登高，怕引出更多的乡思的矛盾心理。用"不忍"二字领起，在文章方面是转折翻腾，在感情方面是委婉伸屈。登高临远是为了看看故乡，故乡太远是望而不见的，看到的则更是引起相思的凄凉景物，自然使人产生不忍的感情。"望故乡渺邈，归思难收"，三、四两句实际上是全词的中心。"叹年来踪迹，何事苦淹留。"接下来两句向自己发问，流露出不得已而淹留他乡的凄苦之情，回顾自己落魄江湖，四处漂泊的经历。扪心问声究竟是为了什么？问中带恨，发泄了有家难归的深切悲哀。有问无答，因为诗人不愿说出来，显得很含蕴。一个"叹"字所传出的是千思百回的思绪和回顾茫然的神态，准确而又传神。"想佳人，妆楼颙望，误几回，天际识归舟？"又从对方写来，与自己倚楼凝望对照，进一步写出两地想念之苦，并与上片寂寞凄清之景象照应。虽说是自己思乡，这里却设想着故乡家人正盼望自己归来。佳人怀念自己，出于想象。仿佛实有其事，见人映己，运虚于实，情思更为悱恻动人。结尾再由对方回到自己，说佳人在多少次希望和失望之后，肯定会埋怨自己不想家，却不知道"倚阑"远望之时的愁苦。"争知我，倚阑干处，正恁凝愁。"结末三句又由想象回到现实，由心上人回到自己，是词人向心倾诉，怎么知道我，在登临之际，正这样愁肠百结，难以排遣。"倚阑""凝愁"本是实情，但却从对方设想用"争知我"领起，化实为虚，显得十分空灵，感情如此曲折，文笔如此变化，实在难得。结尾与开头相呼应，理所当然地让人认为一切景象都是"倚阑"所见，一切归思都由"凝愁"引出，生动地表现了思乡之苦和怀人之情。

全词一层深一层，一步接一步，以铺张扬厉的手段，曲折委婉地表现了登楼凭栏，望乡思亲的羁旅之情。通篇结构严密，迭宕开阖，呼应灵活，首尾照应，很能体现柳永词的艺术特色。清郑文焯《与人论词遗札》："柳词本以柔婉见长，此词却以沉雄之魄、清劲之气，写奇丽之情。"

【原文】

安公子·远岸收残雨

远岸收残雨，雨残稍觉江天暮[1]。拾翠汀洲人寂静[2]，立双双鸥鹭[3]。望几点、渔灯隐映蒹葭浦[4]。停画桡[5]，两两舟人语。道去程今夜，遥指前村烟树。　　游宦成羁旅[6]，短樯吟倚闲凝伫[7]。万水千山迷远近，想乡关何处[8]？自别后、风亭月榭孤欢聚[9]。刚断肠[10]、惹得离情苦。听杜宇声声[11]，劝人不如归去[12]。

【毛泽东圈评等情况】

毛泽东读宋本《乐章集》卷下时曾圈阅这首《安公子·远岸收残雨》。

［参考］张贻玖：《毛泽东评点、圈阅的中国古典诗词》，中国工人出版社 1992 年版，第 245 页。

【注释】

（1）稍觉，渐渐感觉到。

（2）拾翠，拾取翠鸟羽毛以为首饰，后多指妇女游春。拾，拾取。翠，翡翠鸟的羽毛。三国魏曹植《洛神赋》："或采明珠，或拾翠羽。"指古代妇女出游时的嬉戏。

（3）鸥鹭，鸥鸟和鹭鸟的统称。

（4）蒹葭（jiān jiā），芦苇，特定生长周期的荻与芦。《诗经·秦风·蒹葭》："蒹葭苍苍，白露为霜。所谓伊人，在水一方。溯洄从之，道阻且长。溯游从之，宛在水中央。"孔颖达疏："郭璞曰：'蒹葭似而细，高数尺，芦苇也。'"

（5）画桡（ráo），有画饰的船桨，泛指船桨。唐方干《采莲》诗："指剥春葱腕似雪，画桡轻拨蒲根月。"

（6）游宦，即宦游，离开家乡到外地去求官或做官。《汉书·地理志下》："及司马相如游宦京师诸侯，以文辞显于世，乡党慕循其迹。"羁旅，寄居异乡。《左传·庄公二十二年》："齐侯使敬仲为卿，辞曰：'羁旅之臣……敢辱高位？'"杜预注："羁，寄；旅，客也。"孤，少。

（7）樯，桅杆。凝竚（zhù），一作"凝伫"。元程景初《醉太平》曲："泪漫漫介破琅玕玉，闷淹淹散心出户闲凝竚。"

（8）乡关，指故乡。

（9）风亭，亭子。月榭，赏月的台榭。榭，建筑在台上或水上的房屋。

（10）断肠，割开或切断肠子。《三国志·魏志·华佗传》："病若在肠中，便断肠湔洗。"形容极度思念或悲痛。

（11）杜宇，即杜鹃鸟。据《成都记》载："杜宇又曰杜主，自天而降，称望帝，好稼穑，治郫城。后望帝死，其魂化为鸟，名曰杜鹃。"

（12）不如归去，杜鹃鸟的叫声很像"不如归去"，旧时常用以作思归或催人归去之辞。宋梅尧臣《杜鹃》诗："不如归去语，亦自古来传。"

【赏析】

《安公子》，词牌名，又名"安公子近""安公子慢"。以柳永《安公子·长川波潋滟》为正体，双调八十字，前段八句四仄韵，后段七句三仄韵。另有双调一百零六字，前后段各八句、六仄韵；双调一百零二字，前后段各九句、六仄韵等变体。原唐教坊大曲名，唐崔令钦《教坊记》云："隋大业末（617），炀帝将幸扬州。乐人王令言以年老不去，其子从焉。其子在家弹琵琶，令言惊问此曲何名。其子曰：'内里新翻曲子，名《安公子》。'令言流涕悲怆，谓其子曰：'尔不须扈从，大驾必不回。'子问其故。令言曰：'此曲宫声往而不返，宫为君，吾是以知之。'"

柳永于宋仁宗景祐元年（1034）中进士，以后去江浙、关中等地任职，官位低微，郁郁不得志。本词有"游宦成羁旅"之句，可推想为入仕以后之作。这首《安公子》词是游宦异乡，春暮怀归之作。词人对于萧疏淡远的自然景物，似有偏爱，所以最工于描写秋景，而他笔下的春景有时候也不以绚烂秾丽见长，如此篇即是。这和他常年过着落魄江湖的生活、怀着名场失利的心情是有关的。

词的上阕写景。先从远处着笔："远岸收残雨，雨残稍觉江天暮。"上阕头两句写江天过雨之景，发端"远岸收残雨"，句中词序颠倒实即"残雨收"：意谓远远的江岸一带，雨点疏疏稀稀地快停止了。紧接着，"雨残稍觉江天暮"，一幅以江天为背景的寥阔画面，那是淡淡的水墨画，雨快停止，而天空开始黑下来了。"拾翠汀洲人寂静，立双双鸥鹭。"三、四两句转换了另一个画面，诗人将视线从远岸收向较近的汀洲上。拾翠佳人，就是指在河边拾香草的女子。鸥鹭成双，词人却孤独寂寞地处在小舟之中。这一对照，就更显词人内心的孤独寂寞。更以"双双"形容"鸥鹭"，便觉景中有情。时间在流逝，天渐渐更黑了，随着诗人视线的变动，又展现出另一幅画面："望几点、渔灯隐映蒹葭浦。""望几点"句，时间由日暮转向夜晚。诗人放眼望去，只见芦苇荡里，隐隐约约闪动着渔船上的灯火，一点又一点。渔灯已明，但由于是远望，又隔有蒹葭，所以说是"隐映"，这是远处所见。"停画桡、两两舟人语"二句，就是描绘自己所处之地，附近所闻。"道去程今夜，遥指前村烟树"二句，乃是舟人的语言和动作。"前村烟树"本属实景，而冠以"遥指"二字，又似虚写。此二句将船家对路途的安排，他们的神情、口吻以及隐约可见的江村勾勒了出来，用笔极其简练，而又生动、真切。行文至此，从拾翠人回、鸥鹭双双立、渔人点点灯火归家，直至两舟子语今夜远村去程，无不触动诗人敏感的心，故下阕自然地引出抒情。

下阕由今夜的去程而思至长年漂泊的艰苦。"游宦成羁旅，短樯吟倚闲凝竚。"过片"游宦成羁旅"，正面倾吐出旅愁，点明本词主旨"短樯吟倚闲凝竚"，又是词序颠倒，正面写出舟中百无聊赖的生活。这句是诗人的立足点，原来上片诗人那些所见所闻，都是从"凝竚"而得。它起着总上启下的作用。"万水千山迷远近，想乡关何处？"两句，由"凝竚"转来，由于长久远眺，所见则"万水千山"，所思则"想乡关何处"，渲染出一片万水千山茫茫无际的景色，后句点明诗人的乡愁。"迷远近"虽指目"迷"，也是心"迷"。唐崔颢《黄鹤楼》云："日暮乡关何处是，烟波江上使人愁。"与此句正是语近意通。"自别后、风亭月榭孤欢聚"以下，直接"乡关何处"，而加以发挥。"风亭月榭孤欢聚"七字，回忆过往，嗟叹今夕。昔日良辰美景，胜地欢游，现在只有孤舟一人，乡情郁郁，而用一"孤"字将今昔分开，意谓亭榭风月依然，但人却不能欢聚，就把它们辜负了。想到这里，诗人离愁更浓，故接着唱出全词的最强音："刚断肠、惹得离情苦。听杜宇声声，劝人不如归去。"紧接上文，乡思正浓，归日无期，而杜宇声声，劝人归去，愈觉不堪。杜宇不识人心，却劝人返，则无情而似有情；人不能归，而杜宇不谅，依旧催劝，徒乱人意，则有情终似无情。以听杜宇哀啼结束，更觉深情婉转、凄恻动人，用意层层深入，一句紧接一句，情深意婉而下笔有力，读来浸人心腑。

【原文】

婆罗门令·昨宵里恁和衣睡

昨宵里恁和衣睡[1]，今宵里又恁和衣睡。小饮归来，初更过，醺醺醉[2]。中夜后[3]、何事还惊起？霜天冷，风细细，触疏窗[4]、闪闪灯摇曳[5]。　　空床展转重追想[6]，云雨梦[7]、任敧枕难继[8]。寸心万绪，咫尺千里[9]。好景良天，彼此，空有相怜意[10]，未有相怜计。

【毛泽东圈评等情况】

毛泽东读宋本《乐章集》卷中时曾圈阅这首《婆罗门令·昨宵里恁和衣睡》。

[参考] 张贻玖：《毛泽东评点、圈阅的中国古典诗词》，
中国工人出版社 1992 年版，第 245 页。

【注释】

（1）恁（nèn），如此，这样。和衣睡，穿着衣服、裹着被子睡觉，足见寂寞无聊之极。

（2）醺醺，酣醉貌。

（3）中夜，半夜。

（4）疏窗，雕有花格的窗子。

（5）摇曳（yè），晃荡，飘荡，摇动，来回晃荡的样子。

（6）展转，亦作"辗转"，翻身貌，多形容忧思不寐、卧不安席。《楚辞·刘向〈九叹·惜贤〉》："忧心展转，愁怫郁兮。"王逸注："展转，不寐貌。"

（7）云雨，指男女欢合。

（8）欹（yī）枕，斜倚枕头。欹，依靠。

（9）咫尺千里，比喻距离虽然很近，但很难相见，好像是远在千里之外一样。

（10）怜，在古代表示可爱、怜爱，在现代表示同情、怜惜之意。另有敬重之意。《史记·魏公子列传》："独不怜公子姊邪？"

【赏析】

婆罗门令，双调八十六字，前段六句三仄韵、一叠韵，后段十句六仄韵。调见柳永《乐章集》，原注"夹钟商"。

这首词写一位男子和情人分别以后的离愁和相思。词中通过描写羁旅者中宵酒醒的情景，抒写了他的离愁和对情人的相思。全词通篇写中宵梦醒情景，却从睡前、睡梦、醒后几方面叙来，有倒插、有伏笔、有补笔，

前后照应；从一己相思写起，而以彼此相思作结，写得飞扬灵动，层次清晰，清新质朴，凝练生动。

词的上阕写男子孤眠惊起的情形。"昨宵里恁和衣睡，今宵里又恁和衣睡。"开头二句从"今宵"联系到"昨宵"，说昨夜是这样和衣而睡，今夜又这样和衣而睡。连写两夜，而景况如一。从羁旅生活中选择"和衣睡"这样一个典型的细节，就写尽了游子苦辛和孤眠滋味。两句纯用口语，几乎逐字重复，于次句着一"又"字，传达出一种因生活单调腻味而极不耐烦的情绪。"小饮归来，初更过，醺醺醉。"接下来三句倒插，写入睡之前，先喝过一阵闷酒，因为客中独酌毫无意趣可言。但一饮饮到"初更过"，又可见有许多愁闷待酒消遣，独饮虽无意兴，仍是醉醺醺归来。"醺醺醉"三字，既承上说明了和衣而睡的原因，又为下面写追寻梦境伏笔。"中夜后、何事还惊起？"用设问的语气，便加强了表情作用，使读者感到梦醒人的满腔幽怨。"霜天冷，风细细"是其肤觉感受，"闪闪灯摇曳"则是其视觉感受。境况的清冷正好表现了主人公心境的悲凉。

下阕写醒后对情人的思念。过片撇开景语，继惊梦写孤眠寂寞的心情。主人公此时辗转反侧不能成眠，想要重温旧梦，而不复可得。"空床辗转重追想，云雨梦、任敧枕难继"二句对上片所略过的情事作了补充，原来醉归后短暂的一觉中，他曾做上一个好梦，与情人同衾共枕、备极欢洽。此处作者用反衬手法，梦越好，越显得梦醒后的可悲。相思情切与好梦难继成了尖锐的矛盾。"寸心万绪，咫尺千里。"紧接着两个对句就极写这种复杂的心绪，每一句中又有强烈对比："寸心"对"万绪"写出其感情负荷之沉重难堪；"咫尺"对"千里"则表现出梦见而醒失之的无限惆怅。此下一气蝉联，谓彼此天各一方，空怀相思之情而无计相就，辜负如此良宵。所谓"好景良天"，也就是"良辰美景虚设"之省言。"彼此"二字读断，更能产生"人成各，今非昨"的意味。全词至此，由写一己的相思而牵连到对方同样难堪的处境，意蕴便更深入一层。"空有相怜意，未有相怜计"，由自己想念情人悬想情人也在思念自己，二人你想我念，一往情深，但由于远隔千里，已经没有多少现实可行性，故说"空有"。更可悲的是彼此都没有了结这苦苦相思的办法，看来是"此恨绵绵无绝期"

二郎神·炎光谢

炎光谢⁽¹⁾。过暮雨、芳尘轻洒⁽²⁾。乍露冷风清庭户⁽³⁾，爽天如水⁽⁴⁾，玉钩遥挂⁽⁵⁾。应是星娥嗟久阻，叙旧约、飙轮欲驾⁽⁶⁾。极目处、微云暗度⁽⁷⁾，耿耿银河高泻⁽⁸⁾。   闲雅⁽⁹⁾。须知此景，古今无价。运巧思穿针楼上女⁽¹⁰⁾，抬粉面、云鬟相亚⁽¹¹⁾。钿合金钗私语处⁽¹²⁾，算谁在、回廊影下。愿天上人间，占得欢娱，年年今夜。

【毛泽东圈评等情况】

毛泽东读宋本《乐章集》卷中时曾圈阅这首《二郎神·炎光谢》。

[参考] 张贻玖：《毛泽东评点、圈阅的中国古典诗词》，中国工人出版社 1992 年版，第 245 页。

【注释】

（1）炎光谢，谓暑气消退。谢，消歇。一本作"炎光初谢"。

（2）"过暮雨"句，为"暮雨过、轻洒芳尘"之倒装，意谓暮雨过后，尘土为之一扫而空。芳尘，指尘土。

（3）乍露，初次结露或接近结露的时候。

（4）爽天如水，夜空像水一样清凉透明。爽天，清爽晴朗的天空。

（5）玉钩，喻新月。鲍照《玩月城西门廨中》："蛾眉蔽珠栊，玉钩隔琐窗。"

（6）"应是"二句，意谓此时应该是织女叹长久别离，欲重叙旧约，驾飙车准备启程的时候了。星娥，指织女。唐李商隐《圣女祠》："星娥一去后，月姊更来无？"飙轮，即飙车，御风而行的车。

（7）极目处，眼睛所能看到的地方。微云暗度，淡淡的云朵在不知不觉中慢慢移动。

（8）耿耿，明亮的样子。高泻，指银河高悬若泻。

（9）闲雅，娴静幽雅。闲，通"娴"。

（10）"运巧思"句，谓女子在彩楼上乞巧。农历七月七日夜（或七月六日夜），穿着新衣的少女们在庭院向织女星乞求智巧，称为"乞巧"。

（11）云鬟（huán），高耸的环形发髻。唐李白《久别离》："至此肠断彼心绝，云鬟绿鬓罢梳结。"相亚，相似。晋干宝《搜神记》卷二："吴孙峻杀朱主，埋于石子冈。归命即位，将欲改葬之，冢墓相亚，不可识别。"

（12）"钿合金钗"五句，用唐玄宗与杨贵妃七夕誓世世为夫妻典。钿合，亦作"钿盒"，镶嵌金、银、玉、贝的首饰盒子。

【赏析】

《二郎神》，唐教坊曲名。《乐章集》注"双调"。徐伸词名《转调二郎神》，吴文英词名《十二郎》。双调一百四字，前段八句五仄韵，后十句五仄韵。

这是一首咏七夕的词。全词语言通俗易懂，形象鲜明生动，情调闲雅欢娱，给人以充分的艺术享受。此词为节序词，咏七夕节，然具体作年不可考。作者一反以往七夕诗词的伤感情调，把天上牛郎、织女鹊桥相会的美丽传说和人间李隆基、杨玉环马嵬死别的动人故事，演绎、融汇为一个纯情浪漫、晶莹剔透的意境，抒发了对纯真爱情的美好祝愿和热烈向往。

上阕着重写天上，开篇以细致轻便的笔调描绘出七夕清爽宜人的氛围，诱人进入浪漫的遐想境界。"炎光谢，过暮雨、芳尘轻洒"，起首二句说炎夏暑热已退，一开头即点出秋令。先说初秋，再从入暮写起，导入七夕：一阵黄昏之雨，尘土被一扫而空，预示晚上将是气候宜人和夜空清朗了。"乍露冷风清庭户"，第三句由气候带出场景。"庭户"是七夕乞巧的活动场所。古时人们于七夕佳期，往往于庭前观望天上牛郎、织女的相会。"爽天如水，玉钩遥挂"，接下来一句是说，秋高气爽，碧天如水，一弯上弦新月，出现在远远的天空，为牛郎织女的赴约创造了最适宜的条件。"应是星娥嗟久阻，叙旧约、飚轮欲驾"，接下来三句是说，想象织女嗟叹久与丈夫分离，将赴佳期时心情急切，于是乘驾快速的风轮飞渡银河。"极目处、微云暗度，耿耿银河高泻"，表现了人们盼望天上牛郎织女幸福地相会。他们凝视高远的夜空，缕缕彩云飘过银河，而银河耿耿发亮，牛郎、织女终于欢聚，了却一年的相思之债。柳永是一位倾向于写实的词人，所以写牛郎、织女之事巧妙地用了肯定性的猜测之辞"应是"，而写银河相会也以"极目处、微云暗度"而使它显得如若可见，他所要表达的就是现实生活中人们在七夕的心境。整个上片动静结合、虚实相间，从景物描写到幻想神游的推移中，寄寓了人们对爱情幸福的美好遐想。

下阕则主要写人间的情景。只有体验过相思之苦的人，才珍惜一年一度的短暂欢聚机会，柳永是位风流多情的才子，对七夕节序感受颇深。换头"闲雅"二字，承上启下，是词人对七夕节序特点的概括：它无繁盛宏大的场面，也无热闹浓烈的气氛，各家于庭户乞巧望月，显得闲静幽雅。这种闲雅的情趣之中自有很不寻常的深意。词人强调"须知此景，古今无价"，提醒人们珍惜佳期，从中足见柳永对七夕的特殊重视，反映了宋人的民俗观念。"运巧思穿针楼上女，抬粉面、云鬟相亚。"以下数句着重写民间七夕的活动，首先是乞巧。据古代岁时杂书和宋人笔记，所谓乞巧，是以特制的扁形七孔针和彩线，望月穿针，向织女乞取巧艺。这是妇女们的事。"楼上女"是说此女本居于楼上，穿针乞巧时才来到庭中的。所以接着说"抬粉面"，加以"云鬟相亚"，写姑娘们虔诚地手执金针，仰望夜空，乌云般美丽的发鬟都向后低垂。此句写得形神兼备，寥寥数语，姑娘们追求巧艺的热切与虔诚便活灵活现地跃然纸上了。接下来，"钿合金钗私语处，算谁在、回廊影下"，写七夕的另一项重要活动，这既是词人浪漫的想象，也是历史的真实。自唐明皇与杨妃初次相见，"定情之夕，授金钗钿合以固之"（唐白居易《长恨歌》），他们"七月七日长生殿，夜半无人私语时"也就传为情史佳话。唐宋时男女选择七夕定情，交换信物，夜半私语，可能也是民俗之一。作者将七夕民俗的望月穿针与定情私语绾合一起，毫无痕迹，充分表现了节序的特定内容。结尾的"愿天上人间，占得欢娱，年年今夜"，既总结全词，又点明主题。它表达了词人对普天下有情人的美好祝愿和人们对幸福生活的渴望，展示了作者热诚而广阔的胸怀。

这首词，写天上是为了衬托人间，用典故是为了映衬现实，落脚点是人间的欢乐和世俗的幸福。作者把"天街夜色凉如水"的意象世界与

"钿合金钗私语处"的心灵世界和谐地统一起来，描绘了一幅欢乐、祥和、幸福而又温馨的七夕夜色图，发出了珍惜良宵、莫负美景的呼唤。这呼唤，久远地回响一代又一代读者的心田。宋张炎《词源》："昔人咏节序，不惟不多，附之歌喉者，类是率俗，不过为应时纳祜之声耳。所谓清明'拆桐花烂漫'、端午'梅霖初歇'、七夕'炎光谢'，若律以词家调度，则皆未然。"

毛泽东在 1957 年 5 月 11 日《致李淑一》的信中说："有《游仙》一首为赠。这种游仙，作者自己不在内，别于古之游仙诗。但词里有之，如咏七夕之类。"由此可见毛泽东对"咏七夕之类"的诗词印象很深，颇感兴趣。毛泽东所圈画的这首咏七夕的《二郎神·炎光谢》也应包括在内吧。

【原文】

竹马子·登孤垒荒凉

登孤垒荒凉(1)，危亭旷望(2)，静临烟渚(3)。对雌霓挂雨(4)，雄风拂槛(5)，微收烦暑(6)。渐觉一叶惊秋(7)，残蝉噪晚(8)，素商时序(9)。览景想前欢(10)，指神京(11)，非雾非烟深处(12)。　　向此成追感，新愁易积，故人难聚。凭高尽日凝伫(13)，赢得消魂无语(14)。极目霁霭霏微(15)，暝鸦零乱(16)，萧索江城暮(17)。南楼画角(18)，又送残阳去(19)。

【毛泽东圈评等情况】

毛泽东读宋本《乐章集》卷下十二曾圈阅《竹马子·登孤垒荒凉》这首词。

[参考] 张贻玖：《毛泽东评点、圈阅的中国古典诗词》，
中国工人出版社 1992 年版，第 245 页。

【注释】

（1）孤垒，孤零零的昔日营垒。垒，军用建筑物。

（2）危亭旷望，在高亭上远望。危亭，耸立于高处的亭子。唐白居易

《春日题乾元寺上方最高峰亭》诗：“危亭绝顶四无邻，见尽三千世界春。”

（3）烟渚（zhǔ），笼罩着雾气的水中沙洲。唐孟浩然《宿建德江》诗：“移舟泊烟渚，日暮客愁新。”

（4）雌霓挂雨，彩虹横空，天地间还带有雨水的湿气。雌霓，即雌蜺。彩虹双出，色彩鲜艳为主虹，色彩暗淡为副虹，雌霓是副虹。汉东方朔《七谏·自悲》：“借浮云以送予兮，载雌霓而为旌。”

（5）雄风拂槛，强劲之风吹拂栏杆。雄风，强劲的风。战国楚宋玉《风赋》：“故其风中人……清清泠泠，愈病析酲，发明耳目，宁体便人，此所谓大王之雄风也。”

（6）微收烦暑，闷热的暑气稍有收敛。烦，一作“残”。

（7）一叶惊秋，见一片黄叶落下，猛地意识到秋天来了。比喻通过个别的细微的迹象，可以看到整个形势的发展趋向与结果。西汉刘向《淮南子·说山训》：“见一叶落而知岁之将暮。”宋唐庚《文录》引唐人诗：“山僧不解数甲子，一叶落知天下秋。”

（8）残蝉噪晚，经历了夏天而残余的蝉在晚暮时分叫得更加起劲。残蝉，秋天的蝉。唐司空图《喜王驾小仪重阳相访》诗：“幽鹤傍人疑旧识，残蝉向日噪新晴。”

（9）素商时序，秋天接着次序即将代替夏天到来。素商，秋天。《初学记》卷三引南朝梁元帝《纂要》：“秋曰白藏，亦曰收成，亦曰三秋、九秋、素秋、素商、高商。”时序，春夏秋冬的代换次序。

（10）前欢，从前与故人欢聚的情景。

（11）神京，帝都，首都。唐张大安《奉和别越王》：“丽日开芳甸，佳气积神京。”

（12）非雾非烟，《史记》卷七十二《天官书》：“若烟非烟，若云非云，郁郁纷纷，萧索伦囷，是谓卿云。卿云现，喜气也。若雾非雾，衣冠而不濡，见则其域被甲而趋。”唐唐彦谦《贺李昌时禁苑新命》：“万户千门迷步武，非烟非雾隔仪形。”

（13）尽日，整天。

（14）赢得，换得。消魂，灵魂离散，形容极度的悲愁、欢乐、恐惧等。唐綦毋潜《送宋秀才》诗："秋风一送别，江上黯消魂。"

（15）极目，尽力远望。霏微，朦胧之状。

（16）暝，日落，天黑。

（17）萧索，萧疏冷落，凄凉。东晋陶潜《自祭文》："天寒夜长，风气萧索，鸿雁于征，草木黄落。"

（18）画角，古管乐器，传自西羌，形如竹筒，本细末大，以竹木或皮革等制成，因表面有彩绘，故称。发声哀厉高亢，古时军中多用以警昏晓、振士气、肃军容。帝王出巡，亦用以报警戒严。

（19）残阳，将落的太阳，夕阳。唐钱起《送夏侯审校书东归》诗："破镜催归客，残阳见旧山。"

【赏析】

《竹马子》，词牌名，又名《竹马儿》。双调，一百〇四字，仄韵。这是柳永的自度曲，代表作就是这首《竹马子·登孤垒荒凉》。变体，双调一百三字，前段十一句四仄韵，后段十句五仄韵。

这首词通过登临感怀，抒发孤独忧伤的愁绪，寄托一种美人迟暮、前途无望的感慨，境界寥廓，极苍凉之致。

此词上阕写词人登上孤垒所见秋天景色。"登孤垒荒凉，危亭旷望，静临烟渚。"起首三句叙事，写词人登临江城孤垒野望。初秋雨后凄凉，残蝉噪晚，词人登高望远，触景生情，不由得追忆以前在京城的欢乐。宋自建国至仁宗时已历百年，战火早息，但残留的堡垒、旷野的危亭，静谧的烟渚，又形成了一种荒凉冷落的氛围，并由此引出怀古的幽情，进一步抒写了悲秋的感慨。"对雌霓挂雨，雄风拂槛，微收烦暑。""雌霓"是虹的一种，色泽偏暗。"雄风"是清凉劲健之风。孤垒危亭之上，江边烟渚之侧，更加能够感到时序变换。孤垒、烟渚、雌霓、雄风，这一组意象构成了雄浑苍凉的艺术意境。词人面对天边的彩虹，还有细雨飘洒，凉爽的秋风吹拂着亭子栏杆，稍微吹走了夏天的暑热。几句便写出了夏秋之交雨后的特有景象。词人接着写道："渐觉一叶惊秋，残蝉噪晚，素商时序。"秋季万物凋零，一片萧索，给人一种悲凉的感觉。词意的发展以"渐觉"

两字略作一顿，以"一叶惊秋，残蝉噪晚"进一步点明时序。"素商"即秋令。这里，词人的悲秋情绪逐渐向伤离意绪发展，所以下面接着写道："览景想前欢，指神京，非雾非烟深处。"触景生情，词人想起从前在都城汴京的欢乐，整日"纵游娼馆酒楼间，无复检点"（《苕溪渔隐丛话》引《艺苑雌黄》），但这一切已如过眼烟云。从"前欢"一语来推测，词中所怀念当是帝都汴京和作者过从甚密的一位歌妓。

上阕的结句已开始从写景向抒情过渡，下阕便紧接而写伤离的心情。柳永不像其他词里将"想前欢"写得具体形象，而是仅写出眼前思念时的痛苦情绪。"向此成追忆，新愁易积，故人难聚。""向此成追忆"承"想前欢"而来，追想的结果是"新愁易积，故人难聚"。此二句写对旧友的怀念，精警之至。离别之后，旧情难忘，因离别更添加新愁；又因难聚难忘，新愁愈加容易堆积，以致使人无法排遣。"易"和"难"既是对比关系又是因果关系，这对比与因果就是所谓"成追感"的内容。"凭高尽日凝伫，赢得消魂无语"二句进一步抒写对旧友的深情，形象地表现了无法排遣离愁的精神状态，也充分流露出对故人的诚挚而深刻的思念，并把这种情绪发挥到极致。"极目霁霭霏微，暝鸦零乱，萧索江城暮。南楼画角，又送残阳去。"最后五句白描，写日暮秋色。放眼望去，天气放晴，有些微云气，江城傍晚一片萧索景象。这时南楼的画角声又响起，把夕阳送下山去。以景结情，江城黄昏的秋景恰恰衬托和强化了词人悲苦的离情别绪。

这首词虚实相生，在情与景的处理上表现出极高的艺术造诣。上阕首九句写景，属实写；后三句写情属虚写。虚实相生，善于抓住时序变化，描绘了特定环境中的景色，奠定了全词的抒情基调。下阕则相反，前五句抒情，属虚写；后五句写景，属实写，以景结情，情景交融。这种交错的布局，不仅使整体结构富于变化，而且如实地反映了作者的思想感情在特定环境中活动变化的过程。句中平仄四声的交错运用，产生了音律谐婉、铿锵动人的妙境。全词意脉相承，严谨含蓄；景凄情哀，铺叙有致；意境开阔，格调清雅，气韵浑厚；语言清丽，音律谐婉，悲楚动人，是一首优秀的长调慢词。

【原文】

木兰花慢·拆桐花烂漫

拆桐花烂漫⁽¹⁾，乍疏雨、洗清明。正艳杏浇林，缃桃绣野⁽²⁾，芳景如屏。倾城，尽寻胜去⁽³⁾，骤雕鞍绀幰出郊坰⁽⁴⁾。风暖繁弦脆管⁽⁵⁾，万家竞奏新声⁽⁶⁾。　　盈盈⁽⁷⁾。斗草踏青⁽⁸⁾。人艳冶⁽⁹⁾、递逢迎⁽¹⁰⁾。向路傍往往⁽¹¹⁾，遗簪堕珥⁽¹²⁾，珠翠纵横。欢情。对佳丽地，信金罍罄竭玉山倾⁽¹³⁾。拼却明朝永日⁽¹⁴⁾，画堂一枕春醒⁽¹⁵⁾。

【毛泽东圈评等情况】

毛泽东读宋本《乐章集》卷下时曾圈阅《木兰花慢·拆桐花烂漫》这首词。

[参考] 张贻玖：《毛泽东评点、圈阅的中国古典诗词》，中国工人出版社 1992 年版，第 245 页。

【注释】

（1）拆，绽开，开。烂漫，色泽绚丽。南朝梁沈约《奉华阳王外兵》诗："烂熳屡云舒，嶔崟山海出。"

（2）缃（xiāng）桃，结浅红色果实的桃树，亦指这种树的花或果实。汉刘歆著《西京杂记》卷一："桃十：秦桃、榹桃、缃核桃。"亦省作"缃桃"。

（3）寻胜，游赏名胜，寻访胜地。唐韩愈《送灵师》诗："寻胜不惮险，黔江屡洄沿。"

（4）雕鞍，刻饰花纹的马鞍，借指马。绀（gàn）幰（xiǎn），青色的车幔，代指车。郊坰（jiōng），泛指郊外。坰，都邑的远郊。

（5）繁弦，繁杂的弦乐声。脆管，笛的别称。唐白居易《〈霓裳羽衣歌〉和微之》："清弦脆管纤纤手，教得《霓裳》一曲成。"

（6）新声，新颖美妙的乐音。

（7）盈盈，以女性的轻盈体态指代妇女，这里兼指众多的妇女。

（8）斗草，又称斗百草，是中国民间流行的一种游戏，属于端午民俗。最早见于文献是在魏晋南北朝时期，每年端午节群出郊外采药，插艾门上，以解溽暑毒疫，衍成定俗；收获之余，往往举行比赛，用草作比赛对象；唐朝后斗百草愈渐成为妇女和孩童的玩意儿。梁代宗懔的《荆楚岁时记》载："五月五日，谓之浴兰节。荆楚人并踏百草又有斗百草之戏。"踏青，亦作"蹋青"，清明前后郊野游览的习俗，旧时并以清明节为踏青节。唐孟浩然《大堤行》："岁岁春草生，踏青二三月。"

（9）艳冶，艳丽妖冶，多形容女子容态。南朝梁庾肩吾《长安有狭斜行》："少妇多艳冶，花钿系石榴。"

（10）递，古代指驿车驿马。迎接，接待。《战国策·燕策三》："太子跪而逢迎，却行为道，跪而拂席。"

（11）往往，处处。《管子·度地》："令下贫守之，往往而为界，可以毋败。"

（12）簪，古时汉族妇女的一种发饰，簪是由笄发展而来的，用来绾定发髻或冠的长针。南朝宋范晔等《后汉书·舆服志》："黄金龙首衔白珠，鱼须擿，长一尺，为簪珥。"珥（ěr），古代珠玉耳饰。秦李斯《仓颉篇》："珥，珠在珥也。耳珰垂珠者曰珥。"

（13）金罍（léi），饰金的大型酒器。《诗经·周南·卷耳》："我姑酌彼金罍，维以不永怀。"朱熹集传："罍，酒器。刻为云雷之象，以黄金饰之。"《尔雅·释器》郭璞注："罍形似壶，大者受一斛。"

（14）拼却，甘愿，宁愿，愿意。永，长，兼指时间或空间。

（15）春酲（chéng），春日醉酒后的困倦。唐元稹《襄阳为卢窦纪事》诗之三："犹带春酲懒相送，樱桃花下隔帘看。"酲，喝醉了神志不清。《诗经·小雅·节南山》："忧心如酲。"

【赏析】

《木兰花慢》，词牌名。原为唐教坊曲。宋教坊复演为《木兰花慢》，《乐章集》入"南吕调"，一百一字，前片五平韵，后片七平韵。此词以北宋江南清明郊游为再现对象，生动地描绘了旖旎春色和当时盛况，是一首典型的"承平气象，形容曲致"之作。

　　词的上阕描写北宋东京清明城郊艳丽优美的春日景色和都人郊游的盛况。"拆桐花烂漫，乍疏雨、洗清明。"上阕起首三句，兼写清明乍雨、群花烂漫，点出春日郊游的特定风物。起笔便异常简洁地点明了时令。紫桐即油桐树，三月初应信风而开，因先花后叶，故繁茂满枝，最能标志郊野清明的到来。一个"拆"字，写尽桐花烂漫的风致。"洗清明"，经过夜来或将晓的一阵疏雨，郊野显得特别晴明清新。"正艳杏浇林，缃桃绣野，芳景如屏。"接下来三句是说，枝头红杏经雨后更加鲜艳似火，望之似有烧林之感；浅黄色的湘核桃远望仿佛绣在芳郊绿野之上；郊野的美景好像是天然的画屏。词人选择了"艳杏"和"缃桃"等富于艳丽色彩的景物，使用了"烧"和"绣"这些具有雕饰工巧的动词，以突出春意最浓时景色的鲜妍如画。这首词的重点不在于对动人春色的工笔描绘，所以自"倾城"句始，词进入游春活动的描述。"倾城，尽寻胜去，骤雕鞍绀幰出郊坰。"三句，词人善于从宏观来把握整体的游春场面，又能捕捉到一些典型的具象。"倾城，尽寻胜去"是对春游盛况作总的勾勒。人们带着早已准备好的熟食，男骑宝马，女坐香车，到郊外去领略大自然的景色，充分享受春天的欢乐。"风暖繁弦脆管，万家竞奏新声。"结末两句，以万家之管弦新声大大地渲染了节日的气氛，词情向欢乐的高潮发展。词的上阕，词人用浓墨重彩绘制出一幅生气盎然的清明踏青游乐图。

　　下阕着重表现江南女子郊游的欢乐。"盈盈。斗草踏青。人艳冶、递逢迎"三句，铺写都人郊游的盛况。柳永这位风流才子将注意力集中于艳冶妖娆、珠翠满头的市井妓女身上。她们艳冶出众，尽情地享受着春的欢乐和春的赐与。"向路傍往往，遗簪堕珥，珠翠纵横"二句，衬写当日游人之众、排场之盛，同时也暗示这些游乐人群的主体是豪贵之家。这是全词欢乐情景的高潮，而词人对春之美好和生之欢乐的体验也抒发到了极致。"欢情。对佳丽地，信金罍罄竭玉山倾"三句，继而词笔变化，词人继以肯定的语气设想，欢乐的人们在佳丽之地饮尽樽里的美酒，陶然大醉，有如玉山之倾倒。词的结尾"拼却明朝永日，画堂一枕春醒"两句叙事，而又抒情，写出了郊游宴饮之酣畅，游人尽醉的欢乐情绪，不能简单地用"醉生梦死"去界定。实际上，词人这里讴歌的是古代女子在这难得的自由机会和场合中所迸发的生命的快乐。

这首《木兰花慢》充分体现了柳词善于铺叙的表现特征。词人依赖调式变化、句式参差，造成了一种急促的节奏和繁密的语势；同时又通过特色景物的点染，大量细节的描写和场面的铺陈，将描写对象加以铺张渲染，为全词带来一种繁复之美。这是两宋时期广为传唱的"欢乐颂"和"春之歌"，体现了柳永创作风格的多样性。

【原文】

鹤冲天·黄金榜上

黄金榜上⁽¹⁾。偶失龙头望⁽²⁾。明代暂遗贤⁽³⁾，如何向⁽⁴⁾？未遂风云便⁽⁵⁾，争不恣狂荡⁽⁶⁾。何须论得丧⁽⁷⁾。才子词人，自是白衣卿相⁽⁸⁾。　烟花巷陌⁽⁹⁾，依约丹青屏障⁽¹⁰⁾。幸有意中人⁽¹¹⁾，堪寻访⁽¹²⁾。且恁偎红翠⁽¹³⁾，风流事⁽¹⁴⁾、平生畅⁽¹⁵⁾。青春都一饷⁽¹⁶⁾。忍把浮名⁽¹⁷⁾，换了浅斟低唱⁽¹⁸⁾。

【毛泽东圈评等情况】

毛泽东读宋本《乐章集》卷下时曾圈阅《鹤冲天·黄金榜上》这首词。

[参考] 张贻玖：《毛泽东评点、圈阅的中国古典诗词》，

中国工人出版社1992年版，第245页。

【注释】

（1）黄金榜，指录取进士的金字题名榜。

（2）龙头，状元的别称。唐黄滔《辄吟七言四韵攀寄翁文尧拾遗》诗："龙头龙尾前年梦，今日须怜应若神。"旧注："滔卯年冬在宛陵，梦文尧作状元及第。"

（3）明代，政治清明的时代。唐马戴《怀故山寄贾岛》诗："心偶美明代，学诗观国风。"一作"千古"。遗贤，指弃置未用的贤才。《书·大禹谟》："野无遗贤，万邦咸宁。"

（4）如何向，怎么办。向是语气助词，无实意。

（5）风云，风和云，比喻一段具有历史性意义事件的时间。此处指龙头登金榜。

（6）争不，怎不。恣，放纵，随心所欲。

（7）得丧，得失。

（8）白衣卿相，古时指进士，后来引申为尚未发迹的读书人。唐代人极看重进士，宰相多由进士出身，故推重进士为白衣卿相，是说虽是白衣之士，但享有卿相的资望。五代王定保《唐摭言·卷一·散序进士》："缙绅虽位极人臣，不由进士者，终不为美，以至岁贡常不减八九百人，其推重谓之'白衣公卿'，又曰'一品白衫'。"白衣，古代未仕之士着白衣。

（9）烟花巷陌，指娼楼妓馆。烟花，指妓女。唐黄滔《闺怨》："塞上无烟花，宁思妾颜色。"巷陌，指街巷。

（10）丹青屏障，彩绘的屏风。丹青，绘画的颜料，这里借指画。

（11）意中人，专指心里爱慕的异性。宋晏殊《踏莎行》词："当时轻别意中人，山长水远知何处！"

（12）堪，能，可以。

（13）恁（nèn），如此。偎红倚翠，指狎妓。宋陶谷《清异录·释族》载，南唐后主李煜微行娼家，自题为"浅斟低唱，偎红倚翠大师，鸳鸯寺主"。

（14）风流事，指细小的过错。风流，放荡不羁，无拘无束。

（15）平生，一生。

（16）饷，片刻，极言青年时期的短暂。

（17）忍，忍心，狠心。浮名，虚名。南朝宋谢灵运《初去郡》诗："伊余秉微尚，拙讷谢浮名。"此指功名。

（18）浅斟低唱，慢慢地喝酒，低低地歌唱，形容封建时代的士大夫消闲享乐的情状。

【赏析】

《鹤冲天》，词牌名，见柳永《乐章集》。

《鹤冲天·黄金榜上》是柳永参加进士科考落第之后，抒发牢骚感慨之作。它表现了作者的思想性格，也关系到作者的生活道路，是一篇重要的作品。

这首词的本事，据南宋人吴曾的《能改斋漫录》卷十六载："（宋）仁宗留意儒雅，而柳永好为淫冶讴歌之曲，传播四方，尝有《鹤冲天》词云云，及临轩放榜，特落之，曰：'且去浅斟低唱，何要浮名！'"南宋胡仔《苕溪渔隐丛话》引《艺苑雌黄》云："柳三变喜作小词，薄于操行，当时有荐其才者，上曰：'且去填词。'由是不得志，日与嬛子纵游娼馆酒楼间，无复检率。自称云：'奉旨填词柳三变'。"

其写作背景大致是：柳永初考进士落第，填《鹤冲天》词以抒不平，为仁宗闻知；后再次应试，本已中试，于临发榜时，仁宗故意将其黜落，并说了那番话，于是柳永便自称"奉旨填词柳三变"而长期流连于坊曲之间，在花柳丛中寻找生活的方向、精神的寄托。可见这首词曾经给他的仕途经历带来很大的波折。

全词充分地展示了词人的狂傲性格。词的上阕叙事兼抒情。"黄金榜上，偶失龙头望"，起首二句叙事，是说自己科举落榜。考科举求功名，开口辄言"龙头"，词人并不满足于登进士第，而是把夺取殿试头名状元作为目标。落榜只认作"偶然"，"明代暂遗贤，如何向？"设问自答。词人把自己称作"明代遗贤"，其自负可知。见遗只说是"暂"，这是颇有讽刺意味的。宋仁宗朝号称清明盛世，却不能做到"野无遗贤"，这个自相矛盾的现象就是他所要嘲讽的。"未遂风云便，争不恣狂荡。何须论得丧。才子词人，自是白衣卿相。"接下五句便开始发牢骚。"风云际会"，施展抱负，是封建时代士子的奋斗目标，既然"未遂风云便"，理想落空了，于是词人就转向了另一个极端，"争不恣狂荡"，表示要无拘无束地继续过自己那种为一般封建士人所不齿的流连坊曲的狂荡生活。"何须论得丧"，正是对登第与落第的得与丧进行掂量计较。因为自是个"才子词人"，即词人才子，也就是善于文辞的人，旧指有才华的文人墨客。南朝梁萧统《文选序》："词人才子，则名溢于缥囊；飞文染墨，则卷盈乎缃帙。"自称"白衣卿相"，也正是不忘朱紫显达的思想流露。

下阕写作者的消极反抗。"烟花巷陌，依约丹青屏障。幸有意中人，堪寻访"四句，点明了慰藉的地点和对象。地点是烟花柳巷，也就是妓院，对象就是妓女。她们才是他的意中人，才值得他去寻访。"且恁偎红倚翠，风流事、平生畅"二句是说，去妓院狎妓，放荡不羁，无拘无束，使我一生畅快。写到最后，词人好像得出了结论："青春都一饷，忍把浮名，换了浅斟低唱。"谓青春短暂，不忍虚掷，为"浮名"而牺牲赏心乐事。其实，这仍然是他一时的负气之言。"浅斟低唱"，就是对"狂荡"的具体说明。词人这样写，是恃才负气的表现，也是表示抗争的一种方式。科举落第，使他产生了一种逆反心理，只有以极端对极端才能求得平衡。"烟花巷陌"在封建社会是普遍存在的，这是当时的客观事实，而涉足其间的人们却有着各自不同的情况。柳永与一般"狎客"的不同，主要有两点：一是他保持着清醒的自我意识，只是寄情于声妓，并非沉湎于酒色，这一点，他后来登第为官的事实可以证明；二是他尊重"意中人"的人格，同情她们的命运，不是把她们当作玩弄对象，而是与她们结成风尘知己。可见，词人的"狂荡"之中仍然有着严肃的一面，狂荡以傲世，严肃以自律，方能不失为"才子词人"。

《鹤冲天·黄金榜上》是柳永进士科考落第之后的一纸"牢骚言"，在宋元时代有着重大的意义和反响。它正面鼓吹文人士者与统治者分离，而与歌妓等下层人民接近，有一定的思想进步性，既表现出词人身世漂零之感，又反映出对妓女们的同情以及蔑视功名、鄙薄卿相的倾向，不仅具有一定的社会意义，而且还带有消极反抗的情绪。这首词的构思、层次、结构和语言均与柳永其他作品有所不同。全篇直说，绝少用典，不仅与民间曲子词极为接近，而且还保留了当时的某些口语方言，如"如何向""争不""且恁"等。全词写得自然流畅，平白如话，读来朗朗上口。不独在柳词中，即使在北宋词中，这一类作品也是少见的。这种"明白而家常"，"到口即消"的语言，正是词中之本色，是经过提炼而后取得的艺术效果。

诉衷情近·雨晴气爽

　　雨晴气爽⁽¹⁾，伫立江楼望处⁽²⁾。澄明远水生光⁽³⁾，重叠暮山耸翠⁽⁴⁾。遥认断桥幽径⁽⁵⁾，隐隐渔村⁽⁶⁾，向晚孤烟起⁽⁷⁾。　　残阳里⁽⁸⁾。脉脉朱阑静倚⁽⁹⁾。黯然情绪⁽¹⁰⁾，未饮先如醉。愁无际⁽¹¹⁾。暮云过了，秋光老尽⁽¹²⁾，故人千里。竟日空凝睇⁽¹³⁾。

【毛泽东圈评等情况】

　　毛泽东读宋本《乐章集》卷中时曾圈阅《诉衷情近·雨晴气爽》这首词。

　　[参考] 张贻玖：《毛泽东评点、圈阅的中国古典诗词》，

中国工人出版社1992年版，第245页。

【注释】

　　（1）雨晴气爽，雨过天晴，秋高气爽。爽，清爽。

　　（2）伫立，长时间地站立。

　　（3）澄明，清澈明净。生光，发出光辉。

　　（4）耸翠，形容山峦、树木等高耸苍翠。

　　（5）遥认，从远处辨认。断桥，桥名，在今浙江杭州孤山旁，以孤山之路至此而断，故名。此处不一定特指西湖的断桥。幽径，僻静的小路。

　　（6）隐隐，指隐约，不分明。

　　（7）向晚，临近晚上，临晚。张相《诗词曲语词汇释》："向，犹临也。……向晚犹云临晚或傍晚也。"孤烟，远处独起的炊烟。唐王维《使至塞上》："大漠孤烟直，长河落日圆。"

　　（8）残阳，将落的太阳，夕阳。唐钱起《送夏侯审校书东归》诗："破镜催归客，残阳见旧山。"

　　（9）脉脉，凝视之态。《古诗十九首·迢迢牵牛星》："盈盈一水间，脉脉不得语。"朱阑，同"朱栏"，朱红色的围栏。

　　（10）黯然，情绪低落、心情沮丧之态。南朝梁江淹《别赋》："黯然

消魂者，惟别而已矣。"李善注："黯然，失色貌。"

（11）无际，无边，无涯。《列子·力命》："窈然无际，天道自会。"

（12）老尽，衰竭，一生尽力，年老而力衰。《韩诗外传》卷八："昔者田子方出，见老马于道，喟然有志焉，以问于御者曰：'此何马也？'御曰：'故公家畜也，罢而不为用，故出放之也。'田子方曰：'少尽其力，而老弃其身，仁者不为也。'束帛而赎之。穷士闻之，知所归心矣。"

（13）竟日，终日，整天。凝睇，凝视，注视，目不斜视。唐谷神子《博异志·敬元颖》："仲躬异之，闲乃窥于井上。忽见水影中一女子面，年状少丽，依时样妆饰，以目仲躬。仲躬凝睇之，则红袂半掩其面微笑。"

【赏析】

《诉衷情近》，词牌名。此调见于《乐章集》，注"林钟商"。正体双调七十五字，上片七句三仄韵，下片九句六仄韵；此外，还有两种变体。三种格式均为仄韵格，一韵到底，中间不换韵。其代表作品有柳永《诉衷情近·雨晴气爽》等。

柳永在北宋仁宗景祐元年（1034）考中进士之前的数年间，曾经像断梗浮萍一样漫游江南。他的足迹曾到过江、浙、楚、淮等地，依旧羁旅落魄，"奉旨填词"。这首《诉衷情近·雨晴气爽》就是其漫游江南水乡时所作的一首思念京都故人的词作。词中"雨晴气爽"一句说明此词作于秋季；词中还出现了地名"断桥"，若是实指，则此时柳永在杭州，即此词作于柳永漫游杭州之时。

词的上阕描写秋景，写词中主人公雨后登楼所见景色。江南水乡的秋色在词人的感受中是平远开阔、疏淡优美的。"雨晴气爽，伫立江楼望处。"词开篇两句总写登楼远眺。先以"雨晴气爽"烘托环境气氛，给人以舒适清新之感，同时暗指时值秋季；再以"江楼"点出登临地点，"伫立"而"望"则使一个在江楼上长久地孤独默立、凝望远方的词人形象兀现在读者眼前，这也直接引出了下文的景色描写："澄明远水生光，重叠暮山耸翠。"是写这目光所及的山水美景。脚下，远去的江水清澈明净，波光闪动；隔江而望，暮色中重峦叠嶂，苍苍莽莽。这里从大处落笔，一句写江，一句写山。写江水突出了秋水清澈、澄静如练的特点，写"暮山"则突出了层峦叠翠、高耸入云的特点。这两句对仗工整，字句的锤炼也颇见功力："远"字把江水逶迤远去的景象点染了出来，使画面一下就开阔起来；"暮"字为景物涂上了苍茫的背景，使整幅画面意境全出。接下来，词人的视线落在了水际山峦之中："遥认断桥幽径，隐隐渔村，向晚孤烟起。"这三句，再进一步描绘江上秋晚的景色。远远地辨认出断桥、幽僻的小路，还隐隐约约地辨认出有个小渔村，在这黄昏时分，一缕炊烟正在村里袅袅升起。"遥认"两字用得相当确切，拉开了人与景的距离。景物显得远而小，有些模糊，增加了画面的纵深感。"断桥""幽径""渔村""孤烟"，这些衰残的意象，渲染出荒凉寂寥、凄清冷落的气氛，它们在临近黄昏的江上秋色的背景中构成了秋色平远的画面。整个上片如一幅境界寥廓的江村晚景图，展现在读者眼前的是深秋雨后的江楼、无语东流的江水、层峦叠翠的远山，还有暮色中的"断桥""幽径""渔村""孤烟"。景色是凄清沉寂的，心情亦当如此，由此下片转为抒情。

下阕抒情，写怀念京都故人。过片"残阳里"句以"残阳"的意象承上启下，转入抒情。"残阳里"紧承"向晚孤烟起"，点出了时间的流逝，也给全词蒙上了一层惨淡的色彩。至此，词人关于具体时间已用"暮山""向晚""残阳"数词间接或直接地加以强调，突出了秋江日暮对游子情绪的影响。"脉脉朱阑静倚"一句呼应上片的"伫立江楼"，暗示了词人一直在江楼上默然凝伫。"脉脉"二字突出了"静倚""朱阑"、凝望沉思时的如痴如醉，难以解脱。词中虽未言明词人何以长久地独倚"江楼"，但那种浓重的伤感之情已然深深感染了读者。于是词作水到渠成般过渡到下面一句："黯然情绪，未饮先如醉。"心情抑郁，竟至没有喝酒却已进入醺醺而醉的状态，足见愁情的深沉、浓烈。这其中，已暗暗透出了"黯然消魂者，惟别而已矣"的浓重伤别情绪，只是引而未发罢了。随着这种低沉感伤情绪的继续加重，词人满腹的愁思也汹涌如潮起来，不由得发出了这样的感叹："愁无际。""暮云过了，秋光老尽，故人千里。"这三句点出了悲秋怀人的主旨。词人置身深秋景色中，远山苍茫的迷蒙、断桥孤烟的冷落、暮云将尽的惨淡、秋光渐老的哀伤，使词人联想到了羁旅生涯的苦涩艰难、前程的渺茫无望。这份生命的悲哀需要有人与他共同承担，而"故人"却远隔千里。对于"故人"，词中没有明说，但结合柳永的生活经历，我们知道他在汴京时多与民间歌姬交往，为她们写词，供其演唱，过从甚密，感情笃厚，以至于羁旅江南时对京都歌妓们深切怀念，表明尊重与她们的爱情和友谊。现实的景物增强了伤别意绪，因而无法消除，唯有"竟日空凝睇"以寄托对"故人"的思念。"竟日空凝睇"一句中"竟日"与前文的"暮山""向晚""残阳""暮云"相呼应，写出了时间的推移，也暗示了词人陷入深深的愁怨难以自拔；"凝睇"又与开头的"江楼"伫望，换头处的"朱阑静倚"以及全篇的景物描写紧密相扣，使全词首尾圆合，浑然一体；着一"空"字，表明词人明知无望，却仍然对"故人"一片痴情，颇能动人心魄。

这首词虽非柳永的代表作，但也清新可人，结构工巧。上片写秋景，凄美动人；下片思旧情，哀婉感人。全词结构完整，处处映衬照应，语言雅而不俗，笔调挥洒自如。

【原文】

戚氏·晚秋天

晚秋天，一霎微雨洒庭轩[1]。槛菊萧疏[2]，井梧零乱[3]，惹残烟。凄然，望乡关[4]，飞云黯淡夕阳间。当时宋玉悲感[5]，向此临水与登山。远道迢递[6]，行人凄楚，倦听陇水潺湲[7]。正蝉吟败叶，蛩响衰草[8]，相应喧喧。　　孤馆，度日如年。风露渐变，悄悄至更阑[9]。长天净，绛河清浅[10]，皓月婵娟[11]，思绵绵。夜永对景那堪[12]，屈指暗想从前。未名未禄，绮陌红楼[13]，往往经岁迁延[14]。　　帝里风光好[15]。当年少日，暮宴朝欢。况有狂朋怪侣[16]，遇当歌、对酒竟留连[17]。别来迅景如梭，旧游似梦，烟水程何限？念名利，憔悴长萦绊[18]。追往事、空惨愁颜。漏箭移[19]，稍觉轻寒。渐呜咽，画角数声残[20]。对闲窗畔，停灯向晓，抱影无眠。

【毛泽东圈评等情况】

毛泽东读宋本《乐章集》卷中时曾圈阅《戚氏·晚秋天》这首词。

[参考] 张贻玖：《毛泽东评点、圈阅的中国古典诗词》，

中国工人出版社 1992 年版，第 246 页。

【注释】

（1）一霎，一阵。庭轩，庭院中的小室。

（2）槛菊，栏杆外的菊花。

（3）井梧，井旁挺拔的梧桐古树。源自唐薛涛《井梧吟》："庭除一古桐，耸干入云中。枝迎南北鸟，叶送往来风。"

（4）乡关，指故乡。

（5）宋玉悲感，战国楚宋玉作《九辩》："悲哉！秋之为气也。萧瑟兮，草木摇落而变衰。憭栗兮，若在远行。登山临水兮，送将归。"以悲秋起兴，抒孤身逆旅之寂寞，发生不逢时之感慨。

（6）迢递，遥不可及之状。迢，高的样子。三国魏嵇康《琴赋》："指苍梧之迢递，临回江之威夷。"

（7）陇水，河流名，源出陇山。北魏郦道元《水经注·渭水一》："渭水又东与新阳崖水合，即陇水也。东北出陇山，其水西流。"潺湲，水慢慢流动的样子。《楚辞·九歌·湘夫人》："恍忽兮远望，观流水兮潺湲。"

（8）蛩（qióng），蟋蟀的别名。

（9）更阑，更深夜残，犹言夜深。

（10）绛河，即银河，又称天河、天汉。古代观天象者以北极为基准，天河在北极之南，南方属火，尚赤，因借南方之色称之。《汉武帝内传》："上元夫人遣侍女答问云：'阿环再拜，上问起居。远隔绛河，扰以官事，遂替颜色，近五千年。'"

（11）婵娟，形容姿态美好，古诗文里多用来形容女子。南朝梁萧统《文选·张衡〈西京赋〉》："嚼清商而却转，增婵娟以此豸。"

（12）夜永，夜长。

（13）绮陌红楼，花街青楼。绮陌，指繁华的街道，宋人多用以指花街柳巷。南朝梁简文帝《登烽火楼》诗："万邑王畿旷，三条绮陌平。"

宋词

333

（14）经岁，经年，以年为期。迁延，拖延，多指时间上的耽误。唐李商隐《行次西郊作一百韵》："临门送节制，以锡通天班。破者以族灭，存者尚迁延。"

（15）帝里，京城，京都。《晋书·王导传》："建康，古之金陵，旧为帝里，又孙仲谋、刘玄德俱言王者之宅。"

（16）狂朋怪侣，狂放狷傲的朋友。

（17）竞，竞相。

（18）憔悴，亦作"憔瘁"，黄瘦，瘦损。

（19）漏箭，漏壶的部件。上刻时辰度数，随水浮沉以计时。

（20）画角，古代乐器名，相传创自黄帝，或曰传自羌族。形如竹筒，以竹木或皮革制成，外加彩绘，故称"画角"。一般在黎明和黄昏之时吹奏，相当于出操和休息的信号，发音哀厉高亢，古代军中常用来警报昏晓、高亢动人振奋士气。南朝梁简文帝《折杨柳》诗："城高短箫发，林空画角悲。"

【赏析】

《戚氏》，始见《乐章集》，入"中吕调"。二百十二字，分三段。前段九平韵，一仄韵，中段六平韵，三仄韵，后段六平韵，三仄韵，同部参错互叶，是宋词中仅次于南宋吴文英《莺啼序》（240字）的第二长的慢词。

这首词以时间为序，从黄昏、深夜到清晓，将秋天的远景与近景、词人的往事与旧情以及客居驿馆的幽思遐想渐次叙入，词境纷陈而错综有序。从词中"宋玉悲感，向此临水与登山"来看，这首词当写于湖北江陵，当时柳永外放荆南，已经年过五十，只做个相当于县令的小官，心情自然十分苦闷。这种情绪在这首词里得到了充分的体现。

全词共分三片：头一片写景，写作者白天的所见所闻。"晚秋天，一霎微雨洒庭轩。"上片开头二句描写微雨过后的薄暮景色。只用"晚秋天"一句点明时令，先写驿馆内之衰残景色，也初步构画出了全词的凄凉基调。"一霎微雨"带着薄凉的情态洒于庭轩，所以这位才子词人，又开始思绪飘渺了。他首先看见的，是庭轩中的"槛菊萧疏，井梧零乱，惹残烟"，一个"惹"字竟真把那秋的萧索写活了。那淡薄的"残烟"，非关天气，不是雾气，竟是这庭轩中的"零乱""萧疏"给"惹"来的！园中景物正渐至精彩处，词人却笔锋一转，向远处的"望乡关"，由近及远却丝毫不显突兀。那他究竟望见了什么呢？"飞云黯淡夕阳闲"。云正憔悴，夕阳又西坠，也难怪词人想到了一句"悲哉！秋之为气也！"而得来悲秋之名的宋玉。"当时宋玉悲感，向此临水与登山"，向来是古代文人念远伤别离的悲情时刻，作者由今怀古，也无非感叹一句：逢秋而悲感，千古一辙啊！这笔锋已转得太远，又该如何继文呢？柳永不愧自封的"才子词人"，这稍一调转，便是一个柳永式的大回圜："远道迢递"，忆及"宋玉悲感"之后，如此轻松地就又回到了眼前的景况，不着痕迹，天衣无缝。面对长路漫漫，作为"凄楚""行人"的他，正走在自己无限厌恶却又不能不会也不舍放弃的仕途之路上，一面痛恨"名牵利惹"，一面甘之如饴。行文至此，那贯穿于词人一生的矛盾开始在这"驱驱行役"上初露端倪。内心挣扎如柳永，对与自己心境相仿的"陇水潺湲"自然也就"倦听"了。下文又略嫌不合拍地以一"正"字引出了那让词人心情更加烦躁的"蝉吟败叶，蛩响衰草，相应喧喧"，不合拍的同时，又与首句中的"晚秋天"大为契合，实乃绝妙。这等怪词妙语，必非柳永不能为也。心绪烦乱无以抒怀的柳永，在"相应喧喧"的蝉嘶蛩鸣中，结束了上阕的叙景描情。

第二片写情，写作者"更阑"的所见所感。中片时间上紧承上片，由傍晚而入深夜。先景后情。"孤馆，度日如年。"次叠一开词人就是这般自述身世的一句。"馆"是"孤馆"，就连上文所言之"庭轩"也不过是柳永羁旅之途上的一方借宿之地。独在异地，独望江关，不由让读者对上片中的"凄然"二字有了更真切的实感。而此时，"凄然"的他正在"孤馆"中"度日如年"。词人终是不堪寂寞的，失了"针线闲拈伴伊坐"的知己，他也只能寄望于与知己红颜共沐同一片夜空了。这孤索之夜，竟已渐深，"风露渐变，悄悄至更阑"了。只一失神间，词人再次凝望起那片空有亮白色温馨却又无情至极的"长天净，绛河清浅"了。"绛河"，这样一个冰冷的词，难耐凄凉如柳永者，该是怎样的孤凄心情，读者也就可想了。这时的他，却偏故作坚强与无所谓地坚持自己的固执：寂寞只是表象，那"婵娟"的"皓月"却不正是代表团圆么？至此，那柳永式的矛盾已暴露得更深。对月而不怀人，又怎是白衣卿相之本色？"思绵绵"三字，一字一韵，引出了词人如泄洪般的情感，字字句句都是他对命运的质问。此时的他，已到了风中之烛的残年，没了少时的轻狂不羁，所以这怨世的情感，他也只从自身写起。"夜永对景那堪，屈指暗想从前。"在此时的柳永心里，不堪回首的，究竟是"小楼深巷狂游遍"的"恣狂踪迹"，还是为那"蝇头利禄，蜗角功名"的"恁驱驱"呢？他没说。下文却有如似检讨的一句："未名未禄，绮陌红楼，往往经岁迁延。"正是因了他一生缠绵于"绮陌红楼"，才导致了他终老而"未名未禄"。对于此时怨气极重的柳永，读者何不把这样的检讨当作气极怒极的他的"正话反说"呢？当然，这也可以是词人对自己一生徘徊于仕途与红颜之间的优柔寡断的一种怨恨。

第三片写意，写作者对往事的追忆，抒发自己的感慨。下片继续写狂放不羁的少年生活，与前片衔接细密，有陇断云连之妙。"帝里风光好"一句，概括了当时的繁荣。"当年少日，暮宴朝欢。况有狂朋怪侣。"所以此处的他忆起的是"当年少日"的"狂朋怪侣"，是他少时的奢靡生活。都说年少轻狂，更何况这年少之人还是他柳永，又加那许多志趣相投的"狂朋怪侣"，怎不让人心醉？柳永不是圣人，那样的生活，他曾经陶醉过。并且此时忆起，也并非悔恨自己当年的颓堕，而只是慨叹时光易逝、年华似水之意而已。"遇当歌、对酒竞留连"，这样的词句，词人写下时的心境何为，连读者也是不忍想象的，也无需读者想象。"别来迅景如梭，旧游似梦，烟水程何限"三句，转写实景，虚实相间，错落有致，以往的欢愉反衬出今日的落寞。"迅景如梭，旧游似梦"，以往日之欢娱，衬今日之落寞，很通俗的比喻，却让读者眼前出现了词人那再清晰不过的痛苦面容。逝去的日子如云烟，被岁月这柔沐温和却又狰狞至极的风吹得一丝不剩了。往昔再不会回返，又怎能不让作者长叹呢？接下来的一句引出"念利名、憔悴长萦绊"这一痛苦的根源，作者并未有明确的态度。重又回到现实，是作者的自问，也是作者的茫然。这是全词中作者矛盾心理的第三次深化。让读者看这全词中作者唯一一次以第一人称的发问："烟水程何限？"这样的碌碌奔忙，到底何时才是尽头啊？这样的笔力，是没有切身经历之人万万难及的。这一瞬间的情感爆发之后，又转入了议论："念名利、憔悴长萦绊"。这可以说是议论，也可以说是收束，是对上文的种种心境的一种慰藉：他一生不曾放弃对名利的追逐，那么如何憔悴也自是命里该着的，又何必在此枉叹呢？因此作者为强调自己的"无事觅闲愁"，又以感情更加强烈的方式加了一句："追往事、空惨愁颜。"至此，议论结束，不知不觉间，已是一夜的辗转。而"稍觉轻寒"之后，才蓦然惊觉"漏箭移"了。时间已是接近拂晓，又听闻远处"渐呜咽、画角数声残"的乐声，那"轻寒"，想来也是入情、入心地难以承受了。而此时的词人，此时抱臂"对闲窗畔"的词人，已是渐趋于平静了。无论有再多的不甘，无论有再多的憾恨，他也只能继续上路了。"驱驱行役，苒苒光阴"早已注定了他一生的奔碌不平。而这"停灯向晓，抱影无眠"的一夜，也只是他万千个难眠之夜的一个剪影吧。最末一叠并不能算作全词的高潮部分，可这由此及彼、由今忆昔又由昔论今的一波三折，也无疑给此词的情调注入了更新鲜的血液，一代才子词人于这诗余曲源的词上的功力也可见一斑，正如宋代学者王灼评言："离骚寂寞千载后，戚氏凄凉一曲终。"（《碧鸡漫志》）

【原文】

忆帝京·薄衾小枕凉天气

薄衾小枕凉天气⁽¹⁾，乍觉别离滋味⁽²⁾。展转数寒更⁽³⁾，起了还重睡。毕竟不成眠，一夜长如岁。　　也拟待、却回征辔⁽⁴⁾，又争奈、已成行计⁽⁵⁾。万种思量，多方开解，只恁寂寞厌厌地⁽⁶⁾。系我一生心，负你千行泪。

【毛泽东圈评等情况】

毛泽东读宋本《乐章集》卷下时曾圈阅《忆帝京·薄衾小枕凉天气》这首词。

[参考] 张贻玖：《毛泽东评点、圈阅的中国古典诗词》，
中国工人出版社1992年版，第246页。

宋
词

【注释】

（1）薄衾（qīn），薄薄的被子。《诗经·召南·小星》："抱衾与裯。"毛传："衾，被也；裯，禅（单）被也。"小枕，稍稍就枕。

（2）乍觉，突然觉得。

（3）展转，同"辗转"，翻来覆去之状。《诗经·陈风·泽陂》："寤寐无为，辗转伏枕。"朱熹集传："寤寐无为，辗转伏枕；思之深且久也。"《楚辞·刘向〈九叹·惜贤〉》："忧心展转，愁怫郁兮。"数寒更（gēng），因睡不着而数着寒夜的更点。古时自黄昏至拂晓，将一夜分为甲、乙、丙、丁、戊五个时段，谓之"五更"，又称"五鼓"。每更又分为五点，更则击鼓，点则击锣，用以报时。

（4）拟待，打算。征辔（pèi），远行之马的缰绳，代指远行的马。

（5）争奈，怎奈。唐顾况《从军行》之一："风寒欲砭骨，争奈裘襦轻。"行计，出行的打算。

（6）只恁（nèn），只是这样。厌厌，《诗经·小雅·湛露》："厌厌夜饮，不醉无归。"毛传："厌厌，安也。"

【赏析】

《忆帝京》，词牌名，柳永制曲，《乐章集》注"南吕调"。双调七十二字，前段六句四仄韵，后段七句四仄韵。

此词词牌名为"忆帝京"，大概是因为回忆在汴京的妻子而命名的，词中又说"乍觉别离滋味"，这个"乍"字，说明柳永离开汴京不久，而"薄衾小枕凉天气"则说明作词时间是初秋。柳永因"觉别离滋味"，从而写下这首词。

词的上阕写别后相思。"薄衾小枕凉天气，乍觉别离滋味。"起首二句直抒离情。初秋天气逐渐凉了，所以只盖一条薄被就行了，但如今拥衾独卧，与从前与女子同床共枕形成了巨大的反差，才开始体会到别离的滋味。"薄衾"是由于天气虽凉却还没有冷。"乍觉别离滋味"，"乍觉"二字使情感的伏线开始有了起势，"别离滋味"点明主题。接下来作者将"别离滋味"作了具体的描述："展转数寒更，起了还重睡。毕竟不成眠，一夜长如岁。"词人通过男子的几个连续性的动作，把他被别离滋味所苦的状态描绘得极为生动。这时词人的情感已由"乍觉"发展到了"展转"，随着这相思之情的渐浓渐深，词人已经睡不着了，只好默默地计算着更次，可是仍不能入睡，起床后，又躺下来。区区数笔把相思者床头辗转腾挪，忽睡忽起，不知如何是好的情状，毫不掩饰地表达出来了。"毕竟不成眠"，是对前两句含意的补充。接着"一夜长如岁"一句巧妙地化用了《诗经·王风·采葛》中"一日不见，如三岁兮"的句意，但语句更为凝练，感情更为深沉。这几句把"别离滋味"如话家常一样摊现开来，质朴无华的词句里，蕴含着炽烈的生活热情。

词的下阕写无计挽回，只好永远相思下去。"也拟待、却回征辔"，转而写游子思归，表现了游子理智与感情发生冲突复杂的内心体验。至此可以知道，这位薄衾小枕不成眠的人，离开他所爱的人没有多久，可能是早晨才分手，便为"别离滋味"所苦了。此刻当他无论如何都难遣离情的时候，心里不由得涌起另一个念头：唉，不如掉转马头回去吧。"也拟待"，这是万般无奈后的心理活动。可是，"又争奈、已成行计"意思是说，已经踏上征程，又怎么能再返回原地呢？"也""却""又""已"加上上阕的"还""毕竟"等语气副词和转折连词的运用，使得情感更加百转千回、婉曲动人，真切地把一个孤独痛苦的游子的心理表达得淋漓尽致。归又归不得，行又不愿行，结果仍只好"万种思量，多方开解"，但出路自然找不到，便只能"寂寞厌厌地"，百无聊赖地过下去了。"万""多"与"只"的对比更加深刻地表明了这种寂寞和悔恨的无奈。词至末韵已达到了情感的最高潮，面对不得已的天涯漂泊、两情别离，词人发出了有如誓言般的十个字："系我一生心，负你千行泪。"结末两句，从男女双方落笔。上句仍从男子方面着手，下句设身处地为女子着想。可以想见，离别之后，女子必然也思念不已，又无法排解，终日只有以泪洗面。虽然你思我念，旧情不断，但咫尺千里，已难挽回，不过是"心有灵犀一点通"而已，最终还是我辜负了你那"千行泪"。词以男子的深深自责作结，把他对女子的情深似海、义重如山的感情写得淋漓尽致，无以复加，把通篇抒写的别离之苦推上了高潮。

【原文】

凤栖梧·伫倚危楼风细细

伫倚危楼风细细⁽¹⁾，望极春愁⁽²⁾，黯黯生天际⁽³⁾。草色烟光残照里⁽⁴⁾，无言谁会凭阑意⁽⁵⁾。　　拟把疏狂图一醉⁽⁶⁾，对酒当歌⁽⁷⁾，强乐还无味⁽⁸⁾。衣带渐宽终不悔⁽⁹⁾，为伊消得人憔悴⁽¹⁰⁾。

【毛泽东圈评等情况】

毛泽东读宋本《乐章集》卷中时曾圈阅《凤栖梧·伫倚危楼风细细》这首词。

[参考] 张贻玖：《毛泽东评点、圈阅的中国古典诗词》，
中国工人出版社 1992 年版，第 245 页。

【注释】

（1）伫倚危楼，长时间倚靠在高楼的栏杆上。一作"独倚"。伫，久立。危楼，高楼。北魏郦道元《水经注·泗水》："危楼倾崖，恒有落势。"

（2）望极，极目远望。

（3）黯黯，本指光线昏暗，颜色发黑，形容心情沮丧忧愁。汉陈琳《游览》诗之一："萧萧山谷风，黯黯天路阴。"唐李商隐《自桂林奉使江陵途中感怀寄献尚书》诗："江生魂黯黯，泉客泪涔涔。"生天际，从遥远的天边升起。天际，天边，肉眼能看到的天地交接的地方。《易·丰》："丰其屋，天际翔也。"南朝齐谢朓《之宣城出新林浦向板桥》诗："天际识归舟，云中辨江树。"

（4）草色，碧绿的颜色。烟光，云霭雾气。唐元稹《饮致用神曲酒三十韵》："雪映烟光薄，霜涵霁色冷。"残照，落日的光辉，夕照。唐李白《忆秦娥》词："西风残照，汉家陵阙。"

（5）会，理解。凭阑，靠着栏杆，一作"凭栏"。阑，同"栏"。唐温庭筠《菩萨蛮》："春水渡溪桥，凭阑欲断魂。"

（6）拟把，打算。疏狂，狂放不羁，不受拘束。唐白居易《代书诗

寄微之》：“疏狂属年少，闲散为官卑。”

（7）对酒当歌，对着酒应该放声高唱。原意是人生时间有限，应该有所作为，后也用来指及时行乐。汉曹操《短歌行》：“对酒当歌，人生几何？”

（8）强（qiǎng）乐，勉强欢笑。强，勉强。

（9）衣带渐宽，指因相思而消瘦，衣服都显得肥大了，或身体消瘦。《古诗十九首·行行重行行》：“相去日已远，衣带日已缓。”

（10）伊，她，女性代词。消得，值得，能忍受得了。

【赏析】

《凤栖梧》又名《蝶恋花》。《蝶恋花》，商调曲，原唐教坊曲名，本采用于梁简文帝乐府，又名《黄金缕》《鹊踏枝》《卷珠帘》《一箩金》。其词牌始于宋。双片六十字，前后片各四仄韵。双调，上下片同调，押仄声韵。共六十字，前后片各四仄韵。

柳永这首词《凤栖梧》是怀念远方恋人的作品。词人将漂泊异乡的落魄感受和怀念意中人的缠绵情思合到一起写，采用曲径通幽的方式，抒情写景，感情真挚。

上阕写春景，咏春绪。“伫倚危楼风细细”，首句说登楼引起了“春愁”。全词只此一句叙事，便把主人公的外形像一幅剪纸那样凸显出来了。“风细细”，带写一笔景物，为这幅剪影添加了一点背景，使画面立刻活跃起来了。“望极春愁，黯黯生天际。”三、四两句写词人登高极目天涯，一种黯然魂销的“春愁”油然而生。“春愁”，又点明了时令。对这“愁”的具体内容，词人只说“生天际”，可见是天际的什么景物触动了他的愁怀。从下一句“草色烟光”来看，是春草。芳草萋萋，刈尽还生，很容易使人联想到愁恨的连绵无尽。柳永借用春草，表示自己已经倦游思归，也表示自己怀念亲爱的人。那天际的春草，所牵动的词人的“春愁”究竟是哪一种呢？词人却到此为止，不再多说了。“草色烟光残照里，无言谁会凭阑意”二句，接着写主人公的孤单凄凉之感。前一句用景物描写点明时间，可以知道，他久久地站立楼头眺望，时已黄昏还不忍离去。“草色烟光”写春天景色极为生动逼真。春草，铺地如茵，登高下望，夕阳的余辉下，闪烁着一层迷蒙的如烟似雾的光色。一种极为凄美的景色，再加上"残照"二字，便又多了一层感伤的色彩，为下一句抒情定下基调："无言谁会凭阑意。"因为没有人理解他登高远望的心情，所以他默默无言。有"春愁"又无可诉说，这虽然不是"春愁"本身的内容，却加重了"春愁"的愁苦滋味。

词的下阕写为消除相思的痛苦。作者并没有说出他的"春愁"是什么，却又掉转笔墨，埋怨起别人不理解他的心情来了。作者把笔宕开，写他如何苦中求乐。"愁"，自然是痛苦的，那还是把它忘却，自寻开心吧！"拟把疏狂图一醉"，下阕起笔一转，写他的打算。他已经深深体会到了"春愁"的深沉，单靠自身的力量是难以排遣的，所以他要借酒浇愁。词人说得很清楚，目的是"图一醉"。为了追求这"一醉"，他"疏狂"，不拘形迹，只要醉了就行。不仅要痛饮，还要"对酒当歌"，借放声高歌来抒发他的愁怀。但结果却是"强乐还无味"，他并没有抑制住"春愁"。故作欢乐而"无味"，更说明"春愁"的缠绵执着。

至此，作者才透露这种"春愁"是一种坚贞不渝的感情。他的满怀愁绪之所以挥之不去，正是因为他不仅不想摆脱这"春愁"的纠缠，甚至心甘情愿为"春愁"所折磨，但他"衣带渐宽终不悔"，即使渐渐形容憔悴、瘦骨伶仃，也决不后悔。"为伊消得人憔悴"才一语破的：词人的所谓"春愁"，不外是"相思"二字。写春愁，抒发刻骨的相思之情、对爱情的执着追求。文章借景抒情，抒发凄美、感伤、惆怅之情。现代词学家唐圭璋《唐宋词简释》评论："此首上片写境，下片抒情。'伫倚'三句，写远望愁生。'草色'两句，实写所见冷落景象与伤高念远之意。换头深婉。'拟把'句，与'衣带'两句，更柔厚。与'不辞镜里朱颜瘦'语，同合风人之旨。"而现代词学家王国维更在《人间词话》中评论："古今之成大事业、大学问者，必经过三种之境界，以'衣带渐宽终不悔，为伊消得人憔悴'为第二境。"

满江红·暮雨初收

暮雨初收，长川静、征帆夜落⁽¹⁾。临岛屿、蓼烟疏淡⁽²⁾，苇风萧索⁽³⁾。几许渔人飞短艇⁽⁴⁾，尽载灯火归村落。遣行客、当此念回程⁽⁵⁾，伤漂泊⁽⁶⁾。

桐江好⁽⁷⁾，烟漠漠⁽⁸⁾。波似染，山如削。绕严陵滩畔⁽⁹⁾，鹭飞鱼跃。游宦区区成底事⁽¹⁰⁾，平生况有云泉约⁽¹¹⁾。归去来⁽¹²⁾、一曲仲宣吟⁽¹³⁾，从军乐⁽¹⁴⁾。

【毛泽东圈评等情况】

毛泽东读宋本《乐章集》卷下时曾圈阅《满江红·暮雨初收》这首词。

[参考] 张贻玖：《毛泽东评点、圈阅的中国古典诗词》，中国工人出版社1992年版，第245页。

【注释】

（1）长川静，长河一片平静。三国魏曹植《洛神赋》："浮长川而忘返，思绵绵而增慕。"川，指江河。征帆，远行船上之帆。

（2）蓼烟，笼罩着蓼草的烟雾。蓼，水蓼，一种生长在水边的植物。

（3）苇风，吹拂芦苇的风。萧索，象声词，形容风声。唐元稹《酬乐天雪中见寄》："知君夜听风萧索，晓望林亭雪半糊。"

（4）几许，有几个。短艇，轻快的小艇。

（5）遣，使，令。行客，词人自谓。回程，回家的路程。

（6）漂泊，随流漂荡或停泊，比喻行踪不定，居无定所或职业、生活不固定，东奔西走。北周庾信《哀江南赋》序："下亭漂泊，高桥羁旅；楚歌非取乐之方，鲁酒无忘忧之用。追为此赋，聊以记言。"

（7）桐江，在今浙江桐庐北，即钱塘江中游自严州（今建德）至桐庐一段的别称，又名富春江。

（8）漠漠，弥漫之状。唐杜甫《茅屋为秋风所破歌》："俄顷风定云墨色，秋天漠漠向昏黑。"

（9）严陵滩，又名严滩、严陵濑，源见"羊裘钓"，借指高人隐者。在今浙江桐庐境桐江畔。北魏郦道元《水经注》："自桐庐至于潜，凡有十六濑，第二是严家濑。濑带山，山下有石室，严子陵所居也，山及濑皆以此名。"

（10）游宦，春秋战国时期，士人离开本国至他国谋求官职，谓之游宦，后泛指为当官而到处飘荡。底事，何事，为了什么事呢?

（11）云泉约，与美丽的景色相约，引申为归隐山林之意。云泉，白云清泉，借指胜景。唐白居易《偶吟》之一："犹残少许云泉兴，一岁龙门数度游。"

（12）归去来，赶紧回去吧。东晋陶潜著《归去来兮辞》："归去来兮，田园将芜，胡不归?"以抒归隐之志，故后用"归去来"为归隐之典。

（13）仲宣，三国时王粲的字。王粲初依荆州刘表，未被重用，作《登楼赋》："虽信美而非吾土兮，何曾足以少留……人情同于怀土兮，岂穷达而异心"，以抒归土怀乡之情。后为曹操所重，从曹操西征张鲁。

（14）从军乐，即《从军行》。王粲曾作《从军行》五首，主要抒发行役之苦和思妇之情。其《从军行》五首之一："从军有苦乐，但问所从谁。所以神且武，焉得久劳师。相公征关右，赫然震天威。"

【赏析】

《满江红》，词牌名，又名"上江虹""满江红慢""念良游""烟波玉""伤春曲""怅怅词"。以柳永《满江红·暮雨初收》为正体。另有双调九十三字，前段八句五仄韵，后段十句六仄韵;双调九十三字，前段八句四平韵，后段十句五平韵等变体。代表作品有岳飞《满江红·怒发冲冠》、辛弃疾《满江红·敲碎离愁》等。

本词上阕言"临岛屿、蓼烟疏淡，苇风萧索"，点明为六七月之景。词下阕写"严陵滩"景色，说明此词作于柳永赴睦州任官途经严陵滩之时，或者在睦州任上，时间应为宋仁宗景佑元年至二年（1034—1035）之间。词中有"念回程"句，应为思念汴京之意，若如此，则此词应作于景佑二年赴余杭县上任时，至睦州已满一年，又移任余杭，仕途蹭蹬，故而思念汴京。

这首词抒发了词人对游宦生涯的厌倦和对归隐生活的向往之情。词的上阕写景,先景后情。"暮雨初收,长川静、征帆夜落。"起首三句是说,雨歇川静,日暮舟泊,凄清的气氛笼罩全篇。"临岛屿,蓼烟疏淡,苇风萧索"三句继续写景,水蓼和芦苇都是于秋天繁盛开花,可见时间是萧瑟的秋天;雨后的秋夜,更使人感到清冷。写船傍岛而停,岸上蓼苇,清烟疏淡,秋风瑟瑟。景色的凄凉与词人心境的凄凉是统一的,含有无限哀情。这几句写傍晚泊船情景,以静态描写为主。至"几许渔人飞短艇,尽载灯火归村落。遣行客、当此念回程,伤漂泊"四句,词人笔调突然一扬,由静态变为动态,写渔人飞艇、灯火归林,一幅动态的画面呈现在眼前,日暮归家,温暖、动人的生机腾然而起。这里以动景反衬上面的静景,反使词人所处的环境显得更加静寂。一个"飞"字和一个"尽"字,把渔人归家的喜悦表现得极具神韵,又同时从反面引出"遣行客""伤漂泊"二句,渔人双桨如飞,回家团聚,而词人却远行在外,单栖独宿,触动归思。整个上阕分为两段,前半阕写景,后半阕抒情,情景之间融合无隙,境界浑然。

下阕则回叙白天旅途所见和由此而生的感慨,这就是"伤漂泊"的具体内涵。换头再以景起,上片是夜泊,下片是早行。"桐江好,烟漠漠。波似染,山如削。绕严陵滩畔,鹭飞鱼跃"六句,句短调促,对仗工整,语意连贯,一气呵成,先写江山之美。美好的河山扫尽了昨夜的忧愁,桐江上空,晨雾浓密,碧波似染,峰峦如削,白鹭飞翔,鱼虾跳跃,生动美丽的景色使词人心情欢娱。从感情线索上看,这里又是一扬。宋黄升《唐宋诸贤绝妙词选》:"换头数语最工。"但因为词人情绪总的基调是愁苦的,欢娱极为短暂,又很快进入低谷,"严陵滩"三字已埋下伏笔。这里以乐景写哀,江山美好,鱼鸟自由,渔人团聚,而词人一年到头都是四海为家,宦游成羁旅,于是"游宦区区成底事"之叹自然从肺腑流出,词人得出的结论是不值得,不如及早归隐,享受大自然和家庭的天伦之乐。"平生况有云泉约"一句收缴上文,同时也启发下文,具有开合之力,所以结语痛快地说"归去来,一曲仲宣吟,从军乐",用三国魏王粲《从军乐》曲意,表明自己再不想忍受行役之苦了。

柳永的这首词在抑扬有致的节奏中表现出激越的情绪，从泊舟写到当时的心绪，再从忆舟行写到日后的打算，情景兼融，脉络清晰多变，感情愈演愈烈，读来倍觉委婉曲折、荡气回肠。可见柳永不愧是一位书写羁旅行役之苦的词中高手。

【原文】

昼夜乐·洞房记得初相遇

洞房记得初相遇⁽¹⁾，便只合⁽²⁾、长相聚。何期小会幽欢⁽³⁾，变作离情别绪⁽⁴⁾。况值阑珊春色暮⁽⁵⁾，对满目、乱花狂絮⁽⁶⁾。直恐好风光，尽随伊归去⁽⁷⁾。　一场寂寞凭谁诉⁽⁸⁾。算前言⁽⁹⁾，总轻负⁽¹⁰⁾。早知恁地难拼⁽¹¹⁾，悔不当时留住。其奈风流端正外⁽¹²⁾，更别有、系人心处。一日不思量，也攒眉千度⁽¹³⁾。

【毛泽东圈评等情况】

毛泽东读宋本《乐章集》卷上时曾圈阅这首《昼夜乐·洞房记得初相遇》。

[参考] 张贻玖：《毛泽东评点、圈阅的中国古典诗词》，中国工人出版社1992年版，第245页。

【注释】

（1）洞房，深邃的住室，后多用以指妇女所居的闺阁。《楚辞·招魂》："姱容修态，絙洞房些。"特指新婚夫妇的卧室。唐朱庆余《近试上张籍水部》："洞房昨夜停红烛，待晓堂前拜舅姑。"

（2）只合，只应该。

（3）小会，指两个人的秘密相会。幽欢，幽会的欢乐。

（4）离情别绪，分离前后惜别、相思的愁苦情绪。

（5）阑珊，将残、将尽之意。唐李群玉《九日》："丝管阑珊归客尽，黄昏犹自咏诗回。"春色暮，即暮春，春天最后一段时间，指农历三月。

（6）满目，充满视野。

（7）伊，为第三人称代词，此词的"伊"亦指男性。

（8）凭谁诉，向人诉说。

（9）前言，以前说过的话。

（10）轻负，轻易地辜负了昨日的誓言。

（11）恁（nèn）地难拼，这样地难过。恁地，如此。难拼，指难以和离愁相拼。拼，舍弃，不顾惜。

（12）风流，洒脱放逸；风雅潇洒。南朝宋范晔等《后汉书·方术传论》："汉世之所谓名士者，其风流可知矣。"

（13）攒（cuán）眉千度，皱眉一千遍，形容整天愁眉紧锁。攒眉，愁眉紧锁。

【赏析】

《昼夜乐》，词牌名，又名"真欢乐"，见于柳永《乐章集》。《乐章集》注：中吕宫。《昼夜乐》调名之"乐"，乃快乐之"乐"，非为乐府之"乐"章。其义盖昼夜行乐狂欢之意。此词调以柳永《昼夜乐·洞房记得初相遇》为正体，双调九十八字，前段八句六仄韵，后段八句五仄韵。另有双调九十八字，前后段各八句、六仄韵一种变体。格律为仄韵，字数均为九十八字。

这首词描绘的是柳永自己短暂而难忘的爱情故事。作者在词中塑造了一个独居索寞、伤春怀人的思妇形象。

词的上阕写女主人公和丈夫的幽会和分离。起笔三句直接擒题，写二人初次相见："洞房记得初相遇，便只合、长相聚。"是说二人初次见面时新婚卧室之内，这在封建社会是很平常的。当时婚姻是要凭父母之命、媒妁之言，婚姻的当事人在婚前是无由得见的，所以往往是在洞房中才"初相遇"。男女虽无感情积累，却也一见如故、一往情深，所以过去也认为是一大乐事，所谓"洞房花烛夜，金榜题名时"，把新婚的欢乐与事业的成功相提并论。"便只合、长相聚"，这是于情于理都合宜的事。从感情上说，女主人公希望这燕尔新婚带来的欢乐能继续下去；从事理上讲，既为夫妇，常常聚首，过正常的夫妻生活，乃理之当然。但事情却发生了意外："何期小会幽欢，变作离情别绪。"二句是说，怎么也没有想到新婚的甜蜜生活才刚开头，便棒打鸳鸯两离分，欢乐变成了忧愁。至于为什么被分开了，作者并没有明言，留待读者去思索，也许是官府差遣，也许是生计所迫，女主人全不理会这些，活画出她一心长相厮守的心态。以上是直接抒情，下面四句便用景物渲染："况值阑珊春色暮。对满目、乱花狂絮。直恐好风光，尽随伊归去。"春事阑珊。春归的景象已经令人感伤，而恰恰这时又触动了对往日幽欢幸福与离别痛苦的回忆，愈加令人感伤了。"况值"两字用得极妙，一方面表示了由追忆回到现实的转换，另一方面又带出了见景伤情的原因。"直恐好风光，尽随伊归去"之"伊"为第三人称代词，既可指男性，也可指女性。柳永的俗词是供女艺人演唱的，故其中的"伊"一般都用以指男性，此词的"伊"亦指男性。女主人公将春归与情人的离去联系起来，美好的春光在她的感受中好像是随他而去了。"直恐"两字使用得很恰当，事实上春归与人去是无内在联系的，她所作的主观怀疑性的判断，将二者联系起来纯是情感的附着作用所致，说明思念之强烈。

下阕写女子对丈夫的思念。"一场寂寞凭谁诉"，过片一句词具有承上启下的作用。"一场寂寞"是春归人去后最易感到的，但寂寞和苦恼的真正原因是无法向任何人诉说的，也不宜向人诉说，只有深深地埋藏在自己内心深处。于是整个下片转入抒写自身懊悔的情绪。作者"算前言，总轻负"，是由于她的言而无信，或是损伤了他的感情，这些都未明白交代，但显然责任是女方；于是感到自责和内疚，轻易地辜负了他的情意。再讲"早知恁地难拼，悔不当时留住。"从中可以看出她当初未考虑到离别后情感上竟如此难于割舍。他不仅举措风流可爱，而且还品貌端正，远非一般浮滑轻薄之徒可比，实是难得的人物。而这个人"其奈风流端正外，更别有、系人心处"，写说她才能体验到的好处，也是她"难拼"的最重要的原因。"一日不思量，也攒眉千度。"结末二句，非常形象地表现了这位妇女悔恨和思念的精神状态。攒眉即愁眉紧锁，是"思量"时忧愁的表情。意思是，每日都思量，而且总是忧思千次的，可想见其思念之深且切了。这两句的表述方式很别致，正言反说，语转曲而情益深。不思量已是"攒眉千度"，生动形象，把女子对丈夫的思念具象化，像木雕石塑一样，立在读者面前，产生了强烈的艺术效果，如此造语不但深刻，而且传神俏皮。

【原文】

望海潮·东南形胜

东南形胜[(1)]，三吴都会[(2)]，钱塘自古繁华[(3)]，烟柳画桥，风帘翠幕，参差十万人家[(4)]。云树绕堤沙，怒涛卷霜雪，天堑无涯[(5)]。市列珠玑[(6)]，户盈罗绮[(7)]，竞豪奢[(8)]。　　重湖叠𪩘清嘉[(9)]。有三秋桂子[(10)]，十里荷花[(11)]。羌管弄晴[(12)]，菱歌泛夜[(13)]，嬉嬉钓叟莲娃[(14)]。千骑拥高牙[(15)]。乘醉听箫鼓[(16)]，吟赏烟霞[(17)]。异日图将好景[(18)]，归去凤池夸[(19)]。

【毛泽东圈评等情况】

毛泽东曾用五页稿纸背诵手书这首《望海潮·东南形胜》。

[参考]中央档案馆整理：《毛泽东手书选集·（古诗词下）》，

北京出版社1996年版，第100—104页。

【注释】

（1）形胜，山川壮美。北齐魏收《魏书·冯亮传》："世宗给其工力，令与沙门统僧暹、河南尹甄琛等，周视嵩高形胜之处，遂造闲居佛寺。"

（2）三吴，即吴兴、吴郡、会稽三郡，在这里泛指今江苏南部和浙江的部分地区。

（3）钱塘，本为县名。原作钱唐，后改为钱塘，即今浙江杭州，古时候吴国的一个郡。

（4）参差（cēn cī），差不多，几乎。唐白居易《长恨歌》："中有一人字太真，雪肤花貌参差是。"或作近似，高下不齐之状，亦可。

（5）天堑，天然的壕沟，言其险要可以隔断交通。古时称长江为天堑。唐李延寿《南史·孔范传》："范奏曰：'长江天堑，古来限隔，虏军岂能飞渡。'"此指钱塘江。无涯亦作"无厓""无崖"，无穷尽，无边际。

南朝宋范晔等《后汉书·蔡邕传》："隆贵翕习，积富无崖。"

（6）珠玑，珠是珍珠，玑是一种不圆的珠子。这里泛指珍贵的商品。

（7）罗绮（qǐ），罗和绮，多借指丝绸衣裳，也指衣着华贵的女子。唐李白《清平乐》词："女伴莫话孤眠，六宫罗绮三千。"

（8）豪奢，豪华奢侈。南朝陈张正见《轻薄篇》："石榴传马脑，兰肴荐象牙。聊持自娱乐，未见斗豪奢。"

（9）重湖，以白堤为界，西湖分为里湖和外湖，所以也叫重湖。巘（yǎn），大山上之小山。

（10）三秋，秋季，亦指秋季第三月，即农历九月。唐王勃《滕王阁序》有"时维九月，序属三秋"之句。

（11）十里荷花，唐白居易《余杭形胜》："绕城荷花三十里，拂城松树一千株。"

（12）羌（qiāng）管，即羌笛，羌族之簧管乐器。唐李商隐《和郑愚赠汝阳王孙家筝妓二十韵》："羌管促蛮柱，从醉吴宫耳。"

（13）菱歌，采菱之歌。南朝宋鲍照《采菱歌》之一："箫弄澄湘北，菱歌清汉南。"夜，夜里。菱，菱角。泛，漂流。

（14）嘻嘻，欢笑之态，喜悦之态。《易·家人》："妇子嘻嘻，终吝。"孔颖达疏："嘻嘻，喜笑之貌也。"莲娃，采莲少女。娃，少女。

（15）高牙，大纛，牙旗。将军之旌，竿上以象牙饰之，故云牙旗。南朝梁萧统《文选·潘岳〈关中诗〉》："桓桓梁征，高牙乃建。"李善注："牙，牙旗也。兵书曰：牙旗，将军之旗。"李周翰注："牙，大旗也。"这里指高官孙何。

（16）箫鼓，箫与鼓，泛指乐奏。南朝梁江淹《别赋》："琴羽张兮箫鼓陈，燕赵歌兮伤美人。"

（17）吟赏烟霞，歌咏和观赏湖光山色。烟霞，泛指山水、山林。南朝梁萧统《锦带书十二月启·夹钟二月》："敬想足下，优游泉石，放旷烟霞。"

（18）异日，他日，指日后。图将，绘出。

（19）凤池，全称凤凰池，原指皇宫禁苑中的池沼。南朝齐谢朓《直中书省》诗："兹言翔凤池，鸣珮多清响。"此处指朝廷。

【赏析】

《望海潮》，词牌名。北宋新声，属仙吕调，柳词为创调之作。并以此为正体，双调一百七字，前段十一句五平韵，后段十一句六平韵。另有前段十一句五平韵，后段十二句七平韵变体。代表作有宋秦观《望海潮·洛阳怀古》、清纳兰性德《望海潮·宝珠洞》等。

北宋结束五代分裂割据局面以后，经过真宗、仁宗两朝八十多年的休养生息，呈现出人民安定、繁荣太平的景象，出现了像京城东京（今河南开封）、钱塘（今浙江杭州）这样有名的繁华都市。这首词是写给当时任两浙转运使的孙何的（见宋人罗大经《鹤林玉露》卷一），虽为赠献之作，有一定的奉承成分，却不能说就是粉饰升平的歌功颂德的作品，它反映了当时一定的社会现实。这首词一反柳永惯常的风格，以大开大阖、波澜起伏的笔法，浓墨重彩地铺叙展现了杭州的繁荣、壮丽景象，可谓"承平气象，形容曲尽"（见陈振孙《直斋书录解题》）。这首词，慢声长调和所抒之情起伏相应，音律协调，情致婉转，是柳永的一首传世佳作。

词的上阕描写杭州的自然风光和都市的繁华。"东南形胜，三吴都会，钱塘自古繁华"，开头三句，入手擒题，以博大的气势笼罩全篇。首先点出杭州位置的重要、历史的悠久，揭示出所咏主题。三吴，旧指吴兴、吴郡、会稽。钱塘，即杭州。此处称"三吴都会"，极言其为东南一带、三吴地区的重要都市，字字铿锵有力。其中"形胜""繁华"四字，为点睛之笔。自"烟柳画桥，风帘翠幕，参差十万人家"三句，便从各个方面描写杭州之形胜与繁华。"烟柳画桥"，写街巷河桥的美丽；"风帘翠幕"，写居民住宅的雅致；"参差十万人家"一句，转弱调为强音，表现出整个都市户口的繁庶。"参差"为大约之义。"云树绕堤沙，怒涛卷霜雪，天堑无涯"三句，由市内说到郊外，只见在钱塘江堤上，行行树木，远远望去，郁郁苍苍，犹如云雾一般。一个"绕"字，写出长堤迤逦曲折的态势。"怒涛"二句，写钱塘江水的澎湃与浩荡。"天堑"，原意为天然的深沟，这里移来形容钱塘江。钱塘江八月观潮，历来称为盛举，描写钱塘江潮是必不可少的一笔。"市列珠玑，户盈罗绮，竞豪奢"三句，只抓住"珠玑"和"罗绮"两个细节，便把市场的繁荣、市民的殷富反映出来。珠玑、罗绮，又皆妇女服用之物，并暗示杭城声色之盛。"竞豪奢"三个字明写肆间商品琳琅满目，暗写商人比夸争耀，反映了杭州这个繁华都市穷奢极欲的一面。

词的下阕，写杭州人民和平宁静的生活景象。下阕重点描写西湖，可分两层。"重湖叠巘清嘉。有三秋桂子，十里荷花。"西湖，蓄洁停沉，圆若宝镜，至于宋初已十分秀丽。重湖，是指西湖中的白堤将湖面分割成的里湖和外湖。叠巘，是指灵隐山、南屏山、慧日峰等重重叠叠的山岭。湖山之美，词人先用"清嘉"二字概括，接下去写山上的桂子、湖中的荷花。这两种花也是代表杭州的典型景物。柳永这里以工整的一联，描写了不同季节的两种花。"三秋桂子，十里荷花。"这两句确实写得高度凝练，它把西湖以至整个杭州最美的特征概括出来，具有撼动人心的艺术力量。"羌管弄晴，菱歌泛夜"，对仗也很工稳，情韵亦自悠扬。"泛夜""弄晴"，互文见义，说明不论白天或是夜晚，湖面上都荡漾着优美的笛曲和采菱的歌声。着一"泛"字，表示那是在湖中的船上。"嬉嬉钓叟莲娃"，是说吹羌笛的渔翁、唱菱歌的采莲姑娘都很快乐。"嬉嬉"二字，则将他们的欢乐神态，作了栩栩如生的描绘，生动地描绘了一幅国泰民安的游乐图卷。"千骑拥高牙。乘醉听箫鼓，吟赏烟霞。异日图将好景，归去凤池夸"五句是第二层，交代写作的原因和意图。你看，词人写达官贵人在此游乐的场景：成群的马队簇拥着高高的牙旗，缓缓而来，一派显赫声势。笔致洒落，音调雄浑，仿佛令人看到一位威武而又风流的地方长官，饮酒赏乐，啸傲于山水之间。"异日图将好景，归去凤池夸"是这首词的结束语。凤池，即凤凰池，本是皇帝禁苑中的池沼。魏晋时中书省地近宫禁，因以为名。"好景"二字，将如上所写和不及写的，尽数包拢。意谓当达官贵人们召还之日，合将好景画成图本，献与朝廷，夸示于同僚，谓世间真存如此一人间仙境。以达官贵人的不思离去，烘托出西湖之美。

《望海潮》所反映的，正是这样的现实。据说"此词流播，金主亮闻歌，欣然有慕于'三秋桂子，十里荷花'，遂起投鞭渡江之志。近时谢处厚诗云：'谁把杭州曲子讴？荷花十里桂三秋。那知卉木无情物，牵动长江万里愁！'"（宋罗大经《鹤林玉露》）当然，这只是一种传说，并不正确。诱使金兵入侵，导致北宋灭亡的原因，是由于统治阶级"竞豪奢"，醉生梦死的腐朽本质；引起金兵南下，给南宋王朝带来威胁的，仍然是统治阶级"直把杭州作汴州"（宋林升《题临安邸》）的腐朽本质造成的，与柳词本无关系。不过，从这个传说中却可以说明，《望海潮》的写作是很成功的，读了这首词，不由得会使人对杭州心向往之。

【原文】

玉山枕·骤雨新霁

骤雨新霁(1)。荡原野、清如洗。断霞散彩，残阳倒影，天外云峰，数朵相倚。露荷烟芰满池塘(2)，见次第、几番红翠(3)。当是时、河朔飞觞(4)，避炎蒸(5)，想风流堪继(6)。　晚来高树清风起。动帘幕、生秋气。画楼昼寂(7)，兰台夜静(8)，舞艳歌姝(9)，渐任罗绮。讼闲时泰足风情(10)，便争奈、雅歌都废(11)。省教成、几阕清歌(12)，尽新声，好尊前重理(13)。

【毛泽东圈评等情况】

毛泽东读宋本《乐章集》卷中曾圈阅这首《玉山枕·骤雨初霁》。

[参考] 张贻玖：《毛泽东评点、圈阅的中国古典诗词》，中国工人出版社1992年版，第245页。

【注释】

（1）骤雨，暴雨。《老子》："骤雨不终日。"霁（jì），雨雪停止，天放晴。

（2）露荷烟芰（jì），带水珠的荷花和烟波中的菱。芰，古书上指菱。

（3）次第，依次。《汉书·燕刺王刘旦传》："及卫太子败，齐怀王又薨，旦自以次第当立，上书求入宿卫。"红翠，山鸟名。唐皮日休《寄题罗浮轩辕先生所居》诗："红翠数声瑶室响，真檀一炷石楼深。"自注："红翠，山鸟名。"

（4）河朔，古代泛指黄河以北的地区。《书·泰誓中》："惟戊午，王次于河朔。"孔传："戊午渡河而誓,既誓而止于河之北。"飞觞(shāng),举杯或行觞。南朝梁萧统《文选·左思〈吴都赋〉》："里谯巷饮,飞觞举白。"刘良注："行觞疾如飞也。大白,杯名,有犯令者举而罚之。"

（5）炎蒸,亦作"炎烝",暑热熏蒸。北周庾信《奉和夏日应令》："五月炎烝气,三时刻漏长。"

（6）风流,洒脱放逸,风雅潇洒。南朝宋范晔等《后汉书·方术传论》："汉世之所谓名士者,其风流可知矣。"

（7）画楼,雕饰华丽的楼房。唐李峤《晚秋喜雨》诗："聚霭笼仙阁,连霏绕画楼。"

（8）兰台,战国楚台名,故址传说在今湖北钟祥东。南朝梁萧统《文选·宋玉〈风赋〉序》："楚襄王游于兰台之宫,宋玉、景差侍。"李周翰注："兰台,台名。"

（9）姝(shū),美丽,美好。《诗经·邶风·静女》："静女其姝。"姝又喻美女。

（10）讼闲时泰,讼事闲则时泰。风情,指风土人情。

（11）争奈,怎奈,无奈。唐顾况《从军行》之一："风寒欲砭肌,争奈裘袄轻?"雅歌,风雅的歌吟。三国魏嵇康《游仙诗》："临觞奏《九韶》,雅歌何邕邕。"

（12）省教成,曾教成。省,曾。近代张相《诗词曲语词汇释》："省,犹曾也。"阕,停止,终了。清歌,不用乐器伴奏的歌唱。汉张衡《思玄赋》："双材悲于不纳兮,并咏诗而清歌。"也指清亮的歌声。晋葛洪《抱朴子·知止》："轻体柔声,清歌妙舞。"

（13）新声,新作的乐曲,新颖美妙的乐音。《国语·晋语八》："平公说新声。"尊前,在酒樽之前,指酒筵上。唐马戴《赠友人边游回》诗："尊前语尽北风起,秋色萧条胡雁来。"

【赏析】

《玉山枕》,词牌名,双调一百十三字,前后段各十一句、五仄韵。

这首词写雨后触及秋夜的风流韵事。词的上阕,写雨后傍晚的美丽景色。"骤雨新霁。荡原野、清如洗",起首二句描写,写一阵暴雨之后,天气放晴,大地被雨水冲洗得干干净净,先总写一笔。接下来具体描写雨后的宜人景色:"断霞散彩,残阳倒影,天外云峰,数朵相倚。露荷烟芰满池塘,见次第、几番红翠。"雨后天晴,霞光万道,夕阳倒影,远山峰峦,分外壮观,这是写天上;而地上单写池塘,池塘之中带水的荷花和菱藕,红花绿叶,相映成趣。几句全用白描,前写仰视天上,后写俯视池中,天上地下,交相映辉,美不胜收。又以"断霞""残阳"点明是傍晚景色。"当是时、河朔飞觞,避炎蒸,想风流堪继。"几句是说,在这种美好时刻,在黄河以北地区,避免炎热,去饮酒听歌,继续风雅潇洒,当是最好不过的了。

词的下阕,写雨后秋夜欲去听歌观舞。"晚来高树清风起。动帘幕、生秋气。"过片二句承上阕"避炎蒸"而来,雨后空气清新,大树上清风一吹,煽动房中帘幕,更加清爽宜人,这使饱受炎热之苦的人,更加快意。从"避炎蒸""生秋气"字样来看,时在夏秋之交。"画楼昼寂,兰台夜静,舞艳歌姝,渐任罗绮。"接下来四句,白天雕梁画栋的楼房寂无声息,入夜兰台之宫寂静一片,正是歌伎们歌舞蹁跹之时,因而想去听歌观舞,以消永夜。于是进而想到会欣赏到什么歌舞。"画楼",指雕饰豪华的楼房。兰台,指兰台宫。用楚怀王梦游兰台与神女相欢合的典故。"讼闲时泰足风情,便争奈、雅歌都废。"接下来二句是说,讼事不多,天下太平,正是歌舞升平之时,怎奈高雅的音乐都荒废了。但作者转念一想:"省教成、几阕清歌,尽新声,好尊前重理。"结末三句是说,作者与歌女们交往甚密,经常为她们写歌词(即填词),新近刚为她们写了几首新词,正好让她们在饮酒时演唱一番。作者在这里与歌女处于平等地位,完全是朋友关系,与达官贵人狎妓迥然不同。因而,可以预测,作者肯定会有一晚十分惬意的夜生活。

【原文】

河传·淮岸

淮岸。向晚⁽¹⁾。圆荷向背⁽²⁾，芙蓉深浅⁽³⁾。仙娥画舸⁽⁴⁾，露渍红芳交乱⁽⁵⁾。难分花与面。　　采多渐觉轻船满，呼归伴，急桨烟村远。隐隐棹歌⁽⁶⁾，渐被蒹葭遮断。曲终人不见⁽⁷⁾。

【毛泽东圈评等情况】

毛泽东读宋本《乐章集》卷下曾圈阅这首《河传·淮岸》。

[参考] 张贻玖：《毛泽东评点、圈阅的中国古典诗词》，

中国工人出版社 1992 年版，第 245 页。

【注释】

（1）向晚，傍晚。一本作"渐晚"。

（2）圆荷，一本作"圜荷"。圜，同圆。向背，正面和背面。唐刘长卿《湘中纪行·秋云岭》诗："云起遥蔽亏，江迴频向背。"

（3）芙蓉，荷花的别名。《楚辞·离骚》："製芰荷以为衣兮，集芙蓉以为裳。"洪兴祖补注："《本草》云：其叶名荷，其华未发为菡萏，已发为芙蓉。"深浅，指色彩的浓或淡。

（4）仙娥，指美女。唐骆宾王《代女道士王灵妃赠道士李荣》诗："台前镜影伴仙娥，楼上箫声随凤史。"画舸（gě），画船。南朝梁元帝《赴荆州泊三江口》诗："莲舟夹羽觞，画舸覆缇油。"

（5）露渍（zì），雨露的痕迹。渍，指积在物体表面难以除去的油、泥等。红芳，指红花。唐陈子昂《感遇诗》："但恨红芳歇，凋伤感所思。"

（6）隐隐，隐约不分明貌。宋欧阳修《蝶恋花》词："隐隐歌声归棹远，离愁引著江南岸。"棹歌，亦作"櫂歌"，行船时所唱之歌。汉武帝《秋风辞》："箫鼓鸣兮发棹歌，欢乐极兮哀情多。"

（7）曲终人不见，歌曲唱完了，人也不见了。唐钱起《省试湘灵鼓瑟》："曲终人不见，江上数峰青。"

《河传》是词牌名之一，又名"秋光满目""庆同天""月照梨花"等。以温庭筠词《河传·湖上》为正体，《金奁集》所收令词并入"南吕宫"，《乐章集》入"仙吕调"。这一词牌格式衍变甚多，比较常用的有六十一字、五十五字、五十四字等格式。句式颇不一致，叶韵也颇参差。

这首词写淮河岸边采莲女暮归的愉快生活。词的上阕先描写景物，然后再写人物的活动。"淮岸。向晚。"起首二句点明地点和时间。"圆荷向背，芙蓉深浅。"三、四两句写景，是说圆圆的荷叶有向有背，亭亭玉立的荷花有高有低。出色的描绘为主人公提供了一个活动的场所："仙娥画舸，露渍红芳交乱。难分花与面。"主人公是一群漂亮的姑娘，她们划着小舟采摘莲籽，水珠溅了一脸，脸上的胭脂与红色的荷花交相辉映，简直分不出哪是荷花哪是人面。繁忙的劳动、轻快的旋律，构成了一幅美丽的图画。

下阕写采莲女收工回家。"采多渐觉轻船满，呼归伴，急桨烟村远。"前三句是说，采的莲子越来越多，渐渐觉得小船已经满了，招呼同伴，赶快向烟雾缭绕的远处村落划去，说明她们回到家中还有一段距离。烟村，指烟雾缭绕的村落。唐白居易《东南行一百韵》："水市通阛阓，烟村混轴轳。""隐隐棹歌，渐被蒹葭遮断。曲终人不见"，结末三句是说，采莲女一边划船，一边唱歌，行船时所唱之歌渐渐听不清了，终于像是被芦苇丛隔断。歌唱晚了，人也走得看不见了。通篇词意清新，境界优美，欢快爽朗，余味深长，读之令人神往。这是一曲劳动人民的赞歌。

【原文】

醉蓬莱·渐亭皋叶下

渐亭皋叶下[(1)]，陇首云飞[(2)]，素秋新霁[(3)]。华阙中天[(4)]，锁葱葱佳气[(5)]。嫩菊黄深，拒霜红浅[(6)]，近宝阶香砌[(6)]。玉宇无尘[(8)]，金茎有露[(9)]，碧天如水。　　正值升平[(10)]，万几多暇[(11)]，夜色澄鲜[(12)]，漏声迢递[(13)]。南极星中，有老人呈瑞[(14)]。此际宸游[(15)]，凤辇何处[(16)]，度管弦清脆[(17)]。太液波翻，披香帘卷[(18)]，月明风细。

【毛泽东圈评等情况】

柳永在任屯田员外郎这个小小官职时，天上出现老人星，宫廷以为祥瑞，赋诗庆贺。柳永被荐应制，作了一首《醉蓬莱》，宋仁宗看过后，认为与自己为真宗所写的挽词暗合而大怒，柳永又一次受到斥责。从此"流落不偶"，直到悲惨地死去。对这首惹怒了宋仁宗的《醉蓬莱》，毛泽东读后却加了不少圈点。

[参考] 张贻玖：《毛泽东评点、圈阅的中国古典诗词》，
中国工人出版社 1992 年版，第 177 页。

【注释】

（1）"渐亭"二句，化用南朝梁柳恽《捣衣诗》："亭皋木叶下，陇首秋云飞。"亭皋（gāo），水边的平地。

（2）陇首，古山名。汉班固《西都赋》："右界褒斜、陇首之险，带以洪河、泾、渭之川。"指陇山之巅。《汉书·礼乐志》："朝陇首，览西垠。"颜师古注："陇坻之首也。"泛指高山之巅。

（3）素秋，秋季。古代五行之说，秋属金，其色白，故称素秋。南朝梁元帝《纂要》："秋曰白藏，亦曰素秋。"新霁（jì），雨雪后初晴。

（4）华阙中天，意谓华美的皇宫耸入高空。南朝梁萧统《文选·班固〈西京赋〉》："树中天之华阙，丰冠山之朱堂。"李善注："列子曰：周穆王筑台，号曰中天之台。"东汉许慎《说文》："阙，门观也。"中天，高空。

（5）锁，笼罩。葱葱，气象旺盛之状。

（6）拒霜，木芙蓉花的别称。冬凋夏茂，仲秋开花，耐寒不落，能抗拒霜冷，故名。

（7）宝阶香砌（qì），喻台阶之珍贵与华美。宝阶，佛教语，指佛自天下降的步阶。香砌，一说是庭院中用砖石砌成的花池子，可以养花种竹，又称庭砌。宋孙光宪《菩萨蛮》词："月华如水笼香砌，金镮碎撼门初闭。"

（8）玉宇，用玉建成的殿宇，传说中天帝或神仙的住所。南朝梁萧纶《祀鲁山神文》："金坛玉宇，是众妙之游邀；丹崖翠幄，信灵人之响

像。"此指华丽的宫殿。南朝宋刘铄《拟古·拟〈明月何皎皎〉》诗："玉宇来清风，罗帐延秋月。"

（9）金茎，用以擎承露盘的铜柱。南朝梁萧统《文选·班固〈西都赋〉》："抗仙掌以承露，擢双立之金茎。"李善注："金茎，铜柱也。"

（10）升平，天下太平。《汉书·梅福传》："使孝武帝听用其计，升平可致。"颜师古注引张晏曰："民有三年之储曰升平。"

（11）万几，也作万机，指皇帝日常处理的纷繁政务。《书·皋陶谟》："无教逸欲有邦，兢兢业业，一日二日万几。"孔传："几，微也，言当戒惧万事之微。"后以"万几"指帝王日常处理的纷繁的政务。

（12）澄鲜，清新。南朝宋谢灵运《登江中孤屿》诗："云日相辉映，空水共澄鲜。"

（13）漏声迢递，意谓漏声传到很远的地方。漏声，计时漏壶的滴水声。迢递，遥远。

（14）"南极"二句，意谓老人星出现了，象征天下太平。《史记·天官书》："狼比地有大星，曰南极老人。"唐张守节正义："老人一星，在弧南，一曰南极，为人主占寿命延长之应。"

（15）宸（chén）游，帝王之巡游。宸，北极星所在为宸，后借用为皇帝所居，引申为帝王的代称。唐苏颋《奉和初春幸太平公主南庄应制》诗："主第山门起灞川，宸游风景入初年。"

（16）凤辇（niǎn），皇帝的车驾。唐沈佺期《陪幸韦嗣立山庄》诗："虹旗萦秀木，凤辇拂疏筇。"

（17）度，按曲谱奏曲。管弦，指管乐器和弦乐器，亦泛指乐器。西汉刘向《淮南子·原道训》："夫建钟鼓，列管弦。"

（18）"太液"二句，化用唐上官仪《初春》："步辇出披香，清歌临太液。"太液，太液池，又名蓬莱池，始建于汉武帝时，在长安建章宫北，此借指宋汴京宫中池苑。披香，即披香殿，汉代宫殿名。《三辅黄图·未央宫》："武帝时，后宫八区，有昭阳、飞翔、增城、合欢、兰林、披香、凤凰、鸳鸯等殿。"此借指宋汴京宫中殿宇。

【赏析】

《醉蓬莱》，词牌名，又名"醉蓬莱慢""雪月交光""冰玉风月""玉宇无尘"。以柳永《醉蓬莱·渐亭皋叶下》为正体，双调九十七字，前段十一句四仄韵，后段十二句四仄韵。另有双调九十七字，前后段各十一句、四仄韵变体。代表作品有苏轼《醉蓬莱·重九上君猷》等。

关于此词的具体创作时间，北宋文人王辟之在《渑水燕谈录》有一段记载，认为此词作于皇祐年间，现代词学家唐圭璋在《柳永事迹新证》里首肯此说。

此词上片极写皇宫中的秋景，为太平盛世、皇帝出游铺下华美祥和的背景。"渐亭皋叶下，陇首云飞，素秋新霁。"起首三句写自然秋光，叶落云飞，天高地阔，淡远而明快。前两句化用了柳恽《捣衣诗》诗句"亭皋木叶下，陇首秋云飞"。"华阙中天，锁葱葱佳气。"接下来二句概写宫廷气象，宫殿耸立，佳气缭绕，高贵而吉祥。"嫩菊黄深，拒霜红浅，近宝阶香砌"三句细写宫中花卉，宫中上有庆云缭绕，在宫殿台阶附近，深黄的秋菊、浅红的木芙蓉，美艳而芬芳，一片秋色。仰视天空："玉宇无尘，金茎有露，碧天如水。"天空澄澈，没有一点尘埃，仙人承露盘中，有清凉的露珠，天空一碧万顷。这三句以"玉宇""仙露""碧天"将天意与人事结合，安和而祥瑞。上阕从宫外、宫内、天上、地下几个不同的角度，写出宫中秋色。

下片写皇帝出游的情景。"正值升平，万几多暇，夜色澄鲜，漏声迢递。"换头处叙事兼写景，天下太平，皇帝闲暇时多。白天处理公务，闲暇亦在夜间。入夜宫中景色又自不同，灯火辉煌，一片通明，宫漏之声，滴答不断，十分宁静。先点明"升平"时代，再点明皇帝之日理万机，这是侧面歌颂皇帝的政绩，并以"澄鲜"的"夜色"，"迢递"的"漏声"，烘托和平安谧的气氛。"南极星中，有老人呈瑞"，接下二句以祥瑞的天象兆示天下的安康。老人星出现，被认为是一种吉祥的征兆，象征天下太平，人们长寿安康。有了这两韵的铺垫，"此际宸游，凤辇何处，度管弦清脆"，接下来三句是说，皇帝在这时巡游，所乘车驾欲往何处，即要宿何宫宠何后，只听传过来一片丝竹管弦之声。于是出现了皇帝的"凤辇"，伴以"清脆"悦耳的"管弦"声，以车驾和音乐侧写帝王的华贵雍容、至高无上。几句正面写皇帝宸游。"太液波翻，披香帘卷，月明风细。"结末三句是说，在明月的照耀之下，微风吹来，禁苑中池沼波光粼粼，披香殿的门帘卷了起来，它就是今晚皇帝的下榻之处。作者以宫廷中"波翻""帘卷""月明风细"的适意景况收束此次"宸游"，又暗喻了天下的和平安泰，以景结情，含蓄蕴藉，余味深长。

可能由于柳永词人的气质，也可能由于他过于依赖自己敏捷的才思，这首词虽意在歌颂皇帝，但缺少一些雍容华贵、富丽堂皇之态。正如《诗人玉屑》所指出的："'嫩菊黄深，拒霜红浅'，竹篱茅舍间，何处无此景物？"不仅如此，仅读开篇一韵，并不能看出这是一首歌颂皇帝之词的开端；再如"夜色澄鲜""漏声迢递""月明风细"诸景物的叙写，也与歌颂帝王的主题略显不谐和，这或许也是此词不能博得皇帝称赏的另一个原因。不过，也正因如此，这首词若抛开它歌功颂德之意，不少地方以颇具美感而较之柳永其他颂词、投献词，更有词的韵味。全词多处借用了前人的诗文、典故、传说，篇中对偶句俯拾皆是，形式多种多样，写禁苑中秋景也很有特色。所以，毛泽东阅读时加了不少圈点，表示欣赏。

【原文】

应天长·残蝉渐绝

残蝉渐绝(1)。傍碧砌修梧(2)，败叶微脱。风露凄清，正是登高时节(3)。东篱霜乍结(4)。绽金蕊、嫩香堪折(5)。聚宴处(6)，落帽风流，未饶前哲(7)。

把酒与君说(8)。恁好景佳辰(9)，怎忍虚设。休效牛山(10)，空对江天凝咽(11)。尘劳无暂歇(12)。遇良会(13)、胜偷欢悦(14)。歌声阕(15)。杯兴方浓，莫便中辍(16)。

【毛泽东圈评等情况】

毛泽东读宋本《乐章集》卷下曾圈阅这首《应天长·残蝉渐绝》。

[参考] 张贻玖：《毛泽东评点、圈阅的中国古典诗词》，中国工人出版社1992年版，第246页。

【注释】

（1）残蝉，秋天的蝉。唐司空图《喜王驾小仪重阳相访》诗："幽鹤傍人疑旧识，残蝉向日噪新晴。"一本"蝉"下有"声"字。

（2）碧砌修梧，华贵人家屋前修美的梧桐。碧砌，碧瓦层叠的华屋。

（3）登高，重阳节，指农历九月初九日登高的风俗。南朝梁吴均《续齐谐记·九日登高》："汝南桓景随费长房游学累年。长房谓曰：'九月九日汝家中当有灾，宜急去，令家人各作绛囊盛茱萸以系臂，登高饮菊花酒，此祸可除。'景如言，齐家登山。夕还，见鸡犬牛羊一时暴死。长房闻之曰：'此可代也。'今世人九日登高饮酒，妇人带茱萸囊，盖始于此。"唐王维《九月九日忆山东兄弟》诗："遥知兄弟登高处，遍插茱萸少一人。"

（4）东篱，晋陶潜《饮酒》诗之五："采菊东篱下，悠然见南山。"后因以指种菊之处。唐杨炯《庭菊赋》："凭南轩以长啸，坐东篱而盈把。"

（5）金蕊，金色花蕊。唐元稹《红芍药》诗："繁丝蘼金蕊，高焰当炉火。"菊的异名。

（6）聚宴，宴饮聚会。后晋刘煦等《旧唐书·穆宗纪》："前代名士，良辰宴聚，或清谈赋诗，投壶雅歌，以杯酌献酬，不至于乱。"落帽风流，晋陶潜《晋故征西大将军长史孟府君（嘉）传》："（孟嘉）为征西大将军谯国桓温参军。君色和而正，温甚重之。九月九日，温游龙山，参佐毕集；四弟二甥咸在坐。时佐吏并著戎服。有风吹君帽堕落，温目左右及宾客勿言，以观其举止。君初不自觉，良久，如厕。温命取以还之。廷尉太原孙盛，为咨议参军，时在坐，温命纸笔令嘲之。文成示温，温以著坐处。君归，见嘲笑而请笔作答，了不容思，文辞超卓，座叹之。"《世说新语·识鉴》"武昌孟嘉"条注引《孟嘉别传》《晋书孟嘉传》亦载。后以此典指人风度偶傥文雅，或形容饮宴高会，亦用以咏重阳秋景、秋思等。

（7）未饶，不让，不亚。前哲，亦作"前喆"，前代的贤哲。《左传·成公八年》："夫岂无辟王，赖前哲以免力。"

（8）把酒，手执酒杯，谓饮酒。唐孟浩然《过故人庄》诗："开轩面场圃，把酒话桑麻。"

（9）恁，如此，这样。好景，美好的景色。前蜀魏承班《木兰花》词：

"迟迟好景烟花媚，曲渚鸳鸯眠锦翅。"佳辰，良辰，吉日。唐王勃《越州秋日宴山亭序》："岂非琴樽远契，必兆朕于佳辰；风月高情，每留连于胜地。"

（10）休效牛山，《晏子春秋》："景公游于牛山，北临其国城而流涕曰：'若何滂滂去此而死乎？'艾孔梁丘据皆从而泣，晏子独笑于旁。"牛山，在今山东淄博南。

（11）江天，江和天，多指江河上的广阔空际。南朝梁范云《之零陵郡次新亭》诗："江天自如合，烟树还相似。"凝咽，亦作"凝噎"。犹哽咽，哭时不能痛快出声。

（12）尘劳，泛指事务劳累或旅途劳累。前蜀李珣《渔父歌》之三："终日醉，绝尘劳，曾见钱塘八月涛。"

（13）良会，美好的聚会。三国魏曹植《洛神赋》："悼良会之永绝兮，哀一逝而异乡。"

（14）賸，"剩"的异体字。欢愉，喜悦，欢乐。《吕氏春秋·尊师》："观欢愉，问书意。"汉高诱注："视师欢悦，以问书意。"

（15）阕，停止，终了。

（16）辍（chuò），中止，停止。

【赏析】

《应天长》，词牌名，又名"应天长慢""应天长令""应天歌""秋夜别思""驻马听"。以韦庄《应天长·绿槐阴里黄莺语》为正体，双调五十字，前后段各五句、四仄韵。另有双调四十九字，前段五句四仄韵，后段四句四仄韵等变体。代表词作有周邦彦《应天长·条风布暖》等。

这首词写重阳节秋天景色，抒发及时行乐之情。词的上阕，写景兼叙事，叙重阳节聚会。"残蝉渐绝。傍碧砌修梧，败叶微脱。"起首三句，写残蝉声断，梧桐叶落，正是秋季征候。秋季有一个重要的节日，就是九月九日的重阳节。重阳节，又称老人节，人们饮菊花酒，头插茱萸以避邪，乃传统之习俗，所以下面接着写道："风露凄清，正是登高时节。东篱霜乍结。绽金蕊、嫩香堪折。"几句中描写中兼有叙事，写重阳节时，秋风劲厉，露水清冷，寒霜初结，金菊嫩黄，秋光无限。值此良辰美景，应有聚会雅事："聚宴处，落帽风流，未饶前哲。"几句意谓，重阳聚会宴饮，各个风流潇洒，不逊前贤。"落帽风流"用典。

词的下阕，叙事中有抒情，抒及时行乐之意。"把酒与君说。恁好景佳辰，怎忍虚设。"换头处三句，直承上阕"聚宴"而来。在宴会中，人们劝酒，一边说，面对良辰美景，怎么能让它成了摆设？言外之意，是要及时行乐。既然行乐，就不应徒生感慨，所以写着说："休效牛山，空对江天凝咽。"二句是说，不要像齐景公游牛山那样，空对着江河上的广阔天空，而流泪哽咽。所以接着三句说："尘劳无暂歇。遇良会、膣偷欢悦。"公务的劳累暂时也无法避免，但遇到美好的聚会，就剩下喜悦、欢乐。词结以"歌声阕。杯兴方浓，莫便中辍。"这三句是说，人们边饮酒，边听歌，歌声停止了，而酒兴正浓，不要停下，应该尽兴乃罢，一醉方休，把重阳节欢乐的豪兴写得淋漓尽致，也流露出一种及时行乐的思想情绪。

【原文】

合欢带·身材儿

身材儿、早是妖娆⁽¹⁾。算风措、实难描⁽²⁾。一个肌肤浑似玉⁽³⁾，更都来、占了千娇⁽⁴⁾。妍歌艳舞，莺惭巧舌，柳妒纤腰⁽⁵⁾。自相逢，便觉韩娥价减，飞燕声消⁽⁶⁾。　　桃花零落，溪水潺湲，重寻仙径非遥⁽⁷⁾。莫道千金酬一笑⁽⁸⁾，便明珠、万斛须邀⁽⁹⁾。檀郎幸有⁽¹⁰⁾，凌云词赋⁽¹¹⁾，掷果风标⁽¹²⁾。况当年，便好相携，凤楼深处吹箫⁽¹³⁾。

【毛泽东圈评等情况】

毛泽东读宋本《乐章集》卷下时曾圈阅这首《合欢带·身材儿、早是妖娆》。

[参考] 张贻玖：《毛泽东评点、圈阅的中国古典诗词》，中国工人出版社 1992 年版，第 246 页。

【注释】

（1）身材儿，指身体的高矮和胖瘦。唐寒山《诗》之十九："手笔太纵横，身材极瑰玮。"早是，已是。唐王勃《秋江送别》诗之一："早是他乡值早秋，江亭明月带江流。"妖娆，妖媚多姿。唐何希尧《海棠》诗："著雨胭脂点点消，半开时节最妖娆。"

（2）算风措，料想风流举措。算，料想。风措，风流举措，形容风韵美好动人。一作"举措"。

（3）"一个"句，整个肌肤如玉般温润。一个，整个。

（4）更都来，更算来。张相《诗词曲语辞汇释》："都来，犹云统统也，不过也，算来也。"娇，妖媚、娇媚。南朝陈徐陵《杂曲》诗："绿黛红颜两相发，千娇百态情无歇。"

（5）"妍歌"三句，谓其歌舞双擅，歌声胜过黄莺，舞腰压倒柳枝。

（6）"自相逢"三句，自从和你相见，（与你比起来）便觉得韩娥的歌声也减了价钱，赵飞燕的舞姿也销声匿迹。韩娥，古代有名的歌女。《列子·汤问》："昔韩娥东之齐，匮粮，过雍门，鬻歌假食。既去而余音绕梁，三日不绝，左右以其人弗去。过逆旅，逆旅之人辱之。韩娥因曼声哀哭，一里老幼悲愁，垂泣相对，三日不食。遽而追之，娥还，复为曼声长歌，一里老幼喜跃抃舞，弗能自禁，忘向之悲也。乃厚赂发之。故雍门之人，至今善歌哭，仿娥之遗声。"飞燕，即赵飞燕。

（7）"桃花"三句，用刘晨、阮肇典，意谓重新追寻到你的踪迹，想来是不难的。按：刘晨、阮肇入天台山事，最早见于南朝宋刘义庆《幽明录》。唐曹唐作《刘晨阮肇游天台》《刘阮洞中遇仙》《仙子送刘阮出洞》《仙子洞中有怀刘阮》《刘阮再到天台不复见仙子》等组诗，将刘阮事更加故事化、香艳化，诗人们又演为刘阮再上天台事。

（8）"莫道"句，南朝梁王僧孺《咏宠姬》："再顾连城易，一笑千金买。"

（9）"便明珠"句，就是须用万斛明珠相邀也值得。

（10）檀郎，指漂亮的男子，此谓所欢。唐房玄龄等《晋书·潘岳传》、南朝宋刘义庆《世说新语·容止》载："晋潘岳美姿容，尝乘车出洛阳道，路上妇女慕其丰仪，手挽手围之，掷果盈车。"岳小字檀奴，后因以"檀郎"为妇女对夫婿或所爱慕男子的美称。"唐温庭筠《苏小小歌》："吴宫女儿腰似束，家在钱塘小江曲，一自檀郎逐便风，门前春水年年绿。"

（11）"凌云辞赋"，谓作起辞赋来，如司马相如的辞赋一样意气高超。《史记·司马相如列传》："相如既奏《大人》之颂，天子大说（悦），飘飘有凌云之气，似游天地之间意。"

（12）"掷果"句，《语林》："安仁（即潘岳）至美，每行，老妪以果掷之满车。"风标，风致，风姿。

（13）"况当年"三句，况且正当美妙年华，应效弄玉、萧史吹箫于凤楼。汉刘向《列仙传》："萧史者，秦穆公时人也。善吹箫，能致孔雀白鹤于庭。穆公有女，字弄玉，好之，公遂以女妻焉……公为作凤台，夫妇止其上。"

【赏析】

《合欢带》，柳永自制曲，盖因咏合欢而取名，《乐章集》注林钟商。双调一百五字，前段九句五平韵，后段十句四平韵。

此词为恋妓词。观其用刘阮再上天台典，似当作于出仕后再回汴京时。而柳永出仕后再回汴京，仅庆历元年（1041）与晚年将要退休或已退休两次。原之以理，当作于庆历元年回汴京为官时。复审全词，在汴京众多妓女中，堪称柳永之红粉知己者数人而已，而在此数人中，使柳永魂牵梦绕者则惟虫虫一人耳，岂其回汴京后作此词给虫虫欤？

此词写作者对一个他所钟情的能歌善舞女子的称赞与期盼。词的上阕写女子能歌善舞。"身材儿、早是妖娆。算风措、实难描。"起首二句写女子身材之美与仪态之美，妖媚多娇。"一个肌肤浑似玉，更都来、占了千娇"二句，写其肤色白嫩，仪态千娇。"妍歌艳舞，莺惭巧舌，柳妒纤腰"三句，写其能歌善舞，又分两层：先与莺、柳作比，其歌喉婉转，悦耳动听，使善歌的黄莺羞惭，其舞姿婆娑，令纤细的柳枝生妒；再与韩娥、飞燕相较，二句用典。韩娥，古之善歌者，相传其歌声绕梁，三日不绝；飞燕，古之善舞者，身轻似燕。"自相逢，便觉韩娥价减，飞燕声消"三句是说，其超过韩娥、飞燕。作者又从自己的感受来写，觉得韩娥、飞燕与此女子相比，也未免逊色。

下阕抒词人与女子相恋之情。作者另辟蹊径，"桃花零落，溪水潺湲，重寻仙径非遥。"换头处三句写景，暗用刘晨、阮肇入天台山采药迷路，溪边遇仙女典故，写重寻所欢。"重寻"说明已是旧时相识。即是如此，也是要付出代价的："莫道千金酬一笑，便明珠万斛须邀"，这二句是说，即使酬之千金买得美人一笑，也在所不惜，便费万斛宝珠，也要邀之同欢，写所欢其价无比。"檀郎幸有，凌云词赋，掷果风标"，三句又从歌妓着笔，写对才子才情的思慕，连用两典。晋朝潘岳小名檀奴，姿仪美好，旧因以"檀郎"或"檀奴"代称美男子或所爱慕男子：他少年时出游洛阳道，青年女子都掷抛果子给他。"凌云辞赋"，谓作起辞赋来，如司马相如的辞赋一样意气高超。"况当年，便好相携，凤楼深处吹箫。"结末三句用典，写双方早有相期之情。相传秦穆公女弄玉嫁给善吹箫之萧史，日就萧史学吹箫作凤鸣，穆公为作凤台以居之，后夫妻乘凤飞天仙去。事见汉刘向《列仙传》。词人用此典，有愿结秦晋之好、共效绸缪之意，遂使全词意味悠长。

【原文】

少年游·淡黄衫子郁金裙

淡黄衫子郁金裙[(1)]。长忆个人人[(2)]。文谈闲雅[(3)]，歌喉清丽[(4)]，举措好精神[(5)]。　　当初为倚深深宠，无个事、爱娇嗔[(6)]。想得别来，旧家模样[(7)]，只是翠蛾颦[(8)]。

【毛泽东圈评等情况】

毛泽东读宋本《乐章集》时，曾圈阅《少年游九首》中这首《少年游·淡黄衫子郁金裙》。

[参考] 张贻玖：《毛泽东评点、圈阅的中国古典诗词》，中国工人出版社1992年版，第246页。

【注释】

（1）郁金裙，指古时用郁金香草染制的金黄色裙，亦泛指黄裙。唐杜牧《送容州中丞赴镇》诗："烧香翠羽帐，看舞郁金裙。"

（2）人人，用以称亲昵者。宋欧阳修《蝶恋花》词："翠被双盘金缕凤。忆得前春，有个人人共。"

（3）文谈，文雅的谈吐。闲，通"娴"，形容举止情趣娴静文雅。

（4）清丽，清亮。

（5）举措，指言行举动。精神，风采神韵。

（6）个事，一事。娇嗔（chēn），佯装生气的娇态。

（7）旧家，从前。宋、元人诗词中常用。宋杨万里《答章汉直》诗："老里睡多吟里少，旧家句熟近来生。"模样，人的长相或装束打扮。

（8）翠蛾，妇女细而长曲的黛眉。借指美女。

【赏析】

这首词写作者对其交好的一位歌妓的思念和同情。

词的上阕，写对歌妓的思念。"淡黄衫子郁金裙。长忆个人人。"起首二句描写的是歌女的装束：上身穿着淡黄色的衫子，下身是郁金香裙子，十分淡雅。郁金香开黄花，可染布制衣。次句才点出这就是作者常常亲昵的人。作者为什么与她交往甚深呢？"文谈闲雅，歌喉清丽，举措好精神。"这三句描写给出了回答。原来这个女子自是不凡：她谈吐娴静雅致，歌喉清丽婉转，一举一动，神采奕奕，十分逗人喜爱。也就是说，她是一位美女，又是歌唱家。大概作者是通过听她歌唱而相识的。

词的下阕叙事，对女子给予同情。这样一位有教养的女子，"当初为倚深深宠，无个事、爱娇嗔。"前三句是说，过去，这女子为了博得人们的依偎和深深的宠爱，没什么事，也爱做出佯装生气的娇态。佯嗔薄怒，乃是女子固宠的一种手段，这位歌女亦是如此。"想得别来，旧家模样，只是翠蛾颦。"结末三句是说，想着离别以来，与当初相比，这女子仍是从前的模样，保持着她那大家闺秀的风范，但有一个明显的变化是，她的细而长的黛眉蹙得更加频繁了。作者举重若轻，给出的信息量很大。它说明这位歌女原是贵族女子，沦落风尘，已很不幸，近来境遇更加不佳，以至于这位很有教养的女子，也不能不形于色，哀怨闲愁时时从眼角眉梢上表现出来，字里行间，流露出对这位女子的深切同情。

【原文】

<h1 style="text-align:center">少年游·铃斋无讼宴游频</h1>

铃斋无讼宴游频⁽¹⁾。罗绮簇簪绅⁽²⁾。施朱傅粉⁽³⁾，丰肌清骨⁽⁴⁾，容态尽天真⁽⁵⁾。　舞裙歌扇花光里⁽⁶⁾，翻回雪⁽⁷⁾，驻行云⁽⁸⁾。绮席阑珊⁽⁹⁾，风灯明灭⁽¹⁰⁾，谁是意中人⁽¹¹⁾。

【毛泽东圈评等情况】

毛泽东读宋本《乐章集》卷中曾圈阅《少年游九首》中这首《少年游·铃斋无讼宴游频》。

[参考] 张贻玖：《毛泽东评点、圈阅的中国古典诗词》，中国工人出版社 1992 年版，第 246 页。

【注释】

（1）铃斋，古代州郡长官办事的地方。唐韩翃《赠郓州马使君》诗："他日铃斋内，知君亦赋诗。"讼（sòng），在法庭上争辩是非曲直，打官司。宴游，宴饮游乐。《汉书·贾山传》："陛下与众臣宴游，与大臣方正朝廷论议。"

（2）罗绮，罗和绮，多借指丝绸衣裳，这里指衣着华贵的女子。簇，聚集，丛凑。簪绅，簪带。唐颜师古《奉和正日临朝》："肃肃皆鹓鹭，济济盛簪绅。"簪，簪缨，贵者之饰。绅，腰间绶带。《晋书》卷二五《舆服志》："古者贵贱皆执笏，有其事则缙之于腰带。所谓缙绅之士者，搢笏而垂腰带也，绅垂长三尺；笏者，有事则书之，故常簪笔，今之白笔，是其遗像。"

（3）施朱傅粉，涂脂抹粉。战国楚宋玉《登徒子好色赋》："臣里之美者，莫若臣东家之子……著粉则太白，施朱则太赤。"

（4）丰肌，肌肤丰润。汉司马相如《美人赋》："皓体呈露，弱骨丰肌。"清骨，形容人长得神态清朗，气质秀美。

（5）容态，容貌姿态。天真，指不受礼俗拘束的品性，引申为单纯、朴实、幼稚，头脑简单。《庄子·渔父》："礼者，世俗之所为也；真者，所以受于天也，自然不可易也。故圣人法天贵真，不拘于俗。"后因以"天真"指不受礼俗拘束的品性。

（6）舞茵，舞衣。茵，夹衣。《广雅·释器》："复襂谓之茵。"歌扇，歌舞时用的扇子。北周庾信《和赵王看伎》："绿珠歌扇薄，飞燕舞衫长。"花光，花的色彩。南朝陈后主《梅花落》诗之一："映日花光动，迎风香气来。"

（7）翻回雪，形容舞姿如雪飞舞回旋。唐蒋防《春风扇微和》诗："舞席皆回雪，歌筵暗送尘。"

（8）驻行云，形容歌声响亮美妙。行云，飘动的云彩。《列子·汤问》："秦青……抚节悲歌，声振林木，响遏行云。"

（9）绮席，盛美的筵席。唐太宗《帝京篇》之八："玉酒泛云罍，兰殽陈绮席。"阑珊，残，将尽。

（10）风灯，有罩能防风的灯。唐杜甫《漫成一绝》："江月去人只数尺，风灯照夜欲三更。"明灭，忽明忽暗。唐王维《山中与裴迪秀才书》："夜登华子冈，辋水沦涟，与月上下。寒山远火，明灭林外。"

（11）意中人，原指心意相知的友人。东晋陶潜《示周续之祖企谢景夷三郎》诗："药石有时闲，念我意中人。"专指心里爱慕的异性。

【赏析】

词的上阕，写将帅们的宴游。"铃斋无讼宴游频"，起句叙事，国家没有战事，将帅们清闲，在他们的府第频频举行宴会。"罗绮簇簪绅"，次句方出人物，参加宴游的人，是歌妓们簇拥着的缙绅之士。这是总写。下边为特写："施朱傅粉，丰肌清骨，容态尽天真。"这些歌女们，个个涂脂抹粉，肌肉丰满，骨骼清奇，一副天真烂漫的神态。从对歌女们侍奉人的描写中，透露出股心酸之气。

词的下阕，写将帅们的狎妓生活。"舞裀歌扇花光里，翻回雪，驻行云。"换头处三句紧承上阕，主要是写宴游的排场和气派，写宴游中的听歌观舞。这些歌妓舞女，个个技艺精湛，身手不凡；在灯火辉煌、花团锦簇之中，舞裙翻飞，如同雪花回旋飞舞；歌声嘹亮，响遏行云。"驻行云"，用古代秦青悲歌"响遏行云"典故说明歌舞水平很高，足使将帅们一饱眼福。但这些将帅们宴游的目的还不止此，所以结末写道："绮席阑珊，风灯明灭，谁是意中人？"华宴行将结束，油灯忽明忽灭，他们各自都去寻找自己的意中人伴宿去了。这便是旧时的狎妓生活。词人于客观冷静的描写之中，透露出对歌妓舞女们饱受摧残和蹂躏的怜悯和同情。

【原文】

少年游·帘垂深院冷萧萧

帘垂深院冷萧萧⁽¹⁾。花外漏声遥⁽²⁾。青灯未灭⁽³⁾，红窗闲卧，魂梦去迢迢⁽⁴⁾。 薄情漫有归消息⁽⁵⁾，鸳鸯被、半香消⁽⁶⁾。试问伊家⁽⁷⁾，阿谁心绪⁽⁸⁾，禁得恁无憀⁽⁹⁾。

【毛泽东圈评等情况】

毛泽东读宋本《乐章集》卷中曾圈阅《少年游九首》中这首《少年游·帘垂深院冷萧萧》。

[参考] 张贻玖：《毛泽东评点、圈阅的中国古典诗词》，中国工人出版社 1992 年版，第 246 页。

【注释】

（1）萧萧，形容凄清、寒冷。东晋陶潜《祭程氏妹文》："黯黯高云，萧萧冬月。"

（2）漏声，铜壶滴漏之声。唐杜甫《奉和贾至舍人早朝大明宫》："五夜漏声催晓箭，九重春色醉仙桃。"

（3）青灯，光线青荧的油灯。唐韦应物《寺居独夜寄崔主簿》诗：

"坐使青灯晓，还伤夏衣薄。"

（4）魂梦，梦里达成现实中无法完成的心愿。唐李嘉佑《江湖秋思》诗："嵩南春遍伤魂梦，壶口云深隔路歧。"迢迢，道路遥远之状。晋潘岳《内顾诗》之一："漫漫三千里，迢迢远行客。"

（5）薄情，不念情义，多用于男女情爱。唐高蟾《长门怨》诗："烟翠薄情攀不得，星茫浮艳采无因。"漫有，没有，徒然有。

（6）鸳鸯被，绣有鸳鸯的锦被，为夫妻共寝之用。汉刘歆《西京杂记》卷一："鸳鸯被，鸳鸯襦，鸳鸯褥。"

（7）伊家，你家。宋黄庭坚《点绛唇》词："闻道伊家终日眉儿皱。"

（8）阿谁，疑问代词。谁，何人。宋郭茂倩《乐府诗集·横吹曲辞五·紫骝马歌辞》："十五从军征，八十始得归。道逢乡里人：'家中有阿谁？'"

（9）禁得，禁得住，禁得起，谓承受得住。恁，如此，这样。无憀，空闲而烦闷的心情，闲而郁闷。憀，今通作"聊"。唐李商隐《杂曲歌辞·杨柳枝》："暂凭樽酒送无憀，莫损愁眉与细腰。"

【赏析】

这首词写一个青年女子对她所钟情男子的思念和苦恼。

词的上阕，写女子静夜幽思。"帘垂深院冷萧萧。花外漏声遥。"起首二句写女子所处的环境：小宅深院，华帘低垂，冷气嗖嗖，在死一般的寂静之中，从花丛外边远远地传来铜壶滴漏之声。这种清冷的环境，形成了一种令人黯然神伤的氛围。在这种情况下，女主人应该做什么呢？作者接着写道："青灯未灭，红窗闲卧，魂梦去迢迢。"在油灯若明若暗之中，朱红窗下的牙床上，安静地躺着一位美人，睡梦之中她已经飞向了远方。这是为什么呢？这就开启了下阕。

词的下阕，写女子对她所钟情男子的思念。俗话说，日有所思，夜有所梦。这位女子为什么魂梦飞向远方了呢？"薄情漫有归消息，鸳鸯被、半香消。"原来她的丈夫或情人外出未归，而且连个消息也没有，看来时间已经不短了，因为他们二人共用的鸳鸯被的熏香气味已经消失了一半。这就难怪这位女子无情无绪、梦绕魂牵了。结末三句写女子反问："试问伊家，阿谁心绪，禁得恁无憀。"请问问你自己，何人的心绪，能禁受得起这种百无聊赖的煎熬呢？言外之意是，这种无聊的生活谁也受不了。词人设身处地，替这位思妇着想，感情十分动人，从而也流露出自己的感情倾向。

【原文】

少年游·一生赢得是凄凉

一生赢得是凄凉[1]。追前事、暗心伤。好天良夜[2]，深屏香被[3]。争奈便相忘[4]。　　王孙动是经年去[5]，贪迷恋、有何长[6]。万种千般，把伊情分[7]，颠倒尽猜量[8]。

【毛泽东圈评等情况】

毛泽东读宋本《乐章集》卷中曾圈阅《少年游九首》中这首《少年游·一生赢得是凄凉》。

[参考] 张贻玖：《毛泽东评点、圈阅的中国古典诗词》，中国工人出版社 1992 年版，第 246 页。

【注释】

（1）赢得，落得、剩得。唐韩偓《五更》诗："光景旋消惆怅在，一生赢得是凄凉。"凄凉，寂寞冷落。唐元稹《酬乐天书怀见寄》诗："仍云得诗夜，梦我魂凄凉。"

（2）好天良夜，好时光，好日子。

（3）屏，亦称扇屏。原为用于遮挡、装饰的实用物，通称屏风。唐李商隐《嫦娥》："云母屏风烛影深，长河渐落晓星沉。"香被，熏香的被子。唐上官昭容《彩书怨》诗："露浓香被冷，月落锦屏虚。"

（4）争奈，怎奈，无奈。唐顾况《从军行》之一："风寒欲砭肌，争奈裌袄轻？"

（5）王孙，泛指贵族子弟。《楚辞·淮南小山〈招隐士〉》："王孙游兮不归，春草生兮萋萋。"动，惑。是，甚。张相《诗词曲语词汇释》：

"是，与甚通，以音近而假用之。"经年，经过一年或若干年。明宗臣《报刘一丈书》："卧病经年。"

（6）迷恋，极度的爱慕，对某一事物过度爱好而难以舍弃。宋何籀《宴清都》词："青丝绊马，红巾寄羽。甚处迷恋，无言泪珠零乱。"

（7）伊，彼，他，她。南朝宋刘义庆《世说新语·品藻》："勿学汝兄，汝兄自不如伊。"情分，情谊，亲友间的情感。宋孙光宪《浣溪沙》词："何事相逢不展眉，苦将情分苦猜疑。"

（8）颠倒，指使爱慕、敬佩。尽，极，最，任凭。猜量，猜测估量。

【赏析】

这首词写一个被弃女子的哀伤和愤怒。

词的上阕，写女子被抛弃后的哀伤。"一生赢得是凄凉。"首句总起，是说我一生得到的只是寂寞冷落。也就是说，我一生落了个孤苦伶仃的凄凉下场，老无所依，是人生的一大悲哀。"追前事、暗心伤。"次句推进一层，是说追忆以前与你经历的往事，不禁黯然神伤。这是和过去相比，感到伤心，也就说明过去的生活并不凄凉。作者接着写道："好天良夜，深屏香被。争忍便相忘。"此三句是说，在那美好的夜晚，在深深的屏风围护之中，鸳鸯香被，百般温存，与你一起共度的那美好长夜，怎么忍心轻易忘掉呢？过去的温存，与现在的凄凉，形成巨大的反差，怎不令人伤心！

词的下阕，写女子对负心汉的谴责。"王孙动是经年去，贪迷恋、有何长？"换头处二句，首先点出女子所恋男子的身份是"王孙"，即贵族子弟。贵族子弟寻花问柳、朝三暮四是常事，不足为奇。因为他们视女性为玩物，本没有真正的爱情。所以这个纨绔子弟一去就是一年多，又贪恋上别的女人，又怎么能够长久呢？最后词人写道："万种千般，把伊情分，颠倒尽猜量。"意谓你当初对我那么好，现在怎么能移情别恋呢。女子对负心汉的愤怒谴责，也是作者感情的倾向所在。

少年游·日高花谢懒梳头

日高花谢懒梳头。无语倚妆楼⁽¹⁾。修眉敛黛⁽²⁾，遥山横翠⁽³⁾，相对结春愁⁽⁴⁾。　王孙走马长楸陌⁽⁵⁾，贪迷恋、少年游⁽⁶⁾。似恁疏狂⁽⁷⁾，费人拘管，争似不风流⁽⁸⁾。

【毛泽东圈评等情况】

毛泽东读宋本《乐章集》卷中曾圈阅《少年游九首》中这首《少年游·日高花谢懒梳头》。

[参考]张贻玖：《毛泽东评点、圈阅的中国古典诗词》，中国工人出版社1992年版，第246页。

【注释】

（1）妆楼，指妇女的居室。唐沈佺期《侍宴安乐公主新宅应制》诗："妆楼翠幌教春住，舞阁金铺借日悬。"

（2）修眉敛黛，修长的眉毛凝聚着黛色。修眉，长眉。明宋濂等《元史·察罕帖木儿传》："身长七尺，修眉覆目。"黛，青黑色的颜料，古代女子用来画眉。

（3）遥山横翠，即遥山眉，又叫远山眉。汉刘歆著、晋葛洪辑抄《西京杂记》卷二："（卓）文君姣好，眉色如望远山，脸际常若芙蓉，肌肤柔滑如脂。"宋吴文英《声声慢·饯魏绣使泊吴江为友人赋》词："泪雨横波，遥山眉上新愁。"横翠，指所呈现的翠绿色。宋楼钥《题范宽秋山小景》诗："山高最难图，意足不待大。尺楮眇千里，长江侵横翠。"

（4）春愁，春日的愁绪。南朝梁元帝《春日》诗："春愁春自结，春结讵能申。"唐李白《愁阳春赋》："春心荡兮如波，春愁乱兮如云。"

（5）王孙，泛指贵族子弟。《左传·哀公十六年》："王孙若安靖楚国，匡正王室，而后庇焉。启之愿也。"《楚辞·淮南小山〈招隐士〉》："王孙游兮不归，春草生兮萋萋。"王夫之通释："王孙，隐士也。秦汉以上，士皆王侯之裔，故称王孙。"走马，骑马疾走，驰逐。楸，落叶乔木，干高叶大，木材质地致密，耐湿，可造船，亦可做器具。陌，田间东西方向的道路，泛指田间小路。

（6）迷恋，强烈的，通常是极度的爱慕。宋何籀《宴清都》词："青丝绊马，红巾寄羽。甚处迷恋，无言泪珠零乱。"

（7）恁（nèn），那样，如此，这样。疏狂，豪放，不受拘束。唐白居易《代书诗寄微之》："疏狂属年少，闲散为官卑。"

（8）争似，怎似。风流，洒脱放逸、风雅潇洒。南朝宋范晔等《后汉书·方术传论》："汉世之所谓名士者，其风流可知矣。"

【赏析】

千年前的柳永借独守空房的怨妇之口，提出了困惑人间千年的爱情难题——如何才能使自己心爱的男人"不风流"，亦即不贪图迷恋、出游寻乐呢？这在当今世界仍旧是个难题，或还将再困惑人间千年万年。这无疑是永恒的爱情难题。

这首词写一个青年女子因其所爱男子喜欢出游而引起的思量和担心。

词的上阕，写女子倚楼梳妆时的忧愁。"日高花谢懒梳头。无语倚妆楼。"起首二句叙事，"日高"点明时间，"花谢"点出节候。太阳已高高升起，齐放的百花已经谢落，这位女子仍旧懒得梳妆打扮。她梳起头来，懒洋洋的，无精打采，倚着妆楼连一句话也不说。这种失意之态，懒散生活，正是她心中不愉快的反应。"修眉敛黛，遥山横翠，相对结春愁。"接下来的三句描写，说明这位女子果然意有郁结，你看她修长的眉宇间凝聚着黛色，远山眉呈现出翠绿色，与她自己的影子在镜中相对，里外都郁结着一段春愁。"春愁"二字，语意双关，明指春天的愁怨，暗指因春情勃发而得不到满足而发愁。

词的下阕，写女子对所恋男子出游的担心。这便是她产生春愁的原因。"王孙走马长楸陌，贪迷恋、少年游。"换头处三句叙事兼抒情，是说贵族子弟骑马疾走在两旁长楸参天的大路上，贪图迷恋出游寻乐。"王孙"，指贵族子弟。这位王孙公子虽然并未远走高飞，只是在长着楸树的乡间小道上骑马奔驰，来作"少年游"，也够女子担心的。"似恁疏狂，费人拘管，争似不风流。"结末三句抒情，揭出女子担心之事：像她所钟情的那位"王孙"那样放荡不羁，令人费心管教，还不如憨憨傻傻，不懂风流呢？

【原文】

满江红·万恨千愁

万恨千愁，将少年、衷肠牵系[(1)]。残梦断、酒醒孤馆[(2)]，夜长无味[(3)]。可惜许枕前多少意[(4)]，到如今两总无终始[(5)]。独自个、赢得不成眠，成憔悴[(6)]。　添伤感[(7)]，将何计。空只恁[(8)]，厌厌地[(9)]。无人处思量[(10)]，几度垂泪[(11)]。不会得都来些子事[(12)]，甚恁底抵死难拼弃。待到头、终久问伊看[(13)]，如何是。

【毛泽东圈评等情况】

毛泽东读宋本《乐章集》卷下时，曾圈阅这首《满江红·万恨千愁》。

[参考] 张贻玖：《毛泽东评点、圈阅的中国古典诗词》，中国工人出版社 1992 年版，第 246 页。

【注释】

（1）少年，古指青年男子，与老年相对。《韩非子·内储说上》："郑少年相率为盗，处于萑泽。"衷肠，衷情，内心的感情。唐韩偓《天鉴》诗："神依正道终潜卫，天鉴衷肠竟不违。"

（2）残梦，零乱不全之梦。唐李贺《同沈驸马赋得御沟水》诗："别馆惊残梦，停杯泛小觞。"宋陆游《残梦》诗："风雨满山窗未晓，只将残梦伴残灯。"孤馆，孤寂的客舍。唐许浑《瓜州留别李诩》诗："孤馆宿时风带雨，远帆归处水连云。"

（3）无味，没有滋味；没有兴味。西汉刘向《淮南子·原道训》："无味而五味形焉。"

（4）可惜许，一作"可惜"，无"许"字。

（5）两总，一本无"两"字。终始，从开头到结局，事物发生演变的全过程。《礼记·大学》："物有本末，事有终始，知所先后，则近道矣。"

（6）憔悴，黄瘦，瘦损。《国语·吴语》："使吾甲兵钝弊，民日离落而日以憔悴，然后安受吾烬。"韦昭注："憔悴，瘦病也。"

（7）伤感，因受外界事物感触而引起悲伤。唐冯贽《南部烟花记·色如桃花》："侯夫人一日自经于栋下，臂悬锦囊，中有文，左右取以进，帝反覆伤感。"

（8）空只恁，徒然只能如此。

（9）厌厌，懒倦，无聊。

（10）思量，想念，相思。《敦煌曲子词·风归云遍·征夫数载》："想君薄行，更不思量，谁为传书与表妾衷肠。"

（11）垂泪，流泪，哭泣而眼边垂泪。战国楚宋玉《高唐赋》："愁思无已，叹息垂泪。"

（12）都来，算来。宋范仲淹《御街行·秋日怀旧》词："残灯明灭枕头欹，谙尽孤眠滋味。都来此事，眉间心上，无计相回避。"些子，少许，一点儿，常跟否定词"无"搭配，表示"并没有什么"的意思。唐李白《清平乐》词："花貌些子时光，抛入远泛潇湘。"

（13）伊，彼，他，她。

【赏析】

这首词写一个羁旅在外的青年女子因思念情人而引起的悲伤。

词的上阕，写一个痴情女子对情郎的思念。"万恨千愁，将少年、衷肠牵系。"起首二句抒情。主人公是一个青年女子，她牵肠挂肚的对象是一位"少年"，即青年男子。她与这位情郎相交甚深，见不到他，便有"万恨千愁"缠身。"残梦断、酒醒孤馆，夜长无味。"接下来三句是说，她不仅昼思，而且夜梦，一个人酒醒之后，在孤独的旅馆里，熬着慢慢长夜，无情无绪，索然无味。为什么会有这种感觉呢？言外之意是她与少年双宿惯了。"可惜许枕前多少意，到如今两总无终始"二句是说，她与少年同床共枕时，二人在枕前发下了永结同心的誓言，可到现在却没有能够实现。

于是"独自个、赢得不成眠，成憔悴"。过去的同床共枕的甜蜜与现在的孤枕难眠，形成了巨大的反差，难怪落个夜不成眠、"斯人独憔悴"了。

词的下阕，写女子想摆脱伤感而不得。"添伤感，将何计"，换头处二句，直承上阕而来，思念情郎而不得见，平添许多伤感愁恨，但又有什么办法呢？看来她想不出什么好办法，所以说："空只恁，厌厌地。无人处思量，几度垂泪。"她只能如此百无聊赖地混日子。如果思念情郎，还得在没人看到的地方，数次偷偷地落泪哭泣。"不会得都来些子事，甚恁底抵死难拼弃。"接下来二句是说，这女子也怨恨自己，说自己做事太不干脆，把什么都竭力抛开不就行了。但是，抛开不想，与少年一刀两断，她也做不到，所以她进而又想："待到头、终久问伊看，如何是。"结末三句是说，她想，到头来，为什么这样至死难以割舍，终究要问一问她的情郎，到底应该怎么办。看来她自己还是没有办法从情网中摆脱出来。

【原文】

满江红·匹马驱驱

匹马驱驱⁽¹⁾，摇征辔⁽²⁾、溪边谷畔。望斜日西照⁽³⁾，渐沉山半。两两栖禽归去急⁽⁴⁾，对人相并声相唤。似笑我、独自向长途⁽⁵⁾，离魂乱⁽⁶⁾。　　中心事⁽⁷⁾，多伤感⁽⁸⁾。人是宿，前村馆⁽⁹⁾。想鸳衾今夜⁽¹⁰⁾，共他谁暖⁽¹¹⁾。惟有枕前相思泪⁽¹²⁾，背灯弹了依前满。怎忘得、香阁共伊时⁽¹³⁾，嫌更短⁽¹⁴⁾。

【毛泽东圈评等情况】

毛泽东读宋本《乐章集》卷下时，圈阅的《满江红》三首中，有这首《满江红·匹马驱驱》。

[参考] 张贻玖：《毛泽东评点、圈阅的中国古典诗词》，中国工人出版社1992年版，第246页。

【注释】

（1）驱驱，策马奔驰。汉韩婴《韩诗外传》卷九："孔子行，闻哭声甚悲，孔子曰：'驱驱，前有贤者。'"

（2）征辔，远行之马的缰绳，亦指远行的马。宋欧阳修《踏莎行》词："候馆梅残，溪桥柳细，草薰风暖摇征辔。"

（3）斜日，傍晚时西斜的太阳。南朝梁简文帝《纳凉》诗："斜日晚骎骎，池塘生半阴。"

（4）栖（qī）禽，适于栖息在高处树木上的双足鸟。

（5）长途，远程。宋秦观《自警》诗："那堪此地日黄昏，长途万里伤行客。"

（6）离魂，指远游他乡的旅人。前蜀韦庄《家叔南游却归因献贺》诗："旅梦远依湘水阔，离魂空伴越禽飞。"

（7）中心，心中。《诗经·王风·黍离》："行迈靡靡，中心摇摇。"

（8）伤感，因感触而悲伤。唐冯贽《南部烟花记·色如桃花》："侯夫人一日自经于栋下，臂悬锦囊，中有文，左右取以进，帝反覆伤感。"

（9）"人是宿"二句，人虽独宿在前村的孤寂旅馆。是，虽。张相《诗词曲语词汇释》："是，犹虽也。"

（10）鸳衾，绣有鸳鸯的被子，亦指夫妻共寝的被子。唐钱起《长信怨》诗："鸳衾久别难为梦，凤管遥闻更起愁。"

（11）共他谁暖，即"谁共他暖"，疑女子另与他人欢爱之意。

（12）相思，彼此想念，后多指男女相悦而无法接近所引起的想念。汉苏武《留别妻》诗："生当复来归，死当长相思。"

（13）香阁，青年女子的住室。唐谢偃《踏歌词》之二："逶迤度香阁，顾步出兰闺。"

（14）更，旧时夜间计时单位，一夜分为五更。

【赏析】

这首词写一个踏上征途的青年男子与妻子分离的思念和怀想。

词的上阕，写青年男子单人独骑奔上征途。"匹马驱驱，摇征辔、溪边谷畔。"起首三句描写一个青年男子骑着马奔驰，他穿河越谷，急急地向前赶路。这时已经是"望斜日西照，渐沈山半"，遥望斜落的夕阳，渐渐沉到了半山腰。夕阳西下，点明时间。下面继续描写："两两栖禽归去急，对人相并声相唤。"成双成对的归鸟在急速返回，并排面对着人，声声相唤。这是他途中所见。以鸟的归宿双栖、相并，烘托人的孤单。所以作者接着写道："似笑我、独自向长途，离魂乱。"鸟儿好像笑他独自一人踏上征途，离别家乡，思绪迷乱，心理刻画生动。

词的下阕，写青年男子对家中甜蜜生活的回忆。"中心事，多伤感。"换头处二句抒情，是说自己只身奔上征途，心中有很多使人伤感的事。接着作者写道："人是宿，前村馆。想鸳衾今夜，共他谁暖。"是说，今晚自己要独宿在这前村的旅舍里，心却在想，今夜谁为你温暖这鸳鸯被呢？"供他谁暖"，即"谁共他暖"，是说自己已离家在外，不能与妻子共暖鸳鸯被。作者继续写道："惟有枕前相思泪，背灯弹了依前满。"在这漫漫长夜，只有枕前这流不尽的相思泪与我相伴，背灯挥洒。先想到自己不能与妻子同床共枕，再写自己相思落泪，恐被旁人看见，背着油灯弹去，但弹了以后还是两眼泪汪汪的，说明伤心至极。最后再夫妻合写："怎忘得、香阁共伊时，嫌更短。"男子回想起来，在家时，与妻子在闺房双栖的时候，枕畔谈笑，不知不觉就天亮了。真是愁人知夜长，欢愉嫌夜短！这种夫妻恩爱的生活，又怎么能忘掉呢？从而表现了他对美好爱情生活的追求和怀想，揭示出主题。

【原文】

玉女摇仙佩·飞琼伴侣

飞琼伴侣[1]，偶别珠宫[2]，未返神仙行缀[3]。取次梳妆[4]，寻常言语，有得几多姝丽[5]。拟把名花比[6]。恐旁人笑我，谈何容易[7]。细思算，奇葩艳卉[8]，惟是深红浅白而已。争如这多情[9]，占得人间，千娇百媚[10]。　　须信画堂绣阁[11]，皓月清风[12]，忍把光阴轻弃[13]。自古及今，佳人才子[14]，少得当年双美[15]。且恁相偎倚[16]。未消得，怜我多才多艺[17]。愿奶奶、兰人蕙性[18]，枕前言下，表余深意。为盟誓。今生断不孤鸳被[19]。

【毛泽东圈评等情况】

毛泽东读宋本《乐章集》卷上时，圈阅了这首《玉女摇仙佩·飞琼伴侣》。

[参考] 张贻玖：《毛泽东评点、圈阅的中国古典诗词》，
中国工人出版社 1992 年版，第 245 页。

【注释】

（1）飞琼伴侣，与神仙为侣。飞琼，即许飞琼，传说中的仙女，西王母侍女。旧本题汉班固撰《汉武内传》："王母命侍女许飞琼鼓震灵之簧。"故宋词中多以喻歌舞吹奏的女子。

（2）珠宫，用珠宝装饰的宫殿，指仙女所居之宫。

（3）神仙，指经过人的不断修炼，精神、意识达到某一种超脱的状态，具有一定的道行、神通和超能力的人。行缀，指行列，连结成行。缀，连结。《礼记·乐记》："其治民劳者，其舞行缀远，其治民逸者，其舞行缀短。"

（4）取次梳妆，随意打扮。取次，犹草草，任意随便。张相《诗词曲语词汇释》："取次，犹云随便或草草也。"

（5）几多，多少。姝（shū）丽，美丽。

（6）拟把名花比，用花来比喻美女。如唐李白《清平调》其一："云想衣裳花想容，春风拂槛露华浓。"用牡丹花比喻杨贵妃。

（7）谈何容易，原指臣下向君主进言很不容易。后指事情做起来并不像说的那样简单。汉东方朔《非有先生论》："於戏！可乎哉？可乎哉？谈何容易。"

（8）葩（pā），花。卉（huì），草的总称。

（9）争如，怎如。张相《诗词曲语词汇释》："争，犹怎也。"

（10）千娇百媚，形容女子姿态美好。南朝陈徐陵《杂曲》诗："绿黛红颜两相发，千娇百态情无歇。"

（11）画堂绣阁，华美的楼阁。画堂，古代宫中有彩绘的殿堂。《汉书·成帝纪》："孝成皇帝，元帝太子也。母曰王皇后，元帝在太子宫生

甲观画堂，为世嫡皇孙。"颜师古注："画堂，但画饰耳……霍光止画室中，是则宫殿中通有采画之堂室。"绣阁，犹绣房。女子的居室装饰华丽如绣，故称。后蜀欧阳炯《菩萨蛮》词之四："画屏绣阁三秋雨，香唇腻脸偎人语。"

（12）皓月清风，皓月，明月。南朝宋谢庄《月赋》："情纤轸其何讬，诉皓月而长歌。"清风，清凉的风。《诗经·大雅·烝民》："吉甫作诵，穆如清风。"毛传："清微之风，化养万物者也。"

（13）忍，不忍，怎忍。

（14）佳人才子，年轻貌美的女子和才华横溢的男子，泛指年貌相当、有婚姻或爱情关系的青年男女。唐李隐《潇湘录·呼延冀》："妾既与君匹偶，诸邻皆谓之才子佳人。"

（15）当年，壮年，指身强力壮的时期。

（16）恁，如此，这样。恁倚，恁抱或紧靠在一起。

（17）未消得，消不得，禁受不起。消，禁受。怜，爱。

（18）奶奶（nǎi nai），指祖母，妇人之尊称，也称跟祖母辈分相同或年纪相仿的妇女。兰人蕙性，兰、蕙，均为香草名，比喻女子心地似"蕙心"般纯洁、品质似"兰花"般高雅。

（19）断，绝不。孤，辜负。鸳被，绣着鸳鸯的被褥，借指夫妻所用之被。唐骆宾王《从军中行路难》诗之二："雁门迢递只书稀，鸳被相思双带缓。"

【赏析】

《玉女摇仙佩》，词牌名，又名《玉女摇仙辈》。以柳永词《玉女摇仙佩·佳人》为正体，双调一百三十九字，前段十四句六仄韵，后段十三句七仄韵。另有双调一百三十九字，前段十四句七仄韵，后段十三句七仄韵的变体。

这首词写一个男子对他所钟爱的女子的誓言和思念。词以鸳梦好合作结，但梦只是梦，故于柔情似水、佳期如梦中，亦含无尽的怅惘。全篇纡徐取势，迷离缥缈，体现出柳词善于铺叙、流利婉转的词风。

　　柳永的妻子在柳词中常常被提及，然而却因柳永与妓女关系密切，与柳永出现感情裂痕。这首词为柳永与其妻出现感情裂变后，远游浙江两湖时所作，时间大约在宋真宗景德三年（1006）或四年（1007）春夏间。

　　此词题作"佳人"，叙写的对象是一美貌女子。此词上阕写美人之风情万种，千娇百媚。"飞琼伴侣，偶别珠宫，未返神仙行缀。"这首词开篇即凌空飞来三句描写，词人凝神细思，原来是以"飞琼伴侣"喻指这位女子。仙女许飞琼曾为西王母"鼓震灵之簧"（《汉武内传》）。作为她的女伴，这个女子自然也非同凡响了。更何况她是"偶别"仙宫，来到人间的。如果说第一韵写了这位女子的超凡，下面的一韵则写了她的脱俗："取次梳妆，寻常言语，有得几多姝丽。"接下来三句写她的语言和动作，随随便便的装束，寻寻常常的言语，便清丽过人。其超脱凡俗处，真不可以常人之心思之也。这是化美为媚之法，媚就是一种动态美。看到这样的美人，词人想拿花来比拟她："拟把名花比。恐旁人笑我，谈何容易。"这几句，真是大畏唐突，尤见温存，又可悟翻旧为新之法。在词人的眼中，"奇葩艳卉"也不过是或红得浓重、或白得浅淡而已，哪里赶得上她如此多情，占尽了人间所有的美艳气质。词句明白如话却凭空出奇，突破了自古以名花喻美人的俗意。从叙写的情事看，这首词的女主人公很可能是一位风尘女子，但词人将她写得那样脱俗，那样多情，"占得人间，千娇百媚"。

　　下阕主要写"我"与"佳人"的恩爱深情。就写法而言，下阕多有小的开合，又时而宕开一层，写情一步深似一步。换头处由"须信"领起，"须信画堂绣阁，皓月清风，忍把光阴轻弃"，三句间形成小的开合。这位美女在华丽的厅堂和锦绣的阁楼之内，面对良辰美景，轻易地把时光抛弃，太可惜了。接下来又宕开一层："自古及今，佳人才子，少得当年双美。"自古及今，才子佳人，少有盛年相依相伴，故以"且恁相偎倚"一句收住了这一层意思。既而笔致又深一层，点出了佳人所看重是："且恁相偎倚。未消得，怜我多才多艺。"不是金钱，不是地位，而是"我"的"多才多艺"，让佳人十分亲昵。既得佳人垂青，于是词人便有了进一步的乞求："愿奶奶、兰人蕙性，枕前言下，表余深意。"词人乞请奶奶向这女子传话："为盟誓，今生断不孤鸳被！"最后又有枕下盟誓：一个"断不"，语气决绝，以之收煞全词，产生了一种荡气回肠的效果。

柳永在这首词中提出了一种进步的爱情观，即"才子佳人"式的爱情模式。作为一种新兴的、有进步色彩的社会意识，这种爱情模式冲破了封建的门第观念，冲破了传统的"父母之命，媒妁之言"婚姻制度，对后世产生了很大的影响。金代董解元的《西厢记诸宫调》和元代王实甫的《西厢记》所表现出的"从今至古，自是佳人，合配才子"的主题思想，就是对这种爱情观的进一步阐发。而柳永的首倡之功，则是不可磨灭的。至于词中"愿奶奶……"这样的俚俗之语，历代评者多毁疵之，但就全词来看，此乃小瑕，不足以掩大瑜也。清沈谦《填词杂说》："'云想衣裳花想容'，此是太白佳境。柳屯田'拟把名花比，恐旁人笑我，谈何容易'，大畏唐突，尤见温存，又可悟翻旧为新之法。"近代王国维《人间词话删稿》："余谓屯田轻薄子，只能道'奶奶兰心蕙性耳'，这种评价是有道理的。

【原文】

雪梅香·景萧索

景萧索[1]，危楼独立面晴空[2]。动悲秋情绪，当时宋玉应同[3]。渔市孤烟袅寒碧，水村残叶舞愁红。楚天阔[4]，浪浸斜阳[5]，千里溶溶。　临风。想佳丽[6]，别后愁颜，镇敛眉峰[7]。可惜当年，顿乖雨迹云踪[8]。雅态艳姿正欢洽[9]，落花流水忽西东[10]。无憀恨、相思意[11]，尽分付征鸿[12]。

【毛泽东圈评等情况】

毛泽东读宋本《乐章集》卷上时，圈阅了这首《雪梅香·景萧索》。

[参考] 张贻玖：《毛泽东评点、圈阅的中国古典诗词》，中国工人出版社 1992 年版，第 245 页。

【注释】

（1）萧索，萧条冷落，凄凉。东晋陶潜《自祭文》："天寒夜长，风气萧索，鸿雁于征，草木黄落。"

（2）危楼，高楼。北魏郦道元《水经注·沮水》："危楼倾崖，恒有落势。"

（3）"动悲秋"二句，战国楚宋玉《九辩》首句为："悲哉，秋之为气也。"后人常将悲秋情绪与宋玉相联系。

（4）楚天，古代楚国在今长江中下游一带，位居南方，所以泛指南方天空为楚天。唐杜甫《暮春》诗："楚天不断四时雨，巫峡常吹万里风。"

（5）斜阳，黄昏前要落山的太阳。唐赵嘏《东望》诗："斜阳映阁山当寺，微绿含风树满川。"

（6）佳丽，美貌的女子。晋陆云《为顾彦光赠妇》诗之一："佳丽良可美，衰贱焉足纪。"

（7）镇敛眉峰，双眉紧锁之状。镇，长，久。

（8）雨迹云踪，男女欢爱。战国楚宋玉《高唐赋》中写楚王与巫山神女欢会，神女称自己"旦为朝云，暮为行雨"。

（9）欢洽，欢乐和洽。汉傅毅《舞赋》："于是欢洽宴夜，命遣诸客。"

（10）落花流水，原形容暮春景色衰败，后常用来比喻被打得大败。唐李群玉《奉和张舍人送秦炼师归岑公山》诗："兰浦苍苍春欲暮，落花流水怨离襟。"

（11）无憀，精神空虚，没有寄托。又作"无聊"。憀，悲恨的情绪。唐陆龟蒙《自遣》："云晴山晚动情憀。"

（12）分付征鸿，托付给征鸿，即凭书信相互问候。分付，同"吩咐"。征鸿，即飞雁。此句用鸿雁传书典故。《汉书·苏武传》载："武使匈奴不屈，徙于北海牧羊。后汉与匈奴和好，汉求武等，匈奴诡言武死。后汉使复至匈奴，常惠请其守者与俱，得夜见汉使，具有陈道。教使者谓单于，言天子射上林中，得雁，足有系帛书，言武等在某泽中。使者大喜，如惠语以让单于。单于视左右而惊，谢汉使曰：'武等实在。'"后世谓鸿雁传书本此。

【赏析】

《雪梅香》，词牌名，始自北宋柳永，《乐章集》入"正宫"。以柳永《雪梅香·景萧索》为正体，双调九十四字，前段九句四平韵，后段十一句五平韵。代表词作有柳永《雪梅香·景萧索》、陈维崧《雪梅香·梅将谢》等。雪梅，原指色白的白梅。唐宋时，以罗、绢等为原料制作头饰的簪花也称雪梅。唐温庭筠《河传》词："雪梅香，柳带长。小娘。转令人意伤。"调名本意即咏古代妇女头戴簪花头饰的发香。此调传统词作多见于抒情、感怀，多写男女恋情的委婉缠绵，今人亦有用来表现畅达乐观心绪。

宋仁宗天圣二年（1024），柳永第四次落第，愤而离开京师，与情人（或为虫娘）离别，写了著名的《雨霖铃·寒蝉凄切》。他由水路南下，此后以填词为生，词名日隆。此词为那一时期所著。

这是一首触景伤感、怀乡恋情之作，写一位青年男子与他所钟爱的女子过去甜蜜生活的追忆与思念。

词的上阕叙事，写词人登楼所见。"景萧索，危楼独立面晴空。"起首二句是说，词人登上一座高楼，纵目四望，只见晴空万里，一片萧瑟秋景。萧索，萧条冷落。首句景象的萧索衰败，隐含着秋意，为全词奠下了伤悲的基调。江淹《恨赋》："秋日萧条，浮云无光。"词的第一句脱口而出，直接点出秋景的萧瑟。危楼，高楼，词人独自登上高楼仰望着万里晴空。"动悲秋情绪，当时宋玉应同。"三、四句用典，是全词的立足处，下文均是诗人独立高楼、面对晴朗的秋空时所见所感。登楼望远，往往会触动人的愁绪，这是古老中国传统的普遍的"情结"；何况，此刻诗人是一个人"独立"着，更添一丝孤独无依的悲凉。宋玉，战国楚辞赋家，后于屈原，或称屈原弟子，曾事顷襄王。《汉书·艺文志》著录宋玉赋十六篇，多亡佚。流传作品为《九辩》首句："悲哉！秋之为气也。"故古人常将悲秋与宋玉相联系，称为宋玉悲秋。此二句是说：面对萧索秋景，触景生情，产生一种悲秋情绪，与当年宋玉应该相同。"渔市孤烟袅寒碧，水村残叶舞愁红。"接下来两句是极美的对句，是精练的词的语言。如果上两句是总写的话，那么以下几句便是特写了。作者纵目四望，目光首先落在了秋风中渔市、水村的冷落凄寒上。举目所见，渔乡村市上面的寒冷碧空中，一股炊烟袅袅上升；临水村边的枫树落叶，在秋风中旋舞着红色。"楚天阔，浪浸斜阳，千里溶溶。"结末三句气象极开阔而壮美。江水托着未落的斜阳，江水一泻千里，波浪浩荡。末三句连上文二句展现出一幅带有动态的古老中国水村晚秋画面：远景是蓝天孤烟，中景是闪着金光的溶溶水波，近景则是水村错落的红叶。

下阕抒情，写词人见景动情，想念佳人，流露出作者怀念风尘女子真挚的情怀。"临风。想佳丽，别后愁颜，镇敛眉峰。"此四句是说，词人临风站立，触景生情，便推己及人，想起了之前与自己交往的歌妓。分别之后，她们也一定满脸愁颜，深锁眉头，心中痛苦不堪吧。他进而又追悔道："可惜当年，顿乖雨迹云踪。"雨迹云踪，雨散云消，突然匆匆离别，各奔东西，互不见踪迹。这里柳永是指自己和"佳丽"的欢会。大概他俩情意相投，是客观环境迫使他们不得不分离。词人进而写道："雅态妍姿正欢洽，落花流水忽西东。"她是如此美丽动人、温柔体贴，两人相处得十分融洽欢悦，谁知忽然像落花流水那样各自西东了。前一句如胶似漆，后一句东分西散无法复回，形成强烈的反差，加重了抒情的力度。词人最后写道："无聊恨、相思意，尽分付征鸿。"无聊，烦闷，潦倒失意，心情无所寄托，这就点明了自己无聊的怨恨和对佳丽的情思情意。征鸿，远飞的鸿雁。"征鸿"为高楼所望见，这与开头"危楼独立"遥遥呼应，"尽分付"三字表示词人想竭力摆脱悲秋情绪所带来的种种烦闷与苦痛。把这种相思情，分给远去的鸿雁，带给心爱的人，让她知晓我的相思苦。如此而已，岂有他哉？无限惆怅，余味不尽。

清周济《宋四家词选目录序论·附录》"柳永"条："《雪梅香》'景萧索'本阕结句似在'意'字逗。"清邓廷桢《双砚斋词话》："柳耆卿以词名景祐、皇祐间。《乐章集》中冶游之作居其半，率皆轻浮猥媟，取誉筝琶。如当时人所讥，有教坊丁大使意。惟《雨霖铃》之'杨柳岸、晓风残月'，《雪梅香》之'渔市孤烟袅寒碧'，差尽风雅。"

尾犯·夜雨滴空阶

　　夜雨滴空阶,孤馆梦回⁽¹⁾,情绪萧索⁽²⁾。一片闲愁⁽³⁾,想丹青难貌⁽⁴⁾。秋渐老、蛩声正苦⁽⁵⁾,夜将阑、灯花旋落⁽⁶⁾。最无端处⁽⁷⁾,总把良宵⁽⁸⁾,只恁孤眠却⁽⁹⁾。　　佳人应怪我⁽¹⁰⁾,别后寡信轻诺⁽¹¹⁾。记得当初,翦香云为约⁽¹²⁾。甚时向、幽闺深处⁽¹³⁾,按新词、流霞共酌⁽¹⁴⁾。再同欢笑,肯把金玉珠珍博⁽¹⁵⁾。

【毛泽东圈评等情况】

　　毛泽东读宋本《乐章集》卷上时,圈阅了这首《尾犯·夜雨滴空阶》。

　　[参考] 张贻玖:《毛泽东评点、圈阅的中国古典诗词》,
中国工人出版社 1992 年版,第 245 页。

【注释】

　　(1)孤馆,孤寂的客舍。唐许浑《瓜州留别李诩》:"孤馆宿时风带雨,远帆归处水连云。"梦回,从梦中醒来。南唐李璟《摊破浣溪沙·菡萏香销翠叶残》:"细雨梦回鸡塞远,小楼吹彻玉笙寒。多少泪珠无限恨,依阑干。"

　　(2)萧索,萧条冷落,凄凉。东晋陶潜《自祭文》:"天寒夜长,风气萧索,鸿雁于征,草木黄落。"宋刘过《谒金门》词:"休道旅怀萧索,生怕香浓灰薄。"

　　(3)闲愁,无端无谓的忧愁。唐张碧《惜花》诗之一:"一窖闲愁驱不去,殷勤对尔酌金杯。"

　　(4)丹青难貌,难以用图画描绘。丹青,本是两种可作颜料的矿物,因为中国古代绘画常用朱红色和青色两种颜色,因此丹青成为绘画的代称。貌,描绘,画像。宋欧阳修等《新唐书·后妃传上》:"命工貌妃于别殿。"

　　(5)秋渐老,渐渐秋深的意思。蛩(qiǒng)声,蟋蟀的鸣叫声。

　　(6)阑,尽,残。

　　(7)无端,无聊,没有情绪。唐杜牧《送故人归山》:"三清洞里无端别，又拂尘衣欲卧云。"

（8）良宵，泛指景色美好的夜晚。唐皇甫冉《秋夜宿严维宅》诗："世故多离别，良宵讵可逢。"

（9）只恁孤眠却，只如此一个人睡了。恁，如此，这样。孤眠，独自就眠。

（10）佳人，美女。战国楚宋玉《登徒子好色赋》："天下之佳人，莫若楚国；楚国之丽者，莫若臣里；臣里之美者，莫若臣东家之子。"

（11）寡信轻诺，随便许诺，很少讲信用，随便用语言欺骗的意思。

（12）翦（jiǎn）香云，剪下一缕头发。古代女子与情人相别，因情无所托，即剪发以赠。翦，同"剪"。香云，指女子的头发。《杨妃外传》载："杨贵妃初被放出时，曾'引刀剪髻一缕以献，上遂召归'。"

（13）甚时向，什么时候。向，语助词。幽闺，深闺，多指女子的卧室。南朝梁萧统《锦带书十二月启·姑洗三月》："燕语雕梁，状对幽闺之语。"

（14）按新词，创作新词。填词须倚声按律，故称。流霞，酒仙名。晋葛洪《抱朴子·祛惑》载，项曼都入山学仙，称"仙人但以流霞一杯，与我饮之，辄不饥渴"。

（15）博，换取。

【赏析】

"夜雨滴空阶"词注"正宫"。《尾犯》，调见《乐章集》。这是一首思念佳人的情词，写一个羁旅在外的青年男子对其所钟爱的远方佳人的甜蜜生活的追忆与重逢的期待。

词的上阕，写男子的羁旅独眠。"夜雨滴空阶，孤馆梦回，情绪萧索。"起首三句，作者便以强烈的主观色彩的意象渲染气氛："夜雨"透着寒凉，"空阶"透着冷落，"孤馆"透着寂寞；寂寞孤馆"梦回"之际，雨打"空阶"，最使人凄凉难耐。故以"情绪萧索"四字收煞，人物的孤寂与环境的凄冷融在一处，全词也笼罩在这伤感的氛围中。而一个"滴"字，如泪坠一般，更是写出了词人对雨意的敏感以及内心深处无可倾诉的苦楚。第四句"一片闲愁"，"闲愁"本无形，词人强自挣扎，试图将之描述出来，无奈这"闲愁"太深重了，他只好发出这样的感喟："想丹青难貌。"接下来是一个工整的对句："秋渐老、蛩声正苦，夜将阑、灯花旋落。"写深秋时节蟋蟀悲鸣，又收回来，将视点落在室内很快落下的灯花上，自然引出下文："最无端处，总把良宵，只恁孤眠却。"结末三句是说，最无缘无故的是，总在这美好夜晚，如此这般的一个人孤身独眠，直抒抱影孤眠、辜负良宵的无聊。既揭出主人公萌发闲愁的深层原因，又逗起下文对佳人的思念。

词的下阕，是对过去与情人的甜蜜生活的回忆。"佳人应怪我，别后寡信轻诺。"换头处二句紧承上阕而来，是词人设想对方别后的情景，更是对自己的深深自责，但这自责中透着太多的无奈与悲哀。也正是如此，他对与佳人在一起的美好时光是那样留恋，又是那样向往。佳人，指其女友。于是勾起他对过去甜蜜生活的回忆："记得当初，翦香云为约。"二句是说，二人分别时，女友曾剪发相赠，以为系念。这个印象最深，至今还历历在目，所以首先回忆起来。接着又回忆起："甚时向、幽闺深处，按新词、流霞共酌。""按新词"，依照词谱演唱新词。"流霞"，仙酒名，此指美酒。几句是说，又想其二人在深闺之中，一边演唱新词，一边同饮美酒，是多么惬意的生活呀！而这种再相偎相伴、填新词、酌美酒的愿望，不知什么时候才能实现了。这是回忆之二。"再同欢笑，肯把金玉珠珍博"，结末二句说，为了二人高兴，愿意用"金玉珠珍"赌个输赢，即不惜千金买一笑之意，把过去与情人在一起的甜蜜生活的回忆推向高潮，戛然而止，余意不尽。但这种祈求再次"同欢笑"也透着无力，透着悲哀，透着无奈。

【原文】

斗百花·煦色韶光明媚

煦色韶光明媚(1)，轻霭低笼芳树(2)。池塘浅蘸烟芜(3)，帘幕闲垂风絮(4)。春困厌厌(5)，抛掷斗草工夫(6)，冷落踏青心绪(7)。终日扃朱户(8)。　　远恨绵绵(9)，淑景迟迟难度(10)。年少傅粉(11)，依前醉眠何处(12)。深院无人，黄昏乍拆秋千(13)，空锁满庭花雨(14)。

【毛泽东圈评等情况】

毛泽东读宋本《乐章集》卷上时，圈阅了这首《斗百花·煦色韶光明媚》。

[参考] 张贻玖：《毛泽东评点、圈阅的中国古典诗词》，

中国工人出版社 1992 年版，第 245 页。

【注释】

（1）煦色，美好的春色，春天阳光和煦，因此称煦色。韶光，本指美好的阳光，这里指青春年少的美好时光。明媚，明丽妩媚。南朝宋鲍照《芙蓉赋》："烁彤辉之明媚，粲雕霞之繁悦。"

（2）轻霭（ǎi），轻淡的云雾。霭，云气。南朝梁萧统《文选·陆机·挽歌诗三首》："倾云结流霭。"唐刘祎之《酬郑沁州》诗："寒山敛轻霭，霁野澄初旭。"

（3）浅蘸，轻轻地挨碰。烟芜，烟雾中的草丛，亦指云烟迷茫的草地。唐权德舆《奉和李大夫九日龙沙宴会》："烟芜敛暝色，霜菊发寒姿。"

（4）闲垂，没有必要的垂挂。帘幕本是用来遮掩夫妻亲昵之用的，由于丈夫不在家，帘幕也成为一种没有必要的摆设。风絮，随风飘悠的絮花，多指柳絮。唐薛能《折杨柳》诗之二："闲想习池公宴罢，水蒲风絮夕阳天。"

（5）春困，春日精神倦怠。宋曾巩《钱塘上元夜祥符寺陪咨臣郎中文燕席》诗："金地夜寒消美酒，玉人春困倚东风。"厌厌，懒倦，无聊。

（6）斗草，又称斗百草，是中国民间流行的一种游戏，属于端午民俗。最早见于文献是在魏晋南北朝时期，每年端午节，出郊外采药，插艾门上，以解溽暑毒疫，衍成定俗；收获之余，往往举行比赛，用草作比赛对象；唐朝后斗百草愈渐成为妇女和孩童的玩意儿。梁代宗懔的《荆楚岁时记》载："五月五日，谓之浴兰节。荆楚人并踏百草，又有斗百草之戏。"

（7）踏青，亦作"蹋青"，古时自元宵节后至清明节前后有到郊野游览的习俗，谓之踏青，亦谓之探春。后晋刘昫等《旧唐书》卷十一《代宗纪》："（大历二年）二月壬午，幸昆明池踏青。"唐孟浩然《大堤行》："岁岁春草生，踏青二三月。"

（8）扃（jiōng），门窗的插条，此处是关闭之意。

（9）远恨，因丈夫不知是在何处眠花宿柳，恨又没有具体对象，因此称远恨。绵绵，连续不断，此处又有情意缠绵之意。

（10）淑景美景。南朝宋鲍照《代悲哉行》："羁人感淑景，缘感欲回辙。"指春光。唐魏徵《奉和正日临朝应诏》："淑景辉雕辇，高旌扬翠烟。"迟迟，迟缓。

（11）年少傅粉，喻年轻貌美的少年男子，此处指此年轻女子的丈夫。南朝宋刘义庆《世说新语·容止》："何平叔（何晏）美姿仪，面至白，魏明帝疑其傅粉。"

（12）依前，和从前一样。醉眠，酒醉之后的睡眠，此处指眠花宿柳。

（13）乍，刚刚。

（14）空锁，白白地锁住。花雨，落花如雨，形容彩花纷飞。

【赏析】

《斗百花》，词牌名，又名《斗百花近拍》"斗修行"《夏州》。以柳永《斗百花·煦色韶光明媚》为正体，双调八十一字，前段八句五仄韵，后段七句三仄韵。代表词作有柳永《斗百花·满搦宫腰纤细》等。清毛先舒《填词名解》云："唐天宝（742—755）时，斗花以奇者为胜，词取以名之。"斗花游戏以头上插戴奇花多者为胜。调名本意即咏斗花游戏。

这首词是怀远思亲之作，描写一个年轻女子因在春光明媚之时思念她远出不归的丈夫或情人而不得见的怅怨心情。词的上阕写她面对大好春色而深感寂寞的情景。"煦色韶光明媚，轻霭低笼芳树。池塘浅蘸烟芜，帘幕闲垂风絮。"上阕开头四句，犹如一组连续不断、由远而近、由大到小的静景镜头，把大好春景写得如诗如画：先展示出和暖美好的春光是那么明丽妖媚，渲染出一个迷人的全景；然后拉近镜头，现出轻淡的云气低低笼罩着花开树木的景象；再把镜头推进，照着芳树旁的一个池塘，那池塘中有一片水汽朦胧的青草；最后把镜头对着池塘边的小楼，只见遮蔽门窗的帘布静静地垂着，任凭杨花柳絮在帘外春风中飘舞。从结构上看，第一句是总写，下面三句是分写；分写的三句又句句相加，步步逼。这就使春光明媚的静景不断变化，最后使读者的眼光集中到闲垂帘幕的地方来了。

词人为什么要着力描绘这大好春景呢？这幅春景又是从什么角度来看的呢？这在"春困厌厌，抛掷斗草工夫，冷落踏青心绪。终日扃朱户"，接下来四句中才点出了答案。原来这都是春困者眼中之所见；而她面对如此迷人景色，并未引起欢乐的快感，反倒越加困恼起来。这种烦恼的心情，使得她连赛百草的游戏也丢开了，使得她连到郊外散步游玩的情绪也冷淡下来了，一天到晚把朱红的大门紧闭。看来春光越美，春意越浓，越使她感到孤寂，心绪冷落，这种反常的情绪原因何在呢？从而勾起读者的悬念，词意也就自然而然地过渡到下阕。

词的下阕写她想念情人而百无聊赖的心境。"远恨绵绵，淑景迟迟难度。"换头处二句承上启下，解开悬念。原来是她由于有着绵绵不断的悠长怨悔的心情，所以面对如此美好春景反倒感到时间缓慢，难以熬过。"远恨"，即长恨，长久的怨悔。"淑"，美好。意思虽然十分醒豁，而用词却颇为含蓄。它既揭示了大好春光反使她困恼无绪的秘密，又卖了一个何为"远恨"的关子。这确如清周济所说："以一、二语勾勒提掇，有千钧之力。""年少傅粉，依前醉眠何处？"两句紧接上句，点明"远恨"的内容。说她想念的那个年轻人搽着脂粉，又像以前在她这儿喝醉共眠一样地到别处去寻欢作乐了吧？这里面包含了对"年少"的往日恩爱的回顾，更蕴藏着对"年少"的今日薄情的怨恨，而全由她想象的口吻出之，既使"远恨"的内容深化了一层，又照应了上阕"终日扃朱户"的内心活动，从而把这位女子的一腔缠绵悱恻而又怨悔交集的心境描摹得淋漓尽致。在这万般愁绪无可解脱的情况下，她只好想借着打打秋千来排遣愁绪。"深院无人"，是写她实际还在盼望"年少"能来，可幽深的院子里并没有人来，其间寂寞失望的心情可以想见。"黄昏乍拆秋千"，则把她对景难排、出于无奈的神态刻画出来。"黄昏"，与上片的"终日"遥相呼应，显见她在朱户独思之久；"乍拆"，暂忽打开，描摹出迷离恍惚、无可奈何之态。"空锁满庭花雨"之句，用在这儿正与她的被弃飘零的不幸遭遇相互映衬。其间一个"空"字，更把她荡秋千而不再有"年少"欣赏、只有满院落花与她一起空自关在这深院中的冷落心境渲染出来，景中有情，意在言外，成为情景交融、词意含蓄的结笔。

此词首尾两处写景，起首以大好春色反衬内心的困扰寂寞，末尾以深院花雨映衬内心的远恨难排。在写法上，有如清夏敬观所说："层层铺叙，情景兼融，一笔到底，始终不懈。"其中词意之曲折含蓄，叙事之委婉有序，章法之绵密谨严，音律之和谐悦耳，也都显示了柳词的特色。清俞陛云《唐五代两宋词选释》："前后段皆状春闺娇慵之态，惟转头处略见怀人。屯田摹写情景，颇似清真，而开合顿挫，视清真终隔一尘。"

【原文】

斗百花·满搦宫腰纤细

满搦宫腰纤细(1)。年纪方当笄岁(2)。刚被风流沾惹(3)，与合垂杨双髻(4)。初学严妆(5)，如描似削身材(6)，怯雨羞云情意(7)。举措多娇媚(8)。　　争奈心性(9)，未会先怜佳婿(10)。长是夜深(11)，不肯便入鸳被(12)。与解罗裳(13)，盈盈背立银釭(14)，却道你但先睡(15)。

【毛泽东圈评等情况】

毛泽东读宋本《乐章集》卷上时，圈阅了这首《斗百花·满搦宫腰纤细》。

[参考] 张贻玖：《毛泽东评点、圈阅的中国古典诗词》，
中国工人出版社1992年版，第245页。

【注释】

（1）满搦（nuò），一把可以握持。宫腰，古代女子以腰肢纤细为美，此风尚大概起源于楚国。楚王好细腰，宫中妃嫔千方百计使自己腰细，以之邀宠。战国郑韩非《韩非子·二柄》："楚灵王好细腰，而国中多饿人。"后称女子之腰为宫腰。

（2）方，才，刚刚。笄岁，笄年，指女子盘发插笄的年龄。古代女子到了十五岁须插笄，以示成年。笄，簪子。西汉戴胜《礼记·内则》："女子……十有五年而笄。"

（3）风流沾惹，风流，指男女相恋。风流沾惹，是说这个刚成年的

少女尚不解风流之事，是风流之事沾惹了她，而不是她去沾惹风流。

（4）垂杨双髻，把两个下垂的发髻挽合在一起盘起来，这是从姑娘到成年女子的变化。垂杨，即垂柳，古代杨柳常并称。成年后，改梳云髻。

（5）初学严妆，初学，第一次学。严妆，认真地打扮。《玉台新咏·古诗为焦仲卿妻作》："鸡鸣外欲曙，新妇起严妆。"与少女天真之妆相对应。

（6）"如描"句，身材像画出来的那样苗条，肩部像削出来的那样美丽。按：中华民族传统的审美观，女子以削肩（即溜肩）为美。

（7）怯雨羞云，羞怯于男女之情。云雨，指男女合欢。举措，举止。《管子五辅》："故民必知权，然后举得；举措得，则民和睦。"

（8）娇媚，撒娇献媚。宋柳永《尉迟杯》词："恣雅态，欲语先娇媚。"

（9）争奈，怎奈。心性，性情，性格。

（10）未会，还没有学会。婿，指丈夫。先怜佳婿，主动抢先向丈夫示爱。

（11）长是，经常是。

（12）便，顺利，指没有困难或阻碍。鸳被，表层绣有鸳鸯图案的被子。唐刘希夷《晚春》："寒尽鸳鸯被，春生玳瑁床。"

（13）罗裳，女子所穿的衣服。此句是说此少女不主动向丈夫示爱，而丈夫却按捺不住，主动去为此少女脱衣服。

（14）盈盈，羞怯的样子。银釭（gāng），银白色的灯盏、烛台，指灯盏。南朝梁江淹《别赋》："冬釭凝兮夜何长。"

（15）却道，却说。

【赏析】

这是一首情词，写一个十五六岁的新婚女子的生活情趣。

词的上阕写这位少女婚前的妩媚风流。"满搦宫腰纤细。年纪方当笄岁。"词的上阕起首二句，写及笄女孩娇羞怯懦，形态心境一一活脱画出，可谓丹青妙手。首句写女子身材，抓住腰细得只有一把，身材苗条；次句写其年龄，"方当笄岁"，才步入成年，正当豆蔻年华。"刚被风流沾惹，与合垂杨双髻。"三、四二句写这女子性意识刚刚觉醒，才把头上两个下垂的发髻挽合在一起盘了起来，即俗称"上头"，这是从姑娘到新妇的发式变化，意思是她初做新妇。"初学严妆，如描似削身材，怯雨羞云情意，举措多娇媚。"接下来四句写新妇与姑娘在妆束上的区别是，姑娘以活泼为佳，新妇以端庄为美，新妇的第一项任务便是学习"严妆"；再一个重要区别是，姑娘是单栖，新妇要过夫妻生活。后因用"云雨"指男女欢会。但由于是新妇，看起来她那弱不禁风的身材，对男女之事还有点承受不起。她那一举一动都妩媚多姿，十分可人。

词的下片，写女子还不习惯婚后生活。"争奈心性，未会先怜佳婿。"过片承上片而来，是说这女子还有点像做姑娘时那样任性，没有学会疼爱自己的丈夫。随着时间的推移，故事层层展开，其心理活动的复杂与丰富活现纸上，生动如画。羞怯之中，洋溢着新婚生活的甜蜜与喜悦，简直是一幅风俗画："争奈心性，未会先怜佳婿。长是夜深，不肯便入鸳被。与解罗裳，盈盈背立银釭，却道你但先睡。"整个下阕着重抓取了几个动作，来进一步将人物写活，使其更具立体感。一是对丈夫不懂得温存，二是不肯脱衣就寝，三是背灯而立，四是着令丈夫先睡，全然是一个不懂规矩、人世未深的孩子。结三句尤妙，但使丈夫哭笑不得、无可奈何，留下一片令人忍俊不禁且想象不尽的空间。此词全部主旨都集中在两个字上——"娇羞"，在不同的场景、从不同的角度倾力表现了词中女性的这一心理状态。通首香艳至极，却不堕恶趣。在主题上虽未能免俗，但其对女子心性之感悟能力、描写之笔力都足以弥补这一缺憾。

【原文】

甘草子·秋尽

秋尽。叶翦红绡(1)，砌菊遗金粉(2)。雁字一行来(3)，还有边庭信(4)。

飘散露华清风紧(5)。动翠幕(6)，晓寒犹嫩(7)，中酒残妆整顿(8)。聚两眉离恨(9)。

【毛泽东圈评等情况】

毛泽东在读宋本《乐章集》卷上时圈阅的《甘草子》二首中有这首《甘草子·秋尽》。

[参考] 张贻玖：《毛泽东评点、圈阅的中国古典诗词》，
中国工人出版社 1992 年版，第 245 页。

【注释】

（1）红绡，红色的丝绸。叶翦红绡，是说秋天的植物叶子都变成了红色，落叶犹如裁剪下来的红丝绸一样。

（2）砌菊，栽种在门前台阶两边的菊花。遗金粉，撒落在地上的菊花花瓣或花粉，因菊花是黄色的花，因而称为金粉。

（3）雁字，大雁飞行时所排列而成的字。一行来，有一行大雁飞来。语出唐白居易《江楼晚眺景物鲜奇吟玩成篇寄水部张员外》："风翻白浪花千片，雁点青天字一行。"

（4）边庭，边疆。此句与上句所说是一个意思，是说这位情郎从军边疆的女子，一看到有大雁从北边飞来，就想这大雁可是捎来了我的情郎从边疆写来的信？古时有鸿雁捎书的传说，因而人们常把大雁当成信使。

（5）露华，露水在阳光下闪烁的光华。紧，急。

（6）动翠幕，清风吹动绿色的帷幕。

（7）晓寒，早晨的寒冷。犹嫩，还不十分冷。

（8）中酒残妆，因酒醉呕吐而被污秽之物所沾染的装束。中酒，病酒。唐王建《赠溪翁》诗："伴僧斋过夏，中酒卧经旬。"慵，懒惰，懒散。唐杜甫《送李校书》诗："晚节慵转剧。"

（9）聚两眉，皱眉头，人在皱眉头时两眉相聚，所以称聚两眉。离恨，对离别的幽怨。

【赏析】

《甘草子》，词牌名，双调四十七字，前段五句四仄韵，后段四句四仄韵。柳永《乐章集》注"正宫"。共收录二体：寇准《春早》、柳永《秋尽》。

这首《甘草子》是一篇绝妙的闺情词，写深秋时节，一个女子因见菊残、叶落、雁来而引出的思夫离恨。

词的上阕写景兼叙事，写女子思念在外戍边的丈夫。"秋尽。叶翦红绡，砌菊遗金粉。"起首三句描写，点明时间是深秋时节，霜降叶落，树叶像薄的红绡剪成似的，阶前的金菊颜色也消退了。二句抓住最具特色的景物，写出深秋景色。"雁字一行来，还有边庭信"，接下来二句是说，大雁群起群居，飞行时排列成行，一会儿排成"人"字，一会儿排成"一"字。该句化用古代鸿雁传书的故事，是说鸿雁可能会带来在外戍边丈夫的音讯。

词的下阕抒情，写女子的离愁别恨。"飘散露华清风紧。动翠幕，晓寒犹嫩"三句是说，一大早，秋风劲吹，把落花吹得四处飞扬。卧室内翠绿色的帷幕也被吹得飘动起来，这女子觉得一阵轻轻的寒意袭来。结末二句写道："中酒残妆整顿。聚两眉离恨。""中酒"，就是病酒，即因饮酒过量而引起的身体不适。原来这女子昨天夜里饮酒过量，今晨起来，还沉醉没有完全清醒，勉强起来，懒洋洋的，脸妆也懒得整顿一番，犹自两眉紧皱，透露出离恨千重。篇末揭出女子思夫引起的离愁别恨，这正是木篇题旨所在。

【原文】

笛家弄·花发西园

花发西园⁽¹⁾，草薰南陌⁽²⁾，韶光明媚⁽³⁾，乍晴轻暖清明后。水嬉舟动，禊饮筵开⁽⁴⁾，银塘似染⁽⁵⁾，金堤如绣⁽⁶⁾。是处王孙⁽⁷⁾，几多游妓⁽⁸⁾，往往携纤手⁽⁹⁾。遣离人、对嘉景⁽¹⁰⁾，触目伤情，尽成感旧。　　别久。帝城当日⁽¹¹⁾，兰堂夜烛⁽¹²⁾，百万呼卢⁽¹³⁾，画阁春风⁽¹⁴⁾，十千沽酒⁽¹⁵⁾。未省、宴处能忘管弦，醉里不寻花柳⁽¹⁶⁾。岂知秦楼，玉箫声断⁽¹⁷⁾，前事难重偶。空遗恨，望仙乡⁽¹⁸⁾，一饷消凝⁽¹⁹⁾，泪沾襟袖⁽²⁰⁾。

【毛泽东圈评等情况】

毛泽东在读宋本《乐章集》卷上时，圈阅了这首《笛家弄·花发西园》。

[参考]张贻玖：《毛泽东评点、圈阅的中国古典诗词》，
中国工人出版社1992年版，第245页。

【注释】

（1）西园，宋时汴京城中的一处园林。具体不详。宋代画家李伯时绘有《西园雅集图》，原图已失，元代赵孟頫有临摹，其下虞集跋语称："西园者，宋驸马都尉王诜晋卿延东坡诸名士燕游之所也……燕集岁月无所考，西园亦莫究所在。即图而观之，云林泉石，悒然胜处也。"

（2）草薰，香草，也指花草的芳香。南陌，南面的道路。南朝梁江淹《别赋》："陌上草薰。"南朝梁沈约《鼓吹曲同诸公赋·临高台》："所思竟何在，洛阳南陌头。"

（3）韶光，美好的时光，常指春光。南朝梁简文帝《与慧琰法师书》："五翳消空，韶光表节。"

（4）禊（xì）饮筵，祓（fú）禊之后的宴筵。旧俗于水旁灌濯以祓除妖邪，上巳为春禊，后定三月三日为禊辰，禊后之宴为禊饮宴。七月十四为秋禊。《周礼》："女巫岁时祓除浴。"郑玄注："今三月上巳水上之类。"《荆楚岁时记》："三月三日禊祓。"

（5）银塘，清澈明净的池塘。南朝梁简文帝《和武帝宴诗》之一："银塘泻清渭，铜沟引直漪。"

（6）金堤，坚固的堤堰，后作为堤堰的美称。

（7）是处，到处，处处。宋欧阳修《渔家傲·七月新秋风露早》词："是处瓜华时节好，金尊倒，人间彩缕争祈巧。"王孙，王的子孙，后泛指贵族子弟。《左传·哀公十六年》："王孙若安靖楚国，匡正王室，而后庇焉。启之愿也。"

（8）游妓，行踪不定的歌女。妓，古代称表演歌舞的女子。

（9）纤手，指女子柔细的手。汉昭帝《淋池歌》："秋素景兮泛洪波，挥纤手兮折芰荷。"遣，使，令。离人，离开家园、亲人的人。东晋陶潜

《赠长沙公族祖》诗："敬哉离人，临路凄然。款襟或辽，音问其先！"

（10）嘉景，美景。唐于季子《咏云》诗："愿得承嘉景，无令掩桂轮。"

（11）帝城当日，当日帝城之倒置。帝城，京城，指北宋都城汴京（今河南开封）。

（12）兰堂，芳洁的厅堂，厅堂的美称。《汉书·礼乐志》："神之出，排玉房，周流杂，拔兰堂。"

（13）呼卢，一种赌博游戏，掷骰游戏时大声呼"卢"，故得名。

（14）画阁，彩绘华丽的楼阁。南朝梁庾肩吾《咏舞曲应令》："歌声临画阁，舞袖出芳林。"

（15）十千沽酒，以重金买酒豪饮。唐李白《将进酒》："陈王昔时宴平乐，斗酒十千恣欢谑。"十千，酒价。

（16）花柳，花街柳巷之省，指妓女聚集之处所。唐段成式《酉阳杂俎·语资》："某少年常结豪族为花柳之游，竟畜亡命，访城中名姬，如蝇袭膻，无不获者。"

（17）"岂知"二句，用萧史弄玉夫妇仙去典。西汉刘向《列仙传》载，春秋时萧史善吹箫作凤鸣。秦穆公以女弄玉嫁之。一夕，夫妇于楼台吹箫引来凤凰，载二人仙去。萧史夫妇所居之楼即称秦楼。此处指远离闺中女子，难通消息。

（18）仙乡，仙界，神仙所居之处。南唐李中《思简寂观旧游寄重道者》诗："闲忆当年游物外，羽人曾许驻仙乡。"

（19）一饷，一晌。消凝，销魂，凝神。谓因伤感而出神。宋徐介《耒阳杜工部祠堂》诗："消凝伤往事，斜日隐颓垣。"

【赏析】

　　这首词为作者清明时节游览时对当年都市冶游生活的回忆及羁旅异乡仕途失意的感伤，当是柳永后期滞留南方某地做地方官时的作品。

　　柳词多写春色，却每每同中有异。词的上阕，写词人上巳日游春所见："花发西园，草薰南陌，韶光明媚，乍晴轻暖清明后。"开头四句是说在清明节过后的一天（上巳日），艳阳高照，晴空万里，花园内百花盛开，田间小路上芳草萋萋，许多人携手踏青，这是一个春光明媚的日子。适逢农历三月三日上巳日，人们都到水边灌濯，祓除不祥。你看："水嬉舟动，禊饮筵开，银塘似染，金堤如绣。"接下来四句是说，红男绿女，熙来攘往，络绎不绝，有的在水中荡舟，有的席地而坐饮宴，水塘之内如同烘染，土堤之上犹如锦绣。禊宴盛况宛然如画，这是概写。以下几句是特写："是处王孙，几多游妓，往往携纤手。"是说处处是王孙公子，纨绔子弟，他们手拉着花枝招展的游妓，招摇过市。对此情景，词人凄然有感："遣离人、对嘉景，触目伤情，尽成感旧。"这样的冶游艳遇，词人也曾有过，但现在已成过眼烟云了，对此，只能引起他对往事美好的回忆。末句逗起下文。清丁绍仪《听秋声馆词话》卷十四："（柳永词）《笛家弄》，应于'尽成感旧'句分段。"

词的下阕，写词人对往事的回忆。"别久"，直承上阕末"感旧"而来，引起词人对往事的怀想："帝城当日，兰堂夜烛，百万呼卢，画阁春风，十千沽酒。""帝城"，指当时北宋都城汴京（今河南开封）。词人年轻时长期在东京生活，与歌妓交往甚密，有很多值得回忆的往事。试想当年在东京雕梁画栋的厅堂内、幽深神秘的闺房中，词人与其所钟爱的歌妓们，以百万为赌注，大喊大叫，作掷骰之游戏，以十千为价，沽取美酒痛饮，极写当日欢乐之盛。"当日"情浓时，光景历历在目；"前事"已矣，旧梦不再："未省、宴处能忘管弦，醉里不寻花柳。"接下来两句是说，词人因久别而追忆当时宴饮，既听歌观舞，又醉里必寻花问柳，从未忘此二事，故上加"未省"二字。"以上数句极写当年冶游狎妓之盛，但现在已时过境迁，风光不再了。"岂知秦楼，玉箫声断，前事难重偶"三句，巧用弄玉、萧史夫妇仙去典。"空遗恨，望仙乡，一饷消凝，泪沾襟袖"，结末四句以"岂知"为转折，是说真遗憾，遥望仙乡，一种怅然若失之情产生，怎不令人泪湿衣袖呢！

全篇写得哀怨凄楚。虽是恋阙怀人之旧题，却能翻出新意，景与情之反衬，运用得亦自然妥帖，景语清空，情语凝深，且能浑化无迹，总于怨悱之旨。最值得注意的是，柳永与歌妓之间的那份真挚而恳切的情感，似已超越了一般意义上的自然情欲，已升华到一种较高的精神境界，不可再以"轻薄"斥之。柳永的这样一种情愫，已开宋金元文人与歌妓（戏曲演员）平等相爱之先河。读读元人卢挚、关汉卿等与女演员之间的赠答曲，依稀可见这种人道主义思潮的来龙去脉。或许，这与柳永仕途蹭蹬、久滞不售的经历有着某种联系。

【原文】

满朝欢·花隔铜壶

花隔铜壶[(1)]，露晞金掌[(2)]，都门十二清晓[(3)]。帝里风光烂漫[(4)]，偏爱春杪[(5)]。烟轻昼永[(6)]，引莺啭上林[(7)]，鱼游灵沼[(8)]。巷陌乍晴[(9)]，香尘染惹[(10)]，垂杨芳草。　　因念秦楼彩凤[(11)]，楚观朝云[(12)]，往昔曾迷歌笑。别来岁久[(13)]，偶忆欢盟重到[(14)]。人面桃花，未知何处[(15)]，但掩朱扉悄悄[(16)]。尽日伫立无言[(17)]，赢得凄凉怀抱[(18)]。

【毛泽东圈评等情况】

毛泽东在读宋本《乐章集》卷上时，圈阅了这首《满朝欢·花隔铜壶》。

[参考] 张贻玖：《毛泽东评点、圈阅的中国古典诗词》，中国工人出版社1992年版，第245页。

【注释】

（1）铜壶，即漏壶，古代铜制壶形的计时器。唐顾况《乐府》："玉醴随觞至，铜壶逐漏行。"

（2）露晞金掌，承露盘上的露水已经晒干了。晞，晒干。金掌，承露盘，用以承接露水的铜盘。《三辅黄图》："汉武帝以铜作承露盘，高二十丈，大十围，上有仙人承露盘，和玉屑饮之以成仙。"这句说露水已经晒干，意在说明此时阳光灿烂、天气晴朗。

（3）都门十二，京城的十二座城门，这里用来指代京城。清晓，清晨太阳上山时分。

（4）帝里，帝都，京都，此指北宋都城汴京（今河南开封）。唐房玄龄等《晋书·王导传》："建康，古之金陵，旧为帝里，又孙仲谋、刘玄德俱言王者之宅。"风光，风景，景色。唐张渭《湖上对酒行》："风光若此人不醉，参差辜负东园花。"烂漫，色泽绚丽。南朝梁沈约《奉华阳王外兵》诗："烂熳屡云舒，嶔崟山海出。"

（5）偏爱春杪（miǎo），偏偏就特别喜欢春末夏初的时节。春杪，即春末，春夏两季之交的时候，即暮春。杪，杪树枝的细梢。指年月或四季的末尾，岁杪。

（6）烟轻昼永，这时的烟雾变得很轻，很容易就消散；白天开始变长，夜晚开始变短。昼永，昼长夜短。

（7）引莺，引来黄莺。啭，鸟叫的声音。上林，即上林苑，始建于汉代，后又经汉武帝修葺扩建，成为皇帝春秋打猎的专用场所，这里用来指代宋都汴京的园林。

（8）灵沼，池沼的美称。南朝梁萧统《文选·班固〈西都赋〉》："神池灵沼，往往而在。"吕延济注："称神、灵，美之。"

（9）巷陌，大街小巷，这里专指京城的街道。乍晴，天气刚刚晴朗起来，此处意在强调天气晴朗，并不是说在此之前都是阴天。

（10）香尘，指女子走路带起的尘土。女子涂脂抹粉，香气扑面，以至于走路时带起的尘土也散发着芳香。

（11）秦楼，秦穆公为其女弄玉所建之楼，后用作妓院的美称。彩凤，人名。

（12）楚观，即楚馆，春秋时楚灵王所建的歌舞宫馆，也是妓院的一种称呼。朝云，人名，另一位妓女的名字。

（13）别来岁久，和彩凤、朝云两位妓女已经分别很多年了。宋祝穆撰《事文类聚》："杜大中起于行伍，妾能词，有'新凤随鸭'之句。杜怒曰：'鸭且打凤。'"杨衒之《洛阳伽蓝记》："河内王琛妓女三百人，皆国色。有婢朝云，善吹箎，能为团扇舞、《垄上》舞。"

（14）偶忆欢盟重到，偶然忆起和彩凤、朝云相恋时定下的誓约，便重新回到她们所在的青楼妓院。

（15）人面桃花，未知何处，物是人非，彩凤和朝云早已不在当初的青楼了。人面桃花，化用崔护"人面桃花相映红"的诗句，用以指代美人好景。后人多用此诗表达物是人非之感。

（16）但掩朱扉悄悄，只剩下红色的大门静悄悄地关闭，意在说明斯人已走，只有一个空空的房子等在那里。

（17）尽日伫立无言，整整一天，我都站在彩凤和朝云住过的地方，默默无言。尽日，整整一天，从早到晚。

（18）凄凉怀抱，凄楚和惆怅的心情。

【赏析】

《满朝欢》，词牌名。双调一百一字，前段十一句四仄韵，后段十句四仄韵。

北宋仁宗天圣七年（1029）春天，柳永 46 岁。为了再次参加科举考试，柳永从江南回到了阔别六载的京都。这时的京都比以前更为繁华，而词人却"触目伤怀，尽成感旧"（《笛家弄》），于是作了《满朝欢》。

这是一首相思词，为感春怀人之作，主要描写词人对两位红颜知己的思念之情。词人寓居他乡后，在某年春日重返京城，因为思念以往青楼的两位情人，便前往探望叙旧，谁知寻人不遇，两位红颜知己不知为何搬离了住处，已经杳无音信了。词人心中的惆怅和凄凉无以言表，只好写下这首词，以抒发感怀。

词的上阕描绘了京都的明媚春光，笔调活泼灵动。词由写景起笔。"花隔铜壶，露晞金掌"二句描绘了鲜花盛开、露水初干的晨景。"都门十二清晓"总束前两句，并交代了特定的地点、时间和人物感受。又是一个艳阳天，天刚破晓，北宋都城的十二个城门洞开，花枝上还带着昨夜的露水，金掌承露盘的露珠已经干涸，以暮春晨光抒发了诗人对美景的热爱以及愉快的心情。"帝里风光烂漫，偏爱春杪"，接下来二句是说，北宋都城东京风光烂漫，又恰暮春时节。二句进一步点明地点和节令。下面便分两层描写都城的风光："烟轻昼永，引莺啭上林，鱼游灵沼。"先写禁苑景色：皇家园林，莺啭鹂啼，宫中池沼，船行鱼跃，阳春烟景，美不胜收。再写巷陌小道："巷陌乍晴，香尘染惹，垂杨芳草。"雨后新晴，杨柳依依，芳草姜姜，红男绿女，络绎香飘。写东京春景，可以想见其繁华，令人神往。

下阕转而写对昔日两位红颜知己的相思，"思念"二字承上启下，词意由春景转为感春怀人。"秦楼彩风，楚观朝云，往昔曾迷歌笑"，写出了自己往日沉浸在妓家酒寮的浪荡生涯。一个"迷"字，用笔略无含蓄，与其说是在忆旧，不如说是怀念与歌妓们欢聚的美好时光。惟其如此，也才有下面的两句："别来岁久，偶忆欢盟重到。"别后已经多年，忽然想到与所恋女子海誓山盟的日子又到了，于是词人便去寻访，企图重圆旧梦。但遗憾的是："人面桃花，未知何处，但掩朱扉悄悄。"三句用典，就是借唐崔护清明访女子不见，题诗门扉的典故，表达了桃花依旧、未知人在何处的寂寞、感伤。"桃花"回应上片的春景，似实而虚，似虚而实，用典而不着痕迹。煞拍二句，感情又进一层："尽日伫立无言，赢得凄凉怀抱。"这就是说，当他再次寻访所恋女子时，却吃了闭门羹。他没有能见到自己的情人，弄得他失魂落魄地站了一整天，连一句话也不想说，心中充盈着一种难以名状的凄凉情绪，传达出诗人的孤独、无奈、绝望。

【原文】

女冠子·断云残雨

断云残雨[1]。洒微凉、生轩户[2]。动清籁、萧萧庭树[3]。银河浓淡[4]，华星明灭[5]，轻云时度。莎阶寂静无睹[6]。幽蛩切切秋吟苦[7]。疏篁一径[8]，流萤几点[9]，飞来又去。　对月临风，空恁无眠耿耿[10]，暗想旧日牵情处。绮罗丛里[11]，有人、那回饮散[12]，略曾谐鸳侣[13]。因循忍便睽阻[14]。想思不得长相聚。好天良夜[15]，无端惹起，千愁万绪。

【毛泽东圈评等情况】

毛泽东在读宋本《乐章集》卷上时，圈阅了这首《女冠子·断云残雨》。

[参考] 张贻玖：《毛泽东评点、圈阅的中国古典诗词》，中国工人出版社1992年版，第245页。

【注释】

（1）断云，片云。南朝梁简文帝《薄晚逐凉北楼迴望》诗："断云留去日，长山减半天。"残雨，将止的雨。南朝梁江淹《赤虹赋》："残雨萧索，光烟艳烂。"

（2）轩户，轩，窗。户，门。汉王充《论衡·幸偶》："均之土也，或基殿堂，或涂轩户。"

（3）清籁，清脆悦耳的响声。籁，从孔穴中发出的声音。萧萧，象声词，形容风、草木摇落的声音。

（4）银河，晴天夜晚，天空呈现的银白色的光带。银河由大量恒星构成，古亦称云汉，又名天河、天汉、星河、银汉。隋江总《内殿赋新诗》："织女今夕渡银河，当见新秋停玉梭。"

（5）华星，明星。南朝梁萧统《文选·曹丕〈芙蓉池作〉诗》："丹霞夹明月，华星出云间。"李善注："《法言》曰：'明星皓皓，华藻之力也。'"

（6）莎（suō）阶，长满莎草的台阶。莎，莎草。无睹，不见。

（7）蛩（qiǒng），蟋蟀。切切，形容声音凄切细急。

（8）疏篁，稀疏的竹丛。篁，竹名。唐柳宗元《小石潭记》："隔篁竹，闻水声，如鸣佩环。"

（9）流萤，飞行无定的萤火虫。萤，萤火虫，昆虫，黄褐色，尾部有发光器。南朝齐谢朓《玉阶怨》诗："夕殿下珠帘，流萤飞复息。"

（10）耿耿，心中不安的感觉。《诗经·邶风·柏舟》："耿耿不寐，如有隐忧。"

（11）绮罗丛，代指歌姬们。绮罗，指穿着绮罗的人，多为贵妇、美女之代称。北齐颜之推《颜氏家训·治家》："邺下风俗，专以妇持门户，争讼曲直，造请逢迎，车乘填街衢，绮罗盈府寺，代子求官，为夫诉屈。"

（12）人人，用以称亲昵者。宋欧阳修《蝶恋花》词："翠被双盘金缕凤。忆得前春，有个人人共。"

（13）略，偶尔，偶然。偕，等同。鸳侣，鸳鸯侣的省称。宋周邦彦《尉迟杯·离恨》词："有何人、念我无聊，梦魂凝鸳侣。"

（14）暌阻，分离，阻隔。

（15）好天良夜，好日子，好时光。

【赏析】

《女冠子》，词牌名，原为唐教坊曲。以温庭筠《女冠子·含娇含笑》为正体，双调四十一字，前段五句两仄韵、两平韵，后段四句两平韵。另有双调一百七字，前段十二句六仄韵，后段十一句六仄韵；双调一百十字，前段十一句六仄韵，后段十二句六仄韵等变体。

词的上阕写景，描写秋夜的美好景色。"断云残雨。洒微凉、生轩户。"开头三句描写秋夜，天上的云朵，洒下一些零零星星的小雨，给人带来一种轻微的凉意。开端就营造了一种清新凉爽的氛围。接下来二句写道："动清籁、萧萧庭树。"庭院之中，树木被风吹得萧萧作响，响起一种清朗的声音。写庭中景色，声态并作。词人接着写道："银河浓淡，华星明灭，轻云时度。"仰视天空，星河灿烂，华星明灭，时有微云飞过。俯视阶下："莎阶寂静无睹。幽蛩切切秋吟苦。"莎草生于阶边，蟋蟀在幽暗之处苦吟不断。再平视院中，只见："疏篁一径，流萤几点，飞来又去。"在小径两旁稀疏的竹丛中，几只萤火虫飞来飞去。

柳永妙笔将断云、残雨、雨声、树声、星星、月亮、蟋蟀、秋吟、疏篁、流萤组成了秋夜景色，并用这有动有静、有声有色的秋夜之景，让人产生一种淡淡的悲秋之情和凄苦之感。而此时，柳永又让词中的男主角"无端"地思念起因"暌阻"而"不得长相聚"的"人人"，那更是苦上加苦了。上阕写秋夜景色，先总写，后分写，层次井然，生动如绘。

词的下阕抒情，抒发思念情人而不得见引起的情思。"对月临风，空恁无眠耿耿，暗想旧日牵情处。"换头处三句承上启下，"对月临风"，承上阕秋夜而来，耿耿不寐，自然想起旧日相思。"旧日牵情"是什么呢？"绮罗丛里，有人人、那回饮散，略曾谐鸳侣。"四句是说，在那些穿红挂绿的人群中间，有个词人最可意的情人；那次饮宴之后，两人相亲相爱。但是好景不长，接着"因循忍便暌阻。想思不得长相聚"，两人便分开了。这次艳遇，在词人心目中留下了深刻的印象，以至于今天想起来还十分不快。词人以"好天良夜，无端惹起，千愁万绪"作结，足见这件事对词人影响之大。

望远行·长空降瑞

长空降瑞(1)，寒风翦(2)，渐渐瑶花初下(3)。乱飘僧舍(4)，密洒歌楼(5)，
迤逦渐迷鸳瓦(6)。好是渔人，披得一蓑归去，江上晚来堪画。满长安，
高却旗亭酒价(7)。幽雅(8)，乘兴最宜访戴(9)，泛小棹、越溪潇洒(10)。皓
鹤夺鲜，白鹇失素(11)，千里广铺寒野。须信幽兰歌断，彤云收尽(12)，别
有瑶台琼榭(13)。放一轮明月，交光清夜。

【毛泽东圈评等情况】

毛泽东在读宋本《乐章集》卷上时，圈阅了这首《望远行·长空降瑞》。

[参考]张贻玖：《毛泽东评点、圈阅的中国古典诗词》，
中国工人出版社1992年版，第245页。

【注释】

（1）降瑞，下雪。瑞，瑞雪。

（2）翦，同"剪"。

（3）渐渐，象声词，风雨声。唐李咸用《闻泉》诗："渐渐梦初惊，
幽窗枕簟清。"瑶花，喻指霜、雪。唐张九龄《立春日晨起对积雪》诗：
"忽对林亭雪，瑶华处处开。"

（4）僧舍，僧人的住所。唐冯贽《云仙杂记·暖香满室如春》："宝
云溪有僧舍，盛冬若客至，则燃薪火，暖香一炷，满室如春。"指寺院。

（5）歌楼，表演歌舞的楼房，亦指妓院。唐郑谷《雪中偶题》诗："乱
飘僧舍茶烟湿，密洒歌楼酒力微。江上晚来堪画处，渔人披得一蓑归。"

（6）迤逦，曲折连绵。南朝齐谢朓《治宅》诗："迢递南川阳，迤逦
西山足。"鸳瓦，即鸳鸯瓦。唐李商隐《当句有对》诗："密迩平阳接上
兰，秦楼鸳瓦汉宫盘。"

（7）旗亭，酒楼，悬旗为酒招，故称。唐刘禹锡《武陵观火》诗：
"花县与琴焦，旗亭无酒濡。"

（8）幽雅，幽静雅致。

（9）乘兴句，唐房玄龄等《晋书》卷八十《王徽之传》："（徽之）尝居山阴，雪夜初霁，月色清朗，四望皓然，独酌酒，咏左思《招隐诗》，忽忆戴逵。逵在剡溪，便夜乘小船诣之，经宿方至，造门不前而反。人问其故，徽之答曰：'本乘兴而来，兴尽而反，何必见安道耶！'"

（10）小棹（zhào），短桨，常用以指小船。宋周邦彦《长相思·舟中作》词："沙棠舟，小棹游。池水澄澄人影浮。"越溪，传说为越国美女西施浣纱之处，现具体地址不详。唐李白《送祝八之江东赋得浣纱石》诗："西施越溪女，明艳光云海。"此指剡溪，水名，曹娥江的上游，在浙江嵊州市南。

（11）皓鹤夺鲜，白鹇失素，语出南朝宋谢惠连《雪赋》："皓鹤夺鲜，白鹇失素。"皓鹤，白鹤。皓，白。夺，被夺去，丧失。白鹇，鸟名，又名银雉，似山鸡而白色。

（12）"幽兰"两句，幽兰，兰花。《楚辞·离骚》："户服艾以盈要兮，谓幽兰其不可佩。"彤云，红云，彩云。南朝梁萧统《文选·陆机〈汉高祖功臣颂〉》："彤云昼聚，素灵夜哭。"李善注："彤，丹色也。"也指下雪前密布的浓云。唐宋之问《奉和春日玩雪应制》诗："北阙彤云掩曙霞，东风吹雪舞山家。"

（13）瑶台琼榭，玉砌的楼台宫室，泛指华丽的宫廷建筑物。晋葛洪《抱朴子·崇教》："其谈宫殿，则远拟瑶台琼室，近效阿房、灵光。"

【赏析】

《望远行》，唐教坊曲，后用为词牌。以李璟词《望远行·碧砌花光照眼明》为正体，双调五十五字，前段四句四平韵，后段五句四平韵。另有双调五十三字，前段四句四平韵，后段五句四平韵等变。代表词作有柳永的《望远行·绣帏睡起》等。

这是一首咏物词，写冬季雪天景色，有的题作《冬雪》。作者写雪景又从白天和黑夜不同时间着笔，每两节转换一个场面，形成四段。词的上阕写傍晚雪景。"长空降瑞，寒风剪，淅淅瑶花初下。"开头三句白描，是说傍晚时分，万里长空开始降雪，寒风一吹，雪花渐渐作响飘飘落下。接下来词人写道："乱飘僧舍，密洒歌楼，迤逦渐迷鸳瓦。好是渔人，披得一蓑归去，江上晚来堪画。"雪花飘落在佛寺僧舍，密密地洒上歌楼舞榭，曲折连绵的，渐渐把成双作对的鸳鸯瓦遮盖起来。这是写陆地景象。再看水上雪景：一个渔人，披着一件蓑衣，正驾着小船归去，简直像一幅淡雅的山水画。前几句描写降雪情景，后几句从旁烘托，写雪景应该说是不错的。但他又明显受了唐代诗人郑谷的启发。唐郑谷《雪中偶题》诗云："乱飘僧舍茶烟湿，密洒歌楼酒力微。江上晚来堪画处，渔人披得一蓑归。"因为下雪天冷，人们饮酒御寒，所以"满长安，高却旗亭酒价"。长安为汉、唐故都，唐时酒楼称为旗亭。这是说，由于天冷，喝酒的人多，整个都城（实指北宋都城东京）的酒价都往上涨了。此二句也是烘托降雪的。

　　词的上阕从雪始降写起，描述了雪从僧舍飘洒到歌楼、鸳瓦，然后由实入虚，开始描写想象中的雪中景事；下阕开始写冬夜雪景。随着时间的推移，雪越下越大，到了夜间，词人忽然幽情雅趣大发。他想效仿东晋名士王徽之雪夜访戴的故事，作雪夜游。"幽雅。乘兴最宜访戴，泛小棹、越溪潇洒。"这是指雪景逗起人们的游兴。接着又写道："皓鹤夺鲜，白鹇失素，千里广铺寒野。"雪夜景色与白天又自不同。你看：千里大地，被大雪覆盖漫天皆白，使白鹤和白鹇之洁白相形之下都黯然失色。所写雪夜景色应该说也是不错的，但这句也有来历，南朝齐谢惠连《雪赋》有云："庭鹤夺鲜，白鹇失素。"简直是以前人的成句入词了。接下来又写道："须信幽兰歌断，彤云收尽，别有瑶台琼树。"幽兰、彤云，在冬季皆失其时，故云"歌断""收尽"。几句是说，春兰、夏云、皆非其时，冬天雪夜亭台楼榭皆为雪染，一片洁白。欣赏了这美丽的雪景，词人意犹未尽，他忽发奇想："放一轮明月，交光清夜。"如果是雪后初霁，明月当空，照耀在白雪上，月光与雪光交相辉映，更显得美不胜收了。

　　这首词写雪景白描如画，应该说是一篇写雪景的佳作。但因其用典过多，招致后人不少批评。清许昂霄《词综偶评》云："此词掩袭太多，'皓首'二句语出惠连《雪赋》。"清黄氏《蓼园词评》也说："郑谷诗：'江上晚来堪画处，渔人披得一蓑归。'又'长安酒价高'。越溪，剡溪也，戴安道所居。写雪，通首清雅不俗。第以用前人意思多，总觉少独得之妙句耳。"黄氏既肯定"通首清雅不俗"，又指出其"少独得之妙句"，应该说，这个评价是比较公允的。

【原文】

西平乐·尽日凭高寓目

尽日凭高寓目⁽¹⁾，脉脉春情绪⁽²⁾。嘉景清明渐近⁽³⁾，时节轻寒乍暖⁽⁴⁾，天气才晴又雨。烟光淡荡⁽⁵⁾，妆点平芜远树⁽⁶⁾。黯凝伫⁽⁷⁾。台榭好⁽⁸⁾、莺燕语⁽⁹⁾。　　正是和风丽日⁽¹⁰⁾，几许繁红嫩绿⁽¹¹⁾，雅称嬉游去⁽¹²⁾。奈阻隔、寻芳伴侣⁽¹³⁾。秦楼凤吹⁽¹⁴⁾，楚馆云约⁽¹⁵⁾，空怅望、在何处⁽¹⁶⁾。寂寞韶华暗度⁽¹⁷⁾。可堪向晚⁽¹⁸⁾，村落声声杜宇⁽¹⁹⁾。

【毛泽东圈评等情况】

毛泽东在读宋本《乐章集》卷上时，圈阅了这首《西平乐·尽日凭高寓目》。

[参考]张贻玖：《毛泽东评点、圈阅的中国古典诗词》，
中国工人出版社 1992 年版，第 245 页。

【注释】

（1）凭高，登临高处。唐李白《天台晓望》诗："凭高远登览，直下见溟渤。"寓目，过目、观看。《左传·僖公二十八年》："子玉使斗勃请战，曰：'请与君之士戏，君冯轼而观之，得臣与寓目焉。'"

（2）脉脉春情绪，此句既写春天温和之景，亦写心情。春情"脉脉"二字又可作脉脉相视解，则春色与我心相融为一，彼此相许。《汉书·东方朔传》："跂跂脉脉善缘壁，是非守宫即蜥蜴。"颜师古注："脉脉，视貌也。"春情，春日的情景，春日的意兴。南朝梁萧子范《春望古意》诗："春情寄柳色，鸟语出梅中。"

（3）嘉景，美景。唐于季子《咏云》诗："愿得承嘉景，无令掩桂轮。"

（4）轻寒乍暖，天气刚转暖，但仍有微寒之意。

（5）烟光，云霭雾气。唐元稹《饮致用神曲酒三十韵》："雪映烟光薄，霜涵霁色冷。"淡荡，水迂回缓流貌，引申为和舒。唐陈子昂《与东方左史虬修竹篇》诗："春风正淡荡，白露已清泠。"

（6）装点，装饰点缀。平芜（wú），草木丛生的平旷原野。南朝梁江淹《去故乡赋》："穷阴匝海，平芜带天。"

（7）黯，本意指深黑色，引申指阴暗阴沉，又指人的心神沮丧。凝伫，凝望伫立、停滞不动。宋张元干《念奴娇》词："万点胭脂遮翠袖，谁识黄昏凝伫。"

（8）台榭，台和榭，亦泛指楼台等建筑物。《尚书·周书·泰誓上》："惟宫室台榭，陂池侈服，以残害于尔万姓。"孔颖达疏引李巡曰："台，积土为之，所以观望也。台上有屋谓之榭。"

（9）莺燕，黄莺与燕子，泛指春鸟。唐乔知之《定情篇》："凫雁将子游，莺燕从双栖。"

（10）和风丽日，指天气温暖而晴朗。

（11）几许，多少，若干。《古诗十九首·迢迢牵牛星》："河汉清且浅，相去复几许？"

（12）雅称，素称。南朝宋范晔等《后汉书·韦彪传》："好学洽闻，雅称儒宗。"嬉游，游乐，游玩。《史记·司马相如列传》："若此辈者，数千百处。嬉游往来，宫宿馆舍，庖厨不徙，后宫不移，百官备具。"

（13）奈"阻隔"句，本欲寻伴同游，无奈被山川阻隔，意为与情人天各一方。寻芳，游赏美景。唐姚合《游阳河岸》诗："寻芳愁路尽，逢景畏人多。"伴侣，同伴，伙伴。

（14）秦楼，秦穆公为其女弄玉所建之楼，亦名凤楼。相传秦穆公女弄玉，好乐。萧史善吹箫作凤鸣。秦穆公以弄玉妻之，为之作凤楼。二人吹箫，凤凰来集，后乘凤飞升而去。事见汉刘向《列仙传》。

（15）楚馆，楚灵王筑章华宫，挑选全国最漂亮的女子住在那里，供他玩乐。后人称章华宫为楚馆，亦泛指旅舍。宋欧阳修《送京西提刑赵学士》诗："楚馆尚看淮月色，嵩云应过虎关迎。"云约，朝云相约。彩凤、朝云，皆当时妓女喜用名。

（16）怅望，惆怅地看望或想望。南朝齐谢朓《新亭渚别范零陵》诗："停骖我怅望，辍棹子夷犹。"

（17）韶华，美好的时光，常指春光。唐戴叔伦《暮春感怀》诗："东皇去后韶华尽，老圃寒香别有秋。"美好的年华，指青年时期，多指女子。唐李贺《啁少年》诗："莫道韶华镇长在，发白面皱专相待。"

（18）可堪，哪堪，不堪。向晚，傍晚。

（19）杜宇，指杜鹃鸟，传说为望帝魂魄所化。杜宇为传说中的古蜀国开国国王，号曰望帝。传说死后化作鹃鸟。每年春耕时节，子鹃鸟鸣，蜀人闻之曰"我望帝魂也"，因呼鹃鸟为杜鹃。一说因通于其相之妻，惭而亡去，其魂化作鹃鸟，后因称杜鹃为"杜宇"。宋王安石《杂咏绝句》之十五："月明闻杜宇，南北总关心。"

【赏析】

《西平乐》，词牌名，又称"西平乐慢"。此调有平韵、仄韵两体。平韵者以周邦彦《西平乐·稚柳苏晴》为正体，双调一百三十七字，前段十二句四平韵，后段十五句三平韵。另有双调一百三十五字，前段十三句四平韵，后段十五句三平韵等三种变体。

该词具体创作年份未知。柳永早年是汴京有名的风流才子，出入歌楼酒肆，冶游烟花巷陌，终日浅斟低唱，啸傲王侯。后来仕途屡遭挫折，游宦他乡，生活坎坷，曾写下许多咏叹羁旅行役、忆昔感旧的词章，《西平乐》便是其中之一。

此词抒发在风和日丽的春天想望女友而不得见的怅惘情绪。词的上阕写景，主要写春日美景。"尽日凭高寓目，脉脉春情绪"，起首两句总摄上片。"尽日"，从早到晚，带有夸张意味，极言时间之长。"目"，在这里名词活用、当作动词，为观望之意，是说自己是怀着一种春日的柔情观望的。"嘉景清明渐近，时节轻寒乍暖，天气才晴又雨。"以下接着的三句写节序与气候，这六言三句，貌似平淡，实是很圆熟的。三句一气呵成，其句中节奏皆为"二二二"，显得悠然、平稳，和春景相称。意思是说清明佳节将临，气候乍暖还寒、晴雨不定。"雨"字是为了协韵，不一定指此刻正在下雨。"烟光淡荡，妆点平芜远树"。接下来两句写春光，这是远望所见。春日的云雾光气，淡淡地飘浮于平原的草地和远方的树林上，宛如蒙上一层轻纱，隐隐约约、朦朦胧胧，将景色妆扮得十分美丽。诗人被春景的美好所触动，因心中有隐痛，不禁黯然神伤；但是他又被吸引住，不忍离去，故末韵为"黯凝伫。台榭好，莺燕语。"他还是久久凝神伫立着观看。近处，台阁亭榭是那样精美，莺歌燕语又是多么悦耳。这段三言三句，节奏急促，隐含着内心情绪的激动。

下阕抒情，写词人触景伤情、寂寞无侣的悲哀。过片三句承上启下。"正是风和日丽"，是对上片的总承，"几许繁红嫩绿"，是进一步对春景的设色。因春天红花茂盛、绿叶还浅，"繁红嫩绿"用得好。后来李清照的"红肥绿瘦"之句，可能从此汲取营养。"雅称嬉游去"，启下文，意谓很合适去春游。接着，笔锋一转，"奈阻隔、寻芳伴侣"，诗人感叹奈何寻芳伴侣已被阻隔、和自己相离，言外之意，独自也无兴致去赏春了，这和上片"黯凝伫"的"黯"字，遥相呼应。以下进一层为自己的惆怅，"秦楼凤吹，楚馆云约。空怅望、在何处。"前两句是对句，意义相同。秦楼楚馆皆是妓楼，为妓女所居。诗人的意中人，可能是曾住在这里的一位女子。风吹散、云隐约，是借喻佳人已被阻隔、分离而难以见到。以"空怅望"中可知可能还在同一城市，但已不知"在何处"了。"寂寞韶华暗度"，点明了伤春伤别。煞拍"可堪向晚，村落声声杜宇声"，以杜鹃鸟的悲啼，渲染悲伤的气氛。在这寂寞的春日黄昏，杜鹃鸟的啼叫声从村外传来，使诗人原已寂寞哀伤的心灵，更不堪承受。以景结情，余味无穷。

汪 藻

汪藻（1079—1154），字彦章，号浮溪，又号龙溪，饶州德兴（今属江西）人，北宋末、南宋初文学家。汪谷之子。宋徽宗崇宁二年（1103）进士，任婺州（今浙江金华）观察推官、宣州（今属安徽）教授、著作佐郎、宣州通判等职。南宋高宗绍兴元年（1131），除龙图阁直学士，知湖（今属浙江），后知抚（今属江西）、徽（今安徽歙县）、泉（今属福建）、宣等州。绍兴十三年（1143）罢职居永州（今属湖南），官至显谟阁大学士、左大中大夫，封新安郡侯，卒赠端明殿学士。汪藻为官清廉，"通显三十年，无屋庐以居"。《全宋词》录其词四首。

【原文】

点绛唇·永夜厌厌

永夜厌厌[1]，画檐低月山衔斗[2]。起来搔首[3]，梅影横窗瘦[4]。　　好个霜天，闲却传杯手[5]。君知否，晓鸦啼后[6]，归梦浓如酒[7]。

【毛泽东圈评等情况】

毛泽东曾两次手书这首《点绛唇·永夜厌厌》。

[参考] 中央档案馆整理：《毛泽东手书选集·古诗词卷（下）》，北京出版社1996年版，第113—116页。

【注释】

（1）永夜，长夜。《列子·杨朱》："肆情于倾宫，纵欲于永夜。"厌厌，懒倦，无聊。

（2）画檐，有画饰的屋檐。唐郑嵎《津阳门》诗："象床尘凝罨飒被，画檐虫网颇梨碑。"斗，星名，二十八宿之一，亦泛指星，特指北斗星。

（3）搔首，以手搔头，焦急或有所思貌。《诗经·邶风·静女》："爱而不见，搔首踟蹰。"

（4）梅影，梅花之疏影。南宋范成大《次韵同年杨廷秀使君寄题石湖》："书到石湖春亦到，平堤梅影谷纹生。"

（5）闲却，空闲。传杯，谓宴饮中传递酒杯劝酒。唐杜甫《九日》诗之二："旧日重阳日，传杯不放杯。"仇兆鳌注引明王嗣奭《杜臆》："'传杯不放杯'，见古人只用一杯，诸客传饮。"手，做某种事情或擅长某种技能。

（6）晓鸦，报晓的乌鸦。宋戴复古的《淮村兵后》："小桃无主自开花，烟草茫茫带晓鸦。几处败垣围故井，乡来一一是人家。"

（7）归梦，归乡之梦。南朝齐谢朓《和沉右率诸君饯谢文学》："望望荆台下，归梦相思夕。"

【赏析】

《点绛唇》，词牌名，此调因梁江淹《咏美人春游》诗中有"白雪凝琼貌，明珠点绛唇"句而取名。四十一字。上阕四句，从第二句起用三仄韵；下阕五句，亦从第二句起用四仄韵。《词律》认为，上阕第二句第一字宜用去声，"作平则不起调"。但亦有作平起调者。又有《点樱桃》《十八香》《南浦月》《沙头雨》《寻瑶草》《万年春》异名。始见于南唐冯延巳《阳春集》。

这首词写一个羁旅在外的男子由于不能与妻子常相欢聚而引起的乡思。词的上阕，从抒情落笔，"永夜厌厌"，首句就营造了一种深夜不眠、萎靡不振、情思绵绵的气氛。"画檐低月山衔斗"句是说，天色已经到了月亮渐渐落下、位置低于雕画的屋檐、屋山衔着天上的星斗的时候，是对上句"永夜"的补充和具体刻画。夜这么深了，他还不能入睡，于是索性"起来搔首"，只看见"梅影横窗瘦"。他心神不定地在房子里踱来踱去，不时地抓抓头发，不由得往窗外看了一眼，只见院子里瘦削的梅花的影子投射到窗户上。三四两句，由写景到写人，增添了一种凄清的情调。

如果上阕是描写兼叙事，写主人公深夜难眠的话，那么下阕则是抒情兼叙事，抒发词人浓厚的乡思之情。"好个霜天"，点明时在秋夜，更增一种悲凉之感。"闲却传杯手"，是说自己客居闲愁又无酒可饮，欲借酒浇愁亦不可得。那怎么办呢？他不由得设问自答："君知否，晓鸦啼后，归梦浓如酒。"结末三句是说，黎明的乌鸦啼叫之后，也许才能昏昏入睡；而睡梦之中，归乡之梦要比酒还要浓烈！上文写"闲却传杯手"，暗示无酒可饮，今又以浓酒比喻归梦之深，不仅前后挽和，而且"卒章显其志"，揭出思乡题旨。作者所思所盼昭然若揭。

宋吴曾："汪彦章在翰苑，屡致言者。尝作《点绛唇》云：'永夜厌厌，画檐低月山衔斗。起来搔首，梅影横窗瘦。好个霜天，闲却传杯手。君知否，晓鸦啼后，归梦浓如酒。'或问曰：'归梦浓如酒，何以在晓鸦啼后？'公曰：'无奈这一队畜生聒噪何！'"（《能改斋漫录》卷十六《乐府》）

叶青臣

叶清臣（1000—1049），字道卿，长洲（今苏州）人，一作乌程（今浙江吴兴）人，北宋名臣、词人。宋仁宗天圣二年（1024）榜眼。历任光禄寺丞、集贤校理，迁太常丞，进直史馆。论范仲淹、余靖以言事被黜事，为仁宗采纳，仲淹等得迁徙，同修起居注，权三司使。知永兴军时，修复三白渠，溉田六千顷，实绩显著，后人称颂。宋仁宗皇佑元年卒，年五十（一作四十七）。《宋史》《东都事略》有传。著作今存《述煮茶小品》等。全宋词》录其词一首。

【原文】

贺圣朝·满斟绿醑留君住

满斟绿醑留君住[(1)]。莫匆匆归去。三分春色二分愁，更一分风雨。花开花谢、都来几许[(2)]。且高歌休诉。不知来岁牡丹时，再相逢何处。

【毛泽东圈评等情况】

毛泽东曾圈阅这首《贺圣朝·满斟绿醑留君住》。

[参考] 张贻玖：《毛泽东评点、圈阅的中国古典诗词》，中国工人出版社 1992 年版，第 244 页。

【注释】

（1）绿醑（xǔ），绿色美酒。唐太宗《春日玄武门宴群臣》诗："清尊浮绿醑，雅曲韵朱弦。"

（2）花开花谢，花开了，又凋谢了，形容四季的交替、时间的流逝。都来几许，都算在一起才有多少时间呀。

【赏析】

这首词大约是作者在北宋首都汴京留别友人之作。以"留别"为题，自然是抒写伤离惜别的意绪，但也流露出人生萍寄之感，感情真挚动人，襟怀也达观爽朗。

全词以别易会难为主旨，上阕写留饮，下阕写惜别。"满斟绿醑留君住。莫匆匆归去"，开篇写作者满斟绿色的美酒，劝友人暂留，且不要匆匆归去。这里大有"劝君更尽一杯酒，西出阳关无故人"之类的依恋或感情。"三分春色二分愁，更一分风雨"，继而词中又写作者纵酒高歌，劝友人尽饮，切切絮絮倾诉离情。这里用春色、离愁、风雨，构成了一幅离别图：阳春佳月，风雨凄凄，离愁万绪，为下片抒情作了有力的铺垫。虽然还是以词家习惯运用的情景交融的手法来描写离愁，但设想奇特，不落俗套，给人以新颖巧妙的感觉。词人设想"春色"总体为"三分"，而其中的"二分"是"愁"，"一分"是"风雨"。这样，此时此刻的"春色"就成了"愁"与"风雨"的集合体。而此处的"风雨"只是表象，实质上是明写风雨暗写愁。所谓三分春色实际上都是愁。词人用全部的春色来写与挚友分手时的离愁别绪，其友情之深、离别之难，不言而喻。作者用笔貌轻实重，饱含了作者的全部感情，确实是情景交融、情深意长。苏轼著名的《水龙吟·次韵章质夫杨花词》有句云："春色三分，二分尘土，一分流水。"大约即是从此处脱胎。

上阕，由举杯挽留写到离别情怀，由外部行动而至内心感情，多为顺笔。下阕则转折颇多。过片"花开花谢，都来几许"两句，紧承上阕的离愁别绪，并进一步预写别后的相思。"花开"句，用唐韩偓《谪仙怨》"花开花谢相思"句意，但作者只写"花开花谢"而不说"相思"，实际上"相思"已包容在上阕的离愁别绪之中。"都来几许"，是说这种相思总的算来会有多少，由挚友不得长聚而引起的时序更迭、流年暗换的慨叹与迷惘，亦暗寓其中。这两句深化了上阕的离愁。但作者马上又冲破了感伤缠绵的氛围，用"且高歌休诉"句一变而为高亢旷达。这是对友人的劝慰，也是作者的自我排遣，表现出作者开朗豁达的胸怀。"不知来岁牡丹时，再相逢何处。"结末二句是说，可是一想到别易会难，明年此际不知能否重逢，心里不免又泛起怅惘之情，使全词再见波折。这首词先写离愁，继而排解宽慰，终写怅惘之情，曲折细致，语短情长。

此词语言刚健，笔调雄浑，在怅惘的别情背后，透露出一股豪迈开朗的气息。

欧阳修

欧阳修（1007—1072），字永叔，号醉翁、六一居士，吉州永丰（今江西吉安永丰）人，北宋政治家、文学家。因吉州原属庐陵郡，以"庐陵欧阳修"自居。官至翰林学士、枢密副使、参知政事，谥号文忠，世称欧阳文忠公。后人又将其与韩愈、柳宗元、苏轼合称"千古文章四大家"。与韩愈、柳宗元、苏轼、苏洵、苏辙、王安石、曾巩被世人称为"唐宋散文八大家"。欧阳修领导了北宋的诗文革新运动，继承并发展了韩愈的古文理论。其散文创作的高度成就与其正确的古文理论相辅相成，从而开创了一代文风。欧阳修在变革文风的同时，也对诗风词风进行了革新。其作词是以余力而为，固守传统的创作观念，但作为开创风气的一代文宗，对词作也有所革新，主要体现在两个方面：一是扩大了词的抒情功能，沿着李煜词所开辟的方向，进一步用词抒发自我的人生感受；二是改变了词的审美趣味，朝着通俗化的方向开拓，而与柳永词相互呼应。

【原文】

朝中措·送刘原甫出守维扬

平山栏槛倚晴空[(1)]，山色有无中[(2)]。手种堂前垂柳[(3)]，别来几度春风[(4)]。文章太守[(5)]，挥毫万字[(6)]，一饮千钟[(7)]。行乐直须年少[(8)]，尊前看取衰翁[(9)]。

【毛泽东圈评等情况】

毛泽东曾圈阅这首《朝中措·送刘原甫出守维扬》。

[参考]张贻玖：《毛泽东评点、圈阅的中国古典诗词》，中国工人出版社1992年版，第244页。

（1）平山，平山堂，在扬州西北蜀岗上，为欧阳修任扬州太守时所建。临堂远眺，江南诸山皆拱揖堂前，山与堂平，故名平山堂。栏槛（kǎn），栏杆。

（2）山色有无中，语出唐王维《汉江临眺》："江流天地外，山色有无中。"

（3）手种堂前垂柳，平山堂前，欧阳修曾亲手种下杨柳树。

（4）别来，分别以来。作者曾离开扬州八年，此次是重游。几度，虚指，几次、好几次之意。春风，春天的风。战国楚宋玉《登徒子好色赋》："寤春风兮发鲜荣，洁斋俟兮惠音声。"

（5）文章太守，作者当年知扬州府时，以文章名冠天下，故自称"文章太守"。太守是秦朝至汉朝时期对郡守的尊称。至隋初遂存州废郡，以州刺史代郡守之任。此后太守不再是正式官名，仅用作刺史或知府的别称。

（6）挥毫万字，作者当年曾在平山堂挥笔赋诗作文多达万字。挥毫，写毛笔字或作画。唐杜甫《饮中八仙歌》："张旭三杯草圣传，脱帽露顶王公前，挥毫落纸如云烟。"

（7）千钟，饮酒千杯。钟，杯，中国古代的一种计量容器。

（8）行乐（lè），消遣娱乐，游戏取乐。汉杨恽《报孙会宗书》："人生行乐耳，须富贵何时？"直须，应当。

（9）尊前，在酒樽之前，指酒筵上。唐马戴《赠友人边游回》诗："尊前语尽北风起，秋色萧条胡雁来。"尊，酒杯。衰翁，词人自称。此时作者已年逾五十。

【赏析】

《朝中措》，词牌名，又名《照江梅》《芙蓉曲》《梅月圆》等。以欧阳修词《朝中措·送刘原甫出守维扬》为正体，双调四十八字，前段四句三平韵，后段五句两平韵。另有双调四十八字，前后段各四句三平韵；双调四十九字，前段四句三平韵，后段五句两平韵等变体。代表作有朱敦儒《朝中措·先生筇杖是生涯》等。

这是作者在平山堂送别好友刘敞出守维扬而作。刘敞（1019—1068），字原父，一作原甫，临江新喻荻斜（今属江西樟树）人，北宋史学家、经学家、散文家。庆历六年与弟刘攽同科进士，以大理评事通判蔡州，后官至集贤院学士。与梅尧臣、欧阳修交往较多，"欧阳修每于书有疑，折简来问，对其使挥笔，笔之不停手，修服其博。"（《宋史·刘敞传》）刘敞比欧阳修小十二岁。宋仁宗嘉祐元年（1056）出守扬州时仅三十八岁，正当壮年；而欧阳修此时年已半百，因而自称"衰翁"。

这首词一发端即带来一股突兀的气势，笼罩全篇。"平山栏槛倚晴空"，顿然使人感到平山堂凌空矗立，其高无比。这一句写得气势磅礴，便为以下的抒情定下了疏宕豪迈的基调。接下去一句"山色有无中"是写凭栏远眺的情景。宋王象之《舆地纪胜》记载，登上平山堂，"负堂而望，江南诸山，拱列檐下"，则山之体貌，应该是清晰的，但词人却偏偏说是"山色有无中"。这是因为受到王维原来诗句的限制，但从扬州而望江南，青山隐隐，自亦可作"山色有无中"之咏。"手种堂前垂柳，别来几度春风"，以下二句，描写更为具体。此刻当送刘原甫出守扬州之际，词人情不自禁地想起平山堂，想起堂前的杨柳。深情又豪放。其中"手种"二字，看似寻常，却是感情深化的基础。词人平山堂前种下杨柳，不到一年，便离开扬州，移任颍州。这几年中，杨柳之枝枝叶叶都牵动着词人的感情。杨柳本是无情物，但在中国传统诗词里，它却与人们的思绪紧密相连。何况这垂柳又是词人手种的。可贵的是，词人虽然通过垂柳写深婉之情，但婉而不柔，深而能畅。特别是"几度春风"四字，更能给人以欣欣向荣、格调轩昂的感觉。

过片三句"文章太守，挥毫万字，一饮千钟"，写所送之人刘原甫，与词题相应。此词云"文章太守，挥毫万字"，不仅表达了词人"心服其博"的感情，而且把刘敞的倚马之才，作了精确的概括。缀以"一饮千钟"一句，则添上一股豪气，栩栩如生地刻画了一个气度豪迈、才华横溢的文章太守的形象。"行乐直须年少，尊前看取衰翁。"词的结尾二句，先是劝人，又回过笔来写自己。饯别筵前，面对知己，一段人生感慨，不禁冲口而出。无可否认，这两句是抒发了人生易老、必须及时行乐的消极思想。但是由于豪迈之气通篇流贯，词写到这里，并不令人感到低沉，反有一股苍凉郁勃的情绪奔泻而出，涤荡着人的心灵。

【原文】

南歌子·凤髻金泥带

凤髻金泥带[(1)]，龙纹玉掌梳[(2)]。去来窗下笑相扶。爱道"画眉深浅、入时无[(3)]？"　　弄笔偎人久[(4)]，描花试手初[(5)]。等闲妨了绣功夫[(6)]。笑问双鸳鸯字、怎生书[(7)]？

【毛泽东圈评等情况】

毛泽东曾圈阅这首《南歌子·凤髻金泥带》。

[参考] 张贻玖：《毛泽东评点、圈阅的中国古典诗词》，
中国工人出版社 1992 年版，第 244 页。

【注释】

（1）凤髻，状如凤凰的发型。金泥带，金色的彩带。

（2）龙纹玉掌梳，图案作龙形、如掌大小的玉梳。

（3）入时无，赶得上时兴式样吗？时髦吗？

（4）弄笔，执笔写字、为文、作画。汉王充《论衡·佚文》："天文人文，文岂徒调墨弄笔为美丽之观哉！"

（5）描花，依照花样描摹。

（6）等闲，寻常，平常。唐贾岛《古意》诗："志士终夜心，良马白日足。俱为不等闲，谁是知音目。"

（7）怎生，如何，怎样。唐吕岩《绝句》："不问黄芽肘后方，妙道通微怎生说？""笑问"句，一作"笑问'鸳鸯两字怎生书？'"

【赏析】

《南歌子》，词牌名，又名《南柯子》《怕春归》《春宵曲》《碧窗梦》

《风蝶令》等。以温庭筠《南歌子·手里金鹦鹉》为正体，单调二十三字，五句三平韵。另有单调二十六字，五句三平韵；双调五十二字，前后段各四句三平韵；双调五十四字，前后段各四句三平韵等变体。代表作有李清照《南歌子·天上星河转》等。

此词通过描写新娘子的举止神态，表现了一对青年夫妇的新婚生活。上片写新娘上妆，为了博得夫婿的欢心，她细心打扮自己，还故意问眉毛画得是否合时；下片写新娘刺绣的情形，细腻地刻画了她对夫婿的依恋之情和撒娇之态。全词采用民间小词习见的口语和白描手法，塑造出女主人公活泼轻灵的形象，反映了夫妻情意之深厚。

上阕写新娘子精心梳妆的情形。"凤髻金泥带，龙纹玉掌梳"，起首二句写新娘子的发饰之美：高高的凤髻，再插上一把玉掌形的梳子，然后用金屑染就的带子挽梳起来，梳子上雕刻着龙形图案。这种打扮当时是十分漂亮入时了，但新嫁娘唯恐不美，便笑盈盈地走到窗前，与夫婿亲密地依偎在一起，甜蜜地问道："画眉深浅、入时无？"第三句通过对女子连续性动作、神态和语言的简洁描述，表现了新娘子娇羞、爱美的情态、心理及她与郎君的两情依依、亲密无间。

下阕写这位新嫁娘在写字绣花，虽系写实，然却富于情味。"弄笔偎人久，描花试手初。"过片首句中的"久"字用得极工，非常准确地表现了她与丈夫形影不离的亲密关系。接下来一句中的"初"字与前句中的"久"字相对，表明新娘在郎君怀里撒娇时间之长。"等闲妨了绣功夫。笑问双鸳鸯字、怎生书？"结尾三句，写新娘耽于闺房之戏，与夫君亲热笑闹、相互依偎太久，以至于耽误了针线活，只好停下绣针，拿起彩笔，问丈夫"鸳鸯"二字怎样写。此三句活灵活现地表现出新娘子的娇憨及夫妻情笃的情景。笑问"鸳鸯"两字，流露出新娘与郎君永远相爱、情同鸳鸯的美好愿望。

这首词在内容上重点描写新娘子在新郎面前的娇憨状态，在表现技巧上采用民间小词习见的白描和口语，活泼轻灵地塑造人物形象，读来令人耳目一新。明代沈际飞《草堂诗余别集》卷二评此词云："前段态，后段情，各尽，不得以荡目之。"

归自谣·何处笛

何处笛，终夜梦回情脉脉[1]，竹风檐雨寒窗滴。　　离人数岁无消息[2]。今头白，不眠特地重相忆[3]。

【毛泽东圈评等情况】

毛泽东曾圈阅这首《归自谣·何处笛》。

[参考] 张贻玖：《毛泽东评点、圈阅的中国古典诗词》，中国工人出版社 1992 年版，第 244 页。

【注释】

（1）终夜，通宵，彻夜。《论语·卫灵公》："吾尝终日不食，终夜不寝，以思，无益，不如学也。"梦回，从梦中醒来。旧题唐柳宗元《龙城录·任中宣梦水神持镜》："梦一道士赤衣乘龙，诣中宣，言：此镜乃水府至宝，出世有期，今当归我矣。中宣因问姓氏，但笑而不答，持镜而去。梦回，亟视箧中，已失所在。"脉脉，形容藏在内心的思想感情，有默默用眼睛表达情意的意思。唐杜牧《题桃花夫人庙》诗："细腰宫里露桃新，脉脉无言几度春。"

（2）离人，处于离别中的人。唐张若虚《春江花月夜》："可怜楼上月徘徊，应照离人妆镜台。"

（3）特地，特意，特为。晚唐五代至南宋初期禅宗的一部重要语录汇编《古尊宿语录》："诸圣由兹而出现，达磨特地而西来。"

【赏析】

《归自谣》，古词牌名，又名《风光子》《思佳客》。据马令《南唐书》卷二十一所引改为《归国谣》。双调三十四字，上下片各三句三仄韵。代表作品为冯延巳《归自谣·寒山碧》，其《归自谣·何处笛》《归自谣·春艳艳》亦广为传唱，堪称经典。

这首词写一个女子梦醒之后，对外出数年不归且无消息的丈夫的深切思念。一作冯延巳作。

词的上阕，写女主人公彻夜难眠，因思夫之切而变得如醉如痴，以致产生幻觉。这便定下了凄楚、哀伤的基调。"何处笛"，首句是说，何处来的笛声啊？这就创造了一种悠远的境界。次句"终夜梦回情脉脉"，是说一整夜都在含情脉脉地想着心上的人儿。"竹风檐雨寒窗滴"句是说，她只听得院子里竹丛中的风和窗帘外面的秋雨的滴答声，点明时间是秋天晚上，而秋天是"秋风秋雨愁煞人"的。

词的下阕写女子对丈夫的思念。女主人公为什么彻夜难眠呢？"离人数岁无消息"，写明了原因。原来这位多情女子的丈夫离家远走他乡已经多年，一别数年竟杳无音讯。数年之间，这女子饱受相思之苦的煎熬，竟然"今头白，不眠特地重相忆"，是说现在这女子的头发都已经花白了，还没等到丈夫的回归或音讯，所以睡不着觉，特地思念他。此句与上阕"终夜梦回情脉脉"遥相呼应。两句对照着看，睡觉似乎已不是主要的生理反应，而是因相思过久的疲倦才睡觉的，入睡后也仍然是梦绕魂牵。

作者写闺怨，并没有用"妆泪""盼归"一类词语，这就显得有些与众不同。对女主人公的外貌"今头白"，只用简笔勾勒，景物描写也着笔不多，但都足见词的主旨——相思苦。另外，作者通过叙事刻画女主人公的精神痛苦，构成了一个完整而又形象的篇章，塑造出一个绝望中仍抱有希望、同时又饱受煎熬的思妇形象。

此词言简意丰，意境深远。它浓缩着丰富的人生体验和感悟，且表达的感情显而易见，并不晦涩难懂。所以清人俞陛云《五代词选释》中赞道："挥毫直书，不用回折之笔而情意自见，格高气盛，嗣响唐贤。"应该说不为过誉。

忆王孙·彤云风扫雪初晴

彤云风扫雪初晴⁽¹⁾。天外孤鸿三两声⁽²⁾。独拥寒衾不忍听⁽³⁾。月笼明⁽⁴⁾。窗外梅花瘦影横⁽⁵⁾。

【毛泽东圈评等情况】

毛泽东曾圈阅这首《忆王孙·彤云风扫雪初晴》。

[参考] 张贻玖：《毛泽东评点、圈阅的中国古典诗词》，
中国工人出版社 1992 年版，第 244 页。

【注释】

（1）彤云，指下雪前密布的浓云。唐宋之问《奉和春日玩雪应制》诗："北阙彤云掩曙霞，东风吹雪舞山家。"

（2）天外，天之外，极言高远。战国楚宋玉《大言赋》："方地为车，圆天为盖，长剑耿耿倚天外。"孤鸿，孤单的鸿雁。三国魏阮籍《咏怀诗》之一："孤鸿号外野，朔鸟鸣北林。"

（3）寒衾（qīn），冰冷的被子。唐唐彦谦《夜蝉》诗："羁人此夕如三岁，不整寒衾待曙鸡。"不忍，不忍心，感情上觉得过不去。《谷梁传·桓公元年》："先君不以其道终，则子弟不忍即位也。"

（4）月笼，月光照耀，亦指月光。唐姚思廉《梁书·沈约传》："风骚屑于园树，月笼连于池竹。"

（5）窗外梅花瘦影横，语出宋林逋《梅花》："疏影横斜水清浅，暗香浮动月黄昏。"

【赏析】

《忆王孙》，词牌名，又名《独脚令》《忆君王》《豆叶黄》《画蛾眉》等。以李重元《忆王孙·春词》为正体，该词为单调三十一字，五句五平韵。另有单调三十一字，五句三平韵两叶韵，双调五十四字，前后段各四

句三仄韵的变体。代表作有纳兰性德《忆王孙·西风一夜翦芭蕉》等。

《忆王孙·彤云风扫雪初晴》，此据宋何士信辑、明武陵逸史编次《类编草堂诗余》卷一归欧阳修。又误作范仲淹词，见金本《草堂诗余前集》卷下，又误作李煜词，见《古今别肠词选》卷一，实为李重元作《忆王孙》春词、夏词、秋词、冬词组词中的"冬词"。

这是一首闺怨词，抒写思妇在冬季不眠之夜对羁旅在外的丈夫或情人的深切思念。"彤云风扫雪初晴。天外孤鸿三两声。"起首二句描写，是说下雪的浓云被风吹散，雪后初霁，天气晴朗，从遥远的天边不时传来三两声孤雁的叫声。首句绘形，次句绘声，有声有色地写出了一种清冷寂寞的氛围，营造了一个广阔的空间，为思妇的活动提供了一个场所。"独拥寒衾不忍听"，第三句方出人物——思妇，其实前两句所见所闻的主体也是这位思妇，这叫蒙后省，末二句亦是思妇所见，便是蒙前省了。承前启后，可见这一句在全词中举足轻重，这是就整首词的结构而言：再就此句本身所包含的意蕴而言，它也很丰富：孤身一人拥着冰冷的被子，言外之意，不仅无人同床共枕，共效绸缪，而且连个陪伴说话的人也没有。试想在这寒冷的冬夜，一人独寝是何凄凉况味？但这时却偏偏从天边传来失伴的孤雁的哀鸣，叫人怎能忍受得了！"月笼明。窗外梅花瘦影横"，结末二句是说，想到这里，思妇自然无法入睡，于是便索性起视窗外，只见小院中，月色朦朦胧胧，若明若暗，梅花瘦削的影子落在地上。一片昏暗不明的景色，烘托出思妇怅然若失的怅惘情绪，以景结情，强化了思妇的愁绪，读来余味不尽。

王安石

　　王安石（1021—1086），字介甫，号半山，临川（今江西抚州临川区）人，北宋著名的思想家、政治家、文学家、改革家。王安石历任扬州签判、鄞县知县、舒州通判等职，政绩显著。宋神宗熙宁二年（1069），任参知政事，次年拜相，主持变法。因守旧派反对，熙宁七年（1074）罢相。一年后，宋神宗再次起用，旋又罢相，退居江宁。宋哲宗元祐元年（1086），保守派得势，新法皆废，郁然病逝于钟山（今江苏南京），赠太傅。绍圣元年（1094），获谥"文"，故世称王文公。从文学角度总观王安石的作品，无论诗、文、词都有杰出的成就。北宋中期开展的诗文革新运动，在他手中得到了有力推动，对扫除宋初风靡一时的浮华余风作出了贡献。但是，王安石的文学主张却过于强调"实用"，对艺术形式的作用往往估计不足。他的不少诗文常常表现得议论说理成分过重，瘦硬而缺少形象性和韵味。还有一些诗篇，论禅说佛理，晦涩干枯，但不失大家风范。王安石的词，今存约二十余首，大致可分为抒写情志和阐释佛理两类，"瘦削雅素，一洗五代旧习"。其抒情词作，写物咏怀，多选空阔苍茫、淡远纯朴的形象，营造出一个士大夫文人特有的情致世界。《桂枝香·金陵怀古》一词，豪纵沉郁，同范仲淹的《渔家傲·塞下秋来风景异》一词，共开豪放词之先声，给后来词坛以良好的影响。有词集《半山词》。

【原文】

桂枝香·登临送目

　　登临送目[1]，正故国晚秋[2]，天气初肃[3]。千里澄江似练[4]，翠峰如簇[5]。归帆去棹残阳里[6]，背西风，酒旗斜矗[7]。彩舟云淡，星河鹭起[8]，画图难足[9]。　　念往昔，繁华竞逐[10]，叹门外楼头[11]，悲恨相续[12]。

千古凭高对此⁽¹³⁾，谩嗟荣辱⁽¹⁴⁾。六朝旧事随流水⁽¹⁵⁾，但寒烟衰草凝绿。至今商女⁽¹⁶⁾，时时犹唱，《后庭》遗曲⁽¹⁷⁾。

【毛泽东圈评等情况】

毛泽东曾圈阅这首《桂枝香·登临送目》。

[参考] 张贻玖：《毛泽东评点、圈阅的中国古典诗词》，
中国工人出版社 1992 年版，第 244 页。

【注释】

（1）登临送目，登山临水，举目望远。送目，远眺，远望。宋张炎《喜朝天·清暑堂赠蔡君谟》词：“人多送目天际，识渡舟帆小，时见潮回。”

（2）故国，即故都，旧时的都城。金陵（今江苏南京）为六朝故都，故称故国。

（3）初肃，天气刚开始萧肃。肃，萎缩、肃杀，形容草木枯落，天气寒而高爽。《吕氏春秋·季春》：“季春行冬令，则寒气时发，草木皆肃。”

（4）千里澄江似练，形容长江像一匹长长的白绢。语出南朝齐谢朓《晚登三山还望京邑》：“余霞散成绮，澄江静如练。”澄江，清澈的长江。练，白色的绢。

（5）如簇，这里指群峰好像丛聚在一起。簇，丛聚，聚集。

（6）归帆去棹（zhào），往来的船只。棹，划船的一种工具，形似桨，也可引申为船。

（7）酒旗，即酒帘，酒店的标志。唐刘长卿《春望寄王涔阳》诗：“依微水戍闻钲鼓，掩映沙村见酒旗。”斜矗，斜插。矗，直立。

（8）“彩舟”两句，意谓结彩的画船行于薄雾迷离之中，犹在云内；华灯映水，繁星交辉，白鹭翩飞。这两句转写秦淮河，“彩舟”系代人玩乐的河上之船，与江上“征帆去棹”的大船不同。又与下片“繁华”相接，释为秦淮河较长江为妥。星河，天河，这里指秦淮河。鹭，白鹭，一种水鸟。一说指白鹭洲（长江与秦淮河相汇之处的小洲）。

（9）画图难足，用图画也难以完美地表现它。难足，难以完美地表

现出来。

（10）豪华竞逐，（六朝的达官贵人）争着过豪华的生活。竞逐，竞相仿效追逐。

（11）门外楼头，指南朝陈亡国惨剧。语出杜牧《台城曲》："门外韩擒虎，楼头张丽华。"韩擒虎是隋朝开国大将，统兵伐陈，他已带兵来到金陵朱雀门（南门）外，陈后主尚与他的宠妃张丽华于结绮阁上寻欢作乐。陈后主、张丽华被韩俘获，陈亡于隋。门，指朱雀门。楼，指结绮阁。

（12）悲恨相续，指六朝亡国的悲恨，接连不断。

（13）凭高，登高。这是说作者登上高处远望。

（14）谩嗟荣辱，空叹历朝兴衰。荣，兴盛。辱，灭亡。这是作者的感叹。

（15）"六朝"两句，意谓六朝的往事像流水般消逝了，如今只有寒烟笼罩衰草，凝成一片暗绿色，而繁华无存。六朝，指三国吴、东晋、南朝宋、齐、梁、陈六个朝代。它们都建都金陵。

（16）商女，酒楼茶坊的歌女。

（17）《后庭》遗曲，指歌曲《玉树后庭花》，传为陈后主所作，其辞哀怨绮靡，后人将它看成亡国之音。最后三句化用杜牧《泊秦淮》"商女不知亡国恨，隔江犹唱《后庭花》"诗意。《隋书五行志》："祯明初，后主作新歌，词甚哀怨，令后宫美人习而歌之。其词曰：'玉树后庭花，花开不复久。'时人以为歌谶。此其不久兆也。"

【赏析】

《桂枝香》，又名《疏帘淡月》。《晋书》卷五十二郄诜传载，郄诜举贤良对策为天下第一，自称"犹桂林之一枝，昆山之片玉"。后世因此称登科为折桂。五代王定保《唐摭言》卷三载唐裴思谦《及第后宿平康里》诗："夜来新惹桂枝香。"唐袁浩登第后亦作《寄岳阳严使君》："桂枝香惹蕊枝香。"此调北宋人开始大量创作。《桂枝香》这个词牌最负盛名的是王安石《桂枝香·金陵怀古》。

宋英宗治平四年（1067），王安石第一次任江宁知府，写有不少咏史吊古之作，这首词可能作于当时。还有一种说法是，此词大约作于王安石第二次被罢相、出知江宁府的时候，时间在宋神宗熙宁九年（1076）之后。

此词抒发金陵怀古人之情，为作者别创一格、非同凡响的杰作。词的上阕描绘金陵的壮丽景色。"登临送目，正故国晚秋，天气初肃。"全词开门见山，写作者于一个深秋的傍晚，临江揽胜，凭高吊古。他虽以登高望远为主题，却是以故国晚秋为眼目。"正""初""肃"三个字，总领上阕，表明以下描写全是目中所见。以下按照由远及近的顺序分写金陵的山川景色。"千里澄江似练，翠峰如簇"两句，先写长江及周边山色，借六朝谢家名句"澄江净如练"之意，点化如同己出，即一个"似练"，一个"如簇"，形胜已赫然而出。"归帆去棹残阳里，背西风，酒旗斜矗"，然后专写江色，纵目一望，只见斜阳映照之下，数不清的帆风樯影，交错于闪闪江波之上。细看凝眸处，却又见西风紧处，那酒肆青旗高高挑起，因风飘拂。帆樯为广景，酒旗为细景，而词人之意以风物为导引，而以人事为着落。一个"背"字，一个"矗"字，用得极妙，把个江边景致写得栩栩如生，似有生命蕴于其中。写景至此，全是白描，下面有所变化："彩舟云淡，星河鹭起。""彩舟""星河"两句一联，顿增明丽之色。然而词拍已到上片歇处，故而笔亦就此敛住，以"画图难足"一句，抒赞美嗟赏之怀，颇有大家风范。"彩舟云淡"，写日落之江天；"星河鹭起"，状夕夜之洲渚。

下阕抒发怀古感喟而寓伤时之意。作者另换一幅笔墨，感叹六朝皆以荒淫而相继亡覆的史实。"念往昔，繁华竞逐，叹门外楼头，悲恨相续。千古凭高对此，谩嗟荣辱。六朝旧事随流水，但寒烟衰草凝绿"，写的是悲恨荣辱，空赋后人凭吊之资；往事无痕，唯见秋草凄碧，触目惊心而已。"门外楼头"，用唐杜牧《台城曲》句加以点染，亦简净有力。"至今商女，时时犹唱，《后庭》遗曲。"

结尾处用典。"商女不知亡国恨，隔江犹唱《后庭花》！"词人在这里运用杜牧的名句，便觉尺幅千里、饶有不尽之情致，而嗟叹之意千古弥永。宋杨湜《古今词话》："金陵怀古，诸公寄词于《桂枝香》凡十三余首，独介甫最为绝唱。东坡见之，不觉叹息曰：'此老乃野狐精也。'"清张惠言《论词》："《桂枝香》登临送目：情韵有美成、耆卿所不能到。"

【原文】

伤春怨·雨打江南树

雨打江南树。一夜花开无数。绿叶渐成阴[(1)]，下有游人归路。　　与君相逢处。不道春将暮[(2)]。把酒祝东风[(3)]，且莫恁、匆匆去[(4)]。

【毛泽东圈评等情况】

毛泽东曾圈阅这首《伤春怨·雨打江南树》。

[参考]张贻玖：《毛泽东评点、圈阅的中国古典诗词》，中国工人出版社1992年版，第244页。

【注释】

（1）阴，树阴。

（2）"不道"句，语本南唐冯延巳《鹊踏枝》："几日行云何处去？忘了归来，不道春将暮。"不道，不堪，无奈。

（3）"把酒"句，出自唐司空图《酒泉子·买得杏花》："买得杏花，十载归来方始坼。假山西畔药栏东，满枝红。旋开旋落旋成空，白发多情人更惜。黄昏把酒祝东风，且从容。"把酒，手执酒杯，意谓饮酒。唐孟浩然《过故人庄》诗："开筵面场圃，把酒话桑麻。"

（4）且，暂且，姑且。恁（nèn），如此。匆匆，急急忙忙的样子。唐牟融《送客之杭》诗："西风吹冷透貂裘，行色匆匆不暂留。"

【赏析】

《伤春怨》，词牌名，双调四十三字，前后段各四句、三仄韵。此调惟此一词。见《能改斋漫录》，王安石梦中作。

本词为集句体，当系晚年所作。此词写不愿让春色归去的惜春情绪。全词寥寥数语，写出了江南暮春景色与别时情景，寓情于景，含蓄蕴藉。

上阕纯写春景，景中含情，表明春色将残。"雨打江南树。一夜花开无数。"起首二句写春到江南景色。江南多雨，连贵如油的春雨也不稍缺，所以"雨打江南树"。"雨"是飘飘洒洒的细雨，是知时节的好雨，是杏花春雨江南的春雨，而不是唐孟浩然《春晓》中所写的"夜来风雨声，花落知多少"；是催开百花的及时雨，而不是摧残百花的风雨，所以下句才说"一夜花开无数"。"好雨知时节，当春乃发生。随风潜入夜，润物细无声。"（唐杜甫《春夜喜雨》诗句）春雨降下，一夜之间，百花盛开，万紫千红的春天来到了。这是写初春景色。但是好景不长，时不我待，转瞬之间，阳春三月已过，就到了暮春时节。"绿树渐成阴，下有游人归路。"三、四两句写暮春景色。随着时间的推移，现在已经是"绿树成阴果满枝"了，花期已过，累累果实已经挂满枝头。西汉司马迁《史记·李将军列传论》："太史公曰：传曰：'其身正，不令而行；其身不正，虽令不从。'其李将军之谓也。余睹李将军，悛悛如鄙人，口不能道辞。及死之日，天下知与不知，皆为尽哀。彼其忠实心诚信于士大夫也。谚云：'桃李不言，下自成蹊。此言虽小，可以谕大也。'"果树下已有游人踏出的归路，说明花期已过，游人渐少。上阕纯写春景，但写景中已露惜春之意。

下阕抒情，抒发惜春之情及留春之意。"与君相逢处。不道春将暮。"换头处二句写词人与他的挚友刚相逢，正欲共赏美丽春景，无奈已经到了暮春，花事已残。这当然十分令人惋惜，于是词人还想作最大努力，把春光留住："把酒祝东风，且莫恁、匆匆去。"作者无法，便把希望寄托在东风身上。他端着酒杯，向东风祈祷：东风呀，你继续地吹吧，不要匆匆而去。他知道，只要东风浩荡，春意便不会阑珊。通过这一举动，词人的惜春之情、留春之意便跃然纸上了。

晏几道

晏几道（1038—1110），字叔原，号小山，抚州临川文港沙河（今属江西南昌进贤）人，北宋著名词人。晏殊第七子。历任颍昌府许田镇监、乾宁军通判、开封府判官等。性孤傲，中年家境中落。与其父晏殊合称"二晏"。词风似父而造诣过之。工于言情，其小令语言清丽，感情深挚，尤负盛名。表达情感直率，多写爱情生活，是婉约派的重要作家。著有《小山词》一卷，存词二百六十首，其中长调三首，其余均为小令。他的小令词在宋初发展到一个高峰，用清壮顿挫的艺术性，糅合了晏殊词典雅富贵与柳永词旖旎流俗的特性，既雅又俗的歌词合乐的典型音乐形象，使词这种艺术形式堂而皇之地登上大雅之堂，并发挥了扭转雅歌尽废的历史性作用。

【原文】

生查子·金鞍美少年

金鞍美少年⁽¹⁾，去跃青骢马⁽²⁾。萦系玉楼人⁽³⁾，绣被春寒夜⁽⁴⁾。　　消息未归来⁽⁵⁾，寒食梨花谢⁽⁶⁾。无处说相思⁽⁷⁾，背面秋千下⁽⁸⁾。

【毛泽东圈评等情况】

毛泽东曾圈阅这首《生查子·金鞍美少年》。

[参考]张贻玖：《毛泽东评点、圈阅的中国古典诗词》，中国工人出版社1992年版，第245页。

【注释】

（1）金鞍，用黄金镶饰的马鞍。南朝梁简文帝《赋得当垆》诗："当炉设夜酒，宿客解金鞍。"喻骑者之富贵。一作"金鞭美少年"。少年，古指青年男子，与老年相对。《韩非子·内储说上》："郑少年相率为盗，处于萑泽。"

（2）青骢马，青白色相杂的骏马。《玉台新咏·古诗为焦仲卿妻作》："踯躅青骢马，流苏金缕鞍。"

（3）萦系，牵挂，挂念。玉楼，华丽的楼。唐宗楚客《奉和幸安乐公主山庄应制》："玉楼银榜枕严城，翠盖红旗列禁营。"玉楼人，指闺中女子。

（4）绣被，用金线刺绣的被褥。

（5）消息，音信，信息。汉蔡琰《悲愤诗》："迎问其消息，辄复非乡里。"指离人的音信。

（6）寒食，节日名。在清明前一日或二日。相传春秋时晋文公负其功臣介之推。介愤而隐于绵山。文公悔悟，烧山逼令出仕，之推抱树焚死。人们同情介之推的遭遇，相约于其忌日禁火冷食，以为悼念。以后相沿成俗，谓之寒食。南朝梁宗懔《荆楚岁时记》："去冬节一百五日，即有疾风甚雨，谓之寒食。禁火三日，造饧大麦粥。"唐韩翃《寒食》诗："春城无处不飞花，寒食东风御柳斜。"

（7）相思，彼此想念。后多指男女相悦而无法接近所引起的想念。汉苏武《留别妻》诗："生当复来归，死当长相思。"

（8）背面秋千下，语出唐李商隐诗《无题二首》其一"十五泣春风，背面秋千下"。秋千，传统体育游戏。两绳下拴横板，上悬于木架，人坐或站在板上，两手分握两绳，前后往返摆动。相传春秋时齐桓公时自北方山戎传入。一说本为汉武帝时宫中之戏，作千秋，为祝寿之辞，后倒读为秋千。南唐冯延巳《鹊踏枝》词："泪眼问花花不语，乱红飞过秋千去。"

【赏析】

《生查（zhā）子》，词牌名。又名《相和柳》《梅溪渡》《陌上郎》《遇仙楂》《愁风月》《绿罗裙》《楚云深》《梅和柳》《晴色入青山》等。原唐教坊曲，后用为词调。有双调五体，字数有四十、四十一、四十二三种。正体双调，四十字。前后段各四句，两仄韵。代表作有五代牛希济《生查子·春山烟欲收》，北宋欧阳修《生查子·元夕》、晏几道《生查子·关山魂梦长》等。

这是一首思妇词，小词以精细的笔触刻画了这位少妇对行人梦萦神驰的相思之情。词的上阕叙事，写少年离家出走的情况。"金鞍美少年，去跃青骢马。"起笔叙事，描绘"金鞍美少年"的形象，写其夫出游，挥金鞭，跨名马，烘托出"美少年"英俊潇洒的形象，也是两人分离时少妇脑海中铭刻最深的一幕。"萦系玉楼人，绣被春寒夜。"三、四两句写少年走后，女主人公的感情和思绪始终牵系在远出的丈夫身上；到了夜晚，绣被春寒，孤灯独眠，寂寞难耐。分离留给少妇的是无堪的离愁别绪，"萦系"以下过渡到写别愁。"玉楼""绣被"，睹物思人，暗示居者乃深处闺阁的佳丽。"绣被春寒夜"一句，渲染出女主人公独守空闺辗转不寐的寂寞境况。时当阳春，夜深人静，倍增离思。"寒"字不仅点季候、写气氛，透过烘托，也突出了人物孤单冷落的心境。

下阕抒情，写女子对丈夫的思念。"消息未归来，寒食梨花谢。"换头处五、六两句写多少春寒之夜，所盼来的却是行人"未归"的消息。女主人公天天盼，月月盼，寒食节过去了，梨花开了又谢，一次次地等待，始终没有等到丈夫的音信。"寒食梨花谢"，是通过节令和景物暗示出时间的流逝，表现她无限的怅惘。"无处说相思，背面秋千下。"结拍两句，写女主人公秋千架下背面痴痴地站着，默默地承受着相思之苦，无处诉说，也不想对人诉说。"背面"暗示出她的难过、哭泣。"秋千下"本是青年妇女嬉戏之处，选择这一场景可增强艺术效果。唐李商隐诗有"十五泣春风，背面秋千下"之句。小晏随手拈来用在此词收尾，可谓传神之笔。写出少妇思夫心情的深沉执着，又不好向他人倾吐，只好痴立于日常两人游乐之处凝想。这里以人物外在形态刻画其内在心灵的感情波澜，含蓄而有韵致。

全词由别离写到别后、由行者写到居者、由形貌而暗示心灵，层层递进，摹写出主人公文静细腻而内向的性格，展现出少年思妇复杂、沉重而敏感的心态，笔致颇为灵秀。

　　曾季理《艇斋诗话》："晏叔原小词：'无处说相思，背面秋千下。'吕东莱极喜诵此词，以为有思致。此语本李义山诗，云：'十五泣春风，背面秋千下。'"清黄蓼园《蓼园词选》："晏叔原'金鞭美少年'：'去跃'二字，从妇人目中看出，深情挚语。末联'无处'二字，意致凄然，妙在含蓄。"

王 观

王观（1035—1100），字通叟，号逐客，泰州如皋（今江苏如皋）人，为胡瑗门人，北宋词人，与高邮的秦观并称"二观"。王观为开封府试官时，科举及第。宋仁宗嘉祐二年（1057）考中进士。后历任大理寺丞、江都知县等，相传曾奉诏作《清平乐》一首，描写宫廷生活。高太后对王安石等变法不满，认为王观属于王安石门生，就以《清平乐》亵渎了宋神宗为名将王观罢职。王观于是自号"逐客"，从此以一介平民生活。代表作有《卜算子·送鲍浩然之浙东》《临江仙·离杯》《高阳台》等。《全宋词》录词十六首。《全宋词补辑》又增补十二首。

【原文】

江城梅花引·年年江上见寒梅

年年江上见寒梅(1)。暗香来(2)，为谁开？疑是月宫、仙子下瑶台(3)。冷艳一枝春在手(4)，故人远(5)，相思寄与谁(6)？ 怨极恨极嗅香蕊(7)。念此情，家万里。暮霞散绮(8)。楚天碧、片片轻飞(9)。为我多情，特地点征衣(10)。花易飘零人易老，正心碎，那堪塞管吹(11)。

【毛泽东圈评等情况】

毛泽东曾圈阅这首《江城梅花引·年年江上见寒梅》。

[参考] 张贻玖：《毛泽东评点、圈阅的中国古典诗词》，中国工人出版社1992年版，第247页。

【注释】

（1）江上，长江岸上。《吕氏春秋·异宝》："（伍员）因如吴。过于荆，至江上，欲涉。"寒梅，因其凌寒开放，故称。唐张谓《早梅》诗："一树寒梅白玉条，迥临林村傍溪桥。"

（2）暗香，幽香，梅花的代称。唐羊士谔《郡中即事》诗之二："红衣落尽暗香残，叶上秋光白露寒。"

（3）月宫，古代神话传说月中的宫殿，为嫦娥所居，又称广寒宫。仙子，仙女，此指嫦娥。唐白居易《长恨歌》："楼阁玲珑五云起，其中绰约多仙子。"瑶台，美玉砌的楼台，亦泛指雕饰华丽的楼台。《楚辞·离骚》："望瑶台之偃蹇兮，见有娥之佚女。"指传说中的神仙居处。晋王嘉《拾遗记·昆仑山》："傍有瑶台十二，各广千步，皆五色玉为台基。"

（4）冷艳，形容素雅美好。唐丘为《左掖梨花》诗："冷艳全欺雪，余香乍入衣。"

（5）故人，旧交，老友。《庄子·山木》："夫子出于山，舍于故人之家。"

（6）相思，彼此想念，后多指男女相悦而无法接近所引起的想念。汉苏武《留别妻》诗："生当复来归，死当长相思。"

（7）嗅（xiù），闻，用鼻子辨别气味。香蕊，花蕊，此指梅花。前蜀魏承班《木兰花》词："凝然愁望静相思，一双笑靥嚬香蕊。"

（8）暮霞，晚霞。南朝梁江淹《秋夕纳凉奉和刑狱舅》："虚堂起青蔼，崦嵫生暮霞。"散绮，是指展开美丽的绸缎，比喻绚丽的云霞。语本南朝齐谢朓《晚登三山还望京邑》诗："余霞散成绮，澄江净如练。"

（9）楚天，古代楚国在今长江中下游一带，位居南方，所以泛指南方天空为楚天。唐杜甫《暮春》诗："楚天不断四时雨，巫峡常吹万里风。"

（10）特地，特意，特为。南宋颐藏主辑《古尊宿语录》："诸圣由兹而出现，达磨特地而西来。"征衣，出征将士之衣。唐赵嘏《送李裴评事》诗："塞垣从事识兵机，只拟平戎不拟归。入夜笳声含白发，报秋榆叶落征衣。"

（11）那堪，怎堪，怎能禁受。唐李端《溪行遇雨寄柳中庸》诗："那堪两处宿，共听一声猿。"塞管，塞外胡乐器。以芦以首，竹为管，声悲切。唐杜牧《张好好诗》："繁弦迸关纽，塞管裂圆芦。"冯集梧注："北人吹角以惊马，一名笳管，以芦为首，竹为管。"

【赏析】

《江城梅花引》，词牌名，又名《摊破江城子》《江梅引》《四笑江梅引》《梅花引》《西湖明月引》《明月引》。以程垓《江城梅花引·娟娟霜月冷侵门》为正体，双调八十七字，前段八句四平韵、一叠韵，后段十句六平韵、两叠韵。另有双调八十八字，前段八句四平韵、一叠韵，后段十一句六平韵、一叠韵；双调八十五字，前段八句五平韵，后段十句一叶韵、四平韵等变体。代表作品有吴文英《江城梅花引·赠倪梅村》等。

这是一首别具一格的词，它把咏物和自叹身世两个方面巧妙地融为一体，可能是王观在地方官任上转徙飘零时的作品。

词的上阕以咏物为主，但已隐隐流露出寂寞游宦的惨淡心情。"年年江上见寒梅。暗香来，为谁开？"，开头三句从江边寒梅写起。冬去春来，江边的梅花已再度盛开了，淡淡的幽香随风飘拂，沁人心脾。梅花是花中的高士，自从宋林逋写出"疏影横斜水清浅，暗香浮动月黄昏"的佳句之后，它的高洁的情怀，幽寂的处境，引起了多少失意文人的共鸣啊。曰"年年"，已流露出对游宦飘零的厌倦，而"为谁开"的凄怆一问，更饱含着天涯沦落、同病相怜的意味。梅是江边的"寒梅"，人是湖海飘零的游子，人和花形影相吊，处境落寞。"疑是月宫、仙子下瑶台"一句，转而正面描写梅花的形象。那晶莹皎洁的花朵，淡雅而冷艳，多么像月宫中的冰肌玉骨的仙子降临到人间哪。以月宫仙子喻江边寒梅，写出了它的超卓群芳的美丽资质，也写出了它高雅脱俗的内在精神。"冷艳一枝春在手，故人远，相思寄与谁"三句，则借折梅赠远的典故转出正意。南朝时，远在江南的陆凯曾寄一枝梅花给自己在长安的朋友范晔，并赠诗一首云："折花逢驿使，寄与陇头人。江南无所有，聊赠一枝春。"从此折梅赠远便成了表达离别相思的手段了。"一枝春在手"是直接从陆凯诗中借来的字面。陆凯尚且可以折梅以寄相思，而自己呢，如今似浮萍泛梗，离家万里，即使折得一枝梅花，又怎能寄到天各一方的朋友那里呢？作者巧妙地化用典故，似合而转，暗中开启下阕对天涯飘泊心情的抒写。

下阕以抒情为主。"怨极恨极嗅香蕊。念此情，家万里"，换头处三句，承"故人远"而来，上下勾连，意脉清晰自然。词人手把着这枝梅花，闻着它幽纯的清香，颇有顾影自怜之感。半生的坎坷，宦情的冷淡，离家和乡愁，万般滋味，一时涌上心头，真是"此情无计可消除"了。"念此情，家万里"两句，则由落寞的身世勾回到眼前的梅花上。"暮霞散绮。楚天碧、片片轻飞"，"暮霞散绮"，从谢朓诗"余霞散成绮"句化出。已是暮色苍茫了，晚霞流金溢彩，把西天染成一片鲜红，而江边的天空，则显得更为青碧空旷。江边的梅花孤独无依，纷纷飘落，意境竟如此悲壮。词人不禁为凋零的梅花扼腕叹息，在片片飘落的梅花上，他好像看到了自己的影子。"为我多情，特地点征衣"两句，则由人惜花转写花依人。那片片飘零的梅花，竟也像是有生命、有感情似的，特地落在自己风尘仆仆的征衣上，好像在安慰词人。花和人互相怜惜、互相安慰，在感情上简直要融为一体了，这样就很自然地写出"花易飘零人易老，正心碎，那堪塞管吹"三句，把作品的感情推上了高潮。词人由飘零的落花想到了自己的漂泊余生，已是不胜悲凉，耳边偏又听到幽怨呜咽的笛声，而这笛子吹奏的偏又是《梅花落》，层层递进拓展，把意境烘托得格外哀苦凄凉。"正心碎"两句显然是从唐李白《与史郎中钦听黄鹤楼上吹笛》"黄鹤楼中吹玉笛，江城五月落梅花"中化出来的，既扣住了《江城梅花引》的调名和词人此时的感情，又巧妙自然，不露痕迹，是一首难得的佳作。

苏　轼

苏轼（1037—1101），字子瞻、和仲，号铁冠道人、东坡居士，世称苏东坡、苏仙，眉州眉山（今四川眉山）人，祖籍河北栾城，北宋著名文学家、书法家、美食家、画家。宋仁宗赵祯嘉祐二年（1057），苏轼进士及第。宋神宗时在凤翔、杭州、密州、徐州、湖州等地任职。元丰三年（1080），因"乌台诗案"被贬为黄州团练副使。宋哲宗即位后任翰林学士、侍读学士、礼部尚书等职，并出知杭州、颍州、扬州、定州等地，晚年因新党执政被贬惠州、儋州。宋徽宗时获大赦北还，途中于常州病逝。宋高宗时追赠太师，宋孝宗时追谥"文忠"。

苏轼是北宋中期文坛领袖，在诗、词、散文、书、画等方面均取得了很高成就。诗题材广阔，清新豪健，善用夸张比喻，独具风格，与黄庭坚并称"苏黄"；词开豪放一派，与辛弃疾同是豪放派代表，并称"苏辛"；散文著述宏富，豪放自如，与欧阳修并称"欧苏"，为"唐宋八大家"之一。苏轼善书，为"宋四家"之一；擅长文人画，尤擅墨竹、怪石、枯木等。作品有《东坡七集》《东坡易传》《东坡乐府》《潇湘竹石图卷》《枯木怪石图卷》等。

毛泽东说："诗词也是一样，在同一个朝代，如宋朝，有柳永、李清照一派，也有苏东坡、陆游一派。"

【原文】

行香子·携手江村

携手江村，梅雪飘裙(1)。情何限、处处消魂(2)。故人不见(3)，旧曲重闻。向望湖楼(4)，孤山寺(5)，涌金门(6)。　　寻常行处(7)，题诗千首，绣罗衫、与拂红尘(8)。别来相忆，知是何人。有湖中月(9)，江边柳，陇头云(10)。

【毛泽东圈评等情况】

毛泽东曾圈阅这首《行香子·携手江村》。

[参考] 张贻玖：《毛泽东评点、圈阅的中国古典诗词》，

中国工人出版社 1992 年版，第 246 页。

【注释】

（1）梅雪飘裙，梅花飘雪，洒落在同行歌妓的衣裙上。

（2）何限，犹"无限"。消魂，魂魄离散，形容极度愁苦的状态。

（3）故人，此词中指陈述古。

（4）望湖楼，位于杭州断桥东少年宫广场西侧，傍湖而建，又名看经楼、先得楼。登临眺望，一湖胜景皆来眼底。

（5）孤山寺，寺院名，又叫广化寺、永福寺，在杭州孤山南。

（6）涌金门，为古代杭州西城门之一。五代天福元年（936），吴越王钱元瓘引西湖水入城，在此开凿涌金池，筑此门，门濒湖，东侧有水门。传说为西湖中金牛涌现之地，因而得名。

（7）寻常行处，平时常去处。

（8）绣罗衫，丝织品做的衣衫。唐韦应物《白沙亭逢吴叟歌》："龙池宫里上皇时，罗衫宝带香风吹。"拂红尘，用衣袖拂去上面的尘土。宋代吴处厚《青箱杂记》说，魏野曾和寇准同游寺庙，各有题诗。数年后两人又去故地重游，只见寇准的题诗被人用碧纱笼护，而魏野的题诗没有，诗上落满了灰尘。有个同行的官妓很聪明，上前用衣袖拂去尘土。魏野说："若得常将红袖拂，也应胜似碧纱笼。"此处以狂放的处士魏野自比，以陈襄比寇准，表示尊崇。红尘，车马扬起的飞尘。汉班固《西都赋》："红尘四合，烟云相连。"

（9）湖，指杭州西湖。

（10）陇，小山丘，田埂。

【赏析】

据宋人程大昌《演繁露》考证，"行香"即佛教徒行道烧香，调名本此。平韵双调，六十六字，始见《东坡词》，前段八句五平韵，后段八句

三平韵。此调短句多，上下片结尾以一字领三个三言句，前人在句中这一字常用相同的字，尤为别致。音节颇流转悦耳。

《行香子·携手江村》是苏轼早期酬赠词中的佳作。词中多用忆旧和眼前孤独处境的穿插对比写法，触目兴怀，感想当初，抒写自己对杭州友人的相思之情，从一个侧面反映了宋代士大夫的生活。情真意切，诗意盎然，含蓄蕴藉。

词的上阕，"携手江村，梅雪飘裙。情何限、处处消魂"，前三句追忆熙宁六年（1073）作者与友人陈襄（字述古）江村寻春事，引起对友人的怀念。其时苏轼作有《正月二十一日病后述古邀往城外寻春》诗，陈襄的和诗有"暗惊梅萼万枝新"之句。词中的"梅雪飘裙"即指两人寻春时正值梅花似雪，飘沾衣裙。友情与诗情，使他们游赏时无比欢乐，销魂倾魄。"故人不见，旧曲重闻"二句，从追忆转到现实，表明江村寻春已成往事，同游的故人不在眼前，每当吟诵寻春旧曲之时，就更加怀念他了。作者笔端带着情感，形象地表达了与陈襄的深情厚谊。"向望湖楼，孤山寺，涌金门"三句表明，词人更想念他们杭州西湖诗酒游乐的风景胜地——望湖楼、孤山寺、涌金门。这些地方都是风景胜地，是最令人留恋的去处。

词的下阕，回忆与陈襄题诗唱和的情景。"寻常行处，题诗千首，绣罗衫、与拂红尘"，过片三句回味游赏时两人吟咏酬唱的情形：平常经过的地方，动辄题诗千首。这里用了个《青箱杂记》中的轶事："世传魏野尝从莱公（寇准）游陕府僧舍，各有留题。后复同游，见莱公之诗已用碧纱笼护，而野诗独否，尘昏满壁。时有从行官妓颇慧黠，即以袂就拂之。野徐曰：'若得常将红袖拂，也应胜似碧纱笼。'莱公大笑。"作者借用这一典故，寥寥数语便把昔日自己与友人寻常行乐光景都活现出来。"别来相忆，知是何人"，接下来二句又转到眼前。此句以诘问句的形式出现，文思极为精巧。"湖中月，江边柳，陇头云"也在思念自己，都盼着自己快快回去吧。本来是自己思念友人、留恋西湖美景，却从对方着笔，表现出陈襄及西湖的月亮、钱塘江的翠柳、孤山上的白云对自己的深情，是深入一层的写法，显得曲折有致，不一般化。词的结尾，作者巧妙地绕了个弯子，将人对他的思念转化为自然物对他的思念。同时，陈襄作为杭州一郡的长官，可以说就是湖山的主人，湖山的召唤就是主人的召唤，"何人"二字在这里得到了落实。一点意思表达得如此曲折有致，遣词造句又是这样的清新蕴藉，可谓意味深长。这首词，今昔对比、物是人非之感表现得极为恰切、自然，具有极强的艺术感染力。词的结尾妙用拟人法，将无情的自然景物赋予有情的生命，含蓄而有诗意地表达出词人对友人的绵绵情思。

【原文】

昭君怨·送别

谁作桓伊三弄[(1)]，惊破绿窗幽梦[(2)]。新月与愁烟[(3)]，满江天。　　欲去又还不去[(4)]，明日落花飞絮[(5)]。飞絮送行舟[(6)]，水东流。

【毛泽东圈评等情况】

毛泽东曾圈阅这首《昭君怨·送别》。

[参考] 张贻玖：《毛泽东评点、圈阅的中国古典诗词》，中国工人出版社 1992 年版，第 246 页。

【注释】

（1）桓伊三弄，桓伊，字叔夏，小字子野。东晋时音乐家，善吹笛，为江南第一。南朝宋刘义庆《世说新语·任诞》载："王子猷（徽之）出都，尚在渚下。旧闻桓子野善吹笛，而不相识。遇桓于岸上过，王在船中，客有识之者云：'是桓子野。'王便令人与相闻云：'闻君善吹笛，试为我一奏。'桓时已贵显，素闻王名，即便回，下车，踞胡床，为作三调。弄毕，便上车去，客主不交一言。"

（2）绿窗，罩有碧纱的窗子，诗词中多指女子居室。幽梦，隐约的梦境。宋张先《木兰花》词："欢情去逐远云空，往事过如幽梦断。"

（3）新月，农历每月初出的弯形的月亮。南朝陈阴铿《五洲夜发》

诗:"夜江雾里阔,新月迥中明。"愁烟,惨淡的烟波。诗人以其易于勾起愁思故称。唐陆龟蒙《问吴宫辞》:"霜氛重兮孤榜晓,远树扶苏兮愁烟悄眇,欲搋愁烟兮问故基,又恐愁烟兮推白鸟。"

（4）欲去又还不去,欲去还留恋,终于不得不去。

（5）飞絮,飘飞的柳絮。北周庾信《杨柳歌》:"独忆飞絮鹅毛下,非复青丝马尾垂。"

（6）行舟,航行中的船。三国魏曹丕《善哉行》:"汤汤川流,中有行舟。"

【赏析】

《昭君怨》,词牌名,又名《洛妃怨》《宴西园》等。以万俟咏词《昭君怨·春到南楼雪尽》为正体,双调四十字,前后段各四句,两仄韵两平韵。另有双调三十九字,前后段各四句,两仄韵两平韵,后段五句、三仄韵两平韵的变体。代表作有杨万里《昭君怨·咏荷上雨》等。

这首词词题一作《金山送柳子玉》。作于宋神宗熙宁七年（1074）二月,是作者为送别柳子玉而作。柳子玉,名瑾,是吴（今江苏苏州）人,一说润州丹徒（今江苏镇江）人,其子柳文,字仲远,为苏轼堂妹婿,与东坡谊兼戚友。宋神宗熙宁六年（1073）十一月,苏轼任杭州通判,赴常州、润州一带赈饥,恰好柳子玉要去舒州（今安徽潜山）天柱山灵仙观作都监,于是二人结伴而行。次年二月,苏轼在金山（在今镇江西北长江中）为柳子玉钱别,遂作此词以赠。

此词上阕写离别时的情景。上阕前二句"谁作桓伊三弄,惊破绿窗幽梦",先由笛声写起,由声及人。桓伊,东晋时期将领、名士、音乐家,丹阳尹桓景之子。平生善于吹笛,素有"笛圣"之称,笛谱改编成琴曲《梅花三弄》,桓伊唱的挽歌与羊昙唱的乐歌、袁山松唱的《行路难》辞,时人称为"三绝"。"三弄",即三调,指吹了三个曲调。这里写离别前的晚上,在夜深人静的时候,不知是谁吹起了优美的笛曲,笛声悠扬哀怨,将人从梦中惊醒。从"惊破"一词来看,对梦被惊醒似有怨恨之意。夜听名曲,本是赏心乐事,却引起了怨恨;而一旦梦醒,离愁就随之袭来,可见是个好梦。后二句"新月与愁烟，满江天"描述了这样的情景：推开窗户，不知是要追寻那悠扬的笛声，还是要寻回梦中的欢愉，只见江天茫茫，空荡荡的天上，挂着一弯孤单的新月，凄冷地望着人间。江天之际，迷迷蒙蒙、混混沌沌，那是被愁闷化作的烟雾塞满了。这两句借眼前之景写内心之情，街景事情，凄清绝世。作者用月光和暮烟来比离愁，说明离愁和月光暮烟一样充满江天，充满宇宙。

下阕遥想"明日"分别的情景。"欲去又还不去"，写自己送别亲友时的矛盾心情：亲人走了，自己应该回去了，但又不愿意离去，总想再看看亲人远去的身影。"明日落花飞絮"，想象离别后的情景。明天以后，朋友分离，人去屋空，只有落花飞絮陪伴着自己而已。景象凄迷，那时别情更使人黯然。"飞絮送行舟，水东流。"结末二句设想离别的人终于走了，船儿离开江岸渐渐西去。送别的人站立江边，引颈远望，不愿离开，只有那多情的柳絮，像是明白人的心愿，追逐着行舟，代替人送行。而滔滔江水，全不理解人的心情，依旧东流入海。以"流水无情"反衬人之有情，又借"飞絮送行舟"表达人的深厚情意，结束全词，分外含蓄隽永。

通观全词，没有写一句惜别的话，没有强烈激切的抒情，却将情感融入景物，渲染出一种强烈的情感氛围，使读者受到极强的艺术感染，这是本词的艺术魅力所在。在众多的景物之中，词人挑出一二件，直接赋予它们生命，起到画龙点睛的作用，使所有的自然物都生气勃勃，整个艺术画面都活跃起来。清陈廷焯说："'新月'二字，意有六层，凄清绝世。"（《云韶集》）现代词学家俞平伯说："上片平稳。下片首句一顿，以下便顺流而下。叠用'飞絮'接上'落花飞絮'句，顶针接麻格，更显得生动。诗意实是'落花飞絮送行舟'，以为调所限，只用了'飞絮'二字。"（现代学者俞平伯《唐宋词选释》）

采桑子·润州多景楼与孙巨源相遇

多情多感仍多病，多景楼中[(1)]。樽酒相逢[(2)]，乐事回头一笑空。　　停杯且听琵琶语[(3)]，细捻轻拢[(4)]。醉脸春融[(5)]，斜照江天一抹红[(6)]。

【毛泽东圈评等情况】

毛泽东曾圈阅这首《采桑子·润州多景楼》。

[参考] 张贻玖：《毛泽东评点、圈阅的中国古典诗词》，
中国工人出版社 1992 年版，第 246 页。

【注释】

（1）多景楼，宋郡守陈天麟于唐临江亭故址修建，在今江苏镇江北固山后，三面环水，曾被赞为天下江山第一楼。

（2）樽酒，杯酒。《易·坎》："樽酒簋贰，用缶。"唐杜甫《客至》诗："盘飧市远无兼味，樽酒家贫只旧醅。"

（3）琵琶语，指歌妓所弹的琵琶能传达感情，犹如言语。唐白居易《琵琶行》："今夜闻君琵琶语，如听仙乐耳暂明。"

（4）细捻轻拢，演奏琵琶指法。捻指揉弦，拢指按弦。语本唐白居易《琵琶行》："轻拢慢捻抹复挑，初为《霓裳》后《六幺》。"

（5）醉脸春融，酒后醉意，泛上脸面，好像有融融春意。

（6）斜照，光线斜着照射。北齐魏收等《魏书·皇后传·孝文昭皇后》："初，后幼曾梦在堂内立，而日光自窗中照之，灼灼而热，后东西避之，光犹斜照不已。"斜阳，夕阳。唐李咸用《江行》诗："高岫留斜照，归鸿背落霞。"

【赏析】

《采桑子》，词牌名，又名《丑奴儿》《丑奴儿令》《罗敷媚》《罗敷艳歌》等。双调四十四字，上下片各四句三平韵。另有添字格，两结句各

添二字，两平韵一叠韵。双调，四十四字。前后段各四句，三平韵。

宋神宗熙宁七年（1074）十月，苏轼从杭州通判升任密州（今山东诸城）太守。九月下旬从杭州出发，十月上旬到达润州（今江苏镇江），遇见好友胡宗俞（字尧夫）、王存（字正仲）、孙洙（字巨源），四人一起到甘露寺多景楼饮宴，座中还有官妓胡琴弹曲助酒。孙洙对苏轼说："残霞晚照，非奇才不尽。"苏轼欣然命笔，作成此词。

多景楼在镇江多宝寺中，位于长江边上，登楼远望，气象万千。由"多"字，引发了东坡"多情多感仍多病"的感叹。多情多感，是诗人的气质，也是多病的缘由。多情多感多病的人恰好在多景楼上，那就更加多情多感了。

词的上阕，"多情多感仍多病，多景楼中"，开篇两句，一连叠用四个"多"字，写出了特定环境中特定人物的心境，产生了很好的艺术效果。这时正是作者因为反对新法、政治上遭到挫折的时刻，这里的"情""感"和"病"，都带着政治色彩，深含着作者的身世感慨。"樽酒相逢"，点明与孙巨源、王正仲等集会于多景楼之事实，语感平实，为的是给下面抒情的"乐事回头一笑空"作一铺垫。"乐事回头一笑空"，与起句"多情多感仍多病"的语意相连，意谓这次多景楼饮酒听歌，诚为"乐事"，可惜不能长久。"一笑"之后，"回头"看时，眼前的"乐事"便会消失，只有"多情""多感""多病"永远留心头，哀怨尽于言外。上阕虚与实结合，言事与言情的结合，而以虚为主，以言情为主，既不浮泛，又颇空灵错落有致。

上阕由情至事，由事归情，借眼前之景，写心中之情，意蕴盎然，如神来之笔。"停杯且听琵琶语"承上启下，认为"乐事回头一笑空"，故不能以认真的态度来对待音乐，所以东坡特地挑选了虚字"且"放于"听"字之前，用以表现他当时不经意的心态。"细捻轻拢"句和上句中的"琵琶语"，都是自唐白居易《琵琶行》中的诗句化出，赞美官妓胡琴弹奏琵琶的技艺。本无心欣赏，然而却被吸引，说明演奏确实美妙。"捻"，指左手手指按弦柱上左右搓转："拢"，指左手手指按弦向里推。赞美之情通过"细"和"轻"两字表达出来，让人不由联想起白居易曾描述过的"大珠小珠落玉盘"的音乐之美。赞罢弹奏者的技艺，顺势描写弹奏者，但苏东坡惜墨如金，不去写其容貌、形体和服饰等，只用"醉脸春融"四字来写其神，丽而不艳，媚中含庄，活脱脱描摹出一个怀抱琵琶的少女两颊泛红、嘴角含笑的动人姿态。"斜照江天一抹红"，结句是一句景语，是当时"残霞晚照"的写实，也可借以形容胡琴姑娘之"醉脸"，妙处难以捉摸，耐人寻味。这句"斜照江天一抹红"，其意同于唐李商隐《乐游原》的"夕阳无限好，只是近黄昏"，只不过色彩明快，而其意又言外罢了。

东坡的这首小令，倏忽来去，只用了只言片语，却达到了曲折含蓄、言尽而意隽的境界之美，实为难得。清沈祥龙在《论词随笔》中说："小令须突然而来，悠然而去，数语曲折含蓄，有言外不尽之致。"东坡这阕《采桑子》，虽然不是完美无缺的精品，但却非常符合沈祥龙所总结的对小令的要求，当可为则。

【原文】

满江红·东武南城　并序

东武会流杯亭，上巳日作。城南有坡，土色如丹，其下有堤，雍邦淇水入城。

东武南城[1]，新堤就、邦淇初溢[2]。微雨过、长林翠阜[3]，卧红堆碧[4]。枝上残花吹尽也，与君试向江头觅[5]。问向前、犹有几多春[6]？三之一。　官里事，何时毕？风雨外，无多日。相将泛曲水[7]，满城争出。君不见兰亭修禊事[8]，当时坐上皆豪逸[9]。到如今、修竹满山阴[10]，空陈迹[11]。

【毛泽东圈评等情况】

毛泽东曾圈阅这首《满江红·东武南城》。

[参考]张贻玖：《毛泽东评点、圈阅的中国古典诗词》，中国工人出版社1992年版，第246页。

【注释】

（1）东武，即密州州治，今山东诸城。

（2）郏（fū），古县名，在今山东胶州西南和诸城东。郏淇，河名，在密州（今山东诸城）西南。北魏郦道元《水经注·潍水注》：郏淇水"出西南常山，东北流注潍"。河源即常山之雩泉。

（3）阜，土丘。

（4）卧红，指花瓣被雨打落在地。

（5）江头，指郏淇水边。

（6）向前，往前，未来。几多，多少。春，指春光。

（7）泛曲水，把酒杯放在弯弯曲曲的水中顺水漂流，酒杯停在谁的面前，谁就取杯喝酒。此古代风俗，指夏历三月上旬的巳日在水边聚会宴饮，以祓除不祥。后形容春游宴会。觞，古代酒器。曲水，弯曲的水道。晋王羲之《兰亭集序》："此地有崇山峻岭，茂林修竹，又有清流激湍，映带左右，引以为流觞曲水，列坐其次。"

（8）"兰亭"句，东晋王羲之《兰亭集序》曰："永和九年，岁在癸丑，暮春之初，会于会稽山阴之兰亭，修禊事也。"兰亭，在浙江绍兴西南，地名兰渚，渚有亭。禊，辟除灾害。春禊每年三月三日举行，秋禊每年七月十四日举行。

（9）"当时"句，王羲之《兰亭集序》说那次聚会："群贤毕至，少长咸集。"

（10）修竹满山阴，王羲之《兰亭集序》云："此地有崇山峻岭，茂林修竹。"修，长。山阴，今浙江绍兴，当日兰亭修禊之处。

（11）空陈迹，徒然成为历史的陈迹。王羲之《兰事集序》："向之所欣，俯仰之间，已为陈迹。"

【赏析】

《满江红·东武南城》词当作于宋神宗熙宁九年（1076）。自从东晋永和九年王羲之与众名士兰亭修禊之后，传统的上巳日便成了一个富有诗意的日子，这对于苏轼这样的士大夫文人尤其具有诱惑力。熙宁九年三月上巳日，苏轼在密州城南流觞曲水时，忆及兰亭盛会，因作此词。

这首词以序为题，序文交代了作词的地点、时间，叙写的中心——"会流杯亭"，以及与此相关的城南引水入城工程。上阕写雨后暮春景物，并抒写了惜春的意绪。"东武南城，新堤就、邿淇初溢"开头三句从城南引水入城工程写起：东武城南筑就新堤，邿淇河水开始充盈。其所以由此落笔，因为这直接关系到"曲水"的水源，对下阕来说，真可谓伏脉千里。以下详写暮春景物："微雨过、长林翠阜，卧红堆碧。枝上残花吹尽也，与君试向江头觅。问向前、犹有几多春？三之一。"先写雨后山冈上花木零落的景象：一场小雨过后，在那浓密的树林中和苍翠的山冈上，红花绿叶，堆积满地。透过字面，我们仿佛听到了词人轻微的叹息。以"卧""堆"两个动词形容花叶遍地狼藉的状态，以"红""碧"两个表示色彩的形容词活用为名词，借指花、叶，都显得十分形象和精练。再写"枝上残花"荡然无存，于是向江边追寻春天的踪迹：试问未来还有多少春光？算来不过三分之一。这就是寻春所获得的一个既令人失望又使人略感安慰的结果。因此，词人在描写暮春景物时，也由隐而显地表现了惜春的心情。

下阕抒发胸怀。写曲水流杯的现场盛况及对当年兰亭陈迹的感慨。换头"官里事，何时毕？风雨外，无多日"四句，词人感叹官衙事务纷繁，自然界又多风雨，轻闲而明丽的日子竟没有多少。这是一笔衬托，说明聚会流杯亭是很难得的。以下"相将泛曲水"两句，正面写曲水流杯的现场盛况：上巳日与同僚相约聚会于流杯亭，开展曲水流杯的活动，全城百姓都争着前来观光。"相将"句明点词序"会流杯亭"，转到对全词中心内容的叙写，但用墨极其简练，妙处全在从闲处铺垫及从侧面烘托。与暮春自然景物相比，"相将泛曲水，满城争出"是一道特异的风景线，它在很大程度上填补了春光大减所造成的缺憾，所以上阕所写未尝不是一种绝好的铺垫。"满城争出"句，由充当热心观众的全城百姓渲染出曲水流觞现场的盛况。一个"满"字和一个"争"字，更令人想见万人空巷的热闹情景，以及词人作为州郡长官与民同乐的惬意和自得。另一层烘托则是由眼前景、事所引发的对历史的联想："君不见兰亭修禊事，当时座上皆豪逸。"显然，兰亭修禊与曲水流杯，当日主盟其事并作序的王羲之与词人自己，众名士（"豪逸"）与众同僚，一一对应，其衬托和比喻之意清晰可见。"到如今、修竹满山阴，空陈迹"，结尾两句紧承上文，对史事感慨系之：到如今只有长竹布满故地的山岭，而昔日盛事已成陈迹，再也无从寻觅了。这仅是发思古之幽情吗？不是。怀古主要是为了慨今，因为"后之视今，亦犹今之视昔"（《兰亭集序》），其真正用意即在于此。它所蕴蓄的是时光易逝、物是人非的沉痛之感，是带有人生哲理意义的。

这首词从春色的流逝写到人生的虚幻，中间游春、惜春、叹今、伤古，内容繁多，但却层次清楚，连接自然。清人陈延焯《大雅集》评曰："风雅疏狂，声流弦外。"道出了本词的特色。这年十二月，苏轼离开密州任所时，还满怀深情地写下了一首《别东武流杯》诗，可见上巳雅集给他留下了多么美好的印象。

【原文】

江城子·别徐州

天涯流落思无穷⁽¹⁾。既相逢，却匆匆。携手佳人⁽²⁾，和泪折残红⁽³⁾。为问东风余几许⁽⁴⁾？春纵在，与谁同！　　隋堤三月水溶溶⁽⁵⁾。背归鸿⁽⁶⁾，去吴中⁽⁷⁾。回首彭城⁽⁸⁾，清泗与淮通⁽⁹⁾。欲寄相思千点泪⁽¹⁰⁾，流不到，楚江东⁽¹¹⁾。

【毛泽东圈评等情况】

毛泽东曾圈阅这首《江城子·别徐州》。

[参考]张贻玖：《毛泽东评点、圈阅的中国古典诗词》，
中国工人出版社1992年版，第246页。

【注释】

（1）天涯，天边，指极远的地方。《古诗十九首·行行重行行》："相去万余里，各在天一涯。"流落，漂泊外地，穷困失意。唐钱起《秋夜作》："流落四海间，辛勤百年半。"

（2）携手，手拉着手。《诗经·邶风·北风》："惠而好我，携手同行。"佳人，美好的人，指君子贤人。《楚辞·九章·悲回风》："惟佳人之永都兮，更统世而自贶。"

（3）残红，凋残的花，落花。唐王建《宫词》之九十："树头树底觅残红，一片西飞一片东。"

（4）几许，多少，若干。《古诗十九首·迢迢牵牛星》："河汉清且浅，相去复几许。"

（5）隋堤，隋炀帝时沿通济渠、邗沟河岸修筑的御道，道旁植杨柳，后人谓之隋堤。唐韩琮《杨柳枝》诗："梁苑隋堤事已空，万条犹舞旧东风。"溶溶，水流盛大之状。《楚辞·刘向〈九叹·逢纷〉》："扬流波之潢潢兮，体溶溶而东回。"王逸注："溶溶，波貌也。"

（6）归鸿，归雁，诗文中多用以寄托归思。三国魏嵇康《赠秀才入军》诗之四："目送归鸿，手挥五弦。"

（7）吴中，今江苏苏州一带，亦泛指吴地。《史记·项羽本纪》："项梁杀人，与籍避仇于吴中。"

（8）彭城，古县名。原始社会末期，尧封彭祖于今徐州市区所在地，为大彭氏国，徐州称彭城。春秋时宋邑，秦置县。治所在今江苏徐州。

（9）泗，泗水。泗水源出山东泗水东蒙山南麓，四源并发，故名。淮，淮河，中国长江和黄河之间的大河。发源于桐柏山，原注入黄海，后因黄河改道，淤高下游河床后，它才流入洪泽湖，经高邮湖入长江。

（10）相思，彼此想念，后多指男女相悦而无法接近所引起的想念。汉苏武《留别妻》诗："生当复来归，死当长相思。"

（11）楚江，楚境内的江河，指长江。唐李白《望天门山》："天门中断楚江开，碧水东流至此回。"

【赏析】

《江城子》，词牌名，又名《村意远》《江神子》《水晶帘》。兴起于晚唐，来源于唐著词曲调，由文人韦庄最早依调创作，此后所作均为单调，直至北宋苏轼时始变单调为双调。有单调四体，字数有三十五、三十六、三十七三种；双调一体，七十字，上下片各七句，五平韵。格律多为平韵格，双调体偶有填仄韵者。代表作有宋苏轼《江城子·密州出猎》《江城子·乙卯正月二十日夜记梦》等。

苏轼于熙宁十年（1077）四月调知徐州，五月到任，历时近两年；元丰二年（1079）三月，苏轼由徐州调至湖州。这首词就是他在离徐后赴湖州途中写的，故曰"别徐州"，又题作"恨别"。词中化用李商隐《无题》诗中"相见时难别亦难，东风无力百花残。春蚕到死丝方尽，蜡炬成灰泪始干"句意，将积郁的愁思注入即事即地的景物之中，抒发了作者对徐州风物人情的无限留恋之情，并在离愁别绪中融入了深沉的身世之感。

词的上阕，写离别时的悲伤。词人以感慨起调，言天涯流落，愁思茫茫，无穷无尽。"天涯流落思无穷"，首句深寓词人的身世之感。苏轼外任多年，类同飘萍，自视亦天涯流落之人。他在徐州仅两年，又调往湖州，南北辗转，这就更增加了他的天涯流落之感。这一句同时也饱含着词人对猝然调离徐州的感慨。"既相逢，却匆匆"，二、三两句，转写自己与徐州人士的交往，对邂逅相逢的喜悦，对骤然分别的痛惜，得而复失的哀怨，溢于言表。"携手佳人，和泪折残红"两句，写他永远不能忘记自己最后离开此地时依依惜别的动人一幕。"携手佳人"，借与佳人乍逢又别的感触言离愁。"和泪折残红"，写作者面对落花，睹物伤怀，情思绵绵，辗转不忍离去，同时也是写离徐的时间，启过拍"为问"三句。"为问东风余几许？春纵在，与谁同"，末三句由残红而想到残春，因问东风尚余几许，感叹纵使春光仍在，而身离徐州，与谁同春？此三句通过写离徐后的孤单，写对徐州的依恋，且笔触一波三折，婉转抑郁。

词的下阕，写离别后的相思。即景抒情，继续抒发上阕未了之情。过片"隋堤三月水溶溶"，是写词人离徐途中的真景，将浩荡的悲思注入东去的三月隋堤那溶溶春水中。"背归鸿，去吴中。回首彭城"三句，亦写途中之景而意极沉痛。春光明媚，鸿雁北归故居，而词人自己却与雁行相反，离开徐州热土，南去吴中湖州。苏轼是把徐州当成了故乡，而自叹不如归鸿。"彭城"即徐州城。"清泗与淮通"暗寓作者不忍离徐，而现实偏偏无情，不得不背鸿而去，故于途中频频回顾，直至去程已远，回顾之中，唯见清澈的泗水由西北而东南，向着淮水脉脉流去。看到泗水，触景生情，自然会想到徐州（泗水流经徐州）。"欲寄相思千点泪，流不到，楚江东"，歇拍三句，即景抒情，于沉痛之中交织着怅惘的情绪。徐州既相逢难再，因而词人欲托清泗流水把千滴相思之泪寄往徐州，无奈楚江（指泗水）东流，相思难寄，令词人不禁怅然若失。托淮泗以寄泪，情真意厚，且想象丰富，造语精警；而楚江东流，又大有"自是人生长恨水长东"之意，感情沉痛怅惘，读之令人肠断。

此词写别恨，采用了化虚为实的艺术手法。作者由分别之地彭城，想到去湖州途中沿泗入淮，向吴中新任所的曲折水路；又由别时之"和泪"，想到别后的"寄泪"。这样，离愁别绪更显深沉哀婉。结句"流不到，楚江东"，别泪千点因春水溶溶而愈见浩荡，犹如一声绵长的浩叹，久远地回响在读者的心头。清况周颐曾说："'真'字是词骨。情真，景真，所作必佳。"（《蕙风词话》卷一）苏轼这首词的突出特点便是"真"，情真，景真，语语真切，抒发了他对徐州风物人情无限留恋之情。

【原文】

卜算子·缺月挂疏桐　黄州定慧院寓居作

缺月挂疏桐[1]，漏断人初静[2]。时见幽人独往来[3]，缥缈孤鸿影[4]。惊起却回头，有恨无人省[5]。拣尽寒枝不肯栖，寂寞沙洲冷[6]。

【毛泽东圈评等情况】

毛泽东曾圈阅这首《卜算子·缺月挂疏桐》。

[参考]张贻玖：《毛泽东评点、圈阅的中国古典诗词》，中国工人出版社1992年版，第246页。

【注释】

（1）缺月，指不圆的月亮。唐杜甫《宿凿石铺》："缺月殊未生，青灯死分翳。"王洙注："缺，残也。"

（2）漏，指更漏，古人计时用的漏壶。漏断即深夜。

（3）幽人，幽居的人，形容孤雁。《易·履卦》："幽人贞吉。"其义为幽囚，引申为幽静、优雅。

（4）缥缈，隐隐约约，若有若无。孤鸿，唐张九龄《感遇十二首》之四："孤鸿海上来。"

（5）省（xǐng），理解，明白。"无人省"，犹言"无人识"。

（6）洲，江河中由泥沙淤积而成的陆地。

【赏析】

《卜算子》，词牌名，北宋时盛行此曲。清万树《词律》以为取义于"卖卜算命之人"。双调，四十四字，上下片各两仄韵。宋教坊复演为慢曲，《乐章集》入"歇指调"，八十九字，前片四仄韵，后片五仄韵。

据史料记载，此词为宋神宗元丰五年（1082）十二月或宋神宗元丰六年（1083）初作于黄州，定慧院在今天的湖北黄冈东南，又作定惠院，苏轼另有《游定惠院记》一文。由上可知这首词是苏轼初贬黄州寓居定慧院时所作。苏轼因所谓的"乌台诗案"，被贬为黄州团练副使，自宋神宗元丰三年（1080）二月至黄州，至元丰七年（1084）六月移汝州，在黄州贬所居住四年多。苏轼被贬黄州后，连生活都很困难，但他是乐观旷达的，率领全家努力度过了生活难关，但内心深处的幽独与寂寞是他人无法理解的。在这首词中，作者借月夜孤鸿这一形象托物寓怀，表达了孤高自许、蔑视流俗的心境和政治上遭受打击、生活上找不到出路的苦闷心情。

词的上阕写深夜院中所见的景色。"缺月挂疏桐，漏断人初静。"开头二句营造了一个夜深人静、月挂疏桐的孤寂氛围，为"幽人""孤鸿"的出场作铺垫。"漏"指古人计时用的漏壶，"漏断"即指深夜。在漏壶水尽、更深人静的时候，苏轼步出庭院，抬头望月，这是一个非常孤寂的夜晚。月儿似乎也知趣，从稀疏的桐树间透出清晖，像是挂在枝桠间。这两句出笔不凡，渲染出一种孤高的境界。接下来的两句说："时见幽人独往来，缥缈孤鸿影。"周围是那么宁静幽寂，在万物入梦的此刻，没有谁像自己这样在月光下孤寂地徘徊，就像是一只孤单飞过天穹的凄清的大雁。先是点出一位独来独往、心事浩茫的"幽人"形象，随即轻灵飞动地由"幽人"而"孤鸿"，使这两个意象产生对应和契合，让人联想。"幽人"原指幽囚之人，此处作含冤之人解，作者自指。作者那孤高的心境，正像缥缈若仙的孤鸿之影。这两句，既是实写，又通过人、鸟形象的对应、嫁接，极富象征意味和诗意之美地强化了"幽人"的超凡脱俗。物我同一，互为补充，使孤独的形象更具体感人。

下阕，更是把鸿与人同写，"惊起却回头，有恨无人省"。这是直写自己孤寂的心境。人孤独的时候，总会四顾，但找到的却是更多的孤独，"有恨无人省"，没有谁能理解自己孤独的心。世无知音，孤苦难耐，情何以堪？"拣尽寒枝不肯栖，寂寞沙洲冷。"写孤鸿遭遇不幸，心怀幽恨，惊恐不已，在寒枝间飞来飞去，拣尽寒枝不肯栖息，只好落宿于寂寞荒冷的沙洲，度过这样寒冷的夜晚。这里，词人以象征手法，匠心独运地通过鸿的孤独缥缈，惊起回头、怀抱幽恨和选求宿处，表达了作者贬谪黄州时期的孤寂处境和高洁自许、不愿随波逐流的心境。作者与孤鸿惺惺相惜，以拟人化的手法表现了孤鸿的心理活动，把自己的主观感情加以对象化，显示了高超的艺术技巧。

这首词意境高旷洒脱、绝去尘俗，得益于高妙的艺术技巧。作者"以性灵咏物语"，取神题外，意中设境，托物寓人；对孤鸿和月夜环境背景的描写中，选景叙事均简约凝练，空灵飞动，含蓄蕴藉，生动传神，具有高度的典型性。宋黄庭坚评此词说："语意高妙，似非吃烟火食人语，非胸中有万卷书，笔下无一点尘俗气，孰能至此！"清黄蓼园《蓼园词选》谓："语语双关，格奇而语隽，斯为超诣神品。"

【原文】

水龙吟·似花还似非花　次韵章质夫杨花词

似花还似非花(1)，也无人惜从教坠(2)。抛家傍路，思量却是，无情有思(3)。萦损柔肠(4)，困酣娇眼(5)，欲开还闭。梦随风万里，寻郎去处，又还被、莺呼起⁽⁶⁾。　　　　不恨此花飞尽，恨西园、落红难缀⁽⁷⁾。晓来雨过，遗踪何在⁽⁸⁾？一池萍碎⁽⁹⁾。春色三分⁽¹⁰⁾，二分尘土，一分流水。细看来，不是杨花，点点是离人泪⁽¹¹⁾。

【毛泽东圈评等情况】

毛泽东曾圈阅这首《水龙吟·似花还似非花》。

[参考] 张贻玖：《毛泽东评点、圈阅的中国古典诗词》，中国工人出版社 1992 年版，第 246 页。

【注释】

（1）似花还似非花，古人把柳絮当花，又觉得它不是花，故云。

（2）从教，任凭，听任。宋韦骧《菩萨蛮》词："白发不须量，从教千丈长。"

（3）无情有思，言杨花看似无情，却自有它的愁思。用唐韩愈《晚春》诗："杨花榆荚无才思，唯解漫天作雪飞。"这里反用其意。思，心绪，情思。

（4）萦，萦绕、牵念。柔肠，柳枝细长柔软，故以柔肠为喻。用唐白居易《杨柳枝》诗："人言柳叶似愁眉，更有愁肠如柳枝。"

（5）困酣，困倦之极。娇眼，美人娇媚的眼睛，比喻柳叶。古人诗赋中常称初生的柳叶为柳眼。

（6）"梦随"三句，用唐金昌绪《春怨》诗："打起黄莺儿，莫教枝上啼。啼时惊妾梦，不得到辽西。"

（7）西园，园林名。落红，落花。缀，连结。

（8）遗踪，旧址，遗迹。晋潘岳《西征赋》："眺华岳之阴崖，睹高掌之遗踪。"

（9）一池萍碎，苏轼自注："杨花落水为浮萍，验之信然。"

（10）春色，春天的景色。南朝齐谢朓《和徐都曹》："宛洛佳遨游，春色满皇州。"这里指杨花。

（11）"细看来"三句，宋曾季狸《艇斋词话》说是化用唐诗"君看陌上梅花红，尽是离人眼中血"。

【赏析】

《水龙吟》，词牌名，又名《水龙吟令》《水龙吟慢》《鼓笛慢》《小楼连苑》《海天阔处》《庄椿岁》《丰年瑞》。此调以苏轼《水龙吟·露寒烟冷兼葭老》为正体，双调一百零二字，前段十一句四仄韵，后段十一句五仄韵。另有双调一百零二字，前段十一句五仄韵，后段十句四仄韵等二十四种变体。代表作品有苏轼《水龙吟·似花还似非花》等。

这首咏物词约作于宋神宗元丰四年（1081），时为苏轼因"乌台诗案"被贬黄州谪居的第二年。章楶，字质夫，北宋名将、诗人。是苏轼的同僚和好友。他作有咏杨花的《水龙吟·燕忙莺懒芳残》。苏轼的这一首是次韵之作，即依照别人词的原韵，作词答和，连次序也相同的叫"次韵"或"步韵"。苏轼在一封给章质夫的信中说："《柳花》词妙绝，使来者何以措词。本不敢继作，又思公正柳花飞时出巡按，坐想四子，闭门愁断，故写其意，次韵一首寄云，亦告以不示人也。"有人认为这首词作于哲宗元祐二年（1087），时苏轼与章楶同在京城，交往频繁。但信中提到章质夫"正柳花飞时"出任巡按，则与元丰四年（1081）四月章出为荆湖北路提点刑狱的经历及季节特征相吻合。故定为元丰四年更为妥当。

苏词向以豪放著称，但也有婉约之作，这首《水龙吟》即为其中之一。它借暮春之际"抛家傍路"的杨花，化"无情"之花为"有思"之人，"直是言情，非复赋物"，幽怨缠绵而又空灵飞动地抒写了带有普遍性的离愁。

上阕首句"似花还似非花"，正面写杨花，出手不凡，耐人寻味。它既咏物象，又写人言情，准确地把握住了杨花那"似花非花"的独特"风流标格"：说它"非花"，它却名为"杨花"，与百花同开同落，共同装点春光，送走春色；说它"似花"，它色淡无香，形态细小，隐身枝头，从不为人注目爱怜。次句承以"也无人惜从教坠"。一个"坠"字，赋杨花之飘落；一个"惜"字，有浓郁的感情色彩。"无人惜"，是说天下惜花者虽多，惜杨花者却少。此处用反衬法暗蕴缕缕怜惜杨花的情意，并为下阕雨后觅踪伏笔。"抛家傍路，思量却是，无情有思"三句，承上"坠"字写杨花离枝坠地、飘落无归情状。不说"离枝"，而言"抛家"，貌似"无情"，犹如唐韩愈所谓"杨花榆荚无才思，惟解漫天作雪飞"（《晚春》），实则"有思",一似唐杜甫所称"落絮游丝亦有情"(《白丝行》)。咏物至此,已见拟人端倪,亦为下文花人合一张本。"萦损柔肠,困酣娇眼,欲开还闭",这三句由杨花写到柳树,又以柳树喻指思妇、离人,可谓咏物而不滞于物,匠心独具,想象奇特。以下"梦随风万里,寻郎去处,又还被、莺呼起"数句化用唐人金昌绪《春怨》诗意,借杨花之飘舞以写思妇由怀人不至引发的恼人春梦,咏物生动真切,言情缠绵哀怨,可谓缘物生情,以情映物,情景交融,轻灵飞动。

下阕开头"不恨此花飞尽,恨西园、落红难缀",作者在这里以落红陪衬杨花,曲笔传情地抒发了对于杨花的怜惜。继之由"晓来雨过"而问询杨花"遗踪何在",进一步烘托出离人的春恨。"一池萍碎"即是回答"遗踪何在"的问题。以下三句"春色三分,二分尘土,一分流水",是一种想象奇妙而兼以极度夸张的手法。这里,数字的妙用传达出作者的一番惜花伤春之情。至此,杨花的最终归宿,和词人的满腔惜春之情水乳交融,将咏物抒情的题旨推向高潮。篇末"细看来,不是杨花,点点是离人泪"一句,总收上文,既干净利索,又余味无穷。它由眼前的流水,联想到思妇的泪水;又由思妇的点点泪珠,映带出空中的纷纷杨花,可谓虚中有实,实中见虚,虚实相间,妙趣横生。这一情景交融的神来之笔,与上阕首句"似花还似非花"相呼应,画龙点睛地概括、烘托出全词的主旨,达成余音袅袅的效果,实为显志之笔,千百年来为人们反复吟诵、玩味,堪称神来之笔。

近南宋朱弁说:"章质夫杨花词,命意用事,潇洒可喜。东坡和之,若豪放不入律吕。徐而视之,声韵谐婉,反觉章词有织绣工夫。"(《曲洧旧闻》)近代学者王国维说:"东坡杨花词,和韵而似原唱;章质夫词原唱而似和韵。"(《人间词话》)现代词学家唐圭璋评论道:"此词是和作。咏物拟人,缠绵多态。词中刻画了一个思妇的形象。萦损柔肠,困酣娇眼,随风万里,寻郎去处,是写杨花,亦是写思妇,可说是遗貌而得其神。而杨花飞尽化作'离人泪',更生动地写出她候人不归所产生的幽怨。能以杨花喻人,在对杨花的描写过程中,完成对人物形象的塑造。这比章质夫的闺怨词要高一层。"(《唐宋词选注》)

水龙吟·小舟横载春江 并序

闾丘大夫孝终公显，尝守黄州，作栖霞楼，为郡中胜绝。元丰五年，余谪居黄。正月十七日，梦扁舟渡江，中流回望，楼中歌乐杂作。舟中人言："公显方会客也。"觉而异之，乃作此曲，盖越调《鼓笛慢》。公显时已致仕，在苏州。

小舟横截春江⁽¹⁾，卧看翠壁红楼起⁽²⁾。云间笑语⁽³⁾，使君高会⁽⁴⁾，佳人半醉⁽⁵⁾。危柱哀弦⁽⁶⁾，艳歌余响，绕云萦水⁽⁷⁾。念故人老大⁽⁸⁾，风流未减⁽⁹⁾，独回首、烟波里。　　推枕惘然不见⁽¹⁰⁾，但空江、月明千里。五湖闻道，扁舟归去，仍携西子⁽¹¹⁾。云梦南州⁽¹²⁾，武昌东岸⁽¹³⁾，昔游应记。料多情梦里⁽¹⁴⁾，端来见我⁽¹⁵⁾，也参差是⁽¹⁶⁾。

【毛泽东圈评等情况】

毛泽东曾圈阅这首《水龙吟·小舟横截春江》。

[参考] 张贻玖：《毛泽东评点、圈阅的中国古典诗词》，中国工人出版社1992年版，第246页。

【注释】

（1）横截，横渡。汉陈琳《檄吴将校部曲文》："江夏、襄阳诸军，横截湘沅，以临豫章。"春江，春天的江。唐张若虚《春江花月夜》诗："滟滟随波千万里，何处春江无月明！"此指长江。

（2）翠壁红楼，翠绿的墙壁，红色的楼房。红楼，红色的楼，泛指华美的楼房。唐段成式《酉阳杂俎续集·寺塔记上》："长乐坊安国寺红楼，睿宗在藩时舞榭。"

（3）云间，指远离尘世的地方。

（4）使君，汉以后对州郡长官的尊称。西晋陈寿《三国志·蜀志·刘璋传》："（张松）还，疵毁曹公，劝璋自绝，因说璋曰：'刘豫州，使君之肺腑，可与交通。'"

（5）佳人，美好的人，指君子贤人。《楚辞·九章·悲回风》："惟佳人之永都兮，更统世而自贶。"

（6）危柱哀弦，指乐声凄绝。柱，筝瑟之类乐器上的枕木。危，高，谓定音高而厉。

（7）"艳歌余响"两句，用秦青"响遏行云"典故。《列子·汤问》："薛谭学讴于秦青，未穷青之技，自谓尽之，遂辞归。秦青弗止。饯于郊衢，抚节悲歌，声振林木，响遏行云。薛谭乃谢求反，终身不敢言归。"

（8）故人，旧交，老友。《庄子·山木》："夫子出于山，舍于故人之家。"老大，年纪大。宋郭茂倩《乐府诗集·相和歌辞五·长歌行》："少壮不努力，老大徒伤悲。"

（9）风流，风度。唐房玄龄等《晋书·谢混传》："谢晦谓刘裕曰：'陛下应天受命，登坛日恨不得谢益寿奉玺绂。'裕亦叹曰：'吾甚恨之，使后生不得见其风流！'"

（10）惘然，迷糊不清之状。唐李商隐《锦瑟》诗："此情可待成追忆，只是当时已惘然。"

（11）"五湖"三句，相传范蠡相越平吴之后，携西施，乘扁舟泛五湖而去。这里借此想象公显致仕后的潇洒生涯。五湖，古代吴越地区湖泊。其说不一。汉赵晔《吴越春秋·夫差内传》："入五湖之中。"徐天祐注引韦昭曰："胥湖、蠡湖、洮湖、滆湖，就太湖而五湖。"扁（piān）舟，小船。《史记·货殖列传》："范蠡既雪会稽之耻，乃喟然而叹曰：'计然之策七，越用其五而得意。既已施于国，吾欲用之家。'乃乘扁舟浮于江湖。"西子，指西施，西施与王昭君、貂蝉、杨玉环并称为中国古代四大美女，其中西施居首，是美的化身和代名词。

（12）云梦南州，指黄州，因其在古云梦泽之南。

（13）武昌东岸，亦指黄州。武昌，今湖北鄂州。

（14）多情，指钟情的人。宋张先《南乡子·京口》词："春水一篙残照阔，遥遥。有个多情立画桥。"

（15）端来，准来，真来。

（16）参差，依稀、约略。唐白居易《长恨歌》："中有一人字太真，雪肤花貌参差是。"后三句悬想对方梦见自己。

【赏析】

此词元丰五年（1082）正月十七日作于黄州，题一作《黄州梦过栖霞楼》，当为后人所改。苏轼这首词中写了一场梦，而梦的对象是早先曾在黄州任知州的闾丘孝终（字公显）。

这首词前面的小序交代了背景和写作经过，有助于理解和把握词人的情怀。虽然是写梦，但一开篇却像是正在展开的、令人兴致飞扬的现实生活。小序中的"闾丘大夫孝终公显"，即闾丘孝终，字公显，苏州人，曾做过黄州太守。大夫，是对他的尊称。苏轼作黄州通判时，曾于熙宁七年（1074）五月在他家饮宴，作有《苏州闾丘、江君二家雨中饮酒》诗二首。栖霞楼，北宋初王义庆建，闾丘孝终做黄州太守时重建，位于赤壁矶（今称黄州赤壁）的最高处，楼极宏丽，因楼被山面江，正对落日，夕阳西下，晚霞映照西天，染红大江，照射楼台上下，风景极为佳丽，因而命名为栖霞楼。

苏轼这首词写梦中遇见闾丘孝终在栖霞楼与友人高会，表现了作者对闾丘孝终的思念之情。词的上阕记梦，写的是梦中幻觉。"小舟横截春江，卧看翠壁红楼起。"开头二句突兀而起，直入本题，紧紧扣住题中"梦扁舟渡江，中流回望"，引出栖霞楼。"横截春江"，就是序中所说的"扁舟渡江"。"横截"，就是横渡。长江波深浪阔，渡江的工具不过是古代的木帆船，而句中所用的警示极快的"横截"二字，可见词人那种飘飘欲仙的豪迈之气。"卧看"，意态闲逸。又因在舟中"卧看"高处，岸上的翠碧红楼必然更有矗天之势。春江水是横向展开的，"翠碧红楼"是纵向的。一纵一横，飞动而开展的图景如在眼前。"云间笑语，使君高会，佳人半醉。危柱哀弦，艳歌余响，绕云萦水。"以下六句写闾丘公显在栖霞楼宴会宾客，席上笑语，飞出云间；美人半醉，伴随弦乐唱着艳歌，歌声响遏行云，萦回于江面。这里从听觉感受，写出乐宴的繁华。而由于词人是在舟中，并非身临高会，所以生出遐想和怅望："念故人老大，风流未减，独回首、烟波里。"前两句由对宴会的描写，转入对公显的评说，着重点其"风流"。后二句回首往事，从怅望里写出茫茫烟波和渺渺情怀。虽是那种特定环境中的情与景，但扑朔迷离，已为向下片过渡做了准备。

下阕写情思。"推枕惘然不见，但空江、月明千里。"换头处二句，把上阕那些真切得有如实际生活的描写，一笔宕开。仅仅十三个字，就写出了由梦到醒的过程，乃至心情与境界的变化。"惘然不见"点心境，与下句"空江、月明千里"实际上是点与染的关系。醒后周围景色空旷，与梦中繁华对照，更加重了惘然失落之感。不过，正因为茫然失落，而又面对江月千里的浩淼景象，更容易引起浮想联翩。以下至篇末，即由此产生三重想象。"五湖闻道，扁舟归去，仍携西子。"是想象中公显的现实境况：他过着退休生活，像范蠡一样，携同西子（美人），游览五湖。"仍携西子"应上面"风流未减""佳人半醉"等描写，见出公显的生活情调一如既往。"云梦南州，武昌东岸，昔游应记。"追思公显。作者曾在这梦之南、武昌之东的黄州一带游览，其情其景，仍然留在公显与作者记忆里。"料多情梦里，端来见我，也参差是。"进一步推想重拾情谊的老友，会在梦中前来相见，刚才那真切的情景，差不多就是吧。这三层，由设想对方处境，一直到设想"梦来见我"，回应了上阕，首尾相合，构成一个艺术整体。而在行文上，由"江月"到"五湖"，到武昌东岸，再由昔游引出今梦。种种意念活动互相发生，完全如行云流水之自然。

作者写一场美好的梦，所梦的故人风流自在，重视情谊，彼此间既有美好的昔游，又有似真似幻的"梦来见我"的精神交会，给人的直感是浪漫的，令人神往的。此词手笔、章法都得到评家称赏，清郑文焯《大鹤山人词话》云："突兀而起，仙乎仙乎。'翠壁'句崭新，不露雕琢痕。上阕全写梦境，空灵中杂以凄厉，过片始言情，有沧波浩渺之致，真高格也。'云梦'二句，妙能写闲中情景，煞拍不说梦，偏说梦来见我，正是词笔高浑，不犹人处。"

浣溪沙·山下兰芽短浸溪

游蕲水清泉寺，寺临兰溪水而西

山下兰芽短浸溪⁽¹⁾，松间沙路净无泥，潇潇暮雨子规啼⁽²⁾。　谁道人生无再少⁽³⁾？门前流水尚能西⁽⁴⁾！休将白发唱黄鸡⁽⁵⁾。

【毛泽东圈评等情况】

毛泽东曾圈阅这首《浣溪沙·山下兰芽短浸溪》。

[参考]张贻玖：《毛泽东评点、圈阅的中国古典诗词》，
中国工人出版社1992年版，第246页。

【注释】

（1）短浸溪，指初生的兰芽浸润在溪水中。

（2）潇潇，形容雨声。子规，杜鹃鸟，相传为古代蜀帝杜宇之魂所化，亦称"杜宇"，鸣声凄厉，诗词中常借以抒写羁旅之思。

（3）无再少，不能回到少年时代。"无"，《词综》作"难"。

（4）门前流水尚能西，流水照例向东，这里以溪水西流为例说明事物都在发生变化。

（5）白发，指老年。唱黄鸡，感慨时光流逝，人生不可能长久。因黄鸡可以报晓，表示时光流逝。"休将白发唱黄鸡"，反用白居易的诗句，意为不要叹息年华易逝。白居易在《醉歌示妓人商玲珑》一诗中，写到"黄鸡催晓丑时鸣"，称"黄鸡催晓""白日催年"，人就是在黄鸡的叫声、白日的流动中一天天变老的，因此他慨叹"腰间红绫系未稳，镜里朱颜看已失"。苏轼在这里反其意而用之："休将白发唱黄鸡。""黄鸡"，指代白居易诗中对年华易逝的感慨。

【赏析】

《浣溪沙》，原为唐教坊曲名，后用为词牌名。此调分平仄两体，字数以四十二字居多，另有四十四字和四十六字两种。最早采用此调的是唐人韩偓，通常以其词《浣溪沙·宿醉离愁慢髻鬟》为正体，另有四种变体。正体双调四十二字，上片三句三平韵，下片三句两平韵。此调音节明快，为婉约、豪放两派词人所常用。代表作有晏殊《浣溪沙·一曲新词酒一杯》、厉声教《浣溪沙·甲戌年夏梦曲院荷花》、秦观《浣溪沙·漠漠轻寒上小楼》等。

这首词写于宋神宗元丰五年（1082）春。三月七日，苏轼到黄州东南三十里的沙湖察看置买的田地，不幸得了臂疾。他听说麻桥庞安常医道高明，便去求治，在庞家留住数日。庞安常用针灸疗法给他治好了病。病愈后，他同庞安常一起到蕲春清泉寺游玩。清泉寺位于蕲水郭门外二里许，有王羲之洗笔泉，水极甘洌。寺临兰溪。我国的地理特点是西北高、东南低，所以一般大小河流都是从西向东流，而兰溪却向西流。对这一自然现象，苏轼有感而发，写下了这首词。作品一反叹老伤时的调子，表现出虽然身处逆境、仍然积极乐观的精神面貌。

词的上阕写景，写暮春游清泉寺所见之幽雅景致。"山下兰芽短浸溪"，首句写兰溪，是说山下溪水潺湲，溪边的兰草才抽出嫩芽，蔓延浸泡在溪水中。此句一方面点出兰溪名字的由来，另一方面又告诉读者他们游兰溪的时间是在兰芽刚刚出土的春季。"松间沙路净无泥"，第二句写松间小路。是说松柏夹道的沙石小路，经过春雨的冲刷，洁净无泥。以上两句是静态描写，给人以凡尘洗净的清新之感。"潇潇暮雨子规啼"一句转写人物动态，是说时值日暮，松林间的杜鹃在潇潇细雨中啼叫着。这是一幅多么幽美宁静的山林景致啊！首七字既点出游清泉寺时的时令，也点明兰溪之名的由来。"浸"字与"皋兰被径兮，斯路渐"（《楚辞·招魂》）中的"渐"字一样，均有"蔓延"之意。兰草此际始出"芽"，其芽尚"短"，但生机勃勃，长势很快，已由岸边蔓延至溪水中矣。杜鹃啼声凄婉，本是易引发羁旅之愁的。但作者此际漫步溪边，触目无非生意，浑然忘却尘世的喧嚣和官场的污秽，心情是愉悦的。兼之疾病始愈，有医者相伴游赏，故杜鹃的啼叫亦未能搅乱作者此时之清兴。总之，上阕只是写实景，其内心所唤起的应是对大自然的喜爱及对人生的回味，这就引出了下阕对人生的哲思。

下阕抒情。"谁道人生无再少？门前流水尚能西"二句就眼前"溪水西流"之景生发感慨和议论。"百川东到海，何时复西归。"（汉《长歌行》）"花有重开日，人无再少时。"江水的东流不返，正如人的青春年华只有一次一样，都是不可抗拒的自然规律，曾使古今无数人为之悲叹。而作者此际面对着眼前西流的兰溪水，却产生奇妙的遐想：既然溪水可以西流，人为什么不可以重新拥有青春年华呢？人生之"再少"，非如道教徒所企求的"返老还童"，乃是说应保持一种年轻的乐观的心态。因为人并不能改变这个世界；人所能改变的，仅仅是对这个世界的态度和看法。"休将白发唱黄鸡"，末句是作者自勉，也是自励。唐人白居易《醉歌》诗有"谁道使君不解歌，听唱黄鸡与白日。黄鸡催晓丑时鸣，白日催年酉前没。腰间红绶系未稳，镜里朱颜看已失"诸句，乃嗟老叹衰之词也。作者尾句反用其意，认为即使到了暮年，也不应有那种"黄鸡催晓""朱颜已失"的衰颓心态，体现了作者在贬谪期间旷达振作的积极的人生态度和精神状态。

【原文】

念奴娇·赤壁怀古

大江东去[1]，浪淘尽[2]、千古风流人物[3]。故垒西边[4]，人道是：三国周郎赤壁[5]。乱石崩云[6]，惊涛裂岸[7]，卷起千堆雪[8]。江山如画，一时多少豪杰[9]。　　遥想公瑾当年[10]，小乔初嫁了[11]，雄姿英发[12]。羽扇纶巾[13]，谈笑间，樯橹灰飞烟灭[14]。故国神游[15]，多情应笑我，早生华发[16]。人生如梦[17]，一尊还酹江月[18]。

【毛泽东圈评等情况】

毛泽东曾手书这首《念奴娇·大江东去》。

[参考] 中央档案馆编：《毛泽东手书古诗词》，文物出版社、档案出版社 1984 年版，第 186—187 页。

【注释】

（1）大江，指长江。

（2）浪淘尽，被长江滚滚的波浪冲洗掉。淘，冲洗，冲刷。

（3）风流人物，指杰出的英雄人物。风流，英俊的、杰出的。

（4）故垒，过去遗留下来的营垒。

（5）周郎，指三国时吴国名将周瑜，字公瑾，少年得志，二十四岁时为中郎将，掌管东吴重兵，吴中皆呼为"周郎"。下文中的"公瑾"，即指周瑜。·

（6）乱石崩云，一作"乱石穿空"。

（7）惊涛，震慑人心的波涛。三国魏曹丕《沧海赋》："惊涛暴骇，腾涌澎湃。"裂，亦作"拍"。

（8）雪，比喻浪花。南唐李煜《渔夫词》："浪花有意千重雪。"

（9）豪杰，指才能出众的人。《管子·七法》："收天下之豪杰，有天下之骏雄。"

（10）遥想，形容想得很远，回忆。

（11）小乔初嫁了（liǎo），西晋陈寿《三国志·吴志·周瑜传》载，周瑜从孙策攻皖，"得桥公两女，皆国色也。策自纳大桥，瑜纳小桥"。乔，本作"桥"。其时距赤壁之战已经十年，此处言"初嫁"，是言其少年得意，倜傥风流。

（12）雄姿英发（fā），谓周瑜体貌不凡，言谈卓绝。英发，谈吐不凡，见识卓越。西晋陈寿《三国志·吴志·吕蒙传》载孙权论吕蒙的学问谋略可以比周瑜："但言议英发，不及之耳。"

（13）羽扇纶（guān）巾，古代儒将的便装打扮。羽扇，羽毛制成的扇子。纶巾，青丝制成的头巾。此是形容周瑜的从容闲雅。

（14）樯橹（qiáng lǔ），这里代指曹操的水军战船。樯，挂帆的桅杆。橹，一种摇船的桨。

（15）故国神游，"神游故国"的倒文。故国，这里指旧地，当年的赤壁战场。神游，于想象、梦境中游历。

（16）"多情"二句，"应笑我多情，早生华发"的倒文。华发（fà），花白的头发。

（17）人生如梦，亦作"人生若梦"。人的一生就好像一场梦，比喻世事不定，生命短促。人生，一作"人间"。

（18）一尊还（huán）酹（lèi）江月，古人祭奠以酒浇在地上祭奠。这里指洒酒酬月，寄托自己的感情。尊，通"樽"，酒杯。

【赏析】

《念奴娇》，词牌名，又名《百字令》《酹江月》《大江东去》《壶中天》《湘月》等。双调一百字，前后阕各四仄韵，一韵到底。本调不甚拘平仄，但常用入声韵。上下阕后七句字数平仄相同。"念奴"，唐朝天宝年间的著名歌妓，"善歌唱……声出于朝霞之上，虽钟鼓笙竽，嘈杂而莫能遏"（五代王仁裕《开元天宝遗事·眼色媚人》）。传说唐玄宗曾亲自作曲填词，命念奴歌唱，果然娇滴滴如夜莺啼鸣，婉转转似百灵放歌，活泼泼如鸳鸯戏水。玄宗龙颜大悦，遂将此曲定名为"念奴娇"。

这首词是苏轼 47 岁谪居黄州游赤壁时写的。通过对赤壁的雄奇景色的描写，表现了诗人对三国的周瑜谈笑破敌的英雄业绩的向往，抒发了诗人凭吊古迹而引起的自己功业无成而白发已生的感慨。

上阕写景。"大江东去，浪淘尽、千古风流人物。"词一开始，以一泻千里、日夜东流的长江着笔，给人以突兀峥嵘、震惊耳目的感觉。"大江东去"四字，概括出汹涌澎湃的万里长江向东流去的特点。"浪淘尽、千古风流人物"。随着时光的流逝，千古以来的"风流人物"和他们的英雄业绩已成历史陈迹；如同长江的浪花一样，他们那美好的形象和青春的生命直奔大海，再不回头。"故垒西边，人道是：三国周郎赤壁。""故垒"二字，写出了古代战场的遗址如在目前。"西边"一词，点明方位，有亲临其境的真实感。"人道是"三字，借人们的传说加以证实，深化"怀古"的感情色彩，使人倍感亲切。"三国周郎赤壁"，由时代、人物、地点三个不同性质的名词，组成一幅历史风云的画卷，将"赤壁之战"的图景呈现于读者的面前。"乱石崩云，惊涛裂岸，卷起千堆雪。"第一句写石，将陡峭峥嵘的石壁直插云天的险峻，形象贴切地描绘了出来。第二句写涛，不但写出了波涛粗野凶暴的性格，而且还描述了急流澎湃的气势，同时仿佛可以听到狂涛拍岸的吼声，看到它不可阻挡的威力。第三句写"裂岸"后的"惊涛"所出现的浪花飞溅的奇丽景象。这三句写景，真是字字珠玑，历历在目。"江山如画，一时多少豪杰。"这两句是上、下片转折的枢纽。"江山如画"，是对上面所描写的雄伟江山的总括评价。"一时多少豪杰"，虽赞颂周郎，但包括讴歌历代的无数英雄在内。诗人在这里，把"如画"的江山和众多的"豪杰"联缀交织成词，创造出一种高尚隽美的意境，使人肃然起敬，并为之向往、倾倒。

下阕怀古。"遥想公瑾当年，小乔初嫁了，雄姿英发。"过片这三句描写周瑜风华正茂的形象。"小乔初嫁了"，这句写入词中非等闲笔墨。"小乔"，是乔玄的小女，是当时有名的美人。周郎与她结婚是在建安三年（198），到赤壁之战的时候，他俩成为夫妇已经 10 年了。这里写"初嫁"，不是诗人的一时疏忽，而是着意渲染词的浪漫气氛，这对塑造"雄姿英发"的周郎形象起着稍加点染、全篇生色的艺术效果。"羽扇纶巾"，周瑜手执羽扇，头戴纶巾，表明他虽为武将，却有文士的风度，这样就突出了周瑜蔑视强敌的英雄气概。"谈笑间、樯橹灰飞烟灭。""谈笑间"三字，字字千斤，力透纸背，充分反映了周瑜当年赤壁破曹时那种轻而易举的神态。"樯橹"，指曹操的军队，含有贬义。"灰飞烟灭"，火烧赤壁的情景和曹操覆灭的惨象逼真地再现出来了，给读者留下难忘的印象。"故国神游，多情应笑我，早生华发。"心神仿佛游到三国时代周瑜立功的地方，应笑我自己多愁善感，早已生出白发来了。这三句是诗人抒发的感慨。上面怀古，这里抒情，这个情是由怀古而派生出来的。"人生如梦，一尊还酹江月。"消极感伤的情调，产生着极不健康的影响，读时值得注意。同时也应该看到：以酒祭奠江月，这是诗人一种无可奈何的精神苦闷的反映，是有志为国而不能施展怀抱的情绪的流露。"江月"既照应首句，又点明时间，增强了词的优美抒情气氛，使词的情调刚柔相济、浓淡有度。词中所描绘的"乱石""惊涛"的赤壁景色，"雄姿英发"的周郎形象，相映生辉，各臻其妙，为历代读者所传诵。宋俞文豹《吹剑续录》："东坡在玉堂，有幕士善歌，因问：'我词比柳七何如？'对曰：'柳郎中词，只好合十七八女孩儿，执红牙笏板，歌"杨柳岸，晓风残月"。学士词，须关西大汉，铜琵琶执铁板，唱"大江东去"。'公为之绝倒。"宋胡仔《苕溪渔隐丛话》卷五十九："东坡'大江东去'赤壁词，语意高妙，真古今绝唱。"

【原文】

醉翁操·琅然 并序

琅琊幽谷，山水奇丽，泉鸣空涧，若中音会，醉翁喜之，把酒临听，辄欣然忘归。既去十余年，而好奇之士沈遵闻之往游，以琴写其声，曰《醉翁操》，节奏疏宫而音指华畅，知琴者以为绝伦。然有其声而无其辞。翁虽为作歌，而与琴声不合。又依《楚词》作《醉翁引》，好事者亦倚其辞以制曲。虽粗合韵度而琴声为词所绳的，非天成也。后三十余年，翁既捐馆舍，遵亦没久矣。有庐山玉涧道人崔闲，特妙于琴，恨此曲之无词，乃谱其声，而请于东坡居士以补之云。

琅然[(1)]，清圆[(2)]。谁弹？响空山。无言。惟翁醉中知其天。月明风露娟娟[(3)]。人未眠。荷蒉过山前，曰有心也哉此贤[(4)]。　　醉翁啸咏，声和流泉[(5)]。醉翁去后，空有朝吟夜怨。山有时而童颠[(6)]，水有时而回川[(7)]。思翁无岁年[(8)]，翁今为飞仙[(9)]。此意在人间，试听徽外三两弦[(10)]。

【毛泽东圈评等情况】

毛泽东曾圈阅这首《醉翁操·琅然》。

[参考] 张贻玖：《毛泽东评点、圈阅的中国古典诗词》，
中国工人出版社 1992 年版，第 246 页。

【注释】

（1）琅然，象声词，声音清朗。宋欧阳修《归田录》卷二："（宋公垂）讽诵之声，琅然闻于远近。"

（2）清圆，声音清亮圆润。宋苏辙《赠杭僧道潜》诗："赋形已孤洁，发响仍清圆。"

（3）娟娟，姿态柔美的样子。唐杜甫《狂夫》："风含翠篠娟娟静，雨裛红蕖冉冉香。"

（4）荷蒉过山前，曰有心也哉此贤，《论语·宪问》："子击磬于卫，有荷蒉而过孔氏之门者。曰："有心哉，击磬乎！"荷蒉，背着草筐，此喻懂得音乐的隐士。蒉，草编的筐子。

（5）醉翁啸咏，声和流泉，谓欧阳修吟咏之声跟山间泉水之声相应。

（6）童颠，山顶光秃。《释名·释长幼》："山无草木曰童。"

（7）回川，漩涡。唐李白《蜀道难》："下有冲波逆折之回川。"

（8）思翁无岁年，谓思念醉翁无时或释。无岁年，不论岁月。

（9）飞仙，会飞的仙人。《海内十洲记·方丈洲》："（蓬莱山）周回五千里外别有圆海绕山，圆海水正黑，而谓之冥海也，无风而洪波百丈，不可得往来……惟飞仙有能到其处耳。"为飞仙，或曰仙去，人死的婉转说法。

（10）徽，琴徽，系弦的绳。后用作抚琴标记的名称，古琴全弦共十三徽。《汉书·扬雄传》："今夫弦者，高张急徽。"注："徽，琴徽也。所以表发抚抑之处。"后世多指琴面十三个指示音节的标志为徽。此句谓试听弦外之音。

【赏析】

《醉翁操》，词牌名，属正宫，原是琴曲。苏轼词集原不载。同时郭祥玉效作一首。序云："予甥以子瞻所作《醉翁操》见寄，未以为工也。倚其声为之。"此后，辛弃疾作一首，始编入集中，即正式沿用为词调。又，楼钥二首，其一和苏氏韵。宋人所作，合五首。以苏轼《醉翁操·琅然》为定格，双调，九十一字。上片十句十平韵，下片十句八平韵。

此作是宋神宗元丰五年（1082）应庐山道人崔闲之请而作于黄州，是倚声填词的佳作，是为琴曲《醉翁操》所谱写的一首词。

作者在词序中交代了写作此词的原委。因欧阳修在滁州游琅琊幽谷，飞瀑鸣泉，声若环佩，乐而忘归。后好奇之士沈遵，依自然之声，谱为琴曲《醉翁操》。但此妙曲有声而无辞。欧阳修现存有《醉翁吟》（即《醉翁引》），苏轼以为与琴声不合，故有此作。苏轼此词就是专门为琴曲《醉翁操》这一天生绝妙之曲而谱写的。由于时代变迁，琴曲《醉翁操》原来是有其声而无其辞，此后乐谱失传，却变成有其辞而无其声。现传苏轼所作词，是否得其天籁，这就只能从语言文字中加以揣摩了。

这首词的上阕，状写流泉之自然声响及其感人效果。"琅然，清圆。谁弹？响空山。"开头四句为鸣泉飞瀑之所谓声若环珮，创造出一个美好意境。琅然，乃玉声。战国楚屈原《楚辞·九歌》曰："抚长剑兮玉珥，锵鸣兮琳琅。"此用以状流泉之声响。"清圆"二字，有用以形容月亮的，如唐杜甫《舟中》诗"今朝云细薄，昨夜月清圆"；有用以形容荷叶的，如宋周邦彦《苏幕遮》词"水面清圆，风荷举"；有用以形容声音的，如苏轼《一丛花》词"钟鼓渐清圆"。这里用来说声音——琅然的流泉，清越圆转，而以夜月作陪衬，是说在此夜月清圆而又十分幽静的山谷中，是谁弹起这一绝妙的乐曲？"无言。惟翁醉中知其天。"接下二句是对上面设问的回答——这是天地间自然生成的绝妙乐曲。这一绝妙乐曲，很少有人能得其妙趣，只有醉翁欧阳修能够于醉中得之，亦能理解其天然妙趣。于是，这就进一步表明了流泉声响之无限美妙。"月明风露娟娟。人未眠。"此二句不是正面写声响，但却说出了声响所产生的巨大感人效果。是说在此明月之夜，人们因为受此美妙乐曲所陶醉，迟迟未能入眠。"荷蒉过山前。曰有心也哉此贤。"上二句说一般人听此曲听得入了迷，此二句说这一乐曲又打动了荷蒉者。《论语·宪问》曰："子击磬于卫，有荷蒉而过孔氏之门者，曰：'有心哉，击磬乎！'"词作将此流泉之声响比作孔子之击磬声，用荷蒉者对击磬声的评价，颂扬流泉之自然声响。

下阕描述醉翁的啸咏声及琴曲声。"醉翁啸咏，声和流泉。"过片二句照应上阕所说，只有醉翁欧阳修才能得其天然妙趣。欧阳修曾作《醉翁亭记》于滁州。在琅琊幽谷听鸣泉，且啸且咏，乐而忘返，天籁人籁，完全融为一体。"醉翁去后，空有朝吟夜怨。"接下二句说醉翁离开滁州，流泉失去知音，只留下自然声响；但此自然声响，朝夕吟咏，似带有怨恨情绪。"怨"为平声，作名词解。"山有时而童颠，水有时而回川。"再下二句说时光流转，山川变换。琅琊诸峰，林壑尤美，并非永远保持原状。"童颠"，指山无草木，是说蔚然而深秀之琅琊，有时候也将失去其奇丽景象。至于水，同样也不是永远朝着一个方向往前流动的。因此，琅琊幽谷之鸣泉也就不可能完美地保留下来。"思翁无岁年，翁今为飞仙。"再下二句说山川变换，人事变换，人们因鸣泉而念及醉翁，而醉翁却已化仙而去。旧本题汉东方朔撰《十洲记》载：蓬莱山周回五千里，有圆海绕山，无风而洪波百丈，不可往来。唯飞仙能到其处耳。词作用此典，意即醉翁化为飞仙，一去不复返，鸣泉之美妙，也就再也无人聆赏了。但是，"此意在人间，试听徽外三两弦。"结末二句说鸣泉虽不复存在，醉翁也已化为飞仙，但鸣泉之美妙乐曲，醉翁所追求之绝妙意境，却仍然留存人间，这就是琴曲《醉翁操》。因为琴曲《醉翁操》乃鸣泉之另一知音沈遵，以琴声描摹下来的乐曲，同是鸣泉之天然和声。词作最后将着眼点落在琴声上，突出了全词的主题。

从词意上看，词作写鸣泉及其和声，能将无形之声响写得如此真实可感，如果不是对于大自然的造化之工有着真切的体验，无论如何也不能臻于此境。全词节奏韵脚鲜明，读来朗朗上口，其中画面感十足，于乐曲搭配更见绝妙，实为不可多得的佳作，无怪乎宋黄庭坚《山谷题跋》卷二《跋子瞻醉翁操》："人谓东坡作此文，因难以见巧，故极工。余则以为不然。彼其老于文章，故落笔皆超轶绝尘耳。"清代陈廷焯《词则·别调集》中评价本词"清绝、高绝，不许俗人问津"。

【原文】

哨遍·睡起画堂

睡起画堂[1]，银蒜押帘[2]，珠幕云垂地[3]。初雨歇，洗出碧罗天[4]，正溶溶养花天气[5]。一霎暖风回芳草[6]，荣光浮动[7]，掩皱银塘水[8]。方杏靥匀酥[9]，花须吐绣[10]，园林排比红翠[11]。见乳燕捎蝶过繁枝[12]。忽一线炉香逐游丝[13]。昼永人间[14]，独立斜阳[15]，晚来情味。　　便乘兴携将佳丽[16]。深入芳菲里[17]。拨胡琴语[18]，轻拢慢捻总伶俐[19]。看紧约罗裙[20]，急趋檀板[21]，霓裳入破惊鸿起[22]。翠月临眉[23]，醉霞横脸[24]，歌声悠扬云际[25]。任满头红雨落花飞[26]。渐鸡鹊楼西玉蟾低[27]。尚徘徊、未尽欢意。君看今古悠悠，浮幻人间世。这些百岁⁽²⁸⁾，光阴几日，三万六千而已⁽²⁹⁾。醉乡路稳不妨行⁽³⁰⁾，但人生、要适情耳⁽³¹⁾。

【毛泽东圈评等情况】

毛泽东曾圈阅这首《哨遍·睡起画堂》。

[参考] 张贻玖：《毛泽东评点、圈阅的中国古典诗词》，
中国工人出版社1992年版，第246页。

【注释】

（1）画堂，泛指华丽的堂舍。南朝梁简文帝《饯庐陵内史王修应令》诗："回池泻飞栋，浓云垂画堂。"

（2）银蒜，银质蒜形帘坠，拴于帘幕下端，以防风吹。宋蒋捷《白苎》词："琼苞未剖，早是东风作恶。旋安排、一双银蒜镇罗幕。"

（3）珠幕，饰有珠玉的帘幕。幕，悬空平遮在上面的帷幔。《周礼·天官·幕人》："掌帷、幕、幄、帟、绶之事。"郑玄注："在旁曰帷，在上曰幕。"

（4）碧罗天，碧绿明净的天空。唐刘禹锡《春日书怀寄东洛白二十二杨八二庶子》诗："野草芳菲红锦地，游丝撩乱碧罗天。"

（5）"正溶溶"句，谓暮春牡丹花开时。古人认为此时天气轻云微雨，半阴半晴，适宜养花。南唐郑文宝《送曹纬刘鼎二秀才》："小舟闻笛夜，微雨养花天。"宋邵雍《暮春寄李审言龙图》："伤酒情怀因小会，养花天气为轻阴。"溶溶，和暖。

（6）一霎（shà），一阵。回芳草，芳草回绿。

（7）荣光，指花木的光泽。

（8）"银塘"句，波光粼粼的塘面。南唐冯延巳《谒金门·风乍起》："风乍起，吹皱一池春水。"银塘，清澈明净的池塘。南朝梁简文帝《和武帝宴诗》之一："银塘泻清渭，铜沟引直游。"

（9）方，正。杏靥（yè），指杏花。宋王安石《再用前韵寄蔡天启》："黄寻远莲须，红阅邻杏靥。"匀酥，匀净细嫩。

（10）花须，花蕊。

宋
词

（11）红翠，山鸟名。唐皮日休《寄题罗浮轩辕先生所居》诗："红翠数声瑶室响，真檀一炷石楼深。"自注："红翠，山鸟名。"

（12）乳燕，雏燕。南朝宋鲍照《咏采桑》诗："乳燕逐草虫，巢蜂拾花萼。"掠，掠过。蝶，蝴蝶。

（13）炉香，熏炉里的香气。唐韦应物《观早朝》诗："禁旅下城列，炉香起中天。"游丝，指缭绕的炉烟。唐杜甫《宣政殿退朝晚出左掖》诗："宫草微微承委佩，炉烟细细驻游丝。"

（14）昼永，白天渐渐长了。永，长。时近夏天，故昼长。

（15）斜阳，傍晚西斜的太阳。唐赵嘏《东望》诗："斜阳映阁山当寺，微绿含风树满川。"

（16）将，语气词。佳丽，美人，指下面"拨琵琶语"的乐妓、"急趋檀板"的舞妓、"歌声悠扬"的歌妓。

（17）芳菲，香花芳草。唐李峤《二月奉教作》诗："乘春重游豫，淹赏玩芳菲。"

（18）拨，弹拨。胡琴，泛指来自北方、西北各族的拨弦、拉弦乐器。从下句看，知其为琵琶。唐岑参《白雪歌送武判官归京》："中军置酒饮归客，胡琴琵琶与羌笛。"

（19）拢、捻，叩弦与揉弦，弹琵琶的指法。唐白居易《琵琶行》："轻拢慢捻抹复挑，先为《霓裳》后《六幺》。"伶俐，机灵，灵活。

（20）约，束。罗裙，丝罗制的裙子，多泛指妇女衣裙。南朝梁江淹《别赋》："攀桃李兮不忍别，送爱子兮霑罗裙。"

（21）趋，节拍，此为打节拍。檀板，檀木所制拍板，用以定节拍。唐杜牧《自宣州赴官入京路逢裴坦判官归宣州因题赠》："画堂檀板秋拍碎。"

（22）霓裳，即《霓裳羽衣曲》，传自唐代。入破惊鸿起，入破，唐宋大曲的专用语。唐宋大曲（一种大型歌舞乐曲）每套有十余篇，分散序、排遍、破三大段，入破为破之第一乐段，至此节奏加快，演唱急促，故舞者动作如惊雁飞起。晋陆机《艳歌行》："赴曲迅惊鸿，蹈节如集鸾。"

（23）颦（pín）月临眉，眉似弯月。颦月，指阴历初三初四的月牙。颦，皱眉，此为弯义。

（24）醉霞横脸，脸色红润。醉霞，比喻酒后脸泛红晕。横脸，满脸充溢。

（25）悠扬云际，歌声响彻云霄。《列子·汤问》："（秦青）抚节悲歌，声振林木，响遏行云。"

（26）红雨，落花。唐李贺《将进酒》："桃花乱落如红雨。"

（27）鸤（zhī）鹊楼，南朝楼阁名，在今江苏南京。南朝梁吴均《与柳恽相赠答》诗之一："日映昆明水，春生鸤鹊楼。"玉蟾（chán），皎洁的月亮。蟾，蟾蜍，俗称癞蛤蟆。西汉刘向《淮南子·精神》："月中有蟾蜍。"后以蟾指月。

（28）百岁，百年，指长时间。传为战国时楚国隐士鹖冠子所作《鹖冠子·近迭》："兵者百岁不一用，然不可一日忘也。"古人以百岁为人生的最大极限。晋葛洪《抱朴子》："百岁之寿，三万余日耳。"

（29）三万六千，即上句所谓"百岁光阴"，古人所认为的人寿上限。唐王建《短歌行》："百年三万六千朝，夜里分将强半日。"

（30）"醉乡"句，意谓应一醉方休。醉乡，指醉酒后神志不清的境界。唐王绩有《醉乡记》："阮嗣宗、陶渊明等十数人，并游于醉乡。"

（31）适情，顺乎性情。

【赏析】

《哨遍》，词牌名，《苏轼集》注"般涉调"。或作《稍遍》。双调二百三字，前段十七句五仄韵、四叶韵，后段二十句五叶韵、七仄韵始见《东坡词》。其小序云："陶渊明赋《归去来》……则皆作《哨遍》。各家句豆平仄，颇有出入，殆由'每叠加促字'较有伸缩余地耳。"

据周密《癸辛杂识别录》卷上载：宋东京相国寺佛殿外有两块刻石。一块刻东坡题名云："苏子瞻、子由、孙子发。秦少游同来观晋卿墨竹，申先生亦来。宋哲宗元祐三年（1088）八月五日，老申一百一岁。"一块刻有"坡翁草书《哨遍》""石色皆如玄玉"。周密所见两石刻当为同时所立，因为刻石色泽相同，"皆如玄玉"。据此这首词当为苏轼元祐三年以前在朝任翰林学士、知制诰兼侍读期间所作，词的内容写的正是东京的生活现象。

词的上阕写游春行踪，以写景为主，由景及人。"睡起画堂，银蒜押帘，珠幕云垂地"，开头三句写室内景起兴。"画堂""银蒜""珠幕"，表明为富贵人家富丽堂皇的内部环境，屋内居住好是好，就是叫人发腻，自然联想到游春。"初雨歇，洗出碧罗天，正溶溶养花天气"，接着三句写第一个景象：雨后天晴正养花。雨洗碧罗天，溶溶养花天，好一个"天"的世界。"一霎暖风回芳草，荣光浮动，掩皱银塘水"，第七、八、九句写第二个景象：风回芳草皱银塘。暖风回芳草，暖风皱银塘，好就好在"风"之力。"方杏靥匀酥，花须吐绣，园林排比红翠"，第十、十一、十二句是说，杏靥匀酥花吐绣，百花满园林，红绿大排列，好一派"见乳燕捎蝶过繁枝。忽一线炉香逐游丝"，第十三、十四两句是说，乳燕捎蝶过繁枝，一"捎"一"过"，十分灵巧可爱；一"线"一"逐"，异常生动有趣。"昼永人间，独立斜阳，晚来情味"，最后三句是说，白天渐渐长了，人无事可做，独立在斜阳之下，欣赏这春天的美景，增添了不少人生情趣。这是第三个物象：斜阳景含人情味。

上阕主要写作者白天在园内观赏春景，以描绘自然景观为主。其中有动态，有静态，动静互换，错落有致。

下阕写作者晚上在花下游乐，主要写人事活动，全为动态。"便乘兴携将佳丽。深入芳菲里。"换头处二句写男欢女乐：携佳丽，入芳菲，幽情默默。"拨胡琴语，轻拢慢捻总伶俐"，第三、四句写听乐，弹拨胡琴：轻拢慢捻伶俐，琴韵悠扬。"看紧约罗裙，急趋檀板，霓裳入破惊鸿起"，第五、六、七句写观舞，起舞《霓裳》：约罗裙，趋檀板，舞姿惊雁。"颦月临眉，醉霞横脸，歌声悠扬云际"，第八、九、十句再写动人歌声：颦眉醉霞横脸，歌声嘹亮，响遏行云。"任满头红雨落花飞。渐鸦鹊楼西玉蟾低。尚徘徊、未尽欢意"，第十一、十二、十三句再写乐兴高涨：落花飞，玉蟾低，意欲再娱。"君看今古悠悠，浮幻人间世。这些百岁，光阴几日，三万六千而已。醉乡路稳不妨行，但人生、要适情耳"，最后七句针对上阕下阕游春观景物与娱乐，借题发论。悠悠往事，时光易逝；浮幻人生，如入道境；醉生梦死，及时行乐。

东坡俨然以戏剧家导演手法，将一个"入芳菲"境、三个歌舞场面和一个未尽意情景排列在一起，一幕幕推向观众，让人心旷神怡，回味无穷。全词以铺叙的手法写了情景，先景后情；写了时间，先昼后晚；写了歌舞，交错呈现，有头有尾，结构完整。由昼永——斜阳——晚来玉蟾低，突出度过了一段漫长而无忧虑、极其痛快的美好时光，渲染了青春易逝、及时行乐的消沉感。这是与东坡此时此地的处境和心境分不开的。明卓人月《古今词统》卷一七："此词情采密丽，气质香婉，乃是以残唐诸公小令笔意用之于黟丞长谰，茌宋一代中固不多，在眉山一生中尤其少。"清许昂霄《词综偶评》："先言景，后言情，先言昼，后言夜，层次一丝不紊。"楼敬思云："词到工处，未有不静细者，此亦静细之一端也。"清陈廷焯《词则》卷一："（上片）笔致纡徐，蓄势在后（下片"君看今古悠悠"至篇末）。纵笔挥洒，如天风海雨，咄咄逼人。"

【原文】

点绛唇·不用悲秋

不用悲秋(1)，今年身健还高宴。江村海甸(2)。总作空花观(3)。　　尚想横汾(4)，兰菊纷相半。楼船远(5)。白雪飞乱(6)。空有年年雁(7)。

【毛泽东圈评等情况】

毛泽东曾圈阅这首《点绛唇·不用悲秋》。

[参考] 张贻玖：《毛泽东评点、圈阅的中国古典诗词》，
中国工人出版社 1992 年版，第 246 页。

【注释】

（1）悲秋，悲叹秋天来临。战国楚宋玉《楚辞·九辩》："悲哉，秋之为气也！萧瑟兮草木摇落而变衰，憭慄兮若在远行，登山临水兮送将归。"唐杜甫《九日蓝田崔氏庄》："老去悲秋强自宽，兴来今日尽君欢。……明年此会知谁健？"

（2）海甸，近海地区。南齐孔稚珪《北山移文》："张英风于海甸，

驰妙誉于浙右。"此处指郊外。

（3）空花，又作空华。佛家用语，虚幻之花，比喻妄念。

（4）横汾，兰菊，汉武帝刘彻《秋风辞》："秋风起兮白云飞，草木黄落兮雁南归。兰有秀兮菊有芳，怀佳人兮不能忘。"此词后半阕的"横汾""兰菊""楼船""雁"等，均为汉武帝《秋风辞》所有。"横汾"取"济汾河，横中流"之意。

（5）楼船，指有楼饰的游船。唐杜甫《城西陂泛舟》诗："青蛾皓齿在楼船，横笛短箫悲远天。"

（6）白雪，此指白色的浪花。别本作"白云"。

（7）空有年年雁，用唐李峤《汾阴行》："不见只今汾水上，唯有年年秋雁飞"句意。

【赏析】

《点绛唇》，词牌名，又有《点樱桃》《十八香》《南浦月》《沙头雨》《寻瑶草》《万年春》等异名。此调因江淹《咏美人春游》诗中有"白雪凝琼貌，明珠点绛唇"句而取名。

全词上下两片，共九句四十一字。上阕四句，从第二句起用三仄韵；下阕五句，亦从第二句起用四仄韵。

此词作于宋哲宗元祐五年（1090）重九日，时苏轼在杭州任上。任杭州太守期间，苏轼结识了不少新朋友，其中一个叫苏坚，字伯固，泉州人，当时任临濮县主簿、监杭州城商税。苏轼治理西湖，他出力很大。两人情谊甚笃，唱和颇多。元祐四年（1089）重九苏坚作有《点绛唇》词，苏轼和有《己巳重九和苏坚》，元祐五年又用元祐四年韵脚和了这首词。

重阳必登高。文人登高，难免要寄托秋天的情思。"自古逢秋悲寂寥"，悲秋好像成了一种传统。苏轼针对这种情绪，词一开始就说："不用悲秋，今年身健还高宴。"苏轼这一惊人之语，是针对唐杜甫《九日蓝田崔氏庄》中"老去悲秋强自宽"和"明年此会知谁健"而发的。杜甫诗的意思是：人已老大，在秋天更容易产生悲哀的情绪，今天我们在一起聚会，只是勉强宽慰自己而已，明年重九再举行宴会，还不知谁健在呢？杜甫作此诗时仅 49 岁，还不到叹老悲衰的年龄，但他处在安史之乱的动荡年代里，又因上疏被贬为华州司功参军，因此对前途悲观，情绪低沉。苏轼同情杜甫的处境，但不同意他悲观失望的情绪。苏轼一生也不得志，在党争激烈的宋代，因政见与旧党和新党均不合，既得罪了新党，又得罪了旧党。先被新党捏造罪名，抓进监狱，长达半年之久，这就是有名的"乌台诗案"；现又被旧党排斥在外，在杭州做了个太守。对这一切，他都以"一蓑烟雨任平生"的态度对待之。"江村海甸。总作空花观"，三、四两句是说，无论在村外的江边，或者在辽阔的海岸，即在大千世界里，看待人和事物，都要像看待"空花"一样。空花，又作"空华"，佛家用语，即虚幻的花，比喻人生的妄想，就好像幻觉中出现的花一样，看起来五光十色，十分美丽，实际是虚幻的，即一切皆空之意。"总作空花观"，是苏轼从多年的政治风波中总结出来的处世之方，是他不悲秋的精神支柱。

下阕"尚想横汾，兰菊纷相半"。"横汾""兰菊"，事出汉武帝《秋风辞》："秋风起兮白云飞，草木黄落兮雁南归。兰有秀兮菊有芳，怀佳人兮不能忘。泛楼船兮济汾河，横中流兮扬素波。"《秋风辞》是汉武帝"行幸河东，祠后土，顾视帝京欣然中流，与群臣饮宴，上欢甚，乃自作《秋风辞》。"（宋郭茂倩《乐府诗集》卷八十四引《汉武故事》）此诗笔力雄健，表现了一代英主在秋高气爽的季节里，泛舟中流，与群臣饮宴的欢乐景象。"尚想"二字，透露出苏轼对汉武帝那种具有冲破秋天的肃杀氛围而俯仰天地的气概，抱有向往之情。但汉武帝毕竟随着历史的长河而去了，留给后人的只有"楼船远。白雪飞乱。空有年年雁"。这三句用汉武帝《秋风辞》首二句"秋风起兮白云飞，草木黄落兮雁南归"及唐李峤《汾阴行》"不见只今汾水上，唯有年年秋雁飞"，而略有变化，流露出对汉武帝高吟《秋风辞》之事沦为历史陈迹的叹惋。

这首词表现了作者对"悲秋"与众不同的看法，一反文人悲秋的传统，唱出了高昂的调子，实在可贵。他用自己潜心佛老所获得的不随物悲喜的思想和超脱的人生态度对待生活，在遭受挫折时，不悲观失望；在境遇顺达时，也不沾沾自喜，从而永远保持自己内心的平衡，走过人生中的坑坑坎坎。这在恶浊的封建秩序下，具有相对的进步意义。在表现方法上，或翻用古诗，或引用古事，并用"尚想""空有"等字，化实为虚，还能融佛理于浅显明白的语言之中，都是值得称道的。清张宗楠《词林纪事》卷五引楼敬思语："苏公《点绛唇》重九词，'不用悲秋'二句，翻老杜诗'老去悲秋强自宽，明年此会知谁健'句也。换头使汉武横汾事，兼用李峤诗，亦能变化，其妙在'尚思'二字，'空有'二字，便是化实为虚。"

【原文】

蝶恋花·春事阑珊芳草歇

春事阑珊芳草歇[(1)]。客里风光[(2)]，又过清明节[(3)]。小院黄昏人忆别。落红处处闻啼鴂[(4)]。　　咫尺江山分楚越[(5)]。目断魂销[(6)]，应是音尘绝。梦破五更心欲折。角声吹落梅花月。

【毛泽东圈评等情况】

毛泽东曾圈阅这首《蝶恋花·春事阑珊芳草歇》。

[参考] 张贻玖：《毛泽东评点、圈阅的中国古典诗词》，
中国工人出版社 1992 年版，第 246 页。

【注释】

（1）阑珊，衰败、将尽之意。南唐李煜《浪淘沙》："帘外雨潺潺，春意阑珊。"芳草歇，香草将凋萎，不再芬芳。

（2）客里，离乡在外期间。唐年融《送范启东还京》诗："客里故人尊酒别，天涯游子弊裘寒。"

（3）清明节，中国传统节日，民间有上坟扫墓、插柳、踏青、春游等习俗或活动。

（4）落红，落花。啼鴂（jué），又名伯劳鸟，类似杜鹃的一种鸟，鸣声悲凄，古人认为是不祥之鸟。

（5）咫（zhǐ）尺，形容距离近。楚越，春秋战国时两个诸侯国名。楚在长江中游今湖北一带，越在今浙江、福建一带。古人以楚越喻遥远之

地。《庄子·德充符》："仲尼曰：'自其异者视之，肝胆楚越也。'"成玄英疏："楚越迢递，相去数千。"

（6）目断，望断，一直望到看不见。唐丘为《登润州城》诗："乡山何处是，目断广陵西。"魂销，谓灵魂离体而消失，形容极度悲伤或极度欢乐激动。后晋刘煦等《旧唐书·郑畋传》："自函、洛构氛，銮舆避狄，莫不指铜驼而皆裂，望玉垒以魂销。"

（7）音尘绝，音讯断绝。汉蔡琰《胡笳十八拍》："故乡隔兮音尘绝，哭无声兮气转咽。"音尘，音信，消息。

（8）梦破，梦醒。五更，旧时自黄昏至拂晓一夜间，分为甲、乙、丙、丁、戊五段，谓之"五更"，又称五鼓、五夜。此特指第五更的时候，即天将明时。心欲折，中心将要摧折，形容伤感到极点。南朝梁江淹《别赋》："有别必怨，有怨必盈，使人意夺神骇，心折骨惊。"

（9）角，古代军中的一种乐器，出自古代西北游牧民族，鸣角以示晨昏，军中都用作号角。唐杜佑《通典·乐一》："蚩尤氏帅魑魅与黄帝战于涿鹿，帝乃命吹角为龙吟以御之。"梅花，《梅花落》的省称，笛曲名。

【赏析】

《蝶恋花》，词牌名，原是唐教坊曲，后用作词牌，本名《鹊踏枝》，又名《黄金缕》《卷珠帘》《凤栖梧》《明月生南浦》《细雨吹池沼》《一箩金》《鱼水同欢》《转调蝶恋花》等。以南唐冯延巳《蝶恋花·六曲阑干偎碧树》（一作晏殊词）为正体，此体为双调六十字，前后段各五句，四仄韵，另有变体二种。代表作有李煜《蝶恋花·遥夜亭皋闲信步》、柳永《蝶恋花·伫倚危楼风细细》、苏轼《蝶恋花·春景》等。

这首词曾慥本《东坡词》及元刊本《东坡乐府》均不载，始见于明人茅维编订《苏东坡全集》，题作《离别》，当据《草堂诗余》补入。清朱孝臧和龙榆生《东坡乐府笺》均未编年。曹树铭《东坡词》定为元祐六年（1091）三四月之交，作于润州（今江苏镇江）。他说："此词系元祐六年辛未在杭州任内，二月初召还，三月初离杭，经湖州、德清、吴江、苏州、润州，三四月之交，自润州将往扬州时留别之作。因润扬之间，即楚越之交，证之'咫尺江山分楚越'句，江则长江，山则金焦。且此时已过清明节，正值暮春落花之际，与此词片之时令，尤其'客里风光'句合。加以此词下片之意境，与东坡两次在杭，临去恋恋之情，若合符节。今移编辛未，紧接在上述《临江仙》词之后，二词殆同时同地作也。"曹先生的分析很有道理，可以将这首词定为元祐六年（1091）三四月间，苏轼离杭州太守任回京至润州作。不过，从口气上判断，不像是留别在润州的朋友，应是怀念在杭州的某一朋友而作。

词的上阕抒写作者与友人的互相思念之情。"春事阑珊芳草歇。客里风光，又过清明节"，开头三句从途中景色着笔，由景及人。本来春天是百花盛开的季节，苏东坡举目所见，却是"春事阑珊芳草歇"，这是他对暮春景的概括。他在外作客，已非一年，"又"过清明。按习俗，清明节是祭扫先人茔墓的节日，但是他乡作客，先茔不在此地，无从祭扫。"小院黄昏人忆别。落红处处闻啼鴂"，三四两句，点出"人"和"忆别"。因忆别而独自一人在黄昏小院里长夜难眠，这就逗出其下句："落红处处闻啼鴂。"啼鴂，即杜鹃，又名杜宇、子规。《华阳风俗录》："鸟有杜鹃者，其大如鹊而羽乌，声哀而吻有血。土人云：'春至则鸣，闻其初声者，有别离之苦。'"（见《九家集注杜诗》卷七《杜鹃》引）暮春时节，处处是残花败落景象，已经令人感伤，而恰在这时入耳之声，偏偏是鴂鸟哀鸣，就更增加了离别之苦。这是他对暮春景色的具体描述，又是"春事阑珊"的形色补充。

词的下阕，作者继续表述他对朋友的思念之情。"咫尺江山分楚越"，换头处一句是说，朋友所处之地可以说是"咫尺江山"而已，但地分"楚""越"，界域森严，不能自由往来。天不作美，不如人愿。"目断魂销，应是音尘绝"三四两句抒情，是说最让人难以忍受的痛苦是彼此消息隔绝。"目断"，即俗语"望穿了眼"。"魂销"，因悲伤而神魂为之消散。因"音尘绝"而"目断魂销"，极言"音尘绝"给词人带来的痛苦之深重。"梦破五更心欲折"，承上阕"小院黄昏人忆别"而来。由"忆别"而"梦破"，由"梦破"而"心欲折"，层层深化，离别之苦，溢于纸背。"角声吹落梅花月"，从听觉上进一步加深痛苦的感受。惨白如梅花的月亮，闻此正待出发的征人所吹奏的进军号角，也唯恐躲避不及似的落到山后去了。这里的"梅花"语意双关，既代指角声，也指晓月残白如梅之色。宋沈义父《乐府指迷》云："结句需要放开，含有余不尽之意，以景结情最好。"此即以景结情，含意悠然，令人回味无穷。东坡此词，如单纯把它看作怀人之作，调子似乎低沉一些。但情感真挚，婉转曲折，感人至深，明代沈际飞《草堂诗余正集》："鸟啼，花落，梦回，月落，一境惨一境。"清代王士禛《花草蒙拾》："'春事阑珊芳草歇'一首，凡六十字，字字惊心动魄。'只为一声何满子，下泉须吊孟才人。'恐无此魂销也。"

【原文】

贺新郎·乳燕飞华屋

乳燕飞华屋[(1)]。悄无人、桐阴转午[(2)]，晚凉新浴。手弄生绡白团扇[(3)]，扇手一时似玉[(4)]。渐困倚、孤眠清熟[(5)]。帘外谁来推绣户，枉教人、梦断瑶台曲[(6)]。又却是，风敲竹。 石榴半吐红巾蹙[(7)]。待浮花、浪蕊都尽[(8)]，伴君幽独[(9)]。秾艳一枝细看取[(10)]，芳心千重似束[(11)]。又恐被、秋风惊绿[(12)]。若待得君来向此，花前对酒不忍触。共粉泪，两簌簌[(13)]。

【毛泽东圈评等情况】

毛泽东曾圈阅这首《贺新郎·乳燕飞华屋》。

[参考] 张贻玖：《毛泽东评点、圈阅的中国古典诗词》，中国工人出版社 1992 年版，第 246 页。

【注释】

（1）乳燕，雏燕，幼燕。南朝宋鲍照《咏采桑》诗："乳燕逐草虫，巢蜂拾花蕚。"飞华屋，宋赵彦卫《云麓漫钞》："尝见其真迹，乃'栖华屋'。"华屋，华美的屋宇。晋葛洪《抱朴子·钧世》："譬如东瓯之木，长洲之林，梓豫虽多，而未可谓之为大厦之壮观，华屋之弘丽也。"

（2）桐阴，梧桐树阴。一作"槐阴"。

（3）生绡，未漂煮过的生织物，即丝绢。白团扇，圆形有柄的扇子。古代宫内多用之，又称宫扇。唐王昌龄《长信秋词》之三："奉帚平明金殿开，且将团扇共徘徊。"

（4）扇手一时似玉，南朝宋刘义庆《世说新语·容止》："王夷甫容貌整丽，妙于谈玄，恒作白玉柄麈尾，与手都无分别。"唐房玄龄等《晋书·王衍传》作："每作玉柄麈尾，与手同色。"扇手，白团扇与素手。

（5）倚，倚枕侧卧。清熟，睡眠安稳沉酣。宋陆游《夜行至平羌憩大悲院》诗："下马憩村寺，颓然睡清熟。"

（6）柾，空，白。瑶台，玉石砌成的楼台，亦泛指雕饰华丽的楼台。《楚辞·离骚》："望瑶台之偎寒兮，见有娀之佚女。"游国恩纂义引徐焕龙曰："瑶台，砌玉为台。"指传说中的神仙居处。晋王嘉《拾遗记·昆仑山》："傍有瑶台十二，各广千步，皆五色玉为台基。"曲，形容处所幽深之状。

（7）红巾蹙，形容石榴花半开时如红巾皱缩。蹙，皱。唐白居易《题孤山寺山石榴花示诸僧众》："山榴花似结红巾，容颜新妍占新春。"

（8）浮花、浪蕊，指寻常的花草，比喻轻浮的人。唐韩愈《杏花》诗："浮花浪蕊镇长有，才开还落瘴雾中。"

（9）幽独，静寂孤独，亦指静寂孤独的人。《楚辞·九章·涉江》："哀吾生之无乐兮，幽独处乎山中。"

（10）秾艳，色彩艳丽，艳美。唐蒋防《霍小玉传》："姿质秾艳，一生未见，高情逸态，事事过人。"

（11）芳心千重，指石榴花重瓣。芳心，指花蕊，俗称花心。金元好问《同儿辈赋未开海棠》："爱惜芳心莫轻吐，且教桃李闹春风。"

（12）秋风惊绿，指秋风乍起使榴花凋谢，只剩绿叶。唐皮日休《石榴》："蝉噪秋枝槐叶黄，石榴香老愁寒霜。"

（13）两簌簌（sù sù），形容花瓣与眼泪同落。簌簌，坠落之状。唐元稹《连昌宫词》："又有墙头千叶桃，风动落花红簌簌。"

【赏析】

《贺新郎》，词牌名，又名《金缕曲》《乳燕飞》《貂裘换酒》《金缕词》《金缕歌》《风敲竹》《贺新凉》等。传作以《东坡乐府》所收为最早，惟句读平仄，与诸家颇多不合，因以《稼轩长短句》为准。该词牌一百十六字，上片五十七字，下片五十九字，各十句六仄韵。此调声情沉郁苍凉，宜抒发激越情感，历来为词家所习用。代表作有南宋张元干《贺新郎·梦绕神州路》、南宋辛弃疾《贺新郎·把酒长亭说》、南宋刘克庄《贺新郎·北望神州路》。

这是一首抒写闺怨的双调词，上阕写美人，下阕掉转笔锋，专咏榴花，借花取喻，时而花人并列，时而花人合一。作者赋予词中的美人、榴花以孤芳高洁、自伤迟暮的品格和情感，在这两个美好的意象中渗透进自己的人格和感情。词中写失时之佳人，托失意之情怀；以婉曲缠绵的儿女情肠，寄托词人怀才不遇、美人迟暮的身世之感。

上阕以初夏景物为衬托，写一位孤高绝尘的美丽女子。"乳燕飞华屋。悄无人、桐阴转午，晚凉新浴"，开头四句点出初夏季节、过午时节、环境之幽静。先从环境写起，以"晚凉"承接"转午"，以"新浴"引出美人。美人在这种"悄无人"的沉闷气氛中消磨着时光。"手弄生绡白团扇，扇手一时似玉"，这是对美人的正面描写，进而工笔描绘美人"晚凉新浴"之后的闲雅风姿。写人，没有写她的姿容，而是写她的手和手中的团扇。作者写团扇之白，不只意在衬托美人的肌肤洁白和品质高洁，而且意在象征美人的命运、身世。自从汉代班婕妤（汉成帝妃，为赵飞燕谮，失宠）作团扇歌后，在古代诗人笔下，白团扇常常是红颜薄命、佳人失时的象征。上文已一再渲染"悄无人"的寂静氛围，这里又写"手弄生绡白团扇"，着一"弄"字，便透露出美人内心一种无可奈何的寂寥，接以"扇手一时似玉"，实是暗示"妾身似秋扇"的命运。以上写美人心态，主要是用环境烘托、用象征、暗示方式，隐约迷离。以下写美人初因孤寂无聊而入梦，继而好梦因风摇竹声而被惊断。"渐困倚、孤眠清熟"二句，这是对佳人的情态描写。她"新浴"之后，弄着扇子玩，渐渐感到困倦，倚枕侧卧，悄然入睡了。"孤"字使人感受到佳人处境之幽清和内心的寂寞。后来她入梦了。她梦见自己在仙人居住的用玉石砌成的楼台上，但好梦不长，"帘外谁来推绣户，枉教人、梦断瑶台曲。又却是，风敲竹"，这几句是说，美人入梦后，朦胧中仿佛有人掀开珠帘，敲打门窗，不由引起她的一阵兴奋和一种期待。可是从梦中惊醒，却只听到那风吹翠竹的萧萧声，等待她的仍旧是一片寂寞。唐李益诗云："开门复动竹，疑是玉人来。"（《竹窗闻风寄苗发司空曙》）东坡化用了这种幽清的意境，着重写由梦而醒、由希望而失望的怅惘；"枉教人""却又是"，将美人这种感情上的波折凸显出来了。

词的下阕，前半阕写石榴，后半阕石榴佳人合写。"石榴半吐红巾蹙"，石榴花半开，犹如紧束起来的有褶皱的红巾，比喻恰切。一个"蹙"字把石榴花写得形象、逼真。"待浮花、浪蕊都尽，伴君幽独"，接下来三句是说，石榴花艳丽文静，不愿与李花、桃花等浮花浪蕊为伍，她专等轻浮的花蕊凋谢净尽以后，才吐出浓艳的红花，来陪伴佳人度过寂寞的时光。这两句，上句写石榴花的品格高洁，下句写其对人有情。作者借"千花事退，榴花独芳"（胡仔《苕溪渔隐丛话》）这一自然现象，含蓄地表露了自己洁身自好、不趣流俗的情怀。"秾艳一枝细看取，芳心千重似束"二句是说，正因为榴花对人有情，所以引得佳人"细看取"，于是看到了"千重似束"的"芳心"。这是对石榴花形象的进一步描写。"又恐被、秋风惊绿"一句，既写时光易逝，又写对石榴花的爱怜之情。到了秋天，石榴花也会凋落，剩下的绿叶，也禁不住西风的摧残。"恐""惊"二字，道出了佳人担忧心情的沉重。"若待得君来向此，花前对酒不忍触。共粉泪，两簌簌"，结末四句，设想石榴花秋后凋谢的情景。到那时，佳人来到花下，对酒难饮，只有泪水与石榴花簌簌同落，那场面将是何等的凄楚悲凉！借物咏情，写美人看花时触景伤情，感慨万千，时而观花，时而怜花惜花。这种花、人合一的手法，读来婉曲缠绵，寻味不尽。作者无论是直接写美人，还是通过石榴花间接写美人，都紧紧扣住娇花美人失时、失宠这一共同点，而又寄托着词人自身的怀才不遇之情。正如清人黄蓼园《蓼园词选》所说："末四句是花是人，婉曲缠绵，耐人寻味不尽。"

洞仙歌·冰肌玉骨 并序

仆七岁时⁽¹⁾，见眉山老尼⁽²⁾，姓朱，忘其名，年九十余。自言尝随其师入蜀主孟昶宫中⁽³⁾。一日大热，蜀主与花蕊夫人夜起避暑摩诃池上⁽⁴⁾，作一词⁽⁵⁾，朱具能记之⁽⁶⁾。今四十年，朱已死，人无知此词者，但记其首两句，暇日寻味，岂《洞仙歌令》乎？乃为足之云⁽⁷⁾。

冰肌玉骨⁽⁸⁾，自清凉无汗。水殿风来暗香满⁽⁹⁾。绣帘开，一点明月窥人，人未寝，欹枕钗横鬓乱⁽¹⁰⁾。　起来携素手，庭户无声，时见疏星渡河汉⁽¹¹⁾。试问夜如何⁽¹²⁾？夜已三更⁽¹³⁾，金波淡⁽¹⁴⁾，玉绳低转⁽¹⁵⁾。但屈指西风几时来，又不道流年暗中偷换⁽¹⁶⁾。

【毛泽东圈评等情况】

1958年4月，在成都会议期间，毛泽东圈阅的《诗词若干首》（唐宋明朝诗人写的有关四川的一些诗和词）中有这首《洞仙歌·冰肌玉骨》。

[参考] 刘开扬注释：《诗词若干首》（唐宋明朝诗人咏四川），

四川人民出版社1979年版，第127页。

1957年6月，一天深夜，中南海派人来接冒广生（鹤亭），舒湮奉命陪父亲去见毛泽东。……后来，他们谈到词的问题，冒广生提到：诗变为词，小令衍为长调，不外增、减。摊、破四法。蜀后主孟昶的《玉楼春》（冰肌玉骨）是两首七绝，经苏轼的增字、减韵而成八十三字的《洞仙歌》。诗词贵简练含蓄。孟昶原作本意已足，东坡好事，未免文字游戏。毛泽东真是风趣的解人，他说："东坡是大家，所以论者不以其蹈袭前人为非，如果是别人，后人早指他是文抄公了。"

[参考] 舒湮：《1957年夏末，我又见到了毛主席》，《我眼中的毛泽东》，

河北人民出版社1990年版，第106—108页。

【注释】

（1）仆，古时男子的谦称，自己，我。西汉刘向《战国策·燕策》：

"今提一匕首入不测之强秦，仆所以留者，待吾客与俱。"

（2）眉山，今四川眉山。尼，尼姑，梵语"比丘尼"的简称，指佛教中出家修行的女子。

（3）孟昶，五代时蜀国君主，在位三十一年，后国亡降宋，深知音律，善填词。

（4）花蕊夫人，孟昶的妃子，别号花蕊夫人。宋吴曾《能改斋漫录》卷十六："徐匡璋纳女于昶，拜贵妃，别号花蕊夫人。"摩诃，梵语。摩诃池，故址在今成都昭觉寺，隋朝蜀王秀筑广子城（少城），取土之地成池，一僧人说"摩诃宫毗罗"。摩诃为大，宫毗罗为龙，说这池广大如龙，因名摩诃池。到蜀国时曾改成宣华池。明朝时填平。

（5）作一词，一说孟昶写的《玉楼春》："冰肌玉骨清无汗，水殿风来暗香满。绣帘一点月窥人，欹枕钗横云鬓乱。起来琼户启无声，时见疏星渡河汉。屈指西风几时来，只恐流年暗中换。"（见唐张仲素《本事记》）此说与苏轼《洞仙歌》序文相符，应较为可信。

（8）具，通"俱"，都、全部的意思。

（9）足，补足。

（8）冰肌，肌肤洁白如冰雪，《庄子·逍遥游》："有神人焉，肌肤若冰雪，绰约若处子。"玉骨，清瘦秀丽的身架，多形容女子的体态。唐李商隐《偶成转韵七十二句赠四同舍》："天官补吏府中趋，玉骨瘦来无一把。"

（9）水殿，建在摩诃池上的宫殿，本指临水的殿堂。唐李白《口号吴王美人半醉》："风动荷花水殿香，姑苏台上宴吴王。"

（10）欹枕，枕头倾斜。欹，倾斜。

（11）河汉，指银河。《古诗十九首·迢迢牵牛星》："河汉清且浅，相去复几许。"

（12）夜如何，《诗经·小雅·庭燎》："夜如何其？夜未央。"唐杜甫《春宿左省》："明朝有封事，数问夜如何。"

（13）三更，过去一夜分五更，第三更指半夜十一时至翌晨一时。宋郭茂倩《乐府诗集·清商曲辞二·子夜变歌一》："三更开门去，始知子夜变。"

（14）金波，指月光。《汉书·礼乐志》："月穆穆以金波，日华燿以宣明。"颜师古注："言月光穆穆，若金之波流也。"

（15）玉绳，星名。《太平御览·天部五》引《春秋元命苞》曰："玉衡北两星为玉绳。玉之为言沟，刻也。瑕而不掩，折而不伤。"宋均注曰："绳能直物，故名玉绳。沟，谓作器。"玉绳，北斗七星第五星也。秋夜半，玉绳渐自西北转，冉冉而降，时为夜深或近晓也。

（16）不道，不觉。流年，如水般流逝的光阴、年华。南朝宋鲍照《登云阳九里埭》诗："宿心不复归，流年抱衰疾。"

【赏析】

《洞仙歌》，原唐教坊曲，后用为词牌。原用以咏洞府神仙。敦煌曲中有此调，但与宋人所作此词体式不同。有中调和长调两体。《乐章集》兼入"中吕""仙吕""般涉"三调，句读亦参差不一。常以《东坡乐府》之《洞仙歌令》为准。音节舒徐，极尽骀宕摇曳之致。《洞仙歌》共八十三字，前后片各三仄韵。

苏轼在小序中交代了写此词之缘由。词人在七岁时曾听过蜀主孟昶的《洞仙歌令》，而四十年后，只能隐约记住首两句，词人便发挥他丰富的想象力，运用他的文思才力，补足剩余部分。清朱孝臧校注《东坡乐府》："公生丙子，七岁为壬午，又四十年为壬戌也。"他定此词作于宋神宗元丰五年壬戌（1082），时作者正谪居黄州。此词虽于小序约略交代了写作背景，其实自隐杼机，让人睹神龙之形而不能察神龙其身，从而为自己逸兴走笔、暗寓情怀创造了条件。

此词描述了五代时后蜀国君孟昶与其妃花蕊夫人夏夜在摩诃池上纳凉的情景，着意刻绘了花蕊夫人姿质与心灵的美好、高洁，表达了词人对时光流逝的深深惋惜和感叹。上片写花蕊夫人帘内欹枕避暑。"冰肌玉骨，自清凉无汗"，起首二句描写，先出人物，大概是花蕊夫人吧。写她的绰约风姿：丽质天生，有冰之肌、玉之骨，本自清凉无汗。"水殿风来暗香满。绣帘开，一点明月窥人，人未寝，欹枕钗横鬓乱"，接下来，词人用水、风、香、月等清澈的环境要素烘托女主人公的冰清玉润，创造出境佳人美、人境双绝的意境。其后，词人借月之眼以窥美人欹枕的情景，以美人不加修饰的残妆——"钗横鬓乱"，来反衬她姿质的美好。总之，上阕写暑热，交代背景，是从旁观者角度对女主人公所作出的观察。

下阕直接描写人物自身，通过女主人公与爱侣夏夜偕行的活动，展示她美好、高洁的内心世界。"起来携素手"，换头处方写行止，以下写感受，写思索，写意境，写期盼。通篇不离"大热"二字，作者又以蜀孟昶及花蕊夫人的风流韵事出之，越显得空灵剔透，兴味盎然。"庭户无声"，写女主人公已由室内独自倚枕，起而与爱侣户外携手纳凉闲行。"庭户无声"，营造出一个夜深人静的氛围，暗寓时光在不知不觉中流逝。"时见疏星渡河汉"，写二人静夜望星。"试问夜如何？夜已三更，金波淡，玉绳低转"，接下来四句写月下徘徊的情意，为纳凉人的细语温存进行气氛上的渲染。以上，作者通过写环境之静谧和斗转星移之运动，表现了时光的推移变化，为写女主人公纳凉时的思想活动作好铺垫。"但屈指西风几时来，又不道流年暗中偷换"，结尾二句是全词点睛之笔，传神地揭示出时光变换之速，表现了女主人公对时光流逝的深深惋惜。

这首词写古代帝王后妃的生活，在艳羡、赞美中附着作者自身深沉的人生感慨。全词清空灵隽，语意高妙，想象奇特，波澜起伏，读来令人神往。清沈际飞《草堂诗余正集》中评道："清越之音，解烦涤苛。"这个评价是恰当的。

【原文】

江城子·老夫聊发少年狂

老夫聊发少年狂⁽¹⁾，左牵黄。右擎苍⁽²⁾，锦帽貂裘⁽³⁾，千骑卷平冈⁽⁴⁾。为报倾城随太守⁽⁵⁾，亲射虎，看孙郎⁽⁶⁾。　　酒酣胸胆尚开张⁽⁷⁾。鬓微霜，又何妨！持节云中⁽⁸⁾，何日遣冯唐⁽⁹⁾？会挽雕弓如满月⁽¹⁰⁾，西北望，射天狼⁽¹¹⁾。

【毛泽东圈评等情况】

1964年春，毛泽东写的《贺新郎·人猿相揖别》一词中"上疆场彼此弯弓月"一句，当由本词中"会挽雕弓如满月"脱化而成。

[参考] 中共中央文献研究室编：《毛泽东诗词集》，中央文献出版社
1996年版，第147页。

【注释】

（1）老夫，年老男子的自称。《礼记·曲礼上》："大夫七十而致事……适四方，乘安车，自称曰老夫。"郑玄注："老夫，老人称也。"此处为作者自称，时年四十一。聊，姑且。狂，豪情。

（2）左牵黄，右擎苍，左手牵着黄狗，右臂擎着苍鹰，形容围猎时用以追捕猎物的架势。语出唐姚思廉《梁书·张充传》："其父绪尝请假还吴，始入西郭，值充出猎，左手臂鹰，右手牵狗。"黄，黄犬。苍，苍鹰。

（3）锦帽貂裘，名词作动词，头戴着华美鲜艳的帽子，身穿貂鼠皮衣。

（4）千骑（jì）卷平冈，形容马多尘土飞扬，从山冈上像卷席子一般掠过。千骑，形容随从乘骑之多。千骑，形容人马很多。一人一马称为一骑。南朝梁简文帝《采菊篇》诗："东方千骑从骊驹，更不下山逢故夫。"

（5）倾城，全城，满城。晋孙楚《征西官属送于陟阳候作》诗："倾城远追送，饯我千里道。"倾，全部。太守，秦朝至汉朝时期对郡守的尊称。汉景帝更名为太守，为一郡的最高行政长官，除治民、进贤、决讼、检奸外，还可以自行任免所属掾史。历代沿袭不变。后用作刺史或知府的别称。明清则专称知府。此词中指作者自己。

（6）孙郎，孙权，这里是作者自喻。西晋陈寿《三国志·吴志·吴主传》载："二十三年十月，权将如吴，亲乘马射虎于庱亭，马为虎伤。权投以双戟，虎却废。常从张世，击以戈，获之。"这里以孙权喻太守。

（7）酒酣胸胆尚开张，极兴畅饮，胸怀开阔，胆气横生。酒酣，酒喝得尽兴，畅快。尚，更。

（8）鬓微霜，头发花白。霜，白。

（9）持节，是奉有朝廷重大使命，必须持符节以为凭证。云中，汉时郡名，今内蒙古托克托一带，包括山西西北一部分地区。节，兵符，带着传达命令的符节。

（10）会，会当，将要。挽，拉。雕弓，弓背上有雕花的弓。满月，圆月。

（11）天狼，星名，一称犬星，旧说指侵掠，这里隐指西夏。《楚辞·九歌·东君》："长矢兮射天狼。"

【赏析】

《江城子》，词牌名，又名《村意远》《江神子》《水晶帘》。兴起于晚唐，来源于唐著词曲调，由文人韦庄最早依调创作，此后所作均为单调，直至苏轼时始变单调为双调。有单调四体，字数有三十五、三十六、三十七三种；双调一体，七十字，上下片各七句，五平韵。格律多为平韵格，双调体偶有填仄韵者。代表作有宋苏轼《江城子·密州出猎》《江城子·乙卯正月二十日夜记梦》等。

宋神宗熙宁八年（1075），苏轼任密州知州，因旱去常山祈雨，归途中与同官梅户曹会猎于铁沟，因而写下了这首出猎词。作者在词中抒发了为国效力疆场、抗击侵略的雄心壮志和豪迈气概。

词的上阕写出猎，气势豪壮。打猎，对于苏轼这样的文人，或许是偶然的一时豪兴，所以开端便说："老夫聊发少年狂"，开篇首句便出手不凡。一个"狂"字以迅雷不及掩耳之势，旋入主题，贯穿全篇。好似一阵风起，骤然揭开帷幕，于是一幅欢腾热闹而声势煊赫的景象展现在读者面前："左牵黄，右擎苍，锦帽貂裘，千骑卷平冈"，接下去的四句写出猎的雄壮场面，表现了猎者威武豪迈的气概：词人左手牵黄犬，右臂驾苍鹰，好一副出猎的雄姿！随从武士个个也是"锦帽貂裘"，打猎装束。千骑奔驰，腾空越野，好一幅壮观的出猎场面！"为报倾城随太守，亲射虎，看孙郎"，接下来三句是说，为报全城士民的盛意，词人也要像当年孙权射虎一样，一显身手。作者以少年英主孙权自比，更是显出东坡的"狂"劲和豪兴来。以上主要写在"出猎"这一特殊场合下表现出来的词人举止神态之"狂"。

下阕写饮宴，场面热烈，情豪志壮。"酒酣胸胆尚开张"，过片一句，见词人性情之豪，胆气之壮，兴致益浓。东坡为人本来就豪放不羁，再加上"酒酣"，就更加豪情洋溢了。此句以对内心世界的直抒，总结了上阕对外观景象的描述。"鬓微霜，又何妨！持节云中，何日遣冯唐"，接下来四句是说，作者倾诉了自己的雄心壮志：年事虽高，鬓发虽白，却仍希望朝廷能像汉文帝派冯唐持节赦免魏尚一样，对自己委以重任，赴边疆抗敌。冯唐是西汉有名的老将，活了90多岁。匈奴大举侵犯汉朝，杀死北地都尉孙昂。汉文帝为此十分忧虑，就又一次询问冯唐："你怎么知道我不能任用廉颇、李牧呢？"冯唐回答说："古时候君王派遣将军时，跪下来推着车毂说，国门以内的事我决断，国门以外的事，由将军裁定……如今我听说魏尚做云中郡郡守，他把军市上的税金全部用来犒赏士兵，还拿出个人的钱财，宴请宾客、军吏，亲近左右，因此匈奴人远远躲开，不敢靠近云中郡的边关要塞。匈奴曾经入侵一次，魏尚率领军队出击，杀死很多敌军。可现在，魏尚只错报多杀敌六人，陛下就削夺他的爵位，判处一年的刑期。我认为陛下的法令太严明，奖赏太轻，惩罚太重。由此说来，陛下即使得到廉颇、李牧，也是不能重用的。"文帝听了冯唐的劝谏很高兴，当天就让他拿着汉节出使，前去赦免魏尚，重新让魏尚担任云中郡郡守，冯唐也被任命为车骑都尉，掌管中尉和各郡国的车战之士。"会挽雕弓如满月，西北望，射天狼"，结末三句说，那时，他将挽弓如满月，狠狠抗击西夏和辽的侵扰。当时西北边事紧张。熙宁三年（1070），西夏大举进攻环、庆二州。四年（1071），陷抚宁诸城。词人以汉文帝时的魏尚自比，希望得到朝廷信任，加以重用，建功立业。

此作是千古传诵的东坡豪放词代表作之一。词中写出猎之行，抒兴国安邦之志，拓展了词境，提高了词品，扩大了词的题材范围，为词的创作开创了崭新的道路。作品融叙事、言志、用典于一体，调动各种艺术手段形成豪放风格，多角度、多层次地从行动和心理上表现了作者宝刀未老、志在千里的英风与豪气。苏轼对此也颇为自负，他在密州写给好友鲜于侁的信中说："近却颇作小词，虽无柳七郎风味，亦自是一家。数日前，猎于郊外，所获颇多。作是一阕，令东州壮士抵掌顿足而歌之，吹笛击鼓以为节，颇壮观也。"就是指的这首词。

【原文】

临江仙·夜饮东坡醒复醉

夜饮东坡醒复醉[(1)]，归来仿佛三更[(2)]。家童鼻息已雷鸣[(3)]。敲门都不应，倚杖听江声[(4)]。   长恨此身非我有[(5)]，何时忘却营营[(6)]？夜阑风静縠纹平[(7)]。小舟从此逝，江海寄余生[(8)]。

【毛泽东圈评等情况】

苏东坡驾一叶小舟，那说的是小舟，"小舟从此逝，江海寄余生"，是追求小我的自由。

[参考]《毛泽东回湖南纪实》，湖南出版社1993年版，第45页。

【注释】

（1）东坡，在湖北黄冈东。苏轼谪贬黄州时，友人马正卿助其垦辟游息之所，筑雪堂五间，因以为号。

（2）三更，古代时间名词。后来一般用三更来指深夜。宋郭茂倩《乐府诗集·清商曲辞二·子夜变歌一》："三更开门去，始知子也变。"

（3）鼻息已雷鸣，形容熟睡时鼾声特别大。唐韩愈《石鼎联句》诗序："道士倚墙睡，鼻息如雷鸣。"鼻息，从鼻腔出入的气息，特指熟睡时的鼾声。雷鸣，雷声轰鸣，多形容声音响。《楚辞·卜居》："黄钟毁弃，瓦釜雷鸣。"

（4）听江声，苏轼寓居临皋，在湖北黄冈南长江边，故能听长江涛声。

（5）长恨此身非我有，是道家对人生采取虚无主义态度的说法，这里也有自己不能掌握命运的意思。

（6）营营，劳而不知休息，忙碌。《庄子·庚桑楚》："全汝形，抱汝生，无使汝思虑营营。"

（7）夜阑，夜尽。残，尽，晚。縠（hú）纹，绉纱似的皱纹，比喻水波细纹。縠，绉纱类丝织品。唐罗隐《贺淮南节度卢员外赐绯》诗："御题彩服垂天眷，袍展花心透縠纹。"

（7）江海，江和海。《荀子·劝学》："不积小流，无以成江海。"旧时隐士的居处。此引申为退隐。

【赏析】

宋神宗元丰三年（1080），苏轼因"乌台诗案"，谪贬黄州（今湖北黄冈），住在城南长江边上的临皋亭。后来，又在不远处开垦了一片荒地，种上庄稼树木，名之曰东坡，自号东坡居士，还在这里筑屋名雪堂。这首词作于苏轼黄州之贬的第三年，即宋神宗元丰五年（1082）九月，相传这首词曾一度惊动朝廷。据宋叶梦得《避暑录话》卷二载："未几，复与数客饮江上，夜归，江面际天，风露浩然，有当其意，乃作歌辞，所谓'夜阑风静縠纹平。小舟从此逝，江海寄余生'者，与客大歌数过而散。翌日喧传：'子瞻夜作此词，挂冠服江边，挐舟长啸去矣。'郡守徐君猷闻之，惊且惧，以为州失罪人，急命驾往谒；则子瞻鼻鼾如雷，犹未兴也。然此语卒传至京师，虽裕陵（神宗）亦闻而疑之。"这个故事有助于我们对于当时词人处境的了解。他写这首词的主导思想是不满于贬谪受罪的处境，希望能够摆脱，获得人身和精神上的自由。

这首词记叙深秋之夜词人在东坡雪堂开怀畅饮、醉后返归临皋的情景。词的上阕叙事，下阕抒情，分工甚明，而又联系紧密。我们先看上阕。"夜饮东坡醒复醉"，一开始就点明了夜饮的地点和醉酒的程度。醉而复醒，醒而复醉，当他回临皋寓所时，自然很晚了。"归来仿佛三更"，"仿佛"二字，传神地画出了词人醉眼朦胧的情态。这开头二句，先一个"醒复醉"，再一个"仿佛"，就把他纵饮的豪兴淋漓尽致地表现出来了。接着下面三句，写词人已到寓所、在家门口停留下来的情景："家童鼻息已雷鸣。敲门都不应，倚杖听江声。"人们读到这里，眼前就好像浮现出一位襟怀旷达、遗世独立的"幽人"。你看，他醉复醒，恣意所适；时间对于他来说，三更、四更，无所不可；深夜归来，敲门不应，坦然处之，展示出一种达观的人生态度。词的上阕还创造了一个极其安恬的静美世界。因为夜阑更深，万籁俱寂，所以伫立门外，能听到门里家童的鼾声；也正因为四周极其静谧，所以词人在敲门不应的时候，能够悠悠然"倚杖听江声"，以动衬静，以有声衬无声，是常用的诗家手法，从写家童"鼻息如雷"到进而写谛听江声，就把夜之深、夜之静完全衬托出来了，使人有身临其境之感。

下阕一开始，词人便慨然长叹道："长恨此身非我有，何时忘却营营？"这突兀而起的喟叹，是词人长期孤愤心情的喷发，正反映了他在"听江声"时心境之不平静。妙在这两句直抒胸臆的议论中充满着哲理意味。"长恨此身非我有"是化用《庄子·知北游》"汝生非汝有也"句。"何时忘却营营"，也是化用《庄子·庚桑楚》"全汝形，抱汝生，无使汝思虑营营"。本是说，一个人的形体精神是天地自然所赋与，此身非人所自有。为人当守本分，保其生机；不要因世事而思虑百端，随其周旋忙碌。苏轼政治上受大挫折，忧惧苦恼，向道家思想寻求超脱之方。这两句颇富哲理的议论，饱含着词人切身的感受，带有深沉的感情，因而自有一种感人的力量。诗人静夜沉思，豁然有悟，既然自己无法掌握命运，就当全身远祸。顾盼眼前江上景致，是"夜阑风静縠纹平"，心与景会，神与物游，词人为如此静谧美好的大自然深深陶醉了。于是，他情不自禁地产生脱离现实社会的浪漫主义的遐想，唱道："小舟从此逝，江海寄余生。"他要趁此良辰美景，驾一叶扁舟，随波流逝，任意东西，他要将自己的有限融化在无限的大自然之中。"夜阑风静縠纹平"，表面上看来只是一般写景的句子，其实不是纯粹写景，而是词人主观世界和客观世界相契合的产物。它意蕴丰富，富有启迪、暗示作用，象征着词人追求的宁静安谧的理想境界，接以"小舟"两句，自是顺理成章。苏东坡政治上受到沉重打击之后，思想几度变化，由积极用世转向消极低沉，又转而追求一种精神自由的、合乎自然的人生理想。在他复杂的人生观中，由于杂有某些老庄思想，因而在痛苦的逆境中形成了旷达不羁的性格。"小舟从此逝，江海寄余生"，写得多么飘逸，又多么富有浪漫情调，这样的诗句，也只有东坡磊落豁达的襟怀才能写出。元人元好问评论东坡词说："唐歌词多宫体，又皆极力为之。自东坡一出，情性之外，不知有文字，真有'一洗万古凡马空'气象。"元好问道出了东坡词的总的特点：文如其人，个性鲜明。这也正是这首《临江仙》词的最成功之处。

· 毛泽东谈文论史全编 ·

顾 问：龙新民 郑欣淼 陈 晋 阎晓宏

评点中国古代名词赏析

MAOZEDONG PINGDIAN ZHONGGUO
GUDAI MINGCI SHANGXI

②

毕桂发 主 编

陈锡祥 副主编

中国文史出版社

目　录

黄庭坚

黄庭坚（1045—1105），字鲁直，号山谷道人，晚号涪翁，洪州分宁（今江西九江修水）人，北宋著名文学家、书法家，盛极一时的江西诗派开山之祖，与杜甫（"一祖"）、陈师道和陈与义素有"一祖三宗"之称。江西诗派崇尚黄庭坚的"点铁成金、夺胎换骨"之说，诗派成员大多受黄庭坚的影响，作诗风格以吟咏书斋生活为主，重视文字的推敲技巧。与张耒、晁补之、秦观游学于苏轼门下，合称"苏门四学士"。黄庭坚的诗，法度严谨，说理细密，代表了宋诗的特点，生前与苏轼齐名，世称"苏黄"。其书法亦能独树一格，为"宋四家"之一。

黄庭坚今存词一百八十首，艺术锻炼颇不平衡。部分作品接近柳永，多写花月艳情、伤别、狎妓，有的不免流于狎亵。另一部分词作，以疏荡洒脱见长，时有豪迈气概。这些词作，或写塞垣风光，或写守边壮志，语言格调清壮明畅，可以看出苏轼的影响。其著有《山谷词》。

【原文】

浣溪沙·新妇矶头眉黛愁

新妇矶头眉黛愁[1]，女儿浦口眼波秋[2]。惊鱼错认月沉钩[3]。　　青箬笠前无限事，绿蓑衣底一时休。斜风吹雨转船头[4]。

【毛泽东圈评等情况】

毛泽东曾圈阅这首《浣溪沙·新妇矶头眉黛愁》。

[参考] 张贻玖：《毛泽东评点、圈阅的中国古典诗词》，中国工人出版社1992年版，第246页。

【注释】

（1）新妇，称新娘子。西汉刘向《战国策·卫策》："卫人迎新妇。"矶头，矶上，亦指矶的前头一部分。

（2）女儿，即新妇。浦口，小河入江之处。南朝梁何逊《夜梦故人》诗："浦口望斜月，洲外闻长风。"眼波秋，目光流盼，如同秋水一样明澈流动。眼波，形容流动如水波的目光，多用于女子。

（3）惊鱼错认月沉钩，即沉鱼落雁之意，形容新妇美丽。《庄子·齐物论》："毛嫱、骊姬，人之所美也；鱼见之深入，鸟见之高飞。"意谓人之所美，鱼鸟见而避之。

（4）"青箬笠前无限事"三句，语出唐张志和《渔歌子》："青箬笠，绿蓑衣，斜风细雨不须归。"箬笠，用竹篾、箬叶编织的斗笠。

【赏析】

《浣溪沙》，原为唐教坊曲，明吴讷《金荃集》入"黄钟宫"，《张子野词》入"中吕宫"。四十二字，上片三平韵，下片两平韵，过片二句多用对偶。别有《摊破浣溪沙》，又名《山花子》，上下片各增三字，韵全同。

这首词描绘男女相思之情，其格调婉约柔媚、凄怨感伤。词的上阕写"新妇""女儿"的春思和美貌。"新妇矶头眉黛愁，女儿浦口眼波秋"，起首二句写新妇、女儿在河边洗衣的情状。"眉黛"乃是形容新妇两眉黑如青黛，她站立在水边石滩上，思念良人，其愁溢于眉间，其眼波澈如秋水婉转，哀怨动人。"惊鱼错认月沉钩"一句，作者运用反衬手法，写新妇、女儿眉如新月，容颜娇好，站立水边，确有沉鱼落雁之容，闭月羞花之貌。如此青春女子，却是独立矶头，其孤独寂寞不言自明。

词的下阕写行人对闺中女子的思念。行人放舟远游，想起新妇对自己的情意，不自觉勾引起自己的思家情绪："青箬笠前无限事，绿蓑衣底一时休。斜风吹雨转船头。"这三句用典，唐张志和《渔歌子》："青箬笠，绿蓑衣，斜风细雨不须归。""无限事"三字，写出其相思之深切，而"一时休"三字写出其欲罢不能，虽可暂忘于"一时"，却难消弭于久远。行人一想到自己的新妇，如此的青春容颜，深深地感伤自己辜负了春花秋月，于是，"斜风吹雨转船头"，迫不及待地要尽快回家团圆。"斜风吹雨"四字，写水上行舟之艰辛，正见其相思之深。

【原文】

喝火令·见晚晴如旧

见晚情如旧⁽¹⁾，交疏分已深⁽²⁾。舞时歌处动人心⁽³⁾。烟水数年魂梦⁽⁴⁾，无处可追寻。　　昨夜灯前见，重题汉上襟⁽⁵⁾。便愁云雨又难寻⁽⁶⁾。晓也星稀，晓也月西沈。晓也雁行低度⁽⁷⁾，不曾寄芳音⁽⁸⁾。

【毛泽东圈评等情况】

毛泽东曾圈阅这首《喝火令·见晚晴如旧》。

[参考] 张贻玖：《毛泽东评点、圈阅的中国古典诗词》，中国工人出版社 1992 年版，第 246 页。

【注释】

（1）见晚，相见恨晚之意，形容一见如故，感情极其相投。语本《史记·平津侯主父列传》："天子召见三人，谓曰：'公等皆安在？何相见之晚也。'"

（2）交疏，指交往不密切的人。分（fèn），指名位。已，已经。

（3）舞时，跳舞之时；歌处，唱歌之所。点明女子是歌妓。

（4）烟水，雾霭迷蒙的水面。魂梦，魂魄在梦里达成现实中无法完成的心愿。

（5）重题，议论，话题。汉，男人，汉上襟，男人的衣襟。

（6）云雨，云和雨，指男女合欢。南朝梁萧统《文选·宋玉〈高唐赋〉序》："昔者楚襄王与宋玉游于云梦之台，望高唐之观，其上独有云气……王问玉曰：'此何气也？'玉对曰：'所谓朝云者也。'王曰：'何谓朝云？'玉曰：'昔者先王尝游高唐，怠而昼寝，梦见一妇人曰：妾巫山之女也，为高唐之客，闻君游高唐，愿荐枕席。王因幸之。去而辞曰：'妾在巫山之阳，高丘之岨，旦为朝云，暮为行雨。朝朝暮暮，阳台之下。'"后因用"云雨"指男女欢会。

（7）雁行，飞雁的行列。南朝梁简文帝《杂句从军行》："逦迤观鹅翼，参差睹雁行。"

（8）不曾，不可能。寄，依附。芳音，佳音。南唐李煜《采桑子》词："绿窗冷静芳音断，香印成灰。可奈情怀，欲睡朦胧入梦来。"

【赏析】

《喝火令》，词牌名，始见《山谷词》。六十五字，前片三平韵，后片四平韵。

这是一首写情蕴藉的令词，词中运用点染、白描手法，反复诉说情侣间刻骨铭心的相思，一往而情深。

词的上阕，追述往年相识时的情形及分离后的相思。"见晚情如旧，交疏分已深。"开头二句巧妙地化用"白头如新，倾盖如故"的典故，表达了男女一见钟情：相见恨晚，却情投意合，犹如旧交；交往虽少，情分却十分深厚。"舞时歌处动人心"，点明所爱女子是一位能歌善舞的歌妓。"烟水数年魂梦，无处可追寻"，是说雾霭迷蒙的水面，数年之间，魂魄在梦里都不能达成现实中无法完成的心愿；梦绕魂牵，却又无法寻觅，爱而不能，思而难遂。词人直抒胸臆，倾吐了内心的痛苦和相思。

下阕转述深夜交欢云雨之事。"昨夜灯前见，重题汉上襟"，换头处二句是说，昨天晚上在灯下见到美人，这是二人重相见，词人喜出望外，情不自禁地题诗相赠。"重题汉上襟"用典，表现互相吟诗唱和，题诗留念，然而，好事多磨，情意难诉，转眼又要分离，不知何时再能相见。"便愁云雨又难寻"，之后和情人云雨交欢的事便很难找到了，实在令人伤感。夜深难寝，"晓也星稀，晓也月西沉。晓也雁行低度，不曾寄芳音"，末四句是说，拂晓时天上的星星越来越少了，月亮也在西天边要落下了，照着因相思而痛苦不堪的人；偶尔天空飞过一只孤雁，飞得很低，古来会传书的鸿雁，恐怕也传不来好的消息了。词中最后数句的排比铺叙，将词人的愁苦渲染得淋漓尽致。

王 雱

王雱（pāng，1044—1076），字元泽，抚州临川县城盐埠岭（今江西抚州临川区邓家巷）人。北宋著名政治家、思想家、道家学，宰相王安石之子。年少聪敏，擅长作书论事，著有《论语解》《孟子注》《老子训传》《佛书义解》等。神宗时，曾任太子中允、崇政殿说书，受诏撰写《诗义》《书义》，擢为天章阁待制兼侍讲。书成，迁龙图阁直学士，因病辞而不拜。宋神宗熙宁九年（1076），卒，时年三十三岁，特赠左谏议大夫。宋徽宗政和三年（1113），追封为临川伯。

【原文】

眼儿媚·杨柳丝丝弄轻柔

杨柳丝丝弄轻柔⁽¹⁾，烟缕织成愁⁽²⁾。海棠未雨，梨花先雪，一半春休⁽³⁾。 而今往事难重省⁽⁴⁾，归梦绕秦楼⁽⁵⁾。相思只在⁽⁶⁾：丁香枝上⁽⁷⁾，豆蔻梢头⁽⁸⁾。

【毛泽东圈评等情况】

毛泽东曾圈阅这首《眼儿媚·杨柳丝丝弄轻柔》。

[参考] 张贻玖：《毛泽东评点、圈阅的中国古典诗词》，中国工人出版社 1992 年版，第 247 页。

【注释】

（1）杨柳，杨树和柳树的合称，借指侍妾、歌姬。唐白居易《别柳枝》诗："两枝杨柳小楼中，袅袅多年伴醉翁。"弄轻柔，摆弄着柔软的柳丝。语出宋秦观《江城子》："西城杨柳弄春柔。"指轻而柔和。

（2）烟缕，袅袅上升的细长烟气。五代王周《道院》诗："谁知是官府，烟缕满炉沉。"指柳条。南唐李中《途中柳》诗："无人折烟缕，落日拂溪桥。"

（3）"海棠"三句，指春分时节，海棠常经雨开花，梨花开时似雪，故云。海棠，即海棠树，落叶乔木，卵形叶，开淡红或白花，结红、黄色球形果，酸甜可食。唐裴廷裕《蜀中登第答李搏六韵》："蜀柳笼堤烟蠹蠹，海棠当户燕双双。"梨花，梨树的花，一般为纯白色。南朝梁萧子显《燕歌行》："洛阳梨花落如雪，河边细草细如茵。"

（4）而今，如今，现在。唐张安世《苦别》诗："向前不信别离苦，而今自到别离处。"往事，从前的事情。《荀子·成相》："观往事，以自戒，治乱是非亦可识。"难重省（xǐng），难以回忆。省，明白、记忆。

（5）归梦，归乡之梦。南朝齐谢朓《和沉右率诸君饯谢文学》："望望荆台下，归梦相思夕。"秦楼，秦穆公为其女弄玉所建之楼，亦名凤楼。相传秦穆公女弄玉，好乐。萧史善吹箫作凤鸣。秦穆公以弄玉妻之，为之作凤楼。二人吹箫，凤凰来集，后乘凤，飞升而去。事见汉刘向《列仙传》。南朝梁沈约《修竹弹甘蕉文》："巫岫敛云，秦楼开照。"此指王雱妻独居之所。

（6）相思，彼此想念，后多指男女相悦而无法接近所引起的想念。汉苏武《留别妻》诗："生当复来归，死当长相思。"

（7）丁香，常绿乔木，叶子长椭圆形，春开紫或白花，果实长球形，可作香料。花供药用，种子可榨丁香油，做芳香剂。唐杜甫《江头五咏·丁香》诗："丁香体柔软，乱结枝犹垫。"人们常用丁香结（花蕾）比喻愁绪之郁结难解。唐尹鹗《拨棹子》："寸心恰似丁香结，看看瘦尽胸前露。"

（8）豆蔻，多年生常绿草本植物，产岭南，高丈许，外形像芭蕉，叶大，披针形，初夏开花，花淡黄色，一穗数十蕊，每蕊心有两瓣相并。旧时常用以比喻处女，这里指妙龄的妻子。唐杜牧《赠别》："娉娉袅袅十三余，豆蔻梢头二月初。"

【赏析】

《眼儿媚》，词牌名，又名《秋波媚》。双调四十八字，前片三平韵，后片两平韵。

王雱为王荆公的儿子，他身体虚弱，缠绵病榻，于是与妻子分居，让妻子单独住在楼上。王荆公做主把他的妻子重新嫁给了别人，王雱因怀念妻子而为她写了这首词。

词的上阕先从暮春的景色写起："杨柳丝丝弄轻柔，烟缕织成愁。"柳条细而长，可见季节是在仲春。"弄轻柔"写杨柳在春风中轻摇的柔美，分外点出垂柳初萌时的细软轻盈、盎然春意。以"烟缕"来形容轻柔的杨柳，大概是由于四月的时候，垂柳的顶端远远望去，宛如一抹浅绿的烟云。杨柳如烟这个比喻并不新鲜，但"烟缕织成愁"，则出语新奇，耐人寻味。如烟的垂柳和心中的愁思并没有直接的关系，却用一个"织"字将二者绾合，仿佛杨柳能通晓人性。"愁"字的出现为整首词披上淡淡哀愁的羽衣。然而这忧伤从何而来，词人并未解释。只是在写完垂柳之后，他将笔触转向春日的另两种花朵：海棠与梨花。"海棠未雨，梨花先雪，一半春休。""雨""雪"都是名词活用作动词，这句的意思是说，海棠的花瓣还未像雨点般坠，梨花的白色花瓣已经如雪花般纷纷飘落。由此知道，原来春天已经过去一半了。在韶华易逝的感喟中，词人不禁触目生愁。

下阕则承上阕的"愁"而来，进一步展开了惜春恨别的情绪。"而今往事难重省，归梦绕秦楼。"换头处二句是说，原来有一段值得留恋、值得追怀的往事，但是年光不能倒流，历史无法重演，旧地又不能再到，则只有凭借回归的魂梦，围绕于女子所居的值得怀念的地方了。使人生愁的不仅是阑珊的春意，更是词人永难忘怀的一段情缘。时光飞逝，往事如烟，不堪回首，只有在梦魂之中常常回到过去的时光，回到那曾经充满了温馨爱情的小楼上。这两句才交代了"愁"的前因后果。"往事"虽没有具体描写，但两情相得、恩爱缠绵的情景却分明可见；魂牵情绕的归梦，更显出一往情深的挚爱。

梦魂可以归去，而现实中二人却是天各一方、永难如愿了。这铭心刻骨的相思，将随着春来秋往，永无终结了。"相思只在：丁香枝上，豆蔻梢头"，末三句历来为人称道，它将美好的回忆与无尽的思念交织在一起，意象精美，意味深长。词人的相思之情，只有借丁香和豆蔻才能充分表达。这分明就是在感叹自己心底的深情正像丁香一般忧郁而未吐，但又非常希望能和自己心爱的人像豆蔻一般共结连理。因为看到和谐美丽的花朵，就会想到妻子的丽质芳容，所谓"芙蓉如面柳如眉，对此如何不泪垂"，就是这个意思。每年都有春来花发的日子，自己的相思也将伴随着这花开花落，而绵绵无绝期了。整个下阕的意思是说，尽管一切的梦幻都已失落，然而自己内心缠绵不断的情意依然专注在那个可人身上，真是到了"春蚕到死丝方尽"的境界。清人黄了翁评曰："此词亦为日月易逝而事多不偶，托闺情以写意耳。语语清新婉倩，后人争鲜斗艳，终不能及，数百年来，脱口如新。"（《蓼园词选》）

秦　观

秦观（1049—1100），字少游，一字太虚，号淮海居士，别号邗沟居士，高邮军武宁乡左厢里（今江苏高邮三垛镇少游村）人。北宋婉约派词人。秦观少从苏轼游，以诗见赏于王安石。宋神宗元丰八年（1085）进士。元佑初，因苏轼荐，任太学博士，迁秘书省正字兼国史院编修官。绍圣元年（1094），坐元佑党籍，出通判杭州。又被劾以"影附苏轼，增损《实录》"，贬监处州酒税。继迭遭贬谪，编管雷州。宋哲宗元符三年（1100），复命为宣德郎，放还横州，卒于藤州。

秦观善诗赋策论，与黄庭坚、晁补之、张耒合称"苏门四学士"。尤工词，为北宋婉约派重要作家，其词作在艺术表现方面，展示出独特的审美境界。首先，在意境创造上，秦观的词作擅长描摹清幽冷寂的自然风光，抒发迁客骚人的愤懑和无奈，营造出萧瑟凄厉的"有我之境"。其次，在语法结构方面，受到柳永的影响，秦观创作了大量慢词。但是他能把令词中含蓄缜密的韵味带进慢词长调，从而弥补了柳永以赋法填词所造成的发露有余、浅白单调的不足，显得跌宕有致，包蕴深层。再次，在字法运用方面，秦观词作具有含蓄隐丽的特征，取象设词追求意象的精致幽美，描绘自然景物，多为飞燕、寒鸦、垂杨、芳草、斜阳、残月、远村、烟渚等；摹建筑器物，则是驿亭、孤馆、画屏、银烛之类。他以柔婉的笔触，对词中的字句多加推敲和修饰，用精美凝练的辞藻，写出凄迷朦胧的意境。有《淮海词》三卷和《淮海居士长短句》。

【原文】

鹊桥仙·纤云弄巧

纤云弄巧⁽¹⁾，飞星传恨⁽²⁾，银汉迢迢暗度⁽³⁾。金风玉露一相逢⁽⁴⁾，便

胜却人间无数⁽⁵⁾。　　柔情似水⁽⁶⁾，佳期如梦⁽⁷⁾，忍顾鹊桥归路⁽⁸⁾。两情若是久长时，又岂在朝朝暮暮⁽⁹⁾。

【毛泽东圈评等情况】

1957年5月11日，毛泽东在《致李淑一》的信中说："有《游仙》一首为赠。这种游仙，作者自己不在内，别于古之游仙诗。但词里有之，如咏七夕之类。"

[参考]中共中央文献研究室编：《毛泽东诗词集》，中央文献出版社1996年版，第226—227页。

【注释】

（1）纤云，微云，轻盈的云彩。南朝梁萧统《文选·傅玄〈杂诗〉》："纤云时仿佛，渥露沾我裳。"张铣注："纤，轻也。"唐韩愈《八月十五夜赠张功曹》诗："纤云四卷天无河，清风吹空月舒波。"弄巧，指云彩在空中幻化成各种巧妙的花样。

（2）飞星，流星。东汉班固《汉书·天文志》："（阳朔）四年闰月庚午，飞星大如缶，出西南，入斗下。"这里指牵牛、织女二星。

（3）银汉，天河，银河。南朝宋鲍照《夜听妓》诗："夜来坐几时，银汉倾露落。"迢迢，遥远之状。晋潘岳《内顾诗》之一："漫漫三千里，迢迢远行客。"暗度，悄悄度过。

（4）金风玉露，指秋风白露。唐李商隐《辛未七夕》："恐是仙家好别离，故教迢递作佳期。由来碧落银河畔，可要金风玉露时。"金风，指秋风。南朝梁萧统《文选·张协〈杂诗〉》："金风扇素节，丹霞启阴期。"李善注："西方为秋而主金，故秋风曰金风也。"玉露，指秋天的露水。南朝齐谢朓《泛水曲》："玉露沾翠叶，金风鸣素枝。"

（5）胜却，胜过。明李贽《聊城怀古》诗之一："谁言胜却百夫长，我道万夫终不如。"

（6）柔情，温柔的感情。三国魏曹植《洛神赋》："柔情绰态，媚于语言。"

（7）佳期，情人约会的日期、时间。战国楚屈原《楚辞·九歌·湘夫人》："登白蘋兮骋望，与佳期兮夕张。"王逸注："佳谓湘夫人也……与夫人期歃飨之也。"后用以指男女约会的日期。

（8）忍顾，怎忍回视。鹊桥，民间传说天上的织女于七夕渡银河与牛郎相会，喜鹊来搭成桥，称鹊桥。常用以比喻男女结合的途径。唐韩鄂《岁华纪丽·七夕》："七夕鹊桥已成，织女将渡。"原注引《风俗通》："织女七夕当渡河，使鹊为桥。"

（9）朝朝暮暮，指朝夕相聚。语出战国楚宋玉《〈高唐赋〉序》："朝朝暮暮，阳台之下。"

【赏析】

《鹊桥仙》，词牌名，又名"鹊桥仙令""金风玉露相逢曲""广寒秋"。《风俗记》："七夕，织女当渡河，使鹊为桥。"因取以为曲名，以咏牛郎织女相会事。《乐章集》入"歇指调"，较一般所用多三十二字。通常以《淮海词》为准。五十六字，上下片各两仄韵，亦有上下片各四仄韵者。

借牛郎织女的故事，以超人间的方式表现人间的悲欢离合，古已有之，如《诗经·小雅·大东》："跂彼织女，终日七襄。虽则七襄，不成报章。睆彼牵牛，不以服箱。"《古诗十九首·迢迢牵牛星》："迢迢牵牛星，皎皎河汉女。纤纤擢素手，札札弄机杼。终日不成章，泣涕零如雨。河汉清且浅，相去复几许？盈盈一水间，脉脉不得语。"南朝梁宗懔《荆楚岁时记》云："天河之东有织女，天帝之子也，年年织杼劳役，织成云锦天衣。天帝怜其独处，许嫁河西牵牛郎。嫁后遂废织。天帝怒，责令归河东，使一年一度相会。"三国魏曹丕的《燕歌行》、唐李商隐《辛未七夕》、唐杜牧《秋夕》等，宋代的欧阳修、张先、柳永、苏轼等人，也曾吟咏这一题材，虽然遣辞造句各异，却都因袭了"欢娱苦短"的传统主题，格调哀婉、凄楚。相形之下，秦观此词堪称独出机杼，翻出新意，境界高远，一反前人俗套。他把爱情的纯洁、坚贞，写得细腻生动，具有浓郁的人情味，读之令人回肠荡气，吟咏则意味隽永，悲哀中写出欢乐，欢乐中隐有悲哀，刹那间见永恒，平易中见曲折。它反映了秦观"淡语皆有味，浅语皆有致"

的艺术特色，也是其他许多咏七夕的诗词所不能企及的地方。

词的上阕写景，写牛郎织女鹊桥相会。"纤云弄巧，飞星传恨，银汉迢迢暗度"，开头三句是写七月七日的夜晚，牛郎织女相会的环境，但景中有情。"纤云"是轻盈的云彩，"弄巧"是指云彩在空中幻化成各种巧妙的花样。传说织女手很巧，善于纺织，所以古代民间习俗，妇女就在七月七日摆上瓜果食品向织女"乞巧"，同时用线穿针，希望织女给予她们纺织刺绣的工巧。词人在这里以"纤云"的千姿百态，想象为织女的巧手织出的各式各样的云锦。这都表现出词人善于扣住题目展开描写，而不流于浮泛。"飞星传恨"也是紧扣题目，但"飞星"并不单指牛郎星、织女星，而是泛指天上飞过的流星。那划破夜空的一道道长长的火光，就像是信使，仿佛在传达牛郎织女长久分离的怨恨。接下来"银汉迢迢暗度"一句更与题目有关。"银汉"即天河。牛郎织女被银河阻隔，相会要渡过银河。"迢迢"，这里形容银河的宽阔与长远。"暗度"是说牛郎织女乘着夜晚时间渡过银河。以上三句描写，先写相逢的环境，感情是哀怨的。但倒下二句写相逢，振起一笔。"金风玉露一相逢，便胜却人间无数"，哀怨顿时转为欢乐。词人把"一"与"无数"对举，既写出了牛郎织女在久离后得以相见的无限欣喜，又衬托出他们之间爱情的纯真强烈。"金风"就是秋风，"玉露"就是露珠。"金风玉露"，指他们在秋天白露降临的七月七日相逢。这种相逢，一年才有一次，但他们的欢乐不知道要超过人间人们相会欢乐多少倍。所以机会难得，需要格外珍重，而且相隔越久，相爱越深。

下阕抒情，写牛郎织女从相逢到相别。"柔情似水，佳期如梦，忍顾鹊桥归路"，换头处三句是承接上阕，写两人彼此相爱的感情，像水那样和顺深长，短暂的美好相逢像梦一样，怎么忍心看回去的路？写将要分别时的情景。"柔情"，指彼此温存相爱的感情。"似水"，写柔情如水，轻软而又深广。"佳期"，指彼此美好的会见。"如梦"是扣住夜晚来写，会见那么难得，仿佛是在梦中，又好像梦那样短促，当然不忍分手，所以说"忍顾鹊桥归路"。传说牛郎织女相会是由喜鹊在银河上搭起的一座桥上。现在是不忍看那座"鹊桥归路"，表示二人难分难舍。这感情是哀怨的。词至此，犹如山穷水尽，但作者随即转笔振起："两情若是久长时，又岂在朝朝暮暮"，结末二句是说，双方的爱情如果真是长久不衰，那就没有必要整天守在一起。这两句是写既别之后的祝愿，以相爱的深切冲淡了相别的哀怨，歌颂了忠贞不渝的爱情，并不在朝欢暮乐。词人提出爱情贵在始终如一，而不在朝夕相伴、形影相随。秦观真是绝去流俗，把爱情写到了无以再纯的地步。与之相比，不但那种感慨人情变异的短暂而追求长相厮守的世俗观念不值一提，就是那种为了爱情"在天愿作比翼鸟，在地愿为连理枝"的愿望，也不如秦观这两句所达到的思想感情的高度深刻。这首词的思想健康，意义深刻，以立意新颖取胜，富于积极的浪漫主义色彩。

这首词的议论，自由流畅，通俗易懂，却又显得婉约蕴藉，余味无穷。作者将画龙点睛的议论与散文句法以及优美的形象、深沉的情感结合起来，起伏跌宕地讴歌了人间美好的爱情，取得了极好的艺术效果。明沈际飞评曰："（世人咏）七夕，往往以双星会少离多为恨，而此词独谓情长不在朝暮，化腐臭为神奇！"（《草堂诗余四集·正集》）清黄苏亦曰："七夕歌以双星会少别多为恨，少游此词谓两情若是久长，不在朝朝暮暮，所谓化臭腐为神奇。凡咏古题，须独出心裁，此固一定之论。少游以坐党被谪，思君臣际会之难，因托双星以写意，而慕君之念，婉恻缠绵，令人意远矣。"（《蓼园词选》）

【原文】

踏莎行·郴州旅舍

雾失楼台[(1)]，月迷津渡[(2)]，桃源望断无寻处[(3)]。可堪孤馆闭春寒[(4)]，杜鹃声里斜阳暮[(5)]。　　驿寄梅花[(6)]，鱼传尺素[(7)]，砌成此恨无重数[(8)]。郴江幸自绕郴山[(9)]，为谁流下潇湘去[(10)]？

【毛泽东圈评等情况】

1960年3月上旬，毛泽东视察南方，在列车上接见了湖南省、地、市委书记。当他知道陈洪新是郴州地委书记时，便饶有兴味地问："郴州有个'三绝碑'，你看过吗？"他回答："没看过。"毛泽东示意大家坐下便娓娓叙说开了：公元 1096 年，北宋秘书省正字兼国史院编修、著名词学家秦观，因"元祐党人"的牵连，遭章惇的排挤和打击，被削职流放到郴州，他远离亲朋，穷愁潦倒，幽愤满腹，便写下了《踏莎行·郴州旅舍》一词。毛泽东深吸了一口烟，接着琅琅有声地背诵起来。（原文略）

毛泽东一字不漏地背完这首词后，继续讲道：这首词将一个在封建社会内部冲突中受排挤打击的知识分子不得志的心境描述得淋漓尽致。苏东坡很喜欢这首词，因为他同病相怜。四年后，秦观死了，苏东坡为怀念朋友，将此词抄在自己的扇子上，并附上跋语："少游已矣，虽万人何赎。"后来，书法家米芾以其沉着俊逸的书法将秦词苏跋写下来。宋朝以"淮海词、东坡跋、米芾笔"之造诣精深谓之"三绝"。后人将其刻于崖壁，称"三绝碑"。毛泽东亲切地望着陈洪新，语重心长地说："过去郴州是瘴疫之地，文人骚客多贬谪于此。现在郴州不同了吧？"陈洪新激动地回答："现在很好，我很安心，我们一定要把郴州建设好。"那之后，陈洪新等落实了修复和保护"三绝碑"的措施，使之重放光彩。

[参考]陈晋主编：《毛泽东读书笔记解析》，广东人民出版社
1996 年版，第 1393 页。

【注释】

（1）雾失楼台，暮霭沉沉，楼台消失在浓雾中。楼台，高大建筑物的泛称。《左传·哀公八年》："邾子又无道，吴子使大宰子余讨之，囚诸楼台。"

（2）月迷津渡，月色朦胧，渡口迷失不见。津渡，渡口。《汉书·赵充国传》："有诏将八校尉与骁骑都尉、金城太守合疏捕山间虏，通转道津渡。"

（3）桃源望断无寻处，拼命寻找也看不见理想的桃花源。桃源，语出晋陶渊明《桃花源记》，指生活安乐、合乎理想的地方。地在郴州（湖南）以北的武陵。后来隐居的地方为"世外桃源"。无寻处，无处找，找不到。

（4）可堪，怎堪，哪堪，受不住。孤馆，孤寂的客舍。唐许浑《瓜州留别李诩》诗："孤馆宿时风带雨，远帆归处水连云。"

（5）杜鹃，鸟名，相传其鸣叫声像人言"不如归去"，容易勾起人的思乡之情。斜阳，黄昏前要落山的太阳。唐赵嘏《东望》诗："斜阳映阁山当寺，微绿含风树满川。"

（6）驿寄梅花，南北朝陆凯在《赠范晔诗》："折梅逢驿使，寄与陇头人。江南无所有，聊寄一枝春。"这里作者是将自己比作范晔，表示收到了来自远方的问候。

（7）鱼传尺素，东汉蔡邕的《饮马长城窟行》中有："客从远方来，遗我双鲤鱼。呼儿烹鲤鱼，中有尺素书。"另外，古时舟车劳顿，信件很容易损坏，古人便将信件放入匣子中，再将信匣刻成鱼形，美观而又方便携带。"鱼传尺素"成了传递书信的又一个代名词。这里也表示接到朋友问候的意思。素，白色绢，古人用来写信，后世称书信为"尺素"。

（8）砌，堆积。无重数，数不尽。

（9）郴江，又名郴水。幸自，本自，本来是。

（10）为谁流下潇湘去，为什么要流到潇湘去呢？意思是连郴江都耐不住寂寞，何况人呢？为谁，为什么。潇湘，潇水和湘水，是湖南境内的两条河流，合流后称湘江，又称潇湘。

【赏析】

《踏莎行》，词牌名，又名"踏雪行""踏云行""柳长春""惜余春""转调踏莎行"等。以晏殊《踏莎行·细草愁烟》为正体，双调五十八字，前后段各五句、三仄韵。另有双调六十六字，前后段各六句、四仄韵；双调六十四字，前后段各六句、四仄韵变体。代表作品有欧阳修的《踏莎行·候馆梅残》等。

此词为宋哲宗绍圣四年（1097）作者因坐党籍遭贬谪于郴州旅店所写。当时作者因新旧党争先贬杭州通判，再贬监州酒税，后又被罗织罪名贬谪郴州，削去所有官爵和俸禄；又贬横州，此词作于离郴前。政治失意，孤独凄苦，多愁善感的词人在词中倾吐了他的凄苦失望的心情。

上阕写景，景中含情，抒发困居郴州旅舍的愁绪。"雾失楼台，月迷津渡。"开头二句，缘情写景，劈面推开一幅凄楚迷茫、黯然销魂的画面：

漫天迷雾隐去了楼台，月色朦胧中，渡口显得迷茫难辨。互文见义，不仅对句工整，也不只是状写景物，而是情景交融的佳句。"失""迷"二字，既准确地勾勒出月下雾中楼台、津渡的模糊，又恰切地写出了作者无限凄迷的意绪。"雾失""月迷"，皆为下句"望断"出力。"桃源望断无寻处。"第三句词人站在旅舍观望应该已经很久了，他目寻当年陶渊明笔下的那块世外桃源。桃源，其地在武陵（今湖南常德），离郴州不远。词人由此生出联想，即是"望断"，亦为枉然。着一"断"字，让人体味出词人久伫苦寻幻想境界的怅惘目光及其失望痛苦心情。他的《点绛唇·桃源》词中"尘缘相误，无计花间住"，写的当是同样的心情。"桃源"是陶渊明心目中的避乱圣地，也是词人心中的理想乐土，千古关情，异代同心。而"雾""月"则是不可克服的现实阻碍，它们以其本身的虚无缥缈呈现出其不可言喻的象征意义。而"楼台""津渡"，在中国文人的心目中，同样被赋予了文化精神上的蕴涵，它们是精神空间的向上与超越的拓展。词人希望借此寻出一条通向"桃源"的秘道。然而他只有失望而已。一"失"一"迷"，现实回报他的是这片雾笼烟锁的景象。"适彼乐土"（《诗经·魏风·硕鼠》）之不能，旨在引出现实之不堪。于是放纵的目光开始内收，逗出"可堪孤馆闭春寒，杜鹃声里斜阳暮"。接下来两句是说，桃源无觅，又谪居远离家乡的郴州这个湘南小城的客舍里，本自容易滋生思乡之情，更何况不是宦游他乡，而是天涯沦落啊。这两句正是意在渲染这个贬所的凄清冷寞。春寒料峭时节，独处客馆，念往事烟霭纷纷，瞻前景不寒而栗。一个"闭"字，锁住了料峭春寒中的馆门，也锁住了那颗欲求拓展的心灵。更有杜鹃声声，催人"不如归去"，勾起旅人愁思；斜阳沉沉，正坠西土，怎能不触动一腔身世凄凉之感。词人连用"孤馆""春寒""杜鹃""斜阳"等引人感发，把自己的悲伤心情融入景物，创造"有我之境"。又以"可堪"二字领起一种强烈的凄冷气氛，好像他整个的身心都被吞噬在这片充斥天宇的惨淡愁云之中了。前人多病其"斜阳"后再着一"暮"字，以为重累。其实不然，这三字表明时间的推移，为"望断"作注。夕阳偏西，是日斜之时，慢慢沉落，始开暮色。"暮"，为日沉之时，这时间顺序，蕴含着词人因孤寂而担心夜晚来临更添寂寞难耐的心情。这是处境顺利、生活充实的人所未曾体验到的愁人心绪。因此，"斜阳暮"三字，正大大加重了感情色彩。

下阕抒情，写远方友人殷勤致意、安慰。"驿寄梅花，鱼传尺素"连用两则有关友人投寄书信的典故，分见于《荆州记》和古诗《饮马长城窟行》。寄梅传素，远方的亲友送来安慰的信息，按理应该欣喜才是，但身为贬谪之词人，北归无望，却"别是一般滋味在心头"，每一封裹寄着亲友慰安的书信，触动的总是词人那根敏感的心弦，奏响的是对往昔生活的追忆和痛省今时困苦处境的一曲曲凄伤哀婉的歌。每一封信来，词人就历经一次心灵挣扎的历程，添其此恨绵绵。故于第三句急转，"砌成此恨无重数"。一切安慰均无济于事。离恨犹如"恨"墙高砌，使人不胜负担。一个"砌"字，将那无形的伤感形象化，好像还可以重重累积，终如砖石垒墙般筑起一道高无重数、沉重坚实的"恨"墙。恨谁，恨什么，身处逆境的词人没有明说。联系他在《自挽词》中所说："一朝奇祸作，漂零至于是。"可知他的恨，与飘零有关，他的飘零与党祸相联。在词史上，作为婉约派代表词人，秦观正是以这堵心中的"恨"墙表明他对现实的抗争。他何尝不欲将心中的悲愤一吐为快？但他忧谗畏讥，不能说透。于是化实为虚，作宕开之笔，借眼前山水作痴痴一问："郴江幸自绕郴山，为谁流下潇湘去？"无理有情，无理而妙。好像词人在对郴江说：郴江啊，你本来是围绕着郴山而流的，为什么却要老远地北流向潇湘而去呢？关于这两句的蕴意，或以为："郴江也不耐山城的寂寞，流到远方去了，可是自己还得待在这里，得不到自由。"（现代学者胡云翼《宋词选》）或以为词人"反躬自问"，慨叹身世："自己好端端一个读书人，本想出来为朝廷做一番事业，正如郴江原本是绕着郴山而转的呀，谁会想到如今竟被卷入一场政治斗争旋涡中去呢？"（《唐宋词鉴赏辞典》）见仁见智。人的感情本来是复杂的，处境艰辛的词人，当时的心情也不会是单一的，既然如此，羡慕郴江有幸能环绕郴山，感喟人生本可自主；又哀郴江无端北奔、流向潇湘而去，叹息人生不得自主，自伤沦落；再加之思念故乡，怀念亲友。凡此数端，兼而有之，岂不可乎？所以，这结末二句，不可呆看。生活的洪流，依着惯性滚滚向前，总是把人带到深不可测的远方。与秦观悲剧性一生"同升而并黜"的苏轼，同病相怜更具一份知己的灵感犀心，亦绝爱其尾两句。

清王士禛《花草蒙拾》："'郴江幸自绕郴山，为谁流下潇湘去？'千古绝唱。秦殁后坡公常书此于扇云：'少游已矣，虽万人何赎！'高山流水之悲，千载而下，令人腹痛。"当代词学家唐圭璋《唐宋词简释》说："此首写羁旅，哀怨欲绝。起写旅途景色，已有归路茫茫之感。末引'郴江''郴山'，以喻人之分别，无理已极，沉痛已极，宜东坡爱之不忍释也。"

【原文】

江城子·西城杨柳弄春柔

西城杨柳弄春柔⁽¹⁾，动离忧⁽²⁾，泪难收。犹记多情、曾为系归舟⁽³⁾。碧野朱桥当日事⁽⁴⁾，人不见，水空流。　　韶华不为少年留⁽⁵⁾，恨悠悠⁽⁶⁾，几时休？飞絮落花时候⁽⁷⁾、一登楼。便作春江都是泪⁽⁸⁾，流不尽，许多愁。

【毛泽东圈评等情况】

毛泽东曾圈阅这首《江城子·西城杨柳弄春柔》。

[参考] 张贻玖：《毛泽东评点、圈阅的中国古典诗词》，
中国工人出版社 1992 年版，第 247 页。

【注释】

（1）西城，当年离别的地方。弄春，在春日弄姿。

（2）离忧，离别的忧思，离人的忧伤。唐杜甫《长沙送李十一》诗："李杜齐名真忝窃，朔云寒菊倍离忧。"仇兆鳌注："离忧，离别生忧也。"

（3）多情，指钟情的人。系，泊。归舟，返航的船。南朝宋谢灵运《酬从弟惠连》诗："梦寐伫归舟，释我客与劳。"

（4）碧野，碧绿的野外。朱桥，红色的桥。

（5）韶华，美好的时光，常指春光。唐戴叔伦《暮春感怀》诗："东皇去后韶华尽，老圃寒香别有秋。"少年，古称青年男子，与老年相对。《韩非子·内储说上》："郑少年相率为盗，处于雚泽。"

（6）悠悠，忧思之态。南朝宋范晔等《后汉书·章帝纪》："中心悠悠，将何以寄？"

（7）飞絮，飘飞的柳絮。北周庾信《杨柳歌》："独忆飞絮鹅毛下，非复青丝马尾垂。"落花，凋谢而落下的花朵。唐杜甫《江南逢李龟年》："岐王宅里寻常见，崔九堂前几度闻。正是江南好风景，落花时节又逢君。"

（8）"便作春江"三句，反用南唐李煜《虞美人·春花秋月何时了》中的名句"问君能有几多愁，恰似一江春水向东流"。春江，春天的江。唐张若虚《春江花月夜》诗："滟滟随波千万里，何处春江无月明。"

【赏析】

《江城子》，词牌名，又名"村意远""江神子""水晶帘"。兴起于晚唐，来源于唐著词曲调，由文人韦庄最早依调创作，此后所作均为单调，直至北宋苏轼时始变单调为双调。有单调四体，字数有三十五、三十六、三十七三种；双调一体，七十字，上下片各七句，五平韵。格律多为平韵格，双调体偶有填仄韵者。代表作有宋苏轼《江城子·密州出猎》《江城子·乙卯正月二十日夜记梦》等。

这是一首暮春怀人伤别之作，抒发了对别后情人的思念及青春不能永驻的感慨。据词意可知作于某年的一个暮春，当为秦观前期的作品，具体作年难以考证。

此词上阕由杨柳勾起其对旧时的回忆。"西城杨柳弄春柔，动离忧，泪难收"，起首三句描写中间有抒情。写初春的离别，并未出现告别的对象而悲泪滂沱，已寓无限隐情。"西城杨柳弄春柔"貌似纯写景，实则有深意。"西城"点明离别之地。"杨柳"则与离别密切相关。因为我国唐宋时期就有折柳赠别的习俗，而因为柳色，通常能使人联想到青春及青春易逝，又可以使人感春伤别。"弄春柔"的"柔"字，便有百种柔情，"弄"字则有故作撩拨之意，赋予无情景物以有情，寓拟人之法于无意中。"杨柳弄春柔"的结果，便是惹得人"动离忧，泪难收"。以下写因柳而有所感忆："犹记多情、曾为系归舟。碧野朱桥当日事，人不见，水空流。"这四句回忆旧时的活动。"犹记"两句转为忆旧，"多情"指恋人，"系归舟"指飘泊重逢的激动。"碧野朱桥"是当日系舟处所，又是今日处境。"当日事"唯存记忆，而眼前是"人不见，水空流"。即谓再度离别，再度"归来"时，已无人"系舟"，只见水流。"水空流"三字表达的惆怅是深长的。这几句暗示这杨柳不是任何别的地方的杨柳，而是靠近水驿的长亭之柳，所以当年曾系归舟，曾有离别情事在这地方发生。那时候，一对有情人，就踏过红色的板桥，眺望春草萋萋的原野，在这儿话别。一切都记忆犹新，可是眼前呢，风景不殊，人儿已天各一方了。

上阕由杨柳勾起对往事的回忆，已有一种怅然若失之感；下阕抒情，把离愁别恨加以强化。"韶华不为少年留"，换头处转为议论，道破人生真理。此理虽为常理常情，但由词人体味人生后道出则有极哀切的意蕴。"韶华不为少年留"是因为少年既是风华正茂，又特别善感的缘故，这青春不再，年华易衰，才是"恨悠悠"的终极原因。此悠悠长恨，当然将词人仕途不遇、理想落空的伤感融注其间了。"恨悠悠，几时休"，此两句无形中又与前文的"泪难收""水空流"唱和了一次。"飞絮落花时节，一登楼"不登则已，"一登"就在这杨花似雪的暮春时候，真正是"便做春江都是泪，流不尽，许多愁"。这是一个极其巧妙的比喻，它妙就妙在一下子将从篇首开始逐渐写出的泪流、水流、恨流合做一江春水，滔滔不尽地向东奔去，使人沉浸在感情的洪流中。这比喻不是突如其来的，而是逐渐汇合，水到渠成的。此喻在李后主"问君能有几多愁，恰似一江春水向东流"的比喻基础上，又翻出一层新意，乃脱胎换骨、点铁成金之法。

此词写柳，妙在"弄春柔"一语，笔意入微，妥帖自然，把拟人手法于无意中出之，化无情之柳为多情之物；此词写愁，妙在引而不发，语气委婉，最后由景触发一个巧妙的比喻：清泪、流水和离恨融汇成一股情感流，言尽而情不尽。全词结构布局极缜密。下阕"飞絮落花"印上阕"杨柳弄春柔"，"登楼"印"离忧"，"春江都是泪"印"泪难收"；"韶华不为少年留"总提全词命意，天然浑成，意态兼善，神韵悠长。清俞陛云《唐五代两宋词选释》曰："结尾两句与李后主之'恰似一江春水向东流'、徐师川之'门外重重叠叠山，遮不断愁来路'，皆言愁之极致。"当代词学家薛砺若在《宋词通论》中评论："少游既是一个情种，自不免因落拓的宦途、羁旅的生涯和失恋的萦绕所侵袭，因而使他变为一个伤心厌世的词人。所以他的词往往含蕴着极浓厚的凄婉情绪。"

【原文】

浣溪沙·青杏园林煮酒香

青杏园林煮酒香[(1)]。佳人初著薄罗裳[(2)]。柳丝摇曳燕飞忙[(3)]。　午雨乍晴花自落，闲愁闲闷昼偏长。为谁消瘦损容光[(4)]。

【毛泽东圈评等情况】

毛泽东曾圈阅这首《浣溪沙·青杏园林煮酒香》。

[参考] 张贻玖：《毛泽东评点、圈阅的中国古典诗词》，
中国工人出版社 1992 年版，第 247 页。

【注释】

（1）青杏，未熟的杏子。唐郑谷《下第退居》诗之二："未尝青杏出长安，豪士应疑怕牡丹。"园林，指特定培养的自然环境和游憩境域。在一定的地域运用工程技术和艺术手段，通过改造地形（或进一步筑山、叠石、理水）、种植树木花草、营造建筑和布置园路等途径创作而成的美的自然环境和游憩境域，就称为园林。煮酒，热的酒。

（2）佳人，美女。战国楚宋玉《登徒子好色赋》："天下之佳人，莫若楚国；楚国之丽者，莫若臣里；臣里之美者，莫若臣东家之子。"罗裳，罗裙。宋郭茂倩《乐府诗集·清商曲辞一·子夜四时歌·春歌十》："春风复多情，吹我罗裳开。"

（3）摇曳（yè），晃荡，飘荡，摇动。南朝宋鲍照《代櫂歌行》："飂戾长风振，摇曳高帆举。"

（4）容光，仪容风采。汉徐干《室思》诗之一："端坐而无为，仿佛君容光。"唐元稹《莺莺传》："自从消瘦减容光，万转千回懒下床。不为旁人羞不起，为郎憔悴却羞郎。"

【赏析】

这首词，一作晏殊词，见《珠玉集》；一作欧阳修词，见《近体乐府》卷三。宋何士信辑《类编草堂诗余》卷一作秦观词，恐亦非是，今姑从之，暂归于秦观名下。

词的上阕，写景兼有叙事。"青杏园林煮酒香"，首句是说，春光明媚，"青杏"初尝，在园林中热酒赏春，是何等快乐。"佳人初著薄罗裳"，次句是说，此人是和谁煮酒赏春呢？是和刚换上薄薄罗裙的美人，这就牵惹起满怀春情。接着一句"柳丝摇曳燕飞忙"，由写人转笔写景，忙里偷闲，从容不迫。杨柳袅袅，莺燕和鸣，美人穿行园林之中陪酒，宛然如画。整个画面充满一种温馨柔美的氛围。

词的下阕，笔锋陡然一转，即景抒怀，寓情理于议论之中。"乍雨乍晴花自落，闲愁闲闷昼偏长"，词人针对上阕所写园林春光而喟叹，春天忽晴忽雨，春花易老；佳人游春，日长无事，其"闲愁闲闷"最容易伤神，最难以排遣，特别是良人远行，相思销魂。"为谁消瘦损容光"，结句点明全词主旨。

这首词上阕写景，虽然没有什么特别精妙之处，但下阕三句"纯以轻笔写幽怀，若风拂柳丝，曼绿柔姿，留人顾盼"（清俞陛云《唐五代两宋词选释》），具有很强的艺术感染力。

【原文】

画堂春·东风吹柳日初长

东风吹柳日初长[1]，雨余芳草斜阳[2]。杏花零落燕泥香，睡损红妆[3]。
香篆烟销鸾凤[4]，画屏云锁潇湘[5]。暮寒微透薄罗裳[6]，无限思量[7]。

【毛泽东圈评等情况】

毛泽东曾圈阅这首《画堂春·东风吹柳日初长》。

[参考] 张贻玖：《毛泽东评点、圈阅的中国古典诗词》，
中国工人出版社 1992 年版，第 247 页。

【注释】

（1）日初长，白昼开始一天天长起来。

（2）雨余，雨后。芳草，香草。东汉班固《西都赋》："竹林果园，芳草甘木。郊野之富，号为近蜀。"斜阳，傍晚西斜的太阳。唐赵嘏《东望》诗："斜阳映阁山当寺，微绿含风树满川。"

（3）睡损，睡坏。红妆，指女子的盛妆。因妇女妆饰多用红色，故称。汉乐府《木兰辞》："阿姊闻妹来，当户理红妆。"

（4）香篆，有版本记作"宝篆"。香篆，香名，形似篆文。宋洪刍《香谱·香篆》："（香篆）镂木以为之，以范香尘为篆文，然于饮席或佛像前，往往有至二三尺径者。"鸾凤，鸾鸟与凤凰。汉刘向《九叹·远游》："驾鸾凤以上游兮，从玄鹤与鹇鸭。"此指镂有鸾凤的熏炉。也有解释称此处指绣有龙凤图案的床帐。

（5）画屏，有画饰的屏风。南朝梁江淹《空青赋》："亦有曲帐画屏，素女采扇。"潇湘，湖南潇水、湘水一带的风景。云锁，萦绕。

（6）罗裳，罗裙。宋郭茂倩《乐府诗集·清商曲辞一·子夜四时歌·春歌十》："春风复多情，吹我罗裳开。"

（7）思量，想念，相思。《敦煌曲子词·风归云遍·征夫数载》："想君薄行，更不思量，谁为传书与表妾衷肠。"

【赏析】

《画堂春》，词牌名。最初见于《淮海居士长短句》。双调四十七字，前片四平韵，后片三平韵。《山谷琴趣外篇》于两结句各添一字。"画堂"是唐朝富贵人家装饰精美房子的美称，故有猜想认为"画堂"曲调由此而来。

这首词原有一个题目《春情》。据此可知此词乃是叙写女子春怨闺思的。曾有人认为此词是黄庭坚的作品。《全宋词》案："此首别见明刻本（豫章黄先生词）。"毛晋汲古阁本《淮海词》题下附注："或言山谷年十六作。"然不足信，据学者们考证，认为系秦观所作，而非黄作。由这首词本身来看，描写的是一位女子春睡的场景和心情，香艳中夹杂着惆怅，柔媚中蕴含沉痛，痴情而不滥情，确实更符合秦观作品的一贯风格，而年少的黄庭坚的作品基本还没有达到这种艺术表现能力。

词的上阕写景。"东风吹柳日初长，雨余芳草斜阳"，词开头二句，为春睡渲染气氛，写东风吹拂柳条，春日渐长，雨后斜阳映照芳草，正是人困春睡时光。"杏花零落燕泥香，睡损红妆"，接着两句是说，枝头的杏花零落入泥，燕子衔沾花的泥土筑巢，犹自散发着微微的香气。由景而人，美人面对花落春去之景，青春难再，自然无心红妆，不得不陷于春困矣。这两句与李清照"风住尘香花已尽，日晚倦梳头"句颇有相似之处，但写得更为隽永。

词的下阕直接叙写女子枕畔难眠所见到的景象。"香篆烟销鸾凤，画屏云锁潇湘"，换头处二句，写她长时间失眠，直到篆香销尽；不眠的原因，是她所思念的人远在潇湘。"暮寒微透薄罗裳，无限思量"，词的歇拍二句，具体描写夜深寒气袭人，女子无法再进入甜蜜的梦乡，只有思前想后，辗转反侧。春天是使人热情奔放的季节，春夜更是最让痴情男女激动的时光。宋苏轼的《春夜》诗写道："春宵一刻值千金，花有清香月有阴。歌管楼台声细细，秋千院宇夜沉沉。"如此黄金时刻，正值韶华的女子却只能独守空房，当然免不了辗转不寐；而一夜间堆积的困倦，只能挪到白天来补足，昼眠是迫不得已的。

这首词最精致的就是前三句的景色描写，很多评论者都给予极高评价，明沈际飞、近代王国维都认为秦观的句子脱胎于温庭筠、曾觌等人的词，但是青出于蓝而胜于蓝。秦观这几句实际上是把前人诗词中的相似意境加以综合，从而营造出更为丰富的意境。温庭筠的"雨后却斜阳，杏花零落香"写杏花落入泥土，使泥土也沾染了香气，而曾觌的"为怜流去落红香，衔将归画梁"则写燕子不忍心落花委于泥土，特意将它们衔起来粘在自己的巢上。秦观的词综合了温、曾两人词中的意境，把落花堕泥、燕子衔泥两个层次的场景合并到一起，却又处理得天衣无缝，甚至比他所依据的蓝本更简洁、更有表现力。

全面分析作品的结构还可以看出，词的上下两阕各有侧重：上阕主要写景，下阕情景兼备；上阕写的是白天，主要写室外的春色，下阕则写夜晚，主要写室内的陈设；最后两句以描绘情感作结，点明词作的主旨，有画龙点睛的功效。宋杨湜《古今词话》云："少游《画堂春》'雨余芳草斜阳，杏花零落燕泥香'善于状景物。至于'香篆烟销鸾凤，画屏云绕潇湘'二句，便含蓄无限思量意思，此其有感而作也。"

【原文】

鹧鸪天·枝上流莺和泪闻

枝上流莺和泪闻[1]，新啼痕间旧啼痕[2]。一春鱼雁无消息[3]，千里关山劳梦魂[4]。　　无一语，对芳樽[5]。安排肠断到黄昏[6]。甫能炙得灯儿了[7]，雨打梨花深闭门[8]。

【毛泽东圈评等情况】

毛泽东曾圈阅这首《鹧鸪天·枝上流莺和泪闻》。

[参考] 张贻玖：《毛泽东评点、圈阅的中国古典诗词》，
中国工人出版社1992年版，第247页。

【注释】

（1）流莺，即莺。流，谓其鸣声婉转。南朝梁沈约《八咏诗会圃临东风》："舞春雪，杂流莺。"

（2）啼痕，泪痕。唐岑参《长门怨》诗："绿钱侵履迹，红粉湿啼痕。"

（3）鱼雁，相传鸿雁、鲤鱼可以传递书信，故云。汉乐府《饮马长城窟行》有"客从远方来，遗我双鲤鱼。呼儿烹鲤鱼，中有尺素书"的诗句。古人还有鸿雁传书的典故。《史记·苏武传》记载，汉武帝时，使臣苏武被匈奴拘留，并押在北海苦寒地带多年。后来，汉朝派使者要求匈奴释放苏武，匈奴单于谎称苏武已死。这时有人暗地告诉汉使事情的真相，并出主意让他对匈奴单于说：汉皇在上林苑射下一只大雁，这只雁足上系着苏武的帛书，证明他确实未死，只是受困。这样，匈奴单于再也无法谎称苏武已死，只得把他放回汉朝。从此，"鸿雁传书"的故事便流传成为

千古佳话。此代称传递书信的人。消息，音信，信息。

（4）关山，关隘山岭。宋郭茂倩《乐府诗集·横吹曲辞五·木兰辞》："万里赴戎机，关山度若飞。"梦魂，古人以为人的灵魂在睡梦中会离开肉体，故称"梦魂"。

（5）芳樽，精致的酒器，此借指美酒。唐房玄龄等《晋书·阮籍等传论》："嵇阮竹林之会，刘毕芳樽之友。"

（6）安排，打算，准备。近代陈衍《元诗纪事》卷六引元王义山诗："满斟绿罂安排醉，牢裹乌纱照顾吹。"肠断，形容极度悲痛。晋干宝《搜神记》卷二十："临川东兴，有人入山，得猿子，便将归。猿母自后逐至家。此人缚猿子于庭中树上，以示之。其母便搏颊向人，欲乞哀状，直谓口不能言耳。此人既不能放，竟击杀之，猿母悲唤，自掷而死。此人破肠视之，寸寸断裂。"唐白居易《长恨歌》："行宫见月伤心色，夜雨闻铃肠断声。"

（7）甫能，刚刚能，宋时方言。南宋辛弃疾《杏花天》词："甫能得见茶瓯面，却早安排肠断。"

（8）雨打梨花，比喻雨后零乱不堪的狼狈情景。梨花，多年生本科植物，春天开花，花白如雪，果实初秋成熟。从唐刘方平《春怨》诗中"寂寞空庭春欲晚，梨花满地不开门"两句化出。

【赏析】

《鹧鸪天》，词牌名，又名"思佳客""思越人""醉梅花""半死梧""剪朝霞"等。定格为晏几道《鹧鸪天·彩袖殷勤捧玉钟》，此调双调五十五字，前段四句三平韵，后段五句三平韵。代表作有苏轼《鹧鸪天·林断山明竹隐墙》等。

此词创作时间未详，其作者也尚有争议。汲古阁未刻词本《漱玉词》收此词，以为李清照所作。而《全宋词》归入无名氏的作品。清代王鹏运四印斋本《漱玉词补遗》案语以为北宋词人秦观所作。姑从之，系于秦观名下。

全词语言极其清婉自然，"体制雅淡，气骨不衰，清丽中不断意脉，咀嚼无滓，久而知味"（宋张炎《词源》）。词中塑造了一个深于情、专于情的女性形象。

此词上阕"枝上流莺和泪闻，新啼痕间旧啼痕。一春鱼雁无消息，千里关山劳梦魂"四句，写思妇凌晨在梦中被莺声唤醒，远忆征人，泪流不止。"梦"是此秋夜的关节。后两句写致梦之因，前两句写梦醒之果。致梦之因，词中写了两点：一是丈夫征戍在外，远隔千里，故而引起思妇魂牵梦萦，此就地点而言；一是整整一个春季，丈夫未寄一封家书，究竟平安与否，不得而知，故而引起思妇的忧虑与忆念，此就时间而言。从词意推知，思妇的梦魂，本已缥缈千里，与丈夫客中相聚，现实中无法实现的愿望，在梦境中得到了满足。这是何等的快慰，然而树上黄莺一大早就恼人地歌唱起来，把她从甜蜜的梦乡中唤醒。她又回到双双分离的现实中，伊人不见，鱼鸟音沉。于是，她失望了，痛哭了。

"无一语，对芳樽。安排肠断到黄昏"，换头处三句，写女子在白天的思念。她一大早被莺声唤醒，哭干眼泪，默然无语，千愁万怨似乎随着两行泪水咽入胸中。但是胸中的郁闷总得要排遣，于是就借酒浇愁。可是如李白所说："花间一壶酒，独酌无相亲。"一怀愁怨，触绪纷来，只得"无一语，对芳樽"，准备就这样痛苦地熬到黄昏。宋李清照《声声慢·秋词》云："守着窗儿，独自怎生得黑？"词意相似。唯李词音涩，声情凄苦；此词音滑，似满心而发，肆口而成，然无限深愁却蕴于浅语滑调之中，读之令人凄然欲绝。"甫能炙得灯儿了，雨打梨花深闭门"，结尾两句，融情入景，表达了绵绵无尽的相思。这里是说，刚刚把灯油熬干了，又听着一叶叶、一声声雨打梨花的凄楚之音，就这样睁着眼睛挨到天明，表现了女主人公自甘寂寞的高尚情操。词人不是直说彻夜无眠，而是通过景物的变化，婉曲地表达长时间的忆念，用笔极为工巧。

这首词有一个好处，就是因声传情、声情并茂。词人一开头就抓住鸟莺鸣啭的动人旋律，巧妙地融入词调，通篇宛转流畅，环环相扣，起伏跌宕，细细玩索，就可以体会到其中的韵味。清代词学研究家陈廷焯《白雨斋词话》："不经人力，自然合拍。"

【原文】

如梦令·遥夜沉沉如水

遥夜沉沉如水(1)，风紧驿亭深闭(2)。梦破鼠窥灯(3)，霜送晓寒侵被(4)。无寐，无寐(5)，门外马嘶人起(6)。

【毛泽东圈评等情况】

毛泽东读现代词学家龙榆生编选的《唐宋名家词选》时圈阅的《如梦令二首》中有这首《如梦令·遥夜沉沉如水》。

[参考] 龙榆生编选：《唐宋名家词选》，上海古籍出版社
1955 年版，第 140 页。

【注释】

（1）遥夜沉沉，一作"冬夜月明"。遥夜，长夜。战国楚屈原《九辩》："靓杪秋之遥夜兮，心缭悷而有哀。"沉沉，形容寂静无声或声音悠远隐约。

（2）驿亭，古时候驿站所设的供行旅止息的处所。古时驿站有亭，故称。唐杜甫《秦州杂诗》之九："今日明人眼，临池好驿亭。"仇兆鳌注："邮亭，见《汉书·薛宣传》。颜注：'邮，行书之舍，如今之驿。'据此，则驿亭之名起于唐时也。"

（3）梦破，睡梦被惊醒。窥，在隐僻处偷看。鼠窥灯，谓饥鼠想偷吃灯盏里的豆油。

（4）侵被，透进被窝。

（5）无寐（mèi），睡不着。寐，睡，睡着。《诗经·卫风·氓》："夙兴夜寐，靡有朝矣。"郑玄注："常早起夜卧，非一朝然。"

（6）马嘶，马发出高而拖长的嘶鸣声。嘶，牲畜鸣叫，亦特指马发出高而拖长的、典型的鸣叫声。南朝梁·顾野王《玉篇》："嘶，马鸣也。"《玉台新咏·古诗为焦仲卿妻作》："其日牛马嘶，新妇入青庐。"

【赏析】

《如梦令》，词牌名，又名《忆仙姿》《宴桃源》。五代时后唐庄宗李存勖创作，词云："如梦、如梦，残月落花烟重"；乐府遂以"如梦"二字名曲。或云："庄宗修内苑，掘土有绣花碧色，中得断碑，载此词。"《清真集》入"中吕调"。三十三字，五仄韵，一叠韵。通体以六言句为主。

这是一首抒发谴谪之恨的词。宋绍圣三年丙子（1096），作者自处州再贬，深秋至郴阳道中，以诗记其事，题古寺壁诗中有云"饥鼠相迫坏壁中"。又，词人在郴州旅舍有《踏莎行》词，亦与此词心态相似。依此似乎可以认为此词是同一时期的作品。

这首词借描写夜宿驿亭苦况诉行旅艰辛，流露出浓重的感伤情绪。远离故乡亲人，置身陌生之处，独宿驿亭之中，其内心不平自不待言。词以"遥夜沉沉如水"开头，即表现出流放之人身虽憩而心未稳，一夜辗转无眠，觉得夜色太深、夜程太久的特有感受。"沉沉如水"的比喻，别有深意。时当深秋，水已寒凉，以夜沉如水为喻，透出词人内心的寒凉疲惫之感。接下来一句"风紧驿亭深闭"，交代夜里凉意来源：原来的阵阵秋风借着夜色不断袭来，虽然驿亭的门已经紧闭，却仍然挡不住那一阵紧似一阵的寒意。作者对这透骨寒冷的秋风，将驿亭的门闭了又闭，层层阻障，无非想少受寒凉，暂时获得心灵的安宁与平静。这两句写景，看似平实，实际上字字含情、句句见意。"梦破鼠窥灯，霜送晓寒侵被"，接下来两句，写梦醒之后的所见所感。一人在外，当然免不了乡思入梦，而且看来词人还是做了一个好梦，所以从梦中惊醒之后，他觉得那份美好的幻想，被残酷的现实给击破了。回到现实之中的词人所看到的，是如豆的油灯、饥饿的老鼠。"鼠窥灯"的意象，既写环境之静，又写出了环境的寒凉冷清：惯于隐藏在暗处的饥鼠，竟至大胆地窥视起油灯来，可见已经是好久没有任何人声动静了。沉沉如水的夜幕之中，一点如星的灯火，是那么地飘忽不定，以一点暖色调，反衬整个环境的冷色调，冷暖对比，使整个环境更显清冷寒凉。"霜送晓寒侵被"，既可以说是梦破之后词人是切身所感，也可以说是他看到这样一组景象之后心生的凉意。最后一句，写"梦破"直到天明的所感所闻。由于秋寒袭人，加以思绪难平，词人再也睡不着了，两个"无寐"，正是他归梦难成、夜阑无绪、欲眠不能、欲怨无由的心理写照，使人仿佛觉得是词人在万般无奈之时脱口而出的怨语。"门外马嘶人起"，终于，一片人声马嘶，打破了沉沉夜幕，意味着一天的旅途奔波又将开始了。

细味全词，词人的高明之处在于用省净的笔墨，描绘了一个典型环境——古代简陋的驿馆。鼠之扰闹，霜之送寒，风声阵阵，马嘶人起，如耳闻目睹，俱以白描手法出之。毫无缘饰，不用替代，只坦直说出，却别有一番感人的力量。这是由于词人下笔精到，所写驿馆种种景况，无不蕴含着天涯飘泊的旅思况味，婉曲地传出了郁积于心的人生不平——遭逢受害，屡遭贬谪，岁暮飘零如是。

【原文】

如梦令·门外鸦啼杨柳

门外鸦啼杨柳⁽¹⁾，春色著人如酒⁽²⁾。睡起熨沉香⁽³⁾，玉腕不胜金斗⁽⁴⁾。消瘦。消瘦。还是褪花时候⁽⁵⁾。

【毛泽东圈评等情况】

毛泽东读现代词学家龙榆生编选的《唐宋名家词选》时圈阅的《如梦令二首》中有这首《如梦令·门外鸦啼杨柳》。

[参考] 龙榆生编选：《唐宋名家词选》，上海古籍出版社1955年版，第140页。

【注释】

（1）"门外"句，唐李白《杨叛儿》："何许最关人，乌啼白门柳。"鸦，乌鸦。

（2）"春色"句，春色迷人如同醉酒。春色，春天的景色。南朝齐谢朓《和徐都曹》："宛洛佳遨游，春色满皇州。"著人，扑人，令人陶醉，讨人喜欢。宋欧阳修《减字木兰花·楼台向晓》："汗粉重匀，酒后轻寒不著人。"

（3）熨沉香，把沉香熏过的衣服熨平展。熨，烧热后用来烫平衣服的金属器具，称"熨斗"。沉香，香木名，产于亚热带，木质坚硬而重，黄色，有香味，芯材为著名熏香料。

（4）玉腕，洁白温润的手腕，亦借指手。南朝宋刘铄《白纻曲》："仙仙徐动何盈盈，玉腕俱凝若云行。"金斗，熨斗。

（5）褪花，落花。

【赏析】

这首叙事小词，写一个贵妇人春睡醒后熨衣的情事。通首全用白描，不饰雕琢，把少妇的动作、思绪写得活灵活现，仿佛一幅风俗画。

"门外鸦啼杨柳，春色著人如酒"，起首二句描写，点出事情发生的节令和地点。地点是大门之外，见其不远；季节以春天最具特色的景物"杨柳"表现，再用"春色著人如酒"作喻，说明时当阳春三月，百花盛开阳光明媚之时，如许春色讨人喜欢，像浓酒一样令人陶醉，可我们的女主人公却全无情致，在闺房昏昏大睡，已暗示其心绪不佳。"睡起熨沉香，玉腕不胜金斗"，三、四两句叙事，方出人物。"睡起"补充说明原在酣睡。她被门外柳树上的乌鸦叫声惊醒之后，仍无心赏春，便去熨烫衣物，借以排遣内心的寂寞。从"沉香""玉腕""金斗"的描写来看，主人公是位贵妇人。这位贵妇人娇软无力，手腕洁白温润，连拿起熨斗都觉得吃力。于是她觉得自己太瘦了，连用"消瘦""消瘦"，写其心理。这是由熨衣无力，想到自己消瘦，由自己消瘦，想到所熨衣物，所以又说"还是褪花时候"。"褪花时候"表明已到暮春时候，不仅照应开头，而且表现了使贵妇人觉得大好春光白白浪费的感慨。这便是末二句女子的心理变化。从贵妇人的春眠睡起熨衣服及其所思所想，写出了其微妙的心理变化，隐隐透出一种落寞的情绪，至于这女子为什么会产生这样的思想，词人却只字不提，留给读者去思索。明沈际飞《草堂诗余四集·续集》："憨怛甚。末句止而得行，泄而得蓄。"南宋胡仔《苕溪渔隐丛话后集》引《艺苑雌黄》："予又尝读李义山《效徐陵体赠更衣》云：'轻寒衣省夜，金斗熨沉香。'乃知少游词'玉笼金斗，时熨沉香'，与夫'睡起熨沉香，玉腕不胜金斗'，其语亦有来历处。乃知名人必无杜撰语。"

【原文】

捣练子·心耿耿

心耿耿⁽¹⁾，泪双双。皓月清风冷透窗⁽²⁾。人去秋来宫漏永⁽³⁾，夜深无语对银钲⁽⁴⁾。

【毛泽东圈评等情况】

毛泽东曾圈阅这首《捣练子·心耿耿》。

[参考] 张贻玖：《毛泽东评点、圈阅的中国古典诗词》，中国工人出版社 1992 年版，第 246 页。

【注释】

（1）耿耿，烦躁不安，心事重重。《诗经·邶风·柏舟》："耿耿不寐，如有隐忧。"

（2）皓月，明月。南朝宋谢庄《月赋》："情纡轸其何讬，愬皓月而长歌。"清风，清凉的风。唐杜甫《四松》诗："清风为我起，洒面若微霜。"

（3）宫漏，古代宫中计时器。用铜壶滴漏，故称宫漏。唐白居易《同钱员外禁中夜直》诗："宫漏三声知半夜，好风凉月满松筠。"永，长。

（4）银钲（gāng），银白色的灯盏、烛台。南朝梁元帝《草名》诗："金钱买含笑，银钲影梳头。"

【赏析】

《捣练子》，词牌名，押平声韵，有单调和双调两体。明朱权《太和正音谱》注"双调"。一名《捣练子令》，又名《咏捣练》《夜如年》《杵声齐》《夜捣衣》《剪征袍》《望夫妇》。单调二十七字，五句、三平韵。双调三十八字，前后段各五句、三平韵。

这首《捣练子·心耿耿》词，写一个女子在她的情人深夜离去之后的寂寞心情。

"心耿耿，泪双双"，开头二句抒情。"心耿耿"，耿耿于怀，先写心理；"泪双双"，珠泪双流，再写动作。二句从心理和动作两个方面，写出了女子有排解不开的忧愁暗恨，表现为极度哀悲之状。"皓月清风冷透窗"，明月清风，本是美景，只应令人欣喜，不应令人作悲，虽然冷气从窗户透入室内，亦不至于使人悲苦难耐。所以，第三句描写，旨在点明时令和地点，似乎是交代造成女主人公悲不自胜的原因，实则不然。"人去秋来宫漏永，夜深无语对银缸"，末二句描写，才道出女主人公生悲的真正原因。"人去"二字，虽语焉不详，但从"人去"之后所引起女子感情的强烈变化来看，这个"人"与女子关系密切，至关重要，可以推想，此"人"或为其丈夫，或为其情人，至少也是她的挚友吧！这么重要的人物，离去已经有一些时候了，从"人去秋来"可知，这个人走时当是夏天，现在已经是"清风冷透窗"，可能已到深秋了。所以，冷月当空，滴漏不断，夜色深沉，无人相伴，只有孤身一人，面对着白色的灯盏出神，怎不叫人黯然神伤、涕泪交流呢！真是白描如画，摹写入神，与电影中的特写镜头毫无二致。

秦　靚

秦靚，字少章，高邮（今江苏高邮）人，秦观之弟。宋哲宗元祐六年（1091）进士。工诗词，善于刻画。文字精密，但风格不高，纤弱无力，词风与秦观相近。无专集流传。

【原文】

黄金缕·妾本钱塘江上住

妾本钱塘江上住[(1)]。花落花开，不管流年度[(2)]。燕子衔将春色去，纱窗几阵黄梅雨[(3)]。　斜插犀梳云半吐[(4)]，檀板轻敲[(5)]，唱彻《黄金缕》[(6)]。梦断行云无觅处[(7)]，夜凉明月生南浦[(8)]。

【毛泽东圈评等情况】

毛泽东曾圈阅这首《黄金缕·妾本钱塘江上住》。

[参考]张贻玖：《毛泽东评点、圈阅的中国古典诗词》，
中国工人出版社1992年版，第247页。

【注释】

（1）妾，谦辞，旧时女人自称。钱塘江，亦作"钱唐江"。浙江的下游在杭州附近的一段，因杭州古称钱塘，故名。本，一作"在"。

（2）管，一作"记"。流年，如水般流逝的光阴、年华。南朝宋鲍照《登云阳九里埭》诗："宿心不复归，流年抱衰疾。"

（3）纱窗几阵黄梅雨，此句一作"黄昏极度潇潇雨"。黄梅雨，黄梅季所下的雨，也叫"梅雨"。唐杜甫《多病执热奉怀李尚书》诗："思沾道暍黄梅雨，敢望宫恩玉井冰。"

（4）犀梳，犀角制的梳子。唐唐彦谦《无题》诗之二："醉倚阑干花下月，犀梳斜簪鬓云边。"云，云髻，即高耸的发髻。

（5）檀板，乐器名，檀木制的拍板。唐杜牧《自宣州赴官入京路逢裴坦判官归宣州因题赠》诗："画堂檀板秋拍碎，一引有时联十觥。"

（6）《黄金缕》，词牌名，《蝶恋花》的别名。

（7）梦断，梦醒。唐李白《忆秦娥》词："箫声咽，秦娥梦断秦楼月。"行云，用巫山神女之典。战国楚宋玉《高唐赋序》："旦为朝云，暮为行雨。"谓神女。觅，找，寻求。

（8）南浦，南面的水边。战国楚屈原《楚辞·九歌·河伯》："子交手兮东行，送美人兮南浦。"王逸注："愿河伯送己南至江之涯。"后常用作送别之地。南朝梁江淹《别赋》："春草碧色，春水渌波，送君南浦，伤如之何。"

【赏析】

《黄金缕》，词牌名，又名《蝶恋花》《鹊踏枝》《凤栖梧》《卷珠帘》《一箩金》等。商调曲，原唐教坊曲名。双片六十字，前后片各四仄韵。一般用来填写多愁善感和缠绵悱恻的内容。自宋代以来，产生了不少以《蝶恋花》为词牌的优美词章，像宋代柳永、苏轼、晏殊等人的《蝶恋花》，都是历代经久不衰的绝唱。

关于这首词的故事有两则传说。宋张耒的《柯山集》四十四："司马槱，陕人……制举中第，调关中第一幕官。行次里中，一日昼寐，恍惚间见一美妇人，衣裳甚古。入幌中执板歌曰：'家在……黄昏雨。'歌阕而去。槱因续成一曲：'斜插……生春浦。'后易杭州幕官。或云其官舍下乃苏小墓，而槱竟卒于官。"又据宋何薳（wěi）《春渚纪闻》卷七："司马才仲初在洛下，昼寝，梦一美姝牵帷而歌曰：'妾本钱塘……黄昏雨。'才仲爱其词，因询曲名，云是《黄金缕》。且曰：'后日相见于钱塘江上。'及才仲以东坡先生荐，应制举中第，遂为钱塘幕官。其廨舍后，唐（按：应为南朝齐）苏小墓在焉。时秦少游（秦观）为钱塘尉，为续其词后云：'斜插……生南浦。'不逾年而才仲得疾，所乘画水舆舣泊河塘。柁工遽见才仲携一丽人登舟，即前声喏，继而火起舟尾。狼忙走报，家已恸哭矣。"

两则传说情节虽有出入，但有一个共同点，即美女所唱乃本词上片，而这唱歌美女就是南齐名妓苏小小的鬼魂。传说虽然荒唐无稽，但事出有因。揆诸情理，司马槱既在钱塘为官，官舍的后面，正是六朝名妓苏小小的墓地。这时，秦观正在钱塘作尉，听说这件事后，大发好奇之心，续完了这首词。这里定为秦觏所作。

整首词以一个歌女的口吻写成，表现了她孤独空虚的生活和充满创伤的内心世界。上阕先从孤寂凄苦的身世写起。苏小小（479—约502），钱塘（今浙江杭州）人，南朝齐时著名歌伎。在西泠桥畔有苏小小墓地。起首一句写女子自道所居，以"钱塘江上"四字暗示出苏小小的风尘女子身份。"花落花开，不管流年度"二句，哀叹这位风尘女子的美好年华如水一般悄然流逝，寄寓了词人对她的身世悲慨。"燕子衔将春色去，纱窗几阵黄梅雨"，上阕歇拍两句，写残春风物，补足"流年度"之意。燕子衔着沾满落花的香泥筑巢，仿佛也把美好的春光都衔去了。此二句抓住富有典型性的江南暮春物象，寄寓了女主人公孤独的情怀和内心的凄苦。

下阕转写自己的生活。"斜插犀梳云半吐"，过片一句，描写歌女的发式：半圆形的犀角梳子，斜插在鬓云边，仿佛明月从乌云中半吐出来，俏丽动人。"檀板轻敲，唱彻《黄金缕》"，接下来两句，写她轻轻地敲着檀板按拍，唱一曲幽怨的《黄金缕》。《黄金缕》，即《蝶恋花》调的别名，以南唐冯延巳《蝶恋花》词中有"杨柳风轻，展尽黄金缕"而得名。"梦断行云无觅处，夜凉明月生南浦"，结拍两句笔锋突转，写词人梦醒后的感怀。"行云"用神女"旦为朝云，暮为行雨"的典故，暗示女子的歌妓身份，也写她的行踪飘流不定，难以寻觅。"南浦"，语见南朝江淹《别赋》"送君南浦，伤如之何"，因用为离别之典。此二句点明这场美好的相遇竟是虚无缥缈的梦幻。词人大梦方醒，披衣起巡，凭轩凝望，但见一轮明月从春江上升起，心中怅惘不已。

这首词以缠绵的抒情笔调，将一段浪漫而凄艳的梦中经历叙写得迷离恍惚、清丽凄恻，收到了很好的艺术效果。薛砺若《宋词通论》："少章词颇能继其兄家风，俨然成了一个嫡传的秦派词学。他的《黄金缕》一阕，尤凄艳婉细，传诵人口。"

贺　铸

　　贺铸（1052—1125），字方回，又名贺三愁，人称贺梅子。出生于卫州（今河南卫辉），北宋词人，儒客大家。自称远祖本居山阴，是贺知章后裔，以知章居庆湖（即镜湖），故自号庆湖遗老。贺铸长身耸目，面色铁青，人称贺鬼头，曾任右班殿直，宋哲宗元佑中曾任泗州、太平州通判。晚年退居苏州，杜门校书。不附权贵，喜论天下事。能诗文，尤长于词。其词内容、风格较为丰富多样，兼有豪放、婉约二派之长，长于锤炼语言并善融化前人成句。用韵特严，富有节奏感和音乐美。部分描绘春花秋月之作，意境高旷，语言清丽哀婉，近秦观、晏几道。其爱国忧时之作，悲壮激昂，又近苏轼。南宋爱国词人辛弃疾等对其词均有续作，足见其影响。

【原文】

点绛唇·红杏飘香

　　红杏飘香⁽¹⁾，柳含烟翠拖轻缕⁽²⁾。水边朱户⁽³⁾。尽卷黄昏雨。　　烛影摇风⁽⁴⁾，一枕伤春绪⁽⁵⁾。归不去。凤楼何处⁽⁶⁾？芳草迷归路⁽⁷⁾。

【毛泽东圈评等情况】

　　毛泽东曾圈阅这首《点绛唇·红杏飘香》。

　　　　[参考]张贻玖：《毛泽东评点、圈阅的中国古典诗词》，
　　　　中国工人出版社1992年版，第247页。

【注释】

　　（1）红杏，成熟的杏子，色红，有香味。

（2）烟翠，青蒙蒙的云雾。缕，线，形容一条一条下垂的柳枝。

（3）朱户，红色的门窗，多指女子居住的房屋。

（4）烛影摇风，灯烛之光映出的人、物的影子，被风摇晃的样子。

（5）伤春绪，因春天将要归去而引起忧伤、苦闷的情怀。

（6）凤楼，指女子居住的小楼。

（7）芳草，散发出香气的草，也指春天刚出土的青草。

【赏析】

此词旧传为南宋人何士信所编《类编草堂诗余》归于贺铸名下，亦作苏东坡、李清照词，曾慥《东坡词拾遗》及南宋人编《外集》卷八十五已收录。此首《点绛唇》是抒写春愁的作品，着重描写一个风华正茂的少妇深闺独处的孤寂和哀愁。

词的上阕悬想伊人之情境。"红杏飘香，柳含烟翠拖轻缕"，起笔点染春色如画。万紫千红之春光，数红杏、柳烟最具有特征，故词中素有"红杏枝头春意闹""江上柳如烟"之名句。此写红杏意犹未足，更写其香。杏花之香，别具一种清芬，写出飘香，足见词人感受之馨逸。此写翠柳，状之以含烟，又状之以拖轻缕，既能写其轻如烟之态，又写出其垂丝拂拂之姿，亦足见词人感受之美好。这番美好的春色，本是大自然赐予人类之造化，词人则以之赋予对伊人之钟情。这是以春色暗示伊人之美好。下边二句，遂由境及人。"水边朱户"，点出伊人所居。朱户、临水，皆暗示伊人之美、之秀气。笔意与起二句同一旨趣。"尽卷黄昏雨"，词笔至此终于写出伊人，同时又已轻轻宕开。伊人卷帘，其所见唯一片黄昏雨而已。黄昏雨，隐然喻说着一个愁字。句首之尽字，犹言总是，实已道出伊人相思之久、无可奈何之情。此情融于一片黄昏雨景，隐秀之至。

下阕写自己的相思情境。"烛影摇风，一枕伤春绪。"过片二句，"烛影"暗承上文黄昏而来，"摇风"，可见窗户洞开，亦暗合前之朱户卷帘。伤春绪即相思情，"一枕"，言总是愁卧，愁绪满怀，相思成疾矣。此句又正与"尽卷黄昏雨"相映照。上写伊人卷帘愁望黄昏之雨，此写自己相思成疾，卧对风烛，遂以虚摹与写实，造成共时之奇境。挽合之精妙，有如两镜交辉，启示着双方心灵相向、灵犀相通但是无法如愿以偿之人生命运。"归不去"，遂一语道尽此情无法圆满之恨事。"凤楼何处？芳草迷归路。"凤楼、朱户归不去。唯有长存于词人心灵中之瞩望而已。"何处"二字，问得凄然，其情毕见。瞩望终非现实，现实是两人之间，横亘着一段不可逾越之距离。词人以芳草萋萋之归路象喻之。此路虽是归路，直指凤楼、朱户，但实在无法越过。句中"迷"之一字，感情沉重而深刻，迷惘失落之感、天长地远之恨，意余言外。

此词艺术造诣之妙，在于结构之回环婉转。歇拍、过片，两人情境，一样相思，无计团圆，前后映照。起句对杏香柳烟之一往情深，与结句芳草迷路之归去无计，则相反相成，越神往，越凄迷。其结构回环婉转如此。此词造诣之妙，又在于意境之凄美空灵。红杏柳烟，属相思中之境界，而春色宛然如画。芳草归路，喻人间阻绝，亦具凄美之感。此词结构、意境，皆深得唐五代宋初令词传统之神理。若论其造语，则和婉莹秀，如"水边朱户，尽卷黄昏雨"，"凤楼何处？芳草迷归路"。此词意蕴之本体，实为词人之深情。若无有一份真情实感，恐难有如此艺术造诣。明李廷机《新刻注释草堂诗余评林》："暮春景物最是愁人，此作得之矣。"

陈师道

陈师道（1053—1102），字履常，一字无己，号后山居士，徐州彭城（今江苏徐州）人，三司盐铁副使陈洎之孙，北宋时期大臣、文学家。"苏门六君子"之一，江西诗派重要作家。宋哲宗元佑初年，苏轼荐其文行，起为徐州教授，历仕太学博士、颖州教授、秘书省正字。一生安贫乐道，闭门苦吟，有"闭门觅句陈无己"之称。陈师道亦能作词，其词风格与诗相近，以拗峭惊警见长。但其诗、词存在着内容狭窄、词意艰涩之病。陈师道于词颇自推许，自称"余它文未能及人，独于词自谓不减秦七黄九"（《书旧词后》）。但他现存的作品，很少精彩之作，不能和他自己的估价相称。他的散文较有成就，纪昀评为"简严密栗，实不在李翱、孙樵下"（《四库全书总目》）。

【原文】

菩萨蛮·七夕·行云过尽星河烂

行云过尽星河烂[1]，炉烟未断蛛丝满[2]。想得两眉颦[3]，停针忆远人[4]。　　河桥知有路[5]，不解留郎住[6]。天上隔年期[7]，人间长别离[8]。

【毛泽东圈评等情况】

毛泽东曾圈阅这首《菩萨蛮·行云过尽星河烂》。

[参考] 张贻玖：《毛泽东评点、圈阅的中国古典诗词》，中国工人出版社 1992 年版，第 247 页。

【注释】

（1）行云，流动的云。三国魏曹植《王仲宣诔》："哀风兴感，行云徘徊，游鱼失浪，归鸟忘栖。"星河，银河。南朝齐张融《海赋》："湍转则日月似惊，浪动而星河如覆。"烂，明，有光彩。

（2）炉烟，熏炉或香炉中的烟。南朝梁简文帝《晓思诗》："炉烟入斗帐，屏风隐镜台。"蛛丝，蜘蛛分泌物结成的丝，亦指蛛网。唐杜甫《牵牛织女》诗："蛛丝小人态，曲缀瓜果中。"

（3）两眉颦（pín），两眉紧皱。颦，皱眉。唐李群玉《黄陵庙》："犹如含颦望巡狩，九疑如黛隔湘川。"

（4）远人，远行的人，远游的人，多指亲人。《诗经·齐风·甫田》："无思远人，劳心忉忉。"唐李白《乌夜啼》诗："停梭怅然忆远人，独宿孤房泪如雨。"

（5）河桥，桥梁。北周庾信《李陵苏武别赞》："河桥两岸，临路悽然。"

（6）不解，不懂，不理解。三国魏嵇康《琴赋》："推其所由，似元不解音声。"郎，旧时妇女对丈夫或情人的称呼。宋姜夔《踏莎行·自沔东来丁未元日至金陵江上感梦而作》词："别后书辞，别时针线。离魂暗逐郎行远。"

（7）隔年期，间隔一年为期，指牛郎织女每年七夕相会，时隔一年。

（8）别离，离别，分离。战国楚屈原《楚辞·九歌·少司命》："悲莫悲兮生别离，乐莫乐兮新相知。"

【赏析】

《菩萨蛮》，本唐教坊曲，后用为词牌。亦作《菩萨鬘》，又名《子夜歌》《重叠金》等。唐宣宗大中年间，女蛮国派遣使者进贡，她们身上披挂着珠宝，头上戴着金冠，梳着高高的发髻，让人感觉宛如菩萨，当时教坊就因此制成《菩萨蛮曲》，于是后来《菩萨蛮》成了词牌名。另有《菩萨蛮引》《菩萨蛮慢》。此调用韵两句一换，凡四易韵，平仄递转，以繁音促节表现深沉而起伏的情感，历来名作最多。正体，双调，四十四字，以李白《菩萨蛮·平林漠漠烟如织》为正体。

这首词以思妇的口吻，抒写她于七夕晚上见景生情、思念心上人的情形。

词的上阕描写兼抒情，写思妇看到天河想起牛郎织女的故事而忆心上人。"行云过尽星河烂，炉烟未断蛛丝满"，开头二句一写七夕天上星河灿烂，二写室内冷落凄清。因为时值七夕，思妇怀人更加情切。天上的行云缓缓流过，星汉闪烁，令人想到天上的牛郎织女要渡过迢迢银河相会。这是由情人节，而联想到自己与心上人远隔千里，不禁愁思满腹、难以排遣。香炉中的熏香慢慢地燃烧着，"炉烟未断"；再看室内，却是四面悬满蛛网，竟无心去清理。"蛛丝满"三字以环境的凄清来衬托心里的孤寂愁苦，以景写情，颇具表现力。佳人独处幽闺的情景宛然如画。"想得两眉颦，停针忆远人"，三、四两句直抒胸臆，写女主人公自己。她思念远在天边的心上人，双眉紧蹙，这是神态；停下手中做活的针线，呆坐凝思，这是写动作，把思妇对心上人的思念写得活灵活现。

词的下阕抒情，写女子当初没有设法挽留心上人而后悔。"河桥知有路，不解留郎住。"换头处二句是说，女主人公此时想到牛郎织女这对神仙伴侣于今夕踏过河桥而相会，而自己虽知河桥有路，却不懂得如何将"郎"长留于自己身边。两句曲折地抒发了思妇胸中的幽怨，似在怨天尤人，也似自悔自责。最后再以牛郎织女与自己同心上人的处境进行对照："天上隔年期，人间长别离。"天上的牛郎织女长时分处，却可年年相会，而自己与郎君却是"长别离"。由牛郎织女相逢而联想到自身的"长别离"，是十分自然的。由环境至神情，又由外在神态至内心独白，递进层深的手法也运用得极为成功。

陈师道曾于元丰七年（1084）因生活贫困而送妻子寄居外家，远赴四川。三年之后，妻子始回家乡。长期的夫妻别离生活，使他对怀人之苦有着切身的体会，故此篇便写得如此亲切感人。其中"天上隔年期，人间长别离"的感慨绝非无病呻吟。

仲 殊

仲殊，生卒年不详，字师利，本姓张，名挥，仲殊为其法号，安州（今湖北安陆）人，北宋僧人、词人。曾应进士科考试。年轻时游荡不羁，几乎被妻子毒死，弃家为僧，先后寓居苏州承天寺、杭州宝月寺，因时常食蜜以解毒，人称蜜殊；或又用其俗名称他为僧挥。他与苏轼往来甚厚。徽宗崇宁年间自缢而死。苏轼称仲殊"能文善诗及歌词，皆操笔立成，不点窜一字"（《稗海》本《志林》卷一一）。词带有苏轼超迈横绝的作风。仲殊有词一卷，名《宝月集》，早已失传。

【原文】

柳梢青·岸草平沙

岸草平沙，吴王故苑[1]，柳袅烟斜[2]。雨后寒轻，风前香软[3]，春在梨花。　　行人一棹天涯[4]，酒醒处、残阳乱鸦[5]。门外秋千[6]，墙头红粉[7]，深院谁家？

【毛泽东圈评等情况】

毛泽东读龙榆生编选《唐宋名家词选》时，圈阅了这首《柳梢青·岸草平沙》。

[参考]龙榆生编选：《唐宋名家词选》，上海古籍出版社
1955年版，第117页。

【注释】

（1）吴王故苑，春秋时吴王夫差游玩打猎的园林，故址在今江苏苏州。

（2）柳袅烟斜，指柳条细长柔弱，轻烟随风斜飘。

（3）风前香软，春暖花开，香气飘溢。

（4）一棹天涯，一叶轻舟芏江水上飘摇。棹（zhào），划船工具，船桨，此处代指船。天涯，天边，指极远的地方。语出《古诗十九首·行行重行行》："相去万余里，各在天一涯。"

（5）残阳，将落的太阳，夕阳。唐钱起《送夏侯审校书东归》诗："破镜催归客，残阳见旧山。"

（6）秋千，游戏用具，将长绳系在架子上，下挂蹬板，人随蹬板来回摆动。南唐冯延巳《鹊踏枝》词："泪眼问花花不语，乱红飞入秋千去。"

（7）红粉，妇女化妆用的胭脂和铅粉。《古诗十九首·青青河畔草》："娥娥红粉妆，纤纤出素手。"借指美女。

【赏析】

《柳梢青》，词牌名，又名《陇头月·玉水明沙》《早春怨》《云淡秋空》《雨洗元宵》等。以秦观词《柳梢青·吴中》为正体，双调四十九字，前段六句三平韵，后段五句三平韵。另有四十九字前段六句两平韵，后段五句三平韵，五十字前段六句两仄韵，后段五句两仄韵等变体。

这首词乃北宋僧人仲殊所作。宋何士信辑《类编草堂诗余》卷一误作秦观词。此后便混入秦观词中，宋以后的词选亦多从其误，今据现代词学家唐圭璋《全宋词》改正。张贻玖在《毛泽东评点、圈阅的中国古典诗词》中亦归于秦观名下，当是毛泽东阅读《类编草堂诗余》时圈阅的。

这是一首怀古兼惜春的词。一个初春雨后，作者驾舟沿吴江而下，便把沿途所见写成了这首词，为读者展现了一幅幅秀美的图画。作者当时客游吴中，面对"吴王故苑"的春色，产生了很深的离愁。全词几乎都是写景，但是每一种景物都包含着作者的主观感情。

词的上阕写景。"岸草平沙，吴王故苑，柳袅烟斜"，首句先从江边的堤岸沙草落笔，展现空阔宏大的场景。接着镜头慢慢推移，岸边的"吴王故苑"进入视线。镜头再继续上移，又出现了故苑中"柳袅烟斜"的景象。这三句的连贯描写，仿佛一组电影的长镜头。作者随视线所至，看似信笔写来，实际上有内在的条理："岸草平沙"暗含着大江，江水东流，往往勾起人们古今变幻的叹息；于是出现了"吴王故苑"这一饱含历史沧桑的古迹，这是很直接的怀古；最后归于"柳袅烟斜"这一迷离景色的描摹，使得怀古的愁情有了依归——柳烟袅袅，正如作者的缕缕愁思。"雨后寒轻"由怀古而进入赏春。初春季节，一场小雨过后依然有阵阵寒意，虽然"雨疏风骤"，但阵阵春风吹过之时，仍然带来了一股温暖而柔软的清香。作者循着香气找寻，发现了盛开的梨花。"春在梨花"一句写得轻巧，把作者赏花又赏春、惜花又惜春的愉悦感情很好地表现了出来，语意新奇而又顺畅。

下阕叙事兼抒情。开始几句由春意过渡到离愁。"行人一棹天涯"，换头处一句，引出伤离情绪，写作者的飘零之感。如此秀美春光，"行人"却要远行，"一棹天涯"，极言其路途之远。仲殊词风与柳永词风有相近处。"酒醒处、残阳乱鸦"二句是说，游子一去，"深院"女子再无心欣赏这满园春光，就饮酒至醉，来打发时间；直到夕阳西下，归巢的乌鸦乱叫着飞去，她才醒来。这明显是模仿柳永《雨霖铃》中的"今宵酒醒何处，杨柳岸、晓风残月"二句。但是柳词的"杨柳岸、晓风残月"是表现环境的幽冷，仲殊的"残阳乱鸦"却重在突出一种悲凉，因此二者虽感情相似而所用色调迥异，给人的感受也不同。"门外秋千，墙头红粉，深院谁家"，结末三句主题再变，"门外秋千，墙头红粉"是恋情词惯用的意象，但僧人仲殊显然用意不在此。女子时常站在墙头眺望，盼望游子归来，此时但见其门外空悬着秋千，昔日之欢乐已不可复得。两处相思，一处闲愁。词人极力描摹男女分别后的情形，虚拟犹如写实，其意境情调境界全出。我们不必去寻找作者的真实用意，只要体会作者那种心境，那种在客旅中观赏无边春色时既愉悦又寂寞的复杂感情。这个"深院"仿佛就寄托着作者的回忆和对故园的思念。清末俞陛云《唐五代两宋词选释》："'雨后'三句及'秋千'三句，景与人分写，俱清丽为邻。而观其'残阳乱鸦'句，寄情在一片苍凉之境，知丽景秾春，固不值高僧一笑也。"

晁补之

晁补之（1053—1110），字无咎，号归来子，济州巨野（今山东巨野）人，北宋时期著名文学家，"苏门四学士"之一。晁补之曾任吏部员外郎、礼部郎中。工书画，能诗词，善属文。其词格调豪爽，语言清秀晓畅，近苏轼。

【原文】

忆少年·别历下

无穷官柳⁽¹⁾，无情画舸⁽²⁾，无根行客⁽³⁾。南山尚相送⁽⁴⁾，只高城人隔。罨画园林溪绀碧⁽⁵⁾，算重来、尽成陈迹。刘郎鬓如此⁽⁶⁾，况桃花颜色。

【毛泽东圈评等情况】

毛泽东曾圈阅这首《忆少年·无穷官柳》。

[参考] 张贻玖：《毛泽东评点、圈阅的中国古典诗词》，
中国工人出版社 1992 年版，第 247 页。

【注释】

（1）无穷，没有穷尽，没有极限。《易·临》："君子以教思无穷，容保民无疆。"官柳，大道两旁的柳树。官，指官道，大路。唐杜甫《郪城西原送李判官武判官赴成都府》诗："野花随处发，官柳著行新。"

（2）画舸，画船，指首尾有彩画的大船。南朝梁元帝《赴荆州泊三江口》诗："莲舟夹羽鹢，画舸覆缇油。"

（3）行客，过客，旅客。西汉刘向《淮南子·精神训》："是故视珍宝珠玉犹砾石也，视至尊穷宠犹行客也。"高诱注："行客，犹行路过客。"

（4）南山，指历山，在历城南。

（5）罨（yǎn）画，色彩杂染的图画，多用以形容自然景物或建筑物等的艳丽多姿。唐秦韬玉《送友人罢举除南陵令》："花明驿路胭脂暖，山入江亭罨画开。"绀，红青色。

（6）刘郎，唐刘禹锡。刘禹锡《元和十年自郎州承召至京戏赠看花诸君子》诗："玄都观里桃千树，尽是刘郎去后栽。"此为刘禹锡自称，后因以"刘郎"指禹锡。这里借指词人自己。

【赏析】

《忆少年》，词牌名，又名《十二时》《桃花曲》《陇首山》。晁补之创调。双调四十六字，前片两仄韵，后片三仄韵，亦以入声部为宜。

这首词作于哲宗绍圣二年（1095）初，是词人谪贬应天府（今河南商丘），告别历下时的抒怀之作。

词的上阕写离别的情景。"无穷官柳，无情画舸，无根行客"，起首以三个"无"字的排比句，细笔轻描，描写船载行客远去的情景，凝练生动，表现未见意中人相送的落寞怅惘之情。三句虽为排比，但呈递进关系：顺着路两边无数的柳树，看到了水上漂浮的画船，画船引出船里所坐之人。以"官柳"的冷漠，"画舸"的无情反衬人的有情，抒发"无根"的感受，写尽漂泊孤零、宦途艰难之状。化用郑文宝《柳枝词》中"亭亭画舸系春潭，直到行人酒半酣。不管烟波与风雨，载得离恨过江南"诗意，妙语警绝，抒写别情简洁含蓄。"南山尚相送，只高城人隔"二句，词人喟叹自己离开济南，尚有南山一路相伴，伊人却被高城阻隔，难以望见。这里，词人又化用唐欧阳詹《初发太原寄太原所见》"高城人不见，况复城中人"之诗意，抒情委婉含蓄。词人用层递手法，先写南山的有情，再写城墙的阻隔，点出题旨——意中人没有前来相送。有情之物与无情之人的对比，鲜明而强烈，词人内心的怅惘与失望，跃然纸上。

下阕写对历城风光的眷恋和设想他日重来将会物是人非，表达感伤迟暮之意。"罨画园林溪绀碧"，换头处一句，写的是历城的美景，园林五彩缤纷，溪水清澈见底，一派景色盎然。"算重来、尽成陈迹。刘郎鬓如此，况桃花颜色"，接下来三句用典，化用唐刘禹锡《再游玄都观》"种桃道士归何处，前度刘郎今又来"诗意。词人以刘禹锡自喻，喟叹自己鬓发变得斑白，桃花的颜色自然早已褪去。这是词人对人事变迁的预想，满含哀叹。历城的风光即使能够重来，也会成陈迹。刘郎的鬓发都这样变白，更何况是娇嫩的桃花颜色。结尾几句把感慨推向极致，极言离别的愁苦，蒙冤的怨恨，个中孤单落寞，感人肺腑，令人读之不禁泣下。

全词精警深婉，语言清丽雅致，无一丝艳色，却耐人寻味。由于以景语作结，清沈雄称之为"如泉流归海"，"收得尽，又似尽而不尽者"（《古今词话》），非常含蓄委婉。

周邦彦

周邦彦（1056—1121），字美成，号清真居士，钱塘（今浙江杭州）人，北宋著名词人。官历太学正、庐州教授、知溧水县等。少年时期个性比较疏散，但相当喜欢读书，宋神宗时，写《汴都赋》赞扬新法，徽宗时为徽猷阁待制，提举大晟府（最高音乐机关）。周邦彦精通音律，曾创作不少新词调。作品多写闺情、羁旅，也有咏物之作。格律谨严，语言曲丽精雅，长调尤善铺叙。周邦彦的词作，内容不外乎男女恋情、别愁离恨、人生哀怨等传统题材，反映的社会生活面不够广阔。他的成就主要在于兼收并蓄，博采诸家之所长，又摒弃它们的弊端，引导词的创作逐步走上富艳精工的道路。在任大晟府提举时，周邦彦以他的音律知识并吸收民间乐工曲师的经验，搜集和审定了前代与当时流行的八十多种词调，确定了各词调中每个字的四声。周邦彦的词虽说在题材和情感内涵方面没有提供更多的新东西，但在艺术形式、技巧方面都堪称北宋词的又一个集大成者，为后人提供了许多经验。因此，南宋以后的姜夔、张炎、周密、吴文英等人都十分推重周邦彦，为后来格律词派词人所宗。作品在婉约词人中长期被尊为"正宗"。旧时词论称他为"词家之冠"或"词中老杜"，是公认"负一代词名"的词人，在宋代影响甚大。有《清真居士集》，已佚，今存《片玉集》。

【原文】

忆王孙·夏词

风蒲猎猎小池塘[(1)]。过雨荷花满院香。沉李浮瓜冰雪凉[(2)]。竹方床。针线慵拈午梦长[(3)]。

【毛泽东圈评等情况】

毛泽东曾圈阅这首《忆王孙·风蒲猎猎小池塘》。

[参考] 张贻玖：《毛泽东评点、圈阅的中国古典诗词》，

中国工人出版社 1992 年版，第 247 页。

【注释】

（1）风蒲，指蒲柳。唐杜牧《赴京初入汴江晓景即事先寄兵部李郎中》诗："露蔓虫丝多，风蒲燕雏老。"猎猎，形容物体随风飘拂的样子。南唐陈陶《海昌望月》诗："猎猎谷底兰，摇摇波上鸥。"

（2）沉李浮瓜，三国魏曹丕《与朝歌令吴质书》："浮甘瓜于清泉，沉朱李于寒水。"谓天热把瓜果用冷水浸后食用。后以"沉李浮瓜"借指消夏乐事，亦用以泛指消夏果品。宋沈与求《秋日戏呈蒋达可检讨》诗："西风槭槭舞庭檀，沉李浮瓜事益乖。"

（3）慵拈（yōng niān），懒拿，意谓懒得做针线活。拈，指用两三个手指头夹。

【赏析】

《忆王孙》，词牌名，又名《独脚令》《忆君王》《豆叶黄》《画蛾眉》等。以李重元《忆王孙·春词》为正体，该词为单调三十一字，五平韵。因秦观（又说李重元）《春词》有"萋萋芳草忆王孙"之句，故名。

这首词，宋何士信辑《类编草堂诗余》题为周邦彦作，张贻玖归之于周邦彦名下，可能据此；但此词内容为咏夏季，其中亦表现少妇的生活和情感世界，有可能是李重元《忆王孙》四季词中的夏词。

"风蒲猎猎小池塘"，词一开始就抓住夏季节令的特点，从大处着笔。院外的小池塘，风声猎猎，岸边的蒲柳在风中起伏摇摆。落笔即见其妙。夏天本来是炎热的，但从池塘边的风蒲着笔，就把夏日的风光写得凉爽可人，和整个作品闲适惬意的情调相吻合。而且也符合物理，因为即使在夏季，水边总是凉爽多风的。"过雨荷花满院香"，第二句即从院外转至院内。先写小池塘里，风中的水草猎猎有声，雨后的荷花更散发出沁人的芬

芳，使得满院都是荷花的香味，沁人心脾。因为是雨后，空气变得十分清新，因而荷香也格外清醇。"沉李浮瓜冰雪凉"，第三句才转到人物活动上。炎热的夏季，难得的雨后清爽，在这可人的季节里，更有另外的赏心乐事。把田野里新摘来的瓜果，浸放到新汲出来的井水里，等到浸透之后，拿出来细细品尝，用冷水镇的李子和瓜真像冰雪一样凉啊！一颗入口，凉透肌骨，这种田家特有的生活乐趣，岂是他人所能体味到的？"竹方床。针线慵拈午梦长"，结末两句，才推出了作品的女主人公。在浓密的树荫下，放好一张竹榻，她躺在竹制的方床（大床、双人床）上，又凉爽又舒适，尽情地享受着这大自然的恩赐，谁还有心思去拿针线（慵拈）做女工呢？没了汗，有了倦，竟不知不觉进入了梦乡，美美地睡上一个午觉，应该是很惬意的事情啊！这最后两句是神来之笔，不仅写得情趣盎然，而且使整个作品有了统一的灵魂。原来这种种的惬意可人都是人感受到、享受着的，是大自然特意为人类设置的。小令虽短，却勾画出一幅具有夏令特色的仕女图，别有情趣。

【原文】

如梦令·池上春归何处

池上春归何处？满目落花飞絮。孤馆悄无人[(1)]，梦断月堤归路[(2)]。无绪[(3)]，无绪，帘外五更风雨[(4)]。

【毛泽东圈评等情况】

毛泽东曾圈阅周邦彦《如梦令》二首，其中有这首《如梦令·池上春归何处》。

[参考]张贻玖：《毛泽东评点、圈阅的中国古典诗词》，中国工人出版社1992年版，第247页。

【注释】

（1）孤馆，孤寂的客舍。唐许浑《瓜州留别李诩》诗："孤馆宿时风带雨，远帆归处水连云。"

（2）梦断，梦醒。唐李白《忆秦娥》词："箫声咽，秦娥梦断秦楼月。"月堤，呈半月形的堤防。在险要或单薄的堤段，于堤内或堤外加筑形如半月之堤，以备万一。宋沈括《梦溪笔谈·官政一》："杜伟长为转运使，人有献说，自浙江税场以东，移退数里为月堤，以避怒水。"

（3）无绪，没有情绪。宋柳永《雨霖铃》词："都门帐饮无绪，留恋处、兰舟催发。"

（4）五更，旧时自黄昏至拂晓一夜间，分为甲、乙、丙、丁、戊五段，谓之"五更"。又称五鼓、五夜。特指第五更的时候，即天将明时。南朝陈伏知道《从军五更转》诗之五："五更催送筹，晓色映山头。"

【赏析】

此词《类编草堂诗余》题为周邦彦作，张贻玖归于周邦彦名下，但秦观《淮海居士长短句》亦存此词，故《全宋词》系于秦观名下。

这首词是写伤春怀人的。"池上春归何处？满目落花飞絮"，词的开篇两句就点染出凄迷的暮春景色，表现出浓重的感伤之情，是作者对春去的叹息。"池上"一问横空而来，提起全篇，充满了惋惜、无奈和迷惘。接着作者描写漫天的"落花飞絮"，背景也正是在"池上"。这些漫天的落花飞絮，飘洒下来，纷纷扬扬，坠落在池面上，随水流逝。而对这样一幕场景，词人内心自然会涌起无限的春愁。"孤馆悄无人，梦断月堤归路"，接下来二句，一呼一应，句法灵动圆活，正足表现这种春愁的悲凉。"孤馆"点出居住的地方是一座孤零零的馆舍，其中又悄无人声，一片寂静，则处境和心境落寞同时可见。"梦断"一句则更进一步，笔触深入到人心。"梦断"二字点明开篇两句描写的景象是作者从梦中醒来时一瞬间的所见。从下文还可以知道，作者醒来时才刚刚"五更"，天方微亮，"悄无人"正符合此时的场景。词人从"月堤归路"这一重回故乡的美梦中醒来，发现自己仍旧是在"孤馆"之中，身边没有亲人也没有朋友。放眼望去，屋外一派春去的落寞，此情此景，引发了作者无穷的哀伤。

于是词人孤寂地坐着，静静地感受着哀伤，"无绪，无绪"四个字，把这种哀伤如吟唱一般地表达出来。"无绪"是"无奈"，是"无计"，是

"无情"，是"无聊"，种种复杂的感情都包容在这两句简单叹息之中。宋胡仔《苕溪渔隐丛话》后集卷三九："东坡言《如梦令》曲名，本唐庄宗制。一名《忆仙姿》。嫌其不雅，改名《如梦令》。庄宗作此词。卒章云'如梦，如梦，和泪出门相送。'取以为之名。"《如梦令》这一词调的命名，正是因为下阕这两句，因此词家用这一词调时，往往在这两句上费尽心机，比如宋李清照《如梦令·昨夜雨疏风骤》用"知否，知否"，形象地写出疑问与感伤的语气，为人所激赏。宋秦观的《如梦令·遥夜沉沉如水》作"无寐，无寐"，非常警醒、精练。而此词中，"无绪，无绪"同样极为含蓄深沉，丝毫不逊于前人后人。

"帘外五更风雨"具有象征意义。作者在美梦破碎之后心绪不宁，听着帘外的风雨，浓重的愁思萦绕心头，他沉思细想，辗转反侧，再也难以成眠了。全词以此作结，显得极为绝望，可见这一时期周邦彦的思想。这一句同时也交代了整首词发生的时间、背景，读者因此可以知道，上文所描写的"落花飞絮"等场景，都是在五更时候，都是在风雨之中，更添一份落寞悲凉。明杨慎批《草堂诗余》："孤馆听雨，较洞房雨声，自是不胜情之词，一喜一悲。"《草堂诗余隽》卷二眉批："难为人语，自有可语之人在。深情厚意，言有尽而味自无穷。"

【原文】

如梦令·花落莺啼春暮

花落莺啼春暮。陌上绿杨飞絮[(1)]。金鸭晚香寒[(2)]，人在洞房深处[(3)]。无语，无语，叶上数声疏雨[(4)]。

【毛泽东圈评等情况】

毛泽东曾圈阅的周邦彦《如梦令》二首中，有这首《如梦令·花落莺啼春暮》。

[参考]张贻玖：《毛泽东评点、圈阅的中国古典诗词》，中国工人出版社1992年版，第247页。

【注释】

（1）陌上，东西走向小路即为"陌"。"陌上"则同于"在东西走向的路上"，简言之，就是路上。东晋陶渊明《桃花源记》："阡陌交通，鸡犬相闻。"

（2）金鸭，鸭状的铜香炉。唐戴叔伦《春怨》："金鸭香消欲断魂，梨花春雨掩重门。"

（3）洞房，幽深的内室，多指卧室、闺房，特指新婚夫妇的卧室。唐朱庆余《近试上张籍水部》诗："洞房昨夜停红烛，待晓堂前拜舅姑。"

（4）疏雨，指稀疏的小雨。宋贺铸《南歌子·疏雨池塘见》："疏雨池塘见，微风襟袖知。"

【赏析】

此词，《类编草堂诗余》题为周邦彦作，张贻玖亦归于周邦彦名下，但也见于谢逸《溪堂集》，故《全宋词》系于谢逸名下。

粗看之下，这一首词与上首并无大的区别，但仔细品读，却完全不是一回事。两首词虽都以暮春为背景，但上首写的是远谪异乡的孤寂愁怨，是抒情词；这一首则是少妇深闺寂寞之思，是代言体。

这首词仍以暮春的景象起兴，但着色和用笔更重，如果上首开篇是略加点染的话，这里简直是大笔涂抹了。"花落莺啼春暮。陌上绿杨飞絮"，开头二句是说，暮春时节，万花纷谢，残英遍地，黄莺在凋残的花枝间，用忧伤的调子哀叹着韶华的流失；柳絮也随风起舞，落在道旁路边。词人抓住花落、莺啼、飞絮这些暮春最常见的景物，极力加以铺排渲染，色彩秾丽，意象繁密。"金鸭晚香寒，人在洞房深处"，三、四两句又逼近一层，从室外写到思妇的闺室之中。"洞房深处"点出深闺幽邃之意，"晚香"点出夜色已深，而"寒"字更有力地表现了闺房中的冷落凄凉。经过这两层渲染之后，"无语，无语"才正面写到思妇的形象。她独处空闺，凝锁翠眉，悄然无语。她为什么深夜不寐？她究竟在思量什么呢？词人没有明写。最后以"叶上数声疏雨"再作一层烘托，意境与唐温庭筠《更漏子》中"梧桐树，三更雨，不道离情正苦。一叶叶，一声声，空阶滴到明"相似。惟温词极尽夸张,极力说破,此则轻描淡写,略加点染。

这首《如梦令》与《如梦令·池上春归何处》,在写法上相似至极:先描写暮春景物,中间正面表现人物的生活和情感,最后再点染景物进行烘托,甚至使用形象也有许多相同之处。但艺术表现上仍有明显差别:前一首感情表现得较为直接,也较为强烈;后一首却更为含蓄,自始至终,没有一字道破。遣词用语上,上首较为疏淡,尤其是"孤馆悄无人,梦断月堤归路"两句,意境清丽幽深;后一首则更密丽,因而风格也显得婉约华美。

【原文】

浣溪沙·楼上晴天碧四垂

楼上晴天碧四垂⁽¹⁾,楼前芳草接天涯⁽²⁾。劝君莫上最高梯⁽³⁾。　　新笋已成堂下竹⁽⁴⁾,落花都上燕巢泥⁽⁵⁾。忍听林表杜鹃啼⁽⁶⁾。

【毛泽东圈评等情况】

毛泽东曾圈阅周邦彦这首《浣溪沙·楼上晴天碧四垂》。

[参考] 张贻玖:《毛泽东评点、圈阅的中国古典诗词》,
中国工人出版社1992年版,第247页。

【注释】

(1)碧四垂,四面晴朗的天空与远处绿野相接,自高而下,同一碧色。唐韩偓《有忆》:"泪眼倚楼天四垂。"

(2)"楼前"句,意为芳草掩映的归途。芳草,香草。战国楚屈原《离骚》:"何昔日之芳草兮,今直为此萧艾也。"天涯,天边,指极远的地方。语出《古诗十九首·行行重行行》:"相去万余里,各在天一涯。"

(3)劝君,《历代诗余》四印斋本作"伤心"。高梯,指尊位。南朝梁萧统《文选·应场〈侍五官中郎将建章台集诗〉》:"欲因云雨会,濯翼陵高梯。"李善注:"高梯,喻尊位也。贾逵《国语》注曰:'梯,犹阶也。'"梯高则楼高,此指高楼,暗指登高易动乡情。

（4）新笋，竹子初从土里长出的嫩芽，味鲜美，可以做菜，也叫"竹笋"。已成，《古今词统》《花草粹编》本作"看成"。.

（5）落花句，从皮光业诗句"行人折柳和柳絮，飞燕衔泥带落花"中化出。皮诗今佚。落花，凋谢而落下的花朵。唐杜甫《江南逢李龟年》："岐王宅里寻常见，崔九堂前几度闻。正是江南好风景，落花时节又逢君。"都上，亦作"都入"。燕巢泥，落花化为泥土，被燕子衔去筑巢。

（6）忍听句，语本李中《钟陵寄从弟》："忍听黄昏杜鹃啼。"林表，林梢，林外。南朝梁萧统《文选·谢朓〈休沐重还丹阳道中〉》诗："云端楚山见，林表吴岫微。"李善注："表，犹外也。"杜鹃，鸟名，其声衰苦，似"不如归去"，勾人乡思。

【赏析】

《浣溪沙》，唐代教坊曲名，后用为词牌。分平仄两体，字数以四十二字居多，还有四十四字和四十六字两种。最早采用此调的是唐人韩偓，通常以其词为正体。此调音节明快，为婉约、豪放两派词人所常用。

关于它的作者有两种说法。明代诗人毛晋在《诗词杂俎》中认为这首词是李清照写的，《古今词统》《历代诗余》也有这种说法。然而宋朝末期陈元龙的《片玉词》早有记载这首词，比这更早一些，在方千里、杨泽民所作两种《和清真词》及陈允平的《西麓继周集》中也记载了这首词，看来这首词确实是周邦彦所作。宣和二年（1120），周邦彦任顺昌知府，这首词或许是这个时期所作。暮春之时，词人登高远望，看到天空中万里无云，地下芳草萋萋，远处的林外又传来杜鹃的啼鸣，触发了惜春伤怀之情，于是写下这首词。

上阕："楼上晴天碧四垂，楼前芳草接天涯。"开头二句中看似都是景语，上句写"楼上"，楼上是"晴天"，天朗气清，一碧万顷，"天似穹庐，笼盖四野"（斛律金《敕勒歌》），故有从四面垂下之感；下句写"楼前"，香花芳草，一望无际，远远地延伸到天边。上句"碧四垂"语本韩偓《有忆》"愁肠泥酒人千里，泪眼倚楼天四垂"和魏夫人《阮郎归》"夕阳楼处落花飞，晴空碧四垂"的物境和意境，词人看到了渺远而开阔的景物，思乡之情就油然而生。前两句写天空地上之景色，都极艳丽，是所谓乐境。按照常理，乐境应该产生喜悦之情，但却不然，接下来第三句词人写道："劝君莫上最高梯。"晴空万里，芳草连天，应该登上楼的最高层，尽情欣赏这美丽的景色。但词人却一反常态，规劝人们不要登上最高的阶梯，其中似有难言之隐，当与宋王安石《登飞来峰》诗中"不畏浮云遮望眼，自缘身在最高层"同一机杼，而用法相反。词人说出了自己思乡的心绪，因为登得越高，思乡的离愁别恨也就越加强烈，这里表现了词人怕触动无法排遣的乡情，才不敢凭高眺远，但词人却不予点破，可以说是含而不露，深沉蕴藉。

词的下阕写具体所见景色。"新笋已成堂下竹，落花都上燕巢泥"，换头处二句，对仗工稳，是说堂下的新笋已经长成嫩竹，落花都被燕子叼去作了筑巢的泥巴。从新笋、落花的变化，写出从初春到暮春的时间推移，为结句杜鹃啼叫张本。结合上阕内容，词人把视角从天空原野拉到了眼前的新竹燕巢，一远一近、一大一小，丰富了词的层次感，也在广阔空间的基础上加入了时间的维度，使词的抒情更加真切、感人。"忍听林表杜鹃啼"，末句描写而兼议论。此句亦是用典，语本李中《钟陵寄从弟》："忍听黄昏杜鹃啼。"杜鹃的啼声是"不如归去"，故行人怕听。末句是景中情语，而其情过于深切，"忍听林表杜鹃啼"采用反问的语气，表达了词人思念家乡、盼望回归故里的迫切之情。

这首写思乡之情的小令从一开始就将愁情包含在了词句之中，全词更显愁思萦绕、不绝如缕，点明所愁的正是乡情，而用典自然，如从己出，也是这首词的重要艺术特色。清末词学家俞陛云《唐五代两宋词选释》说："上阕，有李白《菩萨蛮》词'有人楼上愁''玉阶空伫立'之意。下阕，'新笋'二句，写景即言情，有手挥目送之妙。芳序已过，而归期犹滞，忍更听鹃声耶？"现代词学家俞平伯《清真词释》也说："此词一气呵成，空灵完整，对句极自然，《浣溪沙》之正格也。"

【原文】

四园竹·浮云护月

浮云护月⁽¹⁾，未放满朱扉⁽²⁾。鼠摇暗壁⁽³⁾，萤度破窗，偷入书帏⁽⁴⁾。秋意浓，闲伫立⁽⁵⁾，庭柯影里⁽⁶⁾。好风襟袖先知⁽⁷⁾。　　夜何其⁽⁸⁾。江南路绕重山，心知谩与前期⁽⁹⁾。奈向灯前堕泪⁽¹⁰⁾，肠断萧娘⁽¹¹⁾，旧日书辞犹在纸。雁信绝⁽¹²⁾，清宵梦又稀⁽¹³⁾。

【毛泽东圈评等情况】

毛泽东曾圈阅周邦彦这首《浣溪沙·楼上晴天碧四垂》。

[参考] 张贻玖：《毛泽东评点、圈阅的中国古典诗词》，

中国工人出版社 1992 年版，第 247 页。

【注释】

（1）浮云护月，指月亮被薄云遮盖。浮云，飘动的云。战国楚宋玉《楚辞·九辩》："块独守此无泽兮，仰浮云而永叹。"

（2）朱扉，红漆的门。扉，门扇。东汉许慎《说文》："扉，户扇也。"《左传·襄公二十八年》："子尾抽桷击扉。"杜预注："扉，门扇也。"

（3）鼠摇暗壁，老鼠在壁角暗处恣意活动。这是化用宋王安石《登宝公塔》诗"鼠摇岑寂声随起"和唐崔涂《秋夕与王处士话别》诗"虫声移暗壁，月色懂寒条。"

（4）"萤度"二句，从唐代诗僧齐己《萤》诗中"透窗穿柱往还移，万类具闲始见伊。……后代书生懒收拾，夜深飞过读书帷。"数句化出。萤，萤火虫，昆虫，黄褐色，尾部有发光器。

（5）伫（zhù）立，亦作"伫立"，久立，长时间地站着。《诗经·邶风·燕燕》："瞻望弗及，伫立以泣。"

（6）庭柯，庭院里的树木。柯，树枝。

（7）"好风"句，语出唐杜牧《秋思》："微雨池塘见，好风襟袖知。"

（8）夜何其，夜深了，已是什么时候了？何其，怎么那样，为什么

那样，用于疑问句。《诗经·邶风·旄丘》："何其久也？必有以也。"

（9）谩，枉然，徒然，指心中已不存希望。前期，早先的期约。

（10）奈何，无奈。

（11）肠断，形容极度悲痛。唐白居易《长恨歌》："行宫见月伤心色，夜雨闻铃肠断声。"萧娘，这里代指作者所爱的美人。"萧娘"即姓萧的女子，后以"萧娘"为女子的泛称。唐杨巨源《崔娘诗》："风流才子多春思，肠断萧娘一纸书。"

（12）雁信绝，书信断绝。古有鸿雁传书的传说。东汉班固《汉书》卷五十四《李广苏建传》："数月，昭帝即位。数年，匈奴与汉和亲。汉求武等，匈奴诡言武死。后汉使复至匈奴，常惠请其守者与俱，得夜见汉使，具自陈道。教使者谓单于，言天子射上林中，得雁，足有系帛书，言武等在某泽中。"

（13）清宵，清静的夜晚。南朝梁萧统《钟山讲解》诗："清宵出望园，诘晨届钟岭。"

【赏析】

《四园竹》，词牌名，双调七十七字，前段八句三平韵、一叶韵，后段八句四平韵、一叶韵。

此词创作于宋哲宗元佑二年（1087）至绍圣四年（1097）之间，很可能是词人在汴京"将返江南"时所作。作者秋夜怀人，薄宦汴京，表露出深浓的乡国之思与仕途失意的苦衷，借此词抒发心中感想。这首词不像周邦彦的其他词那么富丽鲜艳，而是抒情真挚深刻，风格清丽典雅。在艺术表现上，描写刻画细致准确，遣字用语精工严密，艺术结构颇多勾勒顿宕，化用前人诗意也自然无痕。

词的上阕描写清秋夜色和书斋中的惨淡情景。"浮云护月，未放满朱扉。"开头二句描写秋夜景色。词人先从空中月色写起。明月被天空中的浮云遮掩，朦朦胧胧。这暗淡的月光照在破败的竹门上，幽影斑驳，衬托出整个院里的寂静。说"浮云"为了"护月"，轻轻将月亮遮住，浮云似有意怜惜明月，不让她的光辉全部洒满朱扉。这一层朦胧黯淡的景色与词中主人公怀人伤感的心情是一致的。"鼠摇暗壁，萤度破窗"，两句对仗，上句是耳闻之声，下句是目睹之景，暗壁、破窗，一派贫居陋巷的潦倒景象。鼠摇、萤度，烘托室内寂静无人，引起词中主人公一种凄清幽独的感觉。"偷入书帏"系化用唐代诗僧齐己《萤》诗："夜深飞入读书帏。"用一"偷"字，说明萤是在不知不觉中进入书帏的。万籁寂静之夜，词人用在陋室之中的所闻所见，来烘托环境之寂寞、萧索。"秋意浓，闲伫立，庭柯影里"三句，用内转之笔，点出时令，并入情。至此，词中主人公才正式露面，词中主人公在幽寂的、静得怕人的室内再也待不下去了，只好步到中庭，悄立树阴，忽觉襟袖之间一阵好风吹来，顿觉秋意已浓了。"好风襟袖先知"套用唐杜牧《秋思》诗中"好风襟袖知"另加一"先"字，就不只是写襟袖而且是写人对风的敏锐感觉。空间已由室内转向室外。词中主人公当此深秋，独自悄立闲庭，"尽日伫立无言，赢得凄凉怀抱"，怀人之念，油然而生。上阕结拍，情景交融，然秋宵夜永，独立庭心，逗出怀人契机，由此引入下阕。

下阕转写静夜中的乡思。"夜何其"，换头处一句，借用《诗经·小雅·庭燎》"夜如何其"的诗句，委婉曲折道出他的夜深无眠。这是作者的设问，暗示他独自悄立树阴，因怀人而夜不成寐。"江南路绕重山，心知谩与前期。"第一句写景，接着入情。词人所怀念之伊人，乃在江南重叠山峦之间，旧游之地，历历在目，想去寻找；次句直抒胸臆，当时预约重逢的前期是徒然的，现在由于岁月推移，人事变化，恐怕已难于实现了。写到这里，似乎话已写尽，忽然看到恋人的旧时书信宛然在目，又触发旧情，引起新愁。"奈向灯前堕泪，肠断萧娘，旧日书辞犹在纸"三句，"堕泪"非只今夜事，前时已然，亦包括今夜。先写"堕泪"，再补写为何"堕泪"。"向灯前堕泪，肠断萧娘。"这首词中的"萧娘"当然是指词中主人公的恋人。旧时"萧娘"书信一行行、一字字，分明写在纸上，读来令人肠断。睹物思人，不觉伤心落泪，这就是"旧日书辞犹在纸"所引起的感情激荡。他想到现在要是能和她再通书信的话，那虽不能见面，也可鱼来雁往，互诉相思，也是一种安慰。"雁信绝，清宵梦又稀。"结末二句是说，虽想重通音问，但她鱼沉雁杳，已够伤心，但若能常在梦中相逢，岂不也可聊慰相思之苦。在感情上得到某种补偿，这是他最后的幻想。但偏偏连梦也很少做。他的要求逐步降低，由想见面降到只求通信，由求通信降到只求梦中相会也可以，但他的相思强度却逐步升高，直到连梦里相逢也难办到时，则最后的、最起码的希望也破灭了时，不免柔肠百结，低回欲绝，陷入了刻骨相思、彻底绝望的境地，抒情至此达到高峰，突然歇拍，余意不尽。

这首词由写景到抒情、由室内到室外，时空结合，层层递进，感情愈趋强烈，结构谨严，曲折多致。清陈洵《抄本海绡说词》："'鼠摇''萤度'，于静夜怀人中见，有《东山》诗人之意。'犹在纸'一语惊人，是明明有'前期'矣，读结语则仍是'谩与'。此等处皆千回百折出之，尤佳在拙朴。"

辛弃疾

辛弃疾（1140—1207），原字坦夫，后改字幼安，号稼轩，山东东路济南府历城（今济南历城区遥墙镇四凤闸村）人，南宋豪放派词人，有"词中之龙"之称。与苏轼合称"苏辛"，与李清照并称"济南二安"。辛弃疾生于金国，早年参加过耿京所领导的抗金起义军。不久归南宋，曾任江西安抚使、福建安抚使等职，著《美芹十论》《九议》，条陈战守之策。由于与当政的主和派政见不合，后被弹劾落职，退隐山居。宋宁宗赵扩开禧北伐前后，相继被起用为绍兴知府、镇江知府、枢密都承旨等职。自宋孝宗淳熙八年（1181）起被投闲置散孤人十余年，开禧三年（1207）病逝，年六十八。后赠少师，谥号"忠敏"。

辛弃疾一生以恢复为志，以功业自许，却命运多舛、备受排挤、壮志难酬。但他恢复中原的爱国信念始终没有动摇，而是把满腔激情和对国家兴亡、民族命运的关切、忧虑，全部寄寓于词作之中。其词艺术风格多样，以豪放为主，风格沉雄豪迈又不乏细腻柔媚之处。

辛弃疾在词史上的一个重大贡献，就在于词的内容的扩大、题材的拓宽。他现存的六百多首词作，写政治，写哲理，写朋友之情、恋人之情，写田园风光、民俗人情，写日常生活、读书感受，可以说，凡当时能写入其他任何文学样式的东西，他都写入词中，范围比苏词还要广泛得多。而随着内容、题材的变化和感情基调的变化，辛词的艺术风格也有各种变化。

辛词以其内容上的爱国思想、艺术上的创新精神，在文学史上产生了很大影响。与辛弃疾以词唱和的陈亮、刘过等，或稍后的刘克庄、刘辰翁等，都与他的创作倾向相近，形成了南宋中叶以后声势浩大的爱国词派。后世每当国家、民族危急之时，不少作家从辛词中汲取精神上的鼓舞力量。有词集《稼轩长短句》等传世。

毛泽东圈阅过的辛弃疾词，从藏书中粗略统计有九十八首。一部1959

年中华书局出版的《稼轩长短句》共有四册，每册的封面上，毛泽东都用粗重的红蓝铅笔画着读过的圈记。书中有六十多首词的标题上，也画有圈记，并用红黑两色铅笔画着圆点、曲线。在毛泽东经常翻阅的《词综》里，对辛弃疾的词也有反复多次的圈画。

【原文】

水调歌头·寿赵介庵

千里渥洼种[1]，名动帝王家。金銮当日奏草[2]，落笔万龙蛇[3]。带得无边春下，等待江山都老[4]，教看鬓方鸦[5]。莫管钱流地[6]，且拟醉黄花[7]。　唤双成[8]，歌弄玉[9]，舞绿华[10]。一觞为饮千岁[11]，江海吸流霞[12]。闻道清都帝所[13]，要挽银河仙浪[14]，西北洗胡沙[15]。回首日边去[16]，云里认飞车[17]。

【毛泽东圈评等情况】

毛泽东读1958年中华书局影印版《稼轩长短句》时，圈阅了这首《水调歌头·千里渥洼种》。

[参考] 张贻玖：《毛泽东评点、圈阅的中国古典诗词》，
中国工人出版社1992年版，第249页。

【注释】

（1）渥洼（wò wā）种，据东汉班固《汉书·武帝纪》载，汉武帝时，有骏马生于渥洼（今甘肃安西境内）水中，献于朝廷，以为天马。这里比喻赵彦端出身高贵，才智非凡。唐杜甫《遣兴》："君看渥洼种，态与驽骀异。"

（2）金銮（luán），金銮殿，本为唐皇宫殿名，皇帝常在此接见翰林学士，后常用来指皇宫中的正殿。奏草，起草奏章。

（3）龙蛇，喻书法气势飞动如龙腾蛇舞。晋王羲之《题卫夫人笔阵图后》论草书说："字体形势，状如龙蛇。"

（4）江山都老，指岁月流逝。

（5）鬓方鸦，两鬓如乌鸦一样黑，喻人年轻。

（6）钱流地，据宋欧阳修等《新唐书·刘晏传》，刘晏管理国家的财政、赋税、盐铁等，使水漕运输畅通，物价平稳，成绩显著。曾自说："如见钱流地上。"

（7）醉黄花，饮酒赏菊。黄花，这里指菊花酒。古人在重阳节有饮酒赏菊习俗，而赵介庵生日又恰在重阳节前一日，故"醉黄花"，既度佳节又贺生日。

（8）双成，为古代传说中能歌善舞的仙女。双成，名董双成，传说为西王母侍女，善吹玉笙，事见《汉武内传》："王母命侍女董双成吹云和之笙。"

（9）弄玉，秦穆公之女，嫁善吹箫之萧史，日久萧史学箫作凤鸣，穆公为作凤台以居之，后夫妻乘凤飞天仙去。事见《列仙传》。

（10）绿华，传说中仙女萼绿华之省称。事见《真语·运象篇》："萼绿华者，自云是南山人，女子，年可二十上下，青衣，颜色绝整。以升平三年十一月十日夜降羊权家，授权尸解药，并诗一篇，火澣手巾一方，金玉条脱各一枚。"

（11）觞（shāng），古代酒器，器具外形椭圆、浅腹、平底，两侧有半月形双耳，有时也有饼形足或高足，考古界亦称其为耳杯。

（12）流霞，传说中的仙酒。据《论衡·道虚篇》云："河东项曼斯好道学仙，委家亡去，三年而返。曰：'去时有数仙人，将我上天，离月数里而止。居月之劳，其寒凄怆。口饥欲食，辄饮我流霞一杯，每饮一杯，数月不饥。'"

（13）清都帝所，清都和帝所，均为传说中天帝居住之所，见《列子·周穆王篇》："清都紫微，钧天广乐，帝之所居。"这里代指南宋朝廷。

（14）"要挽"句，唐杜甫《洗兵马》："安得壮士挽天河，净洗甲兵长不用。"银河，晴天夜晚，天空呈现的银白色的光带。银河由大量恒星构成，古亦称云汉，又名天河、天汉、星河、银汉。隋江总《内殿赋新诗》："织女今夕渡银河，当见新秋停玉梭。"

（15）西北，指被金人占领的北方广大地区。胡沙，唐李白《永王东巡歌》："为君谈笑净胡沙。"指金朝。

（16）日边，太阳旁边，常用以代指朝廷。

（17）飞车，古代传说中能飞行的车。西晋皇甫谧《帝王世纪》载："奇肱氏能为飞车，从风远行。"

【赏析】

《水调歌头》，词牌名，又名《元会曲》《台城游》等，双调九十五字，上下片各四平韵。

这是一首祝寿词，寿者为赵介庵。题作《寿赵介庵》。寿，祝寿。漕，漕司，宋代各路设转运使，负责催征赋税、出纳钱粮和水上运输等事，南宋称漕司。赵介庵，赵彦端，字德庄，号介庵。为宋宗室，时任江南东路计度转运副使，驻建康（今江苏南京）。

这首词作于宋孝宗乾道四年（1168），此时，辛弃疾已南归七个年头，时任建康府（今南京）通判。辛弃疾胸怀统一祖国的壮志，却无机会施展才能。辛弃疾也曾上书皇上，陈述自己的政见，希冀得到重用，但没有结果。当时驻建康的江南东路计度转运副使赵介庵，是当朝皇上的宗室，是接近皇帝的人物，很有势力和名望。辛弃疾没有忘记自己的壮志，想得到赵介庵的举荐，好施展自己的才华。赵介庵做生日的时候，作者应邀参加寿筵，即席写下了此词。这是现存稼轩词中早期作品之一。宋代大多数祝寿词都流于应酬和恭维，但这首词却不一样，它流露出了作者满腔的爱国激情，和他热情勉励友人为抗金事业作贡献的意愿。

词的上阕赞颂赵介庵。"千里渥洼种，名动帝王家。"起首二句作者以天马喻赵介庵人才非凡，声名惊动了朝廷。礼下于人，必有所求。雄心壮志受到压抑的辛弃疾，欲求得人家举荐的心情，不言自明。"金銮当日奏草，落笔万龙蛇。"三、四两句是说，赵介庵给皇帝掌理过制诰诏书，颇有文采，落笔万言，如走龙蛇。在这里作者隐约表示希望能得到举荐之意，但不直叙，可谓苦心孤诣，措词颇费踌躇。"带得无边春下"，是说赵介庵能赐福于人民，把春天般的温暖带来人间。"等待江山都老"，指岁月流逝，照应下文"教看鬓方鸦"。说赵介庵青春长驻，鬓发还像乌鸦羽毛一样乌黑，同时也隐含着自己要为国家作一番事业，盼望已久，江山都等老了的意思。接着，"莫管钱流地，且拟醉黄花"二句，作者把赵介庵比作刘晏，这里是说：你像刘晏那样会理财，使江南富庶，如钱流遍地，席间且不管这些，还是痛饮赏菊吧！上阕末句，借典贴切，用意颇深，既赞美赵介庵作为计度转运副使在理财方面的出色政绩，也有替赵介庵代抒三十余年为地方官而不被大用的牢骚的意思。妙在将它表达得若有若无，能玩味而不能指实。而从结构效果上看，这两句，还有结束上阕、开启下阕（劝酒征歌）的功能。衔接自然而又转换如意，使上下阕之间显得紧凑。

下阕陈述自己的报国宏旨，可以分为两个部分。"唤双成，歌弄玉，舞绿华。一觞为饮千岁，江海吸流霞"，前五句，紧承"醉黄花"，写祝寿盛况，这是写眼前景事。作者首先将歌舞繁盛、美人来往的宴席场面，用节奏紧切的短句推出，造出目不暇接的视听印象。然后，以此为背景，写作者对寿主的劝饮敬酒，表明作者希望与赵介庵同作神仙般豪饮的心意。这样的祝酒词，自然显示出作者与寿主的融融情意；这样的豪饮，也在不经意间显示出作者的风流豪迈气度。"闻道清都帝所，要挽银河仙浪，西北洗胡沙。回首日边去，云里认飞车"，后五句为第二部分，先是重点落笔的三句："闻道清都帝所，要挽银河仙浪，西北洗胡沙。"这三句从唐杜甫《洗兵马》："安得壮士挽天河，净洗甲兵长不用"脱化而出。意谓要派壮士手挽天河，用滔滔的仙浪去冲刷西北地区的胡沙。弦外之音，皇帝要出兵北伐，驱逐金人，洗净中原大地膻腥的胡沙。国难当头，志士献身，有意报效国家，是作者的真正用心。辛弃疾向这位大人物赵介庵，把自己的志愿提出来，希望赵介庵能在皇帝面前保举自己。这是作者所神往的壮丽事业，也是这首词的真正意旨所在。"回首日边去，云里认飞车。"又是一句美好的颂扬话，说赵介庵在人们"回首"之间，就能到皇帝的身边，人们会钦羡地望着赵介庵乘坐飞车消逝于天地云间。那喻意是不言自明的：你赵介庵他日到皇帝身边述职时，不要忘了替我这远离"日边"的人美言几句，把我报国的雄心壮志好好转达。这些自己想象并运用隐语来完成的境象，十分显著地表明了作者希望南宋朝廷早日决策北伐的心情，同时也表明了他对于寿主能受到皇帝大用、一展雄才的美好祝愿。在修辞效果上，因这一部分全用以天界写人间的隐喻手法，并妙用了像"清都帝所""日边"等语词的多意性，所以不仅表意含蓄深隐，造境也绚烂奇特，具有浓郁的浪漫色彩。

这首作于作者青年时代的词作，在寻常的寿词里灌注了爱国的浓情，将慷慨热烈的豪情和深隐内含的用意，结合在一起。在抒情效果上有隐处，也有秀处，所以显得跌宕生姿，而非是一味豪放。在写作手法上，几乎通篇用比体。这表现为运用神话和典故来表情达意，能化用它们而不是为它们所驱使，这就使造语显得新颖而又自然，奇思丽想融化在浑然天成的运笔之中。

【原文】

满江红·建康史帅致道席上赋·鹏翼垂空

鹏翼垂空⁽¹⁾，笑人世、苍然无物⁽²⁾。还又向、九重深处⁽³⁾，玉阶山立⁽⁴⁾。袖里珍奇光五色⁽⁵⁾，他年要补天西北。且归来、谈笑护长江，波澄碧⁽⁶⁾。

佳丽地⁽⁷⁾，文章伯⁽⁸⁾。《金缕》唱⁽⁹⁾，红牙拍⁽¹⁰⁾。看尊前飞下⁽¹¹⁾，日边消息⁽¹²⁾。料想宝香黄阁梦⁽¹³⁾，依然画舫青溪笛⁽¹⁴⁾。待如今、端的约钟山⁽¹⁵⁾，长相识。

【毛泽东圈评等情况】

毛泽东读1958年中华书局影印版《稼轩长短句》时，圈阅了这首《满江红·鹏翼垂空》。

[参考]张贻玖：《毛泽东评点、圈阅的中国古典诗词》，中国工人出版社1992年版，第249页。

【注释】

（1）鹏翼垂空，语出《庄子·逍遥游》："有鸟焉，其名为鹏，背若泰山，翼若垂天之云。"鹏，是中国神话传说中最大的一种鸟，由鲲变化而成。

《庄子·逍遥游》"北冥有鱼，其名为鲲。鲲之大，不知其几千里也。化而为鸟，其名为鹏。鹏之背，不知其几千里也。怒而飞，其翼若垂天之云"，"水击三千里，抟扶摇而上者九万里"，"绝云气，负青天，然后图南。"

（2）苍然，指白而微青的颜色，缺乏活力和生机。

（3）九重，天。战国楚宋玉《楚辞·九辩》："君之门以九重。"后世把帝王居住的地方叫九重或朝廷。

（4）玉阶，玉石砌的台阶。唐丘为《左掖梨花》诗："春风且莫定，吹向玉阶飞。"这里是指殿前的台阶。山立，像山一样挺立。

（5）"袖里珍奇光五色"一句，《史记补·三皇本纪》："女娲氏末年，诸侯有共工氏，与祝融战，不胜而怒，乃头触不周山崩，天柱折，地维绝，女娲乃炼五色石以补天。断鳌足以立四极，聚炉灰以止滔水，以济冀州。于是地平天成，不改旧物。"西汉刘向《淮南子·览冥训》曰："往古之时，四极废，九州岛裂，天不兼覆，地不周载，火爁焱而不灭，水浩洋而不息。于是女娲炼五色石以补苍天，断鳌足以立四极。"这两句是说史致道有驱逐金人、收得失地的本领。

（6）"且归来"三句，是说史致道上书后，暂且回到建康任上，在谈笑间就可以把江防工作做好。

（7）佳丽地，这里指建康。南朝齐谢朓《入朝曲》："江南佳丽地，金陵帝王州。"

（8）文章伯，即文章能手。唐杜甫《暮春过郑监湖亭泛舟》诗："海内文章伯，湖边意绪多。"

（9）《金缕》唱，《金缕》，曲子名。杜牧《杜秋娘》诗："劝君莫惜金缕衣，劝君惜取少年时。"

（10）红牙拍，用红木做的牙板，用以击节的。宋俞文豹《吹剑续·争录》："东坡在玉堂日，有幕士善歌，因问：'我词何如柳七？'对曰：'柳郎中词，只好十七八女孩儿，执红牙板，歌杨柳岸、晓风残月。学士词，须关西大汉，铜琵琶、铁绰板，唱大江东去。'公为之绝倒。"

（11）尊前，尊同樽，古时木制的酒杯。尊前，指宴席上。

（12）日边，比喻京师附近或帝王左右。唐赵嘏《送裴延翰下第归觐滁州》诗："江上诗书悬素业，日边门户倚丹梯。"

（13）宝香，皇帝的诏书上盖印玺的印泥，散发出的香味。黄阁，丞相办公的地方。《汉归仪》："丞相听事门曰黄阁。不敢洞开朱门，以别于人主，故以黄涂之，谓之黄阁。"

（14）画舫，装饰华丽的游船。青溪，水名。《景定建康志》："青溪，吴大帝赤乌四年凿，东渠名青溪，通城北堑潮沟，阔五丈，深八尺……及杨溥城金陵，青溪始分为二。在城外者自城壕合于淮，今城东竹桥西北接后湖者，青溪遗迹固在。"清溪笛，唐房玄龄等《晋书·桓伊传》："王徽之赴召京师，泊舟清溪侧。素不与徽之相识。伊于岸上过……徽之便令人谓伊曰：'闻君善吹笛，试为我一奏。'伊是时已贵显，素闻徽之名，便下车，踞胡床，为作三调，弄毕，便上车去，宾主不交一言。"

（15）端的，确实、真的。在宋词中"端的"用法很多，往往因词的内容而变化其本身的含义。钟山，又名蒋山，在今江苏南京城东北十五里，周回六十里，高一百五十八丈。东连青龙山，西接清溪，南有钟浦，下入秦淮，北接雉亭山。汉末有秣陵尉蒋子文逐盗死事于此，吴大帝为立庙，封曰蒋侯。大帝祖讳钟，因改曰蒋山。

【赏析】

这是一首作于史致道宴席并表示歌颂史致道之意的赠人词，但却与一般的应酬赞美、缺乏主旨的词不同。词人以饱醣的笔墨、充沛的热情，向当时驻守建康的军事行政长官史正志表达词人的赞颂之情，并通过这一情感的表达，展露词人力主抗金复土的政治怀抱。史正志，字致道，南宋高宗绍兴二十一年（1151）进士，宋孝宗乾道三年（1167）出任南京东路安抚使兼建康行宫留守及沿江水军制置使，宋制，称安抚使为守帅或帅臣。

此词采用神话传说和众多的典故，赋予作品以光怪陆离的奇幻性和情感内容的密度与深度。词的上阕，词人以奇情异想的笔调，歌颂史氏的高才独出、志向奇壮。"鹏翼垂空"，词一上来，就以庄子在《逍遥游》中所构造的那只"背若泰山、冀若垂天之云"的神奇鹏鸟来比拟史氏。这就不仅写出了史氏的超群才性，而且使全词笼罩在雄奇放逸的浪漫主义的抒情氛围里。一句"笑人世、苍然无物",写得峭拔警迈,足见史氏的非凡才华和怀抱,以及词人对史氏的推重。接下去,顺承上文,写这只讪笑人世苍茫的大鹏,飞回天宫深处,像高山一样,收翅仁立在玉阶天门之上。这一对庄子的大鹏形象所作的延伸,不仅显出词人的非凡想象力,也表明词人这一时期对于"天宫"实即朝廷的深加留意。"还又向、九重深处,玉阶山立。袖里珍奇光五色,他年要补天西北",因为这里的大鹏和"九重""玉阶"之类都是采用了暗喻的修辞手法,若从大鹏这一形象的内涵上来看,大鹏更是点明了被任命为行宫留守和江防前线的军事长官的史氏,在天子心目中的重要地位。运用大鹏的形象作比拟之后,词人再次运用女娲补天的神话,赋予史氏以补天之神的奇特形象。这个形象,应该是大鹏与女娲的嫁接。这并不是忘乎所以的肉麻吹捧,而是趋近词人的抗金目标的必然兴会。它实际上是希望抗战派得到重用,可以收复中原故土,"补"好宋朝已经缺了西北的"半边天"。这是词人此时心恒系之的热血之念,所有的飞腾幻想、奇情壮采,都因为这样的怀抱而变得沉甸甸的,富有很深的思想意义。"且归来、谈笑护长江,波澄碧"三句,在语气上还承接着上文,"且归来"是对"又还向、九重"、志在补天的鹏鸟的转写,但是在境界上,却由神话转入现实,写史氏充任江防前线的长官,使万里长江波澜不惊,江南形势得以安定。其中"谈笑"一词,极写史氏护江的举重若轻,暗示着其才能比维护长江安宁所需要的更大。在这里的语气中,还带着前文借用神话时的豪逸味道。

词的下阕,"佳丽地,文章伯。《金缕》唱,红牙拍"四句,才始着墨于题中的宴席描写,但并不渲染其热闹与豪华,其用意在写史氏不仅有上文所写的"补天"才能,还是个文采风流的"文章伯"。"金缕"一词,是为词人对史氏文才的推许作印证。当然,这样的推许,实际上是受到天子手谕史正志表示嘉许的信息激发出的。"看尊前飞下,日边消息"二句,接韵一个"看"字,就写出了孝宗手谕即"日边消息"给史正志带来的入阁希望和词人对于这一消息的同样重视。词人在《千秋岁》一词中,曾说过史正志"从今尽是中书考"这样的话,与这里意思相同,而此处则表达得更委婉。"料想宝香黄阁梦,依然画舫青溪笛"二句,不写其今日欣喜之情，反而写史致道日后入朝为相、主持政事以后，还会对今日秦淮河上的游赏恋恋于怀，写其于位高权重之时的平常心和风流态，这就深得措意深隐之妙，写出了大人物的情怀儒雅而风流。"待如今、端的约钟山，长相识"，末二句是说，现在，你真要和钟山相约，常年做朋友了。结韵更是曲笔传情，既然史氏入朝主政后依然怀念秦淮河上的清游雅集，词人对钟山山水的感情又是如此亲厚，自然今日就要与钟山相约成为老朋友了。那么在钟山秦淮边结识的同僚，也是词人的老朋友。赠人之作能将词人的理想抱负与热情充实其中，使词中不仅有人，而且有"我"，而又以既豪迈且深隐的风格出之，使读者得到更多面的美感体验，即使不谈它在语言上的五色迷离，此词也已堪称宋代同类词作中的上品。

值得指出的是，史正志的政治态度比较依违，并不与坚决主战的词人完全一致，史正志不仅早年想投靠炙手可热的秦桧集团，甚至还为排挤主战派领袖张浚而奔忙，但是这样的隐情，词人是无法深察的。词人把史正志当成一个主张抗金的同志来歌颂，情有可原。

【原文】

满江红·登建康赏心亭呈史留守致道

我来吊古⁽¹⁾，上危楼、赢得闲愁千斛⁽²⁾。虎踞龙蟠何处是⁽³⁾，只有兴亡满目⁽⁴⁾。柳外斜阳⁽⁵⁾，水边归鸟，陇上吹乔木⁽⁶⁾。片帆西去，一声谁喷霜竹⁽⁷⁾。却忆安石风流⁽⁸⁾，东山岁晚⁽⁹⁾，泪落哀筝曲⁽¹⁰⁾。儿辈功名都付与⁽¹¹⁾，长日惟消棋局。宝镜难寻⁽¹²⁾，碧云将暮⁽¹³⁾，谁劝杯中绿⁽¹⁴⁾。江头风怒，朝来波浪翻屋⁽¹⁵⁾。

【毛泽东圈评等情况】

毛泽东读1958年中华书局影印版《稼轩长短句》时，圈阅了这首《念奴娇·我来吊古》。

[参考]张贻玖：《毛泽东评点、圈阅的中国古典诗词》，中国工人出版社1992年版，第249页。

【注释】

（1）吊古，凭吊往古之事。唐李端《送友人》诗："闻说湘川路，年年吊古多。"

（2）危楼，高楼。北魏郦道元《水经注·沮水》："危楼倾崖，恒有落势。"闲愁，无端无谓的忧愁。唐张碧《惜花》诗之一："一窖闲愁驱不去，殷勤对尔酌金杯。"斛，容量单位，古人以十斗为一斛。

（3）虎踞龙蟠，亦作"龙蟠虎踞"，像龙盘着，像虎蹲着，形容地势雄伟险要，特指南京。晋吴勃《吴录》："刘备曾使诸葛亮至京，因睹秣陵山阜，叹曰：'钟山龙盘，石头虎踞，此帝王之宅。'"

（4）兴亡，兴盛和衰亡，多指国家局势的变迁。《书·太甲下》："与治同道罔不兴，与乱同事罔不亡。"

（5）斜阳，黄昏前要落山的太阳。唐赵嘏《东望》诗："斜阳映阁山当寺，微绿含风树满川。"

（6）陇上，此处泛指田野。陇，高地，同"垄"。乔木，高大的树木。《孟子·梁惠王下》："所谓故国者，非谓有乔木之谓也，有世臣之谓也。"赵岐注："所谓是旧国也者，非但见其有高大树木也，当有累世修德之臣，常能辅其君以道，乃为旧国可法则也。"后因以"乔木"为形容故国或故里的典实。

（7）喷霜竹，即吹笛。霜竹，竹名，竹皮白如霜，大者为篙，细者为笛。因借指笛。宋黄庭坚《念奴娇·八月十七日客有孙彦立善吹笛援笔作乐府长短句文不加点》词："老子平生，江南江北，最爱临风曲。孙郎微笑，坐来声喷霜竹。"

（8）安石，即谢安，字安石，淝水之战大破前秦符坚百万大军的指挥者，事见《晋书·谢安传》："时符坚强盛，疆场多虞，诸将败退相继。安遣弟石及兄子玄等应机征讨，所在克捷。……玄等既破坚，有驿书至，安方对客围棋，看书既竟，便摄放床上，了无喜色，棋如故。客问之，徐答云：'小儿辈遂已破贼。'"

（9）东山，在浙江上虞西南。《晋书·谢安传》载，谢安早年曾辞官隐居会稽之东山，经朝廷屡次征聘，方从东山复出，官至司徒要职，成为东晋重臣。

（10）泪落哀筝曲，典出唐房玄龄等《晋书·谢安传》。谢安因为功高震主，受孝武帝的猜忌，处境很危险。一次孝武帝举行宴会，命擅长音乐的桓伊弹古筝，当时谢安也在座。桓伊遂弹筝作歌为谢安表忠心，谢安感伤得落泪，而孝武帝也觉得惭愧。

（11）儿辈，孩子们，后辈。唐房玄龄等《晋书·王羲之传》："恒恐儿辈觉，损其欢乐之趣。"这里指谢安的侄子谢玄。

（12）宝镜，明李濬《松窗杂录》载，渔人于秦淮得古铜镜，照之尽见肺腑，腕载而坠，李德裕穷索水底而不可复得事。疑为此句出典。

（13）碧云，青云，碧空中的云。南朝梁萧统《文选·江淹〈杂体诗·效惠休"别怨"〉》："日暮碧云合，佳人殊未来。"张铣注："碧云，青云也。"

（14）杯中绿，亦作"杯中醁"，指美酒。南朝梁王僧孺《在王晋安酒席数韵》："何因送款款，半饮杯中醁。"

（15）江头二句，唐杜甫《观李固请司马弟山水图》诗："高浪垂翻屋，崩崖欲压床。"宋陆游《南唐书·史虚白传》："元宗南游豫章，次蠡泽，虚白鹤裘藜杖，迎谒道旁，元宗驻跸劳问曰：'处士居山亦尝有所赋乎？'曰：'近得溪居诗一联。'使诵之，曰：'风雨揭却屋，浑家醉不知。'元宗变色。"

【赏析】

这首词作于宋孝宗乾道四年（1168）左右，当时南宋在隆兴北伐失败以后，宋孝宗对抗战的前途动摇失望，起用了一批主和派大臣，排斥迫害抗战将领张浚等。向金割地，贡岁币二十万，自称侄皇帝，达成了可耻的隆兴和议。南宋小朝廷偏安一隅，国势日益衰微。辛弃疾对和议以后这种局面深为忧虑，日暮江晚，他登上古都城楼，面对滔滔大江，凭吊虎踞龙盘的往昔，满怀忧愤地写下这首词。诗题《登建康赏心亭呈史留守致道》。建康，即今江苏南京。赏心亭位于南京秦淮区水西门广场西侧外，是一处历史名胜，宋代的金陵胜迹，历代文人均有登临怀古。赏心亭始建于宋代，由丁谓所建，曾数毁数建。陆游和辛弃疾等古代文学大家都曾登临览胜，赋诗填词。史留守致道，即史正志，字致道，宋高宗绍兴二十一年（1151）进士，宋孝宗乾道三年（1167）出任南京东路安抚使兼建康行宫留守及沿江水军制置使，宋制，称安抚使为守帅或帅臣。

词的上阕写凭吊古迹，表现对现实的无限感慨。"我来吊古，上危楼、赢得闲愁千斛"，开头三句是说，我来凭吊古迹，登到高楼之上，瞭望古都建康，却赢得了千斛闲愁。"斛"，古代一种正方形的量器，十斗为一斛。"千斛"形容闲愁很多。"虎踞龙蟠何处是，只有兴亡满目"，三、四两句是说，虎踞龙盘是诸葛亮与孙权谈论南京地理形势说过的话，据《金陵图经》载，诸葛亮说："钟山龙蟠，石城虎踞，此帝王之宅也。"后来，南京成了吴、东晋、宋、齐、梁、陈六朝的兴霸都城。辛弃疾登临此地，正是南宋局势危亡之时，所以他说，昔日建康那种创建帝业的霸气哪里去了？至今满眼凄凉衰败景象。"柳外斜阳，水边归鸟，陇上吹乔木"三句，直写西风冷落的悲凉景色，影射南宋萎靡衰败的政治形势，情景交融，浑然一体。"片帆西去，一声谁喷霜竹"两句，更加深了对此情之渲染，空阔的江面上，孤帆一片西去，不知是谁，吹奏出激越的笛声，在这江面上久久回荡。上阕至此是登临所见之景，满眼"闲愁"，斜阳、归鸟、片帆、霜竹，将动、静、声、景立体交织在一起，吊古而意在伤今。

下阕一反上阕的写景而转为议论，引出东晋谢安的一段往事。"却忆安石风流，东山岁晚，泪落哀筝曲。儿辈功名都付与"，四句都是讲的谢安的事。安石，即谢安，字安石。淝水之战大破前秦苻坚百万大军的指挥者。晋孝武帝末年，司马道子独揽大权，任用奸邪，迫害谢安，据《晋书·桓伊传》，一次孝武帝举行宴会，命擅长音乐的桓伊弹古筝，当时谢安也在座。桓伊遂弹筝作歌说："为君既不易，为臣良独难。忠信事不显，乃有见疑患。"声节慷慨，为谢安表忠心。谢安感伤得落泪，而孝武帝也觉得惭愧。辛弃疾借用此典，为南宋受排挤迫害的抗战将领鸣不平。"儿辈功名都付与，长日惟消棋局"二句是说，男儿的功名事业将付与后辈了，现在的大好时光白白流逝，将长日都消磨在棋局上，表达词人南归以后一事无成、壮志难酬的悲愤心情。"宝镜难寻，碧云将暮，谁劝杯中绿"三句是说，可以照人肺腑的古铜镜难以找到，日色将暮，碧云四合，怨愁满腹，谁来劝我畅饮杯中的美酒呢。写至此，将"闲愁"发挥得淋漓尽致。"江头风怒，朝来波浪翻屋"，结末二句以高浪、崩崖比喻南宋议和后的危险局势，词人大声疾呼，在风雨飘摇、民族危亡的紧急时刻，和议不足恃，国家随时都有倾覆的危险。含义深沉，喑呜悲咤，使吊古词的主题得到升华。

【原文】

声声慢·滁州旅次登奠枕楼作和李清宇宙韵

征埃成阵(1)，行客相逢(2)，都道幻出层楼(3)。指点檐牙高处(4)，浪拥云浮(5)。今年太平万里(6)，罢长淮、千骑临秋(7)。凭栏望(8)：有东南佳气(9)，西北神州(10)。　　千古怀嵩人去(11)，还笑我、身在楚尾吴头(12)。看取弓刀陌上(13)，车马如流。从今赏心乐事(14)，剩安排、酒令诗筹(15)。华胥梦(16)，愿年年、人似旧游。

【毛泽东圈评等情况】

毛泽东读 1958 年中华书局影印版《稼轩长短句》时，圈阅了这首《声声慢·征埃成阵》。

[参考] 张贻玖：《毛泽东评点、圈阅的中国古典诗词》，
中国工人出版社 1992 年版，第 249 页。

【注释】

（1）征埃，尘土，行路人走起来的尘埃。

（2）行客，过客，旅客。西汉刘安《淮南子·精神训》："是故视珍宝珠玉犹砾石也，视至尊穷宠犹行客也。"高诱注："行客，犹行路过客。"

（3）幻出，幻形出，即虚构的意思。层楼，高楼。汉繁钦《建章凤阙赋》："象玄圃之层楼，肖华盖之丽天。"

（4）檐牙，古代建筑屋檐上翘的叫飞檐，沿着屋檐的边沿下垂的叫檐牙。

（5）浪拥，一作"浪涌"。云浮，如云之飘散。晋刘琨《重赠卢谌》诗："时哉不我与，去乎若云浮。"

（6）太平，时世安宁和平。《吕氏春秋·大乐》："天下太平，万物安宁。"

（7）长淮，指淮河之长。淮河源出河南桐柏山，东经河南、安徽，注入江苏的洪泽湖而入长江。全长约二千公里。金兵侵略时，宋室南逃，双方议定，以淮河为界。"罢长淮"，就是不承认以淮河为界。千骑，形容人马很多。一人一马称为一骑。南朝梁简文帝《采菊篇》诗："东方千骑从骊驹，更不下山逢故夫。"辛弃疾在滁州建立了一支地方武装。农忙时生产，闲时训练，战时打仗。

（8）凭栏，倚着栏杆。

（9）佳气，美好的云气，古代以为是吉祥、兴隆的象征。汉班固《白虎通·封禅》："德至八方则祥风至，佳气时喜。"

（10）神州，指中原地区。南朝宋刘义庆《世说新语·言语》："王丞相愀然变色曰：'当共戮力王室，克复神州，何至作楚囚相对！'"泛指中国。

（11）怀嵩，怀嵩楼，即北楼，唐李德裕贬滁州，作此楼，取怀嵩洛之意（《舆地纪胜·滁州景物下》）。《滁州府志·古迹志》："赞皇楼，在州治后统军池上，唐刺史李德裕建，后改名怀嵩，一名北楼。"

（12）还笑我，一作"应笑我"。楚尾吴头，古豫章一带位于楚地下游，吴地上游，如首尾相衔接，故称"楚尾吴头"，泛指长江中下游一带地方。宋朱熹《铅山立春》诗："雪拥山腰洞口，春回楚尾吴头。"滁州为古代楚吴交界之地，故可称"楚尾吴头"。

（13）弓刀，像弓一样弯曲的军刀。唐卢纶《和张仆射塞下曲六首·其三》："欲将轻骑逐，大雪满弓刀。"陌上，田野小道。

（14）赏心乐事，欢畅的心情，快乐的事情。南朝宋谢灵运《拟魏太子邺中集诗八首序》："天下良辰、美景、赏心、乐事，四者难并。"

（15）酒令，宴会中助酒兴的一种游戏。推一人为令官，违令或依令该饮的都要饮酒。诗筹，筹上规定背出某人某首诗，或指出筹上诗句的作者，或指出诗句的缺字，或照规定的韵即席成诗等。能者胜，不能者罚。

（16）华胥（xū），人名，传说是伏羲氏的母亲。《列子·黄帝篇》：

"（黄帝）昼寝，而梦游于华胥氏之国。华胥氏之国在弇州之西，台州之北，不知斯齐国几千万里；盖非舟车足力之所及，神游而已。其国无师长，自然而已；其民无嗜欲，自然而已。……黄帝既寤，怡然自得。"

【赏析】

《声声慢》，词牌名，又名《胜胜慢》《人在楼上》《寒松叹》《凤求凰》等。此调最早见于北宋晁补之词，古人多用入声，有平韵、仄韵两体。正体二：双调九十七字，前段十句四平韵，后段八句四平韵。以宋吴文英《声声慢·檀栾金碧》为代表。

该词作于宋孝宗乾道八年（1172），辛弃疾时年三十三岁，在知滁州任上负责一州的军政事务。这首词抒发登楼之感。词人登高远望，胸怀天下，所不能忘怀的，仍然是沦陷于金人手中的中原大地，但是作者对未来充满希望，表现出作者忧国忧民、报效祖国的感情。

上阕描写奠枕楼的宏伟气势及登高远眺的所见所感。"征埃成阵，行客相逢，都道幻出层楼。指点檐牙高处，浪拥云浮。"前五句以来往行人的口吻来描述高楼的气势，一是奠枕楼建设的速度之快，如同一夜之间拔地而起；二是奠枕楼高耸入云，气势非凡。"征埃成阵""今年太平万里"是人民安乐的根本条件，点出了行客如云、市场繁茂，以前的饥荒凄凉景象已经绝迹。"今年太平万里，罢长淮、千骑临秋"，接下来三句写的是登上楼以后的感受。首先，作者感到欣喜，因为金兵没有来侵扰，老百姓今年获得了一个安定丰收的好年景。作者的思路沿着滁州这一个地区扩展到全国，步步深入，一环扣一环，最后把矛头直接指向南宋当朝："凭栏望：有东南佳所，西北神州。"这三句是说，在楼上远眺，一是寄希望于南宋朝廷，二是面对中原感到痛心不已，东南虽然可以苟安一时，但是不可以忘记了北伐中原的大业。

下片头三句"千古怀嵩人去，还笑我、身在楚尾吴头"是由古人联想到自己。当年李德裕在滁州修建了怀嵩楼，最后终于回到故乡嵩山。但是作者自己处于这个南北分裂的时代，祖国不能统一，故土难回，肯定会让李德裕笑话自己。这里已经道出了词人心中的悲痛，但看着楼下人来人往的繁荣景象，作者又有了信心。辛弃疾初到滁州，见到的人民是："方苦于饥，商旅不行，市场翔贵，民之居茅竹相比，每大风作，惴惴然不自安。"（见宋周孚撰《铅刀编·滁州奠枕楼记》）而现在完全换了另一种景象，这是他初显身手的政绩，也是他的骄傲。"看取弓刀陌上，车马如流。从今赏心乐事，剩安排、酒令诗筹。华胥梦，愿年年、人似旧游。"作者把思路从广阔的视野又收回到奠枕楼周围的实景中去。作者无法抑制自己喜悦的心情，感到自己即将有所作为，词人借此指滁州父老从今可以安居乐业，不再流离失所，一定能够让滁州百姓的生活像黄帝梦中华胥国那样宁静和平。这首词豪放雄伟，起伏跌宕，层次分明，步步深入，是辛弃疾南渡后，在抗金前哨的一首重要词作。

【原文】

水龙吟·登建康赏心亭

楚天千里清秋[1]，水随天去秋无际。遥岑远目[2]，献愁供恨，玉簪螺髻[3]。落日楼头[4]，断鸿声里[5]，江南游子。把吴钩看了[6]，栏杆拍遍，无人会，登临意。　　休说鲈鱼堪脍，尽西风[7]，季鹰归未[8]？求田问舍，怕应羞见，刘郎才气[9]。可惜流年[10]，忧愁风雨[11]，树犹如此[12]！倩何人唤取[13]，红巾翠袖[14]，揾英雄泪[15]！

【毛泽东圈评等情况】

毛泽东读1958年中华书局影印版《稼轩长短句》时，圈阅了这首《水龙吟·楚天千里清秋》。

[参考]张贻玖：《毛泽东评点、圈阅的中国古典诗词》，中国工人出版社1992年版，第248页。

【注释】

（1）楚天，古代楚国在今长江中下游一带，位居南方，所以泛指南方天空为楚天。唐杜甫《暮春》诗："楚天不断四时雨，巫峡常吹万里风。"

（2）遥岑（cén），远处陡峭的小山崖。唐韩愈、孟郊《城南联句》："遥岑出寸碧，远目增双明。"

（3）玉簪螺髻，玉做的簪子，像海螺形状的发髻，这里比喻高矮和形状各不相同的山岭。玉簪，用玉做成的簪子，也叫玉搔头。唐韩愈《送桂州严大夫》："江作青罗带，山如碧玉簪。"螺髻，螺壳状的发髻。晋崔豹《古今注·鱼虫》："童子结发，亦为螺髻，亦谓其形似螺壳。"

（4）落日楼头，唐杜甫《越王楼歌》："楼头落日半轮明。"

（5）断鸿，失群的孤雁。唐李峤《送光禄刘主簿之洛》诗："背枥嘶班马，分洲叫断鸿。"

（6）吴钩，钩，兵器，形似剑而曲。春秋吴人善铸钩，故称。吴钩是春秋时期流行的一种弯刀，它以青铜铸成，是冷兵器里的典范，充满传奇色彩，后又被历代文人写入诗篇，成为驰骋疆场、励志报国的精神象征。这里应该是以吴钩自喻，空有一身才华，但是得不到重用。

（7）"休说鲈鱼堪脍"二句，用西晋张翰典。南朝宋刘义庆《世说新语·识鉴篇》记载：张翰在洛阳做官，在秋季西风起时，想到家乡莼菜羹和鲈鱼脍的美味，便立即辞官回乡。后来的文人将思念家乡、弃官归隐称为莼鲈之思。

（8）季鹰，张翰，字季鹰。

（9）求田问舍三句，西晋陈寿《三国志·魏书·陈登传》，许汜曾向刘备抱怨陈登看不起他，"久不相与语，自上大床卧，使客卧下床"。刘备批评许汜在国家危难之际只知置地买房，"如小人（刘备自称）欲卧百尺楼上，卧君于地，何但上下床之间邪"。求田问舍，置地买房。刘郎，刘备。才气，胸怀、气魄。

（10）流年，如水般流逝的光阴、年华。南朝宋鲍照《登云阳九里埭》诗："宿心不复归，流年抱衰疾。"

（11）忧愁风雨，风雨，比喻飘摇的国势。化用宋苏轼《满庭芳》："百年里，浑教是醉，三万六千场。思量，能几许，忧愁风雨，一半相妨。"

（12）树犹如此，用西晋桓温典。南朝宋刘义庆《世说新语·言语》："桓公北征经金城，见前为琅邪时种柳，皆已十围，慨然曰：'木犹如此，人何以堪！'攀枝执条，泫然流泪。"此处借以抒发自己不能抗击敌人、收复失地、虚度时光的感慨。

（13）倩（qìng），请托。

（14）红巾翠袖，指红色的头巾、绿色的袖子，是少女装饰，代指少女。

（15）揾（wèn），擦拭。英雄，指才能勇武过人的人。《汉书·刑法志》："（高祖）总揽英雄，以诛秦项。"西晋陈寿《三国志·蜀志·先主传》："是时，曹公从容谓先主曰：'今天下英雄，唯使君与操耳。本初之徒，不足数也。'"

【赏析】

《水龙吟》，调名出自李白诗句"笛奏水龙吟"，又名《丰年瑞》《鼓笛慢》《龙吟曲》等。此调气势雄浑，宜用以抒写激奋情思。

辛弃疾从二十三岁南归，一直不受重视，二十六岁上《美芹十论》，提出抗金策略，又不被采纳。宋孝宗淳熙元年（1174），辛弃疾将任东安抚司参议官。这时作者南归已八九年了，却投闲置散，任了一介小官，一次，他登上建康的赏心亭，极目远望祖国的山川风物，百感交集，更加痛惜自己满怀壮志而老大无成，于是写下这首《水龙吟》。

上阕开头以无际楚天与滚滚长江作背景，境界阔大，触发了家国之恨和乡关之思。"楚天千里清秋，水随天去秋无际"，开头两句，是作者在赏心亭上所见的景色。楚天千里，辽远空阔，秋色无边无际。大江流向天边，也不知何处是它的尽头。遥远天际，天水交融，气象阔大，笔力遒劲。"楚天"的"楚"地，泛指长江中下游一带，这里战国时曾属楚国。"水随天去"的"水"，指浩浩荡荡、奔流不息的长江。"千里清秋"和"秋无际"，显出阔达气势同时写出江南秋季的特点。南方常年多雨多雾，只有秋季天高气爽，才可能极目远望，看见大江向无穷无尽的天边流去的壮观景色。"遥岑远目，献愁供恨，玉簪螺髻"三句，是写山。"遥岑"即远山。举目远眺，那一层层、一叠叠的远山，有的很像美人头上插戴的玉簪，有的很像美人头上螺旋形的发髻，景色算得上美景，但只能引起词人的忧愁和愤恨。唐皮日休《缥缈峰》诗有"似将青螺髻，撒在明月中"之句，唐韩愈《送桂州严大夫》诗有"山如碧玉"之句，是此句用语所出。人心中有愁有恨，虽见壮美的远山，愁却有增无减，仿佛是远山在"献愁供恨"。这是移情及物的手法。词篇因此而生动。至于愁恨为何，又何因而至，词中没有正面交代，但结合登临时的情景，可以意会得到。北望是江淮前线，效力无由；再远即中原旧疆，收复无日。南望则山河虽好，无奈仅存半壁；朝廷主和，志士不得其位，即思进取，却力不得伸。以上种种，是恨之深、愁之大者。借言远山之献供，一写内心的担负，而总束在此片结句"登临意"三字内。开头两句，是纯粹写景，至"献愁供恨，玉簪螺髻"二句，已进了一步，点出"愁""恨"两字，由纯粹写景而开始抒情，由客观而及主观，感情也由平淡而渐趋强烈。一切都在推进中深化、升华。"落日楼头，断鸿声里，江南游子。把吴钩看了，栏杆拍遍，无人会，登临意。"六句意思是说，夕阳快要西沉，孤雁的声声哀鸣不时传到赏心亭上，更加引起了作者对远在北方的故乡的思念。他看着腰间空自佩戴的宝刀，悲愤地拍打着亭子上的栏杆，可是又有谁能领会他这时的心情呢？这里"落日楼头，断鸿声里，江南游子"三句，虽然仍是写景，但无一语不是喻情。落日，本是日日皆见之景，辛弃疾用"落日"二字，比喻南宋国势衰颓。"断鸿"，是失群的孤雁，比喻作为"江南游子"的飘零身世和孤寂心境。辛弃疾渡江淮归南宋，原是以宋朝为自己的故国，以江南为自己的家乡的。可是南宋统治集团根本无北上收失地之意，对于像辛弃疾一样的有志之士一直采取猜忌排挤的态度，致使辛弃疾觉得他在江南真的成了游子了。

上阕写景抒情，下阕则是直接言志。下阕十一句，分四层意思："休说鲈鱼堪脍，尽西风、季鹰归未？"这里引用了一个典故：晋朝人张翰（字季鹰），在洛阳做官，见秋风起，想到家乡苏州味美的鲈鱼，便弃官回乡（《晋书·张翰传》）。现在深秋时令又到了，连大雁都知道寻踪飞回旧地，何况我这个漂泊江南的游子呢？然而自己的家乡如今还在金人统治之下，南宋朝廷却偏安一隅，自己想回到故乡，又谈何容易！"尽西风，季鹰归未？"既写了有家难归的乡思，又抒发了对金人、对南宋朝廷的激愤，确实收到了一石三鸟的效果。"求田问舍，怕应羞见，刘郎才气"，是第二层意思。求田问舍就是买地置屋。刘郎，指三国时的刘备，这里泛指有大志之人。这也是用了一个典故。三国时许汜去看望陈登，陈登对他很冷淡，独自睡在大床上，叫他睡下床。许汜去询问刘备，刘备说："天下大乱，你忘怀国事，求田问舍，陈登当然瞧不起你。""可惜流年，忧愁风雨，树犹如此"，是第三层意思。流年，即时光流逝；风雨指国家在风雨飘摇之中，"树犹如此"也有一个典故。《世说新语·言语》载，桓温北征，经过金城，见自己过去种的柳树已长到几围粗，便感叹地说："木犹如此，人何以堪？"树已长得这么高大了，人怎么能不老呢！这三句词包含的意思是：于此时，我心中确实想念故乡，但我不会像张瀚、许汜一样贪图安逸怅恨忧惧的。我所忧惧的，只是国事飘摇，时光流逝，北伐无期，恢复中原的夙愿不能实现。年岁渐增，恐再闲置便再无力为国效命疆场了。这三句，是全首词的核心。到这里，作者的感情经过层层推进已经发展到最高潮。下面就自然地收束，也就是第四层意思："倩何人唤取，红巾翠袖，揾英雄泪。"倩，是请求，"红巾翠袖"，是少女的装束，这里就是少女的代名词。在宋代，一般游宴娱乐的场合，都有歌妓在旁唱歌侑酒。这三句是写辛弃疾自伤抱负不能实现，世无知己，得不到同情与慰藉。这与上阕"无人会，登临意"义近而相呼应。该词是辛词名作之一，它不仅对辛弃疾生活着的那个时代的矛盾有充分反映，有比较真实的现实内容，而且，作者运用圆熟精到的艺术手法把内容完美地表达出来，直到今天仍然具有极其强烈的感染力量，使人们百读不厌。全词通过写景和联想抒写了作者恢复中原国土、统一祖国的抱负和愿望无法实现的感慨，深刻揭示了英雄志士有志难酬、报国无门、抑郁悲愤的苦闷心情，极大地表现了词人诚挚无私的爱国情怀。

太常引·建康中秋夜为吕潜叔赋

一轮秋影转金波⁽¹⁾，飞镜又重磨⁽²⁾。把酒问姮娥⁽³⁾：被白发、欺人奈何⁽⁴⁾？　　乘风好去，长空万里，直下看山河。斫去桂婆娑⁽⁵⁾，人道是、清光更多。

【毛泽东圈评等情况】

毛泽东读 1958 年中华书局影印版《稼轩长短句》和朱彝尊、汪森编《词综》时，至少两次在圈阅载有这首《太常引·一轮秋影转金波》词的天头上画着大圈，并手书过这首词。

——中央档案馆整理：《毛泽东书信选集·古诗词卷（下）》，
北京出版社 1996 年版，第 150 页。

【注释】

（1）转金波，形容月光浮动，因亦指月光。东汉班固《汉书》卷二十二《礼乐志》："月穆穆以金波。"颜师古注："言月光穆穆，若金之波流也"。苏宋轼《洞仙歌·冰肌玉骨》词："试问夜如何？夜已三更，金波淡，玉绳低转。"

（2）飞镜，飞天之明镜，指月亮。唐甘子布《光赋》："银河波暗，金飔送清，孤圆上魄，飞镜流明。"唐李白《把酒问月》诗："皎如飞镜临丹阙，绿烟灭尽清辉发。"

（3）姮娥，即嫦娥，传说中的月中仙女。西汉刘安《淮南子·览冥训》："羿请不死之药于西王母，姮娥窃以奔月。"高诱注："姮娥，羿妻，羿请不死之药，未及服之，姮娥窃食之，得仙，奔入月中，为月精也。"

（4）被白发、欺人奈何，化用薛能《春日使府寓怀二首》"青春背我堂堂去，白发欺人故故生"诗意。

（5）"斫去"三句，化用杜甫《一百五日夜对月》诗中"斫却月中桂，清光应更多"句意。斫，砍。桂，桂树。婆娑，树影摇曳的样子。唐段成武《酉阳杂俎》载："月桂高五百丈，下有一人常斫之，树创遂合，人姓吴名刚，西河人，学仙有过，谪令伐树。"

【赏析】

《太常引》，词牌名，明朱权《太和正音谱》注"仙吕宫"，又名《太清引》。又因韩淲词有"小春时候腊前梅"句，故又名《腊前梅》。双调四十九字，前段四句四平韵，后段五句三平韵。以辛弃疾《太常引·仙机似欲织纤罗》为正体。

据词题可知，此词当作于宋孝宗淳熙元年（1174）中秋夜，为赠友之作。当时辛弃疾任江东安抚司参议官，治所建康即今江苏南京。这时作者南归已整整十二年了。十二年中，为了收复中原，作者曾多次上书，力主抗金。起初始终坚持投降路线的宋高宗赵构传位于其族侄赵昚（孝宗），一时之间，南宋朝野弥漫着准备抗战的气氛。但经"符离之败""隆兴和议"，事实证明赵昚也是畏敌如虎的投降派。宋孝宗乾道元年（1165），作者上赵昚《美芹十论》；乾道六年（1170），上宰相虞允文《九议》，七年之内，连同另两篇，四次奏议，慷慨激昂，反复陈说恢复之事，但始终被冷落一旁，未被采纳。在阴暗的政治环境中，作者只能以诗词来抒发自己的心愿。

吕叔潜，名大虬，生平事迹不详，似为作者声气相应的朋友。这是中秋月圆之夜，词人写给吕的。此词通过古代的神话传说，强烈表达了自己反对妥协投降、立志收复中原失土的政治理想。全词想象丰富，把超现实的奇思妙想与现实中的思想矛盾结合起来，体现了浓厚的浪漫主义色彩。

这首词的上阕，词人巧妙地运用神话传说构成一种超现实的艺术境界，以寄托自己的理想与情怀。"一轮秋影转金波，飞镜又重磨。把酒问姮娥：被白发、欺人奈何？"在秋天的夜空下，词人看到一轮明月从天边升起，放射出金色的光华，好像一面重新磨过的铜镜，飞到天空。作者在中秋之夜，对月抒怀，很自然地想到与月有关的神话传说：吃了不死之药飞入月宫的嫦娥，以及月中高五百丈的桂树。词人运用这两则有关月亮的神话传说，借以表达自己的政治理想和阴暗的政治现实的矛盾。辛弃疾一生以恢复中原为己任，但残酷的现实使他的理想不能实现。想到功业无成、白发已多，作者怎能不对着皎洁的月光，迸发出摧心裂肝的一问："把酒问姮娥：被白发、欺人奈何？"白发欺人用的是唐代诗人薛能的成句，其《春日使府寓怀》："青春背我堂堂去，白发欺人故故生。"这一句有力地展示了英雄怀才不遇的内心矛盾。

词的下阕，"乘风好去，长空万里，直下看山河。斫去桂婆娑，人道是、清光更多"。作者又运用想象的翅膀，直入月宫，并幻想砍去遮住月光的桂树。想象更加离奇，更加远离尘世，但却更直接、强烈地表现了词人的现实理想与为实现理想的坚强意志，更鲜明地揭示了词的主旨。作者这里所说的挡住月光的"桂婆娑"，实际是指带给人民黑暗的婆娑桂影，它不仅包括南宋朝廷内外的投降势力，也包括了金人的势力。由被金人统治下的北方南归的辛弃疾，不可能不深切地怀想被金人统治、压迫的家乡人民。进一步说，这首词还可以理解为一种更广泛的象征意义，即扫荡黑暗、把光明带给人间。这一巨大的意义，是词人利用神话材料，借助于想象和逻辑推断所塑造的形象来实现的。周济《宋四家词选》眉批谓此词："所指甚多，不止秦桧一人而已。"

总之，辛弃疾的这首词，无论是从它的艺术境界，还是从它的气象和风格看，都与运用神话传说的浪漫主义手法有着密切的联系。作者通过超现实的艺术境界，来解决现实的苦闷，是一首富于浓厚浪漫主义色彩的优秀词章。

【原文】

摸鱼儿·观潮上叶丞相

望飞来、半空鸥鹭[(1)]。须臾动地鼙鼓[(2)]。截江组练驱山去[(3)]，鏖战未收貔虎[(4)]。朝又暮。谙惯得、吴儿不怕蛟龙怒[(5)]。风波平步。看红旆惊飞[(6)]，跳鱼直上，蹙踏浪花舞[(7)]。　　凭谁问，万里长鲸吞吐。人间儿戏千弩[(8)]。滔天力倦知何事，白马素车东去[(9)]。堪恨处。人道是、属镂冤愤终千古[(10)]。功名自误。谩教得陶朱[(11)]，五湖西子[(12)]，一舸弄烟雨[(13)]。

【毛泽东圈评等情况】

毛泽东读1958年中华书局影印版《稼轩长短句》时，圈阅了这首《摸鱼儿·望飞来、半空鸥鹭》。

[参考] 张贻玖：《毛泽东评点、圈阅的中国古典诗词》，
中国工人出版社1992年版，第249页。

【注释】

（1）鸥鹭，鸥鸟和鹭鸟的统称。鸥鸟，鸥科动物，形色像白鸽或小白鸡，性凶猛，长腿长嘴，脚趾间有蹼，善游水。喜成群飞翔，三月份产卵。生活在海边的称海鸥，生活在湖边或江边的称江鸥。鹭是鹳形目鹭科鸟类的通称。为大、中型涉禽，主要活动于湿地及林地附近，是湿地生态系统中的重要指示物种。

（2）须臾，片刻。鼙鼓，大鼓和小鼓。古代军中用来发号进攻，借指军事。唐白居易《长恨歌》："渔阳鼙鼓动地来，惊破《霓裳羽衣曲》。"

（3）组练，"组甲被练"的简称，分别指军士所服的两种衣甲。《左传·襄公三年》："使邓寥帅组甲三百、被练三千以侵吴。"宋苏轼在《催试官考较戏作》中曾用以形容钱塘怒潮："鲲鹏水击三千里，组练长驱十万夫。"

（4）鏖（áo）战，激烈的战斗。貔（pí）虎，传说中一种凶猛的野兽，这里喻指勇猛的军队。

（5）诮惯得，犹言"习以为常"。诮，简直、完全。吴儿，泛指钱塘江畔的青年渔民。

（6）红旆（pèi），红旗。旆，旗帜。

（7）蹙，通"蹴"，踩，踏。宋周密《武林旧事·观潮》记载："吴儿善泅者数百，皆披发文身，手持十幅大彩旗，争先鼓勇，溯迎而上，出没于鲸波万仞中，腾身百变，而旗略不沾湿，以此夸能。"宋潘阆《酒泉子》："弄潮儿向涛头立，手把红旗旗不湿。"

（8）人间儿戏千弩，元脱脱等《宋史·河渠志》载，钱武肃王筑江堤，为阻潮水冲击，命强弩数百射潮头。

（9）白马素车，典出汉枚乘《七发》："其少进也，浩浩皑皑，如素

车白马帷盖之张。"是说白浪滔天的样子。素车，不加修饰的马车。

（10）属镂句，意谓伍子胥忠而遭祸，千古为之怨愤。

（11）谩教得，空使得，有"白白便宜了"的意思。陶朱，即春秋时期越国大夫范蠡。《史记·越王勾践世家》载，范蠡为越国大夫，曾施美人计献西施给吴王夫差。灭吴后，他自意"大名之下，难以久居，且勾践为人，可与同患，难与处安乐"，乃装其轻宝珠玉……浮海出齐，变姓名，自谓鸱夷子皮。……止于陶，以为此天下之中，交易有无之路通，为生可以致富矣。于是自谓陶朱公。

（12）五湖，或指太湖，或指太湖附近的湖泊。西子，即春秋时期美女西施。范蠡曾以其献吴。成功后，传说范蠡携西施泛舟五湖。

（13）舸，大船。弄烟雨，指在烟雨蒙蒙的五湖上泛舟自适。

【赏析】

《摸鱼儿》，唐教坊曲，后用为词牌。一名《摸鱼子》，又名《买陂塘》《迈陂塘》《双蕖怨》等。宋词以晁补之《琴趣外篇》所收为最早。双片一百一十六字，前片六仄韵，后片十一句七仄韵。

宋孝宗淳熙元年（1174）春，叶衡（字梦锡）由建康留守被召入朝担任右丞相之职，辛弃疾也因叶衡的推荐，当了仓部郎官。这一年的秋天，辛弃疾赴临安（今浙江杭州），在钱塘江观潮，写了这首词赠给叶衡。

词的上阕着力描绘钱塘江秋潮雄伟壮观的景象，从侧面表达了词人对祖国壮丽山河的热爱。"望飞来、半空鸥鹭。须臾动地鼙鼓。截江组练驱山去，鏖战未收貔虎"，开头四句大意说，他正看着半空翱翔的鸥鹭，刹那间便听到如播动战鼓般轰鸣的波涛声，只见那汹涌的潮水如千军万马，以排山倒海之势滚滚而来，如激战中奔驰的貔虎似的大队勇士势不可挡。首四句写潮来时惊天动地的气势，先写天空飞鸟，继写江面波涛，写得有声有色，使读者如闻其声、如见其形，颇有身临其境的感觉。潮水上涨，如此骇人，似乎无人可以驾驭。然而，对江上的渔民来说，却又因为司空见惯，不把它当回事儿。"朝又暮。谙惯得、吴儿不怕蛟龙怒。风波平步。看红旆惊飞，跳鱼直上，蹙踏浪花舞。"以下便写这些"弄潮儿"嬉戏于潮水中的动人情景。这种场面旁观者惊心动魄，这些勇士们却自由自在，在潮水中踏着浪花欢腾舞蹈，红旗飞扬，人像鱼儿在波涛中跳跃出没，极为精彩壮观。上片写闻名遐迩的钱塘江上潮的情景，曲尽其妙，充分歌颂了大自然的"美"和"力"，同时又讴歌了与大自然搏斗的人，表现了对勇敢的蔑视狂风巨浪的"人"的赞赏，即赋物以言情。

上阕词的意境已经够开阔了，但稼轩不仅是伟大的词人，而且是伟大的爱国主义者。因此，此词的艺术境界也远不止此，面对"万里长鲸吞吐"般浩大的潮水，词人思绪万千，他想起后梁钱武肃王命令数百名弓弩手用箭射潮头，企图阻止潮水前进，情同玩笑，所以说"凭谁问，万里长鲸吞吐。人间儿戏千弩"，其结果便是"滔天力倦知何事，白马素车东去"。这两句说，那滔滔的潮水尽力流泻并不懂得什么事，它依旧像白马驾着素车向东方奔去。"堪恨处"以下叙述传说中白马素车在潮头之上的伍子胥的遭遇。"人道是、属镂冤愤终千古。"吴王不但不采纳伍子胥的意见，而且赐他"属镂"剑自杀，当然是遗恨千古。辛弃疾在这里实际上是以伍子胥自喻，他想到自己光复中原的建议不被朝廷采纳，而且由此引来了恶意的攻击，受到贬谪，无法为国家建功立业，所以下句说"功名自误。漫教得陶朱，五湖西子，一舸弄烟雨。"说的是吴王不听伍子胥的建议亡国以后的事。陶朱公范蠡帮助越王勾践灭吴后，便携带西施乘小舟隐遁于"五湖"之中。辛弃疾因忆起历史上吴、越之争，联想到眼前国家前途命运不堪设想，所以结尾意境极沉郁，与此词开头的雄大气魄对应来看，就可以看他无时无地不在惦念国事。观潮，看"吴儿"戏水，本来兴高采烈，但触景伤情，他仍然无法摆脱惆怅、郁闷。

此词或写景，或用典，无不生动自然。由观潮想到令人痛心的历史往事，想到自己的处境和国家的命运，词人时时刻刻想着国家，他的爱国思想也就常常在他的作品中很自然地表达出来。清俞陛云《唐五代两宋词选释》："前半叙述观潮，未风警动。下阕笔势纵横，借江潮往事为喻。钱王射弩，固属雄夸，即前胥后种，泄怒银涛，亦功名自误，不若范大夫知机，掉头烟雾也，词为上叶丞相而作，其嵩目时艰，意有所讽耶？"

菩萨蛮·书江西造口壁

郁孤台下清江水⁽¹⁾，中间多少行人泪⁽²⁾。西北望长安⁽³⁾，可怜无数山⁽⁴⁾。　青山遮不住，毕竟东流去⁽⁵⁾。江晚正愁余⁽⁶⁾，山深闻鹧鸪⁽⁷⁾。

【毛泽东圈评等情况】

毛泽东曾手书这首《菩萨蛮·郁孤台下清江水》。

[参考] 中央档案馆编：《毛泽东手书古诗词选》，文物出版社、

档案出版社1984年版，第199页。

【注释】

（1）郁孤台，古台名，在今江西赣州西南的贺兰山上，因"隆阜郁然，孤起平地数丈"而得名。清江，赣江与袁江合流处旧称清江。这里指流经郁孤台下的赣江。

（2）行人，步行的人，古指出行的人，出征的人。《管子·轻重己》："十日之内，室无处女，路无行人。"唐杜甫《兵车行》："车辚辚，马萧萧，行人弓箭各在腰。"

（3）长安，今陕西西安，为汉唐故都。这里指沦于敌手的宋国都城汴梁。

（4）可怜，可惜。唐卢纶《早春归盩厔别业却寄耿拾遗》诗："可怜芳岁青山里，惟有松枝好寄君。"无数山，这里指投降派（也可理解为北方沦陷国土）。

（5）毕竟东流去，明指赣江水流而去，暗指力主抗金的潮流不可阻挡。

（6）愁余，使我感到忧愁。"余"，也有写作"予"字的。

（7）鹧鸪（zhè gū），鸟名，形似雌雉，头如鹑，胸前有白圆点，如珍珠，背毛有紫赤浪纹，足黄褐色，以谷粒、豆类和其他植物种子为主食，兼食昆虫，为中国南方留鸟。古人谐其鸣声为"行不得也哥哥"，诗文中常用以表示思念故乡。此借指鹧鸪鸣声。

【赏析】

这首词为宋孝宗淳熙三年（1176）作者任江西提点刑狱，驻节赣州、途经造口时所作。关于此词之发端，南宋罗大经在《鹤林玉露》中有几句话非常重要。《鹤林玉露·辛幼安词》条云："盖南渡之初，虏人追隆祐太后御舟至造口，不及而还。幼安自此起兴。"元脱脱等《宋史》高宗纪及后妃传载：宋高宗滕炎三年（1129）八月，会防秋迫，命刘宁止制置江浙，卫太后往洪州，滕康、刘珏权知三省枢密院事从行。闰八月，高宗亦离建康（今南京）赴浙西。时金兵分两路大举南侵，十月，西路金兵自黄州（今湖北黄冈）渡江，直奔洪州追隆祐太后。"康、珏奉太后行次吉州，金人追急，太后乘舟夜行。"宋徐梦莘《三朝北盟会编》（建炎三年十一月二十三日）载："质明，至太和县（去吉州八十里。《太和县志》），又进至万安县（去太和一百里。《万安县志》），兵卫不满百人，滕康、刘珏皆窜山谷中。金人追至太和县，太后乃自万安县至皂口，舍舟而陆，遂幸虔州（去万安凡二百四十里。《赣州府志》）。"元脱脱等《宋史·后妃传》："太后及潘妃以农夫肩舆而行。"宋高宗淳熙二、三年（1175—1176）间，辛弃疾任江西提点刑狱，经常巡回往复于湖南、江西等地。来到造口，俯瞰不舍昼夜流逝而去的江水，词人的思绪也似这江水般波澜起伏，绵延不绝，于是写下了这首词。此词抒发对建炎年间国事艰危之沉痛追怀，对靖康以来失去国土之深情萦念，故此一习用已久、隐写儿女柔情之小令，竟为南宋爱国精神深沉凝聚之绝唱，无愧为词中瑰宝。

词题"书江西造口壁"，起写郁孤台与清江。造口一名皂口，在江西万安西南六十里（《万安县志》）。词中的郁孤台在赣州城西北角（《嘉靖赣州府志图》），因"隆阜郁然，孤起平地数丈"得名。"唐李勉为虔州（即赣州）刺史时，登临北望，慨然曰：'余虽不及子牟，而心在魏阙一也。'改郁孤为望阙。"（《方舆胜览》）清江即赣江。章、贡二水抱赣州城而流，至郁孤台下汇为赣江北流，经造口、万安、太和、吉州（治庐陵，今吉安）、隆兴府（即洪州，今南昌），入鄱阳湖注入长江。

词的上阕写景兼抒情。"郁孤台下清江水。"起笔横绝。由于汉字形、声、义具体可感之特质，尤有郁勃、沉郁之意，孤有巍巍独立之感，郁孤台三字劈面便凸起一座郁然孤峙之高台。词人调动此三字打头阵，显然有满腔磅礴之激愤，势不能不用此突兀之笔也。进而写出台下之清江水。《万安县志》云："赣水入万安境，初落平广，奔激响溜。"写出此一江激流，词境遂从百余里外之郁孤台，顺势收至眼前之造口。造口，词境之核心也。故又纵笔写出："中间多少行人泪。""行人泪"三字，直点造口当年事。词人身临隆祐太后被追之地，痛感建炎国脉如缕之危，愤金兵之猖狂，羞国耻之未雪，乃将满怀之悲愤，化为此悲凉之句。在词人之心魂中，此一江流水，竟为行人流不尽之伤心泪。行人泪意蕴深广，不必专言隆祐。在建炎年间四海南奔之际，自中原至江淮而江南，不知有多少行人流下无数伤心泪啊。由此想来，便觉隆祐被追至造口，又正是那一存亡危急之秋之象征。无疑此一江行人泪中，也有词人之悲泪啊。"西北望长安，可怜无数山。"长安，此借指北宋都城，西北望犹言直北望。词人因回想隆祐被追而念及神州陆沉，独立造口仰望汴京亦犹老杜之独立夔州仰望长安。抬眼遥望长安，境界顿时无限高远。然而，可惜有无数青山重重遮拦，望不见也，境界遂一变而为具有封闭式之意味，顿挫极有力。歇拍虽暗用李勉登郁孤台望阙之故事，却写出自己之满怀忠愤。

下阕抒情。"青山遮不住，毕竟东流去。"换头处二句是说，赣江北流，此言东流，词人写胸怀，正不必拘泥。无数青山虽可遮住长安，但终究遮不住一江之水向东流。换头是写眼前景，若言有寄托，则似难以指实。若言无寄托，则"遮不住"与"毕竟"二语，又明显带有感情色彩。清周济云："借水怨山。"可谓具眼。此词句句不离山水。试体味"遮不住"三字，将青山周匝围堵之感一笔推去，"毕竟"二字更见深沉有力。返观上阕，清江水既为行人泪之象喻，则向东流去之江水如有所喻，当喻祖国一方。无数青山，词人既叹其遮住长安，更道出其遮不住东流，则其所喻当指敌人。在词人潜意识中，当并指投降派。"东流去"三字尤可体味。《尚书·禹贡》云："江汉朝宗于海。"在中国文化传统中，江河行地与日月经天同为"天行健"之体现，故"君子以自强不息"（《息·系辞》）。唐杜甫《长江二首》云："朝宗人共挹，盗贼尔谁尊？""浩浩终不息，乃知东极临。众流归海意，万国奉君心。"故必言寄托，则换头托意，当以江水东流喻正义所向也。然而时局并不乐观，词人心情并不轻松。"江晚正愁余，山深闻鹧鸪。"结末二句词情词境又作一大顿挫。江晚山深，此一暮色苍茫又具封闭式意味之境界，无异为词人沉郁苦闷之孤怀写照，而暗应合上阕开头之郁孤台意象。"正愁余"，语本战国楚屈原《楚辞·九歌·湘夫人》："目眇眇兮愁予。"楚骚哀怨要眇之色调，愈添意境沉郁凄迷之氛围。更哪堪闻乱山深处鹧鸪声声："行不得也哥哥。"《禽经》张华注："鹧鸪飞必南向，其志怀南，不徂北也。"唐白居易《山鹧鸪》："啼到晓，唯能愁北人，南人惯闻如不闻。"鹧鸪声声，是呼唤词人莫忘南归之怀抱，还是勾起其志业未就之忠愤，或如山那畔中原父老同胞之哀告，实难作一指实。但结笔写出一怀愁苦则可断言。而此一怀愁苦，实朝廷一味妥协，中原久未光复有以致之，亦可断言。

清陈廷焯《云韶集》："血泪淋漓，古今让其独步。结二语号呼痛哭，音节之悲，至今犹隐隐在耳。"清梁启超评此词云："《菩萨蛮》如此大声镗鞳，未曾有也。"（《艺蘅馆词选》）现代词学家唐圭璋《唐宋词简释》："此首《书江西造口壁》，不假雕绘，自抒悲愤。小词而苍莽悲壮如此，诚不多见。盖以真情郁勃，而又有气魄足以畅发其情。起从近处写水，次从远处写山。下片，将山水打成一片，慨叹不尽。末以愁闻鹧鸪作结，尤觉无限悲愤。"

【原文】

念奴娇·书东流村壁

野棠花落(1)，又匆匆过了(2)，清明时节(3)。划地东风欺客梦(4)，一枕云屏寒怯(5)。曲岸持觞(6)，垂杨系马(7)，此地曾经别。楼空人去(8)，旧游飞燕能说。　　闻道绮陌东头(9)，行人曾见(10)，帘底纤纤月(11)。旧恨春江流不断(12)，新恨云山千叠。料得明朝(13)，樽前重见(14)，镜里花难折。也应惊问：近来多少华发？(15)

毛泽东读1958年中华书局影印版《稼轩长短句》时，圈阅了这首《念奴娇·野棠花落》。

[参考] 张贻玖：《毛泽东评点、圈阅的中国古典诗词》，

中国工人出版社1992年版，第249页。

【注释】

（1）野棠，果木名，即棠梨。南朝梁沈约《早发定山》诗："野棠开未落，山樱发欲然。"

（2）匆匆，形容时间过得飞快的样子。南唐李煜《相见欢·林花谢了春红》："林花谢了春红，太匆匆，无奈朝来寒雨晚来风。"

（3）清明，节气名。公历四月四、五或六日。我国有清明节踏青、扫墓的习俗。《逸周书·周月》："春三月中气，惊蛰，春分，清明。"朱右曾校释引孔颖达曰："清明，谓物生清净明洁。"

（4）划地，宋时方言，相当于"无端地""只是""依然"。

（5）云屏，云母镶制的屏风，或用云母作装饰的屏风。晋张协《七命》："云屏烂汗，琼璧青葱。"寒怯，形容才气或才力不足。

（6）曲岸，即曲岸流觞，是中国古代流传的一种游戏。夏历三月举行袚禊仪式后，大家坐在河渠两旁，在上游放置酒杯，酒杯顺流而下，停在谁的面前，谁就取杯饮酒。这种游戏非常古老，逸诗有云："羽觞随波泛。"觞（shāng），中国古代的一种盛酒器具，作为动词时有敬酒、饮酒的意思。汉张衡《西京赋》："促中堂之狭坐，羽觞行而无算。"

（7）垂杨系马，垂柳拴马。宋苏轼《渔家傲·感旧》："垂杨系马恣轻狂。"垂杨，即垂柳。古诗文中杨柳常通用。南朝齐谢朓《隋王鼓吹曲·入朝曲》："飞甍夹驰道，垂杨荫御沟。"系（jì）马，指拴马。

（8）"楼空"二句，唐白居易《燕子楼》诗序："徐州故张尚书有爱妓曰盼盼，善歌舞，雅多风态……尚书既殁，归葬东洛，而彭城有张氏旧第，第中有小楼名燕子，盼盼念旧爱而不嫁，居是楼十余年，幽独块然，于今尚在。"宋苏轼《永遇乐·明月如霜》："燕子楼空，佳人何在？空锁楼中燕。"

（9）绮陌（qǐ mò），指繁华的街道，宋人多用以指花街柳巷。南朝梁简文帝《登烽火楼》诗："万邑王畿旷，三条绮陌平。"

（10）行人，步行的人，古指出行的人，出征的人。《管子·轻重己》："十日之内，室无处女，路无行人。"唐杜甫《兵车行》："车辚辚，马萧萧，行人弓箭各在腰。"曾见，曾经见过。

（11）纤纤月，形容美人足纤细。宋刘过《沁园春·咏美人足》："知何似，似一钩新月，浅碧笼云。"

（12）"旧恨春江"句，南唐李煜《虞美人·春花秋月何时了》："问君能有几多愁，恰似一江春水向东流。"春江，春天的江。唐张若虚《春江花月夜》诗："滟滟随波千万里，何处春江无月明。"

（13）料得，预测到，估计到。明朝（zhāo），以后，将来。

（14）樽，指古代的盛酒器具。下方多有圈足，上有镂空，中间可点火对器中的酒加热。东晋陶渊明《归去来兮辞》："有酒盈樽。"重见，重新相见，重新遇到。

（15）华发，花白的头发。《墨子·修身》："华发隳颠，而犹弗舍者，其唯圣人乎？"

【赏析】

这首词是宋孝宗淳熙五年（1178）三月，词人由江西奉召赴临安（今浙江杭州）就任大理少卿时作。辛弃疾年轻时路过池州东流县，结识一位女子，此次经过此地，重访不遇，感发而作此词。

这是游子他乡思旧之作。先由清明后花落写起，接着叙游子悲愁。此词上阕中："野棠花落，又匆匆过了，清明时节。刬地东风欺客梦，一枕云屏寒怯。"清明时节，春冷似秋，东风惊梦，令人触景生情，萌生悲凉之情感。"又"字点出前次来此，也是这个季节，暗合于唐人崔护春日郊游、邂逅村女之事。"客梦"暗指旧游之梦，"一枕寒怯"之孤单又暗衬前回在此地的欢会之欢愉。果然，下边作者按捺不住对往事的追忆："曲岸持觞，垂杨系马，此地曾轻别。楼空人去，旧游飞燕能说。"曲岸、垂杨，宛然如旧，而人去楼空了；只有似曾相识之飞燕，在呢喃地向人诉说，为人惋惜而已。末句化用宋东坡《永遇乐》"燕子楼空，佳人何在，空锁楼中燕"词意，却能翻出新意，颇有信手拈来之感。这五句，作者回忆往日惜别感伤、此时不得复见之愁思，这隐隐含悲之语在其词作中少有。

此词下阕则歇拍处意脉不断，承接上片回忆之感伤一气流注而入："闻道绮陌东头，行人曾见，帘底纤纤月。""绮陌"，犹言烟花巷。纤纤月出于帘底，指美人足，典出窅娘。极艳处，落笔却清雅脱俗，此亦稼轩之出众之处。至此可知此女是风尘女子。这里说不仅"飞燕"知之；向行人打听，也知确有此美人，但已不知去向了。惆怅更增，所以作者伤心地说："旧恨春江流不断，新恨云山千叠。"宋周密《浩然斋雅谈》："辛幼安尝有句云：'闻道绮陌东头，行人曾见，帘底纤纤月。'则以月喻足，无乃太媟乎。"明杨慎《词品》："'旧恨'二句，纤丽语，脍口之极。"上年惜别的旧恨，已如流水之难尽；此时重访不见的新恨更如乱山云叠，令人如何忍受。皖南江边山多，将眼前景色信手拈来，作为妙喻，用意一唱三叹，造语一波三折，稼轩为词，达情至切。"料得明朝，樽前重见，镜里花难折。也应惊问：近来多少华发？"结尾余意不断，意思是，如果明天在酒宴之时相见，只怕就像那镜里折花一样，难以办到了；即使见到，想来她也该会吃惊地、关切地问我："你怎么添了这么多的白发啊！"只能如此罢了！全词以想象中的普通应酬话，写出双方的深挚之情与身世之感叹。这白头，既意味着"为伊消得人憔悴"的深情，又饱含着"老却英雄似等闲"的悲愤，真可谓百感交集。写到此，恋旧之情、身世之感已浑然不可分，大有"倩何人唤取，红巾翠袖，揾英雄泪"（《水龙吟》）的意味，实为借恋杯之酒，浇胸中感时伤事之块垒。因为有此一结，再返观全词，只觉得无处不悲凉。这结尾，也照应了开头的岁月如流，于是归结到萧萧华发上，就此顿住。

辛词郁积如山，欲说还休。清谭献《谭评词辨》："大踏步出来，与眉山异曲同工。然东坡是衣冠伟人，稼轩则弓刀游侠。'楼空'二句，当识其俊逸清新兼之故实。"清俞陛云《唐五代两宋词选释》："客途遇艳，瞥眼惊鸿，村壁醉题，旧游回首，乃赋此闲情之曲。前四句写景轻秀，'曲岸'五句寄思婉渺。下阕伊人尚在，而陌头重见，托诸行人，笔致便觉虚

宋
词

灵。'明朝'五句，不言重遇云英，自怜消瘦，而由对面着想，镜里花枝，相见争如不见，老去相如，羞入文君之顾盼。以幼安之健笔，此曲化为绕指柔矣。"

【原文】

水调歌头·舟次扬州和杨济翁、周显先韵

落日塞尘起[1]，胡骑猎清秋[2]。汉家组练十万[3]，列舰耸层楼[4]。谁道投鞭飞渡[5]，忆昔鸣髇血污[6]，风雨佛狸愁[7]。季子正年少，匹马黑貂裘[8]。　今老矣，搔白首，过扬州[9]。倦游欲去江上，手种橘千头[10]。二客东南名胜，万卷诗书事业，尝试与君谋[11]。莫射南山虎，直觅富民侯[12]。

【毛泽东圈评等情况】

毛泽东读1958年中华书局影印版《稼轩长短句》时，圈阅了这首《水调歌头·落日塞尘起》。

[参考] 张贻玖：《毛泽东评点、圈阅的中国古典诗词》，中国工人出版社1992年版，第248页。

【注释】

（1）"落日"句，言金人于清秋之际大举来犯。按：此即指宋高宗绍兴三十一年（1161）金兵南侵事。塞尘，塞外的风尘，代指对外族的战事。唐韩愈《烽火》诗："登高望烽火，谁谓塞尘飞。"

（2）胡骑（jì），胡人的骑兵，亦泛指胡人军队。《史记·绛侯周勃世家》："十一年春，故韩王信复与胡骑入居参合，距汉。"猎，打猎，实指发动战争。古时北方游牧部族常趁秋天粮足马肥之际，借行猎为名南向骚扰。清秋，明净爽朗的秋天。晋殷仲文《南州桓公九井作》诗："独有清秋日，能使高兴尽。"

（3）"汉家"句，谓南宋雄兵十万，列舰江面，严阵以待。按：此即

指虞允文采石矶抗金事。汉家，汉朝，此指宋朝。组练，"组甲披练"的省称，指军队。《左传·襄公三年》："[楚子重]使邓廖帅组甲三百，被练三千以侵吴。"孔颖达疏引贾逵曰："组甲，以组缀甲，车士服之；被练，帛也，以帛缀甲，步卒服之。"组甲、被练皆指将士的衣甲服装。后因以"组练"借指精锐的部队或军士的武装军容。

（4）耸层楼，形容战舰的高大雄壮。耸，高起，直立层楼，汉繁钦《建章凤阙赋》："象玄圃之层楼，肖华盖之丽天。"

（5）"谁道"句，描叙当年金主完颜亮的南侵惨败及其死于非命。投鞭，扔掉马鞭，借谓下马，比喻人马众多，兵力强大。此用投鞭断流事：前秦苻坚举兵南侵东晋，号称九十万大军，他曾自夸说："以吾之众旅，投鞭于江，足断其流。"（唐房玄龄等《晋书·苻坚载记》）结果淝水一战，大败而归。此喻完颜亮南侵时的嚣张气焰，并暗示其最终败绩。飞渡，在上空越过。唐房玄龄等《晋书·杜预传》："北来诸军，乃飞渡江也。"

（6）鸣镝血污，被响箭射死。鸣镝（xiāo），即鸣镝，响箭。据《史记·匈奴传》，匈奴太子欲弑父夺位，作鸣镝。当其随父出猎时，率先射出鸣镝，部下随之，其父终于死于箭下。此喻完颜亮兵败后，被部属杀死于扬州。

（7）风雨佛狸愁，风雨凄愁，佛狸死于非命。佛狸，后魏太武帝拓跋焘的小字。他曾南侵刘宋王朝，受挫北撤后，死于宦官之手。稼轩用此事，意同上句。

（8）"季子"两句，以苏秦自喻，言其当年英雄年少，黑裘匹马，驰骋疆场。季子，苏秦字季子，战国时代著名纵横家，佩六国相印。当其未得志时，赵国李兑曾资助他黑貂裘，使其西去游说秦王。事见《战国策·赵策》："李兑送苏秦明月之珠，和氏之璧，黑貂之裘，黄金百镒，苏秦得以为用，西入于秦。"

（9）"今老"三句，谓今过扬州，人已中年，不堪回首当年。搔白首，暗用唐杜甫《梦李白》诗意："出门搔白首，若负平生志。"

（10）"倦游"两句，欲退隐江上，种橘消愁。橘千头，三国时丹阳太守李衡曾命人到武陵龙阳洲种橘千株。临终时对其儿说：我家有"千头木奴"，足够你岁岁使用（东晋习凿齿《襄阳耆旧传》）。

（11）"二客"三句，称颂友人学富志高，愿为之谋划。二客，指杨济翁和周显先。名胜，名流。万卷诗书事业，化用唐杜甫《奉赠韦左丞丈》"读书破万卷，下笔如有神。……致君尧舜上，再使风俗淳"诗意。

（12）"莫射"两句，劝友人宁当太平侯相，不作战时李广。此牢骚语，讽嘲朝廷轻视战备，不思北伐。射南山虎，指汉将李广。李广闲居蓝田南山时，曾射猎猛虎（《史记·李将军列传》）。南山，即终南山。富民侯，东汉班固《汉书·食货志》："武帝末年，悔征伐之事，乃封丞相为富民侯。"后因以富民侯称安天下、富百姓的高官。

【赏析】

此词约作于宋孝宗淳熙五年（1178）秋，当时作者以大理少卿出领湖北转运副使，溯江西行。舟停泊在扬州时，与友人杨济翁（炎正）、周显先有词作往来唱和，此词即其一。杨济翁，即杨炎正，诗人杨万里的族弟，年五十二始登进士第。在扬州与稼轩会晤时，曾同舟过镇江，登多景楼，作《水调歌头》一阕，存于《西樵语业》中，是忧愤时局，感慨"报国无路"。周生平未详。作者在南归之前，在山东、河北等地区从事抗金活动，到过扬州，又读到友人伤时的词章，心潮澎湃，遂写下这一首抚今追昔的和韵词作。

词的上阕是"追昔"。作者的抗金生涯开始于金主完颜亮发动南侵时期，词亦从此写起。古代北方少数民族统治者常在秋高马肥的时节南犯中原，"胡骑猎清秋"即指完颜亮1161年率军南侵事（"猎"，借指发动战争）。前一句"落日塞尘起"是先造气氛。从意象看：战尘遮天，本来无光的落日，便显得更其惨淡，准确渲染出敌寇甚嚣尘上的气焰。"汉家组练十万，列舰耸层楼"，紧接着三、四句，则写宋方抗金部队坚守大江。以"汉家"与"胡骑"对举，自然造成两军对峙、一触即发的战争气氛。写对方行动以"起""猎"等字，是属于动态的；写宋方部署以"列""耸"等字，偏于静态的。相形之下，益见前者嚣张，后者镇定。"组练（组甲练袍，指军队）十万""列舰""层楼"，均极形宋军阵容严整盛大，有一种必胜的信心与气势。前四句对比有力，烘托出两军对垒的紧张气氛，同时也使人感觉正义战争前途光明，以下三句进一步回忆当年完颜亮南进溃败被杀事。完颜亮南侵期间，金统治集团内部分裂，军事上屡受挫折，士气动摇，军心离散。当完颜亮迫令金军三日内渡江南下时，他被部下所杀，这场战争就此结束。"谁道投鞭飞渡，忆昔鸣髇血污，风雨佛狸愁"，接下来三句即书其事。句中隐含三个典故：唐房玄龄等《晋书·符坚载记》载，前秦苻坚率大军南侵东晋，曾不可一世地说，"以吾之众，投鞭于江，足断其流"，结果一败涂地，丧师北还。《史记·匈奴传》载匈奴头曼单于之太子冒顿作鸣镝（即"鸣髇"，响箭），命令部下说："鸣镝所射而不悉射者斩之。"后在一次出猎时，冒顿以鸣镝射头曼，他的部下也跟着发箭，头曼遂被射杀。"佛狸"，为北魏太武帝拓跋焘的小名。他南侵中原受挫，被太监所杀，作者融此三事以写完颜亮发动南侵，但丧于内乱、事与愿违的史实，不仅切贴，三事连用，更觉有化用自然之妙。宋朝军民军容严整，同仇敌忾，而金国外强中干且有"离合之衅"可乘，这正是恢复河山的大好时机。当年，作者二十出头以义军掌书记策马南来，使义军与南宋政府取得联系，希望协同作战，大举反击。"季子正年少，匹马黑貂裘"，二句正是作者当年飒爽英姿的写照。苏秦字季子，乃战国时著名策士，以合纵游说诸侯而后佩六国相印。他年轻时曾穿黑貂裘入秦。作者以"季子"自拟，乃是突出自己以天下为己任的少年锐进之气。于是，在战争风云的时代背景上，这样一个"锦襜突骑渡江初"（《鹧鸪天》）的少年英雄，意气风发，虎虎有生气，与下片搔白首而长吟的今"我"判若两人。

换头处笔锋所及转为"抚今"。上阕结句才说到"年少"，这里却继以"今老矣"一声长叹，其间掠过了近二十年的时间跨度，老少对比强烈中之愁闷顿显突出。这里的叹老又不同一般文人叹老嗟卑的心理，而是类乎"时易失，心徒壮，岁将零"（宋张孝祥《六州歌头》），属于深忧时不我待、老大无成的志士之愁苦。"搔白首，过扬州"，二句是说，南渡以来，作者长期被投闲置散，志不得伸，此时翘首西北，"望中犹记、烽火扬州路"（《永遇乐》），真有不胜今昔有别之感。换头处三短句，情绪够悲怆的，似乎就要言及政局国事，但是"欲说还休"。接下来只讲对来日的安排，分两层："倦游欲去江上，手种橘千头。"第一层说自己因为倦于宦游，想要归隐田园，植橘置产。三国时吴丹阳太守李衡在龙阳县汜洲种柑橘，临死时对儿子说："吾州里有千头木奴，不责汝衣食，岁上一匹绢，亦可足用耳。"（《三国志》）颇具风趣又故意模仿一种善治产业、谋衣食的精明人口吻。只要联想作者"求田问舍，怕应羞见，刘郎才气"（《水龙吟》）的词句，不难体味这里隐含的无奈、自嘲及悲愤的复杂情绪。"二客东南名胜，万卷诗书事业，尝试与君谋"三句是说，作者一心为国，希望能效力沙场，而朝廷无能、力不能伸，想解甲而去但终心系祖国，说"欲去"而又不忍去，正表现出作者内心的矛盾。为将来打算，第二层是劝友人。杨济翁原唱云："忽醒然，成感慨，望神州。可怜报国无路，空白一分头。都把平生意气，只做如今憔悴，岁晚若为谋？"其彷徨无奈可谓与弃疾相通。作者故而劝道："您二位（二客）乃东南名流，腹藏万卷，胸怀大志，自不应打算像我一样归隐。但有一言还想与君等商议一下：且莫效李广那样南山习射，只可取'富民侯'谋个安逸轻闲。"《史记·李将军列传》载，李广曾"屏野居蓝田南山中射猎"，"广所居郡闻有虎，尝自射之"。《汉书·食货志》："武帝末年悔征伐之事，乃封丞相为富民侯。"李广生不逢高祖之世，空有一身武力，未得封侯，而"富民侯"却能不以战功而取。二句暗指朝廷"偃武修文"，放弃北伐，致使英雄无用武之地，其意不言自明。要之，无论说自己"倦游欲去江上，手种橘千头"也好，劝友人"莫射南山虎，直觅富民侯"也好，都属激愤语。如果说前一层讲得较好平淡隐忍，后一层"莫射南山虎，直觅富民侯"，语意则相当激烈。分两步走，便把一腔愤懑不满尽情发泄出来。

词上阕颇类英雄史诗的开端，然而其雄壮气势到后半却陡然一转，反添落寞之感，通过这种跳跃性很强的分阕，有力表现出作者失意和对时政不满而更多无奈气愤的心情。下阕写壮志销磨，全推在"今老矣"三字上，行文腾挪，用意含蓄，个中酸楚愤激，耐人寻味，愤语、反语的运用，也有强化感情色彩的作用。此词与作者《鹧鸪天》（壮岁旌旗拥万夫）从内容到分片结构上都很相近，可以参读。清陈廷焯评辛词《水调歌头》诸阕说："一种悲愤慷慨郁结于中。"即指此词。全篇具有强烈的时代气息和雄浑悲郁的艺术感染力。

【原文】

满江红·江行简杨济翁、周显先·过眼溪山

过眼溪山[(1)]，怪都似、旧时曾识[(2)]。还记得、梦中行遍，江南江北。佳处径须携杖去[(3)]，能消几緉平生屐[(4)]？笑尘劳、三十九年非，长为客[(5)]。

吴楚地，东南坼[(6)]。英雄事，曹、刘敌[(7)]。被西风吹尽，了无尘迹[(8)]。楼观才成人已去，旌旗未卷头先白[(9)]。叹人间、哀乐转相寻[(10)]，今犹昔。

【毛泽东圈评等情况】

毛泽东读 1958 年中华书局影印版《稼轩长短句》时，圈阅了这首《满江红·过眼溪山》。

［参考］张贻玖：《毛泽东评点、圈阅的中国古典诗词》，中国工人出版社 1992 年版，第 248 页。

【注释】

（1）过眼，过目，略加看视。宋李清臣《钦圣宪肃皇后哀策文》："读书过眼，疑微洞悉。兢兢瞿瞿，殆忘寝食。"溪山，小河和山丘，此指辛弃疾的溪山情节。

（2）怪，惊异，骇疑。旧时曾识，过去的相识，似曾相识。唐刘禹锡《乌衣巷》："旧时王谢堂前燕，飞入寻常百姓家。"宋晏殊《浣溪沙》："无可奈何花落去，似曾相识燕归来。"

（3）径须，直须。唐李白《将进酒》诗："主人何为言少钱，径须沽取对君酌。"携杖，拄杖。唐李延寿《南史·袁粲传》："家居负郭，每杖策逍遥，当其意得，悠悠忘返。郡南一家，颇有竹石，率尔步往。"

（4）緉（liǎng），一双。屐（jī），木底有齿的鞋，六朝人喜着屐游山。语出南朝宋刘义庆《世说新语·雅量》："祖士少好财，阮遥集好屐，

并恒自经营。同是一累，而未判其得失。人有诣祖，见料视财物，客至，屏当未尽，余两小簏箸背后，倾身障之，意未能平。或有诣阮，见自吹火蜡屐，因叹曰：'未知一生当箸几量屐？'神色闲畅。于是胜负始分。"

（5）尘劳，一作"尘埃"，风尘劳辛，佛教徒谓世俗事务的烦恼。《无量寿经》卷上："散诸尘劳，坏诸欲堑。"泛指事务劳累或旅途劳累。前蜀李珣《渔父歌》之三："终日醉，绝尘劳，曾见钱塘八月涛。"指其宦游生涯。三十九年非，回顾三十九年，一切皆非。西汉刘安《淮南子·原道训》："凡人中寿七十岁，然而趋舍指凑，日以月悔也，以至于死，蘧伯玉年五十而有四十九年非。"时稼轩年近四十，套用此语自叹。

（6）"吴楚"两句，此化用唐杜甫《登岳阳楼》"吴楚东南坼，乾坤日夜浮"二句诗意。杜诗极言洞庭湖宽广，似将中国大地分裂为二。吴楚，春秋吴国与楚国。三国魏曹冏《六代论》："吴楚凭江，负固方城。"泛指春秋吴楚之故地，即今长江中下游一带。坼（chè），裂开。

（7）"英雄"两句，谓图英雄霸业者，惟曹操和刘备相与匹敌。是时曹公从容谓先主曰："今天下英雄，唯使君与操耳。本初之徒，不足数也。"先主方食，失匕箸（西晋陈寿《三国志·蜀志·先主传》）。此明颂曹、刘，暗扬孙权。盖当时堪与曹、刘争雄天下者惟孙权，而他正霸居吴楚一带。辛稼轩《南乡子》："天下英雄谁敌手？曹刘。生子当如孙仲谋。"与此暗合。敌，匹敌。

（8）"被西风"两句，言历史遗迹被无情西风一扫而尽。了无，毫无。

（9）"楼观"两句，感慨宦迹不定，事业未就而鬓发先白。楼观甫成，楼阁刚刚建成。宋苏轼《送郑户曹》诗："楼成君已去，人事固多乖。"此喻调动频繁，难展才略。楼观，泛指楼殿之类的高大建筑物。《礼记·月令》"［仲夏之月］可以居高明。"汉郑玄注："高明，谓楼观也。"旌旗，战旗。旌，羽毛指示物，基层部队使用，旗，布面指示物，高层部队使用。《周礼·春官·旗》：全羽为旞，析羽为旌。旗帜的总称。《周礼·春官·司常》："凡军事，建旌旗。"旌旗未卷，指战事未休，喻复国大业未了。

（10）"叹人生"两句，谓哀乐相循，古今同理。言外之意，大可不必计较。转相寻，循环往复，辗转相继。

【赏析】

这首词作于宋孝宗淳熙五年（1178），是一篇触物抒怀之作。当时词人从临安前往湖北，在路上以词代简，为杨济翁和周显先写下此词。

此词可分三层。上阕为第一层，"过眼溪山，怪都似、旧时曾识"，开头二句是说，词人由江行沿途所见山川引起昔游，痛惜年华之意。长江中下游地区山川秀美，辛弃疾南归之初，自宋孝宗乾道元年至三年（1165—1167），曾漫游吴楚，行踪遍及大江南北，对这一带山水是熟悉的。乾道四年（1168），词人任建康府通判，此后出任地方官，调动频繁，告别山水长达十年。此时复见眼中川，"都似旧时相识"了。"溪山"曰"过眼"，看山却似走来迎，这是江行的感觉。"怪"是不能认定的惊疑感，是久违重逢最初的感触。往事虽还记得，却模糊、记不真切，真像一场旧梦。"还记得、梦中行遍，江南江北"，接下来二句，"梦中"不仅有烘托虚实之妙，也是心理感受的真实写照，这种恍惚的神思，乃是多年来雄心壮志未得实现、业已倦于宦游的结果。反复玩味以上数句，实已暗伏"尘劳"、觉非之意。官场之上，往往如山水一般旧曾相识，虚如幻梦不如远离，同时也就成了一种强有力的召唤，来自大自然的召唤。所以，紧接二句写道："佳处径须携杖去，能消几緉平生屐？"要探山川之胜，就得登攀，"携杖"、着"屐"（一种木底鞋）是少不了的。南朝宋刘义庆《世说新语·雅量》载，阮孚好屐，尝曰："未知一生当着几緉（两）屐？"意谓人生短暂无常，话却说得豁达幽默。此处用来稍变其意，谓山川佳处常在险远，不免多穿几双鞋，可这又算得了什么呢！所以结尾几句就对照说来，"笑尘劳、三十九年非"乃套用蘧伯玉（春秋时卫国大夫）年五十而知四十九年之非的话（语出西汉刘安《淮南子·原道训》），作者当时四十岁，故这样说。表面看，这是因虚度年华而自嘲，其实，命运又岂是自己主宰得了的呢。"长为客"三字深怀忧愤，语意旷达中包含沉郁。实为作者于四十年来之感慨：年已四旬，南归亦久，但昔日的志愿却无一件得以实现，感慨今是昨非，一生劳碌，原来"长为客"无丝毫是自己能左右的。清陈廷焯《云韶集》："起数语便超绝。回头一击，鱼龙飞舞，淋漓痛快，悲壮苍凉，敲碎玉唾壶。"

　　"吴楚地，东南坼。英雄事，曹、刘敌。被西风吹尽，了无尘迹。"过片六句另起一意，为第二层，由山川地形而引起对古代英雄事迹的追怀。扬州上游的豫章之地，历来被称作吴头楚尾。"吴楚地，东南坼"化用杜诗（《登岳阳楼》"吴楚东南坼"），表现江行所见东南一带景象之壮阔。如此之山川，使作者想到三国英雄，尤其是立足东南北拒强敌的孙权，最令他钦佩景仰。曹操曾对刘备说："今天下英雄，唯使君与操耳。"（西晋陈寿《三国志·先主传》）而孙权堪与二者鼎立。此处四句写地灵人杰，声情激昂，其中隐含作者满腔豪情。

　　"被西风吹尽，了无陈迹"二句有慨叹，亦有追慕。恨不能起古人于九泉而从之的意味，亦隐然句中。"楼观才成人已去，旌旗未卷头先白。叹人间、哀乐转相寻，今犹昔"，结尾数句为第三层，是将以上两层意思汇合起来，发为更愤激的感慨。"楼观才成人已去"承上怀古，用苏轼诗"楼成君已去，人事固多乖"（《送郑户曹》）意，这里是说吴国基业始成而孙权就匆匆离开人间。"旌旗未卷头先白"承前感伤，由人及己，"旌旗"指战旗，意言北伐事业未成，自己的头发却先花白了。综此二者，于是词人得出一个无可奈何的结论：人间哀乐从来循环不可琢磨（"转相寻"），"今犹昔"。这结论颇带宿命色彩，乃是作者对命运无法解释的解释，更是作者对命运不如己愿、人事多乖的感叹。

　　词中一方面表示倦于宦游——"笑尘劳、三十九年非"，另一方面又追怀古代英雄业绩，深以"旌旗未卷头先白"为憾，反映出作者当时矛盾的心情。虽是因江行兴感，词中却没有着重写景，始终直抒胸臆；虽然语多含蓄，却不用比兴手法，纯属直赋。这种手法与词重婉约、比兴的传统是完全不同的。但由于作者是现实政治感慨与怀古之情结合起来，指点江山，纵横议论，抒胸中郁闷，驱使古人诗文于笔端，颇觉笔力健峭，感情弥满，所谓"满心而发，肆口而成"，自具兴发感人力量。明卓人月《古今词统》："常使英雄泪满襟。"清俞陛云《唐五代两宋词选释》："《满江红》词易于纵笔，以稼轩之才气，更如阵马风樯，但豪放则易近粗率，此作独疏爽而兼低徊之思。'佳处'二句深表同情。余生平所历胜境，回味犹甘，而重游无望，知佳处径须携杖，不可使清景如追逋也。下阕非特俯仰兴亡，即寻常之丹覸未竟，已钟鼓全非者，不知凡几，真阅世之谈。'今犹昔'三字尤隽。后之感今，犹今之感昔耳。"

【原文】

摸鱼儿·淳熙己亥，自湖北漕移湖南，同官王正之置酒小山亭，为赋·更能消几番风雨

更能消、几番风雨[1]，匆匆春又归去。惜春长怕花开早[2]，何况落红无数[3]。春且住，见说道、天涯芳草无归路[4]。怨春不语。算只有殷勤[5]，画檐蛛网[6]，尽日惹飞絮[7]。　　长门事[8]，准拟佳期又误。蛾眉曾有人妒[9]。千金纵买相如赋[10]，脉脉此情谁诉[11]？君莫舞[12]，君不见、玉环飞燕皆尘土[13]！闲愁最苦[14]！休去倚危栏[15]，斜阳正在[16]，烟柳断肠处[17]。

【毛泽东圈评等情况】

毛泽东分别用毛笔和铅笔两次手书过这首《摸鱼儿·更能消几番风雨》。

[参考]中央档案馆整理：《毛泽东手书选集·古诗词卷（下）》，北京出版社1996年版，第138—141页。

【注释】

（1）消，经得起，经受。

（2）长怕，总怕，老怕，一作"长恨"。

（3）落红，落花。唐戴叔伦《相思曲》："落红乱逐东流水，一点芳心为君死。"

（4）无归路，一作"迷归路"。

（5）算只有殷勤，算来只有殷勤地留住春色。

（6）画檐，亦作"画簷"，有画饰的屋檐。唐郑嵎《津阳门》诗："象床尘凝鲁被，画檐虫网颇梨碑。"唐李涉《秋日登越王楼献于中丞》诗："画簷先弄朝阳色，朱槛低临众木秋。"

（7）飞絮，飘飞的柳絮。北周庾信《杨柳歌》："独忆飞絮鹅毛下，非复青丝马尾垂。"

（8）长门，汉代宫殿名，武帝皇后失宠后被幽闭于此，汉司马相如《长门赋序》："孝武皇帝陈皇后，时得幸，颇妒。别在长门宫，愁闷悲思，闻蜀郡成都司马相如天下工为文，奉黄金百万，为相如，文君取酒，因于解悲愁之辞，而相如为文以悟主上，陈皇后复得幸。"

（9）蛾眉，蚕蛾触须细长而弯曲，因以比喻女子美丽的眉毛。《诗经·卫风·硕人》："螓首蛾眉，巧笑倩分。"

（10）相如赋，即司马相如的《长门赋》。

（11）脉脉，凝视之态，形容藏在内心的思想感情，有默默地用眼睛表达情意的意思。唐杜牧《题桃花夫人庙》诗："细腰宫里露桃新，脉脉无言几度春。"绵长深厚。

（12）君，指那些忌妒别人来邀宠的人。

（13）玉环飞燕，杨玉环、赵飞燕，皆貌美善妒。玉环，杨贵妃。唐罗虬《比红儿诗》："明媚何曾让玉环，破瓜年几百花颜。"赵飞燕出身平民之家，家境贫穷，选入宫中为家人子（即宫女），后在阳阿公主处学舞，为汉成帝刘骜第二任皇后。在中国历史上，她以美貌著称，所谓"环肥燕瘦"讲的便是她和杨玉环，而燕瘦也通常用以比喻体态轻盈瘦弱的美女。皆尘土，用《赵飞燕外传》附《伶玄自叙》中的语意。伶玄妾樊通德能讲赵飞燕姊妹故事，伶玄对她说："斯人（指赵氏姊妹）俱灰灭矣，当时疲精力驰骛嗜欲蛊惑之事，宁知终归荒田野草乎！"

（14）闲愁，无端无谓的忧愁。唐张碧《惜花》诗之一："一窖闲愁驱不去，殷勤对尔酌金杯。"

（15）危栏，高处的栏杆。唐李商隐《北楼》诗："此楼堪北望，轻命倚危栏。"

（16）斜阳，傍晚西斜的太阳。唐赵嘏《东望》诗："斜阳映阁山当寺，微绿含风树满川。"

（17）断肠，割开或切断肠子，形容极度思念或悲痛。三国魏曹丕《燕歌行》："念君客游思断肠，慊慊思归恋故乡。"

【赏析】

《摸鱼儿》，一名《摸鱼子》，唐教坊曲名。晁补之词有"买陂塘、旋栽杨柳"句，更名《买陂塘》，又名《陂塘柳》，或名《迈陂塘》。双调一百十六字，前段十句六仄韵，后段十一句七仄韵。

宋孝宗淳熙六年（1179），辛弃疾南渡之后的第十七年，时年四十岁，被朝廷支来支去的他再次由湖北转运副使改调湖南转运副使。辛弃疾在此前两三年内，转徙频繁，均未能久于其任。他曾在《论盗贼札子》里说："生平刚拙自信，年来不为众人所容，恐言未脱口而祸不旋踵。"他本来是要积极建功立业的，被调到湖北去管钱粮，已不合他的要求；再调到湖南，还是管钱粮，当然更是失望。他心里明白朝廷的这种调动就是不让恢复派抬头。这次，他由湖北转运副使调官湖南，现实与他恢复失地的志愿相去越来越遥远了。行前，同僚王正己（字正之）接其任，在鄂州东漕司衙乘崖堂的小山亭上，摆下酒席为辛弃疾送别，他感慨万千，在席上写下了这首词。

词的上阕写惜春、怨春、留春的复杂感情。上阕起首二句"更能消，几番风雨？匆匆春又归去。"其意是说，如今已是暮春天气，哪里禁得起再有几番风雨的袭击？又一个大好的春天匆匆离去。这显然不是单纯地谈春光流逝的问题，而是另有所指的。"惜春长怕花开早，何况落红无数"二句，揭示作者惜春的心理活动：由于怕春去花落，他甚至于害怕春天的花开得太早，因为开得早也就谢得早，这是对惜春心理的深入一层的描写。

"春且住，见说道、天涯芳草无归路。怨春不语。"此三句是留春的呐喊，由于怕春去，他对它招手，对它呼喊：春啊，你停下脚步，别走啊！但是春还是悄悄地溜走了。想召唤它归来，又听说春草铺到了遥远的天边，遮断了春的归路，春是回不来了。因此产生"怨春不语"的感情。就是说心里怨恨没有把春留住，有话难以说出口来。"算只有殷勤，画檐蛛网，尽日惹飞絮"三句，意思是说，看来最殷勤的只有那檐下的蜘蛛，它为了留春，一天到晚不停地抽丝结网，用网儿来网住那飞去的柳絮。清沈祥龙《论词随笔》说："感时之作，必借景以形之。如稼轩之'算只有殷勤，画檐蛛网，尽日惹飞絮'，不言正意，而言外有无穷感慨。"这句影射春光已逝、河山残破，也只有少数爱国志士力图恢复挽回颓势，但又有多大效果呢？表现出词人对前途的无限殷忧。

下阕抒情，主要写美人迟暮。下阕一开始就用汉武帝陈皇后失宠的典故，来比拟自己的失意。自"长门事，准拟佳期又误。蛾眉曾有人妒。千金纵买相如赋，脉脉此情谁诉"，数句文字说明"蛾眉见妒"，自古就有先例。陈皇后之被打入冷宫——长门宫，是因为有人在忌妒她。她后来拿出黄金，买得司马相如的一篇"长门赋"，希望用它来打动汉武帝的心，但是她所期待的"佳期"，仍属渺茫。这种复杂痛苦的心情，无人可以诉说。"君莫舞，君不见、玉环飞燕皆尘土！"此二句的"舞"字，包含着高兴的意思。意思是说，你不要太得意忘形了，你没见杨玉环、赵飞燕后来不是都死于非命吗？安禄山攻破长安后，在兵乱中，唐玄宗被迫把杨玉环缢死于马嵬坡。赵飞燕是汉成帝的皇后，后来被废黜为庶人，终于自杀。"闲愁最苦，休去倚危栏，斜阳正在，烟柳断肠处"三句是结句。意思是说，不要用凭高望远的方法来排除郁闷，因为那快要落山的斜阳，正照着那被暮霭笼罩着的杨柳，远远望去，是一片迷蒙。这样的暮景，反而会使人见景伤情，以至于销魂断肠的。清陈廷焯《白雨斋词话》说："稼轩'更能消几番风雨'一章，词意殊怨，然姿态飞动，极沉郁顿挫之致。起处'更能消'三字，是从千回万转后倒折出来，真是有力如虎。又云：怨而怒矣！然沉郁顿宕，笔势飞舞，千古所无。稼轩词，于雄莽中别饶隽味。……'休去倚危栏，斜阳正在，烟柳断肠处'，多少曲折，惊雷怒涛中时见和风暖日，所以独绝古今，不容人学步。"清梁启超《艺蘅馆词选》说："回肠荡气，至于此极，前无古人，后无来者。"

【原文】

木兰花慢·席上送张仲固帅兴元·汉中开汉业

汉中开汉业⁽¹⁾，问此地，是耶非？想剑指三秦⁽²⁾，君王得意，一战东归。追亡事⁽³⁾，今不见⁽⁴⁾；但山川满目泪沾衣⁽⁵⁾。落日胡尘未断⁽⁶⁾，西风

塞马空肥⁽⁷⁾。　　一编书是帝王师⁽⁸⁾，小试去征西⁽⁹⁾。更草草离筵⁽¹⁰⁾，匆匆去路，愁满旌旗⁽¹¹⁾。君思我、回首处，正江涵秋影雁初飞⁽¹²⁾。安得车轮四角⁽¹³⁾，不堪带减腰围⁽¹⁴⁾。

【毛泽东圈评等情况】

毛泽东读1958年中华书局影印版《稼轩长短句》时，圈阅了这首《木兰花慢·汉中开汉业》。

[参考] 张贻玖：《毛泽东评点、圈阅的中国古典诗词》，
中国工人出版社1992年版，第250页。

【注释】

（1）汉中开汉业，指刘邦以汉中为基础，开创了汉王朝的帝业。汉中，古郡名，治所在南郑（今陕西汉中东）；辖境相当于今陕西秦岭以南，留坝、勉县以东，乾祐河流域以西及湖北部分地区。

（2）剑指三秦，指刘邦占领关中三秦，即雍、塞、翟三国地。东汉班固《汉书·高帝纪》："（韩信）因陈羽可图、三秦易并之计，汉王大悦，遂听信策，部署诸将。……五月，汉王引兵从故道出袭雍。雍王邯迎击汉陈仓，雍兵败……汉王遂定雍地。……秋八月……塞王欣、翟王翳皆降汉。"

（3）追亡事，指萧何追韩信。《史记·淮阴侯列传》："信数与萧何语，何奇之。至南郑，诸将行道亡者数十人，信度何等已数言上，上不我用，即亡。何闻信亡，不及以闻，自追之。人有言上曰：'丞相何亡。'上大怒，如失左右手。居一二日，何来谒上，上且怒且喜，骂何曰：'若亡，何也？'何曰：'臣不敢亡也，臣追亡者。'上曰：'若所追者谁？'何曰：'韩信也。'上复骂曰：'诸将亡者以十数，公无所追；追信，诈也。'何曰：'诸将易得耳，至如信者，国士无双。王必欲长王汉中，无所事信；必欲争天下，非信无所与计事者。顾王策安所决耳！'"

（4）今不见，讽刺南宋统治者不重用抗金爱国人才。

（5）山川满目泪沾衣，初唐诗人李峤《汾阴行》诗："山川满目泪沾

衣，富贵荣华能几时。不见只今汾水上，唯有年年秋雁飞。"

（6）胡尘，金人的军马扬起的尘土。

（7）西风，秋风。塞马，塞上的马。北周庾信《和赵王送峡中军》诗："胡笳遥惊夜，塞马暗嘶群。"喻世事多变，得失无常，吉凶莫测，亦用以表示超然于得失祸福之外。唐杜牧《赠李侍御》诗："冥鸿不下非无意，塞马归来是偶然。"

（8）一编书，《史记·留侯世家》："良尝闲从容步游下邳圯上，有一老父，衣褐，至良所，直堕其履圯下，顾谓良曰：'孺子，下取履！'……五日，良夜未半往。有顷，父亦来，喜曰：'当如是。'出一编书，曰：'读此则为王者师矣。后十年兴，十三年孺子见我济北，谷城山下黄石即我矣。'遂去，无他言，不复见。旦日，视其书，乃《太公兵法》也。良因异之，常习诵读之。"

（9）小试，略试才能。征西，指西去任兴元知府。

（10）草草离筵（yán），杯盘草草，表示酒席不丰盛。

（11）旌（jīng）旗，指张仲固的随行仪仗。

（12）江涵秋影雁初飞，语出唐杜牧《九日齐山登高》诗："江涵秋影雁初飞，与客携壶上翠微。"涵，沉浸。

（13）安得，哪能，怎么能使。车轮四角，唐陆龟蒙《古意》："君心莫淡薄，妾意正栖托。愿得双车轮，一夜生四角。"盼望车轮长出四个角，开不动、把行人留下来的意思。

（14）不堪，不能忍受。带减腰围，因为思念友人，身体逐渐消瘦，腰围渐细，衣带日宽。《古诗十九·行行重行行》"相去日以远，衣带日以缓"之意。

【赏析】

《木兰花慢》，双调一百一字，前段十句五平韵，后段十句七平韵。宋柳永《乐章集》注"高平调"。共收录十二体。

这首词是孝宗淳熙八年（1181）秋天，作者在江西安抚使任上，为原江西路转运判官张仲固奉调兴元知府设宴饯行，有感而作此。张仲固，名张坚，字仲固，宋高宗绍兴二十四年（1154）进士，曾官御史中丞、户部郎中。开篇词人即提到"汉中"，除了因为汉中是张仲固要去的地方之外，还因宋高宗即位之初，李纲等人就主张在此地建立行都，出击金军。作者满怀一腔报国之志，一生都渴望光复故土，洗去被金军侵略的耻辱，所以一提到汉中，他便自然地联想到汉朝基业的建立。"汉中开汉业，问此地，是耶非？想剑指三秦，君王得意，一战东归。"开头六句追忆了刘邦当年从汉中率军出发，直指关中，把据守关中的秦的三将章邯、司马欣和董翳相继击溃的往事。那是多么高明的战略决策，多么令人羡慕的战果，而那又全都是多谋善战的汉初三杰的贡献。"追亡事，今不见；但山川满目泪沾衣。落日胡尘未断，西风塞马空肥"，数句中，词人的笔锋由历史的回顾转向眼下的现实。这段历史趣事和刘邦帝业联系在一起，尽管时移世变，也没有冲淡人们美好的记忆。然而如今的雄豪意气何在？这里词人借用唐代李峤《汾阴行》的诗句："世事回还不可测。昔时青楼对歌舞，今日黄埃聚荆棘。山川满目泪沾衣，富贵荣华能几时？不见只今汾水上，唯有年年秋雁飞。"

借古是为了喻今，当时偏安的朝廷屈辱求和，国势日衰，没有一点振奋作战的气象。词人面对着眼前的剩山残水，怎能不感伤落泪呢！"胡尘未断"和"塞马空肥"，既写出严重的民族危机，又抒发报国无路的悲愤。词人追忆刘邦充满荣光的战斗历程，无奈如今的朝堂却是一派文恬武嬉，国势衰微，萎靡不振。大好河山看似依旧，其实早已被金军的铁骑踏遍。看着敌骑在南宋的疆土上肆意驰骋，像词人这般怀有一腔报国之志的血性男儿，又岂能无动于衷。

下阕换头处"一编书是帝王师"，依然用张良佐汉的故事，与篇首回应。下句"小试去征西"的"小试"二字微讽。既是"帝王师"，为什么不大用，而只"小试"呢？但又是双解。小试之后，必有大用。"更草草离筵，匆匆去路，愁满旌旗"，接下来三句，词人心中对友人的不舍随着分别时刻的临近而越来越深。以"更"字领起，纵笔直抒，沉恨离愁，尽吐纸上，充分揭示出别离时的愁苦心境。"愁满旌旗"一句，意为无知的旌旗也会染上他俩的别愁，写离情最独到。"君思我、回首处，正江涵秋影雁初飞"二句，作者当时也已经接受改任知隆兴府，兼江南西路安抚使之命，很快就要去江西赴任。当张仲固抵达汉中、回首思念今日为他践行的人时，辛弃疾早已离开此地，到达南昌了。"安得车轮四角，不堪带减腰围"，结末二句是说，离别在即，词人满腹离愁无法化解，真希望车轮能在一夜之间生出四角，使张仲固因无法离开而多停留几日，可是这又怎么可能呢？分别之后，思念定会让作者变得更加消瘦。以上两句，一句从对方思念自己着笔，以"江涵秋影雁初飞"的成句，写孤独的友人望雁寄情之貌，寓情于景；一句从自己思念友人出发，以"车轮四角"写留别苦情，"带减腰围"写别后相思。

本篇结构颇为紧凑。例如上阕只有两层意思，其间以"今不见，但山川满目泪沾衣"过渡，既感慨再也见不到汉初风云际会、君臣相得的盛况，又痛惜眼前山河分裂、神州陆沉的现状。这样，就使怀古与伤今浑然联成一体，可以全面地表达词人炽烈的爱国之情。下阕在结构安排上也有相似之处，即从张仲固写起，以"回首处"二句过渡，接着写作者的愁怀。其次，本篇语言也颇为精练（这包括运用古人的现成诗句）。例如"山川满目泪沾衣，富贵荣华能几时"原是唐代李峤的诗句，但词人却能翻出新意，一扫原诗物是人非、富贵易失的消极情绪，用来描绘爱国志士目睹故国山川、热泪纵横的情景，恰到好处，足见作者驾驭语言的高度能力。

【原文】

沁园春·带湖新居将成·三径初成

　　三径初成⁽¹⁾，鹤怨猿惊⁽²⁾，稼轩未来⁽³⁾。甚云山自许⁽⁴⁾，平生意气⁽⁵⁾；衣冠人笑⁽⁶⁾，抵死尘埃⁽⁷⁾。意倦须还⁽⁸⁾，身闲贵早，岂为莼羹鲈脍哉⁽⁹⁾。秋江上，看惊弦雁避，骇浪船回⁽¹⁰⁾。　　东冈更葺茅斋⁽¹¹⁾。好都把轩窗临水开⁽¹²⁾。要小舟行钓⁽¹³⁾，先应种柳；疏篱护竹，莫碍观梅。秋菊堪餐⁽¹⁴⁾，春兰可佩⁽¹⁵⁾，留待先生手自栽⁽¹⁶⁾。沉吟久⁽¹⁷⁾，怕君恩未许，此意徘徊。

【毛泽东圈评等情况】

毛泽东读1958年中华书局影印版《稼轩长短句》时，圈阅了这首《沁园春·三径初成》。

[参考] 张贻玖：《毛泽东评点、圈阅的中国古典诗词》，

中国工人出版社1992年版，第250页。

【注释】

（1）三径，指归隐者的居所。晋赵岐《三辅决录》："蒋诩字元卿，'舍中三径，惟求仲、羊仲从之游。'"皆隐士。后称退隐的居处为三径。东晋陶渊明《归去来辞》："三径就荒，松菊犹存。"

（2）鹤怨猿惊，表达出自己急切归隐的心情。化用南朝齐孔稚珪《北山移文》："至于还飙入幕，写雾出楹，蕙帐空兮夜鹤怨，山人去兮晓猿惊。"

（3）稼轩，辛弃疾号稼轩。洪迈《稼轩记》说，辛弃疾在带湖建了一所很宏大的私人别墅，在新居右侧，建了上百间的房子，左侧，开辟了"稻田泱泱"，还余下十弓的空地，"意他日释位得归，必躬耕于是，故凭高作屋下临之，是为稼轩。而命田边立亭曰植杖，若将真秉耒耜之为者"。

（4）甚，为甚。云山，远离尘世的地方，隐者或出家人的居处。南朝梁江淹《萧被侍中敦劝表》："臣不能遵烟洲而谢歧伯，迎云山而揖许由。"胡之骥注："阮嗣宗《劝晋王笺》曰：'临沧洲而谢支伯，登箕山而揖许由。'"自许，自夸，自负。唐房玄龄等《晋书·殷浩传》："温既以雄豪自许，每轻浩，浩不之惮也。"

（5）平生，一生，此生，有生以来。唐姚思廉《陈书·徐陵传》："岁月如流，平生几何？晨看旅雁，心赴江淮；昏望牵牛，情驰扬越。"意气，志向与气概。《管子·心术下》："是故意气定，然后反正。"

（6）衣冠人，上层或高贵的人物。衣冠，衣服和帽子。《论语·尧曰》："君子正其衣冠，尊其瞻视。"

（7）抵死，终究，毕竟。尘埃，指社会的底层。

（8）意倦须还，这里指退隐回家。

（9）莼羹鲈脍，皆美味。南朝宋刘义庆《世说新语·识鉴篇》："西

宋词

617

晋张翰官洛阳，见秋风起，因思吴中菰菜、莼羹、鲈鱼脍，曰：'人生贵得适意尔，何能羁宦数千里以要名爵？'遂命驾归。"

（10）"秋江上"三句，比喻在官场碰壁，遭人排挤，因此避世。北周庾信《周大将军襄城公郑伟墓志铭》诗："麏兴丽箭，雁落惊弦。"曾受箭伤，遂闻弓弦声而惊惶。骇浪，汹涌澎湃、令人心惊的浪涛，形容海浪像马受惊时的奔跑。汉王粲《浮淮赋》："凌惊波以高骛，驰骇浪而赴质。"作者感觉到官场的奸诈险恶，要作雁避船回的准备，这就是回带湖的动机。

（11）东冈，东边的小岑。葺（qì），用茅草修复房子叫葺。茅斋，亦作"茆斋"。茅盖的屋舍。斋，多指书房、学舍。梁萧子显《南齐书·刘善明传》："［善明］质素不好声色，所居茅斋斧木而已，床榻几案不加划削。"

（12）好都把，就能够。轩窗临水，窗户下临水池。宋苏轼《再和杨公济梅花十绝》诗："白发思家万里回，小轩临水为花开。"轩，窗户。唐孟浩然《同王九题就师山房》诗："轩窗避炎暑，翰墨动新文。"

（13）小舟，小船。

（14）秋菊，语出战国楚屈原《离骚》："朝饮木兰之坠露兮，夕餐秋菊之落英。"

（15）春兰，语出战国楚屈原《离骚》："扈江离与辟芷兮，纫秋兰以为佩。"兰有春秋二种，都可以佩带。这里写春兰，是与上边的秋菊相对。一说这两句化用屈原《九歌·礼魂》："春兰兮秋菊，长无绝兮终古！"表明作者自己如屈原一般志行高洁，不愿同流合污。

（16）先生，年长有学问的人。《孟子·告子下》："宋牼将之楚，孟子遇于石丘，曰：'先生将何之？'"赵岐注："学士年长者，故谓之先生。"是下人对辛弃疾的称呼。

（17）沉吟，间断地低声自语，迟疑不决。唐白居易《琵琶行（并序）》："沉吟放拨插弦中，顿起衣裳起敛容。"

【赏析】

这首词写于宋孝宗淳熙八年（1181），辛弃疾时年四十二岁，在江西路安抚使任上。辛弃疾自渡江以来，力主抗金，收复中原，但朝廷无此意，故他壮志难酬，一生屡遭贬斥。作者南下快有二十年了，在此期间，不论地方的好坏、职务的升降，他都以满腔的爱国热忱，为驱逐金人、恢复宋朝的山河日夜操劳，鞠躬尽瘁；但他深深地察觉到统治集团的苟安腐败，险恶黑暗，产生了退隐的消极思想；同时也可能听到有陷害他的风声，这就促使他作后退的准备。他是二次任江西路的官员，对江西的地理山川比较熟悉，因而就选中了上饶城北带湖边一片土地，修建了新居，取名为"稼轩"，作为将来退隐时居住，并自号为"稼轩居士"以示去官务农之志。这年新居已基本建成，这首词以营筑带湖新居为题，集中表现了词人进退两难的复杂心情。

词的上阕主要写萌发弃政归田之念。"三径初成"，首句开门见山，顺题而起。日后栖身有所，词人于失意之中亦露几分欣慰。不过这层意思，作者并没有直白地一语道出。而是"鹤怨猿惊，稼轩未来"，以带湖的仙鹤老猿埋怨惊怪其主人的迟迟不至，曲曲吐露。"鹤怨猿惊"出于南齐孔稚珪《北山移文》。不同的是，孔稚珪是以昔日朝夕相处的鹤猿惊怨周颙隐而复仕，辛弃疾用此典却反其道而行之，假设即将友好伴处的鹤猿怨自己仕而不归。这两句是从新居方面落墨，说那里盼望自己早日归隐："甚云山自许，平生意气；衣冠人笑，抵死尘埃"四句，像自言自语一样，写主观想法。既然自己的平生志趣是以"云山自许"，为什么还老是待在尘世里当官，惹先贤隐士嘲笑呢！显然，这只不过是辛弃疾在遭到投降派一连串打击之后，所发的一种牢骚自嘲而已。谁不知道，辛弃疾的"平生意气"是抗金复国，金瓯一统，岂能以"云山自许"！然而现在乾坤难转，事不由己，有什么办法呢？"意倦须还，身闲贵早，岂为莼羹鲈脍哉"三句，词人不愿做违心之事，他认为既然厌恶这丑恶的官场又不能以己之力匡正，就应该激流勇退，愈早愈好，不要等被人家赶下了台才离开；再说自己也不是像西晋张翰那样因想起了家乡味美的鲈鱼脍、莼菜羹而弃官还乡，心中无愧，又何苦"抵死尘埃"呢？这里暗示了作者同南宋统治集团之间的矛盾已到了不可调和的程度，并表明了自己的磊落胸怀。其中"意倦"句，表明自己绝不愿为朝廷的苟安政策效劳，志不可夺，去向已定。"岂为"句，说明他之退隐并不是为贪图个人安逸享受。最值得体味的是

"身闲贵早"里的"贵早"二字。固然，这是为了呼应前文曲露的对新居的向往、欲归之情，不过主要还是说明，词人不堪统治集团反对派对他的毁谤和打击，而且可能预感到一场新的迫害正在等待着他，不如抽身早避。因而自然逗出了后面"秋江上，看惊弦雁避，骇浪船回"三句，表明了自己离政归田的真正原因是避祸，就像鸿雁听到了弦响而逃、航船见到了恶浪而避一样。他是别无他途，不得不如此。

下阕主要写对未来生活蓝图的设想。词意仍缘"新居将成"而起。"将成"是指初具规模但还有待进一步完善。"东冈更葺茅斋。好都把轩窗临水开"，换头处二句，先就建筑方面说，再修一幢茅屋作为书斋，设于东冈，并把窗户全部面水而开，既照应了题中"带湖"二字，又照应了"平生意气"，即"云山自许"的雅致。而"行钓"同"种柳"联系起来，表明词人向往的是"小舟撑出柳阴来"的画境，表达了对官场争斗的厌倦，对乡村宁静的向往。"要小舟行钓，先应种柳；疏篱护竹，莫碍观梅"四句，写竹、梅、菊、兰，不仅表现了词人的生活情趣，更喻指词人的为人节操。竹、梅是"岁寒三友"之二物，竹经冬而不凋，梅凌寒而花放。既要"疏篱护竹"，又要"莫碍观梅"，既表示出作者玩花弄草的雅兴，更可以看出他对竹、梅坚贞品质的热忱赞颂和向往。至于菊、兰，都是伟大爱国诗人屈原喜爱的高洁的花草。他在《离骚》中有"餐秋菊之落英""纫秋兰以为佩"等句，表示自己所食之素洁和所服之芬芳，辛弃疾说，既然古人认为菊花可餐，兰花可佩，那他一定要亲手把它们栽种起来。显然，"秋菊堪餐，春兰可佩"两句，明讲种花，实言心志，古人志行高洁，自己亦当仿效。然而屈原餐菊佩兰是在被楚王放逐以后，而辛弃疾当时还是在职之臣。坚持理想节操固然可以由己决定，但未去留岂能擅自安排。所以他接着说："沉吟久，怕君恩未许，此意徘徊。"结末这三句表面看来与前文完全不属，其实恰是当时作者心理矛盾含蓄而真实的流露。辛弃疾一生为国、志在统一，志向尚未实现本不愿意离政，但形诸文字却说"怕君恩未许"。因此，这一方面固然暴露了作为统治集团一员的辛弃疾仍对腐朽朝廷昏庸皇帝存有不切实际的幻想；另一方面，更可以说，这是他始终不忘复国、积极从政、赤诚用世之心的流露。全词就在这种不得不隐然又欲隐不能的"徘徊"心境中结束。

这首词，自始至终可以说是一篇描写心理活动的实录。但上下两阕，各有不同。前阕写欲隐缘由，感情渐进，由微喜，而怅然而气恼而愤慨，读之，如观大河涨潮，流速由慢而疾，潮声也由小而大，词情也愈说愈明。后阕写未来打算，读之，似在河中泛舟，水流徐缓而平稳，再不闻澎湃呼啸之声，所见只是波光粼粼。及设想完毕，若游程已终，突然转出"沉吟久"几句，似乎刚才打算，既非出自己心亦不可行于实际，如一物突现舟水凝滞不可行，不过，尽管两阕情趣迥别、风貌各异，由于通篇皆以"新居将成"一线相贯，因此并无割裂之嫌，却有浑成之致。明卓人月《古今词统》中说："功名一鸡肋，人世九羊肠，张翰莼鲈，有托而逃。稼轩识得。郑域养鱼求蚁亦经纶，稼轩种柳观梅皆事业。"清陈廷焯《词则·放歌集》中说："抑扬顿挫。急流勇退之情，以温婉之笔出之，姿态愈饶。"

【原文】

祝英台近·晚春·宝钗分

宝钗分[(1)]，桃叶渡[(2)]，烟柳暗南浦[(3)]。怕上层楼[(4)]，十日九风雨。断肠片片飞红[(5)]，都无人管，更谁劝、啼莺声住？　　鬓边觑[(6)]，试把花卜归期[(7)]，才簪又重数[(8)]。罗帐灯昏[(9)]，哽咽梦中语[(10)]：是他春带愁来，春归何处？却不解、带将愁去。[(11)]

【毛泽东圈评等情况】

毛泽东读1958年中华书局影印版《稼轩长短句》时，圈阅了这首《祝英台近·宝钗分》。

[参考] 张贻玖：《毛泽东评点、圈阅的中国古典诗词》，中国工人出版社1992年版，第250页。

【注释】

（1）宝钗分，比喻夫妻分离。钗，旧时妇女别在发髻上的一种饰物，由两股合成。古代男女分别，有分钗赠别的习俗，即夫妇离别之意，南宋犹盛此风。梁陆罩《闺怨》："自怜断带日，偏恨分钗时。"唐白居易《长恨歌》："惟将旧物表深情，钿和金钗寄将去。钗留一股和一扇，钗擘黄金和分钿。"

（2）桃叶渡，渡口名，在南京秦淮河与青溪合流之处，晋王献之送别爱妾桃叶之处。这里泛指男女送别之处。

（3）南浦，南面的水边，后常用称送别之地。战国楚屈原《楚辞·九歌·河伯》："子交手兮东行，送美人兮南浦。"王逸注："愿河伯送己南至江之涯。"南朝梁江淹《别赋》："春草碧色，春水渌波，送君南浦，伤如之何。"

（4）层楼，高楼。汉繁钦《建章凤阙赋》："象玄圃之层楼，肖华盖之丽天。"

（5）断肠，割开或切断肠子。西晋陈寿《三国志·魏志·华佗传》："病若在肠中，便断肠湔洗。"多用以形容悲伤到极点。三国魏曹丕《燕歌行》："念君客游思断肠，慊慊思归恋故乡。"飞红，飘落的花瓣。宋秦观《千秋岁》词："日边清梦断，镜里朱颜改。春去也，飞红万点愁似海。"亦指落下的花。

（6）鬓边觑（qù），斜视鬓边所插之花。觑，斜视之意。

（7）把花卜归期，用花瓣的数目，占卜丈夫归来的日期。花卜之法未详，当是以所籫花瓣之单双，占卜离人归信之准的，故云"才籫又重数"。

（8）籫（zān），作动词用，当插戴讲，意思是戴籫。

（9）罗帐，床四周的帷幔，用来遮挡蚊虫、微风和视线，床上的纱幔。昏，昏暗。

（10）哽咽，悲叹气塞，泣不成声。宋郭茂倩《乐府诗集·杂曲歌辞十三·焦仲卿妻》："举言谓新妇，哽咽不能语。"

（11）"是他春带愁来"三句，南宋刘克庄《后山诗话》前集："雍陶《送春》诗云：'今日已从愁里去，明年更莫共愁来。'稼轩词云：'是他春带愁来，春归何处？却不解、带将愁去。'虽用前语，而反胜之。"

【赏析】

《祝英台近》，又名《月底修箫谱》，始见《东坡乐》。祝英台、梁山伯尝同学。祝先归，梁后访之，乃知祝为女，欲娶之，然祝已先许马氏之子。梁忽忽成疾，且死，遗言葬清道山下。明年。祝适马氏，过其地而风涛大作，舟不能进。祝乃造冢，哭之哀恸。其地忽裂，祝投而死之。今吴中有花蝴蝶，盖橘蠹所化，童儿亦呼梁山伯、祝英台云。后为今令。此调婉转凄抑，犹可想见旧曲遗音。七十七字，前片三仄韵，后片四仄韵。

此词写作时间无确考。清黄苏《蓼园词选》说此词是"借闺怨以抒其志。此必有所托"，是可信的。书中还写到："史称叶衡入相，荐弃疾有大略，召见提刑江西，平剧盗，兼湖南安抚，盗起湖、湘，弃疾悉平之。后奏请于湖南设飞虎军，诏委以规画。时枢府有不乐者，数阻挠之。议者以聚敛闻，降御前金字牌停住。弃疾开陈本末，绘图缴进，上乃释然。词或作于此时乎？"辛弃疾到南宋之后，受到压抑，不被重用。他的壮志难以伸展，故假托闺怨之词以抒发胸中的郁闷，和他的另一首名作《摸鱼儿·更能消几番风雨》是同一情调，同一抒情手法。但不能确指为因某一事而发。宋人张端义《贵耳集》说这首词是辛弃疾为去妾吕氏而作，证据不足。一般认为辛弃疾词的主要风格是豪放，而这首词表现了另一种风格——委婉，可以用此词说明辛词风格非一。

这首词以春晓暮江送别起兴，用闺怨的题材，寄托词人凄婉缠绵的故国家山之思，悱恻妩媚，是辛词中又一艺术风格。

"宝钗分，桃叶渡"，起调两个三字句，点明分别的地点，是追忆语。"宝钗""桃叶"，用了两个典实，追忆与恋人送别时的眷眷深情，给词著了一层艳彩。分钗赠别，古所习见。唐白居易《长恨歌》有句："惟将旧物表深情，钿合金钗寄将去。钗留一股合一扇，钗擘黄金合分钿。""烟柳暗南浦"句，点明时序的变化。春色已晚，而人尚未归。别离日久，思念之情与日俱增。三句中连用三个有关送别的典故，最后融会成一幅情致缠绵的离别图景，烘托出作者凄苦怅惘的心境。自从与亲人分袂之后，遭遇了横雨狂风，乱红离披，为此怕上层楼，不忍心再目睹那场景。"怕上层楼，十日九风雨"两句紧承"烟柳"句而来。三春即逝，更着以连朝风雨，则芳菲都歇，自可想见。但教人肠断的事，尚不在落红片片；而在此凄清时候，无人与共。但词人并不这么直写，而说"片片飞红，都无人管"；芳菲已歇，莺声不住，更无人能劝。萧瑟江关，情何以堪。语极委婉、缠绵，亦以见其人之值得怀念、追慕。故接着便有"断肠"两句和"更谁劝、啼莺声住"句。"怕上层楼"，最怕的便在这里。这是从心理上写，层次分明，而一层深似一层伤心春去，片片落红乱飞，都无人管束得住，用一个"都"字对"无人"作了强调。江南三月，群莺乱飞，人们感到莺啼预示着春将归去。所以寇准说"春色将阑，莺声渐老"（《踏莎行》）。"都无人管"与"更谁劝"，进一步抒发了怨春怀人之情。

下阕笔锋一转，由渲染气氛烘托心情，转为描摹情态。其意虽转，但其情却与上阕接连不断。"鬓边觑，试把花卜归期，才簪又重数"，换头处三句转写动作。偷视鬓边，把插入发髻的花，取来占卜行人归家的日子。"鬓边觑"三字，刻画少妇的心理状态细腻密致，惟妙惟肖。一个"觑"字，就把闺中女子娇懒慵倦的细微动态和百无聊赖的神情，生动地刻画出来。取下又簪上，簪上又取下，不知数过了多少遍。"试把"两句是觑的结果，动作虽小，极富特色。飞红落尽，莺声不止，春归之势不可阻拦，怀人之情如何表达？鬓边的花使她萌发了一丝侥幸的念头：数花瓣卜归期。明知占卜并不可信，却又"才簪又重数"。一瓣一瓣数过了，戴上去，又拔下来，再一瓣一瓣地从头数。这种单调的反复动作既令人觉得可笑又叫人觉得心酸。作者在此用白描手法，对人物的动作进行细腻的描写，充分表现出少妇的痴情。然而她的心情仍不能平静。"罗帐灯昏，哽咽梦中语"二句，接着深入一笔，以梦呓作结。词至此，写怀远之情可说已到山重水复的境地。"是他春带愁来，春归何处？却不解、带将愁去"，结末三句作者却从时间的推移上，引出一段梦语，即以作结。赵彦端《鹊桥仙》句云："春愁元自逐春来，却不肯、随春归去。"李邴《洞仙歌》词云："蓦地和春，带将归去。"其语错杂缀来，如梦中哽咽，其人之如醉如痴，亦可概见。写别愁而至如此凄婉，说是有所托，不为无见。出之以责问、托之于梦呓更显得波谲云诡，绵邈飘忽。虽然这种责问是极其无理的，但越无理却越有情。痴者的思虑总是出自无端，而无端之思又往往发自情深不能控者。因此这恰恰是满腹痴情怨语的少妇内心世界的真实反映，"绵邈飘忽之音最为感人深至"。明卓人月《古今词统》："结尾数语，分明流莺声也。自然婉转销魂，怎生住得？"

清沈祥龙《论词随笔》云："'词贵愈转愈深'，此篇巧得此胜。从南浦赠别，怕上层楼，花卜归期到哽咽梦中语，纤曲递转，逐层迭出新意。"全词转折特多，愈转愈缠绵，愈转愈凄恻。一片怨语痴情全在转折之中，充分显示了婉约词绸缪宛转的艺术风格。宋张炎《词源》："辛稼轩《祝英台近》……皆景中带情，而存骚雅。故其燕酣之乐，别离之愁，回文题叶之思，岘首西州之泪，一寓于词。若能屏去浮艳，乐而不淫，是亦汉魏乐府之遗意。"近代俞陛云《唐五代两宋词选释》："首三句言送别之地，后五句言别后之怀，万点飞花，离愁亦万点也。下阕明指伊人，归期屡卜，而消息沉沉，惟有索之梦中，孤灯独语，其深悔杨枝之遗耶？结处'春带愁来'三句，伤春纯是自伤。前之《摸鱼儿》词借送春以寄慨，有抑塞磊落之气；此借伤春以怀人，有徘回宛转之思，刚柔兼擅之笔也。"

【原文】

水调歌头·盟鸥·带湖吾甚爱

带湖吾甚爱(1)，千丈翠奁开(2)。先生杖屦无事(3)，一日走千回(4)。凡我同盟鸥鹭，今日既盟之后，来往莫相猜(5)。白鹤在何处(6)？尝试与偕来(7)。　　破青萍，排翠藻，立苍苔(8)。窥鱼笑汝痴计(9)，不解举吾杯(10)。废沼荒丘畴昔，明月清风此夜，人世几欢哀(11)？东岸绿阴少，杨柳更须栽。

【毛泽东圈评等情况】

毛泽东读1958年中华书局影印版《稼轩长短句》时，圈阅了这首《水调歌头·带湖吾甚爱》。

[参考] 张贻玖：《毛泽东评点、圈阅的中国古典诗词》，中国工人出版社1992年版，第248页。

【注释】

（1）带湖，带形的湖，在信州（今江西上饶）北灵山下。

（2）翠奁，翠绿色的梳妆镜匣。这里用来形容带湖水面碧绿如镜。

（3）先生，作者自称。杖屦（jù），手持拐杖，脚穿麻鞋，表示老人出游。屦，用麻、葛做成的鞋。唐李商隐《谢碑启》："方择棒持杖屦，厕列生徒。"

（4）一日走千回，唐杜甫《三绝句》："门外鸬鹚去不来，沙头忽见眼相猜。自今以后知人意，一日须来一百回。"又《百忧集行》："一日上树能千回。"

（5）"凡我"三句，表示与鸥鹭结盟，要互相信任，不要猜疑。《左传·僖公九年》："齐侯盟诸侯于葵丘曰：'凡我同盟之人，既盟之后，言归于好。'"鹭，鹭鸶，一种水鸟。

（6）白鹤，白鹤是大型涉禽，略小于丹顶鹤，体长 130—140 厘米。站立时通体白色，胸和前额鲜红色，嘴和脚暗红色；飞翔时，翅尖黑色，其余羽毛白色；栖息于开阔平原沼泽草地、苔原沼泽和大的湖泊岩边及浅水沼泽地带。

（7）偕来，一起来。

（8）"破青萍"三句，描写鸥鹭在水中窥鱼欲捕的情态。

（9）"窥鱼笑汝痴计"，想捕鱼笑你心计痴拙。宋黄庭坚《刘邦直送早梅水仙花》："白鹭窥鱼凝不知。"

（10）"不解"句，不理解我举杯自饮的情怀。

（11）"废沼"三句，意思是过去荒凉的废池荒丘，如今变得景色优美。以带湖今昔的变化，感叹人世沧桑，欢乐和痛苦总是相继变化的。畴昔，以往，过去。宋苏轼《后赤壁赋》："月白风清，如此良夜何。"

【赏析】

此词写于宋孝宗淳熙九年（1182），作者被主和派弹劾落职闲居带湖之初。淳熙八年（1181）的冬末，四十二岁的作者，正是年富力强、应当大有作为的时候，却被南宋政权罢官，回到刚落成不久的信州上饶郡带湖新居，开始了漫长的归田生活。这首词即作于作者罢官归家不久。

这首词题作《盟鸥》。盟鸥，谓与鸥鸟订盟，同住水乡，喻退隐。典出《列子·黄帝》："海上之人，有好沤（鸥）鸟者，每旦之海上从沤鸟游，沤之至者百住（数）而不止。"宋陆游《雨夜怀唐安》诗："小阁帘栊频梦蝶，平湖烟水已盟鸥。"鸥是水鸟，与鸥结下盟约作为伴侣朋友，互不相猜，表示安于恬淡隐居，悠闲自适，与世无争。这首词以与鸥鸟相盟之题，抒发了其隐居初期那极不平静的心情。

此词上阕，"带湖吾甚爱"，首句中以"甚爱"二字统摄。次句用"千丈翠奁开"之比喻，盛赞带湖景色之胜，说明"甚爱"原因。放眼千丈宽阔的湖水，宛如打开翠绿色的镜匣一样，一片晶莹清澈。面对如此美景，难怪"先生杖屦无事，一日走千回"了。这是用夸张写法来说明"甚爱"程度，句格同杜诗"一日上树能千回"，闲居无事，挂杖纳屦，徜徉湖畔，竟一日而千回。下面写因爱湖之"甚"，而及湖中之鸟，欲与之结盟为友——这是用的拟人法。"凡我同盟鸥鹭，今日既盟之后，来往莫相猜"三句，是写对眼前鸥鸟之愿：希望既结盟好之后，就应常来常往，不要再相猜疑了。这里"莫相"之"相"，虽然关系双方，但实际只表词人绝无害鸟之心，翠鸥鹭尽情栖游，无须担惊。《左传·僖公九年》："齐盟丁葵丘曰：'凡我同盟之人，既盟之后，言归于好。'"词里这几句格式，当为《左传》辞句套用，纯是散文句法。"白鹤在何处？尝试与偕来"二句，是写对眼前鸥鸟之嘱：托其试将白鹤也一起邀来。由爱所见之鸥鹭，而兼及未见之白鹤，其"爱"更进一层。以上极写带湖之美及对带湖之爱，固然表露了词人摆脱了官场尔虞我诈的烦恼和明枪暗箭的惊恐以后心情之宁静，但在这宁静之中又透露出几分孤寂与无聊。试想，一个"壮岁旌旗拥万夫"（作者《鹧鸪天》中语）的沙场将帅，竟然落得终日与鸥鸟为伍，其心境之凄凉，可想而知。妙在词中表面上却与"愁"字无涉，全用轻松之笔，这大概就是词人后来所说的"而今识尽愁滋味，欲说还休；欲说还休，却道天凉好个秋"（《丑奴儿》）的手法。如此表达，意境更深一层。

换头处紧承上阕遐想。作者一片赤诚，欲与鸥鸟结盟为友，然而鸥鸟是"破青萍、排翠藻，立苍苔"，它们立于水边苍苔之上，时而拨动浮萍，时而排开绿藻，对词人的美意不理不睬。其意从下句"窥鱼笑汝痴计"中可以看出。原来他们"立苍苔"，"为有求鱼心，不是恋湖水"，与词人"同居而异梦"。专心"窥鱼"、伺机而啄在词人看来，只是一种"痴计"，对此，他当然只能付之一"笑"了。这"笑"，既是对鸥鸟"何时忘却营营"的讽笑，也是叹自己竟无与为友，"多情却被无情恼"的苦笑。看来，鸥鸟亦并非词人知己，并不懂得词人离开官场之后的情怀，所以他怅然发出了"不解举吾怀"之叹。盟友纵在身旁，孤寂之心依旧，无人能释分毫。

可见，词人所举之杯，根本不能为永结盟好作贺，只能浇胸中块垒罢了。虽然人们常说"举杯浇愁愁更愁"，但词人并没有被愁所压倒。"废沼荒丘畴昔，明月清风此夜"二句，写词人从自己新居的今昔变化中，似乎悟出了社会沧桑和个人沉浮的哲理——"人世几欢哀"。词人本是心情郁闷，却故作看破红尘、世态炎凉，变得益发旷达开朗，因而对隐居之所带湖也更加喜爱了。"东岸绿阴少，杨柳更须栽。"要作久居长栖之计了。词到此处完篇，对开首恰成回应。

如果说上阕旨意全在不写之中写出，那么下阕则是在委婉之中抒发了。然而其语愈缓，其愈切，感情愈发强烈，较上阕又进一层。天地之大，知己难寻；孑然一身，情何以堪！虽有带湖美景，纵是盟鸥，也不解己意，作者心绪可知了。可见，这首词表面是写优游之趣、闲适之情，分明是抒被迫隐居、不能用世的落寞之叹、孤愤之慨。清刘熙载《艺概·词曲概》云："'词之妙莫妙于以不言言之，非不言也，寄言也。'细玩稼轩此作，确有'不言言之'之妙。"清陈廷焯《云韶集》："此词一味质朴，真不可及。胜读鲍明远《芜城赋》。结二句，愈直朴，愈有力。"

【原文】

水调歌头·汤朝美司谏见和用韵为谢·白日射金阙

白日射金阙[1]，虎豹九关开[2]。见君谏疏频上[3]，谈笑挽天回[4]。千古忠肝义胆[5]，万里蛮烟瘴雨[6]，往事莫惊猜。政恐不免耳[7]，消息日边来。　　笑吾庐，门掩草，径封苔[8]。未应两手无用，要把蟹螯杯[9]。说剑论诗余事[10]，醉舞狂歌欲倒，老子颇堪哀[11]。白发宁有种[12]？——醒时栽！

毛泽东读1958年中华书局影印版《稼轩长短句》时，圈阅了这首《水调歌头·白日射金阙》。

[参考] 张贻玖：《毛泽东评点、圈阅的中国古典诗词》，中国工人出版社1992年版，第248页。

【注释】

（1）射，照射。金阙，指天子所居的宫阙。北齐颜之推《观我生赋》："指金阙以长铩，向王路而蹶张。"皇宫门前两边供瞭望的楼。皇帝居处，借指朝廷。

（2）虎豹九关，语出战国楚屈原《楚辞·招魂》："魂兮归来，君无上天些。虎豹九关，啄害下人些。"

（3）谏疏，条陈得失的奏章。唐韩愈《游青龙寺赠崔大补阙》诗："年少得途未要忙，时清谏疏尤宜罕。"

（4）谈笑挽天回，谈笑之间就博得天子的信任。旧以皇帝为天，凡能谏止皇帝改变意志者称回天。唐贞观四年（630）给事中张玄素谏止太宗修洛阳乾元殿，魏徵叹曰："张公遂有回天之力。"事见唐吴兢《贞观政要·纳谏》《新唐书·张玄素传》。

（5）千古，久远的年代。北魏郦道元《水经注·睢水四》："追芳昔娱，神游千古，故亦一时之盛事。"忠肝义胆，忠心耿耿，仗义行事。宋汪元量《浮丘道人招魂歌》："忠肝义胆不可状，要与人间留好样。"

（6）万里蛮烟瘴雨，指汤朝美贬新州事。蛮烟瘴雨，指南方有瘴气的烟雨，也泛指十分荒凉的地方。宋辛弃疾《满江红》词："瘴雨蛮烟，十年梦，樽前休说。"新州，即今广东新兴，在当时被认为是僻远蛮荒之地。

（7）政恐不免耳，政，同"正"。此借用东晋谢安语。南朝宋刘义庆《世说新语·排调》："初，谢安在东山居布衣时，兄弟已有富贵者，翕集家门，倾动人物。刘夫人戏谓安曰：'大丈夫不当如此乎？'谢乃捉鼻曰：'但恐不免耳！'"

（8）"笑吾庐"三句，谓自家门径冷落，草掩苔封。

（9）"未应"二句，自谓英雄无用武之地。把蟹螯（áo）杯，喻指饮酒吃蟹。南朝宋刘义庆《世说新语·任诞》："毕茂世云：'一手持蟹螯，一手持酒杯，……便足了一生。'"

（10）说剑，《庄子·杂篇·说剑》篇，赵文王好剑，庄子往说之，云："有天子剑，有诸侯剑，有庶人剑。"劝文王好天子之剑。后遂以"说剑"指谈论武事。

（11）老子，老年人自称，犹老夫。南朝宋范晔等《后汉书·逸民传·韩康》："康曰：'此自老子与之，亭长何罪！'"

（12）"白发"二句，白发不是酒醉后长出来的，而是清醒时愁出来的。宋黄庭坚《次韵裴仲谋同年》："白发齐生如有种，青山好去坐无钱。"词人反用黄诗句意。宁，岂。栽，喻指将白发一根根地拔掉。

【赏析】

汤朝美，名邦彦，京口（今江苏镇江）人，宋孝宗乾道八年（1172）中博学宏词科，除秘书丞、起居舍人，兼中书舍人，擢左司谏兼侍读。后来出使金国，辱命被贬新州（今广东新兴），淳熙八年（1181）末又移居信州。辛弃疾四十二岁那年，被监察御史王蔺弹劾，削职后退隐带湖。二人相见，由于处境相近，同样受着打击，而且志同道合，所以有相濡以沫之情。先是，辛赋《水调歌头·盟鸥》，汤以韵相和；辛又用原韵，赋此阕谢答。

词的上阕写汤朝美的荣宠、贬谪及近来喜讯。"白日射金阙，虎豹九关开，见君谏疏频上，谈笑挽天回"，起首四句就称赞友人的才干。金阙、九关均喻指宫廷，十字写的是皇宫富丽堂皇、气象森严。在那里，朝美谏疏频上，谈笑挽天回。四句两层，一张一弛，作者描绘出朝美朝堂上的从容和无畏。据《稼轩词编年笺注》引《京口耆旧传·汤邦彦传》："时孝宗锐意远略，邦彦自负功名，议论英发，上心倾向之，除秘书丞、起居舍人，兼中书舍人，擢左司谏兼侍读。论事风生，权幸侧目。上手书以赐，称其'以身许国，志若金石，协济大计，始终不移'。及其他圣意所疑，辄以谘问。"那时候的宋孝宗还有些进取之意。淳熙二年八月，宋孝宗派汤朝美使金，向金讨还河南北宋诸帝陵寝所在之地。不料汤朝美有辱使命，回来后龙颜大怒，把他流贬新州，尝尽蛮烟瘴雨滋味。"千古忠肝义胆，万里蛮烟瘴雨，往事莫惊猜"三句，这一层千古、万里两句似对非对，中间再作一暗转。对于心怀忠义肝胆但却遭贬的朋友，辛弃疾并没有大发牢骚，徒增友人的烦闷，而是安慰朝美往事莫惊猜（惊猜，惊疑）。因为有才干的人终会发迹的。"政恐不免耳，消息日边来"二句是说，眼前你不是已经奉诏内调了吗？恐怕还会有消息从皇帝身边下来。日边，这里用以比喻帝王左右。"恐"字，拟想之辞，却又像深有把握似的，这是稼轩用典的妙处！从蛮烟瘴雨的黯淡凄惶到日边消息之希望复起，中间再作一暗转。上阕凡三暗转，大起大落，忽而荣宠有加，忽而忧患毕至；忽而蛮烟瘴雨，忽而日边春来。乍喜乍悲，亦远亦近，变化错综，既是对友人坎坷的同情，又有对其振作的鼓励。

下阕转叙作者自己乡居生活情怀。"笑吾庐，门掩草，径封苔"，换头处三句，本是冷落景象，词人但以一笑置之土。不难看出，这笑，是强作豁达的苦笑，是傲岸不平的蔑笑。下阕基调无限幽愤，都被这领起换头的一个笑字染上了不协调的色彩，反映出一种由于受压抑而形成的不平而又无奈的心情。一笑字，内中感情复杂，可为下阕基调之凝练。接下去仍是正言反出"未应两手无用，要把蟹螯杯"，未必我这双手就没有用处，不是可以一手持蟹螯，一手持酒杯吗？试想，双手不能用来扭转乾坤，却去执杯持蟹，这是人间何等不平事！而稼轩但以未应两手无用的反语轻轻挑出，愈见沉哀茹痛。"说剑论诗余事，醉舞狂歌欲倒，老子颇堪哀"三句，循此一念，又找足说剑一层。说剑论诗，慨言武备文事。"说剑"，论辩剑术剑法，唐李白《赠韦秘书子春》："谈天信浩荡，说剑纷纵横。""论诗"，评论诗歌欣赏。"醉舞"，唐杜甫《暮春题瀼西新赁草屋无首》："哀歌时自惜，醉舞为谁醒。""狂歌"，唐杜甫《赠李白》："痛饮狂歌空度日，飞扬跋扈为谁雄。"辛弃疾壮岁旌旗拥万夫，后来又曾上《十论》《九议》，慷慨国事。这时看来，这文韬武略都是无用的余事。剩下的，他只有终日痛饮长醉，摇摇欲倒。这"醉舞狂歌欲倒"六字，写尽词人悲愤心怀、潦倒情态，然后束以老子颇堪哀。堪哀是堪怜念之意，语出南朝宋范晔等《后汉书·马援传》，意思是说，自己如此狂歌醉舞，虚置年华，这心情应该是故人所能理解、怜恤的。歇拍"白发宁有种？——醒时栽"，将一腔幽愤推向一个高潮。白发写愁，本近俗滥，但稼轩用一栽字，翻出了新意。这两句有几层意思。词人春秋正富，本不是衰老的时候，但忧国之思，添他满头霜雪，这是一层；国事不堪寓目，醉中尚可暂忘，醒来则不胜烦忧，此白发乃——醒时栽也，又翻进一层；白发并不是自然生出来的，而是栽上去的，可见为国势之操劳、宦途之喜悲使他年富而白发徒增。这样，就从根根白发上显示出词人人生道路上的风风雨雨，隐然现出广阔的社会背景，这又是一层。单就栽字齿音平韵，则无限延长，于情则芊绵不尽。这下阕一路蓄意蓄势，急管繁弦，最终结在这个警句上，激昂排宕，化为感慨深沉。千载后读之，犹觉满腔不平之气，夹风雨霜雪以俱来。

【原文】

水龙吟·甲辰岁寿韩南涧尚书·渡江天马南来

渡江天马南来[1]，几人真是经纶手[2]。长安父老[3]，新亭风景[4]，可怜依旧。夷甫诸人[5]，神州沉陆[6]，几曾回首。算平戎万里[7]，功名本是，真儒事、君知否。　　况有文章山斗[8]。对桐阴、满庭清昼[9]。当年堕地，而今试看，风云奔走。绿野风烟[10]，平泉草木[11]，东山歌酒[12]。待他年，整顿乾坤事了[13]，为先生寿。

【毛泽东圈评等情况】

毛泽东读1958年中华书局影印版《稼轩长短句》时，圈阅了这首《水龙吟·渡江天马南来》。

[参考]张贻玖：《毛泽东评点、圈阅的中国古典诗词》，中国工人出版社1992年版，第249页。

【注释】

（1）渡江天马，原指晋王室南渡，建立东晋。因晋代皇帝姓司马，故云天马，此指南宋王朝的建立。唐房玄龄等《晋书·元帝纪》："太安之际，童谣云：'五马浮渡江，一马化为龙。'及永嘉中……王室沦覆，帝与西阳、汝南、南顿、彭城五王获济，而帝竟登大位焉。"

（2）经纶手，治理国家的能手。经纶，原意为整理乱丝，引申为处理政事、治理国家。

（3）长安父老，唐房玄龄等《晋书·桓温传》："温统步骑四万发江陵，水军自襄阳入均口，至南乡，步至淅川，以征关中。……温进至霸上，（符）坚以五千人深沟自固，人皆安堵复业，持牛酒迎温于路者十八九，耆老感泣曰：'不图今日复见官军！'"长安，今陕西西安。父老，对老年人的尊称。

（4）新亭风景，新亭，一名劳劳亭，故址在今南京南，三国时吴所建。东晋初渡江南来的士大夫，常在新亭饮宴。一次，周颛于座中感叹："风景不殊，举目有河山之异。"大家都相视流泪。见《世说新语·言语》。此指南宋人们对河山废异的感慨。

（5）夷甫，王夷甫，西晋宰相王衍的字。他专尚清谈，不论政事，终致亡国。永嘉五年（311），东海王司马越去世，王衍奉其灵柩返回东海，途中为羯人石勒所俘获。王衍在与石勒交谈时，仍推脱责任，并劝其称帝，石勒大怒，将其与西晋旧臣一同活埋，时年五十六岁。

（6）神州，指中原地区。南朝宋刘义庆《世说新语·言语》："王丞相愀然变色曰：'当共戮力王室，克复神州，何至作楚囚相对！'"沉陆，也说陆沉，国土沦陷，指中原沦丧。南朝宋刘义庆《世说新语·轻诋》："桓公入洛，过淮、泗，践北境，与诸僚属登平乘楼，眺瞩中原，慨然曰：'遂使神州陆沉，百年丘墟，王夷甫诸人不得不任其责！'"

（7）平戎万里，指平定中原，统一国家。戎，指金兵。

（8）山斗，泰山、北斗。宋欧阳修等《新唐书·韩愈传》曾说韩的文章"学者仰之如泰山、北斗"。此句赞扬韩元吉的文章。

（9）桐阴，韩元吉京师旧宅多种梧桐树，世称桐木韩家。元吉有《桐阴旧话》记其事。此句写其家世、生活。

（10）绿野，堂名。唐宰相裴度退居洛阳，其别墅曰绿野堂，故址在洛阳（今河南洛阳）午桥。宋欧阳修等《新唐书·裴度传》："午桥作别墅，具燠馆台号绿野，激波其下。"风烟，景象，风光。唐骆宾王《在江南赠宋五之问》诗："风烟标迥秀，英灵信多美。"

（11）平泉，庄名。唐宰相李德裕在洛阳的别墅名平泉庄。唐康骈《剧谈录·李相国宅》："（平泉庄）去洛阳三十里，卉木台榭，若造仙府。"

（12）东山，在今浙江上虞。东晋谢安寓居东山，常游赏山水，纵情歌酒。《晋书·谢安传》："谢安寓居会稽，虽放情丘壑，然每游赏，必以妓女从。"这三句是预想韩元吉将来功成身退后的生活。

（13）乾坤，国家，江山，天下。《敦煌曲子词·浣溪沙》："竭节尽忠扶社稷，指山为誓保乾坤。"

【赏析】

《水龙吟》，出自唐李白诗句"笛奏水龙吟"。又名《龙吟曲》《庄椿岁》《小楼连苑》。双调一百二字，前段十一句四仄韵，后段十一句五仄韵。

宋孝宗淳熙八年（1181）辛弃疾被弹劾，退隐于上饶之带湖。韩元吉（1118—1187），字无咎，号南涧，孝宗时曾任吏部尚书，出使金国，主张恢复中原，致仕后亦寓居信州（今江西上饶）。辛弃疾居信州，与韩相邻。由于他们都有抗金雪耻的雄心壮志，所以过从甚密。这时距离宋金"隆兴和议"的签订已整整二十年，南宋朝廷文恬武嬉，并不关心国事。淳熙十一年（1184）五月十一日，韩元吉作《水龙吟》词，祝辛弃疾四十五岁寿辰，词中满腔激情地说："南风五月江波，使君莫袖平戎手。"辛弃疾在五月十二日依原韵填了此词，祝贺韩元吉六十七岁寿辰。

词的上阕议论国家大事，一派豪情。"渡江天马南来，几人真是经纶手"，词起两句如高山坠石，劈空而来，力贯全篇。《晋书》卷六《元帝纪》记载："西晋亡，司马睿偕西阳、汝南、南顿、彭城四王南渡，在建康建立东晋王朝，做了皇帝（晋元帝）。时童谣云："五马浮渡江，一马化为龙。"此借指宋高宗南渡。"经纶"，整理丝缕，理出丝绪叫经，编丝成绳叫纶，引申为筹划治理国家。宋王安石《祭范颍州文》："盖公之才，犹不尽试。肆其经纶，功孰与计？"南渡以来，朝廷中缺乏整顿乾坤的能手，以致偏安一隅，朝政腐败。后面的议论抒情全由此二句而发。"长安父老，新亭风景，可怜依旧"，接下来三句连用两典。一见《晋书》卷九十八《桓温传》，桓温率军北征，路经长安市东（古称霸上，古地名。因地处灞水西高原上得名，在今陕西西安东），"居人皆安堵复业，持牛酒迎温于路中者十八九，耆老感泣曰：'不图今日复见官军'"！此指金人统治下的中原人民。一见南朝宋刘义庆《世说新语·言语》：东晋初年，"过江诸人，每至美日，辄相邀新亭，藉卉饮宴。周侯中坐而叹曰：'风景不殊，举目有山河之异！'皆相视流泪"。北宋沦亡，中原父老盼望北伐；南渡的士大夫们，感叹山河变异"可怜依旧"。这就是宋室南迁近六十年来的社会现实！宋高宗在位三十五年，却是个彻头彻尾的投降派，"念徽、钦既返，此身何属"（明文徵明《满江红》），任何屈膝叩头的事都做得出来，只求保住自己的小朝廷皇位。宋孝宗初年还有些作为，后来又走上老路，继续指责朝廷中一些大臣清谈误国："夷甫诸人，神州沉陆，几曾回首。"夷甫即王衍，西晋大臣，曾任宰相。"衍将死，顾而言曰：……向若不祖尚浮虚，戮力以匡天下，犹可不至今日。"（《晋书》卷四十三《王戎传》附王衍）。后桓温自江陵北伐，"过淮泗，践北境，与诸僚属登平乘楼，眺瞩中原，慨然曰：'遂使神州陆沉，百年丘墟，王夷甫诸人不得不任其责。'"（《晋书》卷九十八《桓温传》）。这里借桓温对王夷甫的批评，斥责南宋当权者使中原沦陷，不思恢复。通过上述种种有力的议论，于是指出："算平戎万里，功名本是，真儒事、君知否。"戎，我国古代少数民族泛称之一，这里指金人。辛弃疾在带湖闲居，提出"平戎万里"这样严肃的政治问题，既是对韩南涧的期望，更表现出他身在江湖、心存魏阙、对国事的关怀。谢章铤《赌棋山庄词话》曰：这是一首"以议论为词"的作品，且数用典故，但不觉其板，不觉其滞，条贯缕畅，大气包举；指点江山，激扬文字，沉着而痛快。这一则因作者感情沉挚，曲折回荡，或起或伏，始终"以气节自负，以功业自许"，深厚感人。二则因"援古以证今"，又"用人若己"（《文心雕龙·事类》），熨帖自然。三则因豪情胜概，出之字清句隽，使全篇动荡多姿，"岂一味叫嚣者所能望其顶踵"。

下阕另立机杼，从抒发对国事的愤慨，转而为韩元吉祝寿。这与上阕形成了有机组合。对韩氏的称颂，一方面因毕竟是祝寿词不可能一句称颂的话没有，另一方面也是说，在朝当政者没有治国之才，而像韩元吉一样真正有才之士却被排挤在外，这更是令人不平的。假如像韩元吉一样的人在朝秉政，得行其志，国事尚有可为，匡复之机，仍然有望。可是现今呢？韩氏和自己都像历史上三位贤相一般投闲置散，啸傲烟霞，寄情林莽，虽尤有报国之心，但对国家大事竟无置喙的余地，于此，作者愤慨之情可以想见。"况有文章山斗。对桐阴、满庭清昼"，换头处三句，称赞韩元吉的文采，学者仰之于泰山北斗且有家世渊源。"当年堕地，而今试看，风云奔走"，接下来三句是说，韩元吉出生在清贵的家庭，呱呱坠地时已自不凡，以后在朝野间政绩卓著。"绿野风烟，平泉草木，东山歌酒"三句，接着又以三个名相来比喻韩氏。"绿野"，唐朝平定军阀割据的著名宰相裴度，晚年退居洛阳别墅绿野堂，与白居易诗酒唱和。"平泉"，唐朝宰相李德裕退隐地平泉山庄，在洛阳郊外。"东山"，东晋宰相谢安曾隐居东山（今浙江上虞西南）。这三个人都是功勋盖世、力挽狂澜的政治家，可谓"经纶手"。词人以此相比，亦与友人彼此相期，希望朋友在收复失地、完成统一大业之后再啸傲烟霞，寄情山林。所以作者于愤慨之余，对国事仍未失去信念，于是发出"待他年，整顿乾坤事了，为先生寿"的预言，换言之，即国耻未雪，无以称寿，这与霍去病"匈奴未灭，无以家为"堪称异代同调，又与上阕"算平戎万里，功名本是，真儒事、君知否"，紧密契合。这也正是本祝寿词不同一般的原因。

本词除运笔布局、峰峦起伏、颇具匠心外，引用史乘，比拟古今，也挥洒自如。如上阕连用"五马渡江""长安父老""新亭风景""神州陆沉"四则东晋典故比拟南宋之事，贴切无伦。由于在中国历史上，受少数民族侵凌而南渡偏安的只有东晋和南宋两个朝代，故国情世局多有相似之处。下阕以东晋的谢安、唐代的裴度和李德裕作类比，不但因为韩氏当时的处境，与谢、裴、李三人的某一时期相似，而且还涵蕴着更深一层意思：谢安淝水大破苻坚军，裴度平淮西吴元济之乱，李德裕平泽潞刘稹之乱，这三位古人，都建立了不世之功勋。而韩元吉呢？虽曾风云奔走，但仍不得重用，满腹才华未及施展便致仕家居，故作者为之惋惜。以此下接激励韩氏的"待整顿"三句，便很自然而不突兀。

【原文】

满江红·送李正之提刑入蜀·蜀道登天

蜀道登天[(1)]，一杯送、绣衣行客[(2)]。还自叹、中年多病，不堪离别[(3)]。东北看惊诸葛表[(4)]，西南更草相如檄[(5)]。把功名、收拾付君侯[(6)]，如椽笔[(7)]。

儿女泪，君休滴[(8)]。荆楚路[(9)]，吾能说。要新诗准备[(10)]，庐山山色[(11)]。赤壁矶头千古浪[(12)]，铜鞮陌上三更月[(13)]。正梅花、万里雪深时[(14)]，须相忆[(15)]！

【毛泽东圈评等情况】

毛泽东读1958年中华书局影印版《稼轩长短句》时，圈阅了这首《满江红·蜀道登天》。

[参考] 张贻玖：《毛泽东评点、圈阅的中国古典诗词》，中国工人出版社1992年版，第248页。

【注释】

（1）蜀道登天，唐李白《蜀道难》诗："蜀道之难，难于上青天。"

（2）绣衣，西汉武帝时设绣衣直指官，派往各地审理重大案件。他们身着绣衣，持斧杖节，巡行天下，负责治狱。后称此等特派官员为"绣衣直指"。李正之官至提刑，所以这里借指友人李正之。行客，出行的客人。

（3）"还自叹"三句，已值中年，最不堪离别之苦。据南朝宋刘义庆《世说新语·言语》，谢安曾对王羲之说："中年伤于哀乐，与亲友别，辄作数日恶。"

（4）东北看惊诸葛表，指曹魏有惊于西蜀北伐，此借喻金人闻风心惊。诸葛表，诸葛亮出师北伐曹魏，有《出师表》上蜀汉后主。

（5）西南更草相如檄，西南，川蜀地处西南。檄（xí），檄文，即告示。相如檄，汉司马相如有《喻巴蜀檄》。

（6）功名，赞友人文才出众，足能立功建业。君侯，汉代对列侯的尊称，后泛指达官贵人，此指李正之。

（7）如椽（chuán）笔，如椽（架屋用的椽木）巨笔，指大手笔，典出唐房玄龄等《晋书·王珣传》："珣梦人以大笔如椽与之。既觉，语人曰：'此当有大手笔事。'俄而帝崩，哀册谥议，皆珣所草。"

（8）儿女泪二句，化用唐王勃《送杜少府之任蜀州》："无为在歧路，儿女共沾巾。"休，不要。

（9）荆楚，今湖南、湖北一带，为李由江西入蜀的必经之地。稼轩曾官湖南、湖北，故谓"吾能说"。

（10）要，请。新诗，新的诗作。晋张华《答何劭诗》之一："良朋贻新诗，示我以游娱。"

（11）庐山，山名，在江西九江南，耸立于鄱阳湖、长江之滨，又名匡山、匡庐。相传周有匡姓七兄弟结庐隐居于此，故名。见北魏郦道元《水经注·庐江水》。

（12）赤壁矶，一名赤鼻矶，在今湖北黄冈西南，苏轼以为是当年周瑜破曹之地，曾作《念奴娇·赤壁怀古》词和《赤壁赋》凭吊之。词的起句为："大江东去，浪淘尽、千古风流人物。"辛词的"千古浪"即由苏词而来。

（13）铜鞮（tí），铜鞮在今湖北襄阳。唐人雍陶《送客归襄阳旧居》诗："惟有白铜鞮上月，水楼闲处待君归。"陌上，田间。古代规定，田间小路，南北方向叫作"阡"，东西走向的叫作"陌"。阿袁（即陈忠远）《客次夜读》诗："客中谁此话相逢，千万休夸陌上蓬。夜读不知星月隐，一襟窗畔抱春风。"三更，古代时间名词，指半夜十一时至翌晨一时，一般用三更来指深夜。

（14）正，正值，正当时。

（15）相忆，相思，想念。

【赏析】

该词作于宋孝宗淳熙十一年（1184）冬，时稼轩罢居上饶。李正之是辛弃疾的好友，曾两度任江淮、荆楚、福建、广南路的提点，负责坑冶铸钱公事（采铜铸钱）。信州为当时主要的产铜区，故李正之常驻信州。是年冬入蜀，改任利州路提点刑狱使。稼轩作此词送行。

南宋淳熙十一年，稼轩以"凭陵上司，缔结同类"的罪名，罢居上饶已经将近三年了。所以词中处处把李之入任，与己之罢闲，双双对照写来，一喜一忧，缠绵悱恻，寄意遥深，感人心肺。在这首词中他激励朋友李正之要为国效力。

"蜀道登天，一杯送、绣衣行客"，起首两句，点出李之入蜀与己之送行，双双入题，显得情亲意挚，依依难舍。"登天"虽借用唐李白诗句"蜀道之难，难于上青天"，其实却暗含此行之艰难；虽是王命，何尝又不是小人的挟嫌排挤，有如远谪？所以他这阕词写得极其沉郁，这开头无异已定下了全词的基调。"一杯"，何其简慢；看似淡语，然而却是至情的流露，君子之交，一杯薄酒足矣。没有华筵歌妓，也没有清客的捧场，只有两个知心的朋友一杯相对，则这"一杯"二字，不仅写出了友情之深，亦且写尽了世态之薄。笔墨之力量如此，则这"一杯"也就不少了。"绣衣"，是对"提刑"的美称。汉武帝时，派使者衣绣衣巡视天下，操有生杀之大权，称为绣衣直指。李正之提点刑狱公事，也负有司法和监察的任务，所以稼轩也借以称他为"绣衣使者"。"还自叹、中年多病，不堪离别。"三、四句点出"中年"，是时稼轩四十五岁，正是"不惑之年"，大有作为的时候。然而"多病"，这一"病"字，包含就多了，更何况"多病"。稼轩正当中年，而一放就是三年，又正是祖国被侵占的时候，自己有才能去驱除外侮，却非要闲置如此，内忧外患，不能不"病"。所以他才用"还自叹"三字领起下面两种难堪：一是自己闲置生愁，正当堪用的同志又遭远调，离开了中央，这一来抗战派淘汰将尽矣。所以这种离别，不止友情，更关系国家的命运，这才是最大的痛楚。"东北看惊诸葛表，西南更草相如檄"，五、六两句，按词律要求，要用律句的对仗格式，他便巧妙地安上了诸葛亮的《出师表》和司马相如的《喻巴蜀檄》，都是关于蜀的故事。切题已难，而寓意得妙更难。词人却举重若轻，正是有一肚子的学问。"东北看惊"者，是东北方的大好河山，沦入异族之手，正应当像诸葛亮请求出师那样，"鞠躬尽瘁，死而后已"。着一"惊"字，有三层意思：惊山河之破碎，惊投降派的阻挠，以至惭愧得都怕（惊）读诸葛亮的《出师表》了。然而却反其"道"而行之，让李正之去西南的巴蜀"更草相如檄"。西汉司马迁《史记·司马相如传》载："唐蒙使路通夜郎西僰中，发巴蜀吏卒……万余人，用兴法诛其渠帅，巴蜀民大惊恐。上闻之，乃使相如责唐蒙，因喻告巴蜀民以非上意。"这里着一"更"字，透露出了不出师东北之恨未已，而又要被强迫到西南去镇压人民。恨上加恨，这个"更"字把一个南宋小朝廷的那种对敌和、对己狠的心态暴露无遗。下字非常生动而有力。明卓人月《古今词统》："诸葛表与相如檄，俱切蜀事。""把功名收拾付君侯，如椽笔"，七、八两句，正是双方的小结。自己废置无聊，而李又任非其所。而"把功名、收拾付君侯"，是因为李毕竟还是有土有责的，和稼轩自己只能耕种以自适的"稼轩居士"不同，终究还是可以期望以"功名"的。然而稼轩之所以期望于李的功名，不是铁马金戈，不是临刑的鬼头刀，而是如椽之笔！因为李正之是提刑，他那红笔一勾，是要人命的，虽不能法外开恩，也要慎之又慎。所谓"况钟之笔，三起三落"。在这六年前，稼轩也曾有过"按察之权"，而他当时却向皇帝上过《论盗贼札子》，非常精辟地说过剿"贼"之害。他说："民者国之根本，而贪浊之吏迫使为盗，今年剿除，明年扫荡，譬之木焉，日刻月削，不损则折，臣不胜忧国之心，实有私忧过计者。欲望陛下深思致盗之由，讲求弭盗之术，无恃其有平盗之兵也。"用笔，即亦"无恃其有平盗之兵"。能如此，那于国于民也就算是功名了。言来令人欲泪。

下阕转写相别。过拍起首四句："儿女泪，君休滴。荆楚路，吾能说。""儿女泪"是用唐王勃《送杜少府之任蜀川》诗末二句"无为在歧路，儿女共沾巾"之意。"能"，这里读去声，宁可的意思。这里是说：与其有作儿女哭泣的时间，倒不如听我说一说你要去的荆楚这一路的风光吧。以此换头，过渡到下阕，一荡上阕愁闷的情绪。用"要新诗准备"贯串"庐山山色""赤壁矶头千古浪""铜堤陌上三更月"。不过这看似闲情逸趣，何等潇洒。其实这正是上阕的"表"与"檄"的内含。下阕怜南，也正是上阕的思北。"荆楚路"这一带是没有被敌人占领的，如此美景，宜爱宜惜。爱，就要珍重它；惜，就要保护它。特别作为北方的游子，当提到这些南方的美景时，不能不有一些思乡的酸楚夹杂于胸中。总之，只因是一个分为两片的祖国横亘在胸中，所谓"新诗"，当也是长歌之恸。以此相勉，是轻松的调侃，其实正是痛心的变异。以此寄人，不仅见趣，亦且见志，多么委婉而深厚有致。最后点明时间。李正之是十一月入蜀的，所以他说"正梅花、万里雪深时，须相忆！"是彼此的互勉，仍以双双作结。这一段看似白描，似乎没有多少深意，其实如果联系历史背景，是仍然可以感到话外之音的。"正梅花、万里雪深"，"梅花"是他们，又是传递消息的暗示。所谓"折梅逢驿使，送与陇头人"。"万里雪深"是写彼此的间隔，也是彼此的处境。所以是地理的，也是心理的。但不论地理的或心理的，造成可以间隔而寂寞的，终归是政治的原因，是投降派对于他们的打击。那么，在这样废弃与远戍的道路上，他形象地即情即景，用"万里雪深"来形容彼此的一切，俱足以包之了。而要相互勉励莫相忘并不断传递消息的，那当然是人，所以"须相忆"是彼此的。既是人，又是事。而这人事，正是他们"志"的结集，所"须相忆"者，仍是祖国恢复之大业。因此，这是一场特殊的斗争，即抗战派在被迫流离失所时，仍在呼喊着团结。甚至可以说，通篇都是在告诫不要忘了抗战的事业。这样分析是有心理依据的。在共同斗争中因失利而不得不分手的战友，临岐执手勉励莫相忘时，他们思想里起作用的第一要素应是斗争失利的耻辱与磨砺以须的豪情。战友在一起当然比分散开好。他知道，投降派又何尝不知道。以是他们之间的"离别"就成为"不堪"的了。"不堪"二字，伤心之至：已不成军，不堪遣散。甚至连那一滴儿女泪，也要他收起，这样的心肠，是要以江山为念，真正是情深意厚。清陈廷焯《词则·放歌集》："气魄之大，突过东坡，古今更无敌手。其下笔时，早已目无余子矣。龙吟虎啸。"

【原文】

清平乐·独宿博山王氏庵·绕床饥鼠

绕床饥鼠[(1)]，蝙蝠翻灯舞[(2)]。屋上松风吹急雨，破纸窗间自语[(3)]。

平生塞北江南[(4)]，归来华发苍颜[(5)]。布被秋宵梦觉[(6)]，眼前万里江山。

【毛泽东圈评等情况】

毛泽东读 1958 年中华书局影印版《稼轩长短句》时，圈阅了这首《清平乐·绕床饥鼠》。

[参考] 张贻玖：《毛泽东评点、圈阅的中国古典诗词》，中国工人出版社 1992 年版，第 248 页。

【注释】

（1）饥鼠，饥饿的老鼠。

（2）蝙蝠，哺乳动物。头部和躯干似鼠，四肢和尾部之间有膜相连，常在夜间飞翔，捕食蚊、蛾等昆虫。视力很弱，靠自身发出的超声波来引导飞行。汉焦赣《易林·豫之小畜》：“蝙蝠夜藏，不敢昼行。”翻灯舞，绕着灯来回飞。

（3）“破纸”句，窗间破纸瑟瑟作响，好像自言自语。

（4）塞北，指长城以北，亦泛指我国北边地区。南朝宋范晔等《后汉书·袁安传》：“北单于为耿夔所破，遁走乌孙，塞北地空，余部不知所属。”江南，指长江以南的地区。各时代的含义有所不同：汉以前一般指今湖北长江以南部分和湖南、江西一带；后来多指今江苏、安徽两省的南部和浙江一带。《左传·昭公三年》：“王以田江南之梦。”作者于南归前，曾两随记吏北抵燕山。

（5）归来，指淳熙八年（1181）罢官归隐带湖。华发苍颜，头发苍白，面容苍老。《墨子·修身》：“华发黵颠，面犹弗舍者，其惟圣人乎？”

（6）梦觉，梦醒。宋乐史撰《太平寰宇记》卷一三六引晋干宝《搜神记》：“忽如梦觉，犹在枕旁。”

【赏析】

《清平乐（yuè）》，原为唐教坊曲名，后用作词牌名，又名《清平乐令》《醉东风》《忆萝月》，为宋词常用词牌。此调正体双调，八句四十六字，前片四仄韵，后片三平韵。

博山，在江西永丰境内（今江西广丰），古名通元峰，由于其形状像庐山香炉峰，所以改称博山。庵，圆形草屋。

这首词作于宋孝宗淳熙十二年（1185）。辛弃疾在宋孝宗淳熙八年（1181）前后十一月，约四十五岁时，被贬官为民，于是闲居于带湖。其间，他常到信州（今江西上饶）附近的名胜之处鹅湖、博山等地游览。博山，在今江西广丰西南，前临溪流，远望庐山之香炉峰。一个清秋的夜晚，作者来到博山脚下一户姓王的人家投宿。这儿只有几间破旧的小草庵，屋后是一片竹林，环境十分荒凉冷落。词人即景生情，百感交集，在夜深人静的时候，写成了这首寄寓很深的小令。

上阕以所见所闻渲染寂寞荒凉的环境和气氛。"绕床饥鼠，蝙蝠翻灯舞。屋上松风吹急雨，破纸窗间自语"，四句是说，夜出觅食的饥鼠绕床爬行，蝙蝠居然也到室内围灯翻飞，而屋外却正逢风雨交加，破裂的糊窗纸也在鸣响。"自语"二字，自然而又风趣地将风吹纸响拟人化、性格化了。独宿的这个"王氏庵"，是久已无人居住的破屋。清陈廷焯《云韶集》评论："数语写景逼真，不减昌黎《山石》诗，语奇情至。"

下阕写白发苍颜、壮志难酬的愤慨心情，最后表现虽处境悲凉但雄心不减的可贵精神。正是在这样的背景下，一个平生为了国事奔驰于塞北江南，失意归来后则已头发花白、容颜苍老的老人出现了。"平生塞北江南，归来华发苍颜。""布被秋宵梦觉，眼前万里江山。"心境如此，环境如此，"秋宵梦觉"分明指出了时令，同时也暗示了主人公难以入睡，半夜醒来，眼前不是饥鼠蝙蝠、残灯破窗，而是祖国的"万里江山"。很显然，他"梦中行遍，江南江北"（《满江红》），醒后犹自流连梦境，故云"眼前万里江山"。这一句与"平生塞北江南"相呼应，而把上阕四句推到背后。平生经历使他心怀祖国河山，形诸梦寐；眼前现实使他逆境益思奋勉，不坠壮志。全词因有这一句，思想境界顿然提高。清许昂霄《词综偶评》曰："后段有老骥伏枥之概。"

【原文】

丑奴儿近·博山道中效李易安体·千峰云起

千峰云起，骤雨一霎儿价[(1)]。更远树斜阳[(2)]，风景怎生图画[(3)]？青旗卖酒[(4)]，山那畔别有人家。只消山水光中[(5)]，无事过这一夏。　　午醉醒时，松窗竹户[(6)]，万千潇洒[(7)]。野鸟飞来，又是一般闲暇。却怪白鸥[(8)]，觑着人欲下未下[(9)]。旧盟都在[(10)]，新来莫是，别有说话？

【毛泽东圈评等情况】

毛泽东读1958年中华书局影印版《稼轩长短句》时，圈阅了这首《丑奴儿近·千峰云起》。

[参考] 张贻玖：《毛泽东评点、圈阅的中国古典诗词》，中国工人出版社1992年版，第248页。

【注释】

（1）骤雨，暴雨。《老子》："骤雨不终日。"宋秦观《满庭芳·咏茶》词："晓色云开，春随人意，骤雨才过还晴。"一霎儿价，一会儿的工夫。价，语助词。宋李易安《行香子·草际鸣蛩》词："甚霎儿晴，霎儿雨，霎儿风。"

（2）斜阳，傍晚西斜的太阳。唐赵嘏《东望》诗："斜阳映阁山当寺，微绿含风树满川。"

（3）怎生，作怎么解。宋李易安《声声慢·寻寻觅觅》词："守着窗儿，独自怎生得黑。"图画，绘画。《史记·外戚世家》："上居甘泉宫，召画工图画周公辅成王也。"

（4）青旗，青色的旗帜，此指酒旗。唐元稹《和乐天重题别东楼》："唤客潜挥远红袖，卖垆高挂小青旗。"

（5）只消，只须，只要。宋范成大《早衰》诗："晚景只消如此过，不堪拈出教儿童。"山水光，山光水色。

（6）松窗，临松之窗，多以指别墅或书斋。唐顾况《忆山中》诗："蕙圃泉浇湿，松窗月映闲。"竹户，竹编的门。唐赵嘏《早发剡中石城寺》诗："竹户半开钟未绝，松枝静霁鹤初还。"

（7）潇洒，洒脱不拘、超逸绝俗之态。唐李白《王右军》诗："右军本清真，潇洒在风尘。"万千，形容数量很多。

（8）白鸥，水鸟名。唐李白《江上吟》："仙人有待乘黄鹤，海客无心随白鸥。"

（9）觑（qù），看，偷看，窥探。

（10）旧盟，稼轩于退居带湖新居之初，有"盟鸥"之《水调歌头》一阕。盟鸥，谓与鸥鸟订盟同住水乡，喻退隐。典出《列子·黄帝》："海上之人，有好沤（鸥）鸟者，每旦之海上从沤鸟游，沤之至者百住（数）而不止。"

【赏析】

《丑奴儿近》，又名《丑奴儿慢》《采桑子慢》《愁春未醒》，双调九十字。叶韵方式颇有不同，有仄韵间叶一平韵者，有平韵间叶一仄韵者，有通篇平韵者，有平仄互叶者。辛弃疾这首词是仄韵间叶一平韵。

博山，地名，在今江西广丰西南。李易安，即李清照，自号易安居士，北宋末南宋初人，婉约派正宗词人。她的词善于把日常生活用语，信手拈来，谱入音律，语言淡雅，格律严谨，练字琢句，意境新丽。有《易安居士文集》《易安词》，已散佚。后人有《漱玉词》辑本。今有《李清照集校注》。效李易安体，效，学、仿。体，写法、风格。辛弃疾这首词就是模仿她的这些特点写的。

宋孝宗淳熙八年（1181）作者被劾罢官，次年在江西上饶地区的带湖卜筑闲居，直至光宗绍熙三年（1192）再度起用为止，其间长达十年。这首词正是作于此一时期。

此词上下阕都是借景抒情，情景交融，写得明白如话而又清新幽默。上阕写博山道中的外景。南临溪流远望如庐山之香炉峰，风景秀美。"千峰云起，骤雨一霎儿价"，上阕头两句，写得颇有季节特点，特别是"骤雨一霎儿价"，非常形象地写出了夏日阵雨的特点。阵雨过后，斜阳复出，山水林木经过了一番滋润，愈加显得清新秀美。"更远树斜阳，风景怎生图画"二句，以虚实结合，给人留下充分的想象空间，同时又达到了情景交融的效果。"青旗卖酒，山那畔别有人家"二句，点出了酒店，交代了作者的去处，既与下阕"午醉醒时"相呼应，同时又点出作者感到闲居生活百无聊赖。从词的意境上说，这二句把画面推向了更深一层，别有一番风致。"只消山水光中，无事过这一夏"，七八二句是抒情，说只想在山色水光中度过这个清闲的夏天。其中流露出一种无可奈何的心绪。

下阕接着写酒家周围的环境。"午醉醒时"一句，同上阕"青旗"相呼应，"松窗竹户"当为酒家的景致。作者酒醉之后，在这里美美地睡了一觉，醒来只见窗外松竹环绕。"万千潇洒"，气度潇洒脱俗，十分幽雅。这首词的上下阕在时间上有个跳跃，由"午醉"加以过渡，从而增强了上下两阕的紧密联系。"野鸟飞来，又是一般闲暇"二句，运用传统的动中取静的写法，唯其动而愈见静。辛弃疾正是运用了这种手法，把酒家的环境写得十分幽静，但正是通过这"静"来反衬出他心中的不平静。紧接着由"野鸟"带出白鸥，由景入情，写得十分自然。作者用了"鸥盟"的典故。鸥盟即是隐居者与鸥为伴侣，意在表明自己决心归隐，永与鸥鹭为伴。

"却怪白鸥，觑着人欲下未下"二句极显诙谐，旧友白鸥怎么啦？觑着词人欲下不下，若即若离。因而最后三句接着问："旧盟都在，新来莫是，别有说话？"旧的盟约都在，莫非是新来变了旧约？这三句向白鸥提问，显得十分幽默，同时也表现出作者的襟怀，流露出他孤独寂寞的况味。此外，这三句笔势奇矫，语极新异，令人玩味不已。

在这首词的小序中，作者标明"效李易安体"，而李易安即李清照，是宋代婉约词的大宗。这说明，作者虽为豪放派的代表人物，但在"龙腾虎掷"之外，又不乏深婉悱恻的情调。他的这首"效李易安体"之作，着重是学易安"用浅俗之语，发清新之思"（《金粟词话》）的特色。其中诙谐幽默的成分，则纯属自己的个性。这正为读者提供了一位伟大作家"博取"的例证。现代词学家夏承焘在《辛弃疾及其作品选》中说："这首词采用铺叙的手法，把景物一一展现在读者的面前。词的上片以及下片的前半，极力渲染风景的优美、环境的闲适。作者这样写的目的，是为了衬托最后五句所表达的失意的心情。通过白鸥的背盟，写出自己身世之感和生活道路的坎坷不平，不用一句直笔而收到很高的艺术效果。以淡景写浓愁，这也是辛弃疾词的一种常用的艺术手法。"

【原文】

贺新郎·同父见和，再用韵答之·老大那堪说

老大那堪说[1]。似而今、元龙臭味[2]，孟公瓜葛[3]。我病君来高歌饮[4]，惊散楼头飞雪[5]。笑富贵千钧如发[6]。硬语盘空谁来听[7]？记当时、只有西窗月[8]。重进酒[9]，换鸣瑟[10]。　　事无两样人心别。问渠侬[11]：神州毕竟[12]，几番离合[13]？汗血盐车无人顾[14]，千里空收骏骨[15]。正目断关河路绝[16]。我最怜君中宵舞[17]，道"男儿到死心如铁"。看试手[18]，补天裂[19]。

【毛泽东圈评等情况】

毛泽东读 1958 年中华书局影印版《稼轩长短句》时，圈阅了这首《贺新郎·老大那堪说》。

[参考] 张贻玖：《毛泽东评点、圈阅的中国古典诗词》，中国工人出版社 1992 年版，第 250 页。

【注释】

（1）老大，年老，年纪大。宋郭茂倩《乐府诗集·相和歌辞五·长歌行》："少壮不努力，老大徒伤悲。"唐白居易《琵琶行》："门前冷落鞍马稀，老大嫁作商人妇。"那堪，堪当重任。那，通"哪"。堪，能，可。

（2）似而今，今儿似。元龙臭味，陈登，字元龙。《左传·襄公八年》："今譬于草木，寡君在君，君之臭味也。"西晋陈寿《三国志》卷七《魏书·陈登传》载，许汜与刘备并在荆州牧刘表坐，表与备共论天下

人，氾曰："陈元龙湖海之士，豪气不除。"备谓表曰："许君论是非？"表曰："欲言非，此君为善士，不宜虚言；欲言是，元龙名重天下。"备问氾："君言豪，宁有事邪？"氾曰："昔遭乱过下邳，见元龙。元龙无客主之意，久不相与语，自上大床卧，使客卧下床。"备曰："君有国士之名，今天下大乱，帝主失所，望君忧国忘家，有救世之意，而君求田问舍，言无可采，是元龙所讳也，何缘当与君语？如小人，欲卧百尺楼上，卧君于地，何但上下床之间邪？"

（3）孟公瓜葛，东汉班固《汉书·陈遵传》："陈遵，字孟公，杜陵人也。……居长安中，列侯、近臣、贵戚皆贵重之。牧守当之官，及郡国豪杰至京师者，莫不相因到遵门。遵嗜酒，每大饮，宾客满堂，辄关门，取客车辖投井中。虽有急，终不得去。"瓜葛，瓜与葛，皆蔓生植物，比喻辗转相连的亲戚关系或社会关系。

（4）我病君来，指鹅湖之会。

（5）楼头，楼上。唐王昌龄《青楼曲》之一："楼头小妇鸣筝坐，遥见飞尘入建章。"

（6）钧，古代重量单位，合三十斤。发，头发，指像头发一样轻。千钧如发，唐韩愈《与孟尚书书》："其危如一发引千钧。"

（7）硬语盘空，形容文章的气势雄伟，矫健有力。唐韩愈《荐士》诗："横空盘硬语，妥帖力排奡。"硬语，豪言壮语。这里引申为言辞激烈，回荡盘旋在空中。

（8）西窗，在古代的意思是挑灯夜读，剪烛谈情，后泛指亲友聚谈。出自唐李商隐《夜雨寄北》诗："君问归期未有期，巴山夜雨涨秋池。何当共剪西窗烛，却话巴山夜雨时。"

（9）进酒，斟酒劝饮，敬酒。《韩非子·十过》："故竖谷阳之进酒不以雠子反也，其心忠爱之而适足以杀之。"

（10）鸣瑟，即瑟。《史记·货殖列传》："女子则鼓鸣瑟，跕屣，游媚贵富，入后宫，遍诸侯。"

（11）渠侬，对他人的称呼，指南宋当权者。渠，他；侬，你。古代吴语方言称自己为我侬，称别人为渠侬，指朝中主张妥协苟安的当权者。

（12）神州，赤县神州之称，最早见于《史记·孟子荀卿列传》，其中提到战国时齐国有个叫驺衍的人说："中国名曰赤县神州。"后来人们就称中国为"赤县神州"，有时是分开来用，或称赤县，或称神州，但更多的时候是称神州。

（13）离合，指分裂与统一。宋苏轼《论河北京东盗贼状》："谨按山东自上世以来，为腹心根本之地，其与中原离合，常系社稷安危。"此为偏义复词，谓分裂。

（14）汗血，汗血马。东汉班固《汉书·武帝纪》应劭注："大宛旧有天马种，蹋石汗血，汗从前肩髆出，如血，号一日千里。"盐车，语出《战国策·楚策四》："骥之齿至矣，服盐车而上太行，蹄申膝折，尾湛胕溃，漉汁洒地，白汗交流，中阪迁延，负辕不能上。"骏马拉运盐的车子，后以之比喻人才埋没受屈。

（15）骏骨，典出《战国策·燕策一》：燕昭王即位，卑身厚币以招贤者，欲将以报仇。故往见郭隗先生。……郭隗先生曰："臣闻古之君人有以千金求千里马者，三年不能得。涓人言于君曰：'请求之。'君遣之。三月得千里马，马已死，买其首五百金，反以报君。君大怒曰：'所求者生马，安事死马而捐五百金？'涓人对曰：'死马且买之五百金，况生马乎？天下必以王为能市马，马今至矣。'于是不期年，千里马之至者三。今王诚欲致士，先从隗始；况贤于隗者，岂远千里哉！"后因以"买骏骨"指燕昭王用千金购千里马骨以求贤的故事，喻招揽人才。

（16）目断，望断，一直望到看不见。唐丘为《登润州城》诗："乡山何处是，目断广陵西。"关河，关山河川，泛指山河。南朝宋范晔等《后汉书·荀彧传》："此实天下之要地，而将军之关河也。"

（17）怜，爱惜，尊敬。中宵，半夜。《晋书·祖逖传》："（祖逖）与司空刘琨俱为司州主簿，情好绸缪，共被同寝，中夜闻荒鸡鸣，蹴琨觉曰：'此非恶声也。'因起舞。"逖、琨并有英气，每语世事，或中宵起坐，相谓曰：'若四海鼎沸，豪杰并起，吾与足下当相避于中原耳。'"

（18）试手，试身手，大显身手。宋欧阳修《南歌子·闺情》词："弄笔偎人久，描花试手初。"

（19）补天裂，女娲氏补天。《史记·三皇本纪》："女娲氏末年，诸侯有共工氏，与祝融战，不胜而怒，乃头触不周山崩，天柱折，地维绝，女娲乃炼五色石以补天。……于是地平天成，不改归物。"

【赏析】

宋孝宗淳熙十五年（1188）冬，陈亮（字同父）自浙江东阳冒雪来江西上饶北郊带湖访问作者。作者和陈亮纵谈天下大事，议论抗金复国，极为投契。陈亮在带湖住了十天，又同游鹅湖（山名，在江西铅山东北）。后来，陈亮因朱熹失约未来紫溪（地名，在江西铅山南），匆匆别去。辛弃疾思念陈亮，曾先写《贺新郎》一首寄给陈亮。陈亮很快就和了一首《贺新郎·寄辛幼安和见怀韵》。辛弃疾见到陈亮的和词以后，再次回忆他们相会时的情景而写下了这首词。从时间上看，这首词可能作于淳熙十六年（1189）春天。这首词的突出特点在于，把即事叙景与直抒胸臆巧妙结合起来，用凌云健笔抒写慷慨激昂、奔放郁勃的感情，格调悲壮沉雄。

词的上阕写友情。作者作为一名忠愤填膺的抗金志士秉笔作词，胸中沸腾的激情难以遏制，不免直泻笔端。"老大那堪说。"直写心怀，感情极为沉郁。"那堪"二字，力重千钧，意蕴极为丰富。当此之时，英雄坐老，壮志难酬，光阴虚度，还有什么可以说的！然而"老骥伏枥，志在千里；烈士暮年，壮心不已"（曹操《步出夏门行》）。以收复中原为己任的志士们，胸中的烈焰是永远也不会熄灭的。因此，下面"似而今、元龙臭味，孟公瓜葛"两句，抒发了作者的壮怀，并且与陈亮的"同志"之情拍合。"元龙""孟公"，皆姓陈，又都是豪士，以比陈亮："臭味"谓气味相投，"瓜葛"谓关系相连。作者与陈亮友谊既深，爱国之志又复相同，因而引以为快事。不久前，两人"憩鹅湖之清阴，酌瓢泉而共饮，长歌相答，极论世事"（辛弃疾《祭陈同父文》），这是大慰平生的一次相会，故词人在此词中津津乐道："我病君来高歌饮，惊散楼头飞雪。笑富贵千钧如发。硬语盘空谁来听？记当时、只有西窗月。"词人时在病中，一见好友到来，立即与之高歌痛饮，彻夜纵谈。他们志在恢复中原，心无俗念，视富贵轻如毛发，正笑世人之重它如千钧。讨论世事时硬语盘空（韩愈《荐士》诗："横空盘硬语，妥帖力排奡"），足见议论有力。这几句是他们交谈时情景的实录。因为写在词里，故顺笔插入自然景物的描写。积雪惊堕，状述二人谈吐的豪爽；孤月窥窗，衬映夜色的清寂。英雄志士一同饮酒高唱，雄壮嘹亮的歌声直冲云霄，竟惊散了楼头积雪。这种夸张的描写，把两人的英雄气概与狂放精神充分表现了出来。着一"惊"字，真可谓力透纸背、入木三分。然而，当时只有清冷的明月与两人相伴，论说国家大事的"盘空硬语"又有谁来倾听呢？在这里，抗战志士火一样的热情和刚直狂放的性格同积雪惊堕、孤月窥窗的清冷寂寞形成了强烈的对照，形象地写出了在苟安妥协空气笼罩南宋朝堂的情势下，个别上层抗战志士孤雁难飞的艰危处境。这样把写景与叙事胶着一体，更能充分抒发出翻卷于词人胸中的狂怒之情。正因为二人志同道合，所以夜虽已很深，但他们仍"重进酒，换鸣瑟"，兴致不减。

如果说，词的上阕主要是作者奔放沸腾的感情融于叙事之中，那么下阕则主要是直泻胸臆的赋体，抒发对南宋统治集团的强烈批判和"看试手，补天裂"的壮怀。词人尽情地驰骋笔力，敷陈其事，倾诉肺腑，写来笔飞墨舞，淋漓尽致。"事无两样人心别。"面对时世，山河破碎，爱国志士痛心疾首，而南宋统治者却偏安一隅，把家耻国难全都抛在了脑后。词人用"事无两样"与"人心别"两种不同意象加以对照，极其鲜明地刻画了南宋统治者苟且偷安的庸懦丑态，尽情地抒发了郁勃胸中的万千感慨。词人义愤填膺，向统治者发出了严厉的质问："问渠侬：神州毕竟，几番离合？"神州大地，山河一统，自古已然，"合"时多而"离"时少。当政者不思恢复中原，反而以和议确定了"离"的局面，是何居心！词语中凛然正气咄咄逼人，足以使统治者无地自容。雄健顿挫的笔力，加重了词的感情色彩，使其更富有艺术感染力。

词人想到：神州大地要想得到统一，就必须重用抗战人才，可是当时社会却是"汗血盐车无人顾，千里空收骏骨"。当道诸公空说征求人才，但志士却长期受到压制，正像拉盐车的千里马困顿不堪而无人过问一样，徒然去购置骏马的尸骨又有何用！词人连用三个典故，非常曲折而又贴切地表达了郁勃心头而又不便明说的不平。一个"空"字，集中表达了词人对朝中当政者打击排斥主战派种种行为的无比怨愤。笔力劲健，感情沉郁，意境极其雄浑博大。"正目断关河路绝。"词人触景生情，由大雪塞途联想到通向中原的道路久已断绝，悲怆之情油然而生。山河分裂的惨痛局面，激起了词人收复中原的热情。他想起了晋代祖逖与刘琨"闻鸡起舞"的动人故事，想起了古代神话中女娲氏炼石补天的美丽传说，更加坚定了统一祖国的信念，唱出了"我最怜君中宵舞，道'男儿到死心如铁'。看试手，补天裂"这时代的最强音。笔健境阔，格调高昂，用典如水中着盐，浑化无迹，从而丰富了词的意蕴，加强了形象的深广度，呈现出极其浓郁的浪漫主义色彩。全词的意境也最后推向了高潮，给人以极大的艺术感染力。清周济云："稼轩不平之鸣，随处辄发，有英雄语，无学问语。"(《介存斋论词杂著》)词人这种慷慨悲凉的感情，是运用健笔硬语倾泻出来的，因而英气勃郁，隽壮可喜。周济还指出："北宋词多就景叙情……至稼轩、白石一变而为即事叙景。"(《介存斋论词杂著》)即以叙事为主干，以抒情为血脉，以写景作为叙事的烘染或铺垫。这首词的上阕，采用了即事叙景的艺术手法，在追忆"鹅湖之会"、高歌豪饮时，以清冷孤寂的自然景物烘染环境氛围，从而深刻地抒发了词人奔放郁怒的感情。

【原文】

贺新郎·用前韵送杜叔高·细把君诗说

　　细把君诗说⁽¹⁾：恍余音、钧天浩荡⁽²⁾，洞庭胶葛⁽³⁾。千丈阴崖尘不到⁽⁴⁾，惟有层冰积雪⁽⁵⁾。乍一见、寒生毛发。自昔佳人多薄命⁽⁶⁾，对古来、一片伤心月。金屋冷⁽⁷⁾，夜调瑟。　　去天尺五君家别⁽⁸⁾。看乘空、鱼龙惨淡⁽⁹⁾，风云开合⁽¹⁰⁾。起望衣冠神州路⁽¹¹⁾，白日销残战骨。叹夷甫诸人清绝⁽¹²⁾！夜半狂歌悲风起，听铮铮⁽¹²⁾，阵马檐间铁⁽¹³⁾。南共北，正分裂！

【毛泽东圈评等情况】

毛泽东读 1958 年中华书局影印版《稼轩长短句》时，圈阅了这首《贺新郎·细把君诗说》。

[参考] 张贻玖：《毛泽东评点、圈阅的中国古典诗词》，
中国工人出版社 1992 年版，第 249 页。

【注释】

（1）君，指杜叔高。说，评论，品赏。

（2）恍（huǎng），仿佛。钧（jūn）天，广阔的天空。浩荡，形容水势汹涌壮阔。唐李白《梦游天姥吟留别》："青冥浩荡不见底，日月照耀金银台。"

（3）洞庭胶葛，《庄子·天运》篇："黄帝张咸池之乐于洞庭之野……其声能短能长，能柔能刚，变化齐一，不主故常。"胶葛，指意境高远。西汉司马相如《上林赋》："张乐乎胶葛之宇。"

（4）阴崖，朝北的山崖。

（5）层冰积雪，战国楚屈原《楚辞·九歌·湘君》："桂櫂兮兰枻，斫冰兮积雪。"

（6）"自昔"句，宋苏轼《薄命佳人》诗："自古佳人多命薄，闭门春尽杨花落。"佳人，指杜叔高。

（7）金屋，《汉武故事》："若得阿娇作妇，当作金屋贮之也。"

（8）"去天"句，《辛氏三秦记》："城南韦、杜，去天尺五。"杜甫《赠韦七赞善》诗："乡里衣冠不乏贤，杜陵韦曲未央前。尔家最近魁三象，时论同归尺五天。"

（9）乘空，飞上天空。鱼龙，鱼和龙，泛指鳞介水族。《周礼·地官·大司徒》"鳞物"汉郑玄注："鱼龙之属。"惨淡，指凄惨暗淡，不景气。汉董仲舒《春秋繁露·治水五行》："金用事，其气惨淡而白。"

（10）风云，风和云。《史记·老子韩非列传》："至于龙，吾不能知其乘风云而上天。"开合，分合。晋木华《海赋》："惊浪雷奔，骇水迸集。开合解会，瀸瀸湿湿。"

（11）衣冠，指士大夫。

（12）"叹夷甫"句，《晋书·王衍传》："衍字夷甫，神情明秀，风姿详雅。……口不论世事，唯雅咏玄虚而已。……既有盛才美貌，明悟若神，常自比子贡。兼声名藉甚，倾动当世。妙善玄言，唯谈《老》《庄》为事。每捉玉柄麈尾，与手同色。……众共推衍为元帅……俄而举军为石勒所破，勒呼王公与之相见……使人夜排墙填杀之。衍将死，顾而言曰：'呜呼！吾曹虽不如古人，向若不祖尚浮虚，戮力以匡天下，犹可不至今日。'"

（12）"夜半"句，元陈芬作《芸窗私志》："元帝时临池观竹，竹既枯，后每思其响，夜不能寝，帝为作薄玉龙数十枚，以缕线悬于檐外，夜中因风相击，听之与竹无异。民间效之，不敢用龙，以什骏代，今之铁马，是其遗制。"

（13）檐间铁，屋檐下挂着的铁制风铃，称为"铁马"或"檐马"。

【赏析】

宋孝宗淳熙十六年（1189）春，杜叔高从浙江金华到江西上饶探访作者，作者作此词送别。题云"用前韵"，乃用作者前不久寄陈亮同调词韵。杜叔高是一位很有才气的诗人，只因鼓吹抗金，故遭到主和派的猜忌，虽有报国之心，但亦无请缨之路。作者爱其才华，更爱其人品，并由个人的遭遇联系到南宋政局，勉励友人来共同挽救危亡。

杜叔高，名斿，金华兰溪人。兄弟五人俱博学工文，人称金华五高。端平初，以布衣与辛弃疾、范黄中、刘后村等八人同时受召。《中兴馆阁续录·秘阁校勘门》："绍定以后二人：杜斿，字叔高，婺州人。六年十一月以布衣特补迪功郎，差充。端平元年七月与在外合入差遣。"陈亮《龙川文集》卷十九《复杜仲高书》："伯高之赋，如奔风逸足，而鸣以和鸾。叔高之诗，如干戈森立，有吞虎食牛之气，而左右发春妍以辉映于其间，匪独一门之盛，可谓一时之豪。"叶适《水心文集》卷七《赠杜幼高》诗："杜子五兄弟，词林俱上头。规模古乐府，接续后《春秋》。奇崛令谁赏，羁栖浪自愁。故园如镜水，日日抱村流。"

词的上阕，赞杜叔高的诗才。"细把君诗说：恍余音、钧天浩荡，洞庭胶葛。千丈阴崖尘不到，惟有层冰积雪。乍一见、寒生毛发"，盛赞叔高诗作之奇美。头句"细把君诗说",足见非常爱重。因为爱之深,所以说之细。"恍余音、钧天浩荡,洞庭胶葛",言杜诗气势磅礴,读之恍如听到传说中天帝和黄帝的乐工们在广阔旷远的宇宙间演奏的乐章的余韵,动人心魂。"千丈阴崖尘不到,惟有层冰积雪。乍一见、寒生毛发",乃熔裁唐人李咸用《览友生古风》诗"一卷冰雪言,清泠泠心骨"语意,言杜诗风骨清峻,读之宛若望见尘土都不到的高崖之上的冰雪,不禁毛发生寒。如此说诗,不但说得很细,而且说得极美,比喻新颖,想象奇特,既富诗情,亦有画意。接下至"调瑟"数句哀叹叔高的萧索境况。"自昔佳人多薄命,对古来、一片伤心月",化用苏轼《薄命佳人》诗"自古佳人多命薄,闭门春尽杨花落"二句,以古来美妇多遭遗弃隐喻才士常有沉沦。"金屋冷,夜调瑟"则借汉武帝的陈皇后失宠,进一步渲染了被弃的凄苦。这里纯用比兴,虽为造境,却甚真切,艺术效果远胜于直言。

下阕写叔高之怀才不遇而转及其家门昔盛今衰。"去天尺五君家别",乃隐括《三秦记》"城南韦杜,去天尺五"一语,谓长安杜氏本强宗大族,门望极其尊崇,但叔高一家却有异于此,其兄弟五人皆有才学,但只因不善钻营而都未有所成就。"看乘空、鱼龙惨淡,风云开合"则变化《易·乾·九五》"云从龙,风从虎"之语,假托鱼龙纷扰、腾飞搏斗于风云开合之中的昏惨景象,暗喻朝中群小趋炎附势、为谋求权位而激烈竞争。一"看"字有冷眼旁观、不胜鄙薄之意。群小疯狂奔竞,反映了朝政的黑暗腐败。叔高兄弟不得进用,原因即在于此;北方失地不得收复,原因亦在于此。故接下乃兴起神州陆沉的悲慨:"起望衣冠神州路,白日销残战骨。叹夷甫诸人清绝!"昔日衣冠相望的中原路上,如今唯见一片荒凉,纵横满地的战骨正在白日寒光中逐渐消损。然而当国者却只顾偏安享乐,对中原遗民早已"一切不复关念"(陈亮《上孝宗皇帝书》),许多官僚也"微有西晋风,作王衍阿堵等语"而"讳言恢复"(李心传《建炎以来朝野杂记》乙集卷三,此宋孝宗赵语),借以掩饰其内心的怯懦和卑劣。"叹夷甫诸人清绝"即对此辈愤怒斥责。朝政如此腐败,士大夫如此腐朽,词人的爱国之心却仍在激烈搏动:"夜半狂歌悲风起,听铮铮、阵马檐间铁。"中原未复,愁思难眠,夜半狂歌,悲风惊起,听檐间铁片铮铮作响,宛如千万匹冲锋陷阵的战马疾驰而过。此时词人亦仿佛在挥戈跃马，率领锦突骑兵奔赴疆场，他满怀异常畅快的心情。但这只是暂时的幻觉，这幻觉一消失，那虚生的畅快也就随之消失了，代之而来的必然是加倍的痛苦。歇拍"南共北，正分裂"便是在幻觉消失后发出的惨痛呼号。细读此词，乃于慰勉朋侣之中，融入忧伤时世之感，故虽为送别之作，但有悲壮之情。然而其运笔之妙，则在于"如春云浮空，卷舒起灭，随所变态，无非可观"（范开《稼轩词序》）。说诗思之深广，则钧天洞庭、浑涵悠远；言诗格之清峻，则阴崖冰雪、奇峭高寒；状境况之萧寥，则冷月哀弦、凄凉幽怨；刺群小之奔竞，则风云鱼龙、纷纷扰扰；悲神州之陆沉，则寒日残骸、惨不忍睹；抒报国之激情，则神驰战阵、铁骑铮铮；痛山河之破碎，则声发穿云、肝胆欲裂。凡此皆"有性情，有境界"（《人间词话》），故独高格而不同凡响。

【原文】

破阵子·醉里挑灯看剑

醉里挑灯看剑[(1)]，梦回吹角连营[(2)]。八百里分麾下炙[(3)]，五十弦翻塞外声[(4)]。沙场秋点兵[(5)]。　　马作的卢飞快[(6)]，弓如霹雳弦惊[(7)]。了却君王天下事[(8)]，赢得生前身后名[(9)]。可怜白发生[(10)]！

【毛泽东圈评等情况】

毛泽东对这首《贺新郎·醉里挑灯看剑》，至少圈画两遍以上，在一本清朱彝尊、汪森编的《词综》里，他在这首词的天头上画着一个大圈，还在中间加了一点。

［参考］张贻玖：《毛泽东评点、圈阅的中国古典诗词》，中国工人出版社 1992 年版，第 204 页。

【注释】

（1）挑灯看剑，夜晚挑亮油灯观看宝剑。宋刘斧《青琐高议》卷三载高言诗："男儿慷慨平生事，时复挑灯拔剑看。"挑灯，把灯芯挑亮。看剑，抽出宝剑来细看。

（2）梦回，梦醒，从梦中醒来。旧题唐柳宗元《龙城录·任中宣梦水神持镜》："梦一道士赤衣乘龙，诣中宣，言：此镜乃水府至宝，出世有期，今当归我矣。"吹角连营，各个军营里接连不断地响起号角声。角，军中乐器，长五尺，形如竹筒，用竹、木、皮、铜制成，外加彩绘，名曰画角，始仅直吹，后用以横吹，其声哀厉高亢，闻之使人振奋。

（3）八百里，牛名。南朝宋刘义庆《世说新语·汰侈》载："王君夫有牛，名八百里駁，常莹其蹄角。王武子语君夫：'我射不如卿，今指赌卿牛，以千万对之。'君夫既恃手快，且谓骏物无有杀理，便相然可。令武子先射。武子一起便破的，却据胡床，叱左右，'速探牛心来！'须臾，炙至，一脔便去。"八百里，指可日行八百里。分麾（huī）下炙（zhì），把烤牛肉分赏给部下。麾下，部下。麾，军中大旗。炙，切碎的熟肉。

（4）五十弦，原指瑟，此处泛指各种乐器。翻，演奏。塞外声，指悲壮粗犷的战歌。

（5）沙场，平沙旷野，多指战场。唐祖咏《望蓟门》诗："沙场烽火连胡月，海畔云山拥蓟城。"秋，古代点兵用武，多在秋天。点兵，指召集并检阅即将或准备出征的士兵，检阅军队。宋司马光等《资治通鉴·梁武帝大同三年》："丞相欢欲收兵更战，使张华原以簿历营点兵。"

（6）马作的卢飞快，战马像的卢马那样跑得飞快。作，像……一样。的卢，良马名，一种烈性快马。南朝宋刘义庆《世说新语·德行》刘孝标注引伯乐《相马经》曰："马白额入口至齿者，名曰榆雁，一名的卢。奴乘客死，主乘弃市，凶马也。"相传刘备在荆州遇险，前临檀溪，后有追兵，幸亏骑的卢马，一跃三丈，而脱离险境。

（7）霹雳弦惊，唐李延寿《南史·曹景宗传》："景宗谓所亲曰：'我昔在乡里，骑快马如龙，与年少辈数十骑，拓弓弦作霹雳声，箭如饿鹤叫……此乐使人忘死，不知老之将至。'"霹雳，本是疾雷声，汉枚乘《七发》："其根半死半生，冬则烈风漂霰飞雪之所激也，夏则雷霆霹雳之所感也。"此处比喻弓弦响声之大。

（8）了却，了结，把事情做完。君王天下事，统一国家的大业，此特指恢复中原事。

　　（9）赢得，博得。身后，死后。

　　（10）可怜，可惜。

【赏析】

　　《破阵子》，一名《十拍子》，唐教坊曲名，后用作词牌名。陈旸《乐书》："唐《破阵乐》属龟兹部，秦王（李世民）所制，舞用二千人，皆画衣甲，执旗斾。外藩镇春衣犒军设乐，亦舞此曲，兼马军引入场，尤壮观也。"《秦王破阵乐》为唐开国时所创大型武舞曲，震惊一世。玄奘往印度取经时，有一国王曾询及之（《大唐西域记》）。此双调小令，当是截取舞曲中之一段为之，犹可想见激壮声容。

　　这首词是作者失意闲居信州（今江西上饶）时所作。辛弃疾二十一岁时，就在家乡历城（今山东济南）参加了抗金起义。起义失败后，他回到南宋，当过许多地方的长官。他安定民生，训练军队，极力主张收复中原，却遭到排斥打击。后来，他长期不得任用，闲居近二十年。宋孝宗淳熙十五年（1188），辛弃疾与陈亮在铅山瓢泉会见，即第二次"鹅湖之会"，进一步扩大了友谊。词人作《贺新郎·把酒长亭说》寄陈亮，陈亮依韵作《贺新郎·老去凭谁说》相和，辛弃疾又作此词酬答陈亮。此词通过作者对早年抗金部队豪壮的阵容、气概及自己沙场生涯的追忆，表达了杀敌报国、收复失地的理想，抒发了壮志难酬、英雄迟暮的悲愤心情。

　　此词上阕以两个二、二、二的对句开头："醉里挑灯看剑，梦回吹角连营。八百里分麾下炙，五十弦翻塞外声。"通过具体、生动的描述，表现了多层情意。第一句，只六个字，却用三个连续的、富有特征性的动作，塑造了一个壮士的形象，让读者从那些动作中去体会人物的内心活动，去想象人物所处的环境，意味无穷。为什么要吃酒，而且吃"醉"？既"醉"之后，为什么不去睡觉，而要"挑灯"？"挑"亮了"灯"，为什么不干别的，偏偏抽出宝剑，映着灯光看了又看？……这一连串的问题，只要细读全词，就可能作出应有的回答，因而不必说明。"此时无声胜有声。"用什么样的"说明"也难比这无言的动作能更有力地展现人物的内心世界。

"挑灯"的动作又点出了夜景。那位壮士在夜深人静之时，思潮汹涌，无法入睡，只好独自吃酒。吃"醉"之后，仍然不能平静，便继之以"挑灯"，又继之以"看剑"。翻来覆去，总算睡着了。而刚一入睡，方才所想的一切，又幻为梦境。"梦"了些什么，也没有明说，却迅速地换上新的镜头："梦回吹角连营。"壮士好梦初醒，天已破晓，一个军营连着一个军营，响起一片号角声。这号角声，富有催人勇往无前的力量。而那位壮士，也正好是统领这些军营的将军。于是，他一跃而起，全副披挂，要把他"醉里""梦里"所想的一切统统变为现实。三、四两句，可以不讲对仗，词人也用了偶句。偶句太多，容易显得呆板，可是在这里恰恰相反。两个对仗极工而又极其雄健的句子，突出地表现了雄壮的军容，表现了将军及士兵们高昂的战斗情绪。"八百里分麾下炙，五十弦翻塞外声"，兵士们欢欣鼓舞，饱餐将军分给的烤牛肉；军中奏起振奋人心的战斗乐曲。牛肉一吃完，就排成整齐的队伍。将军神采奕奕，意气昂扬。"沙场秋点兵。"这个"秋"字下得好。正当"秋高马壮"的时候，"点兵"出征，预示了战无不胜的前景。按谱式，《破阵子》是由句法、平仄、韵脚完全相同的两"片"构成的。后片的起头，叫作"过片"，一般的写法是：既要和前片有联系，又要"换意"，从而显示出这是另一段落，形成"岭断云连"的境界。辛弃疾却往往突破这种限制，《贺新郎·别茂嘉十二弟》如此，这首《破阵子》也是如此。"沙场秋点兵"之后，大气磅礴，直贯后片"马作的卢飞快，弓如霹雳弦惊"，将军率领铁骑，快马加鞭，神速奔赴前线，弓弦雷鸣，万箭齐发。虽没作更多的描写，但从"的卢马"的飞驰和"霹雳弦"的巨响中，仿佛看到若干连续出现的画面：敌人纷纷落马；残兵败将，狼狈溃退；将军身先士卒，乘胜追杀，霎时结束了战斗；凯歌交奏，欢天喜地，旌旗招展。一战获胜，功成名就，既"了却君王天下事"，又"赢得生前身后名"，当为"壮"也。如果到此为止，那真够得上"壮词"。然而在那个被投降派把持朝政的时代，并没有产生真正"壮词"的条件，以上所写，不过是词人孜孜以求的理想而已。词人展开丰富的想象，化身为词里的将军，刚攀上理想的高峰，忽然一落千丈，跌回冷酷的现实，于是他沉痛地慨叹："可怜白发生！"白发已生，而收复失地的理想成为泡影。想到自己徒有凌云壮志，而"报国欲死无战场"（陆游《陇头水》诗句），便只能在不眠之夜吃酒，只能在"醉里挑灯看剑"，只能在"梦"中驰逐沙场，快意一时。这处境，的确是"悲哀"的，然而没有谁"可怜"他。于是他写了这首"壮词"，寄给处境同样"可怜"的陈同甫。清陈廷焯评此词说："字字跳掷而出，'沙场'五字，起一片秋声，沉雄悲壮，凌轹千古。"（《云韶集》）清梁启超也说："无限感慨，哀同甫亦自哀也。"（《艺蘅馆词选》）

【原文】

水调歌头·送杨民瞻·日月如磨蚁

日月如磨蚁[1]，万事且浮休[2]。君看檐外江水，滚滚自东流[3]。风雨瓢泉夜半[4]，花草雪楼春到[5]，老子已菟裘[6]。岁晚问无恙[7]，归计橘千头[8]。　　梦连环[9]，歌弹铗[10]，赋登楼[11]。黄鸡白酒[12]，君去村社一番秋。长剑倚天谁问[13]，夷甫诸人堪笑，西北有神州[14]。此事君自了[15]，千古一扁舟[16]。

【毛泽东圈评等情况】

毛泽东读1958年中华书局影印版《稼轩长短句》时，圈阅了这首《水调歌头·日月如磨蚁》。

[参考]张贻玖：《毛泽东评点、圈阅的中国古典诗词》，中国工人出版社1992年版，第249页。

【注释】

（1）"日月"句，古人把天比喻为磨盘，把太阳和月亮比喻为磨盘上的蚂蚁，日夜不停地运行。语见唐房玄龄等《晋书·天文志》："天圆如张盖，地方如棋局。天旁转如推磨而左行，日月右行，随天左转，故日月实东行，而天牵之以西没，譬之于蚁行磨石上。"

（2）浮，流动不固定，喻生。休，休息，喻消亡。《庄子·刻意》篇："其生若浮，其死若休。"此引申为生息。

（3）"君看"二句，以江水滚滚东流，喻时光消逝，不因我留。唐杜甫《登高》："无边落木萧萧下，不尽长江滚滚来。"南唐李煜《虞美人》："问君能有几多愁，恰似一江春水向东流。"苏轼《次韵前篇》："长江滚滚空自流，白发纷纷宁少借。"

（4）瓢泉，在今江西铅山境内。此时稼轩在瓢泉附近，当有便居，以供览胜小憩。稼轩小筑新居，始于宋光宗绍熙五年（1194），而徙居瓢泉，则在宋宁宗庆元二年（1196）。

（5）雪楼，原名集山楼，稼轩带湖居所的楼名。

（6）菟（tù）裘，春秋时鲁地名，在今山东泰安东南泗水境内。鲁隐公曾命人在菟裘建宅，以便隐退后居住。后人遂以此称隐退之所。《左传·隐公十一年》："羽父请杀桓公，将以求太宰，公曰：'为其少故也。吾将授之矣。使营菟裘，吾将老焉。'""菟裘，鲁邑，在泰山梁父县南。不欲复居鲁朝，故别营外邑。"

（7）岁晚，年末，指人生晚年。无恙，没有疾病。战国楚宋玉《楚辞·九辩》："赖皇天之厚德兮，还及君之无恙。"

（8）橘千头，今习凿齿《襄阳耆旧传》："李衡为丹阳太守，遣人往武陵汜洲上作宅，种橘千株。临死，敕儿曰：'吾州有千头木奴，不责汝食，岁上匹绢，亦当足用耳。'"

（9）梦连环，唐韩愈《送张道士》："昨宵梦倚门，手取连环持。"魏怀忠注引孙汝德曰："持连环以示还意。"梦连环，梦中还家。"环"与"还"谐音。

（10）歌弹铗，用冯谖弹铗而歌事。《战国策·齐策四》："齐人有冯谖者，贫乏不能自存，使人属孟尝君，愿寄食门下。孟尝君曰：'客何好？'曰：'客无好也。'曰：'客何能？'曰：'客无能也。'孟尝君笑而受之曰：'诺。'……居有顷，倚柱弹其剑，歌曰：'长铗归来乎！食无鱼。'"

（11）赋登楼，东汉末年，天下大乱。"建安七子"之一的王粲避难荆州，依附刘表，曾登城作《登楼赋》，述其进退畏惧之情。

（12）黄鸡白酒，语出唐李白《南陵别儿童入京》诗："白酒新熟山中归，黄鸡啄黍秋正肥。"

（13）长剑倚天，比喻杰出的军事才能和威武的英雄气概。战国楚宋玉《大言赋》："方地为车，圆天为盖，长剑耿耿倚天外。"

（14）"夷甫"二句，典出唐房玄龄等《晋书·桓温传》："温自江陵北伐……过淮、泗，践北境，与诸僚属登平乘楼眺瞩中原，慨然曰：'遂使神州陆沉，百年丘墟，王夷甫诸人不得不任其责！'"

（15）"此事"句，典出唐房玄龄等《晋书·山涛传》："钟会作乱于蜀，而文帝将西征，时魏氏诸王公并在邺，帝谓涛曰：'西偏吾自了之，后事深以委卿。'"

（16）千古一扁舟，用吴越时期越国大臣范蠡在破吴后与西施泛舟五湖的典故。扁舟，小船。《史记·货殖列传》："范蠡既雪会稽之耻，乃喟然而叹曰：'计然之策七，越用其五而得意。既已施于国，吾欲用之家。'乃乘扁舟浮于江湖。"

【赏析】

据现代学者邓广铭《稼轩词编年笺注》，此词约作于宋孝宗淳熙、宋光宗绍熙之间（1189—1190）作者闲居带湖时。杨民瞻是作者友人，其遭际与辛弃疾略同，两人交往甚久，并常有词章往来。

此时杨民瞻即将返乡（一说出山宦游），辛弃疾有感而作此词相赠。词人既同情其怀才不遇、怀乡思归，复以国事相勉，希其功成始退。

上阕言己。此词先从日月旋转、万物消长、大江东去等大处落笔，旨在说明宇宙无穷、流光飞逝、时不我待、隐寄壮志难酬的身世之慨。"日月如磨蚁，万事且浮休。君看檐外江水，滚滚自东流。"开首几句的风格及作者的心绪较以往风格为之一变，给人一种淡然、伤怀的平静，丝毫不见其豪放、洒脱、坚毅、心怀天下的气概。"磨蚁"一词借用古意把日月交替的时光变换比作在磨盘上昼夜不停转动的蚂蚁，平添一种无聊重复之感。"浮休"二字从《庄子·刻意篇》"其声若浮，其死若休"转化而来，平淡地概括了万事万物颇具庄老之气，淡而化之。"君看"一句呈现这样一个画面：危亭高楼旷远，槛外江水自流，一人单手拂须，当风而立，举目远望，眼光似远忽近，心留物外，超尘离世。让人不觉心生游离尘世之外、淡然人生的空寂之感。"风雨瓢泉夜半，花草雪楼春到，老子已菟裘"，接着拍归自身，风雨瓢泉，花草雪楼，寓悲愤于闲适，表面上看全然平淡、超脱，其实心有不甘，惨淡哀愁，潦倒自嘲。"岁晚问无恙，归计橘千头"，结处设问自答，将此种情绪又推进一层。上阕最末两句继续前句风格，连用两个典故，平静地表达出了自己辞官归隐的心迹。

上阕从整体来看，笼在一层超然之气中，可是又并非真正的心游物外、弃绝尘世，总是觉得这种淡然之中还隐有惨淡愁绪，一切似乎是作者在故作潇洒地自嘲解笑，透露着自己的牢骚不满之气。

下阕由己及友，正面切题，命意用笔，略见变化。前五句对友人的现实处境深表同情。过拍便直接与杨民瞻展开对话。"梦连环，歌弹铗，赋登楼"，换头处一口气连用三个典故，气势连贯地道出杨民瞻的抑郁不得志，同时更是自己的借机发怨。"歌弹铗"三字笑中藏泪，本来应该用来战场杀敌为国的长剑，却被用来弹击和歌，吟唱风月。天大的玩笑、英雄的悲鸣，表现得深沉有力、挠人心魄。冯谖弹铗、王粲登楼般的遭遇，正是友人梦乡思归的缘由。"黄鸡白酒"，想见归隐乡里，古朴纯真之乐。但"长剑倚天谁问，夷甫诸人堪笑，西北有神州"几句，情意陡转，怒斥群小误国，以致志士投闲。"此事君自了，千古一扁舟"，结拍勉励友人应以国事为重，不妨效法当年范蠡，为国家干一番事业，功成而后身退。

这首词一开始便极力含势，收蓄平静到怡然平淡之后，作者将他的肺腑感慨毫不保留地喷薄而出，迅猛豪壮。"长剑倚天谁问？"英雄失意的抑郁在这一刻被作者厉声吼出，悲壮而又豪气干云。"夷甫诸人堪笑"，步步进逼，进一步道出了对屈辱求和的当权者的激愤和拷问。后句"西北有神州"，使得辛弃疾更显大丈夫气概。无论当权者怎样昏聩、委屈求和，都无须理会，因为只要为国为民，是为了祖国的大好河山而不是为几个胆小无耻的昏聩之人卖命，就还是要做自己应该做的事情。"西北有神州"，还要为了它继续奋斗。全词豪气奔放，潇洒怡然。

【原文】

踏莎行·庚午中秋后二夕，带湖篆冈小酌·夜月楼台

夜月楼台，秋香院宇。笑吟吟地人来去。是谁秋到便凄凉？当年宋玉悲如许[(1)]。　　随分杯盘[(2)]，等闲歌舞[(3)]。问他有甚堪悲处[(4)]？思量却也有悲时[(5)]：重阳节近多风雨[(6)]。

【毛泽东圈评等情况】

毛泽东读 1958 年中华书局影印版《稼轩长短句》时，圈阅了这首《踏莎行·夜月楼台》。

[参考] 张贻玖：《毛泽东评点、圈阅的中国古典诗词》，

中国工人出版社 1992 年版，第 249 页。

【注释】

（1）宋玉，战国时楚国的著名诗人，屈原的学生，其代表作《九辩》有句云："悲哉秋之为气也，萧瑟兮草木摇落而变衰。"如许，如此。

（2）随分，随意，任意。唐王绩《独坐》诗："百年随分了，未羡陟方壶。"

（3）等闲，平常，普通。唐贾岛《古意》诗："志士终夜心，良马白日足。俱为不等闲，谁是知音目。"

（4）甚堪，什么可以。

（5）思量，考虑，忖度。唐房玄龄等《晋书·王豹传》："得前后白事，具意，辄别思量也。"

（6）重阳句，宋释惠洪《冷斋夜话》卷四《满城风雨近重阳》条："黄州潘大临工诗，多佳句，然甚贫。东坡、山谷尤喜之。临川谢无逸以书问：'有新作否？'潘答书曰：'秋来景物，件件是佳句，恨为俗氛所蔽翳。昨日闲卧，闻搅林风雨声，欣然起，题其壁曰："满城风雨近重阳。"忽催租人至，遂败意。止此一句奉寄。'闻者笑其迂阔。"

【赏析】

《踏莎行》，词牌名，又名《柳长春》《喜朝天》等。双调五十八字，仄韵。又有《转调踏莎行》，双调六十四字或六十六字，仄韵。

宋孝宗淳熙八年（1181）冬，辛弃疾因受到弹劾而被免职，归居上饶。此后二十年间，他大部分时间都在乡间闲居，此词便是作于其间。庚午是南宋光宗绍熙元年（1190），时逢中秋节，辛弃疾在上饶的带湖别墅篆冈喝酒赏月，成此佳作。篆冈，地名，在带湖旁。

词先写良宵小酌于篆冈的愉悦。开头三句说："夜月楼台，秋香院宇。笑吟吟地人来去。"唐李贺《金铜仙人辞汉歌》："画栏桂树悬秋香。"正如题中所说，这一天是中秋过后的第二个夜晚，景物十分宜人：明月尚圆，辉映楼台；桂花正开，香飘庭院。对景而坐，一杯在手，侍者笑颜往来，词人心情很好。"是谁秋到便凄凉？当年宋玉悲如许"，词人因而觉得历来文人逢秋兴悲实在大可不必。南宋爱国文人常爱借此事讥讽当时政治上的软弱者。现在，词人表面上对宋玉有微词，实质上也是有点瞧不起那些现实生活中多愁善感的弱者。陆游有诗云："宋玉悲秋千载后，诗人例有早秋诗。老夫自笑心如石，三日秋风漫不知。"（《立秋后作》）与辛弃疾的思想感情十分相似，只是陆诗表现为痴顽，辛词表现为放达而已。

词下阕先说只要人能恬然自适，秋日里亦自可乐，承上一步说秋不足悲。换头处三句说："随分杯盘，等闲歌舞，问他有甚堪悲处？""杯盘""歌舞"，正面点到了题目中的"小酌"，但要表现的思想重点则落在"随分""等闲"几个字上：杯盘何妨草草，只要有兴致，不必非玉盘珍馐不可；歌舞尽可随意，能自得其乐，不在乎鼓板丝竹有无。凡事随分而安，等闲处之，则无往而不适，纵使老居山野，也不必悲伤。这几句话，说得似乎很旷达，但仔细体会起来，却有一点牢骚的味道。"问他有甚堪悲处"是诘问，意思却是确定无疑的：不足悲。既无问意，本不必作答，但为与上阕一问一答形式保持一致，还是作了回答："思量却也有悲时，重阳节近多风雨。"这一答，从不足悲转出"也有悲"来，可谓"无中生有"。北宋释惠洪《冷斋夜话》卷四曾记潘大临（邻老）轶事一条曰："昨日闲卧，闻搅林风雨声，欣然起，题其壁曰：'满城风雨近重阳。'忽催租人至，遂败意。止此一句奉寄。"辛弃疾用此事，变化了出处原意。潘诗以"风雨近重阳"为佳兴，败兴者是催租人。辛词以眼前晴明为乐事，联想到不久将到来的重阳佳节，更宜登高饮酒，便忧愁风雨会败兴。这是两者的不同。但在表达"秋来景物，件件是佳句"的意思上，又是彼此相合的。化用典故，极其灵活。因"中秋后二夕"而想到"重阳"，因"篆冈小酌"之乐而想到莫败坏来日趁晴宴游的兴头，扣题甚紧。现在，中秋是有月的，只是重阳的晴朗天气还靠不住。在无足悲之中，总算也找出一点悲来。以只关心天气好坏来表现尘杂之念全不系心头，这正是换一种说法来写自己恬淡闲适的生活态度。明代学者李濂《批点稼轩长短句》："后半篇更佳。"晚清词家陈廷焯《词则·放歌集》卷一眉批："郁勃以蕴藉出之。"

【原文】

西江月·夜行黄沙道中·明月别枝惊鹊

　　明月别枝惊鹊⁽¹⁾，清风半夜鸣蝉。稻花香里说丰年⁽²⁾，听取蛙声一片⁽³⁾。　　七八个星天外⁽⁴⁾，两三点雨山前。旧时茅店社林边⁽⁵⁾，路转溪桥忽见⁽⁶⁾。

【毛泽东圈评等情况】

　　毛泽东读 1958 年中华书局影印版《稼轩长短句》时，圈阅了这首《西江月·明月别枝惊鹊》。

　　　　[参考]张贻玖：《毛泽东评点、圈阅的中国古典诗词》，

　　　　　　中国工人出版社 1992 年版，第 249 页。

【注释】

　　（1）明月别枝惊鹊，明亮的月亮惊醒了睡在树枝上的喜鹊。别枝，另一枝，斜枝。唐钱起《哭辛霁》诗："流水辞山花别枝，随风一去绝还期。"三国魏曹操《短歌行》："月明星稀，乌鹊南飞。绕树三匝，何枝可依？"唐方干《寓居郝氏林亭》："蝉曳残声过别枝。"

（2）稻花香里说丰年，青蛙的叫声仿佛预报今年的丰收。唐房玄龄等《晋书·惠帝纪》载：惠帝在园林中听见虾蟆叫，问他的随从人员说："此鸣者为公乎，为私乎？"虫声无意，却被认为有心，本是个愚人的笑话，这里却转为赞美之词。

（3）听取，听，听到，取，语气助词。《敦煌曲子词·何满子》："胡言汉语真难会，听取胡歌甚可怜。"

（4）"七八个星天外"二句，唐卢延让《松门寺》："两三条电欲为雨，七八个星犹在天。"

（5）旧时，往日。茅店，茅草盖的乡村客店。社林，土地庙附近的树林。社，土地神庙。古时，村有社树，为祀神处，故曰社林。

（6）忽见，忽然出现。见，同"现"，显现，出现。

【赏析】

《西江月》，唐教坊曲名，后用为词牌名，正体，双调五十字。前后段各四句，两平韵，一叶韵。唐李白《苏台览古》诗："只今惟有西江月，曾照吴王宫里人"句，故由此得名。以柳永《西江月·凤额绣帘高卷》为代表。此调始于南唐欧阳炯，自宋苏轼、辛弃疾外，填者绝少。

《夜行黄沙道中》是词题。黄沙道，指的是从江西上饶黄沙岭乡黄沙村的茅店到大屋村的黄沙岭之间约二十公里的乡村道路，南宋时是一条直通上饶古城的比较繁华的官道，东到上饶，西通江西铅山。这首词是辛弃疾被贬官闲居江西时的作品。描写黄沙岭夜里明月清风、疏星稀雨、鹊惊蝉鸣、稻花飘香、蛙声一片的情景。从视觉、听觉和嗅觉三方面描写，写出夏夜的山村风光，表达了诗人对丰收之年的喜悦和对农村生活的热爱。

这首词前两句是"明月别枝惊鹊，清风半夜鸣蝉"，表面写的是风、月、蝉、鹊这些极其平常的景物，然而经过作者巧妙的组合，结果平常中就显得不平常了。鹊儿的惊飞不定，不是盘旋在一般树头，而是飞绕在横斜突兀的枝干之上。因为月光明亮，所以鹊儿被惊醒了；而鹊儿惊飞，自然也就会引起"别枝"摇曳。同时，知了的鸣叫声也是有其一定时间的。夜间的鸣叫声不同于烈日炎炎下的嘶鸣，而当凉风徐徐吹拂时，往往特别感到清幽。总之，"惊鹊"和"鸣蝉"两句动中寓静，把半夜"清风""明月"下的景色描绘得令人悠然神往。接下来"稻花香里说丰年，听取蛙声一片"，把人们的关注点从长空转移到田野，表现了词人不仅为夜间黄沙道上的柔和情趣所浸润，更关心扑面而来的漫村遍野的稻花香，又由稻花香而联想到即将到来的丰年景象。此时此地，词人与人民同呼吸的欢乐，尽在言表。稻花飘香的"香"，固然是描绘稻花盛开，也是表达词人心头的甜蜜之感。而说丰年的主体，不是人们常用的鹊声，而是那一片蛙声，这正是词人匠心独到之处，令人称奇。在词人的感觉里，俨然听到群蛙在稻田中齐声喧嚷，争说丰年。先出"说"的内容，再补"声"的来源。以蛙声说丰年，是词人的创造。以上四句纯然是抒写当时当地的夏夜山道的景物和词人的感受，然而其核心却洋溢着丰收年景的夏夜。因此，与其说这是夏景，还不如说是眼前夏景将给人们带来的幸福。

　　不过，词人所描写的夏景并没有就此终止。如果说词的上阕并非寥廓夏景的描绘，那么下阕却显然是以波澜变幻、柳荫路曲取胜了。由于上阕结尾构思和音律出现了显著的停顿，因此下阕开头，词人就树立了一座峭拔挺峻的奇峰，运用对仗手法，以加强稳定的音势。"七八个星天外，两三点雨山前"，在这里，"星"是寥落的疏星，"雨"是轻微的阵雨，这些都是为了与上阕的清幽夜色、恬静气氛和朴野成趣的乡土气息相吻合。特别是一个"天外"、一个"山前"，本来是遥远而不可捉摸的，可是笔锋一转，"旧时茅店社林边，路转溪桥忽见"。小桥一过，乡村林边茅店的影子却意想不到地展现在人们的眼前。词人对黄沙道上的路径尽管很熟，可总因为醉心于倾诉丰年在望之乐的一片蛙声中，竟忘却了越过"天外"，迈过"山前"，连早已临近的那个社庙旁树林边的茅店，也都没有察觉。前文"路转"，后文"忽见"，既衬出了词人骤然间看出了分明临近旧屋的欢欣，又表达了他由于沉浸在稻花香中以至忘了道途远近的怡然自得的入迷程度，相得益彰，体现了作者深厚的艺术功底，令人玩味无穷。从表面上看，这首词的题材内容不过是一些看来极其平凡的景物，语言没有任何雕饰，没有用一个典故，层次安排也完全是听其自然。然而，正是在看似平淡之中，却有着词人潜心的构思，淳厚的感情。

在这里，读者也可以领略到稼轩词于雄浑豪迈之外的另一种境界。现代词学家唐圭璋《唐宋词选注》评说："作者以宁静的笔调描写了充满着活跃气氛的夏夜。一路行来，有清风、明月、疏星、微雨，也有鹊声、蝉声，还闻到了稻花香。走得久了，忽然看到那家熟识的小店，可以进去歇歇脚，愉悦之情，油然而生。"

【原文】

水调歌头·壬子三山被召，
陈端仁给事饮饯席上作·长恨复长恨

长恨复长恨[1]，裁作《短歌行》[2]。何人为我楚舞[3]，听我楚狂声[4]？余既滋兰九畹[5]，又树蕙之百亩，秋菊更餐英[5]。门外沧浪水，可以濯吾缨[6]。　　一杯酒，问何似，身后名[7]？人间万事[8]，毫发常重泰山轻[9]。悲莫悲生离别，乐莫乐新相识[10]，儿女古今情。富贵非吾事，归与白鸥盟[11]。

【毛泽东圈评等情况】

毛泽东读1958年中华书局影印版《稼轩长短句》时，圈阅了这首《水调歌头·长恨复长恨》。

[参考]张贻玖：《毛泽东评点、圈阅的中国古典诗词》，中国工人出版社1992年版，第248页。

【注释】

（1）长恨，遗恨千古。汉扬雄《剧陈美新》："所怀不章，长恨黄泉。"亦指千古之遗恨。南朝宋鲍照《代东门行》："长恨欲自慰，弥起长恨端。"

（2）《短歌行》，乐府平调曲名。《乐府解题》："魏武帝'对酒当歌，人生几何'，晋陆机'置酒高堂，悲来临觞'，皆言当及时为乐。"

（3）楚舞，《史记·留侯世家》："上目送之，召戚夫人指示四人者曰：'我欲易之，彼四人辅之，羽翼已成，难动矣。吕后真而主矣。'戚夫人泣，上曰：'为我楚舞，吾为若楚歌。'歌曰：'鸿鹄高飞，一举千里。羽翮已就，横绝四海。横绝四海，当可奈何！虽有矰缴，尚安所施！'歌数阕，戚夫人嘘唏流涕，上起去，罢酒。"

（4）楚狂声，指楚国的狂人接舆的《凤兮歌》。《论语·微子篇》："楚狂接舆歌而过孔子曰：'凤兮！凤兮！何德之衰？往者不可谏，来者犹可追。已而！已而！今之从政者殆而！'孔子下，欲与之言。趋而辟之，不得与之言。"当面讽刺孔子迷于从政，疲于奔走，《论语》因称接舆为"楚狂"。

（5）"余既滋兰九畹"三句，语出战国楚屈原《离骚》："余既滋兰之九畹，又树蕙之百亩。"又"朝饮木兰之坠露兮，夕餐秋菊之落英。"滋，培植。畹，古面积单位，三十亩为一畹。英，花。

（6）"门外沧浪水"二句，语出战国楚屈原《楚辞·渔父》："沧浪之水清兮，可以濯我缨；沧浪之水浊兮，可以濯我足。"缨，丝带子。这两句的意思是，对清水、浊水态度要明确，不要然然可可，表示了他刚正清高的品德。

（7）"一杯酒"三句，南朝宋刘义庆《世说新语·任诞》："张季鹰纵任不拘，时人号为江东步兵。或谓之曰：'卿乃可纵适一时，独不为身后名邪？'答曰：'使我有身后名，不如即时一杯酒。'"

（8）人间万事，《庄子·齐物论》："天下莫大于秋毫之末，而泰山为小。"

（9）毫发，毛发，喻极细小的事物。这句是说人世间的各种事都被颠倒了。

（10）"悲莫悲生离别"二句，语出战国楚屈原《楚辞·九歌·少司命》："悲莫悲兮生离别，乐莫乐兮新相识。"这里是对陈端仁说的，表示对陈端仁有深厚的感情。

（11）"富贵非吾事"二句，语出东晋陶渊明《归去来辞》："富贵非吾愿，帝乡不可期。"这里以陶渊明自况，抒发了词人淡泊名利、洁身自好的情怀。归与句，宋黄庭坚《登快阁》诗："万里归船弄长笛，此心吾与白鸥盟。"

【赏析】

这首《水调歌头》作于宋光宗绍熙三年底（1192 年），是一首感时抚事的答别之作。辛弃疾于绍熙三年初出任福建提点刑狱。是年冬天，被宋光宗赵惇召见，由三山（今福建福州）赴临安。虽然新年将到，也只得立即启程，当时正免官家居的陈岘（字端仁）为他设宴饯行，辛弃疾写下这首词，表示对这次的召见不抱任何幻想。相反，他对主和派的认识更加清楚，愤恨的心情也到了难以忍受的地步。这是作者写作此词时的心境。

此词上阕分两层，"长恨复长恨，裁作《短歌行》。何人为我楚舞，听我楚狂声"，前两韵是第一层，直接抒写诗人的"长恨"和"有恨无人省"的感慨。作者直接以"长恨复长恨，裁作《短歌行》"句开篇，乍看似觉突兀；其实稍加思索，就会明白其深刻的感情背景。由于北方金朝的入侵，战乱不息，被占区人民处在金人统治之下，而偏安一隅的南宋小朝廷非但不图恢复，还对主张抗金北伐的人士加以压制和迫害，作者就曾多次受到打击。这对于一个志在恢复的爱国者来说，不能不为此而感到深切的痛恨。如此"长恨"，在"饮饯席上"难以尽言，所以词人只能用高度浓缩的语言，把它"裁作《短歌行》"。《短歌行》，原多用作饮宴席上的歌辞。词人信手拈来，融入句中，自然而巧妙地点明了题面。"长恨"而"短歌"，不仅造成形式上的对应美，更主要的是显示出那种恨不得尽言而又不能言的情致。"何人为我楚舞，听我楚狂声"二句，合用了两个典故，分别出自《史记·留侯世家》和《论语·微子篇》。辛弃疾在这里运用这两个典故，目的是抒发他虽有满腔"长恨"而又无人理解的悲愤，一个"狂"字，更突出了他不愿趋炎附势、屈从权贵的耿介之情。从遣词造句看，这一韵还妙在用"何人"呼起，以反诘语气出之，大大增强了词句的感人力量；而"为我楚舞""听我楚狂声"，反复咏言，又造成一种一唱三叹、回肠荡气的艺术效果。词人在直抒胸臆以后，紧接着就以舒缓的语气写道："余既滋兰九畹，又树蕙之百亩，秋菊更餐英。"一韵三句，均用屈原《离骚》诗句。前两句径用屈原原句，只是"兰"字后少一"之"字，"畹"字后少一"兮"字。"餐英"句则从原句"朝饮木兰之坠露兮，夕餐秋菊之落英"概括而来。兰、蕙都是香草，"滋兰""树蕙"，是以培植香草比喻培养自己美好的品德和志节。而"饮露""餐英"，则是以饮食的芳洁比喻品节的纯洁和高尚。作者在这里引用屈原诗句，并用"滋兰""树蕙"之词，显然是为了表达自己的志节和情操。屈原在忠而被谤、贤而见逐的情况下，仍然坚定地持其"内美"和"修能"，执着地追求自己的理想，词人在遭朝中奸臣谗言排挤、被削职乡居的情况下，依然不变报国之志，表明自己决不肯随波逐流，不与投降派同流合污、沆瀣一气。"门外沧浪水，可以濯吾缨"一句，仍承前韵词意，从另一个角度表明自己的志节和操守。这里又用一典。战国楚屈原《楚辞·渔父》中说，屈原被放逐，"游于江潭"，"形容枯槁"，渔父问他为什么到了这种地步，屈原说："举世皆浊我独清，众人皆醉我独醒，是以见放。"渔父劝他"与世推移"，不要"深思高举"，自讨其苦。屈原说，"宁赴湘流，葬于江鱼之腹"，也不肯"以皓皓之白，而蒙世俗之尘埃"。渔父听后，一边摇船而去，一边唱道："沧浪之水清兮，可以濯我缨；沧浪之水浊兮，可以濯我足。"意思是劝屈原要善于审时度势，采取从时随俗的处世态度。词人化用此典，意在进一步表明自己的志节情操。

词的下阕在批判轻重颠倒、是非不分的社会现实的同时，进一步表明自己决不随世浮沉的处世态度。也分两层，头两韵为第一层，再以沉郁之笔抒写志业难偶的悲愤。头三句"一杯酒，问何似，身后名？"遥应篇首，意在抒发自己理想无从实现的感慨，情绪又转入激昂。据南朝宋刘义庆《世说新语·任诞》，西晋张翰（字季鹰），为人"纵任不拘"，有人问他："卿乃可纵适一时，独不为身后名耶？"他说："使我有身后名，不如即时一杯酒。"词人用张翰的典故，乃是牢骚之气。他的抗金复国理想难以实现，志业难遂，根本不需要那"身后"的虚名。词人接着写为什么会发此牢骚："人间万事，毫发常重泰山轻。"这一韵是全词的关键所在，道出"长恨复长恨"的根本原因，就是因为南宋统治集团轻重倒置、是非不分，置危亡于不顾，而一味地苟且偷安。这是词人对南宋朝廷腐败政局的严厉批判和愤怒呼喊。最后两韵是下片第二层，通过写惜别再一次表明自己的心志，词人的情绪这时又渐渐平静下来。"悲莫悲生离别，乐莫乐新相识，儿女古今情"，三句写惜别，用屈原《九歌》来点明恨别乐交乃古往今来人之常情，表明词人和饯行者陈端仁的情谊深厚，彼此都不忍离别之情。"富贵非吾事，归与白鸥盟"二句，又引用两个典故。陶渊明《归去来兮辞》云："富贵非吾愿，帝乡不可期。"陶渊明生于东晋末期，社会动乱，政治黑暗，而他本人又"质性自然"（《归去来兮辞序》），"不慕荣利"（《五柳先生传》），因有是辞。这里词人引用陶诗，表明自己此次奉召赴临安并不是追求个人荣利，并且也不想在那里久留，以表明自己的心迹。"归与白鸥盟"，是作者从正面表明自己的心迹。据《列子·黄帝篇》，相传海上有位喜好鸥鸟的人，每天早晨必在海上与鸥鸟相游处，后遂以与鸥鸟为友比喻浮家泛宅、出没云水间的隐居生活。在这里，词人说归来与鸥鸟为友，一方面表明自己宁可退归林下，也不屑与投降派为伍，另一方面也有慰勉陈端仁之意，从而照应了题面。

辛弃疾的这首《水调歌头》，虽是答别之词，却无常人的哀怨之气。通观此篇，它答别而不怨愤，溢满全词的是他感时抚事的悲恨和忧愤，而一无凄楚或哀怨。词中的声情，时而激越，时而平静，时而急促，时而沉稳，形成一种豪放中见沉郁的艺术情致。此外，词中还成功地运用比兴手法，不仅丰富了词的含蕴，而且对抒发词人的志节等，也都起到了很好的艺术效果。清陈廷焯评此词说："怨愤填膺，不可遏抑；运用成句，纯以神行。"近人吴则虞《辛弃疾词选集》："此词浑如急管繁弦，悲促愤慨。稼轩帅闽未久，纵有扼腕龃龉之情，莅任未久，不应如是之甚。端仁废职家居，相对固不免有牢落之思，离筵赠答之词，亦不作如此倾吐。窃疑此词之题虽云'席上作'实则稼轩赋此词不必为陈端仁亦不必专指赴召事。稼轩帅闽，本非所愿，奉召多时，迟迟而前，《山花子》'三山戏作'一词尤能见其胸抱。此词主旨在'富贵非吾事'一语，稼轩身虽贵，而富贵非其所愿，端仁虽失位，而沧浪容与，长结鸥盟。'乐莫乐新相识'者亦在此。此词妙处皆多于言外见之。"

【原文】

水龙吟·过南涧双溪楼·举头西北浮云

举头西北浮云⁽¹⁾，倚天万里须长剑⁽²⁾。人言此地，夜深长见，斗牛光焰⁽³⁾。我觉山高，潭空水冷，月明星淡⁽⁴⁾。待燃犀下看⁽⁵⁾，凭栏却怕⁽⁶⁾，风雷怒⁽⁷⁾，鱼龙惨⁽⁸⁾。　峡束苍江对起⁽⁹⁾，过危楼⁽¹⁰⁾，欲飞还敛⁽¹¹⁾。元龙老矣⁽¹²⁾！不妨高卧，冰壶凉簟⁽¹³⁾。千古兴亡，百年悲笑⁽¹⁴⁾，一时登览。问何人又卸⁽¹⁵⁾，片帆沙岸，系斜阳缆⁽¹⁶⁾？

【毛泽东圈评等情况】

毛泽东读 1958 年中华书局影印版《稼轩长短句》时，圈阅了这首《水龙吟·举头西北浮云》。

[参考] 张贻玖：《毛泽东评点、圈阅的中国古典诗词》，

中国工人出版社 1992 年版，第 248 页。

【注释】

（1）西北浮云，西北的天空被浮云遮蔽，这里隐喻中原河山沦陷于金人之手。浮云，飘动的云。战国楚宋玉《楚辞·九辩》："块独守此无泽兮，仰浮云而永叹。"《古诗十九首·西北有高楼》："西北有高楼，上与浮云齐。"

（2）倚天万里须长剑，战国楚宋玉《大言赋》："方地为车，圆天为盖。长剑耿介，倚天之外。"倚天，形容宝剑极长和带剑的人极高大。

（3）"人言此地"三句，传说晋初时，斗、牛之间常有紫气照射，雷焕以为是宝剑之精上彻于天所致。见唐房玄龄等《晋书·张华传》："初，吴之未灭也，斗牛之间常有紫气，道术者皆以吴方强盛，未可图也，惟华以为不然。及吴平之后，紫气愈明。华闻豫章人雷焕妙达纬象，乃要焕宿，屏人曰：'可共寻天文，知将来吉凶。'因登楼仰观，焕曰：'仆察之久矣，惟斗牛之间颇有异气。'华曰：'是何祥也？'焕曰：'宝剑之精，上彻于天耳。'华曰：'君言得之。吾少时有相者言，吾年出六十，位登三事，当得宝剑佩之。斯言岂效与！'因问曰：'在何郡？'焕曰：'在豫章

丰城。'华曰：'欲屈君为宰，密共寻之，可乎？'焕许之。华大喜，即补焕为丰城令。焕到县，掘狱屋基，入地四丈余，得一石函，光气非常，中有双剑，并刻题，一曰龙泉，一曰太阿。其夕，斗牛间气不复见焉。……焕卒，子华为州从事，持剑行经延平津，剑忽于腰间跃出堕水，使人没水取之，不见剑，但见两龙各长数丈，蟠萦有文章，没者惧而反。须臾光彩照水，波浪惊沸，于是失剑。"后因以斗牛指代宝剑，亦泛指剑。斗牛，星名，二十八宿的斗宿与牛宿。

（4）"我觉山高"三句，宋王象之撰《舆地纪胜·南剑州》："谓剑溪樵川'二水交流，汇为龙潭，是为宝剑化龙之津'。"月明星淡，三国魏曹操《短歌行》："月明星稀，乌鹊南飞。"

（5）待，打算，想要。燃犀，南朝宋刘敬叔《异苑》卷七："晋温峤至牛渚矶，闻水底有音乐之声，水深不可测。传言下多怪物。乃燃犀角而照之。须臾，水族覆火，奇形异状。"后以"燃犀"为烛照水下鳞介之怪的典故。

（6）凭栏，亦作"凭阑"，靠着栏杆。唐温庭筠《菩萨蛮》词："春水渡溪桥，凭阑魂欲消。"

（7）风雷，风和雷。《易·益》："风雷，益。"形容响声巨大。唐方干《因话天台胜异仍送罗道士》诗："石上丛林碍星斗，窗前瀑布走风雷。"

（8）鱼龙，鱼和龙，泛指鳞介水族。《周礼·地官·大司徒》"鳞物"汉郑玄注："鱼龙之属。"暗喻朝中阻遏抗战的小人。惨，狠毒。

（9）峡束苍江对起，唐杜甫《秋日夔府咏怀》："峡束苍江起，岩排古树圆。"宋王象之撰《舆地纪胜·南剑州》引古诗："双溪分二水，万古水溶溶。"按：《八闽通志》谓延平为剑溪樵川二水交流之地，故建楼于此，名双溪楼，因有"苍江对起"之句也。束，夹峙。

（10）危楼，高楼。北魏郦道元《水经注·沮水》："危楼倾崖，恒有落势。"

（11）欲飞还敛，形容水流奔涌直前，因受高山的阻挡而回旋激荡，渐趋平缓。

（12）元龙，陈登，字元龙，三国时魏人，为人豪放出名，词人喻指自己。西晋陈寿《三国志·魏书·陈登传》："陈登者，字元龙，在广陵有威名。又掎角吕布有功，加伏波将军，年三十九卒。后许汜与刘备并在荆州牧刘表坐，表与备共论天下人，汜曰：'陈元龙湖海之士，豪气不除。'备谓表曰：'许君论是非？'表曰：'欲言非，此君为善士，不宜虚言；欲言是，元龙名重天下。'备问汜：'君言豪，宁有事邪？'汜曰：'昔遭乱过下邳，见元龙。元龙无客主之意，久不相与语，自上大床卧，使客卧下床。'备曰：'君有国士之名，今天下大乱，帝主失所，望君忧国忘家，有救世之意，而君求田问舍，言无可采，是元龙所讳也，何缘当与君语？如小人，欲卧百尺楼上，卧君于地，何但上下床之间邪？'表大笑。"

（13）冰壶凉簟，喝冷水，睡凉席，形容隐居自适的生活。冰壶，盛冰的玉壶。常用以比喻品德清白廉洁。语本南朝梁萧统《文选·鲍照〈白头吟〉》："直如朱丝绳，清如玉壶冰。"李周翰注："玉壶冰，取其洁净也。"凉簟，凉席。

（14）百年悲笑，指人生百年中的遭遇。

（15）卸，解落，卸下。

（16）缆，系船用的绳子。

【赏析】

辛弃疾在绍熙五年（1194）前曾任福建安抚使。从这首词的内容及所流露的思想感情看，可能是受到主和派谗害诬陷而落职时的作品，但作于在福建任职时期。作者途经南剑州，登览历史上有名的双溪楼，有感而作此词。

南剑，宋代的南剑州，宋代州名，即延平，属福建。这里有剑溪和樵川二水，环带左右。双溪楼正当二水交流的险绝处。双溪楼，在南剑州府城东。要给这样一个奇峭的名胜传神，颇不容易。作者紧紧抓住其具有特征性的一点，作全力刻画，那就是"剑"，也就是"千峰似剑铓"的山。而剑和山，正好融合作者本人性格与经历在内。

词的上阕一开头，"举头西北浮云，倚天万里须长剑"二句，就像从天外飞来一样，凌云健笔，把上入青冥的高楼，千丈峥嵘的奇峰写得寒芒四射，凛凛逼人。而作者生当宋室南渡，以一身支拄东南半壁进而恢复神州的怀抱,又隐然蕴藏于词句里,这是何等的笔力。"人言此地,夜深长见,斗牛光焰"三句,从延平津双剑故事翻腾出剑气上冲斗牛的词境。据《晋书·张华传》:晋尚书张华见斗、牛二星间有紫气,问雷焕。焕曰:是宝剑之精,上彻于天。后焕为丰城令,掘地,得双剑,其夕,斗牛间气不复见焉。焕遣使送一剑与华,一自佩。华诛,失剑所在。焕卒,其子华持剑行经延平津,剑忽于腰间跃出堕水,化为二龙。作者又把山高、潭空、水冷、月明、星淡等清寒景色,汇集在一起,以"我觉山高,潭空水冷,月明星淡"三句,给人以寒意的感觉。然后转到要"待燃犀下看"(《晋书·温峤传》),一探究竟。"凭栏却怕,风雷怒,鱼龙惨",一个怕字,一个怒字,一个惨字,从静止中进入到惊心动魄的境界,字里行间,却跳跃着虎虎的生气。

词的下阕写双溪景色。"峡束苍江对起,过危楼,欲飞还敛",换头处三句,实写峡、江、楼。双溪水奔腾而来,正要冲过,却被两旁的山峡束缚制约住,飞湍的激流收敛舒缓下来。剑溪两岸高峡对峙,这句是写景,同时兼有抒情。本来奔腾汹涌的心潮,到此却平静下来,本要为抗金复国大干一番事业,最终却被罢职退归,不得不"欲飞还敛"。词笔刚劲中带韧性,极烹炼之工。这是以柳宗元游记散文文笔写词的神技。从高峡的"欲飞还敛",双关到词人从炽烈的民族斗争场合被迫退下来的悲凉心情。"元龙老矣",是词人自指。词人以三国时胸怀大志的陈登(字元龙)相比,词人时年五十五岁,所以说已经老了,"不妨高卧,冰壶凉簟",以淡静之词,勉强抑遏自己飞腾的壮志。这时作者任福建提点刑狱之职,是无从施展收复中原的抱负的。"千古兴亡,百年悲笑,一时登览。问何人又卸,片帆沙岸,系斜阳缆",结末六句写千古兴亡的感慨。最后看到沙岸边又有停泊的归舟时,想到自己英雄失路的报复未展,只能归卧"冰壶凉簟",而国家民族的前途正像这江晚余晖,使人无限忧虑,更激起无限感慨。长此以往,南宋之灭亡势在必然了。这首词通体洋溢着爱国热情,很能代表辛词雄浑豪放、慷慨悲凉的风格,读之有金石之音,风云之气,令人魄动魂惊。清周济在《宋四家词选》中说:"欲扶浮云,必须长剑。长剑不可得出,安得不恨鱼龙。"揭示了全词的主题。

【原文】

沁园春·再到期思卜筑·一水西来

一水西来，千丈晴虹，十里翠屏。喜草堂经岁⁽¹⁾，重来杜老⁽²⁾，斜川好景⁽³⁾，不负渊明。老鹤高飞⁽⁴⁾，一枝投宿，长笑蜗牛戴屋行⁽⁵⁾。平章了⁽⁶⁾，待十分佳处，著个茅亭⁽⁷⁾。　　青山意气峥嵘⁽⁸⁾。似为我归来妩媚生⁽⁹⁾。解频教花鸟⁽¹⁰⁾，前歌后舞，更催云水，暮送朝迎。酒圣诗豪⁽¹¹⁾，可能无势，我乃而今驾驭卿⁽¹²⁾。清溪上，被山灵却笑，白发归耕⁽¹³⁾。

【毛泽东圈评等情况】

毛泽东读1958年中华书局影印版《稼轩长短句》时，圈阅了这首《沁园春·一水西来》。

[参考]张贻玖：《毛泽东评点、圈阅的中国古典诗词》，中国工人出版社1992年版，第250页。

【注释】

（1）草堂，茅草盖的堂屋。旧时文人常以"草堂"名其所居，以标风操之高雅。南朝齐孔稚珪《北山移文》："钟山之英，草堂之灵，驰烟驿路，勒移山庭。"经岁，一年后，此泛言若干年后。

（2）杜老，指杜甫。成都杜甫草堂，是中国唐代大诗人杜甫流寓成都时的居所。唐肃宗乾元元年（758）冬天，杜甫为避"安史之乱"，携家由陇右（今甘肃南部）入蜀辗转来到成都。次年春，在友人严武的帮助下，在成都西郊风景如画的浣花溪畔修建茅屋居住。第二年春天，茅屋落成，称"成都草堂"。他的诗"万里桥西一草堂，百花潭水即沧浪"（《狂夫》）中提到的便是成都草堂。杜甫在这里先后居住了将近四年，因曾被授"检校工部员外郎"之衔，而又被称作杜工部。在此期间，他生活比较安定，诗歌创作甚为丰富，留下诗作247首。

（3）斜川，水名，在今江西都昌附近的湖泊中，为风景优美之地。陶渊明居浔阳柴桑时，曾作《游斜川》诗。诗前有小序，略记其与邻居同游斜川的情景。辛词以斜川比期思。不负，不辜负。

（4）老鹤高飞，用《庄子·逍遥游》"鹪鹩巢于深林，不过一枝"句意。

（5）蜗牛戴屋行，蜗牛是一种很小的软体动物，背有硬壳，呈螺旋形，似圆形之屋。爬动时如戴屋而行。

（6）平章，筹划，品评。

（7）着，此作建造讲。

（8）意气，气象。东汉班固《白虎通·朝聘》："朝贺以正月何？岁首意气改新，欲长相保，重本正始也。"峥嵘，高峻不凡之状。

（9）妩媚，亦作"斌媚"，姿容美好，可爱。西晋陈寿《三国志·魏志·钟繇传》"策罢就第"裴松之注引三国魏鱼豢《魏略》："至于荀公之清谈，孙权之斌媚，执书嗜嚎，不能离手。"此处形容青山秀丽。

（10）解频教花鸟，宋苏轼《再用前韵》："鸟能歌舞花能言。"解，领会、理解。频，屡屡不断。

（11）酒圣诗豪，指特别善于作诗和豪于饮酒的人。语本宋曾巩《招择甫竹亭闲话》："诗豪已分材难强，酒圣还谙量未宽。"

（12）"可能"两句，语出东晋陶渊明《晋故征西大将军长史孟府君传》。东晋孟嘉为桓温都下长史，好游山水，至暮方归。桓温曾对他说："人不可无势，我乃能驾驭卿！"辛借其语。乃，却。驾驭，主宰，统率。卿，"你"的美称，此指大自然。

（13）"被山灵"二句，此反用南朝齐孔稚珪《北山移文》嘲周颙事。《北山移文》谓周颙："偶吹草堂，滥巾北岳，诱我松桂，欺我云壑，虽假容于江皋，乃缨情于好爵。……昔闻投簪逸海岸，今见解兰缚尘缨。于是南岳献嘲，北陇腾笑，列壑争讥，攒峰竦诮。"而所嘲、笑、讥、诮者皆针对周颙之虽"假步于山高"，实"情投于魏"也。词人今自福建安抚使罢任而再到期思卜筑，为先官后隐，与周颙之先隐后官不同，故山灵应笑其白发归耕也。山灵，山神。南朝梁萧统《文选·班固〈东都赋〉》："山灵护野，属御方神。"李善注："山灵，山神也。"

【赏析】

《沁园春》，词牌名，又名《东仙》《寿星明》《洞庭春色》等。东汉窦宪仗势夺取沁水公主园林，后人作诗以咏其事，此调因此得名。以苏轼词《沁园春·孤馆灯青》为正体，双调一百十四字，前段十三句四平韵，后段十二句五平韵。另有双调一百十六字，前段十三句四平韵，后段十三句六平韵。

宋光宗绍熙五年（1194），辛弃疾在福建安抚使任上，再次被弹劾而罢官，在宋宁宗庆元元年（1195），回到上饶后写了这首词。辛弃疾罢居带湖时，曾在期思买得瓢泉，以后常往返于带湖、瓢泉之间。这次再到期思，意在营建新居。卜筑，选地盖房。卜，占卜。古人盖新居有请卜者看地形、相风水以定宅地的习俗，也称卜宅、卜居。

这首词写词人见到秀美的田园风光时的欣喜之情，将期思卜筑的所见表达得妙趣横生，同时也隐含着几许感慨之意。词的上阕，描绘期思秀美的山水风光，表明作者要在此地选地造屋的意图。"一水西来，千丈晴虹，十里翠屏。喜草堂经岁，重来杜老"，起韵总揽期思山水，看见在翠色屏风般围绕的万山中，一条水从西边流出，在山间形成巨大的瀑布，宛如千丈白虹，从晴天垂下。此处"翠屏"写山，表现出山的秀丽，"千丈晴虹"形容瀑布，化动为静，化力为美。而在美中依然有足够的气势。把期思这个小山村的地理环境形容得雄奇秀逸，流露出作者的不胜欣喜之情。接韵以一"喜"字，领起一个参差对仗的"扇面对"，直接点明自己的喜欢。"斜川好景，不负渊明"二句，作者借杜甫经乱之后得以重回他所欣爱的成都草堂的喜悦和陶渊明隐居柴桑时对斜川的赞美，来表明自己类似的心情。从中看不出作者被罢官的失意，说明作者与上次被罢免的心态不同，对于官场这块"鸡肋"似乎已经无所留恋。"老鹤高飞，一枝投宿，长笑蜗牛戴屋行"，以带有浓郁感情色彩的议论，表明自己志同老鹤、随遇而安、栖身一枝即可的旷达逍遥的人生态度，并以那戴屋而行、为屋所累的蜗牛做对比，显示出不肯卸下物质重担者的愚蠢。这一句是承接上文描绘期思的美和欣喜而来，同时又为下文"卜筑"作了铺垫。"平章了，待十分佳处，著个茅亭"，是说等我筹划好了，找个最合适的地方，再盖个茅亭。最后三句正面点出卜筑的意思。

下阕以拟人手法，叙写作者寄情山水的乐趣，融情入景，意象灵动而笔力遒劲。"青山意气峥嵘。似为我归来妩媚生"，换头处两句，遥接开始的"十里翠屏"一句，总写青山对自己归来的欢迎。作者赋予青山以人的性格和感情，说这高峻的青山，本来是意气峥嵘、颇不趋俗的，现在为了欢迎自己回来，竟然显出一副妩媚的样子。"解频教花鸟，前歌后舞，更催云水，暮送朝迎。酒圣诗豪，可能无势"数句，用一个"解"字，领起一个扇面对，专写青山的妩媚。说青山懂得驱使花鸟云水，对作者频频前歌后舞，暮送朝迎，殷勤盛情之状可掬，足以令自己乐而忘忧。这里用笔灵活、意态妩媚，本来作者自己喜欢这山中风光，见到花歌鸟舞、云水来去十分欢欣，可是偏翻转来说，从青山的角度来描写。下句顺势写作者对此佳山好水的逢迎，感到心旷神怡，并油然升起了驾驭它的豪情。词人说：作为一个"酒圣诗豪"，怎能没有"权势"呢？既然你这青山对我如此有情，我于是从今天开始要驾驭你了。在这里，作者以酒圣诗豪自居，以主宰山水自许，表现出他的豪迈。然而，作者以山水主人自命，也隐含着无所事事，一腔才情只落得驾驭山水的悲凉。"我乃而今驾驭卿。清溪上，被山灵却笑，白发归耕"，结尾由前文的兴高采烈，转入托笑山灵的自嘲，嘲笑自己一事无成、白发归耕的失意。前文明快喜悦的调子，产生了一个出人意外的跌宕，暗示出作者受挫失意的心情。

全词即兴抒怀，指点山河，妙用比喻和拟人手法，造出一个雄奇妩媚兼容的意境，风格旷放而豪迈。

【原文】

沁园春·灵山齐庵赋·叠嶂西驰

叠嶂西驰(1)，万马回旋(2)，众山欲东。正惊湍直下(3)，跳珠倒溅(4)；小桥横截，缺月初弓(5)。老合投闲(6)，天教多事，检校长身十万松(7)。吾庐小，在龙蛇影外(8)，风雨声中。(9)争先见面重重(10)，看爽气朝来三数峰。似谢家子弟，衣冠磊落(11)；相如庭户，车骑雍容(12)。我觉其间，雄深雅健(13)，如对文章太史公(14)。新堤路，问偃湖何日，烟水濛濛？

【毛泽东圈评等情况】

毛泽东读1958年中华书局影印版《稼轩长短句》时，圈阅了这首《沁园春·叠嶂西驰》。

[参考] 张贻玖：《毛泽东评点、圈阅的中国古典诗词》，

中国工人出版社1992年版，第249页。

【注释】

（1）叠嶂，亦作"叠障""迭嶂"，重叠的山峰。南朝梁武帝《直石头》诗："夕池出濠渚，朝云生叠嶂。"隋薛道衡《豫章行》："前瞻叠障千重阻，却带惊湍万里流。"

（2）回旋，指回环旋绕。宋苏轼《游径山》诗："众峰来自天目山，势若骏马奔平川。中涂勒破千里足，金鞭玉镫相回旋。"

（3）惊湍（tuān），急流。晋潘岳《河阳县作》诗："山气冒山岭，惊湍激严阿。"此指山上的飞泉瀑布。

（4）跳珠，喻指溅起来的水珠或雨点。唐钱起《苏端林亭对酒喜雨》诗："濯锦翻红蕊，跳珠乱碧荷。"宋苏轼《与莫同年雨中饮湖上》诗："还来一醉西湖雨，不见跳珠十五年。"

（5）缺月初弓，形容横截水面的小桥像一弯弓形的新月。

（6）合，应该。老合投闲，置身于清闲境地，指离开官场，过闲散的生活。宋陆游《入秋游山赋诗》之三："屡奏乞骸骨，宽恩许投闲。"

（7）检校（jiào），查核察看。晋葛洪《抱朴子·祛惑》："仓卒闻之，不能清澄检校之者，鲜觉其伪也。"长身，高大。

（8）龙蛇影，松树影。龙蛇，龙和蛇，形容枝干屈曲如龙蛇一样的松树。唐白居易《草堂记》："夹涧有古松，如龙蛇走。"宋苏轼《戏作种松》："我昔少年日，种松满东冈。……不见十余年，想作龙蛇长。"

（9）风雨声，指松涛如风雨之声。

（10）见，古同"现"，出现，显露。爽气、朝来，朝来群峰送爽，沁人心脾。爽气，明朗开豁的自然景象。

（11）"谢家子弟"，唐房玄龄等《晋书·谢玄传》："安尝戒约子弟，

因曰：'子弟亦何豫人事，而正欲使其佳？'诸人莫有言者，玄答曰：'譬如芝兰玉树，欲使其生于庭阶耳。'"磊落，仪态俊伟而落落大方。唐房玄龄等《晋书·索靖传》："体磊落而壮丽，姿光润以璀璨。"南朝宋刘义庆《世说新语·豪爽》："桓既素有雄情爽气，加尔日音调英发，叙古今成败由人，存亡系才，其状磊落，一坐叹赏。"

（12）"相如庭户"二句，《史记·司马相如列传》："相如之临邛，从车骑，雍容闲雅甚都；及饮卓氏，弄琴，文君窃从户窥之，心悦而好之，恐不得当也。既罢，相如乃使人重赐文君侍者通殷勤。文君夜亡奔相如，相如乃与驰归成都。"雍容，形容华贵，有威仪。南朝宋范晔等《后汉书·列女传·王霸妻》："子伯乃令子奉书于霸，车马服从，雍容如也。"

（13）雄深雅健，指雄放、深邃、高雅、刚健的文章风格。宋欧阳修等《新唐书·柳宗元传》："宗元少时嗜进，谓功业可就，既坐废，遂不振。然其才实高，名盖一时。韩愈评其文曰：'雄深雅健，似司马子长，崔、蔡不足多也。'"

（14）太史公，即司马迁，字子长，西汉著名的史学家和文学家，曾继父职，任太史令，自称太史公。

【赏析】

这首《沁园春》词大约作于宋宁宗庆元二年（1196）辛弃疾二度落职闲居带湖之时，写的是江西上饶西部的灵山风景。灵山"高千有余丈，绵亘数百里"，有七十二峰。其于《归朝欢》词序云："灵山齐庵菖蒲港，皆长松茂林，独野樱花一株，山上盛开，照映可爱。"所谓"九华五老虚揽胜，不及灵山秀色多"，可知是个绝佳去处（《江西通志》）。

此词是稼轩山水词中的名篇。读辛弃疾这位大词人的山水词，就会发现他多么热爱祖国的山山水水，有时似乎已经进入一种"神与物游"的境界。他笔下的山水似乎和人一样，有思想，有个性，有灵气，流连其间，言感身受，别有新的天地。这首《沁园春》便有这种特色。

这里的山峦或"西驰"，或东向，好像千千万万匹矫健的骏马在广阔的草原上来回奔驰，在词人笔下，静止的山活起来了、动起来了。

词的上阕写灵山总体环境之美。"叠嶂西驰，万马回旋，众山欲东"，词开头三句写灵山群峰，就是写这里千峰万壑的宏伟气象，是远景。再写近景："正惊湍直下，跳珠倒溅；小桥横截，缺月初弓。"这里有飞瀑直泻而下，倒溅起晶莹的水珠，如万斛明珠弹跳反射。还有一弯新月般的小桥，横跨在那清澈湍急的溪流上。词人犹如一位高明的画师，在莽莽苍苍、丛山叠嶂的壮阔画面上，重抹了几笔韶秀温馨的情韵。连绵不断的茂密森林，是这里的又一景色。辛弃疾在一首《归朝欢》词序中说："灵山齐庵菖蒲港，皆长松茂林。"所以词人接着写道："老合投闲，天教多事，检校长身十万松。"辛弃疾面对这无边无垠的高大、葱郁的松树林，不由浮想联翩：这些长得高峻的松树，多么像英勇善战、所向无敌的战士。想自己当年"壮岁旌旗拥万夫"，何等英雄，如今人老了，该当过闲散的生活，可是老天爷不放我闲着，又要我统率这支十万长松大军呢！诙谐的笑语抑或是乐，抑或是苦，抑或是自我解嘲，有一种说不出的滋味儿，内心深处确实隐隐有一份报国无门的孤愤在。在这种地方，词人轻轻点到即止，顺势落到自己山中结庐的事上来。他说，我这房子选的地点还是不错的，"吾庐小，在龙蛇影外，风雨声中"。每当皓月当空，可以看到状如龙蛇般盘屈的松影，又可以听到声如风雨的万壑松涛，别有一番情趣。

词的下阕则是词人抒写自己处于大自然中的感受了。"争先见面重重，看爽气朝来三数峰"二句是说，处于这占尽风光的齐庵中，举目四望，无边的青山千姿百态。拂晓，在清新的空气中迎接曙光，东方的几座山峰，像天真活泼的孩子，一个接着一个从晓雾中探出头来，争相同人见面，向人问好。红日升起了，山色清明，更是气象万千。"似谢家子弟，衣冠磊落；相如庭户，车骑雍容"四句是说，那边一座山峰拔地而起，峻拔而潇洒，充满灵秀之气，它那美少年的翩翩风度，就像芝兰玉树般的东晋谢家子弟；再看那座巍峨壮观的大山，苍松掩映，奇石峥嵘，它那高贵亮丽的仪态，就像司马相如赴临邛时那种车骑相随、华贵雍容的气派。"我觉其间，雄深雅健，如对文章太史公"三句，词人惊叹：大自然的美是掬之不尽的，置身于这千峰竞秀的大地，仿佛觉得此中给人的是雄浑、深厚、高雅、刚健等诸种美的感受，好像在读一篇篇太史公的好文章，给人以丰富的精神享受。此中乐，乐无穷。"新堤路，问偃湖何日，烟水濛濛"，结末三句是说，在作者心目中，灵山结庐，美妙无穷，于是他关切地打听修筑偃湖的计划，并油然而生一种在此长居的感觉。

这首词通篇都是描写灵山的雄伟景色，在写景上颇有值得注意之处，它不同于一般描写山水之作，它极少实写山水的具体形态，而是用虚笔传神写意。如写山似奔马，松似战士，写得龙腾虎跃、生气勃勃，实是词人永不衰息的斗争性格的写照，即他词所说青山与我"情与貌，略相似"也。显然，作者写此词，力图透过山峰的外形写出其内在的精神；力图把自己所感受到的大自然的内在美写出来。要传山水之神，光用一般写实的方法不行，于是辛弃疾借助于用典，出人意料地以古代人物倜傥儒雅的风采来比拟山峰健拔秀润的意态，又用太史公文章雄深雅健的风格，来刻画灵山深邃宏伟的气度。表面上看来，这两两相比的东西，似乎不伦不类，风马牛不相及，而它们在精神上却有某些相似之点，可以使人生发联想。这种独特的比喻，真可说是出神入化了。当然，为山水传神写照，是纯粹写观赏风景之人的主观感受，这种感受实际上与作者的胸襟、与作者的思想境界是密切相关的。这种你中有我、我中有你的精神境界，正像辛弃疾自己说的："我见青山多妩媚，料青山见我应如是。"词作者这种传山水之神的写意笔法，在山水文学上开创了一代先河，值得后人仿效。明代杨慎《词品》卷四引庐陵陈子宏："且说松（应为'说山'），而及谢家、相如、太史公，自非脱落故常者，未易闯其堂奥。刘改之所作《沁园春》，虽颇似其豪，而未免于粗。"

【原文】

沁园春·将止酒，戒酒杯使勿近·杯汝来前

杯汝来前⁽¹⁾！老子今朝⁽²⁾，点检形骸⁽³⁾。甚长年抱渴⁽⁴⁾，咽如焦釜⁽⁵⁾；于今喜睡，气似奔雷⁽⁶⁾。汝说"刘伶，古今达者，醉后何妨死便埋⁽⁷⁾"。浑如此⁽⁸⁾，叹汝于知己⁽⁹⁾，真少恩哉⁽¹⁰⁾！　　更凭歌舞为媒⁽¹¹⁾。算合作⁽¹²⁾，

平居鸩毒猜[13]。况怨无小大，生于所爱；物无美恶[14]，过则为灾[15]。与汝成言[16]，勿留亟退[17]，吾力犹能肆汝杯[18]。杯再拜[19]，道"麾之即去，招则须来[20]"。

【毛泽东圈评等情况】

毛泽东读1958年中华书局影印版《稼轩长短句》时，圈阅了这首《沁园春·杯汝来前》。

[参考] 张贻玖：《毛泽东评点、圈阅的中国古典诗词》，中国工人出版社1992年版，第249页。

【注释】

（1）汝，你，此指酒杯。

（2）老子，老年人自称，犹老夫。南朝宋范晔等《后汉书·逸民传·韩康》："康曰：'此自老子与之，亭长何罪！'"今朝（zhāo），指目前，现今。

（3）点检形骸，检点行为。点检，考核，查察。唐杜甫《赠献纳使起居田舍人澄》诗："晓漏追趋青琐闼，晴窗点检白云篇。"形骸，人的躯体，此指行为。《庄子·天地》："汝方将忘汝神气，堕汝形骸，而庶几乎？"

（4）甚，说什么。抱渴，得了酒渴病，口渴即想饮酒。南朝宋刘义庆《世说新语·任诞》："刘伶病酒，渴甚，从妇求酒。"

（5）焦釜，烧干水的铁锅。《史记·田敬仲完世家》："且救赵之务，宜若奉漏瓮沃焦釜也。"此喻情势危急。釜，古代的一种锅。

（6）气似奔雷，鼾声如雷。奔雷，声响猛烈的雷。唐杜甫《朝》诗之二："巫山终可怪，昨夜有奔雷。"

（7）"汝说刘伶"三句，唐房玄龄等《晋书·刘伶传》："刘伶，字伯伦，沛国人也。身长六尺，容貌甚陋。放情肆志，常以细宇宙齐万物为心。澹默少言，不妄交游，与阮籍、嵇康相遇，欣然神解，携手入林。初不以家产有无介意。常乘鹿车，携一壶酒，使人荷锸而随之，谓曰：'死便埋我。'其遗形骸如此。尝渴甚，求酒于其妻。妻捐酒毁器，涕泣谏曰：'君酒太过，非摄生之道，必宜断之。'伶曰：'善！吾不能自禁，惟当祝鬼神自誓耳。便可具酒肉。'妻从之。伶跪祝曰：'天生刘伶，以酒为名。

一饮一斛，五斗解酲。妇儿之言，慎不可听。'仍引酒御肉，隗然复醉。"
达者，旷达的人，不理世事、狂放旷达的人。

（8）浑如此，竟然如此，指竟然讲出这样的话。

（9）汝，你。知己，彼此相知而情谊深切的人。三国魏曹植《赠徐干》诗："弹冠俟知己，知己谁不然。"

（10）真少恩哉，唐韩愈《毛颖传》："秦真少恩哉！"

（11）歌舞为媒，把歌舞当作媒介，诱人饮酒，指因歌舞引起酒兴，而饮酒过量。战国楚屈原《离骚》："吾令鸩为媒兮，鸩告余以不好。"

（12）算合作，算起来应该看作。合，应当。

（13）鸩（zhèn）毒，毒酒，用鸩鸟羽毛制成的剧毒，溶入酒中，饮之立死。古时常以鸩酒杀人。《左传·闵公元年》："宴安鸩毒，不可怀也。"孔颖达疏："宴安自逸，若鸩毒之药，不可怀恋也。"

（14）美恶，美丑，好坏，指财货、容貌、年成、政俗等。《荀子·儒效》："通财货，相美恶，辨贵贱，君子不如贾人。"

（15）过，过度，过头，超过一定的标准。《左传·昭公元年》："六气曰阴阳风雨晦明也。分为四时，序为五节，过则为菑。"

（16）成言，说定，约定。《左传·襄公二十七年》："壬午，楚公子黑肱先至，成言于晋。丁卯，宋戍如陈，从子木成言于楚。"

（17）亟（jí），急，快。

（18）肆汝杯，摔碎你这杯子。《论语·宪问》："公伯寮愬子路于季孙。子服景伯以告，曰：'夫子固有惑志于公伯寮，吾力犹能肆诸市朝。'"肆，原指处死后陈尸示众。这里指打碎酒杯。

（19）再拜，古代一种隆重的礼节，先后拜两次。

（20）道"麾之即去"二句，东汉班固《汉书·汲黯传》："使黯任职居官，无以愈人；然至其辅少主，守城深坚，招之不来，麾之不去，虽自谓贲、育，亦不能夺之矣。"麾（huī），同"挥"。

【赏析】

此词作于宋宁宗庆元二年（1196）辛弃疾闲居瓢泉最初戒酒时。全篇模仿汉代东方朔《答客难》、班固《答宾戏》、扬雄《解嘲》等散文作品，以古文手法写词，用对话形式，将酒杯拟人化，大发议论，以文为词。他的这首《沁园春》，以戒酒为题，便是一首令人解颐的新奇滑稽之作。题目"将止酒，戒酒杯使勿近"就颇新颖，似乎病酒不怪自己贪杯，倒怪酒杯紧跟自己，从而将酒杯人格化，为词安排了一主（即词中的"我"）一仆（杯）两个角色。全词通过"我"与杯的问答，风趣而又委婉地表达了作者对南宋政权的失望与自己心中的苦闷和牢骚。

此词首句"杯汝来前！"从主人一声怒气冲冲地断喝开始，以"汝"呼杯，而自称"老子"（犹"老夫"），一副盛气凌人、居高临下的姿态。"点检形骸。甚长年抱渴，咽如焦釜"三句，接着就郑重告知：今天我要检查反省自己的行为和身体，长期以来，因长年喝酒觉得十分干渴，喉咙口干得似烧焦的铁锅底；近来又特别想睡，睡梦中鼻声就像滚动的响雷。要追问其中缘由。言外之意，即是因酒致病，故酒杯之罪责难逃。"咽如焦釜""气似奔雷"，以夸张的手法极写病酒反应的严重，同时也说明主人一向酗酒，所以说，今天老子要戒酒了。接着"汝说'刘伶，古今达者，醉后何妨死便埋'"三句，是酒杯对主人责问的答辩。刘伶，东晋沛郡人，是古人中最喜欢喝酒的人。他说："酒徒就该像刘伶那样只管有酒即醉，死后不妨埋掉了事，才算是古今达者。"这是不称"杯说"而称"汝说"，是主人复述杯的答话，其语气中，既惊讶于杯的冷酷无情，又似不得不承认其中有几分道理。故又叹息："浑如此，叹汝于知己，真少恩哉！"又是词人的正面质问："如果你这样说，那么对于喜爱饮酒的朋友，真是缺少同情，竟然这样缺少恩情！"

词的下阕接着写止酒的原因。"更凭歌舞为媒。算合作，平居鸩毒猜"，换头处三句是说，古人设宴饮酒大多以歌舞助兴，而这种场合也最易过量伤身。古人又认为鸩鸟的羽毛置酒中可成毒酒。酒杯凭歌舞等媒介使人沉醉，正该以人间鸩毒视之。这等于说酒杯惯于媚附取容，软刀子杀人。如此罪名，死有余辜。然而这里只说"算合作，平居鸩毒猜"，到底并未确认。"况怨无小大，生于所爱；物无美恶，过则为灾"四句是说，何况怨意不论大小，常由爱极而生；事物不论何等好，过了头就会成为灾害。这些话表面看来振振有词，实际上等于承认自己于酒是爱极生怨，酒于自己是美过成灾。这就为酒杯开脱不少罪责，故而从轻发落，只是遣之"使勿近"。"与汝成言，勿留亟退，吾力犹能肆汝杯"三句是说，现在与你约定，赶快离开，不要停留，否则我就砸碎你。肆，原意是陈设，古代处死刑后陈尸于市也叫"肆"。《周礼·秋官·掌戮》："凡杀人者，踣于市，肆之三日。"下阕至此全用散文笔法，叙述解救的原因，过度的酗酒危害和止酒的决心，这些话酒杯似乎都能理解，所以，结尾"杯再拜"，好吧，"道'麾之即去，招则须来'"，"麾之即去"没什么，"招则须来"则大可玩味，说得幽默俏皮、诙谐滑稽，这酒究竟是戒住没有呢？发人深省。

　　总之，这首词通过拟人化的手法，成功地塑造了"杯"这样一个喜剧形象。它善于揣摸主人心理，能应对，知进退。在主人盛怒的情况下，它能通过辞令，化严重为轻松。当其被斥退时，还说"麾之即去，招则须来"，等于说主人还是离不开自己，自己准备随时听候召唤。作者通过这种生动活泼的方式，委婉地述说了自己长期壮志不展、积愤难平，故常借酒发泄，以至于拖垮了身体，而自己戒酒，实出于不得已这样一种复杂的心情。另外，词中大量采取散文句法以适应表现内容的需要，此即以文为词。与原有调式不同，又大量熔铸经史子集的用语，从而丰富了词意的表现，在词的创作上也有其独到之处。清沈雄《古今词话·词品》下卷："陈子宏曰：'稼轩《沁园春》止酒词，如《答宾戏》《解嘲》等作，以游戏文章，寓意填词，词所不禁也。'"

【原文】

鹧鸪天·有客慨然谈功名，因追念少年时事，戏作·壮岁旌旗拥万夫

　　壮岁旌旗拥万夫[1]，锦襜突骑渡江初[2]。燕兵夜娖银胡䩮[3]，汉箭朝飞金仆姑[4]。　　追往事，叹今吾，春风不染白髭须[5]。却将万字平戎策[6]，换得东家种树书[7]。

【毛泽东圈评等情况】

　　毛泽东读1958年中华书局影印版《稼轩长短句》时，圈阅了这首《鹧鸪天·壮岁旌旗拥万夫》。

　　[参考] 张贻玖：《毛泽东评点、圈阅的中国古典诗词》，中国工人出版社1992年版，第249页。

【注释】

　　（1）壮岁旌旗拥万夫，指作者领导起义军抗金事，当时正二十岁出头。他在《美芹十论》里说："臣尝鸠众二千，隶耿京，为掌书记，与图恢复，共藉兵二十五万，纳款于朝。"壮岁，少壮之时。旌旗，旗帜的总称，也借指军士。《周礼·春官·司常》："凡军事，建旌旗。"万夫，一万人，形容人多、众人。《书·咸有一德》："万夫之长，可以观政。"宋黄庭坚《送范德孺庆州》："春风旌旗拥万夫。"

　　（2）锦襜（chān）突骑渡江初，指作者南归前统率部队和敌人战斗之事。锦襜突骑，穿锦绣短衣的快速骑兵。襜，战袍。衣蔽前曰"襜"。突骑，用于冲锋陷阵的精锐骑兵。东汉班固《汉书·晁错传》："若夫平原易地，轻车突骑，则匈奴之众易挠乱也。"颜师古注："突骑，言其骁锐，可用冲突敌人也。"

　　（3）"燕兵"句，意谓金兵在夜晚枕着箭袋小心防备。燕兵，此处指金兵。娖（chuò），整治。银胡䩮（lù），银色或镶银的箭袋。一说娖为谨慎貌，胡䩮是一种用皮制成的测听器，军士枕着它，可以测听三十里内外的人马声响，见《通典》。

　　（4）"汉箭"句，意谓清晨宋军便万箭齐发，向金兵发起进攻。汉，代指宋。金仆姑，箭名，见《左传·庄公十一年》："乘丘之役，公以金仆姑射南宫长万，公右歂孙生搏之。"

　　（5）白髭须，比喻年老。宋欧阳修《圣无忧》："好酒能消光景，春风不染髭须。"髭（zī）须，胡子。唇上曰髭，唇下为须。

　　（6）平戎策，平定金兵入侵的策略。此指作者南归后向朝廷提出的《美芹十论》《九议》等在政治上、军事上都很有价值的抗金意见书。宋欧阳修《新唐书·王忠嗣传》："田上平戎十八策。"

（7）东家，东邻。种树书，关于农耕的书，表示退休归耕农田。唐韩愈《送石处士赴河阳幕》："常把种树书，人云避世士。"

【赏析】

《鹧鸪天》，词牌名，又名《思佳客》《思越人》《剪朝霞》《骊歌一叠》。双调，五十五字，押平声韵。前后片各三平韵，前片第三、四句与过片三言两句多作对偶。

这首词是辛弃疾晚年闲居时所作。他晚年家居时碰到客人和他谈起建立功名的事，引起他回想从青年到晚年的经历。虽题为戏作，却饱含着烈士暮年的激愤。

词的上阕写的是作者青年时期那段传奇般的出色经历。宋高宗绍兴三十一年（1161），金主完颜亮率大军南下，其后方比较空虚，北方被占区的人民，乘机进行起义活动。山东济南的农民耿京，领导一支义军，人数达二十余万，声势浩大。当时才二十二岁的辛弃疾，也组织了两千多人的起义队伍，归附耿京，为耿京部掌书记。辛弃疾建议义军和南宋取得联系，以便配合战斗。第二年正月，耿京派他们一行十余人到建康（今江苏南京）谒见宋高宗。高宗得讯，授耿京为天平军节度使，授辛弃疾承务郎。辛弃疾等回到海州，叛徒张安国杀了耿京，投降金人，义军溃散。他立即在海州组织五十名勇敢义兵，直趋济州（治今山东巨野）张安国驻地，要求和张会面，出其不意，把张缚置马上，再向张部宣扬民族大义，带领上万军队，马不停蹄地星夜南奔，渡过淮水后才敢休息。到临安，把张安国献给南宋朝廷处置。但宋高宗没有抗金的决心，又畏惧义军。辛弃疾南归之后，义军被解散，安置在淮南各州县的流民中生活；他本人被任命为江阴佥判，一个地方助理小吏。"壮岁旌旗拥万夫，锦襜突骑渡江初。"上句写作者年轻时参加领导抗金义军，曾率领过上万人的队伍；下句写自己率领精锐锦衣骑兵渡江南来。"燕兵夜娖银胡䩮，汉箭朝飞金仆姑。"具体描写南奔时突破金兵防线、和金兵战斗的场面：金兵晚上准备箭筒，修筑工事，而宋兵拂晓便发起了进攻。"夜娖银胡䩮"，侧面说明义军进兵神速、出其不意。"汉箭"句，指义军用箭攻击金人。四句写义军军容之盛和南奔时的紧急战斗情况，用"拥"字、"飞"字表动作，从旌旗、军装、兵器上加以烘托，写得如火如荼、有声有色，极富感染力。

作者回忆青年时代自己杀敌的壮举和抗敌的战斗，豪情壮志溢于笔端，他怀着一片报国之心南渡归宋，满怀希望地打算为宋杀敌建功，但却不被高宗重用，亦不采纳他的平戎之策，使他壮志沉埋，无法一展怀抱。因此在转入下阕后，词人追怀往事，不免深深地叹息："追往事，叹今吾，春风不染白髭须。"上两句今昔对照，一"追"一"叹"，突出了经历的岁月之长及遭受的挫折之多，又灵活地从上片的忆旧引出下阕的叙今。第三句申明"叹今吾"的主要内容。草木经春风的吹拂能重新变绿，人的须发在春风中却不能由白变黑。感叹青春不再、韶华易逝的可惜，这是一层；白髭须和上阕的壮岁对照，和句中的春风对照，又各为一层；不甘心年老，言外有壮志未能彻底湮灭之意，又自为一层。一句中有多层含意，感慨极为深沉。"却将万字平戎策，换得东家种树书"，末二句以最鲜明、最典型生动的形象，突出作者的理想与现实的尖锐矛盾，突出他一生的政治悲剧，把上一句的感慨引向更为深化、极端沉痛的地步。上万字的平戎策毫无用处，倒不如向人换来种树书，还有一些生产上的实用价值。这是一种政治现实，对于作者是一种什么样的生活感受，不言而喻。南宋陆游《小园》诗："骏马宝刀俱一梦，夕阳闲和饭牛歌。"和这两句意境相近，也写得很凄凉，但联系作者生平的文韬武略、英雄事迹来看，这两句的悲慨程度还更使人扼腕不已。

这首词以短短的五十五个字，深刻地概括了一个抗金名将的悲惨遭遇。上阕气势恢宏，下阕悲凉如冰、心伤透骨。悲壮对照，悲壮结合，真如清彭孙遹《金粟词话》评辛词所说的"激昂排宕，不可一世"，是作者最出色、最有分量的小令词。

贺新郎·别茂嘉十二弟·绿树听鹈鴂

绿树听鹈鴂⁽¹⁾，更那堪、鹧鸪声住⁽²⁾，杜鹃声切⁽³⁾。啼到春归无寻处，苦恨芳菲都歇⁽⁴⁾。算未抵、人间离别⁽⁵⁾。马上琵琶关塞黑⁽⁶⁾。更长门翠辇辞金阙⁽⁷⁾。看燕燕⁽⁸⁾，送归妾。　　将军百战身名裂⁽⁹⁾。向河梁⁽¹⁰⁾、回头万里，故人长绝。易水萧萧西风冷⁽¹¹⁾，满座衣冠似雪。正壮士、悲歌未彻⁽¹²⁾。啼鸟还知如许恨⁽¹³⁾，料不啼清泪长啼血。谁共我，醉明月？

【毛泽东圈评等情况】

毛泽东曾手书辛弃疾这首《贺新郎·绿树听鹈鴂》。

[参考] 中央档案馆编：《毛泽东手书选集·古诗词卷（下）》，
北京出版社 1996 年版，第 147—148 页。

【注释】

（1）题下自注："鹈鴂、杜鹃实两种，见宋洪兴祖著《离骚补注》。"宋洪兴祖著《离骚补注》："《禽经》：'巂周子规也。江介子曰子规，蜀又曰杜宇。'又曰鹈鴂鸣而草衰。'注云：'鹈鴂，《尔雅》："谓之鵙"，《左传》谓之伯赵。然则子规、鹈鴂二物也。'"鹈鴂，指伯劳。

（2）鹧鸪，鸣声凄切，如说"行不得也哥哥"。

（3）杜鹃，其声哀婉，如说"不如归去"。

（4）"啼到春归无寻处"二句，战国楚屈原《楚辞·离骚》："恐鹈鴂之先鸣兮，使夫百草为之不芳。"东汉班固《汉书·扬雄传》："鹈鴂，一名子规，一名杜鹃。"芳菲，香花芳草。唐李峤《二月奉教作》诗："乘春重游豫，淹赏玩芳菲。"

（5）未抵，比不上。

（6）马上琵琶，用汉乌孙公主出塞和亲事。据石崇乐府《王昭君辞序》："昔公主嫁乌孙，令琵琶马上作乐，以慰其道路之思，其送明君亦必尔也。"这里指汉元帝时宫女王昭君出塞和亲嫁于匈奴呼韩邪单于。关塞，边关，边塞。

（7）"更长门"句，用陈皇后失宠事。孝武陈皇后，东海郡东阳县人，名不详。汉武帝刘彻的第一任皇后。元光五年（前130），以"惑于巫祝"罪名废黜，退居长门宫。其后于元鼎至元封三年间（前116—前107）去世。

（8）看燕燕，《诗经·邶风·燕燕》："燕燕于飞，差池其羽。之子于归，远送于野。瞻望弗及，泣涕如雨。"毛注说这是"卫庄姜送归妾"的诗。卫庄姜，《左传·隐公三年》："卫庄公娶于齐东宫得臣之妹，曰庄姜，美而无子，卫人所为赋《硕人》也。又娶于陈，曰厉妫，生孝伯，早死。其娣戴妫生桓公，庄姜以为己子。公子州吁，嬖人之子也，有宠而好兵。公弗禁，庄姜恶之。"

（9）将军，指西汉武帝时的名将李陵。李陵（前134—前74），字少卿，陇西成纪（今甘肃秦安）人。西汉名将、文学家，飞将军李广长孙。擅长骑射，爱护士卒。初以祖勋，授予侍中、建章宫监，迁骑都尉。天汉二年（前99），跟随贰师将军李广利出征匈奴，率五千步兵与八万匈奴兵战于浚稽山，终因寡不敌众兵败投降。由于汉武帝误听信李陵替匈奴练兵的讹传，夷灭李陵三族，致使其彻底与汉朝断绝关系。汉昭帝元平元年（前74），老死于匈奴。

（10）"向河梁"句，引用李陵别苏武事。汉李陵《与苏武》诗："携手上河梁，游子暮何之？"故人，旧交，老友。《庄子·山木》："夫子出于山，舍于故人之家。"

（11）"易水"句，用《史记·刺客列传》中荆轲刺秦王事。易水，河名，在今河北北部。萧萧，风声。《史记·刺客列传》："太子及宾客知其事者，皆白衣冠以送之。至易水上，既祖，取道。高渐离击筑，荆轲和而歌，为变徵，皆垂泪涕泣。又前而为歌曰：'风萧萧兮易水寒，壮士一去兮不复还！'复为慷慨羽声，士皆瞋目，发尽上指冠。于是荆轲遂就车而去，终已不顾。"

（12）壮士，意气豪壮而勇敢的人，勇士。《战国策·燕策三》："风萧萧兮易水寒，壮士一去兮不复还。"

（13）还知，如果知道。如许恨，像上面的许多恨。如许，这么些，这么多。唐李义府《咏鸟》："上林如许树，不借一枝栖。"

【赏析】

辛弃疾的这首词大约作于他闲居铅山期间。茂嘉是他的堂弟，其事迹未详。清张惠言《词选》以为"茂嘉盖以得罪谪徙，是故有言"。宋刘过《龙洲词》有"辛稼轩弟赴桂林官"之《沁园春》词，有句云："入幕来南，筹边如北，翻覆手高来去棋。"详此词语意，盖即作于"筹边如北"之时，则刘词当亦送茂嘉者。茂嘉事迹仅见此二词中。

这首词的内容和作法与一般的词不同，其内容方面几乎完全与对茂嘉的送行无关，而专门罗列古代的"别恨"事例。形式方面，它又打破上下片分层的常规，事例连贯上下阕，不在分阕处分层。之所以如此，乃是因作者平时胸中郁积事多，有触而发，非特定题目所能限制，故同类事件纷至涌集，而不为普通的诗文格式所束缚。

词的开头几句："绿树听鹈鴂，更那堪、鹧鸪声住，杜鹃声切。啼到春归无寻处，苦恨芳菲都歇。"词人采用了兴与赋相结合的创作手法。实中有虚，虚中有实。说它是"赋"，因为它写送别茂嘉，是在春去夏来的时候，可以同时听到三种鸟声，是写实。鹈鴂，一说是杜鹃，一说是伯劳，辛弃疾取伯劳之说；说它是"兴"，因为它借闻鸟声以兴起良时丧失、美人迟暮之感。伯劳在夏至前后出鸣，故暗用《离骚》"恐鹈鴂之先鸣兮，使夫百草为之不芳"意，以兴下文"苦恨"句。鹧鸪鸣声像"行不得也哥哥"；杜鹃传说为蜀王望帝失国后魂魄所化，常悲鸣出血，声像"不如归去"。词同时用这三种悲鸣的鸟声起兴，形成强烈的悲感气氛，并寄托了自己的悲痛心情。接着"算未抵、人间离别"一句，是上下文转接的关键。他把"离别"和啼鸟的悲鸣作一比较，以抑扬的手法承上启下，为下文出的"别恨"作了铺垫。"马上琵琶关塞黑，更长门翠辇辞金阙"两句，有人认为写的是两事：其一指汉元帝宫女王昭君出嫁匈奴呼韩邪单于离开汉宫的事；其二指汉武帝的陈皇后失宠时辞别"汉阙"，幽闭长门宫。也有认为只写一事的，谓王昭君自冷宫出而辞别汉阙。今从多数注释本作两件事看，"看燕燕，送归妾"，写的是春秋时卫庄公之妻庄姜，"美而无子"，庄公妾戴妫生子完，庄公死后，完继立为君。州吁作乱，完被杀，戴妫离开卫国。《诗经·邶风》的《燕燕》诗，相传即为庄姜送别戴妫而作。

"将军百战身名裂。向河梁、回头万里，故人长绝"，下阕换头处数句，引用了汉代另一个典故。汉李陵抗击匈奴，力战援绝，势穷投降，败其家声；他的友人苏武出使匈奴，被留十九年，守节不屈。后来苏武得到归汉机会，李陵送他有"异域之人，一别长绝"之语；又世传李陵《与苏武诗》，有"携手上河梁""长当从此别"等句。"易水萧萧西风冷，满座衣冠似雪。正壮士、悲歌未彻"数句，写战国时燕太子丹在易水边送荆轲入秦行刺秦王政故事。相传送行者都穿戴白衣冠，荆轲临行歌唱："风萧萧兮易水寒，壮士一去兮不复还。"以上这些事都和远适异国、不得生还，以及身受幽禁或国破家亡之事有关，都是极悲痛的"别恨"。这些故事，写在与堂弟的一首送别词中，强烈地表达了作者当时沉重、悲壮之情。

"啼鸟还知如许恨，料不啼清泪长啼血"二句，这又是承上启下的两句。句中说啼鸟只解春归之恨，如果也能了解人间的这些恨事，它的悲痛一定更深，随啼声眼中滴出的不是泪而是血了。这就为下句转入送别正题作了省力的铺垫。"谁共我，醉明月？"结末二句，承上面两句转接机势，迅速地归结到送别茂嘉的事，点破题目，结束全词，把上面大片凌空驰骋的想象和描写，一下子收拢到题中来。有此两句，词便没有脱离本题，只是显得善于大处落墨、别开生面而已。由此可以看出，辛弃疾不愧为宋代一代文豪！

辛弃疾的这首词，之所以感人，除了其感情、气氛强烈外，还得力于它的音节。它押入声的曷、黠、屑、叶等韵，在"切响"与"促节"中有很强的摩擦力量，声如裂帛，声情并至。古人对此词推崇备至。清陈廷焯《白雨斋词话》卷一评此词："沉郁苍凉，跳跃动荡，古今无此笔力。"近代词论家王国维也说："稼轩《贺新郎》词送茂嘉十二弟，章法绝妙。且语语有境界，此能品而几于神者。然非有意为之，故后人不能学也。"

贺新郎·赋琵琶·凤尾龙香拨

凤尾龙香拨⁽¹⁾。自开元霓裳曲罢⁽²⁾，几番风月⁽³⁾？最苦浔阳江头客⁽⁴⁾，画舸亭亭待发⁽⁵⁾。记出塞、黄云堆雪⁽⁶⁾。马上离愁三万里，望昭阳宫殿孤鸿没⁽⁷⁾。弦解语，恨难说⁽⁸⁾。辽阳驿使音尘绝⁽⁹⁾。琐窗寒⁽¹⁰⁾、轻拢慢捻，泪珠盈睫。推手含情还却手，一抹《梁州》哀彻⁽¹¹⁾。千古事，云飞烟灭。贺老定场无消息⁽¹²⁾，想沉香亭北繁华歇⁽¹³⁾，弹到此，为呜咽。

【毛泽东圈评等情况】

毛泽东曾手书辛弃疾这首《贺新郎·凤尾龙香拨》。

[参考] 张贻玖：《毛泽东评点、圈阅的中国古典诗词》，中国工人出版社 1992 年版，第 248 页。

【注释】

（1）凤尾，形容琵琶的形状，此代指琵琶。拨，弹拨。龙香拨，唐郑嵎《津阳门诗》："玉奴琵琶龙香拨，倚歌促酒声娇悲。"自注云："贵妃妙弹琵琶，其乐器闻于人间者，有逻逤檀为槽、龙香柏为拨者。"宋苏轼《听琵琶诗》："数弦已品龙香拨，半面犹遮凤尾槽。"

（2）开元，为唐玄宗李隆基的年号（713—741）。霓裳曲，《霓裳羽衣曲》的略称。唐白居易《琵琶行》："轻拢慢捻抹复挑，初为《霓裳》后《六幺》。"有《长恨歌》："渔阳鼙鼓动地来，惊破霓裳羽衣曲。"

（3）风月，清风明月，泛指美好的景色。南朝梁沈约《宋书·始平孝敬王子鸾传》："上痛爱不已，拟汉武《李夫人赋》，其词曰：'……徙倚云日，裴回风月。'"唐吕岩《酹江月》词："倚天长啸，洞中无限风月。"

（4）浔阳江头客，唐白居易《琵琶行·序》："元和十年，予左迁九江郡司马。明年秋，送客湓浦口，闻舟中夜弹琵琶者，听其音，铮铮然有京都声。问其人，本长安倡女，尝学琵琶于穆、曹二善才，年长色衰，委身为贾人妇。遂命酒，使快弹数曲。曲罢悯然，自叙少小时欢乐事，今漂沦憔悴，转徙于江湖间。予出官二年，恬然自安，感斯人言，是夕始觉有迁谪意。因为长句，歌以赠之，凡六百一十六言，命曰《琵琶行》。"诗曰："浔阳江头夜送客，枫叶荻花秋瑟瑟。主人下马客在船，举酒欲饮无管弦。醉不成欢惨将别，别时茫茫江浸月。忽闻水上琵琶声，主人忘归客不发。"客，诗客，诗人。

（5）画舸，画船。南朝梁元帝《赴荆州泊三江口》诗："莲舟夹羽氅，画舸覆缇油。"

（6）"记出塞、黄云堆雪"二句，用汉王昭君琵琶出塞故事。石崇乐府《王昭君辞序》云："昔公主嫁乌孙，令琵琶马上作乐，以慰其道路之思。其送明君，亦必尔也。"宋欧阳修《明妃曲》："不识黄云出塞路，分明怨恨曲中论。"黄云堆雪，指北方漫天的黄沙如黄色浮云，像堆满了雪。黄云，黄尘，沙尘。

（7）昭阳宫殿，昭阳殿是中国古代宫殿建筑名，汉成帝宠妃赵合德曾居住此殿。昭阳殿的东西两侧分别有东阁、西阁，通过长廊与昭阳殿连接。东阁内有含光殿，西阁内有凉风殿。唐白居易《长恨歌》："昭阳殿里恩爱绝，蓬莱宫中日月长。"孤鸿，孤单的鸿雁。三国魏阮籍《咏怀诗》之一："孤鸿号外野，朔鸟鸣北林。"

（8）"弦解语"二句，琵琶能传达出人的心声。唐杜甫《咏怀古迹五首》其三："群山万壑赴荆门，生长明妃尚有村。一去紫台连朔漠，独留青冢向黄昏。画图省识春风面，环佩空归夜月魂。千载琵琶作胡语，分明怨恨曲中论。"

（9）辽阳，唐代边防要地，在今辽宁境内，此泛指北方。唐沈佺期《独不见》："九月寒砧催木叶，十年征戍忆辽阳。白狼河北音书断，丹凤城南秋夜长。"白狼河在辽阳境内。唐温庭筠《诉衷情》词："辽阳音尘稀，梦中归。"

（10）琐窗，雕花或花格的窗户。南朝宋鲍照《玩月城西门廨中》诗："蛾眉蔽珠栊，玉钩隔琐窗。"轻拢慢捻，演奏琵琶的指法与运用。唐白居易《琵琶行》："低眉信手续续弹，说尽心中无限事。轻拢慢捻抹复挑，初为《霓裳》后《六幺》。"

（11）"推手含情还却手"二句，推手、却手，均为弹奏琵琶的指法。推手为琵，却手为琶。《释名》："枇杷，本出于胡中，马上所鼓也。推手前曰枇，引手却曰杷，象其鼓时，因以为名也。"史焰《通鉴释文》引《释名》此条作"琵琶"，据此可知枇杷本亦作琵琶。一抹《梁州》哀彻，宋欧阳修《明妃曲》："身行不遇中国人，马上自作思归曲。推手为琵却手琶，胡人共听亦咨嗟。玉颜流落死天涯，琵琶却传来汉家。汉家争按新声谱，遗恨已深声更苦。"抹，也是弹奏琵琶的指法。《梁州》，唐代教坊曲，亦名《凉州》《梁州》，曲名，为唐代凉州一带的乐曲。

（12）贺老，指贺怀智，唐开元天宝年间善弹琵琶者。定场，即压场，犹言"压轴戏"。唐元稹《连昌宫词》："夜半月高弦索鸣，贺老琵琶定场屋。"

（13）沉香亭，指唐代亭子，在长安兴庆宫图龙池东。唐李濬《松窗杂录》载，唐玄宗与杨贵妃于此亭观赏牡丹。唐李白《清平调》："解释春风无限恨，沉香亭北倚阑干。"

【赏析】

这首词题目为《赋琵琶》。此词通篇借用历史上有关琵琶的故事，借幽咽低回的曲调表达了山河破碎、繁华消歇、忠贞谪逐、离乱灭亡的哀怨，托物寄情，抒写北宋沦亡之悲，讥讽南宋小朝廷耽于安乐。全词以弹琵琶为喻，事实上"弹"（谈）的是国家兴亡之曲。

上片用三个典故，抒写盛唐以来世道渐衰的感慨。"凤尾龙香拨"，首句说此琵琶乃檀木所制，尾刻双凤，龙香板为拨，何其精美名贵！这杨贵妃怀抱过的琵琶，它标志着一个"黄金时代"。作者在此，暗指北宋初期歌舞繁华的盛世。而"霓裳曲罢"则标志着国运衰微与动乱开始。借唐说宋，发端即点到主题而又不露痕迹，可谓引人入胜之笔。

"自开元霓裳曲罢，几番风月？最苦浔阳江头客"三句，一转，用唐白居易《琵琶行》所叙事。源自"浔阳江头夜送客，枫叶荻花秋瑟瑟"，交代了地点，是浔阳江头。浔阳也就是今天的九江；浔阳江头也就是前边序中所说的溢浦口。白氏在江边送客"忽闻水上琵琶声，主人忘归客不发"。白氏诗序云"是夕始有迁谪意"，是听了琵琶曲与弹奏女子自述身世之后的所感。词以"最苦"二字概括，表明作者也有同感。"画舸亭亭待发"句用郑文宝《柳枝词》"亭亭画舸系春潭"句意。作者以白居易的情事自比，并切琵琶，其"天涯沦落"之感亦可知矣。"记出塞、黄云堆雪。马上离愁三万里"，接下来二句又一转，从个人遭遇写到国家恨事。"望昭阳宫殿孤鸿没。弦解语，恨难说"等句，分明是写一种特殊感情，与当日昭君出塞时去国怀乡之痛不完全是一回事。这里恐怕是在暗喻"二帝蒙尘"的靖康之变。这种写法在南宋词家中也不乏其人。宋姜夔《疏影》词中亦有"昭君不惯胡沙远，但暗忆江南江北"之句，清郑文焯亦云"伤二帝蒙尘，诸后妃相从北辕，沦落胡地，故以昭君托喻"。

　　下阕前半段用赋的笔法写征妇怨，借思妇弹奏琵琶到思念辽阳征人的形象，抒发了对中原故国的思念之情。"辽阳驿使音尘绝。琐窗寒、轻拢慢捻，泪珠盈睫"数句，转到眼前的现实。词人怀念北方故土，联想琐窗深处、寒气袭人时，闺中少妇正在怀念远戍辽阳而杳无音信的征人。她想借琵琶解闷，结果越弹越是伤心。"推手"等句，指弹琵琶，汉刘熙《释名·释乐器》："枇杷，本出于胡中，马上所鼓也。推手前曰枇，引手却曰杷，象其鼓时，因以为名也。"宋欧阳修《明妃曲》本此而有"推手为琵却手琶"之句；所弹之曲为《梁州》。《梁州》即《凉州》，唐西凉府所进边地乐曲，梁、凉二字唐人已混用。唐段安节《乐府杂录》谓：贞元初，康昆仑翻入琵琶。唐白居易诗："《霓裳》奏罢唱《梁州》，红袖斜翻翠黛愁。"可见其声哀怨。"哀彻"两字加深了悲凉的意绪。"千古事、云飞烟灭"已将上文一齐结束，"贺老定场无消息，想沉香亭北繁华歇，弹到此，为呜咽"，数句便是尾声。这尾声与发端遥相呼应，再次强调盛时已成过去，已成为历史。贺老即贺怀智，开元、天宝间琵琶高手，他一弹则全场寂静无声。唐元稹《连昌宫词》云："夜半月高弦索鸣，贺老琵琶定场屋。""贺老定场"即无消息，则"沉香亭北倚栏干"（唐李白《清平调》）的贵妃情影当然也不可见，这"凤尾龙香拨"的琵琶亦无主矣。故作者云"弹到此"即"呜咽"不止，写悲慨无穷的国难家愁。

　　这是一首咏物词。咏物抒怀历来是文人骚客的常情，但也是比较难以把握的写作。稼轩此词，初看不过是有关琵琶典故的堆积，所以有的评家不太看好；但是细推敲来，所用之典皆不是随意捻来，而是用心良苦，所以此词也为真正识家所赞美。清陈廷焯《白雨斋词话》："此词运典虽多，却一片感慨，故不嫌堆垛。心中有泪，故笔下无一字不呜咽。"

【原文】

木兰花慢·可怜今夕月

中秋饮酒将旦，客谓前人诗词有赋待月、无送月者，因用《天问》体赋。

可怜今夕月[(1)]，向何处、去悠悠[(2)]？是别有人间，那边才见，光影东头[(3)]？是天外，空汗漫[(4)]，但长风浩浩送中秋？飞镜无根谁系[(5)]？姮娥不嫁谁留[(6)]？　谓经海底问无由[(7)]，恍惚使人愁[(8)]。怕万里长鲸，纵横触破，玉殿琼楼[(9)]。虾蟆故堪浴水[(10)]，问云何玉兔解沉浮[(11)]？若道都齐无恙[(12)]，云何渐渐如钩[(13)]？

【毛泽东圈评等情况】

毛泽东在读中华书局影印本《稼轩长短句》时，在这首词的标题前连画三个大圈，对小序中的每句话都加了圆点，都画着一个大大的问号。1964年8月，毛泽东和周培源、于光远谈哲学问题时，认为这首词和晋朝张华《励志诗》中的"大仪斡旋，天回地游"都包含着地圆的意思。

[参考]张贻玖：《毛泽东评点、圈阅的中国古典诗词》，
中国工人出版社1992年版，第205页。

【注释】

（1）可怜，可爱。南朝梁徐陵编《玉台新咏·为焦仲卿妻作》："东家有贤女，自名秦罗敷。可怜体无比，阿母为汝求。"言中秋之月团圆皎洁，惹人生爱。

（2）悠悠，久长，久远。战国楚宋玉《楚辞·九辩》："去白日之昭昭兮，袭长夜之悠悠。"唐杜甫《发秦州》诗："大哉乾坤内，吾道长悠悠。"

（3）光影，日光，光辉。《列子·周穆王》："光影所照，王目眩不能得视。"唐寒山《诗》之二〇三："光影腾辉照心地，无有一法当现前。"指月亮。

（4）空汗漫，空虚莫测，广大无际。汗漫，广大，漫无边际。《淮南子·俶真训》："至德之世，甘瞑于溷澜之域而徙倚于汗漫之宇。"高诱注："汗漫，不可知之也。"

（5）飞镜无根谁系，月亮如飞镜无根，是谁用绳索将它悬系太空？唐李白《拟古》："长绳难系日。"飞镜，指月亮。

（6）姮娥不嫁谁留，月中嫦娥千秋不嫁，又是谁殷勤将她留下？姮娥，神话中的月中女神，即月里嫦娥。《淮南子·览冥训》："羿请不死之药于西王母，姮娥窃以奔月。"高诱注："姮娥，羿妻。羿请不死之药于西王母，未及服之，姮娥盗食之，得仙，奔入月中，为月精也。"

（7）谓经海底问无由，唐卢仝《月蚀》诗："烂银盘以海底出，出来照我草屋东。"问无由，问也没有办法，无从询问。无由，没有门径，没有办法。《仪礼·士相见礼》："某也愿见，无由达。"郑玄注："无由达，言久无因缘以自达也。"

（8）恍惚，亦作"恍忽"，迷离，难以捉摸。《韩非子·忠孝》："世之所为烈士者……为恬淡之学，而理恍惚之言。臣以为恬淡，无用之教也；恍惚，无法之言也。"

（9）玉殿琼楼，神话传说谓月中自有玉殿琼楼。《拾遗记》："翟乾佑于江岸玩月，或问此中何有？翟曰：'可随我观之。'俄见月规半天，琼楼玉宇烂然。故俗称月宫。"

（10）虾蟆，亦作"蛤蟆"，青蛙和蟾蜍的统称。《史记·龟策列传》："月为刑而相佐，见食于虾蟆。"故堪，固然能够。

（11）云何，为什么。玉兔，又称月兔，是中国古代神话传说中的神兽，居住在月球上，在月宫里负责捣药的仙兔，民间传说是嫦娥的化身或宠物。在许多文化中，特别是在汉字文化圈国家的民间传说和阿兹特克神话中，常塑造成用研杵捣钵的形象。沉浮，指在水面上出没。《诗经·小雅·菁菁者莪》："泛泛杨舟，载沉载浮。"

（12）无恙（yàng），没有疾病。战国楚宋玉《楚辞·九辩》："赖皇天之厚德兮，还及君之无恙。"

（13）如钩，变成像钩一样的弯月。

【赏析】

题前小序说，前人诗词有赋待月者而无送月者，本词别开生面，从"送月"这一新的角度，探讨了词人朦胧猜想到的、月亮绕地球旋转这一宇宙观，是一首想象奇特、构思新颖的送月词。送月，怎么送法呢？本词与一般写悲欢离合的词不同，既不思乡吊人，也不怀古伤今，而是把握黎明前刹那间的月景，仿照屈原《天问》的写法，把有关月亮的神话传说和比喻交织在一起，对月亮提出一系列的疑问。《天问》是战国楚屈原所作的一首长诗，向天体宇宙及神话历史接连提出了一百六十七个疑问。词人在中秋之夜与朋友饮酒赏月，即将天明，用《天问》的形式送月亮西落写下此词。

"可怜今夕月"，首句先对月亮进行赞美，"可怜"，可爱。以下便接连提出疑问，"向何处，去悠悠？是别有人间，那边才见，光影东头？"他先问，可爱的月亮降落到什么遥远的地方去了？继而问，是不是另外还有一个人间，那里的人们刚刚看到了月亮从东方升起？词人的大胆想象，与今天月亮绕地球转的道理相近，表现了他的聪颖灵悟，也说明由于他对客观自然的观察细致，因此才具有这种可贵的朴素唯物主义思想。现代词学家王国维在《人间词话》中说："稼轩中秋饮酒达旦，用《天问》体作《木兰花慢》词以送月。……词人想象，直悟月轮绕地之理，与科学家密合，可谓神悟。""是天外，空汗漫，但长风浩浩送中秋？飞镜无根谁系？姮娥不嫁谁留？""天外"，古人以目力所及的天体之外为"天外"；"汗漫"，空阔无边；"浩浩"，广大的样子；"姮娥"，嫦娥。在对月亮的出没作了猜想之后，词人又针对有关月亮的自然现象和神话传说提出了一系列的疑问：是不是天外空空荡荡、无涯无际，只是一股大风把明月送走了？月亮无根悬在空中，是谁把它系住了？月宫的嫦娥不出嫁是谁把她留住了？这些问题对今天的人来说虽然不算问题，但就辛弃疾生活的时代来说，也只有像他这样想象丰富的人，才能提出这样的问题。前两问，问的是限于当时的科学水平无法解释的自然现象，后一问，说明词人对有关月中嫦娥的神话故事发生了怀疑，这与李白的《把酒问月》中的"嫦娥孤寂与谁邻"意境相近，两位巨匠的想法可谓不谋而合。

下阕紧承上阕，继续对有关月亮的所有传说，陈述了自己的想法，大胆地提出了疑问。"谓经海底问无由，恍惚使人愁。"这两句是针对月亮的运行路线说的。他说，有人认为月亮运行经过海底，却又无从查问，这种说法让人迷茫困惑、忧虑不解，以下便针对这种说法谈了自己的想法和疑问。"怕万里长鲸，纵横触破，玉殿琼楼。"这三句由"怕"字领起，是写词人的担忧，如果月亮真的经过海底，他真担心海中往来奔突的鲸鱼，撞坏了月宫中的华美宫殿、亭台楼阁。"虾蟆故堪浴水，问云何玉兔解沉浮？""故"，本来；堪，能够；"云何"，为什么？传说中月亮上面还有蟾蜍和玉兔，他禁不住问，在月亮通过海底的时候，本来就会游水的蛤蟆固然无妨，那玉兔不通水性，又怎么办呢？"若道都齐无恙，云何渐渐如钩？"结尾二句，更进一层，对月亮运行经过海底的说法提出问题。"无恙"是对上边疑问的总结，是说如果月宫中的房子不被撞坏，玉兔也和蛤蟆一样，顺利渡过大海，没有发生任何问题，那么圆圆的月亮又为什么渐渐地会变成"钩"样的月牙呢？这与"既能明似镜，何用曲如钩？"（唐骆宾王《玩初月》）的发问相比，更为具体深刻。

全词一气呵成，紧凑连贯，读来势同破竹。词的视野广阔，构思新颖，想象丰富，既有浪漫主义色彩，又包含生活逻辑，且有难能可贵的科学断想，彻底打破前人咏月的陈规，道前人所未道，发前人所未发，其意义较那些对月伤怀的作品寄托深远，其境界较那些单纯描写自然景物的咏物词更高一筹。

【原文】

汉宫春·立春日·春已归来

春已归来，看美人头上，袅袅春幡[(1)]。无端风雨[(2)]，未肯收尽余寒。年时燕子[(3)]，料今宵梦到西园[(4)]。浑未办[(5)]，黄柑荐酒，更传青韭堆盘[(6)]？

却笑东风，从此便薰梅染柳[7]，更没些闲。闲时又来镜里[8]，转变朱颜。清愁不断，问何人会解连环[9]？生怕见、花开花落，朝来塞雁先还[10]。

【毛泽东圈评等情况】

毛泽东曾圈阅辛弃疾这首《汉宫春·春已归来》。

[参考]张贻玖：《毛泽东评点、圈阅的中国古典诗词》，中国工人出版社1992年版，第248页。

【注释】

（1）袅袅，体态柔美的样子。晋左思《吴都赋》："蔼蔼翠幄，袅袅素女。"春幡，古时风俗，每逢立春，剪彩绸为花、蝶、燕等状，插于妇女之簪，或缀于花枝之下，曰春幡，也名恬胜、彩胜。辛弃疾《蝶恋花·戊申元日立春席间作》词起句云："谁向椒盘簪彩胜。"此风宋时尤盛。

（2）无端，平白无故地。

（3）年时燕子，指往年来的燕子。年时，往年时节。晋王羲之《杂帖一》："吾服食久，犹为劣劣，大都比之年时，为复可耳。"

（4）西园，汉都长安西郊有上林苑，北宋都城汴京西门外有琼林苑，都称西园，专供皇帝打猎和游赏。此指后者，以表现作者的故国之思。

（5）浑，全然。

（6）黄柑荐酒，黄柑酪制的腊酒。立春日，人们用黄柑酪制的酒以示迎春。荐，献。更传，更谈不上相互传送。青韭堆盘，《四时宝鉴》谓"立春日，唐人作春饼生号春盘"，又一说菜，称五辛盘。《本草纲目·菜部》："五辛菜，乃元旦、立春，以葱、蒜、韭、蓼蒿、芥辛嫩之菜和食之，取迎新之意，号五辛盘。"故苏轼《立春日小集戏李端叔》诗云："辛盘得青韭，腊酒是黄柑。"辛词本此，但反用其意。

（7）薰梅染柳，唐李贺《瑶华乐》："玄霜绛雪何足云，薰梅染柳将赠君。"

（8）"闲时又来镜里"二句，宋秦观《千秋岁·谪虚州作》："日边清梦断，镜里朱颜改。"

（9）解连环，据《战国策·齐策六》：秦昭王尝遣使者遗君王后玉连环，曰："齐多智，而解此环否？"君王后以示群臣，群臣不知解，君王后引锥椎破之，谢秦使曰："谨以解矣！"辛词用此喻忧愁难解。

（10）生怕，最怕，只怕。塞雁，塞鸿，指塞北飞来的大雁。唐杜甫《登舟将适汉阳》诗："塞雁与时集，樯乌终岁飞。"

【赏析】

《汉宫春》，词牌名。《高丽史·乐志》名《汉宫春慢》。《梦窗词集》入"夹钟商"。各家句读多有出入，通常以《稼轩长短句》为准。九十六字，前后片各四平韵。

《汉宫春·立春日》作于宋孝宗隆兴元年（1163）作者寓居京口时，当时作者刚刚成家。邓广铭在《稼轩词编年笺注》"增订三版题记"中说："辛稼轩在'锦襜突骑渡江初'的绍兴三十二年（1162），便已有了家室，亦即和先已寓居京口的范邦彦之女、范如山之妹成婚了。"此词可能是作者从金人占领区南归的第一首作品。

全词从风俗民情入手，紧扣立春日的所见所感来写，赋予节物风光以更深的含意，于哀怨中带嘲讽，内涵充盈深沉。开篇用典妥帖自然，不露痕迹，正是"使事如不使也"。而以"袅袅"形容其摇曳，化静为动，若微风吹拂，更见春意盎然。从思想内容看，虽不能确断其为辛弃疾南归后所写的第一首词，但必为其初期之作。辛弃疾对于恢复大业的深切关注，作者的激昂奋发的情怀，都已真切地表达出来。

上阕起韵点题，"春已归来，看美人头上，袅袅春幡"，开头三句写大地春回的立春日风景。立春日是春天到来的信号，作者以一"看"字，将春天的气息，通过妇女们立春日的头饰——袅袅春幡散布出来，暗示出作者对于春归的喜悦。"无端风雨，未肯收尽余寒"二句，不直接往前写去，却反挑一笔，写出对寒风冷雨阻碍春来的幽怨。以下突然写到燕子，用比兴法推出怀念故国的感情。因为余寒未尽，春社未至，那去年秋时南来的燕子，不能回到北方故国的"西园"去。但燕子虽然无法归去，作者却生派它一个"西园梦"："年时燕子，料今宵梦到西园。"一个"料"字，化无理为有趣，表明这燕子，已经成了作者思念故国的精神象征。而燕子只能"梦"而不能"到"西园，暗示西园所在的汴京，依然被金人所掌握，所以作者徒有故国之思却不能一探故里。借燕传情，颇为沉痛。"浑未办，黄柑荐酒，更传青韭堆盘"三句，回到立春日风光中来，黄柑荐酒，青韭堆盘，这立春日应备的食品，现在作者却无心准备，并且显得心烦意乱。作者没有明言原因，但通过上下文语境，人们可以明白，是浓烈的故国之思，和时光流逝、英雄无用的悲伤，使作者完全乱了方寸，连节日应酬也无心去为之了。

下阕写对春天再来的种种感受，把笔由立春日探进整个春天里去。换头先以一"笑"字，故意打散上阕中的紧张和烦乱情绪，并领起以下五句："却笑东风，从此便薰梅染柳，更没些闲。闲时又来镜里，转变朱颜。"其所"笑"者，一为东风染遍梅柳，染追花草，使万紫千红的春天渐次到来，作者取笑东风的从此不得消闲；二是东风偶尔清闲时，不过是把镜中人的朱颜转换成衰老的模样。在这春天越来越华美而作者越来越衰老的对照中，作者"笑"着，但分明含着泪水。因为自然永在而人生易老，在忙得不得了的东风面前，作者所感觉到的是志士投闲、英雄无用而徒任芳华流逝的生命悲哀。由此可知，换头的"笑"字，在抒情上得内紧外松、甚至正话反说的趣味。以下直接归为正话正说，极言清愁难消。"清愁不断，问何人会解连环"二句，作者化用"解连环"的典故，表明不断滋生、越积越重的清愁，正像一个不见首尾的连环一样，不打碎则无法解开连环，也就是说，这是一种与生命共始终的感情。此处"问何人"一语，下得凄恻，它向外探询的口吻，写足了作者被沉沉的家国之情、生命之悲所萦绕，急于摆脱又无可摆脱的痛苦。它含蓄地表明了对于南宋统治者不思恢复、放废英雄的怨尤。"生怕见、花开花落，朝来塞雁先还"，结末二句直探进暮春里去，写作者怕见花开花落的心情，和看见暮春时大雁自由北还而伤痛于作者的人不如雁。这里有惜春惜时的感情，有怀念故国的感情，也有对于南宋统治者久不作恢复之计的怨尤。至此，不仅上片中的无端幽怨和烦乱得到了解释，而且全词的主旨也从这花开花落、塞雁先还的意象中脱迹而出。

全词结构严谨，意境幽远，内涵丰富，同时运用比兴手法，使风雨、燕子、西园、梅柳、塞雁等物在本意之外，构成富有象征意味的形象体系，使此词传情含蓄而深沉，留给人审美再创造的余地很大。清代周济《宋四家词选》："'春幡'九字，情景已极不堪，燕子犹记年时好梦，黄柑青韭，极写晏安酖毒。换头又提动党祸，结用雁与燕激射，却捎带五国城旧恨。辛词之怨，未有甚于此者。"近代俞陛云《唐五代两宋词选释》："上阕铺叙'立春'而已。转头处向东风调笑，已属妙语。更云人盼春来，我愁春至，因其暗换韶光，老却多少朱颜翠鬓，语尤隽妙。然则岁岁之花开花落，春固徒忙，人亦徒增惆怅耳。"

【原文】

汉宫春·会稽秋风亭观雨·亭上秋风

亭上秋风⁽¹⁾，记去年袅袅⁽²⁾，曾到吾庐⁽³⁾。山河举目虽异，风景非殊⁽⁴⁾。功成者去⁽⁵⁾，觉团扇⁽⁶⁾、便与人疏。吹不断，斜阳依旧⁽⁷⁾，茫茫禹迹都无⁽⁸⁾。

千古茂陵词在⁽⁹⁾，甚风流章句⁽¹⁰⁾，解拟相如⁽¹¹⁾。只今木落江冷⁽¹²⁾，眇眇愁余⁽¹³⁾。故人书报⁽¹⁴⁾，莫因循、忘却莼鲈⁽¹⁵⁾。谁念我，新凉灯火⁽¹⁶⁾，一编太史公书⁽¹⁷⁾。

【毛泽东圈评等情况】

毛泽东曾圈阅辛弃疾这首《汉宫春·亭上秋风》。

[参考]张贻玖：《毛泽东评点、圈阅的中国古典诗词》，中国工人出版社 1992 年版，第 248 页。

毛泽东要求选注的诗词作品，南宋爱国词人的作品居多。其中有一首辛弃疾《汉宫春·会稽秋风亭观雨（一）》。上海方面的校点注释者写的内容提要是："写景咏怀之作。词中运用典故描绘秋天景象，并表现了怀念北方的爱国思想和在政治上遭受打击的悲凉情绪。篇末通过对友人的答话，表现自己不甘心于长期退隐，而积极关心政治，准备有所作为。"词的下阕为："千古茂陵词在，甚风流章句，解拟相如。只今木落江冷，眇眇愁余。故人书报，莫因循、忘却莼鲈。谁念我，新凉灯火，一编《太史公书》。"大字本作如下译解："汉武帝的《秋风辞》流传千古，他的章句真是文采风流，能和司马相如的作品相比美。看到木落江冷的秋天景象，不免像屈原那样心中忧愁。老朋友来信，劝我不要忘记退隐。谁会想到，我在新凉的秋天，一灯之下，还拿着一部《史记》在研读呢？研读风云变幻、政治兴衰、历史变革的《史记》，不是'闲坐说玄宗'式的消遣和无聊，恰恰表明对现实社会走向的执着关注和牵挂，在忧思中期待着继续努力，引领时局。""谁念我，新凉灯火，一编《太史公书》？"——不仅传达了毛泽东第三阶段选读诗词曲赋、思考时事、悲患忧国的心曲，或许，也折射出他晚年选读86篇文史古迹内心世界的总体感受。

[参考] 陈晋：《毛泽东阅读史》，生活、新知、读书三联书店2014年版，第268—269页。

【注释】

（1）亭，指会稽秋风亭。

（2）袅袅，微风吹拂。战国楚屈原《楚辞·九歌·湘夫人》："帝子降兮北渚，目眇眇兮愁予。袅袅兮秋风，洞庭波兮木叶下。"

（3）吾庐，我的屋舍。东晋陶潜《读山海经》诗之一："众鸟欣有托，吾亦爱吾庐。"

（4）"山河"二句，此地山河虽与家乡不同，但秋色却没有什么两样。南朝宋刘义庆《世说新语·言语》："周侯中坐叹曰：'风景不殊，正自有山河之异！'皆相视流泪。"

（5）功成者去，指一旦建立功业，即被遗弃。《战国策·秦策三》："蔡泽谓应侯曰：'四时之序，功成者去。'"

（6）团扇，圆形有柄的扇子。古代宫内多用之，又称宫扇。唐王昌龄《长信秋词》之三："奉帚平明金殿开，且将团扇暂徘徊。"

（7）斜阳，傍晚西斜的太阳。唐赵嘏《东望》诗："斜阳映阁山当寺，微绿含风树满川。"

（8）禹迹，相传夏禹治水，足迹遍于九州，后因称中国的疆域为禹迹。语出《书·立政》："其克诘尔戎兵，以陟禹之迹。"孔传："以升禹治水之旧迹。"《左传·襄公四年》："芒芒禹迹，画为九州。"

（9）茂陵词，指汉武帝的《秋风辞》："秋风起兮白云飞，草木黄落兮雁南归。兰有秀兮菊有芳，怀佳人兮不能忘。泛楼船兮济汾河，横中流兮扬素波。箫鼓鸣兮发棹歌，欢乐极兮哀情多。少壮几时兮奈老何！"茂陵，汉武帝的陵墓，这里指汉武帝刘彻。

（10）甚，真。风流，形容文学作品超逸佳妙。唐司空图《二十四诗品·含蓄》："不著一字，尽得风流。"此指《秋风词》。

（11）解拟相如，能与司马相的作品媲美。《汉书·扬雄传》："蜀有司马相如，作赋甚弘丽温雅，雄心壮之，每作赋常拟以为式。"解拟，能比拟。相如，汉代辞赋家司马相如。

（12）木落江冷，形容言过其实。宋欧阳修等《新唐书·崔信明传》："崔信明，青州益都人也。……寒元，以门望自负，尝矜其文，谓过李百药，议者不许。扬州录事参军郑世翼者，亦骜倨，数恌轻忤物，遇信明江中，谓曰：'闻公有"枫落吴江冷"，愿见其余。'信明欣然多出众篇，世翼览未终，曰：'所见不逮所闻。'投诸水，引舟去。"木落，叶落。

（13）眇眇，眯眼远望之态。愁余，使我愁苦。战国楚屈原《楚辞·九歌·湘夫人》："帝子降兮北渚，目眇眇兮愁予。"王逸注："眇眇，远视貌。"

（14）故人书报，老朋友来信说。故人，旧交，老友。《庄子·山木》："夫子出于山，舍于故人之家。"

（15）因循，沿袭，继承。《汉书·百官公卿表上》："秦兼天下，建皇帝之号。立百官之职。汉因循而不革，明简易，随时宜也。"莼鲈，莼菜与鲈鱼。南朝宋刘义庆《世说新语·识鉴》："张季鹰辟齐王东曹掾，在洛见秋风起，因思吴中菰菜羹、鲈鱼脍，曰：'人生贵得适意尔，何能羁宦数千里以要名爵！'遂命驾便归。俄而齐王败，时人皆谓为见机。"咏思乡之情、归隐之志。

（16）新凉灯火，谓在清秋之夜挑灯夜读。唐韩愈《符读书城南》："时秋积雨霁，新凉入郊墟。灯火稍可亲，简编可卷舒。岂不旦夕念，为尔惜居诸。恩义有相夺，作诗劝踌躇。"

（17）太史公书，即司马迁的《史记》。太史公，西汉武帝时期设立的官职名称。司马迁曾为太史令。司马迁在《史记》中以此称呼其父司马谈并以之为自称。

【赏析】

宋宁宗嘉泰三年（1203），辛弃疾时年六十四岁，知绍兴府兼浙江东路安抚使任上路过秋风亭，写下了这首诗。张镃在和这首词的小序里说："稼轩帅浙东，作秋风亭成，以长短句寄余。"可知这首词是写给张镃的。浙江东路包括当时南宋的京都临安（今杭州）在内，北靠长江，东临大海，地势重要。南宋王朝委任他为这一地区行政大员，说明南宋对辛弃疾的重任，也使他很感意外。虽然他这时已是年过花甲的老人，但他却一如既往，想为抗金大业做一些事情。但到任不久，可能对朝廷的黑暗腐败更有所了解，后悔这次不该出山，因此作者登亭观雨，有感而赋此词。词虽说是观雨，但全词不见一个雨字，说明这首词不是为观雨而作。

词的上阕写作者登上秋风亭，举目远望"山河虽异，风景非殊"。"亭上秋风，记去年袅袅，曾到吾庐"开头三句，化用《九歌·湘君》"袅袅兮秋风"句。"山河举目虽异，风景非殊"二句，是用《世说新语·言语》中典故。东晋时南渡士大夫常到新亭聚游饮宴，周侯中坐而叹，说："风景不殊，正自有河山之异。"皆相视流泪。作者登秋风亭时与东晋士大夫有同感，看到风景依旧，山河破碎，西风苍凉，因而无限感慨。以下"功成者去，觉团扇、便与人疏"二句也连用典。《战国策·秦策》："蔡泽谓应侯曰：'四时之序，成功者去。'""觉团扇、便与人疏"句，出自东汉班固《汉书·外戚传》，载班婕妤《怨歌行》："新裂齐纨素，鲜洁如霜雪。裁为合欢扇，团团似明月。出入君怀袖，动摇微风发。常恐秋节至，凉风夺炎热。弃捐箧笥中，恩情中道绝。"这二句中作者对宋廷排挤抗金爱国将领的做法表示了不满。清陈廷焯《白雨斋词话》说："功成者去"四句"于悲壮中见浑厚"。"吹不断，斜阳依旧，茫茫禹迹都无"，接下来三句，作者看到，秋风中夕阳西下，可是当年大禹治水的遗迹已茫茫不见、无处寻觅了。《史记·夏本纪》载，舜、禹时，洪水滔天，大禹与众决九川而致四海，天下为治。大禹即帝位后，东巡狩，至会稽而崩，至今绍兴会稽山有禹陵、禹庙。明末陈子龙曾有诗句："禹陵风雨思王会，越国山川出霸才。"（《钱塘东望有感》）思念大禹的功迹，哀叹明之将亡。辛弃疾言外之意也是追忆大禹拯救陆沉的勋业，慨叹南宋无英雄人物能力挽狂澜。

下阕作者因《秋风辞》而想到汉武帝致力于北方，取得了辉煌的业绩。下阕依然在怀古，又提及历史上一位英雄君主汉武帝。"千古茂陵词在，甚风流章句，解拟相如"，换头处三句，汉武帝巡行河东时作有《秋风辞》说："秋风起兮白云飞，草木黄落兮雁南归……"辛弃疾在秋风亭上联想《秋风辞》，不仅只是节令上的偶合。他借以缅怀汉武帝为抗击匈奴、强盛帝国所作的杰出功绩。这三句表面是说，汉武帝传颂千古的风流辞章，足可以与司马相如的辞赋媲美。这里似是赞扬汉武的文采，实是歌颂他的武略，暗指宋廷的懦弱无能。"只今木落江冷，眇眇愁余"，接下来二句亦用《九歌》句："帝子降兮北渚，目眇眇兮愁予。袅袅兮秋风，洞庭波兮木叶下。"作者用此怅望江南半壁河山，缅怀大禹、汉武帝，情绪依然十分愤慨。"故人书报，莫因循、忘却莼鲈。谁念我，新凉灯火，一编太史公书"，结末数句意一转，说：朋友们来信劝告我，不要留恋官场而忘记归隐。"莼鲈"用东晋张翰因秋风起思归故乡的典故，这里以友人来信的口气说出，还是弃官退隐吧。这是作者回顾历史以后，面对冷酷的现实所产生的心理矛盾。结尾却并不回答朋友，只是说："谁曾想到在这清凉的秋夜，我正挑灯攻读太史公书。"《史记》中一系列爱国英雄的纪传，如廉颇、李广等，效命疆场、威震敌胆且晚年倍受压抑、悲愤壮烈之事迹，曾深深激动过辛弃疾的夜读之心。

词中运用典故描绘秋天景象，表现了怀念北方的爱国思想和在政治上遭受打击的悲凉情绪。篇末通过对友人的答话，表现自己不甘心于长期退隐，而积极关心政治，准备有所作为。南宋张镃说："江南久无豪气，看规恢意概，当代谁如？"清陈廷焯《云韶集》："高绝，超绝。既沉着，又风流；既婉转，又直捷。句意深长，尤为千古杰作。迹似渊明，志如子美。"

汉宫春·会稽蓬莱阁怀古·秦望山头

秦望山头⁽¹⁾，看乱云急雨，倒立江湖。不知云者为雨，雨者云乎⁽²⁾。长空万里，被西风、变灭须臾⁽³⁾。回首听、月明天籁，人间万窍号呼⁽⁴⁾。　谁向若耶溪上，倩美人西去，麋鹿姑苏⁽⁵⁾？至今故国人望，一舸归欤⁽⁶⁾。岁云暮矣，问何不鼓瑟吹竽⁽⁷⁾。君不见、王亭谢馆，冷烟寒树啼乌⁽⁸⁾。

【毛泽东圈评等情况】

毛泽东曾圈阅辛弃疾这首《汉宫春·秦望山头》。

[参考] 张贻玖：《毛泽东评点、圈阅的中国古典诗词》，中国工人出版社1992年版，第250页。

【注释】

（1）秦望山，即会稽山。在会稽（今浙江绍兴）东南四十里处，为众峰之杰。因秦始皇曾登此山以望东海，遂有此名。《史记》云："秦始皇登之以望东海。"

（2）"不知"两句，语出《庄子·天运篇》："云者为雨乎？雨者为云乎？"谓茫茫一片，云雨莫辨。

（3）"长空"两句，谓西风扫尽浓云，但见万里长空似洗。宋苏轼《中秋》："凭高远眺，见万里长空，云无留迹。"变灭须臾，顷刻间变化无常，指雨过天晴。宋赵鼎《望海潮》词："须臾变灭，天容水色，琼田万里无瑕。"

（4）"回首"二句，谓月色皎洁，自然界大气流荡，引起人间大地千孔万穴呼啸共鸣。《庄子·齐物论》："汝闻人籁而未闻地籁，汝闻地籁而未闻天籁夫？……夫大块噫气，其名为风，是惟天作，作则万窍怒号。"天籁，自然界的响声，此指风声。窍，洞穴。

（5）"谁向"三句，用越国范蠡巧使美人计灭吴事。若耶溪，位于会稽南二十五里，相传为当年西施浣纱之处，亦称浣纱溪。美人西去，指遣西施西去吴国。麋鹿姑苏,谓吴国灭亡,昔日姑苏台已成麋鹿栖游之地。姑苏,姑苏台,在今江苏苏州城外姑苏山上。当年吴王得西施后,筑姑苏台,与西施宴游其上。

(6)"至今"两句,谓至今越人犹盼范蠡和西施乘船归来。故国,即指会稽。春秋时,越国建都于此。舸(gě),大船。西汉扬雄《扬子·方言》南楚江湘凡船大者谓之舸。欤(yú),表疑问的语助词。

(7)"岁云"两句,谓时将岁暮,人问何不奏乐欢娱。岁云暮,一年将尽。云,助词无义。鼓瑟吹竽,奏乐。《诗经·小雅·鹿鸣》:"我有嘉宾,鼓瑟吹笙。"瑟、竽(即大笙),分别为古代的弦乐器和管乐器。

(8)"君不见"二句,谓昔日风流一时的王亭谢馆,而今却是一片荒凉凄冷景象。王亭谢馆,王、谢两家为东晋时代的豪门大族,他们的子弟大多住在会稽。大书法家王羲之与当时名流四十余人曾盛会于山阴之兰亭,修被禊之礼,并作《兰亭序》。大政治家谢安曾隐居会稽之东山。此处的"王亭谢馆",泛指王、谢子弟在会稽的游乐场所。

【赏析】

宋宁宗嘉泰三年(1203),辛弃疾被重新起用,任命为知绍兴府兼浙东安抚使。据《宝庆会稽续志》,辛弃疾为六月十一日到任,同年十二月二十八日即奉召赴临安,次年春改知镇江府,故知登蓬莱阁之举,必在嘉泰三年的下半年。另据词中"西风""冷烟寒树"等语,可断定是作于晚秋。清人沈祥龙《论词随笔》云:"词贵意藏于内,而迷离其言以出之。"为此,词家多刻意求其含蓄,而以词意太浅太露为大忌。这首词以自然喻人世,以历史比现实,托物言志,寄慨遥深。

这首词的题目,原作"会稽蓬莱阁怀古"。同调另有"亭上秋风"一首,题作"会稽秋风亭观雨"。唐圭璋先生谓,"秋风亭观雨"词中无雨中景象,而"蓬莱阁怀古"一首上阕正写雨中景象,词题"观雨"与"怀古"前后颠倒,当系错简。此说见《词学论丛·读词续记》。今依习惯保持原题,但请读者明了其中错综颠倒。

词的上阕,看似纯系写景,实则借景抒情。它不是单纯地为写景而写景，而是景中有情，寓情于景，情景交融。开头三句，"秦望山头，看乱云急雨，倒立江湖"。词人所登的蓬莱阁在浙江绍兴（即会稽）。秦望山，一名会稽山，在会稽东南四十里处。他为何望此山？因为这里曾是秦始皇南巡时望大海、祭大禹之处。登此阁望此山，不禁会想起统一六国的秦始皇和为民除害的大禹。这里以"看"领起，尽写秦望山头云雨苍茫的景象和乍雨还晴的自然变化。以"倒立江湖"喻暴风骤雨之貌，生动形象，大概是从宋苏轼《有美堂暴雨》诗"天外黑风吹海立"演化而来。"不知云者为雨，雨者云乎"二句，语出于《庄子·天运》："云者为雨乎？雨者为云乎？""为"字读去声。云层是为了降雨吗？降雨是为了云层吗？庄子设此一问，下文自作回答，说这是自然之理，云、雨两者，谁也不为了谁，各自这样运动着罢了，也没有别的意志力量施加影响要这样做。作者说"不知"，也的确是不知，不必多追究。"长空万里，被西风、变灭须臾。"接下来两句，天色急转，词笔也急转，这是说云。苏轼《念奴娇·中秋》词："凭高眺远，见长空万里，云无留迹。"《维摩诘所说经》："是身如浮云，须臾变灭。"云散了，雨当然也就收了。"回首听，月明天籁，人间万窍号呼"三句，又用《庄子》语。《庄子·齐物论》："夫大块噫气，其名为风。是唯无作，作则万窍怒号。"这就是"天籁"，自然界的音响。从暴风骤雨到云散雨收，月明风起，词人在大自然急剧的变化中似乎悟出一个哲理：事物都处在不断变化中，阴晦可以转为晴明，晴明又含着风起云涌的因素；失败可以转为胜利，胜利了又会起风波。上片对自然景象的描写，为下片追怀以弱胜强、转败为胜又功成身退的范蠡作了有力的烘托、铺垫。语言运用上，熔裁诸家，为己所用，这是辛词的长技。

下阕秋夜怀古抒情，说古以道今，影射现实，借古人之酒杯浇自己胸中之块垒。作者首先以诘问的语气讲述了一段富有传奇色彩的历史故事："谁向若耶溪上，倩美人西去，麋鹿姑苏？至今故国人望，一舸归欤"，五句是说，当年是谁到若耶溪上请西施西去以此导致吴国灭亡呢？越地的人们至今还盼望着他能乘船归来呢！这当然是说范蠡，可是作者并不直说，而是引而不发，说"谁倩"。这样写更含蓄而且具有启发性。据史书记载，春秋末年越王勾践曾被吴国打败，蒙受奇耻大辱。谋臣范蠡苦身勠力，协助勾践进行了"十年生聚，十年教训"，并将西施进献吴王，行美人计。吴王果贪于女色，荒废朝政。吴国谋臣伍子胥曾劝谏说："臣今见麋鹿游姑苏之台。"后来越国终于灭了吴国，报了会稽之仇。越国胜利后，范蠡认为"勾践为人，可与共患难，不可与共乐"，于是泛舟五湖而去。引人深思的是，词人面对秦望山、大禹陵和会稽古城怀念古人，占据他心灵的不是秦皇、大禹，也不是越王勾践，而竟是范蠡。这是因为范蠡忠一不二、精忠报国，具有文韬武略，曾提出许多报仇雪耻之策，同词人的思想感情息息相通。李心传《建炎以来朝野杂记乙集》卷十八记载，辛弃疾至临安见宋宁宗，"言金国必乱必亡，愿付之元老大臣，务为仓猝可以应变之计，（韩）侂胄大喜。"《庆元党禁》亦言"嘉泰四年春正月，辛弃疾入见，陈用兵之利，乞付之元老大臣"，另据程珌《丙子轮对札记》记辛弃疾这几年来屡次派遣谍报人员到金境侦察金兵虚实并欲在沿边界地区招募军士，可见作者这时正跃跃欲试、摩拳擦掌，力图恢复中原以雪靖康之耻，范蠡正是他仰慕和效法的榜样。表面看来，"故国人望"的是范蠡，其实，何尝不可以说也指他辛弃疾？在词人晚年，他经常怀念"壮岁旌旗拥万夫"的战斗生涯，北方抗金义军也时时盼望他的归来。谢枋得在《祭辛稼轩先生墓记》中记载："公没，西北忠义始绝望。"这一部分用典，不是仅仅说出某事，而是铺衍为数句，叙述出主要的情节，以表达思想感情，这是其用典的一个显著特点。"岁云暮矣，问何不鼓瑟吹竽？"在词的收尾部分，作者首先以设问的语气提出问题：一年将尽了，为什么不鼓瑟吹竽欢乐一番呢？《诗经·小雅·鹿鸣》："我有嘉宾，鼓瑟吹笙。"又《诗经·唐风·山有枢》："子有酒食，何不日鼓瑟？且以喜乐，且以永日。"作者引《诗》说出了岁晚当及时行乐的意思，接着又以反问的语气作了回答："君不见、王亭谢馆，冷烟寒树啼乌。"旧时王、谢的亭馆已经荒芜，已无可行乐之处了。东晋时的王、谢与会稽的关系也很密切，"王亭"，指王羲之修禊所在的会稽山阴之兰亭；谢安曾隐居会稽东山，有别墅。这些旧迹，眼前是只有"冷烟寒树啼乌"点缀其间了。

从怀念范蠡到怀念王、谢，感情上是一个很大的转折。怀念范蠡抒发了报国雪耻的积极思想；怀念王、谢不仅流露出对现实的不满，而且明显地表现出消极悲观的情绪。作者面对自然的晴雨变化和历史巨变，所激起的不仅是要效法古人、及时立功的慷慨壮怀，同时也有人世匆匆的暮年伤感。辛弃疾此时已经六十四岁了。当作者想到那些曾经威震一方、显赫一时的风流人物无不成为历史陈迹的时候，内心充满了人生短暂、功名如浮云流水的悲叹。这末一韵就意境来说，不是仅对王亭谢馆而发，而是关涉全篇，点明全词要旨。词人在这些历史人物事迹中寄托的不同感情，同他当时思想的矛盾是完全吻合的。

【原文】

永遇乐·京口北固亭怀古·千古江山

千古江山⁽¹⁾，英雄无觅孙仲谋处⁽²⁾。舞榭歌台⁽³⁾，风流总被雨打风吹去。斜阳草树，寻常巷陌⁽⁴⁾，人道寄奴曾住⁽⁵⁾。想当年，金戈铁马，气吞万里如虎⁽⁶⁾。　元嘉草草⁽⁷⁾，封狼居胥⁽⁸⁾，赢得仓皇北顾⁽⁹⁾。四十三年⁽¹⁰⁾，望中犹记，烽火扬州路⁽¹¹⁾。可堪回首⁽¹²⁾，佛狸祠下⁽¹³⁾，一片神鸦社鼓⁽¹⁴⁾。凭谁问，廉颇老矣，尚能饭否⁽¹⁵⁾？

【毛泽东圈评等情况】

毛泽东在读清朱彝尊、汪森编选《词综》和中华书局1958年影印本《稼轩长短句》时，曾多次圈划过这首词。毛泽东的秘书田家英曾告诉诗人臧克家说，毛泽东的某首词开头，是有意模仿这首词的。

[参考] 张贻玖：《毛泽东评点、圈阅的中国古典诗词》，
中国工人出版社1992年版，第204页。

毛泽东还手书过这首词。

[参考] 中央档案馆编：《毛泽东手书选集·古诗词卷（下）》，
北京出版社1996年版，第151—152页。

【注释】

（1）千古，久远的年代。北魏郦道元《水经注·睢水四》："追芳昔

娱，神游千古，故亦一时之盛事。"江山，江河山岳。借指国家的疆土、政权。西晋陈寿《三国志·吴志·贺劭传》："割据江山，拓土万里。"

（2）孙仲谋，三国时的吴王孙权，字仲谋，曾建都京口。孙权为长沙太守孙坚次子，幼年跟随兄长吴侯孙策平定江东，汉献帝建安五年（200）孙策早逝。孙权继位为江东之主。

（3）舞榭歌台，演出歌舞的台榭，这里代指孙权故宫。唐许尧佐《石季伦金谷园》："舞榭荒台掩，歌台坠叶繁。"榭，建在高台上的房子。

（4）"斜阳草树"二句，唐刘禹锡《乌衣巷》："朱雀桥边野草花，乌衣巷口夕阳斜。旧时王谢堂前燕，飞入寻常百姓家。"二句用刘诗诗意。寻常巷陌，极窄狭的街道。寻常，古代指长度，八尺为寻，倍寻为常，形容窄狭，引申为普通、平常。巷、陌，这里都指街道。

（5）寄奴，南朝宋武帝刘裕小名，其先世由彭城（今江苏徐州）移居京口（今江苏镇江）。他早年在京口起兵，率军北伐，平定桓玄的叛乱后统一江南，废晋自立，建立了刘宋王朝。

（6）"想当年"三句，刘裕曾两次领兵北伐，收复洛阳、长安等地。金戈，用金属制成的长枪。铁马，披着铁甲的战马，都是当时精良的军事装备。这里指代精锐的部队。

（7）元嘉草草，元嘉是刘裕子刘义隆年号。草草，轻率。南朝宋刘义隆好大喜功，仓促北伐，反而让北魏主拓跋焘抓住机会，以骑兵集团南下，兵抵长江北岸而返，遭到对手的重创。

（8）封狼居胥，狼居胥山，在内蒙古西北部。汉武帝元狩四年（前119）霍去病远征匈奴，歼敌七万余，于是"封狼居胥山，禅于姑衍"。积土为坛于山上，祭天曰封，祭地曰禅，古时用这个方法庆祝胜利。南朝宋文帝刘义隆命王玄谟北伐，玄谟陈说北伐的策略，文帝说："闻王玄谟陈说，使人有封狼居胥意。"词中用"元嘉北伐"失利事，以影射南宋"隆兴北伐"。

（9）赢得仓皇北顾，即只落得个大败而还，北顾追兵，仓惶失措。宋文帝刘义隆命王玄谟率师北伐，为北魏太武帝拓跋焘击败，魏趁机大举南侵，直抵扬州，吓得宋文帝亲自登上建康幕府山向北观望形势，作诗有

"惆怅惧迁逝，北顾涕交流"句。赢得，剩得，落得。

（10）四十三年，作者于宋高宗赵构绍兴三十二年（1162），从北方抗金南归，至宋宁宗赵扩开禧元年（1205），任镇江知府登北固亭写这首词时，前后共四十三年。

（11）烽火扬州路，指当年扬州一带，到处都是抗击金兵南侵的战火烽烟，指宋孝宗隆兴二年（1164）金兵渡淮攻陷濠州、滁州至扬州事。路，宋朝时的行政区划，扬州属淮南东路。

（12）可堪，表面意为可以忍受得了，实则犹"岂堪""那堪"，即怎能忍受得了。堪，忍受。

（13）佛（bì）狸祠，北魏太武帝拓跋焘小名佛狸。公元450年，他曾反击刘宋，两个月的时间里，兵锋南下，五路远征军分道并进，从黄河北岸一路穿插到长江北岸。在长江北岸瓜步山（江苏六合东南）建立行宫，即后来的佛狸祠。

（14）神鸦，指在庙里吃祭品的乌鸦。社鼓，祭祀时的鼓声。整句话的意思是，到了南宋时期，当地老百姓只把佛狸祠当作供奉神祇的地方，而不知道它过去曾是一个皇帝的行宫。

（15）廉颇，战国时赵国名将。《史记·廉颇蔺相如列传》记载，廉颇被免职后，跑到魏国，赵王想再用他，派人去看他的身体情况，廉颇的仇人郭开贿赂使者，使者看到廉颇，廉颇为之米饭一斗，肉十斤，被甲上马，以示尚可用。使者回来报告赵王说："廉颇将军虽老，尚善饭，然与臣坐，顷之三遗矢（通假字，即屎）矣。"赵王以为廉颇已老，遂不用。

【赏析】

《永遇乐》，词牌名，又名《消息》《永遇乐慢》。有平韵、仄韵两体，仄韵始于柳永，分上下两阕，共一百零四字，前后段各十一句、四仄韵。苏轼、李清照、辛弃疾、刘辰翁等均用此词牌创作过，留下不少脍炙人口的名篇。

《永遇乐·京口北固亭怀古》写于宋宁宗开禧元年（1205），辛弃疾六十六岁。当时韩侂胄执政，正积极筹划北伐，闲置已久的辛弃疾于前一年被起用为浙东安抚使，这年春初，又受命担任镇江知府，戍守江防要地京口。从表面看来，朝廷对他似乎很重视，然而实际上只不过是利用他那主战派元老的招牌作为号召而已。辛弃疾到任后，一方面积极布置军事进攻的准备工作；但另一方面，他又清楚地意识到政治斗争的险恶，自身处境的危险，深感很难有所作为。辛弃疾支持北伐抗金的决策，但是对独揽朝政的韩侂胄轻敌冒进的做法，感到忧心忡忡，他认为应当做好充分准备，绝不能草率从事，否则难免重蹈覆辙，使北伐再次失败。辛弃疾的意见没有引起南宋当权者的重视。一次他来到京口北固亭，登高眺望，怀古忆昔，心潮澎湃，感慨万千，于是写下了这首词中佳作。

词以"京口北固亭怀古"为题。京口是三国时吴大帝孙权设置的重镇，并一度为都城，也是南朝宋武帝刘裕生长的地方。面对锦绣江山，缅怀历史上的英雄人物，正是像辛弃疾这样的志士登临应有之情、题中应有之意，词正是从这里着笔的。

词的上阕怀古抒情。"千古江山，英雄无觅孙仲谋处"，开头二句中，"千古"，是时代感，照应题目"怀古"；"江山"是现实感，照应题目"京口北固亭"。作者站在北固亭上瞭望眼前的一片江山，脑子里一一闪过千百年来曾经在这片土地上叱咤风云的英雄人物，他首先想到三国时吴国的皇帝孙权，他有着统一中原的雄图大略，在迁都建业以前，于建安十四年（209）先在京口建"京城"，作为新都的屏障，并且打垮了来自北方的侵犯者曹操的军队，保卫了国家。可是如今，像孙权这样的英雄已无处寻觅了。诗人起笔便抒发其江山依旧、英雄不再、后继无人的感慨。而后的"舞榭歌台，风流总被雨打风吹去"，在上句的基础上更推进一层，非但再也找不到孙权这样的英雄人物，连他当年修建的"舞榭歌台"，那些反映他光辉功业的遗物，也都被"雨打风吹去"，杳无踪迹了。"斜阳草树，寻常巷陌，人道寄奴曾住"三句，写眼前景，词人联想起与京口有关的第二个历史人物刘裕。写孙权，先想到他的功业再寻觅他的遗迹；写刘裕，则由他的遗迹再联想起他的功业。"想当年，金戈铁马，气吞万里如虎"三句，回忆刘裕的功业。刘裕以京口为基地，削平了内乱，取代了东晋政权；他曾两度挥戈北伐，先后灭掉南燕、后秦，收复洛阳、长安，几乎可以克复中原。作者想到刘裕的功勋，非常钦佩，最后三句表达了词人对之无限景仰的感情。英雄人物留给后人的印象是深刻的，可是刘裕这样的英雄，他的历史遗迹，如今也是同样地找不到了，只有那"斜阳草树，寻常巷陌"。

词的上阕借古意以抒今情，还比较轩豁呈露；在下阕里，作者通过典故所揭示的历史意义和现实感慨，就更加意深而味隐了。"元嘉草草，封狼居胥，赢得仓皇北顾"三句，用古事影射现实，尖锐地提出一个历史教训，史称南朝宋文帝刘义隆"自践位以来，有恢复河南之志"。他曾三次北伐，都没有成功，特别是元嘉二十七年（450）最后一次，失败得更惨。用兵之前，他听取彭城太守王玄谟陈北伐之策，非常激动，说："闻玄谟陈说，使人有封狼居胥意。""有封狼居胥意"谓有北伐必胜的信心。当时分据在北中国的北魏，并非无隙可乘；南北军事实力的对比，北方也并不占优势。倘能妥为筹划，虑而后动，是能打胜仗、收复部分失地的。无如宋文帝急于事功，轻启兵端，结果不仅没有得到预期的胜利，反而招致北魏拓跋焘大举南侵，弄得国势一蹶不振。这一历史事实，对当时现实所提供的历史鉴戒，是发人深省的。作者援用古事近事影射现实，尖锐地提醒南宋统治者吸取前人的和自己的历史教训。从"四十三年，望中犹记，烽火扬州路"开始，词由怀古转入伤今，联系自己，联系当今的抗金形势，抒发感慨。作者回忆四十三年前北方人民反抗异族统治的斗争此起彼伏，如火如荼，自己也在战火弥漫的扬州以北地区参加抗金斗争。后来渡淮南归，原想凭借国力，恢复中原，不期南宋朝廷昏聩无能，使他英雄无用武之地。如今自己已成了老人，而壮志依然难酬。辛弃疾追思往事，不胜身世之感。下三句中的"可堪回首"应接上句，由回忆往昔转入写眼前实景。这里值得探讨的是，佛狸是北魏的皇帝，距南宋已有七八百年之久，北方的百姓把他当作神来供奉，辛弃疾看到这个情景，不忍回首当年的"烽火扬州路"。辛弃疾是用"佛狸"代指金主完颜亮。四十三年前，完颜亮发兵南侵，曾以扬州作为渡江基地，而且也曾驻扎在佛狸祠所在的瓜步山上，严督金兵抢渡长江。以古喻今，佛狸很自然地就成了完颜亮的影子。如今"佛狸祠下，一片神鸦社鼓"与"四十三年，烽火扬州路"形成鲜明的对比，当年沦陷区的人民与异族统治者进行不屈不挠的斗争，烽烟四起，但如今的中原早已风平浪静，沦陷区的人民已经安于异族的统治，竟至于对异族君主顶礼膜拜，这是痛心的事。不忍回首往事，实际就是不忍目睹眼前的事实。以此正告南宋统治者，收复失土，刻不容缓，如果继续拖延，民心日去，中原就收不回了。"凭谁问，廉颇老矣，尚能饭否？"最后三句，作者以廉颇自比，这个典用得很贴切，内蕴非常丰富，一是表白决心，和廉颇当年服事赵国一样，自己对朝廷忠心耿耿，只要起用，当仁不让，奋勇争先，随时奔赴疆场，抗金杀敌。二是显示能力，自己虽然年老，但仍然和当年廉颇一样，老当益壮，勇武不减当年，可以充任北伐主帅。三是抒写忧虑。廉颇曾为赵国立下赫赫战功，可为奸人所害，落得离乡背井，虽愿为国效劳，却是报国无门。词人以廉颇自况，忧心自己有可能重蹈覆辙，朝廷弃而不用，用而不信，才能无法施展，壮志不能实现。辛弃疾的忧虑不是空穴来风，果然韩侂胄一伙人不能采纳他的意见，对他疑忌不满，在北伐前夕，以"用人不当"为名免去了他的官职。辛弃疾渴盼为恢复大业出力的愿望又一次落空。

这首词用典虽多，然而词中典故却用得天衣无缝，恰到好处，正体现了辛弃疾在语言艺术上的特殊成就。全词豪壮悲凉，义重情深，放射着爱国主义的思想光辉。词中用典贴切自然，紧扣题旨，增强了作品的说服力和意境美。明代杨慎在《词品》中说："辛词当以京口北固亭怀古《永遇乐》为第一。"

【原文】

南乡子·登京口北固亭有怀·何处望神州

何处望神州⁽¹⁾？满眼风光北固楼⁽²⁾。千古兴亡多少事⁽³⁾？悠悠⁽⁴⁾。不尽长江滚滚流⁽⁵⁾。　年少万兜鍪⁽⁶⁾，坐断东南战未休⁽⁷⁾。天下英雄谁敌手⁽⁸⁾？曹刘⁽⁹⁾。生子当如孙仲谋⁽¹⁰⁾。

【毛泽东圈评等情况】

毛泽东曾多次圈阅过这首《南乡子·何处望神州》。

1957年3月，在一次由南京飞往上海的途中，当飞机飞临镇江上空时，毛泽东书写了《南乡子·登京口北固亭有怀》，并向同行的工作人员讲解这首词的意义和所用典故。他不止一次手书过这首词。

[参考] 张贻玖：《毛泽东评点、圈阅的中国古典诗词》，

中国工人出版社1992年版，第204页。

【注释】

（1）望，眺望。神州，古时称中国为赤县神州（见于《史记·孟子荀卿列传》），后用神州做中国的别称。这里指中原地区。南朝宋刘义庆《世说新语·言语》："王丞相愀然变色曰：'当共戮力王室，克复神州，何至作楚囚相对！'"

（2）北固楼，即北固亭，坐落于镇江北固山。六朝时，梁武帝萧衍登临此山，即曾挥笔题下"天下第一江山"。清顾祖禹《读史方舆纪要·江南一·镇江府》："北固山在城北一里府治后，下临长江，自晋以来，郡治皆据其上。三面临水，回岭斗绝，势最险固，因名，盖郡之主山也。晋蔡谟首起楼其上，以贮军实，谢安复营葺之。是后崩坏，顶犹有小亭，登降甚狭。南朝梁萧正义乃广其路。大同十年（544），（梁）武帝登望，久之曰：'此岭足须固守，然于京口，实乃壮观。'于是改楼曰'北固楼'。"

（3）千古，久远的年代。北魏郦道元《水经注·睢水四》："追芳昔娱，神游千古，故亦一时之盛事。"兴亡，兴盛和衰亡，多指国家局势的变迁。《书·太甲下》："与治同道罔不兴，与乱同事罔不亡。"

（4）悠悠，久长，久远。战国楚宋玉《楚辞·九辩》："去白日之昭昭兮，袭长夜之悠悠。"唐杜甫《发秦州》诗："大哉乾坤内，吾道长悠悠。"

（5）不尽长江滚滚流，唐杜甫《登高》诗："无边落木萧萧下，不尽长江滚滚来。"

（6）年少，年轻，指孙权十九岁继父兄之业统治江东。兜鍪(dōu móu)，指千军万马。原指古代作战时兵士所戴的头盔，这里代指士兵。

（7）坐断，坐镇，占据住。东南，指吴国在三国时地处东南方。休，停止。

（8）敌手，能力相当的对手，可以匹敌的对手。唐房玄龄等《晋书·谢安传》："安常棋劣于玄（谢玄），是日玄惧，便为敌手而又不胜。"西晋陈寿《三国志·蜀先主传》："是时曹公从容谓先主曰：'今天下英雄惟使君与操耳，本初之徒不足数也。'"

（9）曹刘，指曹操与刘备。

（10）生子当如孙仲谋，西晋陈寿《三国志》注引《吴历》："曹公出濡须……坚守不出。权乃自来，乘轻船，从濡须口入公军。诸将皆以为是挑战者，欲击之。公曰：'此必孙权，欲身见吾军步武也。'敕军中皆精严，弓弩不得妄发。权行五六里，回环作鼓吹，公见舟船、器杖、军伍整肃，喟然叹曰：'生子当如孙仲谋，刘景升儿子若豚犬耳。'"

【赏析】

《南乡子》，唐教坊曲名，后用作词牌。又名《好离乡》《蕉叶怨》。调始自后蜀欧阳炯，此词牌即以欧阳炯《南乡子》为正体。单调二十七字，两平韵，三仄韵。南唐改作平韵体。冯延巳、李珣俱以其添字（《太和正音谱》注），使单调有二十八字、三十字变体。

词题《登京口北固亭有怀》。京口，今江苏镇江。北固亭，在今镇江北固山上，下临长江，三面环水。全首即景抒情，借古讽今。作者之所以称赞孙权为天下英雄，无疑是对苟且偷安、毫无振作的南宋朝廷的鞭挞。

词的上阕，作者对景抒怀，凭吊千古兴亡，更加引起对沦陷区国土的怀念。辛弃疾在宋宁宗嘉泰三年（1203）六月末被起用为绍兴知府兼浙东安抚使后不久，即第二年阳春三月，改派到镇江去做知府。镇江，在历史上曾是英雄用武和建功立业之地，此时成了与金人对垒的第二道防线。每当他登临京口（即镇江）北固亭时，触景生情，不胜感慨系之。这首词就是在这一背景下写成的。收回遥望的视线，看这北固楼近处的风物："何处望神州，满眼风光北固楼。"这不禁引起了词人千古兴亡之感。因此，词人接下来再问一句："千古兴亡多少事？"这句问语纵观千古成败，意味深长，回味无穷。然而，往事悠悠，英雄往矣，只有这无尽的江水依旧滚滚东流。"悠悠。不尽长江滚滚流！""悠悠"者，兼指时间之漫长久远和词人思绪之无穷也。"不尽长江滚滚流"，借用唐代杜甫《登高》诗句："无边落木萧萧下，不尽长江滚滚来。"词人胸中倒来倒去的不尽愁思和感慨，犹如长流不息的江水。

下阕，通过对三国时期重要政治人物孙权的赞扬和肯定，表现出辛弃疾收复中原、统一中国的强烈愿望。换头处二句："年少万兜鍪，坐断东南战未休。"三国时代的孙权年纪轻轻就统率千军万马，雄踞东南一隅，奋发自强，战斗不息。据历史记载，孙权十九岁继父兄之业统治江东，西征黄祖，北拒曹操，独据一方。赤壁之战大破曹兵之时，他年方二十七岁。因此可以说，上面这两句是实写史事，因为它是千真万确的历史，因而更具有说服力和感染力。作者在这里一是突出了孙权的年少有为，"年少"而敢于与雄才大略、兵多将广的强敌曹操较量，这就需要非凡的胆识和气魄。二是突出了孙权的盖世武功，他不断征战，不断壮大。而他之"坐断东南"，形势与南宋政权相似。显然，稼轩热情歌颂孙权的不畏强敌、坚决抵抗，并战而胜之，正是反衬当朝文武之辈的庸碌无能、懦怯苟安。接下来，辛弃疾为了把这层意思进一步发挥，不惜以夸张之笔极力渲染孙权不可一世的英姿。他异乎寻常地第三次发问，以提醒人们注意："天下英雄谁敌手？"作者自问又自答曰："曹刘"，唯曹操与刘备耳！《三国志·蜀书·先主传》记载：曹操曾对刘备说："今天下英雄，惟使君（刘备）与操耳。"辛弃疾便借用这段故事，把曹操和刘备请来给孙权当配角，说天下英雄只有曹操、刘备才堪与孙权争胜。曹、刘、孙三人，论智勇才略，孙权未必在曹刘之上。稼轩在《美芹十论》中对孙权的评价也并非称赞有加，然而在这首词里，词人却把孙权作为三国时代第一流叱咤风云的英雄来颂扬，其所以如此用笔，实借凭吊千古英雄之名，慨叹当今南宋无大智大勇之人执掌乾坤。这种用心，更于篇末见意："生子当如孙仲谋。"西晋陈寿《三国志·吴书·吴主传》注引《吴历》说：曹操有一次与孙权对垒，见吴军乘着战船，军容整肃，孙权仪表堂堂，威风凛凛，乃喟然叹曰："生子当如孙仲谋，刘景升（刘表）儿子若豚犬耳！"一世之雄如曹操，对敢于与自己抗衡的强者，投以敬佩的目光，而对于那种不战而请降的懦夫，如对刘景升的儿子刘琮则十分轻视，斥为任人宰割的猪狗：把大好江山拱手奉献敌人，还要为敌人耻笑辱骂。作者在这里引用了前半句，没有明言后半句，实际上是借曹操之口，讽刺当朝主议和的大臣们都是刘景升儿子一类的猪狗。这种别开生面的表现手法，曲尽其妙，而又意在言外。因为上述曹操这段话众所周知，虽然辛弃疾只说了前一句赞语，人们马上就会联想起后面那句骂人的话，从而意识到其中的潜台词。南宋时代人如此看重孙权，实是那个时代特有的社会心理的反映。因为南宋朝廷实在太萎靡庸碌了，在历史上，孙权能称雄江东于一时，而南宋经过了好几代皇帝，却没有出一个像孙权一样的人。所以，"生子当如孙仲谋"这句话，本是曹操的语言，而由辛弃疾口中说出，却是代表了南宋人民要求奋发图强的时代的呼声。

这首词通篇三问三答，互相呼应，感怆雄壮，意境高远。它与稼轩同时期所作另一首登北固亭词《永遇乐·京口北固亭怀古》相比，一风格明快，一沉郁顿挫，同是怀古伤今，写法大异其趣，而都不失为千古绝唱，亦可见辛弃疾丰富多彩之大手笔也。

【原文】

满江红·中秋寄远·快上西楼

快上西楼[1]，怕天放、浮云遮月[2]。但唤取、玉纤横管，一声吹裂[3]。谁做冰壶凉世界[4]，最怜玉斧修时节[5]。问嫦娥[6]、孤令有愁无？应华发[7]。

云液满[8]，琼杯滑[9]。长袖起[10]，清歌咽[11]。叹十常八九[12]，欲磨还缺[13]。但愿长圆如此夜[14]，人情未必看承别[15]。把从前、离恨总成欢[15]，归时说。

【毛泽东圈评等情况】

毛泽东曾圈阅这首《满江红·快上西楼》。

[参考]张贻玖：《毛泽东评点、圈阅的中国古典诗词》，
中国工人出版社1992年版，第250页。

【注释】

（1）西楼，西楼一般都是悲苦寂寥的象征。在古人看来四季和五行都是对应的，西主秋，主商。秋季，商调都含悲伤寂寥之意。南唐李煜《相见欢》："无言独上西楼，月如钩，寂寞梧桐深院锁清秋。"

（2）天放，放任自然。《庄子·马蹄》："一而不党，命曰天放。"成玄英疏："直置放任，则物皆自足，故名曰天放也。"浮云，飘动的云。战国楚宋玉《楚辞·九辩》："块独守此无泽兮，仰浮云而永叹。"

（3）"但唤取"二句，据宋人叶梦得《石林诗话》载："晏殊留守南都时，与下属王君玉常饮酒赋诗为乐，适逢中秋，天气阴晦，明月未现，晏殊不欢而寝，君玉赋诗云：'只在浮云最深处，试凭纹管一吹开。'晏殊枕上得诗大喜，立即召客宴饮奏乐，半夜时分，果然月出，于是欢饮达旦。"但，只，这里为只愿、只求义。玉纤，即纤纤玉手。横管，借称笛。吹裂，技艺高强的笛手会把笛子吹裂。

（4）冰壶凉世界，形容月光皎洁，月夜显得洁净凉爽。冰壶，盛冰的玉壶，比喻洁白清冷。唐杜甫《寄裴施州诗》："冰壶玉鉴悬清秋。"

（5）怜，喜爱。玉斧修时节，据唐段成式《酉阳杂俎·天咫》，郑仁本表弟游嵩山，见一人枕一襆物而眠，其人告诉他说，月亮是由金、银、玛瑙、珊瑚、琥珀等七种宝石合成，月势如丸，常有八万二千户玉匠持斤斧轮流修磨它。宋王安石《题扇》："玉斧修成宝月圆，月边仍有女乘鸾。"

（6）嫦娥，神话传说中的月中仙子。孤令，同"孤零"，孤零零地，孤孤单单地。

（7）华发，头发花白。《墨子·修身》："华发隳颠，而犹弗舍者，其唯圣人乎？"指年老，老年人，《后汉书·文苑传下·边让》："伏维幕府初开，博选清英，华发旧德，并为元龟。"李贤注："华发，白首也。"

（8）云液，古代扬州名酒，亦泛指美酒。唐白居易《对酒闲吟赠同老者》："云液洒六腑，阳和生四肢。"

（9）琼杯，玉制的酒杯，亦用以美称酒杯。后晋刘昫等《旧唐书·杨炯传》："（张）说曰：'王翰文，如琼杯玉斝。'"

（10）长袖起，语本《韩非子·五蠹篇》："鄙谚曰：'长袖善舞，多钱善贾。'此言多资之易为工也。"这里指赏月宴席上妓女翩翩起舞。

（11）清歌咽，形容歌声幽怨凄美。咽，声塞。

（12）十常八九，可叹这月亮十有八九是亏缺。宋黄庭坚《用明发不寐有怀二人为韵寄李秉彝德叟》："人生不如意，十事恒八九。"

（13）欲磨还缺，磨，修磨，指把月修圆磨亮。

（14）但愿长圆如此夜，用宋苏轼《水调歌头》"但愿人长久，千里共婵娟"词意。

（15）看承别，别样看待，看法不同。宋郭应祥《鹧鸪天》："自缘人意看承别，未必清辉减一分。"

（16）离恨，因别离而产生的愁苦。南朝梁吴均《陌上桑》诗："故人宁知此，离恨煎人肠。"

【赏析】

词题《中秋寄远》。寄远，寄语在远方的人。此词写作年代已难确考。作者的门人范开于宋孝宗淳熙十五年（1188）元月编定的《稼轩词甲集》中收有此词，据此可以肯定它作于这一年之前，一般注家皆将其列入居带湖时期之作。题中的远人，如以男子口气写，可指妻子，也可指情人。此词有解为词人写给远方妻子的，但词人居带湖时当无与妻子远别之事，故此说似不妥。诗家词人写诗作词，未必皆实写自己，亦可设身处地，代人抒情，亦可借写男女之本而别有寄托。或认为此词作于宋孝宗乾道中期（1169 年前后），辛弃疾任建康（今江苏南京）通判时。

这是一首中秋怀人的词。它并不注重对月夜美景的具体描写，而只借月亮的圆缺和宴会的气氛来表现自己对远方亲人的怀念之情。它的内容深受苏轼《水调歌头·明月几时有》的影响和启发，但基本表现风格各别。苏词充满浪漫主义气息与奇特悠远的想象，此词则快言快语，直写眼前事、心中情，现实主义特征较为明显。全词即景生情，借景抒情，有情景交融之妙。

词的上阕就中秋月这一面来写，主要展现词人的飞扬意兴。"快上西楼，怕天放、浮云遮月"，起首二句即激情喷涌，以一"快"字为催促，表达要上西楼赏月的酣畅兴致。而一"怕"字，又泄露出词人担心中秋月不够明朗的心思。在情感节奏上，此韵一扬一抑，起伏有致。"但唤取、玉纤横管，一声吹裂"，接下来二句，借用前人故事，写词人由西楼待月而请美人吹笛唤月，这就为中秋月的出场蓄足了势。"谁做冰壶凉世界，最怜玉斧修时节"，接下来二句，正面赋写中秋月的无垠光华，写得气势酣畅。在这里，词人采用了一个精彩的比喻——把月色笼罩下的世界比喻为冰壶中的世界，则月色的皎洁无垠、透明清凉之状可感。又采用了一个玉斧修月的神话，把月亮的圆美无瑕之状也形容了出来。这里的"谁做""最怜"二词，不仅显出了词人对此中秋月的无比赏爱之情，而且形成了相当空灵的意境。上阕末由无边的月色回转到月亮本体，追问月宫里独处的嫦娥有没有愁恨，这也是古代赏月者在神话时代容易产生的绮情。但是通过"应华发"的自答就可以发现。词人在这里问讯嫦娥的目的，并不止于发一发男子的绮情幽思，而有借之诉愁的用意。这就使上阕的词情至此气脉暗转，为下文抒发别恨调好了调子。

下阕开始，词人先用状写满天月色的"云液满，琼杯滑"。二句承上启下，然后展现自己在月下酣饮欢乐的情状。"长袖起，清歌咽。叹十常八九，欲磨还缺"数句，长袖善舞的佳人，清歌悲咽的佳人为之助兴添欢。这是最令词人愉快的场面。但是词人的心意均不在此，词人由此中秋明月夜、由此歌舞助兴人想到的是令自己牵情的远人，于是不由自主地发出了深沉的叹息。"但愿长圆如此夜，人情未必看承别"二句，词人叹息人生不如意事十常八九，就像天上的明月总是圆时少、缺时多一样。这一叹息，是承接着苏轼《水调派头·明月几时有》而来，其中不能不含有苏轼词中对于"月圆人不圆"的恨意，但词人此句意思显然又有所变化，词人主要是借月亮的不得长圆，叹息人事不得圆满特别是情人之间不得遂愿长聚的遗憾。"但愿"二句，更明显地折向题目，表明尽管词人理解人事的不如意不可改变，但还是衷心地希望能够与所爱者长相聚，就像词人希望此夜月色好景能够长久护持一样。由此"不讲理"的态度，可以洞见词人内心的痴情。而"人情"一句，虽像是对于人间常情的遗憾，却实际上却指向词人所痴情的那个人。意谓一旦离别，别人在心里未必与自己一样珍惜护持这段感情。这样的口吻，使得词人的内心幽怨若可触及。"把从前、离恨总成欢，归时说"，结末二句，出人意想，又化幽怨的情感为期待相逢的急切之情。词人说假如能够回到她的身边，词人会将离别时所生的幽恨，转换成欢乐的感受向她尽情诉说。在这样的结局里，词人的入骨痴情和体贴怜爱的幽绪，被传递得婉转动人。现代词学家叶嘉莹说："通过这样的感情表达，读者领略到了辛弃疾这位湖海豪士内心隐藏着的无限痴情。真豪杰，其志过人，其情也必过人，信矣！"

【原文】

青玉案·元夕·东风夜放花千树

东风夜放花千树⁽¹⁾，更吹落，星如雨⁽²⁾。宝马雕车香满路⁽³⁾。凤箫声动⁽⁴⁾，玉壶光转⁽⁵⁾，一夜鱼龙舞⁽⁶⁾。　　蛾儿雪柳黄金缕⁽⁷⁾，笑语盈盈暗香去⁽⁸⁾。众里寻他千百度⁽⁹⁾，蓦然回首⁽¹⁰⁾，那人却在，灯火阑珊处⁽¹¹⁾。

【毛泽东圈评等情况】

毛泽东曾圈阅这首《青玉案·东风夜放花千树》。

[参考] 张贻玖：《毛泽东评点、圈阅的中国古典诗词》，
中国工人出版社1992年版，第248页。

【注释】

（1）"东风"句，形容元宵夜花灯繁多。花千树，花灯之多如千树开花。唐张鷟《朝野金载》："唐玄宗先天二年（713），正月十五、十六、十七夜，于京师安福门外作灯轮高二十丈，衣以锦绮，饰以金银，燃五万灯盏，簇之如花树。"宋周密《武林旧事》记载临安（今浙江杭州）元夕盛况说："宫漏既深，始宣放烟火百余架，于是乐声四起，烛影纵横，而驾始还矣。"

（2）星如雨，指焰火纷纷，乱落如雨。星，指焰火，形容满天的烟花。《左传·庄公七年》："星陨如雨。"

（3）宝马雕车，豪华的马车。宝马，名贵的骏马。《史记·大宛列

传》：“贰师马，宛宝马也。”雕车，饰有雕花、彩绘的车，装饰华丽的车。宋孟元老《东京梦华录·序》：“雕车竞驻于天街，宝马争驰于御路。”

（4）“凤箫”句，指笙、箫等乐器演奏。凤箫，即排箫。比竹为之，参差如凤翼，故名。《风俗通·声音》：“《尚书》舜作箫韶九成，凤凰来仪，其形参差，像凤之翼。”唐沈佺期《凤箫曲》：“昔时嬴女厌世纷，学吹凤箫乘彩云。”亦指箫声。

（5）玉壶，比喻明月。南朝宋鲍照《白头吟》：“清如玉壶冰。”亦可解释为灯。光转，月光转移，比喻时间的推移。宋周密《武林旧事·元夕》条：“灯之品极多，每以苏灯为最。……福州所进，则纯用白玉，晃耀夺目，如清冰玉壶，爽彻心目。”

（6）鱼龙舞，指舞动鱼形、龙形的彩灯，如鱼龙闹海一样。《汉书·西域传赞》：“曼衍鱼龙角抵之戏。”颜师古注：“鱼龙者为舍利之兽，先戏于庭极，毕乃入殿前激水，化成比目鱼，跳跃漱水，作雾障日，毕，化成黄龙八丈，出水敖戏于庭，炫耀日光。”这里借指月光如水，各样彩灯飞舞如鱼龙闹海一样。

（7）“蛾儿”句，写元夕的妇女装饰。蛾儿、雪柳、黄金缕，皆古代妇女元宵节时头上佩戴的各种装饰品。这里指盛装的妇女。《宣和遗事·前集》“元宵看灯”：“宣和六年正月十四日……少刻，京师民有似雪浪，尽头上戴着玉梅、雪柳、闹蛾儿，直到鳌山下看灯。”宋末元初周密《武林旧事》：“元夕节物，妇人皆带珠翠、闹蛾、玉梅、雪柳而衣多尚白，盖月下所宜也。”雪柳以缯椿为之。撚金者，加以金饰。

（8）盈盈，仪态美好之态。盈，通“嬴”。《玉台新咏·古乐府〈日出东南隅行〉》：“盈盈公府步，冉冉府中趋。”暗香，幽香。唐羊士谔《郡中即事》诗之二：“红衣落尽暗香残，叶上秋光白露寒。”本指花香，此指女性们身上散发出来的香气。

（9）他，泛指第三人称，古时就包括“她”。千百度，千百次。

（10）蓦（mò）然，突然，猛然。

（11）阑珊，残，将尽，零落稀疏之状。宋贺铸《小重山》词：“歌断酒阑珊，画船箫鼓转，绿杨湾。”

【赏析】

《青玉案》，词牌名，取于东汉张衡《四愁诗》："美人赠我锦绣段，何以报之青玉案"一诗。又名《横塘路》《西湖路》，双调六十七字，上下阕各五仄韵，上去通押。词题《元夕》。元夕，夏历正月十五日为上元节、元宵节，此夜称元夕或元夜。

这首词作于南宋孝宗淳熙元年（1174）或二年（1175）。当时，强敌压境，国势日衰，而南宋统治阶级却不思恢复，偏安江左，沉湎于歌舞享乐，以粉饰太平。洞察形势的辛弃疾，欲补天穹，却恨无路请缨。他满腹的激情、哀伤、怨恨，交织成了这幅元夕求索图。

古代词人写上元灯节的词不计其数，辛弃疾的这一首却被人认为是词中豪杰。究其实际，上阕除了渲染一片热闹的盛况外，并无什么独特之处。"东风夜放花千树，更吹落，星如雨"，开头三句，作者把火树写成固定的灯彩，把星雨写成流动的烟火。若说好，就好在想象：东风还未催开百花，却先吹放了元宵节的火树银花。它不但吹开地上的灯花，而且还从天上吹落了如雨的彩星——燃放的烟火，先冲上云霄，而后自空中而落，好似陨星雨。"花千树"描绘五光十色的彩灯缀满街巷，好像一夜之间被春风吹开的千树繁花一样。这是化用唐朝人岑参的"忽如一夜春风来，千树万树梨花开"。"宝马雕车香满路。凤箫声动，玉壶光转，一夜鱼龙舞"，接下来几句，写车马、鼓乐、灯月交辉的人间仙境——"玉壶"，写那民间艺人们载歌载舞、鱼龙漫衍的"社火"百戏，极为繁华热闹，令人目不暇接。其间的"宝"也，"雕"也，"凤"也，"玉"也，种种丽字，只是为了给那灯宵的气氛来传神、来写境，大概那境界本非笔墨所能传写，幸亏还有这些美好的字眼，聊为助意而已。这也是对词中的女主人公言外的赞美。上阕临末，已出"一夜"二字，这是为"寻他千百度"说明了多少时光的苦心痴意，所以到得下阕而出"灯火阑珊"，方才前早呼而后遥应，可见词人笔墨之细，文心之苦。

下阕，专门写人。"蛾儿雪柳黄金缕，笑语盈盈暗香去"换头处二句，作者先从头上写起：这些游女们，一个个雾鬓云鬟，戴满了元宵特有的闹蛾儿、雪柳，这些盛装的游女们，行走过程中不停地说笑，在她们走后，只有衣香还在暗中飘散。"众里寻他千百度，蓦然回首，那人却在，灯火阑珊处"，结末四句是说，这些丽者，都非作者意中关切之人，在百千群中只寻找一个——却总是踪影难觅，已经是没有什么希望了。忽然，眼睛一亮，在那一角残灯旁边，分明看见了，是他（她）！是他（她）！没有错，他（她）原来在这冷落的地方，还未归去，似有所待！发现那人的一瞬间，是人生精神的凝结和升华，是悲喜莫名的感激惊诧，词人竟有如此本领，竟把它变成了笔痕墨影，永志弗灭！到末幅煞拍，才显出词人构思之巧妙：那上阕的灯、月、烟火、笙笛、社舞交织成的元夕欢腾，那下阕的惹人眼花缭乱的一队队丽人群女，原来都只是为了那一个意中之人而设，而且，倘若无此人，那一切就无任何意义与趣味。清代彭孙遹《金粟词话》："稼轩：'蓦然回首，那人却在，灯火阑珊处。'秦、周之佳境也。"近代王国维《人间词话》云："古今之成大事业、大学问者，必经过三种之境界：'昨夜西风凋碧树。独上高楼，望尽天涯路。'此第一境也。'衣带渐宽终不悔，为伊消得人憔悴。'此第二境也。'众里寻他千百度，蓦然回首，那人却在灯火阑珊处。'此第三境也。此等语皆非大词人不能道。"

【原文】

满江红·暮春·家住江南

　　家住江南(1)，又过了、清明寒食(2)。花径里、一番风雨，一番狼籍(3)。红粉暗随流水去(4)，园林渐觉清阴密。算年年、落尽刺桐花(5)，寒无力。

　　庭院静，空相忆。无说处，闲愁极(6)。怕流莺乳燕(7)，得知消息。尺素始今何处也，彩云依旧无踪迹(8)。谩教人、羞去上层楼，平芜碧(9)。

【毛泽东圈评等情况】

毛泽东曾圈阅这首《满江红·家住江南》。

[参考] 张贻玖：《毛泽东评点、圈阅的中国古典诗词》，中国工人出版社1992年版，第248页。

宋
词

733

【注释】

（1）江南，指长江以南的地区，各时代的含义有所不同。

（2）清明寒食，这是春天的两个节日。清明，节气名。公历四月四、五或六日。我国有清明节踏青、扫墓的习俗。《逸周书·周月》："春三月中气，惊蛰，春分，清明。"朱右曾校释引孔颖达曰："清明，谓物生清净明洁。"寒食，约在冬至后一百零五天，清明节前一二天。相传春秋时晋文公负其功臣介之推，介愤而隐于绵山。文公悔悟，烧山逼令出仕，之推抱树焚死。人民同情介之推的遭遇，相约于其忌日禁火冷食，以为悼念。以后相沿成俗，谓之寒食。

（3）"花径里"三句，花径，花间的小路。南朝梁庾肩吾《和竹斋》："向岭分花径，随阶转药栏。"一番，前一个作"一阵"解，后一个作"一片"解。狼籍（jí），同狼藉，纵横散乱貌。《史记·滑稽列传》："日暮酒阑，合尊促坐，男女同席，履舄交错，杯盘狼藉。"唐元稹《夜坐》诗："孩提万里何时见？狼籍家书满卧床。"

（4）"红粉"句，红花少了，绿叶多了。红粉，形容红花飘落。清阴，清凉的树阴。东晋陶潜《归鸟诗》："顾俦相鸣，景庇清阴。"作者化用了李清照的《如梦令·昨夜雨疏风骤》里的"知否？知否？应是绿肥红瘦。"

（5）刺桐花，植物，豆科，一名海桐，落叶乔木，春天开花，有黄红、紫红等色，生长在南方，福建的泉州又名刺桐城。唐罗邺《放鸭》："好傍青山与碧溪，刺桐毛竹待双栖。"

（6）闲愁，无端无谓的忧愁。唐张碧《惜花》诗之一："一窖闲愁驱不去，殷勤对尔酌金杯。"此指为国家之愁。作者在很多场合里，把国家之愁，都说作闲愁。

（7）流莺乳燕，流莺，即莺。流，谓其鸣声婉转。南朝梁沈约《八咏诗·会圃临东风》："舞春雪，杂流莺。"宋晏殊《酒泉子》词："春色初来，遍拆红芳千万树，流莺粉蝶斗翻飞。"乳燕，雏燕。南朝宋鲍照《咏采桑》诗："乳燕逐草虫，巢蜂拾花萼。"指权奸佞臣。他们鼓唇弄舌，搬弄是非。

（8）"尺素"二句，如今书信在哪里也不知道，我想念的人也不见踪迹。尺素，书写用的一尺长左右的白色生绢，借指小的画幅、短的书信。古乐府《饮马长城窟行》："客从远方来，遗我双鲤鱼。呼儿烹鲤鱼，中有尺素书。"彩云，绚丽的云彩。南朝梁刘勰《文心雕龙·序志》："予生七龄，乃梦彩云若锦，则攀而采之。"又作"绿云"，指想念的人。

（9）"谩教人"三句，空教我，但实在没有脸面再上高楼了，楼外的平原上只有一片碧绿的庄稼。谩，作"空、徒"解。羞，没有脸面，这是说高楼上去的次数太多了，不好意思再上了。层楼，高楼。平芜，草木丛生的平旷原野。南朝梁江淹《去故乡赋》："穷阴匝海，平芜带天。"

【赏析】

此词一说作于宋孝宗隆兴二年（1164），当时辛弃疾在江阴军签判任上；一说作于宋光宗绍熙三年（1192）至五年（1194），当时辛弃疾在福建任提点刑狱、安抚使等官。

《满江红·暮春》是一首十分委婉缠绵的伤春相思词，写一位空闺女子怀念情人而又羞涩难言的情绪状态，逼近婉约派词人秦观的风调。此词分上下两阕，上阕重在写景，下阕重在抒情，也是长调最常用的章法。

上阕写这女子眼中的暮春景象。"家住江南，又过了、清明寒食。花径里、一番风雨，一番狼籍"开头数句，这样写，不仅为下阕抒情作好了铺垫，而且已暗蓄着红颜难久而年华虚度的悲愁。起拍点明时间地点，情韵含藏。如"家住江南"，看来不过点明地点，却能突出这是一位比之塞北女子更娇柔的江南女子的哀怨。如写清明寒食，不过是先叙出抒情的特定时间，为下文写景着力，却以一个"又"字传神，表明不止一次独自度过暮春的寂寞和哀怨，使往年暮春的心情被其调动起来。以下一气贯注，铺写残春凋零景象，也于景中含情。

"一番……一番……"的句式，是抒情重笔，表明经过许多次风雨之后，如今的花径里已经狼藉不堪了。"红粉暗随流水去，园林渐觉清阴密"两句，接前风雨而来，实描花落水流红的残春景象和绿意渐浓、园林寂寞的风光。其中的一"暗"字、一"渐"字，如钝刀割肉，拉长了感觉的时间，表明她饱受煎熬的时间很长，除了写出时光的流转之外，在古典诗词的传统语境里，还有一定的象征意味，象征着青春美貌的流失。特别是作者用"红粉"一词时，花落所隐含的美人衰老无华的意思更明显。"算年年、落尽刺桐花，寒无力"二句，拈出刺桐花，以作补充，变泛论为实说。用一"算"字，总束暮春风光，并举出很少入词的暮春刺桐花落，来表明春光的不再、天气的转暖。"寒无力"三字，颇为生新惹目，自是"骨"之所在。寒，谓花朵瘦弱，故无力附枝，只得随风飘落，不得不以清阴绿叶之盛壮而耀威于枝头。寒花与密叶之比较，亦可使人联想。倘能结合作者的处境、心绪而谓其隐含君子失意与小人得势之喻，似非无稽。这样的残春景象，在他有点有面的描写中，被书写无遗，而这位江南女子的伤春之情，也已经从中沁出。就章法而论，此处隐含的比喻，则是由上阕写景转入下阕抒情的过渡，唯其含而能隐，故尤耐人寻味。

下阕在此描写的基础上，"庭院静，空相忆"，换头处二句，写她的孤寂和苦闷、羞涩和矜持，把一个含羞含情的年轻女子的相思情愫，刻画得体贴入微，美轮美奂；换头的"静"字，承上启下，既指芳花凋零之后的寂静，也写情人不在的孤寂。因为难以忍受这过度的"静"，所以她"相忆"远方的游子，可是在"相忆"之始，她已感觉"相忆"的徒劳——"空"字是明证，正像上阕起韵的"又"字一样，这里的"空"字，也很能含蓄传恨。

"无处说，闲愁极"二句，写"相忆"之情不仅"空"，而且"无说处"，这就加倍传写了她的苦闷和幽怨，所以她感到"闲愁极"。然而这无尽的闲愁，这带有幽怨的相思，依然是"无说处"的。"怕流莺乳燕，得知消息"二句，就"无说处"转写作者的羞涩和矜持。这满怀的闲愁，只能深藏在心中，不仅不能对伊人说，而且还生怕流莺乳燕知道。这里，在她极度的羞涩和矜持中，似还隐含着这样的意思：这段感情是不能为外人所窥破的，是非同寻常的。由是，她只好自己隐忍着，在情感的苦汁里泡得透湿。"尺素始今何处也，彩云依旧无踪迹"二句，由眼前所感苦境，转入对游子的痴情等待中去。言其既得不到伊人的一封信，也不知道伊人如今身在何方。以"彩云"这一美好的称谓指称对方，表明了她的痴迷未减，以"依旧"来暗怨游子的薄幸，一直未告诉她自己的行踪。这一痴一怨，与前文相忆而无说处一样，表明她的内心充满着惶惑和矛盾，欲爱不得，欲罢不能。"谩教人、羞去上层楼，平芜碧"，结末二句是说，虽然把她内在情愫化为情蕴饱满的形象，所传达的感情也如此充满了矛盾：她羞上层楼，怕见平芜，却又情不自禁，登楼远望。作者写女子的相思，运笔如此缠绵悱恻，细腻宛转，确能勾魂摄魄，令人赏叹无置。清代陈廷焯《云韶集》卷五云："幼安《满江红》《水调歌头》诸作俱能独辟机杼，极沉着痛快之致。亦流宕，亦沉切。"

【原文】

满江红·敲碎离愁

敲碎离愁⁽¹⁾，纱窗外、风摇翠竹⁽²⁾。人去后、吹箫声断⁽³⁾，倚楼人独⁽⁴⁾。满眼不堪⁽⁵⁾三月暮⁽⁶⁾，举头已觉千山绿⁽⁷⁾。但试将一纸寄来书⁽⁸⁾，从头读。　　相思字，空盈幅⁽⁹⁾；相思意，何时足⁽¹⁰⁾？滴罗襟点点⁽¹¹⁾，泪珠盈掬⁽¹²⁾。芳草不迷行客路⁽¹³⁾，垂杨只碍离人目⁽¹⁴⁾。最苦是、立尽月黄昏⁽¹⁵⁾，栏干曲⁽¹⁶⁾。

【毛泽东圈评等情况】

毛泽东曾圈阅这首《满江红·敲碎离愁》。

[参考] 张贻玖：《毛泽东评点、圈阅的中国古典诗词》，
中国工人出版社 1992 年版，第 248 页。

【注释】

（1）敲碎离愁，意思是风摇翠竹的响声，把饱含离愁的心都快要敲碎了。

（2）风摇翠竹，宋秦观《满庭芳·碧水惊秋》："风摇翠竹，疑是故人来。"

（3）吹箫声断，传说春秋时萧史善吹箫，作凤鸣。秦穆公以女弄玉妻之，筑凤台以居。此用该典，暗指夫婿远离。

（4）倚（yǐ）楼人独，独自一人倚偻。

（5）满眼不堪，所看到的都是暮春三月的景色，令人伤感得受不了。不堪，不能忍受。

（6）三月暮，晚春时节的景象。

（7）千山绿，春花落去后一片翠绿。唐李贺《河南府试十二月乐词》："千山浓绿生云外。"

（8）一纸寄来书，寄来的一封书信。

（9）"相思字"二句，意思是信上写满相思的话，也是徒然。相思，彼此想念，后多指男女相悦而无法接近所引起的想念。汉苏武《留别妻》诗："生当复来归，死当长相思。"盈幅，满篇。

（10）"相思意"二句，意思是这种相思的感情，什么时候才能得到满足。

（11）罗襟（jīn），指丝绸衣襟。

（12）盈掬，满把，形容眼泪很多。

（13）芳草，香草。汉班固《西都赋》："竹林果园，芳草甘木。郊野之富，号为近蜀。"香草美人，旧时诗文中用以象征忠君爱国的思想。此指美人。行客，过客，旅客。西汉刘安《淮南子·精神训》："是故视珍宝珠玉犹砾石也，视至尊穷宠犹行客也。"高诱注："行客，犹行路过客。"指女子所思念的人。

（14）垂杨，即垂柳。碍（ài），遮避。离人，远游之人的妻子。《玉台新咏·春别应令诗四首》（其四）："日暮徙倚渭桥西，正见凉月与云齐。若使月光无近远，应照离人今夜啼。"

（15）立尽月黄昏，意思是从清晨立到日没月出。

（16）栏（lán）干曲，栏杆的角落。

【赏析】

《满江红·敲碎离愁》大致可系于宋宁宗赵扩庆元三年（1197）春，是时作者隐居瓢泉。

这是一首"代言体"的闺怨词，述说闺中女子与情郎分别后的离愁别绪及相思之苦。"敲碎离愁，纱窗外、风摇翠竹"起始三句，是"纱窗外，风摇翠竹，敲碎离愁"的倒装，把"敲碎离愁"写在首句，不仅是韵脚的需要，也起到开篇点明题旨、扣住读者心弦的作用。"敲"字使人体会到，主人公的心灵受到撞击，"碎"是"敲"的结果。也就是说，主人公本来就因为与情人离别而忧愁的心绪，被风摇动翠竹的声音搅得更加烦乱了。环境的幽美，更衬托出主人公的孤寂、愁闷。"敲碎"既体现了静中之动，又以动衬静，"离"字点出了词中之情。"人去后，吹箫声断，倚楼人独"，接下来三句，写出主人公的生活状况：所爱之人去了，自己孤独无伴，只好常常倚楼遥望，由于无人欣赏，所以也就无心去吹箫了。"人去""人独"，是"倚楼""吹箫"的原因。第一个"人"字是对方，是主人公想念的人；第二个"人"字是主人公本人。"满眼不堪三月暮，举头已觉千山绿"二句，紧承"倚楼"句，写登楼所见的风景，又点出了时令。"千山绿"虽然可爱，但"三月暮"却又意味着春光消逝、好花凋谢，对于爱惜青春的女性来说，便有"满眼不堪"之感。这两句承上启下，烘托气氛，写出了闺中人因思念外出人而无精打采的情景。"但试将一纸寄来书，从头读"，写的是日常的一般生活；这两句写的是一个特殊的细节。主人公不断地把情人寄来的信，从头细读，这进一步表现她的孤独无聊，也开始深入地揭示了她思念情人的深切感情。这是通过行动来写情的，是事中之情。

词的下阕紧接上阕，述情人寄来的书信。"相思字，空盈幅；相思意，何时足？"换头处四句直接抒情：情人寄来的信，满纸写着"相思"之字，说明他没有忘记自己，信中的字不能安慰、满足自己的"相思"之意，也包含自己没有机会向情人倾吐相思、取得补偿之意。思念情人除了空读来信之外，还设法安慰自己，但仍不免"滴罗襟点点，泪珠盈掬"。小珠般的点点眼泪，轻轻地、不断地滴在罗衣上，不但染衣，而且几乎"盈掬"。这两句再以事写情，体现了身份、性格特点，最可看出主人公是个女性。"芳草不迷行客路，垂杨只碍离人目。""芳草"句很容易使人想起苏轼的名句"天涯何处无芳草"（《蝶恋花·花褪残红青杏小》），此处反其意而用之，是说异地他乡的"芳草"，并不能使"行客"迷途忘返，言外之意说他终究是要归来的；后句说杨柳的枝条阻碍了视线（因此闺中人极目远望也无法看到自己的情人），这就形象地写出她盼望行人归来、望眼欲穿的情景。因上句有盼望游人能归意，故倚楼望或希望其能翩然来归；但"垂杨只碍离人目"，"只"字有怪怨的感情色彩，怪垂杨别的作用不起，"只"起碍人望远的作用。两句将楼头思妇的细微感情，曲曲传出。清人陈廷焯《白雨斋词话》赞"芳草"二句"婉妙"。"最苦是、立尽月黄昏，栏干曲。"最后归结，仍从事中写情，夸张地说因为天天等到月下黄昏，倚着栏杆翘首以望，以致把栏杆也压弯了，这当然让人"最苦"的。结尾与上片"倚楼人独"相呼应，照应题目，写尽离愁。因此用"最苦"两字来充分地修饰，不仅详尽地表达了这两句，而且详尽地表达了全词之情。

这篇抒写离情别绪而陷于苦闷的词作，无疑是南宋社会动荡中现实生活的反映。祖国南北分裂，无数家庭离散，备受亲人伤离的痛苦。辛弃疾本人也远离故乡，对这种现象也深刻了解，颇有体验，因此在他笔下才出现了这样抒写儿女之情、表达离人痛苦的词章。无须穿凿附会、望文生义地去寻找什么政治寄托，只就真实生动地反映社会生活来说，也应充分认识到它的文学价值。明代沈际飞《草堂诗余别集》评此词："灵忿。虽剜心着地，不过与数斤肉相似，唯妙句足以自明。"清代陈廷焯《云韶集》评此词："起笔精湛，情致楚楚，那弗心动。低徊婉转，一往情深，非秦、柳所及。"

【原文】

踏莎行·和赵国兴知录韵·吾道悠悠

吾道悠悠(1)，忧心悄悄(2)，最无聊处秋光到(3)。西风林外有啼鸦，斜阳山下多衰草(4)。　　长忆商山，当年四老，尘埃也走咸阳道(5)。为谁书到便幡然(6)？至今此意无人晓(7)。

【毛泽东圈评等情况】

毛泽东曾圈阅这首《踏莎行·吾道悠悠》。

[参考] 张贻玖：《毛泽东评点、圈阅的中国古典诗词》，中国工人出版社 1992 年版，第 248 页。

（1）吾道悠悠，唐杜甫《发秦州》："大哉乾坤内，吾道长悠悠。"吾道，我的学说或主张。《论语·里仁》："子曰：'参乎！吾道一以贯之。'"悠悠，久长、久远。战国楚宋玉《楚辞·九辩》："去白日之昭昭兮，袭长夜之悠悠。"

（2）忧心悄悄，《诗经·邶风·柏舟》："忧心悄悄，愠于群小。"悄悄，忧伤之态。汉蔡邕《司空临晋侯杨公碑》："忧愠悄悄，形于容色。"

（3）无聊，精神空虚，没有寄托。

（4）斜阳，傍晚西斜的太阳。唐赵嘏《东望》诗："斜阳映阁山当寺，微绿含风树满川。"

（5）"长忆"三句，《史记·留侯世家》载：刘邦晚年想废太子另立。吕后请教张良。张良让太子亲自写信请来隐于商山中的四老。一次刘邦宴酒，"太子侍，四人从太子，年皆八十有余，须眉皓白，衣冠甚伟。上怪之，问曰：'彼何为者？'四人前对，各言姓名曰：'东园公、角里先生、绮里季、夏黄公。'上乃大惊……曰：'烦公幸卒调护太子。'……竟不易太子，留侯本招此四人之力也。"

（6）书到幡然，南朝梁殷芸撰《殷芸小说》载张良《与商山四皓书》曰："良白，仰唯先生，秉超世之殊操……而渊游山隐，窃为先生不取也。……略写至言，想料幡然。"

（7）"至今"句，唐元稹《四皓庙》："四贤何为者？千载名氛氲。……虽怀安刘志，未若周与陈。皆落子房术，先生道何屯？出处贵明白，故吾今有云。"批评四皓之行藏。

【赏析】

《踏莎行》，词牌名，又名《柳长春》《喜朝天》等。双调五十八字，仄韵。又有《转调踏莎行》，双调六十四字或六十六字，仄韵。

词题《和赵国兴知录韵》。作者还有《和赵国兴知录赠琴》诗。此词约作于宋宁宗庆元（1195—1200）年间居铅山瓢泉时。知录，管理文书事务的官职。

这是一首言志词。词的上阕直抒胸臆。"吾道悠悠，忧心悄悄，最无聊处秋光到"，开头三句是说，我的主张很久远，我很担心不能实行，在最没精神寄托的时候秋天又来到了。"吾道"指词人的政治主张及其为之而毕生奋斗的抗金复国事业，并化用唐杜甫《发秦州》："大哉乾坤内，吾道长悠悠。"杜甫此诗写在安史乱中，其匡扶社稷之心不能实现，所以说"吾道悠悠"。辛弃疾南归也是为了抗击金兵收复中原，但被迫退隐，壮志难酬，忧心忡忡，又无从诉说，恰到中秋，百无聊赖，所以用杜甫的诗句抒怀。"西风林外有啼鸦，斜阳山下多衰草"二句，写眼前的萧瑟景色。在西风的吹拂之下，秋天的树林外归宿的啼鸦点点，山下夕阳西下，看到的是无边的衰草，此情此景能不使人忧愁吗？

词的下阕借用历史典故大发议论。"长忆商山，当年四老，尘埃也走咸阳道"，换头处三句是说，商山四老指西汉初年的东园公、角里先生、绮里季和夏黄公，年皆八十余，刘邦称帝后，四人逃匿深山，认为刘邦谩侮人，义不为汉臣。后来刘邦欲废太子，吕后用张良的计策，使人奉太子书，卑辞厚礼迎四老辅佐太子，四人至长安。一次刘邦宴酒，"太子侍，四人从太子，年皆八十有余，须眉皓白，衣冠甚伟。上怪之，问曰：'彼何为者？'四人前对，各言姓名曰：'东园公、角先生、绮里季、夏黄公。'上乃大惊……曰：'烦公幸卒调护太子。'……竟不易太子，留侯本招此四人之力也。""为谁书到便幡然？至今此意无人晓"，结末二句，辛弃疾用典称赞汉朝刘邦的太子礼贤下士，尊重人才，同时夸奖四老深明大义，见到太子的书信便翩然来归辅佐太子，这是为国家而不计私怨也，但至今君王尊贤下士之意、臣子毅然报国之心竟"无人晓"，所以词人忧心不已，慨叹"吾道"之不行。清刘熙载《艺概·词概》说："辛稼轩风节建竖，卓绝一时，惜每有成功，辄为议者所沮。观其《踏莎行》有云：'吾道悠悠，忧心悄悄。'其志与遇，概可知矣。《宋史》本传称其雅善长短句，悲壮激烈。又称谢枋校勘过其墓旁，有疾声大呼于堂上，若鸣其不平。然则其长短句之作，固莫非假之鸣者哉。"近代俞陛云《唐五代两宋词选释》："西风斜日，已极荒寒，更兼衰草啼鸦，愈形凄黯，摧颜长望，正翛然有遁世之怀。忽忆及汉时四皓，以箕颍高名，乃弃商山之芝，而索长安之米，世之由终南捷径者，固有其人，宿德如园、绮，而亦幡然应聘，意诚莫晓。稼轩特拈出之，意固何属，亦莫能晓也。"二人都给予此词很高的评价。

【原文】

新荷叶·和赵德庄韵·人已归来

人已归来，杜鹃欲劝谁归[1]？绿树如云，等闲付与莺飞[2]。兔葵燕麦，问刘郎、几度沾衣[3]？翠屏幽梦[4]，觉来水绕山围[5]。　　有酒重携，小园随意芳菲[6]。往日繁华，而今物是人非[7]。春风半面[8]，记当年、初识崔徽[9]。南云雁少，锦书无个因依[10]。

【毛泽东圈评等情况】

毛泽东曾圈阅这首《新荷叶·人已归来》。

[参考] 张贻玖：《毛泽东评点、圈阅的中国古典诗词》，中国工人出版社 1992 年版，第 248 页。

【注释】

（1）人已归来二句，指赵德庄任左司郎中，此时已重返京师临安（今浙江杭州）。杜鹃，鸟名。因其啼声凄切，易动人归思，所以亦称"思归"鸟、"催归"鸟。《禽经》："夏有鸟若云'不如归去'，乃子规也。"

（2）绿树如云二句，宋陈亮《水龙吟·春恨》："恨芳菲世界，游人未赏，都付与，莺和燕。"等闲，轻易地、白白地。莺飞，南朝梁丘迟《与陈伯之书》："暮春三月，江南草长，杂花生树，群莺乱飞"。

（3）兔葵燕麦二句，兔葵，植物名，《尔雅·释草》作"菟葵"。宋叶廷珪《海录碎事·草》："兔葵，苗如龙芮，花白茎紫。"燕麦，禾本科植物，《本草纲目》中称之为雀麦、野麦子。燕麦不易脱皮，所以被称为皮燕麦，是一种低糖、高营养、高能食品。刘郎，唐人刘禹锡，此借指赵德庄。唐孟棨《本事诗》："刘尚书禹锡，自屯田员外左迁朗州司马，凡十年始征还。方春，作《赠看花诸君子》诗曰：'紫陌红尘拂面来，无人不道看花回。玄都观里桃千树，尽是刘郎去后栽。'其诗一出，传于都下。有素嫉其名者，白于执政，又诬其有怨愤。他日见时宰，与坐，慰问甚厚。既辞，即日：'近有新诗，未免为累，奈何？'不数日，出为连州刺史。"按：稼轩于宋孝宗乾道四年（1168）通判建康府，淳熙元年（1174）重归建康充帅属，故词中有"人已归来"和"刘郎几度沾衣"句。

（4）翠屏，绿色的屏风。南朝梁江淹《丽色赋》："紫帷铪匣，翠屏环合。"幽梦，隐约的梦境。宋张先《木兰花》词："欢情去逐远云空，往事过如幽梦断。"

（5）水绕山围，山水环绕。宋黄庭坚《次韵石七三六言》诗："欲行水绕山围，但见鲲化鹏飞。"

（6）芳菲，香花芳草。唐李峤《二月奉教作》诗："乘春重游豫，淹赏玩芳菲。"随意，任意。北周庾信《荡子赋》："游尘满床不用拂，细草横阶随意生。"

（7）物是人非，东西还是原来的东西，可是人已不是原来的人了。多用于表达事过境迁，因而怀念故人。三国魏曹丕《与吴质书》："节同时异，物是人非，我劳如何！"赵德庄《新荷叶》词有"遥想当时，故交往往人非"之句，作者此词为唱和之作，也为感慨此景此情。

（8）春风半面，在春风中用衣袖半遮着脸，指女子含情羞怯的样子。半面，唐白居易《与元九书》："初应进士时，中朝无缌麻之亲，达官无半面之旧。"

（9）崔徽，宋苏轼《章质夫寄惠崔徽真》，宋援注："崔徽，河中倡妇也，裴敬中以兴元幕使河中，与徽相从者数月。敬中使罢，还，徽不能从，情怀怨抑。后数月，东川幕白知退将自河中归，徽乃托人写真，因捧书谓知退曰：'为妾谓敬中：崔徽一旦不及卷中人，徽且为卿死矣。'"唐元稹为作《崔徽歌》。作者用此典故，可能指赵德庄当年的情人。

（10）南云雁少二句，古有鸿雁传书的说法。事见南朝宋范晔等《后汉书·苏武传》。锦书，锦字书。唐刘兼《征妇怨》诗："曾寄锦书无限意，塞鸿何事不归来。"亦指织锦回文诗。唐房玄龄等《晋书》卷九六《列女传》："窦滔妻苏氏，始平人，名蕙，字若兰，善属文。符坚时，滔为秦州刺史，被徙流沙，苏氏思之，织锦为回文旋玑图以赠滔，宛转循环以读之，词甚凄惋，凡八百四十字，文多不录。"因依，托付。

【赏析】

《新荷叶》，词牌名，原为唐代教坊曲名。以温庭筠《荷叶杯·一点露珠凝冷》为正体，单调二十三字，六句四仄韵、两平韵，另有单调二十六字，六句两仄韵、三平韵、一叠韵；双调五十字，前后段各五句，两仄韵、三平韵变体。代表作品有韦庄《荷叶杯·绝代佳人难得》等。

这首词作于宋孝宗乾道六年至七年（1170—1171）之间，当时作者仍在临安司农寺任上，赵德庄此前有两首《新荷叶》，稼轩依照原韵和作了两首词。这就是其中一首。这首词是辛弃疾少有的婉约之作，描写了友人归来的所见与感悟，抒发了物是人非、时过境迁的感慨，表现出了作者的悲伤之情。

词的上片抒写友人归来之感。"人已归来，杜鹃欲劝谁归？"开头二句是说，友人已然归来，长作"不如归去"的杜鹃鸟却依然啼叫不止，不知是为谁而啼？这句实质上是为友人归来感到高兴，责备杜鹃鸟不应该胡乱啼叫，破坏了作者的高兴心情。"绿树如云，等闲付与莺飞"，三、四两句化用南朝梁丘迟《与陈伯之书》中的名句，寓情于景，情景交融，责备友人归来太迟，不能共赏春光，自己只能和黄莺做伴。"兔葵燕麦，问刘郎、几度沾衣"二句，又用唐代诗人刘禹锡两次游玄都观的故事，借以抒发人事代谢无常的感慨。"翠屏幽梦，觉来水绕山围"两句，将友人的种种经历归于翠屏一梦，酒醒后抛却烦恼，悠闲地在山水间游玩。

下片紧承上片乐游山水之意，"有酒重携，小园随意芳菲。往日繁华，而今物是人非。"换头处四句，作者带着美酒重游故园，芳草依旧萋萋，美景依旧，一切似乎并没有改变：小园还是那个小园，芳草环绕，可是人事变化太大，原来的人却都已不在，让人不禁生出物是人非、世事无常的感慨。"春风半面，记当年、初识崔徽"，上句说，还记得当年仲春时节，认识那位美人的情景：春风中袖遮半面，少女羞涩之态，仿佛依旧在眼前。下句用典，崔徽，宋苏轼《章质夫寄惠崔徽真》，宋援注："崔徽，河中倡妇也，裴敬中以兴元幕使河中，与徽相从者数月。敬中使罢，还，徽不能从，情怀怨抑。后数月，东川幕白知退将自河中归，徽乃托人写真，因捧书谓知退曰：'为妾谓敬中：崔徽一旦不及卷中人，徽且为卿死矣。'"唐元稹为作《崔徽歌》。作者用此典故，可能指赵德庄当年的情人，只是可惜"南云雁少，锦书无个因依"。结末二句是说，只可惜南飞的大雁太少，没有人可以代传音信。佳人的娇羞之态好像仍在眼前，而今却是天涯相别，不通音信。这首词通篇写得清新哀婉，是稼轩早期婉约词中比较有代表性的作品。清周济《宋四家词选》："以闲居反映朝局，一语便透。"

【原文】

木兰花慢·滁州送范倅·老来情味减

老来情味减⁽¹⁾，对别酒，怯流年⁽²⁾。况屈指中秋，十分好月，不照人圆。无情水都不管，共西风、只管送归船。秋晚莼鲈江上⁽³⁾，夜深儿女灯前⁽⁴⁾。　征衫⁽⁵⁾，便好去朝天⁽⁶⁾，玉殿正思贤⁽⁷⁾。想夜半承明⁽⁸⁾，留教视草⁽⁹⁾，却遣筹边⁽¹⁰⁾。长安故人问我⁽¹¹⁾，道愁肠殢酒只依然⁽¹²⁾。目断秋霄落雁，醉来时响空弦⁽¹³⁾。

【毛泽东圈评等情况】

毛泽东曾圈阅这首《木兰花慢·老来情味减》。

[参考] 张贻玖：《毛泽东评点、圈阅的中国古典诗词》，
中国工人出版社 1992 年版，第 248 页。

【注释】

（1）老来，稼轩三十三岁而自称"老来"。一则因为古人常常感叹时光流逝人生易老，二则针对年少立业而言，现在已过而立之年，而复国大业仍为实现，所以称"老"。

（2）别酒，送别的酒。流年，如水般流逝的光阴、年华。南朝宋鲍照《登云阳九里埭》诗："宿心不复归，流年抱衰疾。"

（3）莼，指莼菜羹。鲈，指鲈鱼脍。南朝宋刘义庆《世说新语·识鉴》："张季鹰辟齐王东曹掾，在洛，见秋风起，因思吴中菰菜、莼羹、鲈鱼脍，曰：'人生贵得适意尔，何能羁宦数千里以要名爵？'遂命驾便归。俄而齐王败，时人皆谓见机。"作者借其指代范昂返乡。

（4）夜深儿女灯前，宋黄庭坚《寄叔父夷仲》："弓刀陌上望行色，儿女灯前语夜深。"儿女，指青年男女。唐王勃《送杜少府之任蜀州》诗："无为在歧路，儿女共沾巾。"指儿子和女儿。

（5）征衫，指旅行人的服装，借指远行之人。宋张元干《忆秦娥》词："征衫辜负深闺约，禁烟时候春罗薄。"

（6）朝天，指朝见天子。唐王维《闻逆贼凝碧池作乐》诗："万户伤心生野烟，百僚何日再朝天。"

（7）玉殿，宫殿的美称。三国魏曹植《当车以驾行》诗："欢坐玉殿，会诸贵客。"用以代指宋孝宗赵昚。

（8）夜半承明，汉有承明庐，在石渠阁外。直宿所止曰庐。原为汉代皇帝的文学侍从官办公的地方，此指为南宋朝廷当值侍从。

（9）视草，古代词臣奉旨修正诏谕一类公文，称"视草"。东汉班固《汉书·淮南王刘安传》："每为报书及赐，常召司马相如等视草乃遣。"

（10）筹边，筹划边防军务。宋刘过《八声甘州·送湖北招抚吴猎》词："共记玉堂对策，欲先明大义，次第筹边。"

（11）长安，古都城名。始于秦朝，西汉、隋、唐等朝的都城，在今陕西西安一带。唐以后诗文中常用作都城的通称。唐李白《金陵》诗之一："晋家南渡日，此地旧长安。"此指南宋都城临安（今浙江杭州）。故人，老朋友。

（12）醊（tì）酒，沉溺于酒。唐韩偓《有忆》："愁肠醊酒人千里，泪眼倚楼天四垂。"宋秦观《梦扬州》词："醊酒困花，十载因谁淹留。"

（13）"目断秋霄落雁"二句，典见《战国策·楚策四》："更羸与魏王处京台之下，仰见飞鸟，更羸谓魏王曰：'臣为君引弓虚发而下鸟。'有间，雁从东方来，更羸以虚发而下之。魏王曰：'然则射可至此乎？'更羸曰：'此孽也。……故疮未息而惊心未去也。'闻弦音而高飞，故疮陨也。"

【赏析】

《木兰花慢》，词牌名。原为唐教坊曲。《金奁集》入"林钟商调"，五十五字，前后片各三仄韵，不同部换叶。代表作有辛弃疾词《木兰花慢·席上送张仲固帅兴元》等。

此词作于乾道八年（1172）稼轩任滁州任上。范倅，即范昂。倅，宋代通判的俗称。范昂任滁州通判，是辛弃疾的副手，帮助处理政事。这年秋天，范昂奉调进京，稼轩作此词为他送行。这首词是作者赠与范昂的，这次范昂被召回临安，作者对他寄予了殷切的期望，希望他能受到皇帝的重用，并热情地鼓励他到前方去筹划军事，充分发挥他的才能。作者借送别的机会，倾吐自己满腹的忧国深情，在激励友人奋进之时，又宣泄了自己壮志难酬的苦闷，慷慨悲凉之情、磊落不平之气层见叠出。

词的上阕写惜别之情和流光虚度之叹。"老来情味减，对别酒，怯流年。"上阕头三句陡然而起，直抒胸臆，以高屋建瓴之势笼罩全篇。苏轼有"对尊前，惜流年"（《江神子·冬景》）的词句，此处便化用了苏句，但感觉更深沉悲慨。词人意有所郁结，面对别酒随事触发。本意虽含而未露，探其幽眇，"老来"两字神貌可鉴。词人作此词时正值壮年，何以老迈自居、心情索然至此呢？词人存其弱冠之年"突骑渡江"，率众南归后，正拟做一番扭转乾坤的事业，不料竟沉沦下僚，辗转宦海。乾道八年（1172）词人出任滁州知州，当时朝廷苟安，北伐无期，旌旗未展头先白，作者只能"对别酒，怯流年"。"况屈指中秋，十分好月，不照人圆。"接下来三句，作者身处政治逆境中，对于寒暑易节、素魄盈亏特别敏感，双眼看友人高蹈离去，惜别而外，另有衷曲，于是浮想联翩，情思奔涌。"无情水都不管，共西风、只管送归船"二句，"都不管"和"只管"道尽"水"与"西风"的无情，一语双关。既设想了友人别后归途的情景，又暗喻范氏离任乃朝中局势所致。以西风喻恶势力，在辛词中不乏其例。如"吴楚地，东南坼。英雄事，曹刘敌。被西风吹尽，了无尘迹"（《满江红》）。"秋晚莼鲈江上，夜深儿女灯前"二句，笔锋陡转，变刚为柔，一种浑厚超脱的意境悠然展现出来，前句用张翰的故事，后句用黄庭坚的诗意，使人读之翕然而有"归欤"之念。此二句当是悬想范倅离任后入朝前返家的天伦之乐。

下阕寄托自己感慨之情，转到送别主旨上。"征衫，便好去朝天，玉殿正思贤。"换头处三句，由上阕末句初跌而出，格调转亢，与上面"归软"之境构成迥然不同的画面。词人有意用积极精神，昂扬语调，为友人入朝壮色。头二句言友人入朝前勤劳忠奋，后三句言朝廷求贤若渴，"想夜半承明，留教视草，却遣筹边"，好一派君臣相得、振邦兴国的景象！夜里在承明庐修改诏书，又奉命去筹划边事，极言恩遇之深。承明，庐名，是汉代朝官值宿（犹后代的值班）之地，词里借指宫廷。这几句寄托了词人的理想，表明愿为光复中原竭股肱之力、效忠贞之节，大有"但用东山谢安石，为君谈笑静胡沙"（唐李白《永王东巡歌》）的气概。下面再一转折，将滔滔思潮訇然刹住。"长安故人问我，道愁肠殢酒只依然"二句，变奋激昂扬为纡徐低沉。倘若友人去了京城，遇到老朋友，可以告诉他们，自己仍然是借酒销愁，为酒所困。长安，这里代指南宋都城临安。"愁肠殢酒"乃化用唐末韩偓《有忆》诗"肠殢？酒人千里"句，殢是困扰之意。话语外表露出自己报国无门的无限悲愤。前面几经翻跌，蓄意蓄势，至结尾，突然振拔："目断秋霄落雁，醉来时响空弦。"词人醉中张弓满月，空弦虚射，却惊落了秋雁，真乃奇思妙想。"目断"两字极有神韵，其实是翻用《战国策》"虚弓落病雁"的典故，可是不着痕迹。一个壮怀激烈、无用武之地的英雄形象通过这两句显现出来，他的情怀只能在酒醉后发泄出来。正如清陈廷焯说："稼轩有吞吐八荒之慨而机会不来……故词极豪雄而意极悲郁。"（《白雨斋词话》）

这首词在艺术手法上的高明之处在于联想与造境上。丰富的联想与跌宕起伏的笔法相结合，使跳跃性的结构显得整齐严密。全词的感情由联想展开。"老来情味减"一句实写，以下笔笔虚写，以虚衬实。由"别酒"想到"西风""归船"；由"西风""归船"想到"江上"，由"夜深""灯前"又转到朝廷思贤，再转到托愁肠殢酒，最后落到醉中发泄。由此及彼、由近及远、由反而正，感情亦如江上的波涛大起大落，通篇蕴含着开阖顿挫、腾挪跌宕的气势，与词人沉郁雄放的风格相一致。清陈廷焯《云韶集》说："此稼翁晚年笔墨。不必十分经营，只信手写去，如闻饿虎吼啸之声，古今词人焉得不望而却步。"近代俞陛云《唐五代两宋词选释》也说："'风水无情'二句为送友言，离思黯然。即接以'晚秋'二句，为行人着想，乃极写家庭之乐。论句法，浑成而兼倜傥。下阕'长安'二句有唐人'归去朝端如有问，玉门关外老班超'诗意。结处言壮心未已。闻秋雁尚欲以虚弦下之，如北平飞将，老去犹思射虎也。"

【原文】

酒泉子·流水无情

流水无情，潮到空城头尽白(1)，离歌一曲怨残阳。断人肠(2)。　　东风官柳舞雕墙(3)。三十六宫花溅泪(4)，春声何处说兴亡。燕双双(5)。

【毛泽东圈评等情况】

毛泽东曾圈阅这首《酒泉子·流水无情》。

[参考] 张贻玖：《毛泽东评点、圈阅的中国古典诗词》，中国工人出版社 1992 年版，第 249 页。

【注释】

（1）"流水"两句，流水一去不返，毫无情意，比喻时光消逝，无意停留。唐白居易《过元家履信宅》诗："落花不语空辞树，流水无情自入池。"潮到空城，唐刘禹锡《金陵五题·石头城》："山围故国周遭在，潮打空城寂寞回。"空城，荒凉的城市。《汉书·燕剌王刘旦传》："归空城兮狗不吠，鸡不鸣。"指石头城，即指建康。

（2）"离歌"两句，人听别离之歌，顿生断肠之痛。唐岑参《酒泉太守席上醉后歌》："胡笳一曲断人肠，座上相看泪如雨。"宋叶梦得《满庭芳》："一曲离歌，烟村人去。"离歌，伤别的歌曲。南朝梁何逊《答丘长史诗》："宴年时未几，离歌倏成赋。"怨残阳，怨斜阳无情西下，不为人留住时间，催人告别。残阳，夕阳，将落的太阳。唐钱起《送夏侯审校书东归》诗："破镜催归客，残阳见旧山。"

（3）“东风”句，写离宫院内的花柳春色。官柳，官府种植的柳树。唐房玄龄等《晋书·陶侃传》：“［侃］尝课诸营种柳，都尉施盗官柳植之于己门。侃后见，驻车问曰：‘此是武昌西门前柳，何因盗来此种？’”雕墙，饰以浮雕、彩绘的墙壁，华美的墙壁。

（4）三十六宫花溅泪，谓离宫别院中，群花因感时而溅泪。此化用前人诗句。离宫，古代帝王在都城之外的宫殿，也泛指皇帝出巡时的住所。《史记·刘敬叔孙通列传》：“孝惠帝曾春出游离宫。”唐骆宾王《帝京篇》：“汉家离宫三十六。”

（5）“春声”两句，双燕声声，如诉历代兴亡。这两句也是化用前人诗意。唐刘禹锡《金陵五题·乌衣巷》：“旧时王谢堂前燕，飞入寻常百姓家。”北宋周邦彦《西河·金陵》词云：“燕子不知何世。入寻常、巷陌人家，相对如说兴亡，斜阳里。”

【赏析】

《酒泉子》，词牌名，又名《杏花风》《春雨打窗》等。以温庭筠《酒泉子·花映柳条》为正体，双调四十字，前段五句两平韵、两仄韵，后段五句三仄韵、一平韵。代表作品有司空图《酒泉子·买得杏花》等。

该词写于宋孝宗淳熙元年至淳熙二年（1174—1175）春，时稼轩二官建康。建康曾为六代国都，故多古今兴亡之感。

词的上阕借助景色描写离愁。“流水无情，潮到空城头尽白”，送行的场景是在长江边上，本来没有感情的江水此时扮演了一个无情的角色，因为友人就要离别，就像滔滔的江水不可逆流一样，让人产生无限的伤感，简直就要把人的头发都急白了。“离歌一曲怨残阳。断人肠”，三、四两句是说，离别的歌曲惹人伤感，偏偏夕阳也像是催促友人上路一样越来越向西斜。“残阳”点明了送别的时间，词人送别友人，肯定不会在傍晚才送，这里用“斜阳”是为了说明作者与友人依依难舍，从上午到下午都舍不得分离，一直拖延到了天色将暮，可是词人依然抱怨夕阳为什么不能多停留一会，可见其离愁之深。

下阕由离别之伤感生发而去，写到古今兴亡之事。一般送别作品只是单纯的就事论事，抒发离别愁绪。作者却一反常理，将建康这样一个六朝古都所具有的沧桑的历史兴亡之感用沉痛的语言表达了出来。"东风官柳舞雕墙。三十六宫花溅泪"，换头处二句是说，官柳并不解人意，在东风吹拂下，摇曳于雕墙之内。三十六宫之人都会见花落泪。建康也曾是魏晋六朝时极其繁华的城市，现在却是残柳摇曳、百花落泪、飞燕来去，似乎在诉说那朝代更迭的旧事。这里借汉朝三十六宫暗指沦陷于金人统治之下的大片国土。词人触景生情，感伤不已。"春声何处说兴亡。燕双双"，结末二句借用典故抒发兴叹之感。北宋周邦彦《西河·金陵》词云："燕子不知何世。入寻常、巷陌人家，相对如说兴亡，斜阳里。"词人借用此词句意发兴亡之感慨。借燕子呢喃之语，抒发个人内心的兴亡感叹之意，构思巧妙，表达又十分含蓄，具有强烈的艺术感染力量。

全词突破了一般送别词单为离愁而作的窠臼，不仅抒发了深深的离愁，而且还怀古伤今，抒发了沉重的兴亡之感，体现了稼轩沉郁雄浑的词风。清代陈廷焯《云韶集》："悲而壮，阅者谁不变色？无穷感喟，似老杜悲歌之作。"

【原文】

金缕曲·柳暗凌波路

柳暗凌波路(1)。送春归、猛风暴雨，一番新绿。千里潇湘葡萄涨(2)，人解扁舟欲去(3)。又樯燕、留人相语(4)。艇子飞来生尘步，唾花寒、唱我新番句(5)。波似箭，催鸣橹(6)。　　黄陵祠下山无数。听湘娥、泠泠曲罢，为谁情苦(7)。行到东吴春已暮，正江阔潮平稳渡。望金雀、觚棱翔舞(8)。前度刘郎今重到，问玄都、千树花存否(9)。愁为倩，幺弦诉(10)。

【毛泽东圈评等情况】

毛泽东曾圈阅这首《金缕曲·柳暗凌波路》。

[参考] 张贻玖：《毛泽东评点、圈阅的中国古典诗词》，中国工人出版社 1992 年版，第 249 页。

【注释】

（1）凌波路，指江边堤路，又作"清波路"。三国魏曹植《洛神赋》："凌波微步，罗袜生尘。"此指歌女行走之路。

（2）潇湘，潇水、湘水，在湖南零陵合流后，也称潇湘。葡萄，形容水色碧绿，语出唐李白《襄阳歌》："遥看汉水鸭头绿，恰似葡萄初酦醅。"词人化用李白诗句，用来描写猛风暴雨之后江水猛涨之情状。

（3）扁（piān）舟，小船。《史记·货殖列传》："范蠡既雪会稽之耻，乃喟然而叹曰：'计然之策七，越用其五而得意。既已施于国，吾欲用之家。'乃乘扁舟浮于江湖。"

（4）"又樯燕"句，化用唐杜甫《发潭州》："岸花飞送客，樯燕语留人。"樯（qiáng），桅杆。

（5）"艇子"二句，歌女飞舟来到，唱我新词为之送行。生尘步，形容女子娇美轻盈的步态，语出三国魏曹植《洛神赋》："凌波微步，罗袜生尘。"番，通"翻"，依旧谱，写新词。宋欧阳修《玉楼春·尊前拟把归期说》："离歌且莫翻新阕，一曲能教肠寸结。"唾花寒，形容动听的歌声吐露伤感之情。

（6）"波似箭"二句，谓江水中的波浪就像箭一样，好像在催着小船上路。鸣橹，摇橹声，借指船行。宋王安石《题朱郎中白都庄》诗："藜杖听鸣橹，篮舆看种田。"

（7）"黄陵"三句，设想友人此去舟泊黄陵，倾听湘妃奏瑟。黄陵祠，即二妃祠。据北魏郦道元《水经注·湘水》，帝舜南巡，娥皇、女英二妃从征，溺于湘江。民尊为湘水之神，立祠于江边黄陵山上。山在湖南湘潭北四十五里处。听湘娥、泠泠曲罢，战国楚屈原《远游》："使湘灵鼓瑟兮。"指湘妃。南朝梁萧统《文选·张衡〈西京赋〉》："感河冯，怀湘娥。"李善注引王逸曰："言尧二女，娥皇、女英随舜不及，堕湘水中，因为湘夫人。"泠泠（líng），形容声音清越、悠扬。

（8）"行到"三句，谓船近临安，远远可以望见京都殿阁。东吴，指三国时吴国。因其地处江东，故名。南朝梁萧统《文选·左思〈咏史〉之一》："长啸激清风，志若无东吴。"李善注："东吴，谓孙氏也。"江阔潮平，唐王湾的《次北固山下》："客路青山外，行舟绿水前。潮平两岸阔，风正一帆悬。"金雀、舳（gū）棱，饰有金凤的殿角飞檐。班固《西都赋》："设璧门之凤阙，上舳棱而栖金爵。"

（9）"前度"二句，语本唐刘禹锡两首桃花诗。据唐孟棨《本事诗·事感第二》，刘参与永贞革新后被贬为朗州司马，十年始征还，当春重游玄都观赏桃花，后作《赠看花诸君子》，有"玄都观里桃千树，尽是刘郎去后栽"之句，诗一出，广传京都。执政者听信谗言，认为刘有怨愤，讥讽朝政。未几，又放外任，出为连州刺史。再过十四年返京，重游玄都观，千树桃花荡然无存，因而再题《再游玄都观诗》："百亩庭中半是苔，桃花净尽菜花开。种桃道士归何处，前度刘郎今又来。"这里指友人重返京都，兼有问讯京都故人之意。

（10）"愁为"二句，满腹离愁，惟凭弦丝倾诉。倩，请。幺弦，琵琶的第四根弦，因最细，称幺弦。幺，细小。此借指琵琶。

【赏析】

《金缕曲》，即《贺新郎》。辛弃疾进入朝廷以来，为宦十数载，皆任地方官而不得重用。宋孝宗淳熙七年（1180）暮春，时任湖南安抚使的他在长沙送友人舟赴都城临安，临别时写下这首词。

词的上阕描写送别情景。"柳暗凌波路。送春归、猛风暴雨。一番新绿。"起头两韵，点出送别的环境气氛：经过一番狂风暴雨的冲洗之后，春色已归，绿意丰盈，沿江种植的杨柳更是呈现幽暗深绿。这里的柳色是词人所见之景，它之所以被浓墨重彩地突出描写，就在于这个场景与离情别绪之间有着早已被确定的因缘，为下文倾诉离愁做好了意象的铺垫和气氛的渲染。"千里潇湘葡萄涨，人解扁舟欲去。又樯燕、留人相语。"三韵接着前韵而来，先用"葡萄"一词，描写千里潇湘春水碧绿饱满的优美景象。江水正适宜舟行，离人也随时待发。而"又樯燕"以下两韵："艇子飞来生尘步，唾花寒、唱我新番句。波似箭，催鸣橹。"词笔反拉，将词人深情挽留行人的情意，借他物、他人侧面表达。作者先化用杜甫的诗句，借绕樯燕子的呢喃留人，写自己的眷恋之情；再旁借轻舟上如同"罗袜生尘"的洛水女神的佳人唱曲，再次表达自己的留别情意。这位唱着词人新翻句的歌姬，显然是作者邀来的。但是燕语人歌，终不足以挽留行人，此非友人薄情，而是因舟行时间已到，不得不走。上片末韵，留下长波笔直、鸣橹待发的镜头，一笔转回，接着前文中"人解扁舟欲去"的语意，将友人将出发的意思更促进一步。

词的下阕将那被提起又遭到延宕的别情，完全直接地倾泻出来。词人的精神世界里，早已先于东去的行人遨游而去。"黄陵祠下山无数。听湘娥、泠泠曲罢，为谁情苦。"在词人的想象中，小舟经过黄陵山，那里有供奉着娥皇、女英的祠庙，他隐约听到这两位水神曲韵泠泠、曲音幽苦的奏瑟之声，心中惨然不乐。"为谁情苦"，问得十分委婉。这里作者巧妙地借用湘娥的哀婉动人传说，表达自己内心的哀怨愁苦。这愁苦既包含作者对友人离去的伤感，又包含作者对个人身世命运的伤感。"行到东吴春已暮，正江阔潮平稳渡。望金雀、觚棱翔舞。"舟行迅捷，来到千里之外的东吴已是暮春。在宽阔而无波浪的长江上，行舟安稳地向前驶去。转眼间就到了京城临安，远远地就可以望见京都的宫殿。此处一"望"一"舞"，临安的皇城气象毕见。"前度刘郎今重到，问玄都、千树花存否"一韵，化用前人诗歌典故，暗指他终于回到故地；此处借用刘禹锡再返京师赋诗之典，明写友人返回临安之事，暗示他对国都的怀恋。词人正值壮年，虽雄心依然，但壮志难申，故而愁绪满怀。结韵"愁为倩，么弦诉"，复转回到离愁的主题。

这首词借为友人的送别，一方面描写对友人的深情挚意，另一方面表达"处江湖之远，则忧其君"，抒发个人对国家命运的关念之情。此词在写景上采用虚实相辅的手法，既写眼见之实景，又写想见之虚景，并且在写景中寓寄作者之情，使得情与景有机地融汇于一体。在抒情上又将各种复杂的感情融合在一起，既有对友人的关切与惜别之情，又有对个人内心愁苦的抒发与寄托。清代陈廷焯《云韶集》："笔态恣肆，是幼安本色。字字有气魄，卓不可及。闲处亦不乏姿态，情景都绝。"近代王国维《人间词话·未刊部分及删稿》："稼轩《贺新郎》词：'柳暗凌波路。送春归、猛风暴雨，一番新绿。'又《定风波》词：'从此酒酣明月夜。

耳热。'绿''热'二字，皆作上去用。与韩玉《东浦词》《贺新郎》以'玉''曲'叶'注''女'，《卜算子》以'夜''谢'叶'食''月'，已开北曲四声通押之祖。"

【原文】

西河·送钱仲耕自江西漕移守婺州·西江水

西江水[1]，道似西江人泪[2]。无情却解送行人[3]，月明千里[4]。从今日日倚高楼，伤心烟树如荠[5]。　会君难，别君易。草草不如人意[6]。十年著破绣衣茸[7]，种成桃李[8]。问君可是厌承明[9]，东方鼓吹千骑[10]。　对梅花更消一醉[11]。看明年调鼎风味[12]。老病自怜憔悴[13]。过吾庐、定有幽人相问[14]，岁晚渊明归来未[15]？

【毛泽东圈评等情况】

毛泽东曾圈阅这首《西河·西江水》。

[参考] 张贻玖：《毛泽东评点、圈阅的中国古典诗词》，中国工人出版社1992年版，第248页。

【注释】

（1）西江，章贡二水汇成赣水，这里的西江即指赣江而言。清顾祖禹《读史方舆纪要·卷八八·赣水》："在府城北。其上源为章、贡二水。贡水一名东江，源出福建长汀县新路岭……西至（赣州）府城西北，会于章水。章水一名西江，源出于南安府聂都山……亦会支川而东达（赣州）府城西，环城而北，会于贡水，自此名赣水。北流三百里，至吉安府万安县，其间有九滩……俱属赣县；又经九滩乃至万安，所谓十八滩也。江在县境者一百八十里，滩之怪石如精铁，突兀廉厉，错峙波面。"

（2）道似西江人泪，一作"道是西风人泪"。

（3）无情，没有感情，此指西江水。唐崔涂《春夕》诗："水流花谢两无情，送尽东风过楚城。"解，理解，善解人意。

（4）月明千里，月光普照大地，后多用作友人或恋人相隔遥远、月夜倍增思念的典故。南朝宋谢庄《月赋》："美人迈兮音尘阙，隔千里兮共明月。"

（5）烟树，云烟缭绕的树木、丛林。南朝宋鲍照《从登香炉峰》诗："青冥摇烟树，穹跨负天石。"唐孟浩然《闲园怀苏子》诗："鸟从烟树宿，萤傍水轩飞。"如荠，像荠菜似的。北齐颜之推《颜氏家训·卷三·勉学》引《罗浮山记》："望平地，树如荠。"荠，荠菜，多年野生植物，叶可食。

（6）草草，匆忙仓促之状。唐李白《南奔书怀》诗："草草出近关，行行昧前算。"

（7）十年，非实数，盖言其多年也。著破，穿坏。绣衣，用彩线刺绣的丝绸衣服，这里指官服。汉武帝时置绣衣直指官，身着绣衣，持斧，分部治狱讨奸。宋代的各路提点刑狱，就是行使同样的职务，因称"绣衣使者"。而转运副使、判官等一路漕使也与提刑职务相近，同负有监察的权力，因此有时也被称为"绣衣使者"。钱仲耕于淳熙初年即出任江西运副，继使福建，再任江西，虽尚未及十年，然为时已甚久，故举其成数以言之。

（8）种成桃李，用"桃李不言，下自成蹊"意。《韩诗外传》："春种桃李，夏得荫其下，秋得食其实。"唐狄仁杰喜荐士，当时有"天下桃李尽出公门"之誉。宋李绚《和杜祁公致仕》诗："收得桑榆归物外，种成桃李满人间。"

（9）厌承明，这里是不愿在朝廷为官的意思。承明，即承明庐。东汉班固《汉书·严助传》："君厌承明之庐，劳侍从之事。"注："承明庐在石渠阁外，直宿所止曰户庐。"

（10）"东方"句，汉代乐府《陌上桑》有罗敷女自夸其夫婿之诗句："东方千余骑，夫婿居上头。……三十侍中郎，四十专城居。""东方千骑"即是"专城居"的仪仗队，后专用作州郡守臣或太守到任之典故。鼓吹，太守赴任时的军乐。

（11）消，值得。

（12）看明年，一作"有明年"。调鼎，烹调食物。南朝梁元帝《金楼子·立言上》："余见宰人叹曰：'伊尹与易牙同知调鼎，而有贤不肖之殊。'"喻任宰相治理国家。语本《韩诗外传》卷七："伊尹，故有莘氏僮也，负鼎操俎调五味，而立为相，其遇汤也。"

（13）憔悴，黄瘦，瘦损。《国语·吴语》："使吾甲兵钝弊，民日离落而日以憔悴，然后安受吾烬。"韦昭注："憔悴，瘦病也。"

（14）庐，指作者上饶带湖的新居。幽人，幽居、幽雅之人。此指隐居之人。宋苏轼《卜算子·黄州定慧院寓居作》："谁见幽人独往来，缥缈孤鸿影。"

（15）渊明，即陶渊明，字元亮，又名潜，浔阳柴桑人。东晋末至南朝宋初期伟大的诗人、辞赋家。

【赏析】

《西河》，词牌名。又名《西河慢》《西湖》。《碧鸡漫志》引《脞说》云："大历初，有乐工取古《西河长命女》加减节奏，颇有新声。"又谓《大石调·西河慢》声犯正平，极奇古。则此调亦是采旧曲而成。词为双调一百零五字，分三叠，各叶四仄韵。《清真集》入"大石调"。相传此调由周邦彦始创。

钱仲耕，钱佃，字仲耕，平江常熟（今江苏苏州）人。宋高宗赵构绍兴十五年（1145）进士，在朝或居外任，均有政绩。《重修琴川志》："钱佃，字仲耕，弱冠入太学，登绍兴十五年进士第。……累迁左右司检正，兼权吏、兵、工三侍郎。出为江西路转运副使。时盗赖文正起武陵，朝廷调兵讨之，佃馈饷不乏。继使福建，再使江西，奏蠲诸郡之逋。淳熙八年，婺州饥，且缺守，上曰：'钱某可守郡。'既至，荐饥祷雨，须发为白。劝分移粟，所活口七十余万。政甲一路。……佃忠信恭宽，临政不求赫赫声，以安民为先务，所至得民。家不取盈，捐橐装买田，赡合族，名曰义庄。"赴婺州，一作"移守婺州"。婺州，古州名。隋文帝开皇十三年（593）由吴州更名，治所在今浙江金华。

此词作于宋孝宗淳熙八年（1181）冬。当时辛弃疾在江西安抚使任上，他的好友钱佃（字仲耕）自江西转运副使移知婺州（今浙江金华），辛弃疾在隆兴府（今江西南昌）送别钱佃时写下这首词。

此词分三段。词的一叠写送别之景、之情，"西江水，道似西江人泪。无情却解送行人，月明千里。从今日日倚高楼，伤心烟树如荠"，六句从水、月、人三个方面来写送别。前两句，西江水流淌着西江人的眼泪，这是比喻赣江江行险恶的民间谚语。《读史方舆纪要》载，赣江上游多险滩，水流湍急。自赣州至万安，共有十八滩，"水性湍险，惶恐滩尤甚"，"怪石如精铁，突兀廉厉，错峙波面"，舟行极为艰难。《菩萨蛮·书江西造口壁》之"中间多少行人泪"词意与此相同。接着两句说，一江流水无情，千里明月无情，却都能送走行人。歇拍二句，烟树如荠，比喻远山远树的形状。

词的二叠，写钱仲耕的人品与政绩。"会君难，别君易。草草不如人意。十年著破绣衣茸，种成桃李。"钱仲耕于淳熙二年（1175）曾任江西转运副使，在作者平定茶商军过程中保证军需不缺，有过很好的配合。后来钱仲耕继使福建，再使江西，到当年在"绣衣使者"任上已经八年，这里说"十年著破绣衣茸"，是举成数以言之。桃李比喻其门生。南宋时期，秋季乡试由各路转运司负责，故又称漕试。钱仲耕既在转运使任上甚久，因而漕试所得门生必然甚多，"种成桃李"是说钱仲耕在"绣衣使者"任上的功绩。"问君"二句是以反问句作肯定语，谓钱仲耕去婺州勇当大任。"东方"句用典，用"东方"二字，既表明钱仲耕的身份，也是到东部州郡任职的双关语。

词的三叠设友人离开自己的心境和处境，抒发作者的感喟和伤叹。"对梅花更消一醉。看明年调鼎风味"，换头处二句，说明年钱仲耕当入朝拜相。《尚书·说命》："若作和羹，尔惟盐梅。"殷高祖用调味作比喻，说傅说作宰相，其作用如同调味的盐和梅。"老病自怜憔悴"，点明自己的处境与心态。"过吾庐、定有幽人相问，岁晚渊明归来未"，最后二句是说，钱仲耕自江西赴婺州，上饶应当是路途中必经之地。作者因此设想，必有当地人问起，时已岁末，陶渊明还未归来吗？结尾以陶渊明赋"归去来"自喻，用意深远。

此词除表达了对钱佃的依依惜别之情外，还对自己仕途的岌岌可危、对个人处境的不如人意表示了深切的忧虑。果然，是年的十一月，作者就因被言官弹劾而失去职务，从此回到上饶闲居，开始了十年的田园生涯。

作者对宦海升沉判断的准确，在这首词中也得到充分体现。

这首词主题仍是送别伤怀，写法上却不被粗犷豪迈的风格束缚，而是从细腻处入手，层层推进，把作者失意的情怀，同对友人的感念，交织杂糅，以委婉含蓄的笔调写出，尤其是歇拍三句，以想象中的幽人发问作结，更可见此词的风流蕴藉。清陈廷焯《词则·放歌集》卷一云："起悲愤"，"似豪实郁"。

【原文】

江神子·和陈仁和韵·宝钗飞凤鬓惊鸾

宝钗飞凤鬓惊鸾(1)。望重欢(2)。水云宽。肠断新来，翠被粉香残(3)。待得来时春尽也：梅着子(4)，笋成竿。　　湘筠帘卷泪痕斑(5)。珮声闲(6)，玉垂环(7)。个里温柔，容我老其间(8)。却笑将军三羽箭，何日去，定天山(9)？

【毛泽东圈评等情况】

毛泽东曾圈阅这首《江神子·宝钗飞凤鬓惊鸾》。

[参考] 张贻玖：《毛泽东评点、圈阅的中国古典诗词》，中国工人出版社1992年版，第250页。

【注释】

（1）宝钗，首饰名。用金银珠宝制作的双股簪子。南朝梁何逊《咏照镜》："宝钗若可间，金钿畏相逼。"

·（2）望，期望，盼望。

（3）翠被句，南朝梁何逊《嘲刘孝绰》诗："稍闻玉钏远，犹怜翠被香。"唐李商隐《夜冷》诗："西亭翠被余香薄，一夜将愁向败荷。"

（4）着子，结了果实。

（5）湘筠，即湘竹。《博物志》："尧之二女，舜之二妃，曰湘夫人，舜崩苍梧，二妃追至，哭帝极哀，泪染于竹，故斑斑如泪痕。"

（6）珮，玉质佩饰物。珮，通"佩"。

（7）玉垂环，即垂玉环。环，玉制的环。《韩非子·说林下》：“吾好珮，此人遗我玉环。”此指佩环。唐张籍《蛮中》诗：“玉环穿耳谁家女，自抱琵琶迎海神。”此指耳环。

（8）个里二句，《飞燕外传》：“后德嬺计，是夜进合德，帝大悦，以辅属体，无所不靡，谓为温柔乡。谓嬺曰：‘吾老是乡矣，不能效武皇帝求白云乡也。’”

（9）却笑三句，宋欧阳修等《新唐书·薛仁贵传》：“薛仁贵，绛州龙门人。……诏副郑仁泰为铁勒道行军总管。……时九姓众十余万，令骁骑数十来挑战，仁贵发三矢辄杀三人，于是虏气慑，皆降。仁贵虑为后患，悉坑之。……军中歌曰：‘将军三箭定天山，壮士长歌入汉关。’”

【赏析】

《江神子》，词牌名，即《江城子》，原为唐词单调，始见《花间集》韦庄词，单调三十五字，七句五平韵。

这首词的写作年代无确考。大概作于宋孝宗淳熙年间。词题为《和陈仁和韵》。陈仁和，指仁和知县陈德明。陈德明，字光宗，宋孝宗淳熙十三年（1186）任仁和知县。据《皇宋中兴两朝圣政》卷六十三载：“淳熙十三年十月，仁和知县陈德明坐赃污不法，免真决，刺面配信州。”陈德明其余事迹均不详。

这首词借写对美人的思恋与欢情，抒发作者壮志难酬的感慨。词的上阕主要写对美人的深切怀恋，感情缠绵悱恻。“宝钗飞凤鬓惊鸾”，首句中的“飞凤”“惊鸾”皆状“宝钗”之形。这是写女子的发饰，点明美人在词人心目中的深刻印象。“望重欢。水云宽”，二、三两句言旧日欢情如水和云相接之境。水云，水和云，多指水云相接之景。唐戎昱《湘南曲》：“虞帝南游不复还，翠蛾幽怨水云间。”比喻旧日欢情如水云相接，极其密切。“肠断新来，翠被粉香残”，紧承上二句，写睹物思人，物存人去在词人内心引起的肝肠寸断之愁苦。“待得来时春尽也：梅着子，笋成竿”，末三句以春尽比喻女子的容颜衰老，以“梅着子，笋成竿”比喻欢情的不可复得。这三句是说，即使等到重聚那一天，你的娇美容颜已经衰退，像梅子花瓣凋谢后结出了果实，嫩嫩的笋芽长成了高大的竹竿，还会有什么欢情可言呢？字里行间充满了词人无限惆怅之情。

词的下阕依然是哀怨。"湘筠帘卷泪痕斑"，换头处一句用斑竹之典比喻二人情意之深。"湘筠"，即湘竹。《博物志》："尧之二女，舜之二妃，曰湘夫人，舜崩苍梧，二妃追至，哭帝极哀，泪染于竹，故斑斑如泪痕。"毛泽东同志《七律·答友人》："斑竹一枝千滴泪，红霞万朵百重衣。"也是化用此典。"珮声闲，玉垂环"以珮环和鸣比喻二人的和谐之情。"个里温柔，容我老其间"二句，以"温柔乡"之典言词人屡受挫折的颓丧之情。据《飞燕外传》："后德嬺计，是夜进合德，帝大悦，以辅属体，无所不靡，谓为温柔乡。谓嬺曰：'吾老是乡矣，不能效武皇帝求白云乡也。'"这里以温柔乡比喻男女欢爱之情。末三句"却笑将军三羽箭，何日去，定天山"，以唐代大将军薛仁贵三箭定天山之典，抒发词人壮志难酬的感慨。宋欧阳修等《新唐书·薛仁贵传》："薛仁贵，绛州龙门人。……诏副郑仁泰为铁勒道行军总管。……时九姓众十余万，令骁骑数十来挑战，仁贵发三矢辄杀三人，于是虏气慑，皆降。仁贵虑为后患，悉坑之。……军中歌曰：'将军三箭定天山，壮士长歌入汉关。'"这里作者引用此典为我们点明这首词的主旨，也正是作者写作此词的意图所在。

【原文】

江神子·和人韵·剩云残日弄阴晴

剩云残日弄阴晴[1]。晚山明。小溪横。枝上绵蛮[2]，休作断肠声[3]。但是青山山下路，春到处，总堪行。　　当年彩笔赋《芜城》[4]。忆平生。若为情。试把灵槎，归路问君平[5]。花底夜深寒较甚，须拼却，玉山倾[6]。

【毛泽东圈评等情况】

毛泽东曾圈阅这首《江神子·剩云残日弄阴晴》。

　　　　　[参考] 张贻玖：《毛泽东评点、圈阅的中国古典诗词》，
　　　　　　　　　中国工人出版社1992年版，第250页。

【注释】

（1）剩（shèng）云残日弄阴晴，天上的云彩变幻不定，忽阴忽晴。剩云，多余的云，余留下来的云。残日，夕阳。唐李颀《奉送五叔入京》诗："云阴带残日，怅别此何时！"

（2）绵蛮，《诗经·小雅·绵蛮》："绵蛮黄鸟，止于丘隅。岂敢惮行，畏不能趋。"朱熹训绵蛮为鸟声。这里指黄鸟的哀婉之鸣。

（3）断肠，割开或切断肠子。西晋陈寿《三国志·魏志·华佗传》："病若在肠中，便断肠湔洗。"形容极度思念或悲痛。三国魏曹丕《燕歌行》："念君客游思断肠，慊慊思归恋故乡。"

（4）赋《芜城》，南朝宋鲍照有《芜城赋》。南朝梁萧统《文选》五臣注云："宋孝武帝时，临海王子顼镇荆州，明远（鲍照字）为其下参军，随至广陵。子顼叛逆，照见广陵故城荒芜，乃汉吴王濞所都，濞亦叛逆，为汉所灭，照以子顼事同于濞，遂感为此赋以讽之。"

（5）试把灵槎二句，西晋张华编撰《博物志》："天河与海通，近世有人居海渚者，年年八月有浮槎来去不失期。人有奇志，立飞阁于槎上，多赍粮，乘槎而去。至一处，有城郭状，屋舍甚严，遥望宫中多织妇，见一丈夫牵牛渚次饮之，此人问此是何处，答曰：'君还至蜀都问严君平则知之。'"君平，指汉代卖卜于成都的高士严君平。操贱业以劝人，所得足以糊口时，即退居研读《老子》。

（6）玉山倾，南朝宋刘义庆《世说新语·容止》："山公曰：'嵇叔夜之为人也，岩岩若孤松之独立；其醉也，傀俄若玉山之将崩。'"唐刘肃《大唐新语》卷十："旧制，京城内金吾晓暝传呼，以戒行者。马周献封章，始置街鼓，俗号冬冬，公私便焉。有道人裴�然，雅有篇咏，善画，好酒，常戏为《渭川歌》，词曰：'遮莫冬冬鼓，须倾湛湛杯。金吾傥借问，报道玉山颓。'甚为时人所赏。"这里指饮酒大醉之态。

【赏析】

这首词写作年代不可确考，大概作于词人赋闲带湖之时。

词的上阕写景。首句"剩云残日弄阴晴"中，点明时间在傍晚；"阴晴"为偏义复词，这里指晴；"弄阴晴"，意谓"弄晴"，可以乘天晴外出游乐。"晚山明。小溪横"二句，写带湖周围的景色。这二句是说，在夕阳的照耀下，山色明丽，溪流淙淙，景色十分迷人。词人在如此秀丽的风光中游玩本应该兴致很高，但其实并非如此。"枝上绵蛮，休作断肠声"一句，说明了作者此时的心情。《诗经·小雅·绵蛮》："绵蛮黄鸟，止于丘隅。岂敢惮行，畏不能趋。"朱熹训绵蛮为鸟声。这里以黄鸟的哀婉之鸣来衬托作者的哀婉之情。接下来三句"但是青山山下路，春到处，总堪行"，虽然作者自我安慰，强打精神，但其感伤情绪所困扰的心情仍是显而易见的。

词的下阕转入抒情。"当年彩笔赋《芜城》"，换头处一句用典。"《芜城》"，指南朝宋鲍照的《芜城赋》。南朝梁萧统《文选》五臣注云："宋孝武帝时，临海王子顼镇荆州，明远（鲍照字）为其下参军，随至广陵。子顼叛逆，照见广陵故城荒芜，乃汉吴王濞所都，濞亦叛逆，为汉所灭，照以子顼事同于濞，遂感为此赋以讽之。"这里作者大概忆起当年力主抗金，献《美芹十论》《九议》之事。"忆平生。若为情"二句，紧接上句，抒发感慨。作者满腔热情，文武双全，意欲恢复中原，解救人民于水深火热中，完成统一大业。但南宋小朝廷满足于偏安一隅，执政大臣又目光短浅，缺乏宏图大略，故而词人两次献策均如石沉大海。回想往事，作者怎能不感伤慨叹呢？"试把灵槎，归路问君平"二句用典。西晋张华编撰《博物志》："天河与海通，近世有人居海渚者，年年八月有浮槎来去不失期。人有奇志，立飞阁于槎上，多赍粮，乘槎而去。至一处，有城郭状，屋舍甚严，遥望宫中多织妇，见一丈夫牵牛渚次饮之，此人问此是何处，答曰：'君还至蜀都问严君平则知之。'"君平，指汉代卖卜于成都的高士严君平。操贱业以劝人，所得足以糊口时，即退居研读《老子》。"槎"是木筏。此传说富有神奇色彩，故词人谓之"灵槎"。作者此时被免官而隐居带湖，故借用此典抒发其壮心不已、渴望建立功业的强烈愿望。"花底夜深寒较甚，须拼却，玉山倾"，结末三句，由回忆而转入现实，虽然词人渴望施展自己的才能以报效朝廷，又如何能实现自己的抱负呢？"花底夜深寒较甚"一句恰切地映衬了词人寂寞冷落的心理状况。故末二句"须拼却，玉山倾"，借用典故抒发词人内心的深沉愤懑。南朝宋刘义庆《世说新语·容止》："山公曰：'稽叔夜之为人也，岩岩若孤松之独立；其醉也，傀俄若玉山之将崩。'"唐刘肃《大唐新语》卷十："旧制，京城内金吾晓暝传呼，以戒行者。马周献封章，始置街鼓，俗号冬冬，公私便焉。有道人裴倜然，雅有篇咏，善画，好酒，常戏为《渭川歌》，词曰：'遮莫冬冬鼓，须倾湛湛杯。金吾傥借问，报道玉山颓。'甚为时人所赏。""玉山倾"，这里指饮酒大醉之态。词人面对无可奈何的现实，只有以酒消愁，拼他个一醉方休来摆脱眼前的苦恼了。作者以词言其心声，无可奈何之中隐含无限的感慨和愤懑，这就是词的主题。正因为如此，这首词对读者能产生强烈的艺术感染力量。

【原文】

江神子·和人韵·梨花着雨晚来晴

梨花着雨晚来晴(1)。月胧明(2)。泪纵横(3)。绣阁香浓(4)，深锁凤箫声(5)。未必人知春意思，还独自，绕花行。　　酒兵昨夜压愁城(6)。太狂生(7)，转关情(8)。写尽胸中，块磊未全平(9)。却与平章珠玉价(10)，看醉里，锦囊倾(11)。

【毛泽东圈评等情况】

毛泽东曾圈阅这首《江神子·梨花着雨晚来晴》。

[参考] 张贻玖：《毛泽东评点、圈阅的中国古典诗词》，中国工人出版社 1992 年版，第 250 页。

【注释】

（1）梨花，梨树的花，一般为纯白色。南朝梁萧子显《燕歌行》："洛阳梨花落如雪，河边细草细如茵。"宋李重元《忆王孙》："欲黄昏，雨打梨花深闭门。"

（2）胧明，微明。唐元稹《嘉陵驿》诗之一："仍对墙南满山树，野花撩乱月胧明。"

（3）纵横，交错之状。三国魏曹植《侍太子坐》诗："清醴盈金觞，肴馔纵横陈。"

（4）绣阁，犹绣房。女子的居室装饰华丽如绣，故称。后蜀欧阳炯《菩萨蛮》词之四："画屏绣阁三秋雨，香唇腻脸偎人语。"

（5）凤箫，汉刘向《列仙传》卷上《萧史》："萧史善吹箫，作凤鸣。秦穆公以女弄玉妻之，作凤楼，教弄玉吹箫，感凤来集，弄玉乘凤、萧史乘龙，夫妇同仙去。"

（6）"酒兵"句，唐李延寿《南史·陈暄传》："酒犹兵也，兵可千日而不用，不可一日而不备；酒可千日而不饮，不可一饮而不醉。"愁城，喻愁苦难消的心境。北周庾信《愁赋》："攻许愁城终不破，荡许愁门终不开。"

（7）太狂生，过分狂放。生，语助词，无义。唐张泌《浣溪沙》："消息未通何计是，便须伴醉且随行，依稀闻道'太狂生'。"与"太"字同用，如太憨生、太瘦生等。

（8）关情，动心，牵动情怀。唐陆龟蒙《又酬袭美次韵》："酒香偏入梦，花落又关情。"

（9）块垒，比喻心中郁积的不平之气。南朝梁何逊《和刘谘议守风》："萧条疾帆流，魂礌冲波白。"金朝雷渊《洛阳同裕之钦叔赋》："书生不奈兴亡恨，斗酒聊浇魂磊胸"南朝梁刘义庆《世说新语·任诞》：王孝伯问王大："阮籍何如司马相如？"王大曰："阮籍胸中垒块，故需酒浇之。"

（10）平章，品评。唐刘禹锡《同乐天和微之深春》之十五："追逐同游伴，平章贵价车。"珍珠玉，珠和玉，比喻妙语或美好的诗文。唐房玄龄等《晋书·夏侯湛传》："（湛）作《抵疑》以自广，其辞曰'……咳唾成珠玉，挥袂出风云。'"

（11）锦囊，宋欧阳修等《新唐书·李贺传》："每旦日出，骑弱马，从小奚奴，背古锦囊，遇所得，书投囊中，及暮归，足成之。"

【赏析】

这首词的写作年代不可确考，大概是作于词人赋闲带湖之时。作者借写闺阁中的一位女子的哀怨愁情，抒发郁积于自己内心深处的忧愁苦闷之情。

词的上阕主要写闺阁女子的愁情哀怨。"梨花着雨晚来晴"，首句点明季节、时间及雨后初晴的天气特点。"月胧明。泪纵横"，二、三两句是说，在暮春雨后初晴的傍晚时分，月色微明，一位闺阁女子对景伤情，泪流满面。"绣阁香浓，深锁凤箫声"一句用《列仙传》萧史、弄玉之典。二句是说，绣阁女子以箫声诉心声，词人则闻箫声而触发自己内心的感伤，故而词人道："未必人知春意思，还独自，绕花行。"人，指闺阁女子。春意思，两性爱恋的情意。宋郭茂倩《乐府诗集·清商曲辞一·子夜四时歌·春歌四》："温风入南牖，织妇怀春意。"此三句是说，这闺阁女子未必懂得两性爱恋的情意，还独自一人，绕开花儿行走。这里点明作者内心的深深感伤，使词自然过渡到下阕的抒发感慨。

词的下阕抒发词人的感慨。"酒兵昨夜压愁城"，换头处一句即发此感慨。"酒兵"为用典。唐李延寿《南史·陈暄传》："酒犹兵也，兵可千日而不用，不可一日而不备；酒可千日而不饮，不可一饮而不醉。"愁城，喻愁苦难消的心境。北周庾信《愁赋》："攻许愁城终不破，荡许愁门终不开。"这句写词人以酒消愁之状。"太狂生，转关情"，此二句中的"狂生"为作者自谓，"关情"即关心。这二句是说，这种饮酒达旦未免也太狂诞不羁了，既然借酒消愁而不得，那么只有以填词来抒发胸中的郁闷了。故而下面作者道："写尽胸中，块磊未全平。"也是用典。块垒，比喻心中郁积的不平之气。南朝梁何逊《和刘谘议守风》："萧条疾帆流，魂礧冲波白。"金朝雷渊《洛阳同裕之钦叔赋》："书生不奈兴亡恨，斗酒聊浇魂磊胸。"南朝梁刘义庆《世说新语·任诞》：王孝伯问王大："阮籍何如司马相如？"王大曰："阮籍胸中垒块，故需酒浇之。"以"块磊"喻指作者胸中愁苦郁闷之情。"却与平章珠玉价，看醉里，锦囊倾"，结末三句用典以抒发感慨。平章，品评。珠玉，珠宝和玉石，代指词章。锦囊，宋欧阳修等《新唐书·李贺传》："每旦日出，骑弱马，从小奚奴，背古锦囊，遇所得，书投囊中，及暮归，足成之。"这里作者以醉中倾其锦囊的狂放不羁的行为，比喻其以词章倾泻内心郁积的愁苦之情。我们从中可以深切地感受到作者壮志难酬、报国无门的感情。

【原文】

定风波·暮春慢兴·少日春怀似酒浓

少日春怀似酒浓⁽¹⁾，插花走马醉千钟⁽²⁾。老去逢春如病酒⁽³⁾，唯有：茶瓯香篆小帘栊⁽⁴⁾。　卷尽残花风未定⁽⁵⁾，休恨！花开元自要春风⁽⁶⁾。试问春归谁得见？飞燕⁽⁷⁾：来时相遇夕阳中⁽⁸⁾。

【毛泽东圈评等情况】

毛泽东曾圈阅这首《定风波·少日春怀似酒浓》。

[参考] 张贻玖：《毛泽东评点、圈阅的中国古典诗词》，
中国工人出版社 1992 年版，第 249 页。

【注释】

（1）少日，少年之时。

（2）插花，戴花。南朝梁袁昂《古今书评》："卫恒书如插花美女，舞笑镜台。"走马，骑马疾走，驰逐。《诗经·大雅·绵》："古公亶父，来朝走马。"钟，中国古代的一种计量容器，也被当作一种计量单位，酒杯。千钟极言粮多。古以六斛四斗为一钟，一说八斛为一钟，又谓十斛为一钟。

（3）病酒，饮酒沉醉。《晏子春秋·谏上三》："景公饮酒，酲，三日而后发晏子见曰：'君病酒乎？'公曰：'然。'"

（4）茶瓯（ōu），最典型的唐代茶具之一，也有人称之杯、碗。唐李华《云母泉诗》："洞彻净金界，葳缘流玉英。泽药滋畦茂，气染茶瓯馨。"香篆（zhuàn），篆字形的盘香。宋范成大《社日独坐》诗："香篆结云深院静，去年今日燕来时。"同时，该词又有香名的意思，形似篆文。宋洪刍《香谱·香篆》："（香篆）镂木以为之，以范香尘为篆文，然于饮席或佛像前，往往有至二三尺径者。"帘栊，挂有帘子的窗户，也泛指门窗的帘子。

（5）残花，将谢的花，未落尽的花。北周庾信《和宇文内史入重阳阁》："旧兰憔悴长，残花烂漫舒。"

（6）元自，原来，本来。唐杜甫《伤春》诗之二："鬓毛元自白，泪

点向来垂。"

（7）飞燕，飞翔的燕子。《古诗十九首·东城高且长》："思为双飞燕，衔泥巢君屋。"

（8）夕阳，傍晚的太阳。晋庾阐《狭室赋》："南羲炽暑，夕阳傍照。"

【赏析】

《定风波》，词牌名，又名《卷春空》《定风波令》《醉琼枝》《定风流》等。以欧阳炯词《定风波·暖日闲窗映碧纱》为正体，双调六十二字，前段五句三平韵两仄韵，后段六句四仄韵两平韵。另有双调六十三字，前段五句三平韵两仄韵，后段六句四仄韵两平韵；双调六十字，前段五句三平韵两仄韵，后段五句两平韵两仄韵；双调六十字，前后段各五句两平韵两仄韵等变体。代表作有宋苏轼《定风波·莫听穿林打叶声》等。

词题为《暮春漫兴》，当为感时叹事之作。暮春，春末，农历三月。《逸周书·文傅》："文王受命之九年，时维暮春。"漫兴，漫不经意，兴到之作。

此词为辛弃疾被罢官之后闲居带湖时所作，分上阕与下阕。上情下景，情景交融。上阕以少年春意狂态，衬托老来春意索然。这时的诗人正值悲伤之际，闲居带湖的生活以及被罢官后的落寞心情让他更加觉得悲凉。"少日春怀似酒浓，插花走马醉千钟"，开头二句以"少日"与"老去"作强烈对比。"老去"是现实，"少日"是追忆。少年时代，风华正茂，一旦春天来临，更加纵情狂欢，其乐无穷。对此，只用两句十四字来描写，却写得何等生动，令人陶醉！形容"少日春怀"，用了"似酒浓"，已给人以酒兴即将发作的暗示。继之以"插花""走马"，狂态如见。还要"醉千钟"，那么，连喝千杯之后将如何颠狂，就不难想象了。而这一切，都是"少日"逢春的情景，只有在追忆中才能出现。眼前的现实则是：人已"老去"，一旦逢春，其情怀不是"似酒浓"，而是"如病酒"。同样用了一个"酒"字，而"酒浓"与"病酒"却境况全别。"病酒"，指因喝酒过量而生病，感到很难受。"老去逢春如病酒"，极言心情不佳，毫无兴味，不要说"插花""走马"，连酒也不想喝了。冯延巳《鹊踏枝》词说：

"谁道闲情抛弃久？每到春来，惆怅还依旧。日日花前常病酒，敢辞镜里朱颜瘦。""唯有：茶瓯香篆小帘栊"二句是说，只有待在小房子里，烧一盘香，喝几杯茶，消磨时光。说作者居于小房子是因为这里用了"小帘栊"。"栊"指窗上棂木，而"帘栊"作为一个词，实指窗帘。挂小窗帘的房子，自然大不到哪里去。

换头处"卷尽残花风未定"一句，有如奇峰突起，似与上阕毫无联系。然而仔细寻味，却恰恰是由上阕向下阕过渡的桥梁。上阕用少日逢春的狂欢反衬老去逢春的孤寂。于"茶瓯香篆小帘栊"之前冠以"唯有"，仿佛除此之外什么都不关心。其实不然。下阕写他始终注视那"小帘栊"，观察外边的变化。春风不断地吹，把花瓣儿吹落、卷走，而今已经"卷尽残花"，风还不肯停，春天就会随之破败，如此看来，诗人自然是恨春风的。可是接下去，又立刻改口说："休恨！"为什么？因为："花开元自要春风。"当初如果没有春风的吹拂，花儿又怎么能够开放呢？在这出人意外的转折中，蕴含着深奥的哲理，也饱和着难以明言的无限感慨。春风催放百花，给这里带来了春天。春风"卷尽残花"，春天就要离开这里，回到别的什么地方去了。"试问春归谁得见？"这一句问得突然，也令人感到难于回答，因而急切地期待下文。看下文，那回答真是"匪夷所思"，妙不可言："飞燕：来时相遇夕阳中。"离此而去的春天，被向这里飞来的燕子碰上了，她是在金色的夕阳中遇见的。古典诗词中的"春归"有两种含义，一种指春来，如宋陈亮《水龙吟》："春归翠陌，平莎茸嫩，垂杨金浅。"一种指春去，其例甚多，大抵抒发伤春之感。宋辛弃疾的名作《摸鱼儿》"更能消几番风雨，匆匆春又归去。惜春长怕花开早，何况落红无数"，亦不例外。而这首《定风波》却为读者打开了广阔的想象领域和思维空间，诱发人们追踪春天的脚步，进行哲理的思考，可谓另辟蹊径，富有独创精神。

贺新郎·和前韵·觅句如东野

觅句如东野⁽¹⁾。想钱塘风流处士⁽²⁾，水仙祠下⁽³⁾。更忆小孤烟浪里，望断彭郎欲嫁⁽⁴⁾。是一色空蒙难画⁽⁵⁾。谁解胸中吞云梦，试呼来草赋看司马。须更把、《上林》写⁽⁶⁾。　　鸡豚旧日渔樵社⁽⁷⁾。问先生：带湖春涨⁽⁸⁾，几时归也？为爱琉璃三万顷⁽⁹⁾，正卧水亭烟树。对玉塔微澜深夜⁽¹⁰⁾。雁鹜如云休报事⁽¹¹⁾，被诗逢敌手皆勍者⁽¹²⁾。春草梦，也宜夏⁽¹³⁾。

【毛泽东圈评等情况】

毛泽东曾圈阅这首《贺新郎·觅句如东野》。

[参考] 张贻玖：《毛泽东评点、圈阅的中国古典诗词》，中国工人出版社 1992 年版，第 249 页。

【注释】

（1）觅句，指诗人构思、寻觅诗句。唐杜甫《又示宗武》诗："觅句新知律，摊书解满床。"宋计有功《唐诗纪事·刘昭禹》："[刘昭禹] 尝与人论诗曰：'五言如四十个贤人，著一字如屠沽不得；觅句者，若掘得玉合子，底必有盖。但精心求之，必获其宝。'"东野，唐代诗人孟郊，字东野，其诗均苦思而得，深为韩愈所推重。又，宋梁克家《三山志》谓福州东禅院有东野亭，蔡襄书额。未知此处果何所指。

（2）风流处士，指林逋，后人称为和靖先生、林和靖。北宋著名隐逸诗人。逋性孤高自好，喜恬淡，勿趋荣利。自谓："然吾志之所适，非室家也，非功名富贵也，只觉青山绿水与我情相宜。"林逋终生不仕不娶，无子，惟喜植梅养鹤，自谓"以梅为妻，以鹤为子"，人称"梅妻鹤子"。

（3）水仙祠，即水仙王庙，在杭州西湖。在宋代西湖旁有水仙王庙，祀钱塘龙君，故称钱塘龙君为水仙王。宋苏轼《书林逋诗后》："不然配食水仙王，一盏寒泉荐秋菊。"

（4）"小孤"二句，小孤，即小孤山，在今江西彭泽北、安徽宿松县东。彭郎，江西彭泽南岸有澎浪矶，隔江与大小孤山相望。后遂以此相传。宋欧阳修撰《归田录》卷二："江南有大小孤山，在江水中，巍然独立，而世俗转'孤'为'姑'。江侧有一石矶，谓之澎浪矶，遂转为彭郎矶。云彭郎者，小姑婿也。"北宋苏轼《李思训画长江绝岛图》诗："舟中贾客莫漫狂，小姑前年嫁彭郎。"

（5）空蒙，细雨迷蒙的样子。北宋苏轼《饮湖上初晴后雨二首（其二）》："水光潋滟晴方好，山色空蒙雨亦奇。欲把西湖比西子，淡妆浓抹总相宜。"

（6）"谁解胸中吞云梦"三句，西汉司马相如《子虚赋》："子虚曰：'……臣闻楚有七泽，尝见其一……名曰云梦。云梦者，方九百里……'乌有先生曰：'是何言之过也！……齐东陼巨海，南有琅邪……秋田乎青丘，傍偟乎海外，吞若云梦者八九，于其胸中曾不蒂芥。'"《史记·司马相如列传》："蜀人杨得意为狗监，侍上。上读《子虚赋》而善之，曰：'朕独不得与此人同时哉！'得意曰：'臣邑人司马相如自言为此赋。'上惊，乃召问相如。相如曰：'有是。然此乃诸侯之事，未足观也，请为天子游猎赋。'……奏之天子，天子大说，其辞曰：'……楚则失矣，齐亦未谓得也。……独不闻天子之上林乎？'"按：稼轩用司马相如子虚上林事，其意即以福州西湖方之临安西湖也。

（7）"鸡豚"句，唐韩愈《南溪始泛三首》诗："愿为同社人，鸡豚燕春秋。"鸡豚（tún），鸡和猪，古时农家所养禽畜。渔樵社，渔人和樵夫结的社。

（8）先生，作者自指。带湖，在江西上饶境内。

（9）琉璃三万顷，指福州西湖烟波浩渺。唐杜甫《渼陂行》："波涛万顷堆琉璃。"

（10）"对玉塔"句，北宋苏轼惠州作《江月五首》其一云："一更吐山月，玉塔卧微澜。正似西湖上，涌金门外看。"辛词此句即用苏诗意，谓福州西湖亦似杭州西湖也。"玉塔"非实指某塔，乃指月在水中之倒影而言。

（11）雁鹜（wù），喻文吏。唐韩愈《蓝田县丞厅壁记》："文书行，吏抱成案诣丞，卷其前，钳以左手，右手摘纸尾，雁鹜行以进。"

（12）勍（qíng）者，强手，劲敌。

（13）"春草"二句，唐李延寿《南史·谢惠连传》："谢惠连年十岁能属文，族兄灵运加赏之，云：'每有篇章，对惠连辄得佳句。'尝于永嘉西堂思诗，竟日不就，忽梦见惠连，即得'池塘生春草'，大以为功。常云：'此语有神功，非吾语也。'"

【赏析】

词题《和前韵》。指用《贺新郎》一词的韵再咏西湖。西湖，指福州西湖，在城西三里，迤逦并城，南流接大濠，通南湖。

这首词作于宋光宗绍熙三年（1192），当时作者任福建提点刑狱。后改任福州知州兼福建路安抚使。此词作于福建任内。

词的上阕主要写景，泛咏福州西湖。"觅句如东野"，起句写其吟咏之苦。《墓志》谓其诗"钩章稽句，掐擢肠肾"，每个字都出以苦思。此处以东野自喻，言其吟咏西湖，字斟句酌，和孟东野一样刻苦。水仙祠在杭州西湖。"想钱塘风流处士，水仙祠下。"二句先把福州西湖幻化作杭州西湖，然后由杭州西湖联想到水仙祠，再由水仙祠联想到杭州之士在水仙祠前向风流处士，"一盏寒泉饯秋菊"的情景。"更忆小孤烟浪里，望断彭郎欲嫁。是一色空蒙难画"三句，写福州西湖之小孤山。言其同江西彭泽县北长江岸边的小孤（姑）山一样，同负盛名。它沐浴在万顷碧波之中，浪里出，烟里藏，一色空蒙，而它那"望断彭郎欲嫁"的神色，更令人难以描画。在这里，作者使用拟人手法，简直把小孤山似仙非仙、空蒙灵秀的景色写绝了。"谁解胸中吞云梦，试呼来草赋看司马。须更把、《上林》写"三句，运用《子虚赋》《上林赋》的有关材料和典故，并以司马相如自喻，言福州西湖，浩渺宏大，气吞云梦，要把它写出来，还要请《上林赋》那样的高手，才能把它王者之气写出来。在这里，作者使用了"想""忆""谁解"三个动词，把他对西湖人文景观、小孤山及西湖气吞云梦的气势联系在一起来写，显得层次分明，构思严密。

词的下阕写作者对福州西湖的爱怜。这里有两个对比。一是家乡之思同西湖之爱的对比。"鸡豚旧日渔樵社。问先生：带湖春涨，几时归也？"

四句写作者的家乡之思。言如今带湖春涨，山水之乐无穷，家乡的亲友望其回乡，"鸡豚燕（宴）春秋"，以叙阔别之谊。"为爱琉璃三万顷，正卧水亭烟榭。对玉塔微澜深夜"，接下来三句写其对福州西湖的爱。他爱福州西湖三万顷琉璃般的水面，他喜欢卧在水亭烟榭之中，面对玉塔，于深夜之中，欣赏湖水的微澜，以慰藉自己那颗受伤的心。在句首着以"爱"字，使之同乡思形成鲜明对比，从而突出了他对福州西湖的爱高于乡思之意。在结尾四句说："雁鹜如云休报事，被诗逢敌手皆勍者。春草梦，也宜夏。"词人在这里表示：他要写诗吟咏福州西湖，碰上了强劲敌手，要像谢灵运当年西堂思诗那样做一个获得"池塘生春草"之类名句的好梦。"雁鹜如云休报事"，以免惊扰我"觅句"的努力。这样写，既照应了开头，又使吟诗同理事形成鲜明对比，再次凸显了他对西湖之爱高于其他之意。这样通过两层对比，便把他游西湖、咏西湖、爱西湖之意充分表达出来，圆满地表达出了本词所要吟咏的主题。明卓人月《古今词统》："沧涨灏瀚之致，笔舌间足以副之。"

【原文】

贺新郎·又和·碧海成桑野

碧海成桑野⁽¹⁾。笑人间江翻平陆⁽²⁾，水云高下。自是三山颜色好⁽³⁾，更著雨婚烟嫁。⁽⁴⁾料未必龙眠能画⁽⁵⁾。拟向诗人求幼妇⁽⁶⁾，倩诸君妙手皆谈马⁽⁷⁾。须进酒，为陶写⁽⁸⁾。　　回头鸥鹭瓢泉社⁽⁹⁾。莫吟诗、莫抛尊酒，是吾盟也。千骑而今遮白发，忘却沧浪亭榭⁽¹⁰⁾。但记得、灞陵呵夜⁽¹¹⁾。我辈从来文字饮⁽¹²⁾，怕"壮怀激烈"须歌者⁽¹³⁾。蝉噪也，绿阴夏。

【毛泽东圈评等情况】

毛泽东曾圈阅这首《贺新郎·碧海成桑野》。

[参考] 张贻玖：《毛泽东评点、圈阅的中国古典诗词》，中国工人出版社1992年版，第249页。

【注释】

（1）碧海句，用沧海桑田意。东晋葛洪《神仙传》："麻姑自说云：'接待以来，已见东海三为桑田。向到蓬莱，又水浅于往者，会时略半耳，岂将复为陵陆乎？'方平笑曰：'圣人皆言海中行复扬尘也。'"

（2）江翻平陆，东晋陶渊明《停云》诗："八表同昏，平陆成江。"

（3）三山，福州的别称。福州城中西有闽山，东有九仙山，北有越王山，故福州又称三山。见宋曾巩《道山亭记》。元萨都剌《入闽过平望驿》诗："广陵城里别匆匆，一去三山隔万重。"

（4）雨婚烟嫁，指福州西湖一带烟雨迷蒙变化多姿之态。

（5）龙眠，元脱脱等《宋史·李公麟传》："李公麟，字伯时，舒州人。第进士……元符三年病痹，遂致仕既归老，肆意于龙眠山岩壑间。雅善画，自作《山庄图》，为世宝传。写人物尤精，识者以为顾恺之、张僧繇之亚。"

（6）幼妇，南朝宋刘义庆《世说新语·捷语》："魏武尝过曹娥碑下，杨修从，碑背上见题作'黄绢幼妇，外孙齑臼'八字，魏武谓修曰：'解不？'答曰：'解。'魏武曰：'卿未可言，待我思之。'行三十里，魏武乃曰：'吾已得。'令修别记所知，修曰'黄绢，色丝也，于字为绝。幼妇，少女也，于字为妙。外孙，女子也，于字为好。齑臼，受辛也，于字为辞。所谓绝妙好辞也。'"

（7）谈马，宋吴处厚《青箱杂记》卷七："徐铉父延休，博物多学，尝事徐温为义兴县令，县有后汉太尉许馘庙，庙碑即许劭记，岁久字多磨灭。至开元中，许氏诸孙重刻之，碑阴有八字云：'谈马砺毕壬田数七。'时人多不能晓，延休一见，为之解曰：'谈马即言午，言午许字。砺毕必石卑，石卑碑字。壬田乃千里，千里重字。数七是六一，六一立字。'此亦杨修辨齑臼之比也。"

（8）陶写，怡悦情性，消愁解闷。南朝宋刘义庆《世说新语·言语》："谢太傅语王右军曰：'中年伤于哀乐，与亲友别，辄作数日恶。'王曰：'年在桑榆，自然至此，正赖丝竹陶写。恒恐儿辈觉，损欣乐之趣。'"

（9）鸥鹭，即盟鸥，谓与鸥鹭定盟同住水乡，比喻退隐。瓢泉，指作者在铅山营建的新居。词人有"题瓢泉"之《水龙吟》二词。《铅山县志》："瓢泉在县东二十五里，辛弃疾得而名之。其一规圆如白，其一直规如瓢。周围皆石径，广四尺许，水从半山喷下，流入白中，而后入瓢，其水澄渟可鉴。"

（10）沧浪亭榭，指带湖家园。沧浪亭，在今江苏苏州城内。按：范成大《吴郡志》卷十四"园亭"载："郡学之南，积水弥数十亩，傍有小山，高下曲折与水相萦带。……庆历间，苏舜钦子美得之，傍水作亭，曰沧浪。"苏舜钦《沧浪亭记》："予以罪废，无所归。扁舟吴中，始僦舍以处。……一日过郡学，东顾草树郁然，崇阜广水，不类乎城中。……予爱而徘徊，遂以钱四万得之，构亭北碕，号'沧浪'焉。"

（11）灞陵呵夜，《史记·李将军列传》略云："李将军广者，陇西成纪人也。……广家与故颖阴侯孙屏野居蓝田南山中，射猎，尝夜从一骑出，从人田间饮，还至霸陵亭，霸陵尉醉，呵止广。广骑曰：'故李将军。'尉曰：'今将军尚不得夜行，何乃故也！'止广宿亭下。

（12）文字饮，唐韩愈《醉赠张秘书》诗："长安众富儿，盘馔罗膻荤。不解文字饮，惟能醉红裙。"

（13）壮怀激烈，豪壮的胸怀，激昂慷慨。宋岳飞《满江红》："怒发冲冠，凭阑处、潇潇雨歇。抬望眼，仰天长啸，壮怀激烈。"

【赏析】

宋孝宗绍熙三年（1192）秋，辛弃疾作《水调歌头·说与西湖客》，词前小序云："三山用赵丞相韵，答帅府王君，且有感于中秋近事，并见之末章。"之后，作《贺新郎》三首，词序云："三山雨中游西湖，有怀赵丞相经始。"这首词即三首之一，是用第一首"翠浪吞平野"的韵，所以词题《又和》。赵丞相，指赵如愚，字子直。宋光宗绍熙二年（1191），召为吏部尚书，除同知枢密院事，为光禄大夫右丞相。

这首词为写景抒怀之作。词的上阕主要是写景。"碧海成桑野。笑人间江翻平陆，水云高下"，开头三句以自然界的巨大变化为起始展开对眼前景物的描写。"碧海"句用沧海桑田之意，指自然界变化巨大。"江翻"句从东晋陶渊明《停云》诗"八表同昏，平陆成江"化出。连同下句"水云高下"，其义皆同首句。"自是三山颜色好，更著雨婚烟嫁"二句，具体描绘福州西湖景色。宋苏东坡《饮湖上初晴后雨》诗"水光潋滟晴方好，山色空蒙雨亦奇"可以作为二句的注脚。"雨婚烟嫁"四字，以拟人的手法描绘了福州西湖一带烟雨迷蒙的多姿之态。"料未必龙眠能画。拟向诗人求幼妇，倩诸君妙手皆谈马"，接下来三句连用三典，极赞福州西湖的美丽景色。"龙眠"，指宋代画家李公麟（见注）。"幼妇"，指绝妙好辞（详见注）。"谈马"，比喻博学机敏多才（见注）。这三句是说，料想著名画家李龙眠也未必能描绘出它的多姿多彩，（只好）准备请博学机敏的诗人来施展才华了。"须进酒，为陶写"二句是说，面对如此迷人的景色，应该再继续喝酒，来娱乐自己的情绪，宣泄郁积于心的愁闷忧烦。这二句承上启下，临景而慨，为下阕抒发感慨做好了准备。

　　词的下阕主要写由眼前之景而引发的感慨。"回头鸥鹭飘泉社。莫吟诗、莫抛尊酒，是吾盟也。"换头处四句，为追忆往日赋闲的生活情状。词人面对现实，无法施展抱负，故而只能与鸥鹭为伴，以酒消愁，以消解无尽之忧愁。词人当时已经五十多岁，回想当年英姿勃发之时于千军万马之中取贼人之首级，欲以满腔热血报效朝廷，而今满头白发却壮志难酬，这其间有多少感慨和悲愤之事呀！故作者以"千骑而今遮白发，忘却沧浪亭榭"二句，抒发无限感慨之意。沧浪亭，江苏苏州名园之一。原为五代吴越广陵王钱元璙的花园，后归宋苏舜钦。舜钦在园内建亭曰"沧浪"，遂因亭名园（详见注）。下一句"但记得、灞陵呵夜"用汉代名将李广之遭遇以自况。此典出自《史记·李将军列传》（详见注释）。"我辈从来文字饮，怕'壮怀激烈'须歌者"二句，隐含作者无限的感慨和悲愤之情。"文字"，化用唐韩愈诗"长安众富儿，盘馔罗膻荤。不解文字饮，惟能醉红裙"。宋岳飞《满江红》词有"抬望眼，仰天长啸，壮怀激烈"之句，抒发收复中原的强烈愿望。作者化用于词中，表达愁闷悲愤之情。"蝉噪也，绿阴夏"，结末二句，将作者的思绪拉回到眼前，一个"噪"字恰切地反映出忧愁烦闷的心情。明卓人月《古今词统》："（末数句）繁促伤听。"

【原文】

瑞鹤仙·南涧双溪楼·片帆何太急

片帆何太急⁽¹⁾。望一点须臾⁽²⁾，去天咫尺⁽³⁾。舟人好看客⁽⁴⁾。似三峡风涛⁽⁵⁾，嵯峨剑戟⁽⁶⁾。溪南溪北。正遐想⁽⁷⁾、幽人泉石。看渔樵、指点危楼⁽⁸⁾，却羡舞筵歌席。　　叹息。山林钟鼎⁽⁹⁾，意倦情迁，本无欣戚⁽¹⁰⁾。转头陈迹⁽¹¹⁾。飞鸟外，晚烟碧。问谁怜旧日，南楼老子⁽¹²⁾，最爱月明吹笛⁽¹³⁾。到而今、扑面黄尘，欲归未得⁽¹⁴⁾。

【毛泽东圈评等情况】

毛泽东曾圈阅这首《瑞鹤仙·片帆何太急》。

[参考] 张贻玖：《毛泽东评点、圈阅的中国古典诗词》，
中国工人出版社1992年版，第249页。

【注释】

（1）片帆，孤舟，一只船。唐李颀《李兵曹壁画山水各赋得桂水帆》："片帆在桂水，落日天涯时。"

（2）须臾，片刻，短时间。《荀子·劝学》："吾尝终日而思矣，不如须臾之所学也。"宋洪迈《容斋三笔·瞬息须臾》："瞬息、须臾、顷刻，皆不久之辞，与释氏'一弹指间''一刹那顷'之义同，而释书分别甚备。"

（3）去，离。咫（zhǐ）尺，比喻相距很近。周制八寸为咫，十寸为尺。咫尺，谓接近或刚满一尺。《左传·僖公九年》："天威不违颜咫尺。"

（4）舟人，船夫。好看客，（船家）应该小心谨慎，好好照看乘船的客人。五代王定保撰《唐摭言》卷十三张祜《回令》："上水船，船底破，好看客，莫依拖。"宋苏轼《送杨杰》："过江风急浪如山，寄语舟人好看客。"

（5）三峡，在四川、湖北两省境内，长江上游的瞿塘峡、巫峡和西陵峡的合称。晋左思《蜀都赋》："经三峡之峥嵘，踱五岅之寒沪。"风涛，风浪。南朝宋颜延之《车驾幸京口侍游蒜山作》诗："春江壮风涛，兰野茂荑英。"

（6）嵯峨，形容山势高峻。唐杜甫《江海》："故园不可见，巫山田郁嵯峨。"剑戟，剑和戟，古代两种兵器。比喻山势高峻。

（7）遐想，远想。幽人，幽居之人，隐士。《易·履》："履道坦坦，幽人贞吉。"孔颖达疏："幽人贞吉者，既无险难，故在幽隐之人守正得吉。"宋苏轼《定惠院寓居月夜偶出》诗："幽人无事不出门，偶逐东风转良夜。"泉石，指山水。唐姚思廉《梁书·徐摛传》："（朱异）遂承间白高祖曰：'摛年老，又爱泉石，意在一郡，以自怡养。'高祖谓摛欲之，乃召摛曰：'新安大好山水，任昉等并经为之，卿为我卧治此郡。'"

（8）"看渔樵"二句，宋陈与义《临江仙》："古今多少事，渔唱起三更。"渔樵，打鱼砍柴的人。指点，指明。宋陆游《过小孤山大孤山》："舟人指点。"危楼，高楼。此指南涧双溪楼。

（9）山林钟鼎，喻放情园田及热衷功名富贵。唐杜甫《清明》："山林钟鼎各天成。"山林，山与林，亦指有山有林的地区。《周礼·地官·大司徒》："辨其山林、川泽、丘陵、坟衍、原隰之名物。"借指隐居。钟鼎，钟和鼎。《吕氏春秋·节丧》："夫玩好货宝，钟鼎壶滥，举马衣被戈剑，不可胜数。"指高官重任。三国魏曹操《陈损益表》："臣以区区之质，而当钟鼎之任。"

（10）"意倦"二句，言意倦宦游，对功名已木然，无所谓欣喜与悲戚。

（11）转头，回头看往昔。陈迹，过去的事迹。

（12）南楼，宋王象之撰《舆地纪胜·荆湖北路·鄂州》："南楼，在郡治正南黄鹄山顶，后改为白云阁。"老子，老年人自称，犹老夫。这里是作者自指。南朝宋范晔等《后汉书·逸民传·韩康》："康曰：'此自老子与之，亭长何罪！'"

（13）月明吹笛，宋黄庭坚《念奴娇（八月十七日，与诸甥待月。有客孙彦立者，善吹笛，有名酒酌之）》："老子平生，江南江北，最爱临风曲。孙郎微笑，坐来声喷霜竹。"

（14）"到而今"二句，东晋陶渊明《归去来辞》："归去来兮，田园将芜胡不归？既自以心为形役，奚惆怅而独悲？悟已往之不谏，知来者之可追。实迷途其未远，觉今是而昨非。"扑面黄尘，喻指官场生活。

【赏析】

《瑞鹤仙》,《清真集》《梦窗词集》并入"高平调"。一百二字,前片七仄韵,后片六仄韵。

这首词写作的确切年代不可考。词题为《南涧双溪楼》。南剑,州名。五代十国闽王延政置镡州,南唐曰剑州,宋改称南剑州,属福建路。元改延平府。《弘治八闽通志》云:"延平府,负山阻水,为七闽襟喉。剑溪环其左,樵川带其右。二水交流。……占溪山之雄,当水陆之会。"双溪楼,是一座历史名楼,位于延福门双江合流处。宋黄裳《双溪阁致语》:"襟带高下,瓯闽占溪水之雄;舟车往来,延平当水陆之会。"

这首词写作者登临南涧双溪楼的所见所感,分上下两阕。上阕写景。"片帆何太急。望一点须臾,去天咫尺",开头三句,明写船行之快,暗写水流之急。这三句是说,船行得是多么快呀,只片刻工夫,那船已经行到水天相接的地方,只剩下那么小小的一点。"舟人好看客。似三峡风涛,嵯峨剑戟。溪南溪北"四句,紧乘上句,写水流之急险。舟人应当照看好自己的客人,因为南涧双溪楼下的水流,就好像长江三峡的水一样,它是由两岸山势的险峻造成的。也正因为溪流两岸山势陡峭,故而水流才又急又险。上面写景一气呵成,有序展开,读者虽未身临其境,但亦可从词人的描绘中感受到南涧双溪楼一带景色的雄奇壮丽。"正遐想、幽人泉石"一句为虚写之景。"遐想",点明此景为作者由眼前之景展开联想的想象之景。"幽人"指山林深处之隐士。这句为下阕抒发感慨埋下了伏笔。"看渔樵、指点危楼,却羡舞筵歌席",末二句又转回来写眼前之景。"危楼",即高楼,此指南涧双溪楼。这二句,"看"为作者所见。"指点"为渔樵所为。"羡",为作者猜想渔樵之心理活动。作者的意思是说,渔人和樵夫羡慕仕宦者"舞宴歌席"的赏乐生活,而仕宦又羡慕渔樵无拘无束的生活,仕宦者的内心苦恼是渔樵无法理解的。这样使词上阕的写景自然过渡到下阕的抒情感慨。

词的下阕抒情议论。首句"叹息"领起"山林钟鼎,意倦情迁,本无欣戚。转头陈迹"四句。"山林",指隐居。"钟鼎",指仕宦。这里表现作者对仕宦生活的厌倦。就人生而言,在官场上忙碌奔波,不过是"转头陈迹",本来就不值得有什么欣喜,何况自己又不被重用而屡遭排斥打击呢？这几句流露出作者心灰意冷、哀怨感伤的情绪。"飞鸟外，晚烟碧"二句，以眼前的凄楚之景来衬托自己感伤的心境。""问谁怜旧日，南楼老子，最爱月明吹笛"。"南楼老子"为作者自指。南楼，《舆地纪胜荆湖北路鄂州》："南楼，在郡治正南黄鹄山顶，后改为白云阁。元祐间知府方泽重建，复旧名。"这几句写作者追忆、怀恋当年的隐居生活，流露出作者的归隐之情。"到而今、扑面黄尘，欲归未得"，结末二句，"扑面黄尘"喻其对官场生活的厌倦。"欲归未得"暗用东晋诗人陶渊明不为五斗米折腰而赋《归去来兮辞》。这二句可谓"卒章显其志"。词人并非不愿意施展自己的才华、建功立业，但险恶的仕途和腐败的官场使得词人不可能有所作为。那么作者只能借归隐之志而抒其感慨和忧虑了。作者借景抒情，其真实用意也就在此了。

【原文】

哨遍·用前韵·一壑自专

一壑自专[1]，五柳笑人，晚乃归田里[2]。问谁知、几者动之微[3]。望飞鸿、冥冥天际[4]。论妙理，浊醪正堪长醉[5]。从今自酿躬耕米。嗟美恶难齐[6]，盈虚如代[7]，天耶何必人知。试回头五十九年非[8]，似梦里欢娱觉来悲。夔乃怜蚿[9]，瓠亦亡羊[10]，算来何异。　　嘻。物讳穷时[11]。丰狐文豹罪因皮[12]。富贵非吾愿，皇皇乎欲何之[13]。正万籁都沉[14]，月明中夜，心弥万里清如水[15]。即自觉神游[16]，归来坐对，依稀淮岸江濆[17]。看一时鱼鸟忘情喜。曾我已忘机更忘己[18]。又何曾物我相视。非会濠上遗意[19]，要是吾非子。但教河伯[20]、休惭海若，大小均为水耳。世间喜愠更何其[21]。笑先生三仕三已[22]。

【毛泽东圈评等情况】

毛泽东曾圈阅这首《哨遍·一壑自专》。

[参考]张贻玖：《毛泽东评点、圈阅的中国古典诗词》，
中国工人出版社1992年版，第250页。

【注释】

（1）一壑自专，《庄子·秋水篇》："且夫擅一壑之水，此亦至矣。"西晋陆云《逸民赋序》："古之逸民，轻天下，继万物，而欲专一丘之欢，擅一壑之美，岂不以身胜于宇宙而心恬于纷华者哉？"

（2）"五柳笑人"二句，东晋陶渊明《五柳先生传》："先生不知何许人也，亦不详其姓字，宅边有五柳树，因以为号焉。"

（3）几者动之微，《易系辞》："几者动之微，吉者先见者也。"作者借用此句，暗喻命运之数。

（4）飞鸿，飞行着的鸿雁。汉马融《长笛赋》："尔乃听声类形，状似流水，又象飞鸿。"冥冥，高远之状。战国楚宋玉《楚辞·九辩》："尧舜之抗行兮，瞭冥冥而薄天。"天际，天边。肉眼能看到的天地交接的地方。《易·丰》："丰其屋，天际翔也。"南朝齐谢朓《之宣城出新林浦向板桥》诗："天际识归舟，云中辨江树。"

（5）论妙理二句，精微的道理。三国魏曹植《汉二祖优劣论》："通黄中之妙理，韬亚圣之奇才。"唐杜甫《晦日寻崔戢李封》诗："浊醪有妙理，庶用慰沉浮。"浊醪（zhuó láo），浊酒。晋左思《魏都赋》："清酤如济，浊醪如河。"

（6）美恶，美丑，好坏，指财货、容貌、年成、政俗等。《荀子·儒效》："通财货，相美恶，辨贵贱，君子不如贾人。"这里指是非。《礼记·学记》："君子知至学之难易而知其美恶，然后能博喻。"郑玄注："美恶，说之是非也。"齐，相同，一样。

（7）盈虚，特指月之圆缺。唐徐敞《圆灵水镜》诗："明灭沧江水，盈虚逐砌莫。"

（8）五十九年非，《庄子·寓言》篇："庄子谓惠子曰："孔子行年六十而六十化，始时所是，卒而非之，未知今之所谓是之非五十九非也。"作者用此典，抒发回首往事的感慨。

（9）夔乃怜蚿，《庄子·秋水》："夔怜蚿，蚿怜蛇，蛇怜风，风怜目，目怜心。夔谓蚿曰：吾以一足跀踔而行，予无如矣。今子之使万足，独奈何？蚿曰：不然。子不见夫唾者乎？喷则大者如珠，小者如雾，杂而下者不可胜数也。今予动吾天机，而不知其所以然。"

（10）毅亦亡羊，《庄子·骈拇》："臧与毅，二人相与牧羊而具亡其羊。问臧奚事，则挟读书；问毅奚事，则博塞以游。二人者，事业不同，其于亡羊均也。"作者用以上二典，言其赋闲归隐之事。

（11）物讳穷时，《庄子·秋水》："孔子曰：'我讳穷久矣，而不免，命也；求通久矣，而不得，时也。'"

（12）丰狐，皮毛丰满的狐狸。文豹，皮毛有美丽花斑的豹子。此句典出《庄子·山木》："市南子曰：'君之除患之术浅矣！夫丰狐文豹，栖于山林，伏于岩穴，静也；夜行昼居，戒也；虽饥渴隐约，犹旦胥疏于江湖之上而求食焉，定也；然且不免于罔罗机辟之患。是何罪之有哉？其皮为之灾也。'"

（13）"富贵非吾愿"二句，东晋陶渊明《归去来兮辞》："已矣乎！寓形宇内复几时，曷不委心任去留？胡为乎遑遑欲何之？富贵非吾愿，帝乡不可期。怀良辰以孤往，或植杖而耘耔。登东皋以舒啸，临清流而赋诗。聊乘化以归尽，乐夫天命复奚疑！"皇皇，惶恐貌；彷徨不安貌。皇，通"遑"。《礼记·檀弓上》："既葬，皇皇如有望而弗至。"

（14）万籁，自然界万物发出的响声。籁，从孔穴中发出的声音。南朝齐谢朓《答王世子》诗："苍云暗九重，北风吹万籁。"

（15）弥，充满，遍布。

（16）神游，谓形体不动而心神向往，如亲游其境。《列子·黄帝》："昼寝而梦游于华胥氏之国。华胥氏之国在弇州之西，台州之北，不知斯齐国几千万里，盖非舟车足力之所及，神游而已。"

（17）依稀，隐约，不清晰。南朝宋谢灵运《行田登海口盘屿山》诗："依稀采菱歌，仿佛含嚬容。"江浚，江疏通好了。浚，疏通。

（18）忘机，消除机巧之心，常用以指甘于淡泊、与世无争。典出《列子·黄帝》："海上之人有好沤鸟者，每旦之海上，从沤鸟游。沤鸟之至者，百住而不止。其父曰：'吾闻沤鸟皆从汝游，汝取来，吾玩之。'明日之海上，沤鸟舞而不下也。故曰：'至言去言，至为无为。齐智之所知，则浅矣。'"

（19）非会濠上遗意，《庄子·秋水》："庄子与惠子游于濠梁之上。庄子曰：'鲦鱼出游从容，是鱼之乐也。'惠子曰：'子非鱼，安知鱼之乐？'庄子曰：'子非我，安知我不知鱼之乐？'惠子曰：'我非子，固不知子矣；子固非鱼也，子之不知鱼之乐，全矣！'庄子曰：'请循其本。子曰"汝安知鱼乐"云者，既已知吾知之而问我，我知之濠上也。'"

（20）河伯，《庄子·秋水》："秋水时至，百川灌河。泾流之大，两涘渚崖之间，不辨牛马。于是焉，河伯欣然自喜，以天下之美为尽在己。顺流而东行，至于北海。东面而视，不见水端。于是焉，河伯始旋其面目，望洋向若而叹曰：'野语有之曰："闻道百，以为莫己若"者，我之谓也。且夫我尝闻少仲尼之闻，而轻伯夷之义者，始吾弗信，今吾睹子之难穷也，吾非至于子之门，则殆矣，吾长见笑于大方之家。'"

（21）喜愠，喜怒。愠，怒，怨恨。

（22）三仕三已，《论语·公冶长》："子张问曰：'令尹子文三仕为令尹，无喜色；三已之，无愠色。旧令尹之政，必以告新令尹。何如？'子曰：'忠矣。'"

【赏析】

《哨遍》，《苏轼集》注"般涉调"。也常写作《稍遍》《哨编》《稍编》，另有别名《北山移文哨遍》《松江哨遍》等。双调二百三字，前段十七句五仄韵、四叶韵，后段二十句五叶韵、七仄韵。

词题《用前韵》，指的是前首《哨遍·秋水观》的韵。这首词作于宋宁宗庆元五年（1199），作者此时已六十岁。词人于宋孝宗年间被弹劾罢官，于带湖新居赋闲十年。宋光宗绍熙二年出任福建。绍熙五年（1194），词人再度被罢官，回到带湖寓所。宋宁宗庆元元年（1195），词人带湖居所失火，移家于江西铅山之瓢泉新居。此词作于第二次罢官移居瓢泉之后。词中抒发作者对命运多舛的无限感慨之情。

词的上阕抒发赋闲归隐的感慨。"一壑自专，五柳笑人，晚乃归田里"，开头三句言已被免官赋闲之事。"一壑"，用《庄子·秋水》"且夫擅一壑之水"之意。"自专"，为独自占有之意。"五柳"指东晋诗人陶渊明。渊明晚年弃官隐居，号"五柳先生"。

二人虽然都是"归田里"，但作者是免官赋闲，与陶氏并不相同，心境自然有很大差异。"问谁知、几者动之微。望飞鸿、冥冥天际。"接下来二句抒发命运不可知之叹。《易·系辞》："几者动之微，吉之先见者也。"词人以飞鸿高飞天际喻命运之数不可知。既然如此，那么只有以酒为伴、聊解赋闲之愁了。"论妙理，浊醪正堪长醉。从今自酿躬耕米"三句，正是此意。"浊醪"，浊酒，指自酿之酒。唐杜甫《晦日寻崔戢李封》诗有"浊醪有妙理，庶用慰沉浮"之句。词人这里化用杜诗以达己意。"嗟美恶难齐，盈虚如代，天耶何必人知"三句，大发感慨。"盈虚"，指月亮的圆缺。"试回头五十九年非，似梦里欢娱觉来悲"二句，用《庄子·寓言》之典，抒发作者回首往事的感慨。"臧乃怜蚿，穀亦亡羊，算来何异"，末三句连用庄子两典。一是《庄子·秋水》中的"夔怜蚿"，一是《庄子·骈拇》中的臧与穀二人牧羊。作者用此二典言已赋闲归隐之事。

词的下阕是对富贵外的哲理探讨，聊以自慰其赋闲归隐的感伤之情。"嘻。物讳穷时。丰狐文豹罪因皮。富贵非吾愿，皇皇乎欲何之。"连用三典，一是《庄子·秋水》中的"孔子曰：'我讳穷久矣。'"一是《庄子·山木》中的"丰狐文豹"。三是东晋陶渊明《归去来兮辞》中"富贵非吾愿，帝乡不可期"。前两典是作者自况其现实处境；后一典表明自己对功名富贵已无渴求之意。"正万籁都沉，月明中夜，心弥万里清如水"，接下来三句以写景衬托此时的心境。其意思是，当此万籁俱寂、月明中天之时，我的心如同万里清澈明净的水一般平静，不为尘世的进退所干扰。"即自觉神游，归来坐对，依稀淮岸江浚"三句中，"自觉神游""依稀淮岸江浚"二句为追忆往事，即作者出仕江淮之旧事。"归来坐对"言由"神游"之梦醒而重面对现实。接下来三句："看一时鱼鸟忘情喜。曾我已忘机更忘己。又何曾物我相视。"写作者深迷于眼前之景，由鱼鸟之忘情将己之烦忧扫除净尽、达到物我两忘之境地。"非会濠上遗意，要是吾非子。但教河伯、休惭海若，大小均为水耳"四句是说，作者虽然赋闲隐居，但并非如庄子那样作逍遥之游而寄情玄言之中。但教河伯不要在海若面前自惭形秽，因为水大水小都是水呀。这里用了《庄子·秋水》篇中的两个典故，一是庄子与惠施游于濠梁之上，一是望洋兴叹的河伯。"世间喜愠更何其。笑先生三仕三已"，末二句用《论语·公冶长》之典："令尹子文三仕为令尹，无喜色；三已之，无愠色。"作者以令尹子文以自况，隐指其两次被罢官免职之事。"世间喜愠更何其"一句，隐含了词人的不被信任，屡遭排斥打击的无限感慨。总之，下阕感情跌宕起伏，作者表面上与世无争，但对其屡遭罢官的坎坷命运，仍然是愤愤不平。这正是此词的题旨和含义所在。

【原文】

贺新郎·用前韵再赋·肘后俄生柳

肘后俄生柳⁽¹⁾。叹人生、不如意事，十常八九⁽²⁾。右手淋浪才有用，闲却持螯左手⁽³⁾。谩赢得、伤今感旧。投阁先生惟寂寞，笑是非、不了身前后⁽⁴⁾。持此语，问乌有⁽⁵⁾。　　青山幸自重重秀。问新来、萧萧木落，颇堪秋否？⁽⁶⁾总被西风都瘦损⁽⁷⁾，依旧千岩万岫⁽⁸⁾。把万事、无言搔首⁽⁹⁾。翁比渠侬人谁好，是我常、与我周旋久。宁作我，一杯酒⁽¹⁰⁾。

【毛泽东圈评等情况】

毛泽东曾圈阅这首《贺新郎·肘后俄生柳》。

[参考]张贻玖：《毛泽东评点、圈阅的中国古典诗词》，中国工人出版社 1992 年版，第 250 页。

【注释】

（1）肘后俄生柳，喻世事变幻无常。《庄子·至乐篇》："支离叔与滑介叔观于冥伯之丘、昆仑之虚，黄帝之所休。俄而柳生其左肘，其意蹶蹶然恶之。支离叔曰：'子恶之乎？'滑介叔曰：'亡，子何恶！生者，假借也；假之而生生者，尘垢也。死生为昼夜。且吾与子观化而化及我，我又何恶焉！'"柳，通"瘤"。

（2）"叹人生"二句，唐房玄龄等《晋书·羊祜传》："祜叹曰：'天下不如意恒十居七八。'"宋黄庭坚《用明发不寐有怀二人为韵寄李秉彝德叟》："人生不如意，十事常八九。"

（3）"右手"两句，用晋人毕茂世语。南朝宋刘义庆《世说新语·任诞》载，晋代嗜酒的毕卓曾说：一手拿着蟹螯，一手捧着酒杯，便足以了一生。因以"持螯把酒"形容秋季吃蟹饮酒之乐。但此处强调一"闲"字，以见"不如意"。淋浪，指开怀畅饮。宋王安石《信州回车馆中作》诗之二："山木漂摇卧弋阳，因思太白夜淋浪。"

（4）"投阁"两句，人生是非曲直，生前死后俱难了结。投阁先生，指扬雄。据东汉班固《汉书·扬雄传下》："王莽时，刘歆、甄丰皆为上公，莽既以符命自立，即位之后，欲绝其原以神前事，而丰子寻、歆子棻复献之。莽诛丰父子，投棻四裔，辞所连及，便收不请。时，雄校书天禄阁上，治狱使者来，欲收雄，雄恐不能自免，乃从阁上自投下，几死。莽闻之曰：'雄素不与事，何故在此？'间请问其故，乃刘棻尝从雄学作奇字，雄不知情。有诏勿问。然京师为之语曰：'惟寂寞，自投阁；爱清静，作符命。'"

（5）"持此语"两句，谓是耶非耶，无人解答。乌有，指乌有先生，是《子虚赋》中一位虚构的人物。西汉司马相如《子虚赋》："楚使子虚使于齐，王悉发车骑，与使者出畋。畋罢，子虚过姹乌有先生，亡是公在焉。"

（6）"青山"句，纵西风飘飘，落木萧萧，然青山依然秀立。萧萧木落，唐杜甫《登高》："无边落木萧萧下，不尽长江滚滚来。"

（7）总被西风都瘦损，宋李清照《醉花阴》："莫道不消魂，帘卷西风，人比黄花瘦。"

（8）千岩万岫，即千山万壑。岫，山洞，有洞穴的山。

（9）搔首，思索之态。

（10）"翁比"四句，宁作独立不阿的我，绝不屈志附人。此用殷浩语，南朝宋刘义庆《世说新语·品藻》："桓公少与殷侯齐名，常有竞心。桓问殷：'卿何如我？'殷云：'我与我周旋久，宁作我。'"

【赏析】

这首词写作年代不可确考。大概作于庆元中作者第二次罢官移居瓢泉新居之后。词题是《用前韵再赋》，指的是用前首《贺新郎·赋傅岩叟悠然阁》的韵。

此词分上、下两阕。上阕以回首往事抒发人生的感叹。首句"肘后俄生柳"用典起兴。《庄子·至乐》云："支离叔与滑介叔观于冥伯之丘、昆仑之虚，黄帝之所休。俄而柳生其左肘，其意蹶蹶然恶之。支离叔曰：'子恶之乎？'滑介叔曰：'亡，子何恶！生者，假借也；假之而生生者，尘垢也。死生为昼夜。且吾与子观化而化及我，我又何恶焉！'"其注云："瘤作柳声，转借字。"作者以突然间生于肘后之瘤为喻起兴，引发感叹。"叹人生、不如意事，十常八九。"接下来二句即由此而感叹。词人力主抗金收复中原而遭受打压，为不如意事；任地方官主张开源节流以图富国强兵反而被弹劾免官，当然也是不如意事；带湖之居失火被焚也是不如意事。既然作者命运多舛，那么怎能不发感慨呢！"右手淋浪才有用，闲却持螯左手"二句用典。南朝宋刘义庆《世说新语·任诞》载，晋代嗜酒的毕卓曾说：一手拿着蟹螯，一手捧着酒杯，便足以了一生。因以"持螯把酒"形容秋季吃蟹饮酒之乐。但此处强调一"闲"字，以见"不如意"。淋浪，指开怀畅饮。词人另一首《水调歌头》有"断吾生，左持蟹，右持酒"之句，也是用的此典。"谩赢得、伤今感旧"一句为承上启下之句。"谩"，同漫，本为漫不经心之漫，次转指"徒""空"之意。接下来二句："投阁先生惟寂寞，笑是非、不了身前后。"是说人生是非曲直，生前死后俱难了结。用此典比况自身。据东汉班固《汉书·扬雄传下》："王莽时，刘歆、甄丰皆为上公，莽既以符命自立，即位之后，欲绝其原以神前事，而丰子寻、歆子棻复献之。莽诛丰父子，投棻四裔，辞所连及，便收不请。时，雄校书天禄阁上，治狱使者来，欲收雄，雄恐不能自免，乃从阁上自投下，几死。莽闻之曰：'雄素不与事，何故在此？'间请问其故，乃刘棻尝从雄学作奇字，雄不知情。有诏勿问。然京师为之语曰：'惟寂寞，自投阁；爱清静，作符命。'"投阁先生，指司马相如。"持此语，问乌有"，"乌有"，指乌有先生。西汉司马相如《子虚赋》中一个虚构的人物。总之，上阕抒发作者对人生的深沉感叹。

　　词的下阕继续抒情。"青山幸自重重秀。问新来、萧萧木落，颇堪秋否？总被西风都瘦损，依旧千岩万岫"五句写景，作者以瓢泉周围的景色来映衬自己的苦闷。名为写景，实则写人，以物不耐秋，言内心感伤之情。"把万事、无言搔首"一句，将作者内心的感伤、幽愤之情皆融汇于此特写镜头之中，真可谓"此时无声胜有声"！"翁比渠侬人谁好，是我常、与我周旋久。宁作我，一杯酒。"末四句亦为用典。南朝宋刘义庆《世说新语·品藻》："桓公少与殷侯齐名，常有竞心。桓问殷：'卿何如我？'殷云：'我与我周旋久，宁作我。'"意谓宁作独立不阿的我，绝不屈志附人。此用殷浩语。作者化用此典，表明宁愿以酒为伴、赋闲隐居，也不愿意改变初衷与投降派同流合污。语意决绝，耐人寻味。

【原文】

定风波·用药名招婺源马荀仲游雨岩，马善医·山路风来草木香

　　山路风来草木香。雨余凉意到胡床(1)。泉石膏肓吾已甚(2)，多病，u隈防风月费篇章(3)。　　孤负寻常山简醉(4)，独自，故应知子草《玄》忙(5)。湖海早知身汗漫(6)，谁伴？只甘松竹共凄凉(7)。

【毛泽东圈评等情况】

　　1947年，我军实行战略转移，主动撤离延安时，有过一段非常艰苦的行军。当时天气很热，战士们连着翻过五个山头，找不到水喝，大家都很疲惫。当走到有几株小树的地方休息时，迎面吹来一点微风，毛泽东精神焕发地笑着说："这里好，这里好，这里是'山路风来草木香'啊！"大家顿时被他引用的诗句所振奋而忘了疲劳和干渴。"山路风来草木香"引自辛弃疾的《定风波》。

　　　　[参考] 张贻玖：《毛泽东评点、圈阅的中国古典诗词》，
　　　　　　　　中国工人出版社1992年版，第205页。

【注释】

（1）胡床，亦称"交床""交椅""绳床"，是古时一种可以折叠的轻便坐具，马扎功能类似小板凳，但人所坐的面非木板，而是可卷折的布或类似物，两边腿可合起来。《太平御览·风俗通》："灵帝好胡床。"南朝宋刘义庆《世说新语·自新》："渊（戴渊）在岸上，据胡床指麾左右，皆得其宜。"

（2）"泉石"句，宋欧阳修等《新唐书·田游岩传》："入箕山，居许由祠旁，自号由东邻。高宗幸嵩山，亲至其门，游岩野服出拜，帝谓曰：'先生此佳否？'对曰：'臣所谓泉石膏肓，烟霞痼疾者。'"

（3）隄（dī）防，防备，管束。《汉书·董仲舒传》："夫万民之一利，如水之走下，不以教化隄防之，不能止也。"风月，清风明月，泛指美好的景色。此指诗文。宋欧阳修《赠王介甫》："翰林风月三千首，吏部文章二百年。"篇章，篇和章，泛指文字著作。

（4）孤负，违背，对不住。旧题汉李陵《答苏武书》："功大罪小，不蒙明察，孤负陵心。"山简醉，南朝宋刘义庆《世说新语·任诞》篇："山季伦为荆州，时出酣畅，人为之歌曰：'山公时一醉，径造高阳池。日暮倒载归，酩酊无所知。复能乘骏马，倒著白接离。举手问葛强，何如并州儿。'"高阳池在襄阳，强是其爱将，并州人也。季伦，晋山简子。

（5）故应知，宋苏轼《张先生（并叙）》诗："熟视空堂竟不言，故应知我未天全。"

（6）湖海，湖泊与海洋。南朝梁萧子显《南齐书·王敬则传》："会土边带湖海，民丁无士庶皆保塘役。"泛指四方各地。

（7）凄凉，孤寂冷落。南朝梁沈约《为临川王九日侍太子宴》诗："凄凉霜野，惆怅晨鹍。"

【赏析】

《定风波》，词牌名，又名《卷春空》《定风波令》《醉琼枝》《定风流》等，以欧阳炯词《定风波·暖日闲窗映碧纱》为正体，双调六十二字，前段五句三平韵两仄韵，后段六句四仄韵两平韵，另有双调六十三字，前段五句三平韵两仄韵，后段六句四仄韵两平韵；双调六十字，前后段各五句两平韵两仄韵等变体，代表作有苏轼《定风波·莫听穿林打叶声》等。

词题《用药名招婺源马荀仲游雨岩，马善医》。药名，词中嵌有"木香"、"雨余凉"（禹余粮）、"石膏"、"防风"、"常山""知（栀）子"、"海早（藻）"、甘松等药名。因为马荀仲是医生，所以稼轩就用药名写入邀他一起去游雨岩的词中，写了一首有趣的药名词。看来纯属游戏笔墨，但正如鲁迅先生说的"从喷泉里出来的都是水，从血管里出来的都是血"一样，这即兴之作，也莫不充满了愤懑失落之情。马荀仲，事历未详。后又用同一词牌，用原韵写成另一首药名词。婺源，即今江西婺源。

这首词写于稼轩谪居上饶之时。雨岩在博山，位于永丰县西20里，离上饶极近，风景优美，稼轩多次游历，已记于词者有《念奴娇》《水龙吟》《山鬼谣》《生查子》《蝶恋花》等八首词作，可见其情有独钟。上阕写登山览胜的快适。"山路风来草木香。雨余凉意到胡床"，起首二句描写景物。"胡床"是一种四脚可以交叠收起的轻便坐具。大概游山途中，忽然下了一阵雨，雨过山间，空气格外清新，微风一吹，送来阵阵草木的清香；在山路边胡床上坐着休息的词人顿时感到一种清凉的快意。首句把气氛造足，提出了一个先决条件，然后第三句说明为什么要出游："泉石膏肓吾已甚"，因为泉石之病，已入膏肓，算是没有药救了。第四句又一转，已是"多病"了，还甘愿去为这些风月闲情费精神。之所以要"隄防风月费篇章"者，是一不小心就容易犯上之故。这里使人想到了梁时的吏部尚书徐勉，史书说他"常与门人夜集，客有虞暠求詹事五官，勉正色答云：'今夕止可谈风月，不宜及公事。'"而今稼轩已无公事可谈，所以他要提防的倒不是公事，而是要"隄防风月费篇章"了。这是说，自己爱山水成癖，犹如病入膏肓，不可救药，更无法管束自己对清风明月吟诗作赋的兴致，顺理成章，承接自然。

下阕写招马荀仲同游雨岩。"孤负寻常山简醉，独自"，换头处二句承上启下。词人说：我也知道你忙于著述，所以平常我也总是一个人寻醉；是怕打搅了你。说得非常可怜。这里他用了两个典故，"草《玄》"，这只是把马医生比作扬雄，说他和扬雄一样，在家里忙着写他的《太玄》经。

这只是客套话。而以"山简"自称就有点牢骚了。山简，西晋怀帝永嘉三年（309）出为征南将军，都督荆、襄、交、广四州诸军事，镇襄阳。时天下分崩，山简无用武之地，故尝醉酒。稼轩于江西安抚使任上刚授两浙西路提点刑狱公事，旋即因诬落职，祖国分裂，他亦无可用武之地，倒是与山简有些相像。然而山简毕竟还是身在公门，没有像他这样一捋到底，成了平头老百姓一个。所以他要说"孤负寻常山简醉"了。其实他又不可和山简相比。山简之醉，还有可说，因为他毕竟还是将军，不能为国出力，是以只有"醉"。而他什么也不是，既不守土，也无言责。他也要以醉来麻醉自己，是自作多情。则这"孤负"也实在不知是稼轩孤负于朝廷，还是朝廷孤负于稼轩，谁也不好说，所以他只好说自己孤负了这一"醉"。末段再一激。"湖海早知身汗漫，谁伴"，"湖海"也就是所谓之江湖，也就是社会。"汗漫"，漫无边际，此处可作可有可无讲。词人说：社会上早就知道我是一个可有可无之人，除了好友如你，还有谁来伴我出游呢？如你再不来，那我也就"只甘松竹共凄凉"了。这里邀人而把对方的身份抬得很高，不止其文如扬雄，其品也如竹之直而有节，如松之傲而不屈。看来除了马荀仲，再就是松竹，世上就再没有其他的人可以为伴了。

总之，这首词不仅抒发了词人雅好山水的兴致，也表下了对友人马荀仲的深情厚谊。语言朴素明快，用典贴切恰当，又切合被邀之人"善医"的身份，巧用药名入词，写得分外巧妙，兴味益然，所以也受到诗词大家毛泽东的称赞。

【原文】

浪淘沙·山寺夜半闻钟·身世酒杯中

身世酒杯中[1]，万事皆空[2]。古来三五个英雄[3]。雨打风吹何处是[4]，汉殿秦宫[5]。　　梦入少年丛[6]，歌舞匆匆[7]。老僧夜半误鸣钟[8]。惊起西窗眠不得[9]，卷地西风[10]。

【毛泽东圈评等情况】

毛泽东曾圈阅这首《浪淘沙·身世酒杯中》。

[参考] 张贻玖：《毛泽东评点、圈阅的中国古典诗词》，

中国工人出版社 1992 年版，第 249 页。

【注释】

（1）身世，一生，终身。唐韩偓《小隐》诗："借得茅斋岳麓西，拟将身世老锄犁。"酒杯，喝酒用的杯子，借酒浇愁之意。

（2）万事皆空，这是佛家的一个常用语，从佛家来讲，指世界的名、利、食、色、禄这些能扰乱人心智的东西，都是空的，要回到真、善、美的真实生活中来。万事，一切事。《墨子·贵义》："子墨子曰：'万事莫贵于义。'"唐李白《古风》之五九："万事固如此，人生无定期。"

（3）古来三五个英雄，指像孙仲谋那样建功立业、叱咤于世的人物。三五，言其少而非实指。化用宋苏东坡《念奴娇（大江东去）》"大江东去，浪淘尽、千古风流人物"句意。

（4）雨打风吹，原指花木遭受风雨摧残。比喻恶势力对弱小者的迫害，也比喻严峻的考验。宋辛弃疾《永遇乐·京口北固亭怀古》词："舞榭歌台，风流总被雨打风吹去。"

（5）汉殿，指汉代宫阙；秦宫，指秦朝宫殿。唐姚思廉《陈书·高祖纪上》："宁秦宫之可顾？岂鲁殿之犹存？"

（6）梦入，进入平安理想境地。宋王庭珪《初至行在》诗："老随丹诏身犹健，梦入华胥眼尚生。"也指进入甜美的梦境。宋刘克庄《晚意》诗："梦入华胥国土来梦境。"少年丛，当谓英雄年少种种。

（7）歌舞，歌唱和舞蹈。《诗经·小雅·车辖》："虽无德与女，式歌且舞。"郑玄笺："虽无其德，我与女用是歌舞相乐，喜之至也。"匆匆，急急忙忙的样子。

（8）误鸣钟，误，没有。《王直方诗话》载："欧公言：唐人有'姑苏城外寒山寺，夜半钟声到客船'之句，说者云：'句则佳矣，其如三更不是撞钟时。'"这里"误"字便由此典而来。鸣钟，敲钟。南朝梁范晔等《后汉书·礼仪志上》："诸行出入皆鸣钟，皆作乐。"

（9）西窗，在古代的意思是宜挑灯夜读，剪烛谈情。剪烛西窗原指思念远方的妻子，盼望相聚夜语，后泛指亲友聚谈。出自唐李商隐《夜雨寄北》："君问归期未有期，巴山夜雨涨秋池。何当共剪西窗烛，却话巴山夜雨时。"

（10）卷地，谓贴着地面迅猛向前推进，多指风。唐岑参《白雪歌送武判官归京》："北风卷地白草折，胡天八月即飞雪。"

【赏析】

南宋孝宗淳熙八年（1181）至南宋宁宗嘉泰三年（1203），作者闲居带湖、瓢泉。其间，除南宋光宗绍熙三年（1192）至南宋光宗绍熙五年（1194）一度被起用为福建安抚使外，词人一直赋闲在家。此时他心情十分矛盾，"平生塞北江南，归来华发苍颜"，这并非他的愿望，他依然惦念着北伐事业。由于感情抑郁不平，时间又悠闲有余，故而这一期是他创作的鼎盛时期。辛词以其内容的爱国、艺术的创新，在文学史上产生了巨大影响。该词写作年代不可确考。词题《山寺夜半闻钟》，寺为何寺，亦不得而知，但当是作者后期的作品。从词的内容看，词虽以"万事皆空"总摄全篇，实充盈家国身世之感，风格沉郁悲凉。这首词有感而发，抒发了词人的无限感伤之情。

上片怀古，实叹喟今无英雄，秦汉盛世难再。"身世酒杯中，万事皆空。"开头两句直言作者的处境和心境。词人渴望建功立业，但由于朝廷懦弱、主和派的阻扰和打击，他心灰意冷，万念俱灰，只能借酒浇愁，聊度晚年。"万事皆空"正是词人遭受一次次打击之后的绝望心态的写照。"古来三五个英雄。雨打风吹何处是，汉殿秦宫"，后三句是承前而发的无限感伤，英雄惜英雄的怅然。刘邦和秦始皇的时代，是他认为两个英雄豪杰辈出又命运起伏的时代。古往今来的英雄们，在"风吹雨打"中为时间的流逝而淹没，但是心中的宏大梦想却不曾忘却，表达出作者舍身报国决心的坚持。

下片抒情。"梦入少年丛，歌舞匆匆"，换头处二句由现实转入梦境。梦境中词人回到了少年的队伍之中，唱歌跳舞忙个不停。但好景不长，"老僧夜半误鸣钟"一句，既点题，又起到承上启下的作用。《王方直诗话》载："欧公言：唐人有'姑苏城外寒山寺，夜半钟声到客船'之句，说者云：'句则佳矣，其如三更不是撞钟时。'"这里"误"字便由此典而来。寺院里的老和尚半夜误敲了钟，惊醒了词人的好梦。一个"误"字还含有某种责备之意。"惊起西窗眠不得，卷地西风"，末二句写词人由梦境回到现实的心理感受。他惊醒后难眠，却连钟声也听不得，只有西风呜咽。"卷地西风"更是突出了当时严酷的现实。这首词在艺术手法上的高明之处在于联想与造境，丰富的联想与跌宕起伏的笔法相结合，使跳跃性的结构显得整齐严密。由此及彼，由近及远，由反而正，感情亦如江上的波涛大起大落，通篇蕴含着开阖顿挫、腾挪跌宕的气势，与词人沉郁雄放的风格相一致。清陈廷焯《云韶集》："沉郁顿挫中，自觉眉飞争舞。笔力雄大，辟易千人。结数语，如闻霜钟，如听秋风，读者神色都变。"

【原文】

河传·效花间体·春水，千里

　　春水，千里，孤舟浪起，梦携西子[1]。觉来村巷夕阳斜。几家，短墙红杏花[2]。　　晚云做造些儿雨，折花去，岸上谁家女？太狂颠[3]。那边，柳绵[4]，被风吹上天。

【毛泽东圈评等情况】

　　毛泽东曾圈阅这首《河传·春水，千里》。

　　　　[参考]张贻玖：《毛泽东评点、圈阅的中国古典诗词》，
　　　　　　　　中国工人出版社1992年版，第249页。

【注释】

　　（1）"春水"四句，言春水泛舟，梦中会艳。孤舟，孤独的船。东晋陶潜《始作镇军参军经曲阿作》诗："眇眇孤舟游，绵绵归思纡。"西子，即越国美女西施，西施与王昭君、貂蝉、杨玉环并称中国古代四大美女，

其中西施居首，是美的化身和代名词。宋苏轼《饮湖上初晴后雨》："欲把西湖比西子，淡妆浓抹总相宜。"此借指意中人。

（2）"觉来"三句，醒来但见夕照村巷，红杏出墙。宋叶绍翁《游园不值》："春色满园关不住，一枝红杏出墙来。"觉来，醒来。短墙，矮小的墙。

（3）"晚云"四句，晚来小雨初过，岸边少女折花而去。些儿雨，一点点小雨。狂颠，形容举止放荡无节制。唐张籍《罗道士》诗："闻客语声知贵贱，持花歌咏似狂颠。"此作活泼欢快讲。

（4）柳绵，柳絮。唐李商隐《临发崇让宅紫薇》诗："桃绶含情依露井，柳绵相忆隔章台。"

【赏析】

《河传》，词牌名，又名《秋光满目》《庆同天》《月照梨花》等。《河传》之名始于隋代，为隋炀帝将幸江都时所制，声韵悲切。以温庭筠词《河传·湖上》为正体，双调五十五字，前段七句两仄韵、五平韵，后段七句三仄韵、四平韵。另有双调五十四字前后段各七句，三仄韵四平韵；双调五十三字，前段八句五仄韵，后段七句三仄韵四平韵；双调六十一字，前段六句五仄韵，后段六句四仄韵等变体。代表作有纳兰性德《河传·春残》等。

这首词写作年代不详。从内容上看，很可能是作者丢官闲居、出外游乐时的作品。词题《效花间体》，说明这是一首仿效花间词派的风格而创作的词作。花间体，流行于晚唐五代的一种词体，也称花间词派，因后蜀赵崇祚编《花间集》而得名。花间体内容不外风月艳情，风格大率浓艳绮丽。花间词反映了文人词的初期风貌，描绘景物富丽、意象繁多、构图华美、刻画工细，能唤起读者视觉、听觉、嗅觉的美感。由于注重锤炼文字、音韵，从而形成隐约迷离幽深的意境。它是婉约词的第一座高峰，对宋词有深远影响。稼轩词虽以豪放著称，却也广采婉约之长，此又一例。

词的上阕描写兼叙事："春水，千里，孤舟浪起，梦携西子。"开头四句便展开了令人意往神驰的境界。西子，即西施，春秋时越国的一位绝代佳人。在碧绿清澈、浩淼无际的江水中，词人于梦中乘一叶扁舟随波逐流，携带着像西施一样的意中美人，是多么洒脱、惬意呀！"觉来村巷夕阳斜。几家，短墙红杏花"，接下来三句写梦醒时的眼前真景。傍晚的太阳斜照着小小的村落，有几家从矮墙上伸出来的树枝上挂满了红色的杏花，格外耀眼。梦境、真景、杏花、美人穿插融合在一起，桃花人面交相辉映，使人有似梦非梦之感。

下阕写少女撷芳，人花合一。"晚云做造些儿雨，折花去，岸上谁家女？太狂颠"四句描写，由杏花写到折花之人。傍晚时分又下了一点雨，春花带雨，更加娇艳，河岸上不知是谁家的女儿，上到树上去摘取杏花，也有点太疯狂了。几句描绘出美丽而又单纯活泼的村女形象和她们无拘无束的洒脱之态。景中有人，景又春景，使画面更富有情趣。"那边，柳绵，被风吹上天"，结处三句以景收束。既照应了上阕的"春水""红杏花"的春景，又可以作为下阕折花村女的映衬，使整个画面和谐统一起来。另外，"柳绵，被风吹上天"还暗喻恍惚迷离的梦境，回应上阕的舟中之梦，给人以幽深的回味余地。这首词，通篇春游之乐，四画依次叠出，梦与现实融会一体，轻灵洒脱，疏宕有致。

【原文】

生查子·有觅词者，为赋·去年燕子来

去年燕子来，绣户深深处[1]。花径得泥归[2]，都把琴书污[3]。　　今年燕子来，谁听呢喃语[4]？不见卷帘人[5]，一阵黄昏雨[6]。

【毛泽东圈评等情况】

毛泽东曾圈阅这首《生查子·去年燕子来》。

[参考]张贻玖：《毛泽东评点、圈阅的中国古典诗词》，中国工人出版社1992年版，第249页。

【注释】

（1）绣户，雕绘华美的门户，一作"帘幕"，多指妇女居室。南朝宋鲍照《拟行路难》诗之三："璿闺玉墀上椒阁，文窗绣户垂罗幕。"

（2）花径，亦作"香径"。花间的小路。南朝梁庾肩吾《和竹斋》："向岭分花径，随阶转药栏。"

（3）琴书污，唐杜甫绝句《漫兴九首》其三云："熟知茅斋绝低小，江上燕子故来频。衔泥点污琴书内，更接飞虫打着人。"这里化用杜甫诗意。琴书，琴和书籍，多为文人雅士清高生涯中的常伴之物。西汉刘歆《遂初赋》："玩琴书以条畅兮，考性命之变态。"东晋陶潜《归去来兮辞》："悦亲戚之情话，乐琴书以消忧。"

（4）呢喃，燕鸣声。五代刘兼《春燕》诗："多时窗外语呢喃，只要佳人卷绣帘。"

（5）卷帘人，一般指闺中人、侍女等。宋李清照《如梦令》："试问卷帘人，却道海棠依旧。"

（6）黄昏雨，黄昏时分下的雨。宋晏几道《蝶恋花·笑艳秋莲生绿浦》："可恨良辰天不予。才过斜阳，又是黄昏雨。"

【赏析】

《生查（zhā）子》，亦称《楚云深》，原唐教坊曲，后用于词牌。《词谱》引《尊前集》入"双调"。四十字，上下片格式相同，各两仄韵，上去通押。据传《生查子》的"查"字本是"楂"字，通"楂"。

这是一首咏物词，写作年代无从确考。词题为《有觅词者，为赋》，以此可知，这首词是应酬之作。

这首词是咏燕子的。上阕为化用杜诗。唐杜甫《漫兴九首》其三云："熟知茅斋绝低小，江上燕子故来频。衔泥点污琴书内，更接飞虫打着人。"写燕子在其茅斋营巢所带来的一些不快，此词脱胎于杜诗而又有所发展，写燕子因给主人带来的不快，对自己造成的恶果，从而赋予咏燕以全新的意义。此词采用今昔对比的手法写成。"去年燕子来，绣户深深处"，开头两句点明主人公身份，主人公是一位闺阁少女。"去年"，点明燕子飞来的时间。"深深处"，写燕子营巢的地点，是帘幕重重的深宅大院之中，堂屋之内，当它飞进飞出时，有人把帘幕卷起，待它非常好。"花径得泥归，都把琴书污"，三、四两句写燕子的作为，言其从花径衔泥归来，行为极不检点，泥落下来，把堂内的琴书都污损了。一个"都"字，既写出了燕泥污损琴书之严重，也暗示了主人公对燕子的厌恶情绪。

词的下阕写今年燕子来时的遭遇。"今年燕子来，谁听呢喃语？"换头处二句写燕子遭受冷遇。是说燕子今年仍旧飞来，仍以闺房绣户的屋檐筑巢居住，它呢喃的叫声，又有谁来听呢？言外之意是说，它再不受欢迎了。"不见卷帘人，一阵黄昏雨"，末二句，交代了无人听它的呢喃叫声的原因是，再也没有那个人为它提供营巢的便利，主人公到哪里去了呢？是迁居，是出嫁？作者并未言明，我们也不得而知。和上阕对比，则今年燕子的不受欢迎可知，写出了燕子的悲惨处境。

这首词以燕子为线索谋篇立意，从"去年""今年"两次燕子来的不同情况，描写主人公的遭际命运，构思巧妙。全词充满哀怨凄切之情，很能打动读者的心。辛弃疾为宋词中豪放派的代表人物，其词作大多气势雄伟，这是辛词创作的主体，但辛词中也不乏"婉约"之作，这首《生查子》，便是描写闺怨之情的优秀作品。这又体现了辛词创作多样化的特点。

【原文】

寻芳草·调陈莘叟忆内·有得许多泪

有得许多泪，更闲却、许多鸳被[1]。枕头儿放处都不是，旧家时怎生睡[2]？　更也没书来[3]，那堪被雁儿调戏[4]。道无书、却有书中意[5]，排几个、人人字。

【毛泽东圈评等情况】

毛泽东曾圈阅这首《寻芳草·有得许多泪》。

[参考] 张贻玖：《毛泽东评点、圈阅的中国古典诗词》，中国工人出版社1992年版，第250页。

【注释】

（1）"有得"二句，唐孟棨《本事诗·情感》篇："朱滔括兵，不择士族，悉令赴军，自阅于球场。有士子，容止可观，进趋纯雅。滔问曰：'所业者何？'曰：'学为诗。'曰：'有妻否？'曰：有。即令作寄内诗，援笔立成，词曰：'握笔题诗易，荷戈征戍难。惯从鸳被暖，怯向雁门寒。瘦尽宽衣带，啼多渍枕檀。试留青黛著，回日画眉看。'……滔遗以束帛，放归。"

（2）旧家时，即旧时、从前。宋李清照《南歌子·天上星河转》词："旧时天气旧时衣，只有情怀不似旧家时。"

（3）书，书信。唐杜甫《春望》："烽火连三月，家书抵万金。"

（4）那堪，怎堪，怎能禁受。唐李端《溪行遇雨寄柳中庸》诗："那堪两处宿，共听一声猿。"调戏，戏弄，嘲谑，玩耍。中国古代有鸿雁传书的传说，雁来而无信到，故云被雁儿调戏。

（5）书中意，书信中的情意。

（6）排几个、人人字，雁群飞行时，常常一会儿排成"一"字，一会儿排成"人"字，故云。

【赏析】

《寻芳草》，词牌名，又名《王孙信》，双调五十二字，上片四句四仄韵，下片四句三仄韵。

这首词写作年代不详。此次题为《调（tiáo）陈莘叟忆内》。调，调停，使和解。可知此词是为劝陈莘叟与妻子和解的。陈莘叟，陈傅良《止斋集》中与陈莘叟唱和诗甚多，均称"莘叟兄"，其卷八《己未上巳清明莘叟兄蕃叟弟偕潘养大过访》七律结句云："赖得二昆同一客，蕨芽蒲笋短檠边。"则是止斋之同族。同卷《己未生朝谢莘叟兄送梅七律》起云："无岁探梅不恨迟，缉斋今送两三枝。"缉斋当为莘叟之别号。陈傅良为温州瑞安人，莘叟是其同族兄弟，则亦应为瑞安人。

陈莘叟与妻子可能发生了矛盾，妻子离家出走，词人写词加以劝解。词的上阕以往日夫妻间和谐亲密的共同生活与今日孤身独处的寂寞冷清相比较，写陈莘叟对妻子的深切怀念之情。"有得许多泪，更闲却、许多鸳被"，开头二句化用唐孟棨《本事诗·情感篇》朱滔作《寄内诗》与妻子和解的故事，详见注释。妻子离开之后，自己流了很多泪，夫妻二人同床共枕的鸳鸯被也闲置起来了，言其夫妻二人分离之久。"枕头儿放处都不是，旧家时怎生睡"，后二句作者巧妙地选取日常生活的细节，表达其孤独寂寞的处境，生动而形象地表达出陈氏对妻子的留恋之情。

词的下阕借鸿雁传书的传说，进一层写陈氏对妻子的思恋、盼望之情。"更也没书来，那堪被雁儿调戏"二句是说，陈氏日日盼望得到妻子的来信，于是天天去看天空的飞雁，但妻子依然音信全无，自己仿佛被鸿雁嘲弄、调戏一样，十分伤感。"那堪"是怎么忍受得了，包含了陈氏的无限愁情和失望。"道无书、却有书中意，排几个、人人字"，末二句是说，鸿雁虽然没有书信传来，但雁儿也善解人意。你看雁儿飞过时排成的队形，总是一个个的"人"字，而不是一个个"一"字。陈氏感到一些欣慰。但这种欣慰之中，又包含有几分苦涩，给人留下了充分的咀嚼和回味的余地。

【原文】

贺新郎·甚矣吾衰矣

邑中园亭，仆皆为赋此词。一日，独坐停云，水声山色，竞来相娱。意溪山欲援例者，遂作数语，庶几仿佛渊明思亲友之意云。

甚矣吾衰矣[1]。怅平生[2]、交游零落，只今余几！白发空垂三千丈[3]，一笑人间万事。问何物、能令公喜[4]？我见青山多妩媚[5]，料青山见我应如是。情与貌，略相似。　　一尊搔首东窗里[6]。想渊明《停云》诗就[7]，此时风味。江左沉酣求名者[8]，岂识浊醪妙理[9]。回首叫、云飞风起[10]。不恨古人吾不见，恨古人不见吾狂耳[11]。知我者，二三子[12]。

【毛泽东圈评等情况】

毛泽东曾手书辛弃疾这首《贺新郎·甚矣吾衰矣》。他还手书过这首词的"甚矣吾衰矣"至"我见青山多妩媚"部分。

[参考]中央档案馆整理：《毛泽东手书选集古诗词卷（下）》，北京出版社1996年版，第143—145页、146页。

【注释】

（1）甚矣吾衰矣，源于《论语·述而》之句"甚矣吾衰也！久矣吾不复梦见周公"。这是孔丘慨叹自己"道不行"的话（梦见周公，欲行其道）。作者借此感叹自己的壮志难酬。

（2）怅（chàng），失意，不痛快。平生，一生，此生，有生以来。唐姚思廉《陈书·徐陵传》："岁月如流，平生几何？晨看旅雁，心赴江淮；昏望牵牛，情驰扬越。"交游，朋友。《管子·权修》："观其交游，则其贤不肖可察也。"零落，残缺不全，零碎。宋曾公亮《进唐书表》："文采不明，事实零落。"

（3）"白发空垂三千丈"二句，唐李白的《秋浦歌》："白发三千丈，缘愁似个长。"

（4）问何物、能令公喜，还有什么东西能让我感到快乐。南朝宋刘义庆《世说新语·宠礼》："王珣、郗超并有奇才，为大司马所眷拔。珣为主簿，超为记室参军。超为人多须，珣状短小。于时荆州为之语曰：'髯参军，短主簿；能令公喜，能令公怒。'"大司马，指桓温。又见唐房玄龄等《晋书·郗超传》。

（5）妩（wǔ）媚，姿态美好。宋欧阳修等《新唐书·魏徵传》："帝大笑曰：'人言徵举动疏慢，我但见其妩媚耳。'"

（6）一尊搔首东窗里，借指陶潜《停云》诗，自得之意。

（7）《停云》，文学家陶渊明创作的一首诗。此诗分四章，其主旨为思亲友。其序云："停云，思亲友也。罇湛新醪，园列初荣。愿言不从，叹息弥襟。"

（8）江左沉酣求名者，指南朝那些纵酒放浪的名士们。宋苏轼《和陶潜饮酒诗》："道丧士失己，出语辄不情。江左风流人，醉中亦求名。渊明独清真，谈笑得此生。"江左，江东，指长江下游以东地区。五代丘光庭《兼明书·杂说·江左》："晋、宋、齐、梁之书，皆谓江东为江左。"此指南朝之东晋。

（9）浊醪（láo），浊酒。晋左思《魏都赋》："清酤如济，浊醪如河。"唐杜甫《诲日寻崔戢李封》："浊醪有妙理，庶用慰沉浮。"

（10）云飞风起，汉刘邦《大风歌》："大风起兮云飞扬，威加海内兮归故乡，安得猛士兮守四方。"

（11）不恨古人吾不见，恨古人不见吾狂耳，唐李延寿《南史·张融传》："张融善草书，常自美其能。帝曰：'卿书殊有骨力，但恨无二王法。'答曰：'非恨臣无二王法，亦恨二王无臣法。'……常叹曰：'不恨我不见古人，所恨古人又不见我。'"

（12）知我者，二三子，了解我的几个人。《论语·八佾》："仪封人请见，曰：'君子之至于斯也，吾未尝不得见也。'从者见之。出曰：'二三子何患于丧乎？天下之无道也久矣，天将以夫子为木铎。'"

【赏析】

这首词是辛弃疾落职闲居信州铅山（今属江西）时的作品，是为瓢泉新居的"停云堂"题写的，仿陶渊明《停云》"思亲友"之意而作。据邓广铭《稼轩词编年笺注》考证，此词约作于宋宁宗庆元四年（1198）左右，此时辛弃疾被投闲置散已四年。弃疾"独坐停云"，触景生情，信手拈来，随成此篇，反映了词人落职后的寂寞心境和对时局的深刻怨恨。词前小序中的邑，指铅山县。辛弃疾在江西铅山期思渡建有别墅，带湖居所失火后举家迁之。仆，自称。

停云，停云堂，取东晋诗人陶渊明《停云》诗意命名，在瓢泉别墅。词人《临江仙·停云偶作》云："偶向停云堂上坐，晓猿夜鹤惊猜"，即咏此间风物。正如此词自注所述，辛弃疾的这首《贺新郎》词，乃是仿陶渊明《停云》"思亲友"之意而作，抒写了作者罢职闲居时的寂寞与苦闷的心情。

词的上阕叙述词人面对青山产生的种种思绪，感慨岁月流逝、人生短暂而壮志难酬，落寞之情展露无遗。上阕一开头以"思亲友"起意，在年近六十、又谪居多年、故交零落的情况下，叹"甚矣吾衰矣。怅平生、交游零落，只今余几！"此处引用了《论语》中的典故，慨叹政治理想无法实现、英雄迟暮的无奈，又凸显他可以饮酒避害，与陶潜神交的快意。"怅"字写出了词人难觅知音的孤独与迷惘，充分体现了词作沉郁的意境。与此对应，"只今余几"与结句"知我者，二三子"首尾衔接，用以强调"零落"二字，同样表现了词人知交渐少的境遇和落落无为的半生坎坷。"白发空垂三千丈，一笑人间万事。"第三、四句连用典故，豪情在忧愤中显现。无可奈何任白发空垂，词人的悲愤理所当然，可他仍能将"人间万事"付于"一笑"，这份豪情却是无人能及！"问何物、能令公喜？"第五句词人以设问开头，又与典故中喜权欲的桓温相比，引出词人寄情山水的情志。"我见青山多妩媚，料青山见我应如是"两句，是全篇警策。词人因无物（实指无人）可喜，只好将深情倾注于自然，人与青山互观互赏，互猜互解，不仅觉得青山"妩媚"，而且觉得似乎青山也以词人为"妩媚"了。词人借此告诫自己要像青山那样忘乎情感，才会跟青山一样宁静祥和、妩媚动人、超然洒脱、充满青春的活力。以下"情与貌，略相似"两句，情，指词人之情；貌，指青山之貌。作者在这里将自己的情与青山相比，委婉地表达了自己宁愿落寞、绝不与奸人同流合污的高洁之志。

词的下阕又连用典故，借饮酒抒怀，抒发词人清心淡泊的高尚节操和超凡脱俗的狂放个性。"一尊搔首东窗里，想渊明《停云》诗就，此时风味。"换头处三句，便是词人对陶渊明《停云》的化用，用以想象陶渊明当年诗成时的风味，感叹已是无人如陶渊明一般知酒。这里又提陶渊明，意在以陶自况。接下来"江左沉酣求名者，岂识浊醪妙理"两句，表面似申斥当年偏安江南的东晋王朝之中那些沉酣于酒的名士，实际是讽刺南宋已无陶渊明式的饮酒高士，而只有一些追求名利的官僚政客。在这种污浊环境下，陶渊明知音难觅，词人亦是如此。国势衰微，词人想起刘邦，"回首叫、云飞风起"，轻松的一笔，却也写出了词人无比豁达的心胸和爱国之情。由这一句起，诗的意境大为开阔，诗人的心境也完成了由悲慨转为沉静，再转为高蹈的灵魂历险，从此再不受凡俗的羁绊和诱惑。以下"不恨古人吾不见，恨古人不见吾狂耳"两句，借张融典故，以他之"狂"，显示了词人难觅知音而心中愤慨不平，道尽了词人特立独行的超逸豪放，点明了词人胸中的慷慨激越。只有襟怀磊落的人才能写出这样坦荡不羁的句子，这并非小看古人，只为抒发自己的情怀于万一。结句"知吾者，二三子"与词首呼应，再次表明自己知心朋友稀少。这"二三子"为谁，没有人进行专门的考证，有人认为是当时人陈亮。但不妨将古人陶渊明、屈原乃至于孔子等，都算在内。他们都能与作者在情感上产生共鸣，词人"思亲友"思的就是这"二三子"。

这首词几乎句句用典，却能熟练化用典故和前人词句，浑然天成，有千锤百炼之功。全词在典故的层叠中抒发了词人无人能及的豪放情怀。南宋岳珂《桯史·卷三》记："辛弃疾每逢宴客，'必命侍姬歌其所作。特好歌《贺新郎》一词，自诵其警句曰："我见青山多妩媚，料青山见我应如是。"又曰："不恨古人吾不见，恨古人不见吾狂耳。"每至此，辄拊髀自笑，顾问坐客何如'"。现代词学家缪钺评曰："余读稼轩词，恒感觉双重之印象，除表面所发抒之情思以外，其里面尚蕴含一种境界，与其表面之情思相异或相反，而生调剂映衬之作用，得相反相成之妙，使其作品更跻于浑融深美之境。"(《诗词散论》)

【原文】

西江月·遣兴·醉里且贪欢笑

醉里且贪欢笑，要愁那得工夫。近来始觉古人书，信著全无是处[1]。

昨夜松边醉倒，问松"我醉何如"。只疑松动要来扶，以手推松曰"去"[2]！

【毛泽东圈评等情况】

毛泽东曾手书过这首《西江月·醉里且贪欢笑》词中从"昨夜松边醉倒"至"以手推松曰：'去！'"数句。

[参考] 中央档案馆整理：《毛泽东手书选集·古诗词卷（下）》，北京出版社 1996 年版，第 149 页。

【注释】

（1）"近来"二句，语本《孟子·尽心下》："孟子曰：'尽信书，则不如无书。吾于《武成》，取二三策而已矣。仁人无敌于天下，以至仁伐至不仁，而何其血之流杵也？'"

（2）"以手"句，套用《汉书·龚胜传》："博士夏侯常见胜应禄不和，起至胜前，谓曰：'宜如所奏言。'胜以手推（夏侯）常曰：'去！'"

【赏析】

《西江月》，词牌名，调名取自唐李白《苏台览古》"只今唯有西江月，曾照吴王宫里人"。又名《白苹香》《步虚词》《晚香时候》《玉炉三涧雪》《江月令》等。双调五十字，前后段各四句。

辛弃疾二十二岁时，就在沦陷区的北方举起抗金义旗，为义军首领耿京掌书记，并劝耿京南向联络宋廷。后耿京为叛徒张安国所杀，辛弃疾率五十骑，将张安国劫出金营，解送南宋的建康斩首。这时的辛弃疾，豪气干云。但入南宋后，由于南宋小朝廷对外屈辱求和，主张抗金的辛弃疾不是沉沦下僚，就是被派往远离前线的后方去任职，不能发挥他抗金志向与才能，最后还被废退家居，闲居生活达十八年之久。《西江月·遣兴》这首词，大概就是在他废退闲居时的作品。这首词题作《遣兴》，犹遣怀、抒发情怀、解闷散心之意。唐杜甫《可惜》诗云："宽心应是酒，遣兴莫过诗。"宽心意谓胸中有忧愁烦闷需要排解，所以要通过写诗表现出来，辛弃疾也正是这样。

词的上阕词人说忙在喝酒贪欢笑。"醉里且贪欢笑，要愁那得工夫。"三国魏曹操《短歌行》云："慨当以慷，忧思难忘。何以解忧？唯有杜康。"杜康，酒名。开头二句抒情，词人便如同曹操一样，把"醉"和"愁"联系起来，仍是借酒浇愁之意。此二句是说，只好醉里贪欢，免得老是犯愁。说没工夫发愁，是反话，实际是说愁太多了，要愁也愁不完。一个"且"字，就从字里行间流露出这"欢笑"比"痛哭"还要悲哀：词人是无法排解内心的苦闷和忧愁，姑且想借酒醉后的笑闹来忘却忧愁。这样便把词人内心的极度忧愁深刻地反映了出来，比用山高水长来形容愁显得更深切、更形象、更可信。"近来始觉古人书，信著全无是处"，接着两句进一步抒写愤激的情绪。孟子曾说过："尽信书，则不如无书。"说的是书上的话不能完全相信。而词人却说，最近领悟到古人书中的话都是不可信的，如果相信了它，自己便是全错了。表面上好像是否定一切古书，其实这只是词人发泄对现实的不满情绪而故意说的偏激话，是针对南宋朝廷中颠倒是非的状况而说的。辛弃疾主张抗战，反对投降，要求统一祖国、反对分裂，这些本来都是古书中说的正义事业和至理名言，可是被南宋朝廷中的当权派说得全无是处，这恰恰说明古书上的道理现在都行不通了。词人借醉后狂言，很清醒地从反面指出了南宋统治者完全违背了古圣贤的教训。

上阕词人曲笔达意，正话反说，有咀嚼不尽之味。下阕则完全是描绘一次醉态，写出了一个戏剧性的场面。"昨夜松边醉倒，问松'我醉何如'。"先交代一句：时间发生在"昨夜"，地点是在"松边"。这次醉后竟与松树对话，问松树自己醉得如何，这是醉态之一。以松树为友，可见知音极少。"只疑松动要来扶，以手推松曰'去'"，结末二句是说，自己醉后摇晃，却以为是松树摆动；明明是自己扶着松树站起来，却说松树要扶他，最后是用手推开松树，命令它走开，这些醉态写得非常逼真，可谓惟妙惟肖。但这不拘形迹的醉态，实际上也都是表现对当时现实的一种反抗。题目曰"遣兴"，也说明这是抒写情怀。词中曲折地表达了自己的思想情绪。

此词语言明白如话，文字生动活泼，表现手法新颖奇崛，体现了作者晚年清丽淡雅的词风。现代词学家夏承焘说："全词写醉酒心情：欢之可贪，因为它暂得之不易；古书之不可信，因为当时南宋的社会现实已经不似古书里所说的。下片写出自己倔强性格，就是他的《贺新郎》词所谓'北夏门高从拉攞，何事须人料理'。这样写闲适，和朱敦儒一班人的'拖条筇仗家家竹，上个篮舆处处山'，显然是另一种心情。"

刘一止

刘一止（1078—1160），字行简，号苕溪，湖州归安（今浙江湖州）人，宋词人。宋徽宗宣和进士。宋高宗绍兴初，除秘书省校书郎，迁给事中，言事不避权贵，忤秦桧罢去。桧死，召赴行在，以敷文阁直学士致仕。绍兴三十年（1160）卒，年八十三。《宋史》有传。著有《苕溪集》五十五卷。

【原文】

夜行船·十顷疏梅开半就

十顷疏梅开半就[1]。折芳条、嫩香沾袖。今度何郎[2]，尊前疑怪[3]，花共那人俱瘦。　　侧侧轻寒吹散酒[4]。高城近、怕听更漏[5]。可惜溪桥，月明风露，长是在那人归后。

【毛泽东圈评等情况】

毛主席在读书过程中，发现有错别字是不放过的，他就用笔把错别字划掉或打上记号，然后再写上正确的字。如《词综》中刘一止的《夜行船》中"测测轻寒吹散酒"一句，主席则改为"侧侧轻寒吹散酒"，即侧侧误为测测。

[参考] 谢静宜：《毛泽东身边工作琐忆》，中央文献出版社
2015年版，第84—85页。

【注释】

（1）顷，面积单位，百亩为顷。

（2）何郎，指南朝诗人何逊。何逊青年时即以文学著称，为当时名

流所称道。其《咏早梅》为咏梅名作。

（3）尊前，亦作"樽前"，酒尊的面前。宋欧阳修《惠泉亭》："使君今是尊前客，谁与山泉作主人？"尊，古代酒器，青铜制，形似觚而中部较粗，鼓腹，侈口，高圈足。圆形或方形，用以盛酒，盛行于商代和西周初期。

（4）侧侧，应作"恻恻"，悲痛之态。晋潘岳《寡妇赋》："庶浸远而哀降兮，情恻恻而弥甚。"

（5）更漏，古代用滴漏计时，夜间凭漏刻传更。唐许浑《韶州驿楼宴罢》："主人不醉下楼去，月在南轩更漏长。"

【赏析】

《夜行船》，词牌名，《太平乐府》、元人词归入双调，黄绍功词名其为《明月棹孤舟》。

这是一首咏物词。词的上阕叙事。"十顷疏梅开半就"，上阕首句描写，直擒主题写梅花：疏朗的梅花种植面积达百亩之多，已有一半开放，另一半尚在含苞待放，更显得有风味。"折芳条、嫩香沾袖"，接下来二句叙事，写主人一个动作：他折下一枝柔嫩枝条，梅花的香气沾满了衣袖。"今度何郎，尊前疑怪，花共那人俱瘦"，用典而兼抒情，是说诗人和挚友边赏梅边饮酒，他敏锐地发现，梅花和他的朋友都瘦了，暗点愁思。"何郎"用典，指南朝梁诗人何逊。何逊以《咏早梅》著称于世。其《咏早梅》诗云："兔园标物序，惊时最是梅。衔霜当路发，映雪拟寒开。枝横却月观，花绕凌风台。朝洒长门泣，夕驻临邓林。应知早飘落，故逐上春来。"诗中称赞梅花开得最早，不怕霜雪，敢抗风寒。通过对梅花这种坚贞品质的歌颂表达了作者自己清高自负的思想。此诗为六朝咏梅名篇，对后世文人同题诗作影响甚大，后来诗人咏梅多用此事为典。联系何逊的身世遭遇，诸如早露才华、受到时人称赞、得到皇帝信幸，但也比较早地被皇帝疏远等，可知这诗是有所寄托的。

词的下阕抒情。"侧侧轻寒吹散酒"，首句接上阕叙事而兼抒情。在初春的轻寒之中，饮酒时间已经很长了，应该散席了，人们总是喜聚厌散，所以到散席时总有一种抑郁不欢之气。接下来一句叙事："高城近、怕听更漏。"也许从初更已到三更天了，宴席确实该散了。"可惜溪桥，月明风露，长是在那人归后"，末三句叙事而兼抒情，诗人眼看着挚友过了小溪上那座小桥，再望天空，月朗星稀，微风吹拂，常常总是那位朋友走后，自己才离开，一种怅然若失的情调跃然纸上。

程 垓

程垓，字正伯，眉山（今四川眉山）人。宋孝宗淳熙十三年（1186）
游临安（今浙江杭州），陆游为其所藏山谷帖作跋，未几归蜀。撰有帝王
君臣论及时务利害策五十篇。宋光宗绍熙三年（1192），已五十许，杨万
里荐以应贤良方正科。绍熙五年（1194）乡人王称序其词，谓"程正伯
以诗词名，乡之人所知也。余顷岁游都下，数见朝士，往往亦称道正伯
佳句"。冯煦《蒿庵论词》："程正伯凄婉绵丽，与草窗所录《绝妙好词》
家法相近。"有《书舟词》（一作《书舟雅词》）一卷。

【原文】

芭蕉雨·雨过凉生藕叶

雨过凉生藕叶。晚庭消尽暑，浑无热⁽¹⁾。枕簟不胜香滑⁽²⁾。争奈宝帐
情生⁽³⁾，金尊意惬⁽⁴⁾。　　玉人何处梦蝶⁽⁵⁾。思一见冰雪⁽⁶⁾。须写个帖儿
丁宁说⁽⁷⁾。试问道：肯来么？今夜小院无人，重楼有月⁽⁸⁾。

【毛泽东圈评等情况】

毛泽东读清朱彝尊、汪森编选《词综》时曾圈阅这首《芭蕉雨·雨过
凉生藕叶》。

[参考] 张贻玖：《毛泽东评点、圈阅的中国古典诗词》，
中国工人出版社1992年版，第250页。

【注释】

（1）浑，简直。

（2）枕簟（diàn），枕席，泛指卧具。《礼记·内则》："敛枕簟，洒

扫室堂及庭，布席，各从其事。"唐韩愈《新亭》诗："水文浮枕簟，瓦影荫龟鱼。"不胜，受不住，承担不了。胜，承受，经得起。《管子·入国》："子有幼弱，不胜养为累者。"尹知章注："胜，堪也。谓不堪自养，故为累。"

（3）争奈，怎奈，无奈。唐顾况《从军行》之一："风寒欲砭肌，争奈裘袄轻？"宝帐，华美的帐子。南朝宋鲍照《代陈思王京洛篇》："宝帐三千万，为尔一朝容。"

（4）金尊，亦作"金樽"，酒尊的美称。南朝宋谢灵运《石门新营所住》诗："芳尘凝瑶席，清醑满金樽。"意惬（qiè），心里很满足。惬，快意，满足。

（5）玉人，容貌美丽的人。唐房玄龄等《晋书·卫玠传》："（玠）年五岁，风神秀异……总角乘羊车入市，见者皆以为玉人，观之者倾都。"梦蝶，《庄子·齐物论》："昔者庄周梦为蝴蝶，栩栩然蝴蝶也；自喻适志与，不知周也；俄然觉，则蘧蘧然周也。"本为寓言，后多用"梦蝶"表示人生原属虚幻的思想。

（6）冰雪，冰和雪，形容肌肤洁白滑润。《庄子·逍遥游》："藐姑射之山，有神人居焉，肌肤若冰雪，绰约若处子。不食五谷，吸风饮露。"郭庆藩集释："冰，古凝字，肌肤若冰雪，即《诗》所谓肤如凝脂。"

（7）帖儿，即帖子，名帖，名片。宋蔡绦《铁围山丛谈》卷一："及寿节日，则宰臣预命直省官具帖子，请学士待制赴尚书省赐宴斋筵。"

（8）重楼，层楼。战国赵荀卿《荀子·赋》："志爱公利，重楼疏堂。"

【赏析】

《芭蕉雨》，词牌名。双调六十五字，前段五句四仄韵，后段六句四仄韵。

在赵宋王朝的时代里，文人的诗酒风流之事实乃司空见惯，恬不为怪，就连欧阳修、苏东坡、辛弃疾一类大文学家也莫不如此。程垓是苏东坡中表兄弟程正辅之孙，此词亦为思恋佳丽之作。

词的上阕描写词人所处环境。"雨过凉生藕叶。晚庭消尽暑，浑无热"，开头三句写词人所处的时间、地点和节候。时间是晚上，地点是小院，节候是夏季雨后。此三句是说，一阵雨后，池塘内藕叶生翠，凉气四溢，晚间厅堂内暑气全消，没有一丝烦热，好一个凉爽宜人的夜晚。"枕簟不胜香滑。争奈宝帐情生，金尊意惬"，三句写词人酒兴顿生。"簟"是精美的枕席，泛指卧具。"宝帐"，饰有珠宝的床帐。"金尊"，即金樽，贵重的酒器。天凉宜人，佳人卧室内的床上帐内，竹席光滑细腻，枕席浓香飘散。处在这样的环境，不由得使人情思顿生。而情爱和酒总是密切联系在一起的，"金尊意惬"，美酒喝得差不多了，情意朦胧。

词的下阕写与情人约会。"玉人何处梦蝶。思一见冰雪"，换头处二句，"玉人"，如花似玉的美人；"梦蝶"，指庄周梦中化为蝴蝶的故事，此处借指玉人今晚所在之处。由于词中男主角情思酒兴顿生，不能自已，所以想得知美丽的情人今晚身在何处，以便折简相请，要一睹玉人肌如冰雪般的玉体。"须写个帖儿丁宁说"，就是说需要修书相邀。"帖儿"，就是名帖，便笺。"丁宁"，就是写上几句热情恳切的肺腑之言，于此可见两人的关系已非一二日了。"试问道，肯来么？今夜小院无人，重楼有月"，煞尾三句，具体写叮咛的内容。"试问道：肯来么"，表示客气。"今夜小院无人，重楼有月"，意谓环境清静，无人打搅。院中夜色晴和，楼上月光皎洁，正好可以两相厮守、饮美酒、话衷肠、度良宵。

这首词雅中见俗，与词的俚俗内容相应，生动活泼，表现力强。口语的入词，如"试问道：肯来么？今夜小院无人，重楼有月"就是。这也是这首词生动活泼的原因之一。

【原文】

酷相思·月挂霜林寒欲坠

月挂霜林寒欲坠[(1)]。正门外、催人起。奈离别如今真个是[(2)]。欲住也、留无计[(3)]。欲去也、来无计。　　马上离魂衣上泪[(4)]。各自个、供憔悴[(5)]。问江路梅花开也未？春到也、须频寄。人到也、须频寄[(6)]。

【毛泽东圈评等情况】

毛泽东读清朱彝尊、汪森编选《词综》卷十三时曾圈阅这首《酷相思·月挂霜林寒欲坠》。

[参考] 张贻玖：《毛泽东评点、圈阅的中国古典诗词》，

中国工人出版社 1992 年版，第 250 页。

【注释】

（1）欲坠，指天上月轮西垂，黎明将至。

（2）奈离别，意思是说无法对付离别，不得不就此分手。奈，奈何，无奈。真个是，即真是，真的是。

（3）无计，没有计策、办法。

（4）离魂，指游子的思绪。宋柳永《满江红》词之四：“两两栖禽归去急，对人相并声相唤。似笑我、独自向长途，离魂乱。”

（5）供憔悴，指双方因离别都呈现出一副憔悴的面容。供，供奉，词中引申为“呈现”。憔悴，黄瘦，瘦损。《国语·吴语》：“使吾甲兵钝弊，民日离落而日以憔悴，然后安受吾烬。”韦昭注：“憔悴，瘦病也。”

（6）“问江路梅花开也未？”等句，化用北魏陆凯《赠范晔诗》“折梅逢驿使，寄与陇头人”及《西洲曲》“忆梅下西洲，折梅寄江北”一类诗句，描写女子的临别叮咛，意思是提醒对方别将自己遗忘，希望他看到梅开而想到自己，春天到来时要折梅相寄，人到目的地后也要折梅相寄；频寄，频繁地折梅相寄。

【赏析】

《酷相思》，词牌名。双调，六十六字，上下片各四仄韵，一叠韵。

这是一首赋写别情的词。宋词中这类题材的作品不可胜数，然而程垓这首词《酷相思·月挂霜林寒欲坠》，却极为词论家所称赞，甚至有“秦（观）七黄（庭坚）九莫及也”（《词林纪事》卷九）之评。秦观、黄庭坚乃苏轼的得意门生，宋代词坛的高手，秦观尤为词论家所推重，可程垓却被誉为黄、秦莫及，可见对他的评价之高了。

词分上、下两阕，上阕写离别时的感情。"月挂霜林寒欲坠。正门外、催人起"，开头二句点明离别的时间和气候。残月将坠，表明天就要亮了；严霜锁林，说明气候的寒冷。这二句词人以精练的笔墨，展现出一幅残月在天、寒霜满地、寒气袭人的离别环境，渲染出一种哀残凄寒的气氛。就在这样的气氛中，"正门外、催人起"。"起"，起程。上路需要别人催促，表明不愿离别，迟疑再三。"催人起"三字将依恋、不忍离别的心情，曲折而又明晰地传达出来了。"奈离别如今真个是。欲住也、留无计。欲去也、来无计。"后三句写离别时的矛盾心情。"奈"犹言无奈，没有办法对付的意思。"奈离别"，即对于目前的离别毫无办法，以至于出现了矛盾的心情：想住下不走，可又没有办法使自己留下来；想离别暂去，可又没有办法重来相见。真可谓住不可得，去怕难逢。这种进退两难的情形，展现了离人曲折、矛盾的心理状态，从而把一个深于情、痴于情而又专于情的多情种子的形象，活脱脱地刻画出来了。

词的下阕写别时的情态和殷勤的叮嘱。"马上离魂衣上泪。各自个、供憔悴"，换头处二句，正面写离别。"马上"二字说明在"欲住也、留无计"的情况下，行人不得已已经上了马，准备出发了。"马上离魂"四字，造语极工，表明此时此刻行人的整个灵魂都为离情所占据，所以不言离情之浓，而浓重的离情已尽在其中矣。"衣上泪"，指恋人泪下如雨，以致衣衫也被沾湿了。"各自个、供憔悴"句，明白直呼，"憔悴"二字说明，离情太折磨人了，使得男女双方都显得憔悴瘦弱。这正像南朝梁江淹在《别赋》中所说的"黯然销魂者，唯别而已矣"。"问江路梅花开也未？春到也、须频寄。人到也、须频寄。"末尾三句，叮嘱多通信息。既然离别已不可免，那么叮嘱别后多多通信，便是自然而然、顺理成章的事了。"频寄"，指多寄梅花。梅花是友谊的象征。故女子临别叮咛，提醒对方别将自己遗忘，希望他看到梅开而想到自己。春天到来时要折梅相寄，人到目的地后也要折梅相寄。

这首词的内容为赋写离情，而情唯有真者才能扣人心弦。此词之所以动人，就因为其所抒写情感是合乎情理而又真实不欺的。

石孝友

石孝友，字次仲，江西南昌人，南宋词人。生卒年不详。宋孝宗乾道二年（1166）进士。填词常用俚俗之语，状写男女情爱。仕途不顺，不羡富贵，隐居于丘壑之间。著有《金谷遗音》。

【原文】

卜算子·见也如何暮

见也如何暮⁽¹⁾。别也如何遽⁽²⁾。别也应难见也难⁽³⁾，后会难凭据⁽⁴⁾。去也如何去⁽⁵⁾，住也如何住。住也应难去也难，此际难分付⁽⁶⁾。

【毛泽东圈评等情况】

毛泽东曾圈阅这首《卜算子·见也如何暮》。

[参考] 张贻玖：《毛泽东评点、圈阅的中国古典诗词》，
中国工人出版社 1992 年版，第 252 页。

【注释】

（1）上片的"如何"，犹言"为何"。暮，迟，晚。

（2）遽（jù），急，仓猝。

（3）别也应难见也难，化用唐李商隐《无题》中"相见时难别亦难，东风无力百花残"诗意。

（4）凭据，凭证，证据。唐白居易《论姚文秀打杀妻状》："况阿王已死，无以辨明。姚文秀自云相争，有何凭据？"

（5）下片的"如何"，犹言怎样。

（6）难分付，宋人口语，犹言不好办。分付，处置，发落。南宋刘克庄《贺新郎》词："北望神州路，试平章、这场公事，怎生分付？"

【赏析】

众所周知，离别是中国文学史上万古常青的一大主题。自《诗经·邶风·燕燕》以来，描写离别伤思的上乘之作不止万千，但读这首《卜算子》，却仍觉清新俊逸，令人百看不厌。

词的上阕写相见恨晚。"见也如何暮"，起句即叹相见恨晚。著一"也"字，如闻叹惋之声。如何，犹言为何。相见为何太晚？主人公是个性情中人，见也如何暮，其故自知，知而故叹，此正无理而妙。从此一声发自肺腑的叹恨，已足见其情意之重、相爱之挚矣，亦见其心情之怅触。相见太晚的原因是"别也如何遽"。又是一声长叹：相别又为何太匆忙，原来，主人公眼下正当离别。此句中"如何"，亦作"为何"解，叹恨为何仓促相别。则两人忘形尔汝，竟不觉光阴荏苒，转眼就要相别之情景，可不言而喻。上句是言过去，此句正言现在。"别也应难见也难"，此句用典，唐李商隐《无题》有"相见时难别亦难"的名句。此句用此意。但词人把过去之相见、现在之相别一笔挽合，并且暗示着将来难以重逢。相见则喜，相别则悲，其情本异。相见时难，相别亦难，此情则又相同。两用难字，挽合甚好，语意精辟。不过，相别之难，只缘两情之难舍难分；相见之难，则为的是人事错迕之不利。两用难字，意蕴不同，耐人寻味。上阕叹恨相见何晚，是言过去；又叹相别何遽，是言现在；再叹后会无凭，则是言将来。在此一片叹惋声中，已道尽此一爱情过去、现在、未来之全部矣。

下阕写去不可止。"去也如何去，住也如何住"，换头处二句，写行人临去时的犹豫。此处的"如何"，犹言怎样，与上阕用法不同。行人去也，可是又去不得了、不舍得走，可是要"住"，即留下不去，情势所迫，又不能够，正是"住也应难去也难"。此句与上阕同位句句法相同，亦是挽合之笔。句中两用难字，意蕴相同。而"别也应难见也难"之两用难字，则所指不同。此皆须细心体味。写临别之情，此已至其极。然而，结句仍写此情，加倍写之，笔力始终不懈。"此际难分付。"此际正谓当下临别之际。分付训发落，宋人口语。难分付，犹言不好办。多情自古伤离别，而临别之际最伤心。此时此刻，唯有徒唤奈何而已。词情在高潮处戛然而止，余音却在绕梁，三日不绝。

　　此词在艺术上富于创新，其构思、结构、语言、声情皆可称道。一般离别之作，皆借助情景交炼，描写离别场景，刻画人物形象，以烘托渲染离情。此词却跳出常态，另辟蹊径，既不描写景象，也不刻画人物形象，而是直凑单微，托出离人心态。如此则人物情景种种，读者皆可于言外想象得之。《卜算子》词调上下片匀称一致，此词充分利用了这一特点营造其抒情结构。上下片句法完全一样，全幅结构结态便具有对仗严谨之美。此词语言纯然口语，明白如话，读来如闻其声，如见其人。尤其词中四用如何，五用难字，八用也字，兼以分付结尾，真是将情人临别伤心惶惑、无可奈何、万般难堪之情，表现得淋漓尽致。整齐的句拍、高亮的韵调、复沓的字声，构合成一部声情协调、凄楚激越而又回环往复的乐章，于其所表现的缠绵悱恻、依依不舍之离情，实为一最佳声情载体。清李调元《雨村词话》卷二中说："词中白描高手，无过石孝友。《卜算子》……所谓不著一字，尽得风流。"

陈 亮

陈亮（1143—1194），原名陈汝能，字同甫，号龙川，学者称为龙川先生，婺州永康（今浙江永康）人，南宋思想家、文学家。

陈亮才气超迈，喜谈兵事。宋孝宗时，被婺州以解头荐。宋孝宗乾道五年（1169），上《中兴五论》。淳熙五年（1178），再诣阙上书，极论时事，反对和议，力主抗金。遭人嫉恨，两度入狱。出狱后志气益励。淳熙十五年（1188），第三次上书，建议由太子监军，驻节建康，以示锐意恢复。宋光宗绍熙二年（1191），被人诬告，第三次下狱，次年出狱。绍熙四年（1193），被宋光宗亲擢为状元，授金书建康府判官公事，未及就任而逝，年五十二。宋理宗时，追谥"文毅"。

陈亮倡导经世济民的"事功之学"，提出"盈宇宙者无非物，日用之间无非事"，指摘理学家空谈"道德性命"，创立永康学派。与朱熹友善，论学则冰炭不相容，曾进行过多次"王霸义利之辩"。所作政论气势纵横、笔锋犀利。词作也感情激越，风格豪放，与辛弃疾词风相近。其艳丽、闲适、应酬、投赠、祝寿之作，则清幽闲淡，疏宕有致。清刘熙载《艺概》卷四说："同甫与稼轩为友，其人才相若，词亦相似。"

著作有《龙川文集》《龙川词》等。1974年中华书局出版校点本《陈亮集》。

【原文】

水龙吟·春恨·闹花深处层楼

闹花深处层楼[1]，画帘半卷东风软[2]。春归翠陌，平莎茸嫩[3]，垂杨金浅[4]。迟日催花[5]，淡云阁雨[6]，轻寒轻暖。恨芳菲世界[7]，游人未赏，都付与、莺和燕。　　寂寞凭高念远，向南楼、一声归雁。金钗斗草[8]，青丝勒马⁽⁹⁾，风流云散。罗绶分香⁽¹⁰⁾，翠绡封泪⁽¹¹⁾，几多幽怨！正销魂又是⁽¹²⁾，疏烟淡月⁽¹³⁾，子规声断⁽¹⁴⁾。

【毛泽东圈评等情况】

毛泽东曾圈阅这首《水龙吟·闹花深处层楼》。

[参考] 张贻玖：《毛泽东评点、圈阅的中国古典诗词》，中国工人出版社1992年版，第251页。

【注释】

（1）闹花，形容繁花似闹。繁花，盛开的花。宋宋祁《木兰花》："红杏枝头春意闹。"层楼，高楼。。

（2）画帘，有画饰的帘子。唐杜牧《怀钟陵旧游》诗之三："一声明月采莲女，四面朱楼卷画帘。"东风软，指春风吹来使人感觉酥软。东风，指春风。

（3）平莎（suō），平原上的莎草。莎，莎草，多年生草木，长于原野沙地。茸，草初生纤细柔软的样子。

（4）金浅，指嫩柳的浅淡金黄颜色。

（5）迟日，指春日。《诗经·豳风·七月》："春日迟迟，采蘩祁祁。"催花，催动百花开放。

（6）阁雨，停雨。阁，犹"搁"，停止。

（7）芳菲，芳华馥郁。南朝陈顾野王《阳春歌》："春草正芳菲，重楼启曙扉。"

（8）金钗斗草，拔金钗作斗草游戏，古代女子的一种嬉戏。南北朝梁宗懔《荆楚岁时记》："竞采百药，谓百草以蠲除毒气，故世有斗草之戏。"

（9）青丝勒马，用青丝绳做马络头。古乐府《陌上桑》："青丝系马尾，黄金络马头。"

（10）罗绶分香，临别以香罗带贻赠留念。宋秦观《满庭芳》词："消魂，当此际，香囊暗解，罗带轻分。"罗绶，罗带。

（11）翠绡（xiāo）封泪，翠巾裹着眼泪寄与对方，典出宋张君房《丽情集》："灼灼，锦城官中奴，御史裴质与之善。裴召还，灼灼每遣人以软红绢聚红泪为寄。"翠绡，绿色的薄绢。唐杜牧《题池州弄水亭》诗："弄水亭前溪，飐滟翠绡舞。"

（12）销魂，谓灵魂离开肉体，形容极其哀愁。南朝梁江淹《别赋》："黯然销魂者，唯别而已矣。"

（13）疏烟淡月，稀薄的烟雾和不太明亮的月亮或月光。

（14）子规，杜鹃鸟的别名。传说为蜀帝杜宇的魂魄所化。常夜鸣，声音凄切，故借以抒悲苦哀怨之情。

【赏析】

这首词初看起来，是一首伤春念远的词。下阕开头既已点明全词的"念远"主旨，接下来通过回忆，写昔日邂逅的情境与别后的"幽怨"，后又回到眼前，烟月迷离，子规声咽，一片凄清景致，更增几多离愁。陈亮乃南宋气节之士，其创作绝少儿女情长。故有人认为此作寄托了恢复之志。

上阕写春光烂漫，又作转折，说春色如此美妙，却无人欣赏。"闹花深处层楼，画帘半卷东风软。春归翠陌，平莎茸嫩"，起首用"闹"字烘托花的精神情态，同时总揽春的景象，与宋祁《玉楼春》"红杏枝头春意闹"句相比，毫不逊色，加上东风软（和煦），更烘托出春光明媚、春色宜人。"春归翠陌，平莎茸嫩"，春天到了，小路的两边长满绿草，平地上生出一片莎草。用茸嫩形容初春的草，贴切恰当。接下来四句"垂杨金浅。迟日催花，淡云阁雨，轻寒轻暖。"这些都是春归大地后带来的春景、春色。荟萃如此多样的美好景色，本可引人入胜，使人目不暇接而流连忘返。可是歇拍四句却指出："恨芳菲世界，游人未赏，都付与、莺和燕。"在今朝，游人未曾赏玩这芳菲世界，只能被啼莺语燕所赏玩。莺燕是"能赏而不知者"（《草堂诗余正集》沈际飞语），游人则为"欲赏而不得者"（同上）。

词的下阕仍用融情入景的方法表现春愁。"寂寞凭高念远，向南楼、一声归雁。"过片两句，因寂寞而凭高念远，向南楼问一声归雁。从上阕看，姹紫嫣红，百花竞放，世界是一片喧闹的，可是这样喧闹的芳菲世界而懒得去游赏，足见主人公的处境是孤立无助的，心情是压抑的。雁足能传书信（见《汉书·苏武传》），于是鸿雁充当了信使。因为征人未回，故向南楼探问归雁消息。"金钗斗草，青丝勒马，风流云散"三句，谓昔年赏心乐事，而此时已如风消云散。"罗绶分香，翠绡封泪，几多幽怨"三句，谓难忘别时的恋情，难禁别后的泪，难遣别久的幽怨。几多幽怨，数不清的牢愁暗恨。"正销魂又是，疏烟淡月，子规声断"，由于又看到了与昔年离别之时一般的疏烟淡月、子规声断，触发她的愁绪而黯然销魂。子规鸣声凄厉，最容易勾动人们的别恨乡愁。清季词论家刘熙载评这几句词："言近旨远，直有宗留守（宗泽）大呼渡河之意。"（《艺概》）以小词比壮语，不觉突兀，是因其精神贴近之故。陈亮传世的词七十多首，风格大致是豪放的，但也出现了一些婉约的作品，但其和婉中仍含刚劲之气，所谓骨子里还是刚的。

【原文】

虞美人·春愁·东风荡飏轻云缕

东风荡飏轻云缕[1]，时送萧萧雨[2]。水边台榭燕新归[3]，一口香泥、湿带落花飞[4]。　海棠糁径铺香绣[5]，依旧成春瘦[6]。黄昏庭院柳啼鸦[7]，记得那人、和月折梨花[8]。

【毛泽东圈评等情况】

毛泽东曾圈阅这首《虞美人·东风荡飏轻云缕》。

[参考]张贻玖：《毛泽东评点、圈阅的中国古典诗词》，中国工人出版社1992年版，第251页。

【注释】

（1）荡飏（yáng），飘扬，飘荡。唐权德舆《自桐庐如兰溪有寄》诗："风前荡扬双飞蝶，花里间关百啭莺。"轻云，薄云，淡云。三国魏曹植《洛神赋》："仿佛兮若轻云之蔽月，飘飖兮若流风之回雪。"缕（lǚ），一条一条的。

（2）萧（xiāo）萧雨，形容雨声萧萧作响。萧萧，象声词，常形容马叫声、风雨声、流水声、草木摇落声、乐器声等。《诗经·小雅·车攻》："萧萧马鸣，悠悠旆旌。"宋王安石《试院中五绝句》之五："萧萧疏雨吹檐角，噎噎暝蜩啼草根。"

（3）台榭（xiè），建筑在高台上临水的、四面敞开的楼阁。

（4）一口香泥、湿带落花飞，谓新归双燕衔泥筑巢。宋陈纂《葆光录》："行人折柳和轻絮，飞燕衔泥带落花。"

（5）糁（sǎn），掺和。香绣，这里指海棠花瓣。

（6）成春瘦，花落则春光减色，有如人之消瘦，此言春亦兼及人。

（7）柳啼鸦，归鸦啼于柳上。

（8）那人，指所思女子，极言人与境界之实。宋晏殊《寓意》："梨花院落溶溶月。"

【赏析】

《虞美人》，词牌名，此调原为唐教坊曲，初咏项羽宠姬虞美人，因以为名。又名《一江春水》《玉壶水》《巫山十二峰》等。双调，五十六字，上下片各四句，皆为两仄韵转两平韵。

南宋政权建立以来，统治者不思举兵北伐，只是以向金人卑躬屈膝来换取一时的安宁。陈亮怀有一腔报国之志，多次上书宋孝宗，陈述复国方略，却从未被采纳。长期的乡居生活并没有让他的志向发生改变，磊落不平之气多次借由诗词抒发出来。在陈亮眼里，春光带给他的只有愁和恨，这首《虞美人·春愁·东风荡飏轻云缕》便是其中一首。

词的上阕写景，但景中有愁。"东风荡飏轻云缕，时送萧萧雨"，开篇两句没有写"红杏枝头春意闹"的芳菲春景，而是直说"风""雨"。东风轻拂着大地，几缕淡淡的云彩在天空飘荡。这两句里的"风"和"雨"，是全词的词眼，大好的春光就是在风雨中消逝的，领起了全篇词意。"水边台榭燕新归，一口香泥、湿带落花飞。"三、四两句化用白居易《钱塘湖春行》中的"谁家新燕啄春泥"、宋陈纂《葆光录》"行人折柳和轻絮，飞燕衔泥带落花"的诗意。燕子才刚刚归来，还未来得及观赏芳菲春色，满树花朵却已经凋零。如此景象，词人不由产生满腔感慨，满腹愁绪。这里的"泥"承第二句"萧萧雨"，"落花"承第一句"东风荡飏"而来。燕子新归，而落红已经成阵，目睹这种景色，词人的感慨之情油然而生。

词的下阕首句承上阕"落花"，开始描写凋零的海棠，融情入境表现春愁。"海棠糁径铺香绣，依旧成春瘦。"换头处二句，词人只取了海棠一种花来进行描写，但是读者从中仿佛还可以看到桃花、杏花、梨花……落红满地。当所有春花凋零并被泥土掩埋，一下雨便成了泥，也就没有什么春色可言。用"春瘦"来形容春色渐失，十分形象传神，也是全词的主旨所在。春也如人一般，在万花凋零的满腹愁绪中逐渐消瘦，逐渐疲惫不堪。结尾两句"黄昏庭院柳啼鸦，记得那人、和月折梨花"。最后才出现人的形象，画面也顿时变得更加丰富。黄昏的时候，小院中的柳树上栖息有啼叫的乌鸦；记得那位女主人，在月光之下来折梨花。月下折梨花，月色、梨花都是白的，两无分别，故曰"和月（月光）折梨花"。

全词无一字说愁，却处处透着愁绪。春天本是百花竞放、喧闹芳菲的季节，可是经历一场风雨后，凋零的花朵、衔泥的春燕、对月啼叫的乌鸦却让人顿感凄凉。花开花落虽是自然之理，却引发了敏感词人心中的无限愁绪；凄凉的其实不只是春色，也是词人因年华渐逝、壮志未酬而生的悲哀。词中的抑郁哀婉之气令读者读之不禁为作者坎坷的生平而动容。清张宗橚《词林纪事》卷十一："陈龙川好谈天下大略，以气节自居，而《虞美人·春愁》亦疏宕有致。"

【原文】

念奴娇·登多景楼·危楼还望

危楼还望⁽¹⁾，叹此意、今古几人曾会？鬼设神施⁽²⁾，浑认作、天限南疆北界⁽³⁾。一水横陈⁽⁴⁾，连岗三面⁽⁵⁾，做出争雄势⁽⁶⁾。六朝何事⁽⁷⁾，只成门户私计⁽⁸⁾！　　因笑王谢诸人，登高怀远，也学英雄涕⁽⁹⁾。凭却长江，管不到，河洛腥膻无际⁽¹⁰⁾。正好长驱，不须反顾，寻取中流誓⁽¹¹⁾。小儿破贼⁽¹²⁾，势成宁问强对⁽¹³⁾！

【毛泽东圈评等情况 】

毛泽东曾圈阅这首《念奴娇·危楼还望》。

> [参考] 张贻玖：《毛泽东评点、圈阅的中国古典诗词》，
> 中国工人出版社 1992 年版，第 251 页。

1974 年 8 月 25 日，毛泽东写下《唐宋名家词选》（龙榆生编选）书名，告诉身边工作人员，要看这本书。这本书中载有这首《念奴娇·登多景楼·危楼还望》。

毛泽东晚年，悲凉慷慨的南宋词伴他度过最后的岁月。特别是南宋一批慷慨悲歌的爱国词人的作品集，如辛弃疾的《稼轩长短句》、张孝祥的《于湖集》、张元干的《归来集》、洪皓的《鄱阳集》，及陆游、陈亮的作品，他都指名要过和读过。

据 1975 年在毛泽东身边工作的人记叙，他时常神情严肃，拍桌击节地高声吟诵陈亮的《念奴娇·登多景楼》、岳飞的《满江红·怒发冲冠》这类作品中"危楼还望，叹此意、今古几人曾会？"……所反复表达的，都是英雄们那种"把栏杆拍遍，无人会，登临意"的济世壮志。

1975 年 8 月初的一天晚上，毛泽东慷慨悲怆地吟咏陈亮的《念奴娇·登多景楼》。吟罢，又让在场的工作人员一起念这首词。平时，也常拍着桌子击节吟诵，以此寄托收复台湾的思绪。

> [参考]陈晋主编：《毛泽东读书笔记解析》，广东人民出版社
> 1996 年版，第 1343—1345 页。

【注释 】

（1）危楼，高楼。北魏郦道元《水经注·沮水》："危楼倾崖，恒有落势。"还（huán）望，环顾。

（2）鬼设神施，设、施，指设计，如神鬼所做的一般，形容诗文十分精妙。唐韩愈《贞曜先生墓志铭》："神施鬼设，间见层出。"

（3）浑认作，全当作。浑，全、满。天限，即天堑。南疆北界，即南北的分界，指南宋和金国。

（4）一水，指长江。

宋词

（5）连岗三面，镇江东、南、西三面均为山峦所环绕。

（6）做出争雄势，形成可以争雄中原地理的形势。

（7）六朝，三国吴、东晋和南朝的宋、齐、梁、陈，相继建都建康（吴名建业，今南京），史称为六朝。唐钱起《江行无题》诗之六九：“只疑云雾窟，犹有六朝僧。”

（8）门户，犹门第，指家庭在社会上的地位等级。南朝陈徐陵《答诸求官人书》：“门户虽高，官资殊屈。”私记，个人的计划或打算。《战国策·燕策三》：“丹之私计，愚以为诚得天下之勇士，使于秦，窥以重利，秦王贪其赞，必得所愿矣。”

（9）“因笑王谢诸人”三句，此代东晋上层人士，喻指今之掌权者。王谢，六朝望族琅琊王氏与陈郡谢氏之合称，后成为显赫世家大族的代名词。晋永嘉之乱后，琅琊王氏和陈郡谢氏族人，从北方南迁至金陵，后因王谢两家之王导、谢安及其后继者们于江左五朝的权倾朝野、文采风流、功业显著而彪炳于史册，成就了后世家族无法企及的荣耀，为后人所嫉美，故有“王谢”之合称。

（10）河洛，黄河和洛河，泛指中原地区。腥膻（xīng shān），亦作“腥羶”，难闻的腥味。亦比喻人间丑恶污浊的现象，旧指入侵的外敌。

（11）中流誓，唐房玄龄等《晋书·祖逖传》载，祖逖北伐渡江时，“中流击楫而誓曰：‘祖逖不能清中原而复济者，有如大江！’辞色壮烈，众皆慨叹。”

（12）小儿破贼，晋军在淝水之战中大败苻坚，捷报传来，谢安置书一旁，了无喜色。客问之，安徐答对弈者曰：“小儿辈遂已破贼。”小儿辈指安弟石、侄玄。事见《晋书·谢安传》及《世说新语·稚量》。

（13）强对，《全宋词》作“疆场”，不如“强对”为好。此指强敌。西晋陈寿《三国志·陆逊传》：“逊按剑曰：‘刘备天下知名，曹操所惮。今在境界，此疆对也。’”疆，通“强”。

【赏析】

词题为《登多景楼》。多景楼，楼名，在今江苏镇江北固山甘露寺内。

宋代郡守陈天麟于唐代临江亭故址修建。多景楼在甘露寺的背后，位于北固山后峰顶上，是一座画梁飞檐楼阁。古名北固楼，亦称春秋楼、相婿楼、梳妆楼。它是古代"万里长江三大名楼"之一，与洞庭湖畔的"岳阳楼"、武汉的"黄鹤楼"齐名。多景楼因宋米芾题书"天下江山第一楼"匾额而闻名。多景楼创建于唐代，楼名取自唐朝宰相李德裕《临江亭》"多景悬窗牖"诗句。楼为两层建筑，回廊四通，面面皆景。登上多景楼，极目远眺，山光水色，奇景多姿，真有凌空飞翔之感。宋孝宗淳熙十五年（1188）春天，词人前往京口（今江苏镇江）考察形势，准备向朝廷陈述北伐的策略，期间曾登多景楼并写下了这首词。

这是一首借古论今之作。词的内容以议论形势、陈述政见为主，正与此行考察形势的目的息息相通。词的上阕借批判东晋统治者偏安江左，谴责南宋统治者不图恢复中原。词人认为，真正的爱国者应当像东晋的祖逖那样，中流击楫，义无反顾。"危楼还望，叹此意、今古几人曾会？"开头两句，凌空而起。撇开登临感怀之作，先写望中景物的俗套，大笔挥洒，直抒胸臆，借景抒情：登楼环顾，不禁百感交集，可叹自己的这番心意，古往今来没有几人能够理解！因为所感不止一端，先将"此意"虚提，总摄下文。以下抒写词人认为"今古几人曾会"的登临意。"今古"一语，暗示了此词是借古论今。"鬼设神施，浑认作、天限南疆北界"，接下来两句，从江山形势的奇险引出对"天限南疆北界"主张的抨击。"鬼设神施"，是形容镇江一带的山川形势极其险要，也是对"天限南疆北界"这种苟安论调的否定。当时南宋统治者不思进取、苟且偷安，将长江作为拒守金人南犯的天险，词人所抨击的，正是这种借天险以求苟安的主张。"浑认作"三字，亦讽亦慨，笔端带有强烈感情。"一水横陈，连岗三面，做出争雄势"三句，指出京口地形险要，是争雄的好据点，对南宋有利，应当北上争雄。其中"做出"一语，表达了词人目击山川形势时兴会淋漓的感受。在词人眼中，山川仿佛有了灵气和生命，灵动起来了。词人认为，山川形势足以北向争雄，问题在于统治者缺乏北伐争雄的远大抱负与勇气。因此，下面紧接着就借批判六朝统治者来揭示现实中当权者苟安论调的思想实质："六朝何事，只成门户私计？"借古讽今，六朝凭险而偏安，为保住少数人私利，无心北伐。而今南宋朝廷颓靡不振，紧步六朝后尘。词人对统治者划江自守的苟安政策的揭露批判，词锋犀利，入木三分。

下阕抨击空论清谈。"因笑王谢诸人，登高怀远，也学英雄涕。"换头处三句，"因笑"二字，承上片结尾对六朝统治者的批判，顺势而下，使上下阕浑然一体。前三句用《世说新语·言语》新亭对泣故事，"王谢诸人"概括东晋世家大族的上层人物，说他们空洒英雄之泪，却无克复神州的实际行动，借以讽刺南宋上层统治集团中有些人空有慷慨激昂的言辞，而无北伐的行动。"也学英雄涕"，讽刺尖刻辛辣，鞭辟入里。"凭却长江，管不到、河洛腥膻无际"二句，意谓今之宋廷据此天险，却不管中原被占已久。这是对统治者"只成门户私计"的进一步批判。"管不到"三字，可谓诛心之笔。到这里，由江山形势引出的对当权者的揭露批判已达极致，下面转承上阕"争雄"，进一步正面发挥登临意。"正好长驱，不须反顾，寻取中流誓"，接下来三句，写祖逖统兵北伐、渡江击楫而誓的故事。在词人看来，这几句词由前面的愤郁转向豪放，意气风发，辞采飞扬，充分显示出词人豪迈爽朗的胸襟气度。"小儿破贼，势成宁问强对！"歇拍二句，承上阕"长驱"，进一步抒写必胜的乐观信念。"小儿破贼"和"强对"分别见《世说新语·雅量》和《晋书·谢安传》，词人用典诉说豪言壮语。到这里，一开头提出的"今古几人曾会"的"此意"已经尽情发挥，全词也就在破竹之势中收笔。

这首词纵论时弊，痛快淋漓，充分显示作者词人兼政论家的性格。这种大气磅礴、开拓万古心胸的强音，是足以振奋人心的。议论战守，纵谈攻防，自六朝王谢至今之庙堂，特别是对那些倡言"南北有定势，吴楚之脆弱不足以争衡中原"的失败论者，明指直斥，毫无顾忌，其精神可流传千古！

洞仙歌·雨·琐窗秋暮

琐窗秋暮⁽¹⁾，梦高唐人困⁽²⁾，独立西风万千恨。又檐花落处⁽³⁾，滴碎空阶，芙蓉院⁽⁴⁾，无限秋容老尽。　　枯荷摧欲折，多少离声⁽⁵⁾，锁断天涯诉幽闷⁽⁶⁾。似蓬山去后⁽⁷⁾，方士来时⁽⁸⁾、挥粉泪⁽⁹⁾、点点梨花香润。断送得、人间夜霖铃⁽¹⁰⁾。更叶落梧桐⁽¹¹⁾，孤灯成晕⁽¹²⁾。

【毛泽东圈评等情况】

毛泽东曾圈阅这首《洞仙歌·琐窗秋暮》。

[参考] 张贻玖：《毛泽东评点、圈阅的中国古典诗词》，
中国工人出版社1992年版，第251页。

【注释】

（1）琐窗，为雕刻或绘有连环形花纹之窗。南朝宋鲍照《玩月城西门廨中》诗："蛾眉蔽珠栊，玉钩隔琐窗。"

（2）梦高唐，即高唐梦。战国楚宋玉《高唐赋》："昔者楚襄王与宋玉游于云梦之台，望高唐之观，其上独有云气，崪兮直上，忽兮改容，须臾之间，变化无穷。王问玉曰：'此何气也？'玉对曰：'所谓朝云者也。'王曰：'何谓朝云？'玉曰：'昔者先王尝游高唐，怠而昼寝，梦见一妇人曰：'妾，巫山之女也，为高唐之客。闻君游高唐，愿荐枕席。'王因幸之。去而辞曰：'妾在巫山之阳，高丘之阻，旦为朝云，暮为行雨。朝朝暮暮，阳台之下。'旦朝视之，如言。故为立庙，号曰朝云。'"借指男女交欢之事。

（3）檐花，靠近屋檐下边开的花。唐李白《赠崔秋浦》诗："山鸟下听事，檐花落酒中。"

（4）芙蓉院，泛指庭院之内广植芙蓉者，一示秋意，因木芙蓉名拒霜，是秋花。若实指，则唐代长安有芙蓉园，亦称芙蓉苑。唐韦述《两京新记》："芙蓉园本隋时离宫，周围十七里，秦为宜春苑，汉为乐游原。"唐杜甫《乐游原歌》："青春波浪芙蓉园，白日雷霆夹城杖。"唐时长安之

芙蓉园或苑皆以池种芙蓉而得名。芙蓉，荷花的别名。战国楚屈原《楚辞·离骚》："制芰荷以为衣兮，集芙蓉以为裳。"洪兴祖补注："《本草》云：其叶名荷，其华未发为菡萏，已发为芙蓉。"

（5）"枯荷"两句，句意脱胎于唐李商隐《宿骆氏亭寄怀崔雍崔衮》："秋阴不散霜飞晚，留得枯荷听雨声。"

（6）锁断，隔断，阻断。天涯，犹天边，指极远的地方。语出《古诗十九首·行行重行行》："相去万余里，各在天一涯。"幽阒，抑郁烦闷。

（7）蓬山，即蓬莱山，相传为仙人所居。南朝梁沈约《桐柏山金庭馆碑》："望玄洲而骏驱，指蓬山而永鹜。"唐李商隐《无题》诗："蓬山此去无多路，青鸟殷勤为探看。"

（8）方士，方术之士。古代自称能访仙炼丹以求长生不老的人。《史记·封禅书》："騶衍以阴阳主运显于诸侯，而燕齐海上之方士传其术不能通。"

（9）粉泪，旧称女子之泪。后蜀毛熙震《木兰花》词："匀粉泪，恨檀郎，一去不归花又落。"唐白居易《长恨歌》："玉容寂寞泪阑干，梨花一枝春带雨。"

（10）"断送得"句，唐白居易《长恨歌》："行宫见月伤心色，夜雨闻铃肠断声。"又宋乐史《杨太真外传》（下）："又至斜谷口，属霖雨涉旬，于栈道雨中闻铃声隔山相应。上既悼贵妃，因采其声为《雨霖铃》曲，以寄恨焉。至德中，复幸华清宫，从官嫔御，多非旧人。上于望京楼下命张野狐奏《雨霖铃》曲。曲半，上四顾凄凉，不觉流涕，左右亦为感伤。"

（11）叶落梧桐，语出唐白居易《长恨歌》："春风桃李花开日，秋雨梧桐叶落时。"

（12）孤灯成晕，语出唐白居易《长恨歌》："夕殿萤飞思悄然，孤灯挑尽未成眠。"

【赏析】

《洞仙歌》，原唐教坊曲，后用为词牌。原用以咏洞府神仙，音节舒徐，极尽骀宕摇曳之致。敦煌曲中有此调，但与宋人所作此词体式不同，有中调和长调两体。《乐章集》兼入"中吕""仙吕""般涉"三调，句读亦参差不一。常以《东坡乐府》之《洞仙歌令》为准。

此词有的选本题作《秋雨追次李元膺韵》，是追和北宋词人李元膺的一首咏物词。李元膺是北宋哲宗赵煦绍兴间（1094—1098）词人，东平（今山东东平）籍，曾任南京教官。近人赵万里曾辑《李元膺词》一卷，共得九首，其中《洞仙歌·咏春》最脍炙人口。陈亮所次李元膺之《洞仙歌》，亦题作《雨》，其词似咏春雨。原词云："廉纤细雨，殢东风如困，萦断千丝为谁恨？向楚宫一梦，多少悲凉，无处问，愁到而今未尽。分明都是泪，泣柳沾花，长与骚人伴孤闷。　　记当年，得意处，酒力方酣，怯轻寒，玉户香润。又岂识，情怀若难禁！对点滴檐声，夜半灯晕。"元膺之作，写得情景交融，意境冷寂萧瑟。陈亮此词，颇有异曲同工之妙。

词的上阕写琐窗秋暮之景色。"琐窗秋暮，梦高唐人困，独立西风万千恨。"开头三句紧扣题面之"秋"，点明时节，也点出了人物的心情，为下面的描写确立了基调。深闺独处的女主人公刚从思亲念远的梦中醒来，正是深秋时节，傍晚时分。她独立楼头，秋风阵阵，凉意侵骨。"琐窗"暗点幽闺，"梦高唐"隐写独处。战国楚宋玉有《高唐》《神女》二赋，写楚怀王曾梦中在高唐与巫山神女欢会。词用此典故，说明女主人公希望有此欢会。而现在却无，所以"恨"乃是一篇之基调，统摄全篇。"又檐花落处，滴碎空阶，芙蓉院，无限秋容老尽。"四句乘上"西风"而来，扣住题面，以一"又"字领起，正面展开了对秋雨的描写。一阵凉风过后，秋雨骤然而至，雨水顺着屋檐飞落，在堂前的台阶上迸溅。在这凄风寒雨的催迫下，院中一片冷落凄凉，秋意更浓了。以"老尽"写秋容，不仅生动形象，也流露出女主人公的惋惜、慨叹，流露着他的迟暮之感。

词的下阕抒情。"枯荷摧欲折，多少离声，锁断天涯诉幽闷"，换头处三句，承"秋容老尽"，由院中景象扫描式的总写，转为对雨中残荷的特写。唐李商隐曾有"留得残荷听雨声"的名句，虽无伤感，也颇有几分凄凉的美感。这里正用其意，而情调更加凄苦。雨点打在残败的枯荷上，简直要把这一点残存的生机也要摧毁殆尽。雨打荷叶发出的凄凉声响，在愁肠百结的思妇听起来，充满了离愁别恨，勾起了她无限的忧愁苦闷。

"诉"字移情于物，似乎这单调凄凉的声响正在诉说着思妇忧闷的心事。三句词不仅摹写逼真而且意境萧瑟，情景交融。"似蓬山去后，方士来时，挥粉泪、点点梨花香润。"接下来三句，又以"似"字领起一韵，以思妇的眼泪比拟雨滴，情景一转，由凄凉而凄绝。词意从唐白居易《长恨歌》中翻出。杨贵妃死后，玄宗相思情深，铭心刻骨。方士感其精诚，上天下地，终于在大海的仙山上找到了杨贵妃。仙境中的杨贵妃是"玉容寂寞泪阑干，梨花一枝春带雨"，楚楚动人，美丽雅淡。以贵妃的眼泪比喻秋天的雨水，不仅新颖别致，也扣住了思妇的神伤和思亲的暗线。"断送得、人间夜霖铃。更叶落梧桐，孤灯成晕"，结末三句从听觉和视觉两方面着笔，对秋天雨夜的情景大笔濡染，也更为有力地烘托出伤别念远的愁绪。玄宗失去贵妃之后，在雨夜的栈道上行走，闻雨打铃声而倍感凄楚，制成《雨霖铃》一曲。秋夜沉沉，秋雨绵绵，再加上雨打铃声的凄凉声响，真是让人断肠销魂。"更"字又转深一层。在这样的境况里，一个人坐在空房之中，独对孤灯，窗外雨打梧桐，叶落纷纷，真是"此情无计可消除"了。通过层层渲染，思妇的愁绪表现得淋漓尽致，而对秋雨的描写，也完成得完满充分。

整首咏物词不滞于物，而是将咏物与抒情结合起来，通过一个思妇的感受来写秋雨。在描写上，则抓住几个富有表现力的场景着力刻画，并将它们统一在凄楚哀怨的情调之下，不仅写出了秋雨的形，也写出了秋雨的神。词中使用的一些与秋雨有关的典故，也十分自然。

刘 过

刘过（1154—1206），字改之，号龙洲道人，吉州太和（今江西泰和）人，南宋文学家。长于庐陵（今江西吉安），去世于江苏昆山。四次应举不中，流落江湖间，布衣终身。曾为陆游、辛弃疾所赏，亦与陈亮、岳珂友善。词风与辛弃疾相近，抒发抗金抱负狂逸俊致，与刘克庄、刘辰翁享有"辛派三刘"之誉，又与刘仙伦合称为"庐陵二布衣"。有《龙洲集》《龙洲词》《龙洲道人诗集》。

【原文】

贺新郎·赠邻人朱唐卿·多病刘郎瘦

多病刘郎瘦⁽¹⁾。最伤心、天寒岁晚，客他乡久。大舸翩翩何许至⁽²⁾，元是高阳旧友⁽³⁾。便一笑、相欢携手。为问武昌城下月⁽⁴⁾，定何如、扬子江头柳⁽⁵⁾。追往事，两眉皱。　　烛花细剪明于昼。唤青娥⁽⁶⁾、小红楼上，殷勤劝酒，昵昵琵琶恩怨语⁽⁷⁾，春笋轻笼翠袖⁽⁸⁾。看舞彻、金钗微溜⁽⁹⁾。若见故乡吾父老，道长安⁽¹⁰⁾、市上狂如旧。重会面，几时又。

【毛泽东圈评等情况】

毛泽东读清朱彝尊、汪森编选《词综》卷十五时，圈阅了这首《贺新郎·多病刘郎瘦》。

[参考] 张贻玖：《毛泽东评点、圈阅的中国古典诗词》，
中国工人出版社1992年版，第351页。

【注释】

（1）刘郎，作者自称。典出唐刘禹锡《元和十年自朗州承召至京戏赠

看花诸君子》："紫陌红尘拂面来，无人不道看花回。玄都观里桃千树，尽是刘郎去后栽。"刘郎为刘禹锡自称。刘禹锡多次放逐，长期客居他乡。作者之经历与之相似，故用以自比。或谓嗜酒刘伶，亦可。

（2）大舸，大船。翩翩，行动轻疾之状。三国魏曹植《芙蓉池》诗："逍遥芙蓉池，翩翩戏轻舟。"何许，何时。三国魏阮籍《咏怀》诗之十一："良辰在何许？凝霜霑衣襟。"

（3）高阳旧友，指旧日酒友。高阳（今河南杞县高阳镇），郦食其曾自称为高阳酒徒，事见《史记·郦生陆贾列传》："初，沛公引兵过陈留，郦生踵军门上谒……使者出谢曰：'沛公敬谢先生，方以天下为事，未暇见儒人也。'郦生瞋目按剑，叱使者曰：'走！复入言沛公，吾高阳酒徒也，非儒人也。'"后因常用为好酒而放荡不羁之典。

（4）武昌，古地名，地处长江以南，隔长江与其北侧的汉口、汉阳相望。历史上曾作为一个独立的武昌、武昌府存在，后与汉口、汉阳合并为今之武汉，现与汉口、汉阳并称武汉三镇。

（5）扬子江，长江在今江苏仪征、扬州一带，古称"扬子江"，也写作"杨子江"，因扬子津而得名。

（6）青娥，指美丽的少女。唐王建《白纻歌》之二："城头乌栖休击鼓，青娥弹瑟白纻舞。"

（7）昵昵，亲切，亲密。唐韩愈《听颖师弹琴》诗："昵昵儿女语，恩怨相尔汝。"

（8）春笋，喻女子纤润的手指。南唐李煜《捣练子令》词："斜托香腮春笋嫩，为谁和泪倚阑干？"

（9）舞彻，舞罢。金钗，妇女插于发髻的金制首饰，由两股合成。南朝宋鲍照《拟行路难》诗之九："还君金钗玳瑁簪，不忍见之益愁思。"

（10）道长安，意盖出于唐杜甫《饮中八仙歌》："李白一斗诗百篇，长安市上酒家眠。"长安，古都城名。长安地名始于秦朝，西汉、隋、唐等朝的都城，在今陕西西安一带。唐以后诗文中常用作都城的通称。唐李白《金陵》诗之一："晋家南渡日，此地旧长安。"

《贺新郎》，词牌名，又名《金缕曲》《乳燕飞》《貂裘换酒》等。传作以《东坡乐府》所收为最早，惟句读平仄，与诸家颇多不合。一百十六字，上片五十七字，下片五十九字，各十句六仄韵。词题《赠邻人朱唐卿》，是作者在异乡时遇到邻人时所写的，词中抒发了对故乡父老乡亲的思念之情，也有对于事业无成、前途渺茫的感叹。

词人渴望收复中原，不被重用后流浪于江湖，心情自然难以平静。本词上阕写词人的活动。"多病刘郎瘦。最伤心、天寒岁晚，客他乡久。"开头三句点出了人物、地点和环境。"多病刘郎"是作者自称，是借用刘伶醉酒放达的故事。一个人远离家乡四处漂泊，已是不易了，加上正是"天寒岁晚"的严冬时分，更增添了无限伤感。"大舸翩翩何许至，元是高阳旧友。便一笑、相欢携手。"接下来三句是说，正在这种漂泊无着、不知归处的时候，江上来了一只轻快的大船，从船上走出一位客人，原来是高阳旧友，昔日邻居。"高阳旧友"是用典，汉代高阳（今河南杞县高阳镇）郦食其，人称狂生，自称高阳酒徒。此指朱唐卿。邻人见面，分外欢喜，便笑着携起手来。这真是他乡遇故知呀。"为问武昌城下月，定何如、扬子江头柳"二句，武昌（今湖北武昌）当时是抗金前线；"扬子江"是长江在今江苏仪征、扬州一带，当时也是抗金后方。词人感叹地处长江中下游的抗金前线，同样士气不振，恢复中原无望，所以"追往事，两眉皱"。回首往事的教训，不禁两眉紧皱。

与邻人朱唐卿由相见到相聚，词的下阕集中描写了与邻人相聚倾谈的情况。"烛花细翦明于昼。"换头处一句，写词人与邻人在夜里高烧红烛亲切交谈。"唤青娥、小红楼上，殷勤劝酒，昵昵琵琶恩怨语，春笋轻笼翠袖。看舞彻、金钗微溜"，接下来五句都是描写与邻人相聚欢颜的情景。词人见到家乡的故人，在小楼上，叫来美丽的少女，亲切地劝酒；琵琶弹奏着恩爱怨恨的声音，女子纤润的手指轻轻地笼起翠绿的衣袖；舞女们跳完舞蹈，头上的金钗都微微滑落。见到家乡故人，自然想起家乡的父老，你告诉他们："若见故乡吾父老，道长安、市上狂如旧。"说起故都长安（实指北宋都城汴京），依然有金兵狂奔乱走，家国之痛溢于言表。"重会面，几时又。"结末二句是说，像这样偶然与邻人相会，不知何时再有，感伤之情不言而明。

这首词通对与邻人相会的描绘，表现出词人对生活的惆怅失意及家国之痛，词中叙述、描写、议论、抒情交织在一起，曲折地表达出词人内心深处无限的苦衷，读后令人唏嘘再三，留下不尽的情思。

【原文】

贺新郎·怀旧·老去相如倦

老去相如倦[1]。向文君、说似而今[2]，怎生消遣[3]？衣袂京尘曾染处[4]，空有香红尚软[5]。料彼此、魂消肠断[6]。一枕新凉眠客舍，听梧桐、疏雨秋风颤[7]。灯晕冷[8]，记初见。　　楼低不放珠帘卷[9]。晚妆残，翠蛾狼藉[10]，泪痕凝脸[11]。人道愁来须殢酒[12]，无奈愁深酒浅。但托意焦琴纨扇[13]。莫鼓琵琶江上曲，怕荻花枫叶俱凄怨[14]。云万叠[15]，寸心远。

【毛泽东圈评等情况】

毛泽东读清朱彝尊、汪森编选《词综》卷十五时圈阅过这首《贺新郎·老去相如倦》。

[参考] 张贻玖：《毛泽东评点、圈阅的中国古典诗词》，
中国工人出版社 1992 年版，第 351 页。

【注释】

（1）相如，西汉文人司马相如，此作者自指。

（2）文君，即与司马相如相爱的卓文君，此指作者在客舍所遇的一歌妓。

（3）消遣，消解，排解。

（4）衣袂（mèi）京尘曾染处，指自己在京城艰苦谋生。衣袂，衣袖。《周礼·春官·司服》"齐服有玄端素端"，汉郑玄注："士之衣袂，皆二尺二寸。"借指衣衫。

（5）空有香红尚软，意为自己漂泊多年，只落得歌楼妓馆中的风流名声。香红，指花。唐顾况《春怀》诗："园莺啼已倦，树树陨香红。"此指代歌妓。

（6）魂消肠断，指情思凄苦，同"魂销目断"。唐严休复《唐昌观玉蕊花折有心人游怅然成二绝》之一："终日斋心祷玉宸，魂销目断未逢真。"

（7）听梧桐、疏雨秋风颤，宋李清照《声声慢》："梧桐更兼细雨，到黄昏，点点滴滴，这次第，怎一个愁字了得！"

（8）灯晕，灯焰外围的光圈。

（9）珠帘，用线穿过一条条垂直串珠构成的帘幕。东晋葛洪辑抄《西京杂记》卷二："昭阳殿织珠为帘，风至则鸣，如珩珮之声。"

（10）翠蛾，妇女细而长曲的黛眉。唐薛逢《夜宴观妓》诗："愁傍翠蛾深八字，笑回丹脸利双刀。"借指美女。前蜀韦庄《河传》词："翠娥争劝临邛酒，纤纤手，拂面垂丝柳。"一本作翠钿，用翠玉制成的首饰。南朝梁武帝《西洲曲》："树下即门前，门中露翠钿。"此指歌妓身上杂乱地穿戴着一些首饰。狼藉，亦作"狼籍"，纵横散乱的样子。《史记·滑稽列传》："日暮酒阑，合尊促坐，男女同席，履舄交错，杯盘狼藉。"

（11）凝脸，一作凝面。

（12）殢（tì）酒，沉湎于酒，醉酒。宋刘清夫《玉楼春》："柳梢绿小眉如印，乍暖还寒犹未定。惜花长是为花愁，殢酒却嫌添酒病。"

（13）但托意焦琴纨扇，焦琴，琴名，即焦尾琴。南朝宋范晔等《后汉书·蔡邕传》："吴人有烧桐以爨者，邕闻火烈之声，知其良木，因请而裁为琴，果有美音，而其尾犹焦，故时人名曰焦尾琴焉。"纨扇，细绢制成的团扇。东晋葛洪辑抄《西京杂记》卷二："朱买臣为会稽太守，怀章绶还至舍亭，而国人未知也。所知钱勃见其暴露，乃劳之曰：'得无罢乎？'遗与纨扇。"

（14）琵琶江上曲，指唐白居易《琵琶行》："浔阳江头夜送客，枫叶荻花秋瑟瑟。"

（15）云万叠，形容云海苍茫辽远之貌。

【赏析】

词题《怀旧》。据南宋张世南《游宦纪闻》称："尝于友人张正子处，见改之（刘过字）亲笔词一卷，云：'壬子秋，予求牒四明，尝赋《贺新郎》与一老娼。至今天下与禁中皆歌之。江西人来，以为邓南秀词，非也。'"壬子为宋光宗绍熙三年（1192），当时刘过已三十九岁。这年秋天，他去四明（今浙江宁波）参加选拔举人的牒试，又遭黜落，失意中邂逅了一位半老徐娘式的商女。一种"同是天涯沦落人"的沧桑感，使他们的心接近了，于是他写下了这首著名的《贺新郎》相赠。

这首词写贫士落第之悲，却巧妙地把一个歌楼商女的飘零身世并入其中，笔极曲折，意极凄怨，缠绵悱恻，哀感无端。此词可与白居易诗《琵琶行》并读，两者虽立意和主旨都有所不同，但失意文人与沦落商女的情节模式极为相似。

词的上阕叙事。"老去相如倦。向文君、说似而今，怎生消遣？"开头三句，起笔斩绝，将一种黯然的心境劈头点出，直贯篇末。卓文君慧眼识英才，与司马相如结成美眷，本是文坛的佳话。刘过却借来形容他们的穷途邂逅，除了某种惺惺相惜的心情而外，恐怕更多的还是自嘲和悲凉。一个"倦"字包含了说不清的挫折与酸辛。"说似"犹"说与"，即"与说"。同她说到此时的落魄，怎样才能排遣掉胸中的郁闷呢？文士落第之感，英雄失路之悲，于此尽现。"衣袂京尘曾染处，空有香红尚软"二句，逆插而入，以虚间实，引入一段帝京往事的回忆。刘过自宋孝宗淳熙十三年（1186）离家赴试已快七年，这期间他曾应试求仕，也曾伏阙上书，几年奔走，一事无成。临安都城，留在他记忆里的不过是一身尘垢和在衣袂上的残红而已。"香红尚软"，借指当年倚红偎翠、秦楼楚馆的冶游生活，句子香艳。可是一经"京尘"的铺垫，就变得凄艳入骨。句中连用"曾""空""尚"三个虚字转折提顿，笔势峭折而意有余悲。刘过是一个以天下为己任的志士，他同那种"名士无家多好色"的浪漫文人是不同的。他混迹青楼，是为了排解和麻痹那种"报国有心，请缨无路"的痛苦，在红巾翠袖的抚慰中得到些许人生的温暖。其实，他从没有过真正的欢悦。"料彼此"句小作绾结，此时一个是应举无成的青衫士子，一个是子然一身的半老徐娘，都是生活的失败者和失意者。此时相对，实在是令人肠断魂消。"一枕新凉眠客舍，听梧桐、疏雨秋风颤。灯晕冷，记初见。"四句实情实境：窗外是愁人的梧桐秋雨，室内是摇曳的如豆青灯。两个苦命人就这样在一起相濡以沫。

词的下阕抒情。换头处四句紧承前结的词意，将"初见"时的居处情态用琐笔描出。"楼低不放珠帘卷"（不放，不让之意），珠帘不卷，恐人窥视也。一个"低"字见出楼居之寒伧来。"晚妆残，翠蛾狼藉，泪痕凝脸"三句，"晚妆"，本是展示女性美的重要手段，对于以色事人的商女来说，更要以此邀宠。可是词里的女主人竟是黛眉狼藉，泪痕满面，这不是在风月场中的卖笑，而是在同病相怜时倾诉破碎的心声。"人道愁来须殢酒，无奈愁深酒浅。但托意焦琴纨扇"三句，层层笔势曲折，层层推进。人们说饮酒可以浇愁，可是酒力太小，奈何不得这深重的愁苦。"愁深酒浅"四字重逾千斤，让人深味那不尽的哀愁。那么，怎么办呢？"但托意焦琴纨扇"，就是作者为自己所开列的解脱之方。他试图从历史和哲理的角度去寻取慰藉和超脱。"焦琴"，即"焦尾琴"，喻指良材之被毁弃。南朝宋范晔等《后汉书·蔡邕传》："吴人有烧桐以爨者。邕闻火烈之声，知其为良木，因请而裁为琴，果有美音，其尾犹焦。""纨扇"，指恩爱之易断绝。班婕妤被谮，退处长信宫，赋诗以自诉哀衷。中有"新裂齐纨素""裁成合欢扇""弃捐箧笥中，恩情中道绝"之语。作者用这两个典故自比，生动贴切，抒发自己怀才不遇、报国无门的悲慨。"莫鼓琵琶江上曲，怕荻花枫叶俱凄怨"二句，从唐白居易《琵琶行》中化出。谪宦九江的青衫司马白居易与沦为商妇的长安故娼，在一个偶然的机会里相遇。他们同是天涯沦落人，自然容易引起共鸣，唤起温柔的怜悯来。刘过此时的处境与白相似，这样用典真如天造地设，精当无比。"云万叠，寸心远"，歇拍两句于凄咽中翻出激昂的异响。这是借万叠之云山，抒寸心之积郁，一种将身许国的壮怀远抱都于此六字中汩汩流出，情景融会，意象深远，是非常精彩的结笔。真正的志士永远不会屈从于冷酷的现实，他在温柔中得到片刻的抚慰后，将继续奋发前行，去实现他澄清四海、匡复天下的理想。近代知名学者、诗人俞陛云说："上阕起结二句当老去而回忆初逢，则昔年之东京梦华，事事皆堪肠断，况在秋灯客舍中耶！下阕代伊人写怀，酒调琴，借作排愁之具。结处自感，与'枫叶''荻花'夕同其凄韵矣。"

【原文】

贺新郎·西湖·睡觉莺啼晓

睡觉莺啼晓[1]。醉西湖[2]、两峰日日，买花簪帽[3]。去尽酒徒无人问，唯有玉山自倒[4]。任拍手、儿童争笑[5]。一舸乘风翩然去[6]、避鱼龙[7]、不见波声悄。歌韵歇，唤苏小[8]。　　神仙路远蓬莱岛[9]。紫云深、参差禁树，有烟花绕[10]。人世红尘西障日[11]，百计不如归好。付乐事、与他年少。费尽柳金梨雪句[12]，问沉香亭北何时召[13]。心未惬[14]，鬓先老。

【毛泽东圈评等情况】

毛泽东读清朱彝尊、汪森编选《词综》卷十五时圈阅过这首《贺新郎·睡觉莺啼晓》。

[参考] 张贻玖：《毛泽东评点、圈阅的中国古典诗词》，中国工人出版社 1992 年版，第 351 页。

【注释】

（1）睡觉（jué），睡醒。唐白居易《长恨歌》："云鬓半偏新睡觉，花冠不整下堂来。"莺啼，宋辛弃疾《蝶恋花》词："燕语莺啼人乍还。却恨西园，依旧莺和燕。"

（2）西湖，湖名，在浙江杭州市区西，三面环山（有南高峰、北高峰、玉皇山等），周长 15 公里，被孤山、白堤、苏堤分隔为外西湖、里西湖、后西湖和小南湖等。两峰，指南高峰、北高峰。

（3）买花簪（zān）帽，买花插在帽子上。簪，插，戴。

（4）玉山自倒，醉倒，形容酒醉后东倒西歪的样子。魏晋时山简称赞嵇康为人，平时好像高峻独立的青松，喝醉了酒的时候，就像玉山摇摇欲倒的样子。南朝宋刘义庆《世说新语·容止》:"嵇康身长七尺八寸,风姿特秀。见者叹曰:'萧萧肃肃,爽朗清举。'或云:'肃肃如松下风,高而徐引。'山公曰:'嵇叔夜之为人也,岩岩若孤松之独立;其醉也,傀俄若玉山之将崩。'"后因以玉山自倒形容喝醉了酒。

(5)"任拍手",语出唐李白《襄阳歌》:"襄阳小儿齐拍手,拦街争唱《白铜鞮》。旁人借问笑何事,笑杀山公醉似泥。"

(6)一舸(gě),一只大船。翩然,形容动作轻松迅速的样子。唐韩愈《杂诗》:"翩然下大荒,被髪骑麒麟。"

(7)鱼龙,鱼和龙,泛指鳞介水族。《周礼·地官·大司徒》"鳞物",汉郑玄注:"鱼龙之属。"

(8)苏小,即苏小小,钱塘(今浙江杭州)人,南朝齐时期著名歌伎,常坐油壁车。历代文人多有传颂。唐白居易《杭州春望》诗:"涛声夜入伍员庙,柳色春藏苏小家。"

(9)蓬莱岛,蓬莱山。古代传说中的神山名,亦常泛指仙境。《史记·封禅书》:"自威、宣、燕昭使人入海求蓬莱、方丈、瀛洲,此三神山者,其传在勃海中。"

(10)"紫云深"两句,语出唐杜甫《洗兵马》:"青春具随冠冕入,紫云正奈烟花绕。"紫云,祥瑞的云气。禁树,本指宫中之树,此处借指仙境中的树。

(11)红尘,车马扬起的飞尘。东汉班固《西都赋》:"红尘四合,烟云相连。"指繁华之地。南朝陈徐陵《洛阳道》诗之一:"绿柳三春暗,红尘百戏多。"

(12)柳金,新抽的柳芽鹅黄嫩绿如金色一样。梨花,梨树的花,一般为纯白色。南朝梁萧子显《燕歌行》:"洛阳梨花落如雪,河边细草细如茵。"西蜀韦庄《浣溪沙》:"此夜有情谁不极,隔墙梨花又玲珑。"

(13)"问沉香亭"句,沉香亭,唐宫中亭名。沉香亭建在一座人工堆筑的土山顶上,全部用沉香木构造。皇帝带了他宠幸的妃子、大臣、宦官,在这里游乐宴饮,最方便观赏极品牡丹。唐玄宗与杨贵妃赏牡丹召李白作诗的地方。宋代乐史《杨太真外传》卷上:"禁中重木芍药,上移植于沉香亭前，会花方繁开，上乘照夜白，妃以步辇从。上曰：'赏名花，对妃子，焉用旧乐词为？'命李龟年持金花笺，宣赐白，为《清平乐词》三章。"

（14）惬（qiè），满足，畅快。

【赏析】

刘过早年追随辛弃疾，积极主张收复中原失地，写了不少斗志昂扬的豪放派作品。但当这一理想不能实现时，他就变得低落消沉。这首词可以说是他这种心境的真实写照。

词的上阕主要写游西湖时的落魄形象。"睡觉莺啼晓。醉西湖、两峰日日，买花簪帽。去尽酒徒无人问，唯有玉山自倒。"开头五句是说，此人在沉睡中被黄莺的啼叫声惊醒，酒喝得醉醺醺地就去游西湖和南高峰、北高峰，而且是每天如此；买来鲜花插戴在帽子上，酒徒们步履蹒跚，东倒西歪，一个个歪倒在路旁。"任拍手、儿童争笑。"任凭好奇的孩子们围观、嬉笑。这是化用唐李白《襄阳歌》中："襄阳小儿齐拍手，拦街争唱《白铜鞮》。旁人借问笑何事，笑杀山公醉似泥。"词人的醉态竟引起孩子们在后面追逐、玩耍，这是多么荒唐可笑。"一舸乘风翩然去，避鱼龙、不见波声悄。"这时只见一只大船，风吹船帆，轻快迅疾地开了过去，避开鱼和龙，激起阵阵浪花，却听不到声音。"歌韵歇，唤苏小"，歇拍二句是说，歌舞停止了，又唤歌女重唱，继续玩乐。"苏小"，即苏小小，南朝齐钱塘（今浙江杭州）著名歌女，此泛指歌女。

词的下阕写自己的期望和感受。"神仙路远蓬莱岛。紫云深、参差禁树，有烟花绕。"换头处三句是说，蓬莱仙岛太遥远了。祥瑞的云气深深，仙岛上的树木高低不齐，雾霭中的烟花缭绕，这就是世上少有、人间所无的神仙世界，可以纵情赏乐的地方。"人世红尘西障日，百计不如归好。"人世间车马扬起的飞尘障碍了西边的太阳，有一百个计策还不如归去的好。红尘障日比喻小人蒙蔽君王，权臣当道，自己的主张不能实现，所以，还不如归去为好，表现了词人对生活感到迷惘和绝望。"付乐事，与他年少"二句是说，生活中的乐事都给与年轻人吧，自己找不到一点欢乐了。言外之意是，鼓励年轻人勇敢和投降派作斗争。"费尽柳金梨雪句，问沉香亭北何时召。心未慊，鬓先老。"结末四句用典。据晚唐五代人的记载，唐玄宗天宝二年（743）或天宝三年（744）春天的一日，唐玄宗和杨妃在宫中沉香亭观赏牡丹花，伶人们正准备表演歌舞以助兴。唐玄宗却说："赏名花，对妃子，岂可用旧日乐词。"因急召翰林待诏李白进宫写新乐章。李白奉诏进宫，即在金花笺上作了《清平调》三首，其三云："名花倾国两相欢，长得君王带笑看。解释春风无限恨，沉香亭北倚阑干。"词人暗喻希望得到皇帝召见，陈说抗金大计。词人萦怀的仍是收复中原的志愿，并随时准备应召入宫。然而他的这一志愿，却始终未能实现，两鬓已经衰老，只能痛悔难耐。

整首词笼罩着一种低沉的情调，先写醉酒，继写梦游，再写感慨，感情真挚，动人心魄。

【原文】

清平乐·新来塞北

新来塞北(1)。传到真消息。赤地居民无一粒(2)。更五单于争立(3)。　　维师尚父鹰扬(4)。熊罴百万堂堂(5)。看取黄金假钺(6)，归来异姓真王(7)。

【毛泽东圈评等情况】

毛泽东读清朱彝尊、汪森编选《词综》卷十五时圈阅过这首《清平乐·新来塞北》。

[参考]张贻玖：《毛泽东评点、圈阅的中国古典诗词》，中国工人出版社1992年版，第351页。

【注释】

（1）新来，新近前来，初到。《左传·襄公四年》："魏绛曰：'诸侯新服，陈新来和，将观于我。'"塞（sài）北，指长城以北，亦泛指我国北边地区。《后汉书·袁安传》："北单于为耿夔所破，遁走乌孙，塞北地空，余部不知所属。"

（2）赤地，指旱灾、虫灾后，地面寸草不生。《韩非子·十过》："晋国大旱，赤地三年。"

（3）单于（chán yú），汉时匈奴君长的称号。《史记·匈奴列传》："匈奴单于曰头曼。"裴骃集解："单于者，广大之貌，言其象天单于然。"汉焦赣《易林·屯之无妄》："左衽为长，国号匈奴，主君旄头，立尊单于。"

（4）"维师尚父鹰扬"句，借指部队勇武。鹰扬，威武之状。《诗经·大雅·大明》："维师尚父，时维鹰扬。"毛传："尚父，可尚可父。鹰扬，如鹰之飞扬也。"郑玄笺："尚父，吕望也。尊称焉。"一说为吕望之字。清马瑞辰《通释》：'父'与'甫'同。甫为男子美称，尚父其字也，犹山甫、孔父之属。"尚父，指周吕望，意为可尊敬的父辈。

（5）熊罴（xióng pí），熊和罴，皆为猛兽，因以喻勇士或雄师劲旅，指帝王得贤辅。典出《史记·齐太公世家》："西伯将出猎，卜之，曰'所获非龙非彲，非虎非罴，所获霸王之辅'。于是周西伯猎，果遇太公于渭之阳，与语大说……载与俱归，立为师。"西伯，指周文王。

（6）黄金假钺，黄钺，以黄金为饰，古代帝王所用，后世用为仪仗。以黄钺借给大臣，即代表皇帝行使征伐之权之意，魏、晋、南北朝地位最高的大臣出征时，常加此称号。唐房玄龄等《晋书·职官志》："魏文帝黄初三年，始置都督诸州军事，或领刺史。又上军大将军曹真都督中外诸军事、假黄钺，则总统内外诸军矣。"

（7）异姓真王，非皇亲宗族，因功而被封王，叫异姓王。

【赏析】

刘过是一个具有爱国主义思想的词人。南宋王朝偏安江左，投降主和的势力一直在朝廷中占主导地位。作为一个爱国志士，词人念念不忘收复失地，实现其大宋一统江山的梦想。

这首词写词人来到塞北，发出了渴望朝廷用兵、尽早收复北方失地的政治呼吁，词中充满了强烈自信，表现出鲜明的政治态度。"新来塞北。传到真消息。赤地居民无一粒。更五单于争立。"上阕"新来"是当时俗语，也就是"新近"。使用这种口语词汇，使用加强语气的"真消息"这种说法，一下子就把读者带入当时紧张的政治军事生活中——就在最近的时间内，从祖国北方、从敌人腹地，传来了确切可信的消息。那里正处在灾荒之中、苦难之中、危机之中，大旱不雨，寸草不生，千里赤地。被饥饿折磨的百姓，早已陷入绝地，他们竟连一粒粮食都没有了。然而就在人民苦难深重、水火煎熬之中，金朝宗亲权贵，骄奢淫逸，争夺权位，起了内讧，甚至于互相残害，刀兵相见。以上是对比的一方，金国方面：形势紧张，消息确切。

下阕写对比的南宋方面，这次不是消息，而是亲见亲闻，来得更有力量。"维师尚父鹰扬。熊罴百万堂堂。看取黄金假钺，归来异姓真王。"，是写韩侂胄英武韬略，大展雄才，语出《诗经·大雅·大明》。尚父即姜尚，鹰扬喻大展雄才。"熊罴百万堂堂。"与统帅相对，是写勇武精锐的部队。战士勇悍如猛兽，军容严整，精甲百万。暂摄皇帝仪仗，统率这样的军队，所到之处，没有人能抵挡。黄钺是帝王仪仗，《尚书·牧誓》："王左杖黄钺，右秉白旄。"后代在这种状如大斧的古代兵器上饰以黄金，为皇帝专用仪仗。每当有特别重要的军事行动而皇帝不能亲行时，才允许统帅假借"黄钺"。三国志《魏志·曹休传》："以休为征东大将军，假黄钺。"曹休是当时最重要的宗室大将，魏主近支。而韩侂胄以异姓假黄钺，统大军，堪称殊荣。如果北伐成功，胜利归来，还可能爵至王位，那是无比荣耀无比幸运的事。小令写到这种程度，胜利仿佛伸手可取了。双方形势对形势，统帅对统帅，还可以推想出来军队之间、百姓之间，无不构成鲜明对照，给人以必胜信心，使人平添兴奋激昂之情。

【原文】

唐多令·重过武昌·芦叶满汀洲并序

安远楼小集[1]，侑觞歌板之姬黄其姓者[2]，乞词于龙洲道人[3]，为赋此《唐多令》。同柳阜之、刘去非、石民瞻、周嘉仲、陈孟参、孟容。时八月五日也。

芦叶满汀洲⁽⁴⁾，寒沙带浅流。二十年重过南楼⁽⁵⁾。柳下系船犹未稳，能几日，又中秋。　　黄鹤断矶头⁽⁶⁾，故人曾到否？旧江山浑是新愁⁽⁷⁾。欲买桂花同载酒，终不似，少年游。

【毛泽东圈评等情况】

毛泽东读清朱彝尊、汪森编选《词综》卷十五时圈阅过这首《唐多令·芦叶满汀洲》。

[参考]张贻玖：《毛泽东评点、圈阅的中国古典诗词》，
中国工人出版社1992年版，第351页。

【注释】

（1）安远楼，在今湖北武昌黄鹄山上，又称南楼。南宋姜夔《翠楼吟》词序云："淳熙十三年（1186）冬，武昌安远楼成。"当时武昌是南宋和金人交战的前方。小集，此指小宴。

（2）侑（yòu）觞歌板，指酒宴上劝饮执板的歌女。侑觞，劝酒。歌板，即拍板，乐器名，执板打拍子奏歌。唐李贺《酬答》之二："试问酒旗歌板地，今朝谁是拗花人？"

（3）龙洲道人，刘过自号。

（4）芦，芦苇。汀洲，水中小洲。战国楚屈原《楚辞·九歌·湘夫人》："搴汀洲兮杜若，将以遗兮远者。"

（5）二十年句，南楼初建时期，刘过曾漫游武昌，过了一段"黄鹤楼前识楚卿，彩云重叠拥娉婷"（《浣溪沙》）的豪纵生活。南楼，指安远楼。

（6）黄鹤断矶，黄鹤矶，此指黄鹤山，在武昌城西，上有黄鹤楼。断矶，临江陡然中断的山崖。黄鹤山西北有断矶。

（7）浑是，全是。

【赏析】

《唐多令》，词牌名，也写作《糖多令》，又名《南楼令》，双调，六十字，上下片各四平韵，亦有前片第三句加一衬字者。

安远楼，在武昌黄鹄山上，一名南楼。建于宋孝宗淳熙十三年（1186）。南宋姜夔曾自度《翠楼吟》词记之。其小序云："淳熙丙午冬，武昌安远楼成，与刘去非诸友落之，度曲见志"，具载其事。刘过重访南楼，距上次登览几二十年。当时韩侂胄掌握实权，轻举妄动，意欲伐金以成就自己的"功名"。而当时南宋朝廷军备废弛，国库空虚，将才难觅，一旦挑起战争，就会兵起祸连，生灵涂炭。词人刘过以垂暮之身，逢此乱局，虽风景不殊，却触目有忧国伤时之怆。这种心境深深地反映到他的词中。

刘过词能够在辛派阵营中占据重要一席，并不仅仅是因为那些与辛弃疾豪纵恣肆之风相近的作品，还在于那些豪迈中颇显俊致的独特词风，正如清刘熙载所说："刘改之词，狂逸之中自饶俊致，虽沉着不及稼轩，足以自成一家。"（《艺概》）此词就是这么一首具有独特风格的词。

这是一首登临名作。作者借重过武昌南楼之机，感慨时事，抒写昔是今非和怀才不遇的思想感情。"芦叶满汀洲，寒沙带浅流。"词开头用了两个偶句，略点景物，写登楼之所见。但既没写金碧楼台，也没写清嘉的山水，呈现在人们面前的只是一泓寒水，满目荒芦而已。这里的"满"字和"寒"字下得好，把萧疏的外景同低回的心境交融在一起，勾勒出一幅黯淡的画面，为全词着上了一层"底色"。细味这残芦满目、浅流如带的词境，不止气象萧瑟，而且写出了居高临下的眺望之感来，是统摄全篇的传神之笔。接下去，作者以时空交错的技法把词笔从空间的凭眺折入时间的溯洄，以虚间实，别起波澜。"二十年重过南楼"，一句里包含了多少感慨！二十年前，也就是安远楼落成不久，刘过离家赴试，曾在这里过了一段狂放不羁的生活，所谓"醉槌黄鹤楼，一掷赌百万"（《湖学别苏召叟》）。以及"黄鹤楼前识楚卿，彩云重叠拥娉婷"（《浣溪沙·赠妓徐楚楚》）。二十年过去了，可是以身许国的刘过却"四举无成，十年不调"，仍然一袭布衣。此时故地重经，而且是在这个危机四伏、祸乱不远的时候，怎不令人凄然以悲呢？句中的"过"字点明此行不过是"解鞍少驻初程"的暂歇而已，并为下文伏线。"柳下系船犹未稳，能几日，又中秋"三句，一波三折，文随意转，极见工力。"未稳"上承"过"字，说明行色匆匆，钩锁紧密，见出文心之细。"能几日，又中秋"，意谓不消几天，中秋又来到了，一种时序催人的忧心、烈士暮年的悲感和无可奈何的叹喟都从这一个"又"字里泄露出来。三句迭用"犹""能""又"等虚字呼应提携，真能将词人灵魂的皱折淋漓尽致地揭示无余。

过片以后纯乎写情，都从"重过"一义生发。曰"故人"，曰"旧江山"，曰"新愁"，曰"不似"，莫不如此。章法之精严，风格之浑成，堪称《龙洲词》中上上之作。"黄鹤断矶头，故人曾到否"二句，以设问提起，妙处在能从虚际转身。"矶头"上缀一"断"字，便有残山剩水的凄凉意味，不是泛泛之笔。"旧江山浑是新愁"，是深化题旨之重笔。前此种种灰黯的心绪，所为伊何？难道仅仅是怀人、病酒、叹老、悲秋吗？被宋子虚誉为"天下奇男子，平生以气义撼当世"（《龙洲词跋》）的刘过是不会自溺于此的。刘过此词的忧国伤时之感无疑要高于宋玉《九辩》单纯的寒士悲秋之感。他此刻所感受的巨大的愁苦，就是对韩侂胄的冒险政策的担忧，就是对江河日下的南宋政局的悲痛。旧日的壮丽江山笼罩着战争的阴影，而他对于这场可怕的灾难竟然无能为力，这怎么不教人悲从中来呢？"浑是新愁"，四字包括三层含义：本有旧愁，是一层。添了新愁，是第二层。愁到了"浑是"的程度，极言分量之重，是第三层。旧愁为何？就是他《忆鄂渚》诗所云"书生岂无一策奇，叩阍击鼓天不知"之怀才不遇、报国无门的苦闷。"欲买桂花同载酒，终不似，少年游。"卒章三句写买花载酒，本想苦中求乐，来驱散一下心头的愁绪。可是这家国恨、身世愁又岂是些许桂花酒所冲淡得了的！先用"欲"字一顿，提出游乐的意愿，接着用"不似"一转，则纵去也无复当年乐趣，表示了否定的态度。"少年"是一个比较宽泛的概念，是相对而言的。刘过初到南楼，年方三十，故可称为少年。且可与上片之"二十年重过南楼"相绾合，论其章法，确有草蛇灰线之妙。如此结尾，既沉郁又浑成，令人读之有无穷哀感。

刘过的爱国词篇，多为豪爽奔放、痛快淋漓之作。但这首《唐多令》却写得蕴藉含蓄、耐人咀嚼。与其他爱国词比较，的确别具一格，故而流传甚广。《唐多令》即《糖多令》，原为僻调，罕有填者。自刘词出而和者如林，其调乃显。刘辰翁即追和七阕，周密因其有"重过南楼"之语，为更名曰《南楼令》。可见此词影响之大。清黄蓼园《蓼园词选》曰："宋当南渡，武昌系与敌纷争之地，重过能无今昔之感？词旨清越，亦见含蓄不尽之致。"清李佳《左庵词话》誉之为"小令中工品"。

【原文】

唐多令·重过江南·解缆蓼花湾

解缆蓼花湾⁽¹⁾。好风吹去帆。二十年，重过新滩⁽²⁾。洛浦凌波人去后⁽³⁾，空梦绕，翠屏间⁽⁴⁾。　　飞雾湿征衫⁽⁵⁾。苍苍烟树寒⁽⁶⁾。望星河⁽⁷⁾，低处长安⁽⁸⁾。绮陌红楼应笑我⁽⁹⁾，为甚事，过江南⁽¹⁰⁾。

【毛泽东圈评等情况】

毛泽东读清朱彝尊、汪森编选《词综》卷十五时圈阅过这首《唐多令·解缆蓼花湾》。

[参考] 张贻玖：《毛泽东评点、圈阅的中国古典诗词》，中国工人出版社1992年版，第351页。

【注释】

（1）解缆，解去系船的缆绳，指开船。南朝梁江淹《谢法曹赠别》诗："解缆候前侣，还望方郁陶。"蓼（liǎo）花，一年生或多年生草本植物，节常膨大，托叶鞘状，抱茎，花小，白色或浅红色，穗状花序或头状花序。《诗经·周颂·良耜》："以薅荼蓼。"毛传："蓼，水草也。"

（2）新滩，地名，在今湖北秭归附近。

（3）洛浦凌波，语出三国魏曹植《洛神赋》："凌波微步，罗袜生尘。"此以凌波人指代所钟爱的女子。

（4）翠屏，绿色屏风。南朝梁江淹《丽色赋》："紫帷铪匝，翠屏环合。"

（5）征衫，旅人之衣。宋楼钥《水涨乘小舟》诗："一番冻雨洗郊丘，冷逼征衫四月秋。"借指远行之人。宋张元干《忆秦娥》词："征衫幸负深闺约，禁烟时候春罗薄。"

（6）苍苍，深青色。《庄子·逍遥游》："天之苍苍，其正色邪。"《史记·天官书》："正月，与斗、牵牛晨出东方，名曰监德。色苍苍有光。"宋苏轼《留题仙都观》诗："山前江水流浩浩，山上苍苍松柏老。"烟树，云烟缭绕的树木、丛林。南朝宋鲍照《从登香炉峰》诗："青冥摇烟树，穹跨负天石。"

（7）星河，银河。南朝齐张融《海赋》："湍转则日月似惊，浪动而星河如覆。"

（8）长安，长安地名始于秦朝，西汉、隋、唐等朝的都城，在今陕西西安一带。唐以后诗文中常用作都城的通称。唐李白《金陵》诗之一："晋家南渡日，此地旧长安。"此指北宋都城汴京（今河南开封）。

（9）绮陌，繁华的街道，宋人多用以指花街柳巷。南朝梁简文帝《登烽火楼》诗："万邑王畿旷，三条绮陌平。"红楼，红色的楼，泛指华美的楼房。唐段成式《酉阳杂俎续集·寺塔记上》："长乐坊安国寺红楼，睿宗在藩时舞榭。"犹青楼，妓女所居。

（10）"为梅事"二句，宋李昉、李穆、徐铉等《太平御览》卷九七引南朝盛弘之《荆州记》："陆凯与范晔相善，自江南寄梅花一枝，诣长安与晔，并赠花诗曰：'折花逢驿使，寄与陇头人。江南无所有，聊赠一枝春。'"后因以驿使梅花表示对亲友的问候及思念。唐王维《杂诗》二首之二："君自故乡来，应知故乡事。来日绮窗前，寒梅着花未？"

【赏析】

这首词写一个行役男子对情人的眷恋之情。

词的上阕写男子故地重游，重温旧梦。"解缆蓼花湾。好风吹去帆。"起首二句叙事，是说，我解开系船的缆绳，从蓼花湾开船，乘着一路顺风，扬长而去。"二十年，重过新滩。"二句忆旧，是说二十年后，我重又经过新滩这个地方。"洛浦凌波人去后，空梦绕，翠屏间"二句是说，当年和情人在此欢聚的情境记忆犹新，然而此时已物是人非，只有在那翠绿色的屏风之间，和情人耳鬓厮磨、昵昵私语的美好情景还历历在目，在梦间萦绕不断。三国魏曹植《洛神赋》有"凌波微步"句，指洛神。"洛浦凌波"化用其意，指男子所钟爱的女子。

词的下阕写男子的追求。男子为了重温旧梦，重叙旧情，不惜千里迢迢赶往江南。"飞雾湿征衫。苍苍烟树寒"，换头处二句，写男子一路风尘仆仆，跋山涉水。船边飞起的水雾，把他的衣服都打湿了；深青色烟雾缭绕的树林，感觉分外寒冷。"望星河，低处长安"二句是说，就是在这样艰苦的条件下，男子还星夜兼程。仰望天上的银河，低处就是故都长安。词人故地重游，仅仅为了重温一下往日那温馨的梦。"绮陌红楼应笑我，为梅事，过江南"，结末三句是说，我不辞辛劳地坐船到江南来看梅花，情人也一定会取笑我，对她的一片痴情。"为梅事，过江南"用典，指对情人的问候及思念。这首词所表现的感情含蓄蕴藉，耐人寻味，读后给人很多想象的余地。

【原文】

沁园春·美人足·洛浦凌波

洛浦凌波，为谁微步，轻尘暗生[1]。记踏花芳径[2]，乱红不损；步苔幽砌[3]，嫩绿无痕。衬玉罗悭[4]，销金样窄[5]，载不起盈盈一段春[6]。嬉游倦，笑教郎款捻[7]，微褪些跟[8]。　　有时自度歌匀[9]，悄不觉微尖点拍频[10]。忆金莲移换[11]，文鸳得侣[12]；绣茵催衮[13]，舞凤轻分[14]。懊恨深遮[15]，牵情半露，出没风前烟缕裙[16]。知何似，似一钩新月[17]，浅碧笼云。

【毛泽东圈评等情况】

毛泽东读清朱彝尊、汪森编选《词综》卷十五时圈阅过这首《沁园春·洛浦凌波》。

[参考]张贻玖：《毛泽东评点、圈阅的中国古典诗词》，中国工人出版社1992年版，第351页。

【注释】

（1）"洛浦凌波"三句，语出三国魏曹植《洛神赋》："体迅飞凫，飘忽若神。凌波微步，罗袜生尘。"

（2）踏花，踏青，游春。五代谭用之《寄阎记室》诗："鳌逐玉蟾攀桂上，马随青帝踏花归。"芳径，花径。宋范成大《岩桂》诗之二："越城芳径手亲栽，红浅黄深次第开。"

（3）步苔幽砌，走在长满青苔的台阶上。苔，苔藓，隐花植物的一类，根、茎、叶的区别不明显，常贴在阴湿的地方生长。砌，台阶。

（4）衬玉罗悭，衬着白色的丝织袜子非常节省。玉罗，莹白的丝织品。《黄庭内景经·心部》："丹锦飞裳披玉罗，金铃朱带坐婆娑。"悭（qiān），小气，吝啬。

（5）销金样窄，嵌金鞋样非常窄狭。销金，嵌金色线。宋孟元老《东京梦华录·公主出降》："又有宫嫔数十，皆真珠钗插吊朵玲珑簇罗头面，红罗销金袍帔。"

（6）盈盈，仪态美好貌。南朝梁徐陵《玉台新咏·古乐府〈日出东南隅行〉》："盈盈公府步，冉冉府中趋。"南朝梁萧统《文选·古诗〈青青河畔草〉》："盈盈楼上女，皎皎当窗牖。"李善注："《广雅》曰：'嬴容也。''盈'与'嬴'同。"春，指男女情欲，如怀春、春心。

（7）款捻，慢慢抚摸。捻，古同"捏"，用拇指和其他手指夹住。

（8）褪，脱落，脱去。跟，鞋跟。

（9）自度（duó），自谱（词曲）。度，投入，填入。《诗经·大雅·绵》："度之薨薨。"郑玄笺："度，犹投也。"陆德明引《韩诗》云："填也。"宋姜夔《扬州慢》词序："予怀怆然，感慨今昔，因自度此曲。"自度歌，即自度曲，在旧有曲调外，自行谱制新曲。

（10）点拍，用脚点地以为节拍。唐南卓《羯鼓录》："若制作诸曲，随意即成。不立章度，取适短长，应指散声，皆中点拍。"

（11）金莲，金制的莲花。事本唐李延寿《南史·齐纪下·废帝东昏侯》："凿金为莲华以帖地，令潘妃行其上，曰：'此步步生莲华也。'"后因以称美人步态之美，旧指缠足妇女的小脚。唐吴融《和韩致光侍郎无题》之二："玉箸和妆裛，金莲逐步新。"

（12）文鸳，即鸳鸯，以其羽毛华美，故称。宋张先《减字木兰花》词："文鸳绣履，去似杨花尘不起。"

（13）绣茵，彩绣的地毯。茵，车垫子。茵还有衬垫、褥子等意思。《诗经·秦风·小戎》："交茵畅毂。"毛传："文茵虎皮也。"催衮，是指唐宋时的大型歌舞曲，由同一宫调的若干支曲子组成。

（14）舞凤，旧传国家太平，君王仁慈，则凤凰来仪。因以"舞凤"为文教昌明之典。唐薛存诚《御题国子监门》诗："为著盘龙迹，能彰舞凤蹲。"

（15）懊恨，怨恨，悔恨。南唐冯延巳《鹊踏枝》词："懊恨年年秋不管，朦胧如梦空肠断。"

（16）烟缕裙，一种状似烟缕的裙子。烟缕，袅袅上升的细长烟气。五代王周《道院》诗："谁知是官府，烟缕满炉沉。"

（17）一钩新月，新月，农历每月初出的弯形的月亮。常用来比喻人的眼睛或眉毛，此指美人的双足。南朝陈阴铿《五洲夜发》诗："夜江雾里阔，新月迥中明。"

【赏析】

这首词谈不上有什么深刻的思想意义，但作者紧紧抓住美人足的动作和神态加以刻画，落笔准确，细致入微，他这种描形状物的艺术手法还是很值得称道的。

词的上阕写美人足的形态及步履情形。"洛浦凌波，为谁微步，轻尘暗生。"开头三句用典，三国魏曹植《洛神赋》："凌波微步，罗袜生尘。"比喻洛神步履轻盈，踏碧水而行。这三句写美人的小脚，走路步履轻盈，纤尘暗生。"记踏花芳径，乱红不损；步苔幽砌，嫩绿无痕。"接下来四句写其动作，是说美人脚小，走路轻快，行走在花间小路上，各种红花都没有损坏；她踏过的台阶上，嫩绿的苔藓都没有什么痕迹。"衬玉罗㡷，销金样窄，载不起盈盈一段春"三句是说，美人的脚上穿着丝织的袜子，显得十分节省，嵌金色线的鞋子显得非常窄小，仪态美好的身姿好像难以承受男欢女爱的欢情。这是作者的感受。"嬉游倦，笑教郎款捻，微褪些跟。"写女子嬉戏玩耍疲倦了，她微笑着叫男子慢慢地捻自己的脚，她则把脚从鞋子里退来出一些，露出鞋跟。上阕抓住脚小、走路、捻脚几个富有特征的细节，表现出美人三寸金莲的所谓美好。

词的下阕转写美人的舞步和神态。"有时自度歌匀，悄不觉微尖点拍频。"换头处二句是说，有时候自己作曲试唱，由于感情极为投入，不知不觉合着歌曲的节拍，脚尖轻轻地点着地面。这是描摹神态。"忆金莲移换，文鸳得侣；绣茵催衮，舞凤轻分"四句是说，回忆起美人的三寸金莲经常地移动和变换，像鸳鸯得到伴侣；锦绣的地毯上演着大型的歌舞，文教昌明之典的"舞凤"十分分明。这是些想象中的美人生活。"懊恨深遮，牵情半露，出没风前烟缕裙"三句是说，美人作为歌妓，生活没有着落，在轻歌曼舞的生活中，也只能把自己的怨恨深深地遮掩起来，触动的感情只能露出一半，穿着状似烟缕的裙子出没在歌舞队中。写出了作者对美女的同情。"知何似，似一钩新月，浅碧笼云。"结末三句又回到描写美人足题上。以设问自答出之，是说美人的足像什么呢？可以说，美人的三寸金莲像一弯新月被浅绿的云彩笼罩着。比喻十分美好，把美人足之美写到极致。

【原文】

沁园春·美人指甲·销薄春冰

销薄春冰(1)，碾轻寒玉(2)，渐长渐弯。见凤鞋泥污(3)，偎人强剔(4)；龙涎香断(5)，拨火轻翻。学抚瑶琴(6)，时时欲翦(7)，更掬水鱼鳞波底寒(8)。纤柔处(9)，试摘花香满，镂枣成斑(10)。　　时将粉泪偷弹，记绾玉曾教柳傅看(11)。算恩情相着(12)，搔便玉体(13)；归期暗诉，划偏阑干(14)。每到相思，沉吟静处，斜倚朱唇皓齿间(15)。风流甚(16)，把仙郎暗掐(17)，莫放春闲(18)。"

【毛泽东圈评等情况】

毛泽东读清朱彝尊、汪森编选《词综》卷十五时圈阅过这首《沁园春·销薄春冰》。

［参考］张贻玖：《毛泽东评点、圈阅的中国古典诗词》，中国工人出版社1992年版，第351页。

【注释】

（1）销薄春冰，比喻美人指甲如初春极薄的寒冰。

（2）碾轻寒玉，比喻美人指甲如碾磨得又轻又薄的白玉。

（3）凤鞋，旧时女子所穿的绣花鞋，以鞋头花样多绘凤凰，故称。

（4）偎人，昵近之人。北齐颜之推《颜氏家训·风操》："田里偎人，方有此言耳。"剔，剔除。

（5）龙涎（xián）香，抹香鲸病胃的分泌物。类似结石，从鲸体内排出，漂浮海面或冲上海岸。为黄、灰乃至黑色的蜡状物质，香气持久，是极名贵的香料。

（6）瑶琴，用玉装饰的琴。南朝宋鲍照《拟古》诗之七："明镜尘匣中，瑶琴生网罗。"

（7）翦，同"剪"。

（8）掬水，捧起水。鱼鳞，鱼身上的鳞片。战国楚屈原《楚辞·九歌·河伯》："鱼鳞屋兮龙堂，紫贝阙兮朱宫。"王逸注："言河伯所居，以鱼鳞盖屋。"

（9）纤柔，纤细而柔软。五代齐己《谢人惠竹蝇拂》诗："妙刮筠篁制，纤柔玉柄同。"

（10）镂，雕刻。《荀子·劝学》："锲而不舍，金石可镂。"枣，枣子，指指甲。斑，一种颜色中夹杂别种颜色的点子或条纹，斑点。

（11）绾玉，系结玉饰。柳傅，教导人的柳姓师傅，当是女子情人。

（12）恩情，恩爱之情，男女情爱。汉班婕妤《怨歌行》："弃捐箧笥中，恩情中道绝。"相着，唐魏征等《隋书·循吏传·辛公义》："死生由命，不关相着，前汝弃之，所以死耳。"

（13）搔，用指甲挠。《汉书·枚乘传》："足可搔而绝。"集注："谓抓也。"便，顺利，没有困难或阻碍。玉体，指美女的身体。三国魏曹植《美女篇》："明珠交玉体，珊瑚间木难。"

（14）阑干，初为纵横意。南朝梁萧统《文选·左思〈吴都赋〉》"珠琲阑干"。刘渊林注："阑干，犹纵横也。"后来亦可指代栏杆。如唐李白《清平调》："沉香亭北倚阑干。"

（15）朱唇皓齿，鲜红的双唇，雪白的牙齿，形容容貌美丽，亦指美女。战国楚屈原《大招》："朱唇皓齿，嫭以姱只。"

（16）风流，风韵美好动人。前蜀花蕊夫人《宫词》之三十："年初十五最风流，新赐云鬟使上头。"

（17）仙郎，年轻的男仙人。唐戴叔伦《织女词》："凤梭停织鹊无音，梦忆仙郎夜夜心。"借称俊美的青年男子，多用于爱情关系。

（18）莫放春闲，即莫负春光，及时相爱之意。

【赏析】

这首词与上一首咏美人足的《沁园春》为姊妹篇，通过对美人指甲的描写，写出美人的风韵，体现出与作者豪放词不同的特点。

词的上阕写美人指甲外在的形象之美。"销薄春冰，碾轻寒玉，渐长渐弯。"开头三句叙述，美人指甲像初春的薄冰，像碾磨得又轻又薄的美玉，又长又弯。由如冰似玉的指甲，人们自然可以想象到纤纤素手和亭亭玉立的美人。"见凤鞋泥污，偎人强剔；龙涎香断，拨火轻翻。学抚瑶琴，时时欲翦，更掬水鱼鳞波底寒。"接下来几句写美人指甲的用途，从中反映出闺中美人的生活和古代妇女在社会中的地位。能够留有冰玉般美而且长的指甲，这样的美女肯定不是劳动妇女的形象，而是在家里侍候丈夫拨弄香火的大家闺秀，闲暇之余，她弹琴赋诗，时不时地修剪一下指甲。在水边玩耍时，她的鞋子沾上了泥污，她就依偎在丈夫身旁，让他将自己鞋子上的泥污剔除；她又用手捧起水，指甲在水中像鱼的鳞片一样，会显得更美。"纤柔处，试摘花香满，镂枣成斑。"她的那双手纤细而柔软，有时摘一束香气四溢的鲜花，有时把枣核雕刻成斑斓的艺术品，十分灵巧。

词的下阕由对情人的思念自然转移到与情人相处的生活。"时将粉泪偷弹，记缩玉曾教柳傅看。"换头处二句承上而来，美人想念自己的情人，暗中时常落泪，用指甲偷弹；曾记得系结玉饰，曾叫情人看。这类动作可谓形神毕肖，把美人之美刻画得入木三分。"算恩情相著，搔便玉体。归期暗诉，划偏阑干。"接下来四句是说，由于美人与情人的恩爱之情，美女的身体任凭情人挠遍。但现在情人外出，她每天把他的归期暗暗念叨，还不住地用指甲在栏杆上刻画。"每到相思，沉吟静处，斜倚朱唇皓齿间。"接下来三句是说，美人每到思念情人达到如醉如痴的时候，一个人静静地倚着朱栏站在那里，指甲在鲜红的双唇、雪白的牙齿中间，这是怎样一个美呀！"风流甚，把仙郎暗掐，莫放春闲。"结末三句是说，这女子太美好动人了，她用指甲在情人的身上暗暗地掐了一下，叫他及时欢爱，莫负大好春光。

这首词通过对美人指甲的描写，从一个侧面表现出封建贵族妇女的生活，由此也可以看出封建社会男人的无聊情趣。但这首词的艺术表现手法是好的，有可借鉴的地方。元末明初陶宗仪《南村辍耕录》卷五说："宋刘改之先生过，词赡逸有思致，赋《沁园春》二首以咏美人指甲与足者，犹纤丽可爱。"清陈廷焯《白雨斋词话》卷七云："刘改之咏美人指甲、美人足两篇，玉田《词源》录附姜（夔）、史（达祖）咏物之后。谓两词亦工丽，但不可与前作同日语。余谓宋人咏物佳篇极多，何必录此两词，有污大雅。《词源》之小痴，不得以玉田所赏而讳其失。"可见古人对刘过的这两首词是有不同看法的。

【原文】

沁园春·斗酒彘肩并序

寄辛承旨。时承旨招，不赴。

斗酒彘肩(1)，风雨渡江，岂不快哉！被香山居士(2)，约林和靖(3)，与坡仙老(4)，驾勒吾回(5)。坡谓西湖，正如西子，浓抹淡妆临镜台(6)。二公者，皆掉头不顾，只管衔杯。　白云天竺去来，图画里、峥嵘楼观开。爱东西双涧，纵横水绕；两峰南北，高下云堆(7)。逋曰不然，暗香浮动(8)，争似孤山先探梅(9)。须晴去，访稼轩未晚，且此徘徊(10)。

【毛泽东圈评等情况】

毛泽东曾两次手书过这首《沁园春·斗酒彘肩》。

[参考]中央档案馆整理：《毛泽东手书选集·古诗词卷（下）》，北京出版社1996年版，第153—159页。

【注释】

（1）斗酒彘（zhì）肩，典出《史记·项羽本纪》："于是张良至军门见樊哙，樊哙曰：'今日之事何如？'良曰：'甚急！今者项庄拔剑舞，其意常在沛公也。'哙曰：'此迫矣，臣请入，与之同命。'哙即带剑拥盾入军门。交戟卫士欲止不内，樊哙侧其盾以撞，卫士仆地，哙遂入，披帷西向立，嗔目视项王，头发上指，目眦尽裂。项王按剑而跽曰：'客何为者？'张良曰：'沛公之参乘樊哙者也。'项王曰：'壮士！赐之卮酒。'则与斗卮酒。哙拜谢，起，立而饮之。项王曰：'赐之彘肩。'则与一生彘肩。樊哙覆其盾于地，加彘肩上，拔剑切而啖之。项王曰：'壮士，能复饮乎？'樊哙曰：'臣死且不避，卮酒安足辞！'"

（2）香山居士，白居易晚年自号香山居士。

（3）林和靖，宋林逋，字和靖。

（4）坡仙老，宋苏轼，自号东坡居士，后人称为坡仙。

（5）驾勒吾回，强拉我回来，是吾回驾勒的倒装。

（6）"坡谓"三句，宋苏轼《饮湖上初晴后雨》诗："欲把西湖比西子，淡妆浓抹总相宜。"照台，镜台。

（7）"白云天竺"几句，天竺，在杭州灵隐寺南山中，有上天竺、中天竺、下天竺之分。唐白居易在杭州时，很喜爱灵隐天竺（寺）一带的景色。他的《寄韬光禅师》"东涧水流西涧水，南山云起北山云"，便是写东西二涧和南北两高峰的。纵横二涧，指灵隐寺附近的两股涧水。两峰，指西湖西面的南高峰、北高峰。

（8）暗香浮动，宋林逋《梅花》诗："疏影横斜水清浅，暗香浮动月黄昏"。

（9）孤山先探梅，孤山位于里、外两湖之间的界山，山上种了许多梅花。

（10）须，等待。稼轩，辛弃疾的号。徘徊（pái huái），流连，留恋。《汉书·杜钦传》："仲山父异姓之臣，无亲于宣，就封于齐，犹叹息永怀，宿夜徘徊，不忍远去，况将军之于主上，主上之与将军哉！"

【赏析】

词前小序云:"寄辛承旨。时承旨招,不赴。"辛承旨,即辛弃疾。因其曾于宋宁宗开禧三年(1207)被任为枢密院都承旨而得名,不过那时刘过已死,"承旨"二字可能是后人加的。

这首词的立意,可参《桯史》所载:"嘉泰癸亥岁,改之在中都时,辛稼轩弃疾帅越。闻其名,遣介招之。适以事不及行。作书归辂者,因效辛体《沁园春》一词,并缄往,下笔便逼真。"那么,根据此词的小序和《桯史》记载可知,这首词作于宋宁宗嘉泰三年(1203),当时辛弃疾担任浙东安抚使,邀请刘过到绍兴府相会,刘过因事无法赴约,便在杭州写了此词以作答复。这是一首文情诙诡、妙趣横生的好词,词人招朋结侣,驱遣鬼仙,游戏三昧,充满了奇异的想象和情趣。

词的上阕写他想赴辛弃疾之邀,又不能去。"斗酒彘肩,风雨渡江,岂不快哉",起势豪放,奠定了全文的基调。这三句用典,使风俗之气变为豪迈阔气。这里的典故出自《史记·项羽本纪》。"斗酒彘肩",用樊哙事。《史记·项羽本纪》载:樊哙见项王,项王赐与斗卮酒与彘肩。樊哙在鸿门宴上一口气喝了一斗酒,吃了一只整猪腿,凭仗着他的神力与胆气,保护刘邦平安脱险。作者用这个典故,以喻想稼轩招待自己之饮食。他与稼轩皆天下豪士,则宴上所食自与项羽、樊哙相若也。这段文字劈空而来,突兀而起,写得极有性格和气势,真是神来之笔。然而就在这文意奔注直下的时候,却突然来了一个大兜煞。词人被几位古代的文豪勒转了他的车驾,只得回头。笔势陡转,奇而又奇,真是天外奇想,令人无法琢磨。如果说前三句以赴会浙东为一个内容的话,"被香山居士,约林和靖,与东坡老,驾勒吾回",就在他要出发之时,却被白居易、林逋、苏轼拉了回来,"驾勒吾回"四字写出了他的无可奈何。接着词人概括三位诗人诗意,说明他不能前去的理由。作者把本不相干的三人集于同一场景进行对话,构思巧妙新奇。香山居士为白居易的别号,坡仙就是苏东坡,他们都当过杭州长官,留下了许多名句。林如靖是宋初高士,梅妻鹤子隐于孤山,诗也作得很好。刘过把这些古代的贤哲扯到一起不是太离奇了吗?非也。因为这些古人都曾深情地歌咏过这里的山水,实际上已与杭州的湖光山色融为一体。东坡有"若把西湖比西子，淡妆浓抹总相宜"的妙句。白居易也有"一山分作两山门，两寺原从一寺分。东涧水流西涧水，南山云起北山云"（《寄韬光禅师诗》）等讴歌天竺的名篇。而林和靖呢，他结庐孤山，并曾吟唱过"疏影横斜水清浅，暗香浮动月黄昏"的梅花佳句。风景与名人相辅相成，相得益彰。湖光山气增添了人物的逸兴韵致，名人又加深了风景的文化内涵。"二公者，皆掉头不顾，只管衔杯"，林逋、白居易两人只顾着喝酒，对苏东坡的提议丝毫不感兴趣。

下阕开端打破了两片的限制，紧接着上文写白居易的意见。"白云天竺飞来，图画里、峥嵘楼观开。爱东西双涧，纵横水绕；两峰南北，高下云堆。"白居易在杭州做郡守时，写过不少歌咏杭州的诗句，其中《寄韬光禅师》诗中有"东涧水流西涧水，南山云起北山云"之语。这六句也是化用白诗而成，用"爱"字将天竺美景尽情描绘而出，给人以如临其境之感。"暗香浮动，不若孤山先探梅"，词人化用三位诗人描写杭州风景的名句，更为杭州的湖光山色增添了逸兴韵致和文化内涵，再现了孤山寒梅的雅致与芬芳，给人美好的想象。词人笔意纵横，虽然没有正面写杭州之美，但却使我们看到了杭州的旖旎风光。不同时代的诗人跨越了时空的界限，相聚一堂。他们的音容笑貌、言谈口吻鲜活地呈现在我们面前，体现出作者丰富的想象力。"须晴去，访稼轩未晚，且此徘徊"三句顺势而出，这里"须晴去"的"晴"字，当然与上片的"风雨渡江"遥相呼应，可当作"晴天"讲。但是，从词旨总体揣摩，它似含有"清醒"的意味，其潜台词中似乎是说自己目前正被杭州湖山胜景所迷恋，"徘徊"在"三公"争辩的诱惑之中。那么，赴约之事，且待"我""清醒"过来，再作理会吧！这样理解，可能更具妙趣。这几句也回应开头，使全词更显得结构严谨，密不可分。这首词是恢奇的，但并不荒诞。刘过掇拾珠玉，别出心裁，给我们带来一阵清新的空气，带来一种审美的愉悦。刘过的行辈比辛弃疾晚，地位也相差悬殊。但他照样不拘礼数地同这位元老重臣、词坛泰斗呼名道姓，开些玩笑。这种器量胸襟不是那些镂红刻翠、秦楼楚馆的词客所能企及的。洋溢于词中的豪情逸气、雅韵骚心是同他的"天下奇男子"的气质分不开的。

刘勰主张"酌奇而不失其真，玩华而不坠其实"，苏轼也说诗"以奇趣为宗，反常合道为趣"。这首词的体制和题材都富有创造性，它大起大落，纵横捭阖，完全解除了格律的拘束，因而显得意象峥嵘、运意恣肆，虽略失之于粗犷，仍不失为一首匠心独运的好词。当然像这样调侃古人、纵心玩世的作品，在当时的词坛上的确是罕见的。难怪岳珂要以"白日见鬼"相讥谑。

【原文】

行香子·山水扇面·佛寺云边

佛寺云边⁽¹⁾，茅舍山前，树阴中、酒旆低悬⁽²⁾。峰峦空翠⁽³⁾，溪水清涟⁽⁴⁾，只欠梅花，欠沙鸟⁽⁵⁾，欠渔船。　　无限风烟⁽⁶⁾，景趣天然⁽⁷⁾，最宜他、隐者盘旋⁽⁸⁾。何人村墅⁽⁹⁾，若个林泉⁽¹⁰⁾？恰似敧湖，似枋口，似斜川⁽¹¹⁾。

【毛泽东圈评等情况】

毛泽东读清朱彝尊、汪森编选《词综》卷十五时圈阅过这首《行香子·佛寺云边》。

[参考] 张贻玖：《毛泽东评点、圈阅的中国古典诗词》，
中国工人出版社 1992 年版，第 351 页。

【注释】

（1）佛寺，佛门的寺院。唐房玄龄等《晋书·王恭传》："（恭）不闲用兵，尤信佛道，调役百姓，修营佛寺，务在壮丽，士庶怨嗟。"

（2）酒旆，即酒旗。唐杜牧《代人寄远》诗："河桥酒旆风软，候馆梅花雪娇。"

（3）峰峦，连绵的山峰。空翠，指绿色的草木。南朝宋谢灵运《过白岸亭》诗："空翠难强名，渔钓易为曲。"

（4）清涟，水清澈而有细波纹。《诗经·魏风·伐檀》："河水清且涟猗。"后多连文。南朝宋谢灵运《过始宁墅》诗："白云抱幽石，绿筱媚清涟。"

（5）沙鸟，沙滩或沙洲上的水鸟。唐钱起《江行无题》诗之二九："櫂惊沙鸟迅，飞溅夕阳波。"

（6）风烟，景象，风光。唐骆宾王《在江南赠宋五之问》诗："风烟标迥秀，英灵信多美。"

（7）景趣，由景色而生的情趣。唐韩愈《河南令舍池台》："规摹虽巧何足夸，景趣不远真可惜。长令人吏远趋走，已有蛙黾助狼藉。"天然，自然生成的，自然形成的（区别于人工、人造）。唐皮日休《五贶诗·太湖砚》："求于花石间，怪状乃天然。"

（8）隐者，隐士，隐居在山林中的人。古代指不肯做官而隐居在山野之间的人，一般指的是贤士。唐贾岛《寻隐者不遇》："松下问童子，言师采药去。只在此山中，云深不知处。"盘旋，留连，盘桓。唐韩愈《送李愿归盘谷序》："是谷也，宅幽而势阻，隐者之所盘旋。"

（9）村墅，村郊别墅。宋陆游《老学庵笔记》卷三："种彝叔，靖康初以保静节钺致仕，居长安村墅。"

（10）若个，哪个，可指人，亦可指物。唐东方虬《春雪》诗："不知园里树，若个是真梅？"林泉，山林与泉石，指隐居之地。唐骆宾王《上兖州张司马启》："虽则放旷林泉，颇得闲居之趣。"

（11）恰似攲湖三句，攲（qī）湖，倾斜的湖，地名。枋口，地名，在今河南济源东三十里，即古秦渠也。秦时以枋木为门，以备蓄泄，故名枋口，亦作方口，今为水利渠。唐孟郊有《与王二十一员外涯游枋口柳溪》诗。斜川，古地名。在江西星子、都昌境，庐山南麓一带。濒鄱阳湖，风景秀丽，晋陶潜曾游于此，作《游斜川》诗并序。宋张炎《风入松·岫云》词："记得晋人归去，御风飞过斜川。"

【赏析】

《行香子·山水扇面·佛寺云边》，词牌名，又名《热心香》《读书引》。以晁补之《行香子·同前》为正体，双调六十六字，前段八句四平韵，后段八句三平韵。另有双调六十八字，前后段各八句、四平韵。

此词实系张耒所作，见《蜕岩词》（朱氏刻本）卷下。今依清朱彝尊、汪森编选《词综》，姑系于刘过名下。

这是一首题画词。一首好的题画词，不仅能提示画的内容，而且要用富有诗意的语言扩展和深化画境，要求传貌、传神，再创造，甚至于不再是画的附庸，而具有独立的艺术价值。这首词所题的画，是扇面上的一幅山水画。词上阕只用六句二十三字，写了六样景物。"佛寺云边，茅舍山前，树阴中、酒旆低悬"，起头四句，写高高耸立的山峰直指蓝天，淡淡的云雾弥漫于山腰之间。云边有佛寺，山前有茅舍。古树成林，繁枝抱体的绿阴中，有一幅酒旗低悬。酒旗本是招客之广告，一般画法则为"当路高悬"，此用"低"字，细细体会，诗味颇浓。其一，用"低"不用"高"，显得不招摇，极合清幽的意境。其二，这是词人从观画的角度着笔，酒旗与高峰古树相比，无论如何都是"低"的。这里可见词人用词之准确。再说以绿色背景的画面中出现这一点酒旗，这种异色相映正合国画"金碧山水"的手法。绿阴中有酒家，又符合王维"林密处则居舍"的画学形式美的要求。"峰峦空翠，溪水清涟"二句，写迂回连绵的群山，向遥远的天际伸展，山色翠润。脚下透明的溪水，微风下掀起层层清涟。词写到这里，画的色彩与布局大致可见。这本是幅一般的山水画，画中山水寺舍也是自然界常见之景，但经过富有诗意的语言提示，就更显得淡远清幽。虽说画、词脱离，但词人笔下的山水形象，照样给人一种清新恬静的美感。"只欠梅花，欠沙鸟，欠渔船"三句，词写"只欠"，实则不欠。与以动写静手法一样，这里也运用了艺术辩证法。正因为欠了这些，才使画面显得疏密得当；而有之，则多，多则乱。同时这三句更清楚地交代了画的取景。

如果到此为止，只能算是对画面物象作了静止的罗列，色彩布局进行了客观的展示，显然不够。所以下阕词人写出了自己对画的评价与理解，使词中有画，词中有情。"无限风烟，景趣天然"，换头处二句，写风光由景色而生的情趣自然而然，毫不矫揉造作。这对画来说是一个总评。"最宜他、隐者盘旋"一句，更出之画外，是词人思维的结果，这不是画意而是心意。词人长期隐居不出，以诗文为业，这种环境对他来说，当然是理想的处所了。这是触景生情，也丰富了画意。"何人村墅，若个林泉？"突然一转，具有戏剧性。山水画中，为了给画面带来生气，常画有茅舍炊烟。

词人突然想到这简陋的茅舍，极像隐者的居处。这是词人的情绪，却为画增添了诗意，与上句也正好统一，显然是词人的再创造。"恰似菽湖，似枋口，似斜川"，结末三句是说，恰似菽湖、枋口和斜川，风景秀丽，令人流连忘返。这是词人脑海中瞬间出现的系列联想，虚处着笔，扩展了画的意境，饶有余味。这种猜测性语言，正体现了写意画的特点：即点到为止，不作细致刻画，给人以丰富想象的余地。

词上下两阕，上阕具体描写，一句一景，下阕写自己的印象与情绪，而这些又衬托了上阕景致的宁静优美。这首词题在画上，无疑是珠联璧合的整体，但离开画，仍不失独立的艺术生命，并有其本身的特点：词写景，如王维山水诗，用词原型化，不作修饰成分，像佛寺、茅舍、树阴、酒旆等，好处是自然浑成，不露雕琢，使得词更加清新自然。词人感情隐而不露，似见非见，十分清淡。但细细体会词人襟怀与追求，又全在其间。上下阕的尾三句皆用排比，音节和美，句句可歌。以上特点，使这首词意妙韵谐，朗朗可诵。

崔与之

崔与之（1158—1239/1240），幼名星郎，字正子，一字正之，号菊坡，广东增城（今广东广州增城）人，南宋名臣、诗人。崔与之为宋光宗绍熙四年（1193）进士，初授浔州司法参军。历任广西提点刑狱、金部员外郎、主管淮东安抚司公事、秘书少监等职，为官廉洁奉公，在淮东练兵抗金，政声卓著。宋宁宗嘉定十四年（1221）出为知成都府兼成都路安抚使，两年后升任四川制置使。任内安边积财，举贤抚士，使蜀中宁谧。嘉定十七年（1224）辞官归乡，此后"八辞参知政事，十三辞右丞相"，除宋理宗端平元年（1234）为平摧锋军变而暂任广东经略安抚使兼知广州外，终不出仕。嘉熙三年（1239），崔与之以观文殿大学士、提举洞霄宫致仕，数月后逝世，年八十二。累赠太师、南海郡公，谥号"清献"。崔与之不仅勤于军政，在学术上亦有建树。他被称为"岭南儒宗"，所开创"菊坡学派"被认为是岭南历史上的第一个学术流派。又颇有词章造诣，开岭南宋词之始，有"粤词之始"之称。今有《崔清献公集》传世。

【原文】

水调歌头·题剑阁·万里云间戍

万里云间戍[(1)]，立马剑门关[(2)]。乱山极目无际，直北是长安[(3)]。人苦百年涂炭[(4)]，鬼哭三边锋镝[(5)]，天道久应还[(6)]。手写留屯奏[(7)]，炯炯寸心丹[(8)]。　对青灯[(9)]，搔白首[(10)]，漏声残[(11)]。老来勋业未就，妨却一身闲。梅岭绿阴青子[(12)]，蒲涧清泉白石[(13)]，怪我旧盟寒[(14)]。烽火平安夜，归梦绕家山[(15)]。

【毛泽东圈评等情况】

毛泽东曾手书这首《水调歌头·万里云间戍》。

[参考] 中央档案馆整理:《毛泽东手书选集·古诗词卷(下)》,北京出版社 1996 年版,第 160 页。

【注释】

(1)万里云间戍(shù),离家万里在云雾中间戍守边疆。戍,守边,防守。《诗经·王风·扬之水》:"彼其之子,不与我戍申。"毛传:"戍,守也。"

(2)立马,骑在站立不动的马上,驻马。唐朱庆余《过旧宅》诗:"荣华事歇皆如此,立马踟蹰到日斜。"剑门关,在四川广元南。此处山脉东西横亘百余公里,72 峰绵延起伏,高入云霄,陡壁断处两山相峙如门,形势险要,是以得名。这里易守难攻。

(3)长安,今陕西西安,此代指北宋都城汴京。

(4)涂炭,烂泥和炭火,比喻极困苦的境遇。《尚书·商书·仲虺之诰》:"有夏昏德,民坠涂炭。"孔传:"民之危险,若陷泥坠火。"借指陷入灾难的人民。南朝梁沈约《梁鼓吹曲·道亡》:"救此倒悬拯涂炭,誓师刘旅赫灵断。"

(5)三边,汉时指匈奴、南越、朝鲜。《史记·律书》:"高祖有天下,三边外畔。"泛指边境,边疆。唐辛常伯《军中行路难》诗:"但令一被君王知,谁惮三边征战苦。"锋,刀口;镝,箭头,泛指兵器。《史记·秦汉之际月表》:"堕坏名城,销锋镝,鉏豪桀,维万世之安。"指战争。

(6)天道,即天道好还。《老子》:"以道佐人主者,不以兵强天下,其事好还。"天道,天理,天意。

(7)留屯奏,请求留住屯田住戍的奏折。留屯,驻军屯田。《汉书·赵充国传》:"步兵九校,吏士万人,留屯以为武备,因田致谷,威德并行。"

(8)炯炯,光明。唐杜甫《逼仄行,赠毕曜》:"徒步翻愁长官怒,此心炯炯君应识。"宋陈亮《祭周参政文》:"安归田里,一无怼言,炯炯此心,实昭于天。"寸心,指心。旧时认为心的大小在方寸之间,故名。

晋陆机《文赋》："函绵邈于尺素，吐滂沛乎寸心。"唐杜甫《偶题》诗："文章千古事，得失寸心知。"丹，丹心，赤诚的。南宋文天祥《过零丁洋》："人生自古谁无死？留取丹心照汗青。"

（9）青灯，光线青荧的油灯。唐韦应物《寺居独夜寄崔主簿》诗："坐使青灯晓，还伤夏衣薄。"

（10）搔白首，用手挠白发。搔（sāo），挠，用手指甲轻刮。

（11）漏声，铜壶滴漏之声，古时用铜壶滴水计时。唐杜甫《奉和贾至舍人早朝大明宫》："五夜漏声催晓箭，九重春色醉仙桃。"

（12）梅岭，即大庾岭，在江西、广东交界处，因岭上多梅，故称。作者为广州人，故云。

（13）蒲涧，在广州白云山上，涧中生有九节菖蒲，其水清甜。作者曾隐居于此。

（14）旧盟，原先制定的归隐林泉的盟约。盟，盟约，协约。

（15）"烽火平安夜"二句，烽火，古时边防报警的烟火。《史记·周本纪》："有寇至，则举烽火。"指战争、战乱。语出唐杜甫《春望》："烽火连三月，家书抵万金。"归梦，归乡之梦。南朝齐谢朓《和沈右率诸君饯谢文学》："望望荆台下，归梦相思夕。"家山，谓故乡。唐钱起《送李栖桐道举擢第还乡省侍》诗："莲舟同宿浦，柳岸向家山。"

【赏析】

崔与之是广州人，一直被称为"粤词之始"。他开创了以"雅健"为宗旨的岭南词风，对后世岭南词人影响很大。南宋后期的李昂英、赵必、王象、陈纪等人，便是这种"雅健"词风的直接继承者。

崔与之在宋宁宗嘉定十二年（1219）至十五年（1221）间任成都知府兼成都府路安抚使，期间曾登临剑阁，北望中原，作此词。词苍凉沉郁，感慨良多，感情与风格都与陆游、辛弃疾、陈亮的词相近。

词作上阕通过对宋朝南渡之后历史的回顾和现实的展望，表现出强烈的忧国情怀和报国壮志，"万里云间戍，立马剑门关。"起首二句居高临下，气势恢宏，形成全词的豪迈基调。剑门关为川陕间重要关隘，是兵家必争之地。词人于此"一夫当关,万夫莫开"的军事要地,立马极目骋怀,自多感慨。以下笔锋一转,由豪迈转为苍凉。"乱山极目无际,直北是长安"二句,写长安在剑阁北面,亦早入金手,故"直北是长安"句,既是实指,又是借指,一语双关。实指北宋京都汴京。句中虽无"愁看"二字,而愁绪自在其中。乱山无际,故都不知在何处。"直北是长安"五字,似是淡淡道来,实则包含着无穷的悲愤、无穷的血泪。接下去,词人便承此发挥,描写金兵入犯给人民带来的巨大苦难。"人苦百年涂炭,鬼哭三边锋镝"二句,概括了宋朝自南渡以来中原人民的悲惨遭遇。中原人民陷于水深火热之中,边境地方更因战乱频繁,死者不计其数。"鬼哭"句,正是写边境一带"新鬼烦冤旧鬼哭,天阴雨湿声啾啾"(唐杜甫《兵车行》)的悲惨情况。这两句把战乱之苦描写得淋漓尽致,使读者感同身受,激起对敌人的义愤。接着作者笔锋一转,明确表示:天道好还,否极泰来,胡人的气运是不会长久的,苦难的日子应该到尽头了!"天道久应还"五字铿锵有力,稳操胜券,流露出作者对收复失地的强烈愿望,与陆游的"逆虏运尽行当平""如见万里烟尘清"一样,怀有同样迫切的期望。紧接着,作者由对北方人民的思念和关注,进而联想到自己的职责,表示要亲写奏章,留在四川屯守御金,使他管辖下的一方百姓,不受金人的侵害。"手写留屯奏,炯炯寸心丹"二句,豪气干云,壮怀激烈,字字作金石声,具见作者忧国忧民的一片赤诚。

下阕立足于个人遭际,国家大业未完成,而自己则归隐故乡,表达了家国难以两全的矛盾心理。下阕以"对青灯,搔白首,漏声残"三个短句作过片,写出作者赋词时的环境气氛:青灯荧荧,夜漏将尽。三句中,重点放在"搔白首"三字上;由此而引出"老来勋业未就,妨却一身闲"的慨叹。由于"老来勋业未就",因此作者原来打算功成身退、归老林泉的愿望便落空了。北宋名臣范仲淹戍边时,曾有感于自己未能像后汉的窦宪一样,北逐匈奴,登燕然山,勒石记功而还,而慨叹"浊酒一杯家万里,燕然未勒归无计"(宋范仲淹《秋思》),崔与之亦有此感慨。"梅岭绿阴青子,蒲涧清泉白石"二句,虽然他对家乡十分思念,但抗金守土的责任感,又使他不得不继续留在异乡。他感到有负故乡的山水,仿佛粤北梅岭上青青的梅子，广州白云山上蒲涧的流泉，都在责备他忘了归隐田园的旧约了。"怪我旧盟寒"五字，是对"妨却一身闲"句的照应。"怪""妨"二字，能把作者"老来勋业未就"，思家而不得归的矛盾复杂心境，委婉地表达出来。这两句貌似闲适，内里却跳动着作者的报国丹心。末二句"烽火平安夜，归梦绕家山"，对上述意思再加深一层，意思是说：请不要责备我负约吧，在逆胡未灭、烽烟未息之时，我岂又能归去？其实我无时无刻不在想念故乡，每当战事暂宁的"烽火平安夜"，我的梦魂就回到故乡去了！这两句思家情深，报国意切，十字融为一体。以此收束全词，使人回味无穷。

谢 逸

　　谢逸（1068—1113），字无逸，号溪堂，宋代临川城南（今属江西抚州）人，北宋文学家，江西诗派二十五法嗣之一。与其从弟谢薖并称"临川二谢"。与饶节、汪革、谢薖并称为"江西诗派临川四才子"。生于宋神宗赵顼熙宁元年（1068），幼年丧父，家境贫寒。与汪革、谢薖同学于吕希哲，刻苦磨砺，诗文俱佳。两次应科举，均不第。然操履峻洁，不附权贵，和谢薖"修身砺行，在崇宁大观间不为世俗毫发污染"（《谢幼盘文集》卷首），一生过着"家贫惟饭豆，肉贵但羡藜"的安贫乐道的清苦生活，以作诗文自娱。在乡家居，每月召集乡中贤士聚会一次，共议古人厚德之事，并抄录成册，名为"宽厚会"。宋徽宗赵佶政和三年（1113）以布衣终老于故土，年四十五。曾写过三百首咏蝶诗，人称"谢蝴蝶"。谢逸是五代花间词派的传人，所著《溪堂词》"远规花间，逼近温韦"（薛砺若《宋词通论》），雅洁清丽，蕴藉隽妙，在北宋后期的词坛上自成一家。所著《溪堂词》，"皆小令，轻倩可人"（明毛晋《跋溪堂词》），"标致隽永"（《词统》卷四）。其词既具花间之浓艳，又有晏殊、欧阳修之婉柔，长于写景，风格轻倩飘逸。现仅存《溪堂集》十卷，《溪堂词》一卷。

【原文】

花心动·风里杨花

　　风里杨花、轻薄性[1]，银烛高烧心热[2]。香饵悬钩[3]，鱼不轻吞，辜负钓儿虚设[4]。桑蚕到老丝长绊[5]，针刺眼、泪流成血。思量起、粘枝花朵、果儿难结。　　海样深情忍撇[6]，似梦里相逢，不胜欢悦。出水双莲[7]、摘取一枝，可惜并头分拆。猛期月满会姮娥[8]，谁知是、初生新月[9]。折翼鸟[10]、甚是于飞时节。

【毛泽东圈评等情况】

毛泽东读清朱彝尊、汪森编选《词综》卷八时圈阅过这首《花心动·风里杨花》。

[参考] 张贻玖：《毛泽东评点、圈阅的中国古典诗词》，中国工人出版社 1992 年版，第 247 页。

【注释】

（1）风里杨花，风中的杨花飘忽不定，比喻事情或事物变化无定准。杨花，指柳絮。北周庾信《春赋》："新年鸟声千种啭，二月杨花满路飞。"轻薄，轻佻浮薄。《汉书·地理志下》："其俗愚悍少虑，轻薄无威。"

（2）银烛，明烛。唐陈子昂《春夜别友人》诗二首之一："银烛吐青烟，金樽对绮筵。"唐杜牧《秋夕》诗："银烛秋光冷画屏，轻罗小扇扑流萤。"

（3）香饵，渔猎所之诱饵。汉桓宽《盐铁论·褒贤》："香饵非不美也，龟龙闻而深藏，鸾凤见而高逝。"比喻引诱人上圈套的事物。三国魏嵇康《答〈难养生论〉》："是以古之人，知酒肉为甘鸩，弃之如遗；识名位为香饵，逝而不顾。"

（4）辜负，亏负，使别人对自己的希望落空。唐李商隐《为有》："无端嫁得金龟婿，辜负香衾事早朝。"

（5）桑蚕到老丝长绊，化用唐李商隐《无题》"春蚕到死丝方尽，蜡炬成灰泪始干"诗意。绊，牵制、拘束。

（6）忍撇，忍心丢开。撇，抛开，丢弃。

（7）双莲，并生于同一枝干的两朵荷花，又名并蒂莲。古代以为祥瑞征兆。南朝梁沈约《宋书·符瑞志下》："元嘉十六年七月壬申，华林池双莲同干。"

（8）猛期，强烈的期望。猛，尽情地，宋元人用语。月满，农历月逢十五日新满的月亮，指月圆，唐骆宾王《秋晨同淄川毛司马秋·秋月》："云披玉绳净，月满镜轮圆。"姮娥，神话中的月中女神，即嫦娥。

（9）新月，农历每月初出的、弯形的月亮。南朝陈阴铿《五洲夜发》诗："夜江雾里阔，新月迥中明。"

（10）折翼鸟，折断翅膀的鸟。折断翅膀，比喻受挫伤。《汉书·息夫躬传》："发忠忘身，自绕罔兮！冤颈折翼，庸得往兮！"于飞，飞，偕飞。于，语助词。《诗经·大雅·卷阿》："凤凰于飞，翙翙其羽，亦集爰止。"毛传："雄曰凤，雌曰凰。"喻夫妇和美。

【赏析】

《花心动》，词牌名，双调一百四字，前段十句四仄韵，后段八句五仄韵。又一体双调一百四字，前段十句四仄韵，后段十一句五仄韵。各家词字数、句读、押韵或有小异。

这首词写一个男子对他钟情女子的热切期盼。

词的上阕写别后思念。词中的主人公是一位青年男子，他和热恋的女子有一段热恋后又分开了。所以，起首二句说："风里杨花、轻薄性，银烛高烧心热。"一上来他便对女子的变卦进行谴责，埋怨她用情不专，离开了自己。而他自己却银烛高烧，热切地等待着她的归来。"香饵悬钩，鱼不轻吞，辜负钓儿虚设。"接下来三句用喻。他以投香饵垂钓作喻，说明他不过是枉费心机，并没有达到目的。虽然没有达到目的，自己却痴心不改，接下二句"桑蚕到老丝长绊，针刺眼、泪流成血"。前句化用唐李商隐《无题》诗中"春蚕到死丝方尽，蜡炬成灰泪始干"句意，后句描写，说明自己至死靡它，责任不在自己。但转念一想："思量起、粘枝花朵、果儿难结。"本来是粘在树枝上的花朵，自然不能结出果实来，比喻十分贴切。

想到这里，这痴情男子似乎想通了，实则不然。所以，下阕深入一层，写出他的回忆和期盼。"海样深情忍撇，似梦里相逢，不胜欢悦。"换头处三句连用两喻，以海洋喻其情深，以梦中相逢，喻其欢会时的甜蜜。这种爱情怎么能忍心丢开，如今不知出于什么原因，相爱的人竟然分开，这就像把并蒂莲活活拆开一样，岂不可惜。虽然如此，这男子并未死心，"猛期月满会姮娥，谁知是、初生新月"三句是说，他强烈地盼望着月亮圆的时候人也团圆，但这月亮才是月初的弯月，也就是说还不到时候，希望还是有的。所以，末二句说："折翼鸟，甚是于飞时节。"于飞，典出《诗经·大雅·卷阿》："凤凰于飞，翙翙其羽。"本指凤和凰比翼而飞，旧时用以比喻夫妻和谐。他把二人比为折断翅膀的鸟儿，期盼着时机一到，便比翼双飞，重温那爱情的温馨和甜蜜，这便是痴情男子的心愿。

本篇通过写男子对其所爱的（妻子或情人）的思念和归来的期盼，几经转折，一往情深，读来十分感人。清陈廷焯《词则·别调集》："沈天羽云：'此词句句比方，用《小雅·鹤鸣》篇体也。'纯用比体，自是词中变格。亦未尝不古，但有色无韵。偶一为之则可，不必效尤也。"清黄苏《蓼园词选》："按无逸第进士后，郁郁不得志，尝作《花心动》。中有句曰：'香饵悬钩，鱼不轻吞，辜负钓儿虚设。'其即'直钩无处使'之意乎？"

【原文】

江城子·杏花村馆酒旗风

杏花村馆酒旗风[1]。水溶溶[2]，飏残红[3]。野渡舟横[4]，杨柳绿阴浓。望断江南山色远[5]，人不见，草连空[6]。　　夕阳楼外晚烟笼[7]。粉香融[8]，淡眉峰[9]。记得年时，相见画屏中[10]。只有关山今夜月[11]，千里外，素光同[12]。

【毛泽东圈评等情况】

毛泽东曾圈阅这首《江城子·杏花村馆酒旗风》。

[参考] 张贻玖：《毛泽东评点、圈阅的中国古典诗词》，中国工人出版社1992年版，第247页。

【注释】

（1）杏花村馆，即杏花村驿馆，据说位于湖北麻城岐亭镇。酒旗风，使酒旗摆动的和风。化用唐杜牧《清明》诗中"借问酒家何处有，牧童遥指杏花村"诗意。

（2）溶溶，指河水荡漾、缓缓流动的样子。《楚辞·刘向〈九叹·逢纷〉》："扬流波之潢潢兮，体溶溶而东回。"王逸注："溶溶，波貌也。"

（3）飏（yáng），飞扬，此指飘散之状。残红，指凋残的花，落花。多见于古诗文或是古风歌曲文章。唐王建《宫词》之九十："树头树底觅残红，一片西飞一片东。"

（4）野渡，荒落之处或村野的渡口。唐韦应物《滁州西涧》诗："春潮带雨晚来急，野渡无人舟自横。"

（5）望断，向远处望、直到望不见了。明袁可立《蓬莱阁望海》："长安擢不远，望断暮云平。"江南，指长江以南的地区，各时代的含义有所不同：汉以前一般指今湖北长江以南部分和湖南、江西一带；后来多指今江苏、安徽两省的南部和浙江一带。《左传·昭公三年》："王以田江南之梦。"

（6）人不见，草连空，意为不见所怀念的故人，唯见草色接连到天际。

（7）晚烟笼，指黄昏时烟气笼罩的景象。

（8）粉香融，脸上搽的香粉。融，融合，匀合。

（9）淡眉峰，淡淡的远山眉非常美。汉刘歆的《西京杂记》卷二："文君姣好，眉色如望远山，脸际常若芙蓉，肌肤柔滑如脂，十七而寡，为人放诞风流，故悦长卿之才而越礼焉。"

（10）年时，此指"当年那时"。画屏中，应指如诗画一般的景象中，而非指楼上摆放的有画图题诗的屏风或屏障。

（11）只有今夜月关山，当从南朝宋谢庄《月赋》中"美人迈兮音尘阙，隔千里兮共明月"两句化出。关山，山岭和关隘。据南宋胡仔编撰《苕溪渔隐丛话》后集卷三十三引《复斋漫录》所云，应指黄州关山。

（12）素光，洁白明亮的光辉，多指月、水、霜、雪之光。晋左思《杂诗》："明月出云崖，皦皦流素光。"此指月光。

【赏析】

一年的暮春时节，在黄州属地关山一个叫杏花村的驿馆中，词人谢逸独自一人登上驿馆的高楼，纵目四望，天涯孤旅，思亲念远之情油然而生，于是词人在墙壁上挥毫题写了这首《江城子》。

这是一首羁旅行役之作。词的上阕写登楼远望之景，逐层展开。"杏花村馆酒旗风。水溶溶，飏残红。"开端三句，首先从空间着笔，展开一个立体空间境界。杏花村馆的酒旗在微风中轻轻飘动，清清的流水，静静地流淌着。花已经谢了，春风吹过，卷起阵阵残红。这是暮春村野，也是作者所处的具体环境。这一切都显示出"流水落花春去也"，在作者的心态上抹上了一层淡淡的惆怅色彩。杏花村与酒连在一起，出自唐杜牧《清明》诗"借问酒家何处有，牧童遥指杏花村"。后来酒店多以杏花村为名。"野渡舟横，杨柳绿阴浓。"接下来二句先用唐韦应物《滁州西涧》诗"野渡无人舟自横"，"野渡舟横"显出了环境的凄幽荒凉。而一见到"杨柳绿阴浓"，又不免给词人增添了一丝丝离愁。杨柳往往与离愁别恨联在一起，杨柳成了离别的象征物。"绿阴浓"，也含有绿暗之意。清幽荒寂的野渡，象征离愁别恨的杨柳，与上文所形成的淡淡的惆怅色彩是和谐一致的。这一切又为下文"望断江南山色远，人不见，草连空"的怀人怅别作了铺垫，渲染了环境氛围。经过上文渲染、铺垫之后，"人不见"的"人"就不是凭空出现的了。谢逸是江西临川人，也是江南人。他一生虽工诗能文，却科场不利，屡试不第，以布衣终老。这样一位落拓文人，身在异乡，心情凄苦，自不待言；远望江南，青山隐隐，连绵无际，相思离别之情，油然而生。

意中人远在江南，可望而不可见，可见的唯有无穷无尽的春草，与天相接，延伸到无限遥远的远方，而春草又是容易引起离别相思的物象。汉淮南小山《楚辞·招隐士》："王孙游兮不归，春草生兮萋萋。""离恨恰如春草，更行更远还生。"（南唐李煜《清平乐·别来春半》）词人用了一个远镜头，远望春草连天，伊人却不知在何处，心驰神往，离恨倍增。

过片紧接上阕，由望断江南而人不见的相思之苦，自然转入到回忆往事。"夕阳楼外晚烟笼。粉香融，淡眉峰。记得年时，相见画屏中"，五句全是回忆往事，由上阕的从空间着笔转入到下阕的时间追忆。五句都是"记得"的内容，都应由"记得"领起。但"文似看山不喜平"，词尤忌全用平铺直叙，所以作者从回忆开始，马上描绘形象而不从叙事入手。在一个夕阳西下的美好时刻，楼外晚烟轻笼，在这温馨旖旎的环境里，一位绝色佳人出现了。融融脂粉，香气宜人，淡淡眉峰，远山凝翠。词人不多作铺叙笔法写她的面容、体态，而采用以部分代整体的借代修辞法，只写她的眉峰、粉香，其他就可想而知了。较之尽情铺叙，一览无余，更令人神往。这是很鲜明的形象，在词人记忆的荧光屏上永远不会消失。然后再用补写办法，补叙往事："记得年时，相见画屏中。"这说明上面的一切都发生在如诗如画的景象中。最后作者提出了一个问题："相见以后是很快就离别了呢，还是共同生活了一段时间？"作者却不再作任何说明。填词如绘画，绘画不能把整个纸面全部画满，什么都画尽，而应该留下适当的空白，笔尽而意不尽。填词也要留有空白，留有让读者想象的余地。回忆至此，一笔顿住，将时间拉回到眼前，"只有关山今夜月，千里外，素光同"。回忆的风帆驶过之后，词人不得不面对现实。关山迢递，春草连天，远望佳人，无由再见。词人心想：只有今夜天上的一轮明月照着他乡作客的我，也照着远隔千里的她，我们只有共同向明月倾诉相思，让我们通过明月交流心曲吧！"美人迈兮音尘阙，隔千里兮共明月。"（南朝宋谢庄《月赋》）"但愿人长久，千里共婵娟。"（宋苏轼《水调歌头》）词人此时的心境也许与此相似。明毛晋云："溪堂小令，皆轻倩可人。"清徐釚《词苑丛谈》称其词"标致隽永"。此词颇近之。

徐　俯

徐俯（1075—1141），南宋初年官员，字师川，自号东湖居士，原籍洪州分宁（江西修水）人，江西派著名诗人之一。他是给事中徐禧之子、诗人黄庭坚的外甥。后迁居德兴天门村。因父死于国事，授通直郎，累官右谏议大夫。宋高宗绍兴二年（1132），赐进士出身。三年，迁翰林学士，擢端明殿学士，签书枢密院事，官至参知政事。后因与宰相赵鼎政见不和，出朝提举洞霄宫。工诗词，著有《东湖集》，不传。

【原文】

画堂春·落红铺径水平池

落红铺径水平池⁽¹⁾，弄晴小雨霏霏⁽²⁾。杏园憔悴子规啼⁽³⁾，无奈春归⁽⁴⁾。柳外画楼独上⁽⁵⁾，凭阑手捻花枝⁽⁶⁾。放花无语对斜晖⁽⁷⁾，此恨谁知？

【毛泽东圈评等情况】

毛泽东曾圈阅这首《画堂春·落红铺径水平池》。

[参考] 张贻玖：《毛泽东评点、圈阅的中国古典诗词》，中国工人出版社 1992 年版，第 247 页。

【注释】

（1）水平池，池塘水满，水面与塘边持平。

（2）弄晴，展现晴天。霏霏，雨雪密也。《诗经·小雅·采薇》："今我来思，雨雪霏霏。"亦状云气之盛。汉刘向《楚辞·九叹·远逝》："云霏霏而陨集。"杜甫《雨四首》之三："寒雨下霏霏。"

（3）杏园，园林名，故址在今陕西西安大雁塔南。杏园是唐时著名园林，在曲江池西南，为新进士游宴之地。唐李淖《秦中岁时记》："进士杏花园初会谓之探花宴，以少俊二人为探花使，遍游名园，若他人先折得名花，则二使皆有罚。"此处以杏园借指北宋汴京之琼林苑。杨侃《皇畿赋》："彼池之南，有苑何大。既琼林而是名，亦玉辇而是待。其或折桂天庭，花开凤城，则必有闻喜之新宴，掩杏园之旧名。"憔悴，形容人瘦弱，面色不好看。这里形容暮春花事将尽的景象。杏园憔悴，用唐杜牧《杏园》诗："莫怪杏园憔悴去，满城多少插花人。"故知此词写落第心情。子规，杜鹃鸟的别名。传说为蜀帝杜宇的魂魄所化。常夜鸣，声音凄切，故借以抒悲苦哀怨之情。《埤雅·释鸟》："杜鹃，一名子规。"唐杜甫《子规》诗："两边山木合，终日子规啼。"

（4）无奈，无可奈何。《战国策·秦策二》："楚惧而不进，韩必孤，无奈秦何矣！"

（5）画楼，雕饰华丽的楼房。唐李峤《晚秋喜雨》诗："聚霭笼仙阁，连霏绕画楼。"

（6）凭阑，倚靠着栏杆，即凭栏。唐韩偓《中秋禁直》诗："星斗疏明禁漏残，紫泥封后独凭阑。"手捻花枝，手里捏着花枝。捻，古同"捏"，用拇指和其他手指夹住，古人以为表示愁苦无聊之动作。

（7）"放花"二句，放下花枝，看着将要落山的太阳，这种恨意有谁知道。斜晖，亦作"斜辉"，指傍晚西斜的阳光。南朝梁简文帝《序愁赋》："玩飞花之入户，看斜晖之度寮。"明沈际飞评曰："此恨亦知不得。"因抒落第之恨，事关政治，故云"知不得"。

【赏析】

《画堂春》，词牌名。最初见《淮海居士长短句》。四十七字，前片四平韵，后片三平韵。《山谷琴趣外篇》于两结句各添一字。

这首《画堂春》词，宋何士信辑明武陵逸史编次《类编草堂诗余》题作徐俯词，而秦观《淮海居士长短句》中亦存此词，故《全宋词》归于秦观名下。

这是一首伤春恨别之作，描写精美的春归之景，以惜春之怀，发幽婉深恨之情，令人思之不尽。

词的上阕写春归之景。"落红铺径水平池，弄晴小雨霏霏。杏园憔悴子规啼，无奈春归。"开头四句是说，飘零凋落的花瓣已经铺满了园间小路，池水上涨已与岸齐平了；说晴不晴，说阴不阴，小雨似在逗弄晴天一样。杏园已失去了"红杏枝头春意闹"的动人景色，它像一个青春逝去的女子，容颜显得憔悴而没有光泽了。再听枝头子规鸟儿，传来声声"不如归去"，泣血啼唤，多么令人伤感。唐杜牧诗有："莫怪杏园憔悴去，满城多少插花人。"这句可能化用小杜诗意。作者从所见所闻之春归的景物写起，不用重笔，写"落花"只是"铺径"，写"水"只是"平池"，写"小雨"只是"霏霏"，第三句写"杏园"虽用了"憔悴"二字，明写春光之迟暮，然而"憔悴"中也仍然有着含敛的意致。阕末，总括一句"无奈春归"，其无可奈何之情，已在上述描写中得到充分表现。但也只是一种"无奈"之情，而并没有断肠长恨的呼号，这样就见出一种纤柔婉丽之美。落红铺径、水满池塘、小雨霏霏，到杏园花残、杜鹃啼叫，写来句句景语、情语，清秀柔美，深美婉约。

词的下阕，侧重写人，也就是此中的女主人公。"柳外画楼独上，凭阑手捻花枝。放花无语对斜晖，此恨谁知？"写她的动作、意志，表现其伤离恨别的愁思。她独自一人登上冒出柳树枝头的画楼，斜倚栏杆，手捻花枝。这句似由冯延巳《谒金门》"闲引鸳鸯香径里，手挼红杏蕊"词意化来。紧接着又写下一句"放花无语对斜晖"，真是神来之笔。因为一般人写到对花爱赏多只不过是"看花""插花""折花""簪花"，都是把对花的爱赏之情变成了带有某种目的性的理性处理。徐俯这首词所写从"手捻花枝"到"放花无语"，是如此自然，如此无意，如此不自觉，更如此不自禁，而全出于内心中一种敏锐深微的感动。当其"捻"着花枝时，其爱花是何等深情，当其"放"却花枝时，其惜花又是何等无奈。而"放花"之下，乃继之以"无语"，正是因为此种深微细致的由爱花惜花而引起的内心中的一种幽微的感动，原不是粗糙的语言所能够表达的。而又继之以"对斜晖"三个字，便更增加了一种伤春无奈之情。"放花无语对斜晖"，七个字中只是极为含蓄地写了一个"放花无语"的轻微动作，和"对斜晖"

的凝立姿态，却隐然有一缕极深幽的哀感袭人而来。所以继之以"此恨谁知"，才会使人感到其中果然有一种难以言说的幽微之深恨。诚然，词人没有写她"恨"什么。但从词人描绘的这幅春归图里，分明看见她面对春归景色，正在慨叹春光催人易老，感伤人生离多聚少、青春白白流逝。全词蕴藉含蓄，寄情悠远，具有言尽而意无穷的余味。明吴从先辑《草堂诗余隽》卷四评语云："写出闺怨，真情俱在，末语迫真。"清黄苏编选《蓼园词选》云："按一篇主意只是时已过而世少知己耳，说来自娟秀无匹。末二句尤为切挚。花之香，比君子德之芳也，所以捻者以此，所以无语而对斜晖者以此。既无人知，惟自爱自解而已。语意含蓄，清气远出。"

万俟咏

万俟（mò qí）咏，字雅言，自号词隐。游上庠不第，充大晟府制撰。宋高宗绍兴五年（1135），补下州文学。有《大声集》五卷，不传。

【原文】

长相思·山驿·短长亭

短长亭，古今情⁽¹⁾。楼外凉蟾一晕生⁽²⁾。雨余秋更清⁽³⁾。　　暮云平。暮山横⁽⁴⁾。几叶秋声和雁声⁽⁵⁾。行人不要听。

【毛泽东圈评等情况】

毛泽东读龙榆生编选《唐宋名家词选》卷九时，圈阅了这首《长相思·短长亭》。

[参考] 张贻玖：《毛泽东评点、圈阅的中国古典诗词》，中国工人出版社 1992 年版，第 247 页。

【注释】

（1）"短长亭"二句，短长亭，古代驿道五里设一短亭，十里设一长亭。此代指行旅、行程，为行人休憩和送行饯别之所。北周庾信《哀江南赋》："十里五里，长亭短亭。"宋苏轼《送朱朝判入蜀》："梦寻西南路，默数短长亭。"古今情，古今相同的离情。

（2）凉蟾（liáng chán），指秋月。唐李商隐《燕台诗·秋》："月浪衡天天宇湿，凉蟾落尽疏星入。"晕（yūn），月晕，太阳或月亮周围形成的光环。此指月亮四周的光环，亦指月亮。宋晏几道《阮郎归》："个人鞭影弄凉蟾，楼前侧帽檐。"

（3）雨余（yú），雨后，剩下、遗留。宋喻良能《雨余》："雨余平野绿，耕种满东皋。"

（4）暮山横，地理上指东西向，此指远山迷茫。

（5）和，应和。

【赏析】

《长相思》，乐府旧题，原为唐教坊曲，后用作词调名。调名取自南朝乐府"上言长相思，下言久离别"句。又名《相思令》《双红豆》《吴山青》《山渐青》《忆多娇》《长思仙》《青山相送迎》等。此调由三、七、五句式组成，每句用韵，且前后段各有一叠韵，音节响亮，表情由热烈而渐趋和婉。

词题《山驿》。山驿，是山路上的驿站，指作词之地。这首词是词人万俟咏写行旅之作。当时词人屡试不第，羁旅异乡，几欲灰心，恰逢阴雨，彻夜难眠，雨后登亭，临亭就所望所感而发此作。全词围绕着词人于秋季雨后登亭的所见所闻、秋季雨后的凄凉孤寂的氛围，烘托出作者的思乡之情。通篇萧疏冷落，情在言外。

词的上阕点明时序和地点。"短长亭，古今情。"上阕起首两句，写山驿望中所见，兼含旅思。两个短句，从时、空两方面着笔，而想象纵横驰骋，其感情色彩增强而意境加厚。第三句客观写景："楼外凉蟾一晕生。"这句话写到小楼在月影下独立，月影映衬着小楼，词人将深秋月夜描述得犹如画卷一样。用"蟾"而不用"月""兔"字，不仅平仄妥帖，而且因为蟾蜍这种动物喜欢潮湿而体表是冷的，更能表现出"凉"意，"凉"字又暗示了行人触景所生的感情。黄蓼园说此句"仍带古今情之意"，可谓善于体会。"晕"是"雨余"景象，又是风起的征兆，此句近启"雨余秋更清"一句，远兴"几叶秋声"一句。

下阕仍是写驿楼上的所见所闻，思乡的客愁表现得更强烈。过片"暮山平，暮山横"两句，扣住"山驿"的"山"字，描写日暮黄昏时的山中景象。太阳渐渐西沉，暮云合拢。远远望去，群山模糊一片，山中的暝色越来越深。云空阔而单调，使得整首词读后给人萧瑟之感。大笔的涂抹，景象开阔而沉郁，浓重的暮色有力地烘染着游子的乡愁。"几叶秋声和雁声"，则由视觉而听觉。所见既已如此，所闻更使人心惊。风吹叶落，秋声萧瑟，再加上南归大雁的鸣叫，此情此景，真让人难以承受。因而词人不禁呼出"行人不要听"，把深浓的乡思推向高潮，水到渠成，收合自然。

作者通过描写雨后山驿的黄昏景色，借用暮云、暮山、几片秋叶和雁声营造了一个秋季萧瑟凄凉的氛围，烘托出词人的羁旅之思。这既是作者的亲身体验，又概括了古今游子的共同感受，所以具有普遍意义。这个作品意象优美、精致玲珑，简直可以当作一幅山水画来欣赏。

【原文】

昭君怨·春到南楼雪尽

春到南楼雪尽(1)，惊动灯期花信(2)。小雨一番寒，倚栏干(3)。　　莫把栏干频倚，一望几重烟水(4)。何处是京华(5)，暮云遮。

【毛泽东圈评等情况】

毛泽东读清朱彝尊、汪森编选《词综》卷九时，圈阅了这首《昭君怨·春到南楼雪尽》。

[参考] 张贻玖：《毛泽东评点、圈阅的中国古典诗词》，中国工人出版社 1992 年版，第 247 页。

【注释】

（1）南楼，古楼名。在湖北鄂城南。又名玩月楼。南朝宋刘义庆《世说新语·容止》："庾太尉（庾亮）在武昌，秋夜气佳景清，使吏殷浩、王胡之之徒登南楼理咏。"唐李白《陪宋中丞武昌夜饮怀古》诗："清景南楼夜，风流在武昌。"按：晋武昌县为武昌郡治，即今鄂城。唐武昌县属鄂州江夏郡，即今武汉武昌。李白所咏南楼，实际上不是庾亮等所登的南楼。

（2）灯期，指元宵灯节期间。花信，指群花开放的消息。

（3）栏干，以竹、木等做成的遮拦物。南朝梁王筠《奉和皇太子忏悔应诏》："睿艳似烟霞，栏杆若珠琲。"唐李绅《宿扬州水馆》诗："闲凭栏干指星汉，尚疑轩盖在楼船。"

（4）烟水，雾霭迷蒙的水面。唐孟浩然《送袁十岭南寻弟》诗："苍梧白云远，烟水洞庭深。"

（5）京华，京城之美称。因京城是文物、人才汇集之地，故称。晋郭璞《游仙诗》之一："京华游侠窟，山林隐遁栖。"唐张九龄《上封事》："京华之地，衣冠所聚。"

【赏析】

《昭君怨》，词牌名，又名《一痕沙》《明妃怨》《道无情》。《乐府诗集》载王昭君出塞故事，说此调最早为昭君所创。调见苏轼的《东坡词》。四十字，全阕四换韵，两仄两平递转，上下片同。

此为作者的代表作之一。全词语淡情深，清新素雅，一波三折，将客中思归的情怀抒写得委婉动人。"春到南楼雪尽，惊动灯期花信"，上阕起首两句，先写客中值上元灯节。"雪尽"则见日暖风和，大地回春。《吕氏春秋·贵信》云："春之德风，风不信（不如期而至），则其花不盛。"故谓花开时风名花信风。而农历正月十五日上元节又称灯节，为赏灯之期。此"灯期"之花信为"小桃"，上元前后即着花，状如垂丝海棠。宋欧阳修咏小桃诗所云"初见今年第一枝"者。所谓"惊动"，即言春到南楼，时值元宵，小桃开放，如从睡梦中惊醒。"小雨一番寒，倚栏干"，三、四两句，写倚"南楼"之栏杆，承上"灯期花信"而来，词意有所转折。独倚栏杆之人，必不在游众之中，而这一番寒意，是因为刚下过的一场小雨，还是因为客心悲凉的缘故，亦是断难分辨。

词的下阕则写登楼的所见所感。"莫把栏干频倚"，换头处一句，翻进一层写归思之切。所以强言莫倚，是因为倚栏杆也只能"一望几重烟水"，重重叠叠的烟水云山遮断了故国的望眼。接下来"何处是京华"，全是望寻之神，说明他欲罢不能。"京华"指京都，即北宋国都汴京（今河南开封）。最后再作否决"暮云遮"，即还是望而不见。此句似暗用唐李太白

"总为浮云能蔽日，长安不见使人愁"（《登金陵凤凰台》）诗意，写景兼以寄慨，实有比义。这首词结构独特，造语新奇，情景融合，清雅情深，皆有可称道的地方。

何 籀

何籀（zhòu），字子初，信安（今河北霸州）人，工诗词。余不详。

【原文】

点绛唇（两首）

其一 春雨蒙蒙

春雨蒙蒙[(1)]，淡烟深锁垂杨院[(2)]。暖风轻扇。落尽桃花片。　薄倖不来[(3)]，前事思量遍。无由见。泪痕如线。界破红妆面[(4)]。

其二 莺踏花翻

莺踏花翻，乱红堆径无人扫[(5)]。杜鹃来了[(6)]。梅子枝头小。　拨尽琵琶[(7)]，总是相思调[(8)]。知音少[(9)]。暗伤怀抱[(10)]。门掩青春老[(11)]。

【毛泽东圈评等情况】

毛泽东曾圈阅这两首《点绛唇·春雨蒙蒙》。

[参考]张贻玖：《毛泽东评点、圈阅的中国古典诗词》，
中国工人出版社1992年版，第247页。

【注释】

（1）蒙蒙，细雨迷蒙之状。明王韦《阁试春阴诗》："苔花苍润上帘栊，蒙蒙经雨还未雨。"

（2）淡烟，轻烟。宋柳永《轮台子》词："匆匆策马登途，满目淡烟衰草。"

（3）薄倖，旧时女子对所欢的昵称，犹冤家。宋周紫芝《谒金门》词："薄倖更无书一纸，画楼愁独倚。"

（4）界破，划破。唐徐凝《庐山瀑布》诗："今古长如白练飞，一条界破青山色。"红妆，指女子的盛妆。因妇女妆饰多用红色，故称。古乐府《木兰诗》："阿姊闻妹来，当户理红妆。"

（5）乱红，凌乱的落花。宋欧阳修《蝶恋花·庭院深深深几许》："泪眼问花花不语，乱红飞过秋千去。"

（6）杜鹃，鸟名，又名杜宇、子规。相传为古蜀王杜宇之魂所化，春末夏初，常昼夜啼鸣，其声哀切。南朝宋鲍照《拟行路难》诗之六："中有一鸟名杜鹃，言是古时蜀帝魂。其声哀苦鸣不息，羽毛憔悴似人髡。"

（7）琵琶，弹拨乐器。初名批把，见《释名·释乐器》。此类乐器原流行于波斯、阿拉伯等地，汉代传入我国。后经改造，圆体修颈，有四弦、十二柱，俗称"秦汉子"。

（8）相思，彼此想念，后多指男女相悦而无法接近所引起的想念。汉苏武《留别妻》诗："生当复来归，死当长相思。"

（9）知音，《列子·汤问》载："伯牙善鼓琴，钟子期善听。伯牙鼓琴，志在登高山，钟子期曰：'善哉！峨峨兮若泰山！'志在流水，钟子期曰：'善哉！洋洋兮若江河！'伯牙所念，钟子期必得之。"后世遂以"知音"比喻知己、同志。

（10）怀抱，心怀，心意。汉冯衍《与阴就书》："衍年老被病，恐一旦无禄，命先犬马，怀抱不报，齎恨入冥，思剖肝胆，有以塞责。"

（11）青春，指青年时期，年纪轻。南朝梁萧统《文选·潘尼〈赠陆机出为吴王郎中令〉诗》："予涉素秋，子登青春。"李善注："青春，喻少也。"

【赏析】

《点绛唇》，词牌名，又名《点樱桃》《十八香》《南浦月》《沙头雨》《寻瑶草》等。以冯延巳词《点绛唇·荫绿围红》为正体，双调四十一字，前段四句三仄韵，后段五句四仄韵。另有四十一字前后段各五句四仄韵，四十三字前段四句三仄韵，后段五句四仄韵的变体。代表作有苏轼《点绛唇·红杏飘香》等。

这两首小词在宋何士信辑、明武陵逸史编次的《类编草堂诗余》中，被归于何籀名下，而唐圭璋《全宋词》则据明沈际飞、钱允治等编《草堂诗余正集》，定为无名氏之作。

我们先看第一首。这一首小令塑造了一个痴心女子的悲剧性命运与形象。"春雨蒙蒙，淡烟深锁垂杨院"，上阕开头二句通过写景，烘托出她的悲剧性命运。蒙蒙春雨下个不停，淡烟深锁着杨柳庭院，这就是她的居处。"锁"，主要不是门上了锁，闭门不出；而是被淡烟丝雨所锁着，使她生困愁城而无法摆脱。"暖风轻扇。落尽桃花片。"接下来二句不是单纯写景，而是赋而比也。桃花艳丽而易落，象征美丽女子的命运。宋秦观有一首《踏莎行》，前结云："可堪孤馆闭春寒，杜鹃声里斜阳暮。"客馆为春寒所封闭而不得摆脱，也可以帮助我们体会"深锁"的含意。

下阕转而写少妇充满愁怨的内心世界，塑造了一个思妇的形象。"薄倖不来，前事思量遍。无由见。"换头处三句是说，她所爱的男子好久没有来了，而且也没法去寻找他。以前的事我都想遍了，也不知道他为什么不来相见。"泪痕如线。界破红妆面。"结末二句是说，她失望，她伤心，她由于无心打扮，故让它泪水挂下来，划破了残妆的脸儿。这里不写她的愁苦，只写她流泪的形象，是把雕塑形象的方法运用到诗词中来。李白有一首《怨情》云："美人卷珠帘，深坐颦蛾眉。但见泪痕湿，不知心恨谁？"于无字处写怨情，可谓善于写怨，可和此词互参。

这首写春愁的小词，风格轻柔婉转，意境鲜明如画。整个作品虽无什么高深之处，但小巧玲珑，用字用意时有可观之处，也算是一首较好的春词了。

我们再看第二首。这首词表现的情思与上首并无二致，但具体描写上却有不同。

词的上阕仍是写花落春残的暮春景象，但着笔较觉鲜艳。"莺踏花翻"，首句用笔十分细致，黄莺在花丛间飞鸣，一转眼落在花蕊上面，这柔弱的花朵却担不起它的重量，一下子翻落下来，短短四个字把这个小插曲写得活灵活现，饶有兴味。"乱红堆径无人扫"，接下来一句是说，被黄莺踏落的红花堆在小径上没有人打扫，实际是说她无情无绪打扫。"杜鹃来了。梅子枝头小。"三、四两句，进一步描写暮春景象。杜鹃已经从遥远的南方飞来了，它那悲切的叫声牵动着人们的伤春情绪，而杨梅的果子还小，杨梅乃酸性果品，为孕妇所嗜，也可能这位少妇已有身孕了，这样他就更加想念他的丈夫或情人了。

词的下阕抒写深闺孤寂之思。"拨尽琵琶，总是相思调。"换头处二句是说，因为空闺寂寞，所以闲拨琵琶，排遣忧思，但拨来弹去，那浓郁的相思始终无法排解。"尽""总"，语势一收一放，一个深情而端庄的闺阁少妇的形象便呼之欲出了。"知音少"，也是话里有话，自己虽是一往情深，但这相思的衷肠又有谁知晓呢？"暗伤怀抱。门掩青春老"，结末二句以自叹迟暮结束。"青春"既是指眼前的良辰美景，也是指自己生命的青春年华。众芳芜秽，美人迟暮，怎不让人感伤不已呢？

和上首相比，这首词抒情更为含蓄，形象和语言也比较庄重典雅。清黄苏《蓼园词选》说："'莺踏花翻'，自是伤时寄托语；'杜鹃来了。梅子枝头小'，自是时当晚季，自伤卑贱耳！看下一阕，'知音少''伤怀抱'，则前一阕寓意尤显。士不得志，而悲悯之怀难以显言，托于闺怨，往往如是。"

李清照

李清照（1084—1155），号易安居士，齐州章丘（今山东章丘）人，宋代女词人，婉约词派代表，有"千古第一才女"之称。李清照出身书香门第，早期生活优裕，其父李格非藏书甚富，她小时候就在良好的家庭环境中打下了文学基础。出嫁后与夫赵明诚共同致力于书画金石的搜集整理。金兵入据中原时，流寓南方，境遇孤苦。

李清照工诗、能文，更擅长词。诗文不多，部分篇章感时咏史，情词慷慨。所作词，前期多写其悠闲生活，后期多悲叹身世，情调感伤，有的也流露出对中原的怀念。形式上善用白描手法，巧语构思，独辟蹊径，常选取一些生活片段入词，语言清丽精巧，但不雕琢，极富音乐美。李清照的词被称为"易安体"，从南宋起就有人不断学习和效仿。论词强调协律，崇尚典雅，提出词"别是一家"之说，反对以作诗文之法作词。能诗，留存不多，部分篇章感时咏史，情辞慷慨，与其词风不同。有《易安居士文集》《易安词》，已散佚。后人有《漱玉词》辑本。今有《李清照集校注》。

【原文】

凤凰台上忆吹箫·香冷金猊

香冷金猊[1]，被翻红浪[2]，起来慵自梳头[3]。任宝奁闲掩[4]，日上帘钩。生怕闲愁暗恨，多少事、欲说还休[5]。今年瘦，非干病酒[6]，不是悲秋[7]。　　休休[8]！这回去也[9]，千万遍《阳关》[10]，也即难留。念武陵人远[11]，烟锁秦楼[12]，记取楼前绿水，应念我、终日凝眸[13]。凝眸处，从今更数，几段新愁。

毛泽东读清朱彝尊、汪森编选《词综》卷二十五时，圈阅了这首《凤凰台上忆吹箫·香冷金猊》。

[参考] 张贻玖：《毛泽东评点、圈阅的中国古典诗词》，
中国工人出版社1992年版，第252页。

【注释】

（1）金猊（ní），香炉的一种。炉盖作狻猊形，空腹。焚香时，烟从口出。前蜀花蕊夫人《宫词》之五二："夜色楼台月数层，金猊烟穗绕觚棱。"

（2）红浪，红色被铺乱摊在床上，有如波浪。

（3）慵，困倦，懒得动。五代欧阳炯《凤楼春》："锦书通，梦中相见觉来慵。"

（4）宝奁（lián），梳妆镜匣的美称。唐李商隐《垂柳》诗："宝奁抛掷久，一任景阳钟。"宋欧阳修《于飞乐》词："宝奁开，美鉴静，一掬清蟾。"

（5）欲说还（huán）休，多用于诗词语句中，表达难于启齿的感情或者内心有所顾虑而不敢表达，想说却又马上停下没有说。南宋辛弃疾《丑奴儿·书博山道中壁》："少年不识愁滋味，爱上层楼。爱上层楼，为赋新词强说愁。而今识尽愁滋味，欲说还休。欲说还休，却道天凉好个秋！"

（6）病酒，饮酒沉醉。《晏子春秋·谏上三》："景公饮酒，醒，三日而后发。晏子见曰：'君病酒乎？'公曰：'然。'"

（7）悲秋，对萧瑟秋景而伤感。语出战国楚宋玉《楚辞·九辩》："悲哉！秋之为气也。萧瑟兮，草木摇落而变衰。"

（8）休休，罢了，罢了。

（9）这，有的版本写作"者"。

（10）《阳关》，语出《阳关三叠》，是唐宋时的送别曲。唐王维《送元二使安西》："渭城朝雨浥轻尘，客舍青青柳色新。劝君更尽一杯酒，西出阳关无故人。"后据此诗谱成《阳关三叠》，为送别之曲。此处泛指离歌。

（11）武陵人远，引用东晋陶渊明《桃花源记》中，武陵渔人误入桃花源，离开后再去便找不到路径了。陶渊明《桃花源记》云武陵（今湖南常德）渔人入桃花源，后路径迷失，无人寻见。此处借指爱人去的远方。

（12）烟锁秦楼，总谓独居妆楼。秦楼，即凤台，相传春秋时秦穆公女弄玉与其夫箫史乘凤飞升之前的住所。南唐冯延巳《南乡子》词“烟锁秦楼无限事”。

（13）眸（móu），指瞳神。《说文》：“目童（瞳）子也。”指眼珠。《景岳全书》卷二十七引龙木禅师语曰：“……人有双眸，如天之有两曜，乃一身之至宝，聚五脏之精华。”

【赏析】

《凤凰台上忆吹箫》，词牌名，又名《忆吹箫》等。以晁补之词《凤凰台上忆吹箫·自金乡之济至羊山迎次膺》为正体，双调九十七字，前段十句四平韵，后段九句五平韵。另有九十七字、九十六字、九十五字的变体。代表作即李清照《凤凰台上忆吹箫·香冷金猊》。

此词是李清照的早期作品，创作地点在青州。自宋徽宗大观元年（1107）起，李清照与赵明诚屏居乡里十余年。赵明诚何时重新出来做官，史无明载。据陈祖美《李清照简明年表》：重和元年至宣和二年（1118—1120）期间，赵明诚或有外任，清照独居青州。作《点绛唇》《凤凰台上忆吹箫》等。而刘忆萱在《李清照诗词选注》中认为此词作于赵明诚赴莱州任职之际，时间约为宣和三年（1121）。

这首词是李清照抒写离愁的名篇之一。词写离情，却略去了别时，只是截取了别前和别后两个横断面，加以深入开掘。上阕写将别之苦。“香冷金猊，被翻红浪”，开头一个对句便给人冷漠凄清的感觉。金猊，指狻猊（狮子）形铜香炉。“被翻红浪”，语本宋柳永《凤栖梧》：“鸳鸯绣被翻红浪。”说的是锦被胡乱地摊在床上，在晨曦的映照下，波纹起伏，恍似卷起层层红色的波浪。金炉香冷，反映了词人在特定心情下的感受；锦被乱陈，是她无心折叠所致。“起来慵自梳头”，则全写人物的情绪和神态。这三句工炼沉稳，在舒徐的音节中寄寓着作者低沉掩抑的情绪。到了

"任宝奁闲掩，日上帘钩"，则又微微振起，恰到好处地反映了词人情绪流程中的波澜。然而她内心深处的离愁还未显露，给人的印象只是慵怠或娇慵。慵者，懒也。炉中香消烟冷，无心再焚，一慵也；床上锦被乱陈，无心折叠，二慵也；鬓鬟蓬松，无心梳理，三慵也；宝镜尘满，无心拂拭，四慵也；而日上三竿，犹然未觉光阴催人，五慵也。慵而一"任"，则其慵态已达极点。词人为何大写"慵"字，目的仍在写愁。这个"慵"字是"词眼"，使读者从人物的慵态中感到她内心深处有个愁在。"生怕闲愁暗恨"，开始切题，可是紧接着，作者又一笔宕开，"多少事，欲说还休"，万种愁情，一腔哀怨，本待在丈夫面前尽情倾吐，可是话到嘴边，又吞咽下去。词情又多了一层波折，愁苦又加重了一层。"新来瘦，非干病酒，不是悲秋。"她先从人生的广义概括致瘦的原因：有人是因"日日花前常病酒"（南唐冯延巳《鹊踏枝》），有人是因"万里悲秋常作客"（唐杜甫《登高》），而自己却是因为伤离惜别这种不足与旁人道的缘由。从"悲秋"到"休休"，是大幅度的跳跃。词人一下子从别前跳到别后，略去话别的缠绵和饯行的伤感，笔法极为精练。

下阕写别离之苦。"休休！这回去也，千万遍《阳关》，也即难留。"《阳关》，即《阳关曲》。离歌唱了千千遍，终是难留，惜别之情跃然纸上。"念武陵人远，烟锁秦楼"，把双方别后相思的感情作了极其精确的概括。武陵人，用刘晨、阮肇典故，借指心爱之人。秦楼，一称凤楼、凤台。相传春秋时有个萧史，善吹箫，作凤鸣，秦穆公以女弄玉妻之，筑凤台以居，一夕吹箫引凤，夫妇乘凤而去。李清照化用此典，既写她对丈夫赵明诚的思念，也写赵明诚对其妆楼的凝望，丰富而又深刻。同时后一个典故，还暗合调名，照应题意。下阕后半段用顶真格，使各句之间衔接紧凑，而语言节奏也相应地加快，感情的激烈程度也随之增强，使词中所写的"离怀别苦"达到了高潮。"记取楼前绿水"句中的"楼前"，是衔接上句的"秦楼"，"凝眸处"是紧接上句的"凝眸"。把它们连起来吟诵，便有一种自然的旋律推动吟诵的速度，而哀音促节便在不知不觉中拨动人们的心弦。古代写倚楼怀人的不乏佳作，却没有如李清照写得这样痴情的。她心中的"武陵人"越去越远了，人影消失在迷蒙的雾霭之中，她一个人被留在"秦楼"，呆呆地倚楼凝望。她那盼望的心情，无可与语；她那凝望的眼神，无人理解。唯有楼前流水，映出她终日倚楼的身影，印下她钟情凝望的眼神。词笔至此，主题似已完成了，"凝眸处，从今更数，几段新愁"。而结尾三句又使情思荡漾无边，留有不尽意味。自从得知赵明诚出游的消息，她就产生了"新愁"，此为一段；明诚走后，洞房空设，佳人独坐，此又是"新愁"一段。从今而后，山高路远，枉自凝眸，其愁将与日俱增，愈发无从排遣了。

这首词写离愁，步步深入，层次井然。前阕用"慵"来点染，用"瘦"来形容；后阕用"念"来深化，用"痴"来烘托，由物到人，由表及里，层层开掘，揭示到人物灵魂的深处。而后阕的"新愁"与前片的"新瘦"遥相激射，也十分准确地表现了"离怀别苦"的有增无已。在结构上，特别要注意"任宝奁闲掩"中的"任"字，"念武陵人远"中的"念"字。这是两个去声领格字，承上启下，在词中起着关键性的转换作用。从语言上看，除了后阕用了两个典故外，基本上是从生活语言中提炼出来的，自然中节，一片宫商，富有凄婉哀怨的音乐色彩。前人所谓"以浅俗之语，发清新之思"（清邹祗谟《远志斋词衷》），信不虚也！清陈廷焯《云韶集》卷十云："此种笔墨，不减耆卿、叔原，而清俊疏朗过之。'新来瘦'三语，婉转曲折，煞是妙绝。笔致绝佳，余韵尤胜。"

【原文】

壶中天慢·春情·萧条庭院

萧条庭院⁽¹⁾，又斜风细雨、重门须闭⁽²⁾。宠柳娇花寒食近⁽³⁾，种种恼人天气。险韵诗成⁽⁴⁾，扶头酒醒⁽⁵⁾，别是闲滋味⁽⁶⁾。征鸿过尽⁽⁷⁾、万千心事难寄。　　楼上几日春寒，帘垂四面，玉栏杆慵倚。被冷香消新梦觉，不许愁人不起。清露晨流，新桐初引⁽⁸⁾，多少游春意⁽⁹⁾。日高烟敛⁽¹⁰⁾，更看今日晴未？

【毛泽东圈评等情况】

毛泽东读清朱彝尊、汪森编选《词综》卷二十五时，圈阅了这首《壶中天慢·萧条庭院》。

[参考] 张贻玖：《毛泽东评点、圈阅的中国古典诗词》，
中国工人出版社1992年版，第252页。

【注释】

（1）萧条，寂寞冷落，凋零。《楚辞·远游》："山萧条而无兽兮，野寂漠其无人。"

（2）斜风细雨，斜风，旁侧吹来的小风；细雨，小雨，形容小的风雨。唐张志和《渔父》："青箬笠，绿蓑衣，斜风细雨不须归。"重（chóng）门，层层设门。

（3）宠柳娇花，惹人宠爱的柳色、娇艳的花枝，形容春色。寒食，节日名，在清明前一日或二日。相传春秋时晋文公负其功臣介之推。介愤而隐于绵山。文公悔悟，烧山逼令出仕，之推抱树焚死。人民同情介之推的遭遇，相约于其忌日禁火冷食，以为悼念。以后相沿成俗，谓之寒食。按：《周礼·秋官·司烜氏》"中春以木铎修火禁于国中"，则禁火为周的旧制。汉刘向《别录》有"寒食蹋蹴"的记述，与介之推死事无关；晋陆翙《邺中记》、南朝宋范晔等《后汉书·周举传》等始附会为介之推事。

（4）险韵，生僻难押的诗韵。宋欧阳修《归田录》卷二："余六人欢然相得，群居终日，长篇险韵，众制交作。"

（5）扶头酒，易醉之酒。唐白居易《早饮湖州酒寄崔使君》诗："一榼扶头酒，泓澄泻玉壶。"

（6）滋味，味道，酸甜苦辣等。《管子·戒》："滋味动静，生之养也；好恶喜怒哀乐，生之变也。"

（7）征鸿，即征雁。南朝梁江淹《赤亭渚》诗："远心何所类，云边有征鸿。"

（8）清露晨流，新桐初引，露水清晨初降，桐树始发新枝，形容春

晨的清新景象。语出南朝宋刘义庆《世说新语·赏誉》："时（王）恭尝行散至京口射堂，于时清露晨流，新桐初引，恭目子曰：'王大（忱）固自濯濯。'"初引，枝叶才生长。

（9）游春，游览春景。唐白居易《和梦游春诗一百韵》："昔君梦游春，梦游仙山曲。"

（10）烟敛，烟收、烟散。烟，这里指像烟一样弥漫在空中的云气。

【赏析】

《壶中天慢》，即念奴娇，又名《百字谣》《百字令》《杏花天》《酹江月》《大江东去》《赤壁词》等。双调一百字，仄韵，亦有用平韵者。

此词为作者南渡前的作品，写春日离情。黄墨谷《重辑李清照集》认为此词当作于宋徽宗宣和二年（1120），其丈夫赵明诚知莱州时，易安从居地青州寄给丈夫。选本题作《春情》或《春日闺情》。

词的上阕写近来之事。"萧条庭院，又斜风细雨、重门须闭。"开头二句，从环境和天气写起，融情入景，景含愁情。女主人所处环境孤寂，心情落寞，院中满目萧条，再加上几日来斜风细雨无休无止，一道道门儿都要关紧。"宠柳娇花寒食近，种种恼人天气"，接下来二句，由天气想到惹人宠爱的柳色、娇艳的花枝，倾注了她对美好事物的关心和热爱之情。"寒食"节本应是杨柳吐翠、鲜花争艳、满目芳菲之时，却偏偏遇上了"斜风细雨"的恼人天气。"险韵诗成，扶头酒醒，别是闲滋味。"接下来三句，由天气、花柳，渐次写到人物。长长春日，冷清无聊，女主人只好以饮酒赋诗来消愁解闷，打发时光。可诗成酒醒之后，她依然是坐卧不宁，百无聊赖。"闲滋味"是什么？歇拍"征鸿过尽、万千心事难寄"才透露出来：种种闲愁都是由于与丈夫分别所致，"闲滋味"就是离愁，是相思之苦，是离别之恨，是说不清、道不明的种种心酸况味。她多么想把这些倾诉给丈夫啊！传说大雁可以传书，但"征鸿过尽、万千心事难寄"。一队队大雁都过完了，可自己的"万千"心事都难以寄出，可见相思之深，胸中的万千心事只能埋藏于心底。

词的下阕由近来写到当天，又进入次日早晨。"楼上几日春寒，帘垂四面，玉栏杆慵倚。"换头处三句是说，一连几日春寒料峭，又几番风雨袭来，女主人阁楼闷坐，足不出户，四面的窗帘放下来，连凭栏远望的兴趣也没有了。环境的幽暗、心情的黯然可想而知。"被冷香消新梦觉，不许愁人不起。"接下来二句是说，白天苦熬无味，夜里被冷难眠，万千心事欲托之于梦。然而刚入梦，又被寒冷惊醒，不容发愁的人不起来。于无可奈何之中，包含了多少离情别绪！此情此景，真是"苦境，亦实景"（明陆云龙《词菁》），苦不堪言，可又是实实在在的存在。读到这里，真不知词人下面将如何着笔？"清露晨流，新桐初引，多少游春意"三句，只见她笔势一转，忽然荡开，此境为之一变。看吧，今天庭院的景色多美！清新的露珠，在早晨的花上、叶上滚动，梧桐树抽出了嫩芽；风停雨住，天色渐开，春意盎然，怎不令人精神为之一振？作者从南朝宋刘义庆《世说新语》中引用"清露晨流，新桐初引"这两句俊语来写晨起庭院的景色。"多少游春意"，表明女主人的心情正由悲转喜，逐渐高兴起来。"日高烟敛，更看今日晴未？"结末二句是说，太阳高高地升起来了，笼罩的烟雾慢慢散开，看来今天是个晴好的天气？以问句作结，饶有兴味。前人对此词的结尾多有称赞。清毛先舒《诗辨诋》云："谓能放开一笔，荡出远神。'多少游春意''更看今日晴未'忽而开拓，不但不为题束，并不为本意所苦。直如行云，舒卷自如。"

这首词起处雨，结句晴，章法混成。人物感情的起伏始终与天气的变化相联系，层次井然，确切地反映了古代深闺女子的苦闷、失意与希望交织的情感生活和精神状态。

【原文】

一剪梅·红藕香残玉簟秋

红藕香残玉簟秋[1]。轻解罗裳[2]，独上兰舟[3]。云中谁寄锦书来[4]，雁字回时[5]，月满西楼[6]。　　花自飘零水自流。一种相思[7]，两处闲愁[8]。此情无计可消除，才下眉头，却上心头。

【毛泽东圈评等情况】

毛泽东读清朱彝尊、汪森编选《词综》卷二十五时，圈阅了这首《一剪梅·红藕香残玉簟秋》。

[参考]张贻玖：《毛泽东评点、圈阅的中国古典诗词》，
中国工人出版社1992年版，第252页。

【注释】

（1）红藕，红莲。唐裴说《旅次衡阳》诗："晚秋红藕里，十宿寄渔船。"玉簟（diàn）秋，意谓时至深秋，精美的竹席已嫌清冷。玉簟，光滑似玉的精美竹席。唐韦应物《马明生遇神女歌》："石壁千寻启双检，中有玉床铺玉簟。"

（2）罗裳，罗裙。宋郭茂倩《乐府诗集·清商曲辞一·子夜四时歌·春歌十》："春风复多情，吹我罗裳开。"

（3）兰舟，木兰木制造的船，这是文学作品中常用的对船的美称。唐许浑《重游练湖怀旧》诗："西风渺渺月连天，同醉兰舟未十年。"

（4）锦书，对书信的一种美称。唐房玄龄等《晋书·列女传·窦滔妻苏氏传》云："窦滔妻苏氏，始平人，名蕙，字若兰，善属文。符坚时，滔为秦州刺史，被徙流沙，苏氏思之，织锦为回文旋玑图以赠滔，宛转循环以读之，词甚凄惋，凡八百四十字，文多不录。"苏蕙织锦为回文旋图诗，以赠其被徙流沙的丈夫窦滔。这种用锦织成的字称锦字，又称锦书。

（5）雁字，雁群飞时，列"一"字或"人"字形，故云。唐白居易《江楼晚眺景物鲜奇吟玩成篇寄水部张员外》诗："风翻白浪花千片，雁点青天字一行。"

（6）西楼，顺河楼，被李清照诗词中称为"西楼"。相传赵挺之在京为相时，将其家由诸城迁来青州时建造。东靠气势雄伟的古城墙，南临远近驰名的范公亭，南阳河逶迤曲折穿流其间，两岸古树挺拔，遮天蔽日。因地处深涧之中，绿树浓荫，酷夏无暑；严冬背风向阳，流水不冻，一年四季景色宜人，亦指思念者的居所。唐李益《写情》诗："从此无心爱良夜，任他明月下西楼。"

（7）相思，彼此思念，多指男女彼此思慕。汉苏武《留别妻》诗："生当复来归，死当长相思。"

（8）闲愁，无端无谓的忧愁。唐张碧《惜花》诗之一："一窖闲愁驱不去，殷勤对尔酌金杯。"宋贺铸《青玉案》词："试问闲愁都几许？一川烟草，满城风絮，梅子黄时雨。"

【赏析】

《一剪梅》，词牌名，双调小令，六十字，上、下片各六句，句句平收，叶韵则有上、下片各三平韵、四平韵、五平韵、六平韵数种，声情低抑。亦有句句叶韵者。

此词是李清照前期的作品，当作于婚后不久赵明诚出门游学之时。根据题名为元人伊世珍作的《琅嬛记》引《外传》云："易安结缡未久，明诚即负笈远游。易安殊不忍别，觅锦帕书《一剪梅》词以送之。"

词的上阕写别后的情景。词的起句"红藕香残玉簟秋"，领起全篇。一些词评家或称此句有"吞梅嚼雪、不食人间烟火气象"（清梁绍壬《两般秋雨庵随笔》），或赞赏其"精秀特绝"（清陈廷焯《白雨斋词话》）。它的上半句"红藕香残"写户外之景，下半句"玉簟秋"写室内之物，对清秋季节起了点染作用，说明这是"已凉天气未寒时"（唐韩偓《已凉》诗）。全句设色清丽，意象蕴藉，不仅刻画出四周景色，而且烘托出词人情怀。花开花落，既是自然界现象，也是悲欢离合的人事象征；枕席生凉，既是肌肤间触觉，也是凄凉独处的内心感受。这一兼写户内外景物而景物中又暗寓情意的起句，一开头就显示了这首词的环境气氛和它的感情色彩。上阕共六句，接下来的五句按顺序写词人从昼到夜一天内所做之事、所触之景、所生之情。前两句"轻解罗裳，独上兰舟"，写的是白昼在水面泛舟之事，以"独上"二字暗示处境，暗逗离情。下面"云中谁寄锦书来"一句，则明写别后的悬念。词人独上兰舟，本想排遣离愁；而怅望云天，偏起怀远之思。这一句，钩连上下。它既与上句紧相衔接，写的是舟中所望、所思；而下两句"雁字回时，月满西楼"，则又由此生发。可以想见，词人因惦念游子行踪，盼望锦书到达，遂从遥望云空引出雁足传书的遐想。而这一望断天涯、神驰象外的情思和遐想，不分白日或月夜，也无论在舟上或楼中，都是萦绕于词人心头的。这首词上阕的后三句，使人想起另外一些词句，如南唐李煜《相见欢》："无言独上西楼，月如钩。"唐李益《写情》的七绝："水纹珍簟思悠悠，千里佳期一夕休。从此无心爱良夜，任他明月下西楼。"词与诗都写了竹席，写了月光，写了西楼，同样表达了刻骨的相思，对照之下，更觉非常相似。

词的下阕写别后相思。词的过片"花自飘零水自流"一句，承上启下，词意不断。它既是即景，又兼比兴。其所展示的花落水流之景，是遥遥与上阕"红藕香残""独上兰舟"两句相拍合的；而其所象喻的人生、年华、爱情、离别，则给人以"无可奈何花落去"（宋晏殊《浣溪沙》）之感，以及"水流无限似侬愁"（唐刘禹锡《竹枝词》）之恨。词的下阕就从这一句自然过渡到后面的五句，转为纯抒情怀、直吐胸臆的独白。"一种相思，两处闲愁"二句，在写自己的相思之苦、闲愁之深的同时，由己身推想到对方，深知这种相思与闲愁不是单方面的，而是双方面的，以见两心之相印。这两句也是上阕"云中"句的补充和引申，说明尽管天长水远，锦书未来，而两地相思之情初无二致，足证双方情爱之笃与彼此信任之深。前人作品中也时有写两地相思的句子，如唐罗邺的《雁二首》之二"江南江北多离别，忍报年年两地愁"，唐韩偓的《青春》诗"樱桃花谢梨花发，肠断青春两处愁"。这两句词可能即自这些诗句化出，而一经熔铸、裁剪为两个句式整齐、词意鲜明的四字句，就取得脱胎换骨、点铁成金的效果。这两句既是分列的，又是合一的。合起来看，从"一种相思"到"两处闲愁"，是两情的分合与深化。其分合，表明此情是一而二、二而一的；其深化，则诉说此情已由"思"而化为"愁"。下句"此情无计可消除"，紧接这两句。正因人已分在两处，心已笼罩深愁，此情就当然难以排遣，而是"才下眉头，却上心头"了。

醉花阴·薄雾浓云愁永昼

薄雾浓云愁永昼⁽¹⁾，瑞脑消金兽⁽²⁾。佳节又重阳⁽³⁾，玉枕纱橱⁽⁴⁾，半夜凉初透⁽⁵⁾。　东篱把酒黄昏后⁽⁶⁾，有暗香盈袖⁽⁷⁾。莫道不销魂⁽⁸⁾，帘卷西风⁽⁹⁾，人比黄花瘦⁽¹⁰⁾。

【毛泽东圈评等情况】

她的《醉花阴·薄雾浓云愁永昼》是其脍炙人口的代表作。这首词凄婉哀怨，其中"莫道不销魂，帘卷西风，人比黄花瘦"这一千古绝唱，刻画出一位旧社会多才多艺的女性，在不幸命运前孤独寂寞的形象。毛泽东对这首词的喜爱，表现在他的藏诗中，凡载有这首词的集本，都留下他圈画的手迹。

[参考] 张贻玖：《毛泽东评点、圈阅的中国古典诗词》，
中国工人出版社 1992 年版，第 185 页。

李清照的《醉花阴》"莫道不销魂，帘卷西风，人比黄花瘦"句旁，主席画了长竖线。

[参考] 谢静宜：《毛泽东身边工作琐忆》，中央文献出版社
2015 年版，第 92 页。

【注释】

（1）云，一作"雾"，一作"阴"。愁永昼，愁难排遣觉得白天太长。永昼，漫长的白天。

（2）瑞脑，一种薰香名，又称龙脑，即冰片。消金兽，香炉里香料逐渐燃尽。消，一作"销"，一作"喷"。金兽，兽形的铜香炉。

（3）重阳，农历九月九日为重阳节。《周易》以"九"为阳数，日月皆值阳数，并且相重，故名。这是个古老的节日。南朝梁庾肩吾《九日侍宴乐游苑应令诗》："朔气绕相风，献寿重阳节。"

（4）纱厨，即防蚊蝇的纱帐。宋周邦彦《浣溪沙》："薄薄纱厨望似

空，簟纹如水浸芙蓉。"橱，一作"窗"。

（5）凉，一作"秋"。

（6）东篱，泛指采菊之地。东晋陶渊明《饮酒》："采菊东篱下，悠悠见南山。"为古今艳称之名句，故"东篱"亦成为诗人惯用之咏菊典故。

（7）暗香，这里指菊花的幽香。盈袖，满袖。《古诗十九首·庭中有奇树》："攀条折其荣，将以遗所思。馨香盈怀袖，路远莫致之。"这里用其意。

（8）销魂，形容极度忧愁、悲伤。南朝江淹《别赋》："黯然销魂者，惟别而已矣。"销，一作"消"。

（9）帘卷西风，秋风吹动帘子。西风，秋风。

（10）比，一作"似"。黄花，指菊花。《礼记·月令》："鞠有黄华"。鞠，本用菊。唐王绩《九月九日》："忽见黄花吐，方知素节回。"

【赏析】

《醉花阴》，词牌名，又名"九日"，双调小令，仄韵格，五十二字，上下阕各五句三仄韵。

这首词是李清照前期的怀人之作。宋徽宗建中靖国元年（1101），十八岁的李清照嫁给太学生赵明诚。婚后不久，丈夫便"负笈远游"，深闺寂寞，她深深思念着远行的丈夫。崇宁二年（1103），时届重九，人逢佳节倍思亲，词人便写了这首词寄给赵明诚，抒写重阳佳节对丈夫的思念深情。

元伊世珍《琅嬛记》卷中引《外传》："易安以《重阳·醉花阴》词函致明诚。明诚叹赏，自愧弗逮，务欲胜之。一切谢客，忘食忘寝者三日夜，得五十阕，杂易安作，以示友人陆德夫。德夫玩之再三，曰：'只三句绝佳。'明诚诘之。曰：'莫道不销魂，帘卷西风，人似黄花瘦。'正易安作也。"

"薄雾浓云愁永昼"，开头先从室外天气写起，这一天从早到晚，天空都是布满着"薄雾浓云"，这种阴沉沉的天气最使人感到愁闷难捱。外面天气不佳，只好待在屋里。永昼，一般用来形容夏天的白昼，这首词写的是重阳，即农历九月九日，已到秋季时令，白昼越来越短，还说"永昼"，这只是词人的一种心理感觉。时间对于欢乐与愁苦的心境分别具有相对的意义，在欢乐中时间流逝得快，在愁苦中则感到时间的步履是那样缓慢。一个人若对"薄雾浓云"特别敏感，担心白天总也过不完，那么，她的心境定然不舒畅。李清照结婚不久，就与相爱至深的丈夫赵明诚分离两地，这时她正独守空房，怪不得感到日长难捱了。这里虽然没有直抒离愁，但仍可透过这层灰蒙蒙的"薄雾浓云"，窥见女词人的内心苦闷。接下来一句"瑞脑消金兽"，便是转写室内情景：她独自个儿看着香炉里瑞脑香的袅袅青烟出神，真是百无聊赖。又是重阳佳节了，天气骤凉，睡到半夜，凉意透入帐中枕上，对比夫妇团聚时闺房的温馨，真是不可同日而语。上片寥寥数句，把一个闺中少妇心事重重的愁态描摹出来。她走到室外，天气不好；待在室内又闷得慌；白天不好过，黑夜更难捱；坐不住，睡不宁，真是难以将息。"佳节又重阳"一句有深意。古人对重阳节十分重视。这天亲友团聚，相携登高，佩茱萸，饮菊酒。李清照写出"瑞脑消金兽"的孤独感后，马上接以一句"佳节又重阳"，显然有弦外之音，暗示当此佳节良辰，丈夫不在身边，"遍插茱萸少一人"，不禁叫她"每逢佳节倍思亲"。"佳节又重阳"一个"又"字，是有很浓的感情色彩的，突出地表达了她的伤感情绪。紧接着两句："玉枕纱橱，半夜凉初透。"丈夫不在家，玉枕孤眠，纱帐内独寝，又会有什么感触！"半夜凉初透"，不只是时令转凉，而是别有一番凄凉滋味。

下阕写重阳节这天赏菊饮酒的情景。把酒赏菊本是重阳佳节的一个主要节目，大概为了应景吧，李清照在屋里闷坐了一天，直到傍晚，才强打精神"东篱把酒黄昏后"来了。可是，这并未能宽解一下愁怀，反而在她的心中掀起了更大的感情波澜。重阳是菊花节，菊花开得极盛极美，她一边饮酒，一边赏菊，染得满身花香。然而，她又不禁触景伤情：菊花再美、再香，也无法送给远在异地的亲人。"有暗香盈袖"一句，化用了《古诗十九首》"馨香盈怀袖，路远莫致之"句意。"暗香"，通常指梅花。"疏影横斜水清浅，暗香浮动月黄昏"，就是北宋诗人林逋咏梅花的名句。这里则以"暗香"指代菊花。菊花经霜不落，傲霜而开，风标与梅花相似，暗示词人高洁的胸襟和脱俗的情趣。同时也流露出"馨香满怀袖，路远莫致之"的深深遗憾。这是暗写她无法排遣对丈夫的思念。她实在情不自禁，再无饮酒赏菊的意绪，于是匆匆回到闺房。"莫道不销魂"句写的是晚来风急，瑟瑟西风把帘子掀起了，人感到一阵寒意。联想到刚才把酒相对的菊花，菊瓣纤长，菊枝瘦细，而斗风傲霜，人则悲秋伤别，消愁无计，此时顿生人不如菊之感。以"人比黄花瘦"作结，取譬多端，含蕴丰富。以花木之"瘦"，比人之瘦，诗词中不乏类似的句子，这是因为正是"莫道不消魂，帘卷西风，人比黄花瘦"这三句，才共同创造出一个凄清寂寥的深秋怀人的境界。"莫道不销魂"，直承"东篱把酒"以"人比黄花"的比喻，与全词的整体形象相结合。"帘卷西风"一句，更直接为"人比黄花瘦"句作环境气氛的渲染，使人想象出一幅画面：重阳佳节，佳人独对西风中的瘦菊。有了时令与环境气氛的烘托，"人比黄花瘦"才有了更深厚的寄托，此句也才能成为千古传诵的佳句。宋胡仔《苕溪渔隐丛话》前集卷六十说："又《九日》词云'帘卷西风，人比黄花瘦'。此语亦妇人所难到也。"现代词学家夏承焘《唐宋词欣赏》评此词说："在诗词中，作为警句，一般是不轻易拿出来的。这句'人比黄花瘦'之所以能给人深刻的印象，除了它本身运用比喻，描写出鲜明的人物形象之外，句子安排得妥当，也是其原因之一。她在这个结句的前面，先用一句'莫道不销魂'带动宕语气的句子作引，再加一句写动态的'帘卷西风'，这以后，才拿出'人比黄花瘦'的警句来。人物到最后才出现。这警句不是孤立的，三句联成一气，前面两句环绕后面一句，起到绿叶红花的作用。经过作者的精心安排，好像电影中的一个特写镜头，形象性很强。这首词末了一个'瘦'字，归结全首词的情意，上面种种景物描写，都是为了表达这点精神，因而它确实称得上是'词眼'。以炼字来说，李清照另有《如梦令》'绿肥红瘦'之句，为人所传诵。这里她说的'人比黄花瘦'一句，也是前人未曾说过的，有它突出的创造性。"

怨王孙·春暮·帝里春晚

　　帝里春晚⁽¹⁾，重门深院⁽²⁾。草绿阶前，暮天雁断⁽³⁾。楼上远信谁传，恨绵绵⁽⁴⁾。　　多情自是多沾惹，难拚舍⁽⁵⁾，又是寒食也⁽⁶⁾。秋千巷陌⁽⁷⁾，人静皎月初斜⁽⁸⁾，浸梨花⁽⁹⁾。

【毛泽东圈评等情况】

　　毛泽东读清朱彝尊、汪森编选《词综》卷二十五时，圈阅了这首《怨王孙·帝里春晚》。

[参考] 张贻玖：《毛泽东评点、圈阅的中国古典诗词》，
中国工人出版社 1992 年版，第 252 页。

【注释】

　　（1）帝里，犹帝乡、帝京，指皇帝住的地方，也就是京城。这里指东京汴梁。唐房玄龄等《晋书·王导传》："建康，古之金陵，旧为帝里，又孙仲谋、刘玄德俱言王者之宅。"

　　（2）重（chóng）门，层层设门。汉张衡《西京赋》："重门袭固，奸宄是防。"

　　（3）暮天，傍晚的天空。唐王昌龄《潞府客亭寄崔凤童》诗："秋月对愁客，山钟摇暮天。"雁断，音信隔绝。衡山南峰有回雁峰，相传雁来去以此为界，比喻音信不通。唐高适《送李少府贬峡中王少府贬长沙》诗："巫峡啼猿数行泪，衡阳归雁几封书。"

　　（4）"楼上"二句，远信，远方的书信、消息。绵绵，连续不断之状。《诗经·王风·葛藟》："绵绵葛藟，在河之浒。"毛传："绵绵，长不绝之貌。"唐白居易《长恨歌》："天长地久有时尽，此恨绵绵无绝期。"

　　（5）拚（pàn）舍，割舍，舍弃。

　　（6）寒食，节日名，在清明前一日或二日，焚火三天，只吃冷食，所以称寒食。

（7）秋千，传统体育游戏。两绳下拴横板，上悬于木架，人坐或站在板上，两手分握两绳，前后往返摆动。相传春秋时齐桓公自北方山戎传入。一说本为汉武帝时宫中之戏，作千秋，为祝寿之辞，后倒读为秋千。南唐冯延巳《鹊踏枝》词："泪眼问花花不语，乱红飞入秋千去。"巷陌，街巷的通称。晋葛洪《神仙传·蓟子训》："尸作五香之芳气，达于巷陌。"

（8）皎月，明月。晋张协《七命》："天骥之骏，逸态超越。禀气灵渊，受精皎月。"

（9）浸梨花，月光如水浸透了梨花。宋谢逸《南歌子》："帘外一眉新月、浸梨花。"此处为见梨花思远人之意。梨，谐音"离"。

【赏析】

《怨王孙》，词牌名，有多体。据《词谱》，此调以秦观同名单调词为正体。此词为变格，双调五十三字。

词题《春暮》。这首词当为李清照婚后作于汴京，或与《一剪梅·红藕香残玉簟秋》作于同时，是在暮春时节，赵明诚出游不归、李清照幽居独处时所作。这首词通过描写春暮时节的景物和描绘主人公对"远信"的痴想，刻画了少妇独处深闺的形象。

词的上阕写庭院景色。开篇"帝里春晚"，点明时间、地点。京城汴梁是热闹繁华的所在，暮春是莺啼花开的季节。"重门深院"，是李清照独处时的周遭环境氛围。"重门"显其府第之森严，"深院"微露幽闺中之寂寞惆怅。在京城的暮春时节，本是热闹繁华、莺飞燕舞的大好时光，而女词人却是独自在"重门深院"里，无法与丈夫一同去亲近大自然，不禁叫人顿生愁怨。"草绿阶前，暮天雁断"两句，意味十分深厚。庭前草绿，让人忆及"王孙游兮不归，春草生兮萋萋"。暮天雁断，古时传说称雁能传书。《一剪梅·红藕香残玉簟秋》："云中谁寄锦书来，雁字回时，月满西楼"，此处是说雁书已断，音讯不知。"楼上远信谁传？恨绵绵。"李清照在西楼望见庭阶前春草绿了，天色渐晚，天边归雁已无踪影。雁且知归，人竟不返，勾起她无穷怨意。如今雁影都不见，音讯杳无，心中幽恨绵绵不绝。

词的下阕抒情。"多情自是多沾惹，难拼舍，又是寒食也"，换头处三句把词人内心无比复杂的感情很精当巧妙地表现出来。她自怨多情善感，登楼望远易生挂念，而多情则多烦恼。然而却又难以割舍，倏忽间发觉又一个寒食已近。这一句"又是寒食也"很是生动，虽然语言浅近，但是格调雅致。最后"秋千巷陌，人静皎月初斜，浸梨花"三句，托出一个凄清皎洁、如梦如幻的境界。夜来寂静一片，秋千无人打，巷陌无人行，唯有清辉皎洁的月光，宛如一汪清水，浸润着梨花。这里运用谐音双关，"梨"借作"离"。那月光下的梨花不由触起了人的离情别绪。这离愁轻如云、薄如雾，如月光绵绵不绝，在心头萦回不去。这个结尾写得幽静、清奇、梦幻。帝里暮春，夜深人静。秋千架空荡荡地随风摇曳，街巷里已经不见人影。天上斜挂的明月皎洁轻寒。那树树梨花沐浴在月光下，如梦如幻。"梨花"有时也隐指眼泪，如"泪带梨花"。梨树在春末开花，其花色白而艳美，故古人常以梨花之飘落来形容女子楚楚动人的眼泪。"泪带梨花"的名句有唐白居易《长恨歌》："玉容寂寞泪阑干，梨花一枝春带雨。"故此处"秋千巷陌人静，皎月初斜，浸梨花"，有离情难抑以致眼中噙泪之意。李清照笔下的这种离人凭楼望远、月浸梨花的景象和唐温庭筠《菩萨蛮·满宫明月梨花白》中的"满宫明月梨花白，故人万里关山隔"的情境非常相似。词的最后以白描手法，将月色描摹得如此传神，可见作者动笔的灵巧，遣词的精工。清王士禛在《花草蒙拾》中说："'皎月''梨花'本是平平，得一'浸'字，妙绝千古，与'月明如水浸宫殿'同工。"清吴灏在《历朝名媛诗词》卷十一中说："易安以词擅长，挥洒俊逸，亦能琢炼。最爱其'草绿阶前，暮天雁断'，极似唐人。"明李攀龙在《草堂诗余隽》卷二：（眉批）"以'多情'接'恨绵绵'，何组织之工！（评语）此词可以'王孙不归兮，春草萋萋兮'参看。"

【原文】

浣溪沙·髻子伤春慵更梳

髻子伤春慵更梳[1]。晚风庭院落梅初。淡云来往月疏疏[2]。　　玉鸭熏炉闲瑞脑[3]，朱樱斗帐掩流苏[4]。通犀还解辟寒无[5]？

【毛泽东圈评等情况】

毛泽东读清朱彝尊、汪森编选《词综》卷二十五时，圈阅了这首《浣溪沙·髻子伤春慵更梳》。

[参考] 张贻玖：《毛泽东评点、圈阅的中国古典诗词》，
中国工人出版社1992年版，第252页。

【注释】

（1）髻子，中国古代妇女发式，因其发髻呈"十"字形，故名。其法是先于头顶正中将发盘成一个"十"字形的髻，再将余发在头的两侧各盘一环直垂至肩，上用簪梳固定。流行于魏晋南北朝时期的贵族妇女中。陕西西安草厂坡出土的北魏彩绘陶俑中，有一个身穿窄袖襦、长裙、肩披花帔的女俑，梳的即为十字髻。宋郭茂倩《乐府诗集·陌上桑》："头上倭堕髻，耳中明月珠。"伤春，因春天到来而引起忧伤、苦闷。唐司空曙《送郑明府贬岭南》诗："青枫江色晚，楚客独伤春。"慵，一作"懒"，《历代名媛诗词》作"恼"。

（2）淡云，淡淡的浮云。疏疏，朦胧貌。以"疏疏"状月，给月儿加上月色朦胧、月光疏冷之感。

（3）玉鸭熏炉，玉制（或白瓷制）的点燃熏香的鸭形香炉。熏炉形状各式各样，有麒麟形、狮子形、鸭子形等；质料也有金、黄铜、铁、玉、瓷等。瑞脑，一种香料名，一名"龙脑"，其香以龙脑木叶馏而成，通称片脑、冰片。南宋吴自牧《梦粱录》卷五"自黄道撒瑞脑香而行"，又另条引诗："黄道先扬瑞脑香，衮龙升降佩锵锵。""闲瑞脑"者，意谓不熏香。

（4）朱樱斗帐，指绣有樱桃花或樱桃果串的方顶小帐。晋左思《蜀都赋》："朱樱春熟，素柰夏成。"斗帐，形如覆斗的帐子。流苏，排穗，指帐子下垂的穗儿，一般用五色羽毛或彩线盘结而成。今吴语谓之苏头，即须头。古诗《孔雀东南飞》："红罗覆斗帐，四角垂香囊。"唐温庭筠《偶游》："红珠斗帐樱桃熟。"

（5）通犀，犀，指犀牛的角。通犀，通天犀，角上有一白缕直上到尖端，故名。唐李商隐《无题二首》之一："心有灵犀一点通。"又《碧城

三首》之一："犀避尘埃玉避寒。"传说尚有其他灵异。明李时珍《本草纲目》卷五十一引五代王仁裕编《开元遗事》："有避寒犀，其色如金，交趾所贡，冬月暖气袭人。"（见今本《开元天宝遗事》卷上）此句承上句"斗帐"来，把犀角悬挂在帐子上，所谓镇帏犀。意谓纵有灵奇之物，又岂能解心上的寒冷，用问句，只是虚拟。

【赏析】

《浣溪沙》，本唐教坊曲名，后用作词牌名。一作"浣溪纱"，又名《浣沙溪》《小庭花》等。双调四十二字，平韵。南唐李煜有仄韵之作。

这首词通过对室内外晚景的描写，反映贵族女子的伤春情态。全词运用正面描写、反面衬托的手法，着意刻划女主人公孤寂的心情。此词以清丽的风格，寓伤春之情于景物描写之中，格高韵胜，富有诗的意境，可以"唐风""唐调"论之。上片运用了由人及物、由近及远、情景相因的写法，深刻生动。

词的上阕抒发伤春之情。"髻子伤春慵更梳"，词的起句开门见山，点明伤春的题旨。《诗经·国风·卫风·伯兮》云："自伯之东，首如飞蓬。岂无膏沐，谁适为容？"同这里的"髻子伤春慵更梳"说的是一个意思。其时词人盖结婚未久，丈夫赵明诚负笈出游，丢下她空房独处，寂寞无聊，以至连头发也懒得梳理。词自第二句起至结句止，基本上遵循了写景宜显、写情宜隐这一创作原则。"晚风庭院落梅初"，是从近处落笔，点时间，写环境，寓感情。"落梅初"，即梅花开始飘落。深沉庭院，晚风料峭，梅残花落，境极凄凉，一种伤春情绪，已在环境的渲染中流露出来。"淡云来往月疏疏"一句，被誉为"清丽之句"（清陈廷焯《云韶集》）。词笔引向远方，写词人仰视天空，只见月亮从云缝中时出时没，洒下稀疏的月色。"来往"二字，状云气之飘浮，极为真切。"疏疏"二字为叠字，富于音韵之美，用以表现云缝中忽隐忽显的月光，也恰到好处。

下阕通过对富贵华侈生活的描写，含蓄地反衬伤春女子内心的凄楚。过片对仗工整，写室内之景。词人也许在庭院中立了多时，愁绪无法排遣，只得回到室内，而眼中所见，仍是凄清之境。"玉鸭熏炉闲瑞脑"，瑞脑香在宝鸭熏炉内燃尽而消歇了，故曰"闲"。词人在《醉花阴》中也写过"瑞脑消金兽"。这个"闲"字比"消"字用得好，因为它表现了室内的闲静气氛。此字看似寻常，却是从锤炼中得来。词人冷漠的心情，本是隐藏在景物中，然而通过"闲"字这个小小窗口，便悄悄透露出来。"朱樱斗帐"，是指绣有樱桃花或樱桃果串的方顶小帐。红樱斗帐为流苏所掩，其境亦十分静谧。词的结句"通犀还解辟寒无"，辞意极为婉转，怨而不怒，符合中国古典美学"温柔敦厚"的要求，也显示了这位受到良好教养的大家闺秀的独特个性。"通犀"，即通天犀，是一种名贵的犀牛角，古代被列入贡品。据《开元天宝遗事》卷上说，开元二年（714）冬至日，交趾国进贡犀牛角一只，色黄似金，置于殿中，有暖气袭人，名曰辟寒犀。此处指一种首饰，当是犀梳或犀簪，尤以犀梳为近。结句如神龙掉尾，回应首句。词人因梳头而想到犀梳，因犀梳而想到辟寒。所谓"辟寒"，当指消除心境之凄冷。词人由于在晚风庭院中立了许久，回到室内又见香断床空，不免感到身心寒怯。此句反映了她对正常爱情生活的追求，在内容和风格上颇受唐代一些词的影响，故被清谭献在《复堂词话》中称为"有唐调"。

【原文】

卖花声·帘外五更风

帘外五更风[1]，吹梦无踪。画楼重上与谁同[2]？记得玉钗斜拨火[3]，宝篆成空[4]。　　回首紫金峰[5]，雨润烟浓[6]。一江春浪醉醒中。留得罗襟前日泪[7]，弹与征鸿[8]。

【毛泽东圈评等情况】

毛泽东曾圈阅这首《卖花声·帘外五更风》。

［参考］张贻玖：《毛泽东评点、圈阅的中国古典诗词》，中国工人出版社 1992 年版，第 252 页。

（1）五更，古代中国民间把夜晚分成五个时段，首尾及三个节点用鼓打更报时，所以叫作五更、五鼓或五夜。此处特指第五更的时候，即天将明，寅正四刻（凌晨四时四十八分左右）。南朝陈伏知道《从军五更转》诗之五：“五更催送筹，晓色映山头。”

（2）画楼，雕饰华丽的楼阁。唐李峤《晚秋喜雨》诗：“聚霭笼仙阁，连霏绕画楼。”

（3）玉钗斜拨火，因为篆香燃过后成香灰，必须拨除香灰避免断了火路。玉钗，玉制的钗。由两股合成，燕形。汉司马相如《美人赋》：“玉钗挂臣冠，罗袖拂臣衣。”

（4）宝篆（zhuàn），即篆香，一种香屑萦回像篆文一样的香。宋黄庭坚《画堂春》：“宝篆烟消龙凤，画屏云锁潇湘。”

（5）紫金峰，即钟山，在今南京中山门外。

（6）雨润烟浓，是指水气云腾，雾气浓郁。

（7）罗襟，指罗襦的前襟。

（8）弹，挥洒。征鸿，即大雁。南朝梁江淹《赤亭渚》诗：“远心何所类，云边有征鸿。”

【赏析】

《卖花声》，唐教坊曲，又称作《浪淘沙令》，五代时始流行长短句双调小令，又名《浪淘沙》。五十四字，前后片各四平韵，多作激越凄壮之音。

该词最早见于宋代的《草堂诗余》，词作者为无名氏。《全宋词》卷二刊此词为李清照存目词。尽管此词的归属尚存异议，但把词的内容与词人的经历对照起来看，定为李清照所作应该是没有什么疑问的。全词写对往事的追念，抒发了孑然一身、孤苦伶仃的感慨。清陈廷焯《白雨斋词话》云：“凄绝不忍卒读，其为德夫（赵明诚）作乎！”这是颇有见地的。

“建炎三年（1129）二月，赵明诚罢守江宁（今江苏南京），是年三月乘舟去芜湖，入姑孰（今当涂），准备择居赣水边上。至池阳（今安徽贵池），明诚被旨知湖州。他匆忙安家池阳，六月只身去江宁参谒皇帝。

一路酷暑疲惫，不幸染疾，一到江宁便病卧床褥。七月，李清照闻讯来建康（江宁后改之名），明诚已病入膏肓。八月，明诚卒于建康。李清照茫然不知所之。于是年十一月，因金兵进犯，不得不离开建康。此词盖为李清照别亲夫葬地建康的近春之作。"（《李清照全集评注》）

这首词写得极其凄惋，感伤成分浓厚，可是读后并不感到消沉颓丧，反而被其流注于字里行间的真情实感所打动，引起共鸣，寄予同情。

词的上阕写景。"帘外五更风，吹梦无踪。"发端两句，看似平淡，实最沉痛。"吹梦无踪"有两种含义：一是说正在做着好梦。梦中相见，互诉衷肠，两情缱绻，分外亲昵。孰料五更时分一阵凄风突然袭来，把好梦吹散，致使梦中情事依稀恍惚，了无踪影。一是说在漫漫长夜中，二更、三更、四更都悄悄地过去了，直到五更天将亮时，凄风透过帘幕吹进室内，一股寒气直扑过来，人被搅扰惊醒，整整一夜，压根儿没有进入梦境。醒来之后，只觉形单影只，枕冷袭寒，空荡荡一无所有。这两种情况，都有可能。所以如此，乃缘"帘外五更风"在作怪。"小别轻分，词人尚感了无意绪，那死生异路，幽明永隔，除梦里有时相见，别无他法。此中情意，在下面几句中，表达得更为深刻。"画楼重上与谁同？"在封建时代，妆楼与闺阁，是贵妇人主要的活动场所，诸如登楼远眺、凭栏共语、饮酒赋诗等都是在这个狭小的天地里完成的。所以一提及"画楼"，不期然而然地会发出"与谁同"的感慨。"与谁同"这一问，既说明词人正处于孤独无依的境况中，同时还倾吐了重上时必是孤单单地无人相伴。"记得玉钗斜拨火，宝篆成空"二句，很明显是从"画楼"而忆及的闺中韵事之一。人的常情，越是在孤寂与痛苦之中，越是会常常忆起过去印象最深、极饶情趣的琐事，希望从饱含幸福与辛酸的回忆中，得到一点安慰。如前所述，李清照与丈夫赵明诚在金兵入侵前，朝夕相处，研究学问，日以继夜，乐此不疲。"玉钗斜拨火"的描写，正是对那时美好生活的追忆。对当事人来说，这印象实在太深了，时刻不忘，恍如昨事。"记得"二字就表达了这种情意。而人们也能想象到：他们夫妇俩当年点着篆香，相对而坐，望着升起的烟柱，嗅着散发的芳香，冥思遐想，意会神谋的欢乐情景。但现在，那一切的一切都像燃着的"宝篆"一样烟消香散，无影无踪了。"宝篆成空"，分量极重，绝不是小别轻分时"香冷金貌""瑞脑香消"所能比拟的，简直可以说"万事皆空"。

词的下阕继续写景兼抒情。过片"回首紫金峰"句，上承"画楼重上"而来。紫金峰在词人脑海中留下不可磨灭的印象，每一思及，词人总想从这里找回什么，以慰愁怀；然而眼前所见，却是"雨润烟浓"，水气云腾，视野被挡住，看不到中原大好河山和可爱的故乡。词人不由得悲从中来，愁思起伏，恰如紫金峰前大江汹涌，滚滚东流，不可遏止。"一江春浪醉醒中"所蕴蓄的愁思，不仅有己身孤苦伶仃之痛，更多的是国家危难局势飘摇之悲。这险恶的现实和不幸的遭遇，好似一场醒犹未醒的噩梦，噬啮着诗人破碎的心灵，顿使她陷于如醉如痴、迷离恍惚的状态中。此七字蕴义最富，极为含蓄，是全词的警句。清陈廷焯说："'情词凄绝，多少血泪'；'回首紫金峰'，故乡遥远，往事如烟，词人不禁潸然泪下。""留得罗襟前日泪，弹与征鸿"，结末二句措辞有力，悲中带愤。"留得"一词，与上文"记得""回首"一气贯通，使全词结构更加显得缜密。"前日泪"是指国破、夫亡、家散等不幸所积累抛下的痛苦之泪。故乡远隔，亲人永别，千言万语，向谁诉说，她只得把满腔悲痛与愤慨所凝成的血泪，从湿透了的罗襟上拧了下来，对着征鸿用力弹去。"弹与征鸿"，化用鸿雁传书事，与朱希真"试倩悲风吹泪，过扬州"（《相见欢》）同样设想新奇。但就悼亡而言，则借用了三国魏嵇康"目送归鸿，手挥五弦"（《赠兄秀才入军》）句意，较为贴切。明钱允治在《续选草堂诗余》卷上注道："《浪淘沙·帘外五更风》此词极与后主相似。"清玉梅词隐（况周颐）云："此阕云：'画楼重上与谁同，记得玉钗斜拨火，宝篆成空'，皆悼亡词也，其清才也如彼，其深情也如此，玉台晚节之诬，忍令斯人任受耶？"

【原文】

点绛唇·寂寞深闺

寂寞深闺(1)，柔肠一寸愁千缕。惜春春去，几点催花雨(2)。　　倚遍阑干(3)，只是无情绪。人何处(4)，连天衰草，望断归来路(5)。

【毛泽东圈评等情况】

毛泽东读清朱彝尊、汪森编选《词综》卷二十五时，圈阅了这首《点绛唇·寂寞深闺》。

[参考] 张贻玖：《毛泽东评点、圈阅的中国古典诗词》，

中国工人出版社 1992 年版，第 252 页。

【注释】

（1）"寂寞"二句，南唐韦庄调寄《应天长》二词："别来半岁音书绝，一寸离肠千万结。难相见，易相别，又是玉楼花似雪。暗相思，无处说，惆怅夜来烟月。想得此时情切，泪沾红袖黦。"是对此词中有关语句的隐括和新变。深闺，旧时指女子居住的内室。唐白居易《长恨歌》："杨家有女初长成，养在深闺人未识。"

（2）催花雨，指催花掉落的春雨。宋陆游《社日小饮》诗："催花初过社公雨，对酒喜烹溪友鱼。"

（3）阑干，栏杆。用竹、木、砖石或金属等构制而成，设于亭台楼阁或路边、水边等处作遮拦用。唐李白《清平调》之三："解释春风无限恨，沉香亭北倚阑干。"

（4）人何处，所思念的人在哪里？此处的"人"，当与《凤凰台上忆吹箫·香冷金猊》的"武陵人"及《满庭芳·小阁藏春》的"无人到"中的"人"字同意，皆喻指作者的丈夫赵明诚。

（5）"连天"二句，化用《楚辞·招隐士》"王孙游兮不归，春草生兮萋萋"之句意，以表达亟待良人归来之望。望断，向远处望直到望不见了。南朝梁萧子显《南齐书·苏侃传》："青关望断，白日西斜。"

【赏析】

《点绛唇》，词牌名，又名《点樱桃》《十八香》《南浦月》《沙头雨》《寻瑶草》等。以冯延巳词《点绛唇·荫绿围红》为正体，双调四十一字，前段四句三仄韵，后段五句四仄韵。另有四十一字，前后段各五句。

此词是李清照的早期作品，创作地点在青州。据今人陈祖美《李清照

简明年表》："重和元年至宣和二年（1118—1120），这期间赵明诚或有外任，清照独居青州。是时明诚或有蓄妾之举。作《点绛唇·寂寞深闺》《凤凰台上忆吹箫·香冷金猊》等。"此词刻画出一个爱情专注执着、情感真挚细腻的深闺思妇的形象。全词情词并胜，神韵悠然，层层深入地写出了让人肝肠寸断的千缕浓愁：寂寞愁、伤春愁、伤别愁及盼归愁。

上阕写伤春之情。"寂寞深闺，柔肠一寸愁千缕。"开头处二句，词人将一腔愁情尽行倾出，将"一寸"柔肠与"千缕"愁思相提并论，这种不成比例的并列使人产生了一种强烈的压抑感，仿佛看到了驱不散、扯不断的沉重愁情压在那深闺中孤独寂寞的弱女子心头，使她愁肠欲断，再也承受不住的凄绝景象。"惜春春去，几点催花雨"两句，虽不复直言其愁，却在"惜春春去"的矛盾中展现了女子的心理活动。淅沥的雨声催逼着落红，也催逼着春天归去的脚步。唯一能给深闺女子一点慰藉的春花也凋落了，那催花的雨滴只能在女子心中留下几响空洞的回音。人的青春就是这样悄悄地逝去的。惜春、惜花，也正是惜青春、惜年华的写照，因此，在"惜春春去"的尖锐矛盾中，正在酝酿着更为沉郁凄怆的哀愁。

下阕写伤别之情。在中国古典诗词中，常用"倚栏"表示人物心情悒郁无聊。"倚遍阑干，只是无情绪。"换头处二句，词人在"倚"这个动词后面缀以"遍"字，就把深闺女子百无聊赖的烦闷苦恼鲜明地点染了出来；下句中又以"只是"与"倚遍"相呼应，托出了因愁苦而造成的"无情绪"，这就有力地表现了愁情之深、之重、之无法排解。结尾处，遥问"人何处"，这一方面点明了女子凭栏远望的目的，同时也暗示了"柔肠一寸愁千缕""只是无情绪"的根本原因是思念远出的良人。惟见"连天衰草，望断归来路"，然而望到尽头，不见良人踪影，这凄凉的画面就是对望眼欲穿的女子的无情回答。作者化用宋晏殊《蝶恋花》词"昨夜西风凋碧树，独上高楼，望尽天涯路"，情怀更为凄切。寂寞、伤春，已使她寸肠生出千缕愁思；望夫不归，女子的愁情将会更深、更重、更浓，这自然就意在言外了。

全词由写寂寞之愁，到写伤春之愁，到写伤别之愁，到写盼归之愁，全面地、层层深入地表现了女子心中愁情沉淀积累的过程。到煞尾处，感情已积聚达到最高峰，全词也随之达到了高潮。清陈廷焯《云韶集》卷十："情词并胜、神韵悠然。"

【原文】

武陵春·风住尘香花已尽

风住尘香花已尽⁽¹⁾，日晚倦梳头⁽²⁾。物是人非事事休⁽³⁾，欲语泪先流⁽⁴⁾。闻说双溪春尚好⁽⁵⁾，也拟泛轻舟⁽⁶⁾。只恐双溪舴艋舟⁽⁷⁾，载不动许多愁。

【毛泽东圈评等情况】

毛泽东清朱彝尊、汪森编选《词综》卷二十五时，圈阅了这首《武陵春·风住尘香花已尽》。

[参考] 张贻玖：《毛泽东评点、圈阅的中国古典诗词》，
中国工人出版社 1992 年版，第 252 页。

【注释】

（1）尘香，落花触地，尘土也沾染上落花的香气。花已尽，《词谱》、清万树《词律》作"春已尽"。

（2）日晚，《花草粹编》作"日落"，《词谱》、《词汇》、清万树《词律》作"日晓"。

（3）物是人非，事物依旧在，人不似往昔了。三国魏曹丕《与朝歌令吴质书》："节同时异，物是人非，我劳如何？"宋贺铸《雨中花》："人非物是，半晌鸾肠易断，宝勒空回。"

（4）泪先，《彤管遗编》《彤管摘奇》作"泪珠"，清沈际飞《本草堂诗余》注："一作珠，误。"《崇祯历城县志》作"欲泪先流"。

（5）闻说，清叶申芗辑《天籁轩词选》作"闻道"。双溪，水名，在浙江金华，是唐宋时有名的风光佳丽的游览胜地。有东港、南港两水汇于金华城南，故曰"双溪"。春尚好，明程明善辑《啸余谱》作"春向好"。

（6）拟，准备，打算。宋姜夔《点绛唇》："第四桥边，拟共天随

住。"宋辛弃疾《摸鱼儿》："长门事，准拟佳期又误。"轻舟，《汇选历代名贤词府》、清陆昶《历朝名媛诗词》作"扁舟"。

（7）舴艋（zé měng），小舟，见《玉篇》及《广韵》。"舴艋舟"，小船，两头尖如蚱蜢。《艺文类聚》卷七一《元嘉起居注》："余姚令何玢之造作平床，乘船舴艋一艘，精丽过常。"唐张志和《渔夫》词："钓台渔父褐为裳，两两三三舴艋舟。"

（8）载，清万树《词律》："《词统》《词汇》俱注'载'字是衬，误也。词之前后结，多寡一字者颇多，何以见其为衬乎？查坦庵作，尾句亦云'流不尽许多愁'可证。""载不动"句，宋郑文宝《杨柳词》："不管烟波与风雨，载将离恨过江南。"

【赏析】

《武陵春》，词牌名，又名《武林春》《花想容》。相传是北宋词人毛滂所创，以毛滂词《武陵春·风过冰檐环佩响》为正体。双调四十八字，前后段各四句、三平韵，另有两种变体。代表作有李清照《武陵春·风住尘香花已尽》等。

这首词是宋高宗绍兴五年（1135）作者避居浙江金华时所写。当时国破家亡，人事沧桑。金人的残暴侵略，统治集团的昏庸无能，给李清照的生活带来种种不幸。此词借暮春之景，写出了词人内心深处的苦闷和忧愁。这首词继承了传统的词的做法，采用了类似后来戏曲中的代言体，以第一人称的口吻，用深沉忧郁的旋律，塑造了一个孤苦凄凉环境中流荡无依的才女形象。全词一唱三叹，语言优美，意境清幽，有言尽而意不尽之美。

此词上阕极言眼前暮春景物的不堪入目和心情的凄苦之极。首句"风住尘香花已尽"，既点出此前风吹雨打、落红成阵的情景，又绘出现今雨过天晴、落花已化为尘土的韵味；既写出了作者雨天不得出外的苦闷，又写出了她惜春自伤的感慨，真可谓意味无穷。"日晚倦梳头。物是人非事事休，欲语泪先流"，接下来三句，是描摹人物的外部动作和神态。这里所写的"日晚倦梳头"，是另外一种心境。这时她因金人南下，几经丧乱，志同道合的丈夫赵明诚早已逝世，自己只身流落金华，眼前所见的是一年一度的春景，睹物思人，物是人非，不禁悲从中来，感到万事皆休，无穷落寞。因此她日高方起，懒于梳理。"欲语泪先流"，写得鲜明而又深刻。这里李清照写泪，先以"欲语"作为铺垫，然后让泪夺眶而出，简单五个字，下语看似平易，用意却无比精深，把那种难以控制的满腹忧愁一下子倾泻出来，感人肺腑、动人心弦。

词的下阕着重挖掘内心感情。第一句"闻说双溪春尚好"陡然一扬，词人刚刚还流泪，可是一听说金华郊外的双溪春光明媚、游人如织，她这个平日喜爱游览的人遂起出游之兴，"也拟泛轻舟"了。"春尚好""泛轻舟"措词轻松，节奏明快，恰到好处地表现了词人一刹那间的喜悦心情。而"泛轻舟"之前着"也拟"二字，更显得婉曲低回，说明词人出游之兴是一时所起，并不十分强烈。"轻舟"一词为下文的愁重作了很好的铺垫和烘托，至"只恐"以下二句，则是铺足之后来一个猛烈的跌宕，使感情显得无比深沉。"只恐双溪舴艋舟，载不动许多愁。"结末二句使读者产生强烈的情感共鸣。词人不去说她去泛舟，反而说愁重舟轻而不能去，于奇想之中，以巧妙的构思，把自己凄楚的心情、深沉的愁恨含蓄蕴藉、跌宕曲折地表现出来。至此，在诗词的言"愁"上，李清照学习前人传统，又匠心独运，创造出一个新的艺术境界。南唐李煜《虞美人》"问君能有几多愁，恰似一江春水向东流"，是以江水之多比愁之多。宋郑文宝《柳枝词》"不管烟波与风雨，载将离恨过江南"，又把离愁别绪搬到船上。李清照不仅把"愁"放到船上，并且赋予"愁"以重量，变精神为物质，将抽象的感情具象化，这又是一个创造。

清陈廷焯《白雨斋词话》说："易安《武陵春》后半阕云：'闻说双溪春尚好……载不动许多愁。'又凄婉、又劲直。观此，益信易安无再适张汝舟事。即风人'岂不尔思，畏人之多言'意也。投篡公一启，后人伪撰，以诬易安耳。"明李攀龙《草堂诗余隽》说："未语先泪，此怨莫能载矣。景物尚如旧，人情不似初。言之于邑，不觉泪下。"清吴衡照《莲子居词话》说："易安《武陵春》，其作于祭湖州以后欤？悲深婉笃，犹令人感伉俪之重。叶文庄乃谓语言文字诚所谓不祥之具，遗讯千古者矣，不察之论也。"

声声慢·寻寻觅觅

寻寻觅觅[(1)]，冷冷清清，凄凄惨惨戚戚[(2)]。乍暖还寒时候[(3)]，最难将息[(4)]。三杯两盏淡酒，怎敌他、晚来风急[(5)]？雁过也，正伤心，却是旧时相识。　满地黄花堆积[(6)]。憔悴损[(7)]，如今有谁堪摘[(8)]？守着窗儿[(9)]，独自怎生得黑[(10)]？梧桐更兼细雨[(11)]，到黄昏、点点滴滴。这次第[(12)]，怎一个愁字了得[(13)]！

【毛泽东圈评等情况】

这位女词人（李清照）的《声声慢》中的"寻寻觅觅，冷冷清清，凄凄惨惨戚戚。乍暖还寒时候，最难将息。……"主席认为写得也比较好。这首词中主席虽没圈画，但在词题的上面画了一个大圈。

[参考]谢静宜：《毛泽东身边工作琐忆》，中央文献出版社
2015年版，第92页。

毛泽东说："也有两种办法：一种干劲十足，群众路线，在轰轰烈烈热潮中前进。另一种是'寻寻觅觅，冷冷清清，凄凄惨惨戚戚。乍暖还寒时候，最难将息'。也可以说是这样一条路线。'寻寻觅觅，冷冷清清'，那并不见得好。这是宋代女词人李清照的一首词。"

[参考]李锐：《"大跃进"亲历记》，上海远东出版社
1996年版，第206页。

1958年3月20日，毛泽东在成都会议上的一次讲话中，谈到要实干，不要一阵风，大家抢先，各省都要争个第一时引用'状元三年一个，美人千载难逢'的话语，并指出：我们做工作，要轰轰烈烈，高高兴兴，不要'寻寻觅觅，冷冷清清'。

[参考]董学文等：《毛泽东的文艺美学活动》，高等教育出版社
1995年版，第179页。

宋词

【注释】

（1）寻寻觅觅，即寻觅，寻求，寻找。觅，找寻。叠字有加强语气的作用。晋陶潜《搜神后记》卷六："其夜，令又梦俭云：'二人虽得走，民悉志之：一人面上有青志如藿叶，一人断其前两齿折，明府但案此寻觅，自得也。'"意谓想把失去的一切都找回来，表现非常空虚怅惘、迷茫失落的心态。

（2）凄凄惨惨戚戚，凄惨悲戚，这里用的是叠词的手法，形容一个人忧愁苦闷的样子。

（3）乍暖还（huán）寒，指秋天的天气，忽然变暖，又转寒冷。

（4）将息，旧时方言，休养调理之意。唐王建《留别张广文》诗："千万求方好将息，杏花寒食约同行。"

（5）怎敌他，怎么对付，抵挡。晚，一本作"晓"。

（6）黄花，《礼记·月令》："（季秋之月）鞠有黄华。"陆德明释文："鞠，本又作菊。"

（7）憔悴，黄瘦，瘦损。《国语·吴语》："使吾甲兵钝弊，民日离落而日以憔悴，然后安受吾烬。"韦昭注："憔悴，瘦病也。"损，使蒙受害处。

（8）堪，可。

（9）着，亦写作"著"。

（10）怎生，怎样，如何。生，语助词。唐吕岩《绝句》："不问黄芽肘后方，妙道通微怎生说？"

（11）梧桐更兼细雨，唐白居易《长恨歌》："归来池苑皆依旧，太液芙蓉未央柳。芙蓉如面柳如眉，对此如何不泪垂？春风桃李花开日，秋雨梧桐叶落时。"暗用其诗意。

（12）这次第，这光景，这情形。唐刘禹锡《寄杨八寿州》诗："圣朝方用敢言者，次第应须旧谏臣。"

（13）怎一个愁字了得，一个"愁"字怎么能概括得尽呢？了得，用在惊讶、反诘或责备等语气的句末，表示情况严重，多跟在"还"字的后面。

【赏析】

《声声慢》，词牌名，又名《胜胜慢》《人在楼上》《寒松叹》《凤求凰》等。此调最早见于北宋晁补之词。古人多用入声，有平韵、仄韵两体。平韵者以晁补之、吴文英、王沂孙词为正体，格律有双调九十九字，前段九句四平韵，后段八句四平韵等，另有双调九十七字，前段十句四平韵，后段九句四平韵等五种变体。仄韵者以高观国《声声慢·壶天不夜》为正体，双调九十七字，前段十句四仄韵，后段八句四仄韵。另有双调九十九字，前后段各十句、四仄韵等五种变体。此调风格缓慢哽咽、如泣如诉，多写愁苦忧思题材，代表作品有李清照《声声慢·寻寻觅觅》等。

此词是李清照后期的作品，作于南渡以后，具体写作时间待考，多数学者认为是作者晚年时的作品，也有人认为是作者中年时所作。宋钦宗靖康二年（1127）夏五月，徽宗、钦宗二帝被俘，北宋灭亡。李清照的丈夫赵明诚于是年三月，奔母丧南下金陵（今江苏南京）。秋八月，李清照南下，载书十五车，前来会合。明诚家在青州，有书册十余屋，因兵变被焚，家破国亡，不幸至此。宋高宗建炎三年（1129）八月，赵明诚因病去世，时清照四十六岁。金兵入侵浙东、浙西，清照把丈夫安葬以后，追随流亡中的朝廷由建康（今南京）到浙东，饱尝颠沛流离之苦。避难奔走，所有庋藏丧失殆尽。国破家亡，丈夫去世，境况极为凄凉，一连串的打击使作者尝尽了颠沛流离的苦痛。亡国之恨、丧夫之哀、孀居之苦凝集心头，无法排遣，于是词人写下了这首《声声慢》。作品通过描写残秋所见、所闻、所感，抒发自己因国破家亡、天涯沦落而产生的孤寂落寞、悲凉愁苦的心绪，具有浓厚的时代色彩。这时期她的作品再没有当年那种清新可人、浅斟低唱，而转为沉郁凄婉，主要抒写她对亡夫赵明诚的怀念和自己孤单凄凉的景况。此词便是这一时期的典型代表作品之一。

词起句便不寻常，一连用七组叠词："寻寻觅觅，冷冷清清，凄凄惨惨戚戚。"不但在填词方面，即使在诗赋曲中也绝无仅有。这七组叠词还极富音乐美，朗读起来，有一种大珠小珠落玉盘的感觉，只觉齿舌音来回反复吟唱，徘徊低迷，婉转凄楚，有如听到一个伤心之极的人在低声倾诉。等她说完了，那种伤感的情绪还是没有散去。一种莫名其妙的愁绪在心头和空气中弥漫开来，久久不散，余味无穷。心情不好，再加上这种乍暖还寒天气，词人连觉也睡不着了。"乍暖还寒时候，最难将息。"天气忽冷忽热的时候，是最难以使人调理身体的。"三杯两盏淡酒，怎敌他、晚来风急？"于是她想喝一点酒暖暖身子再说吧。她端着酒杯喝了几杯淡酒，虽然有些暖意，但却怎能抵挡住傍晚猛烈的狂风袭击？"雁过也，正伤心，却是旧时相识。"在这天暗云低、冷风正劲的时节，却突然听到孤雁的一声悲鸣，那种哀怨的声音直划破天际，也再次划破了词人未愈的伤口。词人感叹：唉，雁儿，你叫得这样凄凉幽怨，难道你也像我一样，老年失偶了吗？难道也像我一样，余生要独自一人面对万里层山、千山暮雪吗？胡思乱想之下，泪光迷蒙之中，蓦然觉得那只孤雁正是以前为自己传递情书的那一只。

"满地黄花堆积。憔悴损，如今有谁堪摘？"这时她看见那些菊花，才发觉花儿也已憔悴不堪，落红满地，再无当年那种"东篱把酒黄昏后，有暗香盈袖"的雅兴去摘它了。词人想：以往丈夫在世时的日子多么美好，诗词唱和，整理古籍，可如今呢？只剩下自己一个人在受这无边无际的孤独的煎熬了。故物依然，人面全非。独对着孤雁残菊，更感凄凉。手托香腮，珠泪盈眶。怕黄昏，捱白昼。"守着窗儿，独自怎生得黑？"她对着这阴沉的天，一个人要怎样才能熬到黄昏的来临呢？漫长使孤独变得更加可怕。独自一人，连时间也觉得开始变慢起来。好不容易等到了黄昏，却又下起雨来。"梧桐更兼细雨，到黄昏、点点滴滴。"点点滴滴、淅淅沥沥的，无边丝雨细如愁，下得人心更烦了。再看到屋外那两棵梧桐，在风雨中互相扶持、互相依靠，两相对比，自己一个人要凄凉多了。急风骤雨，孤雁残菊梧桐，眼前的一切，使词人的哀怨重重叠叠，直至无以复加，不知怎样形容，也难以表达出来。于是词人再也不用什么对比、什么渲染、什么赋比兴了，直截了当地说："这次第，怎一个愁字了得？"戛然而止，简单直白，以少胜多，自然有力，反而更觉神妙，更有韵味，更堪咀嚼。

"愁"字在这里起了画龙点睛的作用。它提示了作品所要表达的情绪感受，调动了读者的感受力和想象力，给人以无限回味的余地。相形之下，连南唐李煜的"问君能有几多愁，恰似一江春水向东流"也稍觉失色。一江春水虽然无穷无尽，但毕竟还可形容得出。而词人的愁绪则非笔墨所能形容，自然稍胜一筹。

前人评此词，多以开端三句用一连串叠字为其特色。宋张端义《贵耳集》卷上："炼句精巧则易，平淡入调者难。且《秋词·声声慢》：'寻寻觅觅，冷冷清清，凄凄惨惨戚戚。'此乃公孙大娘舞剑手。本朝非无能词之士，未曾有一下十四叠字者，用《文选》诸赋格。后叠又云：'梧桐更兼细雨，到黄昏、点点滴滴。'又使叠字，俱无斧凿痕。更有一奇字云：'守着窗儿，独自怎生得黑。''黑'字不许第二人押。妇人中有此文笔，殆间气也。"清周济《宋四家词选·序论》也说："双声叠韵字要着意布置。有宜双不宜叠，宜叠不宜双处。重字则既双且叠，尤宜斟酌。如李易安之'凄凄惨惨戚戚'，三叠韵、六双声，是锻炼出来，非偶然拈得也。"

赵 鼎

赵鼎（1085—1147），字元镇，号得全居士。南宋解州闻喜东北（今属山西闻喜礼元镇阜底村）人。宋高宗时政治家、词人。赵鼎早孤，由母樊氏抚养成人。宋徽宗崇宁五年（1106）登进士第，累官河南洛阳令。高宗即位，除权户部员外郎。宋高宗建炎三年（1129），拜御史中丞。建炎四年（1130），签书枢密院事，旋出知建州、洪州。绍兴年间几度为相，任内推崇洛学，巩固政权，号称"小元祐"。后因反对和议，为秦桧所构陷，罢相，出知泉州。旋即谪居兴化军，移漳州、潮州安置，再移置吉阳军。赵鼎在吉阳三年，知秦桧必欲杀己，自书铭旌曰："身骑箕尾归天上，气作山河壮本朝。"不食而卒，年六十三。宋孝宗时，追赠太傅、丰国公，赐谥"忠简"。宋孝宗淳熙十五年（1188），配享高宗庙庭。为昭勋阁二十四功臣之一。赵鼎被称为南宋中兴贤相之首。与李纲、胡铨、李光并称为南宋四名臣。赵鼎善文、诗、词。著有《忠正德文集》《得全居士词》等。

【原文】

点绛唇二首

其一　香冷金炉

香冷金炉⁽¹⁾，梦回鸳帐余香嫩⁽²⁾。更无人问，一枕江南恨。　　消瘦休文，顿觉春衫褪⁽³⁾。清明近⁽⁴⁾。杏花吹尽，薄暮东风紧。

其二　惜别伤离

惜别伤离⁽⁵⁾，此生此念无重数⁽⁶⁾。故人何处⁽⁷⁾，还送春归去。　　美酒一杯，谁解歌《金缕》⁽⁸⁾。无情绪。淡烟疏雨，花落空庭暮。

【毛泽东圈评等情况】

毛泽东读清朱彝尊、汪森编选《词综》卷十二时，圈阅了这两首《点绛唇》。

[参考] 张贻玖：《毛泽东评点、圈阅的中国古典诗词》，
中国工人出版社 1992 年版，第 247 页。

【注释】

（1）金炉，金属铸的香炉，疑即金香炉，香炉的美称。南朝梁江淹《别赋》："同琼珮之晨照，共金炉之夕香。"

（2）梦回，从梦中醒来。旧题唐柳宗元《龙城录·任中宣梦水神持镜》："梦一道士赤衣乘龙，诣中宣，言：此镜乃水府至宝，出世有期，今当归我矣。"鸳帐，绣有鸳凤纹彩的帐帏，泛指华美的帐子。也特指鸳鸯帐，夫妻或情人的寝具。唐杜牧《送人》诗："鸳鸯帐里暖芙蓉，低泣关山几万重。"

（3）"消瘦休文"二句，自己也像沈约一样，由于愁病交加，身体日渐消瘦，衣衫也显得宽大不合体了。休文，沈约（441—513）的字，吴兴郡武康县（今浙江德清）人。刘宋建威将军沈林子之孙、刘宋淮南太守沈璞之子，南朝梁开国功臣，政治家、文学家、史学家。"消瘦休文"，典出唐李延寿《南史·沈约传》："初，约久处端揆，有志台司，论者咸谓为宜，而帝终不用。乃求外出，又不见许。"

（4）清明，节气名，公历四月四、五或六日，我国有清明节踏青、扫墓的习俗。《逸周书·周月》："春三月中气，惊蛰，春分，清明。"朱右曾校释引孔颖达曰："清明，谓物生清净明洁。"

（5）惜别，舍不得离别之意。南朝齐王融《萧谘议西上夜集》诗："徘徊将所爱，惜别在河梁。"伤离，为离别而感伤。唐王昌龄《送程六》诗："冬夜伤离在五溪，青鱼雪落鲙橙齑。"

（6）此生，这辈子。唐李商隐《马嵬》诗之二："海外徒闻更九州，他生未卜此生休。"此念，这种念头和想法。

（7）故人，旧交，老友。《庄子·山木》："夫子出于山，舍于故人之家。"

（8）《金缕》，曲调《金缕曲》《金缕衣》的省称。唐罗隐《金陵思古》诗："绮筵《金缕》无消息，一阵征帆过海门。"宋张元干《贺新郎·送胡邦衡待制》词："举大白，听《金缕》。"

【赏析】

《点绛唇》，词牌名，又名《点樱桃》《十八香》《南浦月》《沙头雨》《寻瑶草》等。以冯延巳词《点绛唇·荫绿围红》为正体，双调四十一字，前段四句三仄韵，后段五句四仄韵。另有四十一字前后段各五句四仄韵，四十三字前段四句三仄韵、后段五句四仄韵的变体。代表作有苏轼《点绛唇·红杏飘香》等。

这两首词，在《全宋词》中各有题目，一作《春愁》，一作《惜别》。我们先看第一首，词题《春愁》，写的是伤春的愁绪。婉约词表现的往往是一种深沉委婉的思绪、心灵的潜流，虽窄却深。高度的物质文明陶冶了文人细腻的感受，时代的阴影又使得有宋一代文学带上了哀怨的色彩，而词这种艺术表现形式自身积淀的审美标准也影响了词作者的命题和立意。所以，作为一代中兴名相的赵鼎，也将这首"春愁"词写得婉约低回，就是可以理解的了。

词的上篇写春梦醒来独自愁。"香冷金炉，梦回鸳帐余香嫩。"开头这两句是说，金炉中，香已冷，绣着鸳鸯的帐帷低垂着，一切都是那么闲雅，那么静谧，那么温馨。一个"嫩"字以通感的手法写出了余香之幽微，若有若无。但这种宁静而温馨的环境又似乎处处暗含着一种无可排解的孤独愁绪，这愁绪犹如那缕缕余香，捉摸不到，又排遣不去。"更无人问，一枕江南恨。"这是说午梦醒来，愁绪不散，欲说梦境，又无人相慰相问。"恨"以"一枕"修饰，犹如用"一江""一舟"来修饰"愁"，化抽象为具体事物，组接无理而化合巧妙。梦中的追寻越是迫切，醒来的失望就越发浓重。至于这恨，所指到底是什么，词人没有讲明，也无须讲明，因为这是一种无所不在的闲愁闲恨，是一种泛化了的苦闷，这恨中蕴含的既有时代的忧郁，也有个人的愁绪。伤春愁春只是此词的表层含义，人生的喟叹、世事的忧虑，才是此词的深层含义。

下阕以"消瘦休文"自比。沈约病中日益消瘦，以至"百日数旬，革带常应移孔；以手握臂，率计月小半分"。故此后人常以"沈腰"来比喻消瘦。"消瘦休文，顿觉春衫褪"，换头处二句，以夸张的手法突出"消瘦"的程度。"春衫褪"即春衫宽。这两句说的是衣服觉宽，人儿憔悴，苦涩之中有着执着。"顿"字以时间之短与衣衫之宽的对比突出消瘦之快，"顿"还有惊奇、感叹、无奈等复杂感情。"清明近，杏花吹尽，薄暮东风紧。"末三句以景作结，含不尽之意。这三句是说，清明已近，那闹春杏花已吹落殆尽，春色将老。这种冷清的境界里，作者独立无语，不觉又是黄昏，顿感东风阵阵夹寒意。清明时节多风雨，若再有风雨夜过园林，无多春色还能留几分呢？"薄暮东风紧"写的是眼前之景，暗含的却是担忧明日春色将逝之情。一个"紧"字通俗而富有表现力，既写出了东风紧吹的力度，又写出了作者"一任罗衣贴体寒"，守住春光不放的深情。这首词属于婉约派词作，但婉而不弱，约而不晦。譬如词的结尾，写的是日暮花落之景。词人伤春惜花，守至日暮，依然不愿去，虽无可奈何又依依不舍，惋叹之中又有着坚韧，婉约之中犹有筋骨。

我们再看第二首。题名《惜别》，是一首送别朋友的词。"惜别伤离，此生此念无重数。"开头两句即扣住惜别的场面，先泛写一笔。人生艰辛，为名缰利锁羁绊而碌碌于红尘之中，每个人的一生都有着无数次离别和伤情。"故人何处，还送春归去"二句，从远而近，从抽象到具体，在这暮春的时节里，又一次为朋友设宴饯别，它将伴随着春天越走越远，一直把它送到海角天涯。这个立意，十分新奇美妙：不仅点明了送别的时间，直应结句暮春景物的描写；而且把春天写得像可以结伴同行的路人，有生命，有情感。奇思妙想，逸趣横生。

"美酒一杯，谁解歌《金缕》。"换头处二句，写饯别时的情景。在饯别席上，把酒对饮，谁还会有雅兴唱那支离别的《金缕》曲呢？《金缕》，即《金缕曲》，常于离别宴间演唱。"无情绪"三字承上启下，引出对暮春景物的描写："淡烟疏雨，花落空庭暮。"末二句是说，淡淡的烟霭、疏落的细雨，又是黄昏时分了，庭院里花落春归，一片凄清。这是送别后的情景，词人的落寞、惆怅都撒盐入水般地融入其中了。

　　从风格上看，第一首较细密，第二首则较为疏淡些。两首词都以暮春景物作结，上首以凄紧的东风表现浓重的春愁，下首则以黄昏的风雨院落表现送别后的落寞，暮春的景物不仅有力地烘托了人物的感情，又以优美的意境造成了令人回味的效果，余音袅袅，烟波无尽。

洪　皓

洪皓（1088—1155），字光弼，江西乐平人。宋徽宗政和五年（1115）进士。高宗建炎三年（1129），以徽猷阁待制假礼部尚书使金被留，绍兴十三年（1143）始归。迁徽猷阁直学士，提举万寿观，兼权直学士院。寻因忤秦桧，出知饶州。十七年，责授濠州团练副使，英州安置。二十五年，主管台州崇道观，卒谥忠宣。

【原文】

江梅引·忆江梅·天涯除馆忆江南　并序

顷留金国⁽¹⁾，四经除馆⁽²⁾，十有四年，复馆于燕⁽³⁾。岁在壬戌⁽⁴⁾，甫临长至⁽⁵⁾，张总侍御邀饮⁽⁶⁾。众宾皆退，独留少款。侍婢歌《江梅引》⁽⁷⁾，有"念此情、家万里"之句，仆曰⁽⁸⁾：'此词殆为我作也⁽⁹⁾。'又闻本朝使命将至⁽¹⁰⁾，感慨久之。既归，不寝，追和四章⁽¹¹⁾，多用古人诗赋，各有一'笑'字，聊以自宽。如暗香、疏影、相思等语⁽¹²⁾，虽甚奇，经前人用者众，嫌其一律，故辄略之⁽¹³⁾。卒押'吹'字，非风即笛，不可易也。此方无梅花，士人罕有知梅事者，故皆注所出。（旧注：阙一首。此录示乡人者，北人谓之四笑江梅引。）

天涯除馆忆江梅⁽¹⁴⁾。几枝开？使南来。还带余杭春信到燕台⁽¹⁵⁾。准拟寒英聊慰远⁽¹⁶⁾，隔山水，应销落，赴愬谁⁽¹⁷⁾。　　空恁遐想笑摘蕊⁽¹⁸⁾。断回肠，思故里。漫弹绿绮⁽¹⁹⁾。引三弄⁽²⁰⁾、不觉魂飞。更听胡笳⁽²¹⁾、哀怨泪沾衣。乱插繁花须异日，待孤讽⁽²²⁾，怕东风，一夜吹⁽²³⁾。

【毛泽东圈评等情况】

1961年3月，毛泽东关于查找南宋几部诗文集的批语：

找南宋张元干的《归来集》。

找南宋张孝祥的集、词。

找南宋洪皓的诗文集。

这个批语写在新华通讯社一九六一年三月十七日编印的《内部参考》第一百九十八期增刊的封面上。

[参考]中央文献研究室编：《建国以来毛泽东文稿》第九册，

中央文献出版社 1996 年版，第 426 页。

毛泽东读朱彝尊、汪森等编选《词综》卷十二时圈阅过洪皓的这首《江梅引·忆江梅·天涯除馆忆江梅》。

[参考]张贻玖：《毛泽东评点、圈阅的中国古典词》，

中国工人出版社 1992 年版，第 248 页。

洪皓的《江梅引》："……还带余杭春信到燕台。准拟寒英聊慰远。""……空恁遐想笑摘蕊。断回肠，思故里。漫弹绿绮，引三弄，不觉魂飞。更听胡笳、哀怨泪沾衣。"这些句旁，主席同样也画了小圈。

[参考]谢静宜：《毛泽东身边工作琐忆》，中央文献出版社

2015 年版，第 92 页。

【注释】

（1）顷留，羁留金国不久。顷，不久。金国，即金朝（1115—1234），是中国历史上由女真族建立的、统治中国北方和东北地区的封建王朝，完颜阿骨打（完颜旻）所建。西与西夏、蒙古等接壤，南与南宋对峙，共传十帝，享国119年。

（2）除馆，使馆。《左传·昭公十三年》："除馆于河西。"

（3）燕，今北京，当时是金国首都。

（4）壬戌，指宋高宗绍兴十二年（1142）。

（5）甫临长至，刚到夏至。甫，方才，刚刚。夏至，二十四节气之一，在 6 月 21 日或 22 日。这一天太阳经过夏至点，北半球白天最长，夜间最短；南半球则相反。至，指阳气至极。

（6）侍御，官名，侍御史的简称。

（7）《江梅引》，指北宋王观《江城梅花引·年年江上见寒梅》词："年年江上见寒梅。暗香来。为谁开？疑是月宫、仙子下瑶台。冷艳一枝春在手，故人远，相思寄与谁。　　怨极恨极嗅香蕊。念此情，家万里。暮霞散绮。楚天碧、片片轻飞。为我多情，特地点征衣。花易飘零人易老，正心碎，那堪塞管吹。"

（8）仆，自称的谦词。

（9）殆，大概，几乎。

（10）本朝使命，指南宋派往金国的使者。

（11）追和，后人和前人的诗。根据古人所写某首诗或词的原韵或诗意写成的诗或词，和诗。如唐李贺写有《追和何谢〈铜雀妓〉》一诗，李之仪有追和李白的《忆秦娥》。《列子·周穆王》："西王母为王谣，王和之，其词哀焉。"张湛注："和，答也。"

（12）暗香、疏影，语出宋林逋《上园小梅》："疏影横斜水清浅，暗香浮动月黄昏。"相思，彼此思念，都用作男女相悦而无法接近而引起的思念。汉苏武《别妻诗》："生当复来归，死当长相思。"

（13）辄（zhé），总是，就。

（14）天涯，天边，指极远的地方。语出《古诗十九首·行行重行行》："相去万余里，各在天一涯。"江梅，一种野生梅花。宋范成大《梅谱》："江梅，遗核野生、不经栽接者，又名直脚梅，或谓之野梅。凡山间水滨荒寒清绝之趣，皆此本也。花稍小而疏瘦有韵，香最清，实小而硬。"

（15）余杭，今浙江杭州北部，指南宋都城临安（今浙江杭州）。燕台，指战国时燕昭王所筑的黄金台。故址在今河北易县东南。相传燕昭王筑台以招纳天下贤士，故也称贤士台、招贤台。见南朝梁任昉《述异记》卷下。后作为君主或长官礼贤之典。唐李白《江上答崔宣城》诗："谬忝燕台召，而陪郭隗踪。"这里指金国都城燕京。

（16）准拟，料想，希望。唐白居易《不准拟》诗之二："不准拟身年六十，游春犹自有心情。"寒英，寒天的花，指梅花。唐柳宗元《早梅》诗："寒英坐销落，何用慰远客。"聊，姑且，勉强。

（17）赴愬谁，向谁倾诉呢？愬，通"诉"。

（18）空恁，白白如此。恁，那么，那样，如此，这样。遐想，悠远地想象或思索。晋袁宏《三国名臣序赞》："孔明盘桓，俟时而动，遐想管乐，远明风流。"

（19）绿绮，古琴样式，一说为古琴别称。传闻汉代司马相如得"绿绮"，如获珍宝。后来，"绿绮"就成了古琴的别称。

（20）引，乐曲体裁之一，有序奏之意。东汉马融《长笛赋》："故聆曲引者，观法于节奏。"三弄，古曲名，即梅花三弄。

（21）胡笳，我国古代北方民族的管乐器，传说由汉张骞从西域传入，汉魏鼓吹乐中常用之。汉蔡琰《悲愤诗》之二："胡笳动兮边马鸣，孤雁归兮声嘤嘤。"

（22）孤讽，独自吟咏。讽，不看着书本念。宋苏轼《次韵李公择梅花》诗："忽见早梅花，不吟但孤讽。"

（23）"怕东风"二句，化用唐刘方平《梅花落》诗："新岁芳梅树，繁花四面同。春风吹渐落，一夜几枝空。"

【赏析】

《江梅引》，词牌名，又名《摊破江城子》等。《词律》谓"此词相传为前半用《江城子》，后半用《梅花引》，故合名《江城梅花引》，盖取'江城五月落梅花'句也。前半确然为《江城子》，而后半全不似《梅花引》，未知以为《梅花引》是何故也。"又说"或腔有可通，未可知也"。双调八十七字，有平、上、去三声叶韵与全押平韵两体。

词人于南宋政权建立之初的宋高宗建炎三年（1129）被任为"通问使"，作为南宋使者出使到侵占中原的金朝，到金朝后被扣留十余年。在那里，词人经历了砍头的威胁、富贵的引诱、流徙的折磨，始终坚贞不屈，并寻找机会向南宋递送"复故疆，报世仇"情报，其品行有如挺立在北国风雪中的红梅。由于南宋爱国将领与广大军民的英勇抗金，金朝改变其军事攻掠政策而取诱降手段，这与南宋统治集团占主流的投降心理一拍即合。于是抗金的力量受到排斥，抗金志士或死或贬。1142 年"和议"告成，宋高宗对金称臣，岁贡银绢，明确表示放弃淮水以北地区；金朝同意送回宋徽宗棺木和高宗母韦后。该年夏至，洪皓听歌者唱《江梅引》有"念此情，家万里"之句（词序），又闻南宋派遣迎护韦后等的使者将至，不禁百感交集，于是词人连夜和作了四首。该调也称《江城梅花引》，调名本李白"江城五月落梅花"（《与史郎中钦听黄鹤楼上吹笛》）诗句。洪词前三首又分别取其首句末三字为题，即《忆江梅》《访寒梅》《怜落梅》，第四首缺题名，依例当作《雪欺梅》。

这里选取的为洪皓词中的第一首，表达词人对南方及爱国力量的深切怀念与关注。"天涯除馆忆江梅。几枝开？"上阕起首二句入题，写自己是万里之外被金人扣留在北方天涯海角的羁臣，正无限深情地向往着江南的梅花，遥问它现在有几枝花儿怒放。这个开端表达了词人对故国家乡的深挚感情。它很容易使人想起唐代诗人王维的《杂诗》听："君从故乡来，应知故乡事。来日绮窗前，寒梅着花未？"王维以询问朋友的口吻，关怀家乡的梅花，表达了他对故乡的思念之情。洪皓词的发端，改变了视角，采用猜度、想象的办法，表达对国家的深情，各有千秋。"使南来。还带余杭春信到燕台。"三、四两句是说，恰在这时南方将有使者前来，设想他们能把京都余杭象征春天信息的梅花捎到金国燕台来。燕台，指战国时燕昭王所筑的黄金台，故址在今河北易县东南。相传燕昭王筑台以招纳天下贤士，故也称贤士台、招贤台，见南朝梁任昉《述异记》卷下。余杭，即临安，当时是南宋的国都，政治经济文化中心。所以，"余杭春信"表面仍指梅事，当自有别的含意。但词人为环境所迫，只就梅花来说，梅为春消息，使者带来数枝梅花，也就带来了南国的春天。词人接下去写道："准拟寒英聊慰远，隔山水，应销落，赴愬谁。"顺着上面思路，词人又进一步设想，使臣一定会带来几枝梅花来安慰远方之人；可是间隔千山万水，即使花儿捎到想必也要零落，满腔衷情还能向谁诉说！唐代柳宗元《早梅》诗："欲为万里赠，杳杳山水隔。寒英坐销落，何用慰远客！"柳诗中寄寓改革家被打击的怨愤。此处借用其句表示对山河破碎、忠良遭弃的悲慨。作者长期希望着有一天能南归故国，投身抗金事业，可是面对严酷的现实，词人不禁忧心忡忡。

金朝对北方疆土的占领已得到南宋王朝确认，而且南宋当局正疯狂迫害力主抗金的忠臣义士，使恢复之功隳于一旦，这样的时局下自己耿耿孤忠又怎能如愿以偿？"空怆遐想笑摘蕊。"换头处一句是说，徒然憧憬着家里的佳人笑摘梅花的欢乐情景。此句系化用南朝陈江总《梅花落》诗"桃李佳人欲相照，摘蕊牵花来并笑"诗意。但可惜，这并不是现实，而是"遐想"，愈见其悲哀之深。所以接下去仍从自身着笔，"断回肠，思故里。"这两个短句，感情浓烈，与笑摘梅花形成了鲜明的对照，而且隐含着唐高适《人日寄杜二拾遗》"遥怜故人思故乡，梅花满枝空为肠"的意思在内，仍与梅事有关，用典却不着痕迹。"漫弹绿绮。引三弄、不觉魂飞。"为了排遣回肠九曲、肝肠寸断的悲哀，他只好漫不经心地抚着绿绮琴，弹了一曲《梅花三弄》，仿佛神魂飞向遥远的南方。"更听胡笳、哀怨泪沾衣"二句是说，突然耳边传来胡笳声，才醒悟到自己正处在金朝监禁之下，触动满腔哀怨，泪水沾湿衣襟。"乱插繁花须异日，待孤讽，怕东风，一夜吹。"结末四句是说，插满梅花的那一天只能期待于将来了，打算独自吟诗讽诵，只怕夜风吹，花枝飘零，理想成为泡影。

本词自序中说过，四首中"各有一'笑'字，聊以自宽"，"卒押'吹'字，非风即笛，不可易也"（每首最后都押"吹"字韵，一定是风吹或笛吹）。这些反映他于沉重悲哀中还保持一点乐观精神，对时代风暴的强烈感受与情不自已的壮怀激烈。"笑""吹"两字，堪称句眼，交相辉映，交织着特殊的环境中典型性格的矛盾冲突。

本词艺术上的一个重要特点，是巧妙运用了大量有关梅花的成语和典故，既有丰富的历史内容又富有时代新意，意境绵邈而形象优美、跌宕多姿。从本词的字词来看，作者是有意识"多用古人诗赋"，并因"此方无梅花，士人罕有知梅事者"，故自注出处。前三首自注现保存在南宋洪迈《容斋五笔》中。这种表现手法，或许与其创作环境有关：幽恨填膺，倾吐为快；而由于身处形势，未敢明言。因此词人借前人杯酒以浇胸中垒块，寄豪情于婉约，却产生了特殊的艺术魅力。《容斋五笔》说它："每首有一'笑'字，北人谓之《四笑江梅引》，争传写焉。"

陈与义

陈与义（1090—1139），字去非，号简斋。其先祖居京兆（今陕西西安），自曾祖陈希亮从眉州迁居洛阳，故为洛（今河南洛阳）人。北宋末、南宋初年的杰出诗人，诗尊杜甫，前期清新明快，后期雄浑沉郁；同时也工于填词，其词存于今者虽仅十余首，却别具风格，豪放处尤近于苏轼，语意超绝，笔力横空，疏朗明快，自然浑成。著有《简斋集》，附《无住词》十八首。

【原文】

虞美人·大光祖席醉中赋长短句·张帆欲去仍搔首

张帆欲去仍搔首[1]，更醉君家酒。吟诗日日待春风，及至桃花开后却匆匆[2]。　歌声频为行人咽[3]，记着樽前雪[4]。明朝酒醒大江流，满载一船离恨向衡州[5]。

【毛泽东圈评等情况】

毛泽东读朱彝尊、汪森等编选《词综》卷十一时圈阅过陈与义的这首《虞美人·张帆欲去仍搔首》。

[参考]张贻玖：《毛泽东评点、圈阅的中国古典词》，中国工人出版社1992年版，第247页。

【注释】

（1）张帆，船已经挂起帆。搔首，以手挠头，焦急或有所思之态。《诗经·邶风·静女》："爱而不见，搔首踟蹰。"

（2）匆匆，急急忙忙之状。唐牟融《送客之杭》诗："西风吹冷透貂裘，行色匆匆不暂留。"

（3）行人，出行的人。《管子·轻重己》："十日之内，室无处女，路无行人。"这里是作者自指。咽，阻塞，声音因阻塞而低沉，呜咽。

（4）樽，古代盛酒的容器。晋陶渊明《归去来兮》："有酒盈樽。"雪，为"雪儿"之省，唐李密爱姬，能歌舞。而"雪儿"后用以代指歌妓。

（5）满载一船离恨向衡州，化用苏轼《虞美人·波声拍枕长淮晓》词的"无情汴水自东流，只载一船离恨向西州"，表达不忍惜别之意。衡州，州名，隋开皇中置，以衡山得名，治所在衡阳（今湖南衡阳）。

【赏析】

《虞美人》，词牌名，此调原为唐教坊曲，初咏项羽宠姬虞美人，因以为名。又名《一江春水》《玉壶水》《巫山十二峰》等。双调，五十六字，上下片各四句，皆为两仄韵转两平韵。古代词开始大体以所咏事物为题，配乐歌唱逐渐形成固定曲调，后即以调名为词牌。《虞美人》即是如此。

这首词是在席益饯别宴上所作。席益，字大光，洛阳人，陈与义的同乡。宋高宗建炎三年（1129），席益离郢州知州任，流寓衡山县（今湖南衡山），与义避金兵至湖南。同年腊月，两人相遇于衡山。次年元旦后数日，与义即离衡山赴邵阳，有《别大光》诗，别筵上并作此词。

这首词的写法是："紧扣别宴，思前想后。"他把离别的情绪融贯到对过去的回忆和对前途的想象之中去，不同一般，别有一番风味。"张帆欲去仍搔首，更醉君家酒。"词的上阕开头二句由别宴写起，进而追忆到过去相聚的时日。一开篇就说船已经挂起帆来准备离去，却久久不能离去，只是一杯杯地饮着好友送别的酒。这就把不得不离去又不忍离去的矛盾心理形象地表现出来。为什么"张帆欲去"？因为"携家作客真无策""长乘舴艋竟安归？"（《元日》）词人在战乱之中，携家南奔，屡次寄居，终非长策，但却非走不可。为什么"仍搔首"？因为与义和大光友情诚笃，不忍分别，所以搔首踟蹰。接下来词人写道："吟诗日日待春风，及至桃花开后却匆匆。"这里词人很自然地追忆起在腊月间相聚的时日，朋友们饮酒赋诗；同时，更盼望着春天的到来，以与友人更好地流连吟咏，然而春天到了，桃花才吐蕊，而自己却要与友人告别了！"匆匆"之中，包含了无限惜别之意。"吟诗"两句，清刘熙载《艺概·词曲概》赞为"好在句中"，就是说其本身即为佳句，不待上下文关照，自然映发，自见妙处。

词的下阕仍写别宴。写过了酒，紧接着从歌上落笔。"歌声频为行人咽，记着樽前雪。"古人送别时唱"骊歌"，如宋苏轼《江城子·孤山竹阁送述古》所写"且尽一樽，收泪听《阳关》"。宋代州郡长官设宴，有官妓陪侍，歌舞酒声远远飘去，可见宴会的盛大，此"歌声"就是歌妓所唱。"歌声频为行人咽"，临别之际，歌妓也为之动情，几度呜咽不能成声。因此感动了词人："记着樽前雪"。"雪"为"雪儿"省略，而"雪儿"又是指代歌妓的。雪儿为隋末李密歌姬，善歌舞，能够根据音律填词而歌，称"雪儿歌"，后来泛指歌妓。词人因歌而记着歌者，即记着此别，记着饯别的主人，一语而三得。酒醉人，而歌声也足以醉人。"明朝酒醒大江流"，此笔回旋一转，想到明朝酒醒之后，此身已随舟漂泊到湘江。此行何去？相距一百二十里的衡州（今衡阳）是第一站。"满载一船离恨向衡州"，载人而曰"载离恨"，"离恨"而曰"一船"，"一船"而且"满载"，即满载离恨，表达了作者不忍惜别的情意，与首句"张帆欲去仍搔首"紧密关连，也同《别大光》诗的"滔滔江受风，耿耿客孤发"相补衬。这最后两句，化用苏轼在扬州别秦观的《虞美人》词的"无情汴水自东流，只载一船离恨向西州"，而这里情感更为丰富。运用前人成句时切忌字句意义完全相同，但又不可距原句意思过远。与义此处构句可谓运用前人之后，却自然切合己事，变化处又别出心裁，较之上阕之结，艺术上也不相上下。黄昇说他的词"语意超绝，识者谓其可摩坡仙之垒也"，是很有见地的。

李弥逊

李弥逊（1085—1153），字似之，号筠西翁、筠溪居士、普现居士等，祖籍福建连江（今福建连江），生于吴县（今江苏苏州），宋词人。宋徽宗大观三年（1109）进士。高宗朝，试中书舍人，再试户部侍郎，以反对议和忤秦桧，乞归田。晚年隐连江西山。所作词多抒写乱世时的感慨，风格豪放，有《筠溪乐府》，存词八十余首。

【原文】

菩萨蛮·江城烽火连三月

江城烽火连三月⁽¹⁾，不堪对酒长亭别⁽²⁾。休作断肠声⁽³⁾，老来无泪倾。　　风高帆影疾，目送舟痕碧⁽⁴⁾。锦字几时来⁽⁵⁾？薰风无雁回⁽⁶⁾。

【毛泽东圈评等情况】

毛泽东读朱彝尊、汪森等编选《词综》卷十二时圈阅过李弥逊的这首《菩萨蛮·江城烽火连三月》。

[参考] 张贻玖：《毛泽东评点、圈阅的中国古典词》，中国工人出版社1992年版，第248页。

在李弥逊《菩萨蛮》中，主席除了逐句断句外，还在"老来无泪倾"一句画了三个小圈。

[参考] 谢静宜：《毛泽东身边工作琐忆》，中央文献出版社2015年版，第91页。

【注释】

（1）江城烽火连三月，语出唐杜甫《春望》："烽火连三月，家书抵万金。"江城，临江之城市、城郭。唐崔湜《襄阳早秋寄岑侍郎》诗："江城秋气早，旭旦坐南闱。"

（2）长亭，古时于道路每隔十里设长亭，故亦称"十里长亭"，供行旅停息。近城者常为送别之处。北周庾信《哀江南赋》："十里五里，长亭短亭。"

（3）断肠，割开或切断肠子，形容极度的、使人承受不了的感情刺激，有时用以形容极度悲伤之情。汉蔡琰《胡笳十八拍》："空断肠兮思愔愔。"

（4）目送，用目光送别离去的人或物。《左传·桓公元年》："目逆而送之。"《史记·留侯世家》："四人为寿已毕，趋去，上目送之。"舟痕碧，指船行很快在绿水中留下的波纹。碧，青绿色。

（5）锦字，指锦字书。唐骆宾王《艳情代郭氏答卢照邻》："锦字回文欲赠君，剑壁层峰自纠纷。"唐李白《秋浦寄内》："开鱼得锦字，归问我何如？"

（6）薰风，和暖的风，指初夏时的东南风。《吕氏春秋·有始》："东南曰薰风。"唐白居易《首夏南池独酌》诗："薰风自南至，吹我池上林。"无雁回，即没有信息，因我国古来就有雁足系书的传说。

【赏析】

李弥逊为南宋初年颇有民族气节的官吏。曾任校书郎、起居郎、户部侍郎等职，并担任过庐山知县、冀州知州等地方官。他主张抗金，反对与金议和，为秦桧所排斥，晚年归隐连江西山。这首《菩萨蛮》当作于南宋初金兵大举南下时。当时金兵逼近长江，情势危急，为避兵灾，词人送别妻子去南方，词就是写这送别时的一幕。

词的上阕写送别妻子。"江城烽火连三月，不堪对酒长亭别"，起首二句是说，三个月来兵火不息，人民离乱，这才会有江城送妻子离开之举。分别，不是丈夫宦游他方，而是妻子避难，心情自然不同一般。长亭之上，虽然设酒钱别，可是"不堪对酒"。"不堪"，不能忍受之意，包含有妻离子散之苦、国破家残之痛。因其"不堪"，其妻泪下如瀑，悲声漫江，词人反劝其"休作断肠声"，自己已是"老来无泪倾"，自己泪泉已涸，并非不动情，而是老泪已尽，这正是极度悲愤的表现。词人这时的心情惨痛至极，强敌当前，内奸弄权，自己还得坚守御敌阵地，也可能朝不保夕了，这才把妻子送走。这里说休作断肠声，比放声哭嚎更为凄怆；说老来无泪，比写涕泣涟涟更为伤心。

词的下阕紧承上片，写目送帆影远去的情景。"风高帆影疾，目送舟痕碧"，"风高"和舟疾相联系，船去得很快，词人伫立江岸，眼看着船在水面留下的长长波痕。妻子身去心留，他希望她去得快，早离祸地；又希望她走得慢，难舍难分。"孤帆远影碧空尽，惟见长江天际流"（李白《送孟浩然之广陵》）。词人凝望近眺之态，呼之欲出。缘此，也可想见妻子立于船头，望着丈夫鹄首翘望的身姿，想着抛撤丈夫于锋刃之间的危殆，断肠声如高风呜呜，伤心泪似江水滔滔。"锦字几时来？薰风无雁回。"末二句化用"雁足传书"和"织锦回文"的典故。"薰风"指南风。初夏时南风吹，鸿雁早已飞往北方，"锦字"无法捎回。妻子此去，归期难定，讯息难通，生死未卜，词人内心的痛苦到了无以复加的地步，可想而知。

这首词由实写到虚、由近写到远、由己写到人，从别前写到别时、别后，层层渲染，步步深透，写情臻于极致。尤其"休作断肠声，老来无泪倾"，以超常思维写感情状态，出乎常情，又入乎寰中，更使词产生了惊魂震魄的力量。

康与之

康与之，生平未详，字伯可，号顺庵、退轩，洛阳（今河南洛阳）人，居滑州（今河南滑县）。南渡后居嘉禾（今浙江嘉兴）。陶安世序其词，引与之中言："昔在洛下，受经传于晁四丈以道，受书法于陈二丈叔易。"建炎初，高宗驻扬州，与之上《中兴十策》，名振一时。秦桧当国，附桧求进，为桧门下十客之一，监尚书六部门，专应制为歌词。宋高宗绍兴十七年（1147），擢军器监，出为福建安抚司主管机宜文字。桧死，除名编管钦州（今广西钦州）。绍兴二十八年（1158），移雷州（今广东雷州），再移新州（今广东新州）牢城，卒。词学柳永，风格婉丽。著有《顺庵乐府》五卷，不传；今有赵万里辑本。

【原文】

江城梅花引·娟娟霜月冷侵门

娟娟霜月冷侵门[1]。对黄昏，怯黄昏。愁把梅花，犹自泛清尊[2]。酒又难禁花又恼[3]，漏声远[4]，一更更[5]，总断魂[6]。　　断魂，断魂，不堪闻[7]。被半温，香半温。睡也睡也，睡不稳，谁与温存[8]？只有床前，红烛伴啼痕。一夜无眠连晓角[9]，人瘦也，比梅花，瘦几分[10]？

【毛泽东圈评等情况】

毛泽东在读明顾从敬《类编草堂诗余》时圈阅过这首《江城梅花引·娟娟霜月冷侵门》。

[参考] 张贻玖：《毛泽东评点、圈阅的中国古典诗词》，中国工人出版社 1992 年版，第 248 页。

【注释】

（1）娟娟，明媚之状。宋司马光《和杨卿中秋月》："嘉宾勿轻去，桂影正娟娟。"霜月，指秋季。《礼记·月令》："孟秋之月寒蝉鸣，仲秋之月鸿雁来，季秋之月霜始降。"冷，一作"又"。

（2）泛清尊，指饮酒。尊，古代盛酒的器具，也作"樽"。《礼记·明堂位》："泰，有虞氏之尊也；山罍，夏后氏之尊也；着，殷尊也；牺象，周尊也。"

（3）花，喻女子。唐白居易《霓裳羽衣曲》："娇花巧笑久寂寥，娃馆苎萝空处所。"

（4）漏声，铜壶滴漏之声。唐杜甫《奉和贾至舍人早朝大明宫》："五夜漏声催晓箭，九重春色醉仙桃。"

（5）更，旧时夜间计时单位，一夜分为五更，一更约两小时。

（6）断魂，销魂神往，形容一往情深或哀伤。唐宋之问《江亭晚望》诗："望水知柔性，看山欲断魂。"

（7）不堪，忍受不了。《孟子·离娄下》："颜子当乱世，居于陋巷，一箪食，一瓢饮，人不堪其忧，颜子不改其乐。"

（8）温存，真情安慰，温顺体贴。唐韩愈、孟郊《雨中寄孟刑部几道联句》："温存感深惠，琢切奉明诫。"

（9）晓角，报晓的号角声。唐沈佺期《关山月》诗："将军听晓角，战马欲南归。"

（10）人瘦也三句，化用宋李清照《醉花阴》："莫道不消魂，帘卷西风，人比黄花瘦。"

【赏析】

《江城梅花引》，词牌名，又名《摊破江城子》《江梅引》《四笑江梅引》《梅花引》《西湖明月引》《明月引》。代表作品有吴文英《江城梅花引·赠倪梅村》等。

此词据明顾从敬《类编草堂诗余》卷二作康与之作，现代词学家唐圭璋编《全宋词》则系于程垓名下。

这首词写一个秋夜独宿的男子对他所钟爱的女子的思念之情。词的上阕叙事，写这位男子夜不能寐。"娟娟霜月冷侵门"，首句描写，指明在一个深秋的霜天夜晚，月色虽好，但寒气袭人。二句接以"对黄昏，怯黄昏"，不仅点明时间，又用一"对"一"怯"写出面对黄昏而又害怕黄昏的心态。二句是进层句法，这就逼出五、六两句来："愁把梅花，犹自泛清尊。"原来主人公手里拿着娇艳的梅花却无心欣赏，而在那里自酌自饮，借酒浇愁。这就难怪他"怯黄昏"了。人们不禁要问，这个男子为什么要发愁呢？"酒又难禁花又恼"，为我们揭开了谜底：原来他饮酒的陋习改不了，他钟情的那位女子又很恼火，这便使他左右为难了。"漏声远，一更更，总断魂。"此三句是说，他一个人听着远处传来的更漏之声，一声接着一声，一更接着一更，绵绵不断，听起来让人销魂神往，十分哀伤。

词的下阕抒情，抒发对所钟情女子的思念。"断魂，断魂，不堪闻。"换头处迭言"断魂"二句，紧承上阕而来，加强语气，把心中的哀伤写得十足，再继以"不堪闻"三字，真叫人不堪忍受。不得已，他勉强睡下后，却是"被半温，香半温。睡也睡也，睡不稳，谁与温存？"这名男子睡下后，他的被窝却是半温半凉，被子散发的香气也是如此。他越是叮嘱自己赶快入睡，越是睡不安稳，原因是没有人体贴安慰他了。几句运用叠句和顶针句式，把他睡不安席之状写得很充分。那么怎么才能睡得好呢？"只有床前，红烛伴啼痕。""只有"为排他句式，意谓只有在他的床前，红烛照耀之下，站着那位两眼挂着眼泪的情人，他才能睡得安稳。这当然是比较含蓄的写法，实则是说只有他那意中人来与他同床共枕，他才能睡个好觉。所以到头来还是："一夜无眠连晓角，人瘦也，比梅花，瘦几分？"他辗转反侧，彻夜无眠，直到拂晓的号角吹响。一夜的折腾，他人也变得消瘦了，而且瘦得很厉害，比消瘦的梅花还要瘦几分。几句用不富丽的梅花比喻自己的消瘦，十分生动传神。与宋李清照《醉花阴》中"莫道不销魂，帘卷西风，人比黄花瘦"，以菊花比喻自己的瘦削，同一机杼，应该说有异曲同工之妙！结末这个奇妙的比喻，便把男子对他钟情女子的思念之情推向高潮。

　　总之，这首词在叙事中有抒情，抒情中融入叙事，使叙事与抒情交融在一起；在艺术表现上，又运用比喻、夸张、叠句、顶针等多种修辞手法，步步深入，层层推进，把感情抒发得十分充分，极富艺术感染力量。

张元干

张元干（1091—约1179？），字仲宗，号芦川居士、真隐山人，晚年自称芦川老隐，芦川永福人（今福建永泰嵩口镇月洲村人），宋代词人。历任太学上舍生、陈留县丞。金兵围汴，秦桧当国时，入李纲麾下，坚决抗金，力谏死守。曾赋《贺新郎》词赠李纲，后秦桧闻此事，以他事追赴大理寺除名削籍。张元干尔后漫游江浙等地，客死他乡，卒年约七十，归葬闽之螺山。张元干与张孝祥一起号称南宋初期"词坛双璧"。

张元干词风格豪放，慷慨悲壮，亦有不少清新婉丽之作。有《芦川归来集》《芦川词》。其作品中的二首《贺新郎》最为著名，被称为压卷之作。

【原文】

贺新郎·送胡邦衡待制赴新州·梦绕神州路

梦绕神州路⁽¹⁾。怅秋风⁽²⁾、连营画角，故宫离黍⁽³⁾。底事昆仑倾砥柱⁽⁴⁾，九地黄流乱注⁽⁵⁾。聚万落、千村狐兔⁽⁶⁾？天意从来高难问⁽⁷⁾，况人情、老易悲难诉。更南浦⁽⁸⁾，送君去。　　凉生岸柳催残暑。耿斜河⁽⁹⁾，疏星残月⁽¹⁰⁾，断云微度⁽¹¹⁾。万里江山知何处⁽¹²⁾？回首对床夜语⁽¹³⁾。雁不到⁽¹⁴⁾，书成谁与？目尽青天怀今古，肯儿曹、恩怨相尔汝⁽¹⁵⁾！举大白⁽¹⁶⁾，听《金缕》⁽¹⁷⁾。

【毛泽东圈评等情况】

毛泽东晚年曾指明要过和读过张元干的《芦川归来集》。毛泽东至少曾三次圈阅过这首词。1975年4月，董必武逝世，他很难过，那一天没怎么吃东西，也不说话，整整叫人放了一天这首词的唱片，他时而躺着听，时而用双手拍床，情深悲痛，借这首词的某些句子寄托自己对董必武的沉痛哀悼。过了几天，他又将词中"更南浦，送君去"，改为"君且去，休回顾"，说原来的两句太伤感了。

[参考]杨建业：《在毛主席身边读书——访北京大学讲师芦荻》，

《光明日报》1978 年 12 月 29 日。

1961 年 3 月，毛泽东关于查找南宋几部诗文集的批语：

找南宋张元干的《归来集》。

找南宋张孝祥的集、词。

找南宋洪皓的诗文集。

这个批语写在新华通讯社一九六一年三月十七日编印的《内部参考》第一百九十八期增刊的封面上。

[参考]中央文献研究室编：《建国以来毛泽东文稿》，第九册，

中央文献出版社 1996 年版，第 426 页。

张元干的《贺新郎》，断句之外，在"底事昆仑倾砥柱。九地黄流乱注，聚万落、千村狐兔。天意从来高难问。况人情，易老悲难诉。""雁不到，书成谁与？目尽青天怀今古，肯儿曹恩怨相尔汝"等句旁，都有主席画的竖线，表示着重的意思。

[参考]谢静宜：《毛泽东身边工作琐忆》，中央文献出版社

2015 年版，第 91—92 页。

【注释】

（1）神州，古称中国为赤县神州，后用作中国的别称，此指中原地区。南朝宋刘义庆《世说新语·言语》："王丞相愀然变色曰：'当共戮力王室，克复神州，何至作楚囚相对！'"

（2）画角，古管乐器，传自西羌。形如竹筒，本细末大，以竹木或皮革等制成，因表面有彩绘，故称。发声哀厉高亢，古时军中多用以警昏晓、振士气、肃军容。帝王出巡，亦用以报警戒严。

（3）故宫，旧时的宫殿。《汉书·食货志下》："公卿白议封禅事，而

郡国皆豫治道，修缮故宫。"此指汴京旧宫。离黍，指慨叹亡国。《诗经·国风·王风》："彼黍离离，彼稷之苗。行迈靡靡，中心摇摇。知我者，谓我心忧；不知我者，谓我何求。悠悠苍天，此何人哉？"毛注："《黍离》，闵宗周也。周大夫行役至于宗周，过故宗庙宫室，尽为禾黍，闵周室之颠覆，彷徨不忍去，而作是诗也。"后遂以"离黍"为慨叹亡国之典。

（4）底，何，如。底事，犹言何事。昆仑倾砥柱，传说昆仑山有天柱，天柱崩则天塌。九地黄流乱注，黄河中有砥柱，砥柱崩则黄水泛滥。此皆九州覆灭之灾也。

（5）九地黄流乱注，喻指金人的侵略。九地，九州之地，遍地，大地。黄流，指黄河之水。

（6）狐兔，语出南朝梁范云《渡黄河》诗"不睹行人迹，但见狐兔兴"，谓荒凉无人也。

（7）"天意"二句，暗指帝心难测。天意，上天的旨意。

（8）南浦，本义为南面水边，后常用以称送别之地。战国楚屈原《楚辞·九歌·河伯》有"送美人兮南浦"。王逸注曰："愿河伯送已南至江之涯。"南朝梁江淹《别赋》："送君南浦，伤之如何。"张铣注曰："南浦，送别之地。"

（9）耿，通"炯"，光明。斜河，银河。南宋姜夔《摸鱼儿》："又还是、斜河旧约今再整。"

（10）疏星，天空中的星星很稀疏、很少。残月，清晨出现的弯月、残缺不圆的弯月。唐白居易《客中月》诗："晓随残月行，夕与新月宿。"

（11）断云，片云。南朝梁简文帝《薄晚逐凉北楼迥望》诗："断云留去日，长山减半天。"微度，缓慢飘动。

（12）"万里"句，胡铨远贬至广东，故云。

（13）回首，回想。对床夜语，指朋友间长夜深谈，亲密相处。语出宋苏辙《逍遥堂会宿》诗序："辙幼从子瞻（辙兄苏轼）读书，未尝一日相舍，既壮，将游宦四方，读韦苏州（韦应物）诗至'安知风雨夜，复此对床眠'。恻然感之，乃相约早退，为闲居之乐。"

（14）"雁不到"二句，胡铨贬所在新州（今广东新兴），雁飞不到，借指别后音信难通。谁与，寄给谁。

（15）儿曹，儿辈。恩怨相尔汝，语出唐韩愈《听颖师弹琴》："妮妮儿女语，恩怨相尔汝"，谓儿女亲昵之语也。

（16）大白，大酒杯。汉刘向《说苑·善说》："魏文侯与大夫饮酒，使公乘不仁为觞政，曰：'饮不釂者，浮以大白。'"

（17）《金缕》，即《金缕曲》，又名《贺新郎》，即指此词。

【赏析】

此词作于宋高宗绍兴十二年（1142），时作者寓居福州。绍兴八年（1138），因反对"和议"、请斩秦桧等三人而被贬福州签判的胡铨，在这年再次遭遭，除名编管新州（今广东新兴），亲友都不敢去送他，张元干却写这首《贺新郎》词送他。《宋史·胡铨传》说诗人廷珪因作诗送胡铨，被判充军。张元干后来也因此得罪下狱。这首词极度地抒发了当时主战派被压抑被迫害、回天无力之恨。

词题"送胡邦衡待制赴新州"，亦可看作是小序，作者在这里交代了词的写作背景、原因和主题。

词的上阕述时事，写对中原地区的深沉怀念和收复失地的愿望。首句"梦绕神州路"。写作者自己日夜思念北方国土，连做梦都在围着北宋故都汴京的路转。"绕"，即萦绕，牵挂心间，不能忘怀。这里有徘徊、巡回之意。"神州路"，古称中国为赤县神州，这里指中原沦陷区。作者为什么要将中原沦陷之惨状托之于梦呢？含意有二：一是中原沦陷不可去，沦陷之惨唯可于梦中见之；二是中原之沦陷如恶梦一般。实景虚写，写出人心之惨痛，故有接下去的质问。"怅秋风、连营画角，故宫离黍。"写梦中所见。中原沦陷惨状，以"怅"为领字。所怅者，一是"连营画角"，二是"故宫离黍"。当他在梦中来到汴京的时候，那萧瑟的秋风，更引起了他的无限悲伤，当年繁华的汴京，已成了金兵的军营，一阵阵哀厉高亢的军号声连成一片；原来的皇宫大殿长满了野草，完全变成了荒凉的废墟。以上几句，层层递转，字字沉实，词人悲愤之情愈转愈沉。因为胡铨主张收复中原、反对议和而得罪权臣，被贬谪岭南，所以起笔即从中原写起。作者通过对北宋灭亡、汴京荒凉的描写，表达了对国事的忧伤。这就与坚决主战的胡铨沟通了感情。因为他们的心情和意志都是一致的，所以这个开头很不寻常。作者不写送别之情，不写景物之状，而从共同关心的国事写起，表示对友人被贬谪的同情并引为知己，说明他们是志同道合的。

接下去写使我们的国家变成这个样子的原因。"底事昆仑倾砥柱，九地黄流乱注。聚万落、千村狐兔？"严词质问悲剧产生的根源，是对开头四句的追问和深思。到底是什么原因呢？"底事昆仑倾砥柱"一句，底事，即何事，什么事，什么原因，为什么。"昆仑倾砥柱"即"倾昆仑砥柱"。昆仑，即昆仑山。古人相信黄河源出昆仑山，传说昆仑山有铜柱，其高入天，称为天柱。见《淮南子·地形训》："河水出昆仑东北陬。"《神异经·中荒经》："昆仑之山，有铜柱焉。其高入天，所谓天柱也。"古人以昆仑为至高无上的山。砥柱，即砥柱山，在今河南三门峡市陕州区东北黄河中。《水经·河水注》："砥柱，山名也。昔禹治洪水，山陵当中者凿之，故破山以通河，河水分流，包山而过，山见水中如柱然，故曰砥柱也。"《禹贡》称："异河积石，至于龙门，又东至于砥柱。"倾，即摧毁、倒塌。作者在这里以昆仑天柱，黄河砥柱，连类并书，比喻北宋王朝倾垮。"九地黄流乱注。"比喻金人的入侵及战争带来的惨景。九地，九州，即中国，这里指中原沦陷区。黄流乱注，黄河泛滥，洪水横流。这里喻指金兵的猖狂入侵。"聚万落、千村狐兔。"即"万落千村狐兔聚"，形象描写中原经金兵铁蹄践踏后的荒凉破败景象。正如三国魏曹操在《蒿里行》描写的那样："白骨露于野，千里无鸡鸣。生民百遗一，念之断人肠。"落，即村落。狐兔，这里指入侵之敌。在这里，作者叙述了国家残破之恨和人民遭难的惨状，以山崩地裂、洪水泛滥比喻国家的破亡和金兵的入侵，用狐狸和野兔的聚集，表现了战争造成的荒凉，反映出人民所承受的灾难。又以"九地黄流乱注"与上层的"连营画角"，"聚万落、千村狐兔"与上层的"故宫离黍"上下照应，显得生动形象，深沉悲愤。在这里，诗人提出了疑问，问而不答。乃因答案分明，不言即知，况且涉及朝廷统治者而不能言。故而笔锋一转，写出了以下几句："天意从来高难问，况人情、老易悲难诉。"其言外之意是，天高固然难测，而衣冠华族沦于异族之手，实乃人事使然。此为第三层，感慨时事，点明送别。天意，上天的意志，此指皇帝的态度。高难问，难以让人琢磨，猜不透。况，况且。人情，人们之间的交往情谊。老易悲，是说天意既难测，而人越到老了，想起人们之间交往的友情，越容易感到悲伤。今有深仇而不思报，故长叹：悲难诉。从这里可以看出，"悲难诉"的内含是：北宋议和灭亡之悲难诉；南宋王朝苟且偷生、偏安江左、迫害忠良，这种悲伤是难以诉说的。

"更南浦，送君去。"二句写送别。作者的笔锋自然转至送别胡铨。南浦，泛指送别的地方。出自战国楚屈原屈原《九歌·河伯》："子交手兮东行，送美人兮南浦。"或南朝梁江淹《别赋》："春草碧色，春水渌波。送君南浦，伤如之何！"以上几句是写作者对南宋朝廷的不满和对胡铨的慰勉。人老了容易悲伤，现在为自己的知己送别，其悲伤更属必然了，所以，作者用"更"字，又深入了一层，具体落实在送别上，至此点明主题。上阕的安排，突出了作者同友人共同的忧国思想，而把个人的伤离放在了次要地位，使作者与友人的惜别之情不同于一般，这就与那些只写离情别绪的俗套之作有了明显的区别，突出了共同的爱国思想，也就把词的境界，提到了新的高度。

下阕转写友谊与慰勉，叙别情。"凉生岸柳催残暑。"换头四句紧扣上阕结尾送君"南浦"之意，通过景物描写，说明送别的时间与地点。首句"凉生岸柳催残暑"，点明季节，说明作者写词时是在夏末秋初之夜。初秋的凉风从岸边烟柳丛里吹来，驱散了残余的暑气，这是地面景象。而夜空中，则是"耿斜河、疏星淡月，断云微度"。横斜的银河里，散布着稀疏的星星，月亮洒着淡淡的月光，不时有一两片云彩轻轻缓缓地飘荡在空中。耿，明亮。斜河，天河，即银河；银河偏斜，又称斜汉，表示夜已深。这里作者以凄清的夜景衬托离别时的气氛和心情。此时此刻，有何感受呢？心里想了些什么呢？下面设想分别后的情形，表达怀恋的深情。"万里江山知何处"一句，极言今后相隔万里，不知道你在何处。"回首对床夜语。"回首，回忆，回想。对床夜语，两人对躺在床上谈话到深夜，说明友谊之深。对床，出自唐白居易《雨中招张司业宿》："能来同宿否，听雨对床眠。"夜雨，出自唐李商隐《夜雨寄北》："君问归期未有期，巴山夜雨涨秋池。何当共剪西窗烛，却话巴山夜雨时。"这几句曲曲折折抒写留恋之情，既反映了他们深厚的友情，也表达了他们对国事的感慨：君此去道路茫茫，国家前途亦茫茫。"雁不到、书成谁与。"书，即书信。雁不到，相传雁能传书，但北雁南飞止于衡阳回雁峰，而新州在衡阳之南，故民间有"大雁飞不到岭南，书信难以寄出"的说法。宋范仲淹《渔家傲》"塞下秋来风景异，衡阳雁去无留意"也是说宋代朝臣贬谪远方，好友大都不敢互通音讯。"雁不到"，为假托而已。这几句是先从眼前的分别写起，次忆旧情，复叹别后悲伤。意思是，今宵分别之后，我们相隔千山万水，谁能知道你究竟在什么地方呢？从今以后，天各一方，而我们对床夜话的情景，将成为美好的回忆，唯有通过书信表达我们的友情。但是，新州是个连大雁也飞不到的地方，就是写成了书信，又有谁捎得去呢？这里由眼前的送别，想到了今后可能书信难通，只能回忆以前的友情，这就更深入一层地表达了作者对友人离去的留恋和悲伤。以上几句，格调悲沉。词的结尾，作者劝慰友人，调子转而激昂。后面写遣愁致送别意。"目尽青天怀今古"照应"天意从来高难问"，远望天空，想到古今世态的变化，有四顾苍茫之感。目尽，极目远望。"肯儿曹、恩怨相尔汝。"意思是，我们谈的都是国家大事，怎么能像孩子一样只顾说个人恩怨呢？肯，在这里是怎么肯的意思。儿曹，即小儿女辈。儿曹恩怨，指小孩之间一会儿好、一会儿埋怨。相尔汝，形容两人讲话时互相指着对方的那种样子。尔和汝，都是"你"的意思。出自唐韩愈《听颖师弹琴》："昵昵儿女语，恩怨相尔汝。""举大白，听《金缕》。"结末二句的意思是：请满饮此杯后，听我唱一曲《金缕》，为你壮行送别吧！词的煞拍，创造了一个激昂阔大的意境，表现了作者不肯屈服、坚持斗争的精神，传达了对朋友的鼓励和支持，具有鼓舞人心的力量。

通观全词，可以看出，这是一首不寻常的送别词，它打破了历来送别词的旧格调，把个人之间的友情放在了民族危亡这样一个大背景中来咏叹，既有深沉的家国之感，又有真切的朋友之情；既有悲伤的遥想，又有昂扬的劝勉。作者以慷慨悲凉的笔调，所抒发的不是缠绵悱恻的离愁别恨，而是忧念国事艰危的愤慨之情。作者连梦中都思念着被金军蹂躏的中原河山，表现了对南宋投降路线的不满与愤恨，特别是词的结尾所表白的与友人共勉的磊落胸襟和远大抱负，在当时的艰难困境中，是十分可贵的。清代学者纪昀等《四库全书总目提要》："其慷慨悲凉，数百年后尚想其抑塞磊落之气。"

【原文】

贺新郎·曳杖危楼去

曳杖危楼去[1]。斗垂天[2]、浮波万顷，月流烟渚[3]。扫尽浮云风不定，未放扁舟夜渡[4]。宿雁落、寒芦深处[5]。怅望关河空吊影[6]，正人间鼻息鸣鼍鼓[7]。谁伴我，醉中舞。　十年一梦扬州路[8]。倚高寒[9]、愁生故国[10]，气吞骄虏[11]。要斩楼兰三尺剑[12]，遗恨琵琶旧语[13]。谩暗涩铜华尘土[14]。唤取谪仙平章看[15]，过苕溪尚许垂纶否[16]？风浩荡，欲飞举[17]。

【毛泽东圈评等情况】

王守稼、刘修明等注《毛泽东晚年过眼诗文录》中收有这首词。

[参考]王守稼，刘修明注：《毛泽东晚年过眼诗文录》，花山文艺出版社1993年版。

【注释】

（1）曳（yè）杖，拖着手杖。危，高楼。

（2）斗，北斗星。垂天，北斗星座仿佛在夜空中低低地挂在那里。

（3）烟渚，烟雾弥漫的水边小洲。

（4）扁舟夜渡，语出唐韦应物《滁州西涧》："春潮带雨晚来急，野渡无人舟自横。"扁（piān）舟，小舟。

（5）寒芦，指深秋的芦苇。

（6）吊影，形影相吊，这里指孤单无靠。

（7）鼻息鸣鼍（tuó）鼓，鼻息有如鼍鼓般鸣响。鼍鼓，用鼍皮蒙的鼓。这里形容鼾声如鼓。

（8）十年一梦，这句话说，回顾从扬州仓皇出逃以来的十年光景，仿佛是做了一场梦。路，宋朝行政大区的名称。

（9）高寒，高楼寒气袭人。

（10）故国，故乡。唐杜甫《上白帝城二首》："取醉他乡客，相逢故国人。"

（11）骄虏，骄横的敌人。

（12）要斩楼兰，唐李白《塞下曲》："愿将腰下剑，直为斩楼兰。"西汉傅介子出使西域，曾设计在宴席上刺杀攻击汉使者的楼兰王。这里以楼兰王比喻金人。

（13）琵琶旧语，汉元帝时，宫女王昭君出塞嫁于匈奴。相传王昭君善于弹琵琶，后有乐曲《昭君怨》。这里作者借用这个典故讽刺南宋朝廷向金统治者屈辱投降。

（14）谩，同"漫"，徒然。涩，不滑润。铜华，即铜锈。

（15）谪仙，指李白，这里以李白比喻李纲。平章，评论。

（16）苕（tiáo）溪，水名，在浙江，源出天目山，流经吴兴入太湖。这是两宋文人游览的风景区。垂纶（lún），即垂钓，这里指隐居。

（17）风浩荡，欲飞举，要乘风高飞，就是希望李纲要为抗金事业再作贡献。

【赏析】

该词又称《贺新郎·寄李伯纪丞相》。李伯纪，即李纲。

李纲是著名的爱国英雄，他在宋钦宗靖康元年（1126）金兵围攻京城的危急时刻，力主抗战，坚守东京（开封），被钦宗任命为亲征行营使，最终击退了金兵。张元干当时是他的僚属，后来李纲被罢免，张元干也连带获罪，离京南下。高宗绍兴七年（1137），宰相张浚被罢，以赵鼎为相。八年（1138）二月，秦桧第二次入相，赵鼎被罢免；四月，宋派王伦使金，力图和议；十二月，李纲在洪州（州治在今江西南昌）上书反对议和，被罢回福建长乐。作者为此写了这首词，对李纲坚决主战、反对议和的行动表示无限的敬仰并予以坚决支持。

上阕写词人登高眺望江上夜景，并引发出孤单无侣、众醉独醒的感慨，以此显示出自己的真实用意。起首四句写自己携着手杖登上高楼，只见夜空星斗下垂，江面宽广无边，波涛万顷，月光流泻在蒙着烟雾的洲渚之上。其后"扫尽"三句，是说江风极大，将天上浮云吹散，江面因风大而无人乘舟夜渡。沉思间又见雁儿飞落在芦苇深处夜宿，并由此引起无限感触。再之后的"怅望"两句，先是怅望祖国山河，徒然吊影自伤；这时正值深夜，"鼻息鸣鼍鼓"，是指人们熟睡，鼾声有如击着用猪婆龙（水中动物名）的皮做成的鼓，即有鼾声如雷之意。这里以之喻苟安求和之辈，隐有众人皆醉我独醒之慨。"谁伴我"两句承上，"月流烟渚""怅望关河空吊影"，用李白《月下独酌》"我歌月徘徊，我舞影零乱"诗意，自伤孤独。李纲与己志同道合，而天各一方，不能在此月下同舞。同舞当亦包括共商恢复中原之事，至此才转入寄李纲本题。

下阕运用典故以暗示手法表明对屈膝议和派的强烈不满，并表达了自己对李纲的敬仰之情。"十年"这一句，是作者想到十年前，高宗赵构在应天府（今河南商丘）即位，当时为建炎元年（1127）。不久高宗南下，以淮南东路的扬州为行都；次年秋金兵进犯，南宋小朝廷又匆匆南逃，扬州被金人攻占，立刻被战争摧为一片空墟，昔日繁华现在犹如一梦，此处化用杜牧"十年一觉扬州梦"（《遣怀》）诗句。如今只剩残破空城，使人怀想之余，不觉加强了作者对高宗的屈膝议和的不满，也加强了作者坚决抵抗金人南下的决心。"倚高寒"两句，继续写词人夜倚高楼，但觉寒气逼人；远眺满目疮痍的中原大地，不由愁思满腔，但又感到自己壮心犹在、豪气如潮、足以吞灭敌人。骄虏是指金人。《汉书·匈奴传》说匈奴是"天之骄子"，这里是借指。"要斩"两句，运用两个典故反映出对宋金和议的看法。前一句是期望朝廷振作图强，像汉代使臣傅介子提剑斩楼兰（西域国名）王那样对付金人。后一句是借汉嫁王昭君与匈奴和亲事，影射和议最终是不可行的，必须坚决抵抗。杜甫《咏怀古迹》诗云："千载琵琶作胡语，分明怨恨曲中论。"作者在此用杜甫诗意，说明在琵琶声中流露出对屈辱求和的无穷遗恨与悲愤，以此暗示南宋与金人议和也将遗恨千古。

"谩暗涩"句，是叹息如今和议已成定局，虽有宝剑也不能用来杀敌，只是使它生铜花（即铜锈），放弃于尘土之中。暗涩，是形容宝剑上布满铜锈，逐渐失光彩，失去作用。这里运用比喻，以宝剑被弃比喻李纲等主战人物的受到朝廷罢斥压制。"唤取"两句，先以"谪仙"李白来比李纲，兼切李姓，这是对李纲的推崇。李纲自己也曾在《水调歌头》中说："太白乃吾祖，逸气薄青云。"

面对和议已成定局的形势，爱国之士能否就此隐退苕溪（浙江吴兴一带）、垂钓自遣而不问国事呢？结尾振起，指出要凭浩荡长风，飞上九天，由此表示自己坚决不能消沉下去，而是怀着气冲云霄的壮志雄心，对李纲坚持主战、反对和议的主张表示最大的支持，这也就是写他作本词的旨意。

【原文】

石州慢·寒水依痕

寒水依痕[(1)]，春意渐回[(2)]，沙际烟阔。溪梅晴照生香，冷蕊数枝争发[(3)]。天涯旧恨[(4)]，试看几许消魂[(5)]？长亭门外山重叠[(6)]。不尽眼中青[(7)]，是愁来时节。　　情切，画楼深闭[(8)]，想见东风，暗消肌雪[(9)]。孤负枕前云雨[(10)]，尊前花月[(11)]。心期切处，更有多少凄凉，殷勤留与归时说[(12)]。到得再相逢，恰经年离别[(13)]。

【毛泽东圈评等情况】

毛泽东在读清朱彝尊、汪森编选《词综》卷十二时圈阅过这首《石州慢·寒水依痕》。

[参考] 张贻玖：《毛泽东评点、圈阅的中国古典诗词》，中国工人出版社 1992 年版，第 248 页。

张元干的《石州慢》中的"天涯旧恨，试看几许消魂。长亭门外山重叠"句旁，主席画了曲竖线。

[参考] 谢静宜：《毛泽东身边工作琐忆》，中央文献出版社 2015 年版，第 91—92 页。

【注释】

（1）寒水依痕，寒水，常指清冷的河水。依痕，寒水退去后留下的痕迹。唐杜甫《冬深》诗："花叶惟天意，江溪共石根。早露随类影，寒水各依痕。"

（2）"春意"二句，唐杜甫《阆水歌》："正怜日破浪花出，更复春从沙际归。"

（3）冷蕊，寒天的花，多指梅花。唐杜甫《舍弟观赴蓝田取妻子到江陵喜寄》诗之二："巡檐索共梅花笑，冷蕊疏枝半不禁。"

（4）天涯，天的边缘处，喻距离很远。语出《古诗十九首·行行重行行》："相去万余里，各在天一涯。"南朝陈徐陵《与王僧辩书》："维桑与梓，翻若天涯。"

（5）几许，多少，若干。《古诗十九首·迢迢牵牛星》："河汉清且浅，相去复几许？"消魂，灵魂离散，形容极度的悲愁、欢乐、恐惧等。唐綦毋潜《送宋秀才》诗："秋风一送别，江上黯消魂。"

（6）长亭，古时于道路每隔十里设长亭，故亦称"十里长亭"，供行旅停息，近城者常为送别之处。北周庾信《哀江南赋》："十里五里，长亭短亭。"

（7）眼中青，即青眼，青白眼之意。南朝宋刘义庆《世说新语·简傲》："嵇康与吕安善，每一相思，千里命驾。安后来，值康不在，喜出户延之，不入，题门上作'凤'字而去。喜不觉，犹以为欣。故作凤字，凡鸟也。"刘孝标注引《晋百官名》："嵇喜字公穆，历扬州刺史，康兄也。阮籍遭丧，往吊之。籍能为青白眼，见凡俗之士，以白眼对之。及喜往，籍不哭，见其白眼，喜不怿而退。康闻之，乃赍酒挟琴而造之，遂相与善。"后以青白眼表示对人的尊敬和轻蔑的不同态度。

（8）画楼，雕饰华丽的楼房。

（9）肌雪，指人的皮肤洁白如雪。南唐李煜《玉楼春》词："晚妆初了明肌雪，春殿嫔娥鱼贯列。"

（10）孤负，同辜负、亏负、对不住。枕前云雨，此处指夫妇欢合，即战国楚宋玉《高唐赋序》中的"旦为朝云，暮为行雨"，借指男女相爱。

（11）尊前，酒樽之前，指酒筵上。花月，花和月，泛指美好的景色。唐王勃《山扉夜坐》诗："林塘花月下，别似一家春。"指美好的时光。

（12）殷勤，情意恳切。南朝梁萧统《文选·司马迁〈报任少卿书〉》："仆与李陵，俱居门下，素非能相善也。趣舍异路，未尝衔杯酒，接殷勤之余欢。"

（13）经年，经过一年或若干年，此去经年。宋柳永《雨霖铃》："此去经年，应是良辰好景虚设。便纵有千种风情，更与何人说？"

【赏析】

《石州慢》，一作《石州引》。《宋史·乐志》入"越调"。一百二字，前片四仄韵，后片五仄韵。

张元干本是南宋抗战名臣李纲的行营属官，因不愿与奸臣秦桧同朝，晚年漫游江浙等地，客死他乡。词别本题为"感旧"，写词人晚年离乡思归之情，在冬去春来、大地复苏的景象中，寄寓了对妻子、对家乡的深深思念，也体现了张元干词在激昂悲壮之外细腻深情的另一面。

词的上阕写景，即景生情。"寒水依痕，春意渐回，沙际烟阔。"开头三句写景，首句点出了初春的时节，但这是运用杜甫的成句。唐杜甫《冬深》："花叶惟天意，江溪共石根。早霞随类影，寒水各依痕。"后二句采用唐杜甫《阆水歌》"正怜日破浪花出，更复春从沙际归"诗意。这里融诗景于词境，别有一番气象，而一"渐"字，更为初春即将解冻的溪水增添一股新的活力。词人从迷茫开阔的景象中，感受到蓬勃生机和温暖的春意。"溪梅晴照生香，冷蕊数枝争发"二句，用特写手法刻画报春的信息——梅花的开放。和煦的阳光照耀着一切，溪边梅树疏落的枝条上绽露出朵朵花苞，散发出诱人的清香，使人感到无限美好。这是冬去春来的美好象征，也是展望一年的最好季节，然而这并不能引起词人心灵的欢悦，相反却萌生出离愁与苦恨。"天涯旧恨，试看几许消魂？"以下数句，由写景转入抒情。"旧恨"二字，揭示出词人郁积在心中的无限的离愁别恨。"消魂"是用南朝梁江淹《别赋》的诗句："黯然消魂者，唯别而已矣！"这里用设问的句式领起下文。"长亭门外山重叠。不尽眼中青，是愁来时节"以下三句，进一层叙写消魂的景色。在那长亭门外，词人举目望去，映入眼帘的只是望不尽的重重叠叠的青山。连绵起伏的山峦，犹如心中无穷的愁绪，正是"吴山点点愁"，春日的景象，成了犯愁的时节。

下片换头"情切"二字，承上转下。词人宕开笔力，由景物描写转而回忆昔日夫妇之情。此时虽然离别远行，但绵绵情思是割不断的。"画楼深闭，想见东风，暗消肌雪"三句，虚景实写，设想闺人独居深楼，日夜思念丈夫，久盼不归，渐渐地形体消瘦下去。紧接着"枕前云雨"，借用典故暗射夫妇情意。战国楚宋玉《高唐赋》序中说，楚王梦中与神女相会高唐，神女自谓："旦为朝云，暮为行雨，朝朝暮暮，阳台之下。"后指男女欢合。这与下句"尊前花月"，都是写夫妇间共同的甜蜜生活。但因为离别在外，枕边之欢、尊前之乐，都可想而不可及。词人内心所殷切盼望的，是回来与亲人相见，诉说在外边思家时心底的无限凄凉孤独的情味。

"心期切处，更有多少凄凉，殷勤留与归时说"三句所写，是自己的离愁，与上"画楼"三句写家里人的别恨形成对照。彼此愁思的产生，同是由于"孤负"两句所说的事实而引起。这样写虽是分写双方，实际上却浑然一体，词笔前后回环呼应，十分严谨细致。歇拍"到得再相逢，恰经年离别"紧承上句"归时"。言到等归来重见，已是"离别经年"了。言下对于此别，抱憾甚深，重逢之喜，犹似不能互相抵触。写别恨如此强调，宋词中亦少见，并非无故。

这首词作由景入情，脉络分明，从表象上看，似乎仅仅抒写夫妇间的离愁别恨，但词中运用比兴寄托，确实寓寄着更深一层的思想感情。清黄苏《蓼园词选》中说："仲宗于绍兴中，坐送克铨及李纲词除名。起三句是望天意之回。'寒枝竞发'，是望谪者复用也。'天涯旧恨'至'时节'是目断中原又恐不明也。'想见东风消肌雪'，是远念同心者应亦瘦损也。'负枕前云雨'，是借夫妇以喻朋友也。因送友而除名，不得已而托于思家，意亦苦矣。"自常州词派强调借词有所寄托以来，后世评词者往往求其有无寄托。从张元干后期遭受压抑不平的情况来看，在南宋朝廷屈辱求和、权奸当道而主战有罪的险恶的社会环境里，词人内心有着难以明言的苦衷，故词中"借物言志"，寄意夫妻之情，黄蓼园所云并非纯为主观臆断，但如此分解，恐怕就难免有穿凿附会之嫌了。

【原文】

柳梢青·海山浮碧

海山浮碧[(1)]。细风丝雨，新愁如织。慵试春衫[(2)]，不禁宿酒[(3)]，天涯寒食[(4)]。　　归期莫数芳辰[(5)]，误几度、回廊夜色[(6)]。入户飞花，隔帘双燕，有谁知得？

【毛泽东圈评等情况】

毛泽东在读清朱彝尊、汪森编选《词综》卷十二时圈阅过这首《柳梢青·海山浮碧》。

[参考] 张贻玖：《毛泽东评点、圈阅的中国古典诗词》，
中国工人出版社 1992 年版，第 248 页。

张元干的《柳梢青》中"新愁如织""不禁宿酒，天涯寒食"句旁，主席画了小圈。

[参考] 谢静宜：《毛泽东身边工作琐忆》，中央文献出版社
2015 年版，第 91—92 页。

【注释】

（1）海山，海和山，此是偏义复词，实指海。词人是福建永福人，永福依山临海，此为实景。浮碧，浅蓝色。唐杨巨源《酬崔驸马惠笺百张兼贻四韵》："浮碧空从天上得，殷红应自日边来。"

（2）慵（yōng），困倦，懒得动。春衫，春天穿的衣衫。唐元稹《六年春遣怀八首》之一："重纩犹存孤枕在，春衫无复旧裁缝。"

（3）不禁，禁不住。宿酒，隔夜仍使人醉而不醒的酒力，宿醉。唐白居易《早春即事》诗："眼重朝眠足，头轻宿酒醒。"

（4）天涯，天边，指极远的地方。语出《古诗十九首·行行重行行》："相去万余里，各在天一涯。"南朝陈徐陵《与王僧辩书》："维桑与梓，

翻若天涯。"寒食，节日名。在清明前一日或二日。相传春秋时晋文公负其功臣介之推。介愤而隐于绵山。文公悔悟，烧山逼令出仕，之推抱树焚死。人民同情介之推的遭遇，相约于其忌日禁火冷食，以为悼念。以后相沿成俗，谓之寒食。南朝梁宗懔《荆楚岁时记》："去冬节一百五日，即有疾风甚雨，谓之寒食。禁火三日，造饧大麦粥。"唐韩翃《寒食》诗："春城无处不飞花，寒食东风御柳斜。"

（5）归期，归来的日期。唐李商隐《夜雨寄北》诗："君问归期未有期，巴山夜雨涨秋池。"芳辰，美好的时光，多指春季。南朝梁沈约《反舌赋》："对芳辰于此月，属今余之遵暮。"

（6）回廊，曲折回环的走廊。唐杜甫《涪城县香积寺官阁》诗："小院回廊春寂寂，浴凫飞鹭晚悠悠。"唐欧阳询撰《艺文类聚》卷七六引南朝梁简文帝《善觉寺碑铭》："重栾交峙，回廊逶迤。"

【赏析】

《柳梢青》，词牌名，又名《陇头月》。双调四十九字，前后片各三平韵。

这首词的写作年代不可确考。《全宋词》作者小传云："元干……四十一岁致仕。绍兴中，坐以词送胡铨，得罪除名。绍兴末尚在，约寿七十余。"从词的内容来看，这首词当作于词人退隐之后。

词的上阕以写景入手，自然过渡到描写作者的内心苦闷和忧愁。"海山浮碧"，首句为描写远景。作者为福建永福人，永福依山临海，故首句写景即以"海山"言之。"细风丝雨，新愁如织。"接下来二句为近景描写，并且由写景过渡到描写内心的苦闷忧愁。"细风"，即和风，微风。"丝雨"，指如丝一般细而密的小雨。这是描写初春时的和风细雨之景。即使是同一种景物，由于感受者的心境不同，也会引发截然不同的感受。作者此时已贬谪回乡，故睹此景，很容易产生苦闷之情。"新愁如织"的比喻形象、贴切，不但写出了作者此时的内心愁绪，而且由写景自然过渡到描写内心的活动，使写景与抒情有机地融合在一起了。"慵试春衫，不禁宿酒，天涯寒食。"末三句直接写词人的内心愁苦，是说由于苦闷，连春衫也懒得穿，想借酒浇愁，又禁不住宿酒之苦，况且又远在天涯恰逢寒食节。这就点明了词人愁苦感伤的真正原因。

词的下阕主要写希望复出而不得的怅惘愁苦心情。"归期莫数芳辰，误几度、回廊夜色。"换头处二句，"归期"，即归还的日期。这里指归还京都，重新得以信用。"芳辰"，指美好的时光。"回廊"，即曲折之廊庑。这句是说，不要那么翘首以待地期盼归期，不然只会错误地在回廊中走来走去而毫无结果。"入户飞花，隔帘双燕，有谁知得？"结末三句，写词人满怀愁绪无人得知的怅惘之情。上阕中"细风丝雨""春衫""寒食"，皆点明初春时节，故下阕"入户飞花，隔帘双燕"二句，具体描绘这种典型的初春景象。院落中的"飞花"和帘外自由自在飞舞的"双燕"，你们有哪个知道我内心的苦愁呢？以疑问作结，引人寻思。

这首词真切地抒发了词人郁结于心中的愁苦之情，而这种苦愁皆因词人的耿直品格与黑暗社会现实的尖锐冲突而造成，因而这种苦闷之情蕴含着词人的深深爱国之心和报国之志。我们阅读这首词，应该从这一角度理解词的内容。含蓄、委婉的表现手法是这首词突出的艺术特点，我们也可以学习借鉴。

【原文】

柳梢青·小楼南陌

小楼南陌[1]。翠鞚金勒[2]，谁家春色。冷雨吹花，禁烟怯柳[3]，伤心行客[4]。　　少年百万呼卢[5]，拥越女、吴姬共掷[6]。被底香浓，尊前烛灭[7]，如今消得。

【毛泽东圈评等情况】

王守稼、刘修明等注《毛泽东晚年过眼诗文录》中收有这首词。

[参考] 王守稼，刘修明注：《毛泽东晚年过眼诗文录》，花山文艺出版社 1993 年版。

宋词

【注释】

（1）陌，田间的小路。

（2）軿（píng），古代贵族妇女所乘的有帷幕的车。《魏书·礼志》："小行则御绀罽軿车，驾三马。"金勒，金饰的带嚼口的马笼头。南朝陈祖孙登《紫骝马》："飞尘暗金勒，落泪洒银鞍。"

（3）禁烟，犹禁火，亦指寒食节。《全唐诗》卷八六六载《汉州崇圣寺题壁》："禁烟佳节同游此，正值酴醾夹岸香。"

（4）行客，过客，旅客。西汉刘安《淮南子·精神训》："是故视珍宝珠玉犹砾石也，视至尊穷崇犹行客也。"高诱注："行客，犹行路过客。"

（5）少年，年轻，年轻时。汉刘向《烈女传·陈寡孝妇》："我怜汝少年早寡也。"呼卢，指赌博。唐李白《少年行》之三："呼卢百万终不惜，报仇千里如咫尺。"

（6）越女，古代越国多产美女，以西施为最著名，后因以泛指越地美女。南朝梁萧统《文选·枚乘〈七发〉》："越女侍前，齐姬奉后。"吴姬，吴地的美女。唐王勃《采莲曲》："莲浦夜相逢，吴姬越女何丰茸。"

（7）尊前，在酒樽之前，指酒宴上。唐马戴《赠友人边游回》："尊前语尽北风起，池面冰初解。"

【赏析】

《柳梢青》，词牌名，又名《陇头月》《玉水明沙》《早春怨》《云淡秋空》《雨洗元宵》等。双调四十九字，此调有两体。前后片各三平韵，后片第十二字宜去声。别有一种改用仄声韵。前片三仄韵，后片二仄韵，平仄略异。

这首词当作于词人退隐之后。同题尚有《柳梢青·海山浮碧》一首。词的上阕写春景，抒伤情。"小楼南陌。翠軿金勒，谁家春色。"开头三句写景，首句点明地点。小楼当是词人立足之地。词人放眼望去，南边田间的小路上，行驶着一辆贵族妇女所乘坐的有帷幕的车，驾车的马戴着金饰的马笼头，这是何等美妙的春色。"冷雨吹花，禁烟怯柳，伤心行客。"接下来三句继续写景而兼抒情，气氛为之一变：清冷的雨点击打着春花，寒食时节嫩柔的柳枝弱不禁风，使行旅的客人更加伤心。

下阕回忆少年时事，抒愤懑之情。"少年百万呼卢，拥越女、吴姬共掷。"三句忆旧，是说年轻时以百万作注进行赌博，拥抱着越地和吴地的女郎共同掷赌。这是何等豪爽！"被底香浓，尊前烛灭，如今消得。"末三句是说，酒宴之前，灯烛已灭，拥抱着吴姬越女，软语温存，香气盈被，如今已没有这种福分！当然，词人作为一位爱国志士，不是向往这种奢靡生活，而是一种对投闲置散的愤懑和抗议。

【原文】

清平乐·明珠翠羽

明珠翠羽[(1)]。小绾同心缕[(2)]。好去吴淞江上路[(3)]。寄与双鱼尺素[(4)]。兰桡飞取归来[(5)]。愁眉待得伊开[(6)]。相见嫣然一笑[(7)]，眼波先入郎怀[(8)]。

【毛泽东圈评等情况】

毛泽东在读清朱彝尊、汪森编选《词综》卷十二时圈阅过这首《清平乐·明珠翠羽》。

[参考] 张贻玖：《毛泽东评点、圈阅的中国古典诗词》，中国工人出版社 1992 年版，第 248 页。

【注释】

（1）明珠翠羽，指女子头饰。明珠，光泽晶莹的珍珠。汉班固《白虎通·封禅》："江出大贝，海出明珠。"翠羽，翠鸟的羽毛。古代多用作饰物。

（2）同心缕，指同心结。以丝带结成，象征男女爱情。北周庾信《题结线袋子》诗："一寸同心缕，千年长命花。"南朝梁武帝《有所思》："腰中双绮带，梦为同心结。"

（3）吴淞江，古称松江或吴江、亦名松陵江、笠泽江，发源于苏州吴江区松陵镇以南太湖瓜泾口，由西向东，穿过江南运河，在今上海黄浦公园北侧外白渡桥以东汇入黄浦江入海。与东江、娄江共称"太湖三江"。

（4）寄与双鱼尺素，语出南朝梁萧统《文选·古乐府〈饮马长城窟行〉》："客从远方来，遗我双鲤鱼。呼儿烹鲤鱼，中有尺素书。"吕向注："尺素，绢也。古人为书，多书于绢。"尺素，书写用的一尺长左右的白色生绢，借指小的画幅、短的书信。南朝梁萧统《文选·陆机〈文赋〉》："函绵邈于尺素，吐滂沛乎寸心。"

（5）兰桡（náo），小舟的美称。唐太宗《帝京篇》之六："飞盖去芳园，兰桡游翠渚。"

（6）愁眉，发愁时皱着的眉头。唐白居易《晚春沽酒》诗："不如贫贱日，随分开愁眉。"待得，等到。宋孙光宪《生查子》词："待得没人时，偎倚论私语。"伊，彼、他、她，那个人，多指女性。南朝宋刘义庆《世说新语·品藻》："勿学汝兄，汝兄自不如伊。"

（7）嫣然一笑，语出战国楚宋玉《登徒子好色赋》序："嫣然一笑，惑阳城，迷下蔡。"

（8）眼波，形容流动如水波的目光，多用于女子。唐韩偓《偶见背面是夕兼梦》诗："眼波向我无端艳，心火因君特地燃。"郎，旧时妻子对丈夫或情人的昵称。

【赏析】

《清平乐》，词牌名，又名《清平乐令》《醉东风》《忆萝月》，为宋词常用词牌。原为唐教坊曲名，取用汉乐府"清乐""平乐"这两个乐调而命名，后用作词牌。《宋史·乐志》入"大石调"，《金奁集》《乐章集》并入"越调"。双调四十六字，八句，前片四仄韵，后片三平韵。

这是一首描写一位女子思念、怀恋远在异乡的情郎的爱情词。

词的上阕写女子给其情郎捎去书信。"明珠翠羽。小绾同心缕。"起首二句写女子的梳妆打扮。"明珠翠羽"为女子的头饰，亦点明女子的身份。这大概是一位不为吃穿用度而发愁的商人之妇。"绾"，把长条形的东西盘绕起来打成结。"同心缕"，以丝带结成，象征男女爱情，指同心长命缕。北周庾信《题结线袋子》诗："一寸同心缕，千年长命花。"指同心结。南朝梁武帝《有所思》："腰中双绮带，梦为同心结。"女子为什么要这么特意打扮呢？"好去吴淞江上路。寄与双鱼尺素。"三、四两句道明个中原因。江南水乡，河流纵横，特别是吴淞江一带，航运便利，是商贾往来之途。古代有鱼雁传书之说。这里"双鱼""尺素"皆指书信。这二句是说，女子托来往于吴淞江上的商贾，与其郎君捎去盼其归来的书信。

词的下阕写女子想见郎君归来的情景。"兰桡飞取归来。愁眉待得伊开。"换头处二句是说，我的郎君收到信后一定会乘船飞快地返回，到那时，我紧缩的双眉就会舒展开来。"兰桡"，小舟的美称。桡，船桨，西汉刘安《淮南子·主术》："夫七尺之桡而制船之左右者，以木为资。""伊"，彼，他或她，第三人称代词。"相见嫣然一笑，眼波先入郎怀。"末二句进一层写女子对郎君深厚的恋情。"嫣然一笑"，语出战国楚宋玉《〈登徒子好色赋〉序》："嫣然一笑，惑阳城，迷下蔡。""嫣"，容貌美好，多指笑容。女子对郎君日思夜盼，男子归来，一旦见面，自然有千言万语难以尽诉其情。词人另辟蹊径，抓住女子在会面时的细节加以描写，惟妙惟肖地刻画出女子此时复杂的内心活动，女子在见到郎君之时，虽无只言片语，但其切盼、爱恋、喜出望外的心情都融汇于这"嫣然一笑"之中了。"眼波先入郎怀"，末句将这种炽热的感情推上了高潮。这是此词的画龙点睛之笔。词人对女子的心理刻画可谓是入木三分。至此，词人已为我们塑造了一位感情丰富而细腻、对爱情的追求既炽热奔放又含蓄执着的美丽动人的女子的形象。清陈廷焯《词则·闲情集》眉批云："传神之笔，丽而不佻。"是很有见地的。

【原文】

临江仙·荼蘼·莺唤屏山惊睡起

莺唤屏山惊睡起[1]，娇多须索郎扶[2]。荼蘼斗帐冷熏炉[3]。翠穿珠落索[4]，香泛玉流苏[5]。　　长记枕痕销醉色[6]，日高犹倦妆梳[7]。一枝春瘦想如初。梦迷芳草路[8]，望断素鳞书[9]。

【毛泽东圈评等情况】

毛泽东在读清朱彝尊、汪森编选《词综补遗》卷八时圈阅过这首《临江仙·莺唤屏山惊睡起》。

[参考]张贻玖：《毛泽东评点、圈阅的中国古典诗词》，

中国工人出版社1992年版，第248页。

【注释】

（1）莺，即"黄鹂"。屏山，指屏风。唐温庭筠《南歌子》词："扑蕊添黄子，呵花满翠鬟，鸳枕映屏山。"

（2）娇，美好可爱。须索，必须，须要。《敦煌曲子词·洞仙歌》："拟铺鸳被，把人尤泥，须索琵琶从理。"郎，旧时妻称夫或情人。

（3）茶蘼，又作酴醿、荼䕷、荼蘼。荼蘼为落叶灌木，以地下茎繁殖。荼蘼花在春季末夏季初开花，凋谢后即表示花季结束，所以有完结的意思。宋王琪的《春暮游小园》："开到荼蘼花事了。"斗帐，小帐子，形状像倒置的斗，所以叫斗帐。《释名·释床帐》："小帐曰斗帐，形如覆斗也。"南朝梁徐陵《玉台新咏·古诗为焦仲卿妻作》："红罗复斗帐，四角垂香囊。"熏炉，用以熏香或取暖的炉子。

（4）落索，连串不断之状。宋刘过《望江南·元宵》词："柳线正垂金落索，梅花初谢玉玲珑。"

（5）流苏，用彩色羽毛或丝线等制成的穗状垂饰物，借指饰有流苏的帷帐。前蜀韦庄《天仙子》词："深夜归来长酩酊，扶入流苏犹未醒。"

（6）枕痕，即枕函花，睡时印在脸上的枕头花纹。前蜀张泌《柳枝》词："红腮隐出枕函花，有些些。"宋苏轼《和子由送将官梁左藏仲通》："觉来身世都是梦，坐久枕痕犹着面。"醉色，指醉酒时脸上的红色。

（7）妆梳，梳妆打扮。唐王昌龄《殿前曲》诗之一："贵人妆梳殿前催，香风吹入殿后来。"

（8）芳草，香草。东汉班固《西都赋》："竹林果园，芳草甘木。郊野之富，号为近蜀。"

（9）望断，向远处望直到望不见了。明袁可立《蓬莱阁望海》："长

安擢不远，望断暮云平。"素书，素鳞书，南朝梁萧统《文选古乐府〈饮马长城窟行〉》："客从远方来，遗我双鲤鱼。呼儿烹鲤鱼，中有尺素书。"素鳞，白色的鱼，亦用作鱼的泛称。晋王廙《笙赋》："厌瑶口之陆离，舞灵蛟之素鳞。"

【赏析】

《临江仙》，唐教坊曲，双调小令，用作词调。又名《谢新恩》《雁后归》《画屏春》《庭院深深》《采莲回》《想娉婷》《瑞鹤仙令》《鸳鸯梦》《玉连环》。《乐章集》入"仙吕调"，《张子野词》入"高平调"。五十八字，上下片各三平韵。约有三格，第三格增二字。柳永演为慢曲，九十三字，前片五平韵，后片六平韵。此词共六十字。

这首词的写作年代不可确考。从词的内容来看，当作于词人归隐之后。词题《荼蘼》。荼蘼花在春季末夏季初开花，凋谢后即表示花季结束，所以有完结的意思。宋王琪的《春暮游小园》："开到荼蘼花事了。"

词的上阕抓住荼蘼花的形体特点加以描写。"莺唤屏山惊睡起，娇多须索郎扶。"起首二句是说，黄莺的婉转啼鸣惊醒了屏风之内沉睡的女子，她体态柔弱娇嫩，好像必须由郎君扶持才能起床，故而面带娇羞之色。屏山，指屏风。唐温庭筠《南歌子》词："扑蕊添黄子，呵花满翠鬟，鸳枕映屏山。"屏风，为闺房中常见陈设之物，以屏风遮蔽，将内室与外室分隔开来。这两句将荼蘼描绘成一位娇美柔弱的女子，从总体上写荼蘼花的形体特点。"荼蘼斗帐冷熏炉"，接下来一句写女子的闺房陈设，词人点明"斗帐""薰炉"二物，意思上与前二句紧密相连，交代女子的晚起，又为下阕"日高犹倦妆梳"作一铺垫。斗帐，小帐子，形状像倒置的斗，所以叫斗帐。熏炉，用以熏香或取暖的炉子。唐卢照邻《释疾文·悲夫》："御燻炉兮长不暖，对卮酒兮忧恒满。"冷熏炉，香炉已冷，指熏炉内香料已燃尽。此句暗写女子晚起。"翠穿珠落索，香泛玉流苏"二句具体描绘荼蘼斗帐。落索，连串不断之状。宋刘过《望江南·元宵》词："柳线正垂金落索，梅花初谢玉玲珑。"二句是说，那斗帐上的荼蘼枝叶像串集在一起、施展开来的翠绿的珍珠，那帐上垂下的碧玉色的穗子发散着浅浅的清香。

词的下阕抒情。"长记枕痕销醉色，日高犹倦妆梳。"换头处二句写荼蘼的花色。枕痕，即枕函花。睡时印在脸上的枕头花纹。前蜀张泌《柳枝》词："红腮隐出枕函花，有些些。"宋苏轼《和子由送将官梁左藏仲通》："觉来身世都是梦，坐久枕痕犹着面。"醉色，指醉酒时脸上的红色，"枕痕销醉色"，是说脸上红色的枕痕已经消退，恢复了原来白的本色。"日高"，太阳升得很高，女子还懒于妆梳。这二句合在一起，暗写荼蘼的花色。"一枝春瘦想如初。梦迷芳草路，望断素鳞书。"结末三句写荼蘼娇嫩纤弱的原因。芳草，香草，为用典。东汉班固《西都赋》："竹林果园，芳草甘木。郊野之富，号为近蜀。"《楚辞·淮南小山〈招隐士〉》有"王孙游兮不归，春草生兮萋萋"句，后人本此，以芳草作怀人之典。望断，向远处望直到望不见了。明袁可立《蓬莱阁望海》："长安擢不远，望断暮云平。"素书，古人以白绢作书，故以称书信，即素鳞书。南朝梁萧统《文选·古乐府〈饮马长城窟行〉》："客从远方来，遗我双鲤鱼。呼儿烹鲤鱼，中有尺素书。""望断"二字绘形绘色地写出女子殷切盼望的心态。这里词人将荼蘼花比作一个苦苦相思的女子，十分生动形象地描绘出荼蘼花枝体纤弱的典型特点。

这首词采取拟人的描写手法，抓住荼蘼的形体、枝叶、花色等特点，从不同角度细致入微地加以描绘，使人很自然地产生一种怜爱之感。如果不是词中点明所写之内容，乍读此词，还真会产生词人是在描写一位为相思苦恼的娇弱女子的错觉。这一点恰恰证明作者在描写上是十分成功的。

【原文】

怨王孙·霁雨天迥　并序

如对营丘着色山[1]。坐客有歌《怨王孙》者[2]，请予赋其情抱[3]，叶子谦为作三弄[4]，吹云裂石[5]，旁若无人[6]，永福前此所未见也[7]。老子于此[8]，兴复不浅。

霁雨天迥⁽⁹⁾。平林烟暝⁽¹⁰⁾。灯闪沙汀⁽¹¹⁾，水生钓艇⁽¹²⁾。楼外柳暗谁家。乱昏鸦⁽¹³⁾。　　相思怪得今番甚⁽¹⁴⁾。寒食近⁽¹⁵⁾。小研鱼笺信⁽¹⁶⁾。屏山交掩⁽¹⁷⁾，微醉独倚栏干。恨春寒。

【毛泽东圈评等情况】

毛泽东读清朱彝尊、汪森编选《词综补遗》卷八时圈阅过这首《怨王孙·霁雨天迥》。

[参考] 张贻玖：《毛泽东评点、圈阅的中国古典诗词》，
中国工人出版社1992年版，第248页。

【注释】

（1）营丘，古邑名，在今山东淄博临淄北，以营丘山而得名。周武王封吕尚于齐，建都于此。后改名临淄。《史记·齐太公世家》："武王已平商而王天下，封师尚父于齐营丘。"张守节正义引《括地志》："营丘，在青州临淄北百步外城中。"着色，涂上颜色。宋苏轼《王晋卿所藏着色山》诗二首之一："迩来一变风流尽，谁见将军着色山？"

（2）坐客，座上的客人。《三国志·魏志·吕布传》："是儿最叵信者。"裴松之注引《献帝春秋》："布缚急，谓刘备曰：'玄德，卿为坐客，我为执虏，不能一言以相宽乎？'"《怨王孙》，词牌名。或名《念王孙》《忆王孙》。此调创自宋人秦观，取词句"萋萋芳草忆王孙"。

（3）予，我。赋，念诗或作诗。情抱，情怀，胸襟。晋崔豹《古今注·草木》："汉郑宏为灵文乡啬夫，行官京洛，未至，宿一埭……村落绝远，酤无处，情抱不伸。"

（4）叶子谦，未详。三弄，古曲名，即《梅花三弄》。唐李郢《赠羽林将军》诗："惟有桓伊江上笛，卧吹三弄送残阳。"

（5）吹云裂石，亦作穿云裂石，透过云层，震裂石头。形容声音高亢嘹亮。宋苏轼《东坡乐府·〈水龙吟〉序》："善吹铁笛，嘹然有穿云裂石之声。"

（6）旁若无人，身旁好像没有人，形容态度从容或高傲，不把别人放在眼里；又形容态度自然、镇静自如的样子，也形容很投入、没有感到

他人的存在。《史记·刺客列传》："高渐离击筑，荆轲和而歌于市中，相乐也，已而相泣，旁若无人者。"

（7）永福，今福建永福。

（8）老子，自高自大的人自称，一般人亦用于气愤或开玩笑的场合。

（9）霁雨，雨止。天迥，天远。迥，远。

（10）平林，平原上的林木。《诗经·小雅·车辖》："依彼平林，有集维鷮。"毛传："平林，林木之在平地者也。"烟暝，烟霭、云气。唐李白《菩萨蛮》："平林漠漠烟如织，寒山一带伤心碧。暝色入高楼，有人楼上愁。"此句化用李词句意。

（11）沙汀，水边或水中的平沙地。

（12）钓艇，钓鱼船。唐朱庆余《湖中闲夜遣兴》诗："钓艇同琴酒，良宵背水滨。"

（13）昏鸦，指的是黄昏归巢的乌鸦。

（14）相思，彼此想念。后多指男女相悦而无法接近所引起的想念。怪得，即惊怪、惊疑，或作难怪亦可。

（15）寒食，节日名。在清明前一日或二日。相传春秋时晋文公负其功臣介之推，介愤而隐于绵山。文公悔悟，烧山逼令出仕，介之推抱树焚死。人民同情介之推的遭遇，相约于其忌日禁火冷食，以为悼念。以后相沿成俗，谓之寒食。

（16）研，用卵石或弧形石块碾压或揉擦皮革，使密实而光亮。鱼笺信，鱼子笺的简称。古时四川所造的一种纸。出自唐羊士谔《寄江陵韩少尹》："别来玄鬓共成霜，云起无心出帝乡。蜀国鱼笺数行字，忆君秋梦过南塘。"

（17）屏山，指屏风。唐温庭筠《南歌子》词："扑蕊添黄子，呵花满翠鬟，鸳枕映屏山。"

【赏析】

《怨王孙》，词牌名，又名《独脚令》《忆君王》《豆叶黄》《画蛾眉》等。以李重元《忆王孙·春词》为正体，该词为单调三十一字，五句五平韵。这首词借写景抒发情怀，具体写作年代不详。从词的内容来看，可以断定词人描写的当为福建永福之景象。这是一首借写景抒发情怀的小词。

　　词的上阕主要写景。"霁雨天迥。平林烟暝。"起首二句写远眺之景。"霁"，雨雪停止，天刚放晴。这里交代雨过天晴的景象特点。"平林"，平原上的林木。《诗经·小雅·车辖》："依彼平林，有集维鹨。"毛传："平林，林木之在平地者也。"烟暝，烟霭、云气。唐李白《菩萨蛮》："平林漠漠烟如织，寒山一带伤心碧。暝色入高楼，有人楼上愁。"此句化用李词句意。这二句是说，雨过天晴之后，天显得格外高远，平原之上的碧绿树林笼罩在如烟一般的暮霭之中。"灯闪沙汀，水生钓艇。"三、四两句将镜头拉近，写汀州、水面之景。汀，水边平地，小洲。钓艇，即钓鱼船。唐朱庆余《湖中闲夜遣兴》诗："钓艇同琴酒，良宵背水滨。"水生，指江水上涨。前面写"霁雨"是其因，后面写"水生"是其果，前后之景有机连为一体。这二句是说，雨过之后江水上涨，钓艇浮荡于水面之上；江面上、沙洲上处处灯光闪烁。"楼外柳暗谁家。乱昏鸦"二句，写词人眼前之景。楼，指作者所处的楼房，亦即下阕中"微醉独倚阑干"之楼。"暗柳"，指傍晚柳色已暗。乱昏鸦，是暮色之中暗柳之上昏昏欲睡的乌鸦。这样，作者由远而近，逐渐将写景的镜头拉到眼前。作者因景生情，其寂寞难耐的无聊心情，已隐于景物的描写之中，也为下阕的抒情做好了铺垫。

　　词的下阕主要抒情。"相思怪得今番甚。寒食近。小砚鱼笺信。"换头处三句，抒发了词人郁结于心中的相思之苦。寒食，节日名，在清明前一日或二日。相传春秋时晋文公负其功臣介之推。介之推愤而隐于绵山。文公悔悟，烧山逼令出仕，介之推抱树焚死。人民同情介之推的遭遇，相约于其忌日禁火冷食，以为悼念。以后相沿成俗，谓之寒食。鱼笺信，鱼子笺的简称，古时四川所造的一种纸。出自唐羊士谔《寄江陵韩少尹》："别来玄鬓共成霜，云起无心出帝乡。蜀国鱼笺数行字，忆君秋梦过南塘。"这三句是说，为什么这次的相思之苦来的这么厉害呢？原来寒食节已经临近，又得到情人用鱼笺写来的信，故而旧愁未去、新愁又来，难怪词人如此惊讶感叹！"屏山交掩，微醉独倚栏干。恨春寒。"结末三句写词人内心难以言表的复杂感情，抒发词人深沉的感伤之情。这三句是说，此时屏风半掩，词人欲借酒浇愁，但这又怎能排遣内心的忧愁苦闷呢？词人微带醉意而独倚阑干，其孤独寂寞无聊的烦恼一并袭上心头。春天也竟如此不解人意，天气依然寒冷如故，怎能不引发词人的抱怨和嗟叹呢？

张元干是一位有强烈爱国之心的词人，他的不少词作都有寄托之意。这首词大概也属此类，故其抒情时往往言在此而意在彼。我们阅读这首词时，应注意这一特点。

【原文】

点绛唇·丙寅秋社前一日溪光亭大雨作·山暗秋云

山暗秋云，暝鸦接翅啼榕树⁽¹⁾。故人何处⁽²⁾？一夜溪亭雨⁽³⁾。梦入新凉，只道消残暑⁽⁴⁾。还知否⁽⁵⁾？燕将雏去。又是流年度⁽⁶⁾。

【毛泽东圈评等情况】

毛泽东在读清朱彝尊、汪森编选《词综》卷十二时圈阅过这首《点绛唇·山暗秋云》。

[参考]张贻玖：《毛泽东评点、圈阅的中国古典诗词》，中国工人出版社1992年版，第248页。

【注释】

（1）暝，日暮，天黑。鸦，乌鸦。榕树，木名，常绿大乔木。树干分枝多，覆盖面广，有气根。叶子互生，椭圆形或卵形；花黄色或淡红色；生长在热带地方。晋嵇含《南方草木状·榕》："榕树，南海、桂林，多植之，叶如木麻，实如冬青，树干拳曲……其荫十亩，故人以为息焉。而又枝条既繁，叶又茂细，软条如藤，垂下渐渐及地，藤梢入土，便生根节。"

（2）故人，旧交，老友。《庄子·山木》："夫子出于山，舍于故人之家。"

（3）溪亭，即溪光亭。

（4）残暑，残余的暑气。唐沈佺期《酬苏员外味道夏晚寓直省中见赠》诗："小池残暑退，高树早凉归。"

（5）知否，你知道吗？

（6）流年，如水般流逝的光阴、年华。南朝宋鲍照《登云阳九里埭》诗："宿心不复归，流年抱衰疾。"流年度，语出唐杜甫《雨》诗："悠悠边月破，郁郁流年度。"

【赏析】

《点绛唇》，词牌名，又名《点樱桃》《十八香》《南浦月》《沙头雨》《寻瑶草》等。以冯延巳词《点绛唇·荫绿围红》为正体，双调四十一字，前段四句三仄韵，后段五句四仄韵。另有四十一字前后段各五句四仄韵，四十三字前段四句三仄韵、后段五句四仄韵的变体。代表作有苏轼《点绛唇·红杏飘香》等。

本篇词题为《丙寅秋社前一日溪光亭大雨作》。"丙寅"，宋高宗绍兴十六年（1146），当时秦桧执政，张元干已去官多年。"秋社"，古代秋季祭祀土神的日子。唐元稹《有鸟二十章》诗之十一："春风吹送廊庑间，秋社驱将嵌孔里。"宋陈元靓《岁时广记·二社日》："《统天万年历》曰：立春后五戊为春社，立秋后五戊为秋社。"溪光亭，福建漳州景物名。此名载南宋王象之《舆地纪胜》百三十一卷。题目交代了这首词的写作时间、地点及缘由。

词的上阕触景生情而想及友人。"山暗秋云，暝鸦接翅啼榕树。"起首二句写景，是说初秋季节，傍晚时分，山被乌云笼罩，暗了下来；成群的乌鸦拍着翅膀在大榕树上空盘旋，呱呱啼叫，这是大雨的征兆。榕树，常绿乔木，生长于热带和亚热带。福建多榕树，福州的别称即为榕城。"榕树"二字点明了地域特征。这二句以写景映衬词人的心情。"故人何处？一夜溪亭雨。"设问自答，老朋友都在哪里呢？溪光亭下了一夜雨。写词人怀念老朋友、夜不成眠的感伤忧闷的心情。故人，指与词人志同道合的旧友，如胡铨、李纲等。这些人由于主张坚决抗金、反对卖国奸臣秦桧而先后被罢黜、贬谪，词人对友人的怀念关切之中，隐含着对黑暗现实的愤懑之情。溪亭，即溪光亭。词人回忆往事，为国事而忧虑，辗转反侧，夜不成眠。"一夜溪亭雨"便是词人这种心情的真实写照。

词的下阕写词人贬谪赋闲之后无聊寂寞、感喟时光流逝的哀伤心情。词题中已交代此词写于"秋社前一日"，此时已立秋多日，暑气开始消退，故下阕开头二句"梦入新凉，只道消残暑"，便点明这一季节特征，并为下面抒发感叹作好铺垫。"还知否？燕将雏去。又是流年度。"抒发词人的感伤与叹息。燕子是候鸟，有迁徙之习性，秋去春来。"燕将雏去"为词人想见之景，意思是说，秋季已到，燕子又该带着雏燕离去了。词人由燕子的离去而感叹时光的流逝。流年，如水般流逝的光阴、年华。南朝宋鲍照《登云阳九里埭》诗："宿心不复归，流年抱衰疾。"流年度，语出唐杜甫《雨》诗："悠悠边月破，郁郁流年度。"词人此时罢黜赋闲，报国无门，壮志难酬，故而感叹时光流逝，其中亦隐含词人的愤懑之情。"还知否"一句，加强了这种感喟的语气，感人至深。

【原文】

点绛唇·春晓轻雷

春晓轻雷⁽¹⁾，采蘋洲上清明雨⁽²⁾。乱云遮树。暗澹江村路⁽³⁾。　　今夜归舟⁽⁴⁾，绿润红香处⁽⁵⁾。遥山暮⁽⁶⁾。画楼何许⁽⁷⁾？唤取潮回去⁽⁸⁾。

【毛泽东圈评等情况】

毛泽东在读清朱彝尊、汪森编选《词综》卷十二时圈阅过这首《点绛唇·春晓轻雷》。

[参考] 张贻玖：《毛泽东评点、圈阅的中国古典诗词》，
中国工人出版社 1992 年版，第 248 页。

张元干的《点绛唇》中"春晓轻雷。采蘋洲上清明雨。乱云遮树，暗澹江村路"句旁，主席画了小圈。

[参考] 谢静宜：《毛泽东身边工作琐忆》，中央文献出版社
2015 年版，第 91—92 页。

（1）春晓，春日黎明。唐赵存约《鸟散余花落》诗："春晓游禽集，幽庭几树花。"轻雷，响声不大的雷、隐隐的雷声。唐高适《陪窦侍御灵云南亭宴诗得雷字》："新秋归远树，残雨拥轻雷。"

（2）蘋，多年生水生蕨类植物，茎横卧于浅水的泥中，叶柄长，顶端集生四片小叶，全草可入药，亦作猪饲料。洲，本作"州"，后人加水以别州县之字，水中的陆地。《诗经·周南·关雎》："关关雎鸠，在河之洲。"清明，节气名，公历四月四、五或六日。我国有清明节踏青、扫墓的习俗。《逸周书·周月》："春三月中气，惊蛰，春分，清明。"朱右曾校释引孔颖达曰："清明，谓物生清净明洁。"清明雨，化用唐杜牧《清明》中"清明时节雨纷纷"句意。

（3）暗澹，亦作"暗淡"，不鲜艳，不明亮。唐元稹《送孙胜》诗："桐花暗淡柳惺惚，池带轻波柳带风。"江村，江河边上的村庄。唐杜甫《江村》："清江一曲抱村流，长夏江村事事幽。"

（4）归舟，返航的船。南朝宋谢灵运《酬从弟惠连》诗："梦寐伫归舟，释我客与劳。"

（5）红香，色红而味香。五代齐己《乞樱桃》诗："嚼破红香堪换骨，摘残丹颗欲烧枝。"

（6）遥山，遥远的青山。

（7）画楼，雕饰华丽的楼房。唐李峤《晚秋喜雨》诗："聚霭笼仙阙，连霏绕画楼。"何许，何处。唐杜甫《宿青溪驿奉怀张员外十五兄之绪》诗："我生本飘飘，今复在何许？"

（8）唤取，呼请。唐杜甫《江畔独步寻花七绝句》之四："谁能载酒开金盏，唤取佳人舞绣筵。"潮，海水因为受了日月的引力而定时涨落的现象，如潮水、涨潮。

【赏析】

这首词写作年代不可确考。从词的内容来看，当写于江南某地。

这首词将写景与叙事融为一体，词的上阕写亲见之景。"春晓轻雷，采蘋洲上清明雨。"起首二句写初春时节江南女子采蘋的活动。春晓，春日的黎明。唐赵存约《鸟散余花落》诗："春晓游禽集，幽庭几树花。"轻雷，响声不大的雷、隐隐的雷声。唐高适《陪窦侍御灵云南亭宴诗得雷字》："新秋归远树，残雨拥轻雷。"采蘋，采集白蘋，是江南水乡初春时节常见的活动。六朝人柳恽《江南曲》诗："汀州采白蘋，日暖江南春。"便是描写这一活动。洲，水中的陆地。清明，节气名，公历四月四、五或六日。我国有清明节踏青、扫墓的习俗。清明雨，化用唐杜牧《清明》中"清明时节雨纷纷"句意。这两句是说，春日的黎明，天空中轻轻的雷声告诉人们春天已经到来，汀州之上江南女子冒着清明时节的纷纷细雨正忙着采集白蘋。"乱云遮树。暗澹江村路。"三、四两句写岸上雨中的江村景象。词人乘舟而行，故先写其眼前所见水上之景。"暗澹"，亦作"暗淡"，不鲜艳，不明亮，此指天色的阴沉。唐元积《送孙胜》诗："桐花暗淡柳惺惚，池带轻波柳带风。"宋柳永《夜半乐》："冻云暗澹天气，扁舟一叶，乘兴离江渚。"江村，江河边上的村庄。唐杜甫《江村》："清江一曲抱村流，长夏江村事事幽。"这二句是说，放眼江河两岸，那低垂流动的云彩笼罩大地，远处的树木和村落在阴沉的天色之中影影绰绰，模糊不清。

词的下阕写词人的想见之景。"今夜归舟，绿润红香处。"换头处二句中的"绿润""红香"皆为词人想象之景。绿润，碧绿润泽之状。红香，花果红艳而芳香。这里是描写雨后花之娇艳与红香的特点。雨后花叶之状自然难以分辨，但其可依生活经验，想象出雨后花叶之景状，宋李清照《如梦令》："昨夜雨疏风骤，浓睡不消残酒。试问卷帘人，却道海棠依旧。知否，知否？应是绿肥红瘦。"也属此类描写方法。"遥山暮。画楼何许"二句是说，远处的山笼罩在暮色之中，那雕梁画栋的楼宇此时又是一种什么景象呢？"唤取潮回去"句暗点此词的主旨，意思是说，让潮水把我带回理想的境地去吧！"唤取"二字表达了词人强烈的主观愿望。"潮"，汉许慎《说文解字》"潮"，段玉裁注："朝宗于海者，谓彼此相迎受。"这里是借用此意，以比喻的手法，曲折地表达了词人希望能为朝廷所用、以便实现其抗金报国的夙愿。

这首词将重点放在景物描写上，上阕写眼见之景，下阕写设想之景。

但作者又非单为写景而写景，写景是为抒情作铺垫，故词末一句有"卒章显其志"之意，实为此词之关键句。明乎此，我们就可以把握这首词的主旨，正确理解其思想内容和艺术特色了。

【原文】

点绛唇·呈洛滨、筠溪二老·清夜沉沉

清夜沉沉⁽¹⁾，暗蛩啼处檐花落⁽²⁾。乍凉帘幕⁽³⁾，香绕屏山角⁽⁴⁾。

堪恨归鸿⁽⁵⁾，情似秋云薄。书难托⁽⁶⁾，尽交寂寞⁽⁷⁾，忘了前时约。

【毛泽东圈评等情况】

毛泽东读清朱彝尊、汪森编选《词综》卷十二时圈阅过这首《点绛唇·清夜沉沉》。

[参考]张贻玖：《毛泽东评点、圈阅的中国古典诗词》，
中国工人出版社1992年版，第248页。

张元干《点绛唇》"呈洛滨、筠溪二老"中的"堪恨归鸿，情似秋云薄。书难托，尽交寂寞，忘了前时约"句旁，主席也画了小圈。

[参考]谢静宜：《毛泽东身边工作琐忆》，中央文献出版社
2015年版，第92页。

【注释】

（1）清夜，清静的夜晚。汉司马相如《长门赋》："悬明月以自照兮，徂清夜于洞房。"沉沉，宫室深邃貌。《史记·陈涉世家》："入宫，见殿屋帷帐，客曰：'伙颐！涉之为王沉沉者！'"裴骃集解引应劭曰："沉沉，宫室深邃之貌也。"

（2）暗蛩（qióng），在暗处藏身的蟋蟀。蛩，蟋蟀。檐花落，屋檐上的水流下来，在灯光的照映下就像银花一般。

（3）帘幕，用于门窗处的帘子与帷幕。唐杜牧《题宣州开元寺水阁》诗："深秋帘幕千家雨，落日楼台一笛风。"

（4）香，此指由香炉里冒出的香烟气。屏山，屏风。

（5）归鸿，归雁，诗文中多用以寄托归思。三国魏嵇康《赠秀才入军》诗之四："目送归鸿，手挥五弦。"鸿，大雁。

（6）书，信。

（7）尽交，即尽教、听任之意，宋时方言。

（8）约，约会。

【赏析】

这首《点绛唇》题作《呈洛滨、筠溪二老》。洛滨，即富柔直，字委申，北宋宰相富弼之孙。靖康初年赐进士出身。高宗建炎四年（1130）官至端明殿学士签书枢密院事。后因坚持抗金为秦桧所忌，不久便被罢职。晚年游览于山水之间，与苏迟、叶梦得、张元干等一块游玩吟唱。绍兴二十六年（1156）去世。筠溪，即李弥逊，字似之，自号筠溪翁。徽宗大观三年（1109）进士。南渡后以起居郎迁中书舍人。后因反对秦桧议和，不久被落职。绍兴十年（1140）归隐福建连江西山，与张元干、富直柔等吟唱游玩。绍兴二十三年（1153）去世。

这首词的上阕着重写景，寓情于景。"清夜沉沉，暗蛩啼处檐花落。"起首二句刻画出一幅幽静的秋夜景色，而"啼"字和"落"字，又显示出静中有动、动中见静的意趣，激发了同篇的活力。一个美好的深秋之夜，雨檐滴水，蟋蟀鸣叫，读来仿佛历历在目，如闻其声。这种宁静的境界与"蝉噪林愈静，鸟鸣山更幽"有同工异曲之妙。词中这二句是化用唐杜甫《醉时歌》："清夜沉沉动春酌，灯前细雨檐花落"的诗句。清王嗣奭《杜臆》解"檐花落"云："檐水落，而灯光映之如银花。"非常接近于事实。"乍凉帘幕，香绕屏山角"二句承上，从户外幽静之境转而到室内境况。秋雨连绵，靠近帘幕就感到寒气逼人；屋内香炉里散发着轻盈的烟缕，袅袅直上，萦绕在屏风的上端。词人由远及近，刻画生动，具体入微，把听觉、感觉、视觉组合在一起，增强了词人的立体感，这样也就着力渲染了秋夜清冷的气氛和孤独寂静的境界。

下阕着重抒情，曲折地表达出仕途的险恶与中原未复的怅惘情绪。"堪恨归鸿，情似秋云薄"二句，以"归鸿"作比喻，说明心事难寄。古代有鸿雁传书的说法，但这里是写征鸿的情意如那秋云一样淡薄，不肯传书，所以显得可恨。这与宋李清照《念奴娇》"征鸿过尽，万千心事难寄"的意境相接近，而一"恨"字，感情色彩更为强烈。"秋云薄"是用唐杜甫《秋霁》"天际秋云薄，从西万里风"的诗句。南宋朱敦儒在《西江月》中写到："世事短如春梦，人情薄如秋云。"因此，词人在这里埋怨征鸿情薄，蕴含着复杂的人情世态的深层用意。

"书难托，尽交寂寞，忘了前时约。"结末三句，从上句"堪恨"而来，正因为"征鸿"不传书信，而金兵又占领着中原，所以难以寄言，因此谁又能理解作者的万千心事呢？作者在《兰陵王》词中说："塞鸿难托，谁问潜宽旧带眼。"在这令人恼而又相思的岁月里，既无法寄声传语，那就忘掉过去的一切，在寂寞无聊中打发岁月，也辜负了老友们前时的约会，从而揭出了怀念友人的题旨，余味不尽。

这首小令寥寥四十一字，但在艺术手法上却有特色。它寓情于景，用笔疏隽；写景则静中有动，抒情又委婉曲折，抒发了作者对中原不能收回的愁恨之情，更显得意境沉郁深厚。

· 毛泽东谈文论史全编 ·

顾 问：龙新民 郑欣淼 陈 晋 阎晓宏

评点中国古代名词赏析

MAOZEDONG PINGDIAN ZHONGGUO
GUDAI MINGCI SHANGXI

3

毕桂发 主 编

陈锡祥 副主编

中国文史出版社

目　录

金 词

元　词

明　词

清　词

吕渭老

吕渭老（生卒年不详），一作吕滨老，字圣求，季州（今浙江嘉兴）人。宣和、靖康年间在朝做过小官，有诗名。南渡后情况不详。绍兴中叶尚在世。赵师岌序其词云："宣和末，有吕圣求者，以诗名，讽咏中率寓爱君忧国意。圣求词，婉媚深窈，视美成、耆卿伯仲"，"圣求居嘉兴，名滨老，尝位周行，归老于家"。今存《圣求词》一卷。

【原文】

惜分钗·春将半

春将半。莺声乱。柳丝拂马花迎面。小堂风。暮楼钟。单色连云，暝色连空(1)。重重。　秋千畔(2)。何人见。宝钗斜照春妆浅(3)。酒霞红(4)。与谁同。试问别来，近日情悰(5)。忡忡(6)。

【毛泽东圈评等情况】

毛泽东曾圈阅过这首《惜分钗·春将半》。

[参考] 张贻玖：《毛泽东评点、圈阅的中国古典诗词》，中国工人出版社 1992 年版，第 247 页。

【注释】

（1）暝色，暮色，夜色。南朝宋谢灵运《石壁精舍还湖中作》诗："林壑敛暝色，云霞收夕霏。"

（2）秋千，游戏用具，将长绳系在架子上，下挂蹬板，人随蹬板来回摆动。南唐冯延巳《鹊踏枝》词："泪眼问花花不语，乱红飞入秋千去。"

（3）宝钗，首饰名。用金银珠宝制作的双股簪子。南朝梁何逊《咏照镜》："宝钗若可间，金钿畏相逼。"春妆，春日的妆饰。多用于女子。南朝梁沈约《携手曲》："斜簪映秋火，开镜比春妆。"

（4）酒霞红，因饮酒脸色绯红。

（5）情悰（cóng），情怀，情绪。前蜀李珣《临江仙》词："引愁春梦，谁解此情悰！"

（6）忡忡（chōng chōng），指忧虑不安。《诗经·召南·草虫》："未见君子，忧心忡忡。"毛传："忡忡，犹冲冲也。"战国楚屈原《楚辞·九歌·云中君》："思夫君兮叹息，极劳心兮忡忡。"

【赏析】

这是一首春日里感旧忆昔的作品，很能见出吕渭老前期词的特色。

词的上阕写景兼叙事。"春将半。莺声乱。柳丝拂马花迎面。"起首三句，先从郊野的春景和游人写起。仲春时节，大自然被节令装扮得格外娇娆，黄莺用婉转的歌喉唱着欢乐的调子，在风中飘舞的柳丝轻抚着马头。人们的心情也被着绚烂的春色撩动起来了，郊野游人如织，个个兴致勃勃，信马而行，领略这迷人的春色，感叹着造化的神功。"拂马""迎面"，将轻快自得之状摹写逼真，使人想起唐孟郊在《登科后》诗的"春风得意马蹄疾，一日看尽长安花"的诗句。"小堂风。暮楼钟。草色连云，暝色连空。重重。"接下来五句，笔锋突转，从郊野转到庭院，从游人写到自己。外面的世界如此缤纷杂乱，而词人独立中庭感受到的却是另一番情景：渐近黄昏时分，风带着寒意，远处的钟楼里传来沉沉的钟声。极目远望，芳草萋萋，与天边的彤云相连接，暮色越来越深，天空中逐渐灰暗起来了。"草色连云"两句，一句写地下，一句写天空，本已苍茫辽阔，再以黄昏的钟声相渲染，以"重重"二字加以强调，暮色苍茫的意境就更加突出了。整个上阕都在写景，但前面的绚烂和后面的苍茫迥然不同，热闹与美丽都属于别人，属于自己的只有一片空旷孤寂。孑然一身，愁思难解，真有点"此身饮罢无归处，独立苍茫自咏诗"（唐杜甫《乐游原歌》）的味道了。

上阕在写景中已融入了作者的一怀愁绪，词的下阕似转而承，摊开自己的追忆、相似的怀抱。"秋千畔。何人见。宝钗斜照春妆浅。酒霞红。与谁同"五句，是对往日情景的追忆。是说也是在这样鲜花盛开的季节，她穿着浅浅的春装，站立在花园里秋千架旁边，绚烂的背景将她衬得分外清丽淡雅，楚楚动人。由于刚刚荡罢秋千，头上的宝钗斜在一边，脸上也香汗微沁，俏丽的脸庞像刚喝过酒一样，泛出两朵绯红，洋溢着青春的活力。这里的人物描写，不仅着色鲜艳，而且善抓特征，一句写其装饰，一句写其面容，寥寥两笔，即画出了一个活波可爱的青春丽人。面对着这如诗如画的情境，我们的词人不禁有些意醉神迷了。事情已过去多年了，当时的情景还历历在目，则当年感受之深，如今相思之苦，同时透出。"试问别来，近日情悰。忡忡。"结末三句则把思绪从回忆中收回，以"试问"提起语气，直诉自己相思的衷肠。要问到分手以后的情绪吗，我内心深处只有难以排遣的浓浓愁思。自问自答，怅然若失，空虚愁闷的深情仿佛可见。

这首小词描写工致，色彩浓艳，风格婉约秀丽。前代有人评这类词"婉媚深窈，视美成其卿伯仲"。这话说得或许有点过头，但"婉媚深窈"四字，确实是抓住了吕渭老前期情词的特点。

岳 飞

  岳飞（1103—1142），字鹏举，宋相州汤阴县（今河南安阳汤阴县）人，南宋抗金名将，中国历史上著名军事家、战略家，位列南宋中兴四将之一。他于北宋末年投军，从1128年遇宗泽起到1141年为止的十余年间，率领岳家军同金军进行了大小数百次战斗，所向披靡，"位至将相"。1140年，完颜兀术毁盟攻宋，岳飞挥师北伐，先后收复郑州、洛阳等地，又于郾城、颍昌大败金军，进军朱仙镇（离北宋都城汴京只有四十五里）。宋高宗、秦桧却一意求和，以十二道"金字牌"下令退兵，岳飞在孤立无援之下被迫班师。在宋金议和过程中，岳飞遭受秦桧、张俊等人的诬陷，被捕入狱。1142年1月，岳飞以"莫须有"的"谋反"罪名，与长子岳云和部将张宪同被杀害。宋孝宗时岳飞冤狱被平反，改葬于西湖畔栖霞岭。追谥武穆，后又追谥忠武，封鄂王。

  南宋岳珂《金佗稡编·鄂王家集》收录的岳飞诗文有律诗《题翠岩寺》《寄浮图慧海》，词《小重山·昨夜寒蛩不住鸣》，题记《五岳祠盟记》《广德军金沙寺壁题记》《东松寺题记》《永州祁阳县大营驿题记》。宋赵与时《宾退录》还收有岳飞绝句《题青泥市寺壁》。《满江红·怒发冲冠》一词在南宋晚期的《藏一话腴》《鹤林玉露》中都有记载，此词从明代开始广泛传诵。此外流传下来的岳飞诗词还有《满江红·登黄鹤楼有感》《池州翠微亭》《过张溪赠张完》《题雩都华严寺》《宝刀歌书赠吴将军南行》《题骤马冈》《题鄱阳龙居寺》等。

【原文】

满江红·写怀·怒发冲冠

  怒发冲冠[(1)]，凭栏处[(2)]，潇潇雨歇[(2)]。抬望眼，仰天长啸[(3)]，壮怀激烈。

三十功名尘与土⁽⁴⁾，八千里路云和月⁽⁵⁾。莫等闲⁽⁶⁾，白了少年头，空悲切！　靖康耻⁽⁷⁾，犹未雪；臣子恨，何时灭。驾长车，踏破贺兰山缺⁽⁸⁾。壮志饥餐胡虏肉⁽⁹⁾，笑谈渴饮匈奴血⁽¹⁰⁾。待从头，收拾旧山河，朝天阙⁽¹¹⁾！

【毛泽东圈评等情况】

毛泽东对岳飞这位抗金名将很尊敬。1952 年 12 月 1 日，他视察南方回京路过汤阴时，停下专列，在月台上"岳忠武王故里碑"前留影纪念。

毛泽东很爱《满江红》这首词，特别是晚年，经常击拍高声吟诵。1975 年 8 月中旬，毛泽东接受摘除眼睛白内障手术时让人放《满江红》这首词的唱片。唱片是由上海昆曲剧院演员岳美缇演唱的："怒发冲冠，凭栏处，潇潇雨歇……"这首词高亢，有力，充分表达了一位爱国志士的宽阔胸怀和伟大抱负。毛泽东听着铿锵的乐曲，神情镇定，从容地面对手术，这首乐曲也驱散了医务人员给伟大领袖实施手术的紧张气氛，使得手书顺利完成。

[参考] 张贻玖：《毛泽东评点、圈阅的中国古典诗词》，
中国工人出版社 1992 年版，第 190—191 页。

毛泽东曾手书过岳飞的《满江红·怒发冲冠》。

[参考] 中央档案馆编：《毛泽东手书选集·古诗词卷（下）》，
北京出版社 1993 年版，第 117—118 页。

1966 年 6 月，毛泽东写的七律《有所思》中"凭阑静听潇潇雨"，即化用岳飞《满江红·怒发冲冠》词中"凭栏处，潇潇雨歇"。

[参考] 中共中央文献研究室编：《毛泽东诗词集》，中央文献
出版社 1996 年版，第 17 页。

【注释】

（1）怒发冲冠，愤怒得头发直竖，顶着帽子，借以形容极端愤怒。语出西汉司马迁《史记·廉颇蔺相如列传》："相如因持璧却立，倚柱，怒发上冲冠。"

（2）凭栏，身倚栏杆。唐崔涂《上巳日永崇里言怀》诗："游人过尽

衡门掩，独自凭栏到日斜。"潇潇雨，骤急的风雨。潇潇，风雨急骤之状。《诗经·郑风·风雨》："风雨潇潇，鸡鸣胶胶。"毛传："潇潇，暴疾也。"

（3）长啸，大声呼叫。汉司马相如《上林赋》："长啸哀鸣，翩幡互经。"感情激动时撮口发出清而长的声音，为古人的一种抒情举动。

（4）三十功名尘与土，年已三十，建立了一些功名，不过像尘土一样微不足道。

（5）八千里路云和月，形容南征北战、路途遥远、披星戴月的抗金生涯。

（6）等闲，轻易，随便。

（7）靖康耻，宋钦宗靖康二年（1127），金兵攻陷汴京，掳走徽、钦二帝、太子后妃和百官的奇耻大辱。靖康，宋钦宗的年号（1126—1127）。

（8）长车，古时的兵车。贺兰山，贺兰山脉位于宁夏回族自治区与内蒙古自治区交界处。这里是泛指被金人侵占的地方。缺，山口。

（9）壮志，豪壮的志愿、襟怀；伟大的志向。南朝梁范晔等《后汉书·党锢传·张俭传论》："而张俭见怒时王，颠沛假命，天下闻其风者，莫不怜其壮志，而争为之主。"胡虏，秦汉时称匈奴为胡虏，后世用为与中原敌对的北方部族之通称。

（10）匈奴，我国古代北方民族之一。战国时游牧于燕、赵、秦以北地区。其族随世异名，因地殊号。战国时始称匈奴和胡。东汉光武建武二十四年（48）分裂为南北二部，北匈奴在公元1世纪末为汉所败，部分西迁。南匈奴附汉，西晋时曾建立汉国和前赵国。这里指金人。

（11）朝天阙，朝见皇帝。天阙，本指宫殿前的楼观，此指皇帝生活的地方。

【赏析】

《满江红》，词牌名，双调九十三字，前阕四仄韵，后句五仄韵，前阕五六句，后阕七八句要对仗，例用入声韵脚。以岳飞这首词最为有名。南宋姜夔始用平声韵，但用者为数不多。

岳飞这首词，激励着中华民族的爱国心。为什么这首词第一句就写"怒发冲冠"，表现出如此强烈的愤怒感情？这并不是偶然的，这是作者的理想与现实发生尖锐激烈矛盾的结果。因此，必须对这个问题有所了解，才能正确理解这首词的思想内容。岳飞在少年时代，家乡就被金兵占领。他很有民族气节，毅然从军。他指挥的军队，英勇善战，接连获胜，屡立战功。敌人最怕他的军队，称之为"岳家军"，并且传言说："撼山易，撼岳家军难！"岳飞乘胜追击金兵，直至朱仙镇，距离北宋的京城汴京只有四十五里了。金兵元气大伤，准备逃归，还有不少士卒纷纷来降。岳飞看到这样大好的抗战形势，非常高兴，决心乘胜猛追，收复中原。就在这关键时刻，当时的宰相秦桧，为了和金人议和，一日连下十二道金字牌，令岳飞班师回朝。岳飞悲愤万分，说："十年之力，废于一旦！"秦桧把岳飞看成是他投降阴谋的主要障碍，又捏造说，岳飞受诏逗留，抵制诏令，以"莫须有"（也许有）的罪名，将他害死。岳飞被害时，才三十九岁。了解了这些情况，对这首词中的强烈感情，就不难理解了。

词的上阕写作者要为国家建立功业的急切心情。"怒发冲冠"起首前四字，即司马迁写蔺相如"怒发上冲冠"的妙用，表明这是不共戴天的深仇大恨。此仇此恨，因何愈思愈不可忍？"凭栏处"二句是说，正缘独上高楼，自倚栏杆，纵目乾坤，俯仰六合，不禁热血满怀、沸腾激昂。——而此时秋霖乍止，风澄烟净，光景自佳，翻助郁闷之怀，于是"抬望眼，仰天长啸"，以抒此英雄壮志。着"潇潇雨歇"四字，笔锋微顿，方见气度渊静。开头凌云壮志，气盖山河，写来气势磅礴。再接下去，作者以"三十功名尘与土，八千里路云和月"十四个字，出乎意料，令人叫绝，此十四字，如见将军抚膺自理半生壮志，九曲刚肠，英雄正是多情人物。功名是其所期，岂与尘土同埋；驰驱何足言苦，堪随云月共赏。试看此是何等胸襟，何等识见！功名已委于尘土，三十已去，至此，将军自将上片歇拍处"莫等闲、白了少年头，空悲切"之勉语，说与人体会。雄壮之笔，字字掷地有声！以下出奇语，现壮怀，英雄忠愤气概，凛凛犹若神明。

过片前后，一片壮怀，喷薄倾吐：靖康之耻，指徽钦两帝被掳，犹不得还；故下言臣子抱恨无穷，此是古代君臣观念。此恨何时得解？金兵入据中原，止畏岳家军，不啻闻风丧胆，故自岳飞言，"匈奴"实不足灭，踏破"贺兰"直捣黄龙并非夸大其词。"饥餐""渴饮"一联合掌；然只有如此才足以畅其情、尽其势。未至有复沓之感者，以其中有真气在。有论者设：贺兰山在西北，与东北之黄龙府，遥距千里，有何交涉？南宋初期的爱国词作，他们说到金兵时，均用"西北""楼兰"，可见岳飞用"贺兰山"和"匈奴"，是无可非议的。"待从头，收拾旧山河，朝天阙！"满腔忠愤，丹心碧血，倾出肺腑。用文学家眼光结束全篇，神气十足，无复毫发遗憾，令人神往。然而岳飞头未及白，金兵自陷困境，由于奸计，宋皇朝自弃战败。"莫须有"千古奇冤，闻者发指，岂可指望他率军协同中原父老齐来朝拜天阙哉？悲夫。

　　词的下阕写了三层意思：对金族掠夺者的深仇大恨；统一祖国的殷切愿望；忠于朝廷即忠于祖国的赤诚之心。"靖康"是宋钦宗赵桓的年号。"靖康耻"，指宋钦宗靖康二年（1127），京城汴京和中原地区沦陷，徽宗、钦宗两个皇帝被金人俘虏北去的奇耻大辱。"犹未雪"，指还没有报仇雪恨。由于没有雪"靖康"之耻，所以，岳飞发出了"臣子恨，何时灭"的誓言，即心中的恨何时才能消除的感慨。这也是他要"驾长车、踏破贺兰山缺"的原因。古代的战车叫"长车"。贺兰山，在今宁夏回族自治区的西北边。有一种说法，认为这首词不是岳飞写的，理由之一就是根据上面这句话。因为岳飞讲"直捣黄龙，与诸君痛饮"，即渡过黄河向东北进军，不会向西北进军的。"驾长车、踏破贺兰山缺"，不是岳飞的进军路线。因为对这句词的解释牵涉到这首词是不是岳飞写的问题，因而显得更为重要了。原来这是用典。宋蔡绦著《西清诗话》载姚嗣宗《崆峒山》诗："踏碎贺兰石，扫清西海尘。"这两句诗是针对西夏讲的，所以用"贺兰石"。姚嗣宗是北宋人，岳飞借用这个典故，借用打败西夏的壮志来表达他要打败金兵的豪情，所以这句词没有问题。"山缺"，指山口。"壮志饥餐胡虏肉，笑谈渴饮匈奴血"，充分表达了作者对敌人的刻骨仇恨和报仇雪耻的决心。"壮志"，指年轻时的理想。"胡虏"古代对我国北方少数民族侮辱性的称呼。"虏"，指俘虏。这里所谓的"胡虏""匈奴"，皆指金贵族掠夺者。最后"待从头、收拾旧山河，朝天阙"两句说，等到收复中原、统一祖国的时候，就去报捷。"旧山河"，指沦陷区。"阙"，宫殿。"天阙"，指朝廷。我国古代进步的知识分子，往往都把忠于朝廷看作爱国的表现。在封建社会里，尤其在民族矛盾激化，上升为主要矛盾的时期，"忠于朝廷"与爱国常常是紧密结合在一起的。因此，岳飞在这首词中所表露的忠于朝廷的思想，是跟渴望杀尽敌人、保卫祖国疆土的壮志，密切结合着的。

词不以文字论长短，若以文字论，亦当击赏其笔力之沉厚，脉络之条鬯，情趣之深婉，皆不同凡响，倚声而歌，乃振兴中华之必修音乐艺术课也。从艺术上看，这首词感情激荡，气势磅礴，风格豪放，结构严谨，一气呵成，有着强烈的感染力。

【原文】

小重山·昨夜寒蛩不住鸣

昨夜寒蛩不住鸣[(1)]。惊回千里梦[(2)]，已三更[(3)]。起来独自绕阶行。人悄悄，帘外月胧明[(4)]。　　白首为功名[(5)]。旧山松竹老[(6)]，阻归程。欲将心事付瑶琴[(7)]。知音少[(8)]，弦断有谁听。

【毛泽东圈评等情况】

毛泽东读这首《小重山·昨夜寒蛩不住鸣》词时，曾密密地加了圆点。

[参考] 张贻玖：《毛泽东评点、圈阅的中国古典诗词》，中国工人出版社1992年版，第191页。

岳飞的《小重山》，毛主席除了断句画大圈外，还在"惊回千里梦，已三更，起来独自绕阶行"，"已将心事付瑶琴，知音少，弦断有谁听"的旁边分别画了2、2、3、5、2、2个小圈。

[参考] 谢静宜：《毛泽东身边工作琐忆》，中央文献出版社2015年版，第91页。

【注释】

（1）寒蛩（qióng），深秋的蟋蟀。

（2）千里梦，指赴千里外杀敌报国的梦。

（3）三更，指半夜十一时至翌晨一时。

（4）月胧明，月光微明。胧，朦胧。

（5）白首，白发，表示年老。《史记·范雎蔡泽列传论》："范雎、蔡泽世所谓一切辩士，然游说诸侯至白首无所遇者，非计策之拙，所为说力少也。"功名，功业和名声。战国宋庄周《庄子·山木》："削迹损势，不为功名。"成玄英疏："削除圣迹，损弃权势，岂存情于功绩，以留意于名誉！"此指为驱逐金兵的入侵，收复失地而建功立业。

（6）旧山，故乡，故居。南朝梁萧统《文选·谢灵运〈过始宁墅〉》："剖竹守沧海，枉帆过旧山。"松竹，松与竹，亦以喻节操坚贞。南朝梁元帝《与刘智藏书》："山间芳杜，自有松竹之娱；岩石穴鸣琴，非无薜萝之致。"

（7）付，付与。瑶（yáo）琴，饰以美玉的琴。南朝宋鲍照《拟古》诗之七："明镜尘匣中，瑶琴生网罗。"

（8）知音，战国郑列御寇《列子·汤问》载：伯牙善鼓琴，钟子期善听琴。伯牙琴音志在高山，子期说"峩峩兮若泰山"；琴音意在流水，子期说"洋洋兮若江河"。伯牙所念，钟子期必得之。后世遂以"知音"比喻知己，同志。

【赏析】

《小重山》，词牌名，一名《小冲山》《柳色新》《小重山令》。唐人常用此调写宫女幽怨。《词谱》以薛昭蕴词为正体。五十八字。上下片各四句，四平韵。换头句较上片起句少二字，其余各句上下片均同。另有五十七字、六十字两体，是变格。

这首《小重山》是元帅帐内夜深人静时岳飞诉说自己内心的苦闷——他反对妥协投降，相信抗金事业能成功。他已经取得了多次重大战役的胜利，但现在他遇到了来自朝廷权要的掣肘，一种束缚他的手脚、遏制他的行动，这就是宋金"议和"而不准动兵的命令。《小重山》一词，正是在这种形势、气候下写的。

这首词虽然没有《满江红》家喻户晓，但是通过不同的风格特点和艺术手法表达了作者隐忧时事的爱国情怀。词的上阕着重写景。"昨夜寒蛩不住鸣。惊回千里梦，已三更"，起首三句是说，昨天夜里蟋蟀一直鸣叫不停，使作者从金戈铁马对抗金兵的梦中惊醒了，而此时已经是深夜的三更天了。"寒蛩"点明了季节是深秋。山河飘摇，国家残破，作者夙夜忧患，而昨夜深秋的蟋蟀却小声地鸣叫，催逼着词人心中的隐忧和悲愤，使克复中原的责任更加沉重。"惊"字充分表达了在秋夜蟋蟀的凄清鸣叫中作者终夜难眠的情景。"千里"暗示梦回到包括家乡在内的中原地区，说明了词人在睡梦之中也不忘收复中原的爱国之情。"起来独自绕阶行。人悄悄，帘外月胧明"，接下来三句是说，他被梦惊醒后，因梦见战场战事而忧国忧民再无睡意，独自在台阶前徘徊。周围静悄悄的，人们都在熟睡，只有天上的明月洒下淡淡的冷光。深秋的月夜，凄清冷淡，表达了作者"众人皆醉我独醒，举世皆浊我独清"的孤独与凄凉心境。上阕用简洁的语言和平淡的叙述质朴地展现出作者所面临的困境，其简洁有力、朴素真切的文风，确实展现出一代英雄的真性情和其所面对的历史情景的复杂性。

词的下片重在抒情。"白首为功名"，换头处一句，写词人终其一生渴望为国建功立业，痴心不改。"旧山松竹老"用松竹喻中原父老，他们在金人的统治之下，顽强挺立，渴望早日复国，可如今他们都已老了，暗示了南渡时间之长。"阻归程"一句，写投降派的求和主张阻挡了收复中原，回归故乡的进程，隐含了词人的痛心。如今头发已经白了，几十年的求索，都是为了驱逐金人，收复河山。作者竭尽心力，几操心成白发，都只是为了矢志北伐，匡扶宋室，收复河山，成千古功名，成一代情怀。然而，十多年的等待、十多年的期盼、十多年的转战努力，便是为了某一天的"归程"。可是英雄的壮志难酬，想到了故乡，家乡的树木已经变得老了，而到头来却得到一个宋金和议的结局。作者多年矢志北伐的壮志难酬，忧愤难平。宋朝皇帝赵构与秦桧力图议和偏安，不迎回徽、钦二帝，国家也遭受未有之变局。既然不能建功立业，收复河山，回家度过余生也好。可是故乡已经落到敌人的手里，有家难归。"欲将心事付瑶琴。知音少，弦断有谁听"，结末三句，化用善于操琴的俞伯牙和知音钟子期的典故寄托作者的一腔愤懑和无处言说的沉痛，将自己的心事寄托于琴弦，可是却没有知音，就是把琴弦弹断了也没有人来听。当时作者主张抗金，收复失地，但是朝野上下一片议和声，使作者陷入孤掌难鸣的处境，不禁担忧起国家的未来和命运，心情沉重。

上阕是即景抒情，寓情于景，忧国忧民使他愁怀难遣，在凄清的月色下独自徘徊。下阕写他收复失地受阻，要抗金却是"知音少"，内心郁闷焦急，用了比兴手法。作者隐忧时事，吞吐曲折，委婉含蓄，流露出悲凉悱恻之思。全词所展现的沉郁悲怆情怀，节制而深层，忧思而压抑。

清·沈雄《古今词话·词话》上卷云："《话腴》曰：武穆收复河南罢兵表云：'莫守金石之约，难充溪壑之求。暂图安而解倒悬，犹之可也。欲远虑而尊中国，岂其然乎。'故作《小重山》云：'欲将心事付瑶琴。知音少，弦断有谁听。'指主和议者。又作《满江红》，忠愤可见，其不欲'等闲白了少年头'，可以明其心事。"清陈廷焯《词则·放歌集》卷一也说："苍凉悲壮中亦复风流儒雅。"现代词学家龙榆生《唐五代宋词选》说："一种激昂忠愤之气，读之使人慷慨。推其志，虽与日月争光可也。"

朱淑真

朱淑真（约1135—约1180），（生卒年不详），自号幽栖居士，浙江海宁路仲（海宁简志）人，祖籍歙州（治今安徽歙县），南宋著名女词人。她是唐宋以来留存作品最丰盛的女作家之一。与李清照齐名。生于仕宦之家，幼聪慧、善读书，但一生爱情郁郁不得志。丈夫是文法小吏，因志趣不合，夫妻不和睦，最终因抑郁早逝。又传淑真过世后，父母将其生前文稿付之一炬。其余生平不可考，素无定论。擅长绘画，工诗词。其词多写幽怨感伤，语淡情浓，风格婉丽。现存《断肠诗集》《断肠词》，是劫后余篇。

【原文】

生查子·元夕·去年元夜时

去年元夜时[1]，花市灯如昼[2]。月上柳梢头，人约黄昏后[3]。　　今年元夜时，月与灯依旧。不见去年人，泪湿春衫袖。

【毛泽东圈评等情况】

毛泽东读清朱彝尊、汪森编选《词综》卷二十五时，圈阅了这首《生查子·去年元夜时》。

[参考] 张贻玖：《毛泽东评点、圈阅的中国古典诗词》，中国工人出版社1992年版，第252页。

【注释】

（1）元夜，农历正月十五夜，即元宵节，也称上元节、灯节。中国农历节日之一。元夜成为节日成形于公元1世纪的汉代，现在已经成为华人世界的重要节日之一。

（2）花市，卖花的集市。前蜀韦庄《韦和左司郎中春物暗度感而成章》："锦江风物霏霏雨，花市香飘漠漠尘。"

（3）黄昏，日已落而天色尚未黑的时候。战国楚屈原《楚辞·离骚》："日黄昏以为期兮，羌中道而改路。"唐李商隐《乐游原》诗："夕阳无限好，只是近黄昏。"

（4）春衫，春天穿的衣衫。唐元稹《六年春遣怀八首》之一：重纩犹存孤枕在，春衫无复旧裁缝。

【赏析】

《生查（zhā）子》，唐教坊曲名。后用为词牌。调见《尊前集》。又名《楚云深》《相和柳》《晴色入青山》《梅溪渡》《陌上郎》《遇仙楂》《愁风月》《绿罗裙》等。双片四十字，上下片各两仄韵。各家平仄颇多出入，与作仄韵五言绝句相仿。多抒发怨抑之情。其中，格式一最为常见，但需要注意第一句不能犯孤平。

《生查子·去年元夜时》是一首相思词，作者是谁尚有争议。此词一说欧阳修作，但《六一词》与其他词集互杂极多，不足为凭。力辩此词非朱淑真所作者如《四库提要》，乃出于保全淑真"名节"，卫道士心态，何足道哉！细赏此词，似非六一居士手笔，实乃断肠之声。淑真另有一首《元夜诗》，可与此词互看："火烛银花触目红，揭天吹鼓斗春风。新欢入手愁忙里，旧事惊心忆梦中。但愿暂成人缱绻，不妨常任月朦胧。赏灯那待工夫醉，未必明年此会同。"

这首词通过"去年"与"今年"元宵夜的情景对照，描写了主人公昔日一段缠绵悱恻、难以忘怀的爱情，抒发了旧日恋情破灭后的失落感与孤独感，揭示了物是人非、旧情难续的伤感心理。全词明白如话，层次分明，对比鲜明，构思精妙，饶有韵味。

上阕追忆"去年"情事，语言闲淡而充满眷恋。元宵夜逛灯市，是唐代以来固有的风俗，唐诗中屡有咏叹，如苏味道《正月十五夜》诗云："火树银花合，星桥铁锁开。"即是描写灯市繁盛的景象。各种灯饰争奇斗妍，灯灯相照，亮如白昼。男女老幼往往倾家出动，游人如织。故起二句乃是平实叙事，尚未参入个人情事。第三、四句则道出了观灯人流中的特别一族，他们无意欣赏火树银花的灯光花市，他们只是在如鲫人流中寻觅自己的意中之人。因为平时深居闺门，无缘结识心仪之人，故对元宵夜市寄予了一种特别的期待。词中的主人公就是这样一位幸运儿，他与她避开了稠密的人流，在黄昏月上之时，相互约见，倾诉衷肠。那个有灯有月的夜晚遂成了一个刻骨铭心的记忆而长留心间。

词的下阕，叙写今年心情。词人笔锋一转，时光飞逝如电，转眼到了"今年元夜时"，把主人公的情思从回忆中拉了回来。"月与灯依旧"，极其概括地交代了今天的环境。"依旧"两字又把人们的思绪引向上阕的描写之中，月色依旧美好，灯市依旧灿烂如昼。环境依旧似去年，而人又如何呢？这是主人公主旨所在，也是他抒情的主体。词人于人潮涌动中无处寻觅佳人芳踪，心情沮丧，辛酸无奈之泪打湿了自己的衣襟。旧时天气旧时衣，佳人不见泪黯滴，怎能不伤感遗憾？上句"不见去年人"，去年约见之人却杳无踪影，空有缱绻难舍之旧情，却无相对可诉之人，所以才有末句"泪湿春衫袖"，不禁泪满青衫，其情可哀。作者叙写情事，并不一一着实，而是用笔空灵，通过去年与今年不同心境的刻画，表现了主人公由幸福到失落的心理过程，其中隐含了对封建婚姻制度的不满情绪。总之，对比手法的运用，是本次的最大艺术特色。

陆　游

陆游（1125—1210），字务观，号放翁，汉族，越州山阴（今绍兴）人，南宋文学家、史学家、爱国诗人。陆游生逢北宋灭亡之际，少年时即深受家庭爱国思想的熏陶。宋高宗时，参加礼部考试，因受秦桧排斥而仕途不畅。宋孝宗即位后，赐进士出身，历任福州宁德县主簿、敕令所删定官、隆兴府通判等职，因坚持抗金，屡遭主和派排斥。乾道七年（1171），应四川宣抚使王炎之邀，投身军旅，任职于南郑幕府。次年，幕府解散，陆游奉诏入蜀，与范成大相知。宋光宗继位后，升为礼部郎中兼实录院检讨官，不久即因"嘲咏风月"罢官归居故里。嘉泰二年（1202），宋宁宗诏陆游入京，主持编修孝宗、光宗《两朝实录》和《三朝史》，官至宝章阁待制。书成后，陆游长期蛰居山阴，嘉定三年（1210）与世长辞，留绝笔《示儿》。

陆游一生笔耕不辍，诗词文俱有很高成就，其诗语言平易晓畅、章法整饬谨严，兼具李白的雄奇奔放与杜甫的沉郁悲凉，其中饱含的爱国热情对后世影响深远。陆游亦有史才，他的《南唐书》，"简核有法"，史评色彩鲜明，具有很高的史料价值。

作为"辛派词人"的中坚人物，与其诗相比，陆游的词数量并不多，存世共约一百四十余首，主要内容是书写爱国情怀，抒发壮志未酬的幽愤，其词境的特点是将理想化成梦境而与现实的悲凉构成强烈的对比，如《诉衷情·当年万里觅封侯》等。陆游也有咏物词和爱情词，如《卜算子·咏梅》《钗头凤·红酥手》等。最能体现陆游的身世经历和个性特色的，是慷慨雄浑、荡漾着爱国激情的词作。

钗头凤·红酥手

红酥手⁽¹⁾，黄縢酒⁽²⁾，满城春色宫墙柳⁽³⁾。东风恶⁽⁴⁾，欢情薄⁽⁵⁾。一怀愁绪，几年离索⁽⁶⁾。错，错，错！　　春如旧，人空瘦，泪痕红浥鲛绡透⁽⁷⁾。桃花落，闲池阁⁽⁸⁾。山盟虽在⁽⁹⁾，锦书难托⁽¹⁰⁾。莫，莫，莫⁽¹¹⁾！

【毛泽东圈评等情况】

毛泽东还对他的保健医生徐涛说："陆游与唐婉离异后，又相遇于沈园。那是他们情意缠绵之地，陆游的那首《钗头凤》就题在沈园的墙壁上。"说着还把这首词写了下来（略）。写完后又问徐涛知不知道唐婉回赠的那首词。徐涛说没有读过。毛泽东便脱口念了起来："世情薄，人情恶，雨送黄昏花易落。晓风干，泪痕残。欲笺心事，独倚斜栏。难，难，难！　　人成各，今非昨，梦魂常似秋千索。角声寒，夜阑珊。怕人询问，泪咽装欢。瞒，瞒，瞒！"念完，又说："这首词回赠没有多久，唐婉就因积愁而死去。当初是陆游的母亲与唐婉不和。陆游这一对夫妻没有得到真正的幸福，这是封建社会的悲剧。"

[参考]徐涛：《毛泽东保健养生之道》，《缅怀毛泽东》（下），中央文献出版社1993年版，第625—626页。

一天，姚淑贤和爱人在天津相聚时，一道去看了场戏。演的是南宋诗人陆游的爱情悲剧。

回到专列上，晚饭时，姚淑贤把看的戏讲给毛泽东听。她说毛泽东听得很认真，不时点头，于是情绪更高了。讲得很仔细，还夹带发议论。讲完了，毛泽东问她："这戏的名字叫什么？"

"《凤头钗》。"小姚以为毛泽东没看过，提议说："主席，应该看看，挺不错的。"

"《凤头钗》？"毛泽东望着小姚。

小姚犹豫了，说："是《凤头钗》，还是……《钗头凤》来着？哎呀，我记不清了。”

毛泽东笑了：“是《钗头凤》，这是陆游写的一首词：《钗头凤·红酥手》。他是南宋一位了不起的大诗人，年轻时就立志‘上马击狂胡，下马草军书’。他的表妹叫唐婉，也是一位有才华重感情的妇女。他们的爱情悲剧在《齐东野语》里有记载。……”

[参考] 权延赤：《红墙内外》，昆仑出版社 1989 年版。

毛泽东还圈阅过这首词。

[参考] 张贻玖：《毛泽东评点、圈阅的中国古典诗词》，
中国工人出版社 1992 年版，第 250 页。

【注释】

（1）红酥手，红润而酥腻的手。

（2）黄滕（téng）酒，酒名，即黄封酒。此处指美酒。宋代官酒以黄纸为封，故以黄封代指美酒。滕，缄封。作者酒诗有“一壶花露拆黄腾”句。

（3）宫墙，南宋以绍兴为陪都，绍兴的某一段围墙，故有宫墙之说。

（4）东风恶，喻指陆游的母亲。宋周邦彦《瑞鹤仙》：“东风何事又恶。”

（5）欢情，欢爱的感情，欢乐的心情。战国楚宋玉《神女赋》：“欢情未接，将辞而去。”唐李白《酬崔五郎中》诗：“起舞拂长剑，四坐皆扬眉。因得穷欢情，赠我以新诗。”

（6）离索，离群索居的简括。唐杜甫《夜听许十一诵诗爱而有作》诗：“离索晚相逢，包蒙欣有击。”仇兆鳌注：“离索，离群索居，见《礼记》子夏语。”

（7）浥（yì），沾湿，湿润。鲛绡（jiāo xiāo）：神话传说中鲛人所织的绡，极薄，后用以泛指薄纱，这里指手帕。绡，生丝，生丝织物。

（8）池阁，池上的楼阁。

（9）山盟，旧时常用山盟海誓，指对山立盟，指海起誓。多指男女相爱之深，坚定不移。

（10）锦书，即锦字书，唐刘兼《征妇怨》诗：“曾寄锦书无限意，

塞鸿何事不归来。"

（11）莫、莫、莫：相当于今"罢了"意。

【赏析】

　　《钗头凤》，词牌名，原名《撷芳词》，又名《折红英》《摘红英》《惜分钗》等。以《古今词话》无名氏《撷芳词·风摇动》为正体。此词每段六仄韵，上三句一韵，下四句又换一韵，后段即同前段押法。代表词作有陆游《钗头凤·红酥手》等。

　　这首词描写了词人与原配唐氏（一说为唐婉）的爱情悲剧。全词记述了词人与唐氏被迫分开后，在禹迹寺南沈园的一次偶然相遇的情景，表达了他们眷恋之深和相思之切，抒发了作者怨恨愁苦而又难以言状的凄楚痴情，是一首别开生面、催人泪下的作品。词人陆游的原配夫人是同郡唐姓士族的一个大家闺秀唐氏（一说唐氏即陆游的表妹唐婉）。结婚以后，他们"伉俪相得""琴瑟甚和"，是一对情投意和的恩爱夫妻。而陆母恐陆游儿女情长，荒疏功业，时迁怒唐婉，责骂不已。不到三年，棒打鸳鸯。最初陆游暗想雪藏唐婉，但陆母当即给儿子另娶王氏，二人终于在母命难违的逼迫下，被迫分离，唐氏改嫁"同郡宗子"赵士程，彼此之间音讯全无。七年以后的一个春日，陆游在家乡山阴（今浙江省绍兴市）城南禹迹寺附近的沈园，与偕夫同游的唐氏邂逅。唐氏安排酒肴，聊表对陆游的抚慰之情。陆游见人感事，心中感触很深，遂乘醉吟赋这首词，信笔题于园壁之上。

　　这首词写的是陆游自己的爱情悲剧。词的上阕通过追忆往昔美满的爱情生活，感叹被迫离异的痛苦，分两层意思。"红酥手，黄滕酒，满城春色宫墙柳。"词的开头三句为上阕的第一层，回忆往昔与唐氏偕游沈园时的美好情景；虽说是回忆，但因为是填词，而不是写散文或回忆录之类，不可能把整个场面全部写下来，所以只选取一个场面来写，而这个场面，又只选取了一两个最富有代表性和特征性的情事细节来写。"红酥手"，不仅写出了唐氏为词人殷勤把盏时的美丽姿态，同时还有概括唐氏全人之美（包括她的内心美）的作用。然而，更重要的是，它具体而形象地表现出这对恩爱夫妻之间的柔情蜜意及他们婚后生活的美满与幸福。第三句又为这幅春园夫妻把酒图勾勒出一个广阔而深远的背景，点明了他们是在共赏春色。而唐氏手臂的红润，酒的黄封及柳色的碧绿，又使这幅图画有了明丽而又和谐的色彩感。"东风恶"数句为第二层，写词人被迫与唐氏离异后的痛苦心情。上一层写春景春情，无限美好，到这里突然一转，激愤的感情潮水一下子冲破词人心灵的闸门，无可遏止地宣泄下来。"东风恶"三字，一语双关，含蕴很丰富，是全词的关键所在，也是造成词人爱情悲剧的症结所在。本来，东风可以使大地复苏，给万物带来勃勃的生机，但是，当它狂吹乱扫的时候，也会破坏春容春态。下阕所云"桃花落，闲池阁"，就正是它狂吹乱扫所带来的严重后果，因此说它"恶"。然而，它主要是一种象喻，象喻造成词人爱情悲剧的"恶"势力。至于陆母是否也包含在内，答案应该是不能否认的，只是由于不便明言，而又不能不言，才不得不以这种含蓄的表达方式出之。下面一连三句，又进一步把词人怨恨"东风"的心理抒写了出来，并补足一个"恶"字："欢情薄。一怀愁绪，几年离索。"美满姻缘被迫拆散，恩爱夫妻被迫分离，使他们两人在感情上遭受巨大的折磨和痛苦，几年来的离别生活带给他们的只是满怀愁怨。这正如烂漫的春花被无情的东风所摧残而凋谢飘零。接下来，"错，错，错"，一连三个"错"字，连进而出，是错误，是错落，更是错责，感情极为沉痛。至于到底是谁错了，是自己当初"不敢逆尊者意"而终"与妇诀"，还是对"尊者"的压迫行为的否定，或者是对不合理的婚姻制度的否定，词中没有明说，也不便于明说，这枚"千斤重的橄榄"（《红楼梦》语）留给了读者来嚼，来品味。这一层虽直抒胸臆，但又不是一泻无余，其中"东风恶"和"错，错，错"几句就很有味外之味。

词的下阕，由感慨往事回到现实，进一步抒写被迫离异的巨大哀痛，也分为两层。换头三句为第一层，写沈园重逢时唐氏的表现。"春如旧"承上阕"满城春色"句而来，这又是此时相逢的背景。依然是从前那样的春日，但是，人却今非昔比了。以前的唐氏，肌肤红润，焕发活力；而此时的她，经过"东风"的无情摧残，憔悴消瘦。"人空瘦"句，虽说写的只是唐氏容颜方面的变化，但分明表现出"几年离索"给她带来的巨大痛苦。像词人一样，她也为"一怀愁绪"折磨着；像词人一样，她也是旧情不断，相思不舍。写容颜形貌的变化来表现内心世界的变化，原是文学作品中的一种很常用的手法，而在"人""瘦"之间加一个"空"字却另有深意。从婚姻关系说，两人早已各不相干了，事已至此，那这个"瘦"就是白白为相思而折磨自己。著此一字，就把词人那种怜惜之情、抚慰之意、痛伤之感等，全都表现了出来。"泪痕红浥鲛绡透"句通过刻画唐氏的表情动作，进一步表现出此次相逢时她的心情状态。旧园重逢，念及往事，她不能不哭，不能不泪流满面。但词人没直接写泪流满面，而是用了白描的手法，写她"泪痕红浥鲛绡透"，显得更委婉，更沉着，也更形象，更感人。而一个"透"字，不仅见其流泪之多，亦见其伤心之甚。上阕第二层写词人自己，用了直抒胸臆的手法；这里写唐氏时却改变了手法，只写了她容颜体态的变化和她痛苦的心情，由于这一层所写的都是词人眼中看出的，所以又具有了"一时双情俱至"的艺术效果。可见词人，不仅深于情，而且深于言。词的最后几句，是下片的第二层，写词人与唐氏相遇以后的痛苦心情。"桃花落，闲池阁"两句与上阕的"东风恶"句前后照应，又突出写景；虽是写景，但同时也隐含出人事。桃花凋谢，园林冷落，这只是物事的变化，而人事的变化却更甚于物事的变化。像桃花一样美丽姣好的唐氏，也被无情的"东风"摧残折磨得憔悴消瘦了；词人自己的心境，也像"闲池阁"一样凄寂冷落了。一笔而兼有二意很巧妙，也很自然。下面又转入直接赋情："山盟虽在，锦书难托。"这两句虽只寥寥八字，却很能表现出词人自己内心的痛苦之情。虽说自己情如山石，痴心不改，但是，这样一片赤诚的心意，却难以表达。明明在爱，却又不能去爱；明明不能去爱，却又割不断这爱缕情丝。刹那间，有爱，有恨，有痛，有怨，再加上看到唐氏的憔悴容颜和悲戚情状所产生的怜惜之情、抚慰之意，真是百感交集，万箭簇心。一种难以名状的悲哀，再一次冲胸破喉而出："莫，莫，莫！"意谓：事已至此，再也无可补救、无法挽回了，这万千感慨还想它做什么，说它做什么？于是快刀斩乱麻：罢了，罢了，罢了！明明言犹未尽，意犹未了，情犹未终，却偏偏这么不了了之，而在极其沉痛的唷叹声中，全词也就由此结束了。

这首词始终围绕着沈园这一特定的空间来安排自己的笔墨，上阕由追昔到抚今，而以"东风恶"转捩；过片回到现实，以"春如旧"与上阕"满城春色"句相呼应，以"桃花落，闲池阁"与上阕"东风恶"句相照应，把同一空间不同时间的情事和场景历历如绘地叠映出来。全词多用对比的手法，如上阕，越是把往昔夫妻共同生活时的美好情景写得逼切如现，就越使得他们被迫离异后的凄楚心境深切可感，也就越显出"东风"的无情和可憎，从而形成感情的强烈对比。再如上阕写"红酥手"，下阕写"人空瘦"，在形象、鲜明的对比中，充分地表现出"几年离索"给唐氏带来的巨大精神折磨和痛苦。全词节奏急促，声情凄紧，再加上"错，错，错"和"莫，莫，莫"先后两次感叹，荡气回肠，大有恸不忍言、恸不能言的情致。

【原文】

南乡子·归梦寄吴樯

归梦寄吴樯(1)，水驿江程去路长(2)。想见芳洲初系缆(3)，斜阳，烟树参差认武昌(4)。　　愁鬓点新霜(5)，曾是朝衣染御香(6)。重到故乡交旧少(7)，凄凉，却恐他乡胜故乡。

【毛泽东圈评等情况】

毛泽东读清朱彝尊、汪森编选《词综》卷十五时，圈阅了这首《南乡子·归梦寄吴樯》。

[参考] 张贻玖：《毛泽东评点、圈阅的中国古典诗词》，中国工人出版社1992年版，第250页。

【注释】

（1）归梦，归乡之梦。南朝齐谢朓《和沈右率诸君饯谢文学》："望望荆台下，归梦相思夕。"吴樯，指吴楚之船。宋陆游《双头莲·呈范至能待制》词："纵有楚柁吴樯，知何时东逝？空怅望，鲙美菰香，秋风又起。"樯，帆船上挂风帆的桅杆，引申为帆船或帆。

（2）水驿，水路驿站。唐朱庆余《送韦繇校书赴浙东幕》诗："水驿近船水，山城候骑尘。"驿站，古时传送文书者休息、换马的处所。江程，江上的航程。宋蔡襄《登府店福昌山阁》诗："扁舟如可泛，历历是江程。"

（3）芳洲，芳草丛生的小洲。战国楚屈原《楚辞·九歌·湘君》："采芳洲兮杜若，将以遗兮下女。"王逸注："芳洲，香草聚生水中之处。"此指鹦鹉洲，在武昌东北长江中。缆，靠岸后固定船只所用的铁索或粗绳。

（4）烟树，云烟缭绕的树木、丛林。南朝宋鲍照《从登香炉峰》诗："青冥摇烟树，穹跨负天石。"参差（cēn cī），不齐之状。《诗经·周南·关雎》："参差荇菜，左右流之。"武昌，即今湖北武汉市武昌区。

（5）新霜，新添的白发。霜，指白发。

（6）朝衣染御香，谓在朝中为官。朝衣，君臣上朝时穿的礼服。战国邹孟轲《孟子·公孙丑上》："立于恶人之朝，与恶人言，如以朝衣朝冠坐于涂炭。"御香，皇帝御座前点燃的香料。陆游入蜀前曾做过枢密院编修官、太上皇圣政所检讨官等职务，故云。

（7）交旧，旧交，老朋友。南朝梁范晔等《后汉书·张奂传》："（张奂）既被锢，凡诸交旧莫敢为言。"

【赏析】

《南乡子》，词牌名，又名《好离乡》《蕉叶怨》，原为唐教坊曲名。原为单调，始自后蜀欧阳炯，直至南唐冯延巳始增为双调。以欧阳炯《南乡子·画舸停桡》为正体，单调，二十七字，五句两平韵、三仄韵。单调有二十八字、三十字等变体，平仄换韵。双调有五十四、五十六、五十八字等变体。南乡子定格为双调五十六字，上下片各四平韵，一韵到底。此调唱时音节需流丽谐婉，声情掩抑。代表作有冯延巳《南乡子·细雨湿流光》、辛弃疾《南乡子·登京口北固亭有怀》等。

此词，现代词学家夏承焘《放翁词编年笺注》据陆游《诗稿》卷十《头陀寺观王简栖碑有感》诗自注"庚寅过武昌"，定为宋孝宗淳熙五年（1178）由四川东归江行途中作。时陆游五十四岁。他四十六岁入川，在蜀诗篇流传都下，孝宗念其久处于外，召东归。在蜀九年间，时常怀念故乡，渴望回归；而今获召东归，却又生出许多愁绪。九年光阴流逝，人已步入老境，朝中情况怎样，故乡旧友还剩下谁，常在念中；在他乡多年，一旦离去，也有些依依不舍。盼回乡，怕回乡，这种复杂的感情交织在词中。

词的上阕写东归之路。"归梦寄吴樯，水驿江程去路长。"起首二句写思乡的急切心情。他身乘归吴的船只，虽经过许多水陆途程，但前路尚远。陆游在蜀的《秋思》诗，已有"吴樯楚柂动归思，陇月巴云空复情"之句；动身离蜀的《叙州》诗，又有"楚柂吴樯又远游，浣花行乐梦西州"之句。屡言"吴樯"，无非指归吴船只。愁前程的遥远，寄归梦于吴樯，也无非是表归心之急，希望船行顺利、迅速而已。妙在"归梦"一事，措语新奇，富有想象力，有如李白诗之写"我寄愁心与明月"。"长"字点明了回故乡的水路漫长。"想见芳洲初系缆，斜阳，烟树参差认武昌"，"想见"，是临近武昌时的设想。武昌有江山草树之胜，唐崔颢《黄鹤楼》，有"晴川历历汉阳树，芳草萋萋鹦鹉洲"之句。作者设想在傍晚夕阳中船抵武昌，系缆洲边，必然能看见山上山下，一片烟树参差起伏的胜景。着一"认"字，便见是归途重游，已有前游印象，可以对照辨认。这三句，写景既美，又切武昌情况；用笔贴实凝练，而又灵活有情韵。

词的下阕写设想到家情景。"愁鬓点新霜"，换头处一句又先下一跌宕顿挫之笔，点出这次到家，将不是添得欢趣，而是充满愁思。作者此时本已进入老境，而这次又带着一腔愁思东归，所以说两鬓又添"新霜"。而下面忽来一逆挽句："曾是朝衣染御香。"唐贾至《早朝大明宫呈两省僚友》句："衣冠惹得御炉香。"唐王维和句："香烟欲傍衮龙浮。"陆游入蜀前，值孝宗即位，以三十八岁入为枢密院编修官。当时，孝宗颇思振奋，陆游亦当盛年，故于个人与国家前途都怀有希望。但不久，便是"浮云蔽日""长安不见"。"曾是"句，实发自无限痛楚的回忆。"重到故乡交旧少，凄凉"二句，写故乡重到，本应首先想到与家人相聚，以"生还"相庆等；但作者却撇开这些，而想到"交旧少"。于是，一阵"凄凉"之感突然袭来。言外自有意在！这里说的"交旧"，当不是一般的朋友，而是友谊建立在爱国思想的基础上的知交。随着时间的消逝，这样的知交相继零落。共同关心国家命运，不时相与谈论心曲的人也不易找到了。这真是大可悲的事！"却恐他乡胜故乡。"这一歇拍，当然出自唐杜甫《得舍弟消息》句："乱后谁归得？他乡胜故乡。"但亦深含陆游自己的无限酸楚。它道出了一个爱国知识分子当国家破败时期告老还乡所怀有的一种典型的感情。

纵观全词，上阕写一梦境，其特点是一片黯淡，景语含情；下阕则写一种悬想，其特点是凄戾，纯作情语。词中虚词"曾是""却恐"，都留给读者许多可以推想得之的东西。思归而又怯于到家的矛盾心情交织在一起。这不徒基于个人身世，抑且关乎国家命运。这就是这首词的艺术感染力的最重要的基本因素。

【原文】

好事近·湓口放船归

湓口放船归⁽¹⁾，薄暮散花洲宿⁽²⁾。两岸白蘋红蓼⁽³⁾，映一蓑新绿⁽⁴⁾。

有沽酒处便为家⁽⁵⁾，菱芡四时足⁽⁶⁾。明日又乘风去，任江南江北。

【毛泽东圈评等情况】

毛泽东读清朱彝尊、汪森编选《词综》卷十五时，圈阅了这首《好事近·湓口放船归》。

[参考] 张贻玖：《毛泽东评点、圈阅的中国古典诗词》，中国工人出版社 1992 年版，第 250 页。

【注释】

（1）湓（pén）口，古城名。以地当湓水入长江口而得名。汉初灌婴始筑此城。故址在今江西省九江市。后改名湓城，唐初改浔阳。为沿江镇守要地。

（2）薄暮，傍晚，太阳快落山的时候。战国楚屈原《楚辞·天问》：

"薄暮雷电，归何忧？厥严不奉，帝何求？"散花洲，古战场。散花洲古时还有散花滩之名。宋欧阳修《集古录跋尾》："武昌江水中小岛上，武昌人以其地为吴王散花滩。"《舆地纪胜》载："世传周瑜败曹操于赤壁，吴王迎之至此，酾酒散花以劳军士，故谓之吴王散花洲。"

（3）白蘋（píng），蕨类植物，现代称为田字草、四叶菜，多年生浅水植物。《尔雅翼》：蘋似槐叶，而连生浅水中，五月有华白色，故谓之白蘋。有人认为白蘋是水鳖。红蓼（liǎo），长在岸边比较常见的植物。

（4）蓑（suō），蓑衣，劳动者用一种不容易腐烂的草（民间叫蓑草）编织成厚厚的像衣服一样能穿在身上用以遮雨的雨具。蓑衣一般制成上衣与下裙两块，穿在身上与头上的斗笠配合使用，用以遮雨。

（5）沽（gū）酒，从市上买来的酒。沽，买酒。

（6）菱（líng），水生植物。两角为菱，四角为芰。芡（qiàn），鸡头。《说文》按：花似鸡冠，实苞如鸡首，故名。生于池沼中的一种一年生大水草，体表有刺，叶圆而大，浮于水面，花茎伸长于水面上，顶生一花，紫色，浆果球形，果内胚乳白粉质，可食用。

【赏析】

《好事近》，词牌名，又名《钓船笛》。"近"指舞曲前奏，属大曲中的一个曲调。《张子野词》入"仙吕宫"。双调四十五字，前后片各两仄韵，以入声韵为宜。两结句皆上一、下四句法。

宋孝宗赵眘淳熙二年（1175），范成大邀陆游入幕僚，为成都路安抚司参议官。陆与范素有诗文之交，因此不甚拘守官场礼数，以致引起同僚讥讽；又因复国抱负和个人功名长久无法得到伸展的空间，故常有较放纵轻佻的行为，被同僚指责为"不拘礼法，恃酒颓放"。于是陆游索性自号"放翁"，并在诗中自我嘲解。这首《好事近》，是陆游在淳熙六年（1179）由提举福建路常平茶盐改任提举江南西路时所写。当时陆游54岁，在东归江行途中连写十多首《好事近》词，这首词是其中之一。

上阕写词人乘船东归。"溢口放船归，薄暮散花洲宿。"起首二句，点明了作者从溢口坐船而来，到了黄昏时，停留在散花洲准备夜宿。同时，陆游在这段时间，是个被同僚认为"不拘礼法，恃酒颓放"的人，那么，他对实现的抱负，又的确是抱有怀疑的态度。他应该一直都有一种矛盾的心理。"两岸白蘋红蓼，映一蓑新绿。"三、四两句，就描绘了陆游欣赏到的薄暮中散花洲两岸的美丽风景。这里应该是写的春夏之交时的景色。白蘋和红蓼，色彩就很醒目了，再加上新绿的大背景，多么美。蓑，这里是指的船上覆盖的草顶，也有可能是人身上穿的蓑衣。但全首词都没有写有雨，没有雨，就一般不会穿蓑衣。"映一蓑新绿"的意思，应该是绿色的大背景，绿树、绿草、绿水映衬着这一艘小船，把小船都映衬得似乎染上了一层新绿。色彩明快、对比强烈的美，在这二句中表现得非常好，可以想象出画面，像一幅山水画。读到这里，可以想象陆游的心情应该是闲适遣玩般的兴致。

到了下阕，作者的心情转变了，变得低回沉郁起来。"有沽酒处便为家"，换头处一句，首先谈到了"酒"，只要有"酒"的地方，那就是"家"。这不过是借酒消愁而已。"菱芡四时足"，接下一句是对上一句的补充。菱芡，指菱角和芡实。南朝梁萧统《义选·张衡〈东京赋〉》："献鳖蜃与龟鱼，供蜗蠃与菱芡。"陆游幻想就这样坐着船，到处漂泊，喝喝酒，反正有菱角和芡实吃，就这么什么也不想，什么也不用做，放纵生涯算了，不管什么理想、抱负了就好。"明日又乘风去，任江南江北。"末二句是说，等夜宿一晚，到明天又顺着东风前行，那前面江南江北是什么样子的，就随它去吧，懒得想了。这里"江南江北"仍是有含义的。江南是南宋管辖，江北大部分地区被金国所占。一直到老，他都是积极的。他并没有像苏轼、欧阳修那样旷达自适的心情。下阕写得沉郁，在表面词意下，还隐藏着更多的难言的心情。从"任"字就可以看出这点，如果很自适，他不会使用这个"任"字。平时口头语有"任他去""不管他"的意思。这里带有一点无可奈何又赌气的意味。而且，他仍是为官的，而且一直都在做官，到他70多岁了，皇帝诏他仍是出来做了官的。他不是范蠡，他并不是那种无所求的人。当代中国古典文学专家叶嘉莹《迦陵说词讲稿》："该词具含了花间词之深微幽隐、富含言外意蕴的特色。"

【原文】

朝中措·怕歌愁舞懒逢迎

怕歌愁舞懒逢迎[1]。妆晚托春醒[2]。总是向人深处[3]，当时枉道无情[4]。

关心近日，啼红密诉[5]，剪绿深盟[6]。杏馆花阴恨浅[7]，画堂银烛嫌明[8]。

【毛泽东圈评等情况】

毛泽东读清朱彝尊、汪森编选《词综》卷十五时，圈阅了这首《朝中措·怕歌愁舞懒奉迎》。

[参考] 张贻玖：《毛泽东评点、圈阅的中国古典诗词》，
中国工人出版社1992年版，第250页。

【注释】

（1）逢迎，违心趋奉迎合。战国邹孟轲《孟子·告子下》"逢君之恶其罪大"。汉赵岐注："逢，迎也。君之恶心未发，臣以谄媚逢迎而导君为非，故曰罪大。"

（2）春醒（chéng），春日病酒后的困倦。唐元稹《襄阳为卢窦纪事》诗之三："犹带春醒懒相送，樱桃花下隔帘看。"醒，喝醉了神志不清。

（3）向人，爱人。向，爱。

（4）枉道，漫道、莫说。唐尚颜《秋夜吟》："枉道一生无系着，湘南山水别人寻。"无情，没有情义，没有感情。东汉班固《汉书·公孙弘传》："齐人多诈而无情，始为与臣等建此议，今皆背之，不忠。"

（5）啼红，用魏文帝美人薛灵芸的典故。东晋王嘉编写《拾遗记》中说，薛灵芸离别父母登车上路之时，用玉唾壶承泪，壶呈红色。及至京师，壶中泪凝如血。后世因而称女子的眼泪为"红泪"。后来成了一个通用的典故，如红蜡烛垂的是"红泪"、子规鸟哀啼泣血等。据说唐代杨玉环被召入宫前，"泣涕登车，时方寒，泪结为红冰"。

（6）剪绿，即剪绿裁红，当时用以形容男女所说的情话。深盟，指男女双方向天发誓，永结同心的盟约。宋杜安世《浪淘沙》："帘外微风。

云雨回踪。银钉烬冷锦帏中。枕上深盟，年少心事，陡顿成空。"

（7）杏馆，种有杏树的院落。

（8）画堂，泛指华丽的堂舍。南朝梁简文帝《饯庐陵内史王修应令》诗："回池泻飞栋，浓云垂画堂。"

【赏析】

《朝中措》，词牌名，宋以前旧曲，名为《照江梅》《芙蓉曲》。双调四十八字，前片四句三平韵，后片四句两平韵。

此词是陆游代谭德称作的一首词，约作于宋乾道九年（1173），时词人在成都。词题《代谭德称作》。谭德称，名季壬，字德称，西蜀名士。为崇庆府学教授，徙成都。与陆游交往甚密。

这首词是陆游代谭德称写给的心爱之人的。词中塑造了一位娇羞怕人、爱心深藏而情感却炽烈如火的女性形象。

词的上阕写谭氏心爱之人不乐逢迎。"怕歌愁舞懒逢迎。妆晚托春醒。"起首二句写谭氏心爱之人不乐逢迎。因为懒于送往迎来，所以她怕唱歌，愁跳舞，故意病春酒而迟迟不去梳洗打扮。这表明谭氏的恋人是一位文静自洁、不乐往来应酬的女性。"总是向人深处，当时枉道无情。"三、四两句，写谭氏恋人的爱心深藏。"向人"，就是爱人，此指爱谭德称。"向人深处"，写的是内心深处爱人，而表面不动声色。这表明恋人的性格内向，深藏不露。清代学者黄苏编选的《蓼园词选》说："放翁袾纤得中，精粹不少。南宋善学少游者惟陆，'总是'句弥拙弥秀。"

下阕写谭氏关心恋人近况。"关心近日，啼红密诉，剪绿深盟"，换头处三句，写谭氏关心恋人近况。谭氏关心恋人近况，因而想象她双泪啼红，秘密写信，倾诉衷肠。"剪绿深盟"，"剪绿"即剪绿裁红，当时用以形容男女之间所说的情话。"啼红密诉，剪绿深盟"，形容恋人向谭氏说了很多柔情蜜意的话语，山盟海誓，以表达坚贞的爱情。至此恋人深藏的爱心终于有了一个充分表露的机会。"杏馆花阴恨浅，画堂银烛嫌明"，煞尾二句，联想往昔恋人娇羞畏人的情形。在认识到心爱之人乃一位爱心深藏不露却又炽烈如火的女性之后，谭氏不由得回忆起以前两人相处时的一幕幕情景。那时在杏花馆内，两人在深深的花阴之中，无人可见，但是她却还恨那花阴浅不避人；两人同宿画堂，本来是普通的银烛，而她却羞于见光，嫌烛光太明。谭氏联想至此，对于恋人那娇羞畏人的性格，认识得就更加深刻明确了。

这实际上是一首优美动人的爱情词，词中塑造了一位个性鲜明、栩栩如生的女性形象。笔触婉曲深细，内涵丰赡而语极简练，是陆游爱情词中的佳作之一。近代学者俞陛云《唐五代两宋词选释》说："一片凄怨之意，写景在迷离之际，含思在幽渺之中，复以妍辞出之。杨慎谓其'纤丽处似淮海'，殆谓《采桑子》及此调也。"

【原文】

朝中措·冬冬傩鼓饯流年

冬冬傩鼓饯流年[1]。烛焰动金船[2]。彩燕难雪前梦[3]，酥花空点春妍[4]。

文园谢病[5]，兰成久旅[6]，回首凄然[7]。明月梅山笛夜[8]，和风禹庙莺天[9]。

【毛泽东圈评等情况】

毛泽东读清朱彝尊、汪森编选《词综》卷十五时，圈阅了这首《朝中措·冬冬傩鼓饯流年》。

[参考] 张贻玖：《毛泽东评点、圈阅的中国古典诗词》，
中国工人出版社 1992 年版，第 250 页。

【注释】

（1）傩（nuó）鼓，驱逐疫鬼仪式中敲击的鼓声。傩，古代腊月驱逐疫鬼的仪式，是中国地方戏曲剧种之一，演员戴木面具，多用反复的、大幅度的程式动作表现请神驱邪、祈福及简单的战斗故事。饯（jiàn），设酒食送行。流年，如水般流逝的光阴、年华。南朝宋鲍照《登云阳九里埭》诗："宿心不复归，流年抱衰疾。"

（2）金船，一种金质的盛酒器。北周庾信《北园新斋成应赵王教》诗："玉节调笙管，金船代酒卮。"倪璠注："《八王故事》曰：'陈思有神思，为鸭头杓，浮于九曲酒池。王意有所劝，鸭头则回向之。又为鹊尾杓，柄长而直。王意有所到处，于罇上镞之，鹊则指之。'……皆云酒卮，盖本此也。"

（3）彩燕，旧俗，立春日剪彩绸为燕饰于头部。南朝梁宗懔《荆楚岁时记》："立春日悉翦采为燕以戴之，帖'宜春'二字。"

（4）酥花，指梅花。宋苏辙《戏赠李朝散》诗："后堂桃李春犹晚，试觅酥花子细看。"春妍，指春天妍丽的景色。

（5）文园，指汉司马相如。因司马相如曾任文园令。唐刘知几《史通·序传》："至马迁，又徵三闾之故事，放文园之近作，模楷二家，勒成一卷。"借指文人。谢病，托病引退或谢绝宾客。西汉刘向《战国策·秦策三》："应候因谢病，请归相印。"

（6）兰成，北周庾信的小字。北周庾信《哀江南赋》："王子滨洛之岁，兰成射策之年。"久旅，庾信为南朝著名文学家，出使北朝，为西魏强留，久仕北地，作《哀江南赋》以怀念故国。

（7）回首，回想，回忆。唐欧阳询撰《艺文类聚》卷一引南朝梁鲍泉《江上望月》诗："无因转还汜，回首眷前贤。"凄然，凄凉悲伤之态。战国宋庄周《庄子·渔父》："客悽然变容曰：'甚矣子之难悟也。'"

（8）梅山，山名。在今浙江省绍兴县境，传说为汉梅福隐处之一。宋陆游《梅子真泉铭》："距会稽城东北七里有山，曰梅山。山之麓有泉，曰子真泉。"子真，梅福之字。

（9）禹庙，大禹庙，在山阴（今浙江绍兴）城东十二里处。

【赏析】

这是一首描写民间祭神风俗之作。由词的情调来看，似是寄寓了词人晚年感慨。

词的上阕写年华又逝。"冬冬傩鼓饯流年。烛焰动金船。"开头二句写年华又逝。二句渲染出一种腊月除疫场面，鼓声咚咚，人声鼎沸，烛光灯火，照彻天宇。在欢乐的气氛中，人们举起大酒杯，共祝来年安康太平。应该说傩节是一个欢乐健康的节日。然而在年华老大、志业未就的词人眼里，傩节的到来无异于又送走了一个流水般逝去的年华。

"彩燕难雪前梦，酥花空点春妍。"彩燕，旧俗，立春日剪彩绸为燕饰于头部。春妍，指春天妍丽的景色。可见，"彩燕""酥花"皆迎春所为，亦是人们的喜庆之举。然而对于怀旧惜时的词人来说，彩燕虽好，前梦难寻，往时难再；酥花虽美，却空自点缀艳丽的春光。正因为词人年华流逝、老大无成，所以感到眼前的一切喜庆之事，皆无济于时光的痛失，因而不但不值得欢心，相反却只能勾起词人的怅惘之情。"文园谢病，兰成久旅，回首凄然。"换头处三句抒发念旧之情。上阕虽然惜时怀旧，但语意较为含蓄，这三句便直抒胸臆，揭示题旨。文园，指汉司马相如。因司马相如曾任文园令。谢病，托病引退或谢绝宾客。兰成，北周庾信的小字。久旅，庾信为南朝著名文学家，出使北朝，为西魏强留，久仕北地，作《哀江南赋》以怀念故国。无论是相如晚年免官也好，还是庾信晚年羁留北国也好，皆心情不佳。词人以他们自比，以抒发自己心境的抑郁凄苦。词人梦寐以求的就是建功立业，统一祖国。然而回首大半生，面对眼前自己的一事无成，怎不令词人凄楚伤痛呢？"明月梅山笛夜，和风禹庙莺天。"煞尾二句中的"梅山"，在今浙江省绍兴境。传说为汉梅福隐处之一。子真，梅福之字。禹庙，大禹庙，在山阴（今浙江绍兴）城东十二里处。词人内心的伤痛而又无可奈何，所以不由得环顾四周，只见明月照耀梅山，夜空中飘来阵阵哀怨的笛音；大禹庙前，一派和风送暖、莺飞燕舞的天气。全词结以景语，词人面对此景，是在思索怀旧呢，还是在瞻前怅惘？或许兼而有之，或许两者都不是，亦未可知。

这首词语言典雅工丽，多采用人物典故，比较难以理解。但词人所抒发的惜时怀旧之情，还是比较明确的。词人那执着专一地报效祖国、建功立业的赤心，永远值得后人敬仰。

水龙吟·春日游摩诃池·摩诃池上追游路

摩诃池上追游路⁽¹⁾，红绿参差春晚⁽²⁾。韶光妍媚⁽³⁾，海棠如醉，桃花欲暖。挑菜初闲⁽⁴⁾，禁烟将近⁽⁵⁾，一城丝管⁽⁶⁾。看金鞍争道⁽⁷⁾，香车飞盖⁽⁸⁾，争先占、新亭馆。　　惆怅年华暗换⁽⁹⁾。黯销魂⁽¹⁰⁾、雨收云散⁽¹¹⁾。镜奁掩月⁽¹²⁾，钗梁拆凤⁽¹³⁾，秦筝斜雁⁽¹⁴⁾。身在天涯⁽¹⁵⁾，乱山孤垒⁽¹⁶⁾，危楼飞观⁽¹⁷⁾。叹春来只有，杨花和恨⁽¹⁸⁾，向东风满。

【毛泽东圈评等情况】

毛泽东读清朱彝尊、汪森编选《词综》卷十五时，圈阅了这首《水龙吟·摩诃池上追游路》。

[参考] 张贻玖：《毛泽东评点、圈阅的中国古典诗词》，中国工人出版社 1992 年版，第 250 页。

【注释】

（1）摩诃（mó hē）池，古时成都地名，隋代蜀王杨秀所开，为蜀中游览胜地之一。

（2）参差（cēn cī），长短、大小、高低不齐之状。

（3）韶光，美丽的春光，常指春光。南朝梁简文帝《与慧琰法师书》："五翳消空，韶光表节。"妍媚，美好可爱。宋曾巩《襄州遍学寺禅院碑》："其字画妍媚，遒劲有法，诚少与为比。"

（4）挑菜，宋代民间习俗，以农历二月初二为挑菜节。宋贺铸《凤栖梧》词："挑菜踏青都过却，杨柳风轻，摆动秋千索。"

（5）禁烟，即禁火。旧俗，冬至后一百〇五日为寒食节，禁火三日，也称禁烟。

（6）一城丝管，指成都歌舞娱乐之风甚盛。丝管，弦乐器和管乐器，泛指乐器。亦借指音乐。

（7）金鞍，以黄金装饰的马鞍。南朝梁简文帝《赋得当垆》诗："当垆设夜酒，宿客解金鞍。"代指宝马。

（8）香车，用香木做的车，泛指华美的车或轿。唐卢照邻《行路难》诗："春景春风花似雪，香车玉恒咽。"

（9）年华暗换，岁月暗暗流逝。本自宋苏轼《洞仙歌》词："但屈指、西风几时来，又不道、流年暗中偷换。"

（10）黯销魂，语出南朝梁江淹《别赋》："黯然销魂者，唯别而已矣！"销魂，灵魂离开肉体，形容极度的悲伤、愁苦的样子。

（11）雨收云散，比喻某种现象已经消失。

（12）镜奁（lián）掩月，把镜子关进匣子里。镜奁，妇女用的梳妆匣子。月，指镜子。

（13）钗梁折凤，凤钗被折为两段，喻指情人分离。钗梁，钗的主干部分。北周庾信《镜赋》："悬媚子于搔头，拭钗梁于粉絮。"倪璠注："言钗梁用粉絮拭之，其色光明也。"

（14）秦筝，古乐器名，十三弦，传说为秦代蒙恬所造。斜雁，秦筝十三弦的弦柱如雁行排列。这里用唐李商隐《昨日》诗："十三弦柱雁行斜。"这句实际上是暗示欢会已成过去，乐器在那里闲放着。

（15）天涯，天边，指极远的地方。语出《古诗十九首·行行重行行》："相去万余里，各在天一涯。"陆游身在成都，故乡山阴远在万里之外，故曰天涯。

（16）孤垒，孤立的堡寨。宋柳永《竹马子》词："登孤垒荒凉，危亭旷望，静临烟渚。"

（17）危楼，高楼。北魏郦道元《水经注·沮水》："危楼倾崖，恒有落势。"飞观，高耸的观阙。汉王延寿《鲁灵光殿赋》："阳榭外望，高楼飞观。"

（18）和恨，含恨。恨，怨恨。

【赏析】

宋孝宗乾道八年（1172），陆游应四川宣抚使王炎之命，赴南郑前线任宣抚使司干办公事。到南郑后，他"上马击狂胡，下马草军书"。但这种辉煌的生活不到一年，随着王炎的罢职，陆游也离开了南郑到成都任职。

此词即是游成都摩诃池而作，时在二月二日的"挑菜节"。

词的上阕铺写春景春游。"摩诃池上追游路，红绿参差春晚。"起首二句点题。"摩诃池"指明地点，同时逗出"游"字"春"字。"红绿参差"一句，概写春景的美好，红的花，绿的树，花树满眼，高下不齐，绿草如茵，春景醉人，正是词人前去游览的处所。以"追游"二字总括，下文铺展开来："韶光妍媚，海棠如醉，桃花欲暖。"三句承上启下，描写春景。"韶光妍媚"，美好的春光，艳丽娇好。"海棠如醉"句拟人，海棠盛开，姿态娇娜，如美人醉酒一般多娇多姿。"桃花欲暖"句夸张，道出了桃花鲜红似火，热烈暖人。这三句通过对春花的具体刻画，仿佛画家挥动五彩画笔，把烂漫的春光展现在读者面前，那么动人，那么秀丽。"挑菜初闲，禁烟将近，一城丝管。"古时二月二日为挑菜节。就词中的"春晚""杨花"来看，时间大约在三月，这时春菜已老，挑菜的忙碌时间已过，所以说是"挑菜初闲"。"禁烟"，即禁火。旧俗，冬至后一〇五日为寒食节，禁火三日，也称禁烟。"一城丝管"，指成都歌舞娱乐之风甚盛。丝管，弦乐器和管乐器，泛指乐器，亦借指音乐。因为这时正值春末，人们闲暇无事，而成都古来又是富庶繁华之地，所以值此春光明媚之时，游乐嬉戏的各种乐音满城皆是，一片升平和乐的景象。词中点染出诱人的美景，暗示春光对游人的召唤。词中又描绘了锦城士人"看金鞍争道，香车飞盖，争先占、新亭馆"的那种近乎疯狂的游春热潮。这四句写游人。"看"字领起，带出一下四句。"金鞍争道"，写男子出游，"金鞍"形容马的装饰华贵。"香车飞盖"，写女子出游所乘坐的车子飞快前进。"香车"，形容女子乘坐的车子的华贵。"盖"，指车篷。"争先占、新亭馆"二句写出春日男女出游争先恐后、抢占观赏风光的最好位置的情形。词的上阕写摩诃池上春游的热闹景象，五彩缤纷，笑语喧阗，作者的笔下有声有色，写来相当传神。

词的下阕写词人的无限情思。"惆怅年华暗换。黯销魂、雨收云散。"换头处二句，笔锋陡转，在欢乐的游春人群中出现了一位独自向隅、满怀愁绪的特殊游客，这就是词中的抒情主人公——作者自己。他一方面叹老，由于"年华暗换""雨收云散"，心境已自不同，面对繁华热闹的场景，他的脑子里却充满了摒除丝竹、收拾铅华之类的反向思维。另一方面是思乡，由于愁绪满怀，他眼里所见的春景也失去了光彩。作者抒写自己的愁绪，用笔很是别致，尤其是"镜奁掩月，钗梁拆凤，秦筝斜雁"三句，把美好的东西涂成灰暗的色调，镜奁无光，凤钗散落，筝柱歪斜着闲列两旁。这是以物喻人，而且达到了深入内心的程度。结尾处，以漫天飞舞的杨花比喻愁苦，很像北宋词人"贺梅子"笔下的"一川烟草，满城风絮"，而陆游却是把自己的愁绪混于其中，使之充塞于天地之间。"身在天涯，乱山孤垒，危楼飞观"的身世家国之悲才是抒情的主线。篇末"叹春来只有，杨花和恨，向东风满"，融情入景，以飘零的杨花自喻身世，更是凄恻感人。清黄苏《蓼园词评》云："放翁一生忧国之心，触处流出，无非一腔忠爱。此词辞虽含蓄，而意极沉痛。盖南渡国步日蹙，而上下安于逸乐，所谓'一城丝管'，争占亭馆也。次阕，自叹年华已晚，身安废弃，流落天涯，不能为力也。结句'恨向东风满'，饶有沉雄郁勃之致，跃跃纸上。"明卓人月《古今词境》卷十四亦云："'镜奁'三句，凄锦哀玉，'扬花'句则雕烟划霞矣。"

【原文】

采桑子·宝钗楼上妆梳晚

宝钗楼上妆梳晚(1)，懒上秋千(2)。闲拨沉烟(3)。金缕衣宽睡髻偏(4)。
鳞鸿不寄辽东信(5)，又是经年(6)。弹泪花前(7)。愁入春见十四弦(8)。

【毛泽东圈评等情况】

毛泽东读清朱彝尊、汪森编选《词综》卷十五时，圈阅了这首《采桑子·宝钗楼上妆梳晚》。

[参考]张贻玖：《毛泽东评点、圈阅的中国古典诗词》，中国工人出版社1992年版，第250页。

【注释】

（1）宝钗楼，唐、宋时咸阳酒楼名。宋邵博《闻见后录》卷十九："予尝秋日饯客咸阳宝钗楼上，汉诸陵在晚照中，有歌此词（指唐李白

《忆秦娥》）者，一坐悽然而罢。"

（2）秋千，传统体育游戏。相传春秋时齐桓公自北方山戎传入。一说本为汉武帝时宫中之戏，作千秋，为祝寿之辞，后倒读为秋千。南唐冯延巳《鹊踏枝》词："泪眼问花花不语，乱红飞入秋千去。"

（3）沉烟，香燃烧时的香烟。此指沉香。后蜀顾琼《酒泉子》："帐深枕腻炷沉烟，负当年。"

（4）金缕衣，以金丝联缀玉片制成的衣服。今出土文物中常有之。南朝梁刘孝威《拟古应教》："琼筵玉筍全缕衣。"此指华贵的衣服。

（5）鳞鸿，犹言鱼雁，古人认为鱼和雁都能代人传递书信。晋傅咸《纸赋》："鳞鸡附便，援笔飞书。"宋徐铉《王十七自京垂访作此送之》："只就鳞鸿求远信，敢言车马访贫家？"辽东，古代郡名，今辽宁东南部辽河以东地区。这里泛指遥远的地方，亦即女子的情人所在之地。

（6）经年，经过一年或若干年、此去经年。宋柳永《雨霖铃》："此去经年，应是良辰好景虚设。"

（7）弹（tán）泪，挥泪。南唐冯延巳《忆江南》词："别离若向百花时，东风弹泪有谁知。"

（8）十四弦，一种十四根弦的弹拨乐器。又疑指筝，筝本十三弦，此处因平仄所限，将三作四。

【赏析】

《采桑子》，原唐教坊大曲中有《采桑》，后截取一"遍"单行，取为词。又名《丑奴儿令》《罗敷媚》等，四十四字。宋词中又创慢词，《采桑子慢》等，九十字。唐代无此词牌，始于晏殊。以和凝《采桑子·蝤蛴领上诃梨子》为正体，双调四十四字，前后段各四句三平韵。另有四十八字前后段各四句两平韵一叠韵；五十四字前段五句四平韵，后段五句三平韵的变体，代表作有欧阳修《采桑子·群芳过后西湖好》、厉声教《采桑子·西湖四咏》等。

此词是"花间"词的传统题材、传统格调，其写作年月待考。

这是一首征妇思念丈夫的闺怨词。

　　这首词着意写人。词分上、下两阕。"宝钗楼上妆梳晚"上阕首句，"宝钗楼"，唐、宋时咸阳酒楼名。"妆梳晚"，指梳妆打扮已迟。一般来说，女子对于自己的服饰容貌总免不了要乔装打扮，而且多在早晨拂晓时刻。然而词中的征妇却"妆梳晚"了，她为什么提不起精神呢？"懒上秋千。闲拨沉烟"，二、三两句表明征妇不仅梳妆打扮为时已晚，就是荡秋千的游戏也懒得去做。古代女子整天禁闭于深宅大院，打秋千是她们难得的一项富有乐趣的游戏，为什么呢？因为不去院中打秋千，那么只有在房内"闲拨沈烟"了。"闲"是漫不经心，而不是悠闲。"沉烟"，香燃烧时的香烟，此指沉香。"金缕衣宽睡髻偏"，金缕衣，以金丝联缀玉片制成的衣服。今出土文物中常有之。此指华贵的衣服。"金缕衣宽"，是用侧笔描写征妇的体态瘦削。因为人憔悴瘦弱，故而显得衣服宽大。"睡髻偏"，发髻因睡觉而偏斜。说明征妇从起床到这时，并没有去梳洗打扮，而"妆梳晚""懒上秋千""闲拨沉烟"等动作，写的都是她的心理活动，是说她无心思做这些事。

　　上阕写女子的懒散无聊，房中的陈设、身上的衣着都是精美考究的，但她的精神生活却是空虚的，只有孤独和寂寞与她相伴。

　　下片抒写相思与离情。"鳞鸿不寄辽东信，又是经年"，换头处二句中的"鳞鸿"，犹言鱼雁，古人认为鱼和雁都能代人传递书信。"辽东"，古代郡名，今辽宁东南部辽河以东地区。这里泛指遥远的地方，亦即女子的情人所在之地。"经年"，经过一年或若干年。这两句可谓把征妇的全部心事，一下子倒了出来，原来征妇是在思念丈夫。征夫年复一年，音信全无，这位征妇怎么有心去梳妆、游乐呢？而长久的离别相思，怎么不折磨得这位女子衣带渐宽、身体瘦弱呢？难怪她意兴索寞，鬓发不整。"弹泪花前。愁入春见十四弦。"结末二句顺势转下，写女子的内心痛苦。鲜花是美好的，但有时，鲜花对离人来说，反倒只能引起痛苦。宋王安石有《君难托》诗说："槿花朝开暮还坠，妾身与花宁独异"，写的便是女子见花自伤。人生如花，然而花无百日好，人无再年少。丈夫长期不归，女子空房独守，美好的青春就这样白白地浪费掉了，这怎能不使征妇对花落泪呢？而这种苦衷，又不好向人倾诉，不得已，只好拿来乐器，把心中的种种忧愁，借十四弦全部倾吐出来。

这首词所表达的征妇思念丈夫的哀怨愁苦，是词中常见的主题。然而这首词在艺术上却有其独到之处。一般思妇词，上阕多写景物和人物的举止，下阕抒发愁思哀怨。而此词别出心裁，用整个上阕写征妇的心理体态及服饰，下阕抒发情愁怨思。这比单写景物、动作来说，更容易揭示出人物的内心世界。近代词学家俞陛云在《唐五代两宋词选释》中说："放翁词多放笔为直干。此词独顿挫含蓄，从彼美一面着想，不涉欢愁迹象，而含凄无限，结句尤余韵悠然，集中所稀有也。"

【原文】

渔家傲·寄仲高·东望山阴何处是

东望山阴何处是[(1)]？往来一万三千里。写得家书空满纸。流清泪，书回已是明年事。　　寄语红桥桥下水[(2)]，扁舟何日寻兄弟[(3)]？行遍天涯真老矣[(4)]。愁无寐[(5)]，鬓丝几缕茶烟里[(6)]。

【毛泽东圈评等情况】

1958年3月，在成都会议期间，毛泽东圈阅的《诗词若干首》（唐宋明朝诗人写的有关四川的一些诗和词）中收有这首《渔家傲·东望山阴何处是》。

[参考] 刘开扬注释：《诗词若干首》（唐宋明朝诗人咏四川），

四川人民出版社1979年版，第140页。

【注释】

（1）山阴，今浙江省绍兴市，陆游的家乡。

（2）寄语，传语。红桥，又名虹桥，在今浙江省绍兴市近郊。陆游回乡后有《小舟自红桥之南过吉泽归三山》诗。

（3）扁（piān）舟，小船。兄弟，指陆沅、陆洸、静之、升之（都是他的从兄）等。

（4）天涯，天边，指极远的地方。语出《古诗十九首·行行重行行》：

"相去万余里，各在天一涯。"

（5）无寐（mèi），愁中失眠。寐，睡，睡着。

（6）鬓丝，形容鬓发斑白而稀疏。茶烟，烧茶煮水、泡茶时产生的烟。好的陈茶，倒在杯中，茶水飘着一层烟雾。

【赏析】

《渔家傲》，词牌名，双调六十二字，仄韵。见于北宋晏殊《渔家傲·画鼓声中昏又晓》，因词中有"神仙一曲渔家傲"句，便取"渔家傲"三字作为词牌名。

词题作《寄仲高》。仲高，即陆升之，与兄静之（字伯山）以文章有名，号二陆，都是陆游从兄。宋孝宗赵昚乾道八年（1172）秋，陆游在川中阆州仙鱼铺收到仲高从家乡山阴寄来的书信，作《仙鱼铺得仲高兄书》诗，其中有"病酒今朝载卧舆，秋云漠漠雨疏疏。阆州城北仙鱼铺，忽得山阴万里书"之句。仲高死于淳熙元年（1174）。此词当作于乾道八年至淳熙元年之间。

词的上阕起二句："东望山阴何处是？往来一万三千里。"写蜀中与故乡山阴距离之远，为后文写思家和思念仲高之情发端。"写得家书空满纸"和"流清泪"二句，是为着写思家之情的深切。"空满纸"，情难尽："流清泪"，情难抑，作者的伤感，深深地感染着读者。作者道不尽的酸楚，岂是"家书"能表述清楚的。"书回已是明年事"句，紧接写信的事，自叹徒劳；又呼应起二句，更加伤感。一封家信的回复，竟要等待到来年，这种情境极为难堪，而表达却极新颖。前人诗词，少见这样写。这一句是全词意境最佳的创新之句。这种句不可多得，也不能强求，须从实境实感中自然得来。陆游心境如此，感触自心中油然而发，正所谓"文章本天成，妙手偶得之"。

下阕起二句，从思家转到思念仲高。"寄语红桥桥下水，扁舟何日寻兄弟？"巧妙地借"寄语"流水来表达怀人之情。红桥，在山阴县西七里迎恩门外，当是两人共出入之地，词由桥写到水，又由水引出扁舟；事实上是倒过来想乘扁舟沿流水而到红桥。只这二句，而"兄弟"一呼，已是情义满溢了。况寄言只凭设想，相寻了无定期，用笔不多，而酸楚之情却更深一层了。陆游离开南郑宣抚使司幕府后，经三泉、益昌、剑门、武连、绵州、罗江、广汉等地至成都；又以成都为中心，辗转往来于蜀州、嘉州、荣州等地。在奔波中年华渐逝，已年届五十，故接下去有"行遍天涯真老矣"之句。这一句从归乡未得，转到万里飘泊、年华老大之慨。再接下去二句："愁无寐，鬓丝几缕茶烟里。"典故用唐杜牧《题禅院》诗："觥船一棹百分空，十岁青春不负公。今日鬓丝禅榻畔，茶烟轻飏落花风。"陆游早年即以经济自负，又以纵饮自豪，同于杜牧；而后老大无成，几丝白发，坐对茶烟，也同于杜牧。身世之感相同，自然容易引起共鸣，信手拈用其诗，如同己出，不见用典的痕迹。这三句，是向仲高告诉自己的生活现状，看似消沉，实际则不然。因为对消沉而有感慨，便是不安于消沉、不甘于消沉的一种表现。

这首词从寄语亲人表达思乡、怀人及自身作客飘零的情状，语有新意，情小缠绵，在陆游的词中是笔调较为凄婉之作。它的结尾看似有些消沉，而实际并不消沉，化愤激不平与热烈为闲适与凄婉，又是陆诗与陆词的常见意境。全词采用双线交错法，感情真切、强烈而动人心魄。

【原文】

极相思·江头疏雨轻烟

江头疏雨轻烟。寒食落花天⁽¹⁾。翻红坠素⁽²⁾，残霞暗锦⁽³⁾，一段凄然⁽⁴⁾。

惆怅东君堪恨处⁽⁵⁾，也不念、冷落樽前⁽⁶⁾。那堪更看⁽⁷⁾，漫空相趁⁽⁸⁾，柳絮榆钱⁽⁹⁾。

【毛泽东圈评等情况】

毛泽东读清朱彝尊、汪森编选《词综》卷十五时，圈阅了这首《极相思·江头疏雨轻烟》。

[参考] 张贻玖：《毛泽东评点、圈阅的中国古典诗词》，中国工人出版社1992年版，第250页。

【注释】

（1）寒食，节日名。在清明前一日或二日。落花，凋谢而落下的花朵。唐杜甫《江南逢李龟年》："岐王宅里寻常见，崔九堂前几度闻。正是江南好风景，落花时节又逢君。"

（2）翻红坠素，形容百花飘零坠落时翻动摇曳的情形。红，指红花。素，指白花。

（3）残霞，残余的晚霞。南朝梁何逊《夕望江桥》诗："夕鸟已西度，残霞亦半销。"暗锦，鲜明美丽的晚霞已经发暗。

（4）凄然，凄凉悲伤之态。战国宋庄周《庄子·渔父》："客凄然变容曰：'甚矣子之难悟也。'"

（5）惆怅，因失意或失望而伤感、懊恼，用来表达人们的情绪。战国楚宋玉《楚辞·九辩》："廓落兮，羁旅而无友生；惆怅兮，而私自怜。"东君，司春之神。唐王初《立春后作》诗："东君珂佩响珊珊，青驭多时下九关。方信玉霄千万里，春风犹未到人间。"

（6）冷落，冷淡、冷淡地对待。唐卢仝《萧二十三赴歙州婚期》诗："淮上客情殊冷落，蛮方春早客何如。"樽前，酒樽之前。樽，古代盛酒的器具。下方多有圈足，上有镂空，中间可点火对器中的酒加热。

（7）那堪，怎堪，怎能禁受。唐李端《溪行遇雨寄柳中庸》诗："那堪两处宿，共听一声猿。"

（8）趁，逐，追赶。

（9）柳絮，柳树的种子。有白色绒毛，随风飞散如飘絮，因以为称。南朝梁庾肩吾《春日》诗："桃红柳絮白，照日复随风。"榆钱，榆荚。因其形似小铜钱，故称。唐施肩吾《戏咏榆荚》："风吹榆钱落如雨，绕林绕屋来不住。"

【赏析】

《极相思》，词牌名。双调，四十九字，上片五句三平韵，下片五句两平韵。宋彭乘《墨客挥犀》卷八："仁庙朝，皇族中太尉夫人一日入内再拜告帝曰：'臣妾有夫，不幸为婢妾所惑。'帝怒，流婢于千里，夫人亦得罪，居于瑶华宫，太尉罚俸而不得朝。经岁，方春暮，夫人为词曲，名极相思令。"

这是一首伤春词。词人以如画的彩笔描绘出雨打花谢、霞残锦暗的残春景象，抒发了深深的伤春情绪。

词的上阕写景。"江头疏雨轻烟。寒食落花天。"起首二句点明时令天气。"寒食"，节日名。在清明前一日或二日。相传，春秋时晋文公负其功臣介之推。介愤而隐于绵山。文公悔悟，烧山逼令出仕，之推抱树焚死。人民同情介之推的遭遇，相约于其忌日禁火冷食，以为悼念。以后相沿成俗，谓之寒食。"落花"，凋谢而落下的花朵。二句是说，江上阴雨疏疏，烟雾迷蒙，一派阴沉低暗的气氛；在风雨的摧残下，百花凋零，落红满眼。那么"落花天"是个什么样子呢？"翻红坠素，残霞暗锦，一段凄然。"接下来三句具体描绘花落春残的凄然景象。"翻红坠素"，形容百花飘零坠落时上下翻动、旋转摇曳的情形。红，指红花。素，指白花。"残霞"，残余的晚霞。南朝梁何逊《夕望江桥》诗："夕鸟已西度，残霞亦半销。""暗锦"，鲜明美丽的晚霞色彩逐渐暗下来，失去了光彩。在晚霞落照之中，看到一片百花凋零的景象，这才使词人产生"一段凄然"，指心情不佳。怎样凄然呢？这里词人点到为止，为下阕写伤春之情做了铺垫。

词的下阕抒情。"惆怅东君堪恨处，也不念、冷落樽前。"换头处二句中的"惆怅""堪恨"直接抒发情怀，与抒情煞尾的"凄然"二字一脉相连。"东君"，司春之神。词人说残春景象令人惆怅，司春之神命春天归去，实在可恨。对花饮酒，本是人生一大乐趣，如今樽中酒满，而百花已落，春神也不顾念这种冷落衰残的景色，人情怎么能承受得了呢？"堪恨""不念"，把怨恨春神的心情表达无遗。而怨恨春神，则正是伤春惜花之情的曲折表现。"那堪更看，漫空相趁，柳絮榆钱。"结末三句以景语作结，进一步抒发伤春之情。柳絮、榆钱，皆春末夏初之物，它们的出现正是春光将要归去的象征。所以历来描绘春天景色的热闹，总爱将二物摄入词中。词人也是这样。当他看到柳絮和榆钱在空中互相追逐，纷纷扬扬，词人看到就更受不了了。这里以残春景物结尾，不言伤春之甚，而伤春之痛尽在其中。词的下阕写伤春之情，怨恨东君，不忍看柳絮榆钱飘落，都是伤春行为的必然表现。

这首词抒发伤春意绪，风格不似陆游充满爱国情怀的诗词，但艺术性也很高，景因情生，情因景发，情景交融和谐，浑然一体。

【原文】

双头莲·呈范至能侍御·华鬓星星

华鬓星星[1]，惊壮志成虚[2]，此身如寄[3]。萧条病骥[4]。向暗里、消尽当年豪气。梦断故国山川[5]，隔重重烟水。身万里，旧社凋零[6]，青门俊游谁记[7]？　　尽道锦里繁华[8]，叹官闲昼永，柴荆添睡[9]。清愁自醉[10]。念此际、付与何人心事。纵有楚柁吴樯[11]，知何时东逝？空怅望，鲙美菰香[12]，秋风又起。

【毛泽东圈评等情况】

毛泽东读清朱彝尊、汪森编选《词综》卷十五时，圈阅了这首《双头莲·华鬓星星》。

[参考] 张贻玖：《毛泽东评点、圈阅的中国古典诗词》，中国工人出版社 1992 年版，第 251 页。

【注释】

（1）华鬓，花白鬓发。东晋陶潜《命子》诗："顾惭华鬓，负影只立。"星星，头发花白之态。晋左思《白发赋》："星星白发，生于鬓垂。"

（2）壮志，豪壮的志愿、襟怀；伟大的志向。

（3）此身如寄，心无归处，身体好像是暂时寄居在这个世界上，心灵没有任何归处。如寄，好像暂时寄居，比喻时间短促。《古诗十九首·驱车上东门》："人生忽如寄，寿无金石固。"

（4）萧条，消瘦之态。明唐寅《题画白乐天》诗："苏州刺史白尚书，病骨萧条酒盏疏。"冷寂。病骥，病马。骥，好马。词人年老体衰，故以良马衰病自喻。

（5）梦断，梦醒。唐李白《忆秦娥》词："箫声咽，秦娥梦断秦楼月。"故国，历史悠久的国家。《孟子·梁惠王下》："所谓故国者，非谓有乔木之谓也，有世臣之谓也。"本国，祖国。此指中原地带。

（6）旧社，旧日的集社。凋零，形容事物衰败或耗减，这里意为"星散"。唐罗隐《送汝州李中丞十二韵》："一凶虽剪灭，数县尚凋零。"

（7）青门，汉长安城东南门。本名霸城门，因其门色青，故俗呼为"青门"或"青城门"。《三辅黄图·都城十二门》："长安城东，出南头第一门曰霸城门。民见门色青，名曰青城门，或曰青门。泛指京城东门。此指南宋都城。俊游，快意的游赏。宋秦观《望海潮》词："金谷俊游，铜驼巷陌，新晴细履平沙。"

（8）锦里，即锦官城。晋常璩《华阳国志·蜀志》："郡更于夷里桥南岸道东边起文学，有女墙，其道西城，故锦宫也。锦工织锦，濯其中则鲜明，他江则不好，故命曰锦里也。"后即以锦里为成都之代称。唐李商隐《筹笔驿》诗："他年锦里经祠庙，梁父吟成恨有余。"

（9）柴荆，指用柴荆做的简陋门户。唐白居易《秋游原上》诗："清晨起巾栉，徐步出柴荆。"

（10）清愁，凄凉的愁闷情绪。宋陆游《枕上作》诗："犹有少年风味在，吴笺著句写清愁。"

（11）柁（duò）、樯（qiáng），柁，即舵。樯，船桅杆，代指船只。楚柁吴樯，指回东南故乡的下行船只。东逝，向东航行。吴、楚，春秋吴国与楚国。泛指春秋吴楚之故地。即今长江中、下游一带。南朝宋刘义庆《世说新语·言语》："君吴楚之士，亡国之余，有何异才，而应斯举？"

（12）鲙，通脍，把鱼肉切细。菰（gū），菰米。脍美菰香，写山阴的风味佳肴，事见唐用晋张翰见秋风起，思念家乡鲈鱼菰菜味美、弃官回乡之典。

【赏析】

《双头莲》词牌名，双调一百字，前段十句六仄韵，后段十句五仄韵；或双调一百三字，前段十三句三仄韵，后段十二句五仄韵。

此词题为《呈范至能侍御》。范至能，即范成大，字至能，进士出身，南宋四大诗人之一。孝宗初年与陆游同在朝任职，并与杨万里、周必大等有过文字之交。淳熙二年（1175）知成都府，辟陆游为参议官。范成大受有朝廷密嘱，不杀不战，不求有功，但求无过。这使爱国诗人陆游大失所望。岁月蹉跎，壮志成空，爱国之志，郁愤难伸。因感到壮志成空，北伐大业遥遥无期，现任官职又十分闲散无聊，陆游遂沉湎诗酒，狂放不羁，故而想向老朋友倾诉心里话，写下了这首词呈范成大的。它既是词人抑郁愁苦之情的抒发，也是对范成大碌碌无为的批评。

词的上阕写自己年老事空。"华鬓星星，惊壮志成虚，此身如寄"，开头三句，写出年老而志不酬之感。"华鬓"，花白头发。"壮志"，豪壮的志愿、襟怀。"此身如寄"，心无归处，身体好像是暂时寄居在这个世界上。这种感情，正如他《病中戏书》说的："五十忽过二，流年消壮心"，《感事》说的"年光迟暮壮心违"。"壮心"的"消"与"违"，主要是迫于环境与疾病，故接下去即针对"病"字，说："萧条病骥。向暗里、消尽当年豪气。"三句写豪气消尽。这一年的诗，也屡以"病骥"自喻，如《书怀》"摧颓已作骥伏枥"；《松骥行》"骥行千里亦何得，垂首伏枥终自伤"；这一年的《书叹》诗"浮沉不是忘经世，后有仁人知此心"。浮沉不忘经世，忧国即肝胆轮困，可见所谓消沉，只是一时的兴叹而已。"梦断故国山川，隔重重烟水。"二句写中原难复。词人由在蜀转入对故都的怀念，而"心在天山"的心迹也透露无疑，同样也表现出作者终日忧愁，于何时才能重返前线的愤慨。另一方面，也为下文"身万里，旧社凋零，青门俊游谁记"做一过渡，三句写旧交凋零。"旧社"，指旧日的集社。这里紧属下句，似泛指旧友，不一定有结社之事。这三句表示此身远客，旧友星散，但难忘以前同游交往的情兴。陆游在圣政所时，与范成大、周必大等人同官，皆一时清流俊侣，念及临安初年的旧友，都引以自豪。就如《诉衷情》说："青衫初入九重城，结友尽豪英。"《南乡子》说："早岁入皇州，樽酒相逢尽胜流。"

词的下阕，继续抒情。"尽道锦里繁华，叹官闲昼永，柴荆添睡"，换头处三句写无心游乐。他又自回忆临安转到在蜀处境。锦城虽好，柴荆独处；投闲无俚，以睡了时，更发感"叹"。"清愁自醉。念此际、付与何人心事"二句，写世无知音。这两句是倒文，即此时心事，无人可以交谈，只得以自醉对付清愁之意。时易境迁心事无人可付；只能是壮志未消、苦衷难言的婉转倾诉。作者"借酒浇愁愁更愁",酒不能消"清愁",愁反而成醉,巧妙曲折地反映出作者的心态。"纵有楚柁吴樯,知何时东逝?"二句,写回乡无望。他无计消愁,无人可托心事,转而动了归乡之念,也属自然。因"东归"而想望"楚柁吴樯",正如他《秋思》诗说的:"吴樯楚柁动归思","东逝"无时,秋风又动,宦况萧条,又不禁要想起晋人张翰的故事:"见秋风起,乃思吴中菰菜、薄羹、鲈鱼脍",遂"命驾而归",顿感"空怅望,鲙美菰香,秋风又起。"结尾三句写空念故乡。让他更难堪的,是要学张翰还有不能,暂时只得"空怅望"而已。值得提出的是,作者的心情,不仅仅是想慕张翰。他的"思鲈",还有其不得已的苦衷,诗集中《和范待制秋日书怀二首》,作于同时。陆游是志士而非隐士,他的说"隐",常宜从反面看。这也曲折反映出作者怀才不遇、壮志未酬的无奈心情、欲罢而又不甘心。因两种矛盾心情,遂发出"空怅望"的感叹。才有"思鲈"的痛苦的念头。

这首词在困难环境中,反复陈述壮志消沉、怀旧思乡之情,看似消极,却又含悲愤,陆游其人与其诗词的积极本色,自可想见。清·冯金伯《词苑萃编》引《词统》:"放翁呈范至能待制《双头莲》末句云:'空怅望,鲙美菰香,秋风又起。'……去国怀乡之感,触绪纷来,读之令人于邑。"

【原文】

鹊桥仙·华灯纵博

华灯纵博[1],雕鞍驰射[2],谁记当年豪举。酒徒一半取封侯[3],独去作、江边渔父[4]。　　轻舟八尺,低篷三扇,占断苹洲烟雨[5]。镜湖元自属闲人[6],又何必、官家赐与[7]。

【毛泽东圈评等情况】

毛泽东曾手书过这首《鹊桥仙·华灯纵博》。

[参考]中央档案馆整理:《毛泽东手书选集·古诗词卷(下)》,北京出版社1996年版,第136页。

宋词

【注释】

（1）华灯，装饰华丽的灯台。纵博，纵情赌博，此处视为豪爽任侠的一种行为表现。

（2）雕鞍，刻饰花纹的马鞍，华美的马鞍。唐骆宾王《帝京篇》："宝盖雕鞍金络马，兰窗绣柱玉盘龙。"

（3）酒徒，犹言市井平民，普通人。西汉司马迁《史记》卷九十七《郦生陆贾列传》："郦生瞋目案剑叱使者曰：走，复入言沛公！吾高阳酒徒也，非儒人也。"

（4）渔父，渔翁，打鱼的老人。

（5）占断，完全占有。苹洲，丛生苹草的小河。

（6）镜湖，在浙江会稽、山阴两县交界处，周遭三百余里，以水平如镜而出名。闲人，作者自称，乃愤激之辞。

（7）官家赐与，唐开元间，诗人贺知章告老还乡到会稽，唐玄宗诏赐镜湖剡溪一曲。陆游反用其典，表达自己的不满之情。官家，指皇帝，此处明指唐玄宗，实指当时的南宋皇帝。

【赏析】

《双头莲》，双调一百三字，前段十三句三仄韵，后段十二句五仄韵。始自北宋，调见北宋周邦彦《片玉集抄补》，以其词《双头莲·一抹残霞》为正体。此调一百三字者见周邦彦《片玉集》。一百字者见陆游《放翁集》。

这首词为词人晚年罢归山阴后所写。陆游少年时便负凌云之志，为抗击金兵驰骋奔走。但因此而为主和派排挤，屡遭贬黜。请缨无路的词人只好寄情江湖，渔樵度日，然而终是忧愤难平。这首《鹊桥仙》就表达了他这种心情。《中兴以来绝妙词选》卷二调下题作《感旧》。

词的上阕先回忆自己从军汉中的豪壮之举。"华灯纵博，雕鞍驰射，谁记当年豪举。"开篇三句就追忆往事，发表感慨。这两句采用倒叙手法，回忆"当年"旧事。从"华灯纵博，雕鞍驰射"两个对偶句，知所谓当年是指在南郑从军一段时期。他对这一时期的"豪举"生活，印象极为深刻，后来多次见于吟咏。这是因为：第一，他亲自到了接近国防前线的地区，接触许多激动人心的场景，如射猎、检阅、韩信拜将坛、武侯祠庙、登高远望长安诸山，义士冒死驰递情报等。第二，扩展了视野，丰富了生活，激发了爱国热情，获得了大量的创作题材，奠定了"诗外功夫"的理论。完全可以说，南郑从军，对他的诗歌艺术具有划时代的意义。他曾有诗说："华灯纵博声满楼，宝钗艳舞光照席。""分骑霜天伐狐兔，张灯雪夜掷枭卢。"前两句辞采华丽，极具象征意义，将当年南郑从戎时期，词人与同僚纵情欢赌、策马射猎的生活场景重现。此处赌博并无贬义，凸显的恰是一掷千金的豪爽性格。"谁记"二字转折强烈，写华年消逝、世事变迁之后，还有谁记得当年的豪情壮志。"酒徒一半取封侯，独去作、江边渔父。"这两句紧承"谁记"领起的转折，想过去，叹今朝。从此，下文分向"低沉"和"开朗"两方面开拓。封侯、渔父，是两种截然不同的人生遭遇，荣辱升沉，各有畔岸。"酒徒"是普普通通的平凡之人，暗用刘邦时策士郦生故事，在这儿是指原来和自己比肩而后来逐渐爬上去的达官贵人（如范成大、周必大都位至宰执）。当年与自己一起饮酒的人，至少有一半已经封侯进爵，可是自己却落得病老乡里，成了一个靠打鱼为生的衰老渔夫。这里只作说明，并不见褒贬或感叹的痕迹。但也不禁使人发问：那些酒徒，是怎样取得封侯的，自己又为什么落拓江湖甘心去做钓徒渔父？但这不是作论文，为艺术法则所制约，不能说，也不必说了。诗词语者，有它的特色，留有余味，让读者自去咀嚼和解答，这就是"言有尽而意无穷"的妙处。"独"字凸显出孤家寡人、顾影自怜之意。把成为"渔父"的自己置于"封侯者"之中，对比鲜明，写出陆游仕途的坎坷失意，无怪他在词作里常常提及。此篇而外，如《渔歌子》五首、《鹊桥仙·一竿风月》《长相思》五首，都是歌颂渔钓生活的清丽超爽之作。诚然，这里也许微寓《楚辞·渔父》"举世皆浊而我独清"的惋叹。

下阕描述自己的"渔父"生涯，进一步表达对最高统治者的不满情绪。下阕紧承"渔父"二字，从小船写起。"轻舟八尺，低篷三扇"，八尺长的轻小舟船，只有三扇低矮的篷窗，恐怕只能容下词人一人。但是，词人却说它"占断苹洲烟雨"，别有新致。表现出词人对渔钓生活的喜爱。"占断苹洲烟雨"，情景交融，韵味殊胜。苹洲之上，烟雨迷蒙，水云之乡，为自己独占，逍遥容与，可以尽情领略，心境何等旷远。况周颐说："善言情者，但写景而情在其中。"只此一句，抵得张志和全篇《渔歌子》，此可视为"当年豪举"在意境上的升华。在广阔的湖面这一背景中，相较于"轻舟"之小，湖水简直可称大而无当，如此轻巧纤弱的一叶扁舟，绝对不可能占尽风雨，唯词人胸怀宽广能为之。通过这样鲜明的对比，词人言明渔钓生活已成为自己的精神栖所。"镜湖元自属闲人，又何必、官家赐与。"这两句引贺知章的典故。贺知章是会稽人，为官为文都很成功，天宝年间自请归乡为道士，唐玄宗特赐封地。这两句中，词人用略带嘲讽的口吻，打趣贺知章受皇恩所赐得以清闲归乡，实是用以自嘲，嘲笑自己衰鬓残年尚寸功未立。虽有怨念，但词人不仅把这种情怀表达得十分平淡，还显得英气凛然，可能是其晚年心境愈发冲和的缘故。清许昂霄《词综偶评》说："感愤语妙，以蕴藉出之。结句翻用贺知章事，而感慨意即寓其中。"

后人论辛、陆诗词，谓"时时掉书袋，要是一癖"。其实用事只要贴切自然，没有什么不可以。近代词人、词论家况周颐指出必欲得天然妙语："其道有二。曰性灵流露，曰书卷酝酿。"可谓知言。明杨慎评此作："英气可掬，流落亦可惜矣！"杨慎于此拈出"英气"二字，从消沉遁世的基调中看到开朗超拔的一面，具见法眼。在任何时代，作为一个诗人的气质来说，这种"英挺之气"断不可少。正如清赵翼所说："放翁功夫精到，出语自然老洁，他人数言不能了者，只在一二语了之。"明杨慎《词品》说："放翁词，纤丽处似淮海，雄快处似东坡。其感旧《鹊桥仙》一首，英气可掬，流落亦可惜矣。"

【原文】

鹊桥仙·夜闻杜鹃·茅檐人静

茅檐人静[1]，蓬窗灯[2]暗，春晚连江风雨[3]。林莺巢燕总无声[4]，但月夜、常啼杜宇[5]。　　催成清泪[6]，惊残孤梦[7]，又拣深枝飞去[8]。故山犹自不堪听[9]，况半世、飘然羁旅[10]！

【毛泽东圈评等情况】

毛泽东读清朱彝尊、汪森编选《词综》卷十五时，圈阅了这首《鹊桥仙·茅檐人静》。

[参考] 张贻玖：《毛泽东评点、圈阅的中国古典诗词》，中国工人出版社1992年版，第251页。

【注释】

（1）茅，指盖屋的草；檐，本是房檐。茅檐，指茅屋屋檐。

（2）蓬，犹蓬户，即编蓬草为窗，谓窗户之简陋。战国宋庄周《庄子·让王》："原宪居鲁，环堵之室，茨以生草，蓬户不完，桑以为枢。"宋刘克庄《打夕诗》："蓬窗亦有精勤士。"

（3）春晚，春暮，暮春时节。唐张彦胜《露赋》："昔时春晚，拂杨柳于南津；今日秋深，落芙蓉于北渚。"

（4）林莺巢燕，树林中的黄莺和筑巢的燕子。

（5）杜宇，杜鹃鸟的别名。据《成都记》载：杜宇又曰杜主，自天而降，称望帝，好稼穑，治郫城。后望帝死，其魂化为鸟，名曰杜鹃。

（6）清泪，眼泪。宋曾巩《秋夜》诗："清泪昏我眼，沉忧回我肠。"

（7）孤梦，孤独的梦。

（8）深枝，树林深处的枝条。

（9）故山，旧山，喻家乡。汉应场《别诗》之一："朝云浮四海，日暮归故山。"

（10）羁旅，亦作"羇旅"，寄居异乡。春秋鲁左丘明《左传·庄公二十二年》："齐侯使敬仲为卿，辞曰：'羁旅之臣……敢辱高位？'"杜预注："羁，寄；旅，客也。"

【赏析】

《鹊桥仙》，词牌名，又名《鹊桥仙令》《忆人人》《金风玉露相逢曲》《广寒秋》等。最初是咏牛郎织女七夕鹊桥相会，此后作一般词牌使用。

这首词当是陆游客居四川时期的作品。乾道八年（1172）冬，陆游离开南郑，第二年春天在成都任职，之后又在西川淹留了六年。据现代词论家夏承焘《放翁词编年笺注》，此词就写于这段时间。词题为《夜闻杜鹃》。杜鹃，在蜀常暮春而鸣。它又名杜宇、子规、鹈鴂，古人曾赋予它很多意义，蜀人更为它编成了一个哀凄动人的故事。(《成都记》："望帝死，其魂化为鸟，名曰杜鹃。")因此，这种鸟的啼鸣凄厉，极似"不如归去"。常引起人们的许多联想，住在蜀地的文士关于杜鹃的吟咏当然就更多，杜甫入蜀就有不少这样的作品。陆游在成都时的心情本来就不大好，再加上他"夜闻杜鹃"，自然会惊动敏感的心弦而思绪万千了。

　　词的上阕描述杜鹃夜啼的情景。词人从景物写起："茅檐人静，蓬窗灯暗，春晚连江风雨。""茅檐""蓬窗"指其简陋的寓所。当然，陆游住所未必如此，这样写无非是形容客居的萧条，读者不必拘执。在这样的寓所里，"晻晻黄昏后，寂寂人定初"，坐在昏黄的灯下，他该是多么寂寥。同时作者想象出"连江风雨""萧萧暗雨打窗声"。其愁绪便跃然纸上。接下来二句："林莺巢燕总无声，但月夜、常啼杜宇。"这时他听到了鹃啼，但又不直接写，而是先反衬一笔：莺燕无声使得鹃啼显得分外清晰、刺耳；莺燕在早春显得特别活跃，一到晚春便"燕懒莺残"、悄然无声了，对这"无声"的怨悱，就是对"有声"的厌烦。"总"字传达出了那种怨责、无奈的情味。接着再泛写一笔："但月夜、常啼杜宇。""月夜"自然不是这个风雨之夜，月夜的鹃啼是很凄楚的——"又闻子规啼夜月，愁空山"（李白《蜀道难》）——何况是此时此境呢！"常啼"显出这刺激不是一天两天，这样写是为了加强此夜闻鹃的感受。

　　下阕是写夜闻鹃鸣的环境，着重于气氛的渲染。"催成清泪，惊残孤梦，又拣深枝飞去。"换头处三句是说，这杜鹃竟然可以在发出鸣叫、催成词人几行清泪、惊残他一枕孤梦之后，又拣深枝飞去。"孤梦"点明客中无聊，寄之于梦，偏又被"惊残"。"催成清泪"，因啼声一声紧似一声，故曰"催"。就这样还不停息，"又拣深枝飞去"，继续它的哀鸣。"又"，表明作者对杜鹃夜啼的无可奈何。唐杜甫《子规》写道："客愁那听此，故作傍人低！"——客中愁闷时哪能听这啼声，可是那杜鹃却似故意追着人飞！这里写的也是这种情况。鹃啼除了在总体上给人一种悲凄之感、一种心理重负之外，还由于它的象征意义能引起人们的种种联想。比如它在暮春啼鸣，使人觉得春天似乎是被它送走的，它的啼鸣常引起人们时序倏忽之感，如《离骚》"恐鹈鴂之先鸣兮，使夫百草为之不芳"。同时，这种鸟的鸣声好似说"不如归去"，因此又常引起人们的羁愁。所以作者结末二句写道："故山犹自不堪听，况半世、飘然羁旅！""故山"，即故乡。"半世"，陆游至成都已是四十九岁，故说半世。这结尾的两句进一步表明处境，生发感慨，把他此时闻杜鹃内心深层的意念揭示出来了。在故乡听鹃当然引不起羁愁，之所以"不堪听"，就是因为打动了岁月如流、志业未遂的心绪，而此时作客他乡更增加了一重羁愁，这里的"犹自……况"就是表示这种递进。

纵观全词，作者先绘景，渲染气氛，再用对比托出杜鹃夜啼，接着写啼声引发的感受，最后通过联想，表达人生的感慨。可谓结构细密，层次分明。明徐士俊《古今词统》评此词云："去国离乡之感，触绪纷未，读之令人于悒。"清陈廷焯《白雨斋词话》卷一云："放翁词，惟《鹊桥仙·夜闻杜鹃》一章，借物寓言，较他作为合乎古。"

【原文】

感皇恩·小阁倚秋空

小阁倚秋空，下临江渚(1)。漠漠孤云未成雨(2)。数声新雁，回首杜陵何处(3)。壮心空万里，人谁许(4)！　　黄阁紫枢(5)，筑坛开府(6)。莫怕功名欠人做(7)。如今熟计，只有故乡归路。石帆山脚下(8)，菱三亩(9)。

【毛泽东圈评等情况】

毛泽东读清朱彝尊、汪森编选《词综》卷十五时，圈阅了这首《感皇恩·小阁倚秋空》。

[参考] 张贻玖：《毛泽东评点、圈阅的中国古典诗词》，中国工人出版社1992年版，第251页。

【注释】

（1）江渚，江中小洲，亦指江边。西晋陈寿《三国志·吴书·陆凯传》："江渚有事，责其死效。"

（2）漠漠，迷蒙貌。汉王逸《九思·疾世》："时昢昢兮旦旦，尘漠漠兮未晞。"一本作"莫莫"。唐杜甫《茅屋为秋风所破歌》："俄顷风定云墨色，秋天漠漠向昏黑。"

（3）杜陵，在长安城东南，秦时为杜县地，汉时为宣帝陵所在，故称杜陵，这里用杜陵指代北宋都城汴京。

（4）谁许，何人赞许。

（5）黄阁，本指汉代丞相办公处所，此指中书、门下省。汉代丞相、太尉和汉以后的三公官署避用朱门，厅门涂黄色，以区别于天子。汉卫宏《汉旧仪》卷上："（丞相）听事阁曰黄阁。"紫枢，指掌兵的中央机关枢密院。南朝梁沈约《宋书·孔觊传》："秽紫枢，不俟鸣条之誓。"

（6）筑坛，汉高祖刘邦在汉中设坛场拜韩信为大将。《史记·淮阴侯列传》："王曰：'以为大将。'何曰：'幸甚。'于是王欲召信拜之。何曰：'王素慢无礼，今拜大将如呼小儿耳，此乃信所以去也。王必欲拜之，择良日，斋戒，设坛场，具礼，乃可耳。'王许之。诸将皆喜，人人各自以为得大将。至拜大将，乃韩信也，一军皆惊。"开府，指做官做到三公的高位。汉制，三公得开府，自置官属。南朝梁范晔等《后汉书·董卓传》："催（李催）又迁车骑将军，开府，领司隶校尉，假节。"

（7）功名，功业和名声。战国宋庄周《庄子·山木》："削迹捐势，不为功名。"成玄英疏："削除圣迹，损弃权势，岂存情于功绩，以留意于名誉！"

（8）石帆山，山名，在作者家乡山阴的一座小山，在城东十五里，高数十丈，形状似一只张开的风帆，故名。

（9）菱，菱藕。

【赏析】

《感皇恩》，唐教坊曲名。双调六十七字，前后段各七句，四仄韵。

宋孝宗赵眘乾道八年（1172），陆游时年四十八岁，在南郑任四川宣抚使司干办公事兼检法官。他和四川宣抚使王炎正在计划收复长安，王炎调回临安，陆游亦调官成都。这首词是他调成都以后、出川以前的作品。

词的上阕写景。"小阁倚秋空，下临江渚，漠漠孤云未成雨"，开头三句是说，在一个初秋的阴天，作者登上了江边的一个小阁，仰望天空迷蒙的云气还没有浓结到要化成雨点的样子，俯视可以看到江水和沙渚。境界是开阔的，并带着些静漠与冷清。作者概括了登高之事和周围环境，并描写视觉中景物，化用了宋周邦彦《感皇恩》"小阁倚晴空"的词句、唐王勃《滕王阁》"滕王高阁临江渚"的诗句。"数声新雁，回首杜陵何处"二句，接着写听觉，并由此引出作者的联想。雁是"新雁"，知秋是"新秋"；云是"孤"云，雁只"数"声，"数"字中也反映出主客观的孤独意象的两相契合。杜陵，在长安城东南，这里用杜陵指代北宋都城汴京。长安这个汉唐故都，是华夏强盛的象征，也是西北的政治、军事中心之地。陆游急切地盼望南宋统治者能从金人手里收复长安；他从军南郑，时时遥望长安，寄托其收复故国山河的思想感情。古人写闻雁和长安联系的，除陆诗外，还有许多．如唐杜牧《秋浦道中》的"为问寒沙新雁到，来时为下杜陵无"，唐于邺《秋夕闻雁》的"忽闻凉雁至，为报杜陵秋"，只是一般的去国怀都之感。作者写的闻新雁而回头看不到长安，也是感叹收复长安的好消息的不能到来。"壮心空万里，人谁许！"二句是说，空有从军万里的壮怀，而无人相许（即无人赏识、信任的意思），申明"回首"句的含意，这里的描写从含蓄的寄慨到激昂的抒情，体现了作者写作的特点。

词的下阕抒情。"黄阁紫枢，筑坛开府，莫怕功名欠人做。"换头处三句中的"黄阁""枢紫"，指代宰相和枢密使，是宋代最高文武官吏。开府是开幕府，置僚属，在宋代，高级行政区的军政长官有此种权力。第一、二句指为将相，第三句说不怕这种职位无人可当，意即用不着自己怀抱壮志与准备担当大任。陆游并不热衷于当高官，但却始终抱着为效忠国家而建立功名的壮志。他的自慰之辞，只不过是一种更为曲折、更为深沉的感慨。是从"封侯事在，功名不信由天"（《汉宫春》）的乐观，到"元知造物心肠别，老却英雄似等闲"（《鹧鸪天》）的绝望过程中的感慨。"如今熟计，只有故乡归路。石帆山脚下，菱三亩。"这里说的是，现在再三思忖，只有辞官东归，回到故乡山阴的石帆山下，去种三亩菱为生。这是积极的理想找不到出路，被迫要作消极的归隐之计，经过一番思考，连归隐后的生活都做了具体的设想，所以最后出现一个江南水乡的图景。痛苦的心情融化于优美的自然景物，表面上是景美而情淡，实际上是闲淡中抑制着内心的愤激，深藏着内心的痛苦。

这是陆游的一首要用归隐的办法来解决理想与现实的矛盾的词作，情景结合，看似矛盾但解决得比较圆满，作者的心情在这首词中表现得比较闲淡。深入体会，仍然透露出理想对现实的尖锐冲突和强烈抗议，所以意境是曲折的，感慨是深沉的。明末清初的《词洁辑评》一书曰："其人胸中有故，出语自不同。当与'酒徒大半取封侯，独去作、江边渔父'合看。"

【原文】

诉衷情·当年万里觅封侯

当年万里觅封侯[(1)]，匹马戍梁州[(2)]。关河梦断何处[(3)]？尘暗旧貂裘[(4)]。胡未灭[(5)]，鬓先秋[(6)]，泪空流。此生谁料，心在天山[(7)]，身老沧洲[(8)]。

【毛泽东圈评等情况】

毛泽东读清朱彝尊、汪森编选《词综》卷十五时，圈阅了这首《诉衷情·当年万里觅封侯》。

[参考] 张贻玖：《毛泽东评点、圈阅的中国古典诗词》，中国工人出版社 1992 年版，第 251 页。

【注释】

（1）万里觅封侯，奔赴万里外的疆场，寻找建功立业的机会。南朝宋范晔等《后汉书·班超传》载：班超少有大志，尝曰，大丈夫应当"立功异域，以取封侯，安能久事笔砚间乎"？

（2）戍（shù），守边。梁州，治所在南郑（今陕西汉中市南郑区）。陆游著作中，称其参加四川宣抚使幕府所在地，常杂用以上地名。

（3）关河，关塞、河流，泛指山河。南朝宋范晔等《后汉书·荀彧传》："此实天下之要地，而将军之关河也。"一说指函谷等关与黄河。西汉司马迁《史记·苏秦列传》："秦四塞之国，被山带渭，东有关河，西有汉中。"此处泛指汉中前线险要的地方。梦断：梦醒。

（4）尘暗旧貂裘，貂皮裘上落满灰尘，颜色为之暗淡。这里借用苏秦典故，说自己不受重用，未能施展抱负。据西汉刘向《战国策·秦策》，苏秦游说秦王"书十上而不行，黑貂之裘敝，黄金百斤尽，资用乏绝，去秦而归"。

（5）胡，古泛称西北各族为胡，亦指来自彼方之物。南宋词中多指金人。此处指金入侵者。

（6）鬓，鬓发。秋，秋霜，鬓白如霜，比喻年老。

（7）天山，在中国西北部，是汉唐时的边疆。这里代指南宋与金国相持的西北前线。

（8）沧洲，靠近水的地方，古时常用来泛指隐士居住之地。南朝齐谢朓《之宣城郡出新林浦向板桥》诗有"既欢怀禄情，复协沧州趣"句。这里是指作者位于镜湖之滨的家乡。

【赏析】

《诉衷情》，词牌名，唐教坊曲。唐代温庭筠取《离骚》"众不可户说兮，孰云察余之中情"之意，创制此调。双调四十四字，上下片各三平韵。

这首词是作者晚年隐居山阴农村以后写的，具体写作年份不详。宋孝宗乾道八年（1172），陆游应四川宣抚使王炎之邀，从夔州前往当时西北前线重镇南郑军中任职，度过了八个多月的戎马生活。淳熙十六年（1189）陆游被弹劾罢官后，退隐山阴故居长达十二年。这期间常常在风雪之夜，孤灯之下，回首往事，梦游梁州，写下了一系列爱国诗词。这首《诉衷情》是其中的一篇。此词描写了作者一生中最值得怀念的一段岁月，通过今昔对比，反映了一位爱国志士的坎坷经历和不幸遭遇，表达了作者壮志未酬、报国无门的悲愤不平之情。这种高亢的政治热情，永不衰竭的爱国精神形成了词作风骨凛然的崇高美。

词的上阕忆旧。"当年万里觅封侯，匹马戍梁州"，开头两句，词人再现了往日壮志凌云、奔赴抗敌前线的勃勃英姿。"当年"，指乾道八年。在那时陆游来到南郑（今陕西汉中），投身到四川宣抚使王炎幕下。在前线，他曾亲自参加过对金兵的遭遇战。"觅封侯"用班超投笔从戎、立功异域"以取封侯"的典故，写自己报效祖国、收拾旧河山的壮志。一个"觅"字显出词人当年的自许、自负、自信的雄心和坚定执着的追求精神。"万里"与"匹马"形成空间形象上的强烈对比。那豪雄飞纵、激动人心的军旅生活至今历历在目，时时入梦，之所以会这样，是因为强烈的愿望受到太多的压抑，积郁的情感只有在梦里才能得到宣泄。"关河梦断何处？尘暗旧貂裘"二句，在南郑前线仅半年，陆游就被调离，从此关塞河防，只能时时在梦中达成愿望，而梦醒不知身何处，只有旧时貂裘戎装，而且已是尘封色暗。一个"暗"字将岁月的流逝，人事的消磨，化作灰尘堆积之暗淡画面，心情饱含惆怅。上阕开头以"当年"二字揳入往日豪放军旅生活的回忆，声调高亢，"梦断"一转，形成一个强烈的情感落差，慷慨化为悲凉。至下片则进一步抒写理想与现实的矛盾，跌入更深沉的浩叹，悲凉化为沉郁。

下阕抒情。"胡未灭，鬓先秋，泪空流。"接下来三句步步紧逼，声调短促，说尽平生不得志。放眼西北，神州陆沉，残虏未扫；回首人生，流年暗度，两鬓已苍；沉思往事，雄心虽在，壮志难酬。"未""先""空"三字在承接比照中，流露出沉痛的感情，越转越深：人生自古谁不老？但逆胡尚未灭，功业尚未成，岁月已无多，这才迫切感到人"先"老之酸楚。这忧国之泪只是"空"流，一个"空"字既写了内心的失望和痛苦，也写了对君臣尽醉的偏安东南一隅的小朝廷的不满和愤慨。"此生谁料，心在天山，身老沧洲。"结末三句总结一生，反省现实。"天山"代指抗敌前线，"沧洲"指闲居之地，"此生谁料"即"谁料此生"。词人没料到，自己的一生会不断地处在"心"与"身"的矛盾冲突中，他的心神驰于疆场，他的身却僵卧孤村，他看到了"铁马冰河"，但这只是在梦中，他的心灵高高扬起，飞到"天山"，他的身体却沉重地坠落在"沧洲"。"谁料"二字写出了往日的天真与此时的失望，理想与现实是如此格格不入，无怪乎词人要声声浩叹。"心在天山，身老沧洲"两句作结，先扬后抑，形成一个大转折。词人犹如一心要搏击长空的苍鹰，却被折断羽翮，落到地上，在痛苦中呻吟。

陆游这首词，确实饱含着人生的秋意，但由于词人"身老沧洲"的感叹中包含了更多的历史内容，他的老泪中融汇了对祖国炽热的感情，所以词的情调体现出幽咽而又不失开阔深沉的特色，比一般仅仅抒写个人苦闷的作品显得更有力量，更为动人。情感真挚，丝毫不见半点虚假造作；语言通俗，明白如话；悲壮处见沉郁，愤懑却不消沉。所有这些，使陆游这首词感人至深，独具风格。

【原文】

沁园春·三荣横溪阁小宴·粉破梅梢

粉破梅梢，绿动萱丛(1)，春意已深。渐珠帘低卷(2)，筇枝微步(3)，冰开跃鲤(4)，林暖鸣禽(5)。荔子扶疏(6)，竹枝哀怨(7)，浊酒一尊和泪斟(8)。凭栏久(9)，叹山川冉冉(10)，岁月骎骎(11)。　　当时岂料如今。漫一事无成霜鬓侵。看故人强半(12)，沙堤黄阁(13)，鱼悬带玉(14)，貂映蝉金(15)。许国虽坚(16)，朝天无路(17)，万里凄凉谁寄音。东风里，有灞桥烟柳(18)，知我归心。

【毛泽东圈评等情况】

毛泽东读清朱彝尊、汪森编选《词综》卷十五时，圈阅了这首《沁园春·粉破梅梢》。

[参考]张贻玖：《毛泽东评点、圈阅的中国古典诗词》，中国工人出版社1992年版，第251页。

【注释】

（1）萱，萱草，多年生草本植物，叶条状披针形，花黄色或红黄色，供观赏。亦称"金针菜"；简称"萱"，如"萱堂"（借指母亲或母亲居住的地方）、"萱椿"（指父母）。

（2）珠帘，用线穿成一条条垂直串珠构成的帘幕，珍珠缀成的帘子，居室或屋外起装饰和遮挡的作用。

（3）筇（qióng）枝，即筇竹杖。唐张祜《赠僧云栖》诗："麈尾与筇枝，几年离石坛。"

（4）跃鲤，一种鲤鱼。传说汉代孝子姜诗母嗜鱼脍，诗夫妇常力作供脍，舍侧忽有涌泉，味如江水，每旦辄出双鲤鱼事见《后汉书·列女传·姜诗妻》。五代·李瀚《蒙求》诗："盛彦感螬，姜诗跃鲤。"

（5）鸣禽，鸣禽为雀形目鸟类，种类繁多。鸣禽善于鸣叫，由鸣管控制发音。鸣禽是鸟类中最进化的类群，分布广。南朝宋谢灵运《登池上楼》："池塘生春草，园柳变鸣禽。"

（6）荔子，指荔枝树。扶疏，枝叶繁茂分披之状。

（7）竹枝，指竹枝词。是南方民间吟咏风土人情的民歌体乐府诗，声调哀怨凄婉。

（8）浊酒，用糯米、黄米等酿制的酒，较混浊。浊酒也指一种酒，即相对于清酒而言的酒类。三国魏嵇康《与山巨源绝交书》："时与亲旧叙阔，陈说平生，浊酒一杯，弹琴一曲，志愿毕矣。"和泪，含着眼泪。斟。往杯盏里倒饮料。此指斟酒。

（9）凭栏，身倚栏杆。唐崔涂《上巳日永崇里言怀》诗："游人过尽衡门掩，独自凭栏到日斜。"

（10）山川，山岳、江河。《易·坎》："天险，不可升也，地险，山川丘陵也，王公设险以守其国。"指名山大川。《书·舜典》："望于山川，遍于群神。"冉冉，迷离之状。宋范成大《秋日杂兴》诗之二："西山在何许？冉冉紫翠间。"

（11）骎骎（qīn qīn），疾速。南朝梁简文帝《纳凉》诗："斜日晚骎骎，池塘半生阴。"

（12）强半，大半，大多数。

（13）沙堤，唐代专为宰相通行车马所铺筑的沙面大路。唐李肇《唐国史补》卷下："凡拜相，礼绝班行，府县载沙填路。自私第至于子城东街，名曰沙堤。"黄阁，汉代丞相、太尉和汉以后的三公官署避用朱门，厅门涂黄色，以区别于天子。汉卫宏《汉旧仪》卷上："（丞相）听事阁曰黄阁。"

（14）鱼悬带玉，宋因唐制，把官员的符契做成鱼形，饰以金银，左右各一，上刻官者姓名，出入合之，作为信物，鱼有袋盛装，故曰鱼袋；而宋朝官员，三品以上服玉带，鱼袋便悬在金玉带上。

（15）貂映蝉金，指貂蝉冠，冠名。貂尾与蝉羽皆古代显官冠上之饰物。貂蝉冠起源于秦代，起初为侍中、常侍等贵近之臣的冠饰。而后发展为高级官员的礼冠。

（16）许国，将一身奉献给国家，报效国家。《晋书·陆玩传》："诚以身许国，义忘曲让。"

（17）朝天，朝见天子。唐王维《闻逆贼凝碧池作乐》诗："万户伤心生野烟，百僚何日再朝天。"

（18）灞桥，桥名，本作霸桥。据《三辅黄图·桥》："霸桥，在长安东，跨水作桥。汉人送客至此桥，折柳赠别。"唐郑谷《小桃》诗："和烟和雨遮敷水，映竹映村连灞桥。"烟柳，烟雾笼罩的柳林，亦泛指柳林、柳树。唐张仲素《春游曲》之一："烟柳飞轻絮，风榆落小钱。"

【赏析】

《沁园春》，词牌名。东汉窦宪仗势夺取沁水公主园林，后人作诗以咏其事，此调因此得名，又名《寿星明》《洞庭春色》等。双调一百十四字，平韵。

此词作于宋孝宗淳熙二年（1175）初春，当时陆游摄知荣州事。词题是《三荣横溪阁小宴》。"三荣"，指荣州（今四川省荣县）。"横溪阁"，在荣州城北阁，跨双溪之上。《蜀中名胜记》："横溪阁者，跨于双溪之上也，一自西来，其水浊，一自东来，其水清，二水合流于城下，为阁以俯之。"此词为陆游阁中小宴时即兴之作。当时陆游年已五十一岁，曾做过枢密院编修官，镇江通判，积极参与抗金北伐、收复中原的活动。入川后，于王炎幕府参赞军务，谋划北伐中原。陆游这些壮举，目的都在于报效祖国，建功立业，名垂后世。但奔波了大半生的词人，不过得到了一个权摄知州的职位，这使他大失所望。小宴溪阁，对美酒，览春景，不觉触动心事，悲慨之际，提笔写下了这首《沁园春》。它写的是满眼裹不住的春景，表达的却是浓的化不开的为国担忧的情怀。正是这种一心要收复失地为国效力的愿望，奠定了陆游成为爱国主义诗人的基础。

这首词分上下两阕，上阕写景。"粉破梅梢，绿动萱丛，春意已深。"开篇三句写花艳草绿，"破""动"二词，惟妙惟肖地表达了梅枝开花、萱草拱动的情景。大自然生机益然，一片活力，春天来了。"渐珠帘低卷，筇枝微步"二句，写人们掀起珠帘要走出屋门去踏青散步，为什么要带筇竹做的手杖呢，我认为一是为了走路助力，二是为了驱赶蛇虫。"冰开跃鲤、林暖鸣禽"二句，写的是最能体现春意的两大实景：河水和丛林。冬日里寒气袭人，凝水成冰，春天江河解封，冰融水流，水中的鱼儿兴奋地破冰跃起。天气转暖了，林子里的鸟儿高兴地舞着跳着、叫着唱着。好一幅动感春景图。在这样的画面里漫步，心情该有多美呀。接下来三句是："荔子扶疏，竹枝哀怨，浊酒一尊和泪斟。""荔子扶疏，竹枝哀怨"是用来承上启下的句子，荔枝郁郁葱葱疏密有致，继续的是益然春意；竹枝袅袅婷婷婉转哀怨，则是双关语，上承荔子为景，下接竹枝为情。由此引出了"浊酒一尊和泪斟"的伤感。陆游用花草、游人、鱼鸟、林木做铺垫，用竹枝做引子，很自然地带出了和泪斟的心事。"凭栏久，叹山川冉冉，岁月骎骎。"是说他本人，手持酒杯，身依栏杆，看山川起伏变化，河水奔腾不息，而属于自己的时光却似骏马飞驰，转瞬即逝。"冉冉""骎骎"一慢一快相对而出，触发了词人的哀叹：山还那个山，水还是那个水，人却经不住岁月的流逝，年华不再了。

下阕抒情。上阕写眼前实景，陆游用粉破、绿动、微步、冰开、林暖、跃鲤、鸣禽等词勾勒出了一个动态的春天，让人徜徉其中不愿离去。而从"竹枝哀怨"起，景中带出了情，开篇挺欢快的一首词，到这里变的沉重了。"当时岂料如今，漫一事无成霜鬓侵"。为什么会哀叹呢？原来为抗击强虏北望中原，年轻时身为一介文人的陆游曾投身军旅，想用自己的一腔热血去报效国家，哪知道世事竟会如此艰难，一直到鬓发如霜垂垂老矣，山河依然破碎，故土仍未收复。全部的企盼、所有的付出都成了一场空。正如他在另一首诗《书愤》中所写"塞上长城空自许，镜中霜鬓已先斑"。"看故人强半，沙堤黄合，鱼悬带玉，貂映蝉金"四句是说，看看原来的朋友们，个个功成名就，穿金带银，加官进爵，活得很是滋润，却全然不顾国家统一与否。"许国虽坚，朝天无路，万里凄凉谁寄音"三句是说，像我这样不求个人利禄，一心只想收复河山的人，却报国无门，请缨无路，只落得万里凄凉流落异乡，这份心里的痛能与谁说，真让人想不通。陆游是个很执着的人，他的一生只想着抗击金兵和收复失地，虽因此遭排挤，受打击，但这个信念始终没有消减。一直到离世前给儿子写的遗嘱里还念念不忘《示儿》，"王师北定中原日，家祭无忘告乃翁"。"东风里，有灞桥烟柳，知我归心。"灞桥位于西安市城东，是一座古桥。由春秋五霸之一的秦穆公所修，迄今已近 3000 年了，遗址还在，这里是指尚在沦陷的长安。当年陆游曾协助他人筹措收复长安事宜，但无果。下阕直抒心境，写这首词的时候陆游 51 岁，人生过大半，青丝变白鬓，收复失地为国效力的理想越来越难以触摸。他的失落与惆怅、愤懑与不满、哀叹与无奈，全部在这里一泻而出。结尾出现了幻境，醉眼里仿佛在风中看见了山那边的灞桥，桥边的烟柳在迎接收复失地的队伍，队伍里挥斥方遒的那个身影就是陆游本人。

【原文】

沁园春·一别秦楼

一别秦楼[1]，转眼新春[2]，又近放灯[3]。忆盈盈倩笑[4]，纤纤柔握[5]，玉香花语，雪暖酥凝[6]。念远愁肠[7]，伤春病思[8]，自怪平生殊未曾[9]。君知否，渐香消蜀锦[10]，泪渍吴绫[11]。　　难求系日长绳[12]。况倦客飘零少旧朋[13]。但江郊雁起，渔村笛怨，寒釭委烬[14]，孤砚生冰[15]。水绕出围，烟昏云惨，纵有高台常怯登。消魂处[16]，是鱼笺不到[17]，兰梦无凭[18]。

【毛泽东圈评等情况】

毛泽东读清朱彝尊、汪森编选《词综》卷十五时，圈阅了这首《沁园春·一别秦楼》。

[参考] 张贻玖：《毛泽东评点、圈阅的中国古典诗词》，
中国工人出版社 1992 年版，第 251 页。

【注释】

（1）秦楼，秦穆公，为其女弄玉所建之楼。亦名凤楼。相传秦穆公女弄玉，好乐。萧史善吹箫作凤鸣。秦穆公以弄玉妻之，为之作凤楼。二人吹箫，凤凰来集，后乘凤，飞升而去。事见汉刘向《列仙传》。南朝梁沈约《修竹弹甘蕉文》：“巫岫敛云，秦楼开照。”此指妓院。

（2）新春，初春，早春。尤指春节。北周王褒《别陆子云》诗：“细柳发新春，沧波不可望。”

（3）放灯，指农历正月元宵节燃花灯供民游赏的风俗。放灯之期，代有不同，约在正月十一日至二十日之间。

（4）盈盈，仪态美好貌。盈，通“嬴”。南朝梁徐陵编：《玉台新咏·古乐府〈日出东南隅行〉》：“盈盈公府步，冉冉府中趋。”倩笑，指女子美好的笑声或笑容。

（5）纤纤，女手柔细之态。《古诗十九首·青青河畔草》：“娥娥红粉妆，纤纤出素手。”柔握，柔美的手，多称女子。晋陶潜《闲情赋》：“愿在竹而为扇，含凄飙于柔握。”

（6）酥凝，亦作凝酥，凝冻的酥油。形容美人细嫩润泽的皮肤。

（7）愁肠，愁苦的心情，郁结愁闷的心绪。唐欧阳询主编《艺文类聚》卷一引晋傅玄诗：“青云徘徊，为我愁肠。”

（8）伤春，因春天到来而引起忧伤、苦闷。唐司空曙《送郑明府贬岭南》诗：“青枫江色晚，楚客独伤春。”

（9）平生，一生，此生，有生以来。唐姚思廉《陈书·徐陵传》：“岁月如流，平生几何？晨看旅雁，心赴江淮；昏望牵牛，情驰扬越。”

（10）蜀锦，原指四川生产的彩锦，后亦为织法似蜀的各地所产之锦的通称。多用染色熟丝织成，色彩鲜艳，质地坚韧。

（11）吴绫，古代吴地所产的一种有纹彩的丝织品，以轻薄著名。五

代薛昭蕴《醉公子》词："慢绾青丝发，光矸吴绫袜。"

（12）系日长绳，"指用长绳子把太阳拴住，比喻想留住时光。晋傅玄《九曲歌》："岁暮景迈群光绝，安得长绳系白日。"

（13）倦客，客游他乡而对旅居生活感到厌倦的人。南朝宋鲍照《代东门行》："伤禽恶弦惊，倦客恶离声。"飘零，飘泊流落。唐杜甫《衡州送李大夫七丈赴广州》诗："王孙丈人行，垂老见飘零。"

（14）寒钉（gāng），寒灯。唐白居易《不睡》诗："焰短寒钉尽，声长晓漏迟。"委，抛弃，舍弃。烬，灰烬。

（15）砚，写毛笔字磨墨用的文具，多数用石做成。砚台，笔砚。

（16）消魂，灵魂离散。形容极度的悲愁、欢乐、恐惧等。唐綦毋潜《送宋秀才》诗："秋风一送别，江上黯消魂。"

（17）鱼笺，鱼子笺的简称，古时四川所造的一种纸。唐羊士谔《寄江陵韩少尹》："蜀国鱼笺数行字，忆君秋梦过南塘。"此指书信。

（18）兰梦，春秋鲁左丘明《左传·宣公三年》："初，郑文公有贱妾曰燕姞，梦天使与己兰，曰：'余为伯鯈。余，而祖也；以是为而子。'……生穆公，名之曰兰。"后因以"兰梦"为得子的征兆。

【赏析】

这是一首爱情词。《中兴以来绝妙词选》卷二调下题作《别恨》。由词的内容来看，是抒写与歌妓之间的爱情，表达了离别之后的刻骨相思和孤独寂寞的处境。比之词人的爱情名篇《钗头凤》，此词表现了男女之间情爱生活的另一个侧面。

词的上阕写刻骨的相思。"一别秦楼，转眼新春，又近放灯。"开头三句写别后临近元宵。"秦楼"，就是妓院。"放灯"，指农历正月元宵节燃点花灯供民游赏的风俗。此三句是说，词人在妓院与情人分别之后，转眼就到了春节，元宵节就又临近了。"忆盈盈倩笑，纤纤柔握，玉香花语，雪暖酥凝。"接下来四句写佳节怀念情人。"忆"为领字，"盈盈"，状情人体态美好；"倩笑"，笑得好看；"柔握"，美好柔软的小手。佳节临近，正该与心爱之人欢聚在一起，然而却人分两地，热烈的爱情不由得使人想起恋人那娇美的体态、好看的笑容、柔软纤细的小手、袅娜似玉的身段、花一般动人娇语，及温软雪白、有似酥凝的肌肤。这相思可谓刻骨铭心，难怪如此记忆犹新。"念远愁肠，伤春病思，自怪平生殊未曾"三句，写相思成疾。"念远"，即思念远方的恋人。思而不见，故愁肠百结，见春景而伤怀，相思久而成疾。这种铭心刻骨的相思，男主人公自怪平生还未经历过，可见其程度之深。"君知否，渐香消蜀锦，泪渍吴绫"三句写相思愈久愈苦。"蜀锦""吴绫"，指蜀地产的锦缎和吴地产的绫罗，皆天下名贵之物。这三句以"君知否"三字反问呼醒题面，然后说因离别时间越来越长，所以身上衣服原先所染的心爱之人身上的香气渐渐消失，这使人深感懊丧，因而扑簌簌落下的泪水把衣服也打湿了。

词的下阕写失意孤寂。"难求系日长绳。况倦客飘零少旧朋"，换头处二句，言时光易逝，韶华难留，失意倦游，孤独寂寞。而失意孤独之人是最为怀念恋人的。"但江郊雁起，渔村笛怨，寒釭委烬，孤砚生冰。"接下来四句，写环境萧条冷落。前二句写郊野之景的萧条，后二句写室内之景。"釭"，灯火。寒灯将灭，砚台结冰，室内是多么寒冷，不言自明。所以无论郊野室内无一令人快慰。相比与情人欢处的时刻，更令人感到孤独和冷漠。"水绕出围，烟昏云惨，纵有高台常怯登"三句，写无心游赏。陷入相思之人，不是不可以游览散心。山环水绕之地，登高可见，但这些在正受着离别相思之苦折磨的恋人眼中，好像笼上了一层昏烟惨雾；如果见之，将更加使人难堪，故而"纵有高台常怯登"。"消魂处，是鱼笺不到，兰梦无凭。"结末三句写接不到信更令人失魂落魄。"消魂"，丧失魂魄。"鱼笺"，写信的纸张，此指信。"兰梦"，生子的美好愿望。这三句是说，最使人失魂落魄的是恋人不寄书信来，使人能做一个能见到生了儿子的美梦也得不到，这就更加使人难以接受了。

这首词写别后的相思，先写孤独寂寞，再抒情极为真挚动人。抒相思之苦，至愁思成疾，常怯登高，怨恨音信全无，忧惧好梦不成，都是抒情的成功之处。另外，此词语言俏丽优美，委婉细密，也是艺术上的成功之处。南宋诗人刘克庄说："放翁长短句，其激昂感慨者，稼轩不能过；飘逸高妙者，与陈简斋、朱希真相颉颃；流丽绵密者，欲出晏叔原、贺方回之上。"(《后村大全集·诗话续集》)这首《沁园春》词,即其流丽绵密者。

真珠帘·山村水馆参差路

　　山村水馆参差路。感羁游(1)、正似残春风絮(2)。掠地穿帘,知是竟归何处?镜里新霜空自悯(3),问几时、鸾台鳌署(4)?迟暮(5)。谩凭高怀远(6),书空独语(7)。　　自古儒冠多误(8)。悔当年、早不扁舟归去(9)。醉下白蘋洲(10),看夕阳鸥鹭(11)。菰菜鲈鱼都弃了(12),只换得、青衫尘土(13)。休顾。早收身江上(14),一蓑烟雨。

【毛泽东圈评等情况】

　　毛泽东读清朱彝尊、汪森编选《词综》卷十五时,圈阅了这首《真珠帘·山村水馆参差路》。

> [参考]张贻玖:《毛泽东评点、圈阅的中国古典诗词》,
> 中国工人出版社1992年版,第251页。

【注释】

　　(1)羁游,羁旅无定。唐元稹《诲侄等书》:"吾窃见吾兄自二十年来,以下士之禄,持窘绝之家,其间半是乞丐羁游,以相给足。"。

　　(2)残春,指春天将尽的时节。唐贾岛《寄胡遇》诗:"一自残春别,经炎复到凉。"风絮,随风飘悠的絮花,多指柳絮。唐薛能《折杨柳》诗之二:"闲想习池公宴罢,水蒲风絮夕阳天。"

　　(3)新霜,指新生的白发。空自,徒然;白白地。南朝梁何逊《哭吴兴柳恽》诗:"樽酒谁为满,灵衣空自披。"悯,哀怜。

　　(4)鸾台,唐时门下省的别名,后借指朝廷高级政务机构。后晋刘昫等《旧唐书·职官一》:"光宅元年九月,改门下省为鸾台,中书省为凤阁。"鳌署,指翰林学士院。宋宋祁《寒食假中作》诗:"鳌署侍臣贪出沐,珉糜珠馅愧颁宣。"

（5）迟暮，比喻晚年。战国楚屈原《楚辞·离骚》："惟草木之零落兮，恐美人之迟暮。"

（6）谩，莫，不要。凭高，登临高处。唐李白《天台晓望》诗："凭高远登览，直下见溟渤。"怀远，安抚边远的人。春秋鲁左丘明《左传·僖公七年》："臣闻之，招携以礼，怀远以德。"

（7）书空，唐房玄龄等《晋书·殷浩传》："浩虽被黜放，口无怨言，夷神委命，谈咏不辍，虽家人不见其有流放之戚。但终日书空，作'咄咄怪事'四字而已。"

（8）儒冠，古代儒生戴的帽子。西汉司马迁《史记·郦生陆贾列传》："沛公不好儒，诸客冠儒冠来者，沛公辄解其冠，溲溺其中。"借指儒生。唐杜甫《奉赠韦左丞丈二十二韵》："纨绔不饿死，儒冠多误身。"

（9）扁（piān）舟，小船。西汉司马迁《史记·货殖列传》："范蠡既雪会稽之耻，乃喟然而叹曰：'计然之策七，越用其五而得意。既已施于国，吾欲用之家。'乃乘扁舟浮于江湖。"

（10）白蘋洲，唐白居易《白蘋洲五亭记》："湖州城东南二百步，抵霅溪，溪连汀洲，洲一名白蘋。梁吴兴守柳恽于此赋诗云'汀洲采白蘋'，因以为名也。"白蘋，亦作"白萍"，水中浮草。

（11）看夕阳鸥鹭，用鸥鹭忘机典故。战国郑列御寇《列子·黄帝篇》："上之人有好鸥鸟者，每旦之海上，从鸥鸟游，鸥鸟之至者百住而不止。其父曰：'吾闻鸥鸟皆从汝游，汝取来，吾玩之'。明日之海上，鸥鸟舞而不下也。"指人无巧诈之心，异类可以亲近，后以鸥鹭忘机比喻淡泊隐居，不以世事为怀。鸥鹭，鸥鸟和鹭鸟的统称。

（12）莼菜鲈鱼，唐房玄龄等《晋书·张翰传》："翰因见秋风起，乃思吴中莼菜莼羹、鲈鱼脍，曰：'人生贵得适志，何能羁宦数千里，以要名爵乎？遂命驾而归，著《首丘赋》。"

（13）青衫，唐制，文官八品、九品服以青。唐白居易《琵琶引》："座中泣下谁最多？江州司马青衫湿！"后因借指失意的官员。宋王安石《杜甫画像》诗："青衫老更斥，饿走半九州。"

（14）早收身江上二句，意谓及早归隐江湖。唐张志和《渔歌子》："西塞山前白鹭飞，桃花流水鳜鱼肥。青箬笠，绿蓑衣，斜风细雨不须归。"

【赏析】

《真珠帘》，双调一百一字，前段九句六仄韵，后段十句七仄韵。始见于陆游此词。此词《中兴以来绝妙词选》卷二于调下题作《羁旅有感》。宋孝宗淳熙五年（1178），陆游出川后，在福建、江浙一带做了几任地方官，便被以"嘲吟风月"罢免官职。从词的内容来看，词人罢官之后，可能过了一段羁旅漂泊的生活，这时词人已是年及花甲之人，建功立业、报效国家、名垂青史的志向，不但没有实现，反而连小小的官职也丢了。鬓发花白，壮志成空，飘泊路途，身归何处？这不禁使词人产生了羁旅迟暮之感和隐退思归之情。这首词就是这种处境和心境的艺术写照。

词的上阕主要写对失官羁游的感慨。"山村水馆参差路。感羁游、正似残春风絮。"

开头二句是说，由于行色匆匆赶路，词人刚走过山村，便又匆匆赶往水边馆舍，一程接着一程，程程紧逼不停。旅途紧迫，道路难行，因而使词人对羁游生活顿生感慨，觉得自己多么像春末的柳絮，随风飘荡。新颖的比喻写出了羁旅飘泊、行踪不定的特点。"掠地穿帘，知是竟归何处"二句，写归宿难明。"掠地穿帘"，是就柳絮之喻说开去，一时掠地飞起，一时窜入帘笼，进入室内，谁知它想终归到哪里呢？这里写柳絮，正是写词人自己。罢官飘泊，归宿何在？"镜里新霜空自悯，问几时、鸾台鳌署？"二句写年华老大，渴望功名。"新霜"，指新生的白发。"鸾台"，指朝廷的门下省。"鳌署"，指翰林院。二句是说，自己的头发都白了，十分值得可怜，可什么时候能身登要职，参与国家军政大事，成就功名事业。"几时"二字深深透露了词人内心的渴望之情。"迟暮。谩凭高怀远，书空独语。"结末三句，写迟暮之感，失意之情。"迟暮"黄昏，比喻晚年。"谩"，莫，不要。"书空"，用晋代殷浩终日书空，作"咄咄怪事"四字典故。陆游年近晚景，功业无望，因而登到高处，放眼望去，抒发远大怀抱。而"书空独语"四字，则表现了词人已到了感慨罢官、出神独语的程度。

词的下阕写出仕的后悔和归隐的决心。"自古儒冠多误。悔当年、早不扁舟归去。"换头处二句，说恨归隐已晚。"儒冠"，儒者戴的帽子，指代儒者。"扁舟"，小船。儒家主张积极用世。踏入仕途，求取功名是儒家所要求的。词人奉行儒道，以致落到目前的境况，所以词人怨恨儒教误身，后悔早年没有驾驶一叶小舟，归隐江湖，悠游度日。"醉下白蘋洲，看夕阳鸥鹭"二句，写归隐的地点。"白蘋洲"，沙洲名。"洲"为水中或水边陆地。"鸥鹭"，两种水鸟，鸥鸟和鹭鸟的统称。词人设想归隐之后，饮酒陶然而醉，无拘无束，在醉酒中乘着小船来到白蘋洲畔，在夕阳西下的时候，悠然自得地观看水中鸟儿。"菰菜鲈鱼都弃了，只换得、青衫尘土"二句写后悔出仕。"菰菜鲈鱼"，用晋朝张翰的典故。"青衫"为时八九品官员所服，表示官职卑微。"只换得、青衫尘土"，字里行间流露出词人对出仕的后悔之情。"休顾。早收身江上，一蓑烟雨。"煞尾三句，写决心归隐江湖。"休顾"，表明回忆往事到此打住。以下二句是说，早年既然没有归隐，现在归隐江湖，抛弃功名思想，一件蓑衣披在身上，往来于江上，也还来得及嘛！

这首词写词人罢官之后对羁游飘泊的感慨，后悔入仕，决心归隐，反映了爱国词人陆游仕途坎坷的另一种心境，有其消极的一面，但消极的忧怨中反映了大有作为的渴望。在艺术上，这首词比喻形象，抒情吞吐往复，曲尽其妙，有较强的艺术感染力。南宋俞成《萤雪丛说》云："骚人于渔父则曰'一蓑烟雨'，于农夫则曰'一犁春雨'，于舟子则曰'一篙春水'，皆曲尽形容之妙也。"近代词论家俞陛云《唐五代两宋词选释》说："通首大意不过言羁旅无聊，亟思归去耳。以放翁之才气，不难奋笔疾书，乃上阕以身世托诸风絮，下阕'蘋洲'三句以隐居之绝好风景，设想在抗尘走俗之前，复归到一蓑烟雨，知词境之顿挫胜于率直也。"

【原文】

乌夜啼·纨扇婵娟素月

纨扇婵娟素月[1]，纱巾缥缈轻烟[2]。高槐叶长阴初合[3]，清润雨余天[4]。弄笔斜行小草[5]，钩帘浅醉闲眠[6]。更无一点尘埃到，枕上听新蝉[7]。

【毛泽东圈评等情况】

毛泽东读清朱彝尊、汪森编选《词综补遗》卷九时，圈阅了这首《乌夜啼·纨扇婵娟素月》。

[参考] 张贻玖：《毛泽东评点、圈阅的中国古典诗词》，中国工人出版社 1992 年版，第 251 页。

【注释】

（1）"纨扇"句，指纨扇如同明月一样洁白。纨扇又称宫扇，细绢织成的团扇，是汉族传统的手工艺术珍品，形如满月，故云"素月"。婵娟，美好的样子，暗喻女子娇美的容貌。汉代班婕妤曾作《怨歌行》："新裂齐纨素，皎洁如霜雪。裁为合欢扇，团团似明月。"

（2）纱巾，用纱制做成的头巾或围巾。唐刘长卿《赠秦系》诗："向风长啸戴纱巾，野鹤由来不可亲。"缥缈，随风飘扬；随水浮流。唐李白《愁阳春赋》："缥缈兮翩绵，见游丝之萦烟。"轻烟，指纱巾的轻细。

（3）"高槐"句，高大槐树的叶子渐渐长成，树阴也渐渐合拢，覆盖地面。

（4）"清润"句，雨后的天空更显清朗湿润。清润，清凉滋润。

（5）"弄笔"句，指在房里悠闲无事，以写小草打发时光。弄笔，谓执笔写字、为文、作画。汉王充《论衡·佚文》："天文人文，文岂徒调墨弄笔为美丽之观哉！"

（6）钩帘，卷帘所用的钩子。唐王昌龄《青楼怨》诗："肠断关山不解说，依依残月下帘钩。"浅醉，微醉。

（7）新蝉，初夏的鸣蝉。唐白居易《六月三日夜闻蝉》诗："微月初三夜，新蝉第一声。"

【赏析】

《乌夜啼》，原唐教坊曲名，后用为词牌名。又名《圣无忧》，平韵四十七字。

这首小令是陆游从蜀中归来，罢提举江南西路常平茶盐公事再归山阴时写的，词写于初夏季节。他这次归山阴，从淳熙八年（1181）五十七岁起到淳熙十二年（1185）六十一岁止，又住了五年。他在淳熙十六年（1189）写的《长短句序》，说他"绝笔"停止写词已有数年，因此词作于这几年中当可确定。

陆游是个爱国志士，不甘心过闲散生活，他的诗词写闲适意境，同时又往往带有悲慨。而这首词却有些不同，整首都写闲适意境，看不到任何悲愤之情。所以必须要结合陆游的身世和思想，从词外去理解他并不是真正耽于词中的生活，这一时的闲适，反而让人去试着探究深藏于作者心中的忧国忧民之情。

词的上阕写夏初雨后清润和暖的天气。"纨扇婵娟素月，纱巾缥缈轻烟"，起首二句以两种生活用品来表现初夏季节的来临。"纨扇"又称宫扇，细绢织成的团扇，是汉族传统的手工艺术珍品，形如满月，故云"素月"。"婵娟"，美好的样子，暗喻女子娇美的容貌。"纱巾"，用纱制成的头巾或围巾。"缥缈"，随风飘扬；随水浮流。唐李白《愁阳春赋》："缥缈兮翩绵，见游丝之萦烟。""轻烟"，指纱巾的轻细。第一句写美如圆月的团扇，第二句写薄如轻烟的头巾，这都是夏天所适用的。扇美巾轻，可以驱暑减热，事情显得轻快。"高槐叶长阴初合，清润雨余天。"三、四两句写景，也贴切季节。夏天树荫浓合，梅雨季节，放晴时余凉余润尚在，这都使人感到宽舒。这二句与宋王安石《初夏即事》"绿阴幽草胜花时"的诗句，以及宋周邦彦《满庭芳·夏日溧水无想山作》"午阴嘉树清圆。地卑山近，衣润费炉烟"的词句，景物相近，意境同美；但王诗、周词，笔调幽细，陆词则表现出清疏、自然。

词的下阕写习字小饮及眠后听蝉的悠闲情绪。"弄笔斜行小草，钩帘浅睡闲眠。"下阕换头处二句由上片的物、景写到人，由静写到动。陆游的有关写字的诗，如《草书歌》《题醉中所作草书卷后》《醉中作行草数纸》等，大多都是表现报国壮志被压抑，兴酣落笔，借以发泄愤激感情的，正如第二题的诗中所说的："胸中磊落藏五兵，欲试无路空峥嵘。酒为旗鼓笔刀槊，势从天落银河倾。"在这里，诗人却以写字表现闲适之情。淳熙十三年（1186）作于都城的《临安春雨初霁》中的"矮纸斜行闲作草"一句，正和这里的词句、语意接近。醒时弄笔写细草，表示闲适；醉眠时挂起帘钩，为了迎凉，享受东晋陶渊明《与子俨等疏》所说的："五六月中北窗下卧，遇凉风暂至，自谓是羲皇上人"那样的乐趣。"更无一点尘埃到，枕上听新蝉"，末二句再写闲散舒适之情。是说室内洁净，纤尘皆无，因为这时正是一场新雨之后，天地如洗，尘埃不扬。词人在闲眠之后，通体爽快，心情舒散，但却仍旧躺着不动，在枕上倾听起刚刚出入的蝉儿鸣叫欢唱。正是濒湖住宅的清凉、洁净的境界，明晰地表现了这一份闲暇，明显不同于往日作者的压抑、苦闷。

这首词只写事和景，不写情，情寓于事与景中。上下阕复叠，句式完全相同，故两阕起句都用对偶。情景轻快优美，笔调清疏自然，是陆游少见的闲适词。居宅依山傍水、风景美丽如画。作者不禁释怀，将昔日的抑郁苦闷一并抛到脑后，融入大自然的清新、闲适之中，全词表现出作者壮志未酬后的闲居生活。

【原文】

卜算子·咏梅·驿外断桥边

驿外断桥边[(1)]，寂寞开无主[(2)]，已是黄昏独自愁，更著风和雨[(3)]。　　无意苦争春[(4)]，一任群芳妒[(5)]，零落成泥碾作尘[(6)]，只有香如故[(7)]。

【毛泽东圈评等情况】

毛泽东1961年12月写的《卜算子·咏梅》云："读陆游咏梅词，反其意而用之。风雨送春归，飞雪迎春到。已是悬崖百丈冰，犹有花枝俏。　　俏也不争春，只把春来报。待到山花烂漫时，她在丛中笑。"

[参考]中共中央文献研究室编：《毛泽东诗词集》，中央文献出版社
1996年版，第129页。

1961年12月27日，毛泽东把这首词作为文件批给在北京参加中央工作会议的人们看，并将陆游原词附后，且加注说明："陆游北伐主张失败，皇帝不信任他，卖国分子打击他，自己陷于孤立，感到苍凉寂寞，因

作此词。"

[参考] 中共中央文献研究室编：《建国以来毛泽东文稿》第九册，中央文献出版社 1996 年版，第 617 页。

1962 年 1 月 12 日，毛泽东写信给康生："近作咏梅词一首，是反修正主义的，寄上请一阅。并请送沫若一阅。外附陆游咏梅词一首。末尾的说明是我作的，我想是这样的。究竟此词何年所作，主题是什么，尚有待于考证。我不过望文生义说几句罢了。"

[参考] 中共中央文献研究室编：《建国以来毛泽东文稿》第十册，中央文献出版社 1996 年版，第 11 页。

郭沫若在《待到山花烂漫时》一文中说："我们的处境好像很困难，很孤立，不从本质上来看问题的人便容易动摇。主席写出了这首词来鼓励大家，意思就是希望党员同志们要擎得着，首先成为毫不动摇、毫不害怕寒冷的梅花。"1963 年 12 月，《咏梅》公开发表时，毛泽东在词前写有小序云："读陆游咏梅词，反其意而用之。""已是悬崖百丈冰"句中的"百丈冰"原为"万丈冰"。"犹有花枝俏"句中的"犹有"原为"独有"。可以看出，毛泽东不但借梅咏梅，而且治学态度也很严谨。

【注释】

（1）驿（yì）外，指荒僻、冷清之地。驿，驿站，供驿马或官吏中途休息的专用建筑。断桥，残破的桥。一说"断"通"簖"，簖桥乃是古时为拦河捕鱼蟹而设簖之处所建之桥。

（2）寂寞，孤单冷清。无主，自生自灭，无人照管和玩赏。

（3）更，副词，又，再。著（zhuó），同"着"，遭受，承受。更著：又遭到。

（4）无意，不想，没有心思。自己不想费尽心思去争芳斗艳。苦，尽力，竭力。争春，与百花争奇斗艳，此指争权。

（5）一任，全任，完全听凭。一，副词，全，完全，没有例外。任，动词，任凭。群芳，群花、百花。百花，这里借指诗人政敌——苟且偷安的主和派。妒（dù），嫉妒。

（6）零落，凋谢，陨落。碾（niǎn），轧烂，压碎。作尘，化作灰土。

（7）香如故，香气依旧存在。

【赏析】

《卜算子》，词牌名，又名《卜算子令》《百尺楼》《眉峰碧》《楚天遥》等，有双调四十四字，前后段各四句、三仄韵；双调四十五字，前段四句两仄韵，后段四句三仄韵等变体。代表作品有陆游《卜算子·咏梅》、毛泽东《卜算子·咏梅》等。

这首词在众多的梅花诗中卓然特立。词人是咏梅，主要的又不只是咏梅，梅花实是作者高尚志趣的化身。"我"与梅花的影像重叠显现。南宋孝宗乾道二年（1166），陆游支持张浚抗金，投降派打击他，道学家对他也多有贬词，连朋友杨万里也写诗加以讥讽。他也因而获罪，被罢免了隆兴通判，在家闲居四年。落得如此结局，回顾一生的坎坷经历，词人借咏梅以剖白情怀。其实也是词人自己的咏怀之作。

词的上阕写梅花的境遇。"驿外断桥边"，写梅花所处的特殊坏境，寥寥五个字从空间方位上画出了一个荒凉的驿亭之外、断桥旁边，是个荒郊僻野、人迹罕至的处所，为下文"寂寞"二字张目。"寂寞开无主"，写梅花孤独的处境，因地处荒郊野外，梅花既无游人观览，也无雅士吟赏，甚至连过往路人那匆匆一瞥的机会也难以得到，只能独自在那里寂寞开放。"已是黄昏独自愁，更著风和雨"二句，词人把梅花拟人化，写梅花的愁苦心情。梅花地处偏僻，十分寂寞，日已黄昏，可偏偏又碰上风雨交加，怎能不使它愁苦欲绝呢？词人并非把单纯的眼前之景信手再现，而是以梅的"寂寞"喻自己的凄冷，从眼前之景的深层映射出自己报国无门的寂寥；"独自愁"是在黄昏中，已不堪忍受，何况又袭来凄风苦雨，这是摧残！上阕四句，一句一转，层层推进，写出了梅花的特殊境遇。

词的下阕歌颂梅花不同流俗的品格和节操。"无意苦争春，一任群芳妒"，换头处二句，写梅花的高洁品格。梅花先于百花破寒开放，原是自然本性，并非有意与百花争先，独赏春光。然而群芳却出于私心，嫉妒梅花。梅花对这种庸俗的嫉妒听之任之，不屑计较，这就突出了梅花的不同流俗、纯洁自爱的品格。词人赤诚爱国，力主抗金，竟无端获罪，这种政治的凄风苦雨，不也正在摧残一个爱国志士？梅不愿"苦争春"，所以早早开放，却招致"群芳妒"，主和派施加给作者的淫威，多么恰切地折射出来！"任"字体现了作者的气宇宏大，志行高洁，耿介独立。"零落成泥碾作尘，只有香如故"，结末二句，写梅花坚贞的节操。从时间上说，这两句写未来。遭风雨、受嫉妒的梅花，飘零坠落，本是客观的必然，然而即使车轮碾压，变成尘土，梅花美丽的形体虽然不存在了，但它那沁人心脾的清香仍然像盛开时一样，留芳人间。这是多么坚贞的节操啊！陆游弥留之际还叮嘱儿孙："王师北定中原日，家祭毋忘告乃翁。"推言之，人为枯骨，心香犹在！这不是一篇绝好的爱国志士悲凉的独白吗？末二句即是战国楚屈原在《离骚》中所说"不吾知其亦已兮，苟余情其信芳"的精神。比之宋王安石《咏杏》"纵被东风吹作雪，绝胜南陌碾成尘"之句用意更深沉。

这首咏梅词，托物言志词中的梅花即是陆游身世的缩影，是它高洁品格的化身。梅花的坚贞操守，体现了词人生死不渝的爱国热忱。当然这种孤芳自赏的消极情绪，不能给人以积极向上的精神，这是时代的局限，是我们不能苛求前人的。1962 年 12 月毛泽东同志写的《卜算子·咏梅》一词"反其意而用之"，就是反陆游词的孤芳自赏的格调，歌颂了梅花历尽寒冬风霜之苦，报春怒放，引来百花齐放而不居功自傲，抒发了一个无产阶级革命家的胸怀和气度，显示了谦逊自处的美德。这个"反其意"，反得是多么洒脱而豪放。

【原文】

谢池春·壮岁从戎

壮岁从戎⁽¹⁾，曾是气吞残虏⁽²⁾。阵云高、狼烟夜举⁽³⁾。朱颜青鬓⁽⁴⁾，拥雕戈西戍⁽⁵⁾。笑儒冠⁽⁶⁾、自来多误。　　功名梦断⁽⁷⁾，却泛扁舟吴楚⁽⁸⁾。漫悲歌、伤怀吊古⁽⁹⁾。烟波无际，望秦关何处⁽¹⁰⁾？叹流年、又成虚度⁽¹¹⁾。

【毛泽东圈评等情况】

1958 年 3 月，在成都会议期间，毛泽东圈阅的《诗词若干首》（唐宋明朝诗人写的有关四川的一些诗和词）中有这首《谢池春·壮岁从戎》。

[参考] 刘开扬注释：《诗词若干首》（唐宋明朝诗人咏四川），

四川人民出版社 1979 年版，第 144 页。

【注释】

（1）壮岁，壮年。唐白居易《晚岁》诗："壮岁忽已去，浮荣何足论。"从戎，指投身军旅，同"从军"。语出三国魏曹植《杂诗》之二："类此游客子，捐躯远从戎。"

（2）气吞，一口气吞下，形容气势很大。宋辛弃疾《永遇乐·京口北固亭怀古》词："想当年，金戈铁马，气吞万里如虎。"残虏，残暴的敌人。

（3）阵云，浓重厚积形似战阵的云，古人以为战争之兆。西汉司马迁《史记·天官书》："阵云如立垣。"南朝梁何逊《学古》诗之一："阵云横塞起，赤日下城圆。"狼烟，燃狼粪升起的烟，古时边防用作军事上的报警信号。唐杜牧《边上闻笳》诗之一："何处吹笳薄暮天？塞垣高鸟没狼烟。"比喻战火或战争。

（4）朱颜，红润美好的容颜。汉佚名《楚辞·大招》："嫭目宜笑，娥眉曼只。容则秀雅，稚朱颜只。"王夫之通释："稚朱颜者，肌肉滑润，如婴稚也。"青鬓，浓黑的鬓发。唐许浑《送客自两河归江南》诗："遥羡落帆逢旧友，绿蛾青鬓醉横塘。"

（5）雕戈，刻绘花纹的戈，精美的戈。春秋鲁左丘明《国语·晋语三》："穆公衡雕戈出见使者。"韦昭注："雕，镂也。"戍（shù），守边，防守。《诗经·王风·扬之水》："彼其之子，不与我戍申。"

（6）笑儒冠、自来多误，唐杜甫《奉赠韦左丞丈二十二韵》："纨绔不饿死，儒冠多误身。"儒冠，古代儒生戴的帽子，借指儒生。宋王禹偁《谢宣赐表》："儒冠之荣，无以加此。"

（7）功名，功业和名声。战国宋庄周《庄子·山木》："削迹损势，不为功名。"成玄英疏："削除圣迹，损弃权势，岂存情于功绩，以留意于名誉！"梦断，梦醒。唐李白《忆秦娥》词："箫声咽，秦娥梦断秦楼月。"

（8）扁（piān）舟，小船。西汉司马迁《史记·货殖列传》："范蠡既雪会稽之耻，乃喟然而叹曰：'计然之策七，越用其五而得意。既已施于国，吾欲用之家。'乃乘扁舟浮于江湖。"吴楚，春秋吴国与楚国。三国魏曹同《六代论》："吴楚凭江，负固方城。"泛指春秋吴楚之故地。即今长江中、下游一带。

（9）漫，徒然，随便。悲歌，悲壮地歌唱。《淮南子·说林训》："善举事者若乘舟而悲歌，一人唱而千人和。"伤怀，伤心。《诗经·小雅·白华》："啸歌伤怀，念彼硕人。"吊古，凭吊往古之事。唐李端《送友人》诗："闻说湘川路，年年吊古多。"

（10）秦关，指秦地关塞。晋张华《萧史曲》："龙飞逸天路，凤起出秦关。"

（11）流年，如水般流逝的光阴、年华。南朝宋鲍照《登云阳九里埭》诗："宿心不复归，流年抱衰疾。"虚度，白白地度过。唐元稹《酬乐天三月三日见寄》诗："独倚破帘闲怅望，可怜虚度好春朝。"

【赏析】

《谢池春》，词牌名。李石词名《风中柳》《高丽史》，无名氏词名《风中柳令》，孙道绚词名《玉莲花》，黄澄词名《卖花声》。《词律》《词谱》均以陆游词为正体，双调，六十六字，仄韵。前后段各六句，上阕下阕各四仄韵，一韵到底。

南宋乾道八年（1172）二月。词人任四川宣抚使王炎幕下的干办公事兼检法官。但到了十月，王炎被召还，幕府遭解散，词人转任成都。宣抚司治所在南郑（今陕西汉中），是当时西北前线的军事要地。在这里任职，词人有机会到前线参加一些军事活动，这符合他报效祖国、收复失地的心愿。因而这不到一年的南郑生活，成了他一生中最为怀念的时光，这首词便是词人为追怀这段经历而作。

上阕忆昔，回忆词人南郑的军旅生涯。"壮岁从戎，曾是气吞残虏。阵云高、狼烟夜举。朱颜青鬓，拥雕戈西戍"，这几句是词人对南郑生活的回忆。他那时是多么意气风发，胸中怀抱着收复西北的凌云壮志，一身戎装，手持剑戈，乘马于胯下，随军止宿，气吞残虏。字里行间洋溢着一股豪气，颇能振奋人心。但接着词急转直下："笑儒冠、自来多误。"这一句化用唐杜甫《奉赠韦左丞丈二十二韵》的"纨绔不饿死，儒冠多误身"而来，感叹自己被儒家忠孝报国的思想所误，一生怀抱此志，却时至暮年仍旧一事无成。看上去，词人有悔意，悔恨自己不该学习儒家思想，执着于仕进报国，但实是对"壮岁从戎"的生活不再的哀叹。

　　下阕感今，点出罢归山阴废置闲居的生活和感慨。"功名梦断，却泛扁舟吴楚。"换头处二句是说，词人求取功名的愿望落空，被迫隐居家乡。为排遣愁怀，他四处泛舟清游。"漫悲歌、伤怀吊古"，虽身在江湖，但心仍在朝堂之上。词人没有办法真正做到自我宽解。他"泛扁舟吴楚"，吴楚古迹仍旧引发起他无限怀古伤今之意。"烟波无际，望秦关何处？叹流年、又成虚度。"末四句以感慨作结。秦关，秦帝的关塞，此指北国失地。那森森的烟波仍不能消除词人对秦关的向往，因壮怀激烈，他至老仍旧不忘收复失地，不甘断送壮志，故闲散的隐居生活使他深感流年虚度。

　　这首词上阕怀旧，慷慨悲壮；下阕写今，沉痛深婉。作者强烈的爱国感情在字里行间充分地流露出来，感人至深。爱国之情在陆游这篇作品里频有表述，且多慷慨激昂，壮怀激烈，而当词人晚年赋闲乡里，鬓白体衰之后回忆往事，更加悲恸万分，却又因无力回天，只落得无奈叹息。然而作者关注国家命运的精神渗透在字里行间，并不因衰老之年而有所减损。

蜀中妓

蜀中妓，生平不详。宋周密撰《齐东野语》卷十一录其词一首。

【原文】

市桥柳·送行·欲寄意

欲寄意、浑无所有[(1)]。折尽市桥官柳[(2)]。看君著上征衫[(3)]，又相将[(4)]，放船楚江口[(5)]。　　后会不知何日又。是男儿、休要镇长相守[(6)]。苟富贵、无相忘[(7)]，若相忘，有如此酒。

【毛泽东圈评等情况】

毛泽东读清朱彝尊、汪森编选《词综补遗》卷九时，圈阅了这首《市桥柳·欲寄意》。

[参考]张贻玖：《毛泽东评点、圈阅的中国古典诗词》，中国工人出版社1992年版，第252页。

【注释】

（1）寄意，寄托心意。晋陶潜《癸卯岁十二月中作与从弟敬远》诗："寄意一言外，兹契谁能别。"浑，简直。

（2）折尽市桥官柳，在我国的古代，亲朋好友一旦分离，送行者总要折一支柳条赠给远行者。"折柳"一词寓含"惜别"之意。我国"折柳送行"的习俗最早见于我国第一部诗歌总集《诗经》里的《小雅·采薇》："昔我往矣，杨柳依依；今我来思，雨雪霏霏。"古时柳树又称小杨或杨柳，因"柳"与"留"谐音，可以表示挽留之意。离别赠柳表示难分难离、不忍相别、恋恋不舍的心意。北朝乐府《鼓角横吹曲》中有《折杨柳枝》，歌词是："上马不捉鞭，反拗杨柳枝。下马吹横笛，愁杀行客人。"市桥，在四川成都西四里。官柳，大道两旁的柳树。唐杜甫《郪城西原送李判官武判官赴成都府》诗："野花随处发，官柳著行新。"

（3）征衫，旅人之衣。宋楼钥《水涨乘小舟》诗："一番冻雨洗郊丘，冷逼征衫四月秋。"

（4）相将，行将。宋周邦彦《花犯·梅花》词："相将见、脆丸荐酒，人正在、空江烟浪里。"

（5）放船，开船，行船。南朝宋刘义庆《世说新语·尤悔》："小人引船，或迟或速，或停或待，又放船纵横，撞人触岸。"楚江，楚境内的江河。唐李白《望天门山》诗："天门中断楚江开，碧水东流至北回。"

（6）镇长，经常，常。唐韩愈《杏花》诗："浮花浪蕊镇长有，才开还落瘴雾中。"

（7）苟富贵、无相忘，语出《史记·陈涉世家》："陈胜者，阳城人也，字涉。吴广者，阳夏人也，字叔。陈涉少时，尝与人佣耕，辍耕上垄上，怅恨久之，曰：'苟富贵，无相忘。'佣者笑而应曰：'若为佣耕，何富贵也？'陈涉太息曰：'嗟乎，燕雀安知鸿鹄之志哉！'"

【赏析】

《市桥柳》，调见宋周密撰《齐东野语》，因第二句有"折尽市桥官柳"句，取以为名。双调五十六字，前后段各四句，三仄韵。

该词是蜀地一妓女为情人送行、在宴节上而作。词风率直，别具一格。原词无调名，标作《市桥柳》，乃是摘录词中语句所加。

词的上阕写送别时的情景。"欲寄意、浑无所有"，词一开始，先言无物可以寄意，然后跌出"折尽市桥官柳"一句。折柳以表别情，自汉代以来有此习俗，以后诗词中多用这个典故来表达送别之情。这里说将"市桥官柳""折尽"以"寄意"，比之"江南无所有，聊赠一枝春"的写法又别有一番新意。"市桥"，水边送别之处，"官柳"是官道（大道）两旁栽的柳树。"折尽"二字，用夸张手法写其对情人的恋恋不舍、情深义重，柳"尽"正是写其情"不尽"也。"看君著上征衫，又相将"两句，言情人行将出发，她默默地看着他穿上旅行的春衫，又将要"放船楚江口"，说明他的行程是由成都循水路南行，转长江出蜀。男子此行是去临安求取功名。

下阕写临别前女主人公的赠言。她直抒胸臆，不事虚辞，显得真切自然，且又颇符合女主人公的身份。分手之际，最先想到的，当然是归期。但上京求名，非短时间可以成就；且双方不是正常家人之间的关系，将来是否能重见，女子全无把握，所以下阕第一句就说"后会不知何日又"。这包含着两层意思：一是何时能再相见，二是能否有再次相见的机会，这是最为关键的一节，女主人公的特殊身份使她不可能不想到这一层。情势所至，难以挽留，她于是只能出言鼓励他一番："是男儿、休要镇长相守。""镇长"，经常也。"休要镇长相守"，正是对他此行加以鼓励之意。男女分别而不执意挽留，正是这位蜀中妓高人一筹的地方，也是这首送别词高出他词之处。她不是没有考虑过别后的结果。与此"苟富贵、无相忘"，是她最关心的。既然留亦不成，又何须介意一时的离别呢？西汉司马迁《史记·陈涉世家》中陈涉之语，词人一字不改移用，妥帖自然，恰到好处。富贵而变心，这在生活中屡见，何况女方又是妓女出身。女主人当然深知此理，也有忧虑，所以她率先警告情人：如果此去得到荣华富贵，可不要忘了今天为你送别的女子。结末二句，指眼前物设誓："若相忘，有如此酒！""有如……"是古人誓语句式。词中指酒为誓，是别筵上现成之物，用来自然。设誓以坚其必归相聚之心，正是女子痴情之处，也是女子心计机巧之处。这两句理解为男子的回答，则又是一番情味。

全词用不事雕琢的朴素语言，把送行情意全盘托出：情深而折柳，情真而勉励，情切而设誓，写得一波三折，新意叠出。清陈廷焯《词则·别调集》称赞其"运笔轻隽，用成语有弹丸脱手之妙"。整个词风不同于常见送别词作的婉转凄伤，而是直率，朴质，但由于情意真挚深切，所以读来不但不觉粗疏，反而更感自然真切、生动感人、意味隽永。晚清况周颐论词有云："语愈朴愈厚，愈厚愈雅，至真之情由性灵肺腑中流出，不妨说尽而愈无尽。"用此语来评说这首《市桥柳》是十分恰当的。

张孝祥

张孝祥（1132—1170），字安国，别号于湖居士，本蜀之简州（今四川简阳市）人，先世移居历阳乌江（今安徽省和县），生于明州鄞县（今浙江宁波鄞州区），南宋著名词人，书法家。少年时阖家迁居芜湖（今安徽省芜湖市）。绍兴二十四年（1154）廷试，高宗（赵构）亲擢为进士第一。授承事郎，签书镇东军节度判官。由于上书为岳飞辩冤，为当时权相秦桧所忌，诬陷其父张祁有反谋，并将其父下狱。次年桧死，授秘书省正字。历任秘书郎、著作郎、集英殿修撰、中书舍人等职。1163 年，张浚出兵北伐，被任为建康留守。此外还出任过抚州、平江、静江、潭州等地的地方长官。乾道五年（1169），以显谟阁直学士致仕。是年夏于芜湖病死，葬南京江浦老山。年三十八岁。有《于湖居士文集》四十卷、《于湖词》一卷传世。《全宋词》辑录其词二百二十三首。其才思敏捷，词豪放爽朗，风格与苏轼相近，孝祥"尝慕东坡，每作为诗文，必问门人曰：'比东坡如何？'"

【原文】

满江红·听雨·斗帐高眠

斗帐高眠[1]，寒窗静、潇潇雨意[2]。南楼近[3]，更移三鼓[4]，漏传一水[5]。点点不离杨柳外，声声只在芭蕉里。也不管、滴破故乡心[6]，愁人耳。　无似有，游丝细[7]；聚复散，真珠碎[8]。天应分付与，别离滋味。破我一床蝴蝶梦[9]，输他双枕鸳鸯睡[10]。向此际、别有好思量[11]，人千里。

【毛泽东圈评等情况】

毛泽东读清朱彝尊、汪森编选《词综》卷十三时，圈阅了这首《满江红·斗帐高眠》。

[参考] 张贻玖：《毛泽东评点、圈阅的中国古典诗词》，
中国工人出版社 1992 年版，第 250 页。

1961 年 3 月，毛泽东写的《关于查找南宋几部诗文集的批语》：

"找南宋张元干的《归来集》。

找南宋张孝祥的《于湖集》。

找南宋洪皓的诗文集。"

这个批语写在新华通讯社 1961 年 3 月 17 日编印的《内部参考》第
一九八期增刊的封面上。

[参考] 中共中央文献研究室编：《建国以来毛泽东文稿》第九册，
中央文献出版社 1996 年版，第 462 页。

【注释】

（1）斗帐，小帐子，形状像倒置的斗，所以叫斗帐。《释名·释床
帐》："小帐曰斗帐，形如覆斗也。"《玉台新咏·古诗为焦仲卿妻作》：
"红罗复斗帐，四角垂香囊。"

（2）潇潇，小雨之状。南唐王周《宿疎陂驿》诗："谁知孤宦天涯
意，微雨潇潇古驿中。"一本作"萧萧"。

（3）南楼，古楼名，在今湖北鄂城南。又名玩月楼。南朝宋刘义庆
《世说新语·容止》："庾太尉（庾亮）在武昌，秋夜气佳景清，使吏殷
浩、王胡之之徒登南楼理咏。"

（4）更移三鼓，即三更。更，旧时夜间计时单位，一夜分为五更。
三鼓，北齐颜之推《颜氏家训·书证》："汉魏以来，谓为甲夜、乙夜、丙
夜、丁夜、戊夜；又云鼓，一鼓、二鼓、三鼓、四鼓、五鼓；亦云一更、
二更、三更、四更、五更：皆以五为节。"

（5）漏传一水，漏壶中传出连续不断的水声。漏，漏壶，古代计时
器，铜制有孔，可以滴水或漏沙，有刻度标志以计时间。简称"漏"，如
"铜壶滴漏"。

（6）故乡心，游子思乡之心。故乡，家乡，出生或长期居住过的地

方。战国赵荀况《荀子·礼论》："过故乡，则必徘徊焉，鸣号焉，踯躅焉，踟蹰焉，然后能去之。"

（7）游丝，飘动着的蛛丝。南朝梁沈约《三月三日率尔成篇》："游丝映空转，高杨拂地垂。"

（8）真珠，即珍珠。形圆如豆，乳白色，有光泽，是某些软体动物（如蚌）壳内所产。为珍贵的装饰品，并可入药。唐贾岛《赠圆上人》诗："一双童子浇红药，百八真珠贯采绳。"明李时珍《本草纲目·介二·真珠》："真珠入厥阴肝经，故能安魂定魄，明目治聋。"

（9）蝴蝶梦，虚幻的梦境，比喻虚幻之事，迷离之梦。唐武元衡《西亭题壁寄中书李相公》诗："空余蝴蝶梦，迢递故山归。"典出战国宋庄周《庄子·齐物论》："昔者庄周梦为胡蝶，栩栩然胡蝶也。自喻适志与！不知周也。俄然觉，则蘧蘧然周也。不知周之梦为胡蝶与？胡蝶之梦为周与？周与胡蝶则必有分矣。此之谓物化。"

（10）输他双枕鸳鸯睡，雨声引起乡思别离之感，词人觉得自己辜负了妻子的一片真情，使她不能与自己双枕共眠。鸳鸯，鸟名，似野鸭，体形较小。嘴扁，颈长，趾间有蹼，善游泳，翼长，能飞。雄的羽色绚丽，雌的体稍小，羽毛苍褐色，栖息于内陆湖泊和溪流边。为我国著名特产珍禽之一。旧传雌雄偶居不离，古称"匹鸟"。

（11）思量，想念，相思。《敦煌曲子词·风归云遍·征夫数载》："想君薄行，更不思量，谁为传书与表妾衷肠。"

【赏析】

这是一首咏雨词，曾先后被选入《类编草堂诗余》《花草粹编》等词选。作者敏锐地捕捉住这一听觉形象，并且别出心裁地联想出相似的人生感受。全词铺写了雨声雨态，声态毕现，在宋代词坛上可谓别具一番情趣。

词的上阕写雨滴声造境。"斗帐高眠，寒窗静、潇潇雨意。"开头二句是说，一顶小帐，形如覆斗，词人安卧其中。夜，静悄悄地，本该睡一夜好觉。不料一阵萧疏带凉的雨意，进了窗户，醒了词人。点明了词人的心境娴静，悠然高卧，寒窗清幽，室内静寂。正是在这样的环境中，词人全身心地倾听着窗外传来的风吹雨打之声。"南楼近，更移三鼓，漏传一水"三句是说，词人的住处地近城南，此刻听得玩月楼上更鼓敲了三响，已是三更天了。室内夜漏滴答、滴答，有节奏地连成一支水滴之声。说明时间已是夜半，半夜三更听雨，环境与心境当然就更加清净了。"点点不离杨柳外，声声只在芭蕉里"二句是说，窗外雨点潇潇阵阵，从杨柳叶尖上滴响，在芭蕉叶片上溅响，奏成一场雨滴的交响乐。树有远近，叶有高低，故其声亦有远近高下。往远处普遍地听，是淅淅沥沥，连成一片；往近处仔细地听，则滴滴答答，点点分明。"不离""只在"是强调深夜雨声唯有植物叶上滴响之音，最为打动人心。这两句，紧紧衔接上面"漏传一水"，就把雨滴声和漏滴声连接起来，在睡意朦胧的词人听来，似乎就感到四面八方有无数的漏滴作响。"也不管、滴破故乡心，愁人耳"二句写雨声不停。它是说，失眠的人，情何以堪？无情的雨滴，一个劲儿地滴，也不管要滴穿这一双愁人的耳，要滴破这一颗思乡的心。滴，是全篇之眼。

下阕抒写雨滴引起的更多联想与感伤。"无似有，游丝细；聚复散，真珠碎。"换头处四句是说，雨丝真细，若有若无，飘飞在空中，如缕缕游丝。雨丝有时也加大而形成雨点，洒在植物叶上汇聚起来，又如颗颗真珠。叶子承受不了而珠落，滴答一响，碎了。词人说，雨珠的聚而复散，与人生的悲欢离合，是多么相似呵！真该是天意吧，让我从雨滴来咀嚼离别的滋味。"天应分付与，别离滋味"二句写雨声蕴含着特殊情味，人们之所以听雨声而产生离别情原因就在于此呀！"破我一床蝴蝶梦，输他双枕鸳鸯睡"二句写听雨而生离情。刚才一晌好梦，就让雨声给打破了。梦一醒，不由人不羡慕那些雨夜双栖的伉俪。梦，做不成了。可是，在这潇潇夜雨中好好想念一番，不也是很美的吗？"向此际、别有好思量，人千里"结尾二句怨离别，思爱妻。词人说，让我的精神飞过无边的雨丝，与千里之外的人相会吧！无可奈何语，也是痴情语。这样结笔，与全篇妙合无迹。

西江月·丹阳湖·问讯湖边春色

　　问讯湖边春色⁽¹⁾，重来又是三年⁽²⁾。东风吹我过湖船⁽³⁾，杨柳丝丝拂面⁽⁴⁾。　　世路如今已惯⁽⁵⁾，此心到处悠然⁽⁶⁾。寒光亭下水如天⁽⁷⁾，飞起沙鸥一片⁽⁸⁾。

【毛泽东圈评等情况】

　　毛泽东读清朱彝尊、汪森编选《词综》卷十三时，圈阅了这首《西江月·问讯湖边春色》。

　　　　　　[参考]张贻玖：《毛泽东评点、圈阅的中国古典诗词》，
　　　　　　　　　　中国工人出版社1992年版，第250页。

【注释】

　　（1）问讯，问候。南朝宋范晔等《后汉书·清河孝王庆传》："庆多被病，或时不安，帝朝夕问讯，进膳药，所以垂意甚备。"湖，指丹阳湖。位于安徽省当涂县东南七十里，与江苏溧阳、高淳，皆以湖心为界。丹阳湖古称"巨浸"，旧名"南湖"，又称"西莲湖"。《太平府志》载：丹阳旧多红杨，一望皆丹，故曰丹杨，杨与阳同音，遂称丹阳湖。

　　（2）重来又是三年，相隔三年，重游旧地。

　　（3）过湖船，驶过湖面的船。

　　（4）杨柳丝丝，形容杨柳新枝柔嫩如丝。拂面，轻轻地掠过面孔。

　　（5）世路，人世间的道路，指人们一生处世行事的历程。南朝宋范晔等《后汉书·张衡传》："吾子性德体道，笃信安仁，约己博艺，无坚不钻，以思世路，斯何远矣！"

　　（6）悠然，闲适之态，淡泊之态。东晋陶潜《饮酒》诗之五："采菊东篱下，悠然见南山。"

　　（7）寒光亭，亭名，在江苏溧阳西三塔寺内。南宋岳珂《玉楮集》："溧阳三塔寺寒光亭柱上刻张于湖词寺柱吴毅夫命名后轩。"

（8）沙鸥，栖息于沙滩、沙洲上的鸥鸟。唐孟浩然《夜泊宣城界》诗："离家复水宿，相伴赖沙鸥。"

【赏析】

《西江月》，词牌名，原唐教坊曲。又名《白苹香》《步虚词》《晚香时候》《玉炉三涧雪》《江月令》。双调，五十字，上下片各两平韵，结句各叶一仄韵。

这首词原无题，南宋周密《绝妙好词》本增补为"丹阳湖"，而清厉鹗笺注则作"题溧阳三塔寺"。宋王象之《舆地纪胜》谓丹阳湖在当涂县东南六十九里。当时为建康和宣城之间内河交通的必经航道。现代黄异《花庵词选》题作"洞庭"，显系疏误。按南宋岳珂《玉楮集》有诗题《三塔寒光亭张于湖书词寺柱吴毅夫命名后轩》，所云"张于湖书词"，当指此篇。吴毅夫，即吴潜，字毅夫，号履斋，原籍宣州宁国（今属安徽），出生于浙江德清新市镇，南宋后期官员，诗人。

这首词大约是绍兴三十二年（1162）春，当为张孝祥自建康还宣城途经当涂（今安徽省当涂县）时所作。三年前，张孝祥在临安兼权中书舍人，后为汪彻所劾罢。不久知抚州（今江西临川），一年后又罢归。这样前后三年之内，两次遭罢。宦海风波，磨去了他那"少年气锐"的棱角，使他的心中蒙上了一层暗淡消沉的阴影。"一梦经年归去好，宦情全薄此情深"（《在临川追忆昭亭昔游用寄应庵如庵韵》），便产生了以山水悦性适情之心，正是这种心境的自我写照。这与词中所吐露的人世感慨是相一致的。

词的上阕写重游丹阳湖。"问讯湖边春色，重来又是三年。"起首二句，直接描述自己时隔三年旧地重游的怀恋心境。"问讯"，表达出词人主动前来探望的殷切心情。"湖边"，点明远道而来，刚至湖岸，为下文乘船游湖作铺垫。"春色"，形容万紫千红的美好春景，乃下文"东风""杨柳"之引笔。"重来"，说明是再次来此，表明"问讯"实是有意重访。"又是三年"，不仅突出相别的确切时间，而且暗示其间经历了人生的多少波折变幻；一个"又"字，内涵复杂，既包含了对时光流逝的叹惜，对历经坎坷的感慨，也包含了对湖边春色的怀恋、对再次来此的欣喜。词人酷爱自然之情，就在这质朴明快、语近情深的起句中脱颖而出，奠定了全词飘逸清朗的基调。"东风吹我过湖船，杨柳丝丝拂面。"如果说起首两句是从词人有意重访的角度而言，三、四两句则从客观风物欢迎自己的角度下笔，描画出上船离岸、乘风过湖的情景。"东风""杨柳"，都紧承"春色"发展而来。东风似乎有意，轻轻吹拂，送我渡过湖波；杨柳似乎含情，微微摆动，丝丝擦着我面。词人不说船乘风势，人触柳丝，而说风助船行，柳拂人面，正是移情于物的拟人写法，从而创造出一个物我合一、通体和谐的艺术境界。

词的下阕写游湖的心境。"世路如今已惯，此心到处悠然。"换头处二句，暗承上片"过湖"，由描述转入议论，看似语意突兀，实是一脉相通。"世路"，是一条政治腐败、荆棘丛生的路，与眼前这东风怡人、杨柳含情的自然之路岂能相提并论。然而，词人说是"如今已惯"，这不仅表明他已历尽世俗道路的倾轧磨难，对权奸的打击、社会的黑暗业已司空见惯，更暗寓着他已看透世事、唾弃尘俗的莫名悲哀和无比忧愤。因此，"此心到处悠然"，也就不仅在说自己的心境无论到哪儿总是悠闲安适、心安理得，更包含着自己这颗备受折磨、无力回天的心只能随遇而安、自寻解脱了。词人由爱国志士而成江湖处士，无奈去到和谐美好的大自然中寻求解脱，内心悲愤难言，却说"到处悠然"，可谓语近旨远，沉郁至极，与那"而今识尽愁滋味，欲说还休。欲说还休，却道天凉好个秋"的辛弃疾先后同调，从而铸成凝聚全词主旨的警句。"寒光亭下水如天，飞起沙鸥一片。"结尾两句，紧承"悠然"二字宕开一笔，着力描写来到湖中寒光亭时所见的自然美景。词人撇开"世路"，来到寒光亭上，只见寒光亭下的湖水一碧万顷，犹如辽阔无际的蓝天；在这明丽如画的水天之间，一群沙鸥展翅飞起，自由翱翔。这一静一动、点面交映的画面，充满了蓬勃的生气，陶醉着词人的心胸。特别是沙鸥飞起的镜头，不仅使整个画面灵动起来，更寄寓着"鸥鸟忘机"、与鸥同盟的深意。如果说上阕以问讯春色和风物含情写出了物我一体的美妙境界，那么，下阕就以唾弃世路和同盟鸥鸟表露出投身自然的悠然心境。而这末尾两句，纯粹写景，以景结情，语淡意远，余味不尽，词人对于世路尘俗的鄙弃憎恶，对于返归自然的恬适愉快，尽在言外，从而成为全词意境旷远、余音绕梁的结笔。清李佳《左庵词话》："词家有作，往往未能竟体无疵。每首中，要亦不乏警句，摘而出之，遂觉片羽可珍。如……张于湖云：'寒光亭下水连天，飞起沙鸥一片。'"

【原文】

水调歌头·长淮望断

长淮望断[1]，关塞莽然平[2]。征尘暗[3]，霜风劲，悄边声。黯销凝[4]。追想当年事[5]，殆天数[6]，非人力；洙泗上[7]，弦歌地，亦膻腥。隔水毡乡[8]，落日牛羊下[9]，区脱纵横[10]。看名王宵猎[11]，骑火一川明[12]，笳鼓悲鸣[13]，遣人惊。　　念腰间箭，匣中剑，空埃蠹[14]，竟何成！时易失，心徒壮，岁将零[15]。渺神京[16]。干羽方怀远[17]，静烽燧[18]，且休兵。冠盖使[19]，纷驰骛，若为情！闻道中原遗老[20]，常南望、翠葆霓旌[21]。使行人到此，忠愤气填膺[22]，有泪如倾。

【毛泽东圈评等情况】

毛泽东读清朱彝尊、汪森编选《词综》卷十三时，圈阅了这首《水调歌头·长淮望断》。

[参考] 张贻玖：《毛泽东评点、圈阅的中国古典诗词》，中国工人出版社1992年版，第250页。

【注释】

（1）长淮，指淮河。宋高宗绍兴十一年（1141）与金和议，以淮河为宋金的分界线。此句即远望边界之意。

（2）关塞（sài）莽然平，草木茂盛，齐及关塞。谓边备松弛。关塞，边关，边塞。战国宋墨翟《墨子·号令》："数使人行劳赐守边城关塞、备蛮夷之劳苦者。"莽然，草木茂盛之状。

（3）"征尘暗"三句，意谓飞尘阴暗，寒风猛烈，边声悄然。此处暗示对敌人放弃抵抗。征尘，战斗时扬起的尘土。霜风，刺骨寒风。北周庾信《卫王赠桑落酒奉答》诗："霜风乱飘叶，寒水细澄沙。"边声，指边境上羌管、胡笳、画角等音乐声音。汉李陵《答苏武书》："夜不能寐，侧耳远听，胡笳互动，牧马悲鸣，吟啸成群，边声四起。"

（4）黯销凝，感伤出神之状。黯，精神颓丧之态。

（5）当年事，指靖康二年（1127）中原沦陷的靖康之变。

（6）殆，似乎是。天数，迷信的人把一切不可解的事、不能抗御的灾难都归于上天安排的命运，称为天数。

（7）"洙泗上"三句，意谓连孔子故乡的礼乐之邦亦陷于敌手。洙、泗，古代鲁国二水名，流经曲阜（春秋时鲁国国都），孔子曾在此讲学。弦歌地，指礼乐文化之邦。《论语·阳货》："子之武城，闻弦歌之声。"膻（shān），腥臊气。

（8）水，指淮河。毡乡，指金国。北方少数民族住在毡帐里，故称为毡乡。

（9）落日牛羊下，望中所见金人生活区的晚景。《诗经·王风·君子于役》："日之夕矣，羊牛下来。"

（10）区（ōu）脱纵横，土堡很多。区脱，匈奴语称边境屯戍或守望之处。

（11）"名王"句，写敌军威势。名王，此指敌方将帅。宵猎，夜间打猎。

（12）骑火，骑兵所执的火把。一川明，指照亮了淮河。

（13）笳鼓，笳声与鼓声，借指军乐。唐李延寿《南史·曹景宗传》："时韵已尽，唯余竞病二字。景宗便操笔，斯须而成，其辞曰：'去时儿女悲，归来笳鼓竞。借问行路人，何如霍去病？'帝叹不已。"

（14）埃蠹（dù），尘掩虫蛀。

（15）零，尽。

（16）渺神京，收复神京更为渺茫。神京，指北宋都城汴京（今河南开封）。

（17）干羽方怀远，用文德以怀柔远人，谓朝廷正在向敌人求和。干羽，干盾和雉羽，都是舞蹈乐具，象征文德礼乐。怀远，安抚边远的人。春秋鲁左丘明《左传·僖公七年》："臣闻之，招携以礼，怀远以德。"

（18）静烽燧（suì），边境上平静无战争。烽燧，古代边防报警的信号，白天放烟叫烽，夜间举火叫燧。战国宋墨翟《墨子·号令》："与城上烽燧相望。"

（19）"冠盖"三句，冠盖使，冠服求和的使者。冠盖，冠，礼帽，盖，车盖。西汉司马迁《史记·魏公子列传》："平原君使者冠盖相属于魏。"特指使者。南朝宋范晔等《后汉书·章帝纪》："吾诏书数下，冠盖接道，而吏不加理，人或失职，其咎安在？"驰骛（wù），奔走忙碌，往来不绝。若为情，何以为情，犹今之日"怎么好意思"。

（20）中原，地区名，广义指整个黄河流域，狭义指今河南一带。春秋鲁左丘明《国语·晋语三》："耻大国之士于中原，又杀其君以重之……虽微秦国，天下孰弗患？"遗老，指改朝换代后仍然效忠前朝的老年人。唐李百药《北齐书·王琳传》："故典午将灭，徐广为晋家遗老；当涂已谢，马孚称魏室忠臣。"

（21）翠葆霓旌，指皇帝的仪仗。翠葆，以翠鸟羽毛为饰的车盖。霓旌，像虹霓似的彩色旌旗。

（22）忠愤，忠义愤激。北齐魏收等《魏书·刁冲传》："冲乃抗表极言其事。辞旨恳直，文义忠愤。"填膺（yīng），充塞于胸中。汉王充《论衡·程材》："孔子曰：'孝悌之至，通于神明。'张释之曰：'秦任刀笔小吏，陵迟至于二世，天下土崩。'张汤、赵禹，汉之惠吏，太史公序累置于酷部，而致土崩。孰与通于神明，令人填膺也！"

【赏析】

《水调歌头》，词牌名，又名《元会曲》《凯歌》《台城游》《水调歌》，双调九十五字，上片九句四平韵、下片十句四平韵。唐朝大曲有《水调歌》，据《隋唐嘉话》，为隋炀帝凿汴河时所作。"歌头"就是开头一段。《水调歌》有散序、中序、入破三部分，"歌头"为中序的第一章，又名"元会曲""凯歌""台城游"等。

这首词作于宋孝宗隆兴二年（1164）。隆兴元年（1163），张浚领导的南宋北伐军在符离（今安徽宿州北）溃败，主和派得势，将淮河前线边防撤尽，向金国遣使乞和。张浚召集抗金义士于建康（今江苏南京），拟上书宋孝宗，反对议和。当时张孝祥任建康留守，既痛边备空虚，敌势猖獗，尤恨南宋王朝投降媚敌的可耻，在一次宴会上，即席挥毫，写下了这首著名的词作。

　　这首词描写了沦陷区的荒凉景象和敌人的骄横残暴，抒发了反对议和的激昂情绪。上阕，描写江淮区域宋金对峙的态势。"长淮望断，关塞莽然平。征尘暗，霜风劲，悄边声。"开头五句为第一层，通过长淮远望所见，写南宋边备废弛的景象。"长淮"二字，指出当时的国境线，含有感慨之意。自绍兴十一年（1141）十一月，宋"与金国和议成，立盟书，约以淮水中流画疆"（《宋史·高宗纪》）。昔日曾是动脉的淮河，如今变成边境。这正如后来杨万里《初入淮河》诗所感叹的："人到淮河意不佳""中流以北即天涯！"国境已收缩至此，只剩下半壁江山。词人大笔挥洒，粗线条勾勒：极目千里淮河，南岸一线的防御无屏障可守，只是莽莽平野而已。江淮之间，征尘暗淡，霜风凄紧，更增战后的荒凉景象。"黯销凝。追想当年事，殆天数，非人力；洙泗上，弦歌地，亦膻腥"七句为第二层，抒写对中原沦陷的感伤。"黯销凝"三字承上启下，由所见引起所思，揭示出词人的壮怀，黯然神伤。追想当年靖康之变，二帝被掳，宋室南渡。谁实为之？天耶？人耶？语意分明而着以"殆""非"两字，便觉摇曳生姿。洙、泗二水经流的山东，是孔子当年讲学的地方，如今也为金人所占，这对于词人来说，不禁从内心深处激起震撼、痛苦和愤慨。自"隔水毡乡，落日牛羊下，区脱纵横。看名王宵猎，骑火一川明，笳鼓悲鸣，遣人惊。"歇拍几句，写隔岸金兵的活动。一水之隔，昔日耕稼之地，此时已变为游牧之乡。帐幕遍野，日夕吆喝着成群的牛羊回栏。"落日"句，语本于《诗经·王风·君子于役》，更应警觉的是，金兵的哨所纵横，防备严密。猎火照野可见，凄厉的笳鼓可闻，令人惊心动魄。金人南下之心未死，国势仍是可危。

　　词的下阕，抒写复国的壮志难酬，朝廷当政者苟安于和议现状，中原人民空盼光复，词情更加悲壮。"念腰间箭，匣中剑，空埃蠹，竟何成！时易失，心徒壮，岁将零。渺神京。"换头处八句，词人倾诉自己空有杀敌的武器，只落得尘封虫蛀而无用武之地。绍兴三十一年的秋冬，孝祥闲居往来于宣城、芜湖间，闻采石大捷，曾在《水调歌头·和庞佑甫》一首词里写道："我欲乘风去，击楫誓中流。"但到建康观察形势，仍感报国无门。所以"渺神京"以下一段，悲愤的词人把锋芒直指偏安的小朝廷。汴京渺远，何时光复！所谓渺远，岂但指空间距离之遥远，更是指光复时间之渺茫。这不能不归罪于一味偷安的朝廷。"干羽方怀远，静烽燧，且休兵。冠盖使，纷驰骛，若为情！"谴责朝廷投降行为。"干羽方怀远"活用《尚书·大禹谟》"舞干羽于两阶"故事。据说舜大修礼乐，曾使远方的有苗族来归顺。词人借以辛辣地讽刺朝廷放弃失地，安于现状。所以下面一针见血揭穿说，自绍兴和议成后，每年派遣贺正旦、贺金主生辰的使者、交割岁币银绢的交币使及有事交涉的国信使、祈请使等，充满道路，在金的忠直之士，更有被扣留或被杀害的危险。即如使者至金，在礼节方面仍须居于下风。这就是"若为情"——何以为情一句的事实背景，词人所以叹息痛恨者。"闻道中原遗老，常南望、翠葆霓旌"两句，写金人统治下的父老同胞，年年盼望王师早日北伐收复天地。"翠葆霓旌"，即饰以鸟羽的车盖和彩旗，是皇帝的仪仗，这里借指宋帝车驾。词人的朋友范成大八年后使金，过故都汴京，有《州桥》一诗："州桥南北是天街，父老年年等驾回。忍泪失声询使者，几时真有六军来！"曾在陕西前线战斗过的陆游，其《秋夜将晓出篱门迎凉有感》一诗中也写道："遗民泪尽胡尘里，南望王师又一年！"皆可印证。这些爱国诗人、词人说到中原父老，真是同深感慨。作者举出中原人民向往故国，殷切盼望复国的事实，就更深刻地揭露偏安之局是多么违反人民意愿，更使人感到无比气愤的事。"使行人到此，忠愤气填膺，有泪如倾。"结尾三句顺势所至，更把出使者的心情写出来。孝祥伯父张邵于建炎三年（1129）使金，以不屈被拘留幽燕十五年。任何一位路过之人或爱国者出使北去，都要为中原大地的长期不能收复而激起满腔忠愤，为中原人民的年年伤心失望而倾泻出热泪。

明毛晋《于湖词跋》："于湖《歌头》诸曲骏发踔厉，寓以诗人句法者也。"清陈廷焯《白雨斋词话》："淋漓痛快，笔饱墨酣，读之令人起舞。"清刘熙载《艺概》："张孝祥安国于建康留守席上赋《六州歌头》，致感重臣罢席。然则词之兴观群怨，岂下于诗哉。”

【原文】

念奴娇·离思·星沙初下

星沙初下[1]，望重湖远水[2]，长云漠漠[3]。一叶扁舟谁念我[4]？今日天涯飘泊[5]。平楚南来[6]，大江东去[7]，处处风波恶[8]。吴中何地[9]？满怀具是离索[10]。　长记送我行时，绿波亭上[11]，泣透青罗薄[12]。樯燕低飞人去后[13]，依旧湘城帘幕[14]。不尽山川，无穷烟浪，辜负秦楼约[15]。渔歌声断，为君双泪倾落。

【毛泽东圈评等情况】

毛泽东读清朱彝尊、汪森编选《词综》卷十三时，圈阅了这首《念奴娇·星沙初下》。

［参考］张贻玖：《毛泽东评点、圈阅的中国古典诗词》，中国工人出版社 1992 年版，第 250 页。

【注释】

（1）星沙，湖南省长沙市的别名。现代李淑一《毛主席招宴容园喜赋》诗：“忆昔星沙识伟姿，重逢正是盛明时。”

（2）重（zhòng）湖，湖南洞庭湖南与青草湖相通，故称。清文廷式《过洞庭湖》诗：“借取重湖八百里，肄吾十万水犀军。”

（3）长（cháng）云，连绵不断的云。南朝宋鲍照《芜城赋》：“崒若断岸，矗似长云。”唐王昌龄《从军行》之四：“青海长云暗雪山，孤城遥望玉门关。”漠漠，迷蒙貌。汉王逸《九思·疾世》：“时昢昢兮旦旦，尘漠漠兮未晞。”一本作“莫莫”。唐杜甫《茅屋为秋风所破歌》：“俄顷风定云墨色，秋天漠漠向昏黑。”

（4）一叶，一片叶子，比喻小船。唐司空图《自河西归山诗》之一：“一水悠悠一叶危，往来长恨阻归期。”扁（piān）舟，小船。西汉司马迁《史记·货殖列传》："范蠡既雪会稽之耻，乃喟然而叹曰：'计然之策七，越用其五而得意。既已施于国，吾欲用之家。'乃乘扁舟浮于江湖。"

（5）天涯，天边，指极远的地方。语出《古诗十九首·行行重行行》："相去万余里，各在天一涯"。飘泊，随流漂荡或停泊，比喻行踪不定，居无定所或职业、生活不固定，东奔西走。

（6）平楚，从高处远望，丛林树梢齐平。南朝齐谢朓《宣城郡内登望》诗："寒城一以眺，平楚正苍然。"

（7）大江东去，长江的水往东奔流而去，多表示陈迹消逝，历史向前发展。宋苏轼《赤壁怀古》："大江东去，浪淘尽，千古风流人物。"大江，指长江。

（8）风波，风和波浪，比喻生活或命运中所遭遇的不幸或盛衰变迁。战国楚屈原《楚辞·九章·哀郢》："顺风波以从流兮，焉洋洋而为客。"

（9）吴中，今江苏吴县一带，亦泛指吴地。西汉司马迁《史记·项羽本纪》："项梁杀人，与籍避仇于吴中。"

（10）离索，离群索居。唐杜甫《夜听许十一诵诗爱而有作》诗："离索晚相逢，包蒙欣有击。"仇兆鳌注："离索，离群索居，见《礼记》子夏语。"宋陆游《钗头凤》词："东风恶，欢情薄，一怀愁绪，几年离索。"

（11）绿波亭，亭名，当在江苏吴县境内。

（12）青罗，青色丝织物。唐魏征等《隋书·礼仪志七》："青衣，青罗为之，制与鞠衣同。"

（13）樯燕，船桅杆上的燕子。樯，船桅杆。宋佚名《一剪梅·漠漠春阴酒半酣》："樯燕呢喃，梁燕呢喃。篝灯强把锦书看。"

（14）湘城，湘城镇，位于江苏吴县东北部湘城塘之滨的一个小镇。

（15）辜负，亏负，使别人对自己的希望、期望或帮助落空等。唐李商隐《为有》："无端嫁得金龟婿，辜负香衾事早朝。"秦楼，秦穆公为其女弄玉所建之楼。亦名凤楼。相传秦穆公女弄玉，好乐。萧史善吹箫作凤鸣。秦穆公以弄玉妻之，为之作凤楼。二人吹箫，凤凰来集，后乘凤，飞升而去。事见汉刘向《列仙传》。

【赏析】

此词明毛晋《宋六十家名家词》调下题作《离思》，写作时间大约在宋孝宗乾道二年或三年（1166或1167）。乾道二年六月，张孝祥罢去静江（今广西壮族自治区桂林市）知府，秋季任潭州（今湖南省长沙市）知府；乾道三年，词人罢去潭州知府，经洞庭湖沿长江东下回京城临安（今浙江杭州）。这首词所记，即船离长沙去洞庭湖途中所见所感。张孝祥本是一位大气慷慨之士，但一生仕途并不顺利。宋孝宗乾道初，他先后三次任官湖南、广西，地方僻远，调动频繁，奔走不暇，因而不免产生仕途坎坷之慨，及思乡念远之情，这首词便是抒发这一思想的。

词的上阕描绘江行之景。"星沙初下，望重湖远水，长云漠漠。"开头三句写离长沙望洞庭。"星沙"，即长沙。"重湖"，指洞庭湖与青草湖，二湖相连，故曰重湖。三句是说，词人乘舟离开长沙，沿湘江顺流而下，远望洞庭、青草二湖，只见远处烟水茫茫，水天相连，景象开阔。"一叶扁舟谁念我？今日天涯飘泊。"接下来两句写孤舟与飘泊之感。首三句境界十分阔大，反衬得词人的一叶扁舟十分渺小，不由得使词人产生了天涯飘泊之感，而且这种辗转飘泊的生活，又谁能体恤顾念呢？于是词人不禁又产生了一种孤独之感。"平楚南来，大江东去，处处风波恶。""平楚"，从高处远望，丛林树梢齐平。南朝齐谢朓《宣城郡内登望》诗："寒城一以眺，平楚正苍然。""大江东去"，长江的水往东奔流而去，多表示陈迹消逝，历史向前发展。宋苏轼《赤壁怀古》："大江东去，浪淘尽，千古风流人物。"大江，指长江。"风波"，风和波浪，比喻生活或命运中所遭遇的不幸或盛衰变迁。战国楚屈原《楚辞·九章·哀郢》："顺风波以从流兮，焉洋洋而为客。"湘江自长沙以北，穿行于山野森林之中，江面广阔，波涛汹涌；而长江自洞庭湖以下，风涛险恶，激浪汹涌。这条水路，正是词人归京的征途。这怎能不使词人感慨呢？而征途的风波，实际上是仕途风波的象征，词人的仕途感慨，正是通过对征途的感慨巧妙地表达了出来。"吴中何地？满怀具是离索"二句，写念远。征途风涛险恶难行，不由得使词人想起此行的目的地，即江浙一带的吴中之地。吴中望而不见，词人不禁又生一层离别之情。"离索",离群索居。唐杜甫《夜听许十一诵诗爱而有作》诗:"离索晚相逢,包蒙欣有击。"仇兆鳌注:"离索,离群索居,见《礼记》子夏语。"宋陆游《钗头凤》词:"东风恶,欢情薄,一怀愁绪,几年离索。"为下阕集中抒发离情,做好了准备。

词的下阕抒思家念妻之情。"长记送我行时",换头处一句,回忆离别的情景。"长记"二字为领字,直接带出过片以下五句,皆为回忆之词:"长记送我行时,绿波亭上,泣透青罗薄。樯燕低飞人去后,依旧湘城帘幕。"面对征途风波,心怀离愁别绪的词人,不禁想起离别的情景。当时妻子送行到绿波亭上,啼泣而下的泪水,湿透了薄薄的青色罗衣。当妻子离去之后,燕子绕着桅杆飞来飞去;这时,舟未行远,湘城中人家窗户和帷幕还依稀可见。这种情景,词人至今仍记忆犹新。而夫妻之间的这种温馨的深情,反衬出征途风波的无情与险恶,从而也愈加使词人感到离情的沉重,征途的漫长。"不尽山川,无穷烟浪,辜负秦楼约"三句,写愧负妻子。"秦楼",秦穆公为其女弄玉所建之楼。亦名凤楼。词人回忆夫妻离别之景,归心似箭,可放眼漫漫征途,山川不尽,烟浪千重。结束仕宦生涯,回到家中,知在何时?思念至此,词人深感辜负了妻子的一片爱心。"渔歌声断,为君双泪倾落。"结末二句写伤心落泪。正在词人伤感之时,传来了江滨男女的渔歌菱唱,时断时续。词人闻之,不觉为想念中的妻子双泪倾落。这泪水既有对妻子的愧意,同时也是对仕途坎坷的抗争。

这首词的内容是抒发离情别绪的。艺术上采用情景交融的手法,上阕写江行之景,景中有情,既怨征途风波之险,又诉仕途风波之恶。下阕抒发思家念远之情,情中有景,"樯燕低飞""湘城帘幕""不尽山川""无穷烟浪",这些皆写景之笔。上下阕这种情与景互相穿插融合,使得景不单调,情不板滞,情景二者相映生辉,收到了强烈的艺术效果。

鹧鸪天·日日清楼醉梦中

日日青楼醉梦中(1)。不知楼外已春浓。杏花未遇疏疏雨，杨柳初摇短短风。　　扶画鹢(2)，跃花骢(3)。涌金门外小桥东(4)。行行又入笙歌里(5)，人在珠帘第几重(6)。

【毛泽东圈评等情况】

毛泽东读清朱彝尊、汪森编选《词综》卷十三时，圈阅了这首《鹧鸪天·日日清楼醉梦中》。

[参考] 张贻玖：《毛泽东评点、圈阅的中国古典诗词》，中国工人出版社 1992 年版，第 250 页。

【注释】

（1）青楼，青漆涂饰的豪华精致的楼房。三国魏曹植《美女篇》："借问女安居？乃在城南端。青楼临大路，高门结重关。"又指妓院。南朝·梁·刘邈《万山见采桑人》诗："倡妾不胜愁，结束下青楼。"唐杜牧《遣怀》诗："十年一觉扬州梦，赢得青楼薄倖名。"醉梦，人糊里糊涂如醉如梦。唐李涉《题鹤林寺僧舍》诗："终日昏昏醉梦间，忽闻春尽强登山。"

（2）画鹢（yì），西汉刘安《淮南子·本经训》："龙舟鹢首，浮吹以娱。"高诱注："鹢，大鸟也。画其像着船头，故曰鹢首。"后以"画鹢"为船的别称。

（3）花骢，即五花马。唐杜甫《骢马行》："邓公马癖人共知，初得花骢大宛种。"

（4）涌金门，南宋行都临安（今杭州市）的西城门，门临西湖。宋赵彦卫《云麓漫钞》卷五："钱湖一名金牛湖，一名明圣湖，湖有金牛，遇圣明即见，故有二名焉……行次北第二门曰涌金门，即金牛出见之所也。"

（5）笙歌，合笙之歌，亦谓吹笙唱歌。西汉戴胜《礼记·檀弓上》："孔子既祥，五日弹琴而不成声，十日而成笙歌。"

（6）珠帘，用线穿成一条条垂直串珠构成的帘幕。汉代刘歆著、东晋葛洪辑抄《西京杂记》卷二："昭阳殿织珠为帘，风至则鸣，如玎珮之声。"

【赏析】

《鹧鸪天》，又名《思佳客》《思越人》《剪朝霞》《骊歌一叠》。定格为晏几道《鹧鸪天·彩袖殷勤捧玉钟》，双调，五十五字，押平声韵。前后片各三平韵，前片第三、四句与过片三言两句多作对偶。代表作有苏轼《鹧鸪天·林断山明竹隐墙》等。

这首词可以说是一首春的颂歌。词人以他那才气飘逸的文笔，描绘出烂漫的春色，展示了南宋行都临安（今浙江杭州）春游的热闹场面。通篇春意盎然，气氛欢愉，一派升平和乐的景象。

词的上阕写春景。"日日青楼醉梦中。不知楼外已春浓。"开头二句，词人为写春色，落笔却从反面入手，先说日日清楼昼醉夜梦，不知春色降临，更不见春的浓艳。这样反手入笔，犹如波澜倒卷，激起片片新的浪花。不知楼外之春，更会引起对楼外春景的羡盼，使词增添了艺术吸引力。"杏花未遇疏疏雨，杨柳初摇短短风。"三、四两句，具体刻画春景。上面以"春浓"二字形容春景，毕竟有些空泛。这两句工笔细描，勾勒出一幅逼真生动的春景图。杏花报春开放，火红娇艳，连蒙蒙细雨也不忍展示她那美丽的面容。春柳雨润，万千枝条新抽出的点点嫩叶，在微风吹拂下，摇曳生姿。其实春柳雨润，春雨杏花，不过是词人笔下春景的代表，正是它们显示出江南早春那无边无际的春意。宋祁不是有"红杏枝头春意闹"的名句吗？那枝头盛开的杏花，展示出的正是无边喧闹的春的意绪。

词的下阕写春游。"扶画鹢，跃花骢。涌金门外小桥东。"换头处三句，"扶画鹢，跃花骢"二句写出游的形式，时而水路，乘坐美丽的画船。继而舍舟陆行，骑上漂亮的花骢马。到哪里去呢？"涌金门外小桥东"。涌金门也叫丰豫门，是宋代临安（今杭州）的西城门，正对着西湖。这里有山有水，有柳汀花坞、阑槛台榭，有花径风月，更有游桡画鹢，櫂讴隄唱。这里不但有春天的自然美景，还有春天的社会律动。所以词人游春要来这里。"行行又入笙歌里，人在珠帘第几重"，结末二句，则由个人的赏春出游，扩展到社会的赏春游乐。"行行又入笙歌里"，即春游出行，流连忘返，不知不觉就走进了阵阵笙簧吹奏、曲曲歌喉欢唱的快乐境遇之中，而循着乐音歌喉望去，"人在珠帘第几重？"全词以问句作结，显得含蓄蕴藉，耐人寻味。那珠帘深处的歌乐，不正是春的旋律吗？而词人的游春和四周的笙歌欢乐，也正是正格临安（今杭州）春游的缩影。

张孝祥此词描绘了行都临安的春景和春游的情形，历史地再现了临安的繁华景象。全词仿佛行云流水，天趣独到，自然妥溜，毫无苦涩沾滞之嫌和矫揉造作之病，这与词人的才情横溢有关。据说张孝祥平时作词"未尝着稿，笔酣兴健，顷刻即成"。正因为张孝祥的词乃兴致所出，故而自然昌达。诸如词中春景的描绘、春游的叙写，显得是那样自然而然，脍炙人口，这在两宋词人中是不多见的。

戴复古

戴复古（1167—约1248），字式之，常居南塘石屏山，故自号石屏、石屏樵隐，天台黄岩（今浙江台州）人，南宋著名江湖诗派诗人。曾从陆游学诗，作品受晚唐诗风影响，兼具江西诗派风格。部分作品抒发爱国思想，反映人民疾苦，具有现实意义。其词格调高朗，文笔俊爽，清健轻捷，工整自然。"往往作豪放语，锦丽是其本色。"（况周颐语）。晚年总结诗歌创作经验，以诗体写成《论诗十绝》。一生不仕，浪游江湖，后归家隐居，卒年八十余。著有《石屏诗集》《石屏词》《石屏新语》。

【原文】

醉太平·长亭短亭

长亭短亭⁽¹⁾。春风酒醒。无端惹起离情⁽²⁾。有黄鹂数声⁽³⁾。　　芙蓉绣茵⁽⁴⁾。江山画屏⁽⁵⁾。梦中昨夜分明。悔先行一程。

【毛泽东圈评等情况】

毛泽东曾圈阅过这首《醉太平·长亭短亭》。

[参考] 张贻玖：《毛泽东评点、圈阅的中国古典诗词》，
中国工人出版社1992年版，第251页。

【注释】

（1）长亭短亭，古时设在路旁的亭舍，常用为饯别处，也指旅程遥远。南北朝庾信《哀江南赋》："十里五里，长亭短亭。"

（2）无端，无由产生。《商君书·修权》："下信其刑，则奸无端矣。"高亨注："端借为'耑'……草木初生为耑，无耑，言无由萌生。"引申指

无因由，无缘无故。离情，别离的情绪。南朝梁萧统《文选·任昉〈出郡传舍哭范仆射〉诗》："将乖不忍别，欲以遣离情。"李善注："言将乖之初，不忍便诀；欲离少选之顷，以遣离旷之情也。"

（3）黄鹂，鸟名。身体黄色，自眼部至头后部黑色，嘴淡红色。叫的声音很好听，常被饲养作笼禽。南朝梁何逊《石头答庾郎丹》诗："黄鹂隐叶飞，蛱蝶萦空戏。"唐杜甫《绝句》之二："两个黄鹂鸣翠柳，一行白鹭上青天。"

（4）芙蓉秀茵，绣着芙蓉花的褥子。芙蓉，荷花的别名。战国楚屈原《楚辞·离骚》："制芰荷以为衣兮，集芙蓉以为裳。"洪兴祖补注："《本草》云：其叶名荷，其华未发为菡萏，已发为芙蓉。"茵，铺垫的东西，垫子、褥子、毯子的通称。《仪礼·既夕礼》："加茵，用疏布。"郑玄注："茵，所以藉棺者。"贾公彦疏："加茵者谓以茵加于杭席之上。"

（5）江山画屏，画着山川的屏风。江山，江河和山岭，指国家的疆土或政权。西晋陈寿《三国志·吴志·贺劭传》："割据江山，拓土万里。"画屏，有画饰的屏风。南朝梁江淹《空青赋》："亦有曲帐画屏，素女采扇。"

【赏析】

《醉太平》，词牌名，一名《凌波曲》。此调有三十八字、四十五字、四十六字等诸格体，俱为双调。

这是一首抒写离情别绪的小令。词中描述了情人分别时的场面，对往事的追忆及告别时的复杂情感。

词的上阕写长亭送别。"长亭短亭。春风酒醒。"开头二句是说，长亭复短亭，十里来相送，情人对饮千杯少，和煦的春风一吹，二人才从醉酒中醒来。"无端惹起离情。有黄鹂数声。"三四两句是说，原来只喝得酒酣耳热，分别是千言万语说个不完，酒醒后听到黄鹂的叫声，才知道送君千里，终有一别，而一想到分别在即，心里总有些酸楚难禁。

词的下阕写当晚梦境。"芙蓉绣茵。江山画屏。"换头处二句是说，离别之后，回到家里，自己一人睡在绣有荷花的锦褥上，又有画着山水的屏风围护。"梦中昨夜分明。悔先行一程"，结末二句是说，看来睡得还是不错，竟做了一个美梦，在梦中，昨天夜里送别的情形历历在目，后悔自己先行了一程。对情人的缱绻多情依依不舍，溢于言外。

这首词以时间为线索先写送别，把情人分别时的过程、场景及复杂的情感活动完整地记录了下来。后写相对，最后以梦想作结。在叙述的过程中，描写、叙事、描写、抒情交织在一起，情景交融，构成了一幅完美的送别图画，创造了优美的意境，给读者留下了丰富的想象的余地。

史达祖

史达祖（1163—1220？），字邦卿，号梅溪，汴（河南开封）人，南宋婉约派重要词人，风格工巧，推动宋词走向基本定型。一生未中第，早年任过幕僚。韩侂胄当国时，他是最亲信的堂吏，负责撰拟文书。韩北伐失败后，受黥刑，死于困顿。史达祖的词以咏物为长，其中不乏身世之感。他还在宁宗朝当过北行使金，这一部分的北行词，充满了沉痛的家国之感。今传有《梅溪词》。存词一百一十二首。代表作《双双燕·咏燕》，风格工巧绮丽，让人看出在一个饱受折磨的外表之下的，是一个灵动轻盈的灵魂。

【原文】

解佩令·人行花坞

人行花坞⁽¹⁾，衣沾香雾⁽²⁾。有新词、逢春分付⁽³⁾。屡欲传情⁽⁴⁾，奈燕子、不曾飞去。倚珠帘⁽⁵⁾、咏郎秀句⁽⁶⁾。　　相思一度，秾愁一度⁽⁷⁾。最难忘、遮灯私语。淡月梨花⁽⁸⁾，借梦来、花边廊庑⁽⁹⁾。指春衫⁽¹⁰⁾、泪曾溅处。

【毛泽东圈评等情况】

毛泽东曾圈阅过这首《解佩令·人行花坞》。

[参考] 张贻玖：《毛泽东评点、圈阅的中国古典诗词》，中国工人出版社1992年版，第251页。

【注释】

（1）花坞，四周高起、中间凹下、种植花木的地方。南朝梁武帝《子夜四时歌·春歌之四》："花坞蝶双飞，柳堤鸟百舌。"

（2）香雾，指雾气。唐杜甫《月夜》诗："香雾云鬟湿，清辉玉臂寒。"仇兆鳌注："雾本无香，香从鬟中膏沐生耳。"

（3）新词，新作的诗词。唐刘禹锡《踏歌词》之一："唱尽新词欢不见，红霞映树鹧鸪鸣。"宋辛弃疾《丑奴儿》词："少年不识愁滋味，爱上层楼；爱上层楼，为赋新词强说愁。"逢春，遇到了春天。分付，交给。唐白居易《题文集柜》诗："身是邓伯道，世无王仲宣。只应分付女，留与外孙传。"

（4）传情，传递情意（多指男女之间）。晋嵇康《声无哀乐论》："夫喜、怒、哀、乐、爱、憎、惭、惧，凡此八者，生民所以接物传情，区别有属，而不可溢者也。"

（5）珠帘，珍珠缀成的帘子。《西京杂记》卷二："昭阳殿织珠为帘，风至则鸣，如珩珮之声。"

（6）郎，旧时妇女对丈夫或情人的称呼。南朝宋刘义庆《世说新语·贤媛》：郗嘉宾丧，妇兄弟欲迎妹还，终不肯归。曰："生纵不得与郗郎同室，死宁不同穴！"秀句，优美的文句。南朝梁钟嵘《诗品》卷中："奇章秀句，往往警遒。"

（7）相思，彼此想念，后多指男女相悦而无法接近所引起的想念。汉苏武《留别妻》诗："生当复来归，死当长相思。"一度，一次。五代谭用之《赠索处士》诗："一度相思一惆怅，水寒烟澹落花前。"秾愁，深愁。秾，通假，通"浓"。宋苏轼《瑞香花》："知君却是为情秾，怕见此花撩动。"

（8）淡月，不太明亮的月亮或月光。宋王明清《挥麈余话》卷二："少顷，白乳浮盏面，如疏星淡月。"梨花，梨树的花，一般为纯白色。南朝梁萧子显《燕歌行》："洛阳梨花落如雪，河边细草细如茵。"

（9）廊庑，堂前的廊屋。西汉司马迁《史记·魏其武安侯列传》："所赐金，陈之廊庑下。"东汉班固《汉书·窦婴传》引此文，颜师古注："廊，堂下周屋也。庑，门屋也。"

（10）春衫，春天穿的衣衫。元稹《六年春遣怀八首》之一："重纩犹存孤枕在，春衫无复旧裁缝。"

【赏析】

《解佩令》，调见《小山乐府》。按《楚辞》"捐予佩兮澧浦"，《韩诗外传》"郑交甫遇汉皋神女解佩"，调名取此。双调六十六字，前段六句四仄韵，后段六句三仄韵。第一、二句亦有不用韵者。

史达祖的词因过于讲究技巧而被批评，但其用足心思，虽失之纤薄，但其刻意描画、工丽精雅，不足处在是，好处亦在是，全看读者的欣赏。

《解佩令·人行花坞》是南宋词人史达祖所写的一首词。这首词写一个女子对自己外出丈夫的思念，于结构上有所创新。一般写这类题材词时，大都先写自己相思之情，然后从对方入笔，推想思念者的情态，此词一变熟套，反其道行之，更觉韵味隽永。

词的上阕写女子家中思念外出的丈夫。"人行花坞，衣沾香雾"，开头二句，是极清美的情境。她，轻灵地在花丛中穿行，衣衫上沾惹了花上的香气。"花坞"，指可以四面挡风的花圃，当是昔日两人常游之地。落笔处先营造一抒情意境，然后才点出："有新词、逢春分付。"每逢春天到来，他都写下新词，好让自己吟咏歌唱。可是，这一年的春天呢？情人远在异乡，更不用说"分付"新词了。这里仍从女子方面着笔，用思细密。

"屡欲传情，奈燕子、不曾飞去"二句，再转一层。多少次啊，想要托燕子为传情愫，无奈它又不曾飞去。这已是百无聊赖，唯有"倚珠帘、咏郎秀句"，重吟旧日的诗词，以慰眼前的相思吧。令人有今夕何夕之叹，词人的想象，由花坞转入居处，句句写对方的动静，似从空处落想，其实句句均有作者的自身形象在，都在作者眼中写出，仍是想象语。"花坞"，是当日两人经行之处，"新词""秀句"，也是情郎所为。"传情"句，亦写出情侣间的无限深情。写女子对自己的思念，也就是从侧面写出自己对她的眷恋之情。因是词人以己心度她心，所以她心即我心。梅溪词中，颇多此等笔法。

词的下阕具体写对丈夫的思念之情。"相思一度，秾愁一度"，换头二句，回转笔触，由人而及己。每一次的相思，都增添一分的愁绪。语虽质直，实是起到提纲挈领的作用，且以真率之情动人，更觉真实可信，由此而生发出下边一段婉曲缠绵的描写："最难忘、遮灯私语"。在恋爱过程中，总有一些使人永久无法忘怀的情事。在梅溪词中也屡屡提到"一灯初见影窗纱"（《西江月》）、"人静烛笼稀，泥私语、香樱乍破"（《步月》）。重帘灯影，甜蜜低语，词中着一"遮"字，便曲尽幽会情态。"淡月梨花，借梦来、花边廊庑。指春衫、泪曾溅处。"结末三句，是全词精绝之笔。近代俞陛云曰："此三语情辞俱到。张功甫称其"织绡泉底……夺苕艳于春景'者也。"（《宋词选释》）春月溶溶，照着梨花如雪弥漫的小庭深院，那是当日与她相会幽欢的地方。此时天涯间阻，唯有借夜来魂梦，重绕花畔的回廊，找到所思念的她，把自己春衫上溅着相思泪痕的地方，指给她看。梅溪词用字句极精准，"借"字，"指"字，皆极生新之致。清况周颐云此词"以标韵胜"，可谓的评。

刘克庄

刘克庄（1187—1269），初名灼，字潜夫，号后村，吏部侍郎刘弥正之子，福建省莆田市人，南宋豪放派诗人。初为靖安主簿，后长期游幕于江、浙、闽、广等地。诗属江湖诗派，作品数量丰富，内容开阔，多言谈时政，反映民生之作，早年学晚唐体，晚年诗风趋向江西诗派。刘克庄早年与四灵派翁卷、赵师秀等人交往，诗歌创作受他们影响，学晚唐，刻琢精丽。他与江湖派戴复古、敖陶孙等也有交往，自言"江湖吟人亦或谓余能诗"（《跋赵崇安诗卷》）。"江湖社友犹以畴昔虚名相推让"（《刻楮集序》）。他的《南岳稿》曾被陈起刻入《江湖诗集》。但他后来不满于永嘉四灵的"寒俭刻削"之态，也厌倦了江湖派的肤廓浮滥，而致力于独辟蹊径，以诗讴歌现实。所以他的诗终于摆脱了四灵的影响，成就也在其他江湖诗人之上。他一生"前后四立朝"，但时间都很短暂，多数时间被贬斥出守外郡，这样便扩大了眼界，接触社会面较为广阔，诗歌内容亦随着丰富起来。词深受辛弃疾影响，多豪放之作，散文化、议论化倾向也较突出。作品收录在《后村先生大全集》中。刘克庄生前曾自编文集，嘱林希逸为序，继有后、续、新三集，其季子山甫汇为《大全集》二百卷。《四部丛刊》收《后村先生大全集》一百九十六卷，系影印抄本。词集有《宋六十名家词》本《后村别调》一卷，《后村丛书》本《后村长短句》五卷，今人钱仲联有《后村词笺注》四卷。

【原文】

水龙吟·己亥自寿二首其一·年年岁岁今朝

年年岁岁今朝⁽¹⁾，左弧悬罢浑无事⁽²⁾。吾衰久矣⁽³⁾，我辰安在⁽⁴⁾，老之将至⁽⁵⁾！懒写京书，怕看除目⁽⁶⁾，败人佳思⁽⁷⁾。把东篱掩定⁽⁸⁾，北窗开

了⁽⁹⁾，悠然酌⁽¹⁰⁾、颓然睡。　　客有过门投贽⁽¹¹⁾。道先生访华胥氏⁽¹²⁾。谁能辛苦，陪他绮语⁽¹³⁾，记他奇字⁽¹⁴⁾。屈指先贤⁽⁵⁾，戴花老监⁽¹⁶⁾，岂其苗裔⁽¹⁷⁾。待异时约取，宽夫彦国⁽¹⁸⁾，入耆英会⁽¹⁹⁾。

【毛泽东圈评等情况】

毛泽东曾圈阅过刘克庄这首《水龙吟·年年岁岁今朝》。

[参考] 张贻玖：《毛泽东评点、圈阅的中国古典诗词》，

中国工人出版社 1992 年版，第 247 页。

【注释】

（1）年年岁岁，每年。唐刘希夷《代悲白头翁》诗："年年岁岁花相似，岁岁年年人不同。"今朝（zhāo），今日。唐白居易《井底引银瓶》诗："瓶沉簪折知奈何，似妾今朝与君别。"

（2）左弧悬罢，指庆贺生日结束。古代风俗，门左悬弧，西汉戴胜《礼记·内则》："子生，男子设弧于门左，女子设帨于门右。"弧，木弓，男子所用，以示生男。帨，佩巾，女子所用，以示生女。左弧，就是生男孩的代称，又可代指男子的生日。浑，简直。

（3）吾衰久矣，我衰老很久了。《论语·述而》："甚矣吾衰也，吾不复梦见周公。"

（4）我辰安在，语出《诗经·小雅·小弁》："天之生我，我辰安在？"辰，时日。

（5）老之将至，多用作自称衰老之语。《论语·述而》：叶公问孔子于子路，子路不对。子曰："女奚不曰：其为人也，发愤忘食，乐以忘忧，不知老之将至云尔。"形容人心情舒畅，忘却自己衰老。此反用此意。

（6）除目，除授官吏的文书。唐姚合《武功县中作》诗之八："一日看除目，终年损道心。"

（7）佳思，美好的意趣；良好的心绪。宋陈师道《晚望》诗："称目有佳思，侧径无好步。"

（8）东篱，东晋陶潜《饮酒》诗之五："采菊东篱下，悠然见南山。"

后因以指种菊之处，菊圃。

（9）北窗，东晋陶潜《与子俨等疏》："见树木交荫，时鸟变声，亦复欢然有喜。尝言五六月中北窗下卧，遇凉风暂至，自谓是羲皇上人。"羲皇，伏羲。羲皇上人，伏羲以前的人。

（10）悠然，闲适之态，淡泊之态。东晋陶潜《饮酒》诗之五："采菊东篱下，悠然见南山。"酌，饮酒。唐李白《月下独酌》："花间一壶酒，独酌无相亲。"颓然，萎靡不振貌。

（11）投赞，进呈诗文或礼物求见。唐范摅《云溪友议》卷一："（雍陶）后为简州牧，自比之谢宣城、柳吴兴也，宾至则折挫之，阍者亦怠，投赞者稀得见焉。"

（12）访华胥氏，指睡梦。华胥氏，战国郑列御寇《列子·黄帝篇》："（黄帝）昼寝，而梦游于华胥之国。华胥氏之国，在弇州之西，台州之北，不之斯（离）齐国几千万里。盖非舟车足力之所及，神游而已。"

（13）绮语，美妙的词语。宋苏轼《登州海市》诗："新诗绮语亦安用？相与变灭随东风。"

（14）奇字，汉王莽时六体书之一，大抵根据古文加以改变而成。后泛指古文字。东汉班固《汉书·扬雄传下》："间请问其故，乃刘棻尝从雄学作奇字，雄不知情。"颜师古注："古文之异者。"

（15）屈指，弯着指头计数。西晋陈寿《三国志·魏志·张郃传》："屈指计亮粮不至十日。"先贤，已故的有才德的人。西汉戴胜《礼记·祭义》："祀先贤于西学，所以教诸侯之德也。"

（16）戴花老监，语出宋司马光《洛阳耆英会序》载与会者"秘书监致仕刘几字伯涛，年七十五"。

（17）苗裔，后代子孙。战国楚屈原《楚辞·离骚》："帝高阳之苗裔兮，朕皇考曰伯庸。"王逸注："苗，胤也；裔，末也。"朱熹集注："苗裔，远孙也。"

（18）宽夫，文彦博，北宋大臣，兼通医学。字宽夫，汾州介休（今山西介休）人。彦国，富弼，字彦国，河南人。两人都是宋代明相。

（19）耆（qí）英会，宋文彦博留守西都洛阳，集年老士大夫十一人，聚会作乐，当时谓之"洛阳耆英会"。见宋司马光《洛阳耆英会序》。一说，文彦博为"耆年会"，凡十三人，人为一诗，命画工郑奂图于妙觉佛寺。见宋沈括《梦溪笔谈·人事一》。后亦以"耆英会"指年高有德者的集会。

【赏析】

《水龙吟》，词牌名，又名《水龙吟令》《水龙吟慢》《鼓笛慢》《小楼连》《海天阔处》《庄椿岁》《丰年瑞》。此调以苏轼《水龙吟·露寒烟冷兼葭老》为正体，双调一百零二字，前段十一句四仄韵，后段十一句五仄韵。另有双调一百零二字，前段十一句五仄韵，后段十句四仄韵等二十四种变体。代表作品有苏轼《水龙吟·次韵章质夫杨花词》等。

这首词标题为《己亥自寿二首其一》，可知是宋理宗嘉熙三年（1239）所作，作者时年五十二岁。词人当时因言官弹劾其作诗讪谤朝廷，已免官闲居数年，约在写此作之后几年方特赐进士出身，任史事，累官于朝。这首词抒发了投闲置散生活中的闲适又苦闷的思想情绪。

词的上阕写过生日。"年年岁岁今朝，左弧悬罢浑无事。"开头二句便自叹自己每年过生日的时候，照例纪念一下就算完事。"左弧悬罢"，指纪念庆贺生辰结束。古代家中生男孩，有在门左悬挂一张弓的风俗，后来便称生男孩为"悬弧"，又称男子生日为"悬弧令旦"。词人值五十二岁生辰之际，回顾以往，实为虚度年华、报国无门而叹息。"吾衰久矣，我辰安在，老之将至！"接下来三句是说，我衰老已经很久了，我生在何时，不知不觉老年已经来到了。大有孔夫子当年惋惜自己大志未成而年已老迈的风味。"懒写京书，怕看除目，败人佳思"三句是说，我懒得上京城写信上书，也懒得翻看朝廷拜官授职的花名册，因为那只能败坏人的美好情绪。"把东篱掩定，北窗开了，悠然酌、颓然睡"四句是说，每日里再不关心政事，把菊圃的门关好，北面的窗户打开，悠然自得地饮酒遣兴，然后颓然沉睡。这是报国无门、有志难伸的结果，表明对现实政治已经心灰意冷，实是对执政党压抑人才的控诉。

词的下阕主要写日常生活中的过往人物。"客有过门投贽。道先生访华胥氏。"换头处二句，"投贽"，进呈诗文或礼物求见。"访华胥氏"，指睡梦。华胥氏，战国郑列御寇《列子·黄帝篇》："（黄帝）昼寝，而梦游于华胥之国。"二句是说，如果有人来拜见赠送礼物，你就说先生正在睡觉。表示断绝与外界来往。"谁能辛苦，陪他绮语，记他奇字。"接下来三句说明原因。谁有心思长时间伴他们闲谈赋诗呢？实在无聊得很。"屈指先贤，戴花老监，岂其苗裔"三句，进而指出，屈指细数，古代诸位"先贤"，还不是一个个如宫中太监一样无后吗？企羡他们又有什么意思呢？这是愤世嫉俗之语，同时也含讥讽当今已无"先贤"之意。词人最后说道："待异时约取，宽夫彦国，入耆英会。""宽夫彦国"，指北宋仁宗朝并立于朝的两位宰相文彦博和富弼，文彦博字宽夫，富弼字彦国。他们在致仕后在洛阳同司马光等十三人结成"耆英会"，终日饮酒赋诗。这里是词人想象自己将来也要像文彦博和富弼一样，与那些投闲置散的志同道合者一起，饮酒赋诗，悠闲自得地打发时光。

刘克庄胸怀爱国壮志，却长期不为时用，有志难伸。词人在自己五十二岁生日之际，回顾自己大半生的经历，胸中更是备感酸楚，故此词多有不平之气与愤世嫉俗之语。此篇词风粗豪，语言质朴。清冯旭《六十一家词选例言》中说："后村词与放翁、稼轩犹鼎三足，其生丁南渡，拳拳君国，似放翁；志在有为，不欲以词人自域，似稼轩。"半片抒发自己矛盾苦闷的胸怀，颇有"凄凉感旧，慷慨生哀"（刘克庄《沁园春》语）之意。

【原文】

满江红·送宋惠父入江西幕·满腹诗书

满腹诗书⁽¹⁾，余事到⁽²⁾、穰苴兵法。新受了、乌公书币⁽³⁾，著鞭垂发⁽⁴⁾。黄纸红旗喧道路⁽⁵⁾，黑风青草空巢穴⁽⁶⁾。向幼安、宣子顶头行⁽⁷⁾，方奇特。　　溪峒事⁽⁸⁾，听侬说。龚遂外⁽⁹⁾，无长策⁽¹⁰⁾。便献俘非勇⁽¹¹⁾，纳降非怯⁽¹²⁾。帐下健儿休尽锐⁽¹³⁾，草间赤子俱求活⁽¹⁴⁾。到崆峒⁽¹⁵⁾、快寄凯歌来，宽离别。

【毛泽东圈评等情况】

毛泽东曾圈阅过刘克庄这首《满江红·满腹诗书》。

[参考] 张贻玖：《毛泽东评点、圈阅的中国古典诗词》，

中国工人出版社 1992 年版，第 247 页。

【注释】

（1）满腹，满肚子。诗书，《诗经》和《尚书》。春秋鲁左丘明《左传·僖公二十七年》："《诗》《书》，义之府也；《礼》《乐》，德之则也。"

（2）余事，无须投入主要精力的事；正业或本职工作之外的事。穰苴（ráng jǔ），春秋时齐国的一位名将，精通兵法。齐威王使大夫追论古者司马兵法而附穰苴于其中，因号曰《司马穰苴兵法》。

（3）乌公书币，指宋惠父受江西幕府之聘。此用乌重胤（唐河阳军节度御史大夫）迎石处士的故事。据唐韩愈《送石处士序》载，乌公迎石处士时曾"撰书词，具马币"。

（4）著鞭，用鞭打（马）。垂发，即将出发。

（5）黄纸，写在黄麻纸上的诏书，也指赦免的文告。红旗，古代用作军旗或用于仪仗的红色旗帜，也可指官军的告示和旗帜。唐白居易《同刘十九宿》："红旗破贼非吾事，黄纸除书无我名。"

（6）黑风，峒名，峒在广西东部，嘉定元年（1208）爆发了黑风峒瑶汉农民起义。青草，峒名。峒在青草山上。黑风青草，指起义军根据地。黑风、青草等地曾被起义军占据过。《宋会要辑稿·蕃夷五·南蛮传》："嘉定元年，郴州黑风峒徭人罗世传寇边。"又《宋会要辑稿·兵十·讨叛四》："（绍兴三年）六月十一日，杨幺等贼火于澧、潭、岳之间，占据青草、洞庭湖一带巢穴。"空，被扫荡干净。

（7）幼安，指宋代爱国诗人辛弃疾（字幼安）。宣子，指南宋大臣王佐（字宣子）。向幼安、宣子顶头行，意思是功绩超过辛弃疾和王佐。

（8）溪峒事，指少数民族起义之事。侬，我。

（9）龚遂，汉时良吏，为渤海太守，用招抚方法平盗贼，大兴农事。东汉班固《汉书》卷八九《龚遂传》载："渤海左右郡岁饥，盗贼并起，

二千石不能禽制。上选能治者，丞相御史举遂可用，上以为渤海太守。……移书敕属县悉罢逐捕盗贼吏，诸持锄钩田器者皆为良民，吏毋得问，持兵者乃为盗贼。遂单车独行至府，郡中翕然，盗贼亦皆罢。'"

（10）长策，好的策略。本句意思是，除了龚遂的宽容安抚，此外没有更好的办法。

（11）献俘，进献俘虏以邀功请赏。

（12）纳降非怯，此句意思是接受投降归顺并非胆怯。

（13）帐下健儿休尽锐，手下将士不必一味锋芒毕露。

（14）草间赤子，本指婴儿，后引申指平民百姓。乡间造反的民众都不过是为了活命而已。

（15）崆峒，山名。在江西赣州南六十里，是当时起义军的根据地。凯歌，胜利之歌。唐陈子昂《为建安王答王尚书书》："事同破竹，无待剪茅；坐听凯歌，预用欣慰。"

【赏析】

这首词题作《送宋惠父入江西幕》。宋惠父，即宋普，字惠父，作者的友人。刘克庄自己曾写《宋经略》一文记他的事迹。文中说："余为建阳令，获友其邑中豪杰，而尤所敬爱者曰宋惠父。时江右峒寇张甚，公奉辟书，慷慨就道。余置酒赋词祖饯。"所赋词就是本篇。江右就是江西。"峒寇"指少数民族起义军。"张甚"是极为嚣张。幕，幕府，即将帅在外出征时设立的营帐，是军中的指挥中枢。入幕，就是参与协助主帅的指挥工作。

宋理宗宝庆元年（1225），刘克庄出任建阳县知县。刚好宋代法医学家宋慈因守父孝闲居建阳老家，二位才子一见如故，结成了很深友谊。刘克庄将宋慈引为"尤所敬爱者"。宝庆二年（1226），宋慈出任江西信丰主簿，当时江西南部三峒里少数民族发生变乱，赣南数百里地方都很混乱，宋慈将入军幕平定叛乱，临行，刘克庄置酒为他饯行，并书赠《满江红》词。

《满江红·送宋惠父入江西幕》坦率地表示了他反对南宋王朝镇压人民起义的屠杀政策，这在宋词中是极不多见的作品。本词虽为送别之作，然断无儿女情态,一改挥泪折柳之类旧腔,而出以嘱托、希望及勉励。词的上阕写送宋惠父入江西幕。

"满腹诗书,余事到、穰苴兵法。"开头二句用典,赞扬宋惠父文韬武略兼备。春秋时齐国的名将司马穰苴长于军事学,著有《司马穰苴兵法》。宋惠父本是书生,兼通军事,所以说他是"余事到、穰苴兵法"。"新受了、乌公书币,著鞭垂发。"接下来二句是说,宋惠父受聘入江西幕,即将出发。"乌公书币"也是用典。此用乌重胤(唐河阳军节度御史大夫)迎石处士的故事。据唐韩愈《送石处士序》载,乌公迎石处士时曾"撰书词,具马币"。"黄纸红旗喧道路,黑风青草空巢穴"二句,预祝官方的军事活动能够马到成功。后句用元脱脱等《宋史·王安居传》事,黑风、青草,皆地名。"空巢穴",即被荡平之意。"向幼安、宣子顶头行,方奇特"二句,援引辛弃疾镇压茶商军和王佐扑灭陈峒为首的起义军的事例,明确表示不赞成一味镇压的办法,鼓励宋惠父另辟蹊径,以奏奇功。

词的下阕直陈招安纳降主张。历代的统治者对待人民的起义和反叛,无非是剿抚两手:剿就是武力镇压,抚就是招安纳降。刘克庄既然不同意一味杀戮,自然就主张招安纳降了。"溪峒事,听侬说。龚遂外,无长策。"换头处四句直截了当提出对付江西南部少数民族叛乱的办法,从长计议,就是采取汉朝渤海太守龚遂的办法,劝民专务农桑,停止叛乱,别无他途。所以接下来二句便说:"便献俘非勇,纳降非怯。"劝宋惠父对叛军施以招安政策。以武力征剿,俘虏敌人、献给朝廷并不表明就是勇敢,而接受反叛者的投降,也并不就是怯懦。"帐下健儿休尽锐,草间赤子俱求活。"二句对仗工稳,对比鲜明:不要让你部下的士兵大肆屠杀,人民落草为寇,也是迫不得已,为了求条活路。两句仍意在说服。这是全篇紧要处所在,虽纯用议论入词,然其识见高远,居心忠厚。临其文也;如可想见其为人。"草间赤子"一句尤重大,既表现出对人民疾苦之深切同情,又隐含着对当时社会现实的严肃批判。本词之所以被推重,其理由即在于词人在其中表现出了一种可贵的人道主义精神。"到崆峒、快寄凯歌来,宽离别。"结末二句揭出题旨,预祝宋惠父马到成功,凯歌高奏,以宽慰离别牵挂,归到送别上,结束全词。清冯煦:"又其宅心忠厚,亦往往于词得之。《满江红》（送宋惠父入江西幕）云：'帐下健儿休尽锐，草间赤子俱求活。'……胸次如此，岂剪红刻翠者比耶？升庵称其壮语，子晋称其雄力，殆犹之皮相也。"（《宋六十一家词选·例言》）

【原文】

满江红·夜雨凉甚忽动从戎之兴·金甲琱戈

金甲琱戈[1]，记当日、辕门初立[2]。磨盾鼻[3]、一挥千纸，龙蛇犹湿[4]。铁马晓嘶营壁冷，楼船夜渡风涛急[5]。有谁怜[6]、猿臂故将军，无功级。

平戎策[7]，从军什[8]，零落尽，慵收拾[9]。把茶经香传[10]，时时温习。生怕客谈榆塞事[11]，且教儿诵《花间集》[12]。叹臣之壮也不如人[13]，今何及。

【毛泽东圈评等情况】

毛泽东曾圈阅过刘克庄这首《满江红·金甲琱戈》。

[参考] 张贻玖：《毛泽东评点、圈阅的中国古典诗词》，中国工人出版社1992年版，第247页。

【注释】

（1）金甲琱戈，金饰的铠甲，刻镂过的戈，形容武装的壮丽。琱，通作"雕"。

（2）辕门，军门，领兵将帅的营门。《六韬·分合》："大将设营而陈，立表辕门。"指李珏帅府。

（3）磨盾鼻，盾鼻是盾的纽。齐梁之际荀济入此，说当在盾鼻上磨墨作檄、讨伐梁武帝萧衍。后以"磨盾鼻"喻军中作檄。

（4）龙蛇，原指草书飞动圆转的笔势和飞动的草书，后泛指书法、文字。

（5）楼船，有楼的大船，古代多用作战舰。

（6）"有谁怜"三句，"猿臂故将军"指李广。西汉司马迁《史记·李将军刘传》："广为人长猿臂，其善射亦天性也。"广曾为骁骑将军，因事降为庶人，因称"故将军"。古代杀敌以首级的数目计功，故称功级。平生与匈奴大小七十余战而不得封侯。

（7）平戎策，指平定外族的策略。这里指作者屡有奏疏陈述抗敌恢复方略。

（8）从军什，是指记录军中生活的诗篇。

（9）慵（yōng），懒惰，懒散。

（10）茶经，这里指记茶叶的品种及烹茶方法的书籍。香传，即香谱，记香的品种、烧香的方法、器具等。

（11）榆塞，东汉班固《汉书·韩安国传》："后蒙恬为秦侵胡，辟数千里，以河为竟，累石为城，树榆为塞，匈奴不敢饮马于河。"后因以"榆塞"泛称边关、边塞。

（12）《花间集》，是五代十国时期编纂的一部词集，也是中国文学史上的第一部文人词选集，由后蜀人赵崇祚编辑。

（13）叹臣之壮也二句，化用《左传》烛之武语。春秋鲁左丘明《左传·僖公三十年》烛之武对郑文公说："臣之壮也，犹不如人；今老矣，无能为也已。"

【赏析】

这首词在词题《夜雨凉甚忽动从戎之兴》中说"忽动从戎之兴"，即作者忽然产生从军抗金的念头。情况是这样：刘克庄曾因"江湖诗案"遭难被黜。到绍定六年（1233）

蒙古灭金之际，宋师北上谋复回河南，刘克庄尚闲置在家。宋金之间的这场战争引起了诗人从军抗金的念头。这是作者写作此词的背景。

词的上阕从回忆往日的军营生活写起。"金甲琱戈，记当日、辕门初立。""记当日"点明这里所写的是对往事的回忆。诗人回忆开始担任军门工作时的威武景象。"金甲琱戈"，形容武装的壮丽。"辕门初立"，是说开始担任军门工作。时李珏出任江淮制置使，节制沿江诸军，帅府设在建康。刘克庄在幕府掌文书，被誉为"烟书檄笔"，一时无两。他也很以此自负，所谓"少年自负凌云笔"，时仅二十三岁。"磨盾鼻、一挥千纸，龙蛇犹湿"二句写出了诗人当年才华横溢、极为得意的精神状态。"一挥千纸，龙蛇犹湿"显示他草拟文书时文思敏捷、笔走龙蛇、文不加点、倚马可待的超人才气。"铁马晓嘶营壁冷，楼船夜渡风涛急。"这两句脱胎于陆游《书愤》一诗的名句："楼船夜雪瓜洲渡，铁马秋风大散关。""晓嘶""夜渡"，一写白天，一写夜间，表现强敌压境、战斗紧迫的程度。"铁马"这两句表现一种壮阔的战斗场面和肃杀的战斗气氛。"有谁怜、猿臂故将军，无功级"二句借用"李广难封"的典故说明自己虽曾踌躇满志，而终于无功而归。怨愤之情，溢于言表。这里作者以李广自况，自有不平之意。史载刘克庄从军建康李珏军幕时，由于前线泗上兵败，朝野皆主"以守易战"。刘克庄建议抽减极边戍兵，使屯次边，以壮根本。"主谋者忌之"，即自行辞职归里。由于这一次辞去军幕，使他一生未能再直接参与同敌人的战斗。所以每当追忆到这段军旅生活时，既神往，又遗憾。不过总的看来，词的上阕的基调还是昂扬亢奋的。

词的下阕抒写的是诗人愤郁塞胸时发出的悲凉深沉的哀叹。诗人此时是废退之身，无路请缨，只能正话反说，倾诉内心的隐痛和愤慨了。"平戎策，从军什，零落尽，慵收拾"，换头处四句，对一个爱国诗人而又是战士的人来说，平戎策，从军什，是战斗生活的记录，是珍贵的文献。一般都要编入专集传及后代的，有如勒石记功，可现在却都已零落殆尽而懒于收拾。"把茶经香传，时时温习"二句，即诗人只能靠焚香煮茗来打发时光了。唐陆羽有《茶经》三卷。"香传"，即香谱，记香的品种、烧香的方法、器具等。丁谓有《天香传》，沈立、洪刍均有《香谱》。读到这里不禁使人想起辛弃疾《鹧鸪天》词中的名句"却将万字平戎策，换得东家种树书"了。实际上这样做都是违心的和不得已的，纯属无可奈何。"生怕客谈榆塞事，且教儿诵《花间集》"，这两句表面上是说诗人已作终老之想，无意复问边事，而用描写美女与爱情的《花间集》来教导儿女。不但诗人自己不想谈"平戎"，而且唯恐客人谈及。这里着意写诗人过去遭遇留下的伤痛，是抱负难展的愤激之辞！"叹臣之壮也不如人，今何及"。结语用春秋时郑大夫烛之武语。《左传》僖公三十年载：烛之武对郑文公说："臣之壮也，犹不如人；今老矣，无能为也已。"这里意为虽有"从戎之兴"，无奈力不从心。表面上怨叹流年，实际上是感叹壮志未酬、不能一展抱负，用的是曲笔。

刘克庄是辛派词人，这首词的风格与辛词酷似。在慷慨淋漓、纵横恣肆中时露悲凉深沉之哀叹。诗人把立志收复中原的气节与功名作为词的主旋律，表现了英雄失志而不甘寂寞的思想。词在表现手法上的一个重要特点是运用曲笔，使词的意蕴更加深沉含蓄。

【原文】

满江红·和王实之韵，送郑伯昌·怪雨盲风

怪雨盲风⁽¹⁾，留不住江边行色⁽²⁾。烦问讯、冥鸿高士⁽³⁾，钓鳌词客⁽⁴⁾。千百年传吾辈语，二三子系斯文脉⁽⁵⁾。听王郎一曲玉箫声⁽⁶⁾，凄金石⁽⁷⁾。

晞发处⁽⁸⁾，怡山碧⁽⁹⁾；垂钓处⁽¹⁰⁾，沧溟白⁽¹¹⁾。笑而今拙宦⁽¹²⁾，他年遗直⁽¹³⁾。只愿常留相见面⁽¹⁴⁾，未宜轻屈平生膝⁽¹⁵⁾。有狂谈欲吐且休休⁽¹⁷⁾，惊邻壁。

【毛泽东圈评等情况】

毛泽东曾圈阅过刘克庄这首《满江红·怪雨盲风》。

[参考] 张贻玖：《毛泽东评点、圈阅的中国古典诗词》，

中国工人出版社 1992 年版，第 247 页。

【注释】

（1）怪雨盲风，犹疾风暴雨，形容风雨来势猛。唐韩愈《南海神庙碑》："怪雨盲风，发作无节。"

（2）行色，行旅出发前后的情状、气派。战国宋庄周《庄子·盗跖》："今者阙然数日不见，车马有行色，得微往见跖耶？"

（3）冥鸿，高飞的鸿雁。比喻高才之士或有远大理想的人。唐李贺《高轩过》诗："我今垂翅附冥鸿，他日不羞蛇作龙。"

（4）钓鳌（áo）词客：化用《列子·汤问》典故，喻指志士仁人的豪放胸襟和惊天动地的壮举。

（5）二三子，言诸君、几个人。《论语·八佾》："二三子何患于丧

乎？天下之无道也久矣，天将以夫子为铎。"斯文脉，《论语·子罕》："天之将丧斯文也，后死者不得与斯文也；天之未丧斯文也，匡人岂如汝何！"斯文，指礼乐教化、典章制度。

（6）王郎，指友人王迈。郎，对男子的敬称。唐李白《横江词》之五："郎今欲渡缘何事？如此风波不可行。"玉箫，玉制的箫或箫的美称。唐房玄龄等《晋书·吕纂载记》："即序胡安据盗发张骏墓，见骏貌如生，得真珠簏、琉璃榼、白玉樽、赤玉箫。"

（7）凄金石，唐钱起《省试湘灵鼓瑟》："善鼓云和瑟，常闻帝子灵。冯夷空自舞，楚客不堪听。苦调凄金石，清音入杳冥。"

（8）晞（xī）发，洗净晒干头发。出自战国楚屈原《九歌·少司命》"晞女发兮阳之阿"，形容闲居时期洒脱放浪的情趣。

（9）怡山，《民国福建省志·山经》卷二《福州府·侯官县》："怡山，距城四五里许。"

（10）垂钓，垂竿钓鱼。汉严忌《哀时命》："下垂钓于溪谷兮，上要求于仙者。"

（11）沧溟，大海。《汉武帝内传》："诸仙玉女，聚居沧溟。"

（12）"笑而今拙宦"句，化用唐宋之问《酬李丹徒见赠之作》"以予渐拙宦，期子遇良媒"句意。不善为官，仕途不顺。多用以自谦。唐白居易《初罢中书舍人》诗："自惭拙宦叨清贵，还有痴心怕素餐。"

（13）遗直，指直道而行，有古之遗风。《左传·昭公十四年》："仲尼曰：叔向，古之遗直也。"注："言叔向之直，有古人遗风。"

（14）"只愿常留相见面"句，语出唐杜甫《病后遇王倚饮赠歌》："只愿无事常相见。"

（15）平生，一生，此生，有生以来。唐姚思廉《陈书·徐陵传》："岁月如流，平生几何？晨看旅雁，心赴江淮；昏望牵牛，情驰扬越。"

（16）狂谈，纵情谈论。休休，不要，表示禁止或劝阻。宋杨万里《得省榜见罗仲谋曾无逸策名得二绝句》："今晨天色休休问，卧看红光点屋梁。"

【赏析】

有怎样的胸襟，就有怎样的词章。这是一首送别词，可是在刘克庄笔下却一扫"彷徨歧路，儿女沾巾"的俗态，既洋溢着个人情谊，更歌颂了高尚的志向，又寄托了宏大的抱负，在擅写离情别绪的宋词中别具一格。

这首词词题作《和王实之韵，送郑伯昌》。王实之、郑伯昌，和作者是福建同乡，都有救国志向、因坚持正直操守而罢职闲居家乡。这时郑伯昌被征召做京城附近的地方官。他坚辞不起，改派为"近畿"地方官。此词乃作者送行时、和王实之韵所作的词。

词的开端气魄宏大，好像用一架广镜头的照相机，摄下了在江边知音话别的特定场面。纵然江水横阔，风狂雨骤，却还是留不住行人。"怪雨盲风"四字，起句突兀，雄浑悲壮。作者与郑伯昌之间依依惜别的情感，已鲜明地烘托出来了。"留不住江边行色。"这种特定的情景，也表现出了郑伯昌此去的艰难和他豪迈的气魄。"烦问讯、冥鸿高士，钓鳌词客。"郑伯昌一向刚直不阿，此行当然不是追名逐利，结交显宦俗吏，因此托他带口讯问候那些不受网罗的高士和才气豪放的诗坛奇杰。作者以高飞的鸿雁来形容才士的高绝尘俗，十分贴切生动。"钓鳌词客"用《列子·汤问》记载，古代龙伯国大人曾经一下钓起六只头顶仙山的大鳌。后世因此常用钓鳌客喻指志士仁人的豪放胸襟和惊天动地的壮举。作者与郑伯昌、王实之等人，当然都属于这样的高士豪客了。借这样的典故，作者及其友人的高远行止，就含蓄道出了，避免了浅露。"千百年传吾辈语，二三子系斯文脉。"他们的放言高论，虽然不合于世，甚至抵触忌讳，但他们深信可以流传千载而不朽。词中用孔子困于匡时说的"天之未丧斯文也，匡人其如予何"的话，有力地印证上述看法。接着，作者笔锋宕开，又回到了江边送别的特定场景，"听王郎一曲玉箫声，凄金石"，极写王实之吹起玉箫，乐声激越。如唐钱起的《省试湘灵鼓瑟》诗所谓的"苦调凄金石"。离别毕竟是痛苦的。箫声送客，意气慷慨，迥然不同于"儿女沾巾"的俗套，写来别具一格，正与作者博大的胸襟相激荡。

下阕峰回路转，转写分别后自己的打算，并表达对友人的期望。"晞发处，怡山碧；垂钓处，沧溟白。"洗净头发，于家乡的青山之阳，垂钓于白茫茫的海边。在作者笔下，这一切似乎将人的心灵都给淘净了。几句描写作者与友人闲居时期洒脱放浪的情趣，更衬托出他们高洁的志向和行止。晞发，语出战国楚屈原《九歌·少司命》："日希女发合阳之阿。"唐朝宋之问《酬李丹徒见赠之作》有"以予惭拙宦，期子遇良媒"诗句，宋之问惭为"拙宦"，是自谦，而且看重功名；刘克庄将"惭"改为"笑"，一个"笑"字，仕途功名，灰飞烟灭。词人兀傲清高，对青史留名有着十足的信心，因而也就不屑于一时的升迁得失了。一个"笑"字，真是画龙点睛的妙笔！然而郑伯昌现在又要出山起用了，临别珍重赠言，心情的矛盾和起伏达到了高潮。"只愿常留相见面，未宜轻屈平生膝"，两句情恳意切，笔调凝重，读来令人感动。"有狂谈欲吐且休休，惊邻壁"二句，表达了彼此"壮图雄心"，不吐不快的意愿。但是，这只能被人视作惊世怪谈，动辄得咎。还是不再谈论吧！英雄好汉，竟然只能如此欲言还罢，作者的郁勃心情，对黑暗政治的批判，都喷薄而出。词章中现实与理想尖锐冲突的结尾与顶着怪雨盲风出发的开头，前后照映，正是"江头未是风波恶，别有人间行路难"（辛弃疾《鹧鸪天·送人》）。一曲激昂慷慨的壮歌，奔腾激涌，至此戛然而止，神韵悠悠，让人回味不尽。

【原文】

贺新郎·送陈真州子华·北望神州路

北望神州路[1]，试平章[2]、这场公事，怎生分付[3]？记得太行山百万[4]，曾入宗爷驾驭。今把作握蛇骑虎[5]。君去京东豪杰喜[6]，想投戈下拜真吾父[7]。谈笑里，定齐鲁[8]。　两河萧瑟惟狐兔[9]。问当年、祖生去后[10]，有人来否？多少新亭挥泪客[11]，谁梦中原块土？算事业须由人做。应笑书生心胆怯[12]，向车中[13]、闲置如新妇。空目送[14]，塞鸿去。

【毛泽东圈评等情况】

毛泽东曾圈阅过刘克庄这首《贺新郎·北望神州路》。

[参考] 张贻玖：《毛泽东评点、圈阅的中国古典诗词》，中国工人出版社1992年版，第247页。

【注释】

（1）神州，古时称中国为赤县神州（见于《史记·孟子荀卿列传》），后用神州做中国的别称，指中原地区。南朝宋刘义庆《世说新语·言语》："王丞相愀然变色曰：'当共戮力王室，克复神州，何至作楚囚相对！'"

（2）平章，议论，筹划。公事，指对金作战的国家大事。

（3）分付，安排，处理。

（4）"记得"二句，指靖康之变后在河北、山西等地结集的抗金义军，其中有不少归附东京留守宗泽。宗爷，指宗泽。宗泽，字汝霖，汉族，浙东乌伤（今浙江省义乌市）人，宋朝名将。是北宋、南宋之交在抗金斗争中涌现出来的杰出政治家、军事家，我国历史上著名的民族英雄。金人畏惮宗泽，都称他为"宗爷爷"。驾驭，比喻掌握控制。

（5）把作，当作。握蛇骑虎，比喻危险。北齐魏收《魏书·彭城王传》："彦和手握蛇骑虎，不觉艰难。"

（6）京东豪杰，指汴京东部的义军将士。宋时京东路包括现在的山东、河南东部和江苏北部地区。

（7）真吾父，果真像我的父亲一样。用郭子仪事。唐代，濮固怀恩诱吐蕃、回纥、党项等人深入，郭子仪曾仅率数十骑入回纥大营，回纥首领下马而拜，说："真吾父也。"

（8）齐鲁，是中国区域内范围名称，指今山东，该名始于先秦齐、鲁两国。战国末年，因齐、鲁两国文化逐渐融合为一体，而先秦时期今山东大体分属于齐鲁两国，齐国是以山东淄博为国都，占有山东以东的大片土地；鲁国是以山东济宁曲阜为国都，占有山东以西的小块土地；故有此称。

（9）两河，指河北东路、西路，当时为金统治区，在今陕西、河北、河南一带。狐兔，狐和兔，亦以喻坏人。汉扬雄《长杨赋》："虎豹狖獾，狐兔麋鹿。"此指敌人。

（10）祖生，东晋名将祖逖。他曾于晋元帝时率兵北伐，击败石勒，收复了黄河以南地区。这里指南宋初年的抗金名将宗泽、岳飞等。

（11）"多少"二句，谓士大夫只会痛哭流涕、沽名钓誉而不去行动。

新亭，用新亭对泣事。南朝宋刘义庆《世说新语·言语》："过江诸人，每至美日，辄相邀新亭，藉卉饮宴。周侯中坐而叹曰：'风景不殊，正自有山河之异。'皆相视流泪。"块土，犹言国土。

（12）书生，读书人，古时多指儒生。东汉班固、陈宗等《东观汉记·赵孝传》："（孝）常白衣步担，尝从长安来过直，上邮亭，但称书生，寄止于亭门塾。"

（13）向车中二句，化用《梁书·曹景宗传》："今来扬州作贵人，动转不得，路行开车慢，小人辄言不可。闭置车中，如三日新妇。遭此邑邑，使人无气。"

（14）"空目送"二句，塞鸿，塞外的鸿雁。塞鸿秋季南来，春季北去，故古人常以之作比，表示对远离家乡的亲人的怀念。南朝宋鲍照《代陈思王京洛篇》："春吹回白日，霜歌落塞鸿。"三国魏嵇康写有一组四言古诗《赠秀才入军》："目送归鸿，手挥五弦。俯仰自得，游心太玄。"

【赏析】

南宋理宗宝庆三年（1227），刘克庄知建阳县（今属福建）事，年四十岁。他的朋友陈韡（字子华）本来任仓部员外郎，调知真州，兼淮南东路提点刑狱，路过建阳。真州（今江苏仪征），位于长江北岸，是靠近当时宋金对峙前线的要地。作者在送别陈子华之时，写了这首词。

上阕谴责南宋执政者轻视人民力量。起以问句，从"北望神州路"落笔，一开始就把读者卷入异族侵逼、江山颓败、社稷倾危之际南宋朝野两等人士、两种主张的矛盾之中：一方面是爱国志士引颈翘盼尽早收复中原沦陷之土，另一方面却是偏安朝廷高位重臣的一味主和，这种国势与国策的相悖直令作者忧心如焚，由"试平章、这场公事，怎生分付"这一问句，抖落出一片忧虑、急切而又无奈之情。起首以设问造势，既直露了作者愿望与现实冲撞下的不平心境，又造成行文上的引弓待发之势。作者没有紧接上句设问作答，而是让思维的流程回溯到宋初的一段史实，以对比来抒怀——当年老将宗泽率领宋军大败金人、驾驭太行的伟绩，令人感奋；今日朝廷既外困于异族，又内惧于义军的"握蛇骑虎"的窘境，更令人慨叹。"记得太行山百万，曾入宗爷驾驭。今把作握蛇骑虎。"记得太行山地区百万抗金义军，往来于京西、淮南、河南诸地区，宗泽一一招抚，扩大了抗金队伍。词人首先提到当年宗泽联合北方义军进行抗金的正确做法，是从正面着笔。然后，立即从反面摆出南宋当权者眼下的错误态度和做法。"握蛇骑虎"，比喻危险，此是用典。北齐魏收《魏书·彭城王勰传》："咸阳王禧，疑勰为变，停于鲁阳郡外，久之乃入，谓勰曰：'汝非但辛勤，亦危险至极。'勰恨之，对曰：'兄识高年长，故知有夷险。彦和（王勰字）手握蛇骑虎，不觉艰难。'"词中用的这个典故，批判把义军看成长蛇难握、猛虎难骑而不敢亲近的投降派。宗泽和投降派两种不同的形象形成强烈的对比。至此，词人不仅阐明了"公事"的具体内容该如何对待沦陷区抗金义军的问题，同时也表明了自己的态度。接着便进一步向陈子华提出希望："君去京东豪杰喜，想投戈下拜真吾父。谈笑里，定齐鲁。"这几句是说，希望陈子华到真州后效法宗泽和使义军领袖"投戈下拜"的岳飞，联络北方广大义军，谈笑之间，便收复齐鲁等北方失地。这既是作者对朋友的勉励，也是作者梦寐以求的愿望。笔墨之间，豪情横溢。

词的下阕进一层写"悲愤"。"两河萧瑟惟狐兔。"换头处一句联系江山残破、半壁苟安的惨痛现实，继而连设二问，连用二典，一面热切鼓励陈子华以晋"闻鸡起舞""击楫中流"的祖逖为楷模，为中原统一建功立业；一面沉痛指责那些南渡后但得一隅安身的统治者早已不复怀思中原失地。"问当年、祖生去后，有人来否？多少新亭挥泪客，谁梦中原块土？"这两句明以发问，实则为他勉、为自况，一以叙事，一以状怀，前句以问代答，实为盼今陈子华前往真州能如祖逖当年渡江北伐，有不尽勉励寄望之意。"算事业须由人做"，是志士对同道的希冀与勉励；"应笑书生心胆怯，向车中、闭置如新妇"，是对书生胆怯的嘲笑，要人奋厉有为，为国效命，不能像新妇那样躲在车中胆小怕事，这也是胸怀报国之志、身为一介书生的作者的自勉。词人终究痛感自己书生无用，报国无路，词末终于发出了"空目送，塞鸿去"的悲愤叹息。"塞鸿"这里指陈子华，是说自己只能徒然目送陈子华。这首词用事带典很多，尤其是下阕，几乎句句用事，然不显堆垛，用得圆熟，用得贴切，这正是辛派词人一路的风格。

贺新郎·九日·湛湛长空黑

湛湛长空黑[1]。更那堪、斜风细雨[2]，乱愁如织[3]。老眼平生空四海[4]，赖有高楼百尺[5]。看浩荡[6]、千崖秋色。白发书生神州泪[7]，尽凄凉、不向牛山滴[8]。追往事，去无迹。　少年自负凌云笔[9]。到而今、春华落尽[10]，满怀萧瑟[11]。常恨世人新意少[12]，爱说南朝狂客。把破帽、年年拈出。若对黄花孤负酒[13]，怕黄花、也笑人岑寂[14]。鸿北去，日西匿[15]。

【毛泽东圈评等情况】

毛泽东曾圈阅过刘克庄这首《贺新郎·湛湛长空黑》。

[参考] 张贻玖：《毛泽东评点、圈阅的中国古典诗词》，中国工人出版社 1992 年版，第 247 页。

【注释】

（1）湛湛（zhàn zhàn），深厚、浓重之状。战国楚屈原《楚辞·九章·哀郢》："忠湛湛而愿进兮，妒被离而鄣之。"王逸注："湛湛，重厚貌。"唐韦应物《善福精舍示诸生》诗："湛湛嘉树阴，清露夜景沉。"长空，指天空。天空辽阔无垠，故称。南朝梁萧统《弓矢赞》："杨叶命中，猿堕长空。"

（2）更那堪，再兼之，更何况。那堪，那，古通"哪"，即"哪能""怎能""如何能"。唐李端《溪行遇雨寄柳中庸》诗："那堪两处宿，共听一声猿。"斜风，旁侧吹来的小风；细雨，小雨。形容小的风雨。唐张志和《渔父》："青箬笠，绿蓑衣，斜风细雨不须归。"

（3）乱愁，纷乱之愁思也。宋韩琦《柳絮》诗："乱愁萦困满春晖。"

（4）平生，一生；此生；有生以来。《陈书·徐陵传》："岁月如流，平生几何？晨看旅雁，心赴江淮；昏望牵牛，情驰扬越。"空四海，即眼空四海，望尽了五湖四海。形容自高自大，什么都看不见。"

（5）高楼百尺，即百尺楼，泛指高楼。西晋陈寿《三国志·魏志·陈登传》："汜（许汜）曰：'昔遭乱过下邳，见元龙（陈登）。元龙无客主之意，久不相与语，自上大床卧，使客卧下床。'备（刘备）曰：'……君求田问舍，言无可采，是元龙所讳也。何缘当与君语？如小人，欲卧百尺楼上，卧君于地，何但上下床之间邪？'"此指爱国志士登临之所。

（6）浩荡，广大旷远。战国楚屈原《楚辞·九歌·河伯》："登昆仑兮四望，心飞扬兮浩荡。"

（7）白发书生，白头发的读书人，指作者自己。书生，读书人，古时多指儒生。神州泪，为中原官大的沦陷区人民而伤心流泪。古时称中国为赤县神州（见于《史记·孟子荀卿列传》），后用神州做中国的别称。指中原地区。

（8）凄凉，孤寂冷落。南朝梁沈约《为临川王九日侍太子宴》诗："凄凉霜野，惆怅晨鹍。"不向牛山滴，齐景公登上牛山感到终有一死而悲哀下泪。后遂以"牛山泪"等喻为人生短暂而悲叹。典出春秋齐晏婴《晏子春秋》卷一："景公游于牛山，北临其国城而流涕曰：'若何滂滂去此而死乎！'艾孔、梁丘据皆从而泣。晏子独笑于旁，公刷涕而顾晏子曰：'寡人今日游悲，孔与据皆从寡人而涕泣，子之独笑，何也？'晏子对曰：'使贤者常守之，则太公、桓公将常守之矣；使勇者常守之，则庄公、灵公将常守之矣。数君者将守之，则吾君安得此位而立焉？以其迭处之，迭去之，至于君也，而独为之流涕，是不仁也。不仁之君见一，谄谀之臣见二，此臣之所以独窃笑也。'"

（9）凌云笔，唐杜甫《戏为六绝句》之一："庾信文章老更成，凌云健笔意纵横。"本为赞扬庾信笔势超俗，才思纵横出奇，后遂以"凌云笔"泛指为文作诗的高超才华。

（10）春华，春天的花。东汉班固《汉书·叙传上》："虽驰辩如涛波，摛藻如春华，犹无益于殿最。"

（11）萧瑟，凋零，冷落，凄凉。战国楚宋玉《楚辞·九辩》："悲哉！秋之为气也。萧瑟兮，草木摇落而变衰。"

（12）"常恨世人新意少"三句，借用孟嘉落帽的典故。唐房玄龄等《晋书·孟嘉传》："九月九日，温（桓温）燕龙山，僚佐毕集。时佐吏并著戎服。有风至，吹嘉帽堕落，嘉不之觉。温使左右勿言，欲观其举止。嘉良久如厕，温令取还之，命孙盛作文嘲嘉，著嘉坐处。嘉还见，即答之，其文甚美，四坐嗟叹。"后以"孟嘉落帽"形容才子名士的风雅洒脱、才思敏捷。

（13）黄花，指菊花。西汉戴胜《礼记·月令》："（季秋之月）鞠有黄华。"陆德明释文："鞠，本又作菊。"孤负，违背，对不住。旧题汉李陵《答苏武书》："功大罪小，不蒙明察，孤负陵心。"

（14）岑寂，高而静，亦泛指寂静。南朝梁萧统《文选·鲍照〈舞鹤赋〉》："去帝乡之岑寂，归人寰之喧卑。"李善注："岑寂，犹高静也。"

（15）"鸿北去"二句，鸿雁北飞，太阳落山。化用南朝梁江淹《恨赋》"白日西匿，陇雁少飞"句意。

【赏析】

这首词题作《九日》，可知乃是九月九日重阳节所作。词人在这首词中慨叹时光流逝，年华虚掷，老大无成，并想到中原沦陷，神州陆沉，更是节日里心潮难平。全词写景寓情，叙事感怀，以议论为主，借题发挥，感慨苍凉。主旋律是英雄失路、融家国之恨的慷慨悲歌，意象凄瑟，既豪放，又深婉。

词的上阕写重阳节登高望远所引起的感喟。"湛湛长空黑。更那堪、斜风细雨，乱愁如织。"起首三句先烘托出胸中块垒。满天密布深黑的乌云，再加上阵阵斜风细雨，真是"满城风雨近重阳"，使人心乱如麻，愁思似织。由远及近，由外在环境写至内心世界，又将内外结合在一起，言胸中愁绪烦乱，如斜风细雨所织就，情景完全交融为一。"老眼平生空四海，赖有高楼百尺。看浩荡、千崖秋色。"接下来三句说，他平生目空一切，自称"一生栉凿，壮夫瞋懦，通人嫌拗"（《水龙吟》）。曾因《落梅》诗讥刺时政，"东君廖掌花权柄，却忌孤高不主张"，致遭权臣忌恨，由此病废十年，但他并不因而畏怯，这在他病后仿梅绝句中可以看出，"梦得因桃却左迁，长源为柳忤当权。幸然不识桃并柳，也被梅花累十年"。重阳本来是登高之佳节，由于风雨凄凄，只能登上高楼，放眼遥望千山万壑，浩荡秋色，也即是"群玉峰头，万里秋无极"（赵以夫《龙山令》）。高楼百尺，用刘备语，刘备与许汜共论天下英雄，许汜说"陈元龙湖海之士，豪气不除"。由于许汜只知求田问舍，营个人私事，因此陈元龙与许汜不多讲话，并让他睡下床。刘备批评许汜自私，并且说，要是我的话，就自己睡在百尺高楼，叫你睡在地上。事见西晋陈寿《三国志·魏志·陈登传》词中的百尺高楼，是指英雄志士登临望远之所。"白发书生神州泪，尽凄凉、不向牛山滴。追往事，去无迹。"接着四句是登高楼后触目伤怀。自己本是一介书生，如今垂垂老矣，忧国之心尚在。个人受谤废黜都不介意，只有恢复神州，是他的最大愿望。面对千崖，联想起唐代杜牧在池州刺史任上写下的《九日齐山登高》诗末两句云："古往今来只如此，朱山何必独沾衣？"他同意杜牧所云，感触人生无常是古往今来很多人共有的心情，因此也不必像齐景公那样在牛山独自泪下沾衣。作者在此虽认为不必为个人得失计较，同时也突出"神州泪"之可贵。虽然往事一去无迹，却仍然不能在记忆中抹去，至此词意陡转，过渡到下阕的回忆当年。

词的下阕批评当时的文人只知搬弄典故的浮泛文风，表达出词人对国事和民生的极端关注。"少年自负凌云笔"下阕换头处一句，先说少年时代自负有下笔千言的才华，颇思有所作为。"凌云笔"，用西汉司马迁《史记·司马相如传》典故，"相如既奏《大人》之颂，天子大说，飘飘有凌云之气，似游天地之间意"。"到而今、春花落尽，满怀萧瑟"两句写现在，与前面形成鲜明对照，叹息如今已是才华消尽，只余暮年萧瑟之感。"常恨世人新意少，爱说南朝狂客。把破帽、年年拈出"三句，结合九日登高题意，慨恨文士不顾国家多难，只想效法魏晋名士风流，遇到重阳节，总爱提东晋孟嘉落帽故事。孟嘉于九月九日随桓温游龙山，风吹帽落，他并不觉得。桓温命人写文章嘲笑他，他亦取笔作答，文辞超卓，四座极叹服（唐房玄龄等《晋书·孟嘉传》）。在作者看来，这种毫无现实意义的所谓名士风流，不过是早已过时的狂客行径，不值得每年重九都要把它称扬一番。"若对黄花孤负酒，怕黄花、也笑人岑寂"两句，指包括自己在内的忧国志士，他们与前者亦形成鲜明对比，并不追慕魏晋风度，而是对"时事只今堪痛哭"的现状感到忧心如焚而又无能为力。词意至此急转直下，作者在感愤之余，觉得自己既不能改变这种局面，际此佳

1110

节也只能赏黄花以遣怀，但如果只是赏花而辜负了美酒（即不饮酒），恐怕连黄花也要笑人太孤寂了，言下之意是壮志未酬，只能借酒浇愁。"鸿北去，日西匿"，末两句以登高作结，雨消云收，暮色渐至，恰如南朝梁江淹《恨赋》所云："白日西匿，陇雁少飞。"秋天鸿雁南来，明春仍然北去，北上恢复神州的大业却遥无实现之日，眼看白日西下，国势危殆，令人痛心。自己壮志难伸，亦只能长歌当哭，借酒浇愁。

【原文】

贺新郎·实之三和，有忧边之语，走笔答之国脉微如缕

国脉微如缕⁽¹⁾。问长缨⁽²⁾、何时入手，缚将戎主。未必人间无好汉，谁与宽些尺度⁽³⁾。试看取、当年韩五⁽⁴⁾。岂有谷城公付授⁽⁵⁾，也不干、曾遇骊山母⁽⁶⁾。谈笑起⁽⁷⁾，两河路。　　少时棋柝曾联句⁽⁸⁾。叹而今、登楼揽镜⁽⁹⁾，事机频误。闻说北风吹面急，边上冲梯屡舞⁽¹⁰⁾。君莫道、投鞭虚语⁽¹¹⁾。自古一贤能制难⁽¹²⁾，有金汤、便可无张许⁽¹³⁾。快投笔⁽¹⁴⁾，莫题柱⁽¹⁵⁾。

【毛泽东圈评等情况】

毛泽东曾圈阅过刘克庄这首《贺新郎·国脉微如缕》。

[参考] 张贻玖：《毛泽东评点、圈阅的中国古典诗词》，中国工人出版社 1992 年版，第 247 页。

【注释】

（1）国脉，国家的命脉。汉王符《潜夫论·思贤》："养寿之士，先病服药；养世之君，先乱任贤。是以身常安，而国脉永。"微如缕，微弱的像一根线一样。汉许慎《说文》："缕，线也。"段注："凡蚕者为丝，麻者为缕。"

（2）"问长缨"二句，长缨，长带子，指捕缚敌人的长绳。东汉班固《汉书·终军传》："军自请：'愿受长缨，必羁南越王而致之阙下。'"戎

主，敌人的首领。

（3）尺度，标准。

（4）韩五，南宋抗金名将韩世忠，排行第五，人称韩五。

（5）谷城公，亦称黄石公。传说汉代张良曾于谷城山下遇仙人传授兵书。西汉司马迁《史记·留侯世家》："五日，良夜未半往。有顷，父亦来，喜曰：'当如是。'出一编书，曰：'读此则为王者师矣。后十年兴，十三年孺子见我济北，谷城山下黄石即我矣。'遂去，无他言，不复见。旦日视其书，乃《太公兵法》也。良因异之，常习诵读之。"

（6）骊山母，一作黎山老母，道教传说中的女仙。传说唐朝李筌曾在骊山下遇一老母为他讲解《阴符》秘文。据《太平广记》卷六三《骊山姥》引《集仙传》："骊山姥，不知何代人也。李筌好神仙之道，常历名山，博采方术。至嵩山虎口岩石室中，得黄帝《阴符》本，绢素书，缄之甚密。……以糜烂。筌抄读数千遍，竟不晓其义理。因入秦，至骊山下，逢一老母，鬓髻当顶，余发半垂，弊衣扶杖，神状甚异。路旁见遗火烧树，因自言曰：'火生于木，祸发必克。'筌闻之惊，前问曰：'此黄帝《阴符》秘文，母何得而言之？'母曰：'吾受此符，已三元六周甲子矣。……少年从何而知？'筌稽首再拜，具告得符之所，因请问玄义。使筌正立，向明视之曰：'受此符者，当须名列仙籍，骨相应仙，而后可以语至道之幽妙，启玄关之锁钥耳。不然者，反受其咎也。少年颧骨贯于生门……真吾弟子也。然四十五岁，当有大厄。'因出丹书符一通，贯于杖端，令筌跪而吞之。曰：'天地相保。'于是命坐，为说《阴符》之义曰……"

（7）谈笑起，谈笑之间，表示轻而易举，不费气力。宋苏轼《念奴娇·大江东去》："谈笑间，樯橹灰飞烟灭。"两河路，指宋代行政区划河北东路和河北西路，即今河北山西、河南部分地区。

（8）棋柝，唐韩愈、李正封《晚秋郾城夜会联句》："从军古云乐，谈笑青油幕。灯明夜观棋，月暗秋城柝。"（见《全唐诗》卷七九一）联句，两人或多人各作一句或两句，组合成一首诗，谓联句。

（9）登楼揽镜，上楼照镜，慨叹功业未建，人已衰老。揽镜，唐房玄龄等《晋书·王衍传》："然心不能平，在车中揽镜自照，谓导曰：'尔看吾目光乃在牛背上矣。'"唐杜甫《江上》诗："勋业频看镜，行藏独倚楼。"

（10）冲梯，冲车和云梯，古代攻城的工具。唐李延寿《北史·沉光传》："及从帝攻辽东，以冲梯击城，竿长十五丈，光升其端，临城与贼战，短兵接敌，杀伤十数人。"

（11）投鞭，即投鞭断流，把所有的马鞭投到江里，就能截断水流；形容兵士多，军力强大。出自唐房玄龄等《晋书·苻坚载记》："以吾之众旅，投鞭于江，足断其流。"

（12）制难，挽回危难的局势。

（13）金汤，金城汤池的省语。城、池：城墙和护城河；汤：热水。金属般的城墙，滚水般的护城河，比喻坚固无比、防守严密的城市或工事。东汉班固《汉书·蒯通传》："边地之城，必将婴城固守，皆为金城汤池，不可攻也。"张许，张巡和许远，唐代安史之乱时死守睢阳的名将。

（14）投笔，即投笔从戎，指文人从军。典出东汉班固《后汉书·班超传》："永平五年，兄固被召诣校书郎，超与母随至洛阳。家贫，常为官佣书以供养。久劳苦，尝辍业投笔叹曰：'大丈夫无他志略，犹当效傅介子、张骞，立功异域，以取封侯，安能久事笔砚间乎？'左右皆笑之。超曰：'小子安知壮士志哉？'"

（15）题柱，汉代司马相如过成都升仙桥，曾在桥柱上题字说：不乘高车驷马，不过此桥。

【赏析】

蒙古军自1235年开始南侵后，以后接连几年都要派军南下掳掠。南宋军民对蒙古军的入侵，进行了坚决的抵抗，战争互有胜负。由于此时蒙古军发动战争的目的只是掳掠奴隶和抢劫财物，并没有灭亡南宋的计划，加上窝阔台汗于1241年病死，宋元之间除小接触外，没有大的战争，出现了一段较平静的时期。

宋理宗淳祐三年（1243），蒙古军攻四川，破大安军。淳祐四年五月，蒙古军又围攻寿春府（今安徽寿县），由吴文德率水陆军增援解围。词人刘克庄不断听到这边境告警的消息，感到国势危殆，他希望当权者广招人才和英雄豪杰，共赴国难挽救危亡，因而写下了这首《贺新郎·国脉微如缕》。

这首词题作《实之三和，有忧边之语，走笔答之》，是作者和朋友王实之六首唱和词中的第四首。同作者其他豪放词作一样，字里行间洋溢着济世救国的激情和宏伟志向。

词的上阕写国脉危机。首句"国脉微如缕"，一个"缕"字，让人想起飘忽不定、一触即断的游丝，想起"千钧一发"的危急。一个极形象的比喻，说明国家的命脉，实在已经衰微不堪。"问长缨、何时入手，缚将戎主。"于是大声疾呼，发一声问：不知何时才能请得长缨，将敌方首领擒缚！当时，蒙古贵族屡屡攻宋，南宋王朝危在旦夕，但统治者却不思进取，嫉贤妒能。头三句的劈空而下，将形势的紧迫、统治者的麻木不仁、请缨报国之志士的热忱，尽情表达出来，纸上铮铮有声。"未必人间无好汉，谁与宽些尺度。试看取、当年韩五。"接着，作者抒发任人唯贤的议论。以"未必"二字起句，道出了作者的自信，人间自有降龙伏虎的好汉，只是无人不拘一格任用人材。如不信，试看南宋初年的抗金名将韩世忠吧。他在兄弟中排行第五，年轻时有"泼韩五"的诨号，出身行伍，既没有名师传授，也未遇神仙指点，但是却能在谈笑之间大战两河，成为抗金名将。有了这些名将贤相，"国脉微如缕"的惨状也就有扭转的可能了。"岂有谷城公付授，也不干、曾遇骊山母。谈笑起，两河路。"接下来又连用西汉张良遇谷城公（即黄石公）传授《太公兵法》和唐将李筌得骊山老母讲解《阴符经》而俱立大功的两个典故，来说明即使没有承授与凭借，照样也可以保家卫国、建立功勋。作者频频使用"问""未必""试看取""岂……也……"等词，既增加了感染力，而且一气呵成，逻辑严密，虎虎有生气。这种宏论高议，以诗的语言和情感发出，更具一种动人的力量。刘词议论化、散文化和好用典故的特点，于此可见一斑。

词的下阕进而联系到自己的遭遇。"少时棋柝曾联句"，表达作者报国从军的夙愿。但这一宏愿都成为过去的梦了。"叹而今、登楼揽镜，事机频误。"登楼远望，揽镜自照，伤感一事无成，痛心国势日非，怎能不愁肠百转、感慨万千！一声长叹，将那长期以来怀才不遇、屡屡丧失杀敌报国之机的心情，尽数迸发了出来。烈士暮年，壮心不已。"闻说北风吹面急，边上冲梯屡舞。君莫道、投鞭虚语。"这三句说，将当时边境上疾风扑面、黑云压城的情景生动地描绘了出来。北风，暗指北来的蒙古兵，它既点出了入犯的方向，也渲染了入犯者带来的杀伐之气。敌方进攻用的冲梯，屡次狂舞于边城，蒙古军队攻势的凶猛和情势的危急，由此可见。"自古一贤能制难，有金汤、便可无张许。"金汤，指坚固的防御工事，张、许指张巡、许远，安史之乱时，他们坚守睢阳，坚贞不屈。大敌当前，假如没有像张巡、许远这样的良将，即使有坚固的城池，也不能久守。这里再次提到了任人唯贤的重要性。作者以反问句式写出上面两句，有理有据，足以服人。接着，作者大声疾呼：好汉们，不需再计较个人得失，不需发无聊之呻吟，赶快投笔从戎，共赴国难吧！这是对爱国志士的期望，也是和王实之共勉。"快投笔，莫题柱"，结末二句，句短气促，喷涌而出，极富鼓舞力量。

本词慷慨陈词，议论风发，笔力雄壮，又极尽抑扬顿挫之致；运用了大量典故，自然贴切，蕴意丰富。这是宋末词坛上议论化、散文化与形象性、情韵美相结合的代表作。

【原文】

摸鱼儿·便披蓑、荷锄归去

便披蓑[1]、荷锄归去，何须身著宫锦[2]。与谁共话桑麻事[3]，朱老阮生尤稔[4]。筛样饼[5]，瓮样茧[6]，长须赤脚供樵爨[7]。清流浊品[8]。尽扫去胸中，置诸膜外[9]，对酒莫辞饮。　　华胥梦[10]，怕杀人惊晓枕。疏窗惟月来闯[11]。一生常被弓旌误[12]，且告朝家追寝[13]。愁个甚[14]。君管取，有薇堪采松堪荫[15]。茅山再任[16]。幸不是谋臣，又非世将，免犯道家禁[17]。

【毛泽东圈评等情况】

毛泽东曾圈阅过刘克庄这首《摸鱼儿·便披蓑、荷锄归去》。

[参考]张贻玖：《毛泽东评点、圈阅的中国古典诗词》，中国工人出版社1992年版，第247页。

【注释】

（1）披蓑，披着蓑衣。五代崔道融《田上》诗："雨足高田白，披蓑半夜耕。"荷锄，用一侧肩膀扛着锄头。唐王维《渭川田家》："田夫荷锄至，相见语依依。"

（2）宫锦，宫中特制或仿造宫样所制的锦缎。唐岑参《胡歌》："黑姓蕃王貂鼠裘，葡萄宫锦醉缠头。"

（3）共话桑麻，桑麻，指桑树和麻；共话，指的是坐在一起聊天。共话桑麻就是一群人坐在一起聊着农家事，出自唐代诗人孟浩然的一首五律《过故人庄》："故人具鸡黍，邀我至田家。绿树村边合，青山郭外斜。开轩面场圃，把酒话桑麻。"

（4）朱老阮生，唐杜甫《绝句》："梅熟许同朱老吃，松高拟对阮生论。"自注："朱、阮，剑外相知。"

（5）筛（shāi）样饼，吃的饼有筛子一样大。筛，用竹子或金属等做成的一种有孔的器具，可以把细东西漏下去，粗的留下，称"筛子"。

（6）瓮样茧，蚕茧有瓮那样大。南朝梁任昉《述异记》卷上："园客者，济阴人。貌美色，人多欲妻子，客终不娶。常种无色香，积十余年，服食其实。忽有五色蛾集香草上，客荐之以布，生华茧焉。时有一女自来，自言为助养蚕，以香草食之，得茧一百二十枚，茧大如瓮，每一茧缫六七日方尽。"

（7）长须赤脚，胡子很长，光着脚。宋方回《题画卢仝长须赤脚》："时攀绿骐下虚空，月天桃李醮春风。岂惟百世之下知卢仝，并使长须赤脚名无穷。"樵，柴。饪，做饭做菜。

（8）清流，清澈的流水。东汉班固《汉书·补乐志》："郑卫之声兴则淫辟之化流，而欲黎庶敦朴家给，犹浊其源而求其清流，岂不难哉！"喻指德行高洁、负有名望的士大夫。西晋陈寿《三国志·魏志·桓阶陈群等传评》："陈群动仗名义，有清流雅望。"浊品，水流变得混浊，亦指混浊的水流。后用以比喻品格卑污或出身下贱之人。宋薛居正等《旧五代史·梁书·李振传》："此辈自谓清流，宜投于黄河，永为浊流。"

（9）膜外，身外。膜，动植物体内像薄皮的组织，具有保护作用。

宋葛立方《韵语阳秋》卷一八："岂其置得丧于膜外。"

（10）华胥梦，泛言入梦。战国郑列御寇《列子·黄帝》："昼寝而梦，游于华胥氏之国。华胥氏之国在弇州之西，台州之北，不知斯齐国几千万里，盖非舟车足力之所及，神游而已。"

（11）疏窗，窗棂或窗格不密的窗。疏的本意是通，也有雕刻的意思。唐代多直棂窗，无开启扇，可糊纸，亦可不糊纸。宋代盛行的格子窗窗格不密，也可以称为疏窗。唐唐彦谦《秋晚高楼》："松抚疏窗竹映阑。"阗，猛冲，突然直入。汉·许慎《说文》："阗，马出门貌。从马在门中。"

（12）弓旌，弓和旌。古代征聘之礼，用弓招士，用旌招大夫。春秋鲁左丘明《左传·昭公二十年》："昔我先君之田也，旌以招大夫，弓以招士。"

（13）朝家，国家，朝廷。南朝宋范晔等《后汉书·应劭传》："鲜卑隔在漠北……苟欲中国珍货，非为畏威怀德。计获事足，旋踵为害。是以朝家外而不内，盖为此也。"追寝，收回，停止不行。宋苏辙《四论熙河边事札子》："朝廷既追寝成命，臣亦粗可以塞言责矣。"

（14）个，张相《诗词曲语词汇释》卷三："个，指点词，犹这也、那也。"

（15）有薇堪采松堪荫，用伯夷叔齐不食周粟典故。西汉司马迁《史记·伯夷叔齐列传》："武王已平殷乱，天下宗周，而伯夷、叔齐耻之，义不食周粟，隐于首阳山，采薇而食之。"

（16）茅山，山名，在今江苏省句容县东南，原名句曲山。相传有汉茅盈与弟衷固采药修道于此，因改名茅山。

（17）"幸不是谋臣"三句，参与谋划或善于出谋划策的臣子。春秋鲁左丘明《国语·越语上》："夫虽无四方之忧，然谋臣与爪牙之士，不可不养而择也。"世将，世代为将。西汉司马迁《史记·李将军列传》："李陵既壮，选为建章监，监诸骑。善射，爱士卒。天子以为李氏世将，而使将八百骑。"道家，我国古代的一种思想流派，以老子、庄子为代表。道家的思想崇尚自然，有辩证法的因素和无神论的倾向，但是主张清静无为，反对斗争。

【赏析】

《摸鱼儿》，唐教坊曲，后用为词牌。一名《摸鱼子》，又名《买陂塘》《迈陂塘》《双蕖怨》等。宋词以晁补之《琴趣外篇》所收为最早。双片一百一十六字，前片六仄韵，后段十一句七仄韵。

本篇书写愤世嫉俗之情，展示达观自适的襟怀，如激流奔射，有一泻千里之势。词人于嘉熙元年（1237）罢袁州知府任，在家闲居二年。嘉熙三年（1239），接到广东南路提举常平官的任命。此篇约为接到任命时所作。

词的上阕开头便直抒胸臆："便披蓑、荷锄归去，何须身著宫锦。"词人以陶渊明为楷模，表达自己鄙视世俗、厌倦官场、乐于隐居田园的高尚志向。接着说："与谁共话桑麻事，朱老阮生尤稔。""共话桑麻"，桑麻，指的桑树和麻；共话，指的是坐在一起聊天；共话桑麻就是一群人坐在一起聊着农家事。出自唐代诗人孟浩然的一首五律《过故人庄》："故人具鸡黍，邀我至田家。绿树村边合，青山郭外斜。开轩面场圃，把酒话桑麻。""朱老阮生"，唐杜甫《绝句》："梅熟许同朱老吃，松高拟对阮生论。"自注："朱、阮，剑外相知。"二人皆杜甫友人。此言自己与朱老阮生一类的人物特别熟悉。"筛样饼，瓮样茧。长须赤脚供樵饪。"这是写自己狂放自由的隐居生活，吃的饼有筛子一样大，蚕茧有水瓮一样大，这些都由长胡子光脚老人来做。这就很不一般了。"清流浊品。尽扫去胸中，置诸膜外，对酒莫辞饮"四句意谓，莫管它是"清流"，还是"浊品"，应该将这些概念统统置之度外，只顾痛饮美酒，少去关心是非曲直。这分明是奋激之词，表现了对现实社会的不满情绪。

过片换头不换意，仍继续抒发牢骚不平之气。"华胥梦，怕杀人惊晓枕"二句，意谓现实如此令人失望，莫如狂饮，沉醉之后便去酣睡。"华胥"指梦境，此二句大有"但愿长醉不愿醒"之概。"疏窗惟月来闯。一生常被弓旌误，且告朝家追寝"三句，幽居闲处，隔绝世俗，唯有那轮明月在夜里会径自闯入"疏窗"。但我一生都被朝廷征召为官，现在我要请求朝廷收回提举常平官的成命。词人感慨良深，流露出有志难伸的愤懑情绪。

"愁个甚。君管取，有薇堪采松堪荫。茅山再任"四句，愁什么，尽管像伯夷叔齐那样，在周武王灭纣之后，逃到首阳山采薇而食，宁愿饿死，也不吃周朝的粮食；或者像汉代的毛氏兄弟一样过那悠闲的归隐生活。这里泛指隐士生活的情趣，说自己隐居生活自在闲适，表示不慕荣利，具有淡泊其志的情操。"幸不是谋臣，又非世将，免犯道家禁"，结末三句，承上说，我隐居山林又有何妨？我又不是什么谋臣，也不是什么世将，归隐山林也不会犯道家忌讳。

全篇几乎皆是奋激之词，有些地方甚至正话反说，有些地方则是弦外之音。其实，刘克庄又何尝甘于隐居，然而，篇中却似乎津津乐道于隐居生活之适意。是冷酷的现实致使词人产生如此悲凉的失意之感，只要从词人那种看似淡泊外表向深处仔细看，我们就不难见到词人那副抑郁磊落的心肠。

吴　潜

　　吴潜（1195—1262），字毅夫，号履斋，原籍宣州宁国（今安徽宁国），出生于浙江德清新市镇。南宋后期官员，诗人。秘阁修撰吴柔胜第四子，参知政事吴渊之弟。南宋宁宗嘉定十年（1217），吴潜举进士第一，授承事郎，迁江东安抚留守。理宗淳祐十一年（1251），为参知政事，拜右丞相兼枢密使，封崇国公。次年罢相，开庆元年（1259），元兵南侵攻鄂州，被任为左丞相，封庆国公，后改许国公。被贾似道等人排挤，再度被罢相，谪建昌军，徙潮州、循州。景定三年（1262），为贾似道党羽下毒害死，享年六十八岁。德祐元年（1275），获得平反，次年追赠少师。吴潜与姜夔、吴文英等交往，但词风却更近于辛弃疾。其词多抒发济时忧国的抱负与报国无门的悲愤。格调沉郁，感慨特深。著有《履斋遗集》，词集有《履斋诗余》。

【原文】

满江红·豫章滕王阁·万里西风

　　万里西风[(1)]，吹我上、滕王高阁。正槛外[(2)]、楚山云涨，楚江涛作[(3)]。何处征帆木末去[(4)]，有时野鸟沙边落。近帘钩[(5)]、暮雨掩空来，今犹昨。

　　秋渐紧[(6)]，添离索[(7)]。天正远，伤飘泊[(8)]。叹十年心事，休休莫莫[(9)]。岁月无多人易老，乾坤[(10)]虽大愁难着。向黄昏、断送[(11)]客魂消，城头角[(12)]。

【毛泽东圈评等情况】

　　毛泽东读清朱彝尊、汪森编选《词综》卷十八时，圈阅了这首《满江红·万里西风》。

［参考］张贻玖：《毛泽东评点、圈阅的中国古典诗词》，

中国工人出版社1992年版，第251页。

（1）"万里"三句，暗用王勃故事，写自己登临高阁时的兴致。传说王勃往道南昌，水神以风助之，一夕行四百余里。

（2）正槛（jiàn）外，门外正是。楚山，指西山，又名南昌山。古时南昌属楚地，故称西山为楚山。

（3）楚江，指赣江。作，起。

（4）征帆，指远行的船。南朝梁何逊《赠诸旧游》诗："无由下征帆，独与暮潮归。"木末（mù mò），树梢，一作"林杪"。

（5）帘钩，卷帘所用的钩子。唐王昌龄《青楼怨》："香帏风动花入楼，高调鸣筝缓夜愁。肠断关山不解说，依依残月下帘钩。"暮雨掩空来，唐王勃《滕王阁序》："珠帘暮卷西山雨。"

（6）秋渐紧，秋意已深。紧，深，浓。

（7）离索，萧索。唐李百药《北齐书·元孝友传》："设令人强志广娶，则家道离索，身事迍邅，内外亲知，共相嗤怪。"

（8）飘泊，指船只飘流停泊。比喻东奔西走，行止无定。北齐魏收《魏书·袁式传》："虽羁旅飘泊，而清贫守度，不失士节。"

（9）休休莫莫，罢休，罢了。对人生悲喜来来去去、循环往复的伤怀和无奈。宋仲并《春日咏怀》："行乐。燕雏莺友，浪语狂歌，休休莫莫。兰房绣幄，添新恨，念旧约。"

（10）乾坤，指天地。着（zhuó），安放。

（11）断送，逗引。魂消，即消魂，灵魂离体而消失。形容极度悲伤或极度欢乐激动。

（12）角，号角。

【赏析】

本篇词题为《豫章滕王阁》。"豫章"，郡名，治所在今江西南昌。"滕王阁"，唐高祖子元婴为洪州刺史时所建。后元婴封滕王，故名。故址在今江西省南昌市赣江滨。其后阎伯屿为洪州牧，宴群僚于阁上，唐王勃省父过此，即席作《滕王阁序》。阁历经修建，后焚毁。现滕王阁为近年来新建。

宋理宗赵昀淳祐七年（1247）春夏，吴潜居朝任同签书枢密院事兼权参知政事等要职，七月遭受台臣攻击被罢免，改任福建安抚使，当时其兄吴渊供职于南昌，此词应该为词人前往福州道经南昌时所作。这首词是词人登滕王阁所抒发的人生感慨。

词的上阕重在写景。"万里西风，吹我上、滕王高阁。"开头二句颇有气势，写出了登临高阁时的兴致。"万里"用得极有气势，"吹"极为生动，这里引用了唐代诗人王勃的故事。传说他往南昌途中，水神曾助以神风，使他一夕行四百余里，民谚谓"时来风送滕王阁"。这个故事更表现了作者的兴致，还自然地将目前的登临与王勃当年联结了起来。"正槛外、楚山云涨，楚江涛作。""槛外"写出了当时居高临下凭栏四望的感觉。楚山，指西山。楚江，指赣江。"云涨""涛作"，景象当时壮观，可以想见词人心潮的激荡。"何处征帆木末去，有时野鸟沙边落。"这是写登高远望时所看到的景象，征帆像行驶在树梢上，野鸟有时落在沙边。"有时"，二字极为传神。"近帘钩、暮雨掩空来，今犹昨。""暮雨"说明其伫望之久。正当游目骋怀、沉入遐思时，雨雾扑帘而来，真是"珠帘暮卷西山雨"，与王勃当年所见情景如此相像，也不禁临风嗟叹了。"今犹昨"，承上启下，过渡婉转自然，无丝毫突兀之感。

词的下阕重在抒情。"秋渐紧，添离索。天正远，伤飘泊。"换头处四句均是由景入情。秋天是易使人感伤的季节，更何况词人此刻正处于官场失意、前途渺茫之际。看远方天水相接，渺渺茫茫，思及自己年过半百，依然漂泊未定，任谁能不伤感，故而"叹十年心事，休休莫莫"。现在，自己岁月无多，天下虽大，无奈奸臣当道，哪里是自己的容身之所。"乾坤虽大愁难着"。乾坤之大却安放不住、也安放不下他的"愁"。这里以固态体积状愁，既给人以形之大，又给人以质之重的感觉，想象奇特。上面都是登高临景惹起的对往事的回忆和无限慨叹，往事本不堪回首，但面对此景情不自禁，由此抒发出的郁闷不平之气，亦是自然而然、水到渠成。"向黄昏、断送客魂消，城头角。"结末二句是说，临近黄昏，城头的号角又吹起来了，声声入耳，又勾引起迁客无尽的羁旅愁思。这正与上阕"暮雨"照应，角声混合着秋风、雨意，是多么萧条悲凉的感觉。这是一个倒装句。把"城头角"放在最后，又使人觉得他的无尽愁思似乎像那声声号角一样，在广阔的秋空中，久久回荡。这又变成一个以景结情的好句。"乾坤虽大愁难着"痛愤无比，结句从听觉着笔加以渲染，把词人的愁绪推向了高潮，哀思绵绵，刚柔相济，益显其沉痛悲郁。

全文上片写登滕王阁览景，下片借景抒情，由近及远回首往事，十年来宦海沉浮，如流年似水，去日苦短，能有作为的岁月不多了。而社稷颠危，国难深重，有志难伸，内忧外患，充满胸间。临近黄昏，城头的号角更勾引起迁客无尽的羁旅愁思。晚清词家陈廷焯《放歌集》："警快语，然近于廓矣，不可不防其渐。"

李昴英

  李昴英（1200—1257），字俊明，号文溪，广东番禺（今广东省广州）人，南宋名臣、词人。早年受业崔与之门下，主修《春秋》。南宋宋理宗赵昀宝庆二年（1226），李昴英上京会试，成广东科举考试的第二位探花，后任福建汀州推官。端平三年（1236）后，曾任太学博士，直秘阁知赣州等职。淳祐元年（1241）被丞相杜范荐任为吏部郎官。淳祐二年（1242），任太宗正卿兼国史馆编修，后又升任为龙图阁待制，吏部侍郎，封以番禺开国男爵位。宝祐五年（1257），在广州病逝。李昴英著作丰富，现存《文溪存稿》二十卷，是现存宋代岭南学人文集分量最大的。他弃官回乡后，仍心怀天下大事，时有建言。他继承和光大了崔与之的"菊坡学派"，在广州、东莞、顺德等地讲学，培养人才，成为当时岭南学术的主流学派，其重要门生有陈大震、张镇孙、李春叟、何文季等。著有《文溪集》《文溪词》等多卷。

【原文】

兰陵王·燕穿幕

  燕穿幕。春在深深院落。单衣试，龙沫旋薰⁽¹⁾，又怕东风晓寒薄⁽²⁾。别来情绪恶。瘦得腰围柳弱⁽³⁾。清明近⁽⁴⁾。正似海棠⁽⁵⁾，怯雨芳踪任飘泊⁽⁶⁾。

  钗留去年约⁽⁷⁾。恨易老娇莺⁽⁸⁾，多误灵鹊⁽⁹⁾。碧云杳渺天涯各⁽¹⁰⁾。望不断芳草⁽¹¹⁾，更迷香絮⁽¹²⁾，回文强写字屡错⁽¹³⁾。泪欲注还阁⁽¹⁴⁾。 孤酌。住春脚⁽¹⁵⁾。便彩局谁忺⁽¹⁶⁾，宝轸慵学⁽¹⁷⁾。阶除拾取飞花嚼。是多少春恨，等闲吞却。阑干猛拍⁽¹⁸⁾，叹命薄⁽¹⁹⁾，悔旧诺。

毛泽东在读清朱彝尊、汪森编选《词综》卷十八时，圈阅了这首《兰陵王·燕穿幕》。

[参考] 张贻玖：《毛泽东评点、圈阅的中国古典诗词》，
中国工人出版社 1992 年版，第 251 页。

【注释】

（1）龙沫，指龙涎香，抹香鲸病胃的分泌物。类似结石，从鲸体内排出，漂浮海面或冲上海岸。为黄、灰乃至黑色的蜡状物质，香气持久，是极名贵的香料。宋刘过《沁园春·美人指甲》词："见凤鞋泥污，偎人强剔，龙涎香断，拨火轻翻。"亦省称"龙涎"。旋，立刻。薰，香气。南朝梁江淹《别赋》："陌上草薰。"注："香气也。"

（2）晓寒，早晨的寒气。宋宋祁《木兰花》："东城渐觉风光好，縠皱波纹迎客棹。绿杨烟外晓寒轻，红杏枝头春意闹。"

（3）腰围柳弱，即柳腰，比喻女子纤柔的身腰。

（4）清明，节气名。公历四月四、五或六日。我国有清明节踏青、扫墓的习俗。《逸周书·周月》："春三月中气，惊蛰，春分，清明。"朱右曾校释引孔颖达曰："清明，谓物生清净明洁。"

（5）海棠，即海棠树，落叶乔木，卵形叶，开淡红或白花，结红、黄色球形果，酸甜可食。唐裴廷裕《蜀中登第答李搏六韵》："蜀柳笼堤烟蠹蠹，海棠当户燕双双。"

（6）芳踪，美好的形影踪迹，多借指女性的身影。漂泊，随流漂荡或停泊。《太平广记》卷四〇五引唐薛用弱《集异记·嘉陵江巨木》："江之浒有乌阳巨木，长百余尺，围将半焉，漂泊摇撼于江波者久矣，而莫知奚自。"比喻行踪不定、居无定所或职业、生活不固定，东奔西走。

（7）钗，钗子，妇女的一种首饰，由两股簪子合成，用来绾住头发。也有用它把帽子别在头发上。又可借指妇女，如金陵十二钗。

（8）娇莺，美好可爱的黄鹂。唐宋之问《春日芙蓉园侍宴应制》诗："飞花随蝶舞，艳曲伴莺娇。"

（9）灵鹊，即喜鹊，俗称鹊能报喜，故称。《禽经》："灵鹊兆喜。"张华注："鹊噪则喜生。"五代王仁裕《开元天宝遗事·灵鹊喜事》："时人之家，闻鹊声，皆为喜兆，故谓灵鹊报喜。"

（10）碧云，青云，碧空中的云。杳渺（yǎo miǎo），悠远的样子。天涯，天边，指极远的地方。

（11）芳草，香草。汉班固《西都赋》："竹林果园，芳草甘木。郊野之富，号为近蜀。"比喻忠贞或贤德之人。战国楚屈原《楚辞·离骚》："何昔日之芳草兮，今直为此萧艾也。"王逸注："以言往日明智之士，今皆佯愚，狂惑不顾。"

（12）香絮，絮，像棉絮的东西。此指柳絮。

（13）回文，指回文诗。北周庾信《荡子赋》："合欢无信寄，回纹织未成。"

（14）阁，同"搁"，停止。

（15）春脚，指春天的时光。

（16）彩局，指掷骰赌赛。宋陶毂《清异录·君道》："开元中，后宫繁众，侍御寝者难于取舍，为彩局儿以定之，集宫嫔用骰子掷，最胜一人，乃得专夜。"忺（xiān），高兴；适意。

（17）宝轸，弦乐器，指琴瑟一类的乐器。轸，弦乐器上轴转动的弦线。

（18）阑干，栏杆。用竹、木、砖石或金属等构制而成，设于亭台楼阁或路边、水边等处作遮拦用。唐李白《清平调词》之三："解释春风无限恨，沉香亭北倚阑干。"

（19）命薄，命运不好。隋薛道衡《昭君辞》："专由妾命薄，误使君恩轻。"

【赏析】

《兰陵王》，词牌名，又名《大犯》《兰陵王慢》等。以秦观词《兰陵王·雨初歇》为正体，三段一百三十字，前段十一句七仄韵，中段八句五仄韵，后段十句六仄韵。

这是一首闺怨词，写一个女子思念久别的情人并怨其不返。词分上中下三阕。上阕写闺阁春愁。"燕穿幕。春在深深院落。"首二句点名时令，写女主人在闺阁中所见的眼前景物。春天来了，燕子在帘幕间穿过，寂寞深闺也感到了春天的气息。"单衣试，龙沫旋薰，又怕东风晓寒薄。"接下来三句写女主人公，在春意盎然的日子里，随着季节的变化，欣然地比试着用龙涎香薰过的单衣，但有些犹豫，她对春天早晨轻寒有些担心。"别来情绪恶。瘦得腰围柳弱"二句是说，人们常说，女为知己者容，在情人面前总是爱打扮自己。由于对情人的思念心切，女主人公已无心去修饰打扮，她情绪很坏，纤柔的身姿消瘦得十分瘦弱。"清明近。正似海棠，怯雨芳踪任飘泊。"快要到清明节了，她像红海棠一样，害怕风吹雨打落红满地，四处飘零。这里明写雨中残败的海棠，暗喻女主人公孤单无依、寂寞凄凉的处境。

中阕写女主人公的往事回忆。"钗留去年约。"换头处一句承上启下，是说去年情人与她分手时，曾有今年重会的相约。"恨易老娇莺，多误灵鹊。碧云杳渺天涯各"三句是说，可恨那美好可爱的黄鹂容易老去，那屡屡误报喜讯的喜鹊也让人无限懊丧，二人像天上的青云一样相隔在遥远天边。一个"恨"字，写出了在情海中挣扎、备受相思之苦煎熬的女子心头的哀怨。"望不断芳草，更迷香絮"二句借景抒情，极言其愁思缠绵深重。"回文强写字屡错"一句，用汉苏惠给丈夫寄织锦回文诗的典故。"泪欲注还阁"一句，写女主人公眼泪如注，真想大哭一场。这是其愁苦之情发展到高潮。但女主人公并没有那样做。"还阁"二字比较含蓄地表现了她的自强自尊的性格特征。

下阕是对其自强自尊性格特征的具体描写。"孤酌。住春脚。便彩局谁饮，宝轸慵学。"四句是说，她闭门不出，自饮自酌，企图杯酒释春愁。春天停下了脚步，做游戏她也高兴不起来，再好的琴也懒得去摆弄。充分描写了女子百事无心、疲惫懒散的精神状态。"阶除拾取飞花嚼。是多少春恨，等闲吞却"三句与中阕"泪欲注还阁"相照应。她步下台阶，拾取落花和泪咀嚼。有多少春恨，就轻易地吞掉了。这是女主人公自强自尊性格的进一步发展。"阑干猛拍，叹命薄，悔旧诺。"最后三句是说，在无可奈何的情况下，女子毅然从愁苦中摆脱，猛拍栏杆，自叹自己命运不济，后悔当初不应该有这样的相约诺言，从而完成了对女子性格的塑造。

这首词结构严谨，层次分明，环环相扣，前呼后拥。通过一些典型细节，深刻地揭示了女主人公愁苦怀人、怨恨、自慰等复杂微妙的心理活动，给读者留下了深刻的印象。词中所反映的内容，有一定的社会意义。

吴文英

吴文英（约1200—约1260），字君特，号梦窗，晚年又号觉翁，四明（今浙江宁波）人，南宋词人。吴文英一生未第，游幕终身，于苏、杭、越三地居留最久，并以苏州为中心。游踪所至，每有题咏。晚年吴文英一度客居越州，先后为浙东安抚使吴潜及嗣荣王赵与芮门下客，后困踬而死。吴文英作为南宋词坛大家，在词坛流派的开创和发展上，有比较高的地位，流传下来的词达340首，对后世词坛有较大的影响。

在词的创作上，吴文英主要师承周邦彦，重视格律，重视声情，讲究修辞，善于用典。这一艺术风格决定了"梦窗词"难以反映重大主题，而多浓艳芬菲的词境，但在表现手法上，"梦窗词"具有打破传统的层次结构方式、转换自由、跳跃性强、现实与想象杂糅的特点，为其后的"婉约词"树立了又一榜样，在当时和后世都产生了巨大的影响。在宋代，当时的周密、陈允平就是刻意学习吴文英的，而且与之酬唱甚众。宋末的楼采、黄孝迈、翁元龙、万俟绍之、施枢、李彭老、王沂孙等都在不同程度上接受了他的影响。在清代，朱彝尊和纳兰性德在词中抒写自我的相思别恋，表现男子的情爱心理方面或多或少都受到了吴文英情词的影响。尤其在清代中叶以后，词坛几乎都在"梦窗词"的笼罩之下。晚清四大家及张尔田、陈洵、吴梅等都无不推崇甚至努力学习"梦窗词"。

【原文】

阮郎归·会饮丰乐楼·翠阴浓合晓莺堤

翠阴浓合晓莺堤⁽¹⁾。春如日坠西⁽²⁾。画图新展远山齐⁽³⁾。花深十二梯⁽⁴⁾。风絮晚⁽⁵⁾，醉魂迷⁽⁶⁾。隔城闻马嘶。落红微沁绣鸳泥⁽⁷⁾。秋千教放低⁽⁸⁾。

【毛泽东圈评等情况】

毛泽东曾圈阅过这首《阮郎归·翠阴浓合晓莺堤》。

[参考] 张贻玖：《毛泽东评点、圈阅的中国古典诗词》，

中国工人出版社 1992 年版，第 251 页。

【注释】

（1）莺即是黄鹂，晓莺，早上河堤边树上的黄鹂鸟。唐温庭筠《定西番·细雨晓莺春晚》："细雨晓莺春晚，人似玉，柳如眉，正相思。"

（2）春如日坠西，春天像夕阳西下，意即已是暮春天气。坠，落。

（3）画图，图画，比喻美丽的自然景色。唐元稹《春分投简阳明洞天作》诗："郡邑移仙界，山川展画图。"

（4）花深，深深的鲜花。十二梯，有十二梯阶那么深。梯，登高用的器具、设备。

（5）风絮，随风飘悠的絮花，多指柳絮。唐薛能《折杨柳》诗之二："闲想习池公宴罢，水蒲风絮夕阳天。"

（6）醉魂，犹醉梦。宋张耒《观梅》诗："不如痛饮卧其下，醉魂为蝶栖其房。"

（7）落红微沁绣鸳泥，红花落在女子稍微粘了泥土的、绣着鸳鸯的、汗湿了的衣衫上。落红，落花。唐戴叔伦《相思曲》："落红乱逐东流水，一点芳心为君死。"鸳，即鸳鸯。

（8）秋千，传统体育游戏。两绳下拴横板，上悬于木架，人坐或站在板上，两手分握两绳，前后往返摆动。相传春秋时齐桓公自北方山戎传入。一说本为汉武帝时宫中之戏，作千秋，为祝寿之辞，后倒读为秋千。南唐冯延巳《鹊踏枝》词："泪眼问花花不语，乱红飞入秋千去。"

【赏析】

《阮郎归》，词牌名。又名《醉桃源》《醉桃园》《碧桃春》。唐教坊曲有《阮郎迷》，疑为其初名。词名用刘晨、阮肇故事。《神仙记》载刘晨、阮肇入天台山采药，遇二仙女，留住半年，思归甚苦。既归则乡邑零

落，经已十世。曲名本此，故作凄音。双调四十七字，前后片各四平韵。也是曲牌名。

这首词题作《会饮丰乐楼》。会饮，聚饮。西汉司马迁《史记·廉颇蔺相如列传》："秦御史前，书曰：'某年月日，秦王与赵王会饮，令赵王鼓瑟。'"丰乐楼，在今浙江杭州西湖之滨的酒楼。这首词写一次家人或朋友在丰乐楼的饮宴活动，表现了词人对春天和生活的挚爱，洋溢着一股青春的气息和活力。

词的上阕写饮宴的环境。"翠阴浓合晓莺堤。"首句描绘浓郁春色。你看，在丰乐楼上放眼望去，绿荫四合，杨柳披拂，参差拂堤，在晨光之中，黄莺响起了它那悦耳的歌喉。仅此一举，就把春光写得有形、有声、有色，春意盎然。读至此，很容易让我们想起唐白居易《钱塘湖春行》这篇名作对杭州西湖春色的描写："孤山寺北贾亭西，水面初平云脚低。几处早莺争暖树，谁家新燕啄春泥。乱花渐欲迷人眼，浅草才能没马蹄。最爱湖东行不足，绿杨阴里白沙堤。""如果说这句把白诗隐括入词，恐怕也不为过。但二者一写早春，一写暮春，各自不同。所以接下来第二句用喻："春如日坠西。"这是说，春天已如夕阳西下，好景不长了。连同上句，点明时值暮春。"画图新展远山齐。花深十二梯。"三、四两句，一写远眺，一写俯视，尽是眼前景物。极目远望，远山如画图新展，俯视楼下，花深竟有十二级楼梯。二句写丰乐楼环境之美。

词的下阕抒情。在上阕对饮宴的时令和环境描写之后，下阕抒情，写宴饮的欢乐。"风絮晚，醉魂迷。"换头处二句是说，东风劲吹，柳絮飘飞，酒酣耳热，如醉如痴；直写饮宴者的快意，自然开起下文："隔城闻马嘶。"以写谛听隔城马的嘶叫，来衬托人物的闲情逸致。"落红微沁绣鸳泥。秋千教放低。"结末二句是个特写镜头：与会的男子嗜酒，喝得醉醺醺的还不肯停杯，女子则没有那么大的酒量，也没有那种兴致，于是她们就在楼下荡起了秋千。荡了一阵之后，便香汗淋漓，娇喘吁吁，叫把秋千放得低些。作者可谓白描高手。

总之，这首词虽题作《会饮丰乐楼》，但真正着眼"会饮"之处不多，而是将写会饮丰乐楼的环境、时令，以及会饮男女的情绪作为重点，从而抒发了词人对春天和青春活力的赞美，给人以美的感受。在艺术上，多种手法、多个视角的变换运用，显得层次井然、结构细密，体现了吴词章法多变、委婉细腻的特色。

蒋 捷

　　蒋捷（约1245—1305后），字胜欲，号竹山，宋末元初阳羡（今江苏宜兴）人，南宋词人。先世为宜兴大族，南宋咸淳十年（1274）进士。南宋覆灭，深怀亡国之痛，隐居不仕，人称"竹山先生""樱桃进士"，其气节为时人所重。长于词，与周密、王沂孙、张炎并称"宋末四大家"。其词多抒发故国之思、山河之恸、风格多样，而以悲凉清俊、萧寥疏爽为主。尤以造语奇巧之作，在宋季词坛上独标一格，清代文学评论家刘熙载在他的著作《艺概》中说："蒋竹山词未极流动自然，然洗练缜密，语多创获。其志视梅溪（史达祖）较贞，视梦窗（吴文英）较清。刘文房（刘长卿）为五言长城，竹山其亦长短句之长城欤！"蒋捷的词作，被古人认为是填词的法度和标准。有《竹山词》一卷，收入毛晋《宋六十名家词》本、《彊村丛书》本，又《竹山词》二卷，收入涉园景宋元明词续刊本。

【原文】

贺新郎·秋晓·渺渺啼鸦了

　　渺渺啼鸦了⁽¹⁾。亘鱼天⁽²⁾，寒生峭屿⁽³⁾，五湖秋晓⁽⁴⁾。竹几一灯人做梦⁽⁵⁾，嘶马谁行古道。起搔首⁽⁶⁾、窥星多少。月有微黄篱无影，挂牵牛数朵青花小⁽⁷⁾。秋太淡，添红枣。　　愁痕倚赖西风扫⁽⁸⁾。被西风、翻催鬓鬒⁽⁹⁾，与秋具老。旧院隔霜帘不卷，金粉屏边醉倒。计无此、中年怀抱⁽¹⁰⁾。万里江南吹箫恨⁽¹¹⁾，恨参差、白燕横天杪⁽¹²⁾。烟未敛，楚山杳⁽¹³⁾。

【毛泽东圈评等情况】

　　毛泽东在读清朱彝尊、汪森编选《词综》卷十八时，圈阅了这首《贺新郎·渺渺啼鸦了》。

[参考]张贻玖：《毛泽东评点、圈阅的中国古典诗词》，

中国工人出版社1992年版，第251页。

【注释】

（1）渺渺，微弱之状、渺小之状。

（2）亘（gèn）鱼天，鱼星横贯天空。亘天，横贯天空。后晋魏收《旧唐书·代宗纪》："庚午夜，西北有赤光亘天，贯紫微。"鱼，鱼星，属尾宿。唐房玄龄等《晋书·天文志》："天汉起东方，经尾箕之间，谓之汉津。

（3）峭，高。屿，小岛，岛屿。

（4）五湖，古代吴越地区的湖泊，其说不一。此指太湖。春秋鲁左丘明《国语·越语下》："果兴师而伐吴，战于五湖。"韦昭注："五湖，今太湖。"此外还有若干个不同的说法。

（5）竹几，中国民间夏日取凉用具，是一种圆柱形的竹制品。江南炎炎夏季，人们喜欢竹席卧身。用竹编织的竹夫人是热天消暑的清凉之物，可拥抱，可搁脚。唐白居易《闲居》诗："南檐半床日，暖卧因成熟。绵袍拥两膝，竹几支双臂。"

（6）搔首，以手搔头，焦急或有所思貌。《诗经·邶风·静女》："爱而不见，搔首踟蹰。"窥，从夹缝、小孔或隐蔽处偷看。《易·丰》："窥其户，阒其无人。"陆德明释文引李登曰："窥，小视。"泛指观看。

（7）指牵牛花。宋陆游《夜雨》诗："藩篱处处蔓牵牛，蕙苡丛深稗穗抽。"

（8）愁痕，泛指痕迹。唐宋之问《江亭晚望》："鸟归沙有迹，帆过浪无痕。"

（9）鬒鬓（zhěn），指鬒发。

（10）中年，指四五十岁的年纪。战国郑列御寇《列子·周穆王》："宋阳里华子中年病忘。"唐房玄龄等《晋书·王羲之传》："谢安尝谓羲之曰：'中年以来，伤于哀乐。'"怀抱，指胸襟，抱负。

（11）万里江南吹箫恨，西汉司马迁《史记》卷七九《范雎列传》：
"范雎曰：'……伍子胥橐载而出昭关，夜行昼伏，至于陵水，无以糊其
口，膝行蒲伏，稽首肉袒，鼓腹吹篪，乞食于吴市。'"南朝宋裴骃《史记
集解》："徐广曰：（篪）一作'箫'。"

（12）白燕，白尾的燕子，古代以为瑞鸟。汉代刘歆著、东晋葛洪辑
抄《西京杂记》卷四："元后在家，尝有白燕衔白石，大如指，坠后绩筐
中。"天杪（miǎo），天际。宋张先《熙州慢·赠述古》词："潇湘故人未
归，但目送游云孤鸟。际天杪，离情尽寄芳草。"

（13）楚山，山名，即荆山。在湖北省西部。泛指楚地之山。宋张孝
祥《满江红·于湖怀古》词："凝望眼，吴波不动，楚山丛碧。"唐张说
《对酒行巴陵作》诗："鸟哭楚山外，猿啼湘水阴。"

【赏析】

《贺新郎》，双调一百十六字，前后段各十句、六仄韵。还有多种变
体。叶梦得词有"唱金缕"句，名《金缕歌》，又名《金缕曲》，又名《金
缕词》。苏轼词有"乳燕飞华屋"句，名《乳燕飞》，有"晚凉新浴"句，
名《贺新凉》，有"风敲竹"句，名《风敲竹》。张辑词"把貂裘、换酒长
安市"句，名《貂裘换酒》。

蒋捷在南宋宋度宗赵禥咸淳十年（1274）中进士，又过了两年，到宋
恭宗赵㬎德祐二年（1276）年，南宋便被蒙古灭亡了。他不仕元朝，过着
孤独飘零的隐逸生活。他的《竹山词》多写故国之思。这首《贺新郎·渺
渺啼鸦了》便是其中一例。《秋晓》是本词的题目。

"渺渺啼鸦了。亘鱼天，寒生峭屿，五湖秋晓。"开头四句紧扣题目，
是说凌晨的啼鸦声渐渐地消失了，那漫长的鱼肚色的天空笼罩着太湖水
面，寒气弥散在陡峭的岛屿上，这就是湖上秋天的黎明呀！这个"寒"，
既是自然寒气的写实，又是词人对国破家亡的主观寒心的映照。作者晚年
长居在太湖小岛，值此"五湖秋晓"之际，最容易感到寒气袭人。"竹几
一灯人做梦，嘶马谁行古道。"接下来二句是说，原来词人正在摇曳的孤
灯下凭竹几做梦，突然被古道上马的嘶叫声惊醒，于是才听到前边所说的

"啼鸦"声，才看到"鱼天"，感到"寒生"。点明词人起身，这句为过渡句，承上启下。下面接着写词人："起搔首、窥星多少。月有微黄篱无影，挂牵牛数朵青花小。秋太淡，添红枣。"他"搔首"上望，看见星光点点，发出寒光；倚窗下视，月色微黄，篱影模糊，在淡淡的月光中，只见几朵青色的牵牛花。月光太黯淡了，添上满树的红枣，分外显眼。真是一派典型的秋色图。总之，上阕通过词人的听觉、视觉、感觉，写出词人所处的环境。值得注意的是，词人所写的寒鸦、孤灯、古道等固然是秋季的特征，但也表露出秋景的萧疏凄凉，从而衬托了词人暗淡的心情，为下阕的抒情做好了铺垫。

"愁痕倚赖西风扫。被西风、翻催鬓鬓，与秋具老。"换头处三句，直抒胸臆。是说本来想依赖秋风扫去愁的痕迹，但西风却反转过来催白人的鬓发，使之与秋天都老了。说明时已深秋。真是旧愁未去，而新愁又添。"旧院隔霜帘不卷，金粉屏边醉倒。计无此、中年怀抱"三句是说，人入老境，壮志成空，连过去"旧院"的帘子都懒得去卷，只顾醉倒在"金粉屏边"，借酒浇愁。词人为什么如此沉痛呢？他不是为个人考虑，而是为了"万里江南吹箫恨"。这句很重要，是词眼，把本次的思想意义提升到爱国主义的高度。此句用典，西汉司马迁《史记》卷七九《范雎列传》："范雎曰：'……伍子胥橐载而出昭关，夜行昼伏，至于陵水，无以糊其口，膝行蒲伏，稽首肉袒，鼓腹吹箎，乞食于吴市。'"南朝宋裴骃《史记集解》："徐广曰：（箎）一作'箫'。"词人借用伍员吹箫齿食的典故，流露出亡国之痛。"恨参差、白燕横天杪"一句，万里江南，大好河山，何处是栖身之所？连那参差横空、南飞天际的白燕，还能寻到自己的归宿，而人反不如燕啊！对"燕"用一"恨"字，看似无理，但却情切，增强了艺术效果。"烟未敛，楚山杳。"结末二句以烟迷楚山之象，示难见家园之怨，余味无穷。

词意明快、隽永，脉络清晰、多变，语言晓畅、自然，独具一格。

贺新郎·约友三月旦饮·雁屿晴岚薄

雁屿晴岚薄⁽¹⁾。倚层屏⁽²⁾、千树高低，粉纤红弱。云隘东风藏不尽⁽³⁾，吹艳生香万壑⁽⁴⁾。又散入、汀蘅洲药⁽⁵⁾。扰扰匆匆尘土面，看歌莺、舞燕逢春乐。人共物，知谁错。　　宝钗楼上围帘幕⁽⁶⁾。小婵娟⁽⁷⁾、双调弹筝⁽⁸⁾，半霄鸾鹤⁽⁹⁾。我辈中人无此分，琴思诗情当却。也胜似、愁横眉角。芳景三分才过二，便绿阴、门巷杨花落。沽斗酒⁽¹⁰⁾，且同酌⁽¹¹⁾。

【毛泽东圈评等情况】

毛泽东在读清朱彝尊、汪森编选《词综》卷十九时，圈阅了这首《贺新郎·雁屿晴岚薄》。

[参考] 张贻玖：《毛泽东评点、圈阅的中国古典诗词》，中国工人出版社 1992 年版，第 251 页。

【注释】

（1）屿（yǔ），小岛。岚，山林中的雾气。

（2）倚层屏，（树木）依靠着重重叠叠的屏风似的山峰。

（3）云隘，云遮挡着。

（4）生香，散发香气。唐薛能《杏花》诗："活色生香第一流，手中移得近青楼。"万壑，形容峰峦、山谷极多。南朝宋刘义庆《世说新语·言语》："顾长康从会稽还，人问山川之美。顾云：'千岩竞秀，万壑争流，草木蒙笼其上，若云兴霞蔚。'"后用以形容峰峦与山谷极多。

（5）汀蘅洲药，即汀洲之蘅药。蘅，香草名。药，花名，即芍药。

（6）宝钗楼，唐宋时咸阳的一个酒楼名，此泛指酒楼。宋陆游《对酒》："但恨宝钗楼，胡沙隔咸阳。"自注："宝钗楼，咸阳旗亭也。"

（7）小婵娟：指妙龄美女，此指歌女。

（8）双调，商调乐律名。宋欧阳修等《新唐书·礼乐志》十二："越调、大食调、高大食调、双调、小食调、歇指调、林钟商为七商。"唐杜牧《早春赠军师薛判官》："弦管开双调，花钿坐两行。"

（9）半霄鸾鹤，谓筝调优美，如半空中鸾鸣鹤唳。半霄，半空。鸾鹤，鸾与鹤，相传为仙人所乘。南朝宋汤惠休《楚明妃曲》："骖驾鸾鹤，往来仙灵。"此指鸾鸣鹤唳。

（10）沽，买。斗酒，一斗酒。《诗经·大雅·行苇》："酌以大斗。"

（11）酌，斟酒，饮酒。

【赏析】

这首词题作《约友三月旦饮》。词人晚年居住在太湖的一个小岛上，阳春三月的早晨，约友人饮酒，因而写下这首词。

词的上阕着重写景。"雁屿晴岚薄。"首句是说，大雁栖息的岛屿上，因早晨晴天的雾气，显得轻淡飘渺。"倚层屏、千树高低，粉纤红弱。"接下来二句是说，高高低低的树木，依靠着那层层如屏风的山峦，露出了纤细的粉色和娇嫩的红色。用"薄""纤""弱"等字眼，表明春晓的特点。"云隘东风藏不尽，吹艳生香万壑"二句是说，云雾填塞，好像要把春风挡住一样，但春风是遮不住的，它把千山万壑的鲜艳花朵吹开，香气散开，不仅"万壑"如此，而且"又散入、汀蘅洲药"，连汀之蘅、洲之药也都跟着艳香起来。这几句写景，非常形象传神，既写了山光，又写了水色；既显示了季节特点，又显示了地域特色。春景既然如此美好，但人与鸟对之迥异。人呢，"扰扰匆匆尘土面"；鸟呢，"看歌莺、舞燕逢春乐"。所以接着说："人共物，知谁错。"是人错了呢，还是鸟错了呢？表面看来，他提出这个问题没有什么意义，但具体到作者却有十分深刻的内涵。因为南宋被蒙古所灭，作者不仕元朝，国破家亡，四处飘流，"感时花溅泪，恨别鸟惊心"（唐杜甫《春望》）哪有心事赏春啊！而莺燕"不知人事改"，于春日花前，既歌且舞，欢快无比。这种伤感，作者不便明说，只有含蓄发问，让读者去思索，手法十分巧妙。

词的下阕着重写春情。"宝钗楼上围帘幕。小婵娟、双调弹筝，半霄鸾鹤。"换头处三句是说，闺阁楼上，四周挂满了绣帘，娇小的美女弹奏双调银筝，旋律美妙动听，引得鸾鸟和仙鹤云集半空，啼叫声与乐声和鸣。很明显，这住处的主人不是元朝的新贵，就是宋代的降臣。这帮人都是词人所唾弃的，因此用反语加以讽刺。"我辈中人无此分"一句是说，我们这些人（指作者及其友人）是没有这个福分的。"琴思诗情当却。也胜似、愁横眉角"二句是说，我们之所以抛弃弹琴读书的生活，是因为一弹琴、一吟诗，便会勾起亡国之恨、故国之悲；不弹琴、不吟诗，总要比愁横眉角要好些啊！当此大好时光，我们这些宋朝遗民，既不能像飞鸟那样莺歌燕舞，也不能像阔人那样安逸享受，又无心思弹琴吟诗。可时不我待，青春易老，"芳景三分才过二，便绿阴、门巷杨花落"二句是说，怎么打发岁月、排遣苦闷呢？唯一的办法，便是"沽斗酒，且同酌"。最后点出"约饮"，回应题目，为画龙点睛之笔。

本词以景带情，又以情带景，笔法灵活而多变，艺术上很有特色。清人许昂霄《词综偶评》："'我辈中人无此分'三句，名言。"

【原文】

贺新郎·梦冷黄金屋

梦冷黄金屋[1]。叹秦筝[2]、斜鸿阵里，素弦尘扑[3]。化作娇莺飞归去，犹认纱窗旧绿。正过雨，荆桃如菽[4]。此恨难平君知否？似琼台[5]，涌起弹棋局[6]。消瘦影，嫌明烛。　　鸳楼碎泻东西玉[7]。问芳踪，何时再展[8]？翠钗难卜[8]。待把宫眉横云样[10]，描上生绡画幅[11]。怕不是、新来妆束。彩扇红牙今都在[12]，恨无人，解听开元曲[13]。空掩袖，倚寒竹[14]。

【毛泽东圈评等情况】

毛泽东在读清朱彝尊、汪森编选《词综》卷十九时，圈阅了这首《贺新郎·梦冷黄金屋》。

[参考] 张贻玖：《毛泽东评点、圈阅的中国古典诗词》，中国工人出版社1992年版，第251页。

【注释】

（1）黄金屋，极其富贵奢华的房子，本指妇女的住室。唐李白《妾薄命》诗："汉帝重阿娇，贮之黄金屋。"王琦注引《汉武故事》："武帝数岁，长公主抱置膝上，问曰：'儿欲得妇否？'指左右长御百余人，皆曰：'不用。'指其女：阿娇好否？笑对曰：'好，若得阿娇作妇，当作金屋贮之。'"这里指南宋临安故宫。

（2）秦筝，古秦地（今陕西一带）的一种弦乐器，似瑟，传为秦蒙恬所造，故名。三国魏曹丕《善哉行》："齐侣发东舞，秦筝奏西音。"

（3）斜鸿阵里，筝柱斜列如雁阵。素弦，素琴的弦。

（4）荆桃，樱桃。菽（shū），豆的总称。

（5）琼台，玉饰的楼台，亦泛指华丽的楼台。唐杜甫《冬到金华山观因得故拾遗陈公学堂遗迹》诗："涪右众山内，金华紫崔嵬。上有蔚蓝天，垂光抱琼台。"

（6）弹棋局，弹棋，古博戏，此喻世事变幻如棋局。

（7）鸳楼，即鸳鸯楼，为楼殿名。东西玉，据《词统》："山谷诗：'佳人斗南北，美酒玉东西。'注：酒器也。玉东西亦指酒。"

（8）芳踪，指女人的踪迹。

（9）翠钗，翡翠钗。钗卜，古代妇女惯用的卜法。

（10）宫眉，妇女依宫中流行样式描画的眉毛。唐李商隐《蝶》诗之三："寿阳公主嫁时妆，八字宫眉捧额黄。"横云，唐代妇女眉型之一。

（11）生绡，未漂煮过的丝织品。古时多用以作画，因亦以指画卷。唐韩愈《桃源图》："流水盘山百转，生绡数幅垂中堂。"

（12）红牙，檀木牙板，古乐器。檀木色红质坚，故称；亦指檀木制的拍板，用以调节乐曲的节拍。宋司马光《和王少卿十日与留台国子监崇福宫诸官赴王尹赏菊之会》："红牙板急弦声咽，白玉舟横酒量宽。"

（13）开元曲，盛唐时歌曲。开元，唐玄宗李隆基年号（713—741）。

（14）倚寒竹，唐杜甫《佳人》诗："天寒翠袖薄，日暮倚修竹。"

【赏析】

南宋亡国后，蒋捷许多词作，都表现出怀念故国、丧失山河之恸。此词就是作者用隐喻象征手法、以美人自拟、抒写亡国遗恨的。

词的上阕偏重写家国残破。"梦冷黄金屋"词中描写的对象乃是一位不凡的美人。"黄金屋"用陈阿娇事。汉武帝年少时，长公主想把女儿阿娇许给他，汉武帝说："若得阿娇作妇，当作金屋贮之。"见东汉班固《汉武故事》。在这里，作者借阿娇来写一位美人。词人自己朝思暮想的人不仅是美人，还有故国。"梦冷黄金屋"句意谓，美人梦魂牵绕的黄金屋已变得凄冷，实际上含有故宫凄凉之意。"叹秦筝、斜鸿阵里，素弦尘扑"二句，写室内器物，自己曾经抚弄过的乐器已蒙上了一层厚厚的灰尘。故以一"叹"字领起，化实景为虚景。秦筝，弦柱斜列如飞雁成行的古筝。素弦，即丝弦。梦魂化莺飞回金屋，还认得旧时的绿色纱窗；雨过，只见荆桃果实已长得如豆大。"化作娇莺飞归去，犹认纱窗旧绿。正过雨、荆桃如菽。"三句，令人心中升腾中怀旧惜春之感。化作娇莺，梦魂化莺，想象不凡；笔力奇幻，独运匠心。金屋冷寂之境、秦筝尘扑之景，亦为化作娇莺所见。逆入平出，特见波澜。景物描写，虚实交错。"此恨难平君知否？似琼台，涌起弹棋局"二句，琼台，此处则指玉石所作的弹棋枰。弹棋局，其形状中央隆起，周围低平。唐李商隐诗称为"莫近弹棋局，中心最不平"（《无题》），词人在此以玉制之弹棋局形容心中难平之恨。"此恨难平"总结上面各种情事，积愤难抑，自然喷发。词人由写景到抒怀。"消瘦影，嫌明烛"二句，借写消瘦的形象，表达一种悲凉的心境。借说"瘦影"，是通过明烛照出的哀怜心理曲折加以表露。

词的下阕偏重写人事全非。"鸳鸯碎泻东西玉"换头处一句，起笔以杯碎酒泻比喻宋朝的覆亡。鸳楼，即鸳鸯楼，为楼殿名。东西玉，酒器名。这句从写和美人的分离，喻指和故国的永别。佳人已远离，眷恋情仍深，词人仍希望能重睹其旧日丰采。"问芳踪，何时再展"二句，流露出自己重见佳人的热切愿望，但"翠钗难卜"，即佳人踪迹何在？又表明这一愿望的实现何其渺茫。"待把宫眉横云样，描上生绡画幅。怕不是、新来装束"三句，说自己准备把那容颜描绘在生绡画幅上，想来还是宫人旧时的装束吧。生绡，未经漂煮的丝织品，古人用以作画。眉横云样，指双眉如同纤云横于额前。旧时的装束代指故国的形象。与美人分离，希重会而又渺茫，只好托之丹青。通过这几层描绘，把故国之思写得力透纸背。"彩扇红牙今都在。"彩扇红牙（歌舞时用具），旧时之物俱在，但已物是人非，自己聆听盛世之音时百感交集，却知音难觅。此时怀恋故国之人已越来越少，词人只好独自伤怀。作者的这种感叹是对民族意识已经淡薄的情况而发的。然以"恨无人，解听开元曲"的词语表达，曲笔抒怀也。开元曲，借唐开元盛世的歌曲，此处指宋朝盛时的音乐。"空掩袖，倚寒竹"，结末二句，借竹的高风亮节来表现自己坚贞不渝的品德。

这是一首具有典型婉约风格的作品。以"梦冷黄金屋"起笔，以幽独伤情作结，表现了词人深沉的故国之恋和不同凡俗的高尚志节。词中借梦抒怀，使境界迷离。以美人为灵魂化身，写故国之思。词人曲笔道出心中郁积很久的块垒，虽用词较为清丽婉约，但情感却仍显酣畅淋漓。清谭献在《复堂词话》评论说："瑰丽处鲜妍自在。"

【原文】

洞仙歌·对雨思友·世间何处

世间何处(1)，最难忘杯酒。惟是停云想亲友(2)。此时无一盏，千种离愁(3)，西风外，长伴枯荷衰柳(4)。　　去年深夜语，倾倒书窗(5)，窗烛心悬小红豆(6)。记得到门时，雨正萧萧(7)，嗟今雨、此情非旧。待与子、相期采黄花(8)，又未卜重阳(9)，果能晴否。

【毛泽东圈评等情况】

毛泽东在读清朱彝尊、汪森编选《词综》卷十九时，圈阅了这首《洞仙歌·世间何处》。

［参考］张贻玖：《毛泽东评点、圈阅的中国古典诗词》，中国工人出版社1992年版，第251页。

【注释】

（1）世间，人世间，世界上。《百喻经·观作瓶喻》："诸佛大龙出，雷音遍世间。"东晋陶潜《饮酒》诗之三："有饮不肯饮，但顾世间名。"

（2）停云，停止不动的云。东晋陶潜《停云》诗："霭霭停云，濛濛时雨。"因其自序称"停云，思亲友也"，故后世多把"停云"用作思亲友之意。

（3）离愁，离别的愁苦；离别的愁思。南唐李煜《相见欢》："无言独上西楼，月如钩。寂寞梧桐深院锁清秋。剪不断，理还乱，是离愁。别是一般滋味在心头。"

（4）枯荷，指枯萎的荷叶。唐李商隐《宿骆氏亭寄怀崔雍崔衮》诗："秋阴不散霜飞晚，留得枯荷听雨声。"衰柳，衰老的柳树。

（5）倾倒，心折，佩服。南朝宋鲍照《答休上人》诗："味貌复何奇，能令君倾倒。"

（6）窗烛心悬小红豆，意谓在窗内烛光照耀之下彼此充满着亲情爱意。窗烛，唐李商隐《夜雨寄北》诗："何当共剪西窗烛，却话巴山夜雨时。"红豆，红豆树、海红豆及相思子等植物种子的统称。其色鲜红，文学作品中常用以象征爱情或相思。唐王维《相思》诗："红豆生南国，春来发几枝。愿君多采撷，此物最相思。"

（7）萧萧，象声词，常形容马叫声、风雨声、流水声、草木摇落声、乐器声等。宋王安石《试院中五绝句》之五："萧萧疏雨吹檐角，噎噎暝蛩啼草根。"

（8）黄花，指菊花。西汉戴胜《礼记·月令》："（季秋之月）鞠有黄华。"陆德明释文："鞠，本又作菊。"宋李清照《醉花阴·重阳》词："莫道不销魂，帘卷西风，人比黄花瘦。"

（9）重阳，我国传统节日，农历九月初九日，旧时在这一天有登高的风俗，现又定为老人节。魏晋后，习俗于此日登高游宴。南朝梁庾肩吾《九日侍宴乐游苑应令诗》："献寿重阳节，回銮上苑中。"

【赏析】

《洞仙歌》，原唐教坊曲，后用为词牌。原用以咏洞府神仙。敦煌曲中有此调，但与宋人所作此词体式不同。有中调和长调两体。《乐章集》兼入"中吕""仙吕""般涉"三调，句读亦参差不一。常以《东坡乐府》之《洞仙歌令》为准。音节舒徐，极尽骀宕摇曳之致。《洞仙歌》共八十三字，前后片各三仄韵。前片第二句是上一、下四句法，后片收尾八言句是以一去声字领下七言，紧接又以一去声字领下四言两句作结。前片第二句亦有用上二、下三句法，并于全阕增一、二衬字，句读平仄略异者。

词的上阕写思友情深。"世间何处，最难忘杯酒。惟是停云想亲友。""世间"，人世间，世界上。《百喻经·观作瓶喻》："诸佛大龙出，雷音遍世间。""停云"，停止不动的云。东晋陶潜《停云》诗："霭霭停云，濛濛时雨。"因其自序称"停云，思亲友也"，故后世多以"停云"用作思亲友之意。开头三句是说，人世间什么地方最难忘怀酒呢？那只有停云思友的地方。提到"停云"，也就暗合了"时雨"，扣合题目。可是，我"此时无一盏"，却有"千种离愁"，是说这时我连一杯酒都没有，只有与友人分别的千种离愁。我不但无酒，而且正值清秋时节，"西风外，长伴枯荷衰柳"。这里写荷叶凋残、柳树落叶的冷落季节及衰败的景象，而又无可解忧的杯中之物，这就愈发思念友人了。词人用衬托手法，突出思友之情。

词的下阕忆旧。"去年深夜语，倾倒书窗，窗烛心悬小红豆。"换头处三句是说，去年那时，到了夜深人静，我们还在开怀畅饮，互诉心曲，以致醉意朦胧，倾倒在书窗旁，只见窗前烛心一点，像是悬挂着一颗小红豆。虽着墨不多，但情景如画。"记得到门时，雨正萧萧，嗟今雨、此情非旧"三句，又点明今天的"雨"，时时处处，不忘切题。去年的雨夜，窗外下雨，室内点灯，酒酣耳热，促膝谈心，何等惬意！而今年的雨夜，却不见故人，人处萧萧西风中，相伴的只有枯荷衰柳，甚至无杯酒浇愁，又是何等的凄凉！词人用前后对比的手法，更加重了思友之情。"待与子、相期采黄花，又未卜重阳，果能晴否。"结末四句是说，本来打算定于九月九日共同采摘菊花，赏菊叙旧，但未能预知重阳节那日，是否是个晴天。

仍是从"对雨"想来，照应题目。词人经历了沧桑事变，过惯了飘泊生活，对"人事难以预测、天气难以预卜"，体会十分深刻，包含着极其复杂的思想感情。

本词无论写现在、忆过去、想将来，都始终切住题目不放，而且把思友之情越抽越长，越扭越强。

【原文】

洞仙歌·柳·枝枝叶叶

枝枝叶叶，受东风调弄[1]。便是莺穿也微动[2]。自鹅黄千缕[3]，数到飞绵[4]，闲无事，谁管将春迎送。　　轻柔心性在[5]，教得游人，酒舞花吟恣狂纵[6]。更谁家鸾镜里[7]，贪学纤蛾[8]，移来傍、妆楼新种[9]。总不道、江头锁清愁[10]，正雨渺烟茫，翠阴如梦。

【毛泽东圈评等情况】

毛泽东在读清朱彝尊、汪森编选《词综》卷十九时，圈阅了这首《洞仙歌·枝枝叶叶》。

[参考] 张贻玖：《毛泽东评点、圈阅的中国古典诗词》，中国工人出版社 1992 年版，第 251 页。

【注释】

（1）调（tiáo）弄，摆布，耍弄，戏弄。宋刘克庄《贺新郎·蒙恩主崇禧》词："被贺监、天随调弄。做取散人千百岁，笑渠侬，一霎邯郸梦。"

（2）莺，即黄鹂。

（3）鹅黄，淡黄，像小鹅绒毛的颜色。唐李涉《黄葵花》诗："此花莫遣俗人看，新染鹅黄色未干。"缕，线，泛指线状物。此指柳条。

（4）飞绵，指飞舞的柳绵。柳绵，柳絮。唐李商隐《临发崇让宅紫薇》诗："桃绶含情依露井，柳绵相忆隔章台。"

（5）轻柔，轻而柔和。晋王嘉《拾遗记·昆仑山》："有瓜如桂，有奈冬生如碧色，以玉井水洗食之，骨轻柔能腾虚也。"宋王雱《眼儿媚》

词："杨柳丝丝弄轻柔，烟缕织成愁。"

（6）恣，放纵，无拘束。狂纵，狂放不羁，放肆无忌。宋沈括《梦溪笔谈·人事一》："石曼卿喜豪饮……以稿束之，引首出饮，复就束，谓之'鳌饮'。其狂纵大率如此。"

（7）鸾镜，《太平御览》卷九一六引南朝宋范泰《鸾鸟诗》序："昔罽宾王结罝峻祁之山，获一鸾鸟。王甚爱之，欲其鸣而不能致也。乃饰以金樊，飨以珍羞。对之逾戚，三年不鸣。其夫人曰：'尝闻鸟见其类而后鸣，何不悬镜以映之！'王从其言。鸾睹影感契，慨焉悲鸣，哀响中霄，一奋而绝。"后即以"鸾镜"指妆镜。唐骆宾王《代女道士王灵妃赠道士李荣》诗："龙飙去去无消息，鸾镜朝朝减容色。"

（8）纤蛾，纤细的蛾眉。柳叶很像娥眉。

（9）妆楼，旧称妇女居住的楼房。唐沈佺期《侍宴安乐公主新宅应制》诗："妆楼翠幌教春住，舞阁金铺借日悬。"指妇女的居室。

（10）清愁，凄凉的愁闷情绪。南宋陆游《枕上作》诗："犹有少年风味在，吴笺著句写清愁。"

【赏析】

这是一首咏物词，题作《柳》。全词扣题，处处从"柳"着笔。写得生动活泼，很有可观。

词的上阕写柳的外部形态。"枝枝叶叶，受东风调弄。便是莺穿也微动。"开头三句写柳的形态。是说初春时节，柳树枝叶柔弱，"万条垂下绿丝绦"（唐贺知章《咏柳》），东风吹拂，婀娜多姿，好像被任意摆弄一样，就是黄莺从枝叶间穿过去，也只是微微摆动。这就抓住了柳树枝叶的特点。"自鹅黄千缕，数到飞绵，闲无事，谁管将春迎送。"接下来四句写柳树的生长过程。是说柳树早春发芽，枝条如鹅黄颜色，所谓"绿柳才黄半未匀"（唐杨巨源《城东早春》）；到了暮春，柳绵飞飘，所谓"枝上柳绵吹又少"（宋苏轼《蝶恋花》）。从"鹅黄"到"飞绵"，柳树最先迎来了春天，又送走了春天。无所事事的平庸之辈，又有谁注意到这种自然界的变化呢？只有敏感的词人。以上所写，都是柳与自然的关系。

词的下阕承上，转写柳与人事的关系。"轻柔心性在，教得游人，酒舞花吟恣狂纵。"换头处三句是说，由于柳性轻柔，引得游春的人在酒后曼舞，在花前吟诗，纵情狂欢。古代常以柳的轻柔，比喻女子的腰肢。唐白居易《杨柳枝》诗："两枝杨柳小楼中，袅娜多年伴醉翁。"所以一提轻柔，就联想到柳腰，勾起游人的春思。此其一。"更谁家鸾镜里，贪学纤蛾，移来傍、妆楼新种。"接下来三句是说，更有的妇女对着梳妆的镜子，急于学画纤细的蛾眉，在妆楼侧畔移种了许多柳树。学画蛾眉为什么要种柳树呢？因为柳叶很像蛾眉，可以用柳叶作借鉴呀。古代形容女子眉好，或以蚕眉为喻（如《诗经·卫风·硕人》："螓首蛾眉。"或以柳叶为喻（如唐白居易《长恨歌》："芙蓉如面柳如眉。"）此其二。"总不道、江头锁清愁，正雨涩烟茫，翠阴如梦。"结末三句是说，这是说，上面谈柳，不是想起柳腰，就是想起柳眉，都没有谈及柳给人带来的愁苦。试想：江头杨柳依依，郁郁葱葱，又值细雨蒙蒙，如烟似雾，飘渺无际，或送行人，或候归客，真感绿荫如梦，清愁难锁呀。此其三。以"愁""梦"收拢全词。

咏物词，一要紧扣题目，尽管语言迂回，但都切合中心。二要突出特点，所咏之物不能与他物混同。三要将物适当拟人化，使之生动有趣，不能刻板写生。四要托物言志，在关键处注入作者的主观感受。本词便符合上述要求，"咏柳"虽系传统题材，但却不落前人窠臼。

【原文】

瑞鹤仙·乡城见月·绀烟迷雁迹

绀烟迷雁迹[1]，渐碎鼓零钟[2]，街喧初息[3]。风檠背寒壁[4]，放冰蟾[5]，飞到蛛丝帘隙。琼瑰暗泣[6]，念乡关、霜华似织[7]。漫将身化鹤归来[8]，忘却旧游端的[9]。　　欢极，蓬壶蒻浸[10]，花院梨溶[11]，醉连春夕[12]。柯云罢弈，樱桃在，梦难觅[13]。劝清光[14]、乍可幽窗相照，休照红楼夜笛[15]。怕人间、换谱《伊》《凉》[16]，素娥未识[17]。

【毛泽东圈评等情况】

毛泽东在读清朱彝尊、汪森编选《词综》卷十九时，圈阅了这首《瑞鹤仙·绀烟迷雁迹》。

[参考] 张贻玖：《毛泽东评点、圈阅的中国古典诗词》，中国工人出版社 1992 年版，第 251 页。

【注释】

（1）绀烟，天青色的烟霭。绀，天青色，一种深青带红的颜色。

（2）碎鼓零钟，零碎的鼓声和钟声。

（3）街喧，街上的喧闹。

（4）檠，灯架，也指灯。风檠，灯光在风中摇曳不定，故称。北周庾信《对烛赋》："刺取灯花特桂烛，还却灯擎下烛盘。"

（5）冰蟾，传说月中有蟾蜍，故以蟾代指月。明月皎洁晶莹，因称冰蟾。

（6）琼瑰，仅次于玉的美石。《诗经·秦风·渭阳》："琼瑰玉佩。"春秋鲁左丘明《左传·成公十七年》："声伯梦涉洹，或与己琼瑰食之，泣而为琼瑰，盈其怀。"此处形容泪珠晶莹如玉。

（7）乡关，故乡。唐姚思廉《陈书·徐陵传》："萧轩靡御，王舫谁持？瞻望乡关，何心天地？"霜华，霜花。即霜。

（8）化鹤归来，东晋陶潜《搜神后记》卷一："丁令威，本辽东人，学道于灵虚山。后化鹤归辽，集城门华表柱。"辽东丁令威学道成仙后，化作白鹤回到家乡去。后用来表示怀着思恋家乡的心情久别重归，慨叹故乡依旧，而人世变迁很大。

（9）忘却，不记得，忘记。唐张籍《寄苏州白二十二使君》诗："此处吟诗向山寺，知君忘却曲江春。"旧游，昔日的游览。唐白居易《忆旧游》诗："忆旧游，旧游安在哉？旧游之人半白首，旧游之地多苍苔。"昔日交游的友人。宋苏辙《送柳子玉》诗："旧游日零落，新辈谁与伍？"端的，事情的底细。

（10）蓬壶，即蓬莱，古代传说中的海中仙山。晋王嘉《拾遗记·高辛》："三壶则海中三山也。一曰方壶，则方丈也；二曰蓬壶，则蓬莱也；三曰瀛壶，则瀛洲也。形如壶器。"蕖浸，蕖，芙蕖，荷花，《诗经·郑风·山有扶苏》："隰有荷华。"郑玄笺："未开曰菡萏，已发曰芙蕖。"此处指荷花灯。宋代元宵多点红莲灯。

（11）花院梨溶，宋晏殊《寓意》诗："梨花院落溶溶月，杨柳池塘淡淡风。"旧指妓院。花院，培育花木以备出售的花圃。

（12）春夕，春天的傍晚。夕，日落的时候，傍晚。

（13）樱桃二句，唐段成式《酉阳杂俎》："姑婿裴元裕言群从中有悦邻女者，梦女遗二樱桃，食之，及觉，核堕枕边。"此处指往事如梦、空留记忆。

（14）清光，清亮的光辉，多指月光、灯光之类。南朝齐谢朓《侍宴华光殿曲水》诗："欢饮终日，清光欲暮。"

（15）红楼，红色的楼，泛指华美的楼房。唐段成式《酉阳杂俎续集·寺塔记上》："长乐坊安国寺红楼，睿宗在藩时舞榭。"富贵人家女子的住房。唐白居易《秦中吟》："红楼富家女，金缕绣罗襦。"

（16）《伊》《凉》，唐曲调名，即伊州、凉州二曲。南宋王灼《碧鸡漫志》卷三：唐史及传载称"天宝乐曲，皆以边地为名，若凉州、伊州、甘州之类"，均为少数民族乐曲，此处借指元人的北方曲调。

（17）素娥，嫦娥的别称，亦用作月的代称。南朝梁萧统《文选·谢庄〈月赋〉》："引玄兔于帝台，集素娥于后庭。"李周翰注："常娥窃药奔月，因以为名。月色白，故云素娥。"

【赏析】

《瑞鹤仙》，词牌名之一。《清真集》《梦窗词集》并入"高平调"。各家句读出入颇多，兹列周邦彦、辛弃疾、张枢三格。双片一百二字，前片七仄韵，后片六仄韵。第一格起句及结句倒数第二句，皆上一、下四句式。第三格后片增一字。

南宋亡后，蒋捷曾在外流浪多年。这是他初回故乡阳羡（今江苏省宜兴市），在秋夜间望月，触动故国之思而作的词。词题《乡城见月》。从写月色与霜华看，当是秋夜。俗话说"月是故乡明"，见到故乡的明月，应该是很开心的，而词人在特定的时代背景下，见到故乡的明月，却勾起了许多痛苦的回忆。

词的上阕偏重写景。从"绀烟迷雁迹"起头，写景中有象征意味。"绀烟"，天青色的烟雾，表明夜幕就要降临。这"迷"字，字面上是说看不到南归的大雁了；但从情绪色彩看，未必没有自己心境迷惘、迷乱的暗示在。"渐碎鼓零钟，街喧初息。"钟鼓的余音渐起渐歇，街上的喧闹逐渐停息。已经到了夜静之时，四周一片寂静。"风檠背寒壁，放冰蟾，飞到蛛丝帘隙。"此三句是说，在小屋里，风摇灯影，寒生四壁，满屋冷清。清冷的月光从结满蛛丝窗缝间透进小屋，其境况之凄凉可见。词人从视觉、听觉、触觉感受到这一切，不禁暗泣。"琼瑰暗泣，念乡关、霜华似织。"词人眼泪晶莹如玉，想念故乡被月色笼罩，无边大地被霜花覆盖，月色霜花互相交织，真是一片凄凉啊！词人把乡间的月色写得如此寂静，荒凉、凄清，正是对元人统治下的故乡的真实写照，是词人主观感受和客观现实的密切融合。"漫将身化鹤归来，忘却旧游端的。"此二句用典。词人想起当年丁令威化鹤归来，唱"城郭如故人民非"事，仿佛相似，但又不一样。化鹤成仙是超脱的，而词人却身历其境，无法从亡国的痛苦中摆脱出来，故用一"漫"字。所谓"忘却旧游"，实在只是内心愤激情绪的反应，是气话，其实他根本无法忘却。

词的下阕直抒胸臆。"欢极，蓬壶蘸浸，花院梨溶，醉连春夕。"换头处用"欢极"二字，领起对昔日情景的回忆，是突兀的，初看不免有点奇怪：上阕不是刚说过"忘却旧游端的"吗，怎么又记得清清楚楚了呢？所以我们才说他没有真的"忘却"。这与唐杜甫《兵车行》在写法上有一点很像，杜诗云："长者虽有问，役夫敢申恨？"役夫刚说完岂敢申恨、不敢申恨，接着就滔滔不绝地申述起愤恨来了："且如去年冬，未收关西卒……"蒋词也正是如此。当年在水边、在院落，"醉连春夕"，欢乐难陈。岂料乐极悲生，到头一梦，世间已变，往事难追。"柯云罢弈，樱桃在，梦难觅"三句，词人连用两个典故，柯云罢弈：用烂柯曲故。南朝齐祖冲之撰《述异记》：信安郡石室中，晋时樵者王质，逢二童子弈棋，与质一物，如枣核食之，不饥，置斧子坐而观。童子曰："汝斧柯烂矣。"质归乡间，无复时人。此处指时移世改。樱桃二句，唐段成式《酉阳杂俎》：

"姑婿裴元裕言群从中有悦邻女者，梦女遗二樱桃，食之，及觉，核堕枕边。"此处指往事如梦、空留记忆。词人将棋罢柯烂和梦食樱桃而留核两个典故，熔铸在一起来表述自身的感受，使句意更为警拔，这也足见作者善用事的语言技巧。"劝清光、乍可幽窗相照，休照红楼夜笛。怕人间、换谱《伊》《凉》，素娥未识。"末了四句，与上阕末人事全非之意相应。劝月亮宁可与身处"幽窗"的遗民为伴，而绝不能将光亮照射到新贵们寻欢作乐的场所。"红楼夜笛"，指的是正得势的新朝权贵富家所吹奏的北曲新调。词人厌闻，其实也并不关乐声，而只是一种政治上爱憎态度的表白。怕"素娥未识"，怕人间换了伊州、凉州的曲谱（指江南的旧调换成北塞的新声，南宋旧朝变换成元人新朝），而嫦娥你还不晓得啊！在词的结尾处，词人明白表示，全词表达的是伤感之情，不是出于一己之私，而是出于故国之思。说得风趣，也为紧切"望月"主题。

　　本词见月抒怀，将明月设置在各个不同的环境中而寄慨。首次出现，是大雁匿迹、钟鼓声歇、街喧声止之后，用了一个"放"字，词趣意趣甚佳。望月必然思归，故有"念乡关"句。上阕结处以身化仙鹤的典故过渡到换头的蓬壶仙境，这是闹景，与前头静景相衬，但烂柯、樱桃又令人戒惧。下面"劝清光"二句，程洪赞曰："句意警拔，多由于拗峭，然须炼之精纯，殆不失于生硬……妙语独立，各不相假借，正不必举全词，即此数语，可使长留数公天地间。"（《词洁》）歇拍写人间换谱，托意深微，将故国山河之痛抒写得悲郁苍凉。通篇字精语练，结构严密，悲凉沉郁，深婉含蓄。

【原文】

女冠子·元夕·蕙花香也

　　蕙花香也(1)。雪晴池馆如画(2)。春风飞到，宝钗楼上(3)，一片笙箫(4)，琉璃光射(5)。而今灯漫挂(6)。不是暗尘明月(7)，那时元夜(8)。况年来、心懒意怯，羞与蛾儿争耍(9)。　　江城人悄初更打(10)。问繁华谁解，再向天公借(11)。剔残红灺(12)。但梦里隐隐，钿车罗帕(13)。吴笺银粉砑(14)。待把旧家风景(15)，写成闲话(16)。笑绿鬓邻女(17)，倚窗犹唱，夕阳西下(18)。

【毛泽东圈评等情况】

毛泽东在读清朱彝尊、汪森编选《词综》卷十九时，圈阅了这首《女冠子·蕙花香也》。

[参考] 张贻玖：《毛泽东评点、圈阅的中国古典诗词》，

中国工人出版社 1992 年版，第 252 页。

【注释】

（1）蕙，香草名，即蕙兰。多年生草本植物，叶瘦长，丛生，狭长而尖，初夏开淡黄绿色花，气味很香。一茎可开十来朵花，色、香都比兰清淡。可供观赏，根皮可做药材。蕙花香也，一作"蕙花风也。"

（2）池馆，池苑馆舍。南朝齐谢朓《游后园赋》："蕙气湛兮帷殿肃，清阴起兮池馆凉。"

（3）宝钗楼，唐宋时咸阳的一个酒楼名。宋邵博《闻见后录》卷十九："予尝秋日饯客咸阳宝钗楼上，汉诸陵在晚照中，有歌此词（指李白《忆秦娥》）者，一坐悽然而罢。"此处泛指精美的楼阁。

（4）笙箫，笙和箫，泛指管乐器。唐曹唐《小游仙诗》："忽闻下界笙箫曲，斜倚红鸾笑不休。"

（5）琉璃，指灯。宋时元宵节极繁华，有五色琉璃灯，大者直径三四尺。南宋周密《武林旧事》卷二"元夕"："灯之品极多，每以'苏灯'为最，圈片大者径三四尺，皆五色琉璃所成"，"禁中尝令作琉璃灯山，其高五丈"。

（6）谩，通"漫"，胡乱；徒然。

（7）暗尘明月，指元宵节灯光暗淡。唐苏味道《上元》诗："暗尘随马去，明月逐人来。"

（8）元夜，即元宵。宋朱淑真《生查子·元夕》词："去年元夜时，花市灯如昼。"

（9）蛾儿，闹蛾儿，用彩纸剪成的饰物。女子头饰也，亦有以物代人者。南宋周密《武林旧事·卷二》载元夕节物，妇人皆戴珠翠、闹蛾、玉梅、雪柳、菩提叶、灯球、销金合、蝉貂袖、项帕，而衣多尚白，盖月下所宜也。云闹蛾者，即所谓蛾儿也。一作羞"闹"蛾儿争要。

（10）初更，旧时每夜分为五个更次，晚七时至九时为"初更"。宋孙光宪《临江仙》词："暮雨凄凄深院闭，灯前凝坐初更。"

（11）天公，天。以天拟人，故称。《尚书大传》卷五："烟氛郊社，不修山川，不祝风雨，不时霜雪，不降责于天公。"

（12）炧（xiè），烧残的烛灰。

（13）钿车罗帕，钿车，用金为饰的华丽车乘。罗帕，丝织方巾。旧时女子既作随身用品，又作佩带饰物。古代的罗帕多用于传情，带着说不清道不尽的缠绵之意。

（14）银粉砑，有光泽的银粉纸。砑，以石碾压、摩擦，使之光亮、光洁。

（15）旧家，犹从前，宋元人诗词中常用。宋杨万里《答章汉直》诗："老里睡多吟里少，旧家句熟近来生。"

（16）闲话，闲谈。唐周贺《赠胡僧》诗："闲话似持咒，不眠同坐禅。"

（17）笑绿鬟：张相《诗词曲语汇释》认为"此亦欣喜之辞，言喜邻女犹能唱当时'夕阳西下'之词，旧家风景，尚存一二也"。可备一说。

（18）夕阳西下，指傍晚日落时的景象，也比喻迟暮之年或事物走向衰落。南宋康与之《宝鼎观·咏元夕》："夕阳西下，暮霭红碍，香风罗绮。"

【赏析】

《女冠子》为散套首牌，又名《双凤翘》。有《幺篇》换头，须连用。宋慢词同，诸宫调同。南曲不同。女冠即女道士，此调最初是咏女道士的，故以此名之。唐教坊曲名用作词调名。小令始于温庭筠，长调始于柳永。此调有不同格体。俱为双调，这里只列小令一体，上片五句两仄韵两平韵，下片四句两平韵。

此词一起首回忆了南宋承平时代的元夕繁华景象，蕙花飘香，池馆雪晴，士女满楼，一片笙歌，处处灯彩。而今写眼前元夕之冷清，草草挂几盏灯，没有几个游人，人们还沉浸在亡国的悲痛之中，没有过节逗乐的心情。

本篇词题《元夕》。元夕，就是现在说的元宵节，正月十五元宵节是我国的传统节日，为民间所重。元宵佳节又像一面镜子，可以反映时代的盛衰。元宵节是宋代最热闹的节日，也是历代词人及文人墨客经常吟咏的话题。在百姓心中，元宵节最重要，最热闹。但是国破家亡后的元宵节，对词人来讲，则是别有一番滋味。南宋初和宋亡后许多词人借咏元夕抒感旧之情，有许多名篇。宋李清照的《永遇乐·落日熔金》即属这种情况。然而，对于隐居不仕、全节旧朝的蒋捷，元宵节又是一种什么情景情怀呢？《女冠子·元夕》做了最忠实的记录。两首可谓前后辉映，异曲同工，都抒发了家国之痛和身世之悲。

词的上阕写过去元夕的热闹。全词起笔"蕙花香也。雪晴池馆如画。"即沉入了对过去元夕的美好回忆：兰蕙花香，街市楼馆林立，宛若画图，一派迷人景象，极度地渲染了元宵节日的氛围。"春风飞到，宝钗楼上，一片笙箫，琉璃光射。"春风和煦，酒旗飘拂，笙箫齐奏，仙乐风飘。据载，宫中曾做五丈多高的琉璃灯，地方更有五色琉璃制成的灯。灯市的壮观，使词人忆起如昨天一般。"而今灯漫挂。不是暗尘明月，那时元夜。""而今"二字是过渡，上写昔日情景，下写今日元夕景况。"灯漫挂"，指草草地挂着几盏灯，与"琉璃光射"形成鲜明的对照。"不是暗尘明月，那时元夜。"既写今夕的萧索，又带出昔日的繁华。南宋周密《武林旧事·元夕》记载，都中元夕，每年都要在重要的殿、门、堂、台起立鳌山，灯品"凡数千百种"，其中苏州的五色琉璃灯有"径三四尺"者，新安琉璃"无骨灯"令人称绝，福州白玉灯"纯用白玉，晃耀夺目，如清冰玉壶、爽彻心目"。禁中的琉璃灯山高五丈，皆有活动机关，"龙凤噀水，蜿蜒如生"。舞乐"其多至数千百队""连亘十余里"；上自帝妃百官，下至平民百姓观者如潮如水，宫漏既深，始宣放烟火百余架，于是乐声四起，烛影纵横，而驾始还矣。"暗尘明月"用唐苏味道《上元》"暗尘随马去，明月逐人来"诗意。以上是从节日活动方面作今昔对比。"况年来、心懒意怯，羞与蛾儿争耍。"此几句转到今昔不同心情的对比。蛾儿，即闹蛾儿，用纸剪成的玩具。写今日的元宵已令人兴味索然，心境之灰懒，更怕出去观灯了。这种暗淡的心情是近些年来才有的，是处境使然。

词的下阕写元夕的冷落。"江城人悄初更打。"换头处一句，从灯市时间的短促写今宵的冷落，并点明了词人度元宵的所在地，即江城。随之用了

"问""但""待把""笑"等几个领字，写出了自己内心的悲恨酸楚。"问繁华谁解，再向天公借"二句，提出有谁能再向天公借来繁华呢？"剔残红烬。但梦里隐隐，钿车罗帕"三句，怀着无可奈何的心情，词人剔除烛台上烧残的灰烬入睡了。梦中那辚辚滚动的钿车、佩戴香罗手帕的如云士女，隐隐出现。"吴笺银粉砑。待把旧家风景，写成闲话。"以最精美的吴地的银粉纸，把"旧家风景"写成文字，以寄托自己的拳拳故国之思。银粉砑，碾压上银粉的纸。旧家风景，借指宋朝盛事。"笑绿鬟邻女，倚窗犹唱，夕阳西下。"结末三句是说，听到邻家的少女还在倚窗唱着南宋康与之《宝鼎观·咏元夕》"夕阳西下，暮霭红碍，香风罗绮"的词句。现在居然有人能唱这首词，而这歌词描绘的繁华景象和"琉璃光射""暗尘明月"正相一致。心之所触，不禁略微感到一丝欣慰，故以"笑"而已。

这首词风格较为自然，词意始终在流动中，无一凝滞。在雕琢中显出自然之本色。或直描，或问写，或借梦境，着力处皆词人所钟之情。

【原文】

白苎·正春晴

正春晴，又春冷，云低欲落。琼苞未剖[1]，早是东风作恶[2]。旋安排、一双银蒜镇罗幕[3]。幽窒[4]。水生漪[5]，皱嫩绿、潜鳞初跃[6]。悄悄门巷[7]，桃树红才约略。知甚时，霁华烘破青青萼[8]。　　忆昨。听莺柳畔，引蝶花边，近来重见，身学垂杨瘦削。问小翠眉山[9]，为谁攒却[10]。斜阳院宇，任蛛丝胃遍[11]，玉筝弦索[12]。户外惟闻，放翦刀声，深在妆阁。料想裁缝，白苎春衫薄[13]。

【毛泽东圈评等情况】

毛泽东在读清朱彝尊、汪森编选《词综》卷十九时，圈阅了这首《白苎·正春晴》。

[参考] 张贻玖：《毛泽东评点、圈阅的中国古典诗词》，中国工人出版社 1992 年版，第 252 页。

【注释】

（1）琼苞未剖，红色的花蕾尚未绽放。琼，赤红色。剖，破开。

（2）早是，已是。唐王勃《秋江送别》诗之一："早是他乡值早秋，江亭明月带江流。"作恶，作乱，为非作歹。西晋陈寿《三国志·魏书·钟会传》："（钟会）若作恶，只自灭族耳。"

（3）银蒜，银质蒜头形帘坠，用以压帘幕。北周庾信《梦入堂内》诗："慢绳金麦穗，帘钩银蒜条。"倪璠注："银钩若蒜条，象其形也。"罗幕，丝罗帐幕。南朝梁萧统《文选·陆机〈君子有所思行〉》："遥宇列绮窗，兰室接罗幕。"张铣注："罗幕即罗帐。"

（4）幽壑，深谷，深渊。三国蜀郤正《释讥》："初升高冈，终陨幽壑。"

（5）水生漪，语出《诗经·卫风·伐檀》："河水清且涟漪。"漪，风吹水面形成的波纹。

（6）潜鳞，即鱼。汉王粲《赠蔡子笃》诗："潜鳞在渊，归雁载轩。"

（7）愔愔，和悦安舒之状。春秋鲁左丘明《左传·昭公十二年》："祈招之愔愔，式招德音。"杜预注："愔愔，安和貌。"

（8）霁华，雨后初晴的花。华，通"花"。萼，花萼。萼位于花的外轮，呈绿色，在花芽期有保护花芽的作用。

（9）眉山，汉代刘歆著、东晋葛洪辑抄《西京杂记》卷二："（卓）文君姣好，眉色如望远山。"后因以眉山形容女子秀丽的双眉。

（10）攒（cuán）却，聚集在一起。攒，聚，凑集。

（11）罥（juàn），缠绕。唐杜甫《茅屋为秋风所破歌》："高者挂罥长林梢。"

（12）玉筝，古筝的美称。唐常建《高楼夜弹筝》诗："明月照人苦，开帘弹玉筝。"

（13）白苎，白色的苎麻。苎衣，苎麻布制成的衣服，比喻粗布衣。春衫，春天穿的衣衫。唐元稹《六年春遣怀八首》之一："重纩犹存孤枕在，春衫无复旧裁缝。"

【赏析】

《白苎》，词牌名，又名《白苎歌》。以柳永（一作紫姑）《白苎·冬景》为正体，双调一百二十五字，前段十二句七仄韵，后段十五句六仄韵。另有双调一百二十一字，前段十二句七仄韵，后段十四句六仄韵变体。代表作品有蒋捷《白苎·正春晴》等。三国吴孙皓时有《白苎歌》和《白苎舞》，古乐府有《白苎曲》，其辞之名是赞美白苎之美，劝人及时行乐。至晋和南朝仍歌之甚盛。此虽南方之曲，亦流传至北朝。及隋有清商舞曲《白苎》，唐因隋曲制歌辞，别名《白苎》《白苎曲》《白苎歌》《大白苎》《香风辞》。唐声诗有《白芝辞》调名，歌词为七言四句形式。入赵宋，始为琴曲，又依原名制词，遂成调名。

此词下阕"忆昨"原缺四字，朱氏刻本《竹山词》作"□□□□"，此依《词综》据《听涛声馆词话》卷十三校补。

上阕写春景。从内容上看，具体时间应是阳春二三月间。上阕开首"正春晴，又春冷，云低欲落"，写午暖还寒，春云低垂。"琼苞未剖，早是东风作恶"，写琼花含苞未放，正是东风为虐。既云低，又风紧；既春晴，又春冷，意在突出春寒料峭、春风似剪。在这种情况下，室内如何呢？"旋安排、一双银蒜镇罗幕"，言赶快安排好，把一对蒜形银制帘压放下，镇住罗幕。"幽壑"如何呢？"水生漪，皱嫩绿、潜鳞初跃。"深涧的水面上泛起涟漪，皱动了表层的嫩绿色，水底潜藏的鱼类开始活跃起来。"门巷"如何呢？"悄悄门巷，桃树红才约略。知甚时，霁华烘破青青萼？"安静的门巷里，桃树枝条隐约露红。不知到什么时候，晴天的阳光才能把青青的花萼烘破，让花蕊开放。以上这些春景的描写，都表现了虽春意盎然，但又余寒犹厉。这就为下阕牵动春思、准备春衫做好铺垫。

下阕，写春情。"忆昨"，把时间推回昨天。以下所写，乃回忆过去发生的事情。首先，见到的是她的腰瘦。"听莺柳畔，引蝶花边，近来重见，身学垂杨瘦削。"见到她的地点是"柳畔""花边"，见到她的时间是"近来"，见到她的形态，是"学垂杨瘦削"。这就把她听莺、看花、游春解闷、腰肢消瘦的形象逼真地描摹出来。其次，见到的是她的眉皱。"问小翠眉山，为谁攒却？"她细小而青翠的双眉攒却不展，犹如两座黛山。这又是为谁呢？这就把她的春思揭示出来。再次，见到的是她的院落寂寥。"斜阳院宇，任蛛丝罥遍，玉筝弦索。"斜阳脉脉，院宇沉沉，任凭蛛丝遍挂，像玉筝松断的弦索一样，也无心料理。这就把她的心情衬托出来。最后，听到的是她屋内的剪刀声声。"户外唯闻，放剪刀声，深在妆阁。料想裁缝，白苎春衫薄。"由屋内的剪刀声响，推想她正在缝制春衫。这就又把她百无聊赖，借做春服以应付季节、消磨时光的苦恼生活表现出来。结句点出"白苎"，与词牌照应。

无论是写春景还是写春情，词人都是用跳跃的笔法加以描写和组合的。就好像电影的镜头，有选择地拍摄以后，再加以剪裁、排列。乍一看，时空好像不连贯，然而仔细推演，却又有严密的组织。

【原文】

永遇乐·绿阴·清逼池亭

清逼池亭⁽¹⁾，润侵山阁⁽²⁾，云气凝聚。未有蝉前，已无蝶后，花事随逝水⁽³⁾。西园支径⁽⁴⁾，今朝重到。半碍醉筇吟袂⁽⁵⁾。除非是、莺身瘦小，暗中引雏穿去。　　梅檐溜滴⁽⁶⁾，风来吹断，放得斜阳一缕。玉子敲枰⁽⁷⁾，香绡落翦⁽⁸⁾，声度深几许⁽⁹⁾。层层离恨⁽¹⁰⁾，凄迷如此⁽¹¹⁾，点破漫烦轻絮⁽¹²⁾。应难认、争春旧馆⁽¹³⁾，倚红杏处。

【毛泽东圈评等情况】

毛泽东在读清朱彝尊、汪森编选《词综》卷十九时，圈阅了这首《永遇乐·清逼池亭》。

[参考] 张贻玖：《毛泽东评点、圈阅的中国古典诗词》，中国工人出版社 1992 年版，第 252 页。

【注释】

（1）池亭，池边的亭子；水池和亭台。唐孟浩然《夏日与崔二十一同集卫明府宅》诗："言避一时暑，池亭五月开。"

（2）山阁，依山而筑的楼阁。唐杜甫《缚鸡行》："鸡虫得失无了时，注目寒江倚山阁。"

（3）花事，关于花的情事。春季百花盛开，故多指游春看花等事。宋杨万里《买菊》诗："如今小寓咸阳市，有口何曾问花事。"逝水，指一去不返的流水。北齐颜之推《颜氏家训·勉学》："光阴可惜，譬诸逝水。"

（4）西园，园林名。汉上林苑的别名。南朝梁萧统《文选·张衡〈东京赋〉》："岁维仲冬，大阅西园，虞人掌焉，先期戒事。"薛综注："西园，上林苑也。"此泛指花园。

（5）醉筇（qióng），醉酒时使用的手杖。筇，竹名，实心，节高，宜于作拐杖。吟袂，即吟袖，诗人的衣袖。宋陈造《山居》诗："推门吟袖冷，满带野风归。"袂，衣袖。

（6）梅檐，梅树像屋檐般的枝条。滴溜，形容旋转或转动快速。

（7）玉子，玉制的围棋子。南朝梁武帝《围棋赋》："枰则广羊文犀，子则白瑶元玉。"枰，棋盘。

（8）香绡，生丝织品的美称。绡，生丝。

（9）声度，声调。宋吴垧《五总志》："至夕，乃与同列饮酒以待，果一男子三叹而歌。有赵琼者，倾耳堕泪，曰：此秦七声度也。"几许，多少，若干。《古诗十九首·迢迢牵牛星》："河汉清且浅，相去复几许？"

（10）离恨，因别离而产生的愁苦。南朝梁吴均《陌上桑》诗："故人宁知此，离恨煎人肠。"南唐李煜《清平乐》词："离恨恰如春草，更行更远还生。"

（11）凄迷，悲伤，怅惘。唐陆龟蒙《采药赋》："江仆射之孤灯向壁，不少凄迷。"

（12）点破，道破、点穿，用极简短的话语揭露出隐情或事情的真相。漫烦轻絮，不要依靠落花，意即要靠绿阴。

（13）争春，争艳于春日。宋黄庭坚《次韵答马中玉》之三："争春梅柳无三月，对雪樽罍属二天。"

【赏析】

这首词的题目是《绿阴》，作者就围绕题目着笔。

词的上阕写晴天所见。"清逼池亭，润侵山阁，云气凝聚。"开头三句写道，无论是池边的亭子，还是依山而建的楼阁，乌云渐渐凝聚起来。到处凝聚着绿阴之"清"、绿阴之"润"、绿阴之"气"。这是欲雨的先兆。这种"绿阴冉冉遍天涯"（宋曹幽《暮春》）的景象是什么季节出现的呢？"未有蝉前，已无蝶后，花事随逝水。"三句是说，蝴蝶已去，知了未来，游春看花的事情，已经像流水一样一去不复返了。这正是春暮夏初的时候啊。"西园支径，今朝重到。半碍醉筇吟袂。"接下来三句是说，今天我又回到西园，园内小径被绿阴铺满，不时妨碍着醉酒的人的手杖和衣袖，可知到处都被绿阴覆盖。"除非是、莺身瘦小，暗中引雏穿去"二句是说，绿阴的浓密，只有身体瘦小的黄莺才能引导着雏鸟在窄狭的缝中穿过。可见游人如此，鸟也不易。这里用一大（人）一小（瘦莺及其雏鸟）两种具体形象来描写绿阴之盛。

词的下阕写绿阴的产生。"梅檐溜滴，风来吹断，放得斜阳一缕。"换头处三句是说，梅树枝叶繁茂，罩着屋檐摇曳晃动，偶尔一阵风吹来，在绿阴中吹开一个缺口，才放进一缕阳光。绿阴之盛，可想而知。这是从"光"方面来续写绿阴。接着再从"声"方面来写。"玉子敲枰，香销落鬝，声度深几许"三句是说，有人在绿阴中下围棋，用玉石的棋子敲击棋盘；有人在那里裁剪生丝衣服，由于绿阴的阻隔，但闻其声，不见其人，还不知道是从多么深的绿阴深处传过来的呢！下面转入抒情，但仍扣住绿阴来写："层层离恨，凄迷如此，点破漫烦轻絮"三句中的"离恨"，因别离而产生的愁苦。南朝梁吴均《陌上桑》诗："故人宁知此，离恨煎人肠。"南唐李煜《清平乐》词："离恨恰如春草，更行更远还生。"凄迷，悲伤，怅惘。"点破"，道破，点穿。用极简短的话语揭露出隐情或事情的真相。"漫烦轻絮"，不要依靠落花，意即要靠绿阴。三句是说，一层又一层因别离而产生的苦恼，就像这重重绿阴，使人凄凉迷茫，而要排解这种离恨，却不能依靠落花飞絮，而要依靠绿阴。因为此时已经是"谢却海棠飞尽絮"（宋朱淑真《即景》）了。退一步说，即使能与她相会，"应难认、争春旧馆，倚红杏处"。结末二句是说，恐怕也难认出过去那百花争艳的旧馆和我们偎依在红杏树的地方，因为绿阴改变了春天的风光和旧时的环境，又到何处寻觅呢？从结句来看，西园绿阴曾是与情人游玩的地方，有一段美好的回忆是很自然的，这与陆游游沈园有某些类似之处。

【原文】

高阳台·送翠英·燕卷晴丝

　　燕卷晴丝⁽¹⁾，蜂黏落絮⁽²⁾，天教绾住闲愁⁽³⁾。闲里清明⁽⁴⁾，匆匆粉涩红羞⁽⁵⁾。灯摇缥晕茸窗冷⁽⁶⁾，语未阑⁽⁷⁾、娥影分收。好伤情，春也难留，人也难留。　　芳尘满目悠悠⁽⁸⁾。问萦云佩响⁽⁹⁾，还绕谁楼。别酒才斟，从前心事都休。飞莺纵有风吹转，奈旧家⁽¹⁰⁾、苑已成秋。莫思量，杨柳湾西，且棹吟舟⁽¹¹⁾。

【毛泽东圈评等情况】

　　毛泽东在读清朱彝尊、汪森编选《词综》卷十九时，圈阅了这首《高阳台·燕卷晴丝》。

[参考] 张贻玖：《毛泽东评点、圈阅的中国古典诗词》，中国工人出版社 1992 年版，第 252 页。

【注释】

　　（1）燕，燕子。晴丝，虫类所吐的、在空中飘荡的游丝。唐杜甫《春日江村》诗之四："燕外晴丝卷，鸥边水叶开。"

　　（2）蜂，蜜蜂。絮，像棉絮似的东西。多指杨花柳絮。

　　（3）绾（wǎn），系念，挂念。唐刘禹锡《杨柳枝词九首》写道：长安陌上无穷树，唯有垂杨绾别离。闲愁，无端无谓的忧愁。唐张碧《惜花》诗之一："一窖闲愁驱不去，殷勤对尔酌金杯。"

　　（4）清明，节气名。公历四月四、五或六日。我国有清明节踏青、扫墓的习俗。《逸周书·周月》："春三月中气，惊蛰，春分，清明。"朱右曾校释引孔颖达曰："清明，谓物生清净明洁。"

（5）粉涩红羞，指花残。粉，白色的、带白色的或粉红色的花。红，红花。

（6）灯摇，灯光摇曳，飘渺模糊，层层窗帘也觉寒冷。茸，细柔的毛发，此指刺绣用的绒线。

（7）阑，残，尽。娥影，指美人的倩影。此指翠英。

（8）芳尘，指美好的风气、声誉。南朝梁沈约《宋书·谢灵运传论》："屈平、宋玉导清源于前，贾谊、相如振芳尘于后。"

（9）萦云佩响，缭绕云的环佩。佩，古代系在衣带上的玉饰、玉佩。

（10）旧家，从前，宋元人诗词中常用。宋杨万里《答章汉直》诗："老里睡多吟里少，旧家句熟近来生。"苑，古代养禽兽植林木的地方，多指帝王的花园。

（11）且棹（zhào）吟舟，姑且摇船吟诗吧。棹，划船的一种工具，形状和桨差不多。此指划船。

【赏析】

《高阳台》，词牌名，又名《庆春泽》《庆春泽慢》《庆宫春》。以刘镇《庆春泽·丙子元夕》为正体，双调一百字，前后段各十句、四平韵。另有双调一百字，前段十句四平韵，后段十句五平韵；双调一百字，前后段各十句、五平韵变体。代表作有张炎《高阳台·西湖春感》等。

本词题作《送翠英》，以自然抒发离情别绪为主。翠英，从词的内容看，应是蒋捷的情人。

词的上阕写春归人去。"燕卷晴丝，蜂黏落絮，天教绾住闲愁。"开头三句是说，游丝、飘絮，象征衰败景象。燕子被晴丝所卷，蜜蜂被落絮所粘，表示春意索然。词人看到此种景象，不禁结成万种闲愁，好像天意就是如此。"闲里清明，匆匆粉涩红羞"二句是说，在满腔愁苦中度过清明节，感到时光匆匆，花事凋零，所能见到的不过是断粉残红而已。先写"晴丝""落絮"，此写"粉涩""红羞"，足见春光流逝，春天将尽，室内"灯摇缥晕茸窗冷"，意谓灯光摇曳，飘渺模糊，照在绒线织成的窗帘上，顿生寒意。清人贺裳曾赞此句之工。"语未阑、娥影分收"二句是说，话还没有说完，翠英的倩影已经不见，离别已成现实。于是，总收一笔："好伤情，春也难留，人也难留。"美丽的春天就要过去了，留也留不住；心上的人要离去，也同样留不住。这是多么让人伤感啊！

词的下阕写离情缠绵。"芳尘满目悠悠。"换头处一句是说，看见她走过的地方，仿佛芳尘满目，令人忧心不已。"问萦云佩响，还绕谁楼"二句是说，过去听惯了她那环绕白云的环佩声响，分别后还不知又绕谁家的阁楼呢。"别酒才斟，从前心事都休"二句是说，斟上离别的酒，预示行将分袂，从此天各一方，过去的种种心事都已完结，一切都成为历史了。"飞莺纵有风吹转，奈旧家、苑已成秋"二句是说，翠英啊，你就好比飞去的黄莺，纵然有一天，风把你再吹回来，可那时的旧家、旧苑已变得残破不堪了。人事沧桑，难以预卜。词人这样想想，那样想想，离情别绪，犹如乱麻，越抽越多，越抽越乱。在词的结尾处，忽然荡开一笔，"莫思量，杨柳湾西，且棹吟舟。"是说算了，不想了，暂且到杨柳湾西，划起小船，吟咏诗词，排遣愁苦吧。全词到此收尾，使词意戛然而止。词人似乎下定决心，用并州快剪，剪断一切情思，一切就此了结。但是，"剪不断，理还乱，是离愁"（南唐李煜《相见欢》）啊，欲止又怎能止得住呢？这就使词余意无穷。

这首词写景着墨不多，但境界明朗；抒情曲折起伏，极尽缱绻之思，很有艺术感染力。

【原文】

绛都春·春愁怎画

春愁怎画。正莺背带雪⁽¹⁾，酴醾花谢⁽²⁾。细雨院深，淡月廊斜重帘挂。归时记约烧灯夜⁽³⁾。早拆尽、秋千红架⁽⁴⁾。纵然归近，风光又是，翠阴初夏。　　娅姹⁽⁵⁾。啭青泫白⁽⁶⁾，恨玉佩罢舞⁽⁷⁾，芳尘凝榭⁽⁸⁾。几拟倩人⁽⁹⁾，付与兰香秋罗帕⁽¹⁰⁾。知他堕策斜拢马⁽¹¹⁾。在底处、垂杨楼下⁽¹²⁾。无言暗拥娇鬟⁽¹³⁾，凤钗溜也⁽¹⁴⁾。

【毛泽东圈评等情况】

毛泽东在读清朱彝尊、汪森编选《词综》卷十九时，圈阅了这首《绛都春·春愁怎画》。

[参考]张贻玖：《毛泽东评点、圈阅的中国古典诗词》，中国工人出版社1992年版，第252页。

【注释】

（1）莺，黄莺。带雪，《词综》作"带绿"。浅黄带绿的颜色。

（2）酴醾（tú mí），花名，因颜色似酒，故从酉部以为花名，产于陕西秦岭南坡及湖北、四川、贵州、云南等省。宋王淇《春暮游小园》诗："开到荼蘼花事了。"

（3）烧灯夜，指正月十五日元宵节。

（4）"早折尽、秋千红架"句，据《荆楚岁时记》载，秋千做于春时，仕女彩衣坐其上为戏。南唐冯延巳《鹊踏枝》词："泪眼问花花不语，乱红飞过秋千去。"

（5）娅姹（yà chà），形容娇娆多姿。唐张鷟《游仙窟》："然后逶迤回面，娅姹向前。"借指美女。

（6）嚬（píng）青，皱眉。嚬，同"颦"，皱眉。青，旧时女子以黛画眉，黛为青绿色。泫白，流泪。泫，水珠下滴。白，用白眼珠看人，表示轻视或不满。

（7）玉佩，亦作"玉珮"，古人佩挂的玉制装饰品。《诗经·秦风·渭阳》："我送舅氏，悠悠我思；何以赠之？琼瑰玉佩。"此指女子爱慕的男子。

（8）芳尘凝榭，语出南朝宋谢庄《月赋》："绿苔生阁，芳尘凝榭。"芳尘，指落花。榭，建在高土台或水面（或临水）上的木屋，多为游观之所。宋陆游《过小孤山大孤山》："楼观亭榭。"

（9）几拟，几次打算。倩人，请人。倩，请。

（10）兰香秋罗帕，一种用香兰素熏染的丝织品做的巾帕，即香罗帕。唐杜甫《骢马行》："赤汗微生白雪毛，银鞍却覆香罗帕。"

（11）堕策，坠落马鞭。策，马鞭。

（12）底处，何处。宋杨万里《山云》诗："春从底处领云来，日日山头絮作堆。"垂杨，垂柳，古诗文中杨柳常通用。南朝齐谢朓《隋王鼓吹曲·入朝曲》："飞甍夹驰道，垂杨荫御沟。"

（13）娇鬟，美丽的环状发髻。唐刘商《铜雀妓》诗："玉辇岂再来，娇鬟为谁绿。"

（14）凤钗，钗的一种，妇女的首饰。钗头作凤形，故名。唐李洞《赠入内供奉僧》诗："因逢夏日西明讲，不觉宫人拔凤钗。"

【赏析】

《绛都春》，词牌名。以吴文英《绛都春·为李筼房量珠贺》为正体，双调一百字，前段十句六仄韵，后段九句六仄韵。另有双调一百字，前段九句六仄韵，后段九句五仄韵等变体。代表词作有吴文英《绛都春·南楼坠燕》等。

这是一首闺怨春愁词。词的上阕先写春愁。"春愁怎画"，首句既点明主题，也总摄全词。然后先写时间："正莺背带雪，酴醿花谢。""酴醿"，花名，因颜色似酒，故从酉部以为花名。黄莺穿过荼蘼花丛，背上挂着洁白的花瓣，就好像带着雪花一样。此句重点不在写景，而是记时。因闺妇看到这种情景，知道春要尽了，挂念的是丈夫还未回来。接着写天气的变化和自身的幽居："细雨院深，淡月廊斜重帘挂。"细雨蒙蒙，庭院深深，真是"自在飞花轻似梦，无边丝雨细如愁"（宋秦观《浣溪沙》）呀！那么天气转晴又如何呢？淡月窥人，廊影渐斜，重帘卷挂，又是"春色恼人眠不得，月移花影上栏杆"（宋王安石《春夜》）啊！于是闺妇想："归时记约烧灯夜。"记得与丈夫相约，于烧灯之夜，他从外边回家。烧灯，指元宵节。唐王建《宫词》之八九："院院烧灯如白日，沉香火底坐吹笙。"指举行灯会或灯市。后晋刘昫等《旧唐书·玄宗纪下》："（开元二十八年春正月）壬寅，以望日御勤政楼宴群臣，连夜烧灯，会大雪而罢，因命自今常以二月望日夜为之。"后二月十五日夜烧灯，遂成定俗。可见现在早已过了正月十五了。"早拆尽、秋千红架。"《荆楚岁时记》载，秋千做于春时，仕女彩衣坐其上为戏。可见春天已经过完。"纵然归近，风光又是，翠阴初夏。"三句是说，即使你近日归来，时光也已过了杏花二月，而到了翠阴初夏了。她埋怨丈夫误了归期。

词的下阕继续写闺妇的痛苦心情。"娅姹"，鲜明，美丽之貌，是闺妇自喻，出自宋陆游《春愁曲》"蜀妓双鬟娅姹娇"诗句。"喷青泫白，恨玉佩罢舞，芳尘凝榭"，自己虽然年轻貌美，光彩照人，但离情万种，春愁压人，如今被折磨得颦蹙眉黛，流淌眼泪，以致"玉佩罢舞"，无意取乐；"芳尘凝榭"，无心外游。即使如此，也"几拟倩人，付与兰香秋罗帕"。几次打算请人给他捎去散发着香兰的秋罗手帕，让他睹物思人，早日回家。但是"知他堕策斜拢马。在底处、垂杨楼下。无言暗拥娇鬟，凤钗溜也"，自己多情思念，万分烦恼，还不知他在哪里的垂杨楼下，醉意朦胧，垂鞭拢马；说不定他正偷偷地拥抱娇女，致使金钗溜坠，干着风流勾当呢！闺妇的担心多疑、胡思乱想，真实地表达了她复杂的心理活动。

词的上、下阕，都是写闺妇的春愁的，但程度不同。上阕，因感春尽，抱怨丈夫失约，耽误归期，淡淡的忧伤在心中泛起轻微的涟漪。下阕，直抒春恨，谴责丈夫在外冶游不归，深深的哀怨在心中掀起翻滚的波涛。感情细腻曲折，逐层深化。在这类词作中，本词无论结构、手法、语言，都显示出创造性，不落俗套。

【原文】

声声慢·秋声·黄花深巷

　　黄花深巷(1)，红叶低窗，凄凉一片秋声。豆雨声来(2)，中间夹带风声。疏疏二十五点(3)，丽谯门(4)、不锁更声。故人远，问谁摇玉佩(5)，檐底铃声？　　彩角声吹月堕(6)，渐连营马动(7)，四起笳声(8)。闪烁邻灯，灯前尚有砧声(9)。知他诉愁到晓，碎哝哝、多少蛩声(10)！诉未了，把一半、分与雁声。

【毛泽东圈评等情况】

毛泽东在读清朱彝尊、汪森编选《词综》卷十九时，圈阅了这首《声声慢·黄花深巷》。

[参考] 张贻玖：《毛泽东评点、圈阅的中国古典诗词》，中国工人出版社 1992 年版，第 252 页。

【注释】

（1）黄花，菊花。西汉戴胜《礼记·月令》："（季秋之月）鞠有黄华。"陆德明释文："鞠，本又作菊。"宋李清照《醉花阴·重阳》词："莫道不销魂，帘卷西风，人比黄花瘦。"

（2）豆雨，即豆花雨。宋陈著《踏莎行·中秋》词："豆雨空晴，桂花风静，碧虚飞上圆明镜。"

（3）疏疏，稀疏之状。唐贾岛《光州王建使君水亭作》诗："夕阳庭际眺，槐雨滴疏疏。"二十五点，指更点。古代用铜壶滴漏计时，一夜分为五更，一更分为五点，共二十五更，所以叫更点。

（4）丽谯门，魏武帝曹操曾筑楼名"丽谯"。丽谯，高楼。战国宋庄周《庄子·徐无鬼》："君亦必无盛鹤列于丽谯之间。"郭象注："丽谯，高楼也。"此指更鼓楼。

（5）玉佩，古人佩挂的玉制装饰品。《诗经·秦风·渭阳》："我送舅氏，悠悠我思；何以赠之？琼瑰玉佩。"

（6）彩角，即画角。古代乐器名，相传创自黄帝，或曰传自羌族。形如竹筒，以竹木或皮革制成，外加彩绘，故称"画角"。一般在黎明和黄昏之时吹奏，相当于出操和休息的信号，发音哀厉高亢，古代军中常用来警报昏晓、高亢动人振奋士气。

（7）连营，指连绵不绝的营寨。唐李白《闻李太尉大举秦兵百万出征东南》诗："函谷绝飞鸟，武关护连营。"

（8）笳声，胡笳的声音，其声悲凉。笳，中国古代北方民族的一种吹奏乐器，似笛，通常称"胡笳"。胡人卷芦叶为笳，吹以作乐，后以竹为管，饰以桦皮，上有三孔，两端加角。三国魏杜挚《笳赋》："羁旅之士，感时用情，乃命狄人，操笳扬清。"

（9）砧（zhēn）声，捣衣声。唐李颀《送魏万之京》诗："关城曙色催寒近，御苑砧声向晚多。"砧，捶物时，垫在底下的器具。

（10）蛩（qióng）声，蟋蟀的鸣声。唐白居易《禁中闻蛩》诗："西窗独暗坐，满耳新蛩声。"

【赏析】

《声声慢》，词牌名。据传蒋捷作此慢词俱用"声"字入韵，故称此名。亦称《胜胜慢》《凤示凰》《寒松叹》《人在楼上》，最早见于北宋晁补之笔下。双调，九十七字。前后阕各五仄韵。

在我国文学史上，宋欧阳修的《秋声赋》是很有名的，但它只在开头形容了秋声，以后则重在抒情。而这首写秋声的词，却别具一格，处处切"秋"，又处处切"声"。词人以"豆雨声"起，以"雁声"收，一口气写了秋夜中听到的十种秋声，自始至终地集中描摹秋声笔锋非凡，意味亦显独特。该词声声总离不了凄凉意，严重地被染上"愁人"的主体印记，因而从笳声、雁声、蛩声、铃声中听到的，都是词人的苦闷心声。

词分上下两阕，各写五种秋声。"黄花深巷，红叶低窗，凄凉一片秋声。"起首三句领起全词。点明这是菊花盛开、红叶掩映的深秋时节。凭窗谛听着连绵不断的秋声，引起心中阵阵凄凉。"凄凉"，是把词中各种声音串联起来的线索。"豆雨声来，中间夹带风声。""豆花雨"，指阴历八月豆子开花时的雨，这里点出秋雨声杂风声率先而来。风雨凄凉，长夜难眠。风声中又传来了稀疏的更点声。这更声来自城门上的更鼓楼。"疏疏二十五点，丽谯门、不锁更声"。"不锁"，流露了主人公怪罪的意味，因为这是他不想听到的。古代把一夜分为五更，一更分为五点。这里直写"二十五点"，意在表明主人公尤感秋夜的漫漫难挨。风不仅送来了更声，又摇响了檐底的风铃。"故人远，问谁摇玉佩，檐底铃声"三句，揭示了主人公听到铃声引起的心理活动，他最初以为这是老友身上玉佩的声响。但老友都在远方不可能来，那么这会是谁呢？突然明白原来是风铃的声音。作者这里用笔极为巧妙，看似是误听，实则借此写对老友的思念之情。

再看下阕，"彩角声吹月堕，渐连营马动，四起笳声"，换头处三句，把笔触从深夜转向黎明。月亮沉落，号角声起，军营中人马骚动。蒋捷生活于宋末元初，进士及第不久，南宋便被灭。他隐居太湖竹山，一直不肯出来做官。这声音表明，元朝统治了全国，而且军旅中遍布这些声音。对于不肯和元统治者合作的词人来说，岂不是比之秋风秋雨的声音更加刺耳惊心吗？"闪烁邻灯，灯前尚有砧声"二句是说，灯光闪烁之处，又传来了邻舍在砧石上捣练之声。邻家主妇一夜未眠赶制寒衣，天明未睡，这也不能使词人宽慰。"知他诉愁到晓，碎哝哝、多少蛩声"三句，皆因满腹心事起。把蛩的叫声称为"诉愁"，借把自己的愁怀转嫁给蛩鸣罢了。"诉末了，把一半、分与雁声"，结末二句是说，似乎是蟋蟀把愁苦又分给了横空的过雁，巧妙地又点出大雁叫声的凄凉和它带给主人公的愁意。大雁给人的愁绪，往往同引起人对远人的怀念分不开。收尾以雁声，反映了词人独特的构思。明代文学家卓人月《词统》卷十二："当合欧子之《秋声赋》，陆子之《庆声赋》诵之。"清代词论家许昂霄《词综偶评》："《声声慢》，福唐体，亦名独木桥体。"清代词学家陈廷焯《别调集》卷二："结得不尽，并能使通篇震动。"三位词论家都肯定了这首词的成功之处。

【原文】

金盏子·练月萦窗

练月萦窗[1]，梦乍醒、黄花翠竹庭馆[2]。心字夜香消[3]，人孤另、双鹣被池羞看[4]。拟待告诉天公[5]，减秋声一半。无情雁。正用恁时飞来[6]，叫云寻伴。　　犹记杏栊暖[7]。银烛下[8]，纤影卸佩款[9]。春涡晕[10]，红豆小[11]，莺衣嫩[12]，珠痕淡印芳汗。自从信误青鸾[13]，想笔莺停唤。风刀快[14]，剪尽画檐梧桐，怎剪愁断。

【毛泽东圈评等情况】

毛泽东在读清朱彝尊、汪森编选《词综》卷十九时，圈阅了这首《金盏子·练月萦窗》。

[参考] 张贻玖：《毛泽东评点、圈阅的中国古典诗词》，中国工人出版社1992年版，第252页。

【注释】

（1）练月，月光白得像白丝绸一样。练，白绢。萦，回旋缠绕。窗，窗户。

（2）黄花，指菊花。庭，堂阶前的院子。馆，招待宾客或旅客食宿的房舍，宾馆。

（3）心字香，炉香名。宋杨万里《谢胡子远郎中惠蒲大韶墨报以龙涎心字香》诗："送似龙涎心字香，为君兴云绕明窗。"

（4）"人孤另"二句，孤另，孤单，孤独。宋刘克庄《水调歌头·十三夜》词："嫦娥老去孤另，离别匹如闲。"双鹣，又称比翼鸟，是古代神话传说中的鸟名。此鸟仅一目一翼，雌雄须并翼飞行，故常比喻恩爱夫妻；亦比喻情深谊厚、形影不离的朋友。

（5）天公，天。以天拟人，故称。《尚书大传》卷五："烟氛郊社，不修山川，不祝风雨，不时霜雪，不降责于天公。"

（6）恁（nèn）时，那时候。南唐冯延巳《忆江南》词："东风次第有花开，恁时须约却重来。"

（7）犹记杏栊暖，还记得那时杏花掩窗，春暖宜人。栊，窗棂木，亦借指房舍。

（8）银烛，明烛。唐陈子昂《春夜别友人》诗二首之一："银烛吐青烟，金樽对绮筵。"

（9）纤影，瘦影。宋穆修《灯》诗："纤影乍欹还自立，冷花时结不成圆。"

（10）春涡晕，脸颊上泛起青春气息的红色酒涡。涡，酒窝，嘴角附近的小凹陷。宋苏轼《百步洪二首》："不知诗中道何语，但觉两颊生微涡。"

（11）红豆小，指被脂粉染红的汗珠。红豆，相思树的种子，色鲜红，古代文学作品中常用来象征相思，也叫相思子。唐王维《相思》诗："红豆生南国，春来发几枝。愿君多采撷，此物最相思。"

（12）莺衣，黄莺的羽毛。宋陆游《小园独立》诗："新泥添燕户，细雨湿莺衣。"

（13）青鸾，即青鸟，借指传送信息的使者。青鸾是常伴西王母的神鸟，也是西王母的信使，世间只此一只。《艺文类聚》卷九一引旧题班固《汉武故事》："七月七日，上（汉武帝）于承华殿斋，正中，忽有一青鸟从西方来，集殿前。上问东方朔，朔曰：'此西王母欲来也。'"

（14）风刀，锋利如刀之风。指寒风。

【赏析】

《金盏子》，此调有平韵、仄韵两体。仄韵者见《梅溪词》《梦窗词》，平韵者见《高丽史·乐志》。双调一百三字，前段十一句四仄韵，后段十一句五仄韵。

这首词应是游子思乡之作。词分上下两阕。上阕写离情。"练月萦窗，梦乍醒、黄花翠竹庭馆。"开头二句，写游子秋夜醒来，只见皎洁的月光萦绕在窗口，庭院馆舍长满了黄菊翠竹。这是屋外景色。"心字夜香消，人孤另、双鹣被池羞看。"接下来二句是说，他又看到夜里点燃的心字香已经渐渐烧尽，见到了绣有双鹣的被面。鹣，即比翼鸟，成双成对，不比不飞。自己形单影只，所以羞看绣有双鹣的被面。这是室内的情景。"梦乍醒"，又听到了什么呢？但从"拟待告诉天公，减秋声一半"的词句来看，他所听到的秋声太复杂了，太令人难以忍受了，所以准备上告天公，希望将秋夜的声音减少一半，因为这秋声使游子入耳心碎啊！恰在这时，"无情雁。正用恁时飞来，叫云寻伴。"孤雁哀鸣，云中寻伴，正象征词人的孤独飘零，又使他伤心不已。屋内的静，屋外的动，处处都在写词人的寂寞空虚的感受。

词的下阕写思家。"犹记杏桃暖。银烛下，纤影卸佩款。"换头处三句，"犹记"二字，把时间转向过去。那时杏花掩窗，春暖宜人，夫妻过着温馨的家庭生活，这就从现在的"秋"转到了过去的"春"。最使他难忘的是妻子卸妆的一幕：银烛高照，摇曳着她的倩影，解卸佩饰，款款有序。"春涡晕，红豆小，莺衣嫩，珠痕淡印芳汗。"四句是说，妻子红晕满颊，笑着的脸上露出两个酒窝，黄色的衣服十分鲜艳，点点珠痕渗出红豆大小的汗珠。词人用特写镜头展示这一生活细节，以表现他过去幸福美满的家庭生活。"自从信误青鸾，想笼莺停唤"二句是说，自从我离家以后，书信延误，这都是误信了信使青鸾的缘故，想必连善于学舌的笼中鹦鹉，如今也停止呼唤了吧。词人用特写镜头又展示了一个生活细节，表明他从前每当回屋时，笼中的鹦鹉便向妻子呼唤，报告他归来的情景。忽然，耳边的风声打断了他幸福的回忆，他不禁埋怨起来："风刀快，翦尽画檐梧桐，怎翦愁断。"结末三句是说，风啊，你能像快刀一样，把画檐前梧桐的叶子都剪尽，但你却不能把我的离愁剪断哪！最后以"愁"字作结，与宋李清照《声声慢》词最后一句"怎一个愁字了得"，手法颇为相似。

【原文】

<h1 style="text-align:center">梅花引·荆溪阻雪·白鸥问我泊孤舟</h1>

白鸥问我泊孤舟⁽¹⁾，是身留⁽²⁾，是心留⁽³⁾？心若留时，何事锁眉头？风拍小帘灯晕舞⁽⁴⁾，对闲影，冷清清，忆旧游⁽⁵⁾。　　旧游旧游今在否？花外楼，柳下舟。梦也梦也，梦不到，寒水空流。漠漠黄云⁽⁶⁾，湿透木棉裘⁽⁷⁾。都道无人愁似我，今夜雪，有梅花，似我愁。

【毛泽东圈评等情况】

毛泽东在读清朱彝尊、汪森编选《词综》卷十九时，圈阅了这首《梅花引·白鸥问我泊孤舟》。

[参考]张贻玖：《毛泽东评点、圈阅的中国古典诗词》，中国工人出版社1992年版，第252页。

【注释】

（1）白鸥（ōu），水鸟名，鸟类的一科，羽毛多为白色，嘴扁平，前趾有蹼，翼长而尖。生活在湖海上，捕食鱼、螺等。唐李白《江上吟》："仙人有待乘黄鹤，海客无心随白鸥。"泊，停船靠岸。

（2）身留，被雪所阻，被迫不能动身而羁留下来。

（3）心留，自己心里情愿留下。

（4）灯晕（yūn）舞，昏暗的灯光摇晃不定。唐韩愈《宿宫滩》："梦觉灯生晕，残宵雨送凉。"

（5）旧游，指昔日漫游的伴友与游时的情景。

（6）漠漠（mò），密布的样子。《西京杂记》卷四引汉枚乘《柳赋》："阶草漠漠，白日迟迟。"黄云，天上的乌云，在阳光下，乌云是暗黄色，所以叫黄云。唐高适《别董大》其一诗："千里黄云白日曛，北风吹雁雪纷纷。"

（7）木棉裘（qiú），木棉为絮的冬衣。木棉，落叶乔木。先叶开花，大而红，结卵圆形蒴果。种子的表皮有白色纤维，质柔软，可用来装枕头、垫褥等。又名攀枝花、英雄树。《太平御览》卷九六〇引晋郭义恭《广志》："木棉树赤华，为房甚繁，则相比，为棉甚软，出交州永昌。"裘，毛皮衣服。

【赏析】

《梅花引》，词牌名，此调有两体，五十七字者，《中原音韵》注"越调"。一百十四字者，即五十七字体再加一叠，贺铸词名《小梅花》。

词题《荆溪阻雪》。荆溪在今江苏宜兴，流入太湖。宜兴是作者蒋捷的家乡，可谓词人行踪的一个见证。他曾多次经此乘舟外行或归家，而这首《梅花引》正是他在途中为雪困、泊舟荒野、孤寂无聊之际，怀旧之情油然而生，心有所感而写成的词作。词中以悠扬的节奏、活泼的笔调，在冷清的画面上，织进了热烈的回忆和洒脱的情趣；在淡淡的哀愁中，展示了一个清妍潇洒的艺术境界。它即兴抒情，旋律自由又富于幻想，吟诵起来，给人的感受，如同欣赏一支优美的随想曲。清代词评家刘熙载对此词推崇备至，曾称之为"长短句之长城"。

"白鸥问我泊孤舟"，上阕开端以白鸥发问引出下文，将词境带入虚幻。"是身留，是心留？心若留时，何事锁眉头？""心留"，则是心甘情愿地停留驻足，显然词人此时是因为受风雪所阻，才停泊靠岸，但他却未作正面回答，借白鸥之口传情，词境深幽自非直笔描写所能比。"风拍小帘灯晕舞，对闲影，冷清清，忆旧游。"词人在风雪交加的寒天里，身处孤舟之中，寒风拍打着窗帘，灯光昏暗，随风摇摆，对着自己孤独寂寞的身影，冷冷清清，不禁想起当年的"旧游"。这几句中，词人的视野从宽广的舟外转移到了舟内。"冷清清"散发出孤独之意，因此才有"忆旧游"的情思。

下阕依然以设问开始，紧承上阕"忆旧游"。连声发问："旧游旧游今在否？"回忆总是美好的，"花外楼，柳下舟"，想当年一起结伴出游，小楼旁边景色宜人，都是花团似锦，柳树成荫，有时候还会月下驾着轻舟出去吟诗赋曲。然而，"梦也梦也，梦不到，寒水空流。漠漠黄云，湿透木棉裘。"几句使词人又被拉回到现实，这份寒意不仅让人身体备受折磨，更侵袭着人的内心，令人愁肠百结。"都道无人愁似我，今夜雪，有梅花，似我愁"，进一步烘托出词人心境的凄凉。最后，词人以梅花自比作结，说明自己顶风冒雪与梅花相似，都能傲雪凌霜，坚贞不屈，暗喻着自己抗元不仕，坚持操守。

全词音节婉转流畅，诉说自然婉转，情思绵丽。此词即以奇巧为胜。上下片问句起兴，上片以白鸥发问，引发"心若留时、何事锁眉头"的矛盾心境，并道出"对闲影，冷清清、忆旧游"的景况。上下片之间，以顶针手法承上而下，接以三个"梦"字重复渲染词人的那种江山改颜、时过境迁、恍然如隔世的梦幻感、悲凉感。结以梅花比拟自己，与起首之白鸥呼应，衬托自我高洁之情怀。新意尽出，足见设景功力之深。明末文学家魏丕植《解读诗词大家2（宋代卷）》："这首词的巧妙正在于它以白鸥发问，立意新颖，落笔不俗。在蒋捷的诗词中很少有这样的清妍之作，读过之后，令人耳目一新。"清代文学家毛晋《竹山词跋》："竹山词语语纤巧，字字妍倩。蒋捷之词，尤以造语奇巧活泼，在宋季词坛上独标一格。"

【原文】

解佩令·春·春晴也好

春晴也好，春阴也好，著些儿⁽¹⁾、春雨越好。春雨如丝，绣出花枝红袅⁽²⁾。怎禁他、孟婆合皂⁽³⁾。　　梅花风悄，杏花风小，海棠风、蓦地寒峭。岁岁春光，被二十四风吹老⁽⁴⁾。楝花风、尔切慢到⁽⁵⁾。

【毛泽东圈评等情况】

毛泽东在读清朱彝尊、汪森编选《词综》卷十九时，圈阅了这首《解佩令·春晴也好》。

[参考] 张贻玖：《毛泽东评点、圈阅的中国古典诗词》，
中国工人出版社 1992 年版，第 252 页。

【注释】

（1）著（zhuó），古同"贮"，居积、附着、附加。宋陆游《卜算子·咏梅》：已是黄昏独自愁，更著风和雨。"些儿，少许，一点儿。宋陈亮《祝英台近·九月一日寿俞德载》词："世间万宝都成，些儿无欠，只待与黄花为地。"

（2）绣出花枝红袅，枝条上红颜的花朵非常柔弱。袅，柔弱细长之状。南朝陈江总《游西霞寺》："披迳怜深沉，攀条惜杳袅。"

（3）孟婆，是古代神话传说中的人物，常住在奈何桥边。她为所有前往投胎的灵体提供孟婆汤，以消除鬼魂的记忆。江南七八月间有火风甚于舶䑦浚野人相传以为孟婆发怒。合皂，调制成黑色。合，调制。晋葛洪《抱朴子·尚博》："虽有起死之药，犹未不及和鹊之所合也。"皂，黑色。

（4）"梅花风悄"五句，我国古代有二十四番花信风之说。自小寒至谷雨，凡四月，共八个节气，一百二十日，每五日一候，计二十四候，每候应以一种花的信风。每气三番。小寒：梅花、山茶、水仙；大寒：瑞香、兰花、山矾；立春：迎春、樱桃、望春；雨水：菜花、杏花、李花；惊蛰：桃花、棣棠、蔷薇；春分：海棠、梨花、木兰；清明：桐花、麦花、柳花；谷雨：牡丹、酴醾、楝花。悄，寂静无声。蓦地，出乎意料地、突然。寒峭，寒气逼人。

（5）楝花风，二十四番花信风之一，时当暮春。宋何梦桂《再和昭德孙燕子韵》："处处社时茅屋雨，年年春后楝花风。"尔，你。

【赏析】

《解佩令》，词牌名，最早见于晏几道《小山乐府》。调名取义于郑

交甫遇汉皋神女解佩事。此调以《解佩令·玉阶秋感》正体，双调六十六字，前段六句四仄韵，后段六句三仄韵。另有双调六十六字，前后段各六句、四仄韵等三种变体。代表作品有《解佩令·人行花坞》等。

本词词题为《春》。作品扣题写春。词分上、下两阕。上阕写春的美好，重点写春雨。"春晴也好，春阴也好"，开头二句是说，到了春天，是晴天也好，是阴天也好，因为春就是美好的象征。春天一到，万物复苏，草木发芽，到处一派生机，蓬勃向上。"著些儿、春雨越好。"是呀，添点春雨更好。俗话说"春雨贵如油"，其贵如甘霖，其贵如珠玉。词人用一个巧妙的比喻，说明百花盛开都是春雨滋润的结果，即"春雨如丝，绣出花枝红袅"。是说春雨好像丝线，那枝头上红嫩娇艳的花朵，都像是这些丝线绣出来的。用一个"绣"字，生动传神。以上全是写春的美好。但词人笔锋一转，说"怎禁他、孟婆合皂"。孟婆，指风。《雪舟脞语》引宋徽宗词："孟婆，孟婆，你做些方便，吹个船儿倒转。""皂"，黑色，染作黑色。这句话是说，春光虽好，但怎能禁得住风来合染哪，风能使花儿变色、花儿凋谢呀！

词的下阕，写春的老去，集中写春风。上阕结尾结在风，下阕承上，写接连不断的花信风将春吹老。所谓"花信风"，是应期而来的风。南朝梁宗懔《荆楚岁时记》载："始梅花，终楝花，凡二十四番花信风。"因此，"梅花风悄，杏花风小"，都说的是早期的风，风势微弱。等到了"海棠风、蓦地寒峭"。是说风势难测，原来不大的风，到海棠花开时，气候虽比梅花杏花开时温暖，但猛然一刮，顿使春寒料峭。风对春来说，可是个破坏者。"岁岁春光，被二十四风吹老。"年年的春光，都被这二十四花信风吹老了。所以词人要求："楝花风、尔切慢到。"因为楝花风是二十四风的最后一风，它的到来标志着春天的结束。词人爱春之情惜春之意，在词的结尾处做了明白的表露。

本词采用排比、重复的手法。上阕用"春晴""春阴""春雨"，下阕用"梅花风""杏花风"海棠风""楝花风"，使词语明畅，朗朗上口，娓娓动听，易记易诵。

虞美人·听雨·少年听雨歌楼上

少年听雨歌楼上[(1)]，红烛昏罗帐[(2)]。壮年听雨客舟中[(3)]，江阔云低，断雁叫西风[(4)]。　而今听雨僧庐下[(5)]，鬓已星星也[(6)]。悲欢离合总无情[(7)]，一任阶前[(8)]，点滴到天明。

【毛泽东圈评等情况】

毛泽东曾用铅笔手书过这首《虞美人·少年听雨歌楼上》上阕："少年听雨歌楼上，红烛昏罗帐。壮年听雨客舟中，江阔云低，断雁叫西风。"

[参考] 中央档案馆整理：《毛泽东手书选集·古诗词卷（下）》，

北京出版社 1996 年版，第 168 页。

【注释】

（1）少年，古称青年男子，与老年相对。战国郑韩非《韩非子·内储说上》："郑少年相率为盗，处于萑泽。"

（2）红烛，红色的蜡烛，多用于喜庆。昏，昏暗。罗帐，古代床上的纱幔。

（3）壮年，壮盛之年，多指三四十岁。南朝宋袁淑《效古》诗："勤役未云已，壮年徒为空。"客舟，运送旅客的船。晋陶潜《庚子岁五月中从都还阻风于规林》诗："谁言客舟远，近瞻百里余。延目识南岭，空叹将焉如。"

（4）断雁，失群孤雁。

（5）僧庐，僧寺，僧舍。

（6）星星，白发点点如星，形容白发很多。左思《白发赋》："星星白发，生于鬓垂。"

（7）悲欢离合，悲伤、欢乐、离散、聚会，泛指生活中经历的各种境遇和由此产生的各种心情。宋苏轼《水调歌头》词："人有悲欢离合，月有阴晴阳缺，此事古难全。"无情，无动于衷。

（8）一任，听凭。

【赏析】

《虞美人》，著名词牌之一。唐教坊曲。兹取两格，一为五十六字，上下片各两仄韵，两平韵。一为五十八字，上下片各两仄韵，三平韵。

历代诗人的笔下，绵绵不断的细雨总是和"愁思"难解难分的，如宋李清照《声声慢·寻寻觅觅》："梧桐更兼细雨，到黄昏，点点滴滴，这次第，怎一个愁字了得？"南宋李重元《忆王孙·春词》："欲黄昏，雨打梨花深闭门。"但是在蒋捷词里，同是"听雨"，却因时间不同、地域不同、环境不同而有着迥然不同的感受。这是蒋捷自己一生的真实写照。词人曾为进士，过了几年官宦生涯，但宋朝很快就灭亡，他的一生是在颠沛流离中度过的。三个时期，三种心境，读来使人凄然。这首词以作者自己漫长而曲折的经历，以三幅象征性的画面，概括了从少到老在环境、生活、心情各方面所发生的巨大变化。

词的上阕写青壮年听雨的两个画面。第一幅画面："少年听雨歌楼上，红烛昏罗帐。"它展现的是少年时代的浪漫生活，虽然只是一时一地的片断场景，但具有很大的艺术容量。"歌楼""红烛""罗帐"等绮艳意象交织出现，传达出春风骀荡的欢乐情怀。少年时候醉生梦死，一掷千金，在灯红酒绿中轻歌曼舞，沉醉在自己的人生中。一个"昏"字，把那种"风箫吹断水云间，重按霓裳歌遍彻"的奢靡生活表现了出来。这时听雨是在歌楼上，他听的雨就增加了歌楼、红烛和罗帐的意味。尽管这属于纸醉金迷的逐笑生涯，毕竟与忧愁悲苦无缘，而作者着力渲染的只是"不识愁滋味"的青春风华。这样的阶段在词人心目中的印象是永恒而短暂的。以这样一个欢快的青春图，反衬后面处境的凄凉。第二幅画面："壮年听雨客舟中，江阔云低、断雁叫西风。"写壮年时代的飘泊生活。既然是客人在舟中听雨，故而眼前所见的是：江面开阔，阴云低垂，孤雁失群并在萧瑟的西风中哀鸣。这里的"客舟"不是唐张继《枫桥夜泊》中的"夜半钟声到客船"的客船，也不是"惊起一滩鸥鹭"（宋李清照《如梦令·常记溪亭日暮》)里的游船，而是孤独的天涯羁旅，孤独、忧愁、怀旧时时涌在心头。

这时的雨伴随着断雁的叫声。这一个"断"字，同断肠联系在一起，同亲情的斩断联系在一起，有一种人生难言的孤独和悔恨。"客舟"及其四周点缀的"江阔""云低""断雁""西风"等衰瑟意象，映现出风雨飘摇中颠沛流离的坎坷遭际和悲凉心境。壮年之后，兵荒马乱之际，词人常常在人生的苍茫大地上踽踽独行，四方漂流。一腔旅恨、万种离愁都已包孕在他所展示的这幅江雨图中。

第三幅画面是："而今听雨僧庐下，鬓已星星也。悲欢离合总无情，一任阶前，点滴到天明。"这是一幅显示他当前处境的自我画像。一个白发老人独自在僧庐下倾听着夜雨。随着时间的流逝，两鬓花白，已经老了。处境之萧索，心境之凄凉，在十余字中，一览无余。江山已易主，壮年愁恨与少年欢乐，已如雨打风吹去。此时此地再听到点点滴滴的雨声，却已无动于衷了。"悲欢离合总无情"，是说老处僧庐，万念俱灰，对人生阅历多了，把一切也都看透了，动人心魄的悲欢离合，再也引不起自己情感上的反应。这是追抚一生经历得出的结论，蕴有无限感伤，不尽悲慨。"一任阶前，点滴到天明"，似乎已心如止水，波澜不起，但彻夜听雨本身，却表明他并没有真正进入超脱沉静的大彻大悟之境，只不过饱经忧患，已具有"欲说还休"的情感控制能力。但他并不像大彻大悟的僧人那样，不问世事，他听雨直到天明，就说明他一夜未曾入眠，心绪极不平静。末句化用唐温庭筠《更漏子·玉炉香》"空阶滴到明"词意，又有所创新。

三幅画面前后衔接而又相互映照，艺术地概括了作者由少到老的人生道路和由春到冬的情感历程。其中，既有个性烙印，又有时代折射：由作者的少年风流、壮年飘零、晚年孤冷，分明可以透见一个历史时代由兴到衰、由衰到亡的嬗变轨迹，而这正是此词的深刻、独到之处。清许昂霄《词综偶评》："此种襟怀固不易到，亦不愿到。"清刘熙载："未极流动自然，然洗练缜密，语多创获，其志视梅溪较贞，其思视梦窗较清。"清王闿运《湘绮楼词选》："此是小曲。'情'亦作'凭'，较胜。"

【原文】

虞美人·梳楼·丝丝杨柳丝丝雨

丝丝杨柳丝丝雨⁽¹⁾。春在溟蒙处⁽²⁾。楼儿忒小不藏愁⁽³⁾。几度和云飞去、觅归舟。　　天怜客子乡关远⁽⁴⁾。借与花消遣⁽⁵⁾。海棠红近绿阑干。才卷朱帘却又⁽⁶⁾、晚风寒。

【毛泽东圈评等情况】

毛泽东在读清朱彝尊、汪森编选《词综》卷十九时，圈阅了这首《虞美人·丝丝杨柳丝丝雨》。

[参考] 张贻玖：《毛泽东评点、圈阅的中国古典诗词》，

中国工人出版社 1992 年版，第 252 页。

【注释】

（1）丝丝，柳枝的柔姿，描画了春雨连绵不断的形象。喻指丝丝愁绪。

（2）溟蒙（míng méng），黑暗模糊，泛指春雨弥漫。

（3）忒（tè）：太，过甚。藏，隐忍、按捺已久。

（4）客子，指思妇远在异乡的丈夫。汉王粲《怀德》："鹳鹆在幽草，客子泪已零。"乡关，家乡。

（5）消遣，消解、排遣愁闷。

（6）"海棠红近绿阑干"二句，化用唐韩偓"海棠花在否？侧卧卷帘看"句意。阑干，本指栏杆，这里是借指海棠花红绿相映、纵横交错。朱帘，红色帘子。南朝梁江淹《灵丘竹赋》："绮疏蔽而停日，朱帘开而留风。"

【赏析】

这首词的具体创作时间已不详。宋度宗赵禥咸淳三年（1267），元灭南宋。宋元之际的词人，经历了这一沧桑变故，其国破之痛、家亡之恨，都在他们的作品中表现出来。其中，蒋捷是颇有代表性的作家。蒋捷用词作来抒发黍离之悲、铜驼荆棘之感，表现悲欢离合的个人遭遇，其中《虞

美人·梳楼》便是这一时期创作中的代表作。《梳楼》是其题目。梳楼又叫"妆楼",古代一般是指妇女的居室,面积较小,通常不留宿外人,里面除睡觉的帐子外,多有妇女打扮的各类用具和箱笼,如首饰奁、铜镜、脸盆、衣柜等。这是一首思妇怀远的闺怨词。词分上下两阕。

词的上阕写女子登楼所见。"丝丝杨柳丝丝雨。春在溟蒙处。"首二句写登临所见的景色。霏霏雨幕中,柳丝轻拂,远处烟雨笼罩,呈现出一派迷蒙缥缈的景象。这二句,一近景一远景,一工笔细描,一简笔勾勒,词人运用了画家的艺术笔法,描摹出江南春雨特有的景致,犹如一幅秀雅的水墨图。"丝丝"这一叠词,看似平常,其实颇见巧妙:既逼真地再现了柳枝随风婆娑起舞的柔姿,也生动地描画了春雨连绵不断的形象,暗衬倚栏人愁绪的万缕千丝。由于词人把握准了柳丝、细雨的特征,写出了两者的天然神韵,因而词的起句尽管重复出现了"丝丝"这一叠词,却并不使人觉得累赘。相反产生了特定的渲染效果,使词具有丰富的内涵。从音调上讲,这两个叠词协畅自然,念来朗朗上口,增强了词的艺术美感。"楼儿忒小不藏愁"一句,转入触景伤怀的心理表现。写愁尤难,因为是一种抽象的思绪情感,很难捉摸,所以,诗词中或有以水喻愁之多的,或有以舟载不动喻愁之重的。如:"问君能有几多愁,恰似一江春水向东流"(南唐李煜),"只恐双溪舴艋舟,载不动许多愁"(宋李清照《武陵春·春晚》),皆运用生动的比喻使无法捉摸的愁情具体化、形象化,成为可感的物质。蒋捷此句则以"楼儿忒小"藏不下作喻,和以"水""舟"作喻有异曲同工之妙。句中的"藏"字,表现了词人对如许愁苦的隐忍、按捺。但以其愁太多、楼儿忒小,藏不胜藏,因而这"愁"便冲出小楼,"几度和云飞去、觅归舟"了。"几度"一词,渲染了词人思归之情的执着与痴迷,感情色彩显得更浓重。然而,幻想毕竟不是现实,幻灭后只能更添忧愁。

词的下阕写女子怀念在外未归的丈夫。"天怜客子乡关远。借与花消遣",换头处二句,写词人在急切盼归不成之后的心理活动。前句点明题旨,词人凭空拈来一个"天怜",把客愁乡思表现得更加突出,意思更深了一层。但"天"怜则怜矣,却不能赐予归舟,而只能"借与花消遣"。"借"字用得不同凡响,客居他乡,花非我有,以花消愁,也只能"借"

之而已。这两句，一"怜"一"借"，自怜自悯、自我安慰，婉转含蓄地表达了他乡孑然之苦，以及思乡怀人、愁苦难消的复杂心理活动。"海棠红近绿阑干。才卷朱帘却又、晚风寒"两句，承"花消遣"而来，化用韩偓"海棠花在否？侧卧卷帘看"诗意。这两句连轴而下，辗转多姿，曲尽其愁。海棠临着栏杆，红绿相映，而细雨中的海棠，颜色更非一般。唐郑谷《海棠》诗有"秾丽最宜新著雨"句，宋张冕《西园海棠》诗亦有"濯雨正疑宫锦烂"句。词人在这里写的也正是雨中海棠。从字面上看，词人本欲赏花遣愁，但映入眼帘的，偏又是竞相吐艳的红海棠。联想到自己久滞客中，韶华渐老，思乡自怜之情油然而起。显然，词中写海棠的真正用意是写愁。清王夫之《姜斋诗话》说："以乐景写哀，以哀景写乐，一倍增其哀乐。"显然，这是一个婉转含蓄、余意不尽的结句。

词人并不刻意雕琢词采，而是随性而发、自然天成。纤细精巧的语句慢慢串联出一首哀婉悲切的游子思乡佳作。"杨柳""丝雨""楼儿""海棠花"及"绿栏杆"无不是自然界中柔美、夺人眼球的景物。但在这首词中，这些景物构筑的意境却并不明丽，而隐含着词人深切的愁苦。明代文学家卓人月《古今词统》卷七说："'心字小，难著许多愁'，不如'楼儿'句更奇。"清代文学家李佳《左庵词话》卷下也说："蒋竹山《虞美人》云：'丝丝杨柳丝丝雨。……晚风寒。'亦工整，亦圆脆。"清代词人况周颐《蕙风词话》续编卷一说："'楼儿忒小不藏愁。几度和云飞去、觅归舟'，较'天际识归舟'更进一层。""天际识归舟"，见宋柳永《八声甘州·对潇潇暮雨洒江天》词。

【原文】

祝英台近·次韵惜别·柳边楼

柳边楼，花下馆。低卷绣帘半[(1)]。帘外天丝[(2)]，扰扰似情乱[(3)]。知他蛾绿纤眉[(4)]，鹅黄小袖[(5)]。在何处、闲游闲玩。　　最堪叹。筝面一寸尘深，玉柱网斜雁[(6)]。谱字红蔫[(7)]，剪烛记同看[(8)]。几回传语东风，将愁吹去，怎奈向[(9)]、东风不管。

【毛泽东圈评等情况】

毛泽东在读清朱彝尊、汪森编选《词综》卷十九时，圈阅了这首《祝英台近·柳边楼》。

[参考] 张贻玖：《毛泽东评点、圈阅的中国古典诗词》，

中国工人出版社 1992 年版，第 252 页。

【注释】

（1）绣帘，彩饰华丽的帘幕。宋柳永《西江月·凤额绣帘高卷》词："凤额绣帘高卷，兽镮朱户频摇。"

（2）天丝，蜜蜂、蜘蛛等昆虫所吐出的、飘荡在空中的游丝。北周庾信《行雨后铭》："天丝剧藕，蝶粉生尘。"

（3）扰扰，纷乱之状。春秋鲁左丘明《国语·晋语六》："唯有诸侯，故扰扰焉。凡诸侯，难之本也。"

（4）他，即她，指所思女子。古代男女第三人称代词皆用"他"。五四后新创女子第三人称代词为"她"。蛾绿，古代妇女画眉用的青黑颜料。亦借指墨。纤眉，淡淡的细眉。

（5）鹅黄。淡黄，像小鹅绒毛的颜色。唐李涉《黄葵花》诗："此花莫遣俗人看，新染鹅黄色未干。"小袖，短小的衣袖。东汉班固《汉书·王莽传下》："乃身短衣小袖，乘牝马柴车。"

（6）"筝面"二句，筝，又称古筝、汉筝、秦筝，中国汉民族古老的传统弹拨乐器。筝的拨奏在民间广大地区的流传中，融合地方民间音乐，形成有不同音乐风格和演奏技法的地方流派，深深地根植于中国民间音乐文化，流传至今已有两千多年的历史，故被称为"古筝"。古筝音域宽广，音色清亮，表现力丰富，一直深受大众喜爱。玉柱，玉制的弦柱，亦指代琴、瑟、筝等弦乐器。南朝梁萧统《文选·江淹〈别赋〉》："掩金觞而谁御，横玉柱而沾轼。"李善注："琴有柱，以玉为之。"斜雁，筝上排列整齐如雁行的弦柱。

（7）谱字红蔫，乐谱上的红字已褪色。蔫，颜色不鲜。《广韵》："蔫，物不鲜也。"

（8）剪烛记同看，唐李商隐《夜雨寄北》："何当共剪西窗烛，却话巴山夜雨时。"

（9）怎奈向，奈何、无奈。宋周邦彦《拜星月慢》词："怎奈向一缕相思，隔溪山不断。"

【赏析】

《祝英台近》，又名《宝钗分》《祝英台》《祝英台令》《怜薄命》《月底修箫谱》等。以程垓《祝英台近·坠红轻》为正体，双调七十七字，前段八句三仄韵，后段八句四仄韵，也有平韵体。主要代表作品有辛弃疾《祝英台近·晚春》等。调取梁山伯祝英台故事而名，始见于苏轼《东坡词》。

这首词题作《次韵惜别》。旧时古体诗词写作的一种方式。按照原诗的韵和用韵的次序来和诗，也称步韵。世传次韵始于白居易、元稹，称"元和体"。唐元稹《酬乐天余思不尽加为六韵之作》："次韵千言曾报答，直词三道共经纶。"《惜别》应是词题。词中写一个女子因男方离去而抒发思念之情。

词的上阕写别后的悬念。"柳边楼，花下馆。低卷绣帘半。"开头三句写女子幽美的住处：楼在"柳边"，舍在"花下"，门外"绣帘"半卷，从而可以看出她的物质生活是优裕的，但她的精神生活却是空虚的。"帘外天丝，扰扰似情乱"二句是说，帘外的天上的游丝，袅袅绕绕，觉得就好像自己的情绪一样，紊乱不堪。原因何在呢？"知他蛾绿纤眉，鹅黄小袖。在何处、闲游闲玩。"前二句写女子，"蛾绿纤眉"，是女子相貌的特征，"鹅黄小袖"，是女子穿的衣衫。后二句写男子，女子想男子在外地闲游闲玩，是她最不放心的，因为闲游闲玩，说不定会沾花惹草，移情他人哪！

词的下阕写别后的凄凉。"最堪叹。筝面一寸尘深，玉柱网斜雁。"换头处三句，回忆过去与情人的欢聚，弹琴共乐，是何等谐和。分别后，自己孑然一身，形影相吊，还有什么兴趣去弹拨琴弦呢？以致筝的表面落满灰尘，已有寸厚；筝的玉柱结满蛛网，如斜雁成行。"谱字红蔫，剪烛记同看"二句是说，记得我俩夜晚剪烛，一同看乐谱上的字；现在那红字的颜色，都已经褪得差不多了。看到、想到此情此景，怎能不令人伤心垂泪呢？这说明他们分别的时间已经很久了。"几回传语东风，将愁吹去，怎奈向、东风不管。"结末三句是说，女子愁思万种，无法排解，只好求助东风，将愁吹散；无奈东风无知，撒手不管。词句真实表达了女子束手无策、不可名状的痛苦。上面写"天丝"，暗示春象；这里写"东风"，明言春风。由天丝引起思念离人，再由感伤旧物求助"东风"。由春象开始，到春风收拢。把情思、离愁，都置于春的背景之下，这是很巧于构思的。

【原文】

行香子·舟宿蓝湾·红了樱桃

　　红了樱桃(1)。绿了芭蕉(2)。送春归、客尚蓬飘(3)。昨宵谷水(4)，今夜兰皋(5)。奈云溶溶(6)，风淡淡(7)，雨潇潇(8)。　　银字笙调(9)。心字香烧(10)。料芳悰(11)、乍整还凋。待将春恨(12)，都付春潮(13)。过窈娘堤(14)，秋娘渡(15)，泰娘桥(16)。

【毛泽东圈评等情况】

　　毛泽东在读清朱彝尊、汪森编选《词综》卷十九时，圈阅了这首《行香子·红了樱桃》。

[参考] 张贻玖：《毛泽东评点、圈阅的中国古典诗词》，

中国工人出版社1992年版，第252页。

【注释】

　　(1) 樱桃，果木名，落叶乔木，品种很多，产于我国各地。以江苏、安徽等省栽培较多。花白色而略带红晕，春日先叶开放。核果多为红色，味甜或带酸，核可入药。木材坚硬致密，可制器具。亦指其果实或花。

　　(2) 芭蕉，为芭蕉科、芭蕉属多年生草本植物。原产琉球群岛，中国秦岭淮河以南可以露地栽培，多栽培于庭园及农舍附近。芭蕉果可以吃，亦可用来观赏。

（3）蓬飘，飞蓬飘荡，以喻人之流徙无定。语出三国魏曹植《杂诗》之二："转蓬离本根，飘飘随长风。"蓬，多年生草本植物，花白色，中心黄色，叶似柳叶，子实有毛，亦称飞蓬。

（4）宵，夜。谷水，即今浙江钱塘江及其上游兰江、信安江和江山港。

（5）兰皋，长兰草的涯岸。战国楚屈原《楚辞·离骚》："步余马于兰皋兮，驰椒丘且焉止息。"朱熹集注："泽曲曰皋，其中有兰，故曰兰皋。"

（6）溶溶，水流盛大貌。《楚辞·刘向〈九叹·逢纷〉》："扬流波之潢潢兮，体溶溶而东回。"王逸注："溶溶，波貌也。"

（7）淡淡，轻淡、微弱。宋晏殊《寓意》诗："梨花院落溶溶月，柳絮池塘淡淡风。"

（8）潇潇，下小雨之状。南唐王周《宿疏陂驿》诗："谁知孤宦天涯意，微雨潇潇古驿中。"

（9）银字笙，古笙的一种，笙管上标有表示音调高低的银字。五代和凝《山花子》词："银字笙寒调正长，水纹簟冷画屏凉。

（10）心字香，炉香名。宋杨万里《谢胡子远郎中惠蒲大韶墨报以龙涎心字香》诗："送似龙涎心字香，为君兴云绕明窗。"所谓心字香者，以香末萦篆成心字也。"

（11）芳悰（cóng），欢乐的心情。悰，欢乐。汉许慎《说文》："悰，乐也。"心情，情绪。南朝齐谢朓《游东田》："感感苦无悰，携手共行乐。"

（12）春恨，春愁，春怨。唐杨炯《梅花落》诗："行人断消息，春恨几徘徊。"

（13）春潮，春季的潮汐，形容其势之猛。唐韦应物《滁州西涧》诗："春潮带雨晚来急，野渡无人舟自横。"

（14）窈娘，唐武则天时左司郎中乔知之婢貌美善歌，后为武承嗣所夺。乔知之愤痛成疾，作《绿珠篇》以讽。窈娘得诗，悲惋自杀。见唐孟棨《本事诗·情感》及《新唐书·外戚传·武承嗣》。后借指美女。

（15）秋娘，唐时金陵女子，姓杜，名秋娘。本为李锜妾，后锜叛变被诛，入宫有宠于宪宗。穆宗立，秋娘为皇子傅姆，皇子废，秋娘赐归故乡，穷老而终。见唐杜牧《杜秋娘》诗序。后用以泛指年老色衰的妇女。

（16）泰娘，唐歌伎名，善弹琵琶。唐刘禹锡《泰娘歌》："泰娘家本阊门西，门前绿水环金堤。"后亦以"泰娘"称吴地歌伎。秋娘渡与泰娘桥均为吴江地名。

【赏析】

《行香子》，词牌名，又名《爇心香》《读书引》。以晁补之《行香子·同前》为正体，双调六十六字，前段八句四平韵，后段八句三平韵。另有双调六十八字，前后段各八句、四平韵；双调六十四字，前后段各八句、五平韵等变体。代表作品有苏轼《行香子·述怀》等。

吴江：今江苏省县名，在苏州南面、太湖东面。"秋娘渡""泰娘桥"：均为吴江地名。银字笙：乐器名，是笙管的一种。心字香：一种香名。据说是以香粉成心字形。

这首词可与《一剪梅·一片春愁待酒浇》连续，词的上下阕开头两句，都是《一剪梅》的原句，可见这四句是作者的得意之笔，所以顺手拈来，不另创新句。

词的上阕写旅途艰辛。"红了樱桃。绿了芭蕉。"开头二句移来原句，表示春去夏来。以樱桃红、芭蕉绿两种色彩鲜明、相映成趣的具体事物，来代替抽象的时间，暗示季节的变化。"送春归、客尚蓬飘"一句，乘上转折，是说送走春天，已使人心伤，而词人仍在外做客，像蓬草一样飘泊不定，感叹春归人未归。"昨宵谷水，今夜兰皋。"接下来二句是说，昨天夜里，还在谷水钱塘江上游，而今天夜间，便要住在兰皋了。具体描绘词人飘泊不定、转换频繁的情况。兰皋，扣住题目。"奈云溶溶，风淡淡，雨潇潇。""奈"字领起，三组叠字排句，蝉联而下，慨叹阴晴不定，风雨萧瑟的天气，更增添旅途飘泊的困顿艰辛。客子的心情也因之起伏不定、思绪万千。

词的下阕抒旅途乡思，也移来原句"银字笙调。心字香烧"，回忆过去，与妻子在家调弄着银字筝，焚烧其心字香，筝声悦耳，香气扑鼻，生活是何等的安定欢乐！"料芳惊、乍整还凋"一句以客代主，透过一层，想象家人盼归乍喜的复杂心情。面对现实，我漂流天涯，你孤身在家，还有什么心情去寻欢作乐呢？所以我料想你的欢心欲重整也重整不起了。"待将春恨，都付春潮"二句是说，只有把对春天的怨恨，付与春日的潮水，让它们都随着春潮涌起，又都随着春潮流去，此外还有什么办法呢？"过窈娘堤，秋娘渡，泰娘桥。"结末三句连用三个地名，回应上阕"客尚蓬飘"，形象地展示了词人不停飘泊和归心似箭的心情。女性化的地名，都流传着艳丽的故事。词人舟过此处，不由得怀念家中的妻子，也透露了思乡的词人某种特定的心理诉求。

词的上阕写流浪，词的下阕写思家，形象生动，特别是《行香子》词牌要求上下阕的后三句，排比连用叠词，"红了樱桃。绿了芭蕉"与"过窈娘堤，秋娘渡，泰娘桥"具有鲜明的节奏感，读起来朗朗上口，且文字优美，色彩清丽，词中见画，别有韵味。

【原文】

柳梢青·游女·学唱新腔

学唱新腔[1]。秋千架上[2]，钗股敲双[3]。柳雨花风[4]，翠松裙褶[5]，红腻鞋帮[6]。　　归来门掩银釭[7]。淡月里[8]、疏钟渐撞[9]。娇欲人扶，醉嫌人问，斜倚楼窗。

【毛泽东圈评等情况】

毛泽东在读清朱彝尊、汪森编选《词综》卷十九时，圈阅了这首《柳梢青·学唱新腔》。

[参考]张贻玖：《毛泽东评点、圈阅的中国古典诗词》，
中国工人出版社1992年版，第252页。

【注释】

（1）新腔，指歌曲中新颖脱俗的腔调。宋黄庭坚《以酒渴爱江清作五小诗》之四："时时能度曲，秀句入新腔。"

（2）秋千，传统体育游戏。两绳下拴横板，上悬于木架，人坐或站在板上，两手分握两绳，前后往返摆动。相传春秋时齐桓公自北方山戎传入。一说本为汉武帝时宫中之戏，作千秋，为祝寿之辞，后倒读为秋千。南唐冯延巳《鹊踏枝》词："泪眼问花花不语，乱红飞过秋千去。"

（3）钗股敲双，指敲打着双股金钗。钗，妇女的一种首饰，由两股簪子合成。形状为两条金属丝到最后绞成一股、在装饰物的结尾处必定有流苏吊坠来衬托；分类有金钗、玉钗、宝钗。唐白居易《长恨歌》："钿合金钗寄将去。"

（4）柳雨花风，柳雨，春天的雨。花风，即花信风。北周庾信《北园新斋成应赵王教》诗："鸟声惟杂啭，花风直乱吹。"

（5）翠松裙褶，翠绿色的裙褶。裙褶，裙子上有经过定型的皱褶，通常是通过加压加热出来的皱形，褶子可大可小、可多可少，可成对褶或顺风褶等造型。

（6）红腻鞋帮，指细雨沾污了红色的鞋帮。腻，积污，污垢。

（7）银釭（gāng），银白色的灯盏、烛台。南朝梁元帝《草名》诗："金钱买含笑，银釭影梳头。"

（8）淡月，不太明亮的月亮或月光。宋王明清《挥麈余话》卷二："少顷，白乳浮盏面，如疏星淡月。"

（9）疏钟，稀疏的钟声。清陈廷敬《送少师卫公致政还曲沃》诗："梦绕细旃闻夜雨，春回长乐远疏钟。"

【赏析】

《柳梢青》，词牌名，又名《陇头月》《玉水明沙》《早春怨》《云淡秋空》《雨洗元宵》等。以秦观词《柳梢青·吴中》为正体。双调四十九字，前后片各三平韵，后片第十二字宜去声。别有一种改用入声韵。前片三仄韵，后片二仄韵，平仄略异。

本词题为《游女》。游女，出游的女子。《诗经·周南·汉广》："汉有游女，不可求思。"郑玄笺："贤女虽出游流水之上，人无欲求犯礼者。"这首词写少女游春时所引起的怀春之情。

词的上阕写游春。首句"学唱新腔"中的"新腔"，指歌曲中新颖脱俗的腔调。是说这位少女对这种新腔极感兴趣，赶忙学唱。表明少女思想敏锐，时代感强，爱追新而不愿守旧。"秋千架上，钗股敲双。"接下来二句是说，少女荡过秋千，还站在秋千架上，用头上的双股金钗击打着秋千架，边唱边打拍子。表明少女性格活泼，爱玩爱动；灵活聪明，没有檀板就用金钗击打。"柳雨花风，翠松裙褶，红腻鞋帮。"此三句是说，天下起如丝细雨，风拂花落地，但少女游兴未尽，不愿回家，以致微风吹开了她那翠绿色的裙褶，细雨玷污了她那红色的鞋帮。词人用极精简的笔墨，活画出一幅"少女游春图"。

词的下阕写怀春。游春的时间在白天，怀春的时间在夜晚。少女游春时应在下午，回家时已经傍晚，到了点灯时分。"归来门掩银釭"，"门掩"，表明少女深闭闺中，与世隔绝。"银釭"，银白色的灯盏、烛台。南朝梁元帝《草名》诗："金钱买含笑，银釭影梳头。"表明少女独对银釭，形影相吊。归来后，已使少女感到十分孤寂，又使她感到无限空虚。而这时"淡月里、疏钟渐撞"，说明已经到了初更时分，写出了时间的推移。月淡人静，万籁俱寂，只有远处传来稀疏的撞钟声在夜空回荡。这是以动写静的手法：所谓"蝉噪林欲静，鸟鸣山更幽"，就是这个道理。写"银釭"诉之视觉，写"疏钟"则诉之听觉，二者都是为了唤起少女和读者的心感。在这孤寂、空虚的状态中，少女无法排遣内心的苦恼，只有借酒浇愁了，以致喝得醉眼朦胧、无法自持。"娇欲人扶，醉嫌人问，斜倚楼窗。"结末三句是说，少女娇态摇摆，想让人扶，这是可以理解的。但醉酒后为什么又嫌别人问长问短呢？这是因为致醉的原因，只能埋藏于心里，而不能向别人明说啊！更何况多问及一次，都只会勾起她内心的难言之隐，怎能会不"嫌"呢？那么，她只有斜靠在楼窗上，让冷风吹醒。结句不仅写出了少女醉酒后的娇弱无力的神态，而且也写出了她深藏于内心的憧憬。词人仅了了数语，就活画出一幅"少女怀春图"。前一幅"游春图"，写出少女在自由自在天地的喜悦，后一幅"怀春图"，写出少女幽闭深闺的烦恼，两幅图在意义上是紧密相连的。

霜天晓角·人影窗纱

人影窗纱⁽¹⁾，是谁来折花？折则从他折去⁽²⁾，知折去、向谁家⁽³⁾？

檐牙，枝最佳⁽⁴⁾。折时高折些。说与折花人道：须插向、鬓边斜⁽⁵⁾。

【毛泽东圈评等情况】

毛泽东在读清朱彝尊、汪森编选《词综》卷十九时，圈阅了这首《霜天晓角·人影窗纱》。

[参考] 张贻玖：《毛泽东评点、圈阅的中国古典诗词》，
中国工人出版社 1992 年版，第 252 页。

【注释】

（1）人影窗纱，倒装句，谓纱窗映现出一个人影。影，这里活用作动词，映照影子的意思。

（2）从，听随，听任。

（3）向，到。

（4）檐（yán）牙，屋檐上翘起如牙的建筑物。杜牧《阿房宫赋》："廊腰缦回，檐牙高啄。"

（5）鬓（bìn）边斜，斜插在两鬓。

【赏析】

《霜天晓角》，词牌名。又名《月当窗》《长桥月》《踏月》。越调，仄韵格。各家颇不一致，通常以《稼轩长短句》为准。双调四十三字，前后片各三仄韵。别有平韵格一体，后段五句四仄韵。

对于这首词，有人以为"绝对不可能那么简单就写'折花'这件事"，而是有所寄托的。据此认为"此词，可能创作于南宋恭帝被掳北去，宋端宗在福州、潮州等处建立小朝廷之时。写的是"人们传说有官府来请他出去做官的事情"，这首词就是他对这种传说的回答。

词的上阕，写发觉折花人时的思想活动。从词意看，这首词的主人公应是一位妇女。起句"人影窗纱"，点明她看见窗纱上映出人影。"是谁来折花？"她心里想，这是谁来折花呢？她没有怀疑这人会来干别的，首先想到的是来折花，则她爱花之心切，便可想而知。既然爱花，尤其爱自家的花，当然要护花而不愿让人攀折。但她转而又想，虽然不知来折花的是谁，可既来折花，想必也爱花，"花开堪折直须折，莫待无花空折枝"（唐杜秋娘《金缕衣》），那就"折则从他折去"吧。况且"知折去、向谁家？"如果送到爱花、惜花的人家，岂不是花得其所、花得其人了吗。

词的下阕承前，写交代折花人折、插的具体方法。这时，女主人干脆发话了："檐牙，枝最佳。折时高折些。"她告诉折花人，靠近屋檐边的花枝最好，折时要把手伸得高些。从这番话中可知，女主人对家中的花枝多么熟悉；生怕别的花枝被损害，又是多么怜爱。及至折花人折完花即将离去时，女主人还向折花人说道："须插向，鬓边斜。"言这些好花最适合美人插戴，"花面交相映"（唐温庭筠《菩萨蛮》），方能相得益彰。只是戴的时候，要斜着插在鬓边，才更显得别有风韵。女主人交代别人如此插法，则表明她自己必然是这样插惯了的，是非常欣赏这种插法的。

这首词反映了妇女爱花、爱美的思想和表现，写得极有层次：从"见影"到"猜想"到"发言"，女主人和折花人由对立（一防一折）到统一（女主人同意折花人折花，并告诉他什么地方花好、怎样来折、怎样去插）。值得注意的是，在一首短词中先后用了七个"折"字。其实，这是词人有意这样安排的。在中国诗歌领域的创作中，运用"重复"这一修辞方法，增强语言的复沓美，是屡见不鲜的。单以词而论，如宋王观的《卜算子》下片"才始送春归，又送君归去。若到江南赶上春，千万和春住"便是明证，四句中便用了三个"春"字。

这是一首极有韵味的小令。词人通过对日常生活中一件小事的描述，反映了他的近乎童心的情趣。南宋辛弃疾《清平乐·检校山园书所见》下片云："西风梨枣山园，儿童偷把长竿。莫遣旁人惊去，老夫静中闲看。"两首既有惊人的相似之处，也有颇异其趣的一面：都表现了作者某种童心未泯、热爱生活的情趣，但一是单纯的旁观者，一是积极的参与者，就富有人情味一端而言，此词更能贴近生活，因而更能引人入胜。通首皆用通俗的语言和白描的手法，更使作品写得异常生动活泼。清李调元《雨村词话》卷二说："蒋竹山词，有全集所遗而升庵《词林万选》所拾者，最为工丽。如……《霜天晓角》云：'人影窗纱，是谁来折花？折则从他折去，知折去、向谁家？檐牙，枝最佳，折时高折些。说与折花人道：须插向、鬓边斜。'"

【原文】

一剪梅·舟过吴江·一片春愁待酒浇

一片春愁待酒浇[(1)]。江上舟摇，楼上帘招[(2)]。秋娘渡与泰娘桥[(3)]，风又飘飘，雨又萧萧[(4)]。　　何日归家洗客袍？银字笙调[(5)]，心字香烧[(6)]。流光容易把人抛[(7)]，红了樱桃[(8)]，绿了芭蕉[(9)]。

【毛泽东圈评等情况】

毛泽东曾圈阅过这首《一剪梅·一片春愁待酒浇》。

[参考]张贻玖：《毛泽东评点、圈阅的中国古典诗词》，中国工人出版社1992年版，第252页。

【注释】

（1）春愁，春日的愁绪。南朝梁元帝《春日》诗："春愁春自结，春结讵能申。"浇，浸灌，消除。

（2）帘招，指酒旗。

（3）秋娘渡，指吴江渡。秋娘，唐代歌伎常用名，或有用以通称善歌貌美之歌伎者。渡，一本作"度"。泰娘亦作"泰孃"，唐歌伎名。唐刘禹锡《泰娘歌》："泰娘家本阊门西，门前绿水环金堤。"后亦以"泰娘"称吴地歌伎。

（4）萧萧，象声词，雨声。宋王安石《试院中五绝句》之五："萧萧疏雨吹檐角，嚓嚓暝蛩啼草根。"

（5）银字笙，管乐器的一种，笙管上标有表示音调高低的银字。五代和凝《山花子》词："银字笙寒调正长，水纹簟冷画屏凉。"调笙，调弄有银字的笙。

（6）心字香，炉香名，心字形的香。宋杨万里《谢胡子远郎中惠蒲大韶墨报以龙涎心字香》诗："送似龙涎心字香，为君兴云绕明窗。"所谓心字香者，以香末萦篆成心字也。"

（7）流光，指如流水般逝去的时光。唐鲍防《人日陪宣州范中丞传正与范侍御传真宴东峰亭》诗："流光易去懽难得，莫厌频频上此台。"

（8）樱桃，果木名，落叶乔木，品种很多。产于我国各地，以江苏、安徽等省栽培较多。花白色而略带红晕，春日先叶开放。核果多为红色，味甜或带酸。核可入药。木材坚硬致密，可制器具。

（9）芭蕉，为芭蕉科、芭蕉属多年生草本植物。原产琉球群岛，中国秦岭淮河以南可以露地栽培，多栽培于庭园及农舍附近。果可食。

【赏析】

《一剪梅》，亦称"腊梅香"，得名于周邦彦词中的"一剪梅花万样娇"。双调小令，六十字，上、下片各六句，句句平收，叶韵则有上、下片各三平韵、四平韵、五平韵、六平韵数种，声情低抑。亦有句句叶韵者，代表作品有：李清照《一剪梅·红藕香残玉簟秋》。

从词意上看，这首词大约写于宋亡之后。作者深怀亡国之痛，隐居姑苏一带太湖之滨，漂泊不仕。吴江，在今江苏省苏州市南、太湖东，是江南水乡风景秀丽的地方。作者乘船经过吴江县时，见春光明艳的风景而写以反衬自己羁旅不定的生活的一首词。

词的上阕写客愁。起笔点题，指出时序，点出"春愁"的主旨。"一片春愁待酒浇"，"一片"，言愁闷连绵不断。"待酒浇"，是急欲要排解愁绪的意思，表现了他愁绪之浓。随之以白描手法描绘了"舟过吴江"的情景："江上舟摇，楼上帘招。秋娘渡与泰娘桥，风又飘飘，雨又萧萧"，这"江"即吴江。"楼上帘招"，这江村小酒店或许写有"太白一醉"字样的青布帘，招知词人，可来醉乡小憩。在这一"摇"一"招"之间，情绪是由愁而略见开颜了的。可是当江上小舟载着这薄醉之人继续行去，醉眼惺松地在眼帘上映入"秋娘渡与泰娘桥"的景色时，风吹酒醒，雨滴心帘，只觉风入骨、雨寒心。转而"秋愁"复涨，而且愈涨愈高了。情绪的起伏就是如此激转湍旋。作者单用之。飘泊思归，偏逢上连阴天气。同时作者用"飘飘""萧萧"描绘了风吹雨急。"又"字含意深刻，表明他对风雨阻归的恼意。这里用当地的特色景点和凄清伤悲的气氛对愁绪进行了渲染。

"风又飘飘，雨又萧萧"的句式是一种暗示法的句式，是某种特定心态借助意象的表现方法。它让人可以产生听觉上的风声雨声，视觉上的潇潇绵绵、飘飘扬扬，触觉上的寒意、潮意、湿润意，一直到心态上的感知：酸辛感、苦涩感。

词的下阕写离恨。"何日归家洗客袍？银字笙调，心字香烧"换头处三句，首句点出"归家"的情思，"何日"道出飘泊的厌倦和归家的迫切。想象归家后的温暖生活，思归的心情更加急切。"何日归家"四字，一直管着后面的三件事：洗客袍、调笙和烧香。"客袍"，旅途穿的衣服。调笙，调弄有银字的笙。烧香，点熏炉里心字形的香。这里采用了反衬的手法，词人想象归家之后的情景：结束旅途的劳顿，换去客袍；享受家庭生活的温馨，娇妻调弄起镶有银字的笙，点燃熏炉里心字形的香。作者词中极想归家之后佳人陪伴之乐，思归之情段段如此。"银字"和"心字"给他所向往的家庭生活，增添了美好、和谐的意味，与作者的凄苦形象对比，突出思归的心绪。下阕最后三句非常精妙："流光容易把人抛"，指时光流逝之快。"红了樱桃，绿了芭蕉"，一"红"一"绿"，将春光渐渐消逝于初夏这个过程充分表现了出来。这是时序的暗示。但细加辨味，芭蕉叶绿，樱桃果红，花落花开，回黄转绿，大自然一切可以年年如此，衰而盛，盛而衰，可是绿肥红瘦对人来说意味着青春不再、盛世难逢。再进一步推去，家国一旦破败，不能重见吗。"流光容易把人抛"的全过程，怎样抛的，本极抽象，现今以"红了樱桃，绿了芭蕉"明示出来。蒋捷抓住夏初樱桃成熟时颜色变红，芭蕉叶子由浅绿变为深绿的特质，把看不见的时光流逝转化为可以捉摸的形象。春愁是剪不断、理还乱的。词中借"红""绿"颜色之转变，抒发了年华易逝、人生易老的感叹。这里有意把下阕诸句倒过顺序来谈，又将"何日归家洗客袍"置于上下阕的关联点上去理解，是想从具体的句式和情思上说明：这首短词形似明快，实则苦涩，在艺术上具有似"流"实"留"的特点，情韵在回环周转中流荡，呈一种漩涡状。这种艺术手段最能将"剪不断，理还乱"的情意充分表达出。"流"，是流畅、少停蓄，而"留"则有顿挫，有吞吐，有抑扬之势。蒋捷确有一些词写得稍嫌"流"，但这首《一剪梅》却不属此类作品，不可匆匆浏览，不细辨味。

词人在词中逐句押韵，读起朗朗上口，节奏铿锵，大大地加强了词的表现力。这个节奏感极强的思归曲，读后让人有"余言绕梁，三日不绝"的意味。清刘熙载在《艺概》中说蒋词"洗练慎密，语多创获"，甚是。

徐君宝妻

徐君宝妻（生卒年不详），南宋末年岳州（今湖南岳阳）人，不曾留下姓名，只留下一首绝命词《满庭芳》。这首词以其深刻的社会内容和强烈的艺术感染力而为后世所瞩目。明陶宗仪《辍耕录》记载："岳州徐君宝妻某氏，亦同时被掳来杭，居韩蕲王（韩世忠）府。自岳至杭，相从数千里，其主者数欲犯之，而终以计脱。盖某氏有令姿，主者弗忍杀之也。一日主者怒甚，将即强焉。因告曰：'俟妾祭谢先夫，然后乃为君妇不迟也。君奚怒哉！'主者喜诺。即严妆（盛妆）焚香，再拜默祝，南向饮泣，题《满庭芳》词一阕于壁上，已，投大池中以死。"

【原文】

满庭芳·汉上繁华

汉上繁华(1)，江南人物(2)，尚余宣政风流(3)。绿窗朱户，十里烂银钩(4)。一旦刀兵齐举，旌旗拥、百万貔貅(5)。长驱入，歌楼舞榭(6)，风卷落花愁(7)。　　清平三百载(8)，典章文物(9)，扫地俱休。幸此身未北，犹客南州(10)。破鉴徐郎何在(11)？空惆怅(12)、相见无由。从今后，断魂千里(13)，夜夜岳阳楼(14)。

【毛泽东圈评等情况】

毛泽东在读清朱彝尊、汪森编选《词综》卷二十五时，圈阅了这首《满庭芳·汉上繁华》。

[参考]张贻玖：《毛泽东评点、圈阅的中国古典诗词》，中国工人出版社1992年版，第252页。

【注释】

（1）汉上繁华，南宋时汉水至长江一线是商业经济的重要地区。汉上，泛指汉水至长江一带，是女词人的故乡。

（2）江南人物，指南宋的许多人才。

（3）宣政，宣和、政和都是北宋徽宗的年号。这句是指南宋的都市和人物，还保持着宋徽宗时流风余韵。风流，遗风、流风余韵。东汉班固《汉书·赵充国辛庆忌等传赞》："其风声气俗自古而然，今之歌谣慷慨，风流犹存耳。"

（4）十里烂银钩，烂是鲜明光亮，银钩是银质的帘钩。这里指汉上依旧繁华。

（5）貔貅（pí xiū），一种传说中的猛兽。《逸周书·周祝》："山之深也，虎豹貔貅何为可服？"多连用，以比喻勇猛的战士。唐张说《王氏神道碑》："赳赳将军，貔貅绝群。"这里指敌兵。

（6）歌楼舞榭，为歌舞娱乐而设立的堂或楼台。泛指歌舞场所。

（7）风卷落花，指元军占领临安、南宋灭亡那种犹如风卷落花的狠戾，没有丝毫的怜惜。

（8）三百载，指北宋建国至南宋灭亡（960—1279），计319年。这里指整数。

（9）典章文物，指南宋时期的制度文物。

（10）南州，泛指南方地区。战国楚屈原《楚辞·远游》："嘉南州之炎德兮，丽桂树之冬荣。"姜亮夫校注："南州犹南土也，此当指楚以南之地言。"这里指作者自己还在保存着贞洁，没有使丈夫蒙羞。

（11）破鉴徐郎，陈亡后，徐德言和他的妻子乐昌公主分别，破镜各携一半，约定将来如果能够见面，以合镜为信。见唐人《本事诗》。后世夫妇生离后又重复合，叫"破镜重圆"。词人丈夫也姓徐，所以用此典故。

（12）惆怅，因失意或失望而伤感、懊恼，用来表达人们的情绪。战国楚宋玉《楚辞·九辩》："廓落兮羁旅而无友生；惆怅兮而私自怜。"

（13）断魂，销魂神往，形容一往情深或哀伤。唐宋之问《江亭晚望》诗："望水知柔性，看山欲断魂。"

（14）岳阳楼，湖南岳阳洞庭湖畔，作者是岳阳人，因为落叶归根，所以作者相信，死后魂魄能回到她的故乡。

【赏析】

《满庭芳》，词牌名，又名《锁阳台》《满庭霜》《潇湘夜雨》等。以晏几道《满庭芳·南苑吹花》为正体，双调九十五字，前后段各十句、四平韵。另有双调九十五字，前段十句四平韵，后段十一句五平韵；双调九十三字，前段十句四平韵，后段十一句五平韵等变体。代表作品有苏轼《满庭芳·蜗角虚名》、秦观《满庭芳·山抹微云》等。

此词的作者是个被元军掳掠、不屈而死的女子。词中先写南宋都会繁华，人才众多，国力也较为富厚；但当元军南侵、长驱直入时，竟如风卷落花，无力抵抗，使人慨恨不已。以下说到自身的遭遇。叹息丈夫不知下落，死前无缘再见一面。自己不能生还故乡，死后魂魄还是恋念着这里。全词凄苦哀怨，抒写了对家国的眷恋、对丈夫的挚爱，真切感人。

全词上下两阕，词的上阕写国破家亡。"汉上繁华，江南人物，尚遗宣政风流"。开头三句，以追怀南宋起笔。汉上指江汉流域，是女词人的故乡。江南指长江中下游流域，本词中借指南宋。都会繁华，人物如云，指故国的繁盛。"尚遗宣政风流"一句，南宋文明源于北宋的风流文采。宣、政指北宋政和、宣和年间。"绿窗朱户，十里烂银钩"二句是说，千里长街，连云高楼，朱户绿窗，帘钩银光灿灿。"一旦刀兵齐举，旌旗拥、百万貔貅"三句，貔貅，猛兽之名，这里指元兵南犯，势如洪水猛兽。宋度宗赵禥咸淳十年（1274），元兵自襄阳分道而下，不久东破鄂州。宋恭宗德祐元年（1275）三月，元军又南陷岳州，"长驱入，歌台舞榭，风卷落花愁"。长驱直入的蒙古兵占领了繁华绮丽的汉上江南，如风暴横扫落花。

词的下阕，写怀念故国和亲人。从起笔写南宋文明之繁华，笔锋一转，写元兵大兵南侵，"风卷落花愁"，表达了词人对国破家亡之恨和自身被掳之辱的无限悲慨之情。女词人以包容博大的气魄和卓越的识见转写宋代历史文化的大悲剧，笔力不凡，也表现了女词人超人一等的思维定位。当女词人作此词时，已被掳至临安，临安被陷之景，其触目惊心悲慨之深，是可以想见的。"清平三百载",从南宋直扩展至三百年前的宋初时光。"典章文物"四字,凝聚着女词人对宋代历史文化之反思与珍惜,指陈出有宋一代的文化全体。北宋亡于女真,南宋亡于蒙古,灿烂文化三百年,如今"扫地俱休"!女词人之绝笔,是历史文化悲剧之写照。以下写个人命运之悲剧。"幸此身未北,犹客南州。"就其深层意蕴言,则是庆幸自身在死节之前犹未遭到玷辱,保全了清白,是足可自慰并可告慰于家国。词读至此,真令人肃然起敬。一名弱女子,能在被掳数千里后仍全身如此,非一般人所及!其绝笔之辞气又复从容如此,气度显亦超常。"破鉴徐郎何在?空惆怅、相见无由。"借用南朝陈亡时徐德言与其妻乐昌公主破镜离散典故,说出自己与丈夫徐君当岳州城破后生离死别的悲剧命运,表达了对丈夫最后的深挚怀念。徐郎,借徐德言指自己的丈夫徐君,同姓而同命运,用典精切无伦,自见慧心。徐德言夫妻破镜犹得重圆,而她们夫妇死节已决。故女词人之用此古典,其情况之痛实过之百倍。"徐郎何在"?生死两茫茫,惆怅何其多。情变悲愤激烈而为凄恻低徊,其言之哀,不忍卒读。"从今后,梦魂千里,夜夜岳阳楼。"从今后,我的魂魄,要飞过几千里路,夜夜回到岳阳故土,回到夫君身边。从容决绝而又固执不舍,充分体现出能出世而仍入世、置生死于度外的传统文化精神。"夜夜岳阳楼"结笔于岳阳楼,意蕴遥深,亦当细细体味。

女词人在词中对自身被掳艰危之现实,着墨无多,而寄之以对文明的追思之中,对祖国沦亡亲人永别深致哀悼,写南宋文明之繁盛及横遭蹂躏。在回忆和反思中,下阕写徐郎何在与断魂千里,运用悬望与想象,表现了女词人远思之凌空超越。本词另一特点是意境之重、大、崇高。从历史文化悲剧写起,哀悼宋文明的衰亡,词境极为重大。词中表明自己死节之心,将祖国和个人的双重悲剧融汇,意境极为崇高。历代词评者对之给予很高的评价,刘永济在《唐五代两宋词简析》中的评价很有代表:"读其'此身未北,犹客南州'与'梦魂千里,夜夜岳阳楼'之句,知其有'生为南宋人、死为南宋鬼'之意。惜但传其词而逸其名胜,至香百年后无从得知此爱国女子之生平也。"

孙夫人

孙夫人，一说即孙道绚，生卒年月不详，号冲虚居士，人称孙夫人。福建建瓯（今福建建瓯）人，宋代女词人。约南宋高宗绍兴初年（1131）前后在世。孙夫人三十丧夫，守寡以终。生平所著文章诗词很多，造诣非凡。可惜晚年时焚毁无余。但有些作品流传人口，其子黄铢替母亲访寻，只得词数首。此词被收录在《绝妙诗词》里，是孙夫人作品里词意最浅显、却极有活力和情趣的一首。雪花被写得细致入微而处处皆见意趣。一说为郑文妻，文为秀州（今浙江嘉兴）人，太学生。

【原文】

风中情·闺情·销减芳容

销减芳容⁽¹⁾，端的为郎烦恼⁽²⁾。鬓慵梳、宫妆草草⁽³⁾。别离情绪，待归来都告。怕伤郎、又还休道。　　利锁名缰⁽⁴⁾，几阻当年欢笑。更那堪、鳞鸿信杳⁽⁵⁾。蟾枝高折⁽⁶⁾，愿从今须早。莫辜负、凤帏人老⁽⁷⁾。

【毛泽东圈评等情况】

毛泽东曾圈阅过这首《风中柳·销减芳容》。

[参考] 张贻玖：《毛泽东评点、圈阅的中国古典诗词》，中国工人出版社 1992 年版，第 253 页。

【注释】

（1）销减，消瘦。芳容，美好的容颜、仪态。宋柳永《玉蝴蝶》词："选得芳容端丽，冠绝吴姬。"

（2）端的，果真，的确。郎，旧时妻称夫或情人的昵称。

（3）鬓慵梳，懒得梳理鬓发。鬓，脸旁靠近耳朵的头发。慵，懒得动。宫妆，亦作"宫装"，宫中女子的妆束。唐高适《听张立本女吟》诗："危冠广袖楚宫妆，独步闲庭逐夜凉。"草草，匆忙仓促之状。唐李白《南奔书怀》诗："草草出近关，行行昧前筭。"

（4）利锁名缰，亦作名缰利锁，比喻名利束缚人就像缰绳和锁链一样。宋方千里《庆春宫》："人生如寄，利锁名缰，何用萦萦？"宋柳永《夏云峰》词："向此免名缰利锁，虚费光阴。"

（5）更那堪，更何况。鳞鸿信杳，鱼雁传来的书信没有踪影。鳞鸿，鱼雁，指书信。晋傅咸《纸赋》："鳞鸿附便，援笔飞书。"杳（yǎo），消失，不见踪影。宋林景熙《仙坛寺西林》诗："古坛仙鹤杳，野鹿自成群。"

（6）蟾枝高折，即蟾宫折桂。蟾宫，月宫。攀折月宫桂花，科举时代比喻应考得中。唐房玄龄等《晋书·郤诜传》："武帝于东堂会送，问诜曰：'卿自以为如何？'诜对曰：'臣鉴贤良对策，为天下第一，犹桂林之一枝，昆山之片玉。'"

（7）辜负，亏负，对不住。西晋陈寿《三国志·蜀志·张嶷传》"卫将军姜维率嶷等因简之资以出陇西"。裴松之注引晋陈寿《益部耆旧传》："臣当值圣明，受恩过量，加以疾病在身，常恐一朝陨没，辜负荣遇。"凤帏，闺中的帷帐。

【赏析】

《风中柳》，词牌名，又称为《谢池春》《玉莲花》《怕春归》《风可柳令》《卖花声》等。双调，六十六字，前后段各六句，四仄韵；亦有六十四字，五仄韵，以及六十四字。

这是一首闺情词，表达了女主人公对丈夫的深深思念和对正常爱情生活的追求。词的上阕写别离后的情景。"销减芳容，端的为郎烦恼。"开头二句先从女子容貌写起，以消瘦来表现人物的相思之苦。因为丈夫离家久久不归，女主人孤独寂寞，茶饭不思，睡眠不宁，身体日渐消瘦，昔日的花容月貌如今已是一副病态。"新来瘦，非干病酒，不是悲秋"（宋李清照《凤凰台上忆吹箫》）女主人的确是因为思念丈夫所致。然而，她依然是一片痴情，陷于深深的相思之中。这真是"衣带渐宽终不悔，为伊消得人憔悴"（宋柳永《凤栖梧》）。"鬓慵梳、宫妆草草"二句是从人物的神态着笔，显示出女主人公被离愁折磨的心绪烦乱、百无聊赖之状。女主人清晨起来，头发懒得梳，衣服匆忙穿上，无心修饰打扮，一副慵懒倦怠的样子。这种现象在古代妇女生活中是很常见的。宋李清照的词中"起来慵自梳头"（《凤凰台上忆吹箫》）、"髻子伤春懒更梳"（《浣溪沙》），就是以懒得梳头来表现女主人公的离情别绪。下边写女主人公的心理活动："别离情绪，待归来都告。"二句既是对上面内容的一个概括，也是为下文而做的一个虚设。一切相思之苦，离情别绪，寂寞之恨，难以尽言。她都把它装在自己心中，盼望着在重逢之日向丈夫尽情倾诉，然而"怕伤郎、又还休道"。真是"多少事，欲说还休"（宋李清照《凤凰台上忆吹箫》）。她思前想后，怕讲了会使丈夫伤心，最终还是决定把它压在心底，不说为好。上阕结尾几句，深刻而真实地刻画了女主人公细腻曲折的心理活动，表现了她的通情达理和对丈夫关怀备至、体贴入微的一片真情。清沈雄《古今词话·词品下卷》说："'怕伤郎、又还休道。'孙夫人《风中柳》句。"表示欣赏。

词的下阕从对方的现实着眼，揭示功名利禄对正常爱情生活的破坏。"利锁名缰，几阻当年欢笑。""利锁名缰"，比喻名利束缚人就像缰绳和锁链一样。此二句是说，丈夫是为求取功名进京的，功名利禄对于男子来说，是头等重要的大事，然而在词人眼里，它们不过像缰绳一样束缚人，使追求者丧失了生活中应有的欢乐和幸福："几阻当年欢笑。"它给男女双方的生活带来了严重的影响。一个要寒窗苦读，赴京应试，求取功名；一个则空闺独守，寂寞忧伤。本来应是甜甜蜜蜜、充满欢声笑语的夫妻生活，因此被耽搁了。"更那堪、鳞鸿信杳"一句是说，更何况，丈夫进京之后，久无音信。"蟾枝高折，愿从今须早。"二句是说，她急切地等待着丈夫高中、取得功名的消息早早归来，夫妻团圆。"莫辜负、风帏人老。"结末二句是说，他希望丈夫不要辜负自己的美好年华，使自己终老于家。女主人公的期盼是合理的，无可非议的，当然应当得到满足。此词从起句"销减芳容"到结拍"风帏人老"，既表示时间的延续，又表明相思的加深。以人物形象连贯始终，显示了作者在艺术构思上的匠心。明卓人月《词统》卷十说："'帏中'一作'凤帏'，帏中并男女有之，且同以帏人尤妙。"

这首词写女主人公的相思由表及里、由外入内、推己及人，全面而深入。情中有理，情深理透，真挚感人。作者对功名利禄的厌弃和对爱情胜的追求，在当时历史条件下具有一定的积极意义。清贺裳《皱水轩词筌》说："词家用意极浅，然愈翻则愈妙。如周清真《满路花》后半云：'愁如春后絮，来相接。知他那里，争信人心切。除共天公说。不成也，还似伊无个分别。'酷尽无聊赖之致。至陆放翁《一丛花》则云：'从今判了，十分憔悴，图要个人知。'其情加切矣。至孙夫人《风中柳》则更云：'别离情绪，待归来都告。怕伤郎、又还休道。'则又进一层。然总此一意也。正如剥蕉者，转入转深耳。"

【原文】

眉峰碧·蹙破眉峰碧

蹙破眉峰碧⁽¹⁾。纤手还重执⁽²⁾。镇日相看未足时⁽³⁾，忍便使鸳鸯只⁽⁴⁾！薄暮投村驿⁽⁵⁾。风雨愁通夕⁽⁶⁾。窗外芭蕉窗里人⁽⁷⁾，分明叶上心头滴。

【毛泽东圈评等情况】

毛泽东在读清朱彝尊、汪森编选《词综》卷二十四时，圈阅了这首《眉峰碧·蹙破眉峰碧》。

[参考] 张贻玖：《毛泽东评点、圈阅的中国古典诗词》，
中国工人出版社 1992 年版，第 252 页

【注释】

（1）蹙破，形容眉头紧皱。蹙，皱，收缩。眉峰，眉毛，眉尖。宋柳永《雪梅香》词："别后愁颜，镇敛眉峰。"碧，青绿色。古代女子用青黑色的颜料来画眉。

（2）纤手，指女子柔细的手。汉昭帝《淋池歌》："秋素景兮泛洪波，挥纤手兮折芰荷。"

（3）镇日，整天，从早到晚。南宋朱熹《邵武道中》诗："不惜容鬓凋，镇日长空饥。"相看，彼此对看，互相注视。南朝梁简文帝《对烛赋》："回照金屏里，脉脉两相看。"

（4）鸳鸯只，鸳鸯分飞，比喻夫妻离散。只，个，量词。鸳鸯，水鸟名，比鸭小，栖息于池沼之上，雌雄常在一起。民间传说和文学上用来喻夫妻；又用来称成偶的东西。以鸳鸯比作夫妻，最早出自西汉司马相如之笔。唐代诗人卢照邻《长安古意》诗，诗中有"愿做鸳鸯不羡仙"一句，赞美了美好的爱情，以后一些文人竞相仿效。

（5）薄暮，傍晚，太阳快落山的时候。战国楚屈原《楚辞·天问》："薄暮雷电，归何忧？厥严不奉，帝何求？"村驿，古代乡村驿站。宋翁卷《送徐评事赴省试》诗："马寒村驿暮，灯暖帝城春。"

（6）通夕，整夜。西汉刘安《淮南子·精神训》："病疵瘕者，捧心抑腹，膝上叩头，蹉蹁而谛，通夕不寐。"

（7）芭蕉，多年生草本植物。叶子很大，长椭圆形，花白色，果实跟香蕉相似。也指这种植物的果实。在诗人眼里，芭蕉常常与孤独忧愁，特别是离情别绪相联系。古人把伤心、愁闷借着雨打芭蕉一股脑儿倾吐出来，写下了许多脍炙人口的不朽诗篇。唐白居易《连雨》："风雨暗萧萧，鸡鸣暮复朝。碎声笼苦竹，冷翠落芭蕉。"

【赏析】

《眉峰碧》，即《卜算子》。又名《百尺楼》《楚天遥》等。双调，四十四字，上下片各两仄韵。两结亦可酌增衬字，化五言句为六言句，于第三字豆。

这是一首民间词。此词是市井之辈抒写羁旅行役之苦的，但并未直接描述旅途的劳顿，而是表达痛苦的离情别绪。在某种意义上，这种离别之苦比起劳碌奔波是更难以忍受的，当初与家人离别时的难忘情景至此时犹令主人公感到伤魂动魄。

词的上阕从抒情主人公对离别情形的追忆写起。"蹙破眉峰碧，纤手还重执"，开头二句，起句巧合题目，紧扣词意。加上"蹙破"二字，将那难堪的离愁一下子就凸显出来了，好像推出一个人物特写镜头：只见一位青春少妇，紧皱眉头，满目含愁，丈夫又一次紧握着她的纤柔的小手，不忍与她分别。开头两句写离情别绪简洁而又深刻，作者抓住人物具有特征性的表情和动作，准确生动地再现了她与丈夫分别的那一幕。此种写法，早已有之，北宋柳永《雨霖铃》中"执手相看泪眼，竟无语凝噎"，可以明显看出它的继承关系。从"镇日相看未足时"一句体味，很可能他们结合不久便初次离别，所以特别缠绵悱恻。蹙破眉峰，是妇女离别时的愁苦情状，从男子眼中看出；纤手重执，即重执纤手的倒文，从男子一方表达，而得上句映衬，双方依依难舍之情，宛然在目。以下"镇日相看未足时，忍便使鸳鸯只"，是男子分别在即所感，也是别后心中所蓄。他们不想分离，又不得不分离。这两句在矛盾中展示人物的内心世界，使离情别苦在无可奈何中达到高潮。

离别的情形是主人公在旅宿之时的追忆，词的下阕才抒写现实的感受，因为这次离别是他为了生计之类的逼迫忍心而去，故思念时便增加了后悔的情绪，思念之情尤为苦涩。"薄暮投村驿，风雨愁通夕"，一方面道出旅途之劳苦，另一方面写出了荒寒凄凉的环境。旅人为赶路程，直至傍晚才投宿在荒村的驿店里，一副寒伧行色表明他是社会下层的民众，在这荒村的驿店里，风雨之声令人难以入寐，离愁困扰了他一整个夜晚。"愁"是全词基调，紧密联系上下两阕词意。风雨之夕，愁人难寐，感觉的联想便很易与离愁相附着而被强化。"窗外芭蕉窗里人"本不相联系，但在特定的环境氛围中，由于联想的作用，"分明叶上心头滴"，雨滴落在芭蕉叶上在主人公的感觉里，就好似点点滴滴的痛苦落在心中。此种苦涩之情，令人伤痛不已。直爽明快，所表达的感情也就更加强烈。结句即使与唐宋文人作品比较，也可称之为名句。

该词在结构上，依据主人公的感情发展的顺序展开，突出离愁别苦，手法朴素简练，感情真挚强烈，在北宋词坛尤为流行。

金

词

高 宪

　　高宪（？—1210），字仲常，辽东（今辽宁辽阳）人，金代词人。金章宗完颜璟泰和三年（1203）进士，官至博州防御判官。他是诗人王庭筠的外甥，幼学于外婆家，诗笔字画，颇有舅氏之风，善诗能词。金完颜永济大安二年（1210），元兵破辽阳，高宪死于兵中。其作品传世较少。《中州集》存其诗八首，《中州乐府》收其词二首，词亦见《花草粹编》。

【原文】

贫也乐·城下路，凄风露

　　城下路，凄风露，今人犁田古人墓[(1)]。岸头沙[(2)]，带蒹葭，漫漫昔时流水今人家。　　黄埃赤日长安道[(3)]，倦客无浆马无草[(4)]。开函关[(5)]，闭函关[(6)]，千古如何不见一人闲。

【毛泽东圈评等情况】

　　毛泽东在读清朱彝尊、汪森编选《词综》卷二十六时，圈阅了这首《贫也乐·城下路》。

　　　　[参考] 张贻玖：《毛泽东评点、圈阅的中国古典诗词》，
　　　　　　　　中国工人出版社 1992 年版，第 253 页。

【注释】

　　（1）"今人"句，唐顾况《短歌行》："城边路，今人犁田古人墓。"

　　（2）"岸头沙"三句，唐顾况《短歌行》："岸上沙，昔时江水今人家。"蒹葭，一种像芦苇的草。漫漫，长貌、久貌。南朝宋范晔等《后汉书·蔡邕传》"宁子有清商之歌，百里有豢牛之事"。李贤注引《三齐记》

载宁戚歌曰："从昏饭牛薄夜半，长夜漫漫何时旦！"

（3）"黄埃"句，唐顾况《长安道》："长安道，人无衣，马无草。"黄埃，黄色的尘埃。南朝宋鲍照《芜城赋》："直视千里外，惟见起黄埃。"赤日，红日、烈日。唐杜甫《晚晴》诗："南天三旬苦雾开，赤日照耀从西来。"长安，长安地名始于秦朝，西汉、隋、唐等朝的都城，在今陕西西安一带。唐以后诗文中常用作都城的通称。唐李白《金陵》诗之一："晋家南渡日，此地旧长安。"

（4）倦客，客游他乡而对旅居生活感到厌倦的人。南朝宋鲍照《代东门行》："伤禽恶弦惊，倦客恶离声。"浆，古代一种微酸的饮料。《诗经·小雅·大东》："或以其酒，或以其浆。"

（5）函关，即函谷关，在今河南灵宝东北，因其路在谷中，故名。函关为战国秦之东方门户，时平则开，时乱则闭。

（6）闭，一作"掩"。

（7）千古，久远的年代。北魏郦道元《水经注·睢水四》："追芳昔娱，神游千古，故亦一时之盛事。"

【赏析】

《贫也乐》，词牌名，又名《小梅花》《将进酒》《行路难》。《词谱》以贺铸《将进酒·城下路》为正体，双调一百十四字，前后段各十句。高宪词有"须信在家贫也乐"句，名《贫也乐》。一百十四字者，即五十七字体再加一叠。

此词是作者在饱经人生忧患之后对历史、社会的沉思和对人生的抉择。这首词通过叙写沧桑巨变之景和世人追名逐利之苦，抒发了作者无限的感伤情绪。

词的上阕写沧桑巨变。自然界的变化，一般比人事变化迟缓。如果自然界都发生了变化，那人事变化之大就可想而知了。沧海桑田的典故，就是说的这种情况。"城下路，凄风露，今人犁田古人墓。岸头沙，带兼葭，漫漫昔时流水今人家。"这首词上阕六句，就自然与人事两方面合写。词句用唐顾况《悲歌》"边城路，今人犁田昔人墓；岸上沙，昔时流水今人家"，而略加增改。前三句写陆上之变化，墓已成田（用《古诗》"古墓犁为田"之意），有人耕；后三句写水中之变化，水已成陆，有人住。上面六句就是由顾况这些诗句增改而成，写自然和人事无常，古今变化之大。

词的下阕写追名逐利之人的劳苦及为之发出的感叹。沧海巨变，人事无常，人们见此情景就该淡泊名利而清醒了吧？然而，那些追名逐利的人依旧在不顾一切地奔波。"黄埃赤日长安道，倦客无浆马无草。"二句也从顾况《长安道》"长安道，人无衣，马无草"来，接得十分陡峭。看了墓成田，水成陆，人们依旧为了自己的打算，不顾一切地奔忙着。"开函关，闭函关，千古如何不见一人闲？"结末三句说说，函谷关是进入长安的必由之路。关开关掩，改朝换代，然而长安道上还是充满了人渴马饥的执迷不悟之徒。歇拍用一问句收束，讥讽之意自见。

此词是一篇以怀古伤今的作品，但所咏史事，并非某一历史事件，而是一种在古代社会中带有普遍性的历史现象；所咏怀抱，也并非与这一历史现象相契合，而是与之相对立，所以与多数的咏史即咏怀的作品的格局、命意都有所不同。作者以愤慨、嘲弄的词来描写历史上那些追名逐利、蝇营狗苟、热衷权势、贪得无厌之徒，表达了自己超然物外淡泊名利的襟怀。

这首词选自清朱彝尊、汪森编选的《词综》。然而，《全金元词》认为此词是北宋词人贺铸之作，未选入高宪的作品，实际上这首词是贺铸《将进酒·小梅花》的上阕。

王 碏

王碏（约1126—1203），字逸宾，号遗安先生，汴梁（今河南开封）人。以先世临洺人，故自称洺川。自幼颖悟绝群，初学诗于伯父王震，落笔惊人，未几，诗名大震。加之孝于亲、友于弟、诚于人、笃于己，远近论品行，必曰王逸宾。博学能文，而不就科举。孟宗献、冯璧、赵沨皆师尊之。及数人相继魁天下，而王碏之道益尊，名益重。金章宗明昌末，诏举德行才能之士，五百人荐其孝义忠信文章为世师表，特赐同进士，授亳州主簿，即乞致仕。赵秉文曾集党怀英、赵沨、路铎、刘昂、尹无忌、周昂及王碏七人诗刻梓以传，名之曰《明昌诗人雅制》，称"其诗冲淡简洁似韦苏州，嘲戏风月，一言不及也"（《遗安先生言行碣》，《滏水集》卷一一）。《中州集》卷四录其诗十三首，《中州乐府》录其词一首。

【原文】

浣溪沙·梦中作·林樾人家急暮砧

林樾人家急暮砧[1]。夕阳人影入江深[2]。倚阑疏快北风襟[3]。　　雨自北山明处黑，云随白鸟去边阴[4]。几多秋思乱乡心[5]。

【毛泽东圈评等情况】

毛泽东在读清朱彝尊、汪森编选《词综》卷二十六时，圈阅了这首《浣溪沙·林樾人家急暮砧》。

[参考] 张贻玖：《毛泽东评点、圈阅的中国古典诗词》，中国工人出版社1992年版，第253页。

【注释】

（1）林樾，林木，林间隙地。唐皮日休《桃花坞》诗："禽缘度南岭，尽日寄林樾。"暮砧，傍晚捣衣的砧声。砧，捣衣石。唐杜甫《秋兴》诗之一："寒衣处处催刀尺，白帝城高急暮砧。"

（2）夕阳，即傍晚的太阳。

（3）倚阑疏快北风襟，依着阑干，北风吹动衣襟，使人感到畅快。阑，阑干，即栏杆。疏快，亦作"疎快"。唐杜甫《有客》诗："患气经时久，临江卜宅新。喧卑方避俗，疏快颇宜人。"襟，衣服的胸前部分，衣襟。

（4）白鸟，白羽的鸟，鹤、鹭之类。《诗经·大雅·灵台》："麀鹿濯濯，白鸟翯翯。"

（5）几多，多少。唐李商隐《代赠》诗之二："总把春山扫眉黛，不知供得几多愁！"秋思，秋日寂寞凄凉的思绪。唐沈佺期《古歌》："落叶流风向玉台，夜寒秋思洞房开。"乡心，思念家乡的心情。唐刘长卿《新年作》诗："乡心新岁切，天畔独潸然。"

【赏析】

写思乡的词，古往今来真不知有多少！然而金人王礎的这首《浣溪沙》不但没有模仿的痕迹，而且明显地表现了自己的独到之处。李白的思乡是在静夜，所谓"举头望明月，低头思故乡"（《静夜思》），杜甫的思乡是在深秋，所谓"丛菊两开他日泪，孤舟一系故园心"（《秋兴》）。王礎的思乡却不在夜晚，也不值深秋，而是梦中，所谓"日有所思，夜有所梦"，这种典型环境的选择，不能不说别具一番特色。

词以《梦中作》为题，按欧阳修《梦中作》诗云"酒阑无奈客思家"，此词主旨亦近于此，言思乡之情切也。这首词记的是梦中所见，词中没有过度的铺陈和渲染，用近于白描的手法，着眼于梦中的景物，写来亲切感人。全篇初看似乎全为写景，仔细玩味，又觉实则句句关情，寓情于景，以景衬情，情景交融，表达了词人深挚细腻的思乡情怀。

词的上阕，从词的内容上看，"林樾人家急暮砧。夕阳人影入江深。"起首二句，首先为我们描摹了一幅动着淡淡乡愁的水墨画：暮霭苍茫中，几个农家村舍掩映在片片浓郁苍翠的树阴下，袅袅的炊烟此时也渐渐地升起来了，清澈的江水绕着小村缓缓地流过，江边传来村妇阵阵急切的捣衣声；夕阳的余晖洒向江面，点点的波光中，帆船渐行渐远，只有三五个隐约晃动的人影迈向归家的小路，他们大概就是暮归的渔人吧？这是一幅多么悠闲恬静的乡村暮色图呀！久未归去的家乡，现在大概就是这样的吧？"倚阑疏快北风襟"，在这静静的暮色图中，此刻正有一人，倚着栏杆，凝神伫立，默默无语，任凭北风吹起了他的衣襟却浑然不觉。此刻他在想什么？是否被这眼前的图画引起了一缕淡淡乡愁？异乡的游子啊，此刻只能梦回故乡！

如果说上片描绘的是一幅静穆的画面，那么下片则由静至动，进一步描摹倏忽万变的梦境。"雨自北山明处黑，云随白鸟去边阴"，换头处二句是说：夕阳西下，忽然山雨骤来，顿时刚刚还被夕阳的余晖所照亮的天际变得一片黑暗；鸟儿纷纷入巢，云儿也被黑暗所渐渐淹没，人们也已回到了温暖的家，一时间，天地间只剩下仍旧凭栏远眺的游子，独自面对忽至的风雨，思念远方的家乡和亲人。至此，虽仍是写景，但却句句是情，处处寓含着旅人的乡愁别绪与孤单寂寞。此时当真是"几多秋思乱乡心"了！较之李白的"举杯浇愁愁更愁"更别具一番隐忍婉曲的愁滋味，读来不禁使人有如身临其境之感。这最末一句，即是总领全篇的主线，又使感情的积蓄达到了高潮，揭示了全篇的主旨。实乃点睛之笔。

从艺术手法上看，这首词采用了白描的手法，明白如画，于平淡中见真情，似芳谷幽兰，淡雅而有韵味。全词仅六句，却能情景相生，对内心波澜作如此深入的观照，其运思用笔是颇值得取法的。

吴 激

吴激（1090—1142），字彦高，自号东山散人，建州（今福建建瓯）人，宋、金代书画家。北宋宰相吴栻之子，书画家米芾之婿，善诗文书画，所作词风格清婉，多家园故国之思，与蔡松年齐名，时称"吴蔡体"，并被元好问推为"国朝第一作手"。

吴激有文名，书法俊逸，绘画得其岳父米芾笔意。北宋钦宗靖康二年（1127），奉命使金，次年金人攻破东京，金人慕其名，强留不遣，命为翰林待制。天会十四年十月，为高丽王生日使，出使高丽。金皇统二年（1142）出知深州（今河北深州），到官三日卒。诏赐其子钱百万、粟三百斛、田三顷以周其家。吴激词多作于留金以后。篇数虽不多，皆精微尽善，虽多用前人句，其剪裁点缀，若皆天成。今存二十余首，题材不广，但工于写景。吴激为金初词坛盟主。他的《诉衷情》《满庭芳·谁挽银河》等造语清婉，哀而不伤，在当时曾脍炙人口，其《人月圆》总括前人诗语，自然得体。存诗收入《中州集》，词收入《全金元词》。赵万里《校辑宋金元人词》辑为《东山乐府》一卷。《金史》卷一二五有传。

【原文】

人月圆·宴张侍御家有感·南朝千古伤心事

南朝千古伤心事[1]，犹唱《后庭花》[2]。旧时王谢、堂前燕子，飞向谁家[3]。　　恍然一梦[4]，天姿胜雪[5]，宫髻堆鸦[6]。江州司马[7]，青衫泪湿，同是天涯。

【毛泽东圈评等情况】

毛泽东在读清朱彝尊、汪森编选《词综》卷二十六时，圈阅了这首《人月圆·南朝千古伤心事》。

[参考] 张贻玖：《毛泽东评点、圈阅的中国古典诗词》，
中国工人出版社 1992 年版，第 253 页。

毛泽东曾用本词末三句批注唐白居易《琵琶行》："江州司马，青衫泪湿，同是天涯。作者与琵琶演奏者有平等心情。白诗高处在此不在他处，岂然岂其然乎？"

[参考] 中央档案馆整理：《毛泽东评点诗词曲精选》（上册），
中央档案出版社 1998 年版，第 50 页。

【注释】

（1）南朝，我国南北朝时期，宋、齐、梁、陈四个朝代的总称。唐杜牧《江南春绝句》："南朝四百八十寺，多少楼台烟雨中。"此指位于南方的南宋。《宣和遗事·后集》："金人已渡河，乃呼曰：'使南朝若遣二千人守河，我辈怎生得渡哉！'"

（2）犹，还，一作"还"。《后庭花》，乐府清商曲吴声歌曲名。唐为教坊曲名。本名《玉树后庭花》，南朝陈后主制。其辞轻荡，而其音甚哀，故后多用以称亡国之音。唐杜牧《泊秦淮》诗："商女不知亡国恨，隔江犹唱《后庭花》。"

（3）旧时王谢二句，当年王导、谢安檐下的燕子，如今已飞进寻常百姓家中。旧时，晋代。王谢，王导、谢安，晋相，世家大族，贤才众多，皆居巷中，冠盖簪缨，为六朝（吴、东晋、宋、齐、梁、陈先后建都于建康即今之南京）巨室。至唐时，则皆衰落不知其处。寻常，平常。唐刘禹锡《乌衣巷》："朱雀桥边野草花，乌衣巷口夕阳斜。旧时王谢堂前燕，飞入寻常百姓家。"

（4）恍然一梦，恍然，仿佛。宋韩驹《题画太一真人》诗："恍然坐我水仙府，苍烟万顷波郯郯。"

（5）天姿胜雪，一作"仙肌胜雪"。天姿，姿容，常指美艳的姿色。

西晋陈寿《三国志·魏志·明帝纪》"癸丑，葬高平陵"。裴松之注引晋孙盛曰："闻之长老，魏明帝天姿秀出，立发垂地。"胜雪，南唐李煜《玉楼春》："晚妆初了明肌雪，春殿嫔娥鱼贯列。"

（6）宫鬟堆鸦，指宫女美丽的黑色鬟发。古乐府《西洲曲》："双鬟鸦雏色。"

（7）"江州司马"三句，化用唐白居易《琵琶行》"坐中泣下谁最多，江州司马青衫湿"句意。按：当时白居易官江州司马。

【赏析】

《人月圆》，词牌名，又名《人月圆令》《青衫子》《青衫湿》。以王诜《人月圆·元夜》为正体，双调四十八字，前段五句两平韵，后段六句两平韵。另有双调四十八字，前后段各五句、两平韵；双调四十八字，前段五句三仄韵，后段五句两仄韵变体。代表作品有吴激《人月圆·宴张侍御家有感》等。

皇统二年（1142）夏至日，应北人张侍御的邀请，宇文虚中、吴激、洪皓等南朝词客会饮其家。席间主人出侍儿歌词以侑酒助兴，中有一人意状摧抑可怜，因靖康之难被俘流北，最终沦为张侍御家婢。众人有感于其不幸的遭遇，遂发而为词，各赋一曲。其中宇文虚中《念奴娇》先成，及见吴彦高《人月圆》词，宇文虚中为之大惊，推为第一。

《人月圆·宴张侍御家有感》是金代词人吴激所作。此词分上下两阕，上阕秋夜即景抒情，慨叹沧桑之变；下阕因人及己，有感百味之情。这首词化用前人成句，浑然天成，发抒亡国之恨故国之情，热烈而又蕴藉。

"南朝千古伤心事，犹唱《后庭花》。"开头两句化用了唐代诗人杜牧《泊秦淮》中的诗句："商女不知亡国恨，隔江犹唱后庭花。"杜牧写《泊秦淮》是咏史，亦有讽喻之意，即提醒唐王朝的统治者们不要沉迷于灯红酒绿之中而导致覆亡。吴激用杜诗则不仅在于提醒什么人，而是在反映现实的情与景。大而言之，它是反映宋家王朝。宋室皇帝徽宗、钦宗已经荒淫误国了，宋高宗赵构已经偏安江左了，可他们不思复兴，却仍然西湖歌舞不绝，把杭州当作汴州，痴迷地寻欢作乐，如此可悲可憎可叹。小而言之，则也是写眼前的宴会，故国已破而犹在宴饮，也是在苟且偷生。"旧时王谢，堂前燕子，飞向谁家"借用了唐代刘禹锡《乌衣巷》的诗句："旧时王谢堂前燕，飞入寻常百姓家。"王、谢是东晋南朝世居金陵的名门望族，以后随着朝代的更替而衰落。刘禹锡用这个典故抒发的是一种沧海桑田之变的兴亡之感，而吴激的化用则表达了一种民族之耻、亡国之恨。在作者看来，金人南下，这不是朝代更迭，而是异族入侵，国已不国，因此，王谢堂前的燕子在改朝换代之交还可以"飞入寻常百姓家"，而国家灭亡之后，它们又何以落脚，谁以为家呢？这里倾吐的故国之思与首句相比，悲情更浓了几许。

　　词的下片则专写宴上情景。"恍然一梦，天资胜雪，宫髻堆鸦。"这里，"恍然一梦"具有承上启下的作用。山河破碎，宋室衰落，如恶梦一般，令人恍惚、惊诧；而宋室宫女在金地起舞，也如在梦中，恍恍惚惚，难以置信。然而，难以置信却又不得不信。那些被掳的宋家宫女就在眼前，她们肤色细嫩，洁白胜雪，发髻黑亮，美若天仙。可如今却沦为专供金地宴饮场上娱乐之用的玩偶。她们的泪水在肚里流淌，还得强颜欢笑，轻歌曼舞。这是何等的可悲、何等的凄惨啊！面对此情此景，看客也不免伤感起来。于是，接下去自然唱出"江州司马，青衫泪湿，同是天涯！"这三句化出于唐白居易《琵琶行》中的"同是天涯沦落人，相逢何必曾相识"和"座中泣下谁最多，江州司马青衫湿"。白诗中的"江州司马"是诗人的自称，这里则是词人的自比。舞者、观者产生了共鸣，出现了同悲，是因为有着同一的遭遇，即故国沦陷后羁留于金国。这便与上阕呼应起来，"旧时王谢，堂前燕子"，今时沦为亡国奴。这里的化用非常凝练，又非常自然贴切，颇能激发读者的想象和沉思，使家愁国恨的流露更为浓烈，更能震撼人心。该词通篇借用唐人诗句借景抒情，笔姿盘旋空灵、唱叹有情。因有一两句实写，而不致使人感到扑朔迷离。词人抚今追昔，而有恍如隔世之感。

　　该词特色独具，可谓正是"感慨中饶抑郁"。一腔爱国激情，伤世愁怀，被词人表现得曲折而又有节致。首句如中流砥柱，力有千钧，揭出全篇主旨，接着思致趋缓，转回现实，点及自身，也是纤徐曲折，末句"同是天涯"，无奈中显沉重，词人的优愤在一唱三叹之中，显得更为深广。词中情感如长江大河，开始迅急，转了几个弯，看似平静，却在蕴蓄着更大的力量，最后奔出峡口，挟风雷之势奔向云水苍茫之处。

这首词情韵兼胜，连当时的词坛盟主、和吴激一样出使金国而被羁留的宇文虚中看后都心悦诚服："是后人有求作乐府者，叔通（宇文虚中字）即批云'吴郎近以乐府名天下，可往求之'。"正如清赵翼所说："诗人不幸诗家幸，赋得沧桑句便工。"家国不幸，遭此乾坤之劫；江山有幸，留此不朽之篇。该曲的成功，既有其内在的原因，也有其外在的动因，这些因素共同铸就了吴激《人月圆》在词史上的盛名。

段克己

段克己（1196—1254），字复之，号遁庵，别号菊庄，绛州稷山（今山西稷山）人，金代文学家。早年与弟成己并负才名，赵秉文目之为"二妙"，大书"双飞"二字名其居里。哀宗时与其弟段成己先后中进士，但入仕无门，在山村过着闲居生活。金亡，避乱龙门山中（今山西河津黄河边），时人赞为"儒林标榜"。蒙古汗国时期，与友人遨游山水，结社赋诗，自得其乐。元宪宗四年卒，年五十九。工于词曲，有《遁斋乐府》。

段克己为河汾诗派作者，兼擅填词，存世作品中一些诗词，写故国之思，颇有感情。然而写得最多的还是山光水色和隐逸生活。虽只是生活片断的记录，但也可以看出他是安于淡泊和有劳动体会的。前人称段克己的作品骨力坚劲，意致苍凉。在继承文学传统方面，他受苏、辛的影响比较明显。其弟段成己，字诚之，号菊轩，也有文名，诗词风格与克己相近。金代赵秉文以"二妙"相誉，后人编他们的合集时，称《二妙集》。《二妙集》八卷，有吴昌绶双照楼影元刊本。又有海丰吴氏《九金人集》本，增《补遗》一卷。二本文字间有不同。词亦见《强村丛书》和《全金元词》。

【原文】

水调歌头·乱云低薄暮　并序

癸卯八月十七日⁽¹⁾，逆旅平阳⁽²⁾，夜闻笛声，有感而作。

乱云低薄暮⁽³⁾，微雨洗清秋⁽⁴⁾。凉蟾乍飞破镜⁽⁵⁾，倒影入南楼⁽⁶⁾。水面金波滟滟⁽⁷⁾，帘外玉绳低转⁽⁸⁾，河汉截天流⁽⁹⁾。桂子堕无迹⁽¹⁰⁾，爽气袭征裘⁽¹¹⁾。　广寒宫⁽¹²⁾，在何处？可神游⁽¹³⁾！一声羌管谁弄⁽¹⁴⁾？吹彻古《梁州》⁽¹⁵⁾。月自与人无意，人被月明催老，今古共悠悠⁽¹⁶⁾。壮志久寥落⁽¹⁷⁾，不寝数更筹⁽¹⁸⁾。

【毛泽东圈评等情况】

毛泽东在读清朱彝尊、汪森编选《词综》卷三十六时，圈阅了这首《水调歌头·乱云低薄暮》。

[参考] 张贻玖：《毛泽东评点、圈阅的中国古典诗词》，
中国工人出版社 1992 年版，第 253 页。

【注释】

（1）癸卯，金哀宗完颜守绪天兴三年，即公元 1243 年。

（2）逆旅，客舍旅馆。春秋鲁左丘明《左传·僖公二年》："今虢为不道，保于逆旅。"杜预注："逆旅，客舍也。"平阳，古代地名，一说古帝尧所都，今山西临汾市。

（3）乱云，纷乱的云。南朝梁王筠《望夕霁》诗："连山卷乱云，长林息众籁。"薄暮，傍晚，太阳快落山的时候。战国楚屈原《楚辞·天问》："薄暮雷电，归何忧？厥严不奉，帝何求？"

（4）清秋，明净爽朗的秋天。晋殷仲文《南州桓公九井作》诗："独有清秋日，能使高兴尽。"

（5）凉蟾（chán），指秋月。唐李商隐《燕台诗·秋》："月浪衡天天宇湿，凉蟾落尽疏星入。"传说中月中有蟾蜍，即癞蛤蟆，故云。破镜，喻残月。

（6）倒影，亦作"倒景"。指天上最高处，日月之光反由下上照，而于其处下视日月，其影皆倒，故称天上最高的地方为"倒影"。西汉司马迁《史记·司马相如列传》："贯列缺之倒景兮，涉丰隆之滂沛。"裴骃集解："列缺，天闪也。倒景，日在下。"南楼，在南面的楼。南朝宋谢灵运有《南楼中望所迟客》诗："登楼为谁思？临江迟来客。"

（7）金波，月光。东汉班固《汉书·礼乐志》："月穆穆以金波，日华耀以宣明。"颜师古注："言月光穆穆，若金之波流也。"滟滟，水光之状，形容水波闪动的样子。南朝梁何逊《望新月示同羁》诗："的的与沙静，滟滟逐波轻。"

（8）玉绳，星名，常泛指群星。南朝梁萧统《文选·张衡〈西京

赋〉》："上飞而仰眺，正睹瑶光与玉绳。"李善注引《春秋元命苞》曰："玉衡北两星为玉绳。"

（9）河汉，指银河。《古诗十九首·迢迢牵牛星》："河汉清且浅，相去复几许。"

（10）桂子，桂花，是对桂花拟人化的爱称。桂子称谓常见于文学作品中。唐宋之问《灵隐寺》诗："桂子月中落，天香云外飘。"

（11）征裘，远行人所穿的皮衣。元范梈《赠李山人》诗："昔向贵溪寻讲鼓，又从蓟郡揽征裘。"

（12）广寒宫，传说唐玄宗于八月望日游月中，见一大宫府，榜曰："广寒清虚之府。"见旧题唐柳宗元《龙城录·明皇梦游广寒宫》。后因称月中仙宫为"广寒宫"。唐鲍溶《宿水亭》诗："夜深星月伴芙蓉，如在广寒宫里宿。"

（13）神游，形体不动而心神向往，如亲游其境。战国郑列御寇《列子·黄帝》："昼寝而梦游于华胥氏之国。华胥氏之国在弇州之西，台州之北，不知斯齐国几千万里，盖非舟车足力之所及，神游而已。"

（14）羌管，即羌笛，古代的管乐器。羌族簧管乐器，双管并在一起，每管各有六个音孔，上端装有竹簧口哨，竖着吹。因出于羌中，故名。唐李商隐《和郑愚赠汝阳王孙家筝妓二十韵》："羌管促蛮柱，从醉吴宫耳。"

（15）《梁州》，唐教坊曲名，后改编为小令。唐顾况《李湖州孺人弹筝歌》："独把《梁州》凡几拍，风沙对面胡秦隔。"

（16）悠悠，久长，久远。战国楚宋玉《楚辞·九辩》："去白日之昭昭兮，袭长夜之悠悠。"

（17）壮志，豪壮的志愿、襟怀；伟大的志向。南朝宋范晔等《后汉书·党锢传·张俭传论》："而张俭见怒时王，颠沛假命，天下闻其风者，莫不怜其壮志，而争为之主。"寥落，衰落，衰败。东晋陶潜《和胡西曹示顾贼曹》："悠悠待秋稼，寥落将赊迟。"

（18）更筹，古代夜间报更用的计时竹签。南朝梁庾肩吾《奉和春夜应令》诗："烧香知夜漏，刻烛验更筹。"借指时间。唐李福业《岭外守岁》诗："冬去更筹尽，春随斗柄回。"

【赏析】

这首词小序说："癸卯八月十七日，逆旅平阳，夜闻笛声，有感而作。"点名了时间是公元 1243 年，地点是平阳（今山西临汾市）旅馆。作者在那里作客，一天夜里听到有人吹笛子，有所感想而作此词。

词的上阕写月夜之景。先从视觉入手："乱云低薄暮，微雨洗清秋。"天空乌云密布，暮霭沉沉，一阵蒙蒙细雨把秋天的夜空冲洗得清凉宜人。"凉蟾乍飞破镜，倒影入南楼。"接着两句，用"凉蟾"指代月亮。写雨过云破，月亮突然从乌云的空隙中露出半个脸面，把光束投到南面的楼台上。"水面金波滟滟，帘外玉绳低转，河汉截天流"三句，写云散天净，夜空明朗清澈。"玉绳"，星名。"河汉"，即银河。明亮的月亮照在水上，水波闪动不已，这是俯视所见之景。抬头远望天空，星斗已经渐渐低转，银河已经横贯天空，慢慢流淌。明亮的月光、闪烁的星斗，给夜色增添了无限生机。这是仰观所见景色。"桂子堕无迹，爽气袭征裘"二句是说，桂花已经落尽，点明时届中秋，秋高气爽，即使穿着远行人所穿的皮衣，在夜里已感到非常凉爽了。这是诉诸触觉。

词的下阕抒写自己寂寞冷落的情怀。月夜景色的美好，使作者情不自禁地发出神游月宫的遐想："广寒宫，在何处？可神游！""广寒宫"，即月中仙宫。"神游"，形体不动而心神向往，如亲游其境。三句是说，广寒宫，在什么地方呢？当然作者知道，它是一个可望而不可即的所在，所以只能神游遐想而已。下面对月抒情。"一声羌管谁弄？吹彻古《梁州》。"二句中的"羌管"，就是羌笛，古代的管乐器。双管并在一起，每管各有六个音孔，上端装有竹簧口哨，竖着吹。因出于羌中，故名。唐李商隐《和郑愚赠汝阳王孙家筝妓二十韵》："羌管促蛮柱，从醉吴宫耳。""《梁州》"，唐教坊曲名。后改编为小令。唐顾况《李湖州孺人弹筝歌》："独把《梁州》凡几拍，风沙对面胡秦隔。"二句与小序中"夜闻笛声"相应。"月自与人无意，人被月明催老，今古共悠悠。"三句抒情，是说月亮自有阴晴圆缺，本与人们无关，而人们被明亮的月光催促老去，从古至今很久都是这样。"壮志久寥落，不寝数更筹。"更筹，古代夜间报更用的计时竹签。借指时间。结末二句是说，我那伟大的志向，很久以前就衰落了，月夜闻羌管之声，而不能入睡，只有数更筹来打发时间了。作者发出无限的感慨。

词的上阕写景，细致逼真；下阕抒情，情感浓郁。全词情景交融，层次井然，颇具感染力。

【原文】

渔家傲·龙尾沟边飞柳絮

龙尾沟边飞柳絮[1]。虎头山下花无数[2]。花底醉眠留杖屦[3]。花上露。随风散漫飘香雾[4]。　　老去逢春能几度[5]。不妨且作风流主[6]。明日不知风共雨。回首处。夕阳又下西山去[7]。

【毛泽东圈评等情况】

毛泽东在读清朱彝尊、汪森编选《词综》卷二十六时，圈阅了这首《渔家傲·龙尾沟边飞柳絮》。

[参考] 张贻玖：《毛泽东评点、圈阅的中国古典诗词》，

中国工人出版社1992年版，第253页．

【注释】

（1）龙尾，河堤防洪之物。伐大树连梢，置之堤旁。柳絮，柳树的种子。有白色绒毛，随风飞散如飘絮，因以为称。南朝梁庾肩吾《春日》诗："桃红柳絮白，照日复随风。"

（2）虎头山，是一山的名称。在中国各地有多处名为"虎头山"的山脉。

（3）醉眠，喝醉酒睡着了。杖屦（jù），手杖与鞋子。古礼，五十岁老人可扶杖；又古人入室鞋必脱于户外，为尊敬长辈，长者可先入室，后脱鞋。

（4）香雾，指雾气。唐杜甫《月夜》诗："香雾云鬟湿，清辉玉臂寒。"仇兆鳌注："雾本无香，香从鬟中膏沐生耳。"此指带着花香的雾气。

（5）老去，人渐趋衰老。唐杜甫《往在》诗："归号故松柏，老去苦飘蓬。"逢春，遇到了春天，又恢复了活力。比喻垂危的病人或事物重新获得生机。几度，虚指，几次、好几次之意。

（6）风流主，即风流人，指超凡脱俗而好风雅的人。唐房玄龄等《晋书·外戚传·王濛》："简文帝之为会稽王也，尝与孙绰商略诸风流人，绰言曰：'刘惔清蔚简令，王濛温润恬和。'"陶氏影印原本《遁安乐府》作"风光主"。

（7）夕阳，即傍晚的太阳。晋庾阐《狭室赋》："南羲炽暑，夕阳傍照。"

【赏析】

《渔家傲》，词牌名。又名《渔歌子》《渔父词》等。原为北宋年间流行歌曲，声律谐婉。始见于北宋晏殊《渔家傲·画鼓声中昏又晓》，因词中有"神仙一曲渔家傲"句，便取"渔家傲"三字作为词牌名。以晏殊词《渔家傲·画鼓声中昏又晓》为正体，双调六十二字，前后段各五句，五仄韵。另有六十二字四仄韵一叠韵，六十二字两平韵三叶韵，六十六字五仄韵的变体。代表作有范仲淹《渔家傲·秋思》等。

这首词写作者因春而生的闲愁，表现出作者留恋春光的情感。词分上下两阕。

词的上阕写春浓之景。"龙尾沟边飞柳絮。虎头山下花无数。"这两句写作者所见之春景：春意正浓时节，龙尾沟边柳絮漫天飞舞，虎头山下山花烂漫，好一派艳丽迷人的春光。"花底醉眠留杖屦"一句中的"杖屦"，手杖与鞋子。古礼，五十岁老人可扶杖；又古人入室鞋必脱于户外，为尊敬长辈，长者可先入室，后脱鞋。西汉戴胜《礼记·曲礼上》："侍坐于君子，君子欠伸，撰杖屦，视日蚤莫，侍坐者请出矣。"郑玄注："撰犹持也。"孔颖达疏："撰杖屦者，则君子自执杖，在坐著屦。"写作者眷恋春光之态，眷恋赏花，把酒酬春，而醉眠于鲜花之下。"花上露。随风散漫飘香雾。"这两句从作者的视角和嗅觉着笔，写作者酒醒之后，看到百花上晶莹的露珠，闻到带着花香随风飘散的香雾，空气中弥漫着醉人的馨香。一个"雾"字，既状写了"花上露"随风飘散之状，又表明山花遍野之景。不然，那弥漫山野的"香雾"何以形成？烂漫的山花、晶莹的露珠、阵阵的春风、腾腾的香雾，一派奇幻美妙的春景，令人眼花缭乱，醉心向往。

词的下阕写因春之感。尽管春和景明，百花吐芳，但是隐居深山的作者的敏感心灵，却已为自己的垂暮之年而生愁。于是发出"老去逢春能几度。不妨且作风流主"的感慨。老之将至，孤寂愁苦，然又生不逢时，那就做个超凡脱俗而好风雅的人，姑且在吟诗饮酒的风韵和情趣中获得精神上的安慰吧！"明日不知风共雨"一句，写作者尽管慰藉自己，然而爱春之情甚深，想到明日风雨俱来，这花或已凋谢，春光依然离去，闲愁仍然排解不去。"回首处。夕阳又下西山去。"结末二句，写恋春惜春之意。作者闲愁未除，蓦然回首，又见夕阳落下西山去。时已黄昏，真是"旧愁未断新愁又"。

这首词写景自然、真切；抒情深沉、动人。情因景生，情思绵绵，情景浑然，委婉地表达了作者隐居不仕、生活孤寂而颇怀故国沦亡的沉郁情思。

【原文】

渔家傲·诗句一春浑漫与

诗句一春浑漫与[1]，纷纷红紫但尘土[2]。楼外垂杨千万缕[3]，风荡絮[4]，阑干倚遍空无语[5]。　　毕竟春归何处所，树头树底无寻处。唯有闲愁将不去[6]，依旧住，伴人直到黄昏雨[7]。

【毛泽东圈评等情况】

毛泽东在读清朱彝尊、汪森编选《词综》卷二十六时，圈阅了这首《渔家傲·诗句一春滚浑漫与》。

[参考] 张贻玖：《毛泽东评点、圈阅的中国古典诗词》，中国工人出版社1992年版，第253页。

【注释】

（1）浑，简直，全。漫与，一作"漫赋"，犹言随便对付。语出唐杜甫《江上值水如海势聊短述》诗："老去诗篇浑漫与，春来花鸟莫深愁。"

（2）红紫，红花与紫花，指落花。唐韩愈《晚春》诗："草木知春不久归，百般红紫斗芳菲。"

（3）垂杨，垂柳，古诗文中杨柳常通用。南朝齐谢朓《隋王鼓吹曲·入朝曲》："飞甍夹驰道，垂杨荫御沟。"

（4）荡絮，一作"落絮"，飘飞的柳絮。

（5）阑干，亦作"栏干"，以竹、木等做成的遮拦物。南朝梁王筠奉和皇太子《忏悔应诏》："睿艳似烟霞，栏杆若珠琲。"唐李白《清平调词》之三："解释春风无限恨，沉香亭北倚阑干。"

（6）闲愁，无端无谓的忧愁。唐张碧《惜花》诗之一："一窖闲愁驱不去，殷勤对尔酌金杯。"

（7）黄昏，日已落而天色尚未黑的时候。战国楚屈原《楚辞·离骚》："曰黄昏以为期兮，羌中道而改路。"唐李商隐《乐游原》诗："夕阳无限好，只是近黄昏。"

【赏析】

这首词抒写了因花落春去而产生的闲愁，表现了词人恋春惜春的绵绵情思。此词从眼前春景，抒写惜春情绪，寄寓无限故国之思。

词的上阕写暮春时节景象。"诗句一春浑漫与，纷纷红紫但尘土。"浑，简直，全。漫与，言随便对付。唐杜甫《江上值水如海势聊短述》诗："老去诗篇浑漫与，春来花鸟莫深愁。"这是自谦之词。开头二句是说，作者自己作诗送春很随意，不求工巧，纷纷落下的红花与紫花，变成了尘土。"楼外垂杨千万缕，风荡絮，阑干倚遍空无语。"三句是写作者所见春归之意：楼外边的垂柳枝条千丝万缕，花絮在风中飘飞荡漾，倚着栏杆看着，却空无一语。词人惆怅满怀，无处诉说，表现出他对花落春归的无限感伤。

词的下阕写春归无处寻觅，"毕竟春归何处所，树头树底无寻处。"换头处二句，写春毕竟是要归去。它要回到哪里去？树头树底都找不到。寻春是作者恋春、惜春的具体表现。一个"寻"字，把作者恋春、惜春的形象刻画得栩栩如生，使人如身临其境，如见其"树头树底"寻春之行动。花落春已去，然而，"唯有闲愁将不去，依旧住，伴人直到黄昏雨"。结末三句是说，春天归去了，但只有闲愁它带不走，依旧伴人住，春雨绵绵，直到黄昏。此时，词人倍加感伤。作者生当金元异代之际，金末举进士，入元不仕，隐居深山。可以想见，他的闲愁，不只是因为花落春去，而自己老之将至，更主要的是因为他感慨故国沦亡、生不逢时、隐居生活的寂寞和冷落。结尾一句，为全词增添无限情韵。

全词寓情于景，思绪缠绵，婉转工丽。花落春尽，感伤身世国事，闲愁浓郁，含蓄蕴藉，寄寓殊深；词意悲怆，哀感动人。

段成己

段成己（1199—1279），字诚之，号菊轩，绛州稷山（今山西稷山）人。段克己弟。两人同为金正大七年（1230）词赋进士。礼部尚书赵秉文赏其才，称他俩为"二妙"，并大书"双飞"二字于其居。克己中举，无意仕途，终日纵酒自娱。成己及第，授宜阳主簿。金亡，成己与兄避居龙门山（今山西河津黄河边）。克己殁后，自龙门山徙居晋宁北郭，闭门读书，近四十年。元世祖忽必烈降诏征为平阳府儒学提举，坚拒不赴。至元十六年（1279）卒，年八十一。孙段辅（元吏部尚书）将其两人诗词合刻为《二妙集》，吴澄作序曰："河东二段先生心广而识超，气盛而才雄，其诗盖陶、杜兼而有之者也。"成己另著《菊轩集》，人称"其文在班、马之间，得圣贤正学"。后人孙德谦曾编《遁庵年谱》和《菊轩年谱》各一卷。

【原文】

满江红·新春用遁安韵·料峭东风

料峭东风[1]，吹醉面向人如旧[2]。凝伫立，野禽声里[3]，无言搔首[4]。庭下梅花开尽也，春痕已到江边柳[5]。待人间事了觅清欢[6]，身先朽。　　菟裘计[7]，何时有？林下约[8]，床头酒[9]。怕流年不觉[10]，鬓边还透。往事不堪重记省[11]，旧愁未断新愁又。把春光分付少年场[12]，从今后。

【毛泽东圈评等情况】

毛泽东在读清朱彝尊、汪森编选《词综》卷三十六时，圈阅了这首《满江红·料峭东风》。

[参考]张贻玖：《毛泽东评点、圈阅的中国古典诗词》，中国工人出版社1992年版，第253页。

【注释】

（1）料峭（qiào），形容微寒；亦形容风力寒冷、尖利。唐陆龟蒙《京口》诗："东风料峭客帆远，落叶夕阳天际明。"

（2）醉面，指喝醉后的面色。宋黄庭坚《谢答闻善二兄九绝句》之六："公择醉面桃花红，人百忤之无愠容。"

（3）凝，聚集，集中。伫立，久立，长时间地站着。《诗经·邶风·燕燕》："瞻望弗及，伫立以泣。"野禽，指野生的鸟。汉·路乔如《鹤赋》："故知野禽野性，未脱笼樊。"

（4）搔首，以手搔头，焦急或有所思貌。《诗经·邶风·静女》："爱而不见，搔首踟蹰。"

（5）春痕，春天的痕迹。

（6）人间，人类社会。战国郑韩非《韩非子·解老》："聋则不能知雷霆之害，狂则不能免人间法令之祸。"尘世，世俗社会。西汉司马迁《史记·留侯世家》："愿弃人间事，欲从赤松子游耳。"觅，找，寻。清欢，清雅恬适之乐。唐冯贽《云仙杂记·少延清欢》："陶渊明得太守送酒，多以春秋水杂投之，曰：'少延清欢数日。'"

（7）菟裘（tú qiú），地名，山东泰安东南。菟裘计，春秋鲁左丘明《左传·隐公十一年》："羽父请杀桓公，以求大宰。公曰：'为其少故也，吾将授之矣。'使营菟裘，吾将老焉。"后因以称告老退隐的居处。

（8）林下，树林之下，指幽静之地。南朝梁任昉《求为刘瓛立馆启》："瑚琏废泗上之容，樽俎恣林下之适。"林下约，指归隐山林的约定。

（9）床头酒，床铺旁边放的酒。唐高适《醉后赠张九旭》："床头一壶酒，能更几回眠。

（10）流年，如水般流逝的光阴、年华。南朝宋鲍照《登云阳九里埭》诗："宿心不复归，流年抱衰疾。"

（11）往事不堪重记省（xǐng），语出南宋周紫芝的《天仙子·雪似杨花飞不定》："往事不堪重记省。劝君莫上玉楼梯，风力劲。"

（12）分付，指交代；讲明。少年场，年轻人聚会的场所。东汉班固《汉书·酷吏传·尹赏》："长安中歌之曰：'安所求子死？桓东少年场。生时谅不谨，枯骨后何葬？'"少年，古称青年男子。与老年相对。

【赏析】

《满江红》,《乐章集》《清真集》入"仙吕调"。宋以来作者多以柳永词为准。九十三字,前片四十七字,八句,四仄韵;后片四十六字,十句,五仄韵。用入声韵者居多。

这首词题作《新春用遁安韵》,遁安是其兄段克己之号。段克己先有《满江红·雨后荒园》一首,其题下有一小序云:"遁安主人植菊阶下,秋雨既盛,草莱芜没,殆不可见。江空岁晚,霜余草腐,而吾菊始发数花,生意凄然似诉余以不遇,感而赋之。因李生湛然归,寄菊轩弟。"这首词就是一首用克己原韵的和词。词中借咏岁晚菊花,寄托自己身世之慨,有勉励其弟洁身自好之意。

这首词写于新春之时,应是在隐居之前所作,抒写了作者的郁郁愁苦和决心隐遁的情怀。

词的上阕写春来愁思绵绵。"料峭东风,吹醉面向人如旧",开头二句是说,微寒的东风像原来一样,吹着饮酒而醉的作者的面庞。一个"醉"字,表明作者心中愁苦万端。古人在忧愁苦闷之时,常借酒浇愁,饮酒去忧。"凝伫立,野禽声里,无言搔首"三句,写作者凝思伫立,听到野鸟凄凉的叫声,感伤时事,心绪烦乱,愁苦无言,在那里一直挠头。"庭下梅花开尽也,春痕已到江边柳"二句是说,院子里的梅花已经开完,春天的痕迹到江边的柳树上才能找到。"待人间事了觅清欢,身先朽"二句是说,等到人们闲下来,社会上的事情忙完了,再去寻找清净的欢乐之时,自己恐怕早已离开尘世了。春光易逝,年华如流,故国沦亡,壮志难酬,忧愤哀愁萦绕于怀。这是作者因春而产生的无限感叹。

词的下阕写隐遁之情怀。"菟裘计,何时有?林下约,床头酒。"换头处四句,写作者要避开尘世,找一个清静之地,饮酒赋诗,聊以自安。菟裘,地名,山东泰安东南。菟裘计,春秋鲁左丘明《左传·隐公十一年》:"羽父请杀桓公,以求大宰。公曰:'为其少故也,吾将授之矣。'使营菟裘,吾将老焉。"后因以称告老退隐的居处。林下,树林之下,指幽静之地。南朝梁任昉《求为刘璩立馆启》:"瑚琏废泗上之容,樽俎恣林下之适。"林下约,指归隐山林的约定。床头酒,床铺旁边放的酒。唐高适《醉后赠张九旭》：“床头一壶酒，能更几回眠。”“怕流年不觉，鬓边还透”中的“流年”，如水般流逝的光阴、年华。南朝宋鲍照《登云阳九里埭》诗：“宿心不复归，流年抱衰疾。”二句是说，恐怕似水年华易逝，不知不觉愁苦会使你鬓发白起来。“往事不堪重记省，旧愁未断新愁又”二句是说，然而对政治的不满和自己的抱负无法实现，不能再记着它，但是旧愁未断又添了新愁。作者深知生不逢时，壮志难酬，要去排忧解愁，觅得人间清欢，那只有营莵裘，居林下，也就是归隐林下了。“把春光分付少年场，从今后”结末二句的“分付”，即交给。二句是说，词人要把今后的春光交给少年（即青年）的场所，而自己隐居山林，抒发了词人报国无门的感叹和决心隐居的情怀。

这首词语言含蓄，笔调清新。词人写心中愁苦而不直言，用“醉面”“凝伫立”“无言搔首”来暗示；写决心归隐，用“把春光分付少年场，从今后”来说明。让人读后感受其愁苦，体味其情怀。词的上下阕联系自然，情景融为一体。词的上阕写春来生愁，人间何处觅清欢？下阕写决心归隐以排忧去愁。词中无不流露出词人的无限愁思。

【原文】

满江红·偶睹春事阑珊，谨用兄韵以写所怀·检点花枝

点检花枝[1]，风雨外雪堆琼矗[2]。春去也，朱丝弦断[3]，鸾胶难续[4]。眼底光阴容可惜[5]，旧游回首寻无迹[6]。对青山一饷倚枯藤[7]，滩声急[8]。

人已老，身犹客；家在迩[9]，归犹隔。纵语音如旧，形容非昔[10]。芳草绵绵随意绿[11]，平波渺渺伤心碧[12]。到愁来惟觉酒杯宽，人间窄[13]。

【毛泽东圈评等情况】

毛泽东在读清朱彝尊、汪森编选《词综》卷三十六时，圈阅了这首《满江红·点检花枝》。

[参考]张贻玖：《毛泽东评点、圈阅的中国古典诗词》，中国工人出版社1992年版，第253页。

【注释】

（1）点检，查核，清点。宋晏殊《木兰花》词："当时共我赏花人，点检如今无一半。"花枝，开有花的枝条。唐王维《晚春归思》诗："春虫飞网户，暮雀隐花枝。"

（2）雪堆琼蕊，形容落花如雪如琼，聚堆高耸。琼，美玉。耸，高耸，向上直立。

（3）朱丝弦，用熟丝制的琴弦。唐贾岛《听乐山人弹易水》诗："朱丝弦底燕泉急，燕将云孙白日弹。"

（4）鸾胶，据《海内十洲记·凤麟洲》，西海中有凤麟洲，多仙家，煮凤喙麟角合煎作膏，能续弓弩已断之弦，名续弦胶，亦称"鸾胶"。后多用以比喻续娶后妻。五代刘兼《秋夕书怀呈戎州郎中》诗："鸾胶处处难寻觅，断尽相思寸寸肠。"

（5）光阴，明亮与阴暗，白昼与黑夜。指日月的推移。后世即用以表时间、岁月。北齐颜之推《颜氏家训·勉学》："光阴可惜，譬诸流水。"容，或许，也许。

（6）旧游，昔日交游的友人。宋苏辙《送柳子玉》诗："旧游日零落，新辈谁与伍？"回首，回头；回头看。汉司马相如《封禅文》："昆虫闿怿，回首面内。"

（7）一饷，片刻。唐白居易《对酒》诗："无如饮此销愁物，一饷愁消直万金。"饷，通"晌"。枯藤，称藤制的手杖。宋陆游《丙辰上元前一日》诗："自笑闲游本无定，兴阑随处倚枯藤。"

（8）滩声，水激滩石发出的声音。南朝梁元帝《巫山高》诗："滩声下溅石，猿鸣上逐风。"

（9）迩，近。

（10）"纵语音如旧"二句，化用唐贺知章《回乡偶书》："少小离家老大回，乡音无改鬓毛衰。"形容，外貌，模样。战国齐管仲《管子·内业》："全心在中，不可蔽匿，和于形容，见于肤色。"

（11）芳草，香草。东汉班固《西都赋》："竹林果园，芳草甘木。郊野之富，号为近蜀。"绵绵，连续不断貌。《诗经·王风·葛藟》："绵绵葛蕳，在河之浒。"毛传："绵绵，长而不绝之貌。"唐白居易《长恨歌》："天长地久有时尽，此恨绵绵无绝期。"

（12）渺渺，幽远之状，悠远之状。宋王安石《忆金陵》诗之一："想见旧时游历处，烟云渺渺水茫茫。"伤心碧，唐李白《菩萨蛮》："平林漠漠烟如织，寒山一带伤心碧。"

（13）"酒杯宽"二句，语出南宋辛弃疾的《鹧鸪天·吴子似过秋水》："穷自乐，懒方闲。人间路窄酒杯宽。"意谓清贫的时候，就自己找乐子；懒散的人，才会有清闲的时光。既然人间的路那么窄，我走不了，就在酒杯的世界里沉醉吧。

【赏析】

这首词题作《偶睹春事阑珊，谨用兄韵以写所怀》。春事，春色，春意。唐徐晶《同蔡孚》："幽栖可怜处，春事满林扉。"阑珊，残，将尽。宋贺铸《小重山》词："歌断酒阑珊，画船萧鼓转，绿杨湾。"遁安，其兄段克己之号。鹳雀楼，又名鹳鹊楼，因时有鹳雀栖其上而得名，位于山西省永济市蒲州古城西面的黄河东岸。始建于北周，由于楼体壮观，结构奇巧，加之周围风景秀丽，唐宋之际文人学士登楼赏景留下许多不朽诗篇，以王之涣《登鹳雀楼》最富盛名。段克己《满江红·登河中鹳雀楼》原文如下："古堞凭空，烟霏外、危楼高矗。人道是宇文遗址，至今相续。梦断繁华无觅处，朱甍碧甃空陈迹。问长河、都不管兴亡，东流急。　　侬本是，乘槎客。因一念，仙凡隔。向人间俯仰，已成今昔。条华横陈供望眼，水天上下寒空碧。对西风舞袖障飞尘，沧溟窄。"用韵，和韵的一种。即以原诗韵脚为韵脚，而不按其次序。宋刘攽《中山诗话》："唐诗赓和，有次韵（先后无易），有依韵（同在一韵），有用韵（用彼韵不必次），吏部和皇甫《陆浑山火》是也，今人多不晓。"就是说，他用的是其兄段克己《满江红·登河中鹳雀楼》的韵脚，但次序有所不同。

这首词是词人隐居之后所写。他偶尔看到百花凋零，春光将尽，感慨万端，便作此词抒发自己无限忧愤哀伤的情怀。

词的上阕写作者因春事阑珊而感伤。"点检花枝，风雨外雪堆琼矗。"

开头二句先从视角着笔，写偶睹春事阑珊之景：一场风雨过后，树枝上的花纷纷飘落地上，聚堆高耸，如雪似琼。"雪""琼"，用以形容花的洁白美丽。接下用"春去也"承上启下。"春去"是百花凋落的总述，又是"朱丝弦断，鸾胶难续"悲伤情感发生的契机。二句用典，"朱丝弦"，用熟丝制的琴弦。战国郑列御寇《列子·汤问》："伯牙善鼓琴，钟子期善听。伯牙鼓琴，志在高山。钟子期曰：'善哉！峨峨兮若泰山！'志在流水，钟子期曰：'善哉！洋洋兮若江河！'伯牙所念，钟子期必得之。伯牙游于泰山之阴，卒逢暴雨，止于岩下；心悲，用援琴而鼓之。初为霖雨之操，更造崩山之音。曲每奏，钟子期辄穷其趣。伯牙乃舍琴而叹曰：'善哉，善哉！子之听夫志，想象犹吾心也。吾于何逃声哉？'"唐贾岛《听乐山人弹易水》诗："朱丝弦底燕泉急，燕将云孙白日弹。""鸾胶"，《海内十洲记·凤麟洲》载，西海中有凤麟洲，多仙家，煮凤喙麟角合煎作膏，能续弓弩已断之弦，名续弦胶，亦称"鸾胶"。后多用以比喻续娶后妻。五代刘兼《秋夕书怀呈戎州郎中》诗："鸾胶处处难寻觅，断尽相思寸寸肠。"词人借用这两个典故表示知音难逢感慨。"眼底光阴容可惜，旧游回首寻无迹"二句是说，眼前的光阴值得留恋，然而回头寻找老朋友，却没有他的踪迹。"无迹"，说明旧游已故。知己已失、旧游无迹，暗示着作者隐居生活的凄凉疾苦，反衬出他的心中极不平静。"滩声急"，明写河滩里激流的响声，暗写词人的心绪不宁，以至于"对青山一饷倚枯藤"，他手持手杖，面对着青山，耳听水响，好久不动。说明他愁思绵绵，悲痛无言。

词的下阕写作者对有家难归的愤慨之情。"人已老，身犹客；家在迩，归犹隔。"换头处四句是说，我已经老了，还在外面作客；家乡虽然很近，但要想回去如隔万重山，归不得。这是作者忧愤情感的爆发，如泣如诉，令人心酸肠断。"纵语音如旧，形容非昔。"接下来二句化用唐贺知章《回乡偶书》句"少小离家老大回，乡音无改鬓毛衰。"形容，外貌，模样。战国齐管仲《管子·内业》："全心在中，不可蔽匿，和于形容，见于肤色。"写自己在归隐的生活中，纵然家乡的口音至今未改，但自己已经老了，形容相貌已经变样了。通过"语音如旧"而"形容非昔"的不变与变的映衬，形象地抒发了作者久而愈深、老而弥笃的思乡之情。"芳草绵绵随意绿，平波渺渺伤心碧。"二句写景兼抒情，作者看到绵绵芳草、渺渺烟波又引起无限的乡愁：何日能归故乡呢？唐崔颢《黄鹤楼》诗："日暮乡关何处去，烟波江上使人愁。""伤心碧"，唐李白《菩萨蛮》："平林漠漠烟如织，寒山一带伤心碧。"此词较为含蓄，但思乡之愁苦相同：惆怅无限，花落春去，"形容非昔"，故国沦亡，有家难归，作者愁苦不堪，愤慨之至。"到愁来惟觉酒杯宽，人间窄。"末句用典，南宋辛弃疾的《鹧鸪天·吴子似过秋水》："穷自乐，懒方闲。人间路窄酒杯宽。"意谓清贫的时候，就自己找乐子；懒散的人，才会有清闲的时光。既然人间的路那么窄，我走不了，就在酒杯的世界里沉醉吧。作者感到生不逢时，报国无门。

这首词化用典故、传说、诗句，自然得体，生动形象，富有浓郁的情感，充分地表现了作者心中的忧愤哀怨。词中写景：青山、枯藤、滩声、芳草、烟波，有声有色，令人有身临其境之感。词中抒写哀怨忧愤之情，一波三折，催人泪下。情景融而为一，浑然一体。这些都显示了作者的艺术匠心。

元

词

萨都剌

萨都剌（1272 年或 1300—1355），字天锡，号直斋，元代著名诗人、画家。其先世为西域人，出生于雁门（今山西代县），元泰定帝也孙帖木儿泰定四年（1327）进士。授应奉翰林文字，擢南台御史，以弹劾权贵，左迁镇江录事司达鲁花赤，累迁江南行台侍御史，左迁淮西北道经历，晚年居杭州。萨都剌善绘画，精书法，尤善楷书。有虎卧龙跳之才，人称雁门才子。

萨都剌早年家境贫困，但是萨都剌聪慧灵敏，文学资质异于常人。泰定四年（1327），萨都剌考取了进士，次年七月，担任镇江路录事司达鲁花赤一职。元文宗图帖睦尔至顺二年（1331），萨都剌被调往江南一带，担任江南行御史台掾史一职。任职期间，萨都剌去过吴楚、荆楚、幽燕、上都等地，并且结交了张雨、马九皋等知名学者。纵观萨都剌的仕途生涯，他曾先后担任过江南行台侍御史、淮西北道等多职。晚年间，萨都剌在杭州一带居住。他的文学创作以诗歌为主，诗词内容以游山玩水、归隐赋闲、慕仙礼佛、酬酢应答之类为多，富有生活实感，描写细腻，贴切入微。也有些作品反映民间疾苦，揭露社会黑暗，如《大同驿》《黄河月夜》《鬻女谣》《织女图》等。还有些诗反映了人民向往和平、反对统治者穷兵黩武的反战思想，如《过居庸关》《题画马图》等。诗风清丽俊逸，文辞雄健，间有豪迈奔放之作。

萨都剌写词不多，但颇有影响，《念奴娇·登石头城》《满江红·金陵怀古》为其代表作。后人誉之为"有元一代词人之冠"。萨都剌还留有《严陵钓台图》《梅雀》等画，现珍藏于北京故宫博物院。

满江红·金陵怀古·六代豪华

六代豪华(1)，春去也、更无消息。空怅望(2)，山川形胜(3)，已非畴昔(4)。王谢堂前双燕子，乌衣巷口曾相识(5)。听夜深寂寞打孤城(6)，春潮急(7)。

思往事，愁如织(8)。怀故国(9)，空陈迹(10)。但荒烟衰草(11)，乱鸦斜日(12)。玉树歌残秋露冷(13)，胭脂井坏寒螀泣(14)。到如今、只有蒋山青，秦淮碧(15)！

【毛泽东圈评等情况】

毛泽东曾手书过这首《满江红·六代繁华》。

[参考]中央档案馆整理：《毛泽东手书古诗词选》，文物出版社、档案出版社1984年版，第217页。

【注释】

（1）六代，即六朝。指三国的吴、东晋，南朝的宋、齐、梁、陈，曾建都于金陵（今江苏南京），称六朝。豪华，盛大华美，一作"繁华"。五代后蜀欧阳炯《江城子》："六代豪华，暗逐逝波声。"

（2）怅（chàng）望，惆怅地看望或想望。南朝齐谢朓《新亭渚别范零陵》诗："停骖我怅望，辍棹子夷犹。"怅，伤感。

（3）山川形胜，山岳和江河地势优越、形势险要。山川，山岳和江河。形胜，地理位置优越，地势险要。战国赵荀况《荀子·强国》："其固塞险，形执便，山林川谷美，天材之利多，是形胜也。"

（4）畴（chóu）昔，从前。

（5）"王谢堂前"二句，化用唐刘禹锡《乌衣巷》诗意："旧时王谢堂前燕，飞入寻常百姓家。"王谢，指东晋豪族王、谢，曾在乌衣巷住过。乌衣巷，在今南京市东南，秦淮河畔，是王导、谢安家族居住之地。

（6）"听夜深"句，化用唐刘禹锡《石头城》中"山围故国周遭在，潮打空城寂寞回"。孤城，指孤立无援的城。

（7）春潮，暗指暮春季节。

（8）愁如织，指的是忧虑国事、痛心神州陆沉的悲愤之情。宋胡浩然《秋霁·虹影侵阶》："动人无限愁如织。"

（9）故国，指金陵。国，国都。

（10）空陈迹，空自留下陈旧的遗迹。

（11）但，仅仅，只有。荒烟衰草，荒烟笼罩衰草，化用宋王安石《桂枝香·金陵怀古》"但寒烟衰草凝绿"诗句。

（12）乱鸦斜日，宋吴文英《八声甘州·陪庾幕诸公游灵岩》词："水涵空，阑干高处，送乱鸦斜日落渔汀。"

（13）玉树歌残，《玉树歌》，即南唐陈后主所作《玉树后庭花》。唐许浑《金陵怀古》即有"玉树歌残王气终"之句。

（14）胭脂井，又名景阳井、辱井，在今南京市鸡鸣山边的台城内，隋兵攻打金陵，陈后主与妃子避入此井，终为隋兵所俘。寒螀（jiāng），蝉，似蝉而较小，青赤色。

（15）蒋（jiǎng）山，即南京市东北的钟山。秦淮（huái），水名，源出江苏溧水东北，向西流经南京入江。

【赏析】

元至顺三年（1332），元帝国日渐衰落，眼看就要覆灭。金陵虽不是元朝都城，但文宗图帖睦耳曾在此驻跸，扈从中就有诗人。文宗恩宠有加，诗人春风得意，在那样的境况里游金陵。如今文宗已不在人间，"绕道人丹室"的金陵王气亦已消散。抚今忆昔，感喟百端，于是诗人写下了这首《满江红·金陵怀古》。

词的上阕写春日豪华消歇的情景。"六代豪华，春去也、更无消息。"起首二句写豪华的景象如春光般消失得无声无息，带有沉重的怀古情绪，定下全篇感伤的基调。"空怅望，山川形胜，已非畴昔。"三句写今昔对比，承接上文而抒发感慨：当年的山川依旧在眼前，但人事变迁，已不似往日的繁盛，可谓"人世几回伤往事，山形依旧枕寒流"（唐刘禹锡《西塞山怀古》），此情此景，令人感慨万千。接下来的"王谢堂前双燕子，乌衣巷口曾相识"，系化用唐刘禹锡"朱雀桥边野草花，乌衣巷口夕阳斜。旧时王谢堂前燕，飞入寻常百姓家"的诗句。这里的"乌衣巷口"，这里似曾相识的燕子，将作者的思绪带到王谢家族兴盛之时，进一步将寥落与繁华进行了对比。"听夜深寂寞打孤城，春潮急"，也是化用宋王安石《赠张轩民赞善》中"潮打空城寂寞回"一句，这既是写眼前之实景，又熔铸了刘禹锡诗歌的意境，情绪惆怅、孤寂，所写之景色调暗淡，一个"急"字既烘托出夜深的静谧氛围，又形象刻画出潮水寂寞而又不甘寂寞的情状，表现出作者的心绪也如这潮水一般澎湃。

下阕写秋日凋敝凄凉的景状。"思往事，愁如织。怀故国，空陈迹"，换头处四句承上启下，在上阕情绪积累的基础上，作者情感迸发，直白的语言、短促的句子正表现了情绪的激越。作者情感的起伏在这里达到了高潮。"但荒烟衰草，乱鸦斜日。玉树歌残秋露冷，胭脂井坏寒螀泣。"接下来，词人以荒烟、衰草、乱鸦、斜日、秋露等意象渲染气氛，寄托情思，构成一幅意境深远而悲凉的残秋图。而"玉树歌残秋露冷"两句写景兼咏事。"玉树"指南朝陈后主所制艳曲《玉树后庭花》，历来被认为是亡国之音。胭脂井即陈朝的景阳宫井，隋军攻陷建康时，陈后主与宠妃张丽华、孔贵嫔躲入此井中，被隋军活捉。这里运用陈后主由盛到衰的典故，表现了人事的变化无常，荣华富贵终不能长久。最后三句，"到如今、只有蒋山青，秦淮碧！"词情逆转，感叹历史上的一切不过是过眼烟云，永远消失，只有青青的蒋山长存，碧绿的秦淮河水奔流不息，结束全文，透露出强烈的虚无与悲哀。

这首词艺术手法上突出的特点，是作者善于化用前人的诗句和典故，而又点化自然，不露痕迹。像"王谢堂前双燕子，乌衣巷口曾相识"，化用后并不显得生搬硬套、游离词外，而能与整首词的意境融合，浑然天成，且糅入了新意。"听夜深"三句也是如此，在化用之中迸发真情，使作品的怀古感慨在积淀的历史中变得更加深沉和悠远。"玉树歌残秋露冷"两句运用陈后主一盛一衰的典故，与整首词物是人非、往事已休、抚今追昔的感慨意脉相通，用在作品中，自然贴切、意味深长。诗人由"望"而"听"、而"思"而"怀"，依次展示某些具有特征、涵蕴丰富的视觉和听觉形象，并且清楚地画出思维活动的轨迹。用典使事自然，信手拈来，不

元词

见雕琢之痕，足见作者的语言功底深厚。

【原文】

小阑干·去年人在凤凰池

去年人在凤凰池⁽¹⁾，银烛夜弹丝⁽²⁾。沉水香消⁽³⁾，梨云梦暖⁽⁴⁾，深院绣帘垂⁽⁵⁾。　今年冷落江南夜，心事有谁知？杨柳风柔⁽⁶⁾，海棠月澹⁽⁷⁾，独自倚阑时。

【毛泽东圈评等情况】

毛泽东曾手书这首《小阑干·去年人在凤凰池》。

[参考] 中央档案馆整理：《毛泽东手书古诗词选》，文物出版社、
档案出版社 1984 年版，第 217 页。

【注释】

（1）凤凰池，禁苑中的池沼。魏晋南北朝时设中书省于禁苑，掌管机要，接近皇帝，故称中书省为"凤凰池"。元代中书省所在地。

（2）银烛，明烛。唐陈子昂《春夜别友人》诗二首之一："银烛吐青烟，金樽对绮筵。"唐杜牧《秋夕》诗："银烛秋光冷画屏，轻罗小扇扑流萤。"弹丝，弹奏丝弦乐器。

（3）沉水香消，沉香已经燃尽，香气飘洒了。沉水，一种名贵的香料，即沉香。

（4）梨云梦暖，梨花色白，如同白云，故称"梨云"。唐王建《梦看梨花云歌》诗："薄薄落落路不分，梦中唤作梨花云。"

（5）绣帘，锦绣的帘幕。

（6）杨柳风，春风。前蜀牛峤《更漏子》词："香阁掩，杏花红，月明杨柳风。"

（7）海棠，即海棠树，落叶乔木，卵形叶，开淡红或白花，结红、黄色球形果，酸甜可食。唐裴廷裕《蜀中登第答李搏六韵》："蜀柳笼堤烟蠹蠹，海棠当户燕双双。"澹，通"淡"。

【赏析】

《小阑干》，宋人晏殊作《珠玉词》中有"长似少年时"句，取之为名《少年游》。又名《小阑干》《玉腊梅枝》。双调五十二字或五十二字，平韵。

元至顺三年（1332），皇帝听信奸臣谗言，将时任翰林国史院应奉的萨都剌贬为调任江南诸道行御史台掾史（监察机关的僚属），移居金陵（今江苏南京），离京南下任职，萨都剌对此深感不满和悲凉。此词大概作于此时。

这首词通过对山水风物依旧、六朝豪华消歇的对比，寄托了作者凭吊六朝都城金陵而产生的一种伤感情怀。

词的上阕追忆去年生活，所忆处处洋溢着欢快、温暖、闲雅的气息。"去年人在凤凰池，银烛夜弹丝。"凤凰池，指中书省。魏晋以来，中书令等官员掌管诏令文书等事务，能经常接近皇帝，深蒙宠爱，所以中书省被美称为"凤凰池"或者"凤池"。这里凤凰池应指萨都剌所在的翰林院。弹丝，即弹奏琴、瑟等丝弦乐器，这是在筵席上所演奏的悠扬而又高雅的音乐。去年的这个时候，身处京城翰林院，夜晚友朋相聚，灯火通明，席间弹丝弄竹，高雅而又欢快。"沉水香消，梨云梦暖，深院绣帘垂。"沉水，即沉香，一种名贵的熏香料，又名沉水香，富贵人家常用来熏染居室。"梨云梦暖"来自唐人王建所作的《梦看梨花云歌》，此诗描写梨花如云的绮丽梦境，中有"薄薄落落路不分，梦中唤作梨花云"一句。这种梨花云梦的典故曾被苏轼用在词中。萨都剌化用这个诗意，指自己当时所做的梦境也是如此温馨、雅致。聚会结束之后，众人散去，屋里烧着浓的沉香，让人醺然而醉；重重的院落里，因为夜已深了，早就把精致的纱帘放下来，人们开始在愉快的心情中入睡，因此梦里也能看到重重如云的梨花，生活是多么恬静、优雅。银烛、弹丝、沉香、绣帘，这样华丽、浓艳的生活色彩，代表官宦之家常见的事物。从这些精致的细节，读者自可想象出居室其他部分。这是萨都剌曾经拥有的悠闲而又富裕的生活，字里行间也不煞春风得意的心情。这样的生活自然令人难忘，它一直留存在萨都剌的记忆中。上阕用词华艳、热烈，颇有温庭筠遗风。

下阕写眼下境况。"今年冷落江南夜，心事有谁知？"今年身处江南，离开了京城翰林院，再也没有高朋满座。在这冷冷清清的夜里，心事又有谁能知晓？这两句由上阕的热烈华贵，一变而为孤寂凄清，两相对照，以前的生活更是像仙境一般美好，值得永远怀念了。而这种截然不同的遭遇，只是因为官职的变迁。一句"心事有谁知"，多少有感叹世态炎凉、自怜身世遭遇的用意。"杨柳风柔，海棠月澹，独自倚阑时。""杨柳风柔，海棠月澹"，是作者眼前所见的景物。在温暖的春夜里，迎面是轻柔的春风，杨柳枝轻轻拂动；在淡淡的月光下，海棠花正在盛开。春风拂面，杨柳摇曳，月影花影，这其实是一个典型的、美好的江南春夜。只是这样的美景当前，却只有作者一个人独自倚在栏杆旁观赏，没有人与自己共同分享这种感受。这三句又进一步渲染了作者的孤独，无论是愤慨难过的心事，还是赏月赏花的乐事，都"无人知"，没有倾诉的对象，这是何等凄凉的事情。下阕着重写江南春夜室外的情景，与上阕着力写灯影人影相对应。上阕是灯影人影、软玉温香，下阕则是风柔月淡、冷冷清清，这样的安排，使人觉得前者更加温暖，令人向往；后者则更为凄凉难熬。

这首词的构思甚为巧妙，深受宋欧阳修《生查子·元夕》词的启发，采用了鲜明对比的写法通过"今年"与"去年"、"冷"与"暖"、悲与欢的多重对比，深刻地表现了词人两种大为不同的心境，从中不难感受到词人对当政者无故将自己赶出翰林院的不满与悲凉。清代张宗楠说："笔情何减宋人。"清代陈廷焯也说："去年，今年，笔笔直叙，不染一他意而情态愈见有余。"

【原文】

百字令·登石头城·石头城上

石头城上⁽¹⁾，望天低吴楚⁽²⁾，眼空无物。指点六朝形胜地⁽³⁾，惟有青山如壁。蔽日旌旗，连云樯橹，白骨纷如雪⁽⁴⁾。一江南北，消磨多少豪杰⁽⁵⁾。　寂寞避暑离宫⁽⁶⁾，东风辇路，芳草年年发⁽⁷⁾。落日无人松径里，鬼火高低明灭⁽⁸⁾。歌舞尊前⁽⁹⁾，繁华镜里⁽¹⁰⁾，暗换青青发⁽¹¹⁾。伤心千古，秦淮一片明月⁽¹²⁾！

【毛泽东圈评等情况】

1949年4月25日，毛泽东写的《四分五裂的反动派为什么还要空喊"全面和平"？》一文中说："这样，李宗仁在石头城上所能看到的东西，就只剩下'天低吴楚，眼空无物'。"

——《毛泽东选集》第四卷，人民出版社1991年版，第1408—1411页。

【注释】

（1）石头城，古城名，即金陵城。又名石首城。故址在今江苏省南京市清凉山。本楚金陵城，汉建安十七年（212）孙权重筑改名。城负山面江，南临秦淮河口，当交通要冲，六朝时为建康军事重镇。唐以后，城废。《文选·谢灵运〈初发石首城〉诗》李善注引伏韬《北征记》："石头城，建康西界临江城也，是曰京师。"三国吴、晋和宋、齐、梁、陈六朝都城，称建康。

（2）望天低吴楚，眼空无物：放眼望去，天边连着吴楚，天地相接，一片空旷。吴楚，春秋时期的吴国和楚国，在今江、浙一带地区。

（3）六朝形胜，指吴、东晋、宋、齐、梁、陈六个朝代的地形优越壮美。形胜，地理位置优越，地势险要。战国赵荀况《荀子·强国》："其固塞险，形执便，山林川谷美，天材之利多，是形胜也。"

（4）"蔽日旌旗"三句写战争的激烈场面。旌旗，泛指旗帜。樯橹，桅杆和划船工具，这里代指船只。

（5）"一江南北"二句，化用宋苏轼《念奴娇·大江东去》："大江东去，浪淘尽、千古风流人物"句意。江，长江。消磨，消耗，磨灭。唐王建《题酸枣县蔡中郎碑》诗："苍苔满字土埋龟，风雨消磨绝妙词。"豪杰，指才能出众的人。

（6）避暑离宫，在离宫避暑。离宫，皇帝在京城以外的宫室，也泛指皇帝出巡时的住所。西汉司马迁《史记·刘敬叔孙通列传》："孝惠帝曾春出游离宫。"

（7）东风辇路，芳草年年发：东风吹到皇帝车架走过的路，每年都长出青草。辇路，宫殿楼阁间的通道。辇，古代用人拉着走的车子，后多指天子或王室坐的车子。东汉许慎《说文》："辇，挽车也。"

（8）落日无人松径冷，鬼火高低明灭：日落以后，松树林里没有人，只见鬼火时隐时现。松径，松林间的小路。鬼火，磷火。迷信者以为是幽灵之火，故称。汉王逸《九思·哀岁》："神光分颎颎，鬼火分荧荧。"明灭，忽隐忽现，时隐时现。

（9）尊前，在酒樽之前，指在酒宴上。唐马戴《赠友人边游四》："尊前语尽北风起，秋色萧条胡雁来。"尊，同"樽"，酒杯。

（10）繁华，鲜花盛开，比喻青春年华。西汉司马迁《史记·吕不韦列传》："不以繁华时树本，即色衰爱弛后，虽欲开一语，尚可得乎？"

（11）暗换青青发，乌黑的头发变灰变白。青发，黑发。唐孟郊《秋怀》诗之八："青发如秋园，一翦不复生。"

（12）伤心千古，秦淮一片明月：这句话用唐刘禹锡《石头城》"淮水城头旧时月，夜深还过女墙来"，说明淮河上明月依旧，六朝的繁华却早已消逝。唐杜牧《泊秦淮》："烟笼寒水月笼沙，夜泊秦淮近酒家。商女不知亡国恨，隔江犹唱后庭花。"秦淮，流过石头城的秦淮河。

【赏析】

《百字令》，词牌名，词共有一百个字，仄韵，亦有用平韵者。又名《大江东去》《千秋岁》《酹江月》《杏花天》《赤壁谣》《壶中天》《大江西上曲》《念奴娇》等。

元至顺三年（1332），词人任江南诸道行御史台掾史，移居金陵。在金陵各地游玩时，见古迹依稀，往事萦怀，诗情时涌，留下了不少有关金陵的诗、词，本篇只是其中的一首。

这首词步宋代苏轼《赤壁怀古》词韵而作，是一首登临怀古词。主要描写石头城的荒凉残败，借助对"六朝形胜"及其历史遗迹的吟咏，抒发了作者吊古伤怀的情感。同时指出，是由于战争，才破坏了石头城昔日的繁华。全词抚今追昔，格调苍凉，以一组富有悲剧意味的景象，写出风云易逝、青山常在的感慨。

词的上阕怀古，重点写的是昔日在这里发生过无数次激烈的战争，写景，咏史，抒怀。"石头城上，望天低吴楚，眼空无物。"开头三句为总写，欲抑先扬，入手擒题，落笔不凡。写出了石头城空荡凄惨的江山，发出了世事变迁的慨叹。诗人由眼前的"望"起笔，登上高高的石头城，看到的是什么？是昔日六朝胜地的空旷和"无物"。一个"无物"蕴含了多少鲜为人知的悲惨过去！叫人怎能不抚今追昔，怎能不追述起那八百多年的纷纷战火！"指点六朝形胜地，惟有青山如壁。"毛泽东当年站在橘子洲头看着眼前的大好江山咏出了"指点江山，激扬文字"的雄浑诗句，然而萨都剌目睹"六朝形胜地"所感发的却只能是"惟有青山如壁"，原因何在？无非是连年不断的战火摧残了山川的壮美，摧毁了往日的繁华。如此一来，下文追述历史上的连年战乱也就顺理成章了。"蔽日旌旗，连云樯橹，白骨纷如雪。"这三句话以简洁的文字，以极富于代表性的事物——"旌旗""蔽日"，"樯橹""连云"，"白骨""如雪"，清晰鲜活地再现了历史上曾经接连不断的战争的激烈场面。旌旗，泛指旗帜。樯橹，桅杆和划船工具，这里代指船只。不论怎样，历史都会过去，那些龙争虎斗的英雄豪杰也不可避免地被历史的洪流席卷而去，正如诗人所写的那样，"一江南北，消磨多少豪杰"。回首往事，六朝以来的统治者们，不论是梁陈还是宋元，为争取天下，他们都以长江为界，互相攻伐，不知有多少士兵化为白骨，也不知有多少英雄豪杰"消磨"了宝贵的青春。这五句，既反映了历代统治者互相攻伐的残酷，又揭示出"六代繁华"衰歇的原因，生动深刻，令人回味不已。

下阕写伤今，主要是月夜抒怀。写的是凄凉冷清的行宫，多少歌舞粉黛在这里送走了青春，耗尽了年华。"寂寞避暑离宫，东风辇路，芳草年年发。"换头处三句是说，往昔皇帝避暑的行宫，如今已是芳草萋萋，早已没有了从前的富贵繁华。"避暑离宫"前边加上"寂寞"，写出了"离宫"已是人去楼空，空冷孤寂。"东风辇路，芳草年年发"，有力地衬托了行宫内院的孤寂与萧条。不仅如此，诗人还以"落日无人松径里，鬼火高低明灭"来渲染行宫内院人事皆非的空冷、阴森气氛。"歌舞尊前，繁华镜里，暗换青青发。"三句是说，有多少美丽如花的歌舞粉黛曾在这唱歌跳舞、推杯换盏、对镜施粉理鬓的享乐中耗费了时光年华，消磨了青春美丽，这应该是诗人对自己也是对世人青春易逝的警醒。"伤心千古，秦淮一片明月！"唐代诗人刘禹锡在《石头城》中有"淮水城头旧时月，夜深还过女墙来"的诗句，这里诗人用其借以说明淮河上明月依旧，六朝的繁华却早已消逝，可见伤感无限。

这首词采用宋代苏东坡《念奴娇·赤壁怀古》的全部韵脚，但因萨都剌思笔流畅，再加之采取倒叙的手法，工笔描写世事的变迁，抒发人生之感慨，使作品思路开阔，境界宽广，自然天成，堪为豪放派之大作。

【原文】

木兰花慢·彭城怀古·古徐州形胜

古徐州形胜(1)，消磨尽(2)，几英雄。想铁甲重瞳，乌骓汗血，玉帐连空(3)。楚歌八千兵散，料梦魂，应不到江东(4)。空有黄河如带(5)，乱山回合云龙(6)。 汉家陵阙起秋风(7)，禾黍满关中(8)。更戏马台荒(9)，画眉人远(10)，燕子楼空(11)。人生百年如寄(12)，且开怀，一饮尽千钟。回首荒城斜日，倚栏目送飞鸿(13)。

【毛泽东圈评等情况】

1957年3月19日上午，毛泽东自徐州登机赴南京。毛泽东问他的英语教师林克读没读过萨都剌的《徐州怀古》。林克回答："没读过。"毛泽东随即拿来铅笔，在林克正在读的一本书的扉页上写下了这首词。

搁下笔，毛泽东在机舱的客厅里向林克讲起了这首词。他说："这首词词牌叫'木兰花慢'，原题是《彭城怀古》。彭城就是古徐州，就是那个八百岁的彭祖的家乡。""萨都剌是蒙古人，出生在山西雁门一带。他的词写得不错，大有英雄豪迈、博大苍凉之气。"毛泽东用称赞的语调说。

此时，毛泽东思如泉涌，兴致勃勃地解说起这首词的意思："重瞳"指的是西楚霸王项羽。司马迁《史记》中提及项羽其貌不凡，铁马重瞳。他的坐骑叫乌骓马。起初兵多势大，可惜有勇无谋，不讲政策，丧失人心，最后"玉帐连空"，兵败垓下。

谈起历史，毛泽东谈锋更健，他话锋一转，见其词的下半阕："戏马台"原是项羽阅兵的地方，刘裕北伐时也曾在此大会将校宾客，横槊赋诗，气势如澜。"画眉人"用的是西汉张敞的故事，此人直言敢谏。"燕子楼"为唐朝驻徐州节度使张愔接父职驻节徐州，结识彭城明姬关盼盼，收取为妾。她歌舞双绝，尤工诗文。张死后归葬洛阳，盼盼恋张旧情，独守空楼十余年。小楼多燕子，故名"燕子楼"。诗人白居易过徐州，因此故事写了一首七绝："满窗明月满帘霜，被冷灯残拂卧床。燕子楼中霜月夜，秋来只为一人长。"

讲解完毕，毛泽东又说道："萨都剌写了这些有关徐州的典故，吊古伤今，感慨人生，大有英雄一去不复返、此地空余乱山川的情调。初一略看，好似低沉颓唐，实际上他的感情很激烈深刻。"

[参考] 李林达：《情满西湖》，中央文献出版社
1993 年版，第 236—238 页。

【注释】

（1）形胜，地理形势优越，地势险要。战国赵荀况《荀子·强国》："其固塞险，形执便，山林川谷美，天材之利多，是形胜也。"

（2）消磨，消耗，磨灭。唐王建《题酸枣县蔡中郎碑》诗："苍苔满字土埋龟，风雨消磨绝妙词。"英雄，指才能勇武过人的人。东汉班固《汉书·刑法志》："（高祖）总揽英雄，以诛秦项。"

（3）"想铁甲重瞳"三句，铁甲重瞳（tóng），指西楚霸王项羽。重瞳，眼中有两个瞳子。西汉司马迁《史记·项羽本纪》："吾闻之周生曰：舜目盖重瞳子，又闻项羽亦重瞳子，羽岂其苗裔邪。"乌骓（zhuī），项羽所骑战马。汗血，汉朝时得自西域大宛的千里马，又称天马。此借以形容项羽所骑名马。玉帐，指军中营帐。

（4）"楚歌八千兵散"三句，楚歌，指四面楚歌。《史记·项羽本纪》："于是项王乃欲东渡乌江。乌江亭长舣，船待，谓项王曰：'江东虽小，地方千里，众数十万人，亦足王也。愿大王急渡。今独臣有船，汉军至，无以渡。'项王笑曰：'天之亡我，我何渡为！且籍与江东子弟八千

人渡江而西，今无一人还，纵江东父兄怜而王我，我何面目见之？纵彼不言，籍独不愧于心乎？'"梦魂，古人以为人的灵魂在睡梦中会离开肉体，故称"梦魂"。唐刘希夷《巫山怀古》诗："颓想卧瑶席，梦魂何翩翩。"

（5）黄河如带，《徐州府志》卷二"山川"：黄河在城东北，自河南虞城县流入郡界，经砀山、萧县，入铜山界。《史记》："封爵之誓曰：使河如带，泰山若厉，国以永宁，爰及苗裔。"

（6）乱山回合，据《徐州府志》记载，徐州周围有许多山，城北有九里山，城西有楚王山，城南有太山，城东南有奎山、三山，城东有子房山（一名鸡鸣山）、定国山、圣水山，城东北有彭城山、桓山、寒山、荆山，故称。因云龙山较著名，故举其大者。云龙，即云龙山，又名石佛山。《江南通志》："云龙山，宋武微时憩息于此，有云龙旋绕之。"《旧志》亦称："山有云气蜿蜒如龙，故名。"

（7）汉家陵阙（què），本句化用唐李白《忆秦娥》"西风残照，汉家陵阙"词句。

（8）禾黍（shǔ）满关中，《诗经·王风·黍离》序说，西周亡后，周大夫过宗庙宫室，尽为黍离，彷徨不忍去，乃作此诗。后用为感慨亡国、触景伤情之词。这里化用其意。关中，指今陕西省一带。《关中记》："东自函谷，西至陇关，二关之间，谓之关中。"西汉帝王陵墓，均在长安（今陕西西安）一带，故称。此句是说，刘邦虽然夺取了政权，取得了胜利，但如今陵阙照样为漫山遍野的庄稼所遮掩。

（9）戏马台，在徐州城南部，与云龙山相对。项羽因山为台，以观戏马，故名。宋武帝刘裕为宋公时，在彭城，九月九日大会宾僚赋诗于此。元嘉二十七年（450）魏太武帝南侵，立毡屋于戏马台，以望城中。见《徐州府志》卷八"古迹"。

（10）画眉人远，东汉班固《汉书·张敞传》记载，京兆尹张敞擅长为妇画眉，"长安中传，张京兆眉怃"。"怃"（wǔ），妩媚。此借"画眉人"，指称与盼盼交好者。萨都剌《彭城杂咏呈廉公亮佥事》（五首之四）谓："何处春风燕子楼，断碑落日古城头。画眉人远繁华歇，无数远山生暮愁。"可与本句对读。

（11）燕子楼，旧址在徐州城北。

（12）寄，暂居，形容人生短暂。人生百年寄，《古诗十九首》云："人生不满百，常怀千岁忧。"宋苏轼《将往终南和子由见寄》诗谓："人生百年寄鬓须，富贵何啻葭中莩。"本句由此化出。

（13）目送飞鸿，三国魏嵇康《兄秀才公穆入军赠诗十九首》云："目送归鸿，手挥五弦。"唐李白《鞠歌行》曰："平生渭水曲，谁识此老翁？奈何今之人，双目送飞鸿。"又，李白《至陵阳山登天柱石酬韩侍御见招隐黄山》谓："何意到陵阳，游目送飞鸿。"此或化用其意。

【赏析】

《木兰花慢》，词牌名。宋柳永《乐章集》注"高平调"。双调一百一字，前段十句五平韵，后段十句七平韵。

这阕词是萨都剌在元至顺三年（1332）春三月，从翰林国史院应奉文字出为江南诸道御史掾史时，路过徐州所作。此词是一首怀古词，通过对古代英雄人物的缅怀，抒发了词人大志不能得伸的沉闷感情。情真意切，悲壮苍凉。

词题《彭城怀古》。"彭城"即古徐州。相传帝尧时封颛顼后裔彭祖于此，建大彭氏国，"彭城"之名盖始于此。汉末曹操曾迁徐州治所于彭城，于是彭城始称徐州。徐州为古九州之一，因其北有泰山、东有黄海、西有济水，当东西要冲、南北锁钥，自古为兵家必争之地。

词的上阕主要追忆项羽的历史事迹，并感叹他的失败。"古徐州形胜，消磨尽，几英雄。"开头三句直接扣题，以"形胜"二字概括了徐州的壮美景观。因作者意在怀古而不在揽胜，紧接着一句"消磨尽，几英雄"。"消磨"二字顿使历史变得沉甸甸的让人难以拾起。"想铁甲重瞳，乌骓汗血，玉帐连空"三句，铁甲重瞳：指西楚霸王项羽。重瞳，眼中有两个瞳子。西汉司马迁《史记·项羽本纪》："吾闻之周生曰：舜目盖重瞳子，又闻项羽亦重瞳子，羽岂其苗裔邪。"乌骓，项羽所骑战马。汗血，汉朝时得自西域大宛的千里马，又称天马。《艺文类聚》卷九十三"兽部上"引《史记》谓："神马当从西北来，得乌孙马好，名天马。及得大宛汗血马，益壮，更名乌孙马曰西极马，宛马曰天马。"此借以形容项羽所骑名马。玉帐，指军中营帐。词人以磅礴的气势写出了项羽的不同凡响及其兵威之盛。历史在苍茫中走来，词人用寥寥几笔刻画出项羽的英雄形象，并自然地转入他那苍凉的败绩场面中，"楚歌八千兵散，料梦魂，应不到江东"三句，"楚歌"，指四面楚歌。西汉司马迁《史记·项羽本纪》："于是项王乃欲东渡乌江。乌江亭长舣船待，谓项王曰：'江东虽小，地方千里，众数十万人，亦足王也。愿大王急渡。今独臣有船，汉军至，无以渡。'项王笑曰：'天之亡我，我何渡为！且籍与江东子弟八千人渡江而西，今无一人还，纵江东父兄怜而王我，我何面目见之？纵彼不言，籍独不愧于心乎？'"梦魂，古人以为人的灵魂在睡梦中会离开肉体，故称"梦魂"。唐刘希夷《巫山怀古》诗："颓想卧瑶席，梦魂何翩翩。"历史大潮浩荡而过，成者王侯败者寇似是人间不变的铁律，但是谁能阻止历史的脚步？"空有黄河如带，乱山回合云龙。"黄河如带，据《徐州府志》卷二"山川"：黄河在城东北，自河南虞城县流入郡界，经砀山、萧县，入铜山界。《史记》："封爵之誓曰：使河如带，泰山若厉，国以永宁，爰及苗裔。"乱山回合，据《徐州府志》，徐州周围有许多山，城北有九里山，城西有楚王山，城南有太山，城东南有奎山、三山，城东有子房山（一名鸡鸣山）、定国山、圣水山，城东北有彭城山、桓山、寨山、荆山，故称。因云龙山较著名，故举其大者。"云龙"，即云龙山，又名石佛山。《江南通志》："云龙山，宋武微时憩息于此，有云龙旋绕之。"《旧志》亦称："山有云气蜿蜒如龙，故名。"本来壮阔的徐州之景，在这里成了项羽失落地走过历史的见证者。

词的下阕，词人将对几组历史的遗迹延伸到更广阔的领域，进一步吊古伤今、感慨世事。下阕仍是从项羽对手刘邦开始："汉家陵阙起秋风，禾黍满关中。"刘邦虽在徐州彭城这里战胜了项羽，但同样也逃不掉历史长河的消磨。但如今他远在关中的陵墓，也应该是秋风萧瑟、为漫山遍野的庄稼所遮掩了吧？"更戏马台荒，画眉人远；燕子楼空。"词人的思绪再回到彭城，三句连用两典。"戏马台"，在徐州城南部，与云龙山相对。项羽因山为台，以观戏马，故名。宋武帝刘裕为宋公时，在彭城，九月九日大会宾僚赋诗于此。元嘉二十七年（450）魏太武帝南侵，立毡屋于戏马台，以望城中。见《徐州府志》卷八"古迹"。"画眉人远"，据东汉班固《汉书·张敞传》，京兆尹张敞擅长为妇画眉，"长安中传，张京兆眉忤。""忤"，妩媚。此借"画眉人"，指称与盼盼交好者。萨都剌《彭城杂咏呈廉公亮佥事》（五首之四）谓："何处春风燕子楼，断碑落日古城头。画眉人远繁华歇，无数远山生暮愁。"可与本句对读。"燕子楼"，旧址在徐州城北，这些都是历史沧桑的铁证。"人生百年如寄，且开怀，一饮尽千钟。"寄，暂居，形容人生短暂。《古诗十九首》云："人生不满百，常怀千岁忧。"宋苏轼《将往终南和子由见寄》诗谓："人生百年寄鬓须，富贵何啻菌中荳。"本句由此化出。回顾历史之后，词人再将目光投向自身，百年枯骨，人生如寄，何必怀往古之忧呢？"回首荒城斜日，倚栏目送飞鸿"句中是"目送飞鸿"，见三国魏嵇康《兄秀才公穆入军赠诗十九首》："目送归鸿，手挥五弦。"唐李白《鞠歌行》曰："平生渭水曲，谁识此老翁？奈何今之人，双目送飞鸿。"又，唐李白《至陵阳山登天柱石酬韩侍御见招隐黄山》谓："何意到陵阳，游目送飞鸿。"此或化用其意。是说历史如过眼烟云，个人得失虽然让人惆怅，但在这流动的历史大河面前却渺小至极。如此一想，再回首看这荒城、落日、飞鸿，人世间不过如此。词人心中百感交集，思绪万千。意在言外，令人回味。

　　这首词沉郁苍凉，意境深远，抒情性较强。其用笔起伏跌宕，悲壮自如。萨都剌在创作意向上迫近苏辛，苍凉悲壮为其风格，这也正是作者的可贵之处。

【原文】

水龙吟·赠友·王郎锦带吴钩

　　王郎锦带吴钩[1]，醉骑赤鲤银河去[2]。绛袍弄月[3]，银壶吸酒[4]，锦笺挥兔[5]。秃鬓西风[6]，短篷落月[7]，东吴西楚[8]。怅丹阳郭里[9]，相逢较晚，共剪烛、西窗雨[10]。　　文采风流俊伟[11]，碧纱巾挂珊瑚树[12]。出门万里，掀髯一笑[13]，青山无数。扬子江头[14]，冻沙寒雨，暮天飞鹭[15]。待明朝酒醒，金山过[16]、瓜洲渡[17]。

【毛泽东圈评等情况】

毛泽东读清汪森编选《词综补编》卷十时，圈阅了这首《水龙吟·王郎锦带吴钩》。

[参考]张贻玖：《毛泽东评点、圈阅的中国古典诗词》，
中国工人出版社1992年版，第254页。

【注释】

（1）王郎，指晋王凝之。南朝宋刘义庆《世说新语·贤媛》："一门叔父，则有阿大中郎；群从兄弟，则有封、胡、遏、末，不意天壤之中，乃有王郎。"锦带，锦缎制的衣带，古时用来束身的衣饰。西汉戴胜《礼记·玉藻》："居士锦带，弟子缟带，并纽约用组。"南朝梁萧统《文选鲍照·结客少年场行》："骢马金络头，锦带佩吴钩。"吴钩，钩，兵器，形似剑而曲。春秋吴人善铸钩，故称，后也泛指利剑。唐李贺《南园十三首》其五："男儿何不带吴钩，收取关山五十州。请君暂上凌烟阁，若个书生万户侯？"

（2）醉骑赤鲤银河去，典出汉刘向《列仙传·琴高》："琴高者，赵人也。以鼓琴为宋康王舍人，行涓彭之术，浮游冀州涿郡之间二百余年。后辞入涿水中取龙子，与诸弟子期曰：'皆洁斋待于水傍，设祠。'果乘赤鲤来，出坐祠中，且有万人观之，留一月余，复入水去。"后因以"骑赤鲤"为咏仙术的典故。宋王安石《小姑》诗："初学水仙骑赤鲤，竟寻山鬼从文狸。"

（3）绛袍弄月，后晋刘昫等《旧唐书·文苑传·李白传》："（李白）乃浪迹江湖，终日沉饮。时侍御史崔宗之谪官金陵，与白诗酒唱和。尝月夜乘舟，自采石达金陵，白衣宫锦袍，于舟中顾瞻笑傲，旁若无人。"

（4）银壶吸酒，用银子做的酒壶喝酒。

（5）锦笺，精致华美的笺纸。挥兔，挥动兔毫做的毛笔，指写作。

（6）秃鬓，鬓发少了。

（7）短蓬，即彩虹。雨停后，大气中由于光线的折射而形成的一种自然现象。宋周密《癸辛杂识续集·短蓬》："杨大芳尝为明州高亭盐场。场在海中，或天时晴霁，时见如匹练横天，其色淡白，则晴雨中分，土人名之曰短蓬，亦蜃气之类也。"

（8）东吴西楚，南京古代先后属于吴国和楚国，吴国在东，楚国在西，故以"东吴西楚"指江苏一带。

（9）丹阳，古县名，故址在今江苏省镇江市丹阳。郭，城。

（10）"共剪烛"二句，唐李商隐《夜雨寄北》诗："何当共剪西窗烛，却话巴山夜雨时。"剪烛，谓剔烛芯。后以"剪烛"为促膝夜谈之典。

（11）文采风流，横溢的才华与潇洒的风度，亦指才华横溢与风度潇洒的人物。唐杜甫《丹青引赠曹将军霸》诗："英雄割据虽已矣，文采风流今尚存。"俊伟，形容出类拔萃的人才，有过人的才干、俊美伟大的人品。西晋陈寿《三国志·魏志·钟繇华歆王朗传评》："钟繇开达理干，华歆清纯德素，王朗文博富赡，诚皆一时之俊伟也。"

（12）纱巾，纱制头巾。唐刘长卿《赠秦系》诗："向风长啸戴纱巾，野鹤由来不可亲。"珊瑚树，即珊瑚，因其形似树，故称。唐房玄龄等《晋书·石崇传》："武帝每助恺，尝以珊瑚树赐之，高二尺许，枝柯扶疏，世所罕比。"

（13）髯（rán），两腮的胡子，亦泛指胡子。

（14）扬子江，长江在今江苏仪征、扬州一带，古称"扬子江"，也写作"杨子江"。因扬子津而得名。

（15）鹭，鸟类的一科，亦称"鹭鸶"。翼大尾短，嘴直而尖，颈和腿很长，常见的有白鹭、苍鹭、绿鹭等。

（16）金山，山名。在今江苏省镇江市西北。古有氏父、获苻、伏牛、浮玉等名，唐时裴头陀获金于江边，因改名。南宋韩世忠败金兀术于此山下。元萨都刺《江城玩雪》诗："千重铁瓮成银瓮，一夜金山换玉山。"

（17）瓜洲渡，古渡口名。在今江苏扬州市南，大运河分支入长江处，与镇江市隔江斜对，为长江南北水云交通要冲。宋代陆游的《书愤》："楼船夜雪瓜洲渡，铁马秋风大散关。"

【赏析】

《水龙吟》，《龙吟曲》《庄椿岁》《小楼连苑》。《清真集》入"越调"。各家格式出入颇多，兹以历来传诵苏、辛两家之作为准。一百二字，前后片各四仄韵。又第九句第一字并是领格，宜用去声。结句用上一、三句法较二、二句式收得有力。

词题《赠友》，可知这是一首赠友词。但所赠友人究竟是谁，作者并未明言，但从词中作者塑造的自我形象及结句"金山""瓜洲"地名看，当是词人晚年飘泊于江南时所作。词中抒写了他与友人乍识即别的拳拳难舍之意，以及对友人俊逸风采的由衷赞叹之情。

词的上下阕均将友人与自身作对比描写，互相映衬，相得益彰。先看上阕："王郎锦带吴钩，醉骑赤鲤银河去。绛袍弄月，银壶吸酒，锦笺挥兔。"开头五句，先写友人。首句中的"王郎"，用东晋王凝之典。南朝宋刘义庆《世说新语·贤媛》："一门叔父，则有阿大中郎；群从兄弟，则有封、胡、遏、末，不意天壤之中，乃有王郎。"锦带，锦缎制的衣带，古时用来束身的衣饰。西汉戴胜《礼记·玉藻》："居士锦带，弟子缟带，并纽约用组。"南朝梁萧统《文选鲍照·结客少年场行》："骢马金络头，锦带佩吴钩。"吴钩，钩，兵器，形似剑而曲。春秋吴人善铸钩，故称。后也泛指利剑。唐李贺《南园十三首》其五："男儿何不带吴钩，收取关山五十州。请君暂上凌烟阁，若个书生万户侯？"或许作者的这个朋友果系王姓，词人信手拈来；或许此人的确才貌不凡，让词人初识之际，立刻想到了王凝之。总之，"王郎"二字，足以令人想见其风范。"锦带""吴钩"，言其装束华丽名贵。次句"醉骑赤鲤"，用南朝琴高典。汉刘向《列仙传·琴高》："琴高者，赵人也。以鼓琴为宋康王舍人，行涓彭之术，浮游冀州涿郡之间二百余年。后辞入涿水中取龙子，与诸弟子期曰：'皆洁斋待于水傍，设祠。'果乘赤鲤来，出坐祠中，且有万人观之，留一月余，复入水去。"后因以"骑赤鲤"为咏仙术的典故。"绛袍弄月"，用李白典。后晋刘煦等《旧唐书·文苑传·李白传》："（李白）乃浪迹江湖，终日沉饮。时侍御史崔宗之谪官金陵，与白诗酒唱和。尝月夜乘舟，自采石达金陵，白衣宫锦袍，于舟中顾瞻笑傲，旁若无人。""银壶""挥兔"写友人不用酒杯，直接就着酒壶豪饮，及席间兴之所至，铺锦笺，挥兔毫，题写诗句的举动。几句不仅使友人人物俊俏、服饰鲜明、意气豪爽，才情高雅的风流倜傥的形象跃然纸上，呼之欲出，而且将作者对他的欣赏赞美之情，也抒写得淋漓尽致。以下三句转写自身："秃鬓西风，短篷落月，东吴西楚。""秃鬓"二字，言其年迈鬓发脱落之体貌；"西风""短篷""落月"以景语兴叹，言其孤寂落寞之心境；"东吴""西楚"以二地名泛指，言其辗转飘零之状。寥寥数语，蕴含着词人无限凄凉的身世之感。词人将自身形象与友人的形象，构成鲜明的对比，个中酸楚滋味，不难体会。然而，词人并没有把词意仅仅停留在自惭形秽、叹老嗟贫上，接着转述两人的深厚友情："怅丹阳郭里，相逢较晚，共剪烛、西窗雨。""丹阳"句点出二人相聚、相识相得而又旋即离别的地点。"相逢"句直言二人相见恨晚。"共剪烛"二句，反用唐李商隐《夜雨寄北》"何当共剪西窗烛，却话巴山夜雨时"。剪烛，谓剔烛芯。后以"剪烛"为促膝夜谈之典。以见出二人彼此倾心、一见如故的深情厚谊。

词的下阕转写友人。"文采风流俊伟，碧纱巾挂珊瑚树。"换头处二句，前句写其俊美伟岸的外表，后句写其卓尔不群的气质。"珊瑚树"，即珊瑚。因其形似树，故称。唐房玄龄等《晋书·石崇传》："武帝每助恺，尝以珊瑚树赐之，高二尺许，枝柯扶疏，世所罕比。"碧绿的纱巾挂在珊瑚树上，言其富贵之极。"出门万里，掀髯一笑，青山无数。"三句是说，友人出门万里远行，掀着胡子一笑，走过青山无数。写出友人的不以家为念的豪爽。"扬子江头，冻沙寒雨，暮天飞鹭。"三句是说友人从扬子江滩头出发时，天寒地冻，傍晚时分飞起一滩鸥鹭。"待明朝酒醒，金山过，瓜洲渡。"故人外出，不论是为公为私，总是恋恋不舍的。他把自己喝的酒醉，出发了也不知道，等到明天早晨酒醒了，船就过了金山、瓜洲渡口了吧？此种写法，与宋柳永《雨霖铃》"今宵酒醒何处？杨柳岸、晓风残月"有异曲同工之妙。

这首词上下阕间词句前后呼应，浑然一体。作者巧用对比手法塑造友人和自我形象，笔法截然不同：写友人，用实写，工笔细描；写自身，多虚写，仅以粗线条勾勒。全词风格豪放，又透露些微沉郁悲凉。尤其是用典较多，但不黏不脱，妥帖自然，扩大了词的情感蕴涵。

元
词

【原文】

酹江月·过淮阴·短衣瘦马

短衣瘦马⁽¹⁾，望楚天空阔⁽²⁾，碧云林杪⁽³⁾。野水孤城斜日里⁽⁴⁾，犹忆那回曾到。古木鸦啼，纸灰风起，飞入淮阴庙⁽⁵⁾。椎牛酾酒⁽⁶⁾，英雄千古谁吊⁽⁷⁾？　何处漂母荒坟⁽⁸⁾？清明落日，肠断王孙草⁽⁹⁾。鸟尽弓藏成底事⁽¹⁰⁾？百事不如归好。半夜钟声⁽¹¹⁾，五更鸡唱⁽¹²⁾，南北行人老⁽¹³⁾。道傍杨柳，青青春又来了。

【毛泽东圈评等情况】

毛泽东读清汪森编选《词综补编》卷十时，圈阅了这首《酹江月·短衣瘦马》。

[参考] 张贻玖：《毛泽东评点、圈阅的中国古典诗词》，

中国工人出版社 1992 年版，第 254 页。

【注释】

（1）短衣，短装。古代为平民、士兵等所服。西汉司马迁《史记·刘敬叔孙通列传》："叔孙通儒服，汉王憎之，乃变其服，服短衣，楚制，汉王喜。"司马贞索隐："孔文祥云：'短衣便事，非儒者衣服。高祖楚人，故从其俗裁制。'"瘦马，瘦弱的马。唐杜甫《瘦马行》："东郊瘦马使我伤，骨骼硉兀如堵墙。"

（2）望楚天空阔，化用宋柳永《雨霖铃》"念去去千里烟波，暮霭沉沉楚天阔"句意。楚天，长江中下游一带（古属楚国）的天空，也泛指南方的天空。唐杜甫《暮春》："楚天不断四时雨，巫峡常吹万里风。"

（3）碧云，青云，碧空中的云。南朝梁萧统《文选·江淹〈杂体诗·效惠休"别怨"〉》："日暮碧云合，佳人殊未来。"张铣注："碧云，青云也。"林杪（miǎo），树梢，林外。晋陆机《感时赋》："猿长啸于林杪，鸟高鸣于云端。"

（4）野水，野外的水流。战国齐管仲《管子·侈靡》："今使（民）

衣皮而冠角，食野草，饮野水，孰能用之？"孤城，边远的孤立城寨或城镇。唐王昌龄《从军行》之四："青海长云暗雪山，孤城遥望玉门关。"此指淮阴。斜日，傍晚时西斜的太阳。南朝梁简文帝《纳凉》诗："斜日晚骎骎，池塘生半阴。"

（5）飞入，原作"飞人"。据《茶香室丛书》本《名家词集十种》中《天锡词》改。淮阴庙，即汉大将韩信庙。因韩信被封为淮阴侯，故称淮阴侯庙。在今江苏淮安西南古淮阴城内。

（6）椎牛，击杀牛。汉韩婴《韩诗外传》卷七："是故椎牛而祭墓，不如鸡豚之逮亲存也。"醨（shǎi）酒，滤酒。《诗经·小雅·伐木》："伐木许许，醨酒有藇。"毛传："以筐曰醨。"

（7）英雄千古谁吊，化用宋辛弃疾《永遇乐》"千古江山，英雄无觅、孙仲谋处"句意。

（8）漂母荒坟，即漂母冢。在今江苏淮安西南。唐刘长卿《漂母墓》诗说："昔贤怀一饭，兹事已千秋。古墓樵人识，前朝楚水流。渚萍行客荐，山木杜鹃愁。春草年年绿，王孙此旧游。"漂母，漂洗衣物的老妇。西汉司马迁《史记·淮阴侯列传》："信（韩信）钓于城下，诸母漂，有一母见信饥，饭信，竟漂数十日。信喜，谓漂母曰：'吾必有以重报母。'母怒曰：'大丈夫不能自食，吾哀王孙而进食，岂望报乎！'""汉五年正月，徙齐王信为楚王，都下邳。信至国，召所从食漂母，赐千金。"后遂用为典实。唐李白《赠新平少年》诗："千金答漂母，万古共嗟称。"

（9）王孙草，《全上古三代秦汉三国六朝文·全汉文》卷二十《淮南小山·招隐士》："王孙游兮不归，春草生兮萋萋。"后以"王孙草"指牵人离愁的景色。唐李颀《题少府监李丞山池》诗："窗外王孙草，床头中散琴。清风多仰慕，吾亦尔知音。"

（10）鸟尽弓藏，鸟没有了，弓也就藏起来不用了。比喻事情成功之后，把曾经出过力的人废弃不用。西汉司马迁《史记·越王勾践世家》："蜚（飞）鸟尽，良弓藏；狡兔死，走狗烹。"底事，何事。唐刘肃《大唐新语·酷忍》："天子富有四海，立皇后有何不可，关汝诸人底事，而生异议！"

（11）半夜钟声，半夜里敲响的钟声。唐张继《枫桥夜泊》："月落乌啼霜满天，江枫渔火对愁眠。姑苏城外寒山寺，夜半钟声到客船。"

（12）五更，旧时把一夜分为五更，即一更、二更、三更、四更、五更。此特指第五更的时候，即天将明时。南朝陈伏知道《从军五更转》诗之五："五更催送筹，晓色映山头。"鸡唱，鸡鸣。

（13）行人，出行的人，出征的人。战国齐管仲《管子·轻重己》："十日之内，室无处女，路无行人。"唐杜甫《兵车行》："车辚辚，马萧萧，行人弓箭各在腰。"

【赏析】

《酹江月》，即《念奴娇》，词牌名。双调一百字，前片四十九字，后片五十一字，各十句四仄韵。

这是一首记游词。词题《过淮阴》，写作者路过淮阴，凭吊韩信抒发自己脱离官场的怀抱。

词的上阕写过淮阴到韩信庙凭吊。"短衣瘦马，望楚天空阔，碧云林杪。"开头三句叙事，点醒过淮阴题意。作者身穿短衣，骑着瘦马，一副平民打扮，在路途中奔波，抬眼望辽阔的南方古楚国天空，树梢之上，青云缭绕。把他经过淮阴的情状写得生动形象。"野水孤城斜日里，犹忆那回曾到。"二句描写"野水孤城"，暗点淮阴。淮阴北临淮河，西邻大运河，是座水城，在夕阳照射下，它显得是那样没有生气。作者已不是初来乍到，又回忆起从前来时所见的景象。这种感受颇为强烈，就为下面要营造凄凉气氛蓄势。"古木鸦啼，纸灰风起，飞入淮阴庙。"三句继续描写，点明作者凭吊的对象——韩信。韩信，淮阴（今江苏淮安）人，西汉开国功臣，中国历史上杰出的军事家，与萧何、张良并列为汉初三杰。早年家贫，常从人寄食。秦末参加反秦斗争投奔项羽，后经夏侯婴推荐，拜治粟都尉，未得到重用。萧何向刘邦保举韩信，于是刘邦拜韩信为大将军。韩信对刘邦分析了楚汉双方的形势，举兵东向，三秦可以夺取。刘邦采纳了这一建议，很快占取了关中。在楚汉战争中，韩信发挥了卓越的军事才能，先是平定了魏国，又背水一战击败代、赵。之后，他又北上降服了燕国被拜为相国，率兵击齐，攻下临淄，并在潍水全歼二十万楚军。于是，刘邦遣张良立韩信为齐王，次年十月，又命韩信会师垓下，围歼楚军，迫使项羽自刭。汉朝建立后，韩信先是被解除兵权，徙为楚王；被人告发谋反贬为淮阴侯；后吕后与相国萧何合谋，借口韩信谋反将其骗入长乐宫中，斩于钟室，夷其三族。实为千古奇冤。"椎牛酾酒，英雄千古谁吊？"但家乡的人民是公正的，还为他立庙，至今还杀牛洒酒，祭祀他。"英雄千古谁吊？"作者这一反问，自然是家乡的人民！又不止是家乡的人民，像路过淮阴的作者、这位元朝统治阶级的人物也在凭吊。这说明历史是公正的。

词的下阕抒情，表示要弃官归隐。"何处漂母荒坟？清明落日，肠断王孙草。"换头处三句写漂母。漂母，即洗衣的老妇。连其姓名都不知道，但她做了一件了不起的大事。当初漂母见韩信饥饿，供其饭食数十日，认为他不是一般人，称其为"王孙"，并勉励他自立而不图报答，是一位颇有远见的村妇。她的慷慨相助，对韩信后来成就大业很有帮助，故而写及。接下来二句议论："鸟尽弓藏成底事？百事不如归好。"前句用典。"鸟尽弓藏"，鸟没有了，弓也就藏起来不用了。比喻事情成功之后，把曾经出过力的人一脚踢开。西汉司马迁《史记·越王勾践世家》："蜚（飞）鸟尽，良弓藏；狡兔死，走狗烹。"底事，何事。唐刘肃《大唐新语·酷忍》："天子富有四海，立皇后有何不可，关汝诸人底事，而生异议！"这显然是为韩信鸣不平，并且由韩信引出教训，官场是险恶之地，不如归去为妙。"半夜钟声，五更鸡唱，南北行人老"三句，写自己起早贪黑，奔走南北，已经疲惫不堪，归结到《过淮阴》题上，与开头照应。"道傍杨柳，青青春又来了。"末二句是说道路旁的杨柳枝条泛出青色，春天又要来了。以景结情，不仅点明时令，而且给作品带来几分亮色。

【原文】

酹江月·题《清溪白云图》·周郎幽趣

周郎幽趣⁽¹⁾，占清溪一曲⁽²⁾，小桥横渡⁽³⁾。溪上红尘飞不到⁽⁴⁾，惟有白云来去。出岫无心⁽⁵⁾，凌江有态，水面鱼吹絮。倚门遥望，钟山一半留住⁽⁶⁾。　　涵影淡荡悠扬⁽⁷⁾，朝朝暮暮⁽⁸⁾，是几番今古！指点昔人行乐地⁽⁹⁾，半是鹭洲鸥渚⁽¹⁰⁾。映水朱楼⁽¹¹⁾，踏歌画舫⁽¹²⁾，寂寞知何处⁽¹³⁾。天涯倦客⁽¹⁴⁾，几时归钓春雨⁽¹⁵⁾。

【毛泽东圈评等情况】

毛泽东读清汪森编选《词综补编》卷十时，圈阅了这首《酹江月·周郎幽趣》。

[参考] 张贻玖：《毛泽东评点、圈阅的中国古典诗词》，
中国工人出版社1992年版，第254页。

【注释】

（1）周郎，即周瑜，字公瑾，扬州庐江舒城（今安徽庐江）人，在三国吴官至领南郡太守行偏将军。因其年少，故称。西晋陈寿《三国志·吴书·周瑜传》："瑜时年二十四，吴中皆呼为周郎。"幽趣，幽雅的趣味。唐李收《和中书侍郎院壁画云》："映筱多幽趣，临轩得野情。"

（2）清溪，河流名，在安徽境内。流经安徽贵池城，与秋浦河汇合，出池口入长江。唐李白《清溪行》："清溪清我心，水色异诸水。"一曲，水流弯曲处。《诗经·魏风·汾沮洳》："彼汾一曲，言采其藚。"朱熹集传："谓水曲流处。"

（3）横渡，从江河湖海的此岸到达彼岸。

（4）红尘，车马扬起的飞尘。东汉班固《西都赋》："红尘四合，烟云相连。"

（5）出岫（xiù）无心，语出东晋陶渊明《归去来兮辞·并序》："云无心以出岫，鸟倦飞而知还。"岫，山洞。

（6）钟山，山名，即紫金山。在今江苏省南京市东北。三国吴孙权避祖讳，更名蒋山。至宋复名钟山。宋周辉《清波别志》卷中："王荆公退居钟山，切切以吕吉甫为恨。"

（7）涵影，影子倒映在水中。涵，沉浸。南朝梁元帝《望江中月影》："澄江涵皓月，水影若浮天。"淡荡，水迂回缓流貌，引申为和舒。唐陈子昂《与东方左史虬修竹篇》诗："春风正淡荡，白露已清泠。"悠扬，荡漾。

（8）朝朝暮暮，每天的早晨和黄昏，指短暂的时间。战国楚宋玉《高唐赋》："妾在巫山之阳，高丘之阻，旦为朝云，暮为行雨。朝朝暮暮，阳台之下。"

（9）行乐（lè），消遣娱乐；游戏取乐。汉杨恽《报孙会宗书》："人生行乐耳，须富贵何时？"

（10）鹭洲鸥渚，水鸟栖息之地。鹭，鸟类的一科，翼大尾短，嘴直而尖，颈和腿很长，常见的有"白鹭"（亦称"鹭鸶"）、"苍鹭""绿鹭"等。洲，水中的陆地。鸥，鸟类的一科，羽毛多为白色，嘴扁平，前趾有蹼，翼长而尖。生活在湖海上，捕食鱼、螺等。渚，水中的小块陆地。

（11）朱楼，富丽华美的楼阁。南朝宋范晔等《后汉书·冯衍传下》："伏朱楼而四望兮，采三秀之华英。"

（12）踏歌，拉手而歌，以脚踏地为节拍。唐储光羲《蔷薇篇》："连袂蹋歌从此去，风吹香去逐人归。"画舫，装饰华美的游船。唐刘希夷《江南曲》之二："画舫烟中浅，青阳日际微。"

（13）寂寞，寂静无声，沉寂。《楚辞·刘向〈九叹·忧苦〉》："巡陆夷之曲衍兮，幽空虚以寂寞。"王逸注："寂寞，无人声也。"

（14）天涯，天边，指极远的地方。语出《古诗十九首·行行重行行》："相去万余里，各在天一涯。"倦客，客游他乡而对旅居生活感到厌倦的人。南朝宋鲍照《代东门行》："伤禽恶弦惊，倦客恶离声。"

（15）归钓，回去钓鱼，谓归隐。宋苏轼《次韵陈海州乘槎亭》："人事无涯生有涯，逝将归钓汉江槎。"

【赏析】

本词题作《题〈清溪白云图〉》。所以这是一首题画词。从词的内容来看，《清溪白云图》画的是三国时东吴名将周瑜的一段雅事。周瑜，字公瑾，扬州庐江舒城（今安徽庐江）人，在三国吴官至领南郡太守行偏将军。因其年少，故称。西晋陈寿《三国志·吴书·周瑜传》："瑜时年二十四，吴中皆呼为周郎。"周瑜是一位著名儒将，文韬武略俱全，他先助孙策在江东创立孙氏政权，后佐孙权，任前部大都督，并亲率吴军与刘备军共同大败曹操于赤壁，奠定了三国鼎立局面。但周瑜并不是一介武夫，而是一个风流儒雅的将军。他多才多艺，精通音律，故当时有"曲有误，周郎顾"之语。所以，《清溪白云图》描写他占据清溪一曲的趣事，当不为无据。

词的上阕描写周瑜占据清溪一曲的趣事："周郎幽趣，占清溪一曲，小桥横渡。"开头三句叙事，切画题"清溪"，点出主人公是三国名将周瑜。周瑜于戎马倥偬之际，竟有闲情逸致，占据清溪上的一段河湾，湾上又架有小桥来往，俨然是一位隐士，故说是一种优雅的情趣。"溪上红尘飞不到，惟有白云来去。"此二句继续写环境之清幽。清溪之上，车马扬起的尘土飞也飞不到，只有朵朵白云飘来飘去，幽雅极了。二句切画题之"白云"二字。"出岫无心，凌江有态，水面鱼吹絮。倚门遥望，钟山一半留住。"三句仍是描写画境，不过将清溪白云合写。是说白云从峰峦叠嶂中自然飘出，小桥横跨清溪，再加上水面上有鱼儿吹动漂浮的杨花柳絮戏耍。这幅图画生动欲活，富有生机，更衬托出周瑜的雅兴，但周瑜是吴国名将，负有保卫吴国安全的重任。所以他"倚门遥望，钟山一半留住"。写周瑜虽身居清溪一带，却倚门而望钟山。钟山在吴都城建业（今江苏南京），借以代指建业。即是说周瑜时刻关注着吴国的安全，随时准备履行保卫吴国的神圣职责，所以值得称赞。

词的下阕抒情，写自己的归隐之志。"涵影淡荡悠扬，朝朝暮暮，是几番今古！"换头处三句写影子倒映在水中，随着水的缓缓流动而荡漾，年年月月，早早晚晚，已经度过了多少古代和今天！便由对清溪白云的描写过渡到词人感慨的抒发。"指点昔人行乐地，半是鹭洲鸥渚。映水朱楼，踏歌画舫，寂寞知何处。"此五句是说，古代可以指点着古人消遣娱乐之所，现在变成了水鸟栖息之地，这是正面写古今变迁。遥想当年，水边歌楼舞榭倒映水中，河中装饰、华丽的游船，人们手拉手踏地而歌，急管繁弦，笙歌日夜，哪里有一点儿寂寞忧伤的影子？这是对过去繁华的追忆。词人由周瑜的清溪幽趣，写到几番今古之变，使词人戚然有感，于是悟出了生活的真理，从而也找到了自己的归宿："天涯倦客，几时归钓春雨。""归钓"，回去钓鱼，谓归隐。就是说，词人已经厌倦了官场的奔波，决意归隐。末句用唐张志和《渔歌子》"青箬笠，绿蓑衣，斜风细雨不须归"诗意，表示愿做一个垂钓江湖的隐士，悠然自得地了此残生。作词正意由此揭出，但也戛然而止，余味深长。

明

词

明仁宗　朱高炽

明仁宗朱高炽（1378—1425），明成祖朱棣长子，生母仁孝文皇后徐氏。明朝第四位皇帝，年号洪熙。洪武十一年（1378），朱高炽生于凤阳府。洪武二十八年（1395）被立为燕王世子。朱棣起兵靖难期间，以世子朱高炽守北平府。朱高炽善抚士卒，仅以万人拒南军李景隆五十万之众围攻，城赖以全。永乐二年（1404），朱高炽被立为皇太子。明成祖朱棣数次北征，朱高炽都以太子身份监国，朝无废事。其弟朱高煦、朱高燧有宠于朱棣，串通宦寺，阴谋夺嗣；后因侍郎胡濙密疏，成祖才改变更换太子之意。永乐二十二年（1424）八月登基。他在位期间为政开明，发展生产，与民休息；赦免了建文帝的许多旧臣，平反了许多冤狱，废除了许多苛政。在军事上，他修整武备，停止了永乐时期的大规模用兵，使天下百姓得到了休息，为"仁宣之治"打下基础。洪熙元年（1425）五月，朱高炽病重，不久去世，终年48岁。庙号仁宗，谥号敬天体道纯诚至德弘文钦武章圣达孝昭皇帝。葬于十三陵之献陵，传位长子朱瞻基。

【原文】

蝶恋花·九月海棠·烟抹霜林秋欲褪

烟抹霜林秋欲褪[(1)]，吹破胭脂[(2)]，便觉西风嫩。翠袖怯寒愁一寸[(3)]，谁家庭院黄昏信[(4)]。　　明月修容生远恨[(5)]，旋摘余娇，簪满佳人鬓[(6)]。醉倚小阑花影近[(7)]，不应先有春风分。

【毛泽东圈评等情况】

毛泽东在读中华书局刊行《四库备要》本清王昶选辑《明词综》卷一

时，圈阅过这首《蝶恋花·烟抹霜林秋欲褪》。

[参考] 张贻玖：《毛泽东评点、圈阅的中国古典诗词》，
中国工人出版社 1992 年版，第 255 页。

【注释】

（1）烟抹霜林秋欲褪，语出金元好问《同儿辈赋未开海棠》之一：
"翠叶轻拢豆颗匀，胭脂浓抹蜡痕新。"

（2）胭脂，一种用于化妆和国画的红色颜料，亦泛指鲜艳的红色。唐
杜甫《曲江对雨》诗："林花着雨胭脂湿，水荇牵风翠带长。"此指海棠。

（3）"翠袖怯寒愁一寸"句，以人喻花。翠袖，青绿色衣袖，泛指女
子的装束。唐杜甫《佳人》诗："天寒翠袖薄，日暮倚修竹。"一寸，指
心，此指花心。

（4）黄昏，日已落而天色尚未黑的时候。战国楚屈原《楚辞·离骚》：
"曰黄昏以为期兮，羌中道而改路。"唐李商隐《乐游原》诗："夕阳无限
好，只是近黄昏。"信，信息，指海棠要开的信息。

（5）明月修容生远恨，以人喻花，是说明月见了海棠花这样美，也
会羞愧地躲避。

（6）"旋摘余娇"二句，指宫女爱而摘之，并插满鬟角。簪，插，
戴。美女，战国楚宋玉《登徒子好色赋》："天下之佳人，莫若楚国；楚国
之丽者，莫若臣里；臣里之美者，莫若臣东家之子。"

（7）"醉倚小阑"句，指词人。阑，阑干，即栏杆。

【赏析】

《蝶恋花》，词牌名，原是唐教坊曲，后用作词牌，本名《鹊踏枝》，
又名《黄金缕》《卷珠帘》《凤栖梧》《明月生南浦》《细雨吹池沼》《一箩
金》《鱼水同欢》《转调蝶恋花》等。以南唐冯延巳《蝶恋花·六曲阑干偎
碧树》（一作晏殊词）为正体，此体为双调六十字，前后段各五句四仄韵，
另有变体二种。代表作有李煜《蝶恋花·遥夜亭皋闲信步》、柳永《蝶恋
花·伫倚危楼风细细》、苏轼《蝶恋花·春景》等。

明
词

这是明仁宗朱高炽写的一首咏海棠的词。词题《九月海棠》。词的上阕咏九月海棠。九月海棠，即秋海棠。首句"烟抹霜林秋欲褪"，写深秋之景，切题目"九月"。一缕轻烟抹在霜林里，用一"抹"字，则生动如画，似效宋秦观词"山抹微云"（《满庭芳》）手法。"秋欲褪"，用一"欲"字，说明虽时至九月而秋色尚未全褪。把九月海棠开花的时令和景色先作点染。"吹破胭脂，便觉西风嫩。"直接写海棠。因海棠花白中泛红，色如胭脂，故以胭脂代海棠。是说尽管西风吹破（吹开）了海棠花，但还是觉得西风是嫩柔的，不够强劲。这又暗切九月的气候特点。"翠袖怯寒愁一寸，谁家庭院黄昏信。"这两句写海棠又兼写人。是说一到黄昏，那海棠的绿叶（翠袖），好像害怕寒冷；那海棠的花心，好像结愁。黄昏朦胧，庭院沉寂，有谁去传信，让人们来欣赏呢？宫女看到海棠如此，不禁联想到自己，身处深宫，无人问寒嘘暖，又有谁把自己"庭院黄昏"的愁苦的消息传给远人呢？只有空叹花事将凋，红颜易老而已。

词的下阕，写摘九月海棠。"明月修容生远恨"，换头处一句承上，写花也写人。明月升起，一片皎洁，月下海棠，容貌娇羞，美妙无比。宫女见此，又想起自己的花容月貌，空空在时光中消失，于是产生了"怀远"之恨。"旋摘余娇，簪满佳人鬓"二句是说，怀恨之余，宫女摘下那娇美的海棠花，簪满自己的双鬓，用海棠比人，人比海棠，到底是人面好呢，还是花面好呢？这举动充分表达了宫女爱花、惜花的极其复杂的心理状态。这些宫女不仅插上海棠花，而且又饮了解闷酒，好像醉海棠一般，所以接着说"醉倚小阑花影近"。宫女醉倚阑干，花影靠近宫女，则人花相对，彼此相怜了。最后一句"不应先有春风分"，是说不应该先让春风有分，只应先让秋风有分，因为这是秋海棠啊！结句颇为含蓄，言秋海棠只应嫁给秋风，而不应嫁于春风，幽怨深长，反映了宫女深藏心底的愿望。

明仁宗只当了十个月的皇帝，但能够体恤民间疾苦，做了一些与民有利的好事，史称"仁政"。他的本纪中虽无释放宫女的记载，但从本词来看，他对宫女的态度是同情的。

刘 基

　　刘基（1311—1375），字伯温，浙江青田（今浙江文成）人，元末明初政治家、文学家，明朝开国元勋。元至顺年间，刘基举进士。至正十九年（1359），受朱元璋礼聘而至。他上书陈述时务十八策，备受宠信。参与谋划平定张士诚、陈友谅与北伐中原等军事大计。吴元年（1367）为太史令，进《戊申大统历》。奏请立法定制，以止滥杀。朱元璋即位后，他奏请设立军卫法，又请肃正纪纲，曾谏止建都于凤阳。洪武三年（1370），封诚意伯，故又称刘诚意。次年赐归。刘基辅佐朱元璋平天下，计划立定，人莫能测。朱元璋多次称他为"吾之子房"。在中国民间，也流传着"三分天下诸葛亮，一统江山刘伯温；前朝军师诸葛亮，后朝军师刘伯温"的说法。刘基居乡隐形韬迹，只饮酒弈棋，口不言功。后因左丞相胡惟庸诬陷而被夺禄，入京谢罪后，不久即逝世。明武宗时赠太师，谥号"文成"。

　　刘基精通天文、兵法、数理等，尤以诗文见长。诗文古朴雄放，不乏抨击统治者腐朽、同情民间疾苦之作。与宋濂、高启并称"明初诗文三大家"。著作均收入《诚意伯文集》。

　　刘基是元明鼎革之际一位举足轻重的诗文大家，其诗文理论力主讽喻之说，提倡理、气并重，重视时代风格。刘基为晚明讽刺小品的勃兴也起了先导作用，重视文学之于社会的能动作用，其经世致用的文学思想对于扫荡元季文坛纤弱之风，为明初新一代文风之振起，在理论上起了开道的作用。刘基以诗议政，体现了强烈的参政意识和批判精神，其所议论的范围包括元季至正年间吏治、军政等种种社会弊端。从诗歌的渊源角度考察，刘基的以诗议政，客观上承续宋人"以议论为诗"之传统，主观上则因其固有的经世致用的文学观念使然。其诗作情理兼具，既有社会认识价值，又有艺术审美价值。刘基将词作为抒情言志的重要工具，题材广泛，内容丰厚，艺术上长于兴寄，长于铺叙，且善于用典。描景状物秀丽入神，造语精工典雅，词风以婉丽为主。刘基的语言文学不仅内容博大精深，还阐明了他的政治、经济、军事、哲学、伦理、道德等观点，还表现了他的审美观和价值观。

【原文】

如梦令·一抹斜阳沙觜

一抹斜阳沙觜⁽¹⁾，几点闲鸥草际⁽²⁾。乌榜小渔舟⁽³⁾，摇过半江秋水。风起，风起，棹入白蘋花里⁽⁴⁾。

【毛泽东圈评等情况】

毛泽东在读中华书局刊行《四库备要》本清王昶选辑《明词综》卷一时，圈阅过这首《如梦令·一抹斜阳沙觜》。

[参考] 张贻玖：《毛泽东评点、圈阅的中国古典诗词》，
中国工人出版社 1992 年版，第 255 页。

【注释】

（1）一抹，一条，一片（用于痕迹、景物等）。唐罗虬《比红儿》诗之十七："一抹浓红傍脸斜，妆成不语独攀花。"斜阳，傍晚西斜的太阳。唐赵嘏《东望》诗："斜阳映阁山当寺，微绿含风树满川。"沙觜（zuǐ），一作"沙嘴"。一端连陆地、一端突出水中的带状沙滩。常见于低海岸和河口附近。

（2）鸥，鸥科动物，形色像白鸽或小白鸡，性凶猛，长腿长嘴，脚趾间有蹼，善游水。喜成群飞翔，三月份产卵。生活在海边的称海鸥，生活在湖边或江边的称江鸥。草际，草丛中。

（3）乌榜，用黑油涂饰的船。榜，船桨，借指船。唐韩翃《送冷朝阳还上元》诗："落日澄江乌榜外，秋风疏柳白门前。"渔舟，渔船。南朝梁刘孝威《登覆舟山望湖北》诗："荇蒲浮新叶，渔舟绕落花。"

（4）棹（zhào），划船的一种工具，形状和桨差不多。此指船。白蘋花，一种水草，花白色，故名。

【赏析】

这是一首写景的小令词,它生动地描写了夕阳照映下秋天江边的美丽景色。"一抹斜阳沙觜,几点闲鸥草际。"开头二句描写,是说傍晚时分,一抹斜阳的余晖照射到一端连陆地、一端突出水中的带状沙滩上,只有几只悠闲的鸥鸟,在草丛中游戏。这二句写的是远处的静景。"一抹"与"闲鸥",突出了景色的幽静,"几点"与"草际"则点出了景色的悠远。接下来几句描写的是动景"乌榜小渔舟,摇过半江秋水。风起,风起,棹入白蘋花里。"是说一只带有黑色船桨的小渔船,摇过半江明静的秋水。划着,划着,起风了,小船被吹得不能自主,一下划进了白蘋花丛中。这几句写动景,但动中有静,仍给人一种幽静的感觉。

这首小令写水乡秋色,景物描写有动有静,有远有近。残阳一抹,闲鸥几点;秋水荡舟,风起白蘋,联合在一起,融为一幅幽静恬淡的图画,意境优美,朴素清新,更是风韵别具,令人神怡。此词短小精致,意境美,文词亦美,堪称明词中的佳作。

【原文】

小重山·月满江城秋夜长

月满江城秋夜长⁽¹⁾。西风吹不断、桂花香⁽²⁾。碧天如水露华凉⁽³⁾。人不见,有泪在罗裳⁽⁴⁾。 何处雁南翔⁽⁵⁾?堪怜一片影、落潇湘⁽⁶⁾。百年身世费思量。空回首,故国渺苍茫⁽⁷⁾。

【毛泽东圈评等情况】

毛泽东在读中华书局刊行《四库备要》本清王昶选辑《明词综》卷二时,圈阅过这首《小重山·月满江城秋夜长》。

[参考]张贻玖:《毛泽东评点、圈阅的中国古典诗词》,中国工人出版社1992年版,第255页。

【注释】

（1）江城，临江之城市、城郭。唐崔湜《襄阳早秋寄岑侍郎》诗："江城秋气早，旭旦坐南闱。"指湖北武汉。唐李白《与史郎中钦听黄鹤楼上吹笛》："一为迁客去长沙，西望长安不见家。黄鹤楼中吹玉笛，江城五月落梅花。"

（2）桂花，树名，即木犀，也指其所开的花。东汉班固《汉书·礼乐志》："都荔遂芳，宵窊桂华。"颜师古注："此言都良薛荔俱有芬芳，桂华之形宵窊然也。"

（3）碧天，青天，蓝色的天空。晋王羲之《兰亭》诗："仰视碧天际，俯瞰绿水滨。"露华，露水。旧题汉伶玄撰《赵飞燕外传》："婕妤浴豆蔻汤，傅露华百英粉。"唐李白《清平调词》之一："云想衣裳花想容，春风拂槛露华浓。"

（4）罗裳，罗裙。《乐府诗集·清商曲辞一·子夜四时歌春歌十》："春风复多情，吹我罗裳开。"

（5）雁南翔，动物名。脊椎动物鸟纲雁鸭目。形状似鹅，颈和翼较长，嘴长微黄，羽淡紫褐色，鸣声嘹亮，飞时自成行列。每年春分后往北飞，秋分后往南飞，为一种季节性的候鸟。

（6）潇湘，湘江与潇水的并称，多借指今湖南地区。唐杜甫《去蜀》诗："五载客蜀鄙，一年居梓州。如何关塞阻，转作潇湘游？"

（7）故国，故乡，家乡。唐曹松《送郑谷归宜春》诗："无成归故国，上马亦高歌。"渺，遥远，邈远，渺茫。宋苏轼《前赤壁赋》："渺渺兮予怀，望美人兮天一方。"苍茫，模糊不清的样子。南朝梁沈约《夕行闻夜鹤》诗："海上多云雾，苍茫失洲屿。"

【赏析】

《小重山》，词牌名，调见《金奁集》，又名《小重山令》《小冲山》《柳色新》《群玉轩》《璧月堂》《玉京山》。相传这个词牌是韦庄所创。以薛昭蕴《小重山·春到长门春草青》为正体，双调五十八字，前后段各四句、四平韵。

此词为思乡之作。词的上阕写中秋思乡落泪。首句"月满江城秋夜长"，点出地点江城，江城泛指临江之城。时间为"秋夜"，感叹"秋夜长"，则人不寐可知。接着说："西风吹不断、桂花香。碧天如水露华凉。"词人看到"月满江城""碧天如水"，听到"西风吹"，闻到"桂花香"，感到"秋夜长""露华凉"，寥寥数语，将江城秋夜之景简直写活了。"人不见，有泪在罗裳。"二句抒情，是说在这如此漫长的秋夜里，虽与家人共同沐浴在这皎洁的月光中，但自己却身处异地，难以见面，只能空自垂泪，滴湿罗裙了。这句话语意双关，既可理解为词人的眼泪，亦可理解为词人想象中的妻子的眼泪。

词的下阕仍写秋夜之景，却更加刺痛词人的心。"何处雁南翔？堪怜一片影、落潇湘。"孤雁南飞，寻找栖息之地，以便过冬，正如传说中的雁不过衡阳。衡阳在湖南长沙南，正当潇湘二水合流之处，故曰"落潇湘"。词人对大雁的一片孤影非常同情、怜悯，故用"堪怜"二字。因为词人看到空中孤雁南飞，联想到自己只身漂零，不禁同命相怜。可是大雁还能找到它温暖的归宿之地，而自己却"百年身世费思量"，前途渺茫，不可预卜，一生事业，殊费思量，如今羁身江城，有家难归。"空回首，故国渺苍茫。"故国，即故乡。结末二句是说，回首望故乡，空见渺远无际，苍茫一片。

词的上阕写景，突出秋夜长、露华凉，从而想到人难见、身异地，空自悲伤。下阕写景，突出孤雁南翔，从而想到有家难归。相比之下，人还不如大雁。因景而想人，因景而思家，借景抒情，各有侧重，是本词的一大特点。

【原文】

眼儿媚·秋思·萋萋芳草小楼西

萋萋芳草小楼西⁽¹⁾，云压雁声低。两行疏柳，一丝残照⁽²⁾，万点鸦栖。春山碧树秋重绿，人在武陵溪⁽³⁾。无情明月，有情归梦⁽⁴⁾，同到幽闺⁽⁵⁾。

【毛泽东圈评等情况】

毛泽东在读中华书局刊行《四库备要》本清王昶选辑《明词综》卷一时，圈阅过这首《眼儿媚·萋萋芳草小楼西》。

[参考] 张贻玖：《毛泽东评点、圈阅的中国古典诗词》，
中国工人出版社 1992 年版，第 255 页。

【注释】

（1）萋萋芳草，形容草木茂盛。唐崔颢《黄鹤楼》："晴川历历汉阳树，芳草萋萋鹦鹉洲。"萋萋，草木茂盛之状。《诗经·周南·葛覃》："葛之覃兮，施于中谷，维叶萋萋。"毛传："萋萋，茂盛貌。"芳草，香草。东汉班固《西都赋》："竹林果园，芳草甘木。郊野之富，号为近蜀。"

（2）残照，落日的光辉，夕照。唐李白《忆秦娥》词："西风残照，汉家陵阙。"

（3）武陵溪，指东汉刘晨、阮肇入天台山采药事。两人在天台山迷不得返，饥食桃果，寻水得大溪，遇仙，后思念家乡下山，等想再回到山上去，却找不到神仙洞了。武陵溪常被诗家比作世外桃源，比作隐士们的隐居处或风景优美的地方，也可比作仙境。唐王之涣《惆怅词》："晨肇重来路已迷，碧桃在谢武陵溪。"

（4）归梦，归乡之梦。南朝齐谢朓《和沉右率诸君钱谢文学》："望望荆台下，归梦相思夕。"

（5）幽闺，深闺，多指女子的卧室。南朝梁萧统《锦带书十二月启·姑洗三月》："燕语雕梁，状对幽闺之语。"

【赏析】

《眼儿媚》，词牌名，又名《秋波媚》《小阑干》《东风寒》等。双调，正体为四十八字，上片五句三平韵，下片五句两平韵。

这首词题作《秋思》。顾名思义，就是秋日寂寞凄凉的思绪。唐沈佺期《古歌》："落叶流风向玉台，夜寒秋思洞房开。"就内容来看，此词写一个青年女子闺中秋思所见，当是词人为抒念远情而创作的，具体创

作时间不详。

词的上阕在写法上很有层次，有远有近，有高有低，有动有静，有音响有色彩，可谓错落有致，疏密相间。虽全是对秋景的描画，但又句句抒情，情景交融，从不同的角度和侧面渲染了思妇的满怀愁绪，突出其盼望远游人归来的急切心情。"萋萋芳草小楼西，云压雁声低。"开头二句描写，是说闺妇站立楼头，望及的是楼西的芳草萋萋，仰看则见空中有低压的云层、飞雁的低鸣。前句表面在写草，实则写人，交代闺思地点是小楼西的同时，也指明闺妇不是一般的农妇，而是住在小楼上有身份人家的妇人，还以萋萋芳草形容思妇对远游人情思绵绵之况；后句则以幽咽悲切的征雁鸣叫声不时地传入闺妇耳中，来增强秋日画面的悲凉程度，渲染了思妇感伤的情怀。北雁南飞，使人想到一年一度秋风劲，雁去有时，人却远去无归期，思妇的伤悼之情自在不言之中。"两行疏柳，一丝残照，万点鸦栖"三句，写两行依稀的杨柳，依稀可见的一抹斜阳的余晖，万点昏鸦正飞向自己的栖息之处，一片萧瑟凄凉的景象。乌鸦倦飞后尚知归巢，而人远游却不知归的鲜明对比，使得闺妇的愁肠百结，黯然销魂的怀念之情和孤独之感跃然纸上。

下阕抒情，直接刻画闺妇由盼到怨的心理活动。"春山碧树秋重绿，人在武陵溪。"换头处二句用典，点出女子怀念之人。"武陵溪"，指东汉刘晨、阮肇入天台山采药事，他俩在天台山迷不得返，饥食桃果，寻水得大溪，遇仙，后思念家乡下山，等想又回山去，却找不到神仙洞了。武陵溪常被诗家比作世外桃源，比作隐士们的隐居处或风景优美的地方，也可比作仙境。唐王之涣《惆怅词》："晨肇重来路已迷，碧桃在谢武陵溪。"思妇目睹萧瑟的秋景已令人悲生，况树又重绿，人仍不归，那绵绵情怀无法可已。不仅指明了女子怀念之"人"的身份，也点明了二者的关系，以及女子对他另有所爱的担心，意蕴极为丰富。接着的"无情明月，有情归梦，同到幽闺"，结末三句是思妇想象之词，让读者能轻易地想见一位翘首以待的思妇空伫楼头埋怨圆月的情景：虽然天边残照已消失，凉风袭人，但她空伫楼头仍不肯归，仰望明月，思绪飞越千山万水。对圆月，她发出了埋怨，说圆月无情地照耀着她和游人，却只顾自己团圆而不顾人的团圆。

全词写景如画，笔触精细，描摹生动，不写一些表面的情和景，而是着力地去写人物内心的动向，写景淡雅，抒情委婉，使得闺妇的形象呼之欲出，是刘基词作中优秀的篇什之一。

文徵明

文徵明（1470—1559），原名壁（或作璧），字征明，四十二岁起，以字行，更字徵仲，因先世衡山人，故号"衡山居士"，世称"文衡山"。汉族，长州（今江苏苏州）人，明代画家、书法家、文学家。因官至翰林待诏，私谥贞献先生，故称"文待诏""文贞献"。为人谦和而耿介，宁王朱宸濠因仰慕他的贤德而聘请他，文徵明托病不前往。文徵明的书画造诣极为全面，诗、文、书、画无一不精，人称是"四绝"全才，诗宗白居易、苏轼，文受业于吴宽，学书于李应祯，学画于沈周。他与沈周共创"吴派"。在画史上与沈周、唐伯虎、仇英合称"明四家"（"吴门四家"）。在诗文上，与祝允明、唐寅、徐祯卿并称"吴中四才子"。

文徵明文诗宗宋与宗中晚唐，融各家之所长，如陆诗之工整、苏诗之文人意趣、白诗之雅致、柳诗之幽深等。于此之外，文徵明自身的性格、趣尚融化于诗中，形成了"雅饬之中，时饶逸韵"的诗风。文徵明诗风既"雅饬"，亦饶"逸韵"，吴中地域特色鲜明，充满"雅"之气息，与当时吴中"俚俗"诗歌形成鲜明反差。受吴中俗文化的影响，文徵明亦作有极少量带有俚俗特点的诗歌，但雅致诗歌占绝对主导地位。

【原文】

满江红·拂拭残碑

拂拭残碑[1]，敕飞字[2]、依稀堪读。慨当初、倚飞何重[3]，后来何酷[4]。岂是功成身合死，可怜事去言难赎[5]。最无辜[6]、堪恨更堪悲，风波狱[7]。

岂不念，封疆蹙[8]；岂不念，徽钦辱[9]，念徽钦既返，此身何属。千载休谈南渡错[10]，当时自怕中原复。笑区区、一桧亦何能[11]，逢其欲[12]。

【毛泽东圈评等情况】

1957 年 6 月，毛泽东会见词学专家冒广生。冒广生说到儿子舒湮抗战时期在上海写了个话剧《精忠报国》，把秦桧影射汪精卫。毛泽东说："主和的责任不全在秦桧，幕后是宋高宗。秦桧不过是执行皇帝的旨意。高宗不想打，要先'安内'，不能不投降金人。文徵明有首词，可以一读。他的《满江红》：'慨当初、倚飞何重，后来何酷。岂是功成身合死，可怜事去言难赎。'一似丘浚的《沁园春》所说：'何须把、长城自坏，柱石潜摧?'"又评论道："这一点连赵构自己也承认了的，他说讲和之策，'断自朕意，秦桧但能赞朕而已。'后来的史家'为圣君讳耳'，并非文徵明独排众议。"

[参考] 舒湮：《1957 年夏季我又见到了毛泽东主席》，《文汇月刊》

1986 年第 9 期。

【注释】

（1）拂拭残碑，《词苑丛谈》引《词统》卷十二："夏侯桥沈润卿掘地，得宋高宗赐岳侯手敕刻石，文徵明待诏题《满江红》词云。"拂拭，掸去或擦去尘土。汉刘向《新序·杂事二》："（无盐女）于是乃拂拭短褐，诣宣王愿一见。"残碑，残缺的碑石。宋王安石《破冢》诗："埋没残碑草自春，旋风时出地中尘。"此指宋高宗赐岳侯的手敕刻石。

（2）敕飞字，宋高宗赵构在绍兴三年（1133）秋手书"精忠岳飞"以赐岳飞，此残碑原刻当此四字。敕，帝王下给臣子的诏命。飞，指南宋抗金名将岳飞。

（3）倚飞何重，当时岳飞扫平闽、粤、赣相连地区的群盗，对于赵构偏安江南一隅起了很大作用，即"倚飞何重"。

（4）后来何酷，指岳飞被冤杀。酷，残酷。

（5）难赎，指难以挽回损亡。赎，用行动抵消、弥补罪过。

（6）无辜，清白无罪。《诗经·小雅·正月》："民之无辜，并其臣仆。"朱熹集注："与此无罪之民，将俱被囚虏而同为臣仆。"

（7）风波狱，指岳飞以"莫须有"的罪名被害于风波亭。其亭故址在今浙江省杭州市小车桥畔。元脱脱等《宋史·岳飞传》："狱之将上也，韩世忠不平，诣桧诘其实。桧曰：'飞子云与张宪书虽不明，其事体莫须有。'世忠曰：'莫须有三字何以服天下？'"后用以表示凭空诬陷。

（8）封疆蹙，疆域缩小，指金人南侵，南宋的版图已远小于北宋。

（9）徽钦辱，宋徽宗赵佶宣和七年（1125），金兵南侵，直逼宋都汴京，宋徽宗赵佶见事不可为，急忙传位给宋钦宗赵桓。宋钦宗赵桓靖康二年（1127），金兵攻破汴京，掳徽宗、钦宗二帝北还，北宋由此灭亡。

（10）南渡，徽、钦宗二帝被掳后，赵构以康王入继大统，是为高宗。他不知耻，不念父兄，自汴梁（开封）迁都临安（杭州）以图偏安，史称南渡。

（11）桧，指秦桧。秦桧（1090—1155），字会之，江宁（南京市）人，政和五年（1115）进士。靖康之耻中，秦桧曾随徽、钦二帝至金，四年后被放还，高宗任以礼部尚书。绍兴年间秦桧为相，深受宠信，力主议和，杀害岳飞，镇压大批主战派。秦桧为人阴险狡诈，在位十九年，罪恶累累，恶贯满盈。

（12）逢，迎合。其，指宋高宗赵构。欲，愿望，需要。

【赏析】

宋代抗金英雄岳飞，惨遭杀害，实乃千古奇冤。这种冤狱当然是不能持久的。秦桧死后不久，朝野便议论为岳飞恢复名誉。宋光宗赵惇绍兴末年，太学生程宏图上书申诉岳飞冤案，皇帝下诏，让岳飞家人自便。宋孝宗赵时，下诏恢复岳飞官爵，以礼改葬，寻找岳飞后人授予官职。孝宗淳熙六年（1179），谥曰武穆。宁宗嘉定四年（1211），追封鄂王。南宋统治者为岳飞平反冤狱，不仅是为了平民愤，也是出于抗金的需要。但他们只能把罪责完全推到奸相秦桧身上，不可能追责到宋高宗。到了元人写《宋史》时，因为是对前朝的评论，便没有什么忌讳了。所以《宋史·岳飞传》末云："高宗忍自弃中原，故杀飞。"批判矛头直指高宗，但语有未尽。文徵明这首词，直截了当剖析宋高宗赵构杀害岳飞的险恶用心，揭露其卑鄙灵魂，实是诛心之法。

明
词

　　《词苑丛读》引《词统》记载：有人掘地，发现了宋高宗赐给岳飞的诏书的刻石。文徵明读了，认为抗金名将岳飞被杀害是"最无辜、堪恨又堪悲"的冤案，指出岳飞被害的原因，是宋高宗怕中原恢复，徽宗、钦宗皇帝回来，自己的帝位不保。作者认为区区一个秦桧是没有能力置岳飞于死地的，言下之意是，宋高宗才是风波亭冤案的制造者。文徵明不禁感慨盈怀，写了这首词。

　　词的上阕直接点题，夹叙夹议，主要通过史实，引发人们对岳飞蒙冤受屈产生愤慨。"拂拭残碑，敕飞字、依稀堪读。"起首从叙事起，引出以下直至终篇的慷慨。宋高宗赵构在绍兴三年秋手书"精忠岳飞"碑以赐岳飞，后来残碑被发掘出土，以铁的事实证明高宗当年褒奖岳飞是千真万确的。这便是"倚飞何重"的证据，可后来为什么又把岳飞残酷地杀害了呢？"岂是功成身合死，可怜事去言难赎。"词人举古来不合理之事相对照，以见岳飞之冤。汉开国大将韩信在被缚时说："狡兔死，良狗烹，天下已定，我固当烹。"这话揭示了历代帝王杀戮功臣的一个规律，然而岳飞尚未成功而惨遭杀戮，其实尤为可恨。可是这种千古遗恨，已是不争的事实，虽千言万语也于事无补了。"最无辜、堪恨又堪悲，风波狱。"绍兴十年（1140），正当岳飞胜利北伐至距北宋都城汴京仅四十五里的朱仙镇时，宋高宗却让奸相秦桧与金人签订以淮河为界的和约，并一天之内连下十二道金牌，命岳飞撤军。次年岳飞被诬陷下狱，"岁暮，狱不成，桧手书小字付狱，即报飞死"（《宋史·岳飞传》）。岳飞死于临安大理寺风波亭监狱。风波狱，指岳飞以"莫须有"的罪名被害于风波亭。其亭故址在今浙江省杭州市小车桥畔。元脱脱等《宋史·岳飞传》："狱之将上也，韩世忠不平，诣桧诘其实。桧曰：'飞子云与张宪书虽不明，其事体莫须有。'世忠曰：'莫须有三字何以服天下？'"后用以表示凭空诬陷。末二句归结到"后来何酷"的事实。上阕略叙事实，深致感叹，于感叹中连发三层疑议，层层紧逼，引起无限激愤，自然导入下阕对事理的分析。

　　下阕剖析岳飞被杀的原因。"岂不念，封疆蹙；岂不念，徽钦辱。"岂不念国家的疆界在敌人侵略下日渐缩小，岂不念徽钦二帝被俘的耻辱。这本不成问题的，但作为问题提出来，正在于它出乎寻常事理。"念徽钦既返，此身何属。"实乃一针见血之论。因为如果徽钦二帝回来，一父一兄，自己的位置往哪里摆？言外之意，高宗的皇帝就做不成了。这才是问题的症结所在。鞭辟入里，不仅辛辣地诛挞了宋高宗丑恶的内心世界，也是数千年帝王争位夺权史中黑暗内幕的大曝光，读后令人拍案击节。"千载休谈南渡错，当时自怕中原复。"二句揭出高宗必杀岳飞的原因。高宗为了保住自己的帝位，可以置徽钦二帝死活于不顾。岳飞一贯主张抗金，恢复中原，且取得朱仙镇大捷，中原恢复有望，再发展下去，势必直接危及高宗帝位。岳飞被杀害，自然也就不足为奇了。"笑区区、一桧亦何能，逢其欲。"结尾二句归到岳飞悲剧的产生，乃出于君相的罪恶默契。自然高宗是主谋，秦桧是从犯，秦桧不过是迎合了高宗的欲望而已。这一点高宗自己也承认了，他说讲和之策，断自朕意，秦桧但能赞朕而已。这真是不打自招：暴露了高宗的卑鄙自私的龌龊心理，岳飞之冤狱也可以大白于天下了。

此词纯以议论着笔，可当作一篇精彩的史论来读。全词以敕碑引发，渐次深入，既对岳飞的遭遇表示了深刻的同情，又对宋高宗不以国家人民利益为重、残害忠良进行了毫不留情地挞伐，语言犀利。此词犹如一篇宣判词，揭示了虚伪自私的宋高宗的真面目。它痛快淋漓，极具史胆史识，可谓咏史词的杰作。明卓人月编的《词统》说："激昂感慨，自具论古只眼。"

丘　浚

丘浚（1420/1421—1495），字仲深、琼山，号深庵、玉峰，别号海山老人，广东琼山府城下田村（今海南省海口市琼山区金花村）人，政治家和思想家。明代宗景泰五年（1454）进士，授翰林院编修，奉诏修《寰宇通志》，后累官至礼部右侍郎，加太子太保，兼文渊阁大学士。死后，被追封为太傅左柱国，谥号"文庄"。他做官后长期从事编纂工作，曾参与修《英宗实录》《宪宗实录》《续通鉴纲目》等书。他自称"仕宦不出国门，六转官阶，皆司文墨，莫试莅政临民之技"（《进大学衍义补表》）。他虽多年"皆司文墨"，但注意经世致用之学，"尤熟国家典故，以经济自负"（《明史》卷一八一）。丘浚学问渊博，善为南曲，其剧作《五伦全备记》当时颇有影响。其诗法度严谨，风格典雅。著有《大学衍义补》《世史正纲》《家礼仪节》《五伦全备忠孝记》《丘文庄集》《琼台集》《琼台诗文会稿》等。

【原文】

沁园春·寄题岳王庙·为国除忠

为国除忠⁽¹⁾，为敌报仇⁽²⁾，可堪恨哀⁽³⁾。当顾时乾坤，是谁境界⁽⁴⁾？君亲何处⁽⁵⁾，几许人才⁽⁶⁾。万死间关⁽⁷⁾，十年血战⁽⁸⁾，端的孜孜为甚来⁽⁹⁾？何须苦，把长城自坏⁽¹⁰⁾，柱石潜摧⁽¹¹⁾？　虽然天道恢恢⁽¹²⁾，奈人众、将天拗转回。叹黄龙府里，未行贺酒⁽¹³⁾；朱仙镇上，先奉追牌⁽¹⁴⁾。共戴仇天，甘投死地⁽¹⁵⁾，天理人心安在哉⁽¹⁶⁾！英雄恨，向万年千载，永不沉埋。

【毛泽东圈评等情况】

1957 年 6 月，毛泽东会见词学专家冒广生。冒广生说到儿子舒湮抗战时期在上海写了个话剧《精忠报国》，把秦桧影射汪精卫。毛泽东说："主和的责任不全在秦桧，幕后是宋高宗。秦桧不过是执行皇帝的旨意。高宗不想打，要先'安内'，不能不投降金人。文徵明有首词，可以一读。他的《满江红》：'慨当初、倚飞何重，后来何酷。岂是功成身合死，可怜事去言难赎。'一似丘浚的《沁园春》所说：'何须把、长城自坏，柱石潜摧？'"又评论道："这一点连赵构自己也承认了的，他说讲和之策，'断自朕意，秦桧但能赞朕而已。'后来的史家'为圣君讳耳'，并非文徵明独排众议。"

[参考] 舒湮：《1957 年夏季我又见到了毛泽东主席》，《文汇月刊》1986 年第 9 期。

【注释】

（1）忠，一作"患"。

（2）敌，指金王朝统治集团。

（3）可堪，那堪，怎堪。唐李商隐《春日寄怀》诗："纵使有花兼有月，可堪无酒又无人。"恨哀，憾恨悲痛。"

（4）乾坤，《易经》的乾卦和坤卦，借指天地、阴阳或江山、局面等。《易·系辞下》："黄帝尧舜垂衣裳而天下治，盖取诸《乾》《坤》。"国家，江山，天下。《敦煌曲子词·浣溪沙》："竭节尽忠扶社稷，指山为誓保乾坤。"境界，疆界，土地的界限。

（5）君亲，君王与父母，亦特指君主。旧题汉李陵《答苏武书》："违弃君亲之恩，长为蛮夷之域，伤已。"此指宋高宗。

（6）几许，多少。《古诗十九首·迢迢牵牛星》："河汉清且浅，相去复几许？"人才，有才学的人。晋葛洪《抱朴子·逸民》："褒贤贵德，乐育人才。"

（7）万死间关，九死一生，历尽千辛万苦。万死，死一万次（夸张说法），形容受严厉惩罚或冒生命危险。汉荀悦《汉纪·高帝纪》："将军出万死之计，为天下除残贼，今始至陈，为王，是示天下私也。"间关，形容旅途的艰辛、崎岖辗转。东汉班固《汉书·王莽传》："间关至渐台。"颜师古注："间关犹言崎岖辗转也。"

（8）十年血战，岳飞抗金，血战十多年，这是举其成数。岳飞从北宋徽宗赵佶宣和四年（1122）应真定宣抚使招募斗士，至南宋高宗赵构绍兴十年（1160）进军至距离北宋都城汴京四十五里朱仙镇、被朝廷一天连下十二道金牌招回，计十八年。因其中有时并不在抗金前线，在抗金前线大约十年，所以岳飞被迫回师时向京都再拜说："十年之功，毁于一旦。"

（9）端的，究竟。孜孜，勤勉，不懈怠。《书·益稷》："予何言？予思日孜孜。"孔颖达疏："孜孜者，勉功不怠之意。"

（10）长城自坏，梁沈约《宋书·檀道济传》："十二年，上疾笃，会北魏为边寇，召道济入朝。十三年春，将遣道济还镇，已下船矣，会上疾动，召入祖道，收付廷尉。薛彤、进之并道济腹心，有勇力，时以比张飞、关羽。初，道济见收，脱帻投地曰：'乃复坏汝万里之长城！'"《南史》中也有记载道济遭忌被逮，他气愤地说：这是刘宋把长城自坏。

（11）柱石，顶梁的柱子和垫柱的础石，比喻担当重任的人。东汉班固《汉书·霍光传》："将军为国柱石，审此人不可，何不建白太后，更选贤而立之。"潜摧，彻底摧垮。

（12）天道，天理，天意。《易·谦》："谦亨，天道下济而光明。"恢恢，宽阔广大之状。《老子》："天网恢恢，疏而不失。"

（13）"叹黄龙府里"二句，黄龙府位于今吉林省长春市农安县县城内，为辽金两代军事重镇和政治经济中心，是中国历史名城之一。公元1127年，金兵俘虏宋朝徽、钦二帝，曾将他们一度囚禁于此。南宋时抗金名将岳飞曾言："直捣黄龙府，与诸君痛饮耳。"（《宋史·岳飞传》）所言黄龙府即指此地。

（14）"朱仙镇上"二句，元脱脱等《宋史·岳飞传》："（秦桧）言飞孤军不可久留，乞令班师。一日奉十二金字牌，飞愤惋泣下，东向再拜曰：'十年之功，废于一旦！'"

（15）死地，死亡之地。战国邹孟轲《孟子·梁惠王上》："王曰：'舍之。吾不忍其觳觫，若无罪而就死地。'"

（16）天理，天道，自然法则。泛指道义。

【赏析】

这首词题作《寄题岳王庙》。岳王庙在今浙江杭州栖霞岭岳飞墓旁。祀宋代抗金名将岳飞。岳飞在宁宗嘉定四年（1211），被追封为鄂王，故称岳王庙。

这是一首为岳飞翻案的词作，它揭露了宋高宗害死岳飞自坏长城的罪恶，歌颂了岳飞的爱国主义精神。

词的上阕，谴责了宋高宗的自坏长城。"为国除忠，为敌报仇，可堪恨哀。顾当时乾坤，是谁境界？"起首四句，先从迫害岳飞的人着笔，这就是宋高宗和奸相秦桧。君臣狼狈为奸，除掉岳飞这样的爱国忠良，干着亲者痛、仇者快的蠢事，起着敌人起不到的作用，实在可恨又悲哀。回顾当时，南宋王朝到底是谁的疆土？言外之意，如果是宋王朝的疆域，就不该发生这样的事情。"君亲何处，几许人才。万死间关，十年血战，端的孜孜为甚来？""君亲"，君王，指宋高宗。是作者批判的矛头所向。"几许人才"，多少人才，即英雄辈出，不止岳飞一人。在英雄辈出、奋起抗金之时，突出岳飞的出生入死，转战南北，十年血战，"三十功名尘与土，八千里路云和月"，到底孜孜以求的是什么呢？这几句高度赞扬了岳飞的爱国主义精神。"何须苦，把长城自坏，柱石潜摧？"二句又落笔到宋高宗身上，他为什么要自坏长城（抗金部队），暗中把国家的柱石摧毁（害死岳飞）？这真是令人百思不得其解！上阕从反面着笔，一连提出三层疑问，为岳飞鸣冤叫屈。

词的下阕，歌赞岳飞的千古流芳。"虽然天道恢恢，奈人众、将天拗转回。"换头处二句，承上而来，是说虽然天理宽阔广大，怎奈人们不能扭转宋高宗的看法，使之放弃妥协投降、转而抗金。由于宋高宗没有回心转意，于是就发生了"叹黄龙府里，未行贺酒；朱仙镇上，先奉追牌"的悲剧。"黄龙府"，位于今吉林省长春市农安县县城内，为辽金两代军事重镇和政治经济中心，是中国历史名城之一。公元1127年，金兵俘虏宋朝徽、钦二帝，曾将他们一度囚禁于此。南宋时抗金名将岳飞曾言："直捣黄龙府，与诸君痛饮耳！"（《宋史·岳飞传》）所言黄龙府即指此地。朱仙镇，今河南开封祥符区朱仙镇。元脱脱等《宋史·岳飞传》："（秦桧）言飞孤军不可久留，乞令班师。一日奉十二金字牌，飞愤惋泣下，东向再拜曰：'十年之功，废于一旦！'"岳飞没有能够实现他"直捣黄龙府，与诸君痛饮耳"的宏愿，因为在大军攻到离汴京仅四十五里的朱仙镇时，被宋高宗一条连发十二道金牌被迫撤军。之后又被下狱，以"莫须有"的罪名在风波亭遇害。这到底是为什么呢？"共戴仇天，甘投死地，天理人心安在哉！"接下来三句，词人直接为岳飞鸣冤叫屈。岳飞与敌人不共戴天，又情愿服从命令，终被害死，既不合天理，又违背人心，天理人心又在哪里呢？"英雄恨，向万年千载，永不沉埋。"结末三句，词人径称岳飞为英雄，实至名归，仰慕之情，溢于言表。岳飞的遗恨，虽然万年千载无法弥补，但他的英名将流传千古，永远不会被埋没，从而对岳飞的崇高的爱国主义精神给予高度的礼赞。

　　1957年6月，毛泽东约见词学专家冒广生时，谈及岳飞蒙冤遇害一事时，曾以诗词证史，念起文徵明的《满江红·拂拭残碑》和丘浚的这首《沁园春·为国除忠》。他的评论，指出了宋高宗自己说"讲和之策，断自朕意"的历史真实性，进而肯定了丘浚"不为君讳"，在词里大胆而准确地揭示了这一历史真实性。

杨　慎

　　杨慎（1488—1559），字用修，初号月溪、升庵，又号逸史氏、博南山人、洞天真逸、滇南戍史、金马碧鸡老兵等，四川新都（今成都市新都区）人，祖籍庐陵，明代文学家、学者、官员。明代三才子之首，东阁大学士杨廷和之子。杨慎于明武宗正德六年（1511）状元及第，授官翰林院修撰，参与编修《武宗实录》。在武宗微行出居庸关时，杨慎上疏抗谏。明世宗继位，复任翰林修撰兼经筵讲官。嘉靖三年（1524）卷入"大礼议"之争，触怒世宗，被杖责罢官，谪戍云南永昌卫。在滇南时，杨慎曾率家奴助平寻甸安铨、武定凤朝文叛乱，此后虽往返于四川、云南等地，仍终老于永昌卫。嘉靖三十八年（1559），杨慎在戍所逝世，享年七十二岁。明穆宗时追赠光禄寺少卿，明熹宗时追谥"文宪"，世称"杨文宪"。

　　杨慎在滇南三十年，博览群书。后人论及明代记诵之博、著述之富，推杨慎为第一。其诗沉酣六朝，揽采晚唐，造诣深厚，独立于当时风气之外。著作达四百余种，被后人择其重要者辑为《升庵集》，散曲有《陶情乐府》，词有《升庵长短句》。

　　杨慎对文、词、赋、散曲、杂剧、弹词都有涉猎。他的词和散曲，写得清新绮丽。如（浪淘沙）"春梦似杨花"一首，描写细润，言辞华美流畅。散曲（驻马听）《和王舜卿舟行之咏》，写月下舟行幽景，江天一色，并畅想驶入长空银河，意境优美，记叙细微。他的长篇弹唱叙史之作《二十一史弹词》，叙三代至元及明季历史，文笔畅达、语词流利，广为传诵。他的散文古朴高逸，笔力奔放。他早年的疏奏《丁丑封事》，规劝明武宗"偏听生奸，独任成乱"，以"古之圣人必谋于众"相谏诫，情挚意切，时婉时激。他的《新都县八阵图记》《碧峣精舍记》等也是记叙散文中的佳品。

【原文】

临江仙·滚滚长江东逝水

　　滚滚长江东逝水[(1)]，浪花淘尽英雄[(2)]。是非成败转头空[(3)]。青山依旧在[(4)]，几度夕阳红[(5)]。　　白发渔樵江渚上[(6)]，惯看秋月春风[(7)]。一壶浊酒喜相逢[(8)]。古今多少事[(9)]，都付笑谈中[(10)]。

【毛泽东圈评等情况】

　　毛泽东曾手书过这首《临江仙·滚滚长江东逝水》。

　　[参考]中央档案馆整理:《毛泽东手书选集·古诗词卷（下）》,
北京出版社1996年版，第208—209页。

【注释】

　　（1）滚滚，水涌流之状。唐杜甫《登高》诗："无边落木萧萧下，不尽长江滚滚来。"东逝水，是江水向东流逝而去，这里将时光比喻为江水。

　　（2）浪花淘尽英雄，化用宋苏轼《念奴娇》词"大江东去，浪淘尽，千古风流人物"句意。淘尽，荡涤一空。

　　（3）是非，对与错，正确和谬误。西汉戴胜《礼记·曲礼上》："夫礼者，所以定亲疏，决嫌疑，别同异，明是非也。"多用来指不好的事情。成败，成功与失败。西汉刘向《战国策·秦策三》："良医知病人之死生，圣主明于成败之事。"

　　（4）青山，青葱的山岭。战国齐管仲《管子·地员》："青山十六施，百一十二尺而至于泉。"

　　（5）几度，虚指，几次、好几次之意。夕阳，傍晚的太阳。晋庾阐《狭室赋》："南羲炽暑，夕阳傍照。"唐李商隐《登乐游原》："夕阳无限好，只是近黄昏。"

　　（6）渔樵，此处并非指渔翁、樵夫，联系前后文的语境而为动词：隐居。此处作名词，指隐居不问世事的人。渚（zhǔ），原意为水中的小块陆地，此处意为江岸边。

（7）秋月春风，指良辰美景，也指美好的岁月。唐白居易《琵琶行》："今年欢笑复明年，秋月春风等闲度。"

（8）浊酒，用糯米、黄米等酿制的酒，较混浊。浊（zhuó），不清澈，不干净，与"清"相对。

（9）古今，古代和现今。西汉司马迁《史记·太史公自序》："故礼因人质为之节文，略协古今之变。"

（10）都付笑谈中，在一些古典文学及音乐作品中，也有作"尽付笑谈中"。笑谈，笑谑，谈笑。宋曾巩《访石仙岩杜法师》诗："君琴一张酒一壶，笑谈衮衮乐有余。"

【赏析】

明朝正德六年（1511），杨慎获殿试第一。之后因得罪世宗朱厚熜，杨慎被发配到云南充军。他戴着枷锁，被军士押解到湖北江陵时，正好看见一个渔夫和一个樵夫在江边煮鱼喝酒，谈笑风生。杨慎突然很感慨，于是请军士找来纸笔，写下了这首《临江仙》。

《廿一史弹词》是杨慎写的一部历史通俗读物。他以正史所记的事迹为题材，用浅近的文字写成，唱文均十字句，后再系以诗词或曲。全书分为十段，一段略似一回，故原名为《历代史略十段锦词话》。《临江仙·滚滚长江东逝水》是明代文学家杨慎所作《廿一史弹词》第三段《说秦汉》的开场词，写历代兴亡引起的人生感慨。后清代小说评点家毛纶、毛宗岗父子评刻《三国演义》时将其放在卷首，因而传播极广。今词归本主，系于杨慎名下。

词的上阕写古来多少英雄成败，只如大浪淘沙转眼成空。"滚滚长江东逝水，浪花淘尽英雄。"词的开首两句令人想到唐杜甫的"无边落木萧萧下，不尽长江滚滚来"（《登高》）和宋苏轼的"大江东去，浪淘尽、千古风流人物"（《念奴娇·大江东去》），以一去不返的江水比喻历史的进程，用后浪推前浪来比喻英雄叱咤风云的丰功伟绩。历史的发展、历史人物的命运都形象化地表现出来了。滚滚长江，水流不息，逝者如斯，正是历史的最好见证。与此相对，人生即使是英雄豪杰，也不过存活百年，死后只是黄土一抔。王朝纵然是强秦盛汉，也不过千载，亡后亦如烟消云散。词人把人生置于历史的漩涡之中，又把历史放在自然的流程之内，从而产生冲突，使人加深对历史规律的理性认识。然而这一切终将被历史的长河带走。基于此，词人认识到了"是非成败转头空"。这是对上两句历史现象的总结，是词人历史反思的结论：与历史长河相比，英雄人物的功业是十分渺小的。历史上的风云人物，无论是"是"是"非"，是"成"是"败"，到头来还是转眼成空，长眠地下，只有长江是亘古长存的。从中也可看出作者旷达超脱的人生观。"青山依旧在，几度夕阳红"，结末二句以"青山依旧在"，比喻宇宙的永恒，以"几度夕阳红"，比喻人生美好而短暂，用形象的比喻说明这一人生哲理，以景传情，总结上阕，同时也为下阕张目，可谓承上启下，浑然天成。

词的下阕写江上渔樵闲话，叙写自己的人生态度，也为我们展现了一个白发渔樵的形象——任它惊骇涛浪、是非成败，他只着意于春风秋月，在握杯把酒的谈笑间，固守一份宁静与淡泊。而这位老者不是一般的渔樵，而是通晓古今的高士，由此更可见其淡泊超脱的襟怀。这正是作者所追求的理想人格。全词似怀古，似物志。开篇从大处落笔，切入历史的宏流，四、五句在景语中富哲理，意境深邃。下片则具体刻画了渔樵形象，在其生活环境、生活情趣中寄托自己的人生理想，从而表现出一种大彻大悟的历史观和人生观。

"白发渔樵江渚上，惯看秋月春风。"换头处的这两句尤其经典，既为词人当时生活的写照，也是借江边渔人和樵夫以明志。既然历史无情，"是非成败"转眼成空，不如寄情山水，与秋月春风为伴。"惯看"二字，点出渔樵生活过得很久了，习以为常了。从表面看似乎是一种逃避现实的出世思想，但仔细体会，实则是词人在更深一层上对历史的总结和概括，不是系于物，而是超然物外，是词人旷达心情的表述。"一壶浊酒喜相逢"，写渔樵生活的情趣。"一壶浊酒"，言酒不名贵而少，仍弥足珍贵。因为他们喜的已不是酒，而是"相逢"，这表明他们襟怀淡泊，别有会心乐意。"古今多少事，都付笑谈中。"最后两句叙事，学白发渔樵的思想高洁。他们把历代兴亡当作笑料谈资佐酒，把古今的"是非成败"都付之一笑，表现了一种鄙夷世事的旷达洒脱情怀，表现词人终于摒弃世俗的烦恼，站在历史之上，对历代兴亡表现出了一种大彻大悟。词至此，戛然而止，给人以无限的遐想。

这首词是评说秦汉兴亡的，但全篇并未提到任何英雄人物和历史事迹，而给人以丰富的想象，这是一种扫去却生之法。宋代词论家张炎论词说："词要清空，不要质实。"（《词源》）清人丁绍仪《听秋馆词话》中认为杨慎有些词写得"清空"。这首词正可以清空评之。唯其清空，才有较大的概括性，才能给人以丰富的想象和联想，使词具有更大的生活容量，给人更多的启示和审美赏受。

毛泽东对杨慎评价很高，对他的作品多有圈画，给予好评。他手书这首词便是一个具体事例。

吴承恩

　　吴承恩（约1500—1583），字汝忠，号射阳。汉族，淮安府山阳县人。祖籍安徽，以祖先聚居枞阳高甸，故称高甸吴氏。中国明代杰出的小说家，是《西游记》的作者。自幼敏慧，博览群书，尤喜爱神话故事。在科举中屡遭挫折，嘉靖中补贡生。嘉靖四十五年（1566）任浙江长兴县丞。由于宦途困顿，他晚年绝意仕进，闭门著述。吴承恩喜读稗官野史、志怪小说，"尝爱唐人如牛奇章、段柯古辈所著传记，善摹写物情，每欲作一书对之"，"髫龄，即以文鸣于淮"，颇得官府、名流和乡绅的赏识。《淮安府志》载他"性敏而多慧，博极群书，做诗文下笔立成"。爱看神仙鬼怪、狐妖猴精之类的书籍，如《百怪录》《酉阳杂俎》之类的小说或野史。五十岁左右，他写了《西游记》的前十几回，后来因故中断了多年，直到晚年辞官离任回到故里，才得以正式创作《西游记》。著有《西游记》《禹鼎记》《射阳集》四册四卷、《春秋列传序》。吴承恩的诗文多散佚，有后人辑集的《射阳先生存稿》四卷存世。

【原文】

满江红·穷眼摩挲

　　穷眼摩挲(1)，知见过、几多兴灭(2)。红尘内、翻翻覆覆(3)，孰为豪杰(4)？傀儡排场才一出(5)，要知关目须听彻(6)。纵饶君(7)、局面十分赢，须防劫(8)！身渐重、头颇别(9)；手可炙、门庭热(10)。旋安排娇面孔(11)，冷如冰铁。尽着机关连夜使(12)，一锹一个黄金穴(13)。彼天公(14)，赚得鬼般忙，头先雪。

【毛泽东圈评等情况】

　　20世纪60年代末，毛泽东阅批了作家出版社1957年4月编辑出版的

《西游记研究论文集》，对其中萧歌、竞华写的题作《〈西游记〉读后的一些体会》中援引小说作者吴承恩的一首《满江红》词，"毛泽东很喜欢，句句画上浪线，每一句后面还画一个圈"。

[参考] 徐中远：《毛泽东读评五部古典小说》，华文出版社1998年版，第235页。

【注释】

（1）穷眼摩挲，努力睁开模糊的眼睛。穷，完，尽。摩挲，模糊。宋陆游《睡起遣怀》诗："摩挲困睫喜汤熟，小瓶自拆山茶香。"

（2）知见，看见，知道。宋罗大经《鹤林玉露》卷九："时都统冯湛帐前适有一人在傍知见。"几多，几许，多少。唐李商隐《代赠》诗之二："总把春山扫眉黛，不知供得几多愁！"兴灭，兴盛和衰亡，多指国家局面的变迁。

（3）红尘，车马扬起的飞尘。汉班固《西都赋》："红尘四合，烟云相连。"指繁华之地。南朝陈徐陵《洛阳道》诗之一："缘柳三春暗，红尘百戏多。"翻翻覆覆，翻，翻转；覆，上下位置颠倒；形容一次又一次重复。

（4）孰，谁。豪杰，指才能出众的人。战国宋庄周《庄子·天下》："豪杰相与笑之曰：'慎到之道，非生人之行，而至死人之理，适得怪焉。'"

（5）傀儡，用土木制成的偶像。战国郑列御寇《列子·汤问》记周穆王时巧匠偃师造假物倡者，即后来的木偶人。傀儡在汉代用于丧乐及嘉会，隋唐已用于表演故事，宋代更加盛行。排场，戏场。一出，传奇剧本结构上的一个段落。

（6）关目，戏曲、小说中的重要情节。明汤式《一枝花·卓文君花月瑞仙亭》套曲："传奇无准绳，关目是捏成，请监乐的先生自思省。"

（7）饶，让。局面，指博戏中的形势、状况。元周德清《斗鹌鹑·双陆》曲："盘中排营寨城池，眼前无弓箭旌旗。心内有刀枪剑戟，局面儿几般形势。"泛指一定时期内事物的形势、情景。赢，赌博或比赛获胜。

（8）劫，强取，掠夺。

（9）身渐重，头颅别，谓身首异处。头颅，脑袋。南朝宋范晔等《后汉书·袁绍传》:"卿头颅方行万里,何席之为!"

(10)"手可炙(zhì)"二句,谓炙手可热,门庭若市之意。炙手可热,手一靠近就觉得很热。比喻地位尊贵,势焰炽盛。唐杜甫《丽人行》:"炙手可热势绝伦,慎莫近前丞相嗔。"

(11)娇面孔,娇美的容貌。

(12)机关,计谋,心机。元戴善夫《风光好》第三折:"不想陶学士被某识破十二字隐语,用些机关,果中其计。

(13)黄金穴,墓穴。因土色黄,故称土葬的墓穴为黄金穴。穴,洞,窟窿。

(14)天公,天。以天拟人,故称。《尚书大传》卷五:"烟氛郊社,不修山川,不祝风雨,不时霜雪,不降责于天公。"

【赏析】

这是一首富于讽刺意义的词作。它通过世事变迁和祸福无常的描写,对统治阶级的骄傲、虚伪、昏庸、愚昧的本性,进行了入木三分的揭露和批判,表现了作者对社会现实的不满。

词的上阕,写社会的反复无常、变化不定。"穷眼摩挲,知见过、几多兴灭。"首句描写,第二句议论。是说睁开你那蒙眬的双眼,到底看到听到多少次兴盛与衰亡。开门见山,提出了封疆王朝的更替问题。接着写道:"红尘内、翻翻覆覆,孰为豪杰?"社会上繁华之地,反复无常,变化不定,到底谁才是杰出的人物呢?把问题进一步深化,由社会的变迁,论到风云人物。"傀儡排场才一出,要知关目须听彻。"二句用喻,以上演木偶戏比喻世局变化。意谓先不要忙着下结论,谁是英雄,谁是狗熊?谁是胜利者,谁是失败者?过去有句话叫作:成者王侯败者贼。到底谁是王,谁是贼,都还很难说定。因为世局就像上演木偶戏那样才演出了第一出,刚刚开始,要知情节后来如何发展,需要把戏看完。这个比喻生动形象,很有说服力。"纵饶君、局面十分赢,须防劫!"二句议论,语重心长地告诫:纵然世局对你十分有利,也需要防止眼看到手的胜利果实,会被别人强夺而去。这种现象,在封建社会里,可谓屡见不鲜,太值得警惕了。

如果上阕着眼于成就大业，那么，词的下阕则写人物的自身祸福。"身渐重、头颇别；手可炙、门庭热。"换头处二句叙事，是说当你身体发福了，脑袋却搬家了，而这种情形往往发生在炙手可热、门庭若市的时候。一旦出现这种情况，"旋安排娇面孔，冷如冰铁"。顷刻之间，先前那娇美的面孔，就会变得冷如冰铁。此二句形象地写出世态炎凉。"尽着机关连夜使，一锹一个黄金穴。彼天公，赚得鬼般忙，头先雪。"结末五句是说，尽管你用尽心机，到头来只是自掘坟墓。这些人鬼使神差，只赚得一头白发而已。这真是"机关算尽太聪明，反误了卿卿性命！"清曹雪芹《红楼梦》中女主角王熙凤的这个判词，可以说是顺人利己的剥削阶级人物的必然下场，也是作者对他们的尖锐讽刺和当头棒喝。

钱光绣

钱光绣（1614—1678），字圣月，晚号蜇庵，鄞县（今浙江宁波鄞州区）人，明词人。随侍其父侨居海宁硖石（今浙江海宁），得以与浙西诸名士交往，后又随父游吴中（今江苏苏州一带）、宛中（今安徽中部一带）、南中（指岭南地区），因而得识江左诸名士。

【原文】

临江仙·酒国投时辄醉

酒国投时辄醉[1]，砚田荒久慵耕[2]。不堪落叶两三声[3]。病从秋后减，愁向雨中生。　　拊剑还歌白石[4]，焚香闲展黄庭[5]。徘徊山寺又钟鸣[6]。鸦啼归晓树，蛩语伴疏灯[7]。

【毛泽东圈评等情况】

毛泽东在读中华书局刊行《四库备要》本《明词综》卷一时，圈阅过这首《临江仙·酒国投时辄醉》。

[参考] 张贻玖：《毛泽东评点、圈阅的中国古典诗词》，中国工人出版社 1992 年版，第 261 页。

【注释】

（1）酒国，酒乡。宋唐庚《次泊头》诗："砚田无恶岁，酒国有长春。"辄，总是，就。

（2）砚田，旧时读书人以文墨维持生计，因此把砚台叫作砚田。宋何薳《春渚纪闻·跃鱼见木石中》："徐州护戎陈皋供奉行田间，遇开墓者，得玛瑙盂，圆净无雕镂纹。盂中容二合许，疑古酒卮也。陈用以贮水，注砚其间，砚之中有一鲫，长寸许，游泳可爱。"以砚喻田，谓靠笔墨维持生计。宋唐庚《次泊头》诗："砚田无恶岁，酒国有长春。"慵，困倦，懒得动。

（3）不堪，忍受不了。战国鲁孟轲《孟子·离娄下》："颜子当乱世，居于陋巷，一箪食，一瓢饮，人不堪其忧，颜子不改其乐。"

（4）拊剑还歌白石，拊剑，击剑，拍剑。用战国齐冯谖客孟尝君弹铗而歌典故。西汉刘向《战国策·齐策四》："齐人有冯谖者，贫乏不能自存，使人属孟尝君，愿寄食门下。孟尝君曰：'客何好？'曰：'客无好也。'曰：'客何能？'曰：'客无能也。'孟尝君笑而受之曰：'诺。'左右以君贱之也，食以草具。居有顷，倚柱弹其剑，歌曰：'长铗归来乎！食无鱼。'左右以告。孟尝君曰：'食之，比门下之客。'居有顷，复弹其铗，歌曰：'长铗归来乎！出无车。'左右皆笑之，以告。孟尝君曰：'为之驾，比门下之车客。'于是乘其车，揭其剑，过其友曰：'孟尝君客我。'后有顷，复弹其剑铗，歌曰：'长铗归来乎！无以为家。'左右皆恶之，以为贪而不知足。孟尝君闻：'冯公有亲乎？'对曰：'有老母。'孟尝君使人给其食用，无使乏。于是冯谖不复歌。"南朝梁萧统《文选·曹植·杂诗六首之六》："拊剑西南望，思欲赴太山。""歌白石"，《艺文类聚》卷九四引《琴操》："宁戚饭牛车下，叩角而商歌曰：'南山矸，白石烂，生不逢尧与舜禅，短布单衣裁至骭，从昏饭牛薄夜半，长夜漫漫何时旦！'齐桓公闻之，举以为相。"

（5）焚香闲展黄庭，闲时展诵道家的经典，修身养性。黄庭，指《黄庭经》，道教的经典著作。唐李白《送贺宾客归越》诗："山阴道士如相见，应写《黄庭》换白鹅。"

（6）徘徊，往返回旋，来回走动。山寺，山中寺院。北周庾信《陪驾幸终南山和宇文内史》："戍楼鸣夕鼓，山寺响晨钟。"

（7）蛩（qióng）语，蟋蟀叫。疏灯，稀疏的灯光。

【赏析】

《明词综》录这首词，有一个题目《春情》。细读全词，显然是"秋情"之误。这首词通过对萧条肃杀的秋景的描写，抒发了怀才不遇的愤懑。

词的上阕，写词人借酒浇愁。"酒国投时辄醉，砚田荒久慵耕。"起首二句叙事，点明作者是一位知识分子，以笔砚维持生计。但如今他已经懒得动他那平日喜爱的笔墨了，终日沉浸在酒乡，而且每饮必醉。这种精神状态，说明他不过是借酒浇愁，以醉忘忧，以手中之酒杯，浇自己心中之"块垒"。在这种无情无绪的况味中，"不堪落叶两三声"，连三三两两的落叶声，词人也无法忍受。俗话说，一叶落而知天下秋。看见一片落叶，就知道秋天来临，比喻由细微的迹象就能推知事物发展变化的趋势。语本西汉刘安《淮南子·说山训》："以小明大，见一叶落而知岁之将暮，睹瓶中之冰而知天下之寒。""病从秋后减，愁向雨中生。"病在秋天倒是减轻了，而愁苦又在秋雨中滋生了。这仿佛是对他情绪波动的解释，只不过是个衬托。当然，如果秋雨连绵，也使人情绪不佳，看来并非如此，而是别有招致殷忧的原因所在。

那么，到底是什么原因使作者愁怀莫解呢？下阕抒情，写怀才不遇之慨。"拊剑还歌白石，焚香闲展黄庭。"换头处二句，才是对作者愁怀抑郁原因的揭示。上句用典，"拊剑"，击剑，拍剑。用战国齐冯谖客孟尝君弹铗而歌典故。"歌白石"，《艺文类聚》卷九四引《琴操》："宁戚饭牛车下，叩角而商歌曰：'南山矸，白石烂，生不逢尧与舜禅。短布单衣裁至骭，从昏饭牛薄夜半，长夜漫漫何时旦！'齐桓公闻之，举以为相。"两个典故都表示自己有才能而得不到任用，这才是问题的症结所在。由于怀才不遇而忧愁苦闷，不能排解，于是作者就向道家寻求解脱，焚香诵读《黄庭经》以消磨时光。然而这种遁入空门、修心养性、不问世事、超然物外的态度，看来也不是个办法。"徘徊山寺又钟鸣。"黄昏时分，山寺钟鸣，词人仍旧徘徊不定，不得安宁。"鸦啼归晓树，蛩语伴疏灯。"在夜幕的笼罩下，孤灯如豆，蟋蟀声声，直到昏睡的乌鸦在拂晓的树梢上啼叫之时，词人始终无法挥去郁结在心头的忧愤，摆脱那黑暗的阴影。联系到明末的国势危急，可知词人乃为现实之所感，不是个人的穷达出处，而有着更为广泛深刻的社会内容。全词以景结情，情蕴景中，既含蓄深婉，又余味无穷。

徐士俊

　　徐士俊（约 1636），原名翙，字三有，号野君，仁和（今浙江杭州）人。生卒年均不详，生平无考。工书画，署款必曰"西湖某人"。诗文跌宕自喜，读书日有程课，至老不倦。年近八旬，貌如婴儿。四方才士常主其家。著《雁楼集》。又辑有《五君咏》，皆其知交中善画而已逝者，曰杨澍（上吴）、周跋（大赤）、孙鹤（霞骨）、沈洪芳（椒羽）、赵养志（修虔）。工杂剧，所撰多至六十余种，佳者欲与王、关、马、郑抗手。今存《洛水丝》及《春波影》各一本于《盛明杂剧》中。《四库总目》有《尺牍新语》二十四卷，系士俊与汪淇所共撰。

【原文】

好事近·剪乱海棠丝

　　剪乱海棠丝[(1)]，抛却春心不管[(2)]。杨柳那知人意，惹莺儿啼怨[(3)]。
　　脸红眉翠不堪销[(4)]，拥着半床懒。二十四番花信[(5)]，数春宵愈短[(6)]。

【毛泽东圈评等情况】

　　毛泽东在读中华书局刊行《四库备要》本《明词综》卷一时，圈阅过这首《好事近·剪乱海棠丝》。

　　　　　　[参考] 张贻玖：《毛泽东评点、圈阅的中国古典诗词》，
　　　　　　　　　　中国工人出版社 1992 年版，第 261 页。

【注释】

　　（1）海棠，即海棠树，落叶乔木，卵形叶，开淡红或白花，结红、黄色球形果，酸甜可食。唐裴廷裕《蜀中登第答李摶六韵》："蜀柳笼堤烟

蠹蠹，海棠当户燕双双。"

（2）春心，指男女之间相思爱慕的情怀。南朝梁元帝《春别应令》诗之一："花朝月夜动春心，谁忍相思不相见？"

（3）莺儿，雏莺。唐曹松《驸马宅宴罢》诗："学语莺儿飞未稳，放身斜坠绿杨枝。"莺，黄鹂。

（4）不堪，忍受不了。战国邹孟轲《孟子·离娄下》："颜子当乱世，居于陋巷，一箪食，一瓢饮，人不堪其忧，颜子不改其乐。"销，去掉。

（5）二十四番花信，南朝宗懔《荆楚岁时记》："始梅花，终楝花，凡二十四番花信风。根据农历节气，从小寒到谷雨，共八气，一百二十日。每气十五天，一气又分三候，每五天一候，八气共二十四候，每候应一种花。"具体是：小寒：一候梅花、二候山茶、三候水仙；大寒：一候瑞香、二候兰花、三候山矾；立春：一候迎春、二候樱桃、三候望春；雨水：一候菜花、二候杏花、三候李花；惊蛰：一候桃花、二候棣棠、三候蔷薇；春分：一候海棠、二候梨花、三候木兰；清明：一候桐花、二候麦花、三候柳花；谷雨：一候牡丹、二候荼蘼、三候楝花。

（6）春宵，春夜，亦喻指可贵的欢乐时光。唐白居易《长恨歌》："春宵苦短日高起，从此君王不早朝。"宋苏轼《春宵》："春宵一刻值千金，花有清香月有阴。"

【赏析】

《好事近》，又名《钓船笛》《翠园枝》等，《张子野词》入"仙吕宫"。该词牌属于双调四十五字，前后段各四句。每阕两仄韵，仄韵用入声字做韵。上下阕结句皆上一下四句法。

这首词写一个红妆女子情丝剪不断、理还乱的心理情态。用词巧妙，心理描写活脱。

词的上阕，写女子欲剪断情思，但又怕别人不理解，怕因而会招来怨恨。所以，词开门见山地说："剪乱海棠丝，抛却春心不管。""海棠丝"，即垂丝海棠，又名思乡草。代表着在外的游子对家乡的思念，可表达离别之情。亦可以比作美人，有善解人意的寓意。这里指代情丝。"春心"，指男女之间相思爱慕的情怀。唐李白《夏行》诗："忆昔小娥姿，春心亦自持。"这些心理活动，表明女子要决心剪断那缭绕心头的情丝了，结束那令人不安的怀春之意了，然而谈何容易。"杨柳那知人意，惹莺儿啼怨。"二句是说，杨树柳树哪知道人们的意思，惹得树上的莺儿怨恨地啼叫。这是字面意思，实际是说，她唯恐别人不理解，她感到黄莺的啼叫也含有一种哀怨的情绪，好像黄莺已在埋怨她剪断情丝的做法了。这里海棠丝、杨柳的运用，莺儿拟人化的写法，都很自然巧妙。

词的下阕，继续写女子为情丝所困扰的情态及心理活动。"脸红眉翠不堪销，拥着半床懒。"换头处二句叙事，"眉翠"，即"翠眉"，指美人的眉。南朝梁江总《婉转歌》："翠眉结恨不复开，宝鬓迎秋度先乱。""销"，消失、消散。这里，一个愁眉不展、苦丧着脸的女子，孤独地拥抱着半个空床发懒的烦闷姿态被写得活灵活现。"二十四番花信，数春宵愈短。"结末二句，再次展现了她那烦躁不安的情绪。"二十四番花信"，南朝宗懔《荆楚岁时记》："始梅花，终楝花，凡二十四番花信风。根据农历节气，从小寒到谷雨，共八气，一百二十日。每气十五天，一气又分三候，每五天一候，八气共二十四候，每候应一种花。"风迎花期而来，故谓之信。梅花风最先，楝花风最后，凡二十四番花信风。"春宵"，春夜，亦喻指可贵的欢乐时光。唐白居易《长恨歌》："春宵苦短日高起，从此君王不早朝。"二句是说，那红妆女子，孤独地在床上辗转反侧，思念着大好的春光很快就会过去，就像二十四番信花那样，开不了多长时间就会败落；那一刻千金的春宵，更是不可多得，让它白白过去，这该多么苦杀人哪！这里，一个红妆女子感到美好时光很快就会度过、感到春宵短少的痛苦心情，被描写得异常活脱。

李 炜

李炜，字赤茂，嘉善（今浙江嘉善）人，明诗人。

【原文】

浣溪沙·修竹天寒倚翠娥

修竹天寒倚翠娥[1]，鸳鸯霜重雁声过[2]。更长无寐倚云和[3]。　　桃叶渡头频问信[4]，石尤江上怨风波[5]。人生憔悴是情多[6]。

【毛泽东圈评等情况】

毛泽东在读中华书局刊行《四库备要》本《明词综》卷一时，圈阅过这首《浣溪沙·修竹天寒倚翠娥》。

[参考] 张贻玖：《毛泽东评点、圈阅的中国古典诗词》，中国工人出版社 1992 年版，第 261 页。

【注释】

（1）修竹，长长的竹子。晋王羲之《兰亭集序》："此地有崇山峻岭，茂林修竹。"翠娥，指美女。唐李白《忆旧游寄谯郡元参军》诗："翠娥婵娟初月晖，美人更唱舞罗衣。"

（2）鸳鸯，指鸳鸯瓦，即成对的房瓦。南朝梁萧统《讲席将毕赋三十韵诗依次用》："日丽鸳鸯瓦，风度蜘蛛屋。"雁声，大雁的叫声。唐杜甫《月夜忆舍弟》："戍鼓断人行，边秋一雁声。"

（3）更，旧时夜间计时单位，一夜分为五更。倚云，靠着云，形容极高。唐宋之问《奉和幸三会寺应制》诗："梵音迎漏彻，空乐倚云听。"和，和谐地跟着唱。

（4）桃叶渡，渡口名，在今江苏省南京市秦淮河畔。相传因晋王献之在此送其爱妾桃叶而得名。宋郭茂倩《乐府诗集》卷四十五引《古今乐录》："《桃叶歌》者，晋王子敬所作也。桃叶，子敬妾名，缘于笃爱，所以歌之。"

（5）"石尤"句，元尹世珍《琅嬛记》引《江湖纪闻》曰："石尤风者，传闻为石氏女，嫁为尤郎妇，情好甚笃，为商远行，妻阻之，不从，尤出不归，妻忆之病亡，临亡长叹曰：'吾恨不能阻其行，以至如此，今凡商旅远行，吾将作大风，为天下妇人阻之。'自后商旅发船，值打头逆风，则曰：'此石尤风也。'遂止不行。妇人以夫姓为名，故曰'石尤'。"后因称逆浪、顶头风为"石尤风"。

（6）人生，指人的一生。春秋鲁左丘明《左传·襄公三十一年》："人生几何，谁能无偷？朝不及夕，将安用树？"憔悴，忧戚；烦恼。《楚辞·刘向〈九叹·忧苦〉》："倚岩石以流涕兮，忧憔悴而无乐。"王逸注："中心憔悴，无欢乐之时也。"

【赏析】

《浣溪沙》，四十二字，上片三平韵，下片两平韵，过片二句多用对偶。别有《摊破浣溪沙》，又名《山花子》。

这首词逼真地描写了男女相思之情。词分上下两阕。

词的上阕写女子思念外出的男子。"修竹天寒倚翠娥，鸳鸯霜重雁声过。"开头二句描写，"修竹"，高竹、长竹。"翠娥"，指美女，即女主人。鸳鸯，指鸳鸯瓦，即成对的房瓦。此二句是说，美貌女子在寒冷的夜晚倚着高高的竹子沉思，鸳鸯瓦上结了一层厚厚的浓霜，南归的大雁鸣叫着从高空飞过。"更长无寐倚云和。""更"，旧时一夜分为五更。"寐"，睡，睡着。这句说，女子长夜无眠，因睡不着更显得夜长。在寂寞的寒夜，只有琴瑟与她作伴，天空的雁叫也好像和她在唱和。这几句描写深秋初冬的夜晚，衬托出女子的单相思。

词的下阕写男子思家。"桃叶渡头频问信，石尤江上怨风波。"换头处二句用典。"桃叶渡"，渡口名，在今江苏省南京市秦淮河畔。相传因晋王献之在此送其爱妾桃叶而得名。"石尤"句，元尹世珍《琅环记》引《江湖纪闻》曰："石尤风者，传闻为石氏女，嫁为尤郎妇，情好甚笃，为商远行，妻阻之，不从。尤出不归，妻忆之病亡，临亡长叹曰：'吾恨不能阻其行，以至如此，今凡商旅远行，吾将作大风，为天下妇人阻之。'自后商旅发船，值打头逆风，则曰：'此石尤风也。'遂止不行。妇人以夫姓为名，故曰'石尤'。"后因称逆浪、顶头风为"石尤风"。此二句是说，桃叶渡口要频频问讯，江上怨石尤风波。"人生憔悴是情多"，末句以议论作结，是说人一生的烦恼，是因为感情太多。作者感叹历来为男女之情而产生烦恼是何其多呀！发人深省，富于哲理。

这首词着重写男女情思，但不直说，而是通过写景用典来表达的，写景含蓄，用典融化不涩。

【原文】

南乡子·感怀·谈笑解吴钩

谈笑解吴钩⁽¹⁾，客满西园花满洲⁽²⁾。记得河桥分手路⁽³⁾，悠悠⁽⁴⁾，哀笛山阳几度秋⁽⁵⁾。　洒落向神州⁽⁶⁾，极浦遥天不尽愁⁽⁷⁾。花月春江浑是梦⁽⁸⁾，休休⁽⁹⁾，老作人间马少游⁽¹⁰⁾。

【毛泽东圈评等情况】

毛泽东在读中华书局刊行《四库备要》本《明词综》卷一时，圈阅过这首《南乡子·谈笑解吴钩》。

[参考] 张贻玖：《毛泽东评点、圈阅的中国古典诗词》，
中国工人出版社 1992 年版，第 261 页。

【注释】

（1）吴钩，钩，兵器，形似剑而曲。春秋吴人善铸钩，故称。后也泛指利剑。晋左思《吴都赋》："军容蓄用，器械兼储；吴鉤越棘，纯钩湛卢。"

（2）西园，园林名，汉上林苑的别名。南朝梁萧统《文选·张衡〈东京赋〉》：“岁维仲冬，大阅西园，虞人掌焉，先期戒事。”薛综注：“西园，上林苑也。”洲，水中的陆地。

（3）河桥，桥梁。北周庾信《李陵苏武别赞》：“河桥两岸，临路悽然。”

（4）悠悠，思念之态，忧思之态。《诗经·邶风·终风》：“莫往莫来，悠悠我思。”郑玄笺：“言我思其如是，心悠悠然。”

（5）山阳笛，晋向秀经山阳旧居，听到邻人吹笛，不禁追念亡友嵇康、吕安，因作《思旧赋》。后因以“山阳笛”为怀念故友的典实。北周庾信《伤王司徒褒》诗：“唯有山阳笛，悽余《思旧》篇。”几度秋，指岁月的流逝，暗含作者对时光过去的惆怅心情。

（6）洒落，洒脱飘逸，不拘束。唐李延寿《南史·萧子显传》：“子显风神洒落，雍容闲雅，简通宾客，不畏鬼神。”神州，古时称中国为“赤县神州”，后用“神州”做中国的别称。

（7）极浦，遥远的水滨。战国楚屈原《楚辞·九歌·湘君》：“望涔阳兮极浦，横大江兮扬灵。”王逸注：“极，远也；浦，水涯也。”遥天，长空。三国魏阮籍《咏怀》之三二：“遥天耀四海，倏忽潜濛汜。”

（8）花月春江，春夜的江水和鲜花，泛指美好的景色和时光。乐府吴声歌曲有《春江花月夜》，南朝陈陈后主（叔宝）作，原词已失。后晋刘昫等《旧唐书·音乐志二》载：“《春江花月夜》《玉树后庭花》《堂堂》，并陈后主所作。叔宝常与宫中女学士及朝臣相和为诗，太乐令何胥又善于文咏，采其尤艳丽者以为此曲。”

（9）休休，不要，表示禁止或劝阻。宋杨万里《得省榜见罗仲谋曾无逸策名得二绝句》：“今晨天色休休问，卧看红光点屋梁。”

（10）马少游，是汉将马援从弟。其志向淡泊，知足求安，无意功名，他认为优游乡里即足以了此一生。马少游曰：“士生一世，但取衣食裁足，乘下泽车，御款段马，为郡掾史，守坟墓，乡里称善人，斯可矣。致求盈余，但自苦尔。”（《后汉书·马援传》）后世把马少游作为士人不求仕进、知足求安的典型。

【赏析】

《南乡子》，唐教坊曲名。后用作词牌，又名《好离乡》《蕉叶怨》。原为单调，平仄换韵二十七字，始自后蜀欧阳炯。冯延巳、李珣俱以其添字（《太和正音谱》注），使单调有二十八字、三十字变体。

这首词写一个饱经风霜的战士的感怀，壮年英姿风发志在千里，老年甘居乡里过悠闲生活。

词的上阕忆旧。"谈笑解吴钩，客满西园花满洲。"起首二句叙事，"吴钩"，钩，兵器，形似剑而曲。春秋吴人善铸钩，故称，后也泛指利剑。唐李贺《南园》诗："男儿何不带吴钩，收取关山五十州。""西园"，园林名，汉上林苑的别名。南朝梁萧统《文选·张衡〈东京赋〉》："岁维仲冬，大阅西园，虞人掌焉，先期戒事。"薛综注："西园，上林苑也。"洲，水中的陆地。二句是说，西园中高朋满座，水边的陆地上开满鲜花，朋友们异常高兴，壮士在谈笑中解下他佩戴的刀剑，表示要报效国家。壮士回忆他在壮年时期与朋友相聚，谈笑自若，意气风发，志在千里。"记得河桥分手路，悠悠，哀笛山阳几度秋。""河桥"，泛指桥梁。北周庾信《李陵苏武别赞》："河桥两岸，临路悽然。""悠悠"，思念之态，忧思之态。《诗经·邶风·终风》："莫往莫来，悠悠我思。"郑玄笺："言我思其如是，心悠悠然。""山阳笛"，晋向秀经山阳旧居，听到邻人吹笛，不禁追念亡友嵇康、吕安，因作《思旧赋》。后因以"山阳笛"为怀念故友的典实。北周庾信《伤王司徒褒》诗："唯有山阳笛，悽余《思旧》篇。""几度秋"，指岁月的流逝，暗含作者对时光过去的惆怅心情。二句回忆当年在险关要塞与众多朋友分别，离别之情油然而生。展望前程，道路漫长，他毅然地走上战场，在悲壮的羌笛声中度过几年飘泊不定的军旅生活，走遍天南地北，大河上下。他对壮年的军旅生活是很自豪的。

词的下阕伤今。"洒落向神州，极浦遥天不尽愁。"换头处二句抒情。是说回忆当年他洒脱不拘地走遍全中国，离别的哀愁也洒满了江河，布满了长空。人生悲欢离合何其多也。"花月春江浑是梦，休休，老作人间马少游。"结末三句结到伤今。"花月春江"，春夜的江水和鲜花，泛指美好的景色和时光。乐府吴声歌曲有《春江花月夜》，南朝陈陈后主（叔宝）

作，原词已失。后晋刘煦等《旧唐书·音乐志二》载："《春江花月夜》《玉树后庭花》、《堂堂》，并陈后主所作。叔宝常与宫中女学士及朝臣相和为诗，太乐令何胥又善于文咏，采其尤艳丽者以为此曲。""休休"，不要，表示禁止或劝阻。宋杨万里《得省榜见罗仲谋曾无逸策名得二绝句》："今晨天色休休问，卧看红光点屋梁。""马少游"，是汉将马援从弟。其志向淡泊，知足求安，无意功名。他认为优游乡里即足以了此一生。马少游曰："士生一世，但取衣食裁足，乘下泽车，御款段马，为郡掾史，守坟墓，乡里称善人，斯可矣。致求盈余，但自苦尔。"（《后汉书·马援传》）后世把马少游作为士人不求仕进、知足求安的典型。这三句是说，他老年回忆过去的经历，花月春江般的离别之情，男女缠绵之意，一切都是梦，人到老年就什么都不要去想它了，还是做个像马少游那样不求仕进、知足常乐的人吧！

清

词

贺 裳

贺裳（生卒年不详），字黄公，号檗斋，别号白凤词人，江南丹阳（今江苏丹阳）人，清康熙初监生，约清圣祖康熙二十年（1681）前后在世，清代词人。与杨维斗、张溥善。著有《红牙词》一卷、《皱水轩词筌》一卷、《载酒园诗话》五卷。《载酒园诗话》卷一泛论古今人作诗理法，多商榷前人诗话之说；卷二论初盛唐人诗；卷三论中唐人诗；卷四论晚唐诗；卷五论两宋人诗。自唐始，又略于初唐而详于中晚。贺氏论词，强调真情本色，亦重视环境之真实，要尽可能做到"形神具似"。此书对历代词人词作名篇多有评析，对词调、声律、作法的论述亦有精彩之处。取明人评史诸书，义有未当者，折中其是，著《史折》。

【原文】

蝶恋花·暮春·薄暮银塘风色静

薄暮银塘风色静⁽¹⁾。闲倚雕阑⁽²⁾，自赏娉婷影⁽³⁾。一簇芙蓉相掩映⁽⁴⁾。唼花落处游鳞竞⁽⁵⁾。　　女伴潜呼浑未醒⁽⁶⁾。横睇回波⁽⁷⁾，才讶红妆并⁽⁸⁾。飞尽残霞天又暝⁽⁹⁾。柳梢笑指新悬镜⁽¹⁰⁾。

【毛泽东圈评等情况】

毛泽东在读中华书局刊行《四库备要》本《明词综》卷九（一）时，圈阅过这首《蝶恋花·薄暮银塘风色静》。

[参考] 张贻玖：《毛泽东评点、圈阅的中国古典诗词》，
中国工人出版社 1992 年版，第 261 页。

【注释】

（1）薄暮，傍晚，太阳快落山的时候。战国楚屈原《楚辞·天问》："薄暮雷电，归何忧？厥严不奉，帝何求？"银塘，清澈明净的池塘。南朝梁简文帝《和武帝宴诗》之一："银塘泻清渭，铜沟引直溪。"风色，风。唐元稹《酬复言长庆四年元日郡斋感怀见寄》诗："苦思正旦酬白雪，闲观风色动青旂。"

（2）雕阑，也作"雕栏"，雕花或彩绘的栏杆。南唐李煜《虞美人》词："雕阑玉砌应犹在，只是朱颜改。"

（3）自赏娉婷影，顾影自怜之意。娉婷，姿态美好貌。汉辛延年《羽林郎》诗："不意金吾子，娉婷过我庐。"

（4）芙蓉，荷花的别名。战国楚屈原《楚辞·离骚》："制芰荷以为衣兮，集芙蓉以为裳。"洪兴祖补注："《本草》云：其叶名荷，其华未发为菡萏，已发为芙蓉。"掩映，彼此遮掩，互相衬托。南唐冯延巳《虞美人》词："春山拂拂横秋水，掩映遥相对。"

（5）唾花，即唾沫。唾，口腔里的消化液。游鳞，游鱼。晋潘岳《闲居赋》："游鳞瀺灂，菡萏敷披。"

（6）潜呼，秘密地叫。浑，全，满。

（7）横睇，睨视。睨，寻视。战国鲁墨翟《墨子》："虑也者，以其知有求也，而不必得之，若睨。"唐崔护《日五色赋》："羲和疑而愕立，畴官骇以横睇。"回波，回头看的目光。

（8）讶，诧异，感到意外。《吕氏春秋·必已》："若夫道德，则不然，无讶无訾。"红妆，指女子的盛妆。因妇女妆饰多用红色，故称。古乐府《木兰诗》："阿姊闻妹来，当户理红妆。"此指女子。

（9）残霞，残余的晚霞。南朝梁何逊《夕望江桥》诗："夕鸟已西度，残霞亦半销。"暝，日落，天黑。汉乐府《孔雀东南飞》："晻晻日欲暝，愁思出门啼。"

（10）新悬镜，指月亮。

清
词

1313

【赏析】

《蝶恋花》，词牌名，又名《黄金缕》《鹊踏枝》《凤栖梧》《卷珠帘》《一箩金》。其词牌始于宋。双片共六十字，前后片各四仄韵。

这首词题作《暮春》是写暮春景色的。但是，暮春怎么写呢？词人选择了一个角度，就是从傍晚池塘旁边少女的活动来写。这首词描绘了暮春池塘夜色图，表现了女子们热爱春天的欢乐情感。

词的上阕写傍晚春色。"薄暮银塘风色静。闲倚雕阑，自赏娉婷影。"开头三句描写，点明了时间、地点和人物。夕阳西下，微风停息，池塘的水面显得特别寂静，几个闲暇无事的美女，依着雕花的栏杆，自我欣赏着自己美好的身影。池塘的水面是静的，池边的美女在沉思，一动也不动。一切都是静的，几乎世界万物都静止了似的。"一簇芙蓉相掩映。唾花落处游鳞竞。"二句仍是描写，由静到动。"簇"，丛聚。"芙蓉"，即荷花。"游鳞"，指游鱼。晋潘岳《闲居赋》："游鳞瀺灂，菡萏敷披。"这二句是说，池塘里那丛聚的荷花，与女子们的面容相互映衬，真是人面荷花相映红啊。女子们俯首看池塘里的游鱼，还调皮地往池塘水里吐唾沫，引得鱼儿迅速游来互相争食。当然鱼儿不知道这根本不是什么食物。但这样描写，却表现了女子们的调皮与活泼。由静到动，含义耐人寻味。

词的下阕写黄昏春色。"女伴潜呼浑未醒。横睇回波，才讶红妆并。"换头处三句写人如行动。"潜"，秘密地，这里是小声的意思。横睇，睥视。睇，寻视。回波，回头看的目光。"讶"，诧异，感到意外。"红妆"，指女子的盛妆。因妇女妆饰多用红色，故称。古乐府《木兰诗》："阿姊闻妹来，当户理红妆。"此指女子。这二句是说，女伴们小声地呼唤着那沉思的女子，她下意识地扭了扭头瞟了几眼，那流转的眼波使你惊讶，真可以同红妆美人比美。词人首先写女伴不大声直呼，而是细声细气、小心翼翼地呼唤，唯恐惊吓她似的。表明这女子是个受人尊敬的人。其次，从女子本身的一系列动作来展现她的惊人媚态。如"浑不觉""横睇回波"等。最后写词人的观感评价，水到渠成，十分自然。"飞尽残霞天又暝。柳梢笑指新悬镜。""残霞"，残余的晚霞。"暝"，日落；天黑。"新悬镜"，指月亮。结末二句写出时间的推移，已由傍晚到新月初上。此二句是说，残余的晚霞很快就要飞尽了，天色已经黑了，女子笑指着东升的月亮。言外之意是说，这暮春春色虽好，但时间已经不早了，我们该回去了。情景交融，溢于言表。

【原文】

渔家傲·晓别·啼罢荒鸡衰雁接

啼罢荒鸡衰雁接[(1)]，荧荧寒焰窗犹黑[(2)]。欲别重将酥手执[(3)]，行又立，门前瘦马嘶残月[(4)]。　　递得金鞭红袖湿[(5)]，回头已被疏林隔[(6)]。独倚高楼看去辙，铃音绝[(7)]，纤腰凭久雕阑热[(8)]。

【毛泽东圈评等情况】

毛泽东在读中华书局刊行《四库备要》本《明词综》卷九（一）时，圈阅过这首《渔家傲·啼罢荒鸡衰雁接》。

[参考] 张贻玖：《毛泽东评点、圈阅的中国古典诗词》，
中国工人出版社 1992 年版，第 261 页。

【注释】

（1）荒鸡，指三更前啼叫的鸡。旧以其鸣为恶声，主不祥。唐房玄龄等《晋书·祖逖传》："（祖逖）与司空刘琨俱为司州主簿，情好绸缪，共被同寝。中夜闻荒鸡鸣，蹴琨觉曰：'此非恶声也。'因起舞。"衰雁，衰弱的大雁。

（2）荧荧，光闪烁之状。汉秦嘉《赠妇诗》："飘飘帷帐，荧荧华烛。"寒焰，古人称似火而不能引起燃烧的光焰。明·谢肇淛《五杂俎·天部二》："萧丘有寒焰，洱海有阴火。又江宁县寺有晋时长明灯，火色青而不热。天地间有温泉必有寒火，未可以夏虫之见论也。"

（3）酥手，女子柔软而滑腻的手。宋陆游《钗头凤》："红酥手，黄滕酒，满城春色宫墙柳。"

（4）残月，清晨将落的月亮。唐白居易《客中月》诗："晓随残月

行，夕与新月宿。"

（5）金鞭，手握之处镶着金边的马鞭。红袖，女子的红色衣袖。南朝齐王俭《白纻辞》之二："情发金石媚笙簧，罗袿徐转红袖扬。"

（6）疏林，稀疏的林木。唐王昌龄《途中作》诗："坠叶吹未晓，疏林月微微。"

（7）铃音，马脖子上挂的銮铃的声音。

（8）纤腰，细腰。唐韦瓘《周秦行纪》卷上："见前一人纤腰修眸，容甚丽。"雕阑，也作"雕栏"，雕花或彩绘的栏杆。南唐李煜《虞美人·春花秋月何时了》："雕阑玉砌应犹在，只是朱颜改。"

【赏析】

《渔家傲》，词牌名，双调六十二字，仄韵。又此曲牌名，南北曲均有。原为北宋年间流行歌曲，声律谐婉。始见于北宋晏殊《渔家傲·画鼓声中昏又晓》，因词中有"神仙一曲渔家傲"句，便取"渔家傲"三字作词牌名。

这首词题作《晓别》。它写男主人公与青楼女子早晨分别时的情景，表现了他们之间的依依深情。

词的上阕写二人分别。"啼罢荒鸡衰雁接，荧荧寒焰窗犹黑。"起首二句描写，"荒鸡"，指三更前啼叫的鸡。"旧以其鸣为恶声，主不祥。""衰雁"，衰弱的大雁。荧荧，微光闪灼之状。这两句是说，三更前啼叫的鸡叫过一阵之后，衰老的孤雁接着哀叫而过。这时室内的烛光闪烁不定，瞭望窗外仍是黑沉沉的。词人首先描写了男女主人公分别时的环境。环境的描写给人以阴沉的感觉。"荒鸡""衰雁""寒焰"等字眼正是分别人物情感的观照，反过来又烘托了离别人物的离情别绪。"欲别重将酥手执，行又立，门前瘦马嘶残月。"接下来二句叙事，点醒"晓别"题目。"酥手"，女子柔软而滑腻的手。"残月"，清晨将落的月亮。这二句是说，二人将要分别，男子重又握住女子红润而滑腻的双手，要走了又站住；门外的瘦马在清晨将要落下去的月光中嘶叫着，催他起程。这不仅点明了分别的时间，而且表现了离人的迟疑不忍的心态。依依离别情，难分难舍意，情意缠绵，时间久了，以至于门外的瘦马都等急了，嘶叫着催主人起程。瘦马、残月都富于情感色彩。

　　词的下阕写二人依依不舍。"递得金鞭红袖湿，回头已被疏林隔。"换头处二句叙事是说，青楼女子递过来金鞭，她一定为了分别哭了很久，红色的衣袖都被泪水打湿了。男主人公骑马而去，再回头看那青楼女子，视线却被稀疏的树林隔断了。这里词人继续写男女主人公依依不舍之情。女主人公为分别而泪湿红袖，男主人公走了很远，仍回头瞭望，他们的难分难舍的情意可想而知。"独倚高楼看去辙，铃音绝，纤腰凭久雕阑热。"结末三句描写是说，青楼女子独自在高楼上，仍顺着男主人公离去的方向继续张望，男主人所骑瘦马的铃声已听不到了，然而她仍在看，她那纤细的瘦腰倚着雕花的栏杆总不忍离去，直到栏杆都依得发热了。词的下阕写男女主人公离别之情，着重写女主人公的情意缠绵，从"红袖湿""看去辙""雕阑热"等描写，可以看出她对男主人公是多么情深意笃。全词描写，情真意切，景物逼真。

王夫之

　　王夫之（1619—1692），字而农，号姜斋，又号夕堂，湖广衡州府衡阳县（今湖南衡阳）人。他与顾炎武、黄宗羲并称明清之际三大思想家。王夫之自幼跟随自己的父兄读书，青年时期积极参加反清起义，晚年隐居于石船山，著书立传。自署船山病叟、南岳遗民，学者遂称之为船山先生。

　　王夫之对于作文作诗，认为要带有感情，不能无病呻吟。情感是王夫之于诗歌的基本要求。诗歌创作经由唐诗的巅峰状态发展至宋明以来，多有偏颇之处。在王夫之看来，诗歌作为一种艺术形式，以情感为其主要特征，不能以学理来代替情感。更不能以其他文体或学问来代替诗歌。"文章之道，自各有宜"（评高适《自酮北归》）。"陶冶性情，别有风旨，不可以典册、简牍、训诂之学与焉也。""诗以道性情，道性之情也。"王夫之继承和发展了古典诗学理论中"言志缘情"的优良传统，提出要由"心之原声"发言而为诗。诗以道情，道之为言路也。情之所至，诗无不至。诗之所至，情以之至。情感与诗歌密不可分："文生于情，情深者文自不浅"（评张巡《闻笛》）；"情深文明"（评柳宗元《别舍弟宗一》）。然非一切情感皆可入诗。孔子曰："诗可以兴，可以观，可以群，可以怨。"促成诗歌起到"兴观群怨"作用的情感在注入文字的过程中，需要处理好两重关系：一为情与景，二为情与声。对于诗歌情景关系，王夫之认为"莫非情者，更不可作景语"，情与景之间不能"彼疆此界"。

　　王夫之著有《周易外传》《黄书》《尚书引义》《永历实录》《春秋世论》《噩梦》《读通鉴论》《宋论》等书。

【原文】

绮香罗·流水平桥　并序

读《邵康节逸事》[1]，属纩之际[2]，闻户外人语，惊问所语云何[3]？且云："我道复了幽州[4]。"声息如丝，俄顷逝矣[5]！有感而作。

流水平桥[6]，一声杜宇[7]，早怕雒阳春暮[8]。杨柳梧桐[9]，旧梦了无寻处[10]。拚午醉[11]、日转花梢，甚夜阑[12]、风吹芳树？到更残[13]、月落西峰，泠然蝴蝶忘归路[14]。　关心一丝别里[15]，欲挽银河水[16]，仙槎遥渡[17]。万里闲愁，长怨迷离烟雾。任老眼、月窟幽寻[18]，更无人、花前低语。君知否？雁字云沉[19]，难写伤心句。

【毛泽东圈评等情况】

毛泽东在读龙榆生编《近三百年名家词选》载的这首词时，先在题目的天头空白处画了一个大圈，又在小序中"我道复了幽州"句旁画了四个小圈，在正文的每句后面几乎都画了一个圈。

——中央档案馆整理：《毛泽东评点诗词曲精选》上册，中央档案出版社1998年版，第173页。

【注释】

（1）《邵康节逸事》，书名。邵康节（1011—1077），名邵雍，生于林县上杆庄（今河南林州市刘家街村邵康村，一说生于范阳，即今河北涿州大邵村），北宋大儒，哲学家、易学家，善长术数，有内圣外王的美誉。多次被皇帝征召入仕，皆托词婉拒，后被追封安乐伯。一生著有《观物篇》《先天图》《伊川击壤集》《皇极经世》等。在民间也流传着很多关于他的故事和传说，观梅占事便是其中之一。

（2）属纩（zhǔ kuàng）之际，弥留之际。属纩，谓用新绵置于临死者鼻前，察其是否断气。西汉戴胜《礼记·丧大记》："属纩以俟绝气。"郑玄注："纩，今之新绵，易动摇，置口鼻之上以为候。"指临终。

（3）所语云何，说什么。云，语助词，无意。

（4）幽州，州名。汉武帝所置十三部刺史之一，东汉治所在今北京城西南，辖境相当于今河北北部及辽宁等地。在北宋后期常为辽所占据。邵雍是北宋人，临死前还对光复幽州极其关心。

（5）俄顷，片刻，一会儿。

（6）平桥，没有弧度的桥。唐温庭筠《春洲曲》："门外平桥连柳堤，归来晚树黄莺啼。"

（7）杜宇，杜鹃鸟的别名。据《成都记》载：杜宇又曰杜主，自天而降，称望帝，好稼穑，治郫城。后望帝死，其魂化为鸟，名曰杜鹃。

（8）雒阳，即洛阳（今河南洛阳市）。《闻见录》载，洛阳本无杜鹃，邵康节行天津桥，忽闻杜鹃声，曰："不及十年，其有江南人以文字乱天下者乎？"

（9）杨柳梧桐，春天烟柳最先发芽，秋天梧桐最先落叶，故以借指春秋。

（10）旧梦，恢复失地之梦。

（11）拚（pàn），舍弃，不顾惜。五代牛峤《菩萨蛮》："须作一生拚，尽君今日欢。"

（12）夜阑，夜残，夜将尽时。汉蔡琰《胡笳十八拍》："山高地阔兮，见汝无期；更深夜阑兮，梦汝来斯。"

（13）更残，夜将尽。更，旧时夜间计时单位，一夜分为五更，每更约两小时。

（14）泠然，轻妙貌。战国宋庄周《庄子·逍遥游》："夫列子御风而行，泠然善也。"郭象注："泠然，轻妙之貌。"蝴蝶，此处化用《庄子·齐物论》："昔者庄周梦为胡蝶，栩栩然胡蝶也。自喻适志与！不知周也。俄然觉，则蘧蘧然周也。不知周之梦为胡蝶与？胡蝶之梦为周与？周与胡蝶则必有分矣。此之谓物化。"

（15）关心一丝别罣，指邵康节在弥留之际一息尚存，还记挂着收复失地。罣（guà），同"挂"，关心。

（16）欲挽银河水，要击退金兵，收复中原之意。宋张元干《石州慢》："欲挽天河，一洗中原膏血。"天河，即银河。

（17）仙槎，神话中能来往于海上和天河之间的竹木筏。典出晋张华《博物志》卷三："旧云天河与海通，近世有人居海渚者，年年八月有浮槎去来不失期，人有奇志，立飞阁于查上，多赍粮，乘槎而去。十余日中，犹观星月日辰，自后芒芒忽忽，亦不觉昼夜，去十余日，奄至一处，有城郭状，屋舍甚严，遥望宫中多织妇，见一丈夫牵牛渚次饮之。牵牛人乃惊问曰：'何由至此？'此人见说来意，并问此是何处。答曰：'君还至蜀郡访严君平则知之。'竟不上岸，因还如期。后至蜀问君平，曰：'某年月日有客星犯牵牛宿。'计年月，正是此人到天河时也。"

（18）月窟，月宫，月亮。晋挚虞《思游赋》："观玄鸟之参趾兮，会根壹之神筹；扰毚兔于月窟兮，诘姮娥于蓐收。"

（19）雁字云沉，雁字在云中散掉，兼用汉苏武雁足系帛典故。事见《汉书·苏武传》："数月，昭帝即位。数年，匈奴与汉和亲。汉求武等。匈奴诡言武死。后汉使复至匈奴。常惠请其守者与俱，得夜见汉使，具自陈道。教使者谓单于言：'天子射上林中，得雁足有系帛书，言武等在某泽中。'使者大喜，如惠语以让单于。单于视左右而惊，谢汉使曰：'武等实在。'"

【赏析】

《绮香罗》，词牌名，又称《绮罗春》，以史达祖《绮罗香·咏春雨》为正体，双调一百零四字，上下片各九句、四仄韵。

这首慢词借宋人邵雍在临死前仍记挂着光复失地，抒发了作为明朝遗民的词人对光复明朝的关心。此词正文前有一小序，记载了邵雍临死时的一则逸事。这则逸事的核心是他说的"我道复了幽州"这句话。"幽州"，州名。汉武帝所置十三部刺史之一。东汉治所在今北京城西南，辖境相当于今河北北部及辽宁等地。在北宋后期常为辽所占据。邵雍是北宋人，临死前还对光复幽州极其关心。王夫之作为明朝遗民，当然也关心明王朝的兴亡，但此时大局已定，收复无望，词人不过在词中抒发一种感叹和怀恋之情罢了。

词的上阕，由邵康节逸事写及眼前景物。"流水平桥，一声杜宇，早怕雒阳春暮。"开头三句，以写景兴起，也兼及邵康节当时的情况。"流水"，当指洛河。"平桥"，当指洛河上的天津桥。杜宇，即杜鹃鸟。雒阳，即洛阳。三句叙事用典。《闻见录》载，洛阳本无杜鹃，邵康节行天津桥，忽闻杜鹃声，曰："不及十年，其有江南人以文字乱天下者乎?"这则逸事亦可作为小序中逸事之补。邵康节关心世事、爱国爱乡的品质，令人钦羡。"杨柳梧桐，旧梦了无寻处。"前句借代春秋，是说过了多少年，旧梦已无处可寻了。这旧梦是什么? 这里既包括邵康节的梦幻，也包括词人的梦想，一言以蔽之，是复国的梦想。"拚午醉、日转花梢，甚夜阑、风吹芳树? 到更残、月落西峰，泠然蝴蝶忘归路。"此数句，极写词人的怅惘之情。时间是"日午""夜阑""更残"的推移，景物的变换是从"日转花梢"到"风吹芳树"再到"月落西峰"的转换，这么长时间、这么多景物的变换，词人在干什么呢? 在喝酒，而且喝得酩酊大醉，意识已经不清楚了。所以像蝴蝶一样忘记了归去的路。"泠然"，轻妙貌。蝴蝶，此处化用了《庄子·齐物论》中庄周化为蝴蝶的典故。这里的蝴蝶也可作庄周梦解，与前面的"旧梦"相呼应。

词的下阕，则将思路拓展到霄汉，延伸到古典，以寻求关注问题的答案。"关心一丝别罣，欲挽银河水，仙槎遥渡。"换头处三句，首句语义双关，既指邵康节弥留之际，尚牵挂收复幽州，也关合词人企图光复明朝。所以下句的"欲挽银河水"，亦是收复中原之意。这种用法和南宋爱国词人张元干《石州慢》中"欲挽天河，一洗中原膏血"用意相同。"仙槎"，神话中能来往于海上和天河之间的竹木筏。此处谓词人收复中原后，乘仙槎去寻访故主。"万里闲愁，长怨迷离烟雾。任老眼、月窟幽寻，更无人、花前低语。"这四句是说，这种期盼是长远的，如同迷蒙的烟雾一样，就是用昏花的老眼，到月宫中幽僻之处寻遍，也找不到你所要寻求的人向你诉说. 简直是无计可施，到了绝境。"君知否? 雁字云沉，难写伤心句。"结末三句是说，您知道吗? 即使让会传书的鸿雁从云中坠落下来，它也无法替你传出这伤心的书信。低沉的语调，悲痛的情绪，郁悒之中带有一种洒脱之气，结束了全篇。

对于这首词，词论家评价甚高。清人况周颐在《蕙风词话》中评道："洎乎晚季，夏节愍、陈忠裕、彭茗斋、王姜斋（王夫之）诸贤，含婀娜于刚健，有风骚之遗则，庶几纤靡者之药石矣。"近人叶恭绰在《广箧中词》中评云："缠绵往复，忠厚之遗。"所评极是。这首词实无纤细之感，沉郁刚健，有风骚之遗音。

毛泽东在龙榆生编选《近三百年名家词选》中读到这首词时，进行了仔细的圈点，特别关注小序中"我道复了幽州"这句话，在旁边画了四个小圈，充分肯定这首词中表现的家国之思的思想意义和艺术成就。

【原文】

摸鱼儿·东洲桃浪（《潇湘小八景词》之三）·剪中流

剪中流[1]，白蘋芳草[2]，燕尾江分南浦[3]。盈盈待学春花靥，人面年年如故[4]。留春住，笑几许浮萍，旧梦迷残絮。棠桡无数[5]。尽泛月莲舒[6]，留仙裙在[7]，载取春归去。　　佳丽地[8]，仙院迢迢烟雾[9]。湿香飞上丹户[10]。醮坛珠斗疏灯映[11]，共作一天花雨[12]。君莫诉。君不见桃根已失江南渡[13]。风狂雨妒，便万点落英，几湾流水，不是避秦路[14]。

【毛泽东圈评等情况】

毛泽东在读龙榆生编《近三百年名家词选》载的这首词时，先在题目的天头空白处画了一个大圈，又在"湿香飞上丹户""君莫诉"等三句和末句"不是避秦路"几句末各画了一个圈。

[参考] 中央档案馆整理：《毛泽东评点诗词曲精选》上册，中央档案
出版社1998年版，第173—174页。

【注释】

（1）剪中流，剪，用剪刀等使东西断开。中流，江河中央。西汉司马迁《史记·周本纪》："武王渡河，中流，白鱼跃入王舟中。"

（2）白蘋，亦作"白苹"。多年生水中浮草。南朝宋鲍照《送别王宣城》诗："既逢青春献，复值白苹生。"芳草，香草。东汉班固《西都赋》："竹林果园，芳草甘木。郊野之富，号为近蜀。"

（3）燕尾 江分南浦，江流南北分岔，形如燕尾。南浦，南面的水边。南朝梁萧统《文选·别赋（江淹）》"送君南浦"。

（4）"盈盈"二句，反用唐崔护《题都城南庄》"去年今日此门中，人面桃花相映红"诗意。崔诗说人面像桃花，因此见桃花而思人面，本词说桃花似人面，见人面而思桃花。春花靥，形容面貌像春天的花朵一样好看。靥，脸两边的酒窝。

（5）棠桡，用棠木做的船桨，这里代指船。

（6）泛月莲舒，北宋名画家李公麟所绘道教神仙太乙真人卧一大莲叶中，执书仰读，韩驹题诗有"太乙真人莲叶舟"句。此句即用其事。

（7）留仙裙，《赵飞燕外传》"成帝于太液池作千人舟，中流歌酣，风大起。帝令冯无方持后裙，风止，裙为之绉。他日宫姝或襞裙为绉，号留仙裙。"此指女子漂亮的衣裙。

（8）佳丽地，风光俊美秀丽之地。南朝齐谢朓《入朝曲》："江南佳丽地，金陵帝王州。"此指东州。

（9）仙院，指道观之类。迢迢，道路遥远貌。晋潘岳《内顾诗》之一："漫漫三千里，迢迢远行客。"

（10）丹户，朱户。

（11）醮坛，祷神的祭坛。珠斗，星斗。唐王维《同崔员外秋宵寓直》"月迥藏珠斗，云消出绛河"。

（12）花雨，雨花，落花如雨。梁武帝时有法师于今雨花台讲经，感天雨花，雨花台因此得名。唐代李华的《润州鹤林寺故径山大师碑铭》："十里花雨，四天香云，幢幡盖网，光蔽日月。"这里是指高僧弘扬佛法时的盛况。花雨是佛教用语，指诸天赞叹佛法的功德散花如雨，类似于"天花乱坠"。

（13）"君不见桃根"句，晋王献之妾名桃叶，其妹名桃根。相传王献之曾在秦淮河与清溪合流处歌唱妾桃叶，故名此渡口为桃叶渡，有时亦作桃根渡。这句说南京陷落，门户尽失。

（14）避秦路，避乱之所在。东晋陶渊明《桃花源记》"自云先世避秦时乱，率妻子邑人来此绝境"。

【赏析】

《摸鱼儿》，唐教坊曲名，本为歌咏捕鱼的民歌，后用为词牌。一名《摸鱼子》，又名《买陂塘》《迈陂塘》《双蕖怨》等。宋词以晁补之《琴趣外篇》所收为最早。双片一百一十六字，前片六仄韵，后片七仄韵。

《摸鱼儿·剪中流》此词写潇湘小八景之一的东洲桃浪，感叹江山已失、门户尽丧、清军入侵、无处避秦。《潇湘小八景》原载湘乡曾氏汇刻《船山遗书》二百三十四卷，附《潇湘怨词》。总题之下有小序云："国初翟宗吉咏西湖景，效辛稼轩'君莫舞，玉环飞燕皆尘土'体，词意凄然，乃宗吉时当西子湖洗会稽之耻，苎萝人得所托矣，故不宜怨者。乙未春余寓形晋宁山中，聊效其体仍寄调《摸鱼儿》，咏潇湘小八景，水碧沙明，二十五弦之怨，当有过者阅，今十年矣。搜破箧得之，亦了不异春意。深山春尽，花落鹃啼，乃不敢重吟此曲。乙巳上巳，茉萸塘记。"

由小序可知，《潇湘小八景》写于乙未（1379）上巳（三月三日），改定于茉萸滩（在今江西广昌东）。词人所写《潇湘小八景》是：雁峰烟雨、石鼓江山、东洲桃浪、西湖荷花、花药春溪、岳峰岳岭、朱陵仙洞和青草鱼灯。它们都是写词人家乡湖南山水胜景的。此外，词人尚有《潇湘大八景词》《潇湘十景词》。《东洲桃浪》是《潇湘小八景》的第三首，东洲，在今湖南省衡阳市南湘江之滨，洲上有桃林，落英缤纷，随流成浪，故称"东洲桃浪"。

词的上片写赏春人赏春的热情和春去的遗憾。"剪中流，白蘋芳草，燕尾江分南浦。"起首三句先描绘东洲的形胜景致，水流迎洲而分为燕尾，洲上芳草萋萋，白蘋香草盛开，是游人观赏的好地方。"盈盈待学春花靥，人面年年如故"二句，反用唐崔护《题都城南庄》"去年今日此门中，人面桃花相映红"诗意。崔诗说人面像桃花，因此见桃花而思人面，本词说桃花似人面，见人面而思桃花。"春花靥"，形容面貌像春天花朵一样好看。"靥"，脸两边的酒窝。写游春女子，年年都把自己打扮得如桃花一般。"留春住，笑几许浮萍，旧梦迷残絮。"此三句写人们虽然殷勤地希望春天能多留一段时间，但时值暮春，芳菲已歇，百花零落，只有水上浮萍和空中飞絮，还残留着春天的一点气息。用一"笑"字，表现出对春去难留的无奈。"棠桡无数。尽泛月莲舒，留仙裙在，载取春归去"四句，"棠桡"，用棠木做的船桨，这里代指船。"泛月莲舒"，北宋名画家李公麟所绘道教神仙太乙真人卧一大莲叶中，执书仰读，韩驹题诗有"太乙真人莲叶舟"句。此句即用其事。"留仙裙"，《赵飞燕外传》"成帝于太液池作千人舟，中流歌酣，风大起。帝令冯无方持后裙，风止，裙为之绉。他日宫姝或襞裙为绉，号留仙裙"。此指女子漂亮的衣裙。此四句是说，江上各式各样的船只画舫，载着衣着漂亮的女子，在月光下尽情地游赏美景，但春天还是匆匆地归去了。

词的下阕由追忆过去的旖旎风光，引发出感叹国家的兴亡。"佳丽地，仙院迢迢烟雾。湿香飞上丹户。醮坛珠斗疏灯映，共作一天花雨。""佳丽地"，风光俊美秀丽之地。南朝齐谢朓《入朝曲》："江南佳丽地，金陵帝王州。"此指东州。"仙院"，指道观之类。"迢迢"，道路遥远貌。晋潘岳《内顾诗》之一："漫漫三千里，迢迢远行客。""丹户"，朱户。"醮坛"，祷神的祭坛。珠斗，星斗。唐王维《同崔员外秋宵寓直》"月藏珠斗，云消出绛河"。"花雨"，雨花，落花如雨。梁武帝时有法师于今雨花台讲经，感天雨花。雨花台因此得名。这里是指高僧弘扬佛法时的盛况。花雨是佛教用语，指诸天赞叹佛法的功德散花如雨，类似于"天花乱坠"。这几句是说，在江南那美丽的土地上，仙院香云缭绕，湿润的芳香飘入红漆朱户，道家的神坛疏灯与天上晶亮如珠的星斗互相辉映，就像是一派由天而降的花雨，这一切都如春天注定要逝去一样，也已逝去了。"君莫诉。君不见桃根已失江南渡。风狂雨妒，便万点落英，几湾流水，不是避秦路。""桃根"句，晋王献之妾名桃叶，其妹名桃根。相传王献之曾在秦淮河与清溪合流处歌唱爱妾桃叶，故名此渡口为桃叶渡，有时亦作桃根渡。这几句是说南京陷落，门户尽失。"避秦路"，避乱之所在。东晋陶渊明《桃花源记》"自云先世避秦时乱，率妻子邑人来此绝境"。结末几句是说，敌人的铁蹄已至国门，江南的桃根古渡已沦于敌手，在这风狂雨妒的不幸时代，那和桃源相似的万点落英和几湾流水是躲避不了侵略者的铁蹄的。此时桂王所凭据的西南地区几乎全部落入清人之手，百姓避乱无地。作者作为明朝遗民，对此感受最为深切，故而也最为沉痛和悲愤。

本词虽然吟咏江南风景，实则抒发了国家灭亡的痛苦，继承了辛弃疾愁苦孤愤的情调，并效法辛词以自然界的意象与人事进行类比的写作手法，用语含蓄，感情深沉。近代词学家叶恭绰曰："故国之思，体兼骚、辨。船山词言皆有物，与并时批风抹露者迥殊，知此方可以言词旨。"（《广箧中词》）

【原文】

蝶恋花·岳峰远碧
（《潇湘十景词》之六）·见说随帆瞻九面　并序

自衡阳北三十里⁽¹⁾，至湘潭南六十里⁽²⁾，岳峰浅碧⁽³⁾，婉转入望⁽⁴⁾。

见说随帆瞻九面⁽⁵⁾。碧藕花开⁽⁶⁾，朵朵波心现。晓日渐飞金碧巅⁽⁷⁾。晶光返射湘江练⁽⁸⁾。　谁遣迷云生绝巇⁽⁹⁾。苍水仙踪⁽¹⁰⁾，雾锁灵文篆⁽¹¹⁾。帝女修眉愁不展⁽¹²⁾。深深未许人间见。

【毛泽东圈评等情况】

毛泽东在读龙榆生编《近三百年名家词选》载的这首词时，在每句末断句处都画了一个旁圈。

[参考] 中央档案馆整理：《毛泽东评点诗词曲精选》上册，
中央档案出版社 1998 年版，第 174 页。

【注释】

（1）衡阳，今湖南衡阳，地处南岳衡山之南，因山南水北为"阳"，故得此名。又因"北雁南飞，至此歇翅停回"，栖息于市区回雁峰，故又雅称"雁城"。

（2）湘潭，今湖南省湘潭市，简称潭，因盛产湘莲而别称"莲城"，又称"潭城"。

（3）岳峰，指南岳衡山诸峰。

（4）婉转，回旋，盘曲，蜿蜒曲折。入望，进入视野。

（5）见说，听说。唐李白《送友人入蜀》诗："见说蚕丛路，崎岖不易行。"随帆，让船帆随着湘江的水不断翻转。瞻九面，能够九次看到衡山诸峰。瞻，往上或往前看。

（6）"碧藕花开"二句，是说南岳衡山诸峰像莲花倒映在湘江水中。碧藕，指碧莲。宋晏几道《鹧鸪天》词："碧藕花开水簟凉，万年枝外转红阳。"

（7）金碧，金黄和碧绿的颜色。唐罗邺《上阳宫》诗："深锁笙歌巢燕听，遥瞻金碧路人愁。"此指山的倒影。颤，颤动。

（8）晶光，光亮。唐岑参《至大梁却寄匡城主人》诗："四郊阴气闭，万里无晶光。"湘江练，光亮返射过来，湘江远望像一条白绢。练，白绢。南朝齐谢朓《晚登三山还望京邑》："余霞散成绮，澄江静如练。"

（9）迷云，知觉迷惘，如蒙云雾。《楞严经》卷四："惟愿如来，宣流大慈，开我迷云。"绝巘（yǎn），极高的顶峰。巘，大山上的小山，山顶。

（10）苍水，即苍水使。传说禹登衡岳，梦见赤绣衣男子，自称玄夷苍水使者。典故名，典出《吴越春秋》卷六《越王无余外传》："禹乃东巡，登衡岳，血白马以祭，不幸所求。禹乃登山仰天而啸，因梦见赤绣衣男子，自称玄夷苍水使者，闻帝使文命于斯，故来候之。"仙踪，仙人的踪迹。后蜀顾敻《甘州子》词："曾如刘阮访仙踪，深洞客，此时逢。"

（11）灵文篆，指南岳山中所遗留下来的历代碑刻。灵文，指宗教经文。《艺文类聚》卷七七引南朝梁简文帝《东宫上掘得慈觉寺钟启》："启舞钟于殊里，记灵文于福地。"指古代遗传下来的稀少而珍奇的书籍或文字。篆，汉字的一种书体，大篆、小篆。

（12）帝女，指天帝与传说中的古帝之女。或指天帝之女瑶姬。《山海经·中山经》："又东二百里，曰姑媱之山。帝女死焉，其名曰女尸。"《文选·江淹诗》："我惭北海术，尔无帝女灵。"此指尧女舜妃娥皇、女英，即湘妃。南朝梁吴均《登二妃庙》："朝云乱入目，帝女湘川宿。"修眉，长眉。宋柳永《少年游》词："修眉敛黛，遥山横翠，相对结春愁。"

【赏析】

《蝶恋花》，词牌名，原是唐教坊曲，后用作词牌，本名《鹊踏枝》，又名《黄金缕》《鹊踏枝》《凤栖梧》《卷珠帘》《一箩金》。其词牌始于宋。双片共六十字，前后片各四仄韵。

这首词题作《岳峰远碧》，是作者《潇湘十景词》中的第六首。《潇湘十景词》是作者的一组描写潇湘（今湖南）风物的写景词。它们依次是舜岭云峰、香塘绿水、朝阳旭影、浯溪苍壁、石鼓危崖、狱峰远碧、昭山孤翠、铜官戍火、湘弯曲岸和君山浮黛。总题《潇湘十景词》，下有小序云："潇湘八景不知始谁差遣。唯洞庭月、潇湘雨耳，它皆江南五千里所普摄也。湖南清绝地，万古一长嗟。杜陵游迹十七于神州而期兹万古。岂徒然哉！潇水出自营浦，西北流五百里而得湘，湘水出兴安之海阳山，与漓背流，既合于潇北，流千二百里，至巴陵北，大江自西来注之，然而潇湘之名释而从江。此千五百里间，縠波绣壁，枫岸荻州，清绝之名，于兹匙矣。迹不胜探，探其优者得十景焉。情物各有因缘，归宿不迷于万古，视诸飙雁、岚雪，悠悠无择地者，不犹贤乎！仆雅欲为此词，不知何以未暇，歌八景后，驱笔猎之吟际，习为哀响，不能作和媚之音，应节为湘灵起舞，曰：'非我也，有臣妾我者存也。'"小序交代了这首小词的写作缘由及特点，对于我们理解毛泽东圈阅的这几首小词不无帮助。

王夫之是湖南人，并在湖南参加过抗清斗争，后又隐居衡山之阳船山。因此，他对湖南的山山水水抱有深厚的感情，潇湘二水和洞庭湖是湖南的象征，所以他于清顺治十二年（1655），在《潇湘怨词》中，首先以《摸鱼儿》词调写了《潇湘八景词》，最后又以《蝶恋花》词牌写由南至北沿潇湘而下的《潇湘十景词》。真如司马迁评楚骚语"一篇之中，三致意焉"（《史记·屈原贾生列传》），情真意挚，无以复加。这首词是《潇湘十景词》中的第六篇。从小序可知，他写的是自衡阳到湘潭，沿湘江看衡岳诸峰，主要写莲花峰、仙女峰风光。

词的上阕写江中远眺衡峰。"见说随帆瞻九面。碧藕花开，朵朵波心现。"开头三句，首句总写衡峰，是说从衡阳乘船沿江而下，可看到南岳衡山的各个方面，角度不同，观感有别。正如宋苏东坡咏庐山："远看成岭侧成峰，远近高低各不同。"(《题西林壁》)起首一句写出南岳诸峰，美不胜收，笼罩全篇。接下来二、三两句，则以特写镜头专写莲花峰。说它如朵朵碧莲，倒映江中，十分优美。这是白天舟行所见景状。下二句则写夜晚所见莲花峰景色："晓日渐飞金碧颤。晶光返射湘江练。"此二句是说，黎明时，起风了，晓月西坠，微波粼粼，晶玉般的莲花峰倒映在白绢似的江面上，景色又自不同，分外妖娆。盛弘之《荆州记》载："芙蓉（峰）上有泉水飞流，如舒一幅白练。"则此句解为莲花峰上飞瀑发出晶光，倒映江中，像条白练，亦可。

词的下阕写仙女峰。"谁遣迷云生绝巘。苍水仙踪，雾锁灵文篆。"换头处三句，起句以反诘语出之，是说是谁在悬崖峭壁上云雾缭绕？云遮雾罩，为仙女峰的描写营造了一个适宜的环境。下面自然引出《吴越春秋》所载"沧水使者"的传说：传说禹登衡岳，梦见赤绣衣男子，自称玄夷苍水使者。"仙踪"，仙人的踪迹。后蜀顾敻《甘州子》词："曾如刘阮访仙踪，深洞客，此时逢。""文篆"，指南岳山中所遗留下来的历代碑刻。"灵文"，指宗教经文。《艺文类聚》卷七七引南朝梁简文帝《东宫上掘得慈觉寺钟启》："启彝钟于殊里，记灵文于福地。"指古代遗传下来的稀少而珍奇的书籍或文字。明胡应麟《少室山房笔丛·经籍会通一》："竹简韦编，既非易致；灵文秘检，又率难窥。""篆"，汉字的一种书体，大篆、小篆。这个传说可以为二、三两句作注。结末二句又引入舜与二妃的故事："帝女修眉愁不展。深深未许人间见。""帝女"，指天帝与传说中的古帝之女。或指天帝之女瑶姬。《山海经·中山经》："又东二百里，曰姑媱之山。帝女死焉，其名曰女尸。"《文选·江淹诗》："我惭北海术，尔无帝女灵。"此指尧女舜妃娥皇、女英，即湘妃。南朝梁吴均《登二妃庙》："朝云乱入目，帝女湘川宿。""修眉"，长眉。宋柳永《少年游》词："修眉敛黛，遥山横翠，相对结春愁。"二句巧用娥皇、女英故事，是说尧女舜妃随舜沿湘江至苍梧不再归来，不但泪化斑竹，而且身化为仙女峰，含有不尽的哀思，不愿意再在人间现身。不难想象，只有像这样随明朝桂王南下的遗老，才能体会到帝舜一去不返的深恨。这些当是怀念桂王逃入缅甸被送还、为吴三桂所杀的事。

毛泽东是湖南人，对他的同乡前辈王夫之十分赞许，因而对他的描写潇湘风物的《潇湘怨词》十分爱重。仅在《潇湘十景词》中就圈阅了三首。对这首词他也是十分欣赏的。

【原文】

蝶恋花·铜官戍火
（《潇湘十景词》之八）·打鼓津头知野戍　并序

铜官浦在长沙北三十里⁽¹⁾。芦汀远岸⁽²⁾，水香生于始夜⁽³⁾。渔镫戍火⁽⁴⁾，依微暮色间⁽⁵⁾，如寒星映水⁽⁶⁾。

打鼓津头知野戍⁽⁷⁾。万里归舟⁽⁸⁾，认得云中树。日落长沙春已暮。寒烟猎火中原路⁽⁹⁾。　　何处停桡深夜语⁽¹⁰⁾。江黑云昏⁽¹¹⁾，莫向天涯去⁽¹²⁾。旧是杜陵飘泊处⁽¹³⁾。登山临水伤心句⁽¹⁴⁾。

【毛泽东圈评等情况】

毛泽东在读龙榆生编《近三百年名家词选》载的这首词时，先在题目的天头空白处画了一个大圈，然后又在正文三、五、八、九、十数句末各画一个旁圈。

[参考] 中央档案馆整理：《毛泽东评点诗词曲精选》上册，中央档案出版社1998年版，第174—175页。

【注释】

（1）铜官浦，位于湘江下游东岸，距省会长沙三十公里，距县城约十一公里，与靖港隔江相望，地形狭长，三面环山，一面临水，地势险要。自古为军事要地，三国程普、关羽分界于此；唐李靖讨梁王肖铣，誓师铜官；清曾国藩率水师与太平天国军队激战于铜官渚。

（2）芦汀（tīng），长满芦苇的小洲。芦，多年生草本植物，多生于水边，茎中空，茎可编席，亦可造纸。汀，水边平地，小洲。

（3）水香，水的气味香。唐李贺《月漉漉篇》："秋白鲜花死，水香莲子齐。"始夜，初夜。

（4）渔镫，渔灯。明高攀龙《武林游记》："复次望湖亭，平波印月，远树笼烟，野色苍茫，渔镫隐没，心境一佳。"戍（shù）火，戍卒在驻地所燃之火。唐司空图《复安南碑》："千艘蹙浪，兰津之戍火宵明；万里惊尘，梅岭之人烟昼断。"

（5）依微，隐约，不清晰貌。南朝宋谢灵运《江妃赋》："建羽旌而逶迤，奏清管之依微。"暮色，傍晚昏暗的天色。南朝宋鲍照《幽兰》诗之一："倾辉引暮色，孤景留恩颜。"

（6）寒星，寒夜的星，寒光闪闪的星。唐孟郊《石淙》诗："百尺明镜流，千曲寒星飞。"

（7）打鼓，击鼓。南朝宋刘义庆《世说新语·豪爽》："（王敦）自言知打鼓吹。"刘孝标注："敦尝坐武昌钓台间，闻行船打鼓嗟称其能。"津头，渡口。唐王昌龄《送薛大赴安陆》诗："津头云雨暗湘山，迁客离忧楚地颜。"野戍，指野外驻防之处。北周庾信《至老子庙应诏》诗："野戍孤烟起，春山百鸟啼。"

（8）"万里归舟"二句，化用南朝齐谢朓《自宣城出新林浦向板桥》："天际识归舟，云中辨江树。"

（9）寒烟猎火，指硝烟战火。中原路，今河南一带。当时清兵进攻中原。

（10）停桡，停船。桡，船桨。

（11）江黑云昏，化用唐杜甫《春夜喜雨》"野径云俱黑，江船火独明"诗意。

（12）天涯，天边，指极远的地方。语出《古诗十九首·行行重行行》："相去万余里，各在天一涯。"

（13）杜陵，指唐杜甫。宋戴复古《答杜子野主簿》诗："杜陵之后有孙子，自守诗家法度严。"飘泊，指船只飘流停泊。宋周辉《清波杂志》卷四："辉顷在泰州，偶倭国有一舟飘泊在境上。"杜甫晚年飘泊于蜀湘间，病没于衡阳至耒阳的船上。

（14）"登山临水"句，形容旅途遥远，也指游山玩水。杜甫晚年写的《登岳阳楼》诗："亲朋无一字，老病有孤舟。戎马关山北，凭轩涕泗流。"

【赏析】

这首词题作《铜官戍火》，是《潇湘十景词》之八，写的是铜官浦戍火，表现了作者对时局的关切。铜官浦，位于湘江下游东岸，距省会长沙30公里，距县城约11公里，镇域面积29.44平方公里，与靖港隔江相望，地形狭长，三面环山，一面临水，地势险要。自古为军事要地。戍火，戍卒在驻地燃起的火。以此可知，此时清军尚未占领湖南。

词的上阕叙事，写词人夜泊铜官浦。"打鼓津头知野戍。万里归舟，认得云中树。"打鼓，即打鼓津，当是铜官浦渡口。词人乘船至此，天色已晚，应该泊船夜宿了。"万里归舟"，说明词人是从北方很远的地方乘船回到南方衡阳老家。"认得云中树"连同上句，系化用南朝齐谢朓《自宣城出新林浦向板桥》"天际识归舟，云中辨江树"句意。是说在暮色苍茫中还能辨认云雾中的树木。人们常用归家似箭来形容归家心切。词人为什么不日夜兼程呢？接下来二句作了回答："日落长沙春已暮。寒烟猎火中原路。"虽然没到家，但船到长沙近郊的铜官浦天已经黑了；中原一带，明军与清军正在激战，路上不太平，所以不敢夜间行船。叙事中点出对国事的关心。

词的下阕抒情，写夜泊闻语的感慨。"何处停桡深夜语。江黑云昏，莫向天涯去。"换头处三句承接上阕停泊夜宿而来，写深夜之时，词人听到不知来自何处的泊船有人说话：江面漆黑一片，乌云密布，不要到远方去。这种深夜对伙伴的叮嘱，表面是因为"江黑云昏"，实则有弦外之音：兵荒马乱，天下不太平，与上阕"寒烟烽火中原路"的时代氛围密切相关。由于这种动乱的环境，词人自然想起了曾颠沛流离并死于湘江船上的大诗人杜甫："旧是杜陵飘泊处。登山临水伤心句。"杜陵，指杜甫。杜甫晚年曾飘泊于蜀湘间，病没于衡阳至耒阳的船上。宋戴复古《答杜子野主簿》诗："杜陵之后有孙子，自守诗家法度严。"飘泊，指船只飘流停泊。杜甫晚年写的《登岳阳楼》诗："亲朋无一字，老病有孤舟。戎马关山北，凭轩涕泗流。"抒发了因为战乱不止、有家不能归的感叹。这里词人以杜甫自比，表现了他的家国之思与爱国情怀。近人叶恭绰在《广箧中词》中评论道："故国之思，体兼骚辨。船山词言皆有物，与并时批风抹露者迥殊，知此方可以言词旨。"

毛泽东在读龙榆生编选《近三百年名家词选》中收录的这首词时，先在正文上方天头处画了一个大圈，又在十句正文的五句末侧各画一个旁圈，表示对这些句子比较欣赏。

【原文】

蝶恋花·君山浮黛·渺渺扁舟天一瞬　并序

湖光极目[(1)]，至君山[(2)]，始见一片青芙蓉[(3)]，浮玻璃影上[(4)]。自此出洞庭，与江水合[(5)]。谢朓所云"大江流日夜，客心悲未央"者[(6)]，于焉始矣[(7)]。湖南清绝[(8)]，亦于此竟焉[(9)]。

渺渺扁舟天一瞬[(10)]，极目空清[(11)]，只觉云根近[(12)]。片影参差浮复隐[(13)]，琉璃净挂青螺印[(14)]。　忆自嬴皇相借问[(15)]，尧女含颦[(16)]，兰佩悲荒磷[(17)]。泪竹千竿垂紫晕[(18)]，宾鸿不寄苍梧信[(19)]。

【毛泽东圈评等情况】

毛泽东在读龙榆生编《近三百年名家词选》载的这首词时，在第一、第三句末各画一个旁圈。

[参考] 中央档案馆整理：《毛泽东评点诗词曲精选》上册，
中央档案出版社 1998 年版，第 175 页。

【注释】

（1）湖，指洞庭湖。极目，纵目，用尽目力远望。汉王粲《登楼赋》："平原远而极目兮，蔽荆山之高岑。"

（2）君山，在岳阳市西南15公里的洞庭湖中，古称洞庭山、湘山、有缘山，是八百里洞庭湖中的一个小岛，与千古名楼岳阳楼遥遥相对，取意神仙"洞府之庭"。传说这座"洞庭山浮于水上，其下有金堂数百间，玉女居之，四时闻金石丝竹之声，彻于山顶"。后因舜帝的两个妃子娥皇、女英葬于此，屈原在《九歌》中称之为湘君和湘夫人，故后人将此山改名为君山。

（3）芙蓉，荷花的别名。战国楚屈原《楚辞·离骚》："制芰荷以为衣兮，集芙蓉以为裳。"洪兴祖补注："《本草》云：其叶名荷，其华未发为菡萏，已发为芙蓉。"

（4）玻璃影上，水面上。玻璃，比喻平静澄澈的水面。宋毛滂《清平乐》词："天连翠潋，九折玻璃软。"

（5）洞庭，即洞庭湖，在湖南省北部、长江南岸。为我国第二大淡水湖，素有"八百里洞庭"之称。湘、资、沅、澧四水汇流于此，在岳阳县城陵矶入长江。湖中小山甚多，以君山最为著名。沿湖有岳阳楼等名胜古迹。江，指长江。

（6）谢朓所云"大江流日夜，客心悲未央"者，南朝齐谢朓《暂使下都夜发新林至京邑赠西府同僚》："大江流日夜，客心悲未央。徒念关山近，终知返路长。秋河曙耿耿，寒渚夜苍苍。"

（7）于焉始矣，从此开始了。焉，与介词"于"加代词"是"，是，此。

（8）清绝，形容美妙至极。唐李山甫《山中览刘书记新诗》诗："记室新诗相寄我，蔼然清绝更无过。"宋陆游《小雨泛镜湖》诗："吾州清绝冠三吴，天写云山万幅图。"

（9）亦于此竟焉，也这样终了。竟，终。焉，文言助词，了。

（10）渺渺，形容悠远，久远。战国齐管仲《管子·内业》："折折乎如在于侧，忽忽乎如将不得，渺渺乎如穷无极。"尹知章注："渺渺，微远貌。"扁舟，小船。西汉司马迁《史记·货殖列传》："范蠡既雪会稽之耻，乃喟然而叹曰：'计然之策七，越用其五而得意。既已施于国，吾欲用之家。'乃乘扁舟浮于江湖。"一瞬，一眨眼，形容极短的时间。典出《摩诃僧只律》："瞬者，目动也。律云：'二十瞬名一弹指。谓修行人持斋之法。日正当午，乃受饮食。若日过午一瞬，则不当食。'"

（11）极目，纵目，用尽目力远望。汉王粲《登楼赋》："平原远而极目兮，蔽荆山之高岑。"空清，空明无碍。

（12）只，恰好，仅仅。云根，深山云起之处。晋·张协《杂诗》之十："云根临八极，雨足洒四溟。"

（13）参差（cēn cī），不齐之状。《诗经·周南·关雎》："参差荇菜，左右流之。"

（14）琉璃，诗文中常以喻晶莹碧透之物。唐杜甫《渼陂行》："琉璃汗漫泛舟入，事殊兴极忧思集。"此喻碧波。青螺，指的是洞庭湖中的君山。唐刘禹锡《望洞庭》："湖光秋月两相和，潭面无风镜未磨。遥望洞庭山水翠，白银盘里一青螺。"

（15）嬴皇，秦始皇名嬴政，故称。

（16）尧女，指尧的女儿娥皇、女英。含颦，皱眉，形容哀愁。唐刘禹锡《春去也》词："丛兰裛露似沾巾，独坐亦含嚬。"前蜀韦庄《浣溪沙》词："日高犹自凭朱栏，含颦不语恨春残。"

（17）兰佩，典雅的佩饰，也可指玉饰。唐李商隐《赠从兄阆之一》："城中猎犬憎兰佩，莫损幽芳久不归。"

（18）"泪竹"句，泪竹，即斑竹。唐郎士元《送李敷湖南书记》诗："入楚岂忘看泪竹，泊舟应自爱江枫。"一种茎上有紫褐色斑点的竹子，也叫湘妃竹。晋张华《博物志》卷八："尧之二女，舜之二妃，曰湘夫人。帝崩，二妃啼，以涕挥竹，竹尽斑。"唐杜甫《奉先刘少府新画山水障歌》："不见湘妃鼓瑟时，至今斑竹临江活。"君山多湘妃竹。

（19）宾鸿，即鸿雁，喻信使或羁客。唐李咸用《别所知》诗："闰牵寒气早，何浦值宾鸿。"苍梧信，舜死的消息。相传舜葬于苍梧之野。

【赏析】

《蝶恋花·君山浮黛》，是王夫之《潇湘十景词》之十。这首词题作《君山浮黛》。词前有小序云："潮光极目，至君山，始见一片青芙蓉浮玻璃影上。自此出洞庭与江水合。谢朓所云'大江流日夜，客心悲未央'者，于焉是矣。湖南清绝，亦于此竟焉。"这段文字，介绍了本词创作的成因，启迪我们理解词的深层含义。"大江流日夜，客心悲未央"，是本词的思想基调。据《南齐书·谢朓传》载，随王萧子隆"在荆州，好辞赋，数集僚友。朓以文才尤被赏爱，流连晤对，不舍日夜。长史王秀之以朓年少相动，密以启世祖"，诬陷谢朓"构扇藩邸，日夜从谀，仰窥俯画"，煽动闹事，挑拨离间。永明十一年（493）秋，谢朓被召回建业（今江苏南京）。他知道这次回京，凶多吉少。在离建业三十里的新林，写了一首诗赠西府同僚，开头两句就是"大江流日夜，客心悲未央"，向朋友们诉说无可奈何和悲愤不已的心境。不久，宫廷夺权倾轧，随王等被害，谢朓差点儿被杀。王夫之乘船到洞庭与大江会合处，面对带有帝尧二女悲剧色彩的君山，想起了谢朓被召回建业时的悲愤，联系明朝桂王被害、自身亡命江湘的遭际，痛感空有报国忠心，但却回天乏力，因作此词。

这是一首写景词，但它不是一般的游赏文字，而是寄托着无限的深情哀思。

上阕描写，正面写泛舟洞庭所见君山美景。"渺渺扁舟天一瞬，极目空清，祇觉云根近。"开头三句写八百里洞庭的优美景色。人们在浩渺无涯的洞庭湖面上，泛一叶扁舟，遥望天际，苍穹清碧，几朵浮云，倒映水中，使人觉得"云根"与人很近。用似写实又似夸张的手法，突出了湖大、天高和舟小、云近，对比强烈鲜明。"片影参差浮复隐，琉璃净挂青螺印。""片影"，指望中的君山之影；"参差浮复隐"，则是指君山山势在波峰间隐现。"青螺印"，语本唐刘禹锡《望洞庭》诗："遥望洞庭山水翠，白银盘里一青螺。"是说在这茫茫的天水之间，人坐的小舟随着波浪起伏，忽高忽低，时隐时现。而在这波光如镜的湖面上，却映现出螺髻似的君山青翠如黛的身影。这两句正切《君山浮黛》题意。君山素有"螺髻"之称。《事物绀珠》云："君山在洞庭湖中状如十二螺髻。"这二句，一动一静，突出地说明君山在巨大的八百里洞庭中，是渺小的，不过一"青螺印"而已。整个上阕借写洞庭景色，寓寄天人关系的伟大与渺小，并为下阕做铺垫。

下阕叙事，寄托词人哀思。"忆自嬴皇相借问，尧女含颦，兰佩悲荒磷。"换头处三句用典。三句抚今追昔，运用秦始皇和博士的问答和娥皇、女英投身洞庭殉舜的故事，传达出词人的深意。据西汉司马迁《史记·秦始皇本纪》："（始皇）浮江，至湘山祠，逢大风，几不能渡。上问博士曰：'湘君何神？'博士对曰：闻之，尧女，舜妻，而葬此。于是始皇大怒，使刑徒三千人，皆伐湘山树，赭其山。"尧女，即娥皇、女英，同事虞舜，娥皇为后，女英为妃。舜南巡，死葬苍梧之野，二女闻之，追至洞庭投水以殉。王夫之活用这个故事，说是想起从前秦始皇因为一问，就伐树赭山，尧女对此十分怨恨。她由被秦始皇残暴凌辱，想起丈夫舜死于苍梧，荒坟空存磷火，手抚兰佩，悲从中来。三句暗喻明亡，清人肆虐，自己的处境也如尧女之于始皇，刀俎鱼肉，徒有悲伤。词人运用这些神话传说，不仅使作品富有浪漫主义色彩，也表达了词人的崇敬之情。"泪竹千竿垂紫晕，宾鸿不寄苍梧信。"泪竹，即斑竹，又名湘妃竹。宾鸿，即大雁。晋张华《博物志》："尧之二女，舜之二妃，曰湘夫人。舜崩，二妃啼，以涕挥竹，竹尽斑。"第一句承上，娥皇、女英对始皇暴行，挥泪洒竹，使斑竹留下更多的"紫晕"。想写信把自己当前的不幸遭遇告诉舜，可是"宾鸿不寄苍梧信"。苍梧，在衡阳之南。传说衡山有落雁峰，北雁至此而至，不再南飞。有苦无人诉说，就更加一层哀伤。结末二句仍用二妃挥泪成斑和鸿雁传书传说，不能传舜死于苍梧之讯，可能暗指南明桂王逃入缅甸被送回杀害一事，词人借此典故来表达心中的黍离之悲、亡国之痛。现代学者嵇文甫说："船山深入文学，神契楚骚。其生平诗文……悱恻缠绵，焄蒿凄怆，其耿耿孤忠，菀结不能自己之情，随处迸发流露，真可谓《离骚》之嗣音。"（《王船山诗文集序》）读姜斋诗词，确实使人生"字字楚骚心"之感。

【原文】

青玉案·忆旧·桃花春水湘江渡

桃花春水湘江渡⁽¹⁾。纵一艇，迢迢去⁽²⁾。落日赪光摇远浦⁽³⁾。风中飞絮⁽⁴⁾，云边归雁⁽⁵⁾。尽指天涯路⁽⁶⁾。　　故人知我年华暮⁽⁷⁾。唱彻灞陵回首句⁽⁸⁾。花落风狂春不住。如今更老，佳期逾杳⁽⁹⁾，谁倩啼鹃诉⁽¹⁰⁾？

【毛泽东圈评等情况】

毛泽东在读龙榆生编《近三百年名家词选》载的这首词时，先在题目的天头空白处画了一个大圈，然后又在正文第二、第三、第六、第七数句和最后三句末右侧各画一个旁圈。

[参考] 中央档案馆整理：《毛泽东评点诗词曲精选》上册，
中央档案出版社 1998 年版，第 171 页。

【注释】

（1）桃花春水，即桃花水。指春汛。东汉班固《汉书·沟洫志》："来春桃华盛时，必羡溢，有填淤反壤之害。"颜师古注："《月令》'仲春之月，始雨水，桃始毕。'盖方华时，既有雨水，川谷冰泮，众流猥集，波澜盛长，故谓之桃华水耳。"唐孟浩然《送元公之鄂渚寻观主张骖鸾》诗："桃花春水涨，之子忽乘流。"湘江，水名。源出广西壮族自治区，流入湖南省，为湖南省最大的河流。渡，渡口。

（2）"纵一艇"二句，艇，轻便的小船。西汉刘安《淮南子·俶真训》："越舲蜀艇，不能无水而浮。"高诱注："蜀艇，一板之舟。"迢迢，道路遥远貌，水流绵长貌。晋潘岳《内顾诗》之一："漫漫三千里，迢迢远行客。"宋姜夔《除夜自石湖归苕溪》诗："细草穿沙雪半销，吴宫烟冷水迢迢。"

（3）赪（chēng）光，浅红色的阳光。《诗经·国风·周南·汝坟》："鲂鱼赪尾，王室如毁；虽则如毁，父母孔迩。"鲂，鱼名，身广而薄，少力细鳞。赪，赤也。浦，水边，有时也指水面。远浦就是远处的河岸。

（4）飞絮，飘飞的柳絮。北周庾信《杨柳歌》："独忆飞絮鹅毛下，非复青丝马尾垂。"

（5）归雁，大雁春天北飞，秋天南飞，候时去来，故称"归雁"。汉苏武《报李陵书》："岂可因归雁以运粮，托景风以饷军哉。"

（6）天涯，天边，指极远的地方。语出《古诗十九首·行行重行行》："相去万余里，各在天一涯。"南朝陈徐陵《与王僧辩书》："维桑与梓，翻若天涯。"

（7）年华，年岁，年纪。北周庾信《竹杖赋》："潘岳《秋兴》，嵇生倦游，桓谭不乐，吴质长愁，并皆年华未暮，容貌先秋。"暮，晚，暮年。

（8）唱彻灞陵回首句，三国魏王粲《七哀》："南登灞陵岸，回首望长安。"灞陵，古地名，本作霸陵。故址在今陕西省西安市东。汉文帝葬于此，故称。三国魏改名霸城，北周建德二年废。北周庾信《哀江南赋》："岂知灞陵夜猎，犹是故时将军。"

（9）佳期，美好的时光，多指同亲友重晤或故地重游之期。南朝齐谢朓《晚登三山还望京邑》诗："佳期怅何许，泪下如流霰。"逾杳，更加不见踪影。逾，更加。杳，消失。

（10）倩，请，托。啼鹃，杜鹃鸟。相传战国时蜀王杜宇称帝，号望帝，为蜀治水有功，后禅位臣子，退隐西山，死后化为杜鹃鸟，啼声凄切。后常指悲哀凄惨的啼哭。

【赏析】

《青玉案》，词牌名，取于东汉张衡《四愁诗》"美人赠我锦绣段，何以报之青玉案"一诗。又名《横塘路》《西湖路》，双调六十七字，前后阕各五仄韵，上去通押。

这首词题作《忆旧》，是词人在石船山追忆从前的一个春天，由湘江乘船回故乡衡阳并有故人相送的情景及感触。

词的上阕，写离别时所见。"桃花春水湘江渡。"首句突兀而起，点出时令、地点和景色。"桃花春水"，即桃花水。指春汛。东汉班固《汉书·沟洫志》："来春桃华盛时，必羡溢，有填淤反壤之害。"颜师古注："《月令》'仲春之月，始雨水，桃始毕。'盖方华时，既有雨水，川谷冰泮，众流猥集，波澜盛长，故谓之桃华水耳。"唐孟浩然《送元公之鄂渚寻观主张骖鸾》诗："桃花春水涨，之子忽乘流。""湘江"，水名。源出广西壮族自治区，流入湖南省，为湖南省最大的河流。"渡"，渡口。这句正是写二三月间春江水绿的湘江渡口。接下来二句描写"纵一艇，迢迢去"，艇，轻便的小船。二句是说，词人坐着一只独木小舟，随着春水迢迢而去。开头三句说明，船小水大，行船迅速。以下几句都是词人回头眺望离别处的景色。

"落日赪光摇远浦"一句是说，回头望去，夕阳西下，霞光满天，倒映入水，金光潋滟，美丽壮观，这是从大处落墨。"风中飞絮，云边归雁。尽指天涯路。"三句是说，杨花柳絮随风飘舞，天际云边归雁南翔，它们的方向尽指向遥远的地方。工笔细描，生动异常，这是从细处着色。前二句实写，后一句虚写，有移情入景之妙，留有无限思索余地。

词的下阕，写故人相送。"故人知我年华暮。唱彻灞陵回首句。"换头处二句，前句直陈，是说与故人分别之时，自己年纪已高；后句用典，三国魏王粲《七哀》："南登灞陵岸，回首望长安。"灞陵，古地名，本作霸陵。故址在今陕西省西安市东。汉文帝葬于此，故称。三国魏改名霸城，北周建德二年废。北周庾信《哀江南赋》："岂知灞陵夜猎，犹是故时将军。"极切合词人家国之思，记忆遥深。以上都是忆旧，而"年华暮"一语转到今天："花落风狂春不住。如今更老，佳期逾杳。谁倩啼鹃诉？"结末四句中"花落风狂"正是春光不能永驻的原因，亦是事物发展的常理，此句自然由忆旧过渡到写今。如今的情况如何呢？年纪更加老迈，美好的时光更加渺茫，此情此景又能请谁托杜鹃诉说呢？"佳期逾杳"，比喻明王朝不能恢复，人老也无法恢复青春。"啼鹃"，即杜鹃鸟。又名子规，传说为古蜀帝杜宇魂魄所化，啼声凄厉，常啼血乃止。古诗文中常用于表现凄苦哀愁之物。如南宋陈亮《水龙吟》词："正销魂、又是疏烟淡月，子规声断。"南宋王沂孙《高阳台》词："莫开帘，怕见飞花，怕听啼鹃。"所以结句说，谁还请杜鹃诉说心中的愁怨呢？以反诘语出之，故乡之思、家国之恨、更加沉痛、哀伤，读者不可不察。

毛泽东在读龙榆生编《近三百年名家词选》载的这首词时，先在题目的天头空白处画了一个大圈，然后又在正文第二、第三、第六、第七数句和最后三句末右侧各画一个旁圈，表示比较欣赏这些优美词句，因此可以认为这首词在毛泽东眼中不失为一篇佳作。

【原文】

更漏子·本意·斜月横

斜月横⁽¹⁾，疏星炯⁽²⁾，不道秋宵真永⁽³⁾。声缓缓，滴泠泠⁽⁴⁾，双眸未易扃⁽⁵⁾。　　霜叶坠⁽⁶⁾，幽虫絮⁽⁷⁾，薄酒何曾得醉⁽⁸⁾！天下事，少年心，分明点点深。

【毛泽东圈评等情况】

毛泽东在读龙榆生编《近三百年名家词选》载的这首词时，先在题目的天头空白处画了一个大圈，然后又在正文第三、第六和最后四句末右侧各画一个旁圈。

[参考] 中央档案馆整理：《毛泽东评点诗词曲精选》上册，

中央档案出版社 1998 年版，第 171 页。

【注释】

（1）斜月，西斜的落月。《乐府诗集·清商曲辞一·子夜四时歌秋歌八》："凉风开窗寝，斜月垂光照。"

（2）疏星，天空中的星星很稀疏、很少。炯（jiǒng），明亮。

（3）不道，不料。唐元稹《雉媒》诗："信君决无疑，不道君相覆。自恨飞太高，疏网偶然触。"秋宵，秋夜。唐曹松《僧院松》诗："此木韵弥全，秋宵学瑟弦。"永，漫长。

（4）滴泠泠（líng líng），指漏壶滴水之声。

（5）扃（jiōng），门上钮环，喻闭门。引申为闭眼。

（6）霜叶，经霜的叶子。北齐魏收《魏书·田益宗传》："霜叶将沦，非劲飙无以速其择。"

（7）幽虫絮，幽，阴暗的角落。絮（xù），鸣叫。

（8）薄酒，浓度低的酒，味道淡的酒。常用做谦辞。北宋苏轼《次韵周开祖长官见寄》："从今更踏青州曲，薄酒知君笑督邮。"

【赏析】

《更漏子》，又名《付金钗》《独倚楼》《翻翠袖》《无漏子》。《尊前集》入"大石调"，又入"商调"。《金奁集》入"林钟商调"。四十六字，前片两仄韵，两平韵，后片三仄韵，两平韵。亦有过片不用韵者，平仄与上片全同。

清代词论家朱彝尊云："花间体制，调即是题。如《女冠子》咏女道士，《河渎神》即为送迎神曲，《虞美人》即咏虞姬是也。"此词《更漏子》题为本意类此，就是说作者是按本来意义来咏更漏的，当然也是有所感兴寄托的。这首小令在对更漏的刻画中，寄寓了作者的家国之感。

明朝灭亡后，王夫之在家乡衡阳抗击清兵，失败后，隐居石船山，从事思想方面的著述。他晚年身体不好，生活又贫困，写作时连纸笔都要靠朋友周济。王夫之每天都在写文章，以至于磨砚、提笔都觉得费力。王夫之感到报国无门，内心感觉非常悲凉，便把内心的苦楚宣泄在文学作品中。

词的上阕，写听更漏之声夜不能寐。"斜月横，疏星炯，不道秋宵真永"，开头三句点明了时间和季节。秋天的深夜，月亮横斜，疏星明亮，令人难以忍受漫长秋夜的凄凉。月是既"斜"切"横"，星是既"疏"又"炯"，秋夜是"真永"。"声缓缓"二句，是对更漏的直接刻画，"缓缓"，形容更漏的节奏，可谓之形；"泠泠"，状更漏之声音悠扬，是着眼于声，是说更漏之声缓慢而清越可闻。在静静的秋夜，不时传来单调的更漏之声，自然就让人更难以入睡了。所以说"双眸未易后"。这样的环境描写，烘托出一片悲凉的氛围，也为下文做了铺垫。"双眸未易后"与"不道秋宵真永"前后呼应，正因作者彻夜难眠，所以才感到秋夜漫长。结构上，承上启下，与上文的外在环境的凄清相应和，为下文抒壮志未酬和忧国忧民之情做铺垫。

词的下阕，写不眠之夜想起家国之事。"霜叶坠，幽虫絮"，换头处二句直承上阕继续描写秋夜，霜叶摇落，秋虫絮语，亦是从形、声两个方面着笔。以秋夜之静谧，衬托更漏之清晰可闻。"薄酒何曾得醉！"是说在更深夜静之时，喝点淡酒也难以入睡。这句话是定语后置句，词人借酒消愁，却不能醉。原因在于他心忧天下。"天下事，少年心，分明点点深"，结末三句点出作者思绪。他在缅怀少年时的怀抱，感慨当前的世事，这里正涵盖家国之感。真可谓"风声、雨声、读书声、声声入耳；家事、国事、天下事，事事关心！"通过这些诗句，表达了词人忧国忧民情、反清复明壮志未酬之情。最后一句又进一步加强了这种情感，达到了最高境界。

全词格式工整对仗，上阕写景，下阕言志。作者秋宵长夜难眠，以酒求醉、求眠不得，其根本原因在于忧国忧民的情怀，作者借"更漏"以抒情怀。末三句感怀家国身世，更觉情意深挚，含蕴不尽。近代叶恭绰《广箧中词》："船山词言皆有物，与并时批风抹露者迥殊，知此言可以言词旨。"

【原文】

清平乐·咏雨·归禽响暝

归禽响暝⁽¹⁾，隔断南枝径。不管垂杨珠泪迸⁽²⁾，滴碎荷声千顷⁽³⁾。
随波赚杀鱼儿⁽⁴⁾，浮萍乍满清池⁽⁵⁾。谁信碧云深处⁽⁶⁾，夕阳仍在天涯？

【毛泽东圈评等情况】

毛泽东在读龙榆生编《近三百年名家词选》载的这首词时，先在题目的天头空白处画了一个大圈，然后又在正文第一、第三、第四和最后二句末右侧各画一个旁圈。

[参考] 中央档案馆整理：《毛泽东评点诗词曲精选》上册，中央档案出版社 1998 年版，第 172 页。

【注释】

（1）归禽响暝，言傍晚天色已暗，回来的飞鸟鼓翅作声。暝，指空濛灰暗的天色。

（2）垂杨，垂柳，古诗文中杨柳常通用。南朝齐谢朓《隋王鼓吹曲·入朝曲》："飞甍夹驰道，垂杨荫御沟。"珠泪，眼泪。泪滴如珠，故称。南朝梁张率《长相思》诗："空望终若斯，珠泪不能雪。"迸，涌出，喷射。

唐白居易《琵琶行（并序）》："银瓶乍破水浆迸。"

（3）滴碎荷声千顷，指雨水滴在杨柳树上，杨柳滴下水珠打在荷叶上，滴碎了风吹荷叶的声响。此句语出欧阳修《临江仙》"轻雷池上雨，雨声滴碎荷声"。顷，中国市制地积单位，一顷，等于一百亩。

（4）赚杀，逗煞。言雨滴水面，鱼儿疑为投食，遂被赚接喋。

（5）浮萍，浮生在水面上的一种草本植物。叶扁平，呈椭圆形或倒卵形，表面绿色，背面紫红色，叶下生须根，花白色。可入中药。三国魏何晏《言志》诗："岂若集五湖，顺流唼浮萍。"乍，骤然。

（6）"谁信"二句，谁相信在青云深处，傍晚的太阳仍在天边？这两句以躲在碧云深处的夕阳暗寓南明王朝。碧云，青云，碧空中的云。夕阳，即傍晚的太阳。晋庾阐《狭室赋》："南羲炽暑，夕阳傍照。"天涯，天边，指极远的地方。语出《古诗十九首·行行重行行》："相去万余里，各在天一涯。"

【赏析】

《清平乐》，词牌名，又名《清平乐令》《醉东风》《忆萝月》，此调正体，双调八句四十六字，前片四仄韵，后片三平韵。

这是王夫之的后期作品。当时王夫之已辞去"行人司"职务。永历王朝偏安西南，政治腐败，统治阶级内部矛盾重重。在清军南下进击的情况下，桂王朱由榔先后由肇庆逃迁梧州、桂林、全州、武冈等地，成了一个不折不扣的沦亡政权，沦陷在即。王夫之辞官归隐，但怀着强烈的民族感情，对王朝仍有关注，抱有一线希望。这首词题为《咏雨》，从不同角度描写了黄昏时的雨景，却也寄托着作者深沉的政治感情。

这是一首写景的小令。它通过对降雨过程的生动描绘，表现出了一派生机。

词的上阕，写雨前和雨中景象。"归禽响暝，隔断南枝径。"开头二句写雨前。"暝"，指暗灰色的天空，这一句从黄昏天边归鸟的声响写起。傍晚时分，天色已晚，鸟儿鸣叫着向树木南面枝条上的巢穴飞去。作者抓住雨前飞鸟急于归巢来写，把"山雨欲来风满楼"（唐许浑《咸阳城栋楼》）的气氛写得十足。但诗句并非纯粹的写景和情境渲染，第二句就有所指了。"隔断南枝径"是什么意思呢？为什么昏暗天色中归鸟的鸣叫会隔断"南枝径"？"南枝"原指南方的树枝，后来指代南方温暖的地方，在古诗十九首中有"胡马依北风，越鸟巢南枝"之句，直接用来指代故土、故国。这么来理解的话，这第一句就有了些别的意味了。夜色中的归鸟声声呼唤故土，却重重阻隔，无法回去。为何？有雨，越来越大的雨。接下来二句正面写降雨："不管垂杨珠泪迸，滴碎荷声千顷。"这是从形和声方面描写雨，毕竟标题是《咏雨》。这两句虽然写得简单，但是并不好理解。"垂杨"就是柳树，细雨打湿柳叶，沿着柳枝往下滴落，正像美人珠泪迸流。可是雨并不在乎，依旧连绵不绝，雨声越来越大，逐渐压过滴落在荷叶上的声音。宋欧阳修有《临江仙》"柳外轻雷池上雨，雨声滴碎荷声"，王夫之这两句正从这里化来。这里上半句将杨柳拟人化，下半句以写雨声见长，绘形绘色，声态并作，生动异常。

按照双调词牌的普遍写法，一般上片写景，下片就要开始抒情。但是王夫之在下片依旧在写景，不过同样是玄机重重，多有指代。

词的下阕，写雨后景象。"随波赚杀鱼儿，浮萍乍满清池。"换头处二句直承上阕落雨而来，是说鱼儿爱水多，随着荡漾的水波，异常活跃：雨后池塘水满，浮萍飘了一池子；数不清的鱼儿涌上来争食，蔚为壮观。"赚杀"就是"赚煞"，也就是"逗煞"的意思。这里我们要清楚的是，王夫之写的"浮萍"肯定不是真正的浮萍，否则的话怎么可能"乍满清池"？他就是用浮萍来比喻雨滴入水和鱼儿冒头的水圈而已。二句一动一静，写雨后景象如画。至于这两句的玄机，历来有不同的理解，有些人将这些鱼儿的描写想成是王夫之对天下随波逐流之辈的嘲讽，单是读到这里，绝对是不会有这种想法的。我们继续往下面看。结句"谁信碧云深处，夕阳仍在天涯"历来被人称颂，被认为是富有哲理的人生感悟，更是对世态炎凉的深沉感喟。意思倒是简单，这里乌云密布、雨色苍茫，但是你们不知道在雨云后面，却依旧是阳光灿烂。这种尾句对思想层次的拔高是很明显的。虽说题目是"咏雨"，前面几句也都是在写雨意深沉、清池混乱，但是作者的心中却是坚信背后有阳光。此句既是慨叹，也是词人的表白。正是因为无人相信，词人的这一洞见，才愈发显出其"举世皆浊我独清，举世皆醉我独醒"的高标卓识。见出他对自己所信仰、所追求、所厚爱者坚贞不移，不为压倒一切的俗流所动的品格。此词"谁信"以前，全是蓄势，曲终奏雅，揭示咏雨的主旨——借物言志，意在反托。听凭播弄、随波逐流的物象越普遍、越无奈，大雨的淫威气势便越强大，而词人不为云翳所蔽、巍然独立于世的信念便越崇高，越卓尔不凡。

【原文】

<h1 style="text-align:center">蝶恋花·衰柳·为问西风因底怨</h1>

为问西风因底怨⁽¹⁾？百转千回⁽²⁾，苦要情丝断⁽³⁾。叶叶飘零都不管⁽⁴⁾，回塘早似天涯远⁽⁵⁾。　　阵阵寒鸦飞影乱⁽⁶⁾，总趁斜阳⁽⁷⁾，谁肯还留恋⁽⁸⁾？梦里鹅黄拖锦线⁽⁹⁾，春光难借寒蝉唤⁽¹⁰⁾。

【毛泽东圈评等情况】

毛泽东在读龙榆生编《近三百年名家词选》载的这首词时，先在题目的天头空白处画了一个大圈，然后又在正文第一、第三、第四、第五、第六、第八、第九、第十句末右侧各画一个旁圈。还在末二句旁画着小圈。

[参考]中央档案馆整理：《毛泽东评点诗词曲精选》上册，
中央档案出版社1998年版，第172页。

【注释】

（1）因底怨，为什么怨恨。因底，为什么。

（2）百转千回，形容反复回旋或进程曲折，也指经历了很多周折。元范居中《秋思》："我这里千回百转自彷徨，撇不下多情数桩。"

（3）情丝，喻指男女间相爱悦的感情。清孔尚任《桃花扇·选优》："倩人寄扇，擦损桃花，到今日情丝割断，芳草天涯。"此指柳条。

（4）飘零，凋谢，凋零。唐卢照邻《曲池荷》诗："常恐秋风早，飘零君不知。"

（5）回塘，回曲的水池。南朝梁简文帝《入溆浦诗》："泛水入回塘，空枝度日光。"唐温庭筠《商山早行》诗："因思杜陵梦，凫雁满回塘。"天涯，天边，指极远的地方。语出《古诗十九首·行行重行行》："相去万余里，各在天一涯。"南朝陈徐陵《与王僧辩书》："维桑与梓，翻若天涯。"

（6）寒鸦，寒天的乌鸦，受冻的乌鸦。唐王昌龄《长信秋词》诗之三："玉颜不及寒鸦色，犹带昭阳日影来。"

（7）斜阳，黄昏前要落山的太阳。唐赵嘏《东望》诗："斜阳映阁山当寺，微绿含风树满川。"

（8）留恋，不忍离开或舍弃。唐韩愈《感春》诗之五："迎繁送谢别有意，谁肯留恋少环回。"

（9）鹅黄，淡黄，像小鹅绒毛的颜色。唐李涉《黄葵花》诗："此花莫遣俗人看，新染鹅黄色未干。"陈毅《春兴》诗："沿河柳鹅黄，大地春已归。"

（10）寒蝉，蝉的一种，又称寒螀、寒蜩。较一般蝉为小，青赤色。《礼记·月令》："（孟秋之月）凉风至，白露降，寒蝉鸣。"郑玄注："寒蝉，寒蜩，谓蜺也。"孔颖达疏引郭璞云："寒螀也，似蝉而小，青赤。"

【赏析】

这一首咏衰柳的词，见《王船山诗文集》中的《鼓棹二集》。此集中所载词多咏物之作，略同于南宋末入元词人王沂孙、周密等，不同的是船山多用小令，兼北宋词言情的隽快，南宋词多寄托亡国怨恨的深远。

这是一首咏物词，以寄托为上。这首咏衰柳词托物寄怀，意在言外，把一种眷恋故国的悲怆之情蕴藉而深致地表现了出来。它喻明朝的灭亡，想恢复已经无此可能，西风一到，柳叶尽凋，自求生计的人已另寻温暖之地，一去已不能复返。

词的上阕，写衰柳叶落不能归根。"为问西风因底怨？百转千回，苦要情丝断。"底，什么的意思。首三句意思是说，问西风因为什么而怨恨杨柳，百千次地旋绕衰柳吹，苦苦地要系情的柳丝断折。"情丝"一词本南宋吴文英《风入松》："一丝柳一寸柔情。"情丝也含有比喻眷恋明朝士民的意思。这一咏物词是南宋人写不出来的，当时清王朝确是不容有怀念明朝士民存在的。在东南就有如奏销案等大狱频兴。"叶叶飘零都不管，回塘早似天涯远"二句，回塘是圆形大水塘，和方塘相反。唐温庭筠《商山早行》"凫雁满回塘"，唐杜甫《远游》"清庙（苏州吴王庙）傍回塘"，自然回塘周围种柳，唐严维《酬刘员外见寄》诗："柳塘春水漫，花坞夕阳迟。"这里指衰柳所在地。既然西风把柳叶吹尽，到处飘零，那么早就离生根土地有如天涯了。意谓叶落归根已不可得。这两句说尽柳的衰败，叶的飘零，这正象征着明朝遗民的命运。

词的下阕，写衰柳春光不再。上阕以景寓意，下阕就先写寒鸦，和上阕景色相衔接。"阵阵寒鸦飞影乱"，换头处一句，写出寒鸦无枝可依的情况。现在柳已衰落，故阵阵寒鸦无枝可栖。"总趁斜阳，谁肯还留恋。"接下来二句是说，它们都去赶夕阳的温暖，没有谁留恋衰柳。这两句正与唐杜甫《登慈恩寺塔》一诗"君看随阳雁，各有稻粱谋"意思很相近，也就是说多数人自找温暖栖身之地。杨柳本栖鸦的地方，唐李白诗"杨柳可栖鸦"是春正浓。现在寒鸦飞影乱，正似唐温庭筠《开圣寺》诗"向陵鸦乱夕阳中"，又他的《南湖》诗"水鸟带波飞夕阳"，所以这三句词情景理意俱到，暗寓多数人已经分散、自谋生计了。下二句结语和寒鸦却持不同的态度，船山代表一些遗民说出了心中幻想，但那毕竟是幻想，明朝是难以凭少数无力的人们来恢复的。所以词的最后二句说："梦里鹅黄拖锦线，春光难借寒蝉唤。"前句中"鹅黄"是嫩柳的颜色。南宋蒋捷《洞仙歌咏柳》："自鹅黄千缕，数到飞绵。"锦线如宋僧仲殊《蓦山溪咏柳》："黄金线软。""拖"字也见宋苏轼《点绛唇》："柳含烟翠拖轻缕。"这些描写都是形容春来垂柳的新生姿态。这就是梦中所想念的。但次句却只有船山跟随桂王和当时当政者周旋过，才写得出：寒蝉和衰柳只能同归于尽，又怎能靠它们来唤回春光！

这一首写衰柳词，比兴手法比较鲜明，西风一喻，积慨极深，超越常情，上阕景物都已达到拟人化程度。下阕移情入景，句句是诗词中常见景物，就描写而论，已达精微境界，并突破了前人窠臼。但总的说来，主体的感情迸发虽然通过客体表现，却远远超过了客体的反映，是情景交融，但情胜于景，这也是此词的特点。

【原文】

惜余春慢·本意·似惜花娇

　　似惜花娇(1)，如怜柳懒(2)，前月峭寒深护(3)。从今追数，雨雨风风，总是被他轻误。便与挥手东风，闲愁抛向(4)，绿阴深处(5)。也应念曲岸数枝新柳(6)，不禁飞絮(7)。　　争遣不烧烛留欢(8)，暗邀花住？坐待啼莺催曙(9)。怕燕子归来，定巢栖稳，不解商量细语(10)。未拟攀留长久(11)，乍雨乍晴，鹣来无据(12)。待荷珠露满(13)，梅丸黄熟(14)，任伊归去(15)。

【毛泽东圈评等情况】

　　毛泽东在读龙榆生编《近三百年名家词选》载的这首词时，先在题目的天头空白处画了一个大圈，然后又在正文第一、第二、第三、第六、第九、第十二、第十三、第十四、第十五、第十六、第十七和最后三句末右侧各画一个旁圈。并在"便与挥手东风"等五句旁画着2、2、3、4、2个小圈，还将"暗邀花住"句末的句号改为逗号。

　　[参考] 中央档案馆整理：《毛泽东评点诗词曲精选》上册，

中央档案出版社 1998 年版，第 172—173 页。

【注释】

　　（1）花娇，娇艳的花朵，形容女子苗条妍美。宋李冠《蝶恋花·佳人》词："贴鬓香云双绾绿，柳弱花娇，一点春心足。"

　　（2）柳懒（lǎn），即懒家柳，又称懒英柳、篱笆柳，书名为木槿花。几千年以来，一直被人们採取鲜叶汁洗头，用花泡澡，洗脸美容。懒家柳在植物类洗护方面的特殊功效，越来越被人重视和熟悉。其特殊的柔顺与乌发效果，是其他植物液无法比拟的，在我国尧舜时期一度是国花，据传由上天百花仙子化变而成。

　　（3）峭寒，料峭的寒意，形容微寒。宋徐积《杨柳枝》诗："清明前后峭寒时，好把香绵闲抖擞。"

（4）闲愁，无端无谓的忧愁。唐张碧《惜花》诗之一："一窖闲愁驱不去，殷勤对尔酌金杯。"

（5）绿阴，绿色的树荫。唐来鹄《病起》诗："春初一卧到秋深，不见红芳与绿阴。"

（6）曲岸，弯曲的河岸、塘岸。唐卢照邻《曲池荷》："浮香绕曲岸，圆影覆华池。"

（7）飞絮，飘飞的柳絮。北周庚信《杨柳歌》："独忆飞絮鹅毛下，非复青丝马尾垂。"

（8）争遣，怎让，怎使。唐徐凝《相思林》："长林便是相思树，争遣愁人独自行。"烧烛留欢，化用宋苏轼《海棠》"惟恐夜深花睡去，故烧高烛照红妆"诗意。烧烛，点燃蜡烛。留欢，留客欢宴。

（9）啼莺催曙，啼叫的黄莺催促天亮。曙，天亮，破晓。

（10）"怕燕子归来"三句，化用宋史达祖《双双燕》咏燕词"试入旧巢相并，还相雕梁藻井，又软语商量不定"词意。

（11）攀留，攀辕恳留，表示对去职官吏的眷恋。宋叶适《中奉大夫直龙图阁司农卿林公墓志铭》："满秩，攀留空一城。"

（12）繇来无据，由来就没有依从。繇，通"由"，表原因。

（13）荷珠，荷叶上的水珠、露珠。唐温庭筠《薛氏池垂钓》诗："池塘经雨更苍苍，万点荷珠晓气凉。"

（14）梅丸，梅子。

（15）伊，他，它。此指春天。

【赏析】

《惜余春慢》，词牌名，又名《选冠子》《选官子》《转调选冠子》《苏武慢》《仄韵过秦楼》，双调一百一十一字，上片十二句四仄韵，下片十一句五仄韵。

清代词论家朱彝尊说："花间体制，调即是题。如《女冠子》即咏女道士，《河渎神》即为送神曲，《虞美人》即咏虞姬是也。"此调《惜余春慢》，题作《本意》，与此相类，就是说作者是按照本来的意义来咏惜春之情的，当然也会有所感兴寄托。

词的上阕，写惜春之意。"似惜花娇，如怜柳懒，前月峭寒深护。"开头三句以议论开篇，是说好像爱惜娇花、如同怜惜懒柳一样，前月在料峭的寒风中对它们加以保护。"似惜""如怜""深护"，写出初春时，千方百计保护春光的主题。但回护尽管回护，春光终归是要去的。所以接着写道："从今追数，雨雨风风，总是被他轻误。"三句是说，如今追究起来，大好春光都是被风、雨轻轻断送掉的。"风雨送春归"，风雨的摧残，固然可以加速花落花谢，但春残也是事物发展之必然，把春光不驻全归咎于风雨也有欠公允。"便与挥手东风，闲愁抛向，绿阴深处。"俗话说，花无常好，月无常圆。春老花残是不可抗拒的自然规律，所以当人们挥手向东风告别时已经是绿树成荫果满枝了，人们不过是产生一种无端无谓的忧愁罢了。"也应念曲岸数枝新柳，不禁飞絮。"二句是说，也应顾念弯曲的河塘岸边那几株新柳，更经受不起柳絮飘飞。柳絮飘飞，乃暮春景象，仍怜惜余春之意。

词的下阕，写留春不住。"争遣不烧烛留欢，暗邀花住？坐待啼莺催曙。"换头处三句直承上阕词意。是说，既然不肯让春光归去，怎么不像宋苏轼那样"惟恐夜深花睡去，故烧高烛照红妆"（《海棠》）呢？不让啼叫的黄莺催促天亮。苏轼烧烛照花，是极度爱花之意。词人提出效仿苏轼的榜样，点蜡烛照花，不使花谢，留住春光，把惜花之意又推进一层。"怕燕子归来，定巢栖稳，不解商量细语。"三句化用宋史达祖《双双燕》词"试入旧巢相并，还相雕梁藻井，又软语商量不定"词意。燕子归来在春末夏初，因已是"开到荼蘼花事了"，所以说"怕"。"未拟攀留长久，乍雨乍晴，縠来无据。"三句是说，我也不打算把春光留住很久，只是留一段时间，因为忽雨忽晴的天气，从来没有个定准。三句又让一步，行文曲折有致。"待荷珠露满，梅丸黄熟，任伊归去。"三句承接上意，再迭进一层，是说等到荷叶上珠露满盈，梅子黄熟，也就是梅雨季节到了，已经到了初夏，所以"任伊归去"。出语慷慨大方，只是到了春之极限才肯放行，明以惜春作结。

这首词从怜花惜柳，写到燃烛留花，再到"任伊归去"，层层递进，委曲婉转，多层次多角度抒写了惜春之情。春是人们心目中的美好事物，含义极为丰富，是否以惜春象征对明王朝败亡的愤惜，也未可知。近代词论家叶公绰评曰："婉转关情，心灰肠断。"（《广箧中词》）可谓的当。

毛泽东在读龙榆生编《近三百年名家词选》载的这首词时，先在题目的天头空白处画了一个大圈，然后又在正文大多数语句末画了旁圈。还在"便与挥手东风"等五句旁加了旁圈，表示比较欣赏。

朱彝尊

朱彝尊（1629—1709），字锡鬯（chàng），号竹垞（chá），又号醧（yù）舫，晚号小长芦钓鱼师，别号金风亭长，浙江秀水（今属浙江省嘉兴市）人，清朝词人、学者、藏书家，明代大学士朱国祚曾孙。康熙十八年（1679），举博学鸿词科，除翰林院检讨。康熙二十二年（1683），入直南书房。博通经史，参加纂修《明史》。康熙四十八年，卒，年八十一。

作词风格清丽，为"浙西词派"的创始人，与陈维崧并称"朱陈"，与王士禛称南北两大诗宗（"南朱北王"）；精于金石，购藏古籍图书不遗余力，为清初著名藏书家之一。

朱彝尊是清代词坛领袖。其词在清词中影响巨大。他和陈维崧并称"朱陈"，执掌词坛牛耳，开创清词新格局。他认为明词因专学《花间集》《草堂诗余》，有气格卑弱、语言浮薄之弊，乃标举"清空""醇雅"（其说源于张炎）以矫之。他主张宗法南宋词，尤尊崇其时格律派词人姜夔、张炎，提出："世人言词，必称北宋，然词至南宋始极其工，至宋季而始极其变。姜尧章氏（姜夔）最为杰出。"（《词综·发凡》）又云："倚新声玉田（张炎）差近。"（《解佩令·自题词集》）他还选辑唐至元人词为《词综》，借以推衍其主张。这一主张被不少人尤其是浙西词家所接受而翕然风从，"数十年来，浙西填词者，家白石而户玉田"（《静惕堂词序》）。后龚翔麟选朱彝尊、李良年、李符、沈皞日、沈岸登及本人词为《浙西六家词》，遂有"浙西词派"之名。其势力笼罩了康熙、雍正、乾隆三朝百余年的词坛。

著有《曝书亭集》八十卷，《日下旧闻》四十二卷，《经义考》三百卷；选《明诗综》一百卷，《词综》三十六卷（汪森增补）。所辑成的《词综》是中国词学方面的重要选本。朱彝尊选辑唐、五代、宋以来下逮元张翥诸家词为《词综》，以开浙西词派，而其渊源所自，盖出于曹溶。尝称："余壮日从先生（谓曹溶）南游岭表，西北至云中，酒阑登池，往往以小令、慢词，更迭唱和。有井水处，辄为银筝、檀板所歌。念倚声虽小道，当其为之，必崇尔雅，斥淫哇，极其能事，则亦以宣昭六义，鼓吹元音。往者明三百禩，词学失传，先生搜辑遗集，余曾表而出之。数十年来，浙西填词者，家白石而户玉田，春容大雅，风气之变，实由于此。"（《静志居诗话》）于此，亦足略窥其宗旨，及其影响所及。其《曝书亭词》，自定为《江湖载酒集》《静志居琴趣》《茶烟阁体物集》《蕃锦集》等四种，有李富孙注本。朱孝臧题云："江湖老，载酒一年年。体素微妙耽绮语，贪多宁独是诗篇？宗派浙河先。"（《强村语业》卷三）浙派词以醇雅为宗，其流弊每致意旨枯寂，视湖海楼一派之叫嚣犷悍，厥失维均，而创始者不任其咎也。

【原文】

解佩令·自题词集·十年磨剑

十年磨剑[(1)]，五陵结客[(2)]，把平生、涕泪都飘尽[(3)]。老去填词[(4)]，一半是、空中传恨[(5)]。几曾围、燕钗蝉鬓[(6)]。　　不师秦七[(7)]，不师黄九[(8)]，倚新声[(9)]、玉田差近[(10)]。落拓江湖[(11)]，且分付、歌筵红粉[(12)]。料封侯、白头无分[(13)]。

【毛泽东圈评等情况】

毛泽东曾分别用毛笔和铅笔手书朱彝尊这首《解佩令·十年磨剑》。

[参考] 中央档案馆整理：《毛泽东手书选集·古诗词（下）》，北京出版社1996年版，第235—238页。

【注释】

（1）十年磨剑，比喻多年刻苦磨炼。唐贾岛《剑客》："十年磨一剑，霜刃未曾试。今日把示君，谁有不平事？"

（2）五陵，指西汉五个皇帝陵墓，即高帝长陵、惠帝安陵、景帝阳陵、武帝茂陵、昭帝平陵，均在今陕西咸阳市附近，渭水北岸。汉元帝以前，每立陵墓，辄迁徙四方豪富及外戚在此附近居住，令其供奉园陵。后因以五陵代指豪门大族。结客，结交宾客，多指结交豪侠之士。

（3）平生，一生，此生，有生以来。唐姚思廉《陈书·徐陵传》："岁月如流，平生几何？晨看旅雁，心赴江淮；昏望牵牛，情驰扬越。"飘尽，流尽。意谓尝尽了人生的苦涩。

（4）填词，作词。唐宋人作词，初无定式，多自己谱曲，亦可改动旧调创制新调。后人作词，须按照已有词牌之字句定额、声韵安排等格式，故称填词。宋阮阅《诗话总龟后集》卷三二引《艺苑》："当时有荐其才者，上曰：'得非填词柳三变乎？'曰：'然。'上曰：'且去填词！'"

（5）空中传恨，比喻虚浮的言情之作。典出《冷斋夜话》："法云师尝谓鲁直曰：'诗多作无害，艳歌小词可罢之。'鲁直曰：'空中语耳，非杀非偷，终不坐此堕恶道。'"

（6）燕钗蝉鬓（bìn），代指女子。燕钗，一种燕形的钗。《洞冥记》："元鼎元年，超招仙阁，有神女留一玉钗，帝以赐婕妤。至昭帝时，宫人犹见此钗，黄诼欲之，明日示之，既发匣，有白燕飞升天，宫人学作此钗，因名玉燕钗。"蝉鬓，古代妇女发式的一种。两鬓薄如蝉翼，故名。亦借指妇女。晋崔豹《古今注·杂注》："魏文帝宫人绝所宠者，有莫琼树、薛夜来、田尚衣，段巧笑，日夕在侧，琼树乃制蝉鬓。飘渺如蝉翼，故曰蝉鬓。"南朝梁元帝《登颜园故阁》："妆成理蝉鬓，笑罢敛娥眉。"

（7）秦七，指北宋著名词人秦观。

（8）黄九，指北宋著名词人黄庭坚。秦七、黄九，均是依其排行的称呼。他们都以写浮艳的情词见长。

（9）依新声，按新谱填词。

（10）玉田差近，谓词人所填词接近张玉田。或谓自己博采众长，达于新境，回视张炎，似与己差近。玉田，南宋词人张炎的号。

（11）落拓，放浪不羁。江湖，泛指四方各地。

（12）歌筵（yán），有歌伎唱曲劝酒的筵席。红粉，胭脂和铅粉，女子化妆品。

（13）白头无分，建立功业，博得封侯，等到白头也与自己毫无缘分。

【赏析】

《解佩令》，词牌名。始见北宋晏几道《小山乐府》。双调六十六字，上下片各五仄韵。

《解佩令》题作《自题词集》。词集，指朱彝尊的词集《江湖载酒集》，凡三卷，编成于康熙十一年（1672）。词人少壮时曾与爱国志士结交，从事抗清复明斗争，后来事败出亡，飘零四方。于是词人将这时期所作的部分词篇编成《江湖载酒集》，并题了这首词。这首词是为了说明自己为什么填词及填词的艺术倾向。

词的上阕抒发壮志难酬、抛却浮名、填词传恨的苦衷。词的开端："十年磨剑，五陵结客，把平生、涕泪都飘尽。""十年磨剑"，比喻多年的刻苦磨炼。唐贾岛《剑客》："十年磨一剑，霜刃未曾试。今日把示君，谁有不平事？""五陵"，指西汉五个皇帝的陵墓，即高帝长陵、惠帝安陵、景帝阳陵、武帝茂陵、昭帝平陵，均在今陕西咸阳市附近，渭水北岸。汉元帝以前，每立陵墓，辄迁徙四方豪富及外戚在此附近居住，令其供奉园陵。后因以五陵代指豪门大族。结客，结交宾客，多指结交豪侠之士。这是说，词人的性格，本来是豪爽刚毅的，与豪侠结友，佩剑自随，想建立一番事业，但事与愿违，处处碰壁，洒尽涕泪而已。接着写"老去填词，一半是、空中传恨。几曾围、燕钗蝉鬓"。"老去填词"，是要书写对自己一事无成少壮年华的憾恨。燕钗蝉鬓，代指女子。燕钗，一种燕形的钗。蝉鬓，古代妇女发式的一种。两鬓薄如蝉翼，故名。亦借指妇女。在其词集中，虽有一些艳词，不过是空中传恨而已，并不曾在青楼歌馆留连声色。但强调其空中恨的词只有"一半"，而另"一半"也许并非空中传恨，所以用词甚妙。作者在这里运用典故和形象的描绘，阐明了词的创作和生活经历的关系。

词的下阕，书写填词的艺术倾向，揭示其词学宗旨和落拓失意的情怀："不师秦七，不师黄九，倚新声、玉田差近。"换头处三句，"秦七""黄九"，是依其排行的称呼。二人是北宋词人秦观、黄庭坚。朱彝尊颇不满意他们那种颇为俚俗的情词，所以不以他们为师。玉田，南宋词人张炎的号。宋亡后，张炎于忧离伤乱之词作，充满着悲愁哀怨。而朱彝尊也经历了朝代的更替，类似的生活体验，使之对张炎的词在思想感情上发生了共鸣。同时，张炎的词的创作，上乘姜白石的注重"字琢句练，归于醇雅"，这也是朱彝尊所推崇的。所以词人认为秦少游之词，偏于柔婉；黄山谷之词，偏于奇崛。他把张玉田崇尚清空的词风奉为圭臬，认为己词之风格，与玉田接近。因此，朱彝尊在词创作上要师承张炎，所以他的词在艺术风格上也比较接近张炎。接着，笔锋一转，写道："落拓江湖，且分付、歌筵红粉。料封侯、白头无分。"这末几句是照应开头，壮志未酬，垂暮之年，封侯无分，只好"老去填词"，落拓江湖而已。"落拓江湖"，言其辞官归隐后的潦倒生涯，这与辛弃疾"倩何人唤取，红巾翠袖，揾英雄泪"之句，用意相同。几句是说，填词不仅可以抒发对壮志消磨、韶华空抛的痛悔，还可以使青楼歌妓在演唱中佐酒消愁，打发余生。料想建立功业、博取封侯，等到满头白发也与自己毫无缘分了。这表现了作者远离政治，对现实失望的复杂感情。英雄失志的悲哀与无可奈何的愁绪，跃然纸上。这种结语，又与开端互相映照，显得结构谨严。

这首词以自述式的描写，活画出一个失意士大夫的形象。他因大志难酬而惆怅唏嘘，只好舞弄文墨，借填词来写其怅恨，以声色来消其心中块垒。词人意兴颓丧，且又笔致冷隽，使全词笼罩着一片灰暗凄切的消极情调。然该词柔中有骨，字里行间仍使人感受到词人不懈努力的精神。壮志既不成，干脆愤而填词，以遣情怀，这正是词中所着力表现的题旨。这首词尽管用典良多，却给读者以自然浑成之感，毫无琐屑堆砌之病。清陈廷焯《词坛丛话》云："竹姹自题词云：'不师秦七，不师黄九，倚新声、玉田差近。'此犹其谦词也。其实取法玉田，不过借径，至其自得之妙，虽玉田亦当避一席。"

毛泽东曾分别用毛笔和铅笔手书过这首词，说明他对这首词十分熟悉，比较喜爱。

纳兰性德

    纳兰性德（1655—1685），叶赫那拉氏，字容若，号楞伽山人，满洲正黄旗人，清朝初年词人，原名纳兰成德，一度因避讳太子保成而改名纳兰性德。大学士明珠长子，其母为英亲王阿济格第五女爱新觉罗氏。纳兰性德自幼饱读诗书，文武兼修，十七岁入国子监，被祭酒徐元文赏识。十八岁考中举人，次年成为贡士。康熙十二年（1673）因病错过殿试。康熙十五年（1676）补殿试，考中第二甲第七名，赐进士出身。纳兰性德曾拜徐乾学为师。他于两年中主持编纂了一部儒学汇编——《通志堂经解》，深受康熙皇帝赏识，为今后发展奠定基础。纳兰性德于康熙二十四年溘然而逝，年仅三十岁（虚龄三十有一）。纳兰性德的词以"真"取胜，写景逼真传神，词风"清丽婉约，哀感顽艳，格高韵远，独具特色"。著有《通志堂集》《侧帽集》《饮水词》等。

    纳兰性德词作现存三百四十八首（一说三百四十二首），内容涉及爱情友谊、边塞江南、咏物咏史及杂感等方面，写景状物关于水、荷的尤多。尽管以作者的身份经历，他的词作数量不多，眼界也并不算开阔，但是由于诗缘情而旖旎，而纳兰性德是性情中人，因而他的词作尽出佳品，况周颐在《蕙风词话》中誉其为"国初第一词手"。《纳兰词》不但在清代词坛享有很高声誉，在整个中国文学史上也占有光彩夺目的一席之地。纵观纳兰性德的词风，清新隽秀、哀感顽艳，颇近南唐后主。而他本人也十分欣赏李煜，他曾说："花间之词如古玉器，贵重而不适用；宋词适用而少贵重，李后主兼而有其美，更饶烟水迷离之致。"此外，他的词也受《花间集》和晏几道的影响。《纳兰词》在纳兰容若生前即产生过"家家争唱"的轰动效应，身后更是被誉为"满清第一词人""第一学人"。清家学者均对他评价甚高。到了民国，纳兰还是很出名的才子早逝的典例。王国维赞其曰"以自然之眼观物，以自然之舌言情。初入中原未染汉人风气，北宋以来，一人而已"。张恨水的《春明外史》更写到一位才子，死于三十岁的壮年，其友恸道："看到平日写的词，我就料他跟那纳兰容若一样，不能永年的。"

【原文】

江城子·咏史·湿云全压数峰低

湿云全压数峰低⁽¹⁾。影凄迷⁽²⁾，望中疑⁽³⁾。非雾非烟⁽⁴⁾，神女欲来时⁽⁵⁾。若问生涯原是梦⁽⁶⁾，除梦里，没人知。

【毛泽东圈评等情况】

毛泽东在读龙榆生编选《近三百年名家词选》收录的这首《江城子·湿云全压数峰低》词时，在题目下面用铅笔批注道："巫山高之类。"

[参考]中央档案馆整理：《毛泽东手书选集·古诗词卷（下）》，中央档案出版社1998年版，第222页。

【注释】

（1）湿云，湿度大的云。唐李颀《宋少府东溪泛舟》诗："晚叶低众色，湿云带繁暑。"指巫山的云。数峰，巫山山峰，其中神女峰景色奇丽，犹如仙境，最为有名。

（2）影，指巫山的影子。凄迷，指景物凄凉而模糊。清唐孙华《同宋药洲太史登滕王阁》诗："凭栏徙倚三叹息，山云乱起烟凄迷。"

（3）望中，视野之中。唐权德舆《酬冯监拜昭陵途中遇雨》诗："甘谷行初尽，轩台去渐遥。望中犹可辨，耘鸟下山椒。"疑，产生怀疑，使动用法。

（4）非雾非烟，祥瑞的云。西汉司马迁《史记·天官书》："若烟非烟，若云非云，郁郁纷纷，萧索轮囷，是谓卿云。卿云，喜气也。"

（5）神女，即巫山神女。战国楚宋玉《〈高唐赋〉序》："昔者楚襄王与宋玉游于云梦之台，望高之观，其上独有云气，崒兮直上，忽兮改容，须臾之间，变化无穷。王问玉曰：'此何气也？'玉对曰：'所谓朝云者也。'王曰：'何谓朝云？'玉曰：'昔者先王尝游高唐，怠而昼寝，梦见一妇人曰："妾，巫山之女也。为高唐之客。闻君游高唐，愿荐枕席。"王因幸之。去而辞曰："妾在巫山之阳，高丘之阻，旦为朝云，暮为行雨。朝朝暮暮，阳台之下。"旦朝视之，如言。故为立庙，号曰朝云。'"又宋玉《神女赋》："楚襄王与宋玉游于云梦之浦，使玉赋高唐之事。其夜，王寝，果梦与神女遇。"二文都说神女降临时云雾缭绕，变幻莫测。

（6）若问生涯原是梦，化用唐李商隐《无题两首》之二："神女生涯原是梦，小姑居处本无郎。"

【赏析】

《江城子》，词牌名，又名《村意远》《江神子》《水晶帘》。兴起于晚唐，来源于唐著词曲调，由文人韦庄最早依调创作，此后所作均为单调，直至北宋苏轼时始变单调为双调。有单调四体，字数有三十五、三十六、三十七三种；双调一体，七十字，上下片各七句，五平韵。格律多为平韵格，双调体偶有填仄韵者。此词为单调。

该词是清朝纳兰性德所作，题作《咏史》，但这个题目并非原有，而是后来整理者所加。该词应是一篇咏史之作。但实则不然。在这首词中，词人借战国楚宋玉《高唐赋》中所敷演的楚怀王与巫山神女相会的事，表现了对历史记载的怀疑。

"湿云全压数峰低。影凄迷，望中疑。"开头三句描写，意谓饱和着水汽的云层沉重地压在巫山的山峰上，高出江面的山峰好像是低矮了许多。山上的景物在云雾中显得模糊而凄凉，望着这云障雾绕的山峰，使自己对那些关于神女的传说产生了怀疑。词之第一句出以景语，句中即含如梦如幻之感。又以生疑、凄迷之感受承接，便增添了梦幻之意。"非雾非烟，神女欲来时"二句用典。战国楚宋玉《〈高唐赋〉序》："昔者楚襄王与宋玉游于云梦之台，望高唐之观，其上独有云气，崪兮直上，忽兮改容，须臾之间，变化无穷。王问玉曰：'此何气也？'玉对曰：'所谓朝云者也。'王曰：'何谓朝云？'玉曰：'昔者先王尝游高唐，怠而昼寝，梦见一妇人曰："妾，巫山之女也。为高唐之客。闻君游高唐，愿荐枕席。"王因幸之。去而辞曰："妾在巫山之阳，高丘之阻，旦为朝云，暮为行雨。朝朝暮暮，阳台之下。"旦朝视之，如言。故为立庙，号曰朝云。'"又宋玉《神女赋》："楚襄王与宋玉游于云梦之浦，使玉赋高唐之事。其夜，王寝，果梦与神女遇。"这位巫山神女在传说中是赤帝的女儿瑶姬，死后葬在巫山之阳。因其助大禹治水有功，后人在巫山飞凤峰为她修了神女庙。有名的巫山十二峰耸立于长江两岸，飞凤峰在南岸，景观奇峭的神峰在北岸。是说神女要出来时，既不变作雾，也不化为烟，而是早晨化为云，晚上化为雨。这情景，有谁能看得到她呢？词人用楚王梦神女之典故，进一步烘托这梦幻一般的感受。"若问生涯原是梦，除梦里，没人知。"结末三句，是说如要问神女所有生活的内容，原来都是梦。除非也在梦里像楚怀王那样能见到她，有谁能够知道她的存在？点明这感受唯自己能知，遂透露了凄迷寂寞、悲凉伤感的心情。

这是一篇极别致的咏史之作，其写法与一般的咏史不同，他没有从某一历史人物或某一历史事件作为触媒入手，而是写出了自己的一种心灵感受，突出了如梦之感的独特体验。这在咏史之作中确是别开生面的。词之第一句出以景语，句中即含如梦如幻之感。又以生疑、凄迷之感受承接，便增添了梦幻之意。下二句用楚王梦神女之典故，进一步烘托这梦幻一般的感受。结句点明这感受唯自己能知，遂透露了凄迷寂寞、悲凉伤感的心情。

毛泽东在读龙榆生编选《近三百年名家词选》收录的这首《江城子·湿云全压数峰低》词时，在题目下面用铅笔批注道："巫山高之类。"《巫山高》为汉鼓吹铙歌十八曲之一。宋郭茂倩《乐府诗集》中存有《巫山高》歌辞："巫山高，高以大；淮水深，难以逝。我欲东归，害梁不为？我集无高曳，水何（梁）汤汤回回。临水远望，泣下沾衣。远道之人心思归，谓之何？"《乐府解题》云："古词言，江淮水深，无梁可渡，临水远望，思归而已。"这大概概括了《巫山高》的诗意。这是一首游子怀乡的诗。怀乡而欲归不得，阻山阻水，于是感极啼下。自南北朝至唐代，有多家诗人以《巫山高》命题为诗。此类《巫山高》诗，无一首离开宋玉《高唐赋》

《神女赋》之巫山神女朝云暮雨之情旨。诸家写景，翻复不脱此境。南北朝的王融，以及唐代的卢照邻和李贺等诗人做过此题。但细玩此篇，明提"数峰""神女""梦"字样，很像用巫山神女故事来写爱情，那么，它就是一首情词了。但如作此解，又与词题《咏史》不符，或者是以爱情写历史，意谓历史如同巫山神女一样，很难弄清它的真面目，那就是寄慨遥深了。古人云：诗无达诂。解诗往往是仁者见仁、智者见智，未可厚非。如何理解此词，读者将各有会心。

【原文】

台城路·塞外七夕·白狼河边秋偏早

白狼河北秋偏早[(1)]，星桥又迎河鼓[(2)]。清漏频移[(3)]，微云欲湿，正是金风玉露[(4)]。两眉愁聚。待归踏榆花[(5)]，那时才诉。只恐重逢[(6)]，明明相视更无语。　　人间别离无数。向瓜果筵前[(7)]，碧天凝伫[(8)]，连理千花[(9)]，相思一叶[(10)]，毕竟随风何处？羁栖良苦[(11)]，算未抵空房[(12)]，冷香啼曙[(13)]。令夜天孙[(14)]，笑人愁似许。

【毛泽东圈评等情况】

毛泽东在读龙榆生编选《近三百年名家词选》收录的这首《台城路·白狼河北秋偏早》词时，在"向瓜果筵前"等四句旁各画两个墨圈，在"毕竟随风何处"句旁画了三个墨圈。

[参考] 中央档案馆整理：《毛泽东手书选集·古诗词卷（下）》，

中央档案出版社 1998 年版，第 222 页。

【注释】

（1）白狼河，今辽宁省之大凌河，古称白狼河。《大清一统志·锦州府一》："大凌河，在锦县东。"

（2）星桥，神话中的鹊桥、天河中的鹊桥（由星辰所组成的"桥"）。北周庾信《七夕》："星桥通汉使，机石逐仙槎。"河鼓，即何鼓，星名，属牛宿，在牵牛之北，一说即牵牛星。

（3）清漏，漏，漏壶，古代记时器。此言清晰的漏壶滴水声，借指时刻。唐李商隐《辛未七夕》："恐是仙家好离别，故教迢递作佳期。由来碧落银河畔，可要金风玉露时。清漏渐移相望久，微云未接归来迟。岂能无意酬乌鹊，惟与蜘蛛乞巧丝。"

（4）金风，秋风。秋天在五行中属金。玉露，白露。谓秋天已到。宋秦观《鹊桥仙》："金风玉露一相逢，便胜却人间无数。"

（5）待归踏榆花，此句由唐曹唐《织女怀牛郎》"欲将心就仙郎说，借问榆花早晚秋"句化出。榆花开在秋季，织女问榆花开时离秋天还有多长时间，言其欲见牛郎诉说心事的急切心情。

（6）重逢，分别后又见面，再次相逢。宋张炎《台城路》词："十年前事翻疑梦，重逢可怜俱老。"

（7）瓜果筵，《荆楚岁时记》："妇女结彩楼穿七孔针，陈酒脯瓜果于庭中乞巧。"

（8）碧天，青天，蓝色的天空。晋王羲之《兰亭》诗："仰视碧天际，俯瞰绿水滨。"凝伫，凝望伫立，停滞不动。宋张元干《念奴娇》词："万点胭脂遮翠袖，谁识黄昏凝伫。"

（9）连理，异根草木，枝干连生。旧以为吉祥之兆。汉班固《白虎通·封禅》："德至草木，朱草生，木连理。"喻结为夫妇或男女欢爱。金董解元《西厢记诸宫调》卷六："若到帝里，帝里酒酽花秾，万般景媚，休取决共别人，便学连理。"

（10）相思一叶，化用了红叶题诗的典故，这一典故有不同版本，但最常见的版本是唐范摅《云溪友议》中记载的："宣宗时，舍人卢渥偶临御沟，得一红叶，上题绝句一首，后帝出宫人，其归渥者，恰为题叶之人。"在这里，纳兰悲观地认为像连理枝一样的恩爱夫妻，像红叶题诗一样的佳缘都只是传说，就如同随风飘转的事物一样，不可捉摸。

（11）羁栖，淹留他乡。唐杜甫《熟食日示宗文宗武》诗："消渴游江汉，羁栖尚甲兵。"良苦，很辛苦。南朝宋范晔等《后汉书·王常传》："光武见常甚欢，劳之曰：'王廷尉良苦。每念往时共更艰厄，何日忘之。'"

（12）空房，夫或妻独居的房屋。汉·班婕妤《捣素赋》："渐行客而无言，还空房而掩咽。"

（13）冷香，本指清香之花，后亦代指女子。清侯方域《梅宣城诗序》："'昔年别君秦淮楼，冷香摇落桂华秋。'冷香者，余栖金陵所狭斜游者也。"本词则借指闺中妻子。又，冷香指焚香已熄。亦通。

（14）天孙，织女星。《史记·天官书》："河鼓大星……其北织女。织女者，天孙也。"司马贞索隐："荆州占云：织女，一名天女，天子女也。"

【赏析】

《台城路》，词牌名，又名《齐天乐》《五福降中天》《如此江山》。《清真集》《白石道人歌曲》《梦窗词集》并入"正宫"（即"黄钟宫"）。兹以姜词为准，一百二字，前后片各六仄韵。前片第七句、后片第八句第一字是领格，例用去声。亦有前后片首句有不用韵者。

这首词题作《塞外七夕》。塞外，中国古代指长城以北的地区，也叫塞北。泛指我国北边地区。东汉班固《汉书·武帝纪》："遣因杅将军公孙敖筑塞外受降城。"七夕，农历七月七日。《荆楚岁时记》："七月七日为牵牛织女聚会之夜。""七夕人家妇女结彩缕，穿七空针，陈瓜果于庭中，以乞巧。西汉刘安《淮南子》："乌鹊填河以成桥而渡织女。"

这首咏七夕的词大约作于康熙十五年（1676）"七夕"之日。时纳兰任三等侍卫，是第一次扈驾出巡塞外。农历七月七日，天上牵牛织女相逢，而自己却与妻子分离，于是词人为表达自己内心的思念之情而写下这首词。词人叙说别离之苦，无论是天上的故事，或者是人间的故事，都十分用心思，十分真切，一点也不矫揉造作。全词不仅感人至深，而且豁人耳目。

纳兰性德虽为康熙皇帝的近侍和权相明珠的长子，但他性情淡泊，把自身的处境和地位看作是难以摆脱的束缚。他和卢氏结婚后，伉俪情深，常以扈从皇帝出巡不能与妻子团聚为苦，所谓"一生一代一双人，争教两处销魂"（《画堂春》），《台城路》正是诗人远在塞外，又适逢传说中牛郎织女相会的七夕，触景生情，而对夫妻相思之苦的抒写。

清

词

词的上阕，写天上牛郎织女相会。关于牛郎织女相会的传说，最早大概见于《荆楚岁时纪》："天河之东有织女，天帝之子也。年年积杼劳役，织成云锦天衣。天帝怜其独处，许嫁河西牵牛郎。嫁后，遂废织绝。天帝怒，遂令归河东，唯每年七月七日夜，渡河一会。"后来，人们又进一步敷演为更富有民间色彩的爱情故事。又因织女善织绝，妇女们便于七夕结彩缕穿七孔针，陈瓜果于庭以乞巧，遂成为习俗。七夕夜，牛郎织女尚且要团聚，而词人却和爱妻天各一方。此时此景，怎能不引起无限的愁思，所以词人笔下的牛郎织女相思，以及想象中他们相会的情景，都糅合了诗人自身的生活体验。

"白狼河北秋偏早，星桥又迎河鼓。""白狼河"，即今辽宁省大凌河。"星桥"，即鹊桥。"河鼓"，星名。二句是说，塞外辽宁省的白狼河流域秋天来得特别早，七月七日还是初秋时节，但却已感到秋气的肃杀；鹊桥又迎来了牵牛星，他要过河去会织女。"清漏频移，微云欲湿，正是金风玉露"三句是说，随着时刻不断变动，夜愈来愈深了，天上的微云像要被浸湿一样，那是凄凉的西风吹洒了浓重的露华而致。"清漏"，漏，漏壶，古代计时器。此言清晰的漏壶滴水声，借指时刻。唐李商隐《辛未七夕》："恐是仙家好离别，故教迢递作佳期。由来碧落银河畔，可要金风玉露时。""金风"，秋风。秋天在五行中属金。玉露，白露。谓秋天已到。宋秦观《鹊桥仙》："金风玉露一相逢，便胜却人间无数。"此指西风秋露。在这里，作者自身的感受渲染着季节天气的悲凉氛围。"两眉愁聚。待归踏榆花，那时才诉"三句中"待归踏榆花"，由唐曹唐《织女怀牛郎》"欲将心就仙郎说，借问榆花早晚秋"化出。榆花开在秋季，织女问榆花开时离秋天还有多长时间，言其欲见牛郎诉说心事的急切心情。"只恐重逢，明明相视更无语。"然而一旦见面，千愁万绪，千言万语，一时又不知从何说起。对这一复杂感情，用任何语言表达都是苍白无力的。纳兰性德把牛郎织女重逢时的情景写得如此缠绵悱恻，如此撩人心弦，因为其中也包含着自身的悲欢离合。

词的下阕，由上阕牛郎织女的会合而推及到人间。"人间别离无数。"词人把自身置于天下无数有情人不能团聚者之列，在抒写离散的悲苦中融入了对现实的揭露和控诉。"向瓜果筵前，碧天凝伫。"独守空闺的思妇，哪有在瓜果筵前乞巧的心绪呢，她们凝望碧空，羡慕牛郎织女还有相会之时，而自己的丈夫、自己的恋人，他又在何方呢？她们不能不发出痛苦的质问："连理千花，相思一叶，毕竟随风何处？""连理"，树枝或树干长在一起的两棵树，比喻夫妇之爱。"相思一叶"，指唐代书生于祐和宫女韩氏在红叶上题写相思诗句，通过御沟流水传递，而后终偕良缘的故事（宋张实《流红记》）。然而，这传说中的故事，在现实生活中太少了。"连理千花，相思一叶"，到底都随风飘飞到哪里去了？在这无数的思妇之中，自然也有诗人的爱妻卢氏在内。所以，词人紧接着把笔锋转向自身。"羁栖良苦"，被王事羁绊、栖寄他乡实在太苦了。而爱妻呢，"算未抵空房，冷香啼曙"，料想在我未回去的空房里，夜阑香冷，彻夜不眠的妻子把枕头都哭湿了。"冷香"，富贵人家的闺房常用香料熏染。纳兰性德《青玉案·宿乌龙江》："料得香闺香正彻。"指的就是香料的香气。初睡时浓郁的香气随着黎明的到来，飘散得很淡薄了，所以说冷香。"今夜天孙，笑人愁似许！"今夜和牛郎相会的织女，也会讪笑人间这样多的离愁别绪。"天孙"，织女星的别名。诗人通过想象，反衬出人间夫妻离别之恨尤胜于牛郎和织女。

全词通过想象，把真挚浓烈的情感凝结于美丽哀婉的神话传说之中，把自身夫妻相别之恨、相思之苦推及于天下离散的有情人，使词的意境更为深远。语言鲜明生动，无论是描景、写情、用典、叙事，皆如清水芙蓉，清新自然，毫无雕饰痕迹。清谭献在《箧中词》里说："此篇'逼真北宋慢词'。"

【原文】

蝶恋花四首·辛苦最怜天上月

　　辛苦最怜天上月[(1)]。一昔如环[(2)]，昔昔都成玦。若似月轮终皎洁[(3)]，不辞冰雪为卿热[(4)]。　　无那尘缘容易绝[(5)]。燕子依然，软踏帘钩说[(6)]。唱罢秋坟愁未歇[(7)]，春丛认取双栖蝶[(8)]。

【毛泽东圈评等情况】

毛泽东在读龙榆生编选《近三百年名家词选》收录的这首《蝶恋花·辛苦最怜天上月》词时，先在正文上方天头处画了一个大圈，除在"无那尘缘容易绝"句外，"唱罢秋坟愁未歇"句旁画了一个小圈，其余各句旁各画了两个墨圈。

[参考] 中央档案馆整理：《毛泽东手书选集·古诗词卷 (下)》，中央档案出版社 1998 年版，第 222 页。

【注释】

（1）辛苦，辛勤劳苦。春秋鲁左丘明《左传·昭公三十年》："吴光新得国，而亲其民，视民如子，辛苦同之，将用之也。"怜，爱，惜。西汉司马迁《史记·陈涉世家》："楚人怜之。"天上月，指亡妻。纳兰性德在另一首悼亡词序中说，曾梦见亡妻向他说："衔恨原为天上月，年年犹得向郎圆。"

（2）"一昔"句，昔，同"夕"，见春秋鲁左丘明《左传·哀公四年》："为一昔之期。"昔昔，即夜夜。玦（jué），玉玦，半环形之玉，借喻不满的月亮。唐皮日休《寒夜联句》："河光正如剑，月魄方是玦。"这句是说，一年之中，天上的月亮只有一夜是圆满的，其他的夜晚都是有亏缺的。

（3）若似月轮终皎洁，以皎洁的月轮比喻与亡妻的爱情。

（4）"不辞"句，引用一则典故。荀粲之妻冬天高烧病重，全身发热难受。荀粲为了给妻子降温，脱光衣服站在大雪中，等身体冰冷时回屋给妻子降温。卿，"你"的爱称。南朝梁刘义庆《世说新语·惑溺》："荀奉倩（粲）与妇至笃，冬月妇病热，乃出中庭，自取冷还，以身熨之。"

（5）无那，犹无奈，无可奈何。

（6）"燕子依然"二句，意思是说燕子依然轻轻地踏在帘钩上，呢喃絮语。帘钩，卷帘用的钩子。唐李贺《贾公闾贵婿曲》："燕语踏帘钩，日虹屏中碧。"此谓双燕于帘幕之间细语。

（7）"唱罢"句，唐李贺《秋来》："秋坟鬼唱鲍家诗，恨血千年土中碧。"这里借用此典表示，虽然哀悼过了亡灵，但是满怀愁情仍不能消解。

（8）"春丛"句，认取，注视着。取，语助词。此句意思是说，花丛中的蝴蝶可以成双成对，人却生死分离，不能团聚，故愿自己死后同亡妻一起化作双飞双宿的蝴蝶。唐李商隐《偶题二首》："春丛定是双栖夜，饮罢莫持红烛行。"

【赏析】

《蝶恋花》，又名《黄金缕》《鹊踏枝》《凤栖梧》《卷珠帘》《一箩金》。其词牌始于宋。双片共六十字，前后片各四仄韵。一般用来填写多愁善感和缠绵悱恻的内容。

纳兰性德于康熙十六年（1677）重阳前三日，亡妇百日之后，自梦中得句。谓临别之时，妇云："衔恨愿为天上月，年年犹得向郎圆。"故此，即将天上月作为歌咏对象。

这是一首情词。也可能是悼亡词。它叙写了词人对妻子生死不渝的爱情。

词的上阕，写爱情的纯洁。"辛苦最怜天上月，一昔如环，昔昔都成玦。""一昔"乃是一夜的意思，"玦"为玉玦，是半环形的玉。在此借喻不满的月亮。词以"辛苦"二字发端，遂使无情之月，满含着词人多愁善感之心，并为下句做了铺垫。二、三两句表面是说，一月之中，天上的月亮只有一夜是圆满的，其他的夜晚，都是有亏缺的。实则是说，爱情如同月亮那样，圆满的时间短，缺损的时间长。"若似月轮终皎洁，不辞冰雪为卿热。"二句承接上意，仍以月亮为喻生发开去，由月亮之"皎洁"而想到爱情之冰清玉洁，再由月宫之"琼楼玉宇，高处不胜寒"（宋苏轼《水调歌头·明月几时有》），想到月宫之冷；再由月宫之冷而又联想到妻子的寒冷。"不辞冰雪为卿热"，意思是，不怕严寒，而要为你送去温暖，"卿"，在过去是对爱人的昵称。南朝梁刘义庆《世说新语·惑溺》中说，在古时，有个叫荀奉倩的人，与其妻感情至深，冬月，其妻生病发热，于是，荀奉倩便走到院子里，把自己的身体冻到冰冷，为妻子降温。"不辞冰雪为卿热"，则出自此典。此二句妙语联翩，想象奇特，而又深含挚情，可谓妙语连珠。

词的下阕，如实描写人间生活细事，衬托伤逝者的哀悼。"无那尘缘容易绝，燕子依然，软踏帘钩说。"换头处二句议论，"无那"，是无可奈何的意思。"软踏"，意思是说燕子依然轻轻地踏在帘钩上，呢喃絮语。是说天上月亮固然美好，人归根到底要过世俗生活，当正如唐诗人王昌龄所说的"无那金闺万里愁"（《从军行》）。岂止是愁恨很多，所谓不如意事常八九，简直是命若悬丝，容易断绝。不是吗？你看妻子年仅二十一岁，正值风华正茂之年，却一命归阴。妻子死后，词人形单影只，生活情绪顿变。词人常以燕子双飞来比喻夫妻恩爱，但燕子似乎没发现女主人的逝去，依然踏着帘钩，呢呢喃喃，软语不休，全不理解男主人丧失佳偶的凄苦。以燕子的双飞反衬词人的孤单。"唱罢秋坟愁未歇，春丛认取双栖蝶。"末二句用典。"唱罢秋坟愁未歇"一句，出自唐李贺的《秋来》，诗云："秋坟鬼唱鲍家诗，恨血千年土中碧。"这里借用此典，表示纵使哀悼过了亡灵，但是满怀愁情仍不能够消解。"春丛认取双栖蝶"一句，认取，即是注视着的意思，这句意思是说，花丛中的蝴蝶可以成双成对，人却生死分离，不能团聚。希望自己死后，同亡妻一起，能化作双飞双宿的蝴蝶。末尾句，是那样沉挚，又是纳兰性德式的爱情的表达："在伊人的坟前，我悲歌当哭，吟唱罢了挽歌，悲哀仍然不得解脱，只有明春，再来此认一认，花丛之中，可有一双，栖香正稳的蝴蝶。"为何要认取呢？恐怕，是旧时曾见过的吧。早逝的妻子，在他心中，永远是一位娇憨情态的少女，他们相恋相爱在一起的时光，在他心中是永久的纪念，纳兰感到那时候，他自己也很纯洁无邪，恰是少年不识愁滋味。而后来，纳兰便陷进许多烦恼中去了，他对一逝而不复返的人生中这段美好时光无限依恋，格外忆念。他的悼亡篇章颇多，其中缘由，恐怕也是在此吧。纳兰词里，有一个理想境界，那就是希望青春与爱情得到永生。词人异常执着于这一理想，且热烈地赞颂。《蝶恋花》可作为范例。因此，我们读他这篇词后，会感到凄婉中，还燃着一种像火一般炙热人心的东西，颇具力量，而不截然是消沉。纳兰之词，善于设色点染，此词先以素淡之色为主。只见青白色的月色，又见帘前之双燕，最后却在那春丛双蝶的想象中，突出一色彩绚烂的特写。映照之下，显得十分美丽。即使悼亡，也不尽是一片素色，这恐怕也是纳兰的特点吧。现代词论家钱仲联在《清词三百首》中评道："四首是悼亡之作。性德原配卢氏，乃两广总督卢兴祖之女，于康熙十三年（1674）成婚，婚后三年，卢氏死于难产。继室官氏。这当是悼念卢氏。第一首首句，以后作者《沁园春》小序，点明悼念亡妻。其余秋坟鬼唱，化蝶双栖，斑骓无寻，梦成今古，暗香飘尽，惜花人去等，都是死别之词。缠绵悱恻，哀怨凄厉，诚如杨芳灿所云'思幽近鬼'（《饮水词序》语）者，谭献《箧中词》评曰：'势纵语咽，凄淡无聊，延巳（冯延巳）、六一（欧阳修）而后，仅见湘真（陈子龙）。'"

【原文】

蝶恋花四首·眼底风光留不住

眼底风光留不住[1]。和暖和香[2]，又上雕鞍去[3]。欲倩烟丝遮别路[4]，垂杨那是相思树[5]。　　惆怅玉颜成闲阻[6]。何事东风，不作繁华主[7]。断带依然留乞句[8]，斑骓一系无寻处[9]。

【毛泽东圈评等情况】

毛泽东在读龙榆生编选《近三百年名家词选》收录的这首《蝶恋花·眼底风光留不住》词时，先在正文上方天头处画了一个大圈。

[参考] 中央档案馆整理：《毛泽东手书选集·古诗词卷（下）》，中央档案出版社1998年版，第222—223页。

【注释】

（1）眼底，眼中，眼睛跟前。五代齐己《寄双泉大师兄》诗："清泉流眼底，白道倚岩棱。"风光，风景，景色。唐张渭《湖上对酒行》："风光若此人不醉，参差辜负东园花。"

（2）和暖和香，伴着温暖，带着芳香。和暖，温暖，气候温和。汉王逸《九思·伤时》："风习习兮和暖，百草萌兮华荣。"和香，带着芳香。语出明王次回《骊歌二叠送韬仲春往秣陵》："怜居孤负晓衾寒，和暖和香上马鞍。"

（3）雕鞍，刻饰花纹的马鞍，华美的马鞍。唐骆宾王《帝京篇》："宝盖雕鞍金络马，兰窗绣柱玉盘龙。"

（4）倩，请。烟丝，烟雾笼罩的杨柳枝条。别路，离别的道路。南朝陈徐陵《秋日别庚正员》诗："青雀离帆远，朱鸢别路遥。"

（5）垂杨，垂柳，古诗文中杨柳常通用。南朝齐谢朓《隋王鼓吹曲·入朝曲》："飞甍夹驰道，垂杨荫御沟。"相思树，据晋干宝《搜神记》卷十一，战国时，宋康王舍人韩凭娶了一位美貌的妻子何氏。康王得知后，想要霸占其妻。韩凭不允，康王于是将他囚禁起来。韩凭气愤自杀。他的妻子何氏暗暗地拥着他的衣物，与康王一起登台。何氏到了台上，纵身跳下，康王的侍从想要拉住她，却为时已晚。何氏坠死，留下一封遗书，愿以尸骨赐凭合葬。康王看后大怒，让人将何氏的坟冢与韩凭的坟冢相望而建。昼夜之间，两冢之端生出大梓木，旬日便"呈大盈抱，屈体相就，根交于下，枝错于上"。树上又有一对鸳鸯栖息，晨夕不去，交颈悲鸣，鸣声动人。宋人哀之，遂号其木曰"相思树"。后人以此故事用于男女相爱、生死不渝之情。

（6）惆怅，因失意或失望而伤感、懊恼。《楚辞·宋玉〈九辩〉》："廓落兮，羁旅而无友生；惆怅兮，而私自怜。"玉颜，美丽的容貌，此指亡妻。闲阻，阻隔，此处引申为将来无法相见。

（7）"何事东风"二句，为什么东风不作成人间热烈兴旺的景象。何事，为何，何故。晋左思《招隐》诗之一："何事待啸歌？灌木自悲吟。"繁华，即繁花。

（8）断带，断掉的衣带，此处借用唐李商隐《柳枝词序》："柳枝，洛中里娘也。余从昆让山，比柳枝居为近。他日春曾阴，让山下马柳枝南柳下，咏余《燕台诗》。柳枝惊问：'谁人有此，谁人为是？'让山谓曰：'此吾里中少年叔耳。'柳枝手断长带，结让山为赠叔，乞诗。"乞句，请求（对方）写的诗句。整句暗含此典，指相思难解。

（9）斑骓，毛色青白相杂的骏马。唐李商隐《春游》诗："桥峻斑骓疾，川长白鸟高。"一系，将马拴在树下。

【赏析】

此词可能作于康熙二十一年（1682）三月，词人扈驾东出山海关至盛京，触景生情，想起了自己的亡妻，生出无穷无尽的空虚、寂寞、惆怅之情，于是创作了这首词抒发满心愁绪。

这是一首伤别之作。它写男主人公远行不忍与爱妻相别，及别后的相思。

词的上阕叙事，写词人不忍与爱妻相别。"眼底风光留不住。和暖和香，又上雕鞍去。"词一开头，就以流畅婉转的词句，把读者带到了一个离情浓郁、心摇神驰的意境：正当春暖花开、阳光明媚之时，词人又要跨上雕鞍再度远行了。"留不住"者，不可抗拒也。言词人身不由己，并非心甘情愿，迫不得已罢了。这也并不难理解，因为词人作为康熙皇帝的贴身侍卫，经常护驾从行，圣命难违，这是很自然的。写外出远行之时，触景生情，想起了自己的亡妻。从"和暖和香""烟丝""垂杨""东风"这些意象可知，此时正是春意盎然之时。"眼底风光留不住"套用辛弃疾的"有底风光留不住。烟波万顷春江橹"，而一个"又"字，则表明分别已经不是一次，而是多次。这个时候，"眼底风光"并不是指风暖花香、杨柳依依，而是指即将远行的征人。"欲倩烟丝遮别路，垂杨那是相思树"二句描写，在骑马离去之时，词人忽发奇想，他把希望寄托在被烟雾笼罩的杨柳上，请它们遮住征路，但垂柳并不是相思树，它是无情的，自然也不会满足词人的愿望。这不过是面对离别无计可施而已。

下阕转换角度，写别后之思。如果说上阕写的是夫妻分手之际依依不舍的痛苦，下阕抒写的就是别离之后无法重逢的怅惘。"惆怅玉颜成闲阻。"换头处一句，"惆怅"，因失意或失望而伤感、懊恼。《楚辞·宋玉〈九辩〉》："廓落兮，羁旅而无友生；惆怅兮，而私自怜。""玉颜"，美丽的容貌，此指亡妻。"闲阻"，阻隔，此处引申为将来无法相见。这是就卢氏生前而言；如此词写于卢氏死之后，即是死别了。如果是后一种情况，那此首便是一首悼亡之作了。"何事东风，不作繁华主"二句，"何事"，为何，何故。晋左思《招隐》诗之一："何事待啸歌？灌木自悲吟。""繁华"，即繁花。二句是说，令人惆怅的是，为什么东风不把百花盛开、繁花似锦的春天留住。"断带依然留乞句，斑骓一系无寻处。"结末二句仍承上阕"风光"而来，语断而意连。"断带"，断掉的衣带，此处借用唐李商隐《柳枝词序》："柳枝，洛中里孃也。余从昆让山，比柳枝居为近。他日春曾阴，让山下马柳枝南柳下，咏余《燕台诗》。柳枝惊问：'谁人有此，谁人为是？'让山谓曰：'此吾里中少年叔耳。'柳枝手断长带，结让山为赠叔，乞诗。"乞句，请求（对方）写的诗句。整句暗含此典，指相思难解。"斑骓"，毛色青白相杂的骏马。唐李商隐《春游》诗："桥峻斑骓疾，川长白鸟高。""一系"，将马拴在树下。二句是说，春光是留不住的，而留住的，只有当时撕断衣带请行人题下的诗句，在一片柳色新绿里，已经找不到当初系马、话别之处了。不仅再度重聚成为泡影，甚至连相别的情景也竟无法追寻了，剩下的只有迷茫、怅惘、愁绪。这首词字里行间，尽显离思之意。幽怨婉转，情思绵缈。

【原文】

蝶恋花四首·又到绿杨曾折处

又到绿杨曾折处[1]，不语垂鞭[2]，踏遍清秋路[3]。衰草连天无意绪[4]，雁声远向萧关去[5]。　　不恨天涯行役苦[6]，只恨西风，吹梦成今古[7]。明日客程还几许[8]，沾衣况是新寒雨。

【毛泽东圈评等情况】

毛泽东在读龙榆生编选《近三百年名家词选》收录的这首《蝶恋花·又到垂杨曾折处》词时，先在正文上方天头处画了一个大圈，然后又对正文中"不恨天涯行役苦"等二句各加了两个旁圈，"吹梦成今古"句加了三个旁圈。

[参考] 中央档案馆整理：《毛泽东手书选集·古诗词卷（下）》，
中央档案出版社1998年版，第224页。

（1）绿杨曾折，古人在送别时，有折柳枝相赠的习俗。在古诗文中又往往杨柳互用，折杨即折柳。如南朝梁元帝《折杨柳》："巫山巫峡长，垂柳复垂杨。"南宋吴文英《桃源忆故人》："潮带旧愁生暮，曾折垂杨处。"

（2）不语垂鞭，语出唐温庭筠《晓别》诗："上阳宫里钟初动，不语垂鞭上柳堤。"垂鞭，垂下鞭子，放马慢行。

（3）清秋，明净爽朗的秋天。晋殷仲文《南州桓公九井作》诗："独有清秋日，能使高兴尽。"

（4）衰（shuāi）草，指秋天的草。意绪，心绪，心情。南朝齐王融《咏琵琶》："丝中传意绪，花里寄春情。"

（5）萧关，古关名。故址在今宁夏固原东南，为自关中通向塞北的交通要冲。东汉班固《汉书·武帝纪》："（元封四年冬十月）通回中道，遂北出萧关。"颜师古注引如淳曰："《匈奴传》：'入朝郁萧关'，萧关在安定朝郁县也。"唐卢照邻《上之回》诗："回中道路险，萧关烽候多。"

（6）天涯，天边，指极远的地方。语出《古诗十九首·行行重行行》："相去万余里，各在天一涯。"南朝陈徐陵《与王僧辩书》："维桑与梓，翻若天涯。"行役（yì），旧指因服兵役、劳役或公务而出外跋涉。《诗经·魏风·陟岵》："嗟！予子行役，夙夜无已。"

（7）今古，现时与往昔。唐韩愈《柳子厚墓志铭》："议论证据今古，出入经史百子。"谓今与古距离遥远，实为感叹光阴易逝。

（8）几许：多少。

【赏析】

这首词考证作于康熙二十一年（1682）八月去梭龙时。作者于当年三月曾扈驾东出山海关至盛京（今辽宁沈阳）。这次奉命往觇梭龙，仍走去年山海关之老路，故曰"又到绿杨曾折处"。与以往不同的是，纳兰性德这次并没有随驾出巡，而是负皇命行役在外，这是他第一次率队远征。这首词就是词人行走在漫漫出关路上的一段痛苦的内心独白，也流露出怀古伤今的情怀，表达了作者的惆怅之情。

上片重在写景，写"衰草连天"的清秋景象，景中有词人的离愁别恨。先看首句，"又到绿杨曾折处"，诗人不直陈痛楚，而将其深隐于"绿杨"依依之中，这种隐忍使情意又深了一层。更重要的是，一个"又"一个"曾"，完成了时空上的移位与重叠。故地重游，绿杨依旧，一如当初折柳相望、依依不舍之时（因"柳"与"留"谐音，古人在送别时有折柳相送的习俗）——谁料如今物是人非，竟只剩下自己孤独漫游。昨天——今天，两个既同又异、亦幻亦真的片断，彼此交叠，诗句便多了一层深婉迷离的意趣。这种不经意（这种不经意的写法必定经过诗人精妙的提炼才不露斧痕）营造的时空上的错乱，近乎幻觉，也接近了思念的极致。试想一下，若不是最深沉最痛切的思念又怎么令人如此恍惚、迷惘。承接首句，"不语垂鞭，踏遍清秋路"，看似平铺而下，其实布局精巧。"不语"承接首句恼恍迷离的状态，而"垂鞭"已将诗人的思绪引回到现实之中。"垂鞭"意指诗人心绪沉重，纵马缓行。马足所及，又轻轻勾连"踏遍"一句。"不语垂鞭"四字，白描如画，词人握别时沮丧冷漠的神态，低落抑郁的情绪跃然纸上。从时间上看，这两句完成了从"昨"到"今"的交接，"衰草连天无意绪，雁声远向萧关去"。二句描写一路上，举目四望，茫无涯际的衰草与天相连，这是所见；仰视云天，一行大雁哀叫着向遥远的萧关飞去，这是所闻。从空间上看，这两句将思绪由"折柳处"引向了"衰草连天"、更为广袤的空间。于是诗人在现实中痛感自己的孤单无依，也不得不面对无边无际的"清秋""衰草"，无力地抵挡着秋意凄凉的侵蚀。意犹未尽，"雁声"又将秋意带到"萧关"更遥远的地域；一个"远"字，令愁情绵延不尽，有力地衬托了词人悲凉的心境。

词的下阕重在抒情，抒发"天涯行役"的怨恨，愁情中有凄凉的西风寒雨。下阕换头处的"不恨天涯行役处"收结了上文，也极言"行役"之遥远漫长。分明苦不堪言，偏偏还说"不恨"，翻出新意，更为后文"只恨西风"伏笔——原来还有可恨之事甚于"天涯行役"之苦。"只恨西风，吹梦成今古"，出语新巧、奇警，含意蕴藉、深长。"吹梦"之说不是首创，较早见于南朝民歌《西洲曲》："南风吹我意，吹梦到西洲。"但两者各尽其妙，并不雷同。风吹梦，本来给人以无限迷朦、无尽怅惘的意味，由典故中的熏暖的"南风"变为可恨的"西风"，陡增了几分凌厉、残酷的意味。如果说南风是传递爱情的浪漫信使，为何西风却要一下子将美梦吹散吹灭？只因词人所要抒发的是天涯羁旅、人各一方的怨恨，而不是《西洲曲》中少年春心萌动、欲诉相思的闲愁。把梦吹成"今古"应属词人首创，妙就妙在：它在前面对空间极力拓宽的基础上，完成了对时间的无限延伸——于是，诗歌的时空结构便变得更加辽阔、苍茫了。最后以"明日客程还几许，沾衣况是新寒雨"二句收结，是说明天仍要按计划继续赶路，征衣上还要沾满新落的寒雨。一片"雨"色里，全诗笼罩在朦胧凄冷的情调之中。以景结情，悲凉无限。

总而言之，在这首短小的词里，诗人着意拓展了诗歌的时空，天之悠悠、地之茫茫，无时不怀想，无处不相思，写出了思念之极致。这份穿越时空的思念，才是真正的"地久天长"。清陈廷焯《云韶集》卷十五："情景兼胜，亦有笔力。一味凄感。"近代词论家王国维说："以自然之眼观物，以自然之舌言情。"（《人间词话》）

【原文】

蝶恋花四首·萧瑟兰成看老去

萧瑟兰成看老去⁽¹⁾。为怕多情⁽²⁾，不作怜花句⁽³⁾。阁泪倚花愁不语⁽⁴⁾，暗香飘尽知何处⁽⁵⁾。　　重到旧时明月路。袖口香寒⁽⁶⁾，心比秋莲苦⁽⁷⁾。休说生生花里住⁽⁸⁾，惜花人去花无主⁽⁹⁾。

【毛泽东圈评等情况】

毛泽东在读龙榆生编选《近三百年名家词选》收录的这首《蝶恋花·萧瑟兰成看老去》词时，先在正文上方天头处画了一个大圈，然后又对正文中"心比秋莲苦"和最后一句末各画了一个墨圈。

[参考] 中央档案馆整理：《毛泽东手书选集·古诗词卷（下）》，中央档案出版社 1998 年版，第 224 页。

【注释】

（1）萧瑟（sè），寂寞凄凉。《楚辞·宋玉〈九辩〉》："悲哉！秋之为气也。萧瑟兮，草木摇落而变衰。"兰成，北周庾信之小字。北周庾信《哀江南赋》："王子滨洛之岁，兰成射策之年。"唐陆龟蒙《小名录》："庾信幼而俊迈，聪敏绝伦，有天竺僧呼信为兰成，因以为小字。"此处词人借指自己。看，料想。

（2）多情，富于感情，常指对情人感情深挚。唐李延寿《南史·后妃传下·梁元帝徐妃》："徐娘虽老，犹尚多情。"

（3）怜花，爱怜鲜花。花，有时指女子。

（4）阁（gé）泪，含着眼泪。宋夏竦《鹧鸪天·离别》词："樽前只恐伤郎意，阁泪汪汪不敢垂。"倚花，依靠着妻子（花）。

（5）暗香，幽香。唐羊士谔《郡中即事》诗之二："红衣落尽暗香残，叶上秋光白露寒。"宋李清照《醉花阴》词："东篱把酒黄昏后，有暗香盈袖。"

（6）"袖口"句，语本宋晏几道《西江月》词："醉帽檐头风细，征衫袖口香寒。"

（7）"心比"句，语本宋晏几道《生查子》词："遗恨几时休，心抵秋莲苦。"秋莲，荷花，因于秋季结莲，故称。

（8）生生，世世代代。宋陆游《视东皋归小酌》诗："身誓生生辞禄食，家当世世守农耕。"

（9）"惜花"句，语本宋辛弃疾《定风波》词："毕竟花开谁为主，记取，大多花属惜花人。"无主，无人照管。

【赏析】

该词作于康熙十六年（1677）或更晚的夏秋之时。纳兰性德出身显赫，但荣华富贵妨害了爱情生活，不能任意与所爱的人结合，成为他的终生憾事。纳兰性德对亡妻无时无刻不充满深重的怀念，故悼亡之作不止。这首词便是其中的一首。词中写现在不敢怜花，因为护花人去花已无主，护花人当指亡妻卢氏。

上阕写今，词人不作怜花诗词。"萧瑟兰成看老去。为怕多情，不作怜花句。"开头三句叙事。起句词人以北周文学家庾信自喻，而以"萧瑟""老去"形容。其实词人去世时才三十岁，还正当壮年，此前何能"老去"？只是因为心情凄凉，看上去像老了。"看老去"三字耐人寻味。"看老去"者，实未老去而将要老去，即《九张机》中"可怜未老头先白"意也。仅仅一个"看"字，心碎之状便已活现，且为全篇奠定"凄淡无聊"（谭献语）之基调。因为看上去老态龙钟，所以不敢自作多情，写一些怜花惜玉的艳词了。"阁泪倚花愁不语，暗香飘尽知何处。""怕多情"并不是不多情，"不作怜花句"也不是不愿作而是不敢作。这种心态是迫于外部压力造成的，难免内心痛苦。二句描写生动，空灵含蓄。上阕五句，一句一转，但流贯如珠，"势纵语咽"，足以当之。

下阕忆昔，写心比莲苦。抒写旧地重游的感喟。"重到旧时明月路"，换头处由写今转为忆昔，承接自然。词人在月光之下，重走旧时花间小路，自然会勾起许多美好的回忆。这里也许曾是词人和爱妻花前月下、卿卿我我之处，但如今却和往日不同，只是一个人在赏花，有何意趣？"袖口香寒，心比秋莲苦。"这便是词人深切的感受。宋李清照《醉花阴》："东篱把酒黄昏后，有暗香盈袖。"花香盈袖，本是很惬意的事情。月亮，依然如故；路，也没有改变，但过去同游的恋人已不知去向，这形成了对照。她只留下"袖口香寒"，即携手同游时留给词人的印象。人去香在，又形成一个对照。最后用"秋莲"之苦作比，真实形象。"休说生生花里住，惜花人去花无主。"结尾二句是说，不要说世世代代住在花丛之中了，因为惜花人去，花已经没有主人养护了。那么，这惜花人是谁呢？毫无疑义，当指词人的亡妻卢氏了。卢氏一去，词人生活意趣顿消，对花流泪，对月伤情，徒增忧思，表现了词人在命运面前一筹莫展，只能发出阵阵的叹息。所以我们认为这也是一首悼亡之作，当不为无据吧？

词人在该词里旧地重游，自比庾信，想起昔日和妻子把臂同游花间的情景，借此表达对妻子的思念之情。"阁泪倚花愁不语，暗香飘尽知何处"，"袖口香寒，心比秋莲苦"，"休说生生花里住，惜花人去花无主"，这些词句，语气幽咽凄清，让人倍感哀怨苦闷。同时，全词用词精巧，意境幽美。近代词人谭献《箧中词》说："势纵语咽，凄淡无聊，延巳、六一而后，仅见湘真。"

【原文】

蝶恋花·出塞·今古河山无定据

今古河山无定据[(1)]。画角声中[(2)]，牧马频来去[(3)]。满目荒凉谁可语[(4)]？西风吹老丹枫树[(5)]。　从前幽怨应无数[(6)]。铁马金戈[(7)]，青冢黄昏路[(8)]。一往情深深几许[(9)]？深山夕照深秋雨[(10)]。

【毛泽东圈评等情况】

毛泽东在读龙榆生编选《近三百年名家词选》收录的这首《蝶恋花·今古河山无定据》词时，先在它们《出塞》下批注道："看出兴亡。"然后又在正文第一、第三、第四、第五、第八、第十等句旁各画三个小圈，在"画角声里""铁马金戈"二句末各画了两个小圈。

[参考] 中央档案馆整理：《毛泽东手书选集·古诗词卷（下）》，

中央档案出版社 1998 年版，第 224 页。

【注释】

（1）河山，河流和山岭，指国家疆土。西汉司马迁《史记·赵世家》："燕秦谋王之河山，闲三百里而通矣。"无定据，没有一定界线。据，依据，凭据，引申为界线。宋毛开《渔家傲·次丹阳忆故人》词："可忍归期无定据，天涯已听边鸿度。"

（2）画角，古管乐器，传自西羌。因表面有彩绘，故称。发声哀厉高亢，形如竹筒，以竹木或皮革等制成，古时军中多用以警昏晓、振士气、肃军容。帝王出巡，亦用以报警戒严。南朝梁简文帝《折杨柳》："城高短箫发，林空画角悲。"

（3）牧马，古代作战多用战马，指古代作战用的战马。北周庾信《周大将军司马裔神道碑》："偃师张幕，河阳牧马，虽接战于富平，已连营于官渡。"

（4）谁可语，有谁来和我一起谈谈。

（5）丹枫，经霜泛红的枫叶。唐李商隐《访秋》诗："殷勤报秋意，只是有丹枫。"

（6）从前幽怨，过去各民族、各部族间的战事。幽怨，郁结于心的愁恨。唐李颀《古从军行》："行人刁斗风沙暗，公主琵琶幽怨多。"

（7）铁马金戈，形容威武雄壮的士兵和战马，代指战事、兵事。宋李纲《以旧赐战袍等赠韩少帅》诗之二："铁马金戈睢水上，碧油红旆海山滨。"

（8）青冢，长遍荒草的坟墓。这里指王昭君墓，在今内蒙古呼和浩特市南。相传冢上草色常青，故名。唐杜甫《咏怀古迹五首》之三诗："一去紫台连朔漠，独留青冢向黄昏。"黄昏，日已落而天色尚未黑的时候。战国楚屈原《楚辞·离骚》："曰黄昏以为期兮，羌中道而改路。"

（9）一往情深深几许，化用欧阳修《蝶恋花》"庭院深深深几许"句意。一往情深，指对人或对事物倾注了很深的感情，向往而不能克制。南朝宋刘义庆《世说新语·任诞》："桓子野每闻清歌。辄唤奈何！谢公闻之曰：'子野可谓一往有深情。'"几许，多少。

（10）夕照，傍晚的阳光。唐太宗《望雪》诗："萦空惭夕照，破彩谢晨霞。"

【赏析】

这首词题作《出塞》。这首出塞词中有"牧马自来去""西风""青冢黄昏路"之语。青冢离龙泉关较近，因此可能作于康熙二十二年（1683）九月纳兰性德护驾至五台山、龙泉关时，词人时年二十九岁。

这首小词通过对塞外古战场的描写，抒发了对历代兴亡和历史变迁的感慨。

词的上阕写景，描写塞外古战场的荒凉景象。"今古河山无定据"，首句以议论开篇，简朴的文字有一种历史纵深感，形成了一种笼罩全篇的氛围。"今古"二字，包括古往今来。面对大好河山，多少风云人物，你争我夺，或长期或短暂地占据它，但谁也没有永久地据有这些地方。"画角声中，牧马频来去。"二句白描，描绘出一幅塞外和平图景：画角声声，矫健的牧马频频来去。"满目荒凉谁可语？西风吹老丹枫树。"二句仍用描写，是说放眼望去，整个塞北，平沙万里，荒漠凄凉，连个说话的人也很难找到。西风飒飒，只有那几株枫树，又一次被吹红了叶子。使人联想起为争夺这块土地鏖战厮杀时尸横遍野、血流成河的惨象。这些红叶，又一次把人带进了对历史的回忆，加深了作品纵深的历史感。

词的下阕抒情，写自己出塞的感触。"从前幽怨应无数"。首句议论，直接承上阕对古词战场描写而来。面对古战场的凄凉景色，郁结在心头的愁恨无法计算。正如唐李颀《古从军行》所说："行人刁斗风沙暗，公主琵琶幽怨多。"接下来二句叙事："金戈铁马，青冢黄昏路。""金戈铁马"，代表战争。"青冢黄昏路"，用汉王昭君和亲故事，代表和亲。二句概括了战、和两种办法。说明自古以来，为了争夺江山，时战时和，或二者并用，这就是历史。"一往情深深几许？深山夕照深秋雨。"末二句以景结情，抒发了作者的感触：回顾历史，面对这塞外古战场，诗人对自己的祖国一往情深。这深情犹如夕阳余晖的照射，犹如深山之中的绵绵秋雨。词意深沉含蓄，有弦外之音。汉元帝时，王昭君奉旨出塞和番，在她的沟通和调和下，匈奴和汉朝和睦相处了六十年。她死后就葬在胡地，因其墓依大青山，傍黄河水，所以昭君墓又被称为"青冢"。杜甫有诗"一去紫台连朔漠，独留青冢向黄昏"，纳兰由青冢想到王昭君，问她说："曾经的一往情深能有多深，是否深似这山中的夕阳与深秋的苦雨呢。"作为康熙帝的贴身侍卫，作者经常要随圣驾出巡，所以他的心中也充满了报国之心，但他显然不想通过"一将功成万骨枯"的方式来成就自己的理想抱负，所以在尾句中作者又恢复了多情的本色。他以景语结束，将自己的无限深情都融入无言的景物之中。在这其中既包含了豪放，又充满了柔情，甚至我们还会体味到些许的凄凉与无奈。词意深沉含蓄，有弦外之音。

这首词通过诗人"出塞"所见，描绘了眼前荒凉的和平景象，回顾历史，总结出战争与和平两种情况，是对中国历史上王朝更替的规律性概括。因此毛泽东批注："看出兴亡"，肯定了这首词的思想意义。清谢章铤在《赌棋山庄词话》中曾说过："长短调并工者，难矣哉。国朝其惟竹垞、迦陵、容若乎。竹垞以学胜，迦陵以才胜，容若以情胜。"而读完作者这首词风苍凉慷慨的词作，可以得知谢氏此言不虚。现代词论家吴世昌《词林新词话》说："此首通体俱佳。唯换头'从前幽怨'不叶，可倒为'幽怨从前'。"

【原文】

<h1 style="text-align:center">金缕曲·赠梁汾·德也狂生耳</h1>

德也狂生耳⁽¹⁾。偶然间，缁尘京国⁽²⁾，乌衣门第⁽³⁾。有酒惟浇赵州土⁽⁴⁾，谁会成生此意⁽⁵⁾。不信道⁽⁶⁾、遂成知己。青眼高歌俱未老⁽⁷⁾，向尊前、拭尽英雄泪⁽⁸⁾。君不见，月如水。　　共君此夜须沉醉⁽⁹⁾。且由他，蛾眉谣诼⁽¹⁰⁾，古今同忌。身世悠悠何足问⁽¹¹⁾，冷笑置之而已。寻思起⁽¹²⁾，从头翻悔。一日心期千劫在⁽¹³⁾，后身缘⁽¹⁴⁾、恐结他生里。然诺重⁽¹⁵⁾，君须记。

【毛泽东圈评等情况】

毛泽东在读龙榆生编选《近三百年名家词选》收录的这首《金缕曲·德也狂生耳》词时，先在题目《赠梁汾》上方天头空白处画了一个大圈，然后又在正文中第四、第五、第八、第十等句旁各画一个小圈，还在"君未见，月如水"二句旁各画了两个小圈。

[参考]中央档案馆整理：《毛泽东手书选集·古诗词卷（下）》，中央档案出版社1998年版，第225页。

【注释】

（1）德，作者自称。狂生，狂放的人，不拘小节的人。南朝宋范晔等《后汉书·仲长统传》："统性俶傥，敢直言，不矜小节，默语无常，时人或谓之狂生。"耳，语尾助词。

（2）缁尘，黑色灰尘，常喻世俗污垢。此处作动词用，指混迹。南朝齐谢朓《酬王晋安》诗："谁能久京洛，缁尘染素衣。"缁，黑色。京国，京城，国都。三国魏曹植《王仲宣诔》："我公实嘉，表扬京国。"

（3）乌衣门第，指世家望族。南朝梁沈约《宋书·谢弘微传》："尝共宴处，居在乌衣巷，故谓之乌衣之游。"乌衣，即乌衣巷，在今江苏南京秦淮河南岸，六朝时为贵族聚居的地方。乌衣巷曾是东晋宰相王导和谢安两大贵族集中居住的地方。

（4）有酒惟浇赵州土，唐诗人李贺的《浩歌》："买丝绣作平原君，有酒惟浇赵州土。"表示自己对赵国平原君礼贤下士之举的钦慕和仿效。浇，浇酒祭祀。

（5）会，理解。成生，纳兰性德自谓。词人又名成容若，故称成生。

（6）不信道、遂成知己，万万没有想到，今天竟然遇到了知己。谓与顾贞观成为知己朋友。

（7）青眼高歌俱未老，化用唐杜甫《短歌行赠王郎司直》："青眼高歌望吾子，眼中之人吾老矣。"意谓像晋朝阮籍好以青眼对待朋友知己，我们都还没有衰老。青眼，黑色的眼珠在眼眶中间，青眼看人则是表示对人的喜爱或重视、尊重（跟白眼相对）。唐房玄龄等《晋书·阮籍传》："籍又能为青白眼，见礼俗之士，以白眼对之。"

（8）尊前，酒宴前。宋张榘《贺新凉》："髀肉未消儇舌在，向尊前、莫洒英雄泪。"尊，同"樽"，酒杯。

（9）沉醉，比喻深深地迷恋某种事物，沉浸在某种境界里。宋李清照《如梦令》："常记溪亭日暮，沉醉不知归路。"

（10）娥眉谣诼，化用战国楚屈原《离骚》："众女嫉余之娥眉兮，谣诼谓余以善淫。"娥眉，亦作"蛾眉"，喻才能。谣诼，造谣毁谤。

（11）悠悠，久长，久远。《楚辞·宋玉〈九辩〉》："去白日之昭昭兮，袭长夜之悠悠。"

（12）寻思，思索，考虑。南朝宋范晔等《后汉书·循吏传·刘矩》："民有争讼，矩常引之于前，提耳训告，以为忿恚可忍，县官不可入，使归寻思。讼者感之，辄各罢去。"翻悔，因后悔而推翻曾经允诺的事或说过的话。宋苏轼《奏户部拘收度牒状》："百姓闻之，皆谓朝廷不惜饥民，而惜此数百纸度牒，中路翻悔，为惠不终。"

（13）心期，以心相许，情投意合。晋陶潜《酬丁柴桑》诗："实欣心期，方从我游。"千劫，佛教语，指旷远的时间与无数的生灭成坏。劫，梵语 kalpa 的音译。唐太宗《圣教序》："无灭无生历千劫。"

（14）后身缘，来生情缘。言来生仍为知己朋友。孟棨《本事诗·情感第一》："开元中，颁赐边军纩衣，制于宫中。有兵士于短袍中得诗，曰：'沙场征戍客，寒苦若为眠。战袍经手作，知落阿谁边。蓄意多添线，含情更着绵。今生已过也，重结后身缘。'兵士以诗白于帅，帅进之。玄宗命以诗遍示六宫，曰：'有作者毋隐，吾不罪汝。'有一宫人自言万死。玄宗深悯之，遂以嫁得诗人，乃谓之曰：'我与汝结今生缘。'边人皆感泣。"

（15）然诺重，指守信誉、不食言。然、诺皆应对之词。引申为言而有信。后晋刘昫等：《唐书·哥舒翰传》："家富于财，任侠重然诺。"

【赏析】

《金缕曲》，词牌名，又名《贺新郎》《乳燕飞》《貂裘换酒》《金缕词》《金缕歌》《风敲竹》《贺新凉》等。传作以《东坡乐府》所收为最早，惟句豆平仄，与诸家颇多不合，因以《稼轩长短句》为准。该词牌一百十六字，上片五十七字，下片五十九字，各十句六仄韵。此调声情沉郁苍凉，宜抒发激越情感，历来为词家所习用。

《金缕曲·赠梁汾》作于康熙十五年（1676），亦是性德的成名之作。梁汾，指纳兰性德的朋友顾贞观。清康熙十五年与纳兰性德相识，从此交契，直至纳兰性德病殁。其时性德初识郁郁不得志的顾贞观，觉得相见恨晚。据顾贞观说，吴兆骞被诬流放，纳兰性德看了顾贞观给吴兆骞的两首《金缕曲》，异常感动，决心参与营救吴兆骞的活动，并且给顾贞观写了这首披肝沥胆的诗篇。

顾贞观在《金缕曲》（酬容若见赠次原韵）词中附注："岁丙辰，容若二十有二，乃一见即恨识余之晚。阅数日，填此曲为余题照。"可证此词作于丙辰，即康熙十五年。

词题《赠梁汾》，一本作《赠顾梁汾题栎香小影》。梁汾，即顾贞观（1637—1714），清代文学家。原名华文，字远平、华峰，亦作华封，号梁汾，江苏无锡人。明末东林党人顾宪成四世孙。康熙五年举人，擢秘书院典籍。曾馆纳兰相国家，与相国子纳兰性德交契，康熙二十三年致仕，读书终老。贞观工诗文，词名尤著，著有《弹指词》《积书岩集》等。顾贞观与陈维崧、朱彝尊并称明末清初"词家三绝"，同时又与纳兰性德、曹贞吉共享"京华三绝"之誉。

这首词写作者与顾贞观相见恨晚、相互知心的友情，抒发了对沉居下僚的才士贤人不幸遭际的同情与不平，透露了自己的心声。

词的上阕，写词人与顾贞观相见恨晚。"德也狂生耳"，起句奇兀，警拔有力，使人陡然一惊。纳兰性德的父亲明珠，是当时权倾朝野的宰辅。纳兰性德风华正茂，文武双全，在他面前正铺设着一条荣华富贵的坦途。然而，他竟劈头自称"狂生"，而且还带着颇为不屑的语气，这一下就抓住了读者的心，使人不得不注意品味；并且借以摆脱种族与贵贱的束缚，可以与顾贞观处于平等地位对话，便于求得感情上的沟通。"偶然间，缁尘京国，乌衣门第。"这是词人对自己身世的解释。纳兰性德化用谢朓"谁能久京洛，缁尘染素衣"的诗意，说自己生长于京师的富贵人家，蒙受了尘世的污浊。"偶然间"三字，表明他并不稀罕金粉世家繁华喧嚣的生活。"乌衣门第"，指世家望族。南朝梁沈约《宋书·谢弘微传》："尝共宴处，居在乌衣巷，故谓之乌衣之游。""乌衣"，即乌衣巷。在今江苏南京秦淮河南岸，六朝时为贵族聚居的地方。乌衣巷曾是东晋宰相王导和谢安这两大贵族集团集中居住的地方。在词的开头，词人就坦率地把自己鄙薄富贵家庭的心境，告诉给顾贞观，是希望出身寒素的朋友们理解他，不要把他看成是一般的贵介公子。对此作出合理的解释，才能使自己与顾贞观处于真正平等的地位，这是无法回避的，于此可见作者笔法之精严。只有这样，下面才能谈到与顾氏结为知己之事。所以接下来作者写道："有酒惟浇赵州土，谁会成生此意？"上句用典，原是唐代李贺《浩歌》的诗句："买丝绣作平原君，有酒惟浇赵州土。"平原君即战国时代赵国的公子赵胜，此人平生喜欢结纳宾客。李贺写这两句诗，对那些能够赏识贤士的人表示怀念。他举起酒杯，浇向赵州，觉得茫茫宇内，唯独平原君值得景仰。纳兰性德径用李诗入词，同样是表示对爱惜人才者的敬佩。当然，他和李贺的心情不尽相同。李贺怀才不遇，攀附无门；纳兰性德生长名门，青云有路。但是，他从顾贞观、吴兆骞等人的遭遇里，深深感到社会的不平，感到人才总是无法逃脱遭受排挤的厄运，因而忧思重重、满怀悲愤。"谁会成生此意"，透露出孤独落寞的悲哀。他的失望、彷徨、牢骚之情，统统包含在这里面。"不信道、遂成知己。"骤然看来，在"不信道"之后，又加上"遂"字，显得有点累赘，但重复强调意外之感，是为了表达得友的狂喜。这几句，笔势驰骤，极尽腾挪变化之妙。"青眼高歌俱未老，向尊前，拭尽英雄泪。"青眼是高兴的眼色，不过，在举杯痛饮之余，又不禁涕泪滂沱。英雄失路，惺惺相惜，得友的喜悦、落拓的悲哀，一齐涌上心头。南宋辛稼轩《水龙吟·登建康赏心亭》曾有句云："倩何人，唤取翠袖红巾，揾英雄泪。"纳兰性德的心情，与此相类。不过，辛词"揾"字比较含蓄，纳兰用"拭尽"一语，却是淋漓尽致地宣泄情感。这几句，诗人把歌哭笑啼交错在一起，比辛的诗句显得更鲜明更奔放。"君不见，月如水"，以此景作结。月儿皎洁，凉浸浸的，似是映衬着他们悲凉的情怀，又似是他们纯洁友谊的见证。即景即情，尽在不言中。

词的下阕，抒写二人生死不渝的友情。"共君此夜须沉醉。"这换头处一句直承上阕"尊前"饮酒而来。这里的"须"字很值得玩味。它表明，诗人要有意识地使自己神经麻木。从写法上看，此句与杜甫的名句"白日放歌须纵酒"也颇相似，但意境大不相同。"纵酒"未必大醉，"沉醉"却是醉得不省人事。为什么必须烂醉如泥？下面跟着作答。"且由他，蛾眉谣诼，古今同忌。"战国楚屈原在《离骚》中说过："众女嫉余之蛾眉兮，谣诼谓余以善淫。"在纳兰性德看来，古往今来，有识之士被排斥不用者多如牛毛，顾贞观等受到不公的待遇也自不可避免。不合理的现实既已无法改变，他便劝慰好友，不如一醉了事。这种一醉解千愁的做法，固然是逃避现实的表现，但诗人冷峭的情绪，乃是愤怒与消极的混合物。"身世悠悠何足问，冷笑置之而已。"从顾贞观等今古才人的遭遇中，词人想到自己。在污浊的社会中，过去的生涯毫无意趣，将来的命运也不值一哂，因而他发出了"寻思起，从头翻悔"的感叹。在词的开头，词人已透露出他对门阀出身的不屑，这里再一次申明，是强调他和顾贞观有着同样的烦恼，对现实有着同样的认识，他和顾贞观一起承受着不合理社会给予的压力。在这里，通过词人对朋友安慰体贴相濡以沫的态度，我们也看到了他对现实生活的不满和激忿。"一日心期千劫在，后身缘、恐结他生里。"在激动之余，纳兰性德把笔锋拉回，用沉着坚定的调子抒写他对友情的珍惜。恐结是梵语劫簸的省略，是计算时间的数量词。在不期然得遇知己的时刻，他郑重表示，一旦倾心相许，友谊便地久天长，可以经历千年万载。同时，彼此相见恨晚，只好期望来世补足今生错过的时间。这番誓言，灼热如火。结句"然诺重，君须记"。再三叮咛，强烈地表达与顾贞观世世为友的愿望。纳兰性德着眼于传情，直抒胸臆，但也注意顺手拈来一二景语，约略点染。这首词因情写景，情景相生，收到了形象生动、境界隽永的艺术效果。清刘熙载在《艺概》中写道："词中用事，贵无事障。晦也，肤也，多也，板也，此类皆障也。姜白石用事入妙，其要诀所在，可于其《诗说》见之，曰：'僻事实用，熟事虚用。学有余而约用之，善用事者也。乍叙事而间以理言，得活法者也。'"纳兰性德流畅地运用故实，就是善与活的一例。正因如此，这首《金缕曲》显得既酣畅又深沉；既慷慨淋漓，又耐人寻味。这首词没有华丽的词藻，却使人读来神摇魄荡，感觉到作者字字句句出自肺腑。它的成就，证实了一条创作的真理：真情实感，是诗歌的生命。近代词学家王国维说："纳兰容若以自然之眼观物，以自然之舌言情。"这比较准确地概括出纳兰性德的创作风格。就《金缕曲·赠梁汾》而言，我们可以看到诗人运笔如流水行云，一任真纯充沛的感情在笔端酣畅地抒发。不过，纳兰性德的诗歌直写怀抱，又非不注意艺术锤炼，一味粗头乱服。从《金缕曲》的分析中，我们发现作者经常化用名句，运用典故。

【原文】

金缕曲·亡妇忌日，有感·此恨何时已

此恨何时已⁽¹⁾。滴空阶⁽²⁾、寒更雨歇，葬花天气⁽³⁾。三载悠悠魂梦杳⁽⁴⁾，是梦久应醒矣⁽⁵⁾。料也觉、人间无味。不及夜台尘土隔⁽⁶⁾，冷清清、一片埋愁地。钗钿约⁽⁷⁾，竟抛弃。　　重泉若有双鱼寄⁽⁸⁾。好知他、年来苦乐，

与谁相倚？我自中宵成转侧，忍听湘弦重理⁽⁹⁾。待结个、他生知已。还怕两人俱薄命，再缘悭⁽¹⁰⁾、剩月零风里。清泪尽，纸灰起。

【毛泽东圈评等情况】

毛泽东在读龙榆生编选《近三百年名家词选》收录的这首《金缕曲·此恨何时已》词时，先在题目《亡妇忌日，有感》上方天头空白处画了一个大圈，然后又在正文第十五、第十七、第十八、第二十等句旁各画一个小圈，还在"料也觉、人间无味"等四句旁分别加了1、2、3、3个小圈。

[参考]中央档案馆整理：《毛泽东手书选集·古诗词卷（下）》，中央档案出版社1998年版，第225页。

【注释】

（1）此恨何时已，语本宋李子仪《卜算子》："此水几时低，此恨何时已。"

（2）滴空阶，化用唐温庭筠《更漏子》"一叶叶，一声声，空阶滴到明"诗意。

（3）葬花天气，指春末落花时节，大致是农历五月，这里既表时令，又暗喻妻子之亡如花之凋谢。

（4）魂梦，魂，灵魂，古人想象的能离开人体而存在的精神。梦，梦魂。唐李嘉佑《江湖秋思》诗："嵩南春遍伤魂梦，壶口云深隔路歧。"杳（yǎo），远得看不见踪影。

（5）是梦久应醒矣，自己早应从这人生的梦境中醒来。纳兰性德在《南乡子·为亡妇题照》中有"卿自早醒侬自梦"句。

（6）夜台，指坟墓，亦借指阴间。晋陆机《挽歌》："按辔遵长薄，送子长夜台。"李周翰注："坟墓一闭，无复见明，故云长夜台。"

（7）钗钿约，钗钿即"金钗""钿合"，女子饰物。暗指爱人间的盟誓。借唐玄宗与杨贵妃"定情七夕，授金钗钿合以固之"的故事，事见唐陈鸿《长恨歌传》："上甚悦，进见之日，奏《霓裳羽衣曲》以导之；定情之夕，授金钗钿合以固之。又命戴步摇，垂金珰，明年，册为贵妃，半后服用。由是冶其容，敏其词，婉娈万态，以中上意，上益嬖焉。"

（8）"重泉"句，九泉，旧指死者所归。南朝梁江淹《杂体诗·效潘岳〈悼亡〉》："美人归重泉，悽怆无终毕。"双鱼，亦作双鲤。一底一盖，把书信夹在里面的鱼形木板，常指代书信。唐韩愈《寄卢仝》诗："先生有意许降临，更遣长须致双鲤。"钱仲联集释引孙汝听曰："古乐府云：'客从远方来，遗我双鲤鱼。呼儿烹鲤鱼，中有尺素书。'"唐唐彦谦《寄台省知己》："久怀升籍甚，千里寄双鱼。"

（9）"忍听"句，湘弦，即湘灵鼓瑟之弦。传说舜之妃子溺湘水而亡，后为水神，古代词中常用琴瑟代指夫妻，这里指纳兰不忍再弹奏那哀怨凄婉的琴弦，否则会勾起悼亡的哀思。唐韩愈《送灵师》："四座咸寂寞，杳如奏湘弦。"

（10）缘悭（yuán qiān），缘分浅薄。缘，缘分。悭，吝俭，欠缺。郭沫若《鬼苗的检阅》："我和茅盾先生虽相识，和我们的鲁迅先生竟缘悭一面。"

【赏析】

清康熙十三年（1674），十九岁的纳兰性德与十七岁的卢氏成婚。卢氏的父亲卢兴祖官至两广总督，是两省的最高军政长官、封疆大吏。有关卢氏的记述道："夫人生而婉，性本端庄，贞气天情，恭客礼典。明珰佩月，即如淑女之章，晓镜临春，自有夫人之法……幼承母训，娴彼七襄，长读父书，佐其四德。"从中可以知道卢氏是一个美丽端庄、有教养、有文化、三从四德的标准淑女。纳兰性德成婚三年后，妻子卢氏因难产而亡，年仅二十一岁。生离的无奈已令词人哀愁，不期而至的死别就更令其肠断了，从此以后，"悼亡之吟不少，知己之恨尤多"，无论是亡妻的生辰、忌日，还是词人身在家园塞上，始终没有停止他的哀吟婉唱。纳兰性德在卢氏亡后，词风也为之改变，悼念之作不止，哀吟之唱不绝。

这是一首悼亡词，作于康熙十九年（1680）五月三十日，这一天是其妻卢氏死亡三周年的忌日。这时纳兰性德二十六岁。据徐乾学所撰《纳兰君墓志铭》载，性德之"配卢氏，两广总督、兵部尚书、都察院右都御史兴祖之女，赠淑人，先君卒"。据1977年出土的《皇清纳腊氏卢氏墓志铭》载：卢氏"年十八归……成德。康熙十六年五月三十日卒，春秋二十有一，生一子海亮"。卢氏与纳兰性德结婚时，性德二十岁，婚后三年她便去世了，但其夫妻感情深厚，今存《饮水词》，悼亡之作便占很大篇幅。纳兰性德生长于富贵之家，为承平少年、乌衣公子，丧妻使他尝到了人生的苦涩。这首《金缕曲》是诸悼亡之作中的代表作。

全词虚实相间，实景与虚拟、所见与所思糅合为一，历历往事与冥冥玄想密合无间。纳兰词"哀感顽艳""令人不能卒读"，于此可见一斑。

词的上阕，叙写对亡妻的追念。"此恨何时已。"词突兀而起。此乃化用宋李之仪《卜算子》词"此水几时休，此恨何时已"成句，劈头一个反问，道出词人心中对卢氏之死深切绵长、无穷无尽的哀思。作者既恨新婚三年竟成永诀，欢乐不终而哀思无限；又恨人天悬隔、相见无由。值此亡妇忌日，这种愁恨更有增无已。"滴空阶、寒更雨歇，葬花天气"三句，更渲染出悼亡的环境氛围。"滴空阶"二句，化用唐温庭筠《更漏子》下阕词意，温词曰："梧桐树，三更雨。不道离情正苦。一叶叶，一声声，空阶滴到明。"能清晰听到夜雨停歇之后，残雨滴空阶之声的人，一定有着郁闷难排的心事，温飞卿是为离情所苦，纳兰容若则为丧妻之痛，死别之伤痛自然远过于生离，故其凄苦更甚。卢氏死于农历五月三十日，此时已是夏天，争奇斗艳的百花已大都凋谢，故称"葬花天气"。此处有两措辞当注意：其一明属夏夜，却称"寒更"，此非自然天气所致，乃寂寞凄凉之心境感受使然；其二是词人不谓"落花"，而称"葬花"，"葬"与"落"平仄相同自非韵律所限。人死方谓"葬"，用"葬"字则更切合卢氏之死，如春花一样美艳的娇妻，却如落花一样"零落成泥碾作尘"，如今之"葬花天气"。"三载悠悠魂梦杳，是梦久应醒矣"二句，从自身着笔，妻死整整三年，仿佛大梦一场，但果真是梦也早该醒了。然后词人又从妻子设想："料也觉、人间无味。不及夜台尘土隔，冷清清、一片埋愁地。"三句承上句来，人间无味，倒不如一抔黄土，与人世隔开，虽觉冷清，却能将愁埋葬。夜台，即墓穴。埋愁地，亦指墓地。卢氏葬于玉河皂荚屯祖茔。"钗钿约，竟抛弃"二句，将二人合写。用唐玄宗与杨贵妃七月七日长生殿，夜半无人私语时，七夕定情之典。再从自身痛苦生发，谓你因觉人间无味而撒手归去，却不顾我俩当年白头到老的誓言，竟使我一人痛苦地生活在人间。古时夫妇常以钗钿作为定情之物，表示对爱情的忠诚。钗为古代妇女的首饰之一，乃双股笄。钿，即金花，为珠宝镶嵌的首饰，亦由两片合成。上阕写词人对亡妇的深切怀念。

词的下阕，写愿与卢氏再结来生之缘。开头，词人期望能了解卢氏亡故以后的情况。这当然是以人死后精神不死，还有一个幽冥的阴间世界为前提的。此亦时代局限使然，也未尝不是词人的精诚所至，自然无可厚非。"重泉若有双鱼寄。好知他、年来苦乐，与谁相依？""重泉"，即黄泉，九泉，俗称阴间。双鱼，指书信。古乐府有"客从远方来，遗我双鲤鱼。呼儿烹鲤鱼，中有尺素书"之诗，后世故以双鲤鱼指书信。倘能与九泉之下的亡妻通信，一定得问问她，这几年生活是苦是乐、和谁为伴。此乃由生前之恩爱联想所及。词人在另两首题为《沁园春》的悼亡词中也说："记绣榻闲时，并吹红雨；雕栏曲处，同倚斜阳。"又曰："最忆相看，娇讹道字，手剪银灯自泼茶。"由生前恩爱，而关心爱人死后的生活，钟爱之情，可谓深入骨髓。"我自中宵成转侧，忍听湘弦重理。"词人终夜辗转反侧，难以成眠。欲以重理湘琴消遣，又不忍听这琴声，因为这是亡妻的遗物，睹物思人，只会起到"举杯消愁""抽刀断水"的作用，而于事无补。"湘弦"，原指湘妃之琴。由此可以看出卢氏在日，夫妇常在东厢理琴。理琴，即弹琴。捎信既难达，弹琴又不忍，词人只好盼望来生仍能与她结为知己。据叶舒崇所撰卢氏墓志，性德于其妻死后，"悼亡之吟不少，知己之恨尤多"。词人不仅把卢氏当作亲人，也当成挚友，在封建婚姻制度下，这是极难得的。词人欲"待结个、他生知己"的愿望，仍怕不能实现："还怕两人俱薄命，再缘悭、剩月零风里。"词人甚至担心两人依旧薄命，来生的夫妻仍不能长久。缘悭，指缘分少；剩月零风，好景不长之意。读词至此，不能不使人潸然泪下。新婚三年，便生死暌隔，已足以使人痛断肝肠，而期望来生也不可得，这个现实不是太残酷了吗？在封建制度下，婚姻不以爱情为基础，故很少美满的，难得一两对恩爱夫妻，也往往被天灾人祸所拆散。许多痴情男女，只得以死殉情，以期能鬼魂相依。词人期望来生再结知己，已是进了一步。但又自知无望，故结尾"清泪尽，纸灰起"二句，以景结情，格外凄绝，使人不忍卒读。

【原文】

菩萨蛮四首·问君何事轻离别

问君何事轻离别⁽¹⁾，一年能几团圆月⁽²⁾。杨柳乍如丝⁽³⁾，故园春尽时⁽⁴⁾。春归归不得⁽⁵⁾，两桨松花隔⁽⁶⁾。旧事逐寒潮，啼鹃恨未消⁽⁷⁾。

【毛泽东圈评等情况】

毛泽东在读龙榆生编选《近三百年名家词选》收录的这首《菩萨蛮四首·问君何事轻离别》词时，先在总题目《菩萨蛮四首》下批注道："悼亡。"然后在该首正文上方天头空白处画了一个大圈，还在最后两句旁分别画了两个、三个小圈。

[参考]中央档案馆整理：《毛泽东手书选集·古诗词卷(下)》，中央档案出版社1998年版，第226页。

【注释】

（1）问君，词人自问。君，指一国之国君，即最高统治者。后来，"君"也变成一种敬称。离别，比较长久地跟人或某个地方分开。战国楚屈原《楚辞·离骚》："余既不难夫离别兮，伤灵修之数化。"

（2）一年能几团圆月，指自己与家人一年能在一起看月圆的时候。团圆月，一本作"团栾月"。元·郑光祖《蟾宫曲·梦中作》："冷冷清清潇湘景晚风生，淅留淅零暮雨初晴，皎皎洁洁照橝篷别留团栾月明。"

（3）乍（zhà）如丝，指刚刚吐出新绿时。唐温庭筠《菩萨蛮》："杨柳又如丝，驿桥春雨时。"

（4）故园，旧家园，故乡。唐骆宾王《晚憩田家》诗："唯有寒潭菊，独似故园花。"指词人家所在的北京。

（5）春归，春天来临。唐李白《宫中行乐词》之四："玉树春归日，金宫乐事多。"

（6）两桨，两个船桨。古乐府《莫愁乐》："莫愁在何处，莫愁石城西。艇子打两桨，催送莫愁来。"桨，划船用具，多为木制，上半圆柱形，下半扁平而略宽。松花，松花江，发源于长白山，流经吉林、黑龙江两省。

（7）啼鹃，鹃，杜鹃，传说杜鹃啼叫声为"不如归去"。恨，遗憾。

【赏析】

《菩萨蛮》，唐教坊曲名，后用为词牌，也用作曲牌。亦作《菩萨鬘》，《子夜歌》《重叠金》等。小令，共四十四字，以五七言组成；通篇两句一韵，凡四易韵。前后片各两仄韵，两平韵，平仄递转。第一、二句即为七言仄句。第三句为仄起之五言句，换用平韵。第四句为五言拗句。后半第一句为平起仄韵之五言句。第二句为仄起仄韵之五言句。第三、四句与前半第三四句同。情调由紧促转低沉，历来名作最多。

此词有"春归归不得，两桨松花隔"之句，当作于康熙二十一年（1682）三月份，词人随从康熙帝到盛京告祭祖陵并巡视吉林等地时。据徐乾学所作词人墓志铭，"上之幸……盛京、乌喇……未尝不从"及"容若尝未使觇梭龙诸羌"，作者曾两次东出山海关，去东北地区。当时天气还很寒冷，词人想起了远在北京的妻子，心有所感，写下这首词，抒发了对闺中妻子的思念及生前不能团圆的遗恨。

词的上阕，写在边地望月而思故乡。"问君何事轻离别"，起句警拔，写词人望月而生的叹惋。这句是词人故意模拟妻子口吻质问自己：你为何轻视离别？表面上是妻子恼我，骨子里是我谅妻子，笔致深情而委婉。自今望月兴叹，追忆起别离往事，犹觉对不起死去的妻子。用"何事"作反诘语，写出别离之恨。词人作为康熙帝的御前侍卫，经常扈驾随行，在外奔波，妻子是知道的，为什么还说他"轻离别"呢？接以"一年能几团圆月"句，其怅叹离多会少之情已见。词人并不是"轻离别"，只是身为康熙帝的一等侍卫，他随扈出行，不得不离，不得不别。一年也难得有几回在花好月圆时阖家团圆。"举头望明月，低头思故乡。"（唐李白《静夜思》）望月而自然想起故乡，所以作者接着写道："杨柳乍如丝，故园春尽时。"

二句出之以景语，以美好的春色反衬有家难归的悲凄。"乍如丝"生动形象地写出了北地的季节在仲春，那么此时"故园"也就春意阑珊了。借杨柳而写词人对故园、对亡妻的深切怀念。

词的下阕，抒发不能与妻子团圆的愁恨。明确点出"归不得"的缘由，即扈驾从巡，身不由己。"春归归不得"一句上承"杨柳乍如丝，故园春尽时"，言春尽而不能归的怅惘心情。"两桨松花隔"，南朝民歌《莫愁乐》："莫愁在何处？莫愁石城西。艇子打两桨，催送莫愁来。"词人反其意而用之，说是因为被松花江阻隔，不能回去。表面是怨江，实际上是怨侍卫之差事阻其归家与妻子相聚。"旧事逐寒潮，啼鹃恨未消。"结末二句是此时心态的描写，即追思往事，令人心寒，犹如眼前松花江水的寒潮起伏，忆及过去在家中与妻子的种种情事，思潮滚滚，有如寒江之潮。此时忽然传来杜鹃的哀鸣，好像也在为词人不得归去伤情。传说杜鹃为古蜀帝杜宇魂魄所化，鸣声凄厉，啼叫声为"不如归去"。词人以鸟喻人，以啼鹃之恨喻词人之恨。以景结情，感情凝重凄楚，读之令人凄恻。

全词话语直致，但内容曲折，首句的拟言和结句的用典都为本词增加了深沉婉转之情，深婉感人。晚清词人陈廷焯《白雨斋词话》说："'杨柳乍如丝。故园春尽时'，亦凄婉，亦闲丽，颇似飞卿语，惜通篇不称。"近代词论家吴梅《词学通论》："'杨柳乍如丝。故园春尽时'，凄婉闲丽，较'驿站春雨'更进一层。"

【原文】

菩萨蛮四首·催花未歇花奴鼓

催花未歇花奴鼓⁽¹⁾，酒醒已见残红舞⁽²⁾。不忍覆余觞⁽³⁾，临风泪数行。　粉香看又别⁽⁴⁾，空剩当时月⁽⁵⁾。月也异当时，凄清照鬓丝⁽⁶⁾。

【毛泽东圈评等情况】

毛泽东在读龙榆生编选《近三百年名家词选》收录的这首《菩萨蛮四首·催花未歇花奴鼓》词时，先在总题目《菩萨蛮四首》下批注："悼亡。"然后在该首正文上方天头空白处画了一个大圈，并在后六句右侧各加了两个旁圈。

[参考] 中央档案馆整理：《毛泽东手书选集·古诗词卷（下）》，中央档案出版社1998年版，第226页。

【注释】

（1）花奴，唐玄宗时汝阳王李琎的小字。李琎善击羯鼓。唐南卓《羯鼓录》："上（玄宗）性俊迈，酷不好琴。曾听弹琴，正弄未及毕，叱琴者出，曰：'待诏出去！'谓内官曰：'速召花奴将羯鼓来，为我解秽！'"宋范成大《题〈开元天宝遗事〉》诗之一："御前羯鼓透春空，笑觉花奴手未工。"

（2）残红舞，指花落。残红，凋残的花，落花。唐王建《宫词》之九十："树头树底觅残红，一片西飞一片东。"

（3）覆，倾翻酒杯，指饮酒。余觞（yú shāng），杯中所剩残酒。化用南朝宋鲍照《秋夜二首》之一中"愿君翦众念，切共覆前觞"诗意。此处意为不忍心喝完剩下的酒。觞，古代称酒杯。

（4）粉香，脂粉的香气，代指钟爱的女子。

（5）剩（shèng），剩余。

（6）"月也"二句，如今的月光也与当时不同了，只照着我的鬓发。凄清，凄凉冷清。晋潘岳《秋兴赋》："月朣胧以含光兮，露凄清以凝冷。"鬓丝，鬓发。唐李商隐《赠司勋杜十三员外》诗："心铁已从干镆利，鬓丝休叹雪霜垂。"

【赏析】

词人爱妻卢氏去世，词人为了纪念与哀悼亡妻，于是写下了这首《菩萨蛮》。

这首悼亡词追忆他一次外出、妻子为其饯别的情形，抒发了对亡妻的怀念之情。作者悼亡之作很多，往往是通过具体的情事的追忆来表现，所以写来各有特色，毫无重复之感。

词的上阕叙事，写夫妻饯别情景。"催花未歇花奴鼓，酒醒已见残红舞。"首句用典。据唐南卓《羯鼓录》载："尝过二月初，诘旦，（玄宗）巾栉方毕，时当宿雨初晴，景色明丽，小殿内庭柳杏将吐，睹而叹曰：'对此景物，岂得不为他判断之乎？'左右相目，将命备酒。独高力士遣取羯鼓，上旋命之，临轩纵击一曲，曲名《春光好》。神思自得，及顾柳杏，皆已发坼，上指而笑谓嫔御曰：'此一事不唤我作天公可乎？'"花奴，唐代汝阳王李琎小名，善羯鼓，常被玄宗招去击鼓。又《羯鼓录》："上（玄宗）性俊迈，酷不好琴。曾听弹琴，正弄未及毕，叱琴者出，曰：'待诏出去！'谓内官曰：'速招花奴将羯鼓来，为我解秽！'"通过这个典故，词人回忆妻子在为自己饯行的宴席上，击鼓为乐，以酒助兴。"酒醒"隐含前已酒醉，说明二人饮酒之多，足见愁苦之重。风吹残花，纷纷飘落，点明暮春时节。以酒浇愁，其愁更甚，东风无力，落花无言，似乎都在为即将离别之人叹息，烘托出词人与妻子的凄凉心情，使人想起唐李商隐在《无题》中"相见时难别亦难，东风无力百花残"的诗句。"不忍覆余觞，临风泪数行。"三、四两句叙事兼描写，紧承"酒醒"，正写别宴。上文"酒醒"指词人，"不忍"则包括夫妻二人。饮尽酒杯中的所余之酒，则意味着别宴将散，不忍心饮尽即希望延长别宴，夫妻多在一起待一些时间，真是"相顾无言，只有泪千行"（宋苏轼《江城子》）。握别之际，临风落泪，涕泗交流，生动地写出了夫妻不忍离别的痛楚心绪。

词的下阕，抒发别离之苦。"粉香看又别，空剩当时月。"换头处紧承上阕，仅从月字着眼，点出离别的时间。"粉香"，指代女子，即词人妻子。"当时月"指出是别离时的月亮，是词人追忆口吻。明月东升，别宴将散，夫妻即将分别。词人出神地望着天空的月亮，想到今后夫妻分别之苦，不禁黯然神伤。"月也异当时，凄清照鬓丝。"结末二句描写，上句"月也异当时"，与前句"空剩当时月"运用顶针续麻辞格，紧密相连，二句中又用"当时月"与"月也异当时"构成复沓，使四句浑然一体，构成一种别离的氛围。下阕前二句从妻子着眼，叙写当时别离之事；后二句从自己落笔，抒写今日追思情怀。离别当时，词人和妻子，在美好的月光下相倚相偎、恋恋不舍；今日追忆，虽也明月当空，似与往时不同的是，凄凉月光，照耀着词人的鬓发，他已经是孤身一人了。月本一物，由于人的心境不同，感觉也不一样。用景物烘托、渲染人的心境，写出别离之痛。全词低回凄婉，悲戚无限，十分感人。

这首词写思恋、写离别，本身用词也巧，典故也大有可玩味处，真可读可感：花奴不鼓，唯见残红飞舞；前欢不再，而其悲则无穷；读之惨然，起身无绪，怅然若有所思。清初词人先著《词洁》卷一说："轻而不浮，浅而不露，美而不艳，动而不流，字字盘旋。"

【原文】

菩萨蛮四首·晶帘一片伤心白

晶帘一片伤心白⁽¹⁾，云鬟香雾成遥隔⁽²⁾。无语问添衣，桐阴月已西⁽³⁾。西风鸣络纬⁽⁴⁾，不许愁人睡⁽⁵⁾。只是去年秋，如何泪欲流。

【毛泽东圈评等情况】

毛泽东在读龙榆生编选《近三百年名家词选》收录的这首《菩萨蛮四首·晶帘一片伤心白》词时，先在总题目《菩萨蛮四首》下批注："悼亡。"然后在该首正文上方天头空白处画了一个大圈，并在后四句右侧各加了两个旁圈。

[参考]中央档案馆整理：《毛泽东手书选集·古诗词卷（下）》，中央档案出版社1998年版，第226页。

【注释】

（1）晶帘，即水精帘，质地精细、色泽莹澈的帘子。此举隐含唐李白《玉阶怨》"却下水精帘，玲珑望秋月"诗意。伤心白，心灵受伤，形容极其悲痛。清宋琬《蝶恋花》（旅月怀人）："月去疏帘才数尺，乌雀惊飞，一片伤心白。"

（2）"云鬟"句，云鬟香雾，谓其乌黑的头发若云，其香气如雾气袭人。化用唐杜甫《月夜》"香雾云鬟湿，清辉玉臂寒"句意。这里代指闺中之人。遥隔，遥遥相隔。

（3）桐阴，梧桐树阴。

（4）络纬（luò wěi），虫名，即莎鸡，俗称络丝娘、纺织娘。西晋崔豹《古今注·鱼虫》："莎鸡，一名络纬，一名蟋蟀，谓其鸣如纺纬也。"化用唐李白《长相思》"长相思，在长安。络纬秋啼金井栏，微霜凄凄簟色寒"词句，表达对亡妻的思念。

（5）不许愁人睡，宋李清照《念奴娇》："被冷香消新梦觉，不许愁人不起。"愁人，心怀忧愁的人。晋傅玄《杂诗》："志士惜日短，愁人知夜长。"

【赏析】

作者妻子卢氏死于康熙十六年（1677）五月三十日。此词有"只是去年秋，如何泪欲流"之句，当作于康熙十七年（1678）秋，时卢氏新亡不久。

词的上阕叙事，写词人秋夜无人为之添衣。"晶帘一片伤心白，云鬟香雾成遥隔"，是说在皎洁月光照射下，水晶帘洁白一片，闪闪发光，这美丽的景色不但没有引起词人的兴致，反而使他非常伤心。这是为什么呢？此句对此作了回答。因为月夜之下思念妻子，不胜感伤。唐李白有一首《菩萨蛮》，写思妇盼望远方行人久而不归的心情，其中就有"寒山一带伤心碧"的句子。此句谓在月光的映衬下水晶帘看上去一片白。"云鬟香雾"句，语出唐杜甫《月夜》："香雾云鬟湿，清辉玉臂寒"，这是杜甫写给妻子的诗，词人用此亦代妻子。"无语问添衣"一句，承上句，谓所思的人不在身边，即使天气寒冷，也无法再问他要不要加衣裳了，照应了前句的"成遥隔"。"添衣"两字，平淡深情。接下去是"桐阴月已西"，小院中梧桐树的影子已从西边转到东边，说明夜色已经很深了。夜深则天凉，天凉则需要添加衣服，却没有人来问是否需要添加衣服。现在的无人问，正说明过去有人问。如果在过去，妻子自然就会来给他添加衣服，一种怅惘若失之情流于笔端。

词的下阕抒情，写自己伤心得不能入睡。"西风鸣络纬，不许愁人睡。"换头处二句，承前意脉，是说西风阵阵，络纬不停地鸣叫，好像故意与人作对，不但不让愁肠百结的词人入睡，且令人添愁憎恨。不能入睡，表面上是承"无人问添衣"而来，生活上无人照料，自然令人烦恼，但这只是浅层次的原因，其实还有更深层次的原因："只是去年秋，如何泪欲流。"结末二句是说，去年如花似玉的妻子突然亡故，才使自己处于无人照料的境地，今念及此，怎能不叫人涕泪交流呢！想流不能流，将词人那种哀极无泪的情状摹写得极其精准。对妻子的深切怀念，跃然纸上。

此阕是容若小令中的佳作，上下阕折转之间从容淡定，然而于小处极见真情。凄婉动人之处，似是眼前梨花雪舞，婉转细碎散落一地。现代词学家钱仲联《清词三百首》云："短幅而语多曲折，能透过一层写。"

【原文】

菩萨蛮四首·乌丝画作回纹纸

乌丝画作回纹纸⁽¹⁾，香煤暗蚀藏头字⁽²⁾。筝雁十三双⁽³⁾，输他作一行⁽⁴⁾。相看仍似客，但道休相忆。索性不还家，落残红杏花⁽⁵⁾。

【毛泽东圈评等情况】

毛泽东在读龙榆生编选《近三百年名家词选》收录的这首《菩萨蛮四首·乌丝画作回纹纸》词时，先在总题目《菩萨蛮四首》下批注："悼亡。"然后在该首词正文上方天头空白处画了一个大圈。

[参考]中央档案馆整理：《毛泽东手书选集·古诗词卷（下）》，中央档案出版社1998年版，第226页。

【注释】

（1）乌丝，即乌丝栏，有墨线格子的纸。唐李肇《唐国史补》："宋毫间，有织成界道绢素，谓之乌丝栏，朱丝栏。"宋袁文《瓮偏闲评》卷六："黄素细密，上下乌丝织成栏。其间用墨朱界行，此正所谓乌丝栏也。"回文，原指回文诗，此处代指意含相思之句的诗。修辞手法之一。某些诗词字句，回环往复读之均能成诵。如南朝齐王融《春游回文诗》："池莲照晓月，慢锦拂朝风。"回复读之则为"风朝拂锦慢，月晓照莲池"。起源说法不一。

（2）香煤，古代妇女用以画眉的化妆品。金元好问《眉》诗之二："石绿香煤浅淡间，多情常带楚梅酸。"暗蚀，暗中渐渐散去。明王彦乱有"袖香暗蚀字依微"之句。藏头字，即藏头诗，又名"藏头格"，是杂体诗中的一种，有两种形式：一种是首联与中二联六句皆言所寓之景，而不点破题意，直到结联才点出主题；二是将诗头句一字暗藏于末一字中。同时藏头诗是诗歌中一种特殊形式的诗体，它以每句诗的头一个字嵌入你要表达的内容中的一个字。宋吕渭老《水龙吟·寄竹西》："锦字藏头，织成机上，一时分付。"

（3）筝雁，筝柱，因筝柱斜列如雁行，故称。《隋志·乐志下》谓筝为十三弦之拨弦乐器，故云。此句意为雁柱就像大雁一样成双成对。筝有十三弦，每条弦两头各有一柱，故曰十三双。宋陆游《雪中感成都》："感事镜鸾悲独舞，寄书筝雁恨慵飞。"宋欧阳修《生查子》："雁柱十三弦，⼀⼀春莺语。"

（4）输他，犹言让他（它）。十三根弦的筝柱前后排列，形成了齐整的一行。此谓就让它静静地排列为一行吧。我已经无心去弹拨了。

（5）"索性"二句，妻子在信中说了赌气的话，索性不回家也罢，杏花都落尽了，还回来干什么。

【赏析】

唐朝大诗人杜甫在《春望》诗中说："烽火连三月，家书抵万金。"是说战乱时期得到家书尤为不易，特别珍贵。其实在和平时期，家书也是弥足珍贵的，尤其是妻子的情书。这首词写作者接到家书的情形及感触，字里行间洋溢着夫妻间互敬互爱的生活情趣。

词的上阕叙事，写词人接到家书。"乌丝画作回纹纸"，起句是说，词人收到了妻子寄来的信，信是用回文诗形式写在栏绢笺纸上的。"回纹"，即回文，指回文诗。起源于前秦窦滔妻苏蕙的《璇玑图》诗。《璇玑图》用红、黄、蓝、白、黑五色彩锦织就，由841个字组成一幅彩图，字句横斜曲直，词组左右旋回，读来皆可构成七、六、五、四、三言诗。这便成了妻子为在外的丈夫寄书的典实。"香煤暗蚀藏头字。"用"香煤"指代墨。用"藏头"代称藏头诗这种游戏诗体。是说妻子在来信中用墨把诗名的第一个字涂掉，要丈夫猜是什么意思。此二句写出素有文学素养的妻子来信的特色，极富生活情趣。想到这里，词人心中五味杂陈，前尘往事瞬间涌上心头。本欲移开视线，起身弹拨古筝将心绪转移，怎料抬眼望去，那十三根筝柱前后排列成整齐的一行：不由地又负手一叹，也罢，也罢，就让"筝雁十三双，输他作一行"，且由着它静静成行在侧吧。词人双眼轻闭，相思萦回，就此失了弹拨之心。上阕手法欲擒故纵，相思之情若隐若现。

词的下阕抒情，写妻子嗔怪词人有家不归。词意从夫妻分别时的旧景转到现在纳兰独处的新景，先道"相看仍是客，但道休相忆"，二句叙事中已带感情。词人反复阅看妻子来信，觉得妻子简直把自己当作客人似的，一再说不要记挂她。这当然是言不由衷的话。结末写道："索性不还家，落残红杏花。"果然妻子在信中说了赌气的话，索性不要回家也罢，院子里的杏花都落尽了，还回家来干什么？宋叶绍翁《游园不值》诗中的名句说"春色满园关不住，一枝红杏出墙来"，故人常以杏花灿烂描写春天，春天往往是春情勃发之时，妻子埋怨杏花落残，还不回家，此乃以景结情、意在言外之法也。

整首词似一幅适宜远观之画，屋内诗句微浸墨，古筝静默；词人青衫独立在外，落花轻扬。词意低回婉曲，结尾处悠然不尽，将纳兰痛失爱妻、恨意难平、相思无解的复杂心绪娓娓道来。

【原文】

秋千索·渌水亭春望·药兰携手销魂侣

药兰携手销魂侣⁽¹⁾，争不记⁽²⁾、看承人处？除向东风诉此情，奈竟日⁽³⁾、春无语！　悠扬扑尽风前絮，又百五⁽⁴⁾、韶光难住。满地梨花似去年⁽⁵⁾，却多了、廉纤雨⁽⁶⁾。

【毛泽东圈评等情况】

毛泽东在读龙榆生编选《近三百年名家词选》收录的这首《秋千索·药兰携手销魂侣》词时，在"除向东风诉此情"等三句旁各画了两个小圈。

[参考] 中央档案馆整理：《毛泽东手书选集·古诗词卷（下）》，

中央档案出版社 1998 年版，第 226 页。

【注释】

（1）药兰，即药栏，芍药之栏，泛指花栏。南朝梁庾肩吾《和竹斋》："向岭分花径，随阶转药栏。"销魂，灵魂离开肉体，形容极其欢乐。宋秦观《满庭芳》词："销魂，当此际，香囊暗解，罗带轻分。"侣，同伴，伴侣，情侣。三国魏曹植《洛神赋》："命俦啸侣，或戏清流，或翔神渚。"

（2）争不记，怎不记。看承，护持，照顾。宋韩琦《和袁陟节推龙兴寺芍药》："问得龙兴好事僧，每岁看承不敢暇。"

（3）竟日，终日，整天。战国郑列御寇《列子·说符》："不笑者竟日。"

（4）百五，寒食日。在冬至后的一百零五天，故名。宋程先《锁窗寒·有感》词："叹嘉会难逢，少年几许？纷纷沸鼎，负了青阳百五。"韶光，指美好的时光，多指美丽的春光。南朝梁简文帝《与慧琰法师书》："五翳消空，韶光表节。"

（5）满地梨花似去年，唐刘方平《春怨》："寂寞空庭春欲晓，梨花满地不开门。"

（6）廉纤雨，细雨。廉纤，细小，细微；多用以形容微雨。唐韩愈《晚雨》诗："廉纤晚雨不能晴，池岸草间蚯蚓鸣。"

【赏析】

《秋千索》，又名《拨香灰》，清代词牌。清毛先舒自度曲。纳兰性德词更名《秋千索》。双调五十四字，前后片各三仄韵。此调字数格式与《端正好》《杏花天》《忆王孙》同。

词题《渌水亭春望》。渌水亭，乃清词人纳兰性德与朋友们的雅聚之所。在纳兰性德的诗词中，写景状物关于水、荷尤其多，遂名其别业为"渌水亭"。其地有在京城内什刹海畔、西郊玉泉山下、其封地皂甲屯玉河之滨诸说。按：此阕标题应移入"垆边换酒双鬓亚"一阕。其原文如下："垆边换酒双鬓亚，春已到卖花帘下。一道香尘碎绿蘋，看白袷、亲调马。烟丝宛宛愁紫挂，剩几笔晚晴图画。半枕芙蓉压浪眼，教费尽、莺儿话。"与"春望"之题甚切。本篇所写内容与词题殊不类，当是词人另一次游春时的失恋情词，流露出一种伤感情调。

词的上阕叙事，写情侣间发生了摩擦。"药兰携手销魂侣，争不记、看承人处？"首句是说一对情侣徜徉在芍药花栏旁边，相偎相依，令人魂断神销，这是多么惬意的事呀！此句却以怨语出之，看来二人之间是发生了小小的摩擦，所以，词人对女友不特别看待自己颇有怨尤。"除向东风诉此情，奈竟日、春无语！"三句议论兼抒情，是说女友的不理不睬，使词人面对大好春光，一时不知如何是好，整天也不敢说一句话。此情此景词人想向东风倾诉，奈何春风一整天也不回应。惆怅之情，失恋之苦，宛然如画。

词的下阕写景，流露伤春情绪。春景本来是令人欢欣鼓舞的，但由于词人情绪不佳，眼中的景物也各自不同："悠扬扑尽风前絮，又百五、韶光难住。"此两句描写，是说，风中飘飞的柳絮和疾风细雨，暗示着烟火不冒的寒食节就要到来。已是暮春天气，眼看美好的春光无法挽留，人们自然有了不悦之情。"满地梨花似去年，却多了、廉纤雨。"结末二句仍用白描。"梨花"是伤春词中常见之意象，因梨花开在春天，应是春的使者；可在词人眼中，满树的梨花只是和他一样，在春寒中寂寞地绽放，又在春暮时寂寞地零落。梨花满地，喻示着又一年春光的消逝。在有情人眼里，无情之自然风物皆为有情。"满地梨花似去年"，已寓物是人非之感，更有飘零微雨，落花纷然，更加重了春去人怨的氛围，伤春之情与失恋之苦，浑然交织在一起。词人情愫，表现已足，用的仍是以景结情之法。纳兰性德曾自刻一枚闲章曰"自伤情多"，前人亦曾谓北宋晏几道、秦观为"古之伤心人也"（清冯煦《宋六十一家词选例言》）。性德常被视为晏几道后身，多情之人注定为伤心之人，晏几道、纳兰性德之谓也。

清平乐·风鬟雨鬓

风鬟雨鬓⁽¹⁾，偏是来无准。倦倚玉阑看月晕⁽²⁾，容易语低香近⁽³⁾。　软风吹遍窗纱⁽⁴⁾，心期便隔天涯⁽⁵⁾。从此伤春伤别⁽⁶⁾，黄昏只对梨花⁽⁷⁾。

【毛泽东圈评等情况】

毛泽东在读龙榆生编选《近三百年名家词选》收录的这首《菩萨蛮四首·晶帘一片伤心白》词时，先在词牌《清平乐》下面批注道："赠女友。"然后又在正文的第四句和末三句旁各画了三个小圈。

[参考] 中央档案馆整理：《毛泽东手书选集·古诗词卷（下）》，
中央档案出版社 1998 年版，第 226—227 页。

【注释】

（1）风鬟（huán）雨鬓（bìn），本为鬟鬓蓬松不整之意。唐李朝威《柳毅传》："见大王爱女牧羊于野，风鬟雨鬓，所不忍睹。"宋李清照《永遇乐》："如今憔悴，风鬟雾鬓。怕见夜间出去。"皆为此意，后代指女子。这里指亡妻，或指所恋之女子。

（2）玉阑，栏杆的美称。月晕（yùn），月光通过云层中的冰晶时、经折射而形成的光圈。

（3）语低香近，此谓与那美丽的女子软语温存，情意缠绵，那可人的缕缕香气更是令人销魂。

（4）软风，柔和的风。气象学上指一级风。唐温庭筠《郭处士击瓯歌》："吾闻三十六宫花离离，软风吹春星斗稀。"

（5）"心期"句，意思是说如今与她远隔天涯，纵心期相见，那也是可望而不可即的了。心期，内心期许、打算。

（6）伤春，因春天到来而引起忧伤、苦闷。唐司空曙《送郑明府贬岭南》诗："青枫江色晚，楚客独伤春。"伤别，因离别而悲伤。唐李白《忆秦娥》词："秦楼月，年年柳色，灞陵伤别。"唐李商隐《杜司勋》：

"刻意伤春复伤别，人间惟有杜司勋。"

（7）黄昏，日已落而天色尚未黑的时候。战国楚屈原《楚辞·离骚》："曰黄昏以为期兮，羌中道而改路。"梨花，梨树的花，一般为纯白色。南朝梁萧子显《燕歌行》："洛阳梨花落如雪，河边细草细如茵。"

【赏析】

《清平乐（yuè）》，原为唐教坊曲名，取用汉乐府"清乐""平乐"这两个乐调而命名。后用作词牌。《宋史·乐志》入"大石调"，《金奁集》《乐章集》并入"越调"。双调四十六字，前段四句四仄韵，后段四句三平韵。

纳兰性德的词风，自其发妻卢氏早亡后，转向了哀婉、凄凉。其中除了悼亡之悲和其他的一些因素外，还在于封建制度和封建婚姻在感情上给他造成的没齿难忘的遗恨。大概在性德年少时，有位姑娘和他相爱，后来两人终于被迫分手。所谓"旧游时节好花天，断肠人去自去年。"（《浣溪沙》）"知道今生那见卿！"（《减字木兰花》）这位姑娘可能是被选入了宫中。"深禁好春谁惜，薄暮瑶阶伫立，别院管弦声，不分明。又是梨花欲谢，绣被春寒今夜。寂寞锁朱门，梦承恩。"（《昭君怨》）正是"御沟深，不似天河浅。"（《金缕曲》）这一双恋人，就这样被封建制度永远地分开了。而这也就成了缠绵悱恻的纳兰词所歌咏的另一主题。这首《清平乐》就属于这类词作。

这首《清平乐》情辞真切，将相恋之中人们想见又害怕见面的矛盾心情，一一写出。"风鬟雨鬓"，首句描写，勾勒出一位梳着秀美的环形发髻、垂着雨雾般鬓发的少女。"风鬟雨鬓"本是形容妇女在外奔波劳碌、头发散乱的模样，可是后人却更喜欢用这个词去形容女子。女子与他相约时，总是不守时间，不能准时来到约会地点。但纳兰在词中却并无任何责怪之意，他言辞温柔地写道："偏是来无准。"虽然女子常常不守约定时间，迟到的次数很多，但这并不妨碍纳兰对她的宠爱。想到与女子在一起的快乐时光，纳兰的嘴角便露出微笑。"倦倚玉阑看月晕，容易语低香近。"三、四两句继续描写，声态并作，是说记得旧时相约，曾与你倚靠着栏杆在一起闲看月晕，软语温存，情意缠绵，那可人的缕缕香气更是令人销魂。在这没有丝毫渲染、纯真朴实的语句中，人物的举动和自然环境构成一幅朦胧而和谐的画面，恋人们沉醉于绵绵情意中的心理、神色跃然纸上。

词的下阕，写恋人们分别后的相思之苦。"软风吹过窗纱，心期便隔天涯。"换头处二句是说，柔软的春风吹遍家家户户的窗纱，盎然的春意并没有成全恋人们炽热的春情，恰恰在这样的季节里，彼此心中所向往所期许的人被分开，天各一方。与《清平乐》的上阕相比，下阕的格调显得哀伤许多，因为往昔的美好回忆过后，必须要面对现实的悲凉。在想过往日与恋人柔情蜜意之后，今日独自一人，看着春光大好，真是格外感伤。纳兰一向是伤春之人，他内心深处一直藏着一份早已远逝的情感，就如同这春光一样，眼下再怎么美好，总有逝去的那一天。"从此伤春伤别，黄昏只对梨花。"结末二句是说，从此以后，每逢春天尤使人为彼此的分别而感伤，唯有在那寂寞的黄昏，面对洁白的梨花哀悼那被压抑夭折了的爱情。"梨花"，梨树的花，一般为纯白色。南朝梁萧子显《燕歌行》："洛阳梨花落如雪，河边细草细如茵。"在古代诗词中往往借以抒写春怨。唐刘方平《春怨》："寂寞黄昏春欲晚，梨花满院不开门。"宋李重元《忆王孙》："欲黄昏，雨打梨花深闭门。"这些诗句都表达了孤寂的相思之情。词人借用了这些诗意，寄寓了自己对只花不实的纯洁爱情的无限伤悼。

这首小令，把恋人间窃窃私语与天涯相思两种不同意境比较着来写，在感情上形成强烈的反差，使离情别绪显得尤为缠绵悱恻。由于词人蕴含着自身的遭遇，所以就特别的真实感人。清陈廷焯《云韶集》说："婉丽。'便'字、'从此'二字中有多少沉痛。"近代词论家王国维《人间词话》中说："纳兰容若以自然之眼观物，以自然之舌言情。此初入中原未染汉人风气，故能真切如此，北宋以来，一人而已。"

【原文】

临江仙·寒柳·飞絮飞花何处是

飞絮飞花何处是⁽¹⁾，层冰积雪摧残⁽²⁾，疏疏一树五更寒⁽³⁾。爱他明月好，憔悴也相关⁽⁴⁾。　最是繁丝摇落后⁽⁵⁾，转教人忆春山⁽⁶⁾。湔裙梦断续应难⁽⁷⁾。西风多少恨⁽⁸⁾，吹不散眉弯⁽⁹⁾。

【毛泽东圈评等情况】

毛泽东在读龙榆生编选《近三百年名家词选》收录的这首《临江仙·飞絮飞花何处是》词时，先在总题目《菩萨蛮四首》下批注道："悼亡。"然后在该首正文上方天头空白处画了一个大圈，并在"爱他明月好"二句旁各画三个小圈。

[参考] 中央档案馆整理：《毛泽东手书选集·古诗词卷（下）》，中央档案出版社 1998 年版，第 227 页。

【注释】

（1）飞絮，飘飞的柳絮。北周庾信《杨柳歌》："独忆飞絮鹅毛下，非复青丝马尾垂。"飞花，落花飘飞。唐韩翃《寒食》诗："春城无处不飞花，寒食东风御柳斜。"

（2）层冰，厚厚之冰。语出《楚辞·招魂》："层冰峨峨，积雪千里。"积雪，堆积如雪；堆积起来的雪。战国楚屈原《楚辞·九歌·湘君》："桂櫂兮兰枻，斵冰兮积雪。"王逸注："言己乘船，遭天盛寒，举其櫂楫，斵斵冰冻，纷然如积雪。"

（3）疏疏，稀疏之状。唐贾岛《光州王建使君水亭作》诗："夕阳庭际眺，槐雨滴疏疏。"五更寒，南唐李煜《浪淘沙令·帘外雨潺潺》："帘外雨潺潺，春意阑珊。罗衾不耐五更寒。"五更，一夜有五更，即一更、二更、三更、四更、五更。

（4）憔悴，凋零，枯萎。汉焦赣《易林·需之否》："毛羽憔悴，志如死灰。"相关，彼此关联；互相牵涉。晋陶潜《庚戌岁九月中于西田获早稻》诗:"遥遥沮溺心,千载乃相关。"

（5）最是,特别是。繁丝,指柳丝的繁茂。这两句里的"柳丝"和"春山",都暗喻女子的眉毛。摇落,凋残,零落。《楚辞·宋玉〈九辩〉》:"悲哉秋之为气也!萧瑟兮草木摇落而变衰。"

（6）春山,春日之山。又,春山山色如黛,故借喻女子之眉毛,或代指女子。唐李商隐《代董秀才却扇》诗:"莫将画扇出帷来,遮掩春山滞上才。"这里指代亡妻。

（7）湔(jiān)裙梦断,意思是涉水相会的梦断了。湔裙,溅湿了衣裙。见《淡黄柳·咏柳》,此谓亡妻已逝,即使梦里相见,可慰相思,但好梦易断,断梦难续。唐李商隐在《柳枝词序》中说:"后三日邻当去湔裙水上,以博山香待,与郎俱过。"此词咏柳,故用此典故。湔裙,古代的一种风俗,指农历正月元日至月晦,女子洗衣于水边,以避灾祸,平安度过厄难。唐李延寿《北史》卷五四《窦泰传》:"遂有娠,期而不产,大惧。有巫曰:'度河湔裙,产子必易。'"

（8）西风,从西方吹来的风,多指秋风。唐李白《长干行》:"八月西风起,想君发扬子。"

（9）眉弯,指弯弯的眉毛。清龚自珍《太常行》词:"似他身世,似他心性,无恨到眉弯。"

【赏析】

《临江仙》,双调小令,唐教坊曲。《乐章集》入"仙吕调",《张子野词》入"高平调"。双调:上片五句,押三平韵,三十字,下片与上片相同,共有六十字。

"飞絮飞花何处是",柳絮呀,随风飘到哪里去了呢?花儿呀,随风飘到哪里去了呢?——咦,说柳絮自然应该,毕竟是咏柳,可这个"花儿"是从哪里出来的呢?谁见过柳树开花呢?

这是一首咏物词,全诗看似写月,其实咏的是寒柳。全篇都由"柳"字贯穿,但又通篇以情入景,借景入情,情、景、物与人融为一体,"比"与"兴"融为一体,自然流泻出至真至情。由柳树而及女子,由当下而及回忆，乃是至真至情才能流泻出的忧伤词句。

词的上阕，描写柳树形态及其所受摧残。咏物为古典诗词之大宗，而原其宗旨，"物"本是外壳，是媒介，抒情才是本质，是核心。所以咏物之作要求摹写神理而不能徒赋形体，同时还要不粘不离，保持一个恰好的分寸。"飞絮飞花何处是"，首句开门见山，除了造成叠音的声音效果之外，还因为杨花作为诗词当中的一个意象符号，独有一些复杂的含义。杨花是一个飘零无助的意象。传说，杨花如果飘落到水中，就会化为浮萍。这个传说细想一下是非常凄凉的，因为杨花本身就是飘零无根之物，好容易在水里落了脚，却又化为浮萍，依然是个飘零无根之物。在层冰积雪的摧残下，柳树早已落尽了柔嫩的叶子，脱去了碧绿的衣衫。"疏疏一树五更寒"，"疏疏一树"正是寒柳的意象，而"五更寒"原本仅仅是一个时间的意象，此时交叠在一起，却把夜阑、更残、轻寒这些意象付诸柳树身上，使柳树获得了人格化的色彩，使柳树更加顺理成章地成为词人的情感投射的客体。"爱他明月好，憔悴也相关"，递进一层，似在说明月无私，不论柳树是繁茂还是萧疏，都一般照耀，一般关怀。貌似在写明月，实则是容若自况：柳树就算"疏疏"，就算"憔悴"，也减不了自己一分一毫的喜爱；伊人就算永诀，也淡不去自己一分一毫的思念。

词的下阕转折："最是繁丝摇落后，转教人忆春山。"由柳树而及女子，由当下而及回忆。换头处二句是说，最是在柳丝摇落的时候，我更免不了去想起当年的那个女子。春山，作为诗词中一个常见的意象，既可以实指春色中的山峦，也可以比喻为女子的眉毛。宋词有"眉扫春山淡淡，眼裁秋水盈盈"，便是以春山喻眉，以秋水喻眼，而一"扫"一"裁"，是形容女子描眉画眼的可爱的梳妆动作。春山既然可以比喻为女子的蛾眉，便也可以用作女子的代称，容若这里便是此意。由柳叶的形态联想到蛾眉的妙曼，联想到心爱的女子，曾经的故事……接下来仍是追忆那位女子，即"湔裙梦断续应难"。旧日风俗，三月三日上巳节，女人们相约一同到水边洗衣，以为这样可以除掉晦气。上巳节和清明节隔得不远，所以穆修有诗说"改火清明度，湔衫上巳连"。这种户外聚众的日子往往提供给了男男女女堂而皇之偷偷约会的机会。"湔裙"，用窦泰事也。唐李百药《北齐书·窦泰传》：“窦泰，字世宁，大安捍殊人也。初，泰母期而不产，大惧。有巫曰：‘渡河湔裙，产子必易。’泰母从之，俄而生泰。”“西风多少恨，吹不散眉弯。”结末二句是说，尽管西风有无限的憾恨，使万木凋落，但也吹不散凝聚在眉间的相思愁。眉弯，指弯弯的眉毛。清龚自珍《太常行》词：“似他身世，似他心性，无恨到眉弯。”

这首作品是纳兰集中得后人推誉最力的佳作之一，不但多种选集选入，清陈廷焯甚至作出“言之有物，几令人感激涕零”之“压卷之作”的崇高评价。清杨希闵《词轨》卷七说：“托驿柳以寓意，其音凄唳，荡气回肠。”

【原文】

南乡子·为亡妇题照·泪咽却无声

泪咽却无声[1]，只向从前悔薄情[2]。凭仗丹青重省识[3]，盈盈[4]，一片伤心画不成[5]。　　别语忒分明[6]，午夜鹣鹣梦早醒[7]。卿自早醒侬自梦[8]，更更[9]，泣尽风檐夜雨铃[10]。

【毛泽东圈评等情况】

毛泽东在读龙榆生编选《近三百年名家词选》收录的这首《南乡子·泪咽却无声》词时，先在总题目《为亡妇题照》上方天头空白处画了一个大圈，并在正文第二句、第五句和末三句末各画了一个大旁圈。

[参考] 中央档案馆整理：《毛泽东手书选集·古诗词卷（下）》，中央档案出版社 1998 年版，第 227 页。

【注释】

（1）泪咽，落泪而哽咽。咽，阻塞，声音因阻塞而低沉。

（2）只，敬，恭敬。觉悟到自己过去做得不对，后悔。薄情，不念情义。多用于男女情爱。唐高蟾《长门怨》诗：“烟翠薄情攀不得，星茫浮艳采无因。”

（3）凭仗，依赖，依靠。北周庾信《周车骑大将军贺娄公神道碑》："祖庆，少习边将，凭仗智勇。"丹青，丹砂和青腹，可作颜料。指画像，图画。唐杜甫《过郭代公故宅》诗："迥出名臣上，丹青照台阁。"杨伦笺注："丹青，谓画像也。"此指亡妇的画像。省（xǐng）识，认识。唐韩愈《咏怀古迹五首》之三："画图省识春风面，环佩空归月下魂。"

（4）盈盈，仪态美好之态。《玉台新咏·古乐府〈日出东南隅行〉》："盈盈公府步，冉冉府中趋。"南朝梁萧统《文选·古诗〈青青河畔草〉》："盈盈楼上女，皎皎当窗牖。"

（5）一片伤心画不成，语出唐高蟾《金陵晚望》："世间无限丹青手，一片伤心画不成。"

（6）忒（tè），方言，太、特。

（7）午夜，指夜里十二点钟前后；半夜。唐戴叔伦《重游长真寺》诗："蒲间千年雨，松门午夜风。"鹣鹣（jiān），即鹣鸟，比翼鸟。似凫，青赤色，相得乃飞。《尔雅·释地》："南方有比翼鸟焉，不比不飞，其名谓之鹣鹣。"郭璞注："似凫，青赤色，一目一翼，相得乃飞。"

（8）卿，古代朋友、夫妇间的爱称。西汉司马迁《史记·刺客传》："卫人谓之庆卿。"索隐："时人尊重之号。"《玉台新咏·古诗为焦仲卿妻作》："我自不驱卿，逼迫有阿母。"侬，人称代词，我（多见于旧诗文）。

（9）更更，一更又一更，即指夜夜苦受熬煎。

（10）夜雨铃，化用唐郑处《明皇杂录补遗》："明皇既幸蜀，西南行，初入斜谷，属霖雨涉旬，于栈道中闻雨铃，音与山相应。上既悼念贵妃，采其声为雨霖铃曲，以寄恨焉。"

【赏析】

《南乡子》，词牌名，原唐教坊曲。《金奁集》入"黄钟宫"。原为单调，有二十七字、二十八字、三十字各体，平仄换韵。单调始自后蜀欧阳炯，此词牌即以欧阳炯《南乡子》为正体。

该词是纳兰性德为亡妻卢氏的画像题写的。卢氏十八岁嫁性德，二十一岁去世。因伉俪情深，性德自此不绝悼亡词。这是其中比较典型的一首词，大约写于卢氏去世不久。

　　词的上阕，抒写了丹青重识的悲戚。睹物思人，自然情伤，更不用说是面对展露容颜笑貌的画像了。"泪咽却无声"，起句感情凝重。因无声之泣比有声之哭更具酸楚之感，因而它的哀痛之情尤足悲人。"只向从前悔薄情"，语痛情切，读后如见作者对着画像呼唤亡灵表示悔痛的情景。从前未必薄情，然而言"悔薄情"者，严厉责己，正表现出爱之深、爱之切。"凭仗丹青重省识，盈盈，一片伤心画不成"，道出了突然见到亡妻画像时的复杂心情与怆绝感情。生时虽然同床共席，但死别使他们分离，今天凭借画像重新见到了那俊秀的面庞，盈盈的双目，怎能不使他悲伤欲绝呢？"画不成"这一句，用元好问《十日作》成句，意谓因伤心一片故难以握笔填词，上阕就在这样浓重的伤情中结束。

　　词的下阕写回忆诀别的哀痛。"别语忒分明"一句，虽未具体写别语的内容，但它包含着妻子临终时没说完的肺腑言、衷肠语。如今它是那样清楚地回响在耳边。当时，他并未意识到这是最后的声音，孰料它竟成永别的遗言！言犹在耳，痛定思痛，令人不胜其哀。"午夜鹣鹣梦早醒。卿自早醒侬自梦，更更，泣尽风檐夜雨铃"四句，以"梦"喻生，以"醒"喻死。"午夜鹣鹣梦早醒"，喻他们夫妇如比翼之鸟情深意蜜，却中道分离。这里用避讳手法，不忍言死，既以减轻自己的悲伤，也表现出他对妻子的挚爱。自妻子死后，他时刻处于思念之中，尤其在深夜，听着风吹檐前铁马，更鼓声声，痛悼、思念之情，便齐涌心头，常常泣不成声。"卿自早醒侬自梦，更更，泣尽风檐夜雨铃"之句，化用唐明皇闻铃总念杨贵妃而作《雨霖铃》曲的典故，抒发了这种恨好景不常、好梦易醒、无限思念、无比哀痛的感情。清顾贞观《通志堂词序》："容若天资超逸，俺然尘外，所为乐府小令，婉丽凄清，使读者哀乐不知所主。"

【原文】

沁园春·瞬息浮生　并序

丁巳重阳前三日[(1)]，梦亡妇淡妆素服，执手哽咽。语多不复能。但临别有云："衔恨愿为天上月，年年犹得向郎圆。"妇素未工诗，不知何以得此也。觉后感赋长调：

瞬息浮生[(2)]，薄命如斯[(3)]，低徊怎忘[(4)]？记绣榻闲时[(5)]，并吹红雨[(6)]，雕阑曲处[(7)]，同倚斜阳[(8)]。梦好难留，诗残莫续[(9)]，赢得更深哭一场。遗容在[(10)]，只灵飙一转[(11)]，未许端详[(12)]。　重寻碧落茫茫[(13)]，料短发朝来定有霜[(14)]。便人间天上[(15)]，尘缘未断[(16)]，春花秋叶[(17)]，触绪还伤。欲结绸缪[(18)]，翻惊摇落[(19)]，减尽荀衣昨日香[(20)]。真无奈，倩声声邻笛[(21)]，谱出回肠[(22)]。

【毛泽东圈评等情况】

毛泽东在读龙榆生编选《近三百年名家词选》收录的这首《沁园春·瞬息浮生》时，先在词牌《沁园春》上方天头空白处画了一个大圈，又在正文前三句和"尘缘未断""触绪还伤"二句末各画一个小圈，并在"并吹红雨"等二句和"欲结绸缪"二句右侧各画了两个旁圈，在"同倚斜阳""赢得更深哭一场"二句右侧各画了三个旁圈，在"减尽荀衣昨日香"句右侧画了四个旁圈。

[参考] 中央档案馆整理：《毛泽东手书选集·古诗词卷（下）》，

中央档案出版社1998年版，第227—228页。

【注释】

（1）丁巳即康熙十六年（1677），时纳兰性德二十三岁。

（2）瞬息，一眨眼，一呼之间。比喻极短的时间。东晋陶潜《感士不遇赋》序："悲夫！寓形百年，而瞬息已尽；立行之难，而一城莫赏。"浮生，语本战国宋庄周《庄子·刻意》："其生若浮，其死若休。"因人生在世，虚浮不定，故称人生为"浮生"。

（3）薄命如斯，命运这样不好。薄命，生来命运不好，福分不大。南朝宋范晔等《汉书·外戚传下·孝成许皇后》："妾薄命，端遇竟宁前。"斯，此，这样。

（4）低徊，徘徊，流连。东汉班固《汉书·司马相如传》："低徊阴山翔以纡曲兮，吾乃今日睹西王母。"

（5）绣榻，绘饰华美的坐具。榻，狭长而较矮的床形坐具。

（6）红雨，比喻落花。唐李贺《将进酒》诗："况是青春日将暮，桃花乱落如红雨。"

（7）雕阑，也作"雕栏"，雕花或彩绘的栏杆。南唐李煜《虞美人》词："雕阑玉砌应犹在，只是朱颜改。"

（8）斜阳，傍晚西斜的太阳。唐赵嘏《东望》诗："斜阳映阁山当寺，微绿含风树满川。"

（9）诗残莫续，指梦中亡妇卢氏所咏的两句诗："衔恨原为天上月，年年犹得向郎圆。"

（10）遗容，指人死后的容貌。清王端履《重论文斋笔录》卷三："感生死之异路兮，抚遗容而老泪滂沱。"此指卢氏遗容。

（11）灵飙（biāo），神风。元脱脱等《宋史·乐志十》："后只格思，灵飙肃然。"

（12）端详，细看，打量。元王实甫《西厢记》第二本第二折："端详可憎，好煞人也无干净。"

（13）碧落，道教语，天空，青天。唐杨炯《和辅先入昊天观星瞻》："碧落三千外，黄图四海中。"唐白居易《长恨歌》："上穷碧落下黄泉，两处茫茫皆不见。"二句过片，转入梦醒后之情事。《度人经》注："东方第一天，有碧霞遍满，是云碧落。"

（14）料短发朝来定有霜，化用宋苏轼《江城子》"纵使相逢应不识，尘满面，鬓如霜"句意。

（15）人间天上，人世社会和神仙世界，指景物极美好的处所。多比喻境遇完全不同。唐崔颢《七夕词》："仙裙玉佩空自知，天上人间不相见。"

（16）尘缘，佛教称尘世间的色、声、香、味、触、法为"六尘"，人心与"六尘"有缘分：受其拖累，叫做"尘缘"，泛指世俗的缘分。

（17）春华秋叶，春天的花朵，秋天的月亮。泛指春秋美景。南唐李煜《虞美人》词："春花秋月何时了，往事知多少。"

（18）绸缪，形容缠绵不解的男女恋情。唐元稹《莺莺传》："绸缪缱绻，暂若寻常，幽会未终，惊魂已断。"

（19）摇落，凋残，零落。《楚辞·宋玉〈九辩〉》："悲哉秋之为气也！萧瑟兮草木摇落而变衰。"原指木叶凋落，这里是亡逝之意。

（20）荀衣，指荀令衣香。《太平御览》卷七〇三引晋习凿齿《襄阳记》："荀令君至人家，坐处三日香。"按，荀令君即荀彧，字文若，为侍中，守尚书令。传说他曾得异香，用以薰衣，余香三日不散。后以"荀令香"指奇香异芳。此处用以自喻，谓其形容憔悴，丰神不再。

（21）邻笛，晋向秀《〈思旧赋〉序》："余与嵇康、吕安居止接近；其人并有不羁之才，然嵇志远而疏，吕心旷而放。其后各以事见法……余逝将西迈，经其旧庐，于时日薄虞渊，寒冰凄然，邻人有吹笛者，发声寥亮，追思曩昔游宴之好，感音而叹，故作赋云。"后世即用"邻笛"作为伤逝怀旧的典实。

（22）回肠，形容内心焦虑不安，如肠之来回蠕动一样。喻愁苦。南朝陈徐陵《在北齐与杨仆射书》："朝千悲而掩泣，夜万绪而回肠，不自知其为生，不自知其为死也。"唐彦谦《春阴》："一寸回肠百虑侵，旅愁危涕两争禁。"此用以表示怀旧伤逝、闻笛而悲之意。

【赏析】

这首词写于纳兰的妻子卢氏去世的那一年，即康熙十六年（1677）。这一年重阳节前三天的夜晚，词人在梦中与亡妻相会，两人相对哽咽，说了许多思念之语。但是，梦境虽美，终究也是一场空幻。醒来之后只会让痛苦进一步加深，于是在感慨无奈之下，词人又提起笔来，写下这首词。

"瞬息浮生，薄命如斯，低徊怎忘"，词一开篇，容若就以咏叹的笔法写出了对亡妻的一往情深。人生苦短，瞬息即逝，本来是伉俪情深；无奈妻子却美人薄命，短暂的三年快乐相处换来的是一生的哀思。由于对亡妻的思念萦绕在容若的心间，容若自然也就开始回忆与卢氏新婚后的恩爱生活，"记绣榻闲时，并吹红雨；雕阑曲处，同倚斜阳"，当初相依相偎坐在绣榻上，吹着飘飞的花瓣，在栏杆的拐弯处共同欣赏黄昏的景色，在这句中，词人以往昔的欢乐作对比，反衬出词人如今的孤单与愁苦。接着容若开始倾诉已失去爱妻之后的痛苦，"梦好难留，诗残莫读，赢得更深哭一场"，容若想与心爱之人梦中相会，互诉衷肠，结果却只是好梦难留。当所有的一切都化为乌有时，他只能无奈地在深夜里痛哭流涕。这时他又想起梦中妻子的模样，只可惜这梦去得太快，"未许端详"，还没来得及仔细端详，亡妻便已"灵飙一转"，词到此，更加平添一份悲痛之情。以上是写梦醒后的无限感慨。

词的下阕，写对亡妻刻骨铭心的思念之情。"重寻碧落茫茫，料短发朝来定有霜"，换头处二句紧承上阕结尾，写梦醒后词人想要重寻梦境，便想象着上天去寻找她，在悲愁和痛苦的煎熬之下，容若猜想第二天自己的头上一定会增添许多白发。唐白居易在《长恨歌》中写到："上穷碧落下黄泉，两处茫茫皆不见。"命运是无法改变的，但是痴情的容若却偏偏要与命运作一番抗争，他固执地发出"便人间天上，尘缘未断，春花秋叶，触绪还伤"，虽然一个人在天上，一个人在人间，生死相隔，但彼此的尘缘并不会就此割断，否则又怎会在梦中相见。那春花秋叶都是触动感伤的琴弦，让人看后不胜凄怆。一对恩爱的夫妻本想白头偕老，结果妻子却像木叶一样飘然陨落，这恐怕是人生中最大的遗憾，以至于容若从此"欲结绸缪，翻惊摇落，减尽荀衣昨日香"，正当夫妻间缠绵的情意越来越深的时候，发生了使人惊骇的变故，妻子像一朵娇艳的花朵，在命运的风暴中凋谢了，这使词人完全失去了昔日的风采，憔悴至极，丰神不再。"荀衣"，指荀令衣香。《太平御览》卷七〇三引晋习凿齿《襄阳记》："荀令君至人家，坐处三日香。"按，荀令君即荀彧，字文若，为侍中，守尚书令。传说他曾得异香，用以熏衣，余香三日不散。后以"荀令香"指奇香异芳。此处用以自喻，谓其形容憔悴，丰神不再。"真无奈，倩声声邻笛，谱出回肠"，词到结尾三句，是说憾恨也罢，思念也罢，所能倾诉这一腔愁绪的语言都说尽了，发泄这满怀忧思的眼泪也流干了，但是总还觉得尚不足以表达那铭心刻骨的哀愁，百般无奈之时，只好依照邻居那声声悲怆的笛声，吹奏出九转回肠的悲痛。在这里"邻笛"亦是一个典故，魏晋之间，向秀经过友人旧庐，闻邻人奏笛，感怀亡友，作《思旧赋》来悼念。而词人此时谱写的，也正是这种令人断肠的伤心曲。现代词学家钱仲联《清词三百首》说："苏轼《江城子·记梦》是记梦中相见之词。性德这词，也说'梦好难留'，不是说梦，而是指过去团圆日子，即'记绣榻闲时'四句所写的情景，一去不返。全词都是就醒时说。情词深挚，可与前面几首参读。"范志厚（或是王国维自托之名）在王国维《人间词话》甲乙两稿序中说："至于国朝（清），而纳兰侍卫以天赋之才，崛起于方兴之族。其为词，悲凉顽艳，独有得于意境之深，可谓豪杰之士，奋乎百世之下者矣。"评价极为公允。

朱孝臧

朱孝臧（1857—1931），一名朱祖谋，字藿生，一字古微、古薇，号沤尹，又号彊村，浙江归安（今浙江湖州）人，近代词人。父光第，曾官郑州知州。童年爱好文学，随父在河南生活。光绪八年（1882）中举，光绪九年（1883）进士，改庶吉士，散馆授编修，历官会典馆总纂总校、侍讲学士、礼部侍郎、兼署吏部侍郎。光绪三十年（1904），出为广东学政，因与总督不和，最后辞官，寓居苏州，任教于江苏法政学堂。光绪二十六年（1900），义和团包围外国使馆，董福祥部击毙日本外交官。朱孝臧上疏反对仇教开衅，因触怒西太后等，几获罪。次年《辛丑条约》签订后，以"忠心谋国"升为内阁学士，擢为礼部侍郎。是年秋，外放广东学政。因与总督意见不合，引病退职，卜居苏州。不久，被聘为江西法政学堂监督。宣统元年（1909），为弼德院顾问大臣，因病未赴任。辛亥革命后，隐居上海。袁世凯欲聘为高等顾问，一笑拒之，后在天津以君礼参拜废帝溥仪，卒于上海。

朱孝臧早岁工诗，风格近孟郊、黄庭坚，陈衍称其为"诗中之梦窗"（吴文英），可以乐"枵然其腹者"（《石遗室诗话》）。光绪二十二年（1896），王鹏运在京师立词社，邀其入社，方专力于词。晚年虽词境更趋高简浑成，内容除偶及军阀混战情事外，多为遗老孤独索寞情怀或流连海上歌场之作。他的词取径吴文英，上窥周邦彦，旁及宋词各大家，打破浙派、常州派的偏见，"勘探孤造"（陈三立《清故光禄大夫礼部右侍郎朱公墓志铭》），自成一家。他又精通格律，讲究审音，有"律博士"之称。所以被时人尊为"宗匠"，乃至被视为唐宋到近代数百年来万千词家的"殿军"。王国维称其为"学人之词"的"极则"（《人间词话》）。工倚声，为"清末四大家"之一，著作丰富。书法合颜、柳于一炉；写人物、梅花多饶逸趣。卒年七十五。著有《彊村词》。朱孝臧尤精校勘，循王鹏运所辟途径，而加以扩展，所刻《彊村丛书》，搜集唐、宋、金、元词家专集一百六十三家，遍求南北藏书家善本加以勘校，为迄今所见比较完善的词苑的大型总集之一。又辑《湖州词徵》三十卷，《国朝湖州词录》六卷。

【原文】

鹧鸪天·庚子岁除·似水清尊照鬓华

似水清尊照鬓华[1]，尊前人易老天涯[2]。酒肠芒角森如戟[3]，吟笔冰霜惨不花[4]。　　抛枕坐，卷书嗟。莫嫌啼煞后栖鸦[5]。烛花红换人间世[6]，山色青回梦里家。

【毛泽东圈评等情况】

毛泽东在读龙榆生编选《近三百年名家词选》收录的这首《鹧鸪天·似水清尊照鬓华》词时，先在词题上方天头空白处画了一个大圈，又在正文第二句、第三句、第四句和后三句末右侧各画一个旁圈。

[参考]中央档案馆整理：《毛泽东手书选集·古诗词卷（下）》，
中央档案出版社1998年版，第325页。

【注释】

（1）清尊，酒器，亦借指清酒。唐王勃《寒夜思》诗："复此遥相思，清尊湛芳渌。"鬓华，花白的鬓发。宋欧阳修《采桑子》词："鬓华虽改心无改，试把金觥，旧曲重听，犹是当年醉里声。"

（2）尊前，在酒樽之前，指酒筵上。唐马戴《赠友人边游回》诗："尊前语尽北风起，秋色萧条胡雁来。"天涯，天边，指极远的地方。语出《古诗十九首·行行重行行》："相去万余里，各在天一涯。"南朝陈徐陵《与王僧辩书》："维桑与梓，翻若天涯。"

（3）酒肠芒角森如戟，酒入愁肠，内心的激愤像充满腹腔的刀剑。酒肠，酒量。唐孟郊韩愈《同宿联句》："为君开酒肠，颠倒舞相饮。"芒角，棱角，指人的锋芒或锐气。宋范仲淹《与朱校理书》："石先生芒角太高，常宜宽之。"戟，古代兵器，在长柄的一端装有青铜或铁制成的枪尖，旁边附有月牙形锋刃。汉许慎《说文解字》："戟，有枝兵也。"

（4）吟笔冰霜惨不花，写诗的笔，在冷漠严峻的心境或情态中，才思已经枯竭。吟笔，写诗的笔；诗人的笔。宋梅尧臣《李少傅郑圃佚老亭》诗："春禽时弄吭，清景付吟笔。"冰霜，冰与霜，比喻冷漠严峻的心境或情态。宋苏轼《临江仙·赠送》词："诗句端来磨我钝，钝锥不解生铓。欢颜为我解冰霜。"不花，反用"梦笔生花"之意。

（5）后栖鸦，唐卢仝《示添丁》诗："忽来案上翻墨汁，涂抹诗书如老鸦。"后因以"栖鸦"比喻稚嫩拙劣的字。多作谦辞。

（6）人间世，人世，世俗社会。宋陈师道《平翠阁》诗："欲置湖上田，谢绝人间世。"

【赏析】

《鹧鸪天》，词牌名，又名《思佳客》《思越人》《醉梅花》《半死梧》《剪朝霞》等。定格为晏几道《鹧鸪天·彩袖殷勤捧玉钟》，此调双调五十五字，前段四句三平韵，后段五句三平韵。代表作有苏轼《鹧鸪天·林断山明竹隐墙》等。

这首词写于庚子年除夕，正值光绪二十六年（1900）八国联军侵华那年，慈禧太后带着光绪帝逃到西安。当时词人困居在宣武门外校场头条胡同王鹏运的住所。虽是除夕夜，但是他回不得家，于是他们几人一起填词抒家国之恨。这首《鹧鸪天》就是写于这个时候。

"似水清尊照鬓华，尊前人易老天涯"，词的起首二句，是说词人端着一杯似清水的酒，望着酒杯中映照出自己的面容，两鬓已生华发，时光易逝，容颜易老。此时外面到处是八国联军的烧杀抢掠，词人被困于友人家中，独自一人自斟自饮，不禁心中无限惆怅。"天涯"二字让人联想到遥远，从这两个字也可以看出词人在思恋远方的家人。"酒肠芒角森如戟，吟笔冰霜惨不花"，三、四两句，是说，酒入空肠，愤激的棱角像充满腹腔的刀剑，在艰危的环境里，我哪里还有写诗填词的才思。词人此时忧思满腹，无心创作，所以才会发出"吟笔冰霜惨不花"这样的感慨。词人借酒浇愁，却是愁上加愁，既是为国家沦丧的忧愁悲愤，也是为自己在除夕夜与家人远隔的离愁。

　　"抛枕坐，卷书嗟，莫嫌啼煞后栖鸦"，换头处两句描写了词人来到榻旁，抛开枕头坐在榻上，他想要排遣心中的忧愁，于是拿起一卷书开始嗟读。然而天色渐晚，乌鸦也都开始归巢了，归巢的乌鸦不停地啼叫着，这又一次引发了词人的离愁。"莫嫌啼煞后栖鸦"这句，描写了词人躺在榻上听着归巢的乌啼却不嫌弃它们吵闹。词人听着最后归巢的乌鸦的叫声实则是想到了自己，自己被困于友人家中，有家归不得，此时他反是羡慕乌鸦的自由自在，外界的变化对于乌鸦们来说没什么影响，它们照样是跟以前一样的生活。"烛花红换人间世"，描写了天色已晚，屋子里已经点上了蜡烛，在那微弱的烛火中，词人仿佛看到了外面侵略祖国的敌人已经被击退，回到了那曾经太平的清朝。词人心心念念着国家能够回到太平盛世，就算此刻自己被困不能回家团聚还是牵挂着国家的忧难。"山色青回梦里家"，山色微青，梦中词人似乎已经回到了家中，与家人一起过着喜气洋洋的除夕夜。这句表达了词人不能归家的失望之情，同时也深深地流露出了词人渴望回家团聚的心情。这两句以对仗的形式，把国破之悲、怀乡之愁交集在一起，概括了全篇。

　　这首词上阕借用苏轼的诗句"空肠得酒芒角出"的意思，下阕借用杜甫的"夜来归鸟尽，啼煞后栖鸦"的诗句，表达自己的思乡之情。词的上阕三四句和下阕的一二句对仗工整，从音律来说，这首词还算押韵，"华""崖""花""鸦""家"都有词的音乐美。词中的情感主色调是悲的，从创作背景来说这首词创作于八国联军侵华的那个除夕夜，词中的"鬓华""天涯""后栖鸦""烛花""梦里家"都是常见的带有悲伤基调的词语。从这些意向词来说，词人的艺术创作是成功的，读者能够从词中体会出整首词的悲伤基调。

【原文】

声声慢·鸣螀颓城　并序

辛丑十一月十九日⁽¹⁾，味聃赋《落叶词》见示⁽²⁾，感和曰⁽³⁾：

鸣螀颓城⁽⁴⁾，吹喋空枝⁽⁵⁾，飘蓬人意相怜⁽⁶⁾。一片离魂⁽⁷⁾，斜阳摇梦成烟⁽⁸⁾。香沟旧题红处⁽⁹⁾，拚禁花⁽¹⁰⁾、憔悴年年。寒信急⁽¹¹⁾，又神宫凄奏⁽¹²⁾，分付哀蝉⁽¹³⁾。　终古巢鸾无分⁽¹⁴⁾，正飞霜金井⁽¹⁵⁾，抛断缠绵⁽¹⁶⁾。起舞回风⁽¹⁷⁾，才知恩怨无端⁽¹⁸⁾。天阴洞庭波阔⁽¹⁹⁾，夜沉沉⁽²⁰⁾、流恨湘弦。摇落事⁽²¹⁾，向空山⁽²²⁾、休问杜鹃。

【毛泽东圈评等情况】

毛泽东在读龙榆生编选《近三百年名家词选》收录的这首《声声慢·鸣螀颓城》词时，先在词牌《声声慢》上方天头空白处画了一个大圈，又在正文第三句、第四句和"又神宫凄奏"等五句及后五句术右侧各画一个旁圈。

[参考] 中央档案馆整理：《毛泽东手书选集·古诗词卷（下）》，
中央档案出版社 1998 年版，第 325 页。

【注释】

（1）辛丑，清光绪二十七年（1901），八国联军入侵北京第二年。

（2）味聃，洪汝冲的字。洪为湖南宁乡人，官吉林知府，有《候蛩词》。洪原词见《全清词钞》卷三七。

（3）感和，召致和气。南朝宋朱广之《咨顾道士〈夷夏论〉》："夫礼以伸敬，乐以感和。"

（4）鸣螀（jiāng）颓城（qī），秋蝉在坍塌的台阶下鸣叫。鸣螀，指鸣叫的寒蝉。清褚人穫《坚瓠补集·马浩澜》："（马浩澜）《九日金菊对芙蓉》云：'过雁行低，鸣螀韵急，纷纷月下亭皋。'"崩坏，倒塌。宋欧阳修《醉翁亭记》："颓然乎其间。"城，台阶的梯级。

（5）吹喋空枝，落叶被西风吹得像蝴蝶一样上下翻飞，树上只剩下空枝。

（6）飘蓬，随风飘荡的飞蓬，比喻漂泊或漂泊的人。唐杜甫《铁堂峡》："飘蓬逾三年，回首肝肺热。"

（7）离魂，脱离躯体的灵魂。宋姜夔《踏莎行》词："别后书辞，别时针线，离魂暗逐郎行远。"

（8）斜阳摇梦成烟，化用明何景明《昔游篇》"斑竹古魂垂泪雨，苍梧遥梦结愁烟"诗句。摇梦，即遥梦。斜阳，傍晚西斜的太阳。唐赵嘏《东望》诗："斜阳映阁山当寺，微绿含风树满川。"

（9）香沟题红，唐孟棨《本事诗·情感》："顾况在洛乘门，与三诗友游于苑中，坐流水上，得大梧叶题诗上。曰：'一入深宫里，年年不见春。聊题一片叶，寄与有情人。'况明日于上游亦题叶上，放于波中。诗曰：'花落深宫莺亦悲，上阳宫女断肠时。帝城不禁东流水，叶上题诗欲寄谁。'后十余日，有人于苑中寻春，又于叶上得诗以示况。诗曰：'一叶题诗出禁城，谁人酬和独含情。自嗟不及波中叶，荡漾乘春取次行。'"另宋孙光宪《北梦琐言》、宋王铚《补侍儿小名录》、宋刘斧《青琐高议》中亦有类似记载。

（10）拚（pàn），舍弃，不顾惜。禁花，宫苑里的花。唐许浑《洛阳道中》诗："风起禁花晚，月明宫树秋。"憔悴，凋零，枯萎。汉焦赣《易林·需之否》："毛羽憔悴，志如死灰。"

（11）寒信，严寒将到的信息。明刘基《长相思》词："雁南归，人未归。寒信先来家信迟，容颜只镜知。"

（12）神宫，指皇宫。《雅乐歌》："神宫肃肃，天仪穆穆。"此指光绪皇帝居住的宫殿。凄奏，凄凉悲伤的演奏。凄，悲痛，悲哀。奏，演奏。

（13）分付，付托，寄意。宋毛滂《惜分飞》词："今夜山深处，断魂分付潮回去。"《哀蝉》，曲名。相传汉武帝因思李夫人而作。晋王嘉《拾遗记·前汉上》："汉武帝思怀往者李夫人，不可复得……因赋《落叶哀蝉》之曲。"晋陶渊明《己酉岁九月九日》诗："哀蝉无留响，丛雁鸣云霄。"

（14）巢鸾，巢居之鸾。《禽经》："凤翥鸾举，百鸟从之。"故世以凤鸾喻后妃。鸾，喻夫妇。

（15）飞霜，降霜。晋张协《七命》："飞霜迎节，高风送秋。"金井，井栏上有金碧辉煌雕饰的井。唐王昌龄《长信秋词五首》之一："金井梧桐秋叶黄，珠帘不卷夜来霜。"

（16）缠绵，情意深厚。晋陆机《文赋》："诔缠绵而悽怆，铭博约而温润。"

（17）起舞，起身舞蹈。春秋鲁左丘明《国语·晋语二》："骊姬许诺，乃具，使优施饮里克酒。中饮，优施起舞。"回风，旋风。战国楚屈原《楚辞·九章·悲回风》："悲回风之摇蕙兮，心冤结而内伤。"后以回风喻谗人。

（18）恩怨，感恩之情与仇怨之情。《公羊传·庄公四年》"此复雠也，曷为葬之"汉何休注："据恩怨不两行。"偏指怨恨。宋叶梦得《避暑录话》卷上："是一言之间，志在报复而自忘其过，尚能置大恩怨乎。"无端，没有起点，没有终点。引申指无因由，无缘无故。《楚辞·宋玉〈九辩〉》："蹇充倔而无端兮，泊莽莽而无垠。"王逸注："媒理断绝，无因缘也。"

（19）洞庭波阔，战国楚屈原《楚辞·九歌·湘夫人》："帝子降兮北渚，目眇眇兮愁予。袅袅兮秋风，洞庭波兮木叶下。"

（20）夜沉沉，形容夜深。唐李白《白纻辞》："月寒江清夜沉沉，美人一笑千黄金。"流恨，遗恨。汉蔡琰《胡笳十八拍·第七拍》："草尽水竭兮羊马皆徙，七拍流恨兮恶居于此？"湘弦，即湘瑟。唐韩愈《送灵师》诗："四座咸寂默，杳如奏湘弦。"借娥皇、女英事喻珍妃。

（21）摇落，凋残，零落。《楚辞·宋玉〈九辩〉》："悲哉秋之为气也！萧瑟兮草木摇落而变衰。"

（22）杜鹃，鸟名，又名杜宇、子规。相传为古蜀王杜宇之魂所化。春末夏初，常昼夜啼鸣，其声哀切。南朝宋鲍照《拟行路难》诗之六："中有一鸟名杜鹃，言是古时蜀帝魂。其声哀苦鸣不息，羽毛憔悴似人髡。"

【赏析】

《声声慢》，词牌名。据传蒋捷作此慢词俱用"声"字入韵，故称此名。亦称《胜胜慢》《凤示凰》《寒松叹》《人在楼上》，最早见于北宋晁补之笔下。正体一：双调九十九字，前段九句四平韵，后段八句四平韵。

这首词，借咏落叶哀悼珍妃，写于光绪二十七年辛丑（1901）。当时，珍妃被害已过一年，在庚子事变中仓皇西逃的慈禧太后和光绪皇帝已回到北京。诗坛上，曾有不少人以落叶为题歌咏珍妃。近人龙榆生《彊村本事词》曰："此为德宗（光绪）还宫后恤珍妃作。'金井'二句，谓庚子西幸时，那拉后（慈禧）下令推置珍妃于宫井，致有生离死别之悲也。"按龙氏为彊村之嫡传弟子，其说当有所传授，可信。"寒信急，又神宫凄奏，分付哀蝉"三句，用晋王嘉《拾遗记》卷五所载汉武帝思念已故之李夫人，因赋《落叶哀蝉》之曲一典，与光绪帝哀悼珍妃之事尤切。

珍妃（1876—1900），中国近代史上的一位著名人物。她是侍郎长叙之女，满洲镶红旗人。自幼聪慧。光绪十四年（1888）与其姐瑾妃同时被选入宫中。入宫以后，与光绪皇帝情投意合，支持光绪执政，并支持戊戌变法，因而被慈禧太后视为眼中芒刺，恨之入骨。据史料记载，1900年庚子事变，八国联军进京，慈禧准备挟光绪西逃。珍妃进言于太后，谓皇帝应该留京。慈禧不发一言，立即命令太监将珍妃推入宁寿宫外大井中。光绪怨愤之极，至于战栗。翌年，帝后回京，光绪帝悬珍妃之旧帐于密室，不时徘徊帐前饮泣。朱孝臧这首《声声慢》，以对落叶的悲悼，来哀悼珍妃，亦隐约怜及光绪。时人读之，至可哀也。以吟落叶贯穿全篇，格调上也更加沉郁悲凉。味聃，洪汝冲的字。洪为湖南宁乡人，官吉林知府，有《候蛩词》。洪原词见《全清词钞》卷三七。这是一首和词。

词的上阕，明写落叶，暗喻珍妃。可分四层：第一层，"鸣螀颓城，吹喋空枝，飘蓬人意相怜。"起首三句以鸣螀起兴，引出咏唱主体。鸣螀，寒蝉，点明词中所咏之事发生在秋季。颓城，暗示事情发生在破败的皇宫中。城，宫中阶齿。《三辅黄图·汉宫》："青琐丹墀，左城右平。"下句云：落叶如同轻舞的蝴蝶，被秋风吹落宫中；又如同无根的飘蓬，随风游荡。她那无依无靠的景状，处处令人哀怜。词起结最难。"大抵起句便是所咏之意，不可泛入闲事，方入主意。咏物尤不可泛"（沈义父《乐府指迷》）。孝臧此阕，起句即切合珍妃之事，扣人心弦。第二层："一片离魂，斜阳摇梦成烟。"写落叶在斜阳的微光中飘飘坠落，其状如梦如烟，使人不禁生幻灭之感。以此写珍妃在大清王朝临近黄昏落日之时惨遭杀害，弱魂无依，哀情入骨。离魂，脱离躯体的灵魂。宋姜夔《踏莎行》词：“别后书辞，别时针钱，离魂暗逐郎行远。”这是说，离开本体的一片魂魄仿佛进入了深远的梦境之中，如同夕阳下撩人愁思的烟霭一样虚无缥缈。明何景明《昔游篇》诗曰“班竹古魂垂泪雨，苍梧遥梦结愁烟”，可以作为此阕的注脚。第三层：“香沟旧题红处，拚禁花、憔悴年年。”借唐人“红叶题诗”这个著名典故，进一步点明所咏“落叶”乃宫禁中事，也暗示珍妃与光绪因缘。禁花，宫禁中的花，指珍妃。“憔悴年年”，写珍妃在宫中的不幸遭遇。第四层，“寒信急，又神宫凄奏，分付哀蝉”三句，换一角度，仍写落叶，点明所咏“落叶”乃帝王家事。东晋王嘉《拾遗记》载，汉武帝之爱妃李夫人早卒，帝思念不已，“因赋落叶哀蝉之曲”。此写珍妃死后，光绪痛苦思念。词人层层深入，步步逼近所咏对象，使她的形象越来越清晰地显现出来。“咏物，须时时提调。觉不分晓，须用一两件事印证方可。”（沈义父《乐府指迷》）“要须字字刻画，字字天然，方为上乘。”（彭孙遹《金粟词话》）这首咏物词便是上乘之作。

词的下阕写对珍妃悲剧的讽刺。亦可分四层。第一层：“终古巢鸾无分，正飞霜金井，抛断缠绵。”鸾鸟如落叶一样，不可能永依枝头；恰又正是苦霜飞洒，抛开了与树干的缠绵情意。隐喻珍妃之不幸命运。金井，古人多用以美称宫廷之井。珍妃坠井，时为庚子七月二十一日，秋气已浓。将“飞霜”与“金井”并提，当时的读者很容易想到珍妃的悲惨结局。第二层：“起舞回风，才知恩怨无端。”写落叶可矜之状和造成珍妃悲剧的原因。回风，旋风。旋风往往骤起，难测难御。落叶在骤起骤息的旋风中，飘舞上下，任风颠簸。以此写慈禧淫威。珍妃姐妹得配光绪，原系慈禧旨意，后却百般迫害，真如“回风”之难测（详见黄濬《花随人圣庵摭忆》等书）。战国楚屈原《九章·悲回风》云：“悲回风之摇蕙兮，心冤结而内伤。”词中以“回风”为喻，深深地寄寓了词人的爱憎。第三层：“天阴洞庭波阔，夜沉沉，流恨湘弦。”用湘妃故事。北魏郦道元《水经注》云：“大舜之陟方也，二妃从征，溺于湘水，神游洞庭之渊，出入潇湘之浦。”后世有很多人歌咏湘妃。晚清诗人李希圣写过一首吊念珍妃的名诗，标题即为《湘君》。瑾妃、珍妃姐妹二人同时入宫，以舜帝二妃喻之，分外贴切。

咏物诗词可以用事，但必须切题。词人用湘妃故事，并未脱离所咏之"落叶"。战国楚屈原《楚辞·九歌·湘夫人》有一名句："帝子降兮北渚，目眇眇兮愁予。袅袅兮秋风，洞庭波兮木叶下。"读者是很容易从词中湘弦之音想到《九歌》中那飘飘而下的木叶的。最后，在浓重的悲剧气氛中，让"落叶"摇落，引出第四层："摇落事，向空山、休问杜鹃。"以此二句结束全曲，借落叶点出帝妃悲剧的根源。是说落叶所以飘零，不要向空山中询问曾经报告过暮春信息的杜鹃。隐含珍妃的殒身无关于春去秋来，完全在于人祸，从而超越了仅只对帝妃不幸遭遇的悲悯，而把讥弹的矛头指向了腐朽反动的政治势力。寓意如此，而"终不许一语道破"（清陈廷焯《白雨斋词话》），可谓用心良苦。战国楚宋玉《九辩》云："悲哉秋之为气也，萧瑟兮草木摇落而变衰。"唐李白《蜀道难》云："但见悲鸟号古木，雄飞雌从绕林间。又闻子规啼夜月，愁空山。"子规，即杜鹃。熟悉古典文学的读者，都会记得《九辩》和《蜀道难》中这些名句，全词这样结尾，会引起读者丰富的联想。人们会很自然地想到珍妃遇难的秋天，想到光绪的"西游"，想到历史上类似的帝王、妃子们不幸的命运。在当时人的心目中，庚子之变，有如唐明皇天宝之乱。清末李希圣咏珍妃之《湘君》诗即云："天宝旧人零落尽，陇鹦辛苦说华清。"这些联想，深深地寄托着作者对整个时代的悲哀，并非仅为珍妃一人而发。"一片离魂，斜阳摇梦成烟"，整个大清王朝不也像一片飘飘而坠的落叶吗？

【原文】

木兰花慢·送陈伯弢之官江左·听枯桐断语

听枯桐断语[1]，识君恨[2]，十年迟[3]。正溅泪花繁[4]，迷归燕老[5]，春去多时。相摧，梦华故地[6]，怪单衣无路避尘缁[7]。锦瑟看承暂醉[8]，白头吟望低垂[9]。

差差⁽¹⁰⁾，津馆柳成丝⁽¹¹⁾，离绪费禁持。问何计消磨⁽¹²⁾，夕阳宦味⁽¹³⁾，逝水心期⁽¹⁴⁾？鸱夷⁽¹⁵⁾，旧狂漫理⁽¹⁶⁾，已沉阴、江表杜鹃啼⁽¹⁷⁾。莫上吴台北望⁽¹⁸⁾，斜烟乱水凄迷⁽¹⁹⁾。

【毛泽东圈评等情况】

　　毛泽东在读龙榆生编选《近三百年名家词选》收录的这首《木兰花慢·听枯桐断语》词时，在正文前六句末侧和"无路避尘缁""白头吟望低垂"等二句末右侧各画一个旁圈。

　　[参考] 中央档案馆整理：《毛泽东手书选集·古诗词卷（下）》，

中央档案出版社1998年版，第325页。

【注释】

　　（1）枯桐，南朝宋范晔等《后汉书·蔡邕传》："吴人有烧桐以爨者，邕闻火烈之声，知其良木，因请而裁为琴，果有美音，而其尾犹焦，故时人名曰'焦尾琴'焉。"后遂以"枯桐"为琴的别称。枯桐断语，特指星相家对人命运所下的结论性的话。

　　（2）君，指陈伯弢。恨，怨恨。

　　（3）十年迟，即迟十年。迟，晚。

　　（4）正溅泪花繁，化用唐杜甫《春望》"感时花溅泪，恨别鸟惊心"诗意。

　　（5）"迷归燕老"二句，春天早已去了，迷路的老燕才归来。隐喻陈锐生不逢时。元仇远《燕归来》："西风未老燕迟归，巢冷半干泥。"

　　（6）梦华，追思往事恍如梦境。语本战国郑列御寇《列子·黄帝》："昼寝而梦，游于华胥氏之国。"宋孟元老《〈东京梦华录〉序》："古人有游华胥之国，其乐无涯者，仆今追念，回首怅然，岂非华胥之梦觉哉。目之曰《梦华录》。"《东京梦华录》描述北宋都城汴京（今河南开封）的繁华境况，后人因结以指京都生活。

　　（7）单衣，古代官吏的服装，或为朝服。唐房玄龄等《晋书·简文帝纪》："奉迎帝于会稽邸，于朝堂变服，著平巾帻、单衣。"尘缁，语本晋陆机《为顾彦先赠妇》诗之一："京洛多风尘，素衣化为缁。"后因以"尘缁"谓尘污、污垢。南朝宋鲍照《绍古辞》之二："何言年月驶，寒衣已捣治。绦绣多废乱，篇帛久尘缁。"

（8）锦瑟，漆有织锦纹的瑟。唐杜甫《曲江对雨》诗："何时诏此金钱会，暂醉佳人锦瑟傍。"仇兆鳌注引《周礼·乐器图》："饰以宝玉者曰宝瑟，绘文如锦者曰锦瑟。"唐李商隐《锦瑟》："锦瑟无端五十弦，一弦一柱思华年。"后人据其诗意用以比喻青春年华。

（9）白头吟望低垂，直到白头，仍不能扬眉吐气，唯有借远望吟诗寄托不平的情怀。吟望，远望吟诗。唐方干《登扶风亭》："谢公吟望多来此，此地应将岘首齐。"

（10）差差（chà chà），参差，不齐之状。战国赵荀况《荀子·正名》："君子之言，涉然而精，俛然而类，差差然而齐。"杨倞注："差差，不齐貌。谓论列是非似若不齐，然终归于齐一也。"

（11）津馆，渡头的客馆，泛指车站码头。近代韦悫《重修滕王阁记》："旁通江序津馆。"

（12）消磨，消遣，打发时光。唐郑谷《梓潼岁暮》诗："酒美消磨日，梅香著莫人。"

（13）夕阳，傍晚的太阳。晋庾阐《狭室赋》："南羲炽暑，夕阳傍照。"宦味，做官的情味。元范梈《立春日和王翰林》诗："岁华今若此，宦味故依然。"

（14）逝水心期，心中相许于逝水。逝水，指一去不返的流水。北齐颜之推《颜氏家训·勉学》："光阴可惜，譬诸逝水。"心期，心中相许。东晋陶潜《酬丁柴桑》诗："实欣心期，方从我游。"

（15）鸱夷，指盛酒器。《艺文类聚》卷七二引汉扬雄《酒赋》："鸱夷滑稽，腹如大壶，尽日盛酒，人复藉酤。"

（16）漫理，无规则的纹理。汉·赵晔《吴越春秋·阖闾内传》："阳曰干将，阴曰莫耶，阳作龟文，阴作漫理。"

（17）沉阴，谓积云久阴。西汉戴胜《礼记·月令》："（季春之月）行秋令，则天多沉阴，淫雨早降，兵革并起。"汉蔡邕《月令章句》："阴者，密云也；沉者，云之重也。"江表，指长江以南地区，从中原看，地在长江之外，故称江表。汉阮瑀《为曹公作书与孙权》："若能内取子布，外击刘备，以效赤心，用复前好，则江表之任，长以相付。"杜鹃啼，杜鹃鸟，俗称布谷，又名子规、杜宇、子鹃。春夏季节，杜鹃彻夜不停啼鸣，啼声清脆而短促，唤起人们多种情思。如果仔细端详，杜鹃口腔上皮和舌部都为红色，古人误以为它啼得满嘴流血。凑巧杜鹃高歌之时，正是杜鹃花盛开之际，人们见杜鹃花那样鲜红，便把这种颜色说成是杜鹃啼的血。唐王维《送梓州李使君》："万壑树参天，千山响杜鹃。"

（18）吴台，指春秋吴王阖闾（一说夫差）所筑之姑苏台（在江苏吴县西南）。北齐颜之推《颜氏家训·勉学》："吾有一亲表，作《七夕》诗云：'今夜吴台鹊，亦共往填河。'"

（19）凄迷，形容景物凄凉迷茫。宋陆游《日暮》诗："庙墙荒寂新犁地，堤草凄迷旧烧痕。"

【赏析】

《木兰花慢》，词牌名，宋柳永《乐章集》注"高平调"。双调一百一字，前段十句五平韵，后段十句七平韵。

这首词题目《送陈伯弢之官江左》。这是一首送别词。所送的人是陈伯弢。陈伯弢，名陈锐，字伯弢，又作伯涛，常德（今湖南常德）人。清光绪十九年（1893）举人，至二十八年（1902）始补江苏试用知县。其时，正是清政府与八国联军签订《辛丑条约》的第二年。朱孝臧在离情别绪的抒写中，寄寓了对国势颓危的幽愤。

词的上阕叙事，写送别陈伯弢。"听枯桐断语，识君恨，十年迟。"起首三句是说，听到分派给你一个卑微官职的决定，知道你心中的怨恨和不平，因为这是等待了十年的结果。陈伯弢曾被评论家目为"迥异凡流"，但却仕路蹉跎，潦倒江湖。"长沙落拓无人识，细雨疏花自掩门。"（《七夕彝响斋听雨作》）这正是他自身遭际的自白。好不容易盼到了一官半职，然而职位又是如此卑微。正如宋苏轼被贬后的悲叹："数奇逢恶岁，计拙集枯梧。"（《次韵和刘贡甫登黄鹤楼寄子由》）"枯梧"或"枯桐"，比喻卑微的职位。

"正溅泪花繁，迷归燕老，春去多时"三句是说，花枝繁茂的时候，正值国难当头，令人触景落泪。春天过去了多时，迷失归途的燕子已经衰老。词人在这里借伤春而暗含对国家危难的忧心；借燕子对春天的失落，暗含陈伯弢的生不逢时。"溅泪花繁"是从唐杜甫《春望》中"感时花溅泪"变化而来。唐玄宗天宝十五年（756），安禄山、史思明叛军攻陷长安（今陕西西安），杜甫身陷贼营而赋《春望》。而朱孝臧则经历了中日甲午战争的惨败、戊戌变法的破产和八国联军攻占北京等一系列促使国家日趋沦亡的重大事件，所以在感情上和当年的杜甫产生了强烈的共鸣。

"相攟，梦华故地，怪单衣无路避尘缁"三句是说，为我们一起居住过的京城，彼此携手为友。只是怨那些权贵不援之以手，使你无法摆脱卑贱的处境。"梦华"，追思往事恍如梦境。语本战国郑列御寇《列子·黄帝》："昼寝而梦，游于华胥氏之国。"宋孟元老《〈东京梦华录〉序》："古人有游华胥之国，其乐无涯者，仆今追念，回首怅然，岂非华胥之梦觉哉。目之曰《梦华录》。"《东京梦华录》描述北宋都城汴京（今河南开封）的繁华境况，后人因结以指京都生活。"单衣"，古代官吏的服装。或为朝服。唐房玄龄等《晋书·简文帝纪》："奉迎帝于会稽邸，于朝堂变服，著平巾帻、单衣。""尘缁"，语本晋陆机《为顾彦先赠妇》诗之一："京洛多风尘，素衣化为缁。"后因以"尘缁"谓尘污、污垢。南朝宋鲍照《绍古辞》之二："何言年月驶，寒衣已捣治。绦绣多废乱，篇帛久尘缁。"喻卑微的处境。

"锦瑟看承暂醉，白头吟望低垂"二句是说，靠暂时的酒醉来慰藉青春年华，直到头白仍不能扬眉吐气，唯有借远望吟诗寄托不平的情怀。"锦瑟"，漆有织锦纹的瑟。唐杜甫《曲江对雨》诗："何时诏此金钱会，暂醉佳人锦瑟傍。"仇兆鳌注引《周礼·乐器图》："饰以宝玉者曰宝瑟，绘文如锦者曰锦瑟。"唐李商隐《锦瑟》："锦瑟无端五十弦，一弦一柱思华年。"后人据其诗意用以比喻青春年华。"吟望"，远望吟诗。唐方干《登扶风亭》："谢公吟望多来此，此地应将岘首（山名）齐。"

以上抒写陈伯弢落拓潦倒的遭遇，暗喻对国势的忧愤，对权势者的不满。

词的下阕抒情，勉励陈伯弢好自为之。"差差，津馆柳成丝，离绪费禁持。"换头处三句是说，渡头客馆的柳树垂着参差不齐的枝条，像离别的思绪牵肠挂肚，令人难以自持。"差差"，参差，不齐之状。战国赵荀况《荀子·正名》："君子之言，涉然而精，俛然而类，差差然而齐。"杨倞注："差差，不齐貌。谓论列是非似若不齐，然终归于齐一也。""津馆"，渡头的客馆，泛指车站码头。近代韦悫《重修滕王阁记》："旁通江序津馆。"

"问何计消磨，夕阳宦味，逝水心期"三句是说，问你用什么办法消遣那充满官场况味的晚年，去使那昔日所向往所期许的事情逐渐淡忘？"消磨"，消遣，打发时光。唐郑谷《梓潼岁暮》诗："酒美消磨日，梅香著莫人。""逝水心期"，心中相许于逝水。"逝水"，指一去不返的流水。北齐颜之推《颜氏家训·勉学》："光阴可惜，譬诸逝水。""心期"，心中相许。东晋陶潜《酬丁柴桑》诗："实欣心期，方从我游。"

"鸱夷，旧狂漫理，已沉阴、江表杜鹃啼。"此三句嘱咐陈伯弢到了任所，不能像过去那样使酒任性。正如宋陆游《睡起书事》中说："烈士壮心虽未减，狂奴故态有谁容？"鸱夷，指盛酒器。《艺文类聚》卷七二引汉扬雄《酒赋》："鸱夷滑稽，腹如大壶，尽日盛酒，人复藉酤。"这里以盛酒器代指饮酒。"漫理"，无规则的纹理。汉赵晔《吴越春秋·阖闾内传》："阳曰干将，阴曰莫耶，阳作龟文，阴作漫理。""沉阴"，谓积云久阴。西汉戴胜《礼记·月令》："（季春之月）行秋令，则天多沉阴，淫雨早降，兵革并起。"汉蔡邕《月令章句》："阴者，密云也；沉者，云之重也。""江表"，指长江以南地区，从中原看，地在长江之外，故称江表。汉阮瑀《为曹公作书与孙权》："若能内取子布，外击刘备，以效赤心，用复前好，则江表之任，长以相付。""杜鹃啼"，杜鹃鸟，俗称布谷，又名子规、杜宇、子鹃。春夏季节，杜鹃彻夜不停啼鸣，啼声清脆而短促，唤起人们多种情思。如果仔细端详，杜鹃口腔上皮和舌部都为红色，古人误以为它啼得满嘴流血，凑巧杜鹃高歌之时，正是杜鹃花盛开之际，人们见杜鹃花那样鲜红，便把这种颜色说成是杜鹃啼的血。唐王维《送梓州李使君》："万壑树参天，千山响杜鹃。"

"莫上吴台北望，斜烟乱水凄迷。"末二句是说，不要登上姑苏台向北眺望，那里是一片模糊凄凉的斜烟乱水。"吴台"，指春秋吴王阖闾（一说夫差）所筑之姑苏台（在江苏吴县西南）。《越绝书》："吴王夫差破越，越进西施，请退军。吴王筑姑苏台，五年乃成，高二百丈。"台在吴县西南姑苏山上，其西北为太湖。词人借此暗示陈伯戣不要去关心京都的事，那一片混乱的局面只能引起你的悲伤和不满。而实际上则寄寓了词人对朝政混乱、国势阽危的无限忧愤。

通篇把陈伯戣的遭际，送行的离情别绪与国事、政事融为一体，沉郁悲凉。

况周颐

　　况周颐（1859—1926），原名况周仪，因避宣统帝溥仪讳，改名况周颐。字夔笙，一字揆孙，别号玉梅词人、玉梅词隐，晚号蕙风词隐，人称况古，况古人。室名兰云梦楼，西庐等。广西临桂（今桂林）人，晚清官员、词人。原籍湖南宝庆。况周颐，十一岁中秀才，十八岁中拔贡，二十一岁以优贡生中光绪五年（1879）乡试举人。援例授内阁中书，任会典馆绘图处协修、国史馆校对。叙劳以知府用，分发浙江。在京师为官期间，与同乡王鹏运友善，结词社，朝夕唱和，钻研词学，人称"王况"，共创临桂词派。1895年，入两江总督张之洞府，领衔江楚编译官书局总纂。戊戌变法后，离京南下，掌教常州龙城书院，讲学南京师范学堂，受聘端方幕中，治理金石文字。后充任安徽宁国府盐厘督小。其间，复执教于武进龙城书院和南京师范学堂。民国年间寓居上海，卖文为生，穷困潦倒，以至无米下锅。曾为刘承干嘉业堂校书。民国十五年（1926）七月十八日卒，年六十八，葬湖州道场山。

　　况周颐以词为专业，一生致力于词，凡五十年，尤精于词论。与王鹏运、朱孝臧、郑文焯合称"清末四大家"。二十岁前，词作主"性灵"，"好为侧艳语"，"固无所谓感事"（赵尊岳《蕙风词史》）。光绪十四年（1888）入京后，与当时词坛名家同里前辈王鹏运同官，以词学相请益，得所谓重、拙、大之说，词格为之一变。稍尚体格，词情也较沉郁。他论词突出性灵，以为作词应当"有万不得已者在"，即"词心"，"以吾言写吾心，即吾词"，"此万不得已者，由吾心酝酿而出，即吾词之真"。强调"真字是词骨，情真、景真，所以必佳"。但亦不废学力，讲求"性灵流露"与"书卷酝酿"，有其自具特色的词论体系。此外，论词境、词笔、词与诗及曲之区别等都剖析入微，往往发前人所未发。著有《蕙风词》《蕙风词话》。

【原文】

苏武慢·寒夜闻角·愁入云遥

愁入云遥[1]，寒禁霜重[2]，红烛泪深人倦[3]。情高转抑，思往难回，凄咽不成清变[4]。风际断时[5]，迢递天涯[6]，但闻更点[7]。枉教人回首，少年丝竹[8]，玉容歌管[9]。　　凭作出、百绪凄凉，凄凉惟有，花冷月闲庭院。珠帘绣幕[10]，可有人听？听也可曾肠断[11]？除却塞鸿[12]，遮莫城乌[13]，替人惊惯。料南枝明月[14]，应减红香一半[15]。

【毛泽东圈评等情况】

毛泽东在读龙榆生编选《近三百年名家词选》收录的这首《苏武慢·愁入云遥》词时，在正文的"珠帘绣幕"等三句末右侧各画一个大的旁圈。

[参考]中央档案馆整理：《毛泽东手书选集·古诗词卷（下）》，

中央档案出版社1998年版，第337—338页。

【注释】

（1）愁入云遥，愁思如云之遥深。

（2）寒禁霜重，禁受霜重严寒。

（3）红烛泪深，烛泪积厚，形容夜深。

（4）凄咽，悲伤呜咽。《太平广记》卷二八一引唐无名氏《河东记·独孤遐叔》："遐叔怅然悲惋，谓其妻死矣，速驾而归，前望其家，步步悽咽。"清，清角，古代五音之一，其调悲切。变，变声，古代五音之一，其调慷慨悲凉。当指七音中的变徵、变宫。

（5）风际，风断的时候。宋张耒《冬日杂兴六首》："风际竹清疏。"

（6）迢递，遥远之状。三国魏嵇康《琴赋》："指苍梧之迢递，临回江之威夷。"天涯，天边，指极远的地方。语出《古诗十九首·行行重行行》："相去万余里，各在天一涯。"南朝陈徐陵《与王僧辩书》："维桑与梓，翻若天涯。"

（7）更点，指更鼓之声。唐薛能《上盐铁尚书》诗："城绝鼓钟更点后，雨凉烟树月华新。"

（8）少年，古指青年男子，与老年相对。战国郑韩非《韩非子·内储说上》："郑少年相率为盗，处于萑泽。"丝竹，管弦乐器。丝，弦乐器；竹，管乐器。

（9）玉容，女子容貌的美称。晋陆机《拟〈西北有高楼〉》诗："玉容谁得顾，倾城在一弹。"指美人。唐方干《陪李郎中夜宴》诗："遍请玉容歌白雪，高烧红蜡照朱衣。"歌管，唱歌奏乐。南朝宋鲍照《送别王宣城》诗："举爵自惆怅，歌管为谁清？"管，吹奏的乐器，箫笛之类乐器。

（10）珠帘绣幕，珍珠缀成的帘子，刺绣的帷幕。喻豪华的寓所。《西京杂记》卷二："昭阳殿织珠为帘，风至则鸣，如珩珮之声。"

（11）肠断，形容极度悲痛。晋干宝《搜神记》卷二十："临川东兴，有人入山，得猿子，便将归。猿母自后逐至家。此人缚猿子于庭中树上，以示之。其母便搏颊向人，欲乞哀状，直谓口不能言耳。此人既不能放，竟击杀之，猿母悲唤，自掷而死。此人破肠视之，寸寸断裂。"唐白居易《长恨歌》："行宫见月伤心色，夜雨闻铃肠断声。"

（12）塞鸿，边塞飞来的鸿雁。塞鸿秋季南来，春季北去，故古人常以之作比，表示对远离家乡的亲人的怀念。南朝宋鲍照《代陈思王京洛篇》："春吹回白日，霜歌落塞鸿。"

（13）遮莫，唐宋时通俗语，尽教的意思。城乌，栖息城头的乌鸦。

（14）南枝，朝南的树枝。《古诗十九首·行行重行行》："胡马依北风，越鸟巢南枝。"因以指故土，故国。

（15）红香，色红而味香。五代齐己《乞樱桃》诗："嚼破红香堪换骨，摘残丹颗欲烧枝。"代指红花。词中指红梅之类。

【赏析】

《苏武慢》，词牌名，又名《选冠子》《过秦楼》《惜余春慢》等。双调，正体一百一十字，上片十二句四仄韵，下片十一句四仄韵。

中日甲午战争后的第二年，作者在所赋《水龙吟》词的序中说："己丑（1889）秋夜，赋角声《苏武慢》一阕，为半塘（王鹏运）所激赏。乙未

（1895）四月，移寓校场五条胡同，地偏，宵警呜呜达曙，凄切心脾。漫拈此解，颇不逮前作，而词欲悲，亦天时人事为之也。"此序中所言"天时人事"，主要指 1894 年中国在甲午战争中的惨败和 1895 年 4 月李鸿章签订向日本割地赔款的《马关条约》。这是清政府腐败与列强侵略加剧的结果。《苏武慢》虽写于四年前，而后词人又有意提及它，正是因为词人于其中预感到这种现状及其发展趋势，并在"无可奈何花落去"的悲歌声中，隐含着对于时事的讥弹。

这首词题为《寒夜闻角》。角，古时军中吹的乐器。《苏武慢·寒夜闻角》作于光绪十五年（1889）。当时国家内忧外患迭起，民不聊生。词人在寒夜闻角声引起愁绪，写下这首词。

词的上阕写角声给人的凄凉感受。"愁入云遥，寒禁霜重，红烛泪深人倦。"开头三句写寒夜的境况，精神怠倦的人正经受着严霜寒冷的侵袭，而绵绵愁绪则飞入云天。红烛已泪痕累累，夜深了，人也已经很疲倦了。就在这愁、冷、倦的不眠之夜里，号角响在耳际，于是"情高转抑，思往难回，凄咽不成清变"。此三句写闻角。"情高转抑"是说角声由高昂一下转为低沉，这音调的转变给人的感受似乎是往事已经过去，不再返回。"凄咽不成清变"，又回到写角声。凄楚呜咽的旋律，使人分不出它的曲调是清角还是变徵，突出了其凄楚的特征。清，清角，古代五音之一，其调悲切。变，变声，古代五音之一，其调慷慨悲凉。当指七音中的变徵、变宫。"风际断时，迢递天涯，但闻更点。"此三句写风声中的更点，进一步点出夜已深沉。在秋风凄紧的时候，听不到了角声，那是它被风吹到了遥远的天边，所以听到的只有清冷的打更声。角声同更点相应，突出了寒夜的孤寂凄凉。迢递，遥远。除却角声，又有风声、更点声，仿佛于曲子主旋律外，又奏出和声，使凄楚的曲调变得更浑厚沉重。"枉教人回首，少年丝竹，玉容歌管。"最后三句写角声给人的内心感受：徒然教人回想起年轻时的歌舞之乐。昔日之乐与而今之哀的对比，写出了寒夜闻角给人的凄苦之感。这里词人把角声之声同闻角之情结合起来描写，声情并茂，增加了词的感人力量。"丝竹"，管弦乐器。泛指音乐。丝，弦乐器；竹，管乐器。"玉容"，女子容貌的美称。晋陆机《拟〈西北有高楼〉》诗："玉容谁得顾，倾城在一弹。"指美人。唐方干《陪李郎中夜宴》诗："遍请玉容歌白雪，高烧红蜡照朱衣。""歌管"，唱歌奏乐。南朝宋鲍照《送别王宣城》诗："举爵自惆怅，歌管为谁清？"管，吹奏的乐器，箫笛之类乐器。词人把凄咽的角声与秋夜萧瑟清冷的景象交织在一起，引发出对歌舞升平少年时代的追怀，在沉重的失落感中，流露出对每况愈下的"天时人事"的种种忧心。

词的下阕进一步写角声触人愁绪。"凭作出、百绪凄凉"，换头处一句暗接上阕末，说角声使人烦闷，引起了百般凄凉的思绪。"凄凉惟有，花冷月闲庭院"，这是写不寐的人被角声惊起，看着眼前的庭院只有静静的月色，冷清的花儿更增添了人的凄凉。这两句同上秋夜开头三句互相照应，进一层渲染出闻角的凄凉环境，也加深了角声的凄凉情调。"珠帘绣幕，可有人听？听也可曾肠断？"接下来三句，词人推开自己，以反问的语调，写其他人闻角的感受。这里词人专举"珠帘绣幕"，以女子的住所代指女子，"可有人听？听也可曾肠断？"这军中的号角之声，使闺中少妇有所感，使她们怀念征人。这三句以离愁闺怨，补充上阕所写不堪回首往事之感，使词的面更广，容量也更大了。"除却塞鸿，遮莫城乌，替人惊惯。料南枝明月，应减红香一半。"五句化用唐温庭筠词"惊塞雁，起城乌，画屏金鹧鸪"。词人以想象之笔，化用前人词语，说这角声除了尽教边塞的鸿雁、栖宿城头的乌鸦被惊起，替人担惊受怕之外，料想那南枝经这寒夜角声的折腾，明日也会只留下一半花朵了。下阕由己之凄凉写到闺中少妇的肠断，由人而鸟而花，用对鸟、对花的拟人化描写，让无情之物充满感情，从而把角声的悲凉，给读者心理上造成的"百绪凄凉"渲染得淋漓尽致，成功地写出了角声拨人心弦的力量。

这首词在写法上很注意抒情的含蓄蕴藉，词人选择凄凉的寒夜作背景，写霜、烛、花、月、鸿、乌，写角声、更点，以景物烘托闻角人的凄凉心情。人物的凄凉心境，有男子的不堪回首，有佳人的肠断楼头。产生这种心境的原因，肠断楼头表示的内容，词人都未明说，只是把事物的表象摊出来，让读者扣住这抑郁的景和情去寻找内在的联系，去玩味内中的意蕴，去驰骋联想。这种写法虽然有晦涩之弊，但也给读者以咀嚼回味的余地。

这首词的结构安排也非常巧妙。上阕以作者自我为中心，开始写时间、环境，点明寒夜，接着写闻角，然后写更点，一方面说明夜更深，另一方面也突出气氛的凄凉，最后写闻角人的心理。写景中处处含情，故写夜、角的凄凉已充分展现了人内心的凄凉。下阕一气贯下，更用重笔来写闻角的凄凉。这里有环境描写的勾连上文，又有由己及人的拓开联想，使角声的感人带有了普遍性。最末则以鸟、花来衬托，结尾回应了开头的"愁"，意蕴则更加深厚。凄凉之声、凄凉之景、凄凉之情跃然纸上。这种在铺叙的基础上进一步讲究曲折、回环、富于变化的技巧，避免了结构的平铺直叙。词人况周颐《蕙风词话》现身说法说："余少作《苏武慢·寒夜闻角》云：'凭作出、百绪凄凉，凄凉惟有，花冷月闲庭院。珠帘绣幕，可有人听？听也可曾断肠？'半塘翁最为击节。近代词学家王国维《人间词话附录》说："境似清真，集中他作，不能过之。"

【原文】

减字木兰花九首之二·万里移春海亦香　并序

余赋《樱花词》屡矣，率羌无故实[1]。偶阅黄公度《日本杂事诗注》及日人原善公道《先哲丛谈》[2]，在占此九调[3]。时乙卯大暑前一日[4]。

万里移春海亦香[5]，五云扶舰渡花王[6]，从教彩笔费平章[7]。　萼绿华尤标俊赏[8]，藐姑射不竞浓妆[9]，便翻芳谱只寻常[10]。

【毛泽东圈评等情况】

毛泽东在读龙榆生编选《近三百年名家词选》收录的这首《减字木兰花·万里移春海亦香》词时，在小序中日人"原善公道"四字旁画了一个直杠，又在正文的前四句末右侧各画一个旁圈。

[参考]中央档案馆整理：《毛泽东手书选集·古诗词卷（下）》，中央档案出版社1998年版，第338页。

【注释】

（1）率，大概。羌无故实，指不用典故或没有出处。南朝梁钟嵘《诗口序》："'清晨登陇首'，羌无故实；'明月照积雪'，讵出经史？"羌，语首助词，无实义。

（2）黄公度，即黄遵宪，字公度，别号人境庐主人。清朝诗人，外交家、政治家、教育家。黄遵宪出生于广东嘉应州（今广东梅州），1876年中举人，历充师日参赞、旧金山总领事、驻英参赞、新加坡总领事，戊戌变法期间署湖南按察使，助巡抚陈宝箴推行新政。工诗，喜以新事物熔铸入诗，有"诗界革新导师"之称。黄遵宪的作品有《人境庐诗草》《日本国志》《日本杂事诗》等，被誉为"近代中国走向世界第一人"。

（3）占，口占，口头吟作；口授。作诗文不起草稿，随口而成。东汉班固《汉书·朱博传》："阁下书佐入，博口占檄文。"

（4）乙卯，民国四年（1915）。大暑，二十四节气之一。在农历六月中，阳历七月二十三日或二十四日，一般为我国气候最热的时候。《逸周书·周月》："夏三月中气：小满，夏至，大暑。"

（5）移春，把日本樱花从万里外移植到中国。黄公度有"岁岁樱花岁岁春"诗句，故以春指代樱花。

（6）五云，青、白、赤、黑、黄五种云色。五色瑞云。多作吉祥的征兆。南朝梁萧子显《南齐书·乐志》："圣祖降，五云集。"扶舰，扶护舰船。花王，花中之王，指牡丹。宋欧阳修《洛阳牡丹记·花释名》："钱思公尝曰：'人谓牡丹花王，今姚黄真可为王，而魏花乃后也。'"日本人以樱花为花王。

（7）从教，听任，任凭。宋韦骧《菩萨蛮》词："白发不须量，从教千丈长。"彩笔，唐李延寿《南史·江淹传》："（江淹）又尝宿于冶亭，梦一丈夫自称郭璞，谓淹曰：'吾有笔在卿处多年，可以见还。'淹乃探怀中得五色笔一以授之。尔后为诗绝无美句，时人谓之才尽。"后遂以"彩笔"称五色笔，比喻美妙文才。平章，品评。唐刘禹锡《同乐天和微之深春》之十五："追逐同游伴，平章贵价车。"

（8）萼绿华，传说中的女仙名，自言是九嶷山中的得道女子罗郁。

见南朝梁陶弘景《真诰·运象》。唐李商隐《重过圣女祠》诗："萼绿华来无定所，杜兰香去未移时。"指绿萼梅花。宋范成大《范村梅谱》："绿萼梅：凡梅花跗蒂皆绛紫色，惟此纯绿，枝梗亦青，特为清高，好事者比之九嶷仙人萼绿华。京师艮岳有萼绿华堂，其下专植此本。"俊赏，精于鉴赏，善于品评。南朝梁钟嵘《〈诗品〉序》："近彭城刘士章，俊赏之士，疾其淆乱，欲为当世诗品，口陈标榜。"

（9）藐姑射（yè），神话中的山名。战国宋庄周《庄子·逍遥游》："藐姑射之山有神人居焉，肌肤若冰雪，绰约若处子。"这里用以比喻洁白的樱花，它和绿色的樱花皆为罕见的名贵品种。

（10）芳谱，即花谱，记载四季花卉的书。宋陈善《扪虱新话·诗评乃花谱》："予尝与林邦翰论诗及四雨字句……邦翰抚掌曰：'吾子此论，不独诗评，乃花谱也。'"

【赏析】

《减字木兰花》，原为唐教坊曲，后用为词牌，简称《减兰》。又名《减兰》《木兰香》《天下乐令》《玉楼春》《偷声木兰花》《木兰花慢》。双调，上下阕各三句，共四十二字。

作者在小序中说明了这次赋樱花词的起因。

"万里移春海亦香，五云扶舰渡花王，从教彩笔费平章。"词的上阕写移植樱花。三句是说，从万里以外的日本把樱花移植到中国，途经的海上也飘着樱花的芳香，运载樱花的舰船之上还有五色瑞云护持。这景观任凭富有文采的作家用尽才思去品评吧。"移春"，樱花原产日本，中国的樱花是从日本移植来的。"春"，樱花于三月开放，成为春天的象征。黄公度《日本杂事诗》有"岁岁樱花树树春"诗句，故以"春"指代樱花。"五云"，五色瑞云，多作吉祥的征兆。南朝梁萧子显《南齐书·乐志》："圣祖降，五云集。""扶舰"，扶护的舰船。"花王"，花中之王，指牡丹。宋欧阳修《洛阳牡丹记·花释名》："钱思公尝曰：'人谓牡丹花王，今姚黄真可为王，而魏花乃后也。'"日本人以樱花为花王。黄公度《日本杂事诗》："朝曦看到夕阳斜，流水游龙斗宝车。宴罢红云歌绛雪，东皇第一爱樱花。"自注："樱花五大部洲都有，有深红，有浅绛，亦有白者，一重至八重，烂漫极矣。……三月花时，公卿百官，旧皆给假赏花；今亦香车宝马，士女征逐，举国若狂也，东人称为花王。墨江左右，有数百树，如雪如霞，如锦如荼。余一夕月明再游其地，真如置身蓬莱中矣。""平章"，品评。唐刘禹锡《同乐天和微之深春》之十五："追逐同游伴，平章贵价车。"

　　"萼绿华尤标俊赏，藐姑射不竞浓妆，便翻芳谱只寻常。"词的下阕三句写品评樱花。是说像仙女萼绿华那样的绿色樱花特别显得秀美，受到更多的赞赏，像藐姑射神人的肌肤那样洁白如冰雪的樱花，不以浓妆争胜。与樱花相比，把花谱翻遍，其他花都显得很平常了。"萼绿华"，传说中的女仙名。自言是九嶷山中的得道女子罗郁。晋穆帝时，夜降羊权家，赠权诗一篇，火瀚手巾一方，金玉条脱各一枚。见南朝梁陶弘景《真诰·运象》。唐李商隐《重过圣女祠》诗："萼绿华来无定所，杜兰香去未移时。"指绿萼梅花。宋范成大《范村梅谱》："绿萼梅：凡梅花跗蒂皆绛紫色，惟此纯绿，枝梗亦青，特为清高，好事者比之儿嶷仙人萼绿华。京师艮岳有萼绿华堂，其下专植此本。"作者自注："绿者尤娟倩。"故以萼绿花比喻绿色樱花。"俊赏"，精于鉴赏，善于品评。南朝梁钟嵘《〈诗品〉序》："近彭城刘士章，俊赏之士，疾其淆乱，欲为当世诗品，口陈标榜。""藐姑射（yè）"，神话中的山名。战国宋庄周《庄子·逍遥游》："藐姑射之山有神人居焉，肌肤若冰雪，绰约若处子。"这里用以比喻洁白的樱花，它和绿色的樱花皆为罕见的名贵品种。"芳谱"，即花谱，记载四季花卉的书。宋陈善《扪虱新话·诗评乃花谱》："予尝与林邦翰论诗及四雨字句……邦翰抚掌曰：'吾子此论，不独诗评，乃花谱也。'"末句是据《清词玉屑》卷十所载："东人（日本人）云朱舜水（明末东渡遗民）居东酷爱之（樱花），庭植数十株，花开恣赏曰：'使中土有之，亦当弁冕群芳。'"

　　这首词从侧面烘托、渲染，又用比喻手法突出了樱花的秀美、芳香，但有意用典，不仅给读者造成了一定的阅读困难，也在作品中留下了雕琢的痕迹。

赵 熙

　　赵熙（1867—1948），字尧生，号香宋，四川荣县人。蜀中五老七贤之一，世称"晚清第一词人"。光绪十八年（1892），时年25岁的他高中进士，殿试列二等，选翰林院庶吉士。次年，应保和殿大考，名列一等，授翰林院国史馆编修，转官监察御史。

　　他"工诗，擅古体与律、绝，尤精五律。很少填词。善书，字体秀逸挺拔，融诸家为一体。间亦作画。诗篇援笔立就，风调冠绝一时。偶撰戏词，传播妇孺之口"，蜀传有"家有赵翁书，斯人才不俗"之谚。一生作诗三千余首，解放初郭沫若自出部分印费，在上海倡印《香宋诗前集》上下册，录诗一千三百余首。四川又出版《香宋诗钞》，录诗五百首。《香宋词》三百一十三首，则于民国七年（1918）即刻版印行。人谓"香宋词人，禀过人之资，运灵奇之笔，刻画山水，备极隽妙，追踪白石，而生新过之"，可谓知言。后由其门人周善培、江庸等辑其遗稿，排印《香宋诗前集》二册行世。

【原文】

甘州·寺夜·任西风、吹老旧朝人

　　任西风、吹老旧朝人⁽¹⁾，黄花十分秋⁽²⁾。自江程换了⁽³⁾，斜阳瘦马⁽⁴⁾，古县龙游⁽⁵⁾。归梦今无半月⁽⁶⁾，蔬菜满荒丘⁽⁷⁾。一笠青山影⁽⁸⁾，留我僧楼⁽⁹⁾。次第重阳近也⁽¹⁰⁾！记去年此际⁽¹¹⁾，海水西流⁽¹²⁾。问长星醉否⁽¹³⁾？中酒看吴钩⁽¹⁴⁾。度今宵、雁声微雨⁽¹⁵⁾，赖碧云红叶识乡愁⁽¹⁶⁾。清钟动，有无穷事，来日神州⁽¹⁷⁾。

【毛泽东圈评等情况】

毛泽东在读龙榆生编选《近三百年名家词选》收录的这首《甘州·任西风、吹老旧朝人》词时，先在正文开头处上方天头空白处画了一个大圈，然后，又对除了"次第重阳近也"等二句和"问长星醉否""清钟动"二句外，其余各句末右侧都各画一个旁圈。

[参考] 中央档案馆整理：《毛泽东手书选集·古诗词卷（下）》，
中央档案出版社 1998 年版，第 345—346 页。

【注释】

（1）旧朝人，清朝遗老，作者自谓。作者是清朝官员，故称。

（2）黄花，指菊花。西汉戴胜《礼记·月令》："（季秋之月）鞠有黄华。"陆德明释文："鞠，本又作菊。"宋李清照《醉花阴·重阳》词："莫道不销魂，帘卷西风，人比黄花瘦。"

（3）江程换了，改换乘船为旱路跋涉。

（4）斜阳瘦马，化用元马致远《天净沙·秋思》"古道西风瘦马，夕阳西下，断肠人在天涯"句意。

（5）龙游，古县名，今属四川乐山管辖。距作者故乡容县较近。

（6）归梦，归乡之梦。南朝齐谢朓《和沈右率诸君饯谢文学》："望望荆台下，归梦相思夕。"

（7）荒丘，指荒凉的山丘、土丘。唐罗隐《吴门晚泊》："十万梅铕（秦末汉初人，项羽封其十万户侯）空寸土，三分孙策竟荒丘。"

（8）笠，用竹或草编成的帽子，可以遮雨、遮阳光斗笠。青山，青葱的山岭。战国齐管仲《管子·地员》："青山十六施，百一十二尺而至于泉。"青山影，指青山倒映在河水的影子。

（9）僧楼，寺院楼屋。清张飙《秋晚华严楼》诗："静海寺前行客舟，草鞋夹里见僧楼。"当指龙游县僧寺之楼。

（10）次第，光景，情形。唐刘禹锡《寄杨八寿州》诗："圣朝方用敢言者，次第应须旧谏臣。"宋李清照《声声慢》词："梧桐更兼细雨，到黄昏、点点滴滴。这次第，怎一个愁字了得。"重阳，节日名。古以九为阳数之极，九月九日故称"重九"或"重阳"。魏晋后，习俗于此日登高游宴。南朝梁庾肩吾《九日侍宴乐游苑应令诗》："献寿重阳节，回銮上苑中。"

（11）去年，作者此词作于自沪返川的1912年。去年，当是1911年。

（12）海水西流，《寰宇记》："琼海之潮，半月东流，半月西流。"此句当指1911年的辛亥革命。

（13）长星，古星名，类似彗星，有长形光芒。西汉司马迁《史记·景帝本纪》："三年正月乙巳，赦天下。长星出西方。"东晋孝武帝曾举杯瞩星道："长星，劝尔一杯酒，自古何时有万岁天子？"

（14）中酒，饮酒半酣时。东汉班固《汉书·樊哙传》："项羽既飨军士，中酒，亚父谋欲杀沛公。"颜师古注："饮酒之中也。不醉不醒，故谓之中。"吴钩，春秋时期流行的一种弯刀，以青铜铸成，是冷兵器里的典范。它充满传奇色彩，后又被历代文人写入诗篇，成为驰骋疆场、励志报国的精神象征。唐李贺《南园十三首·其五》："男儿何不带吴钩，收取关山五十州。请君暂上凌烟阁，若个书生万户侯？"

（15）雁声微雨，化用唐许浑《长安旅夜》"久客怨长夜，西风吹雁声"和唐杜甫《雨四首》"微雨不滑道，断云疏复行"诗句，表现急于归乡的心情。

（16）"赖碧云"二句，宋范仲淹《苏幕遮》："碧云天，黄叶地，秋色连波，波上寒烟翠。"

（17）"有无穷事"二句，有无穷无尽的事要在中国发生。无穷，无尽，无限。指空间没有边际或尽头。西汉戴胜《礼记·中庸》："今夫天，斯昭昭之多，及其无穷也，日月星辰系焉，万物覆焉。"神州，指中国。

【赏析】

《甘州》，又名《八声甘州》《潇潇雨》《宴瑶池》，源于唐代边塞曲，以边塞地甘州为名。唐玄宗时教坊大曲有《甘州》，杂曲有《甘州子》。《词谱》以柳永《八声甘州·对潇潇暮雨洒江天》为正体，此体双调九十七字，前后段各九句、四平韵，另有变体六种。代表作品有苏轼《八声甘州·寄参寥子》、辛弃疾《八声甘州·故将军饮罢夜归来》等。

作者赵熙是光绪十八年（1892）进士，官至江西道监察御史。1911年辛亥革命后，他以遗老自居，故对辛亥革命颇多牢骚。

这首词作于自沪回四川的1912年，正值秋风萧瑟、菊花盛开的季节。词的上阕写归乡途中所见。"任西风、吹老旧朝人，黄花十分秋。"起首二句是说，任凭西风猛烈地吹吧，把我这个前朝的遗老都吹老了，如今正是菊花盛开的深秋季节。"西风""黄花"，最使人想到一年将尽而产生迟暮之感。同时，词人又怀着清朝覆灭的所谓"故国"之思，而且以"旧朝人"自居，所以有"吹老旧朝人"的惆怅之语。

"自江程换了，斜阳瘦马，古县龙游。"接下来三句是说，从上海回四川老家他先是乘船走水路，然后舍舟登岸，改行旱路，换成骑马而行，到了临县龙游。"江程"，江上的航程。唐孟郊《吴安西馆赠从弟楚客》诗："一枕楚江梦，孤帆楚江程。"指作者从上海出发时，是乘船溯流而上，在长江、岷江（在宜宾入长江）的水路行程。"斜阳瘦马"，元马致远《天净沙·秋思》："古道西风瘦马，夕阳西下，断肠人在天涯。"词人借马致远曲意。"龙游"，古县名，今属四川乐山管辖。距作者故乡容县较近。

"归梦今无半月，蔬菜满荒丘。"二句是说，回家之路现在还没有半月，走到临县龙游时，看到的是荒芜的田野里长满了野生的蔬菜。"归梦"，归乡之梦。南朝齐谢朓《和沉右率诸君饯谢文学》："望望荆台下，归梦相思夕。""荒丘"，指荒凉的山丘、土丘。土地贫瘠，杂草丛生。唐罗隐《吴门晚泊》："十万梅铫（秦末汉初人，项羽封其十万户侯）空寸土，三分孙策竟荒丘。"

上阕写归程、时令、景象感触，充满着沧桑后归来的失落情绪。

词的下阕抒情，表达了对旧朝覆灭的憾恨和旅途的乡愁。"次第重阳近也！记去年此际，海水西流。"换头处三句是说，看这光景重阳节已经近了！记得去年这个时候，海水往西倒流。"次第"，光景，情形。唐刘禹锡《寄杨八寿州》诗："圣朝方用敢言者，次第应须旧谏臣。"宋李清照《声声慢》词："梧桐更兼细雨，到黄昏、点点滴滴。这次第，怎一个愁字了得。""重阳"，节日名。古以九为阳数之极，九月九日故称"重九"或"重阳"。魏晋后，习俗于此日登高游宴。南朝梁庾肩吾《九日侍宴乐游苑应令诗》："献寿重阳节，回銮上苑中。""去年"，作者此词作于自沪返川的 1912 年。去年，当是 1911 年。"海水西流"，《寰宇记》："琼海之潮，半月东流，半月西流。"此句当指 1911 年的辛亥革命是倒行逆施之事，是不应该的。

"问长星醉否？中酒看吴钩。"二句是说，请问长星是否喝醉酒了？在半醉或沉醉之中起来看吴钩利剑，表示不甘失败，要有所为。"长星"，古星名。类似彗星，有长形光芒。西汉司马迁《史记·景帝本纪》："三年正月乙巳，赦天下。长星出西方。"东晋孝武帝曾举杯瞩星道："长星，劝尔一杯酒，自古何时有万岁天子？""中酒"，饮酒半酣时。东汉班固《汉书·樊哙传》："项羽既飨军士，中酒，亚父谋欲杀沛公。"颜师古注："饮酒之中也。不醉不醒，故谓之中。"吴钩，春秋时期流行的一种弯刀，以青铜铸成，是冷兵器里的典范。它充满传奇色彩，后又被历代文人写入诗篇，成为驰骋疆场、励志报国的精神象征。"唐李贺《南园十三首·其五》："男儿何不带吴钩，收取关山五十州。请君暂上凌烟阁，若个书生万户侯？"此是对辛亥革命的污蔑。与上阕"旧朝人"相呼应。

"度今宵、雁声微雨，赖碧云红叶识乡愁。"二句是说，度过今天晚上，在微雨的雁声中，只有碧云红叶知道我的乡愁。"雁声微雨"，化用唐许浑《长安旅夜》"久客怨长夜，西风吹雁声"和唐杜甫《雨四首》"微雨不滑道，断云疏复行"诗句，表现急于归乡的心情。"赖碧云"，宋范仲淹《苏幕遮》："碧云天，黄叶地，秋色连波，波上寒烟翠。抒发自身思乡的愁绪。

"清钟动，有无穷事，来日神州。"末三句是说，听到寺院响起清越的钟声，因而想到未来的中国将是多事之秋，难以太平。"清钟动"，照应题目《寺夜》。作者这种想法，意有两歧，如果说他为国事担忧，那他就是爱国的；如果说他希望多发生变乱，他就可能是梦想复辟清王朝，对一个清朝旧臣这样想也不是没有可能的。无穷事，无穷无尽的事。神州，指中国。

【原文】

婆罗门令·一番雨滴心儿碎 　并序

两月来蜀中化为战场(1)，又日夜雨声不绝，楚人云：后土何时而得干也(2)。山中无歌哭之所(3)，黯此言愁(4)。

一番雨滴心儿醉，番番雨便滴心儿碎。雨滴声声，都装在、心儿里。心上雨，干甚些儿事(5)。今宵滴声又起，自端阳(6)、已变重阳味。　　重阳尚许花将息(7)，将睡也、者天气怎睡(8)。问天老矣，花也知未(9)？雨自声声未已，流一汪儿水，是一汪儿泪。

【毛泽东圈评等情况】

毛泽东在读龙榆生编选《近三百年名家词选》收录的这首《婆罗门令·一番雨滴心儿碎》词时，在小序上方天头空白处画了一个大圈。

[参考] 中央档案馆整理：《毛泽东手书选集·古诗词卷（下）》，

中央档案出版社 1998 年版，第 346 页。

【注释】

（1）"两月来"句，指 1915 年 12 月至 1916 年 3 月蔡锷的护国军与袁世凯军队的战争。

（2）"后土"句，《楚辞·宋玉〈九辩〉》："皇天淫溢而秋霖兮，后土何时而得干。"后土，源于母系社会自然崇拜中的土地与女性崇拜。

（3）歌哭，歌又哭，常用以表示强烈的感情。《周礼·春官·女巫》："凡邦之大灾，歌哭而请。"郑玄注："有歌者，有哭者，冀以悲哀感神灵也。"歌哭之地，意为颐养天年的地方，或故乡、乐土。革命先烈李大钊在《警告全国父老书》中说："空山已无歌哭之地，天涯不容飘泊之人。"

（4）黯此言愁，心情沮丧，借此来表达内心的忧愁。黯，心神沮丧之态。南朝梁江淹《别赋》："黯然销魂者，惟别而已矣。"

（5）甚些儿事，关什么事。

（6）端阳，即端午。明冯应京《月令广义·岁令一·礼节》："五月初一至初五日名女儿节，初三日扇市，初五日端阳节，十三日龙节。"重阳，我国传统节日名，在农历九月初九日。古以九为阳数之极，九月九日故称"重九"或"重阳"。魏晋后，习俗于此日登高游宴。南朝梁庾肩吾《九日侍宴乐游苑应令诗》："献寿重阳节，回銮上苑中。"

（7）将息，养息，休息。唐王建《留别张广文》诗："千万求方好将息，杏花寒食约同行。"宋李清照《声声慢》词："乍暖还寒时候，最难将息。"

（8）者，这。

（9）"问天老矣"二句，化用唐李贺《金铜仙人辞汉歌》"衰兰送客咸阳道，天若有情天亦老"诗意，伤悼清王朝的覆灭。

【赏析】

《婆罗门令》，词牌名，属于法曲，是佛门之曲。婆罗门源于梵语波拉夫曼，本意即是祭司。双调八十六字，前段六句三仄韵、一叠韵，后段十句六仄韵。调见柳永《乐章集》，原注"夹钟商"。与《婆罗门引》不同。

这首词未标明写作时间，但其序中说："两月来蜀中化为战场"一事，当指"二次革命"。辛亥革命后，袁世凯窃取革命成果，建立了反动军阀的独裁统治。1913年，孙中山发动反袁战争，重庆的国民党势力也举兵响应。战争以失败告终，是为"二次革命"。作者站在被推翻的清王朝的立场上，不论战争的正义与否，均持以反对的态度。

序中的"楚人云"，出自《楚辞·宋玉〈九辩〉》："皇天淫溢而秋霖兮，后土何时而得干。"意思是，上天随心所欲，任秋雨无休无止，大地什么时候才能摆脱水涝灾害？宋玉以此比喻楚王的昏庸、奸佞的得志和百姓的水深火热。赵熙则借指当时动荡不安的时局。后土，源于母系社会自然崇拜中的土地与女性崇拜。"歌哭"，歌又哭，常用以表示强烈的感情。《周礼·春官·女巫》："凡邦之大灾，歌哭而请。"郑玄注："有歌者，有哭者，冀以悲哀感神灵也。"歌哭之地，意为颐养天年的地方，或故乡、乐土。革命先烈李大钊在《警告全国父老书》中说："空山已无歌哭之地，天涯不容飘泊之人。""黯此言愁",心情沮丧,借此来表达内心的忧愁。黯,心神沮丧之态。南朝梁江淹《别赋》:"黯然销魂者,惟别而已矣。"

"雨"和"雨滴声",本是自然现象,但因人的遭遇不同而对其感受也各异。这正是近人王国维在《人间词话》中所说"以我观物,故物皆着我之色彩"的"有我之境"。南宋词人蒋捷在亡国后写的《虞美人·听雨》中说:"而今听雨僧庐下,鬓已星星也。悲欢离合总无情,一任阶前点滴到天明。"僧舍中无眠的雨夜,正是他在国破家亡后,对避世逃离的忧思的形象的表露。蒋捷虽于世变面前,持以无可奈何的消极态度,但还表现出一定的民族气节。然而赵熙的亡国之痛,却与蒋捷截然不同。他为了效忠被推翻的清王朝,不分青红皂白地攻击辛亥革命。他无视历史的发展,坚持腐朽没落的人生态度,所以也只能在如泣如诉、如怨如怒的吟咏中,为清王朝唱出无尽的挽歌。

词的上阕写观雨。"一番雨滴心儿醉,番番雨便滴心儿碎。"起首二句是说,一场雨把心儿都滴醉了,一场又一场雨更把心儿滴碎了。"心儿碎",形容内心的痛苦悲伤。"雨",既是写实,也是时局的象征。"雨滴声声,都装在、心儿里。"二句是说,雨滴的声音,在作者听来,总是含着凄切的咏唱,或是愁苦的哭诉,有着说不完的哀怨。这一切都涵容在他的心里,从而有了不胜其苦的沉重和无穷的忧伤。"心上雨,干甚些儿事?""雨",在这里是忧愁、哀怨的代名词。而这种忧愁。哀怨和什么事情相关呢?以反诘的语气引出下阕。"今宵滴声又起,自端阳、已变重阳味。"二句是说,今天晚上又下起了雨,从五月五日端阳到九月九日重阳节,雨下得已经变了味。由于一场雨接着一场雨,初夏的气候已变为一派肃杀的秋气,使人觉得天地间郁塞着寒凉。作者明写天气,暗喻对政治气候的不满。

词的下阕继续写雨。"重阳尚许花将息,将睡也、者天气怎睡。"换头处二句是说,即使到了重阳节,人们还要用菊花酒来保养身体,而现在呢?想要入睡,这雨声不断的天气,怎能让人安稳入睡?作者又推进一层,写对政治气候的怨艾。"花将息",名词"花"用作动词"将息"的状语,意谓用菊花酒来保养身体。旧俗认为重阳节饮菊花酒,可以消灾延寿。"问天老矣，花也知未？"二句化用唐李贺《金铜仙人辞汉歌》"衰兰送客咸阳道，天若有情天亦老"诗意。李贺的诗是根据曹魏灭汉后、魏明帝曹睿派人去长安拆迁汉武帝时所建金铜仙人承露盘事而写。诗以拟人的手法，写金铜仙人离开汉宫时的凄楚场面。面对此情此景，如果上天有知的话也会因之而衰老。赵熙则借以伤悼清室的覆灭。"花"，指诗中在道旁送别金铜仙人的衰兰。在写几场雨使气候变得反常后，紧接着两个反问句，回答上阕"心上雨，干些甚儿事？"一是对战争频仍、动荡不安的时局的忧虑；二是对清王朝覆灭的伤悼。一个晚清遗老的自我画像，由之跃然纸上。"雨自声声未已，流一汪儿水，是一汪儿泪。"结末三句是说，雨下个不止，地上积了一汪水，简直就是一汪眼泪。此暗示时局动荡不定，言忧怨之深，并与词首小序呼应，以收束全词。

汪兆镛

汪兆镛（1861—1939），字伯序，号憬吾，晚号清溪渔隐，原籍浙江山阴（今浙江绍兴），咸丰十一年四月二十八日（1861年6月6日）生于广东番禺。少随叔父汪琼学于随山馆。清光绪十年（1884）选学海堂专课肄业。次年举优贡生，以知县用。1889年中举人。岑春煊督粤时，延入幕府司奏章。辛亥革命后，避居澳门，以吟咏、著述自适。1918年曾参与修纂《番禺县续志》。1939年7月28日病故于澳门。汪兆镛一生于书无所不读，识地方文献，贯通历史典籍并擅骈文、诗词，又长于考据订讹。以著书撰文自乐。所著计数十种，共二百余卷，主要有《稿本晋会要》《元广东遗民录》《三续碑传集》《微尚斋诗文集》《岭南画征略》《雨屋深镫词》等。

【原文】

蝶恋花·霸气消沉山嶙峋　并序

榆生以咏木棉词见示[1]，奉和一阕[2]。广州北城跨粤秀山[3]，山多红棉[4]，暮春花时[5]，照耀雉堞间[6]，伟丽绝胜。闻山中人云，二十年来，林壑陵夷[7]，非承平日风景矣[8]！

霸气销沉山嶙峋[9]。望极愁春，春酿花如血[10]。照海烧空夸独绝[11]，东风笑客谁堪折？　一片芜城都饱阅[12]。火树年年[13]，摇落清明节[14]。听取鹧鸪啼木末[15]，画情空忆山樵说[16]。

【毛泽东圈评等情况】

毛泽东在读龙榆生编选《近三百年名家词选》收录的这首《蝶恋花·霸气消沉山嶙峋》词时，在正文中，除"望极愁春""火树年年"二句外，其他各句末右侧都画了一个旁圈，并仔细地阅读了龙榆生写的词人《小传》，在"广东番禺人""原籍浙江山阴""尝受业陈澧门下"等句侧，"番禺""浙江""山阴"等地名旁及"陈澧"者字旁都画有直杠。

[参考] 中央档案馆整理：《毛泽东手书选集·古诗词卷（下）》，中央档案出版社 1998 年版，第 342 页。

【注释】

（1）榆生，即龙榆生（1902—1966），本名龙沐勋，字榆生，号忍寒。江西万载县人。著名学者，曾任暨南大学、中山大学、中央大学、上海音乐学院教授。1966 年 11 月 18 日，病逝于上海。龙榆生的词学成就，与夏承焘、唐圭璋并称，是 20 世纪最负盛名的词学大师之一。编著有《风雨龙吟室词》《唐宋名家词选》《近三百年名家词选》等。木棉，落叶乔木。先叶开花，大而红，结卵圆形朔果。种子的表皮有白色纤维，质柔软，可用来装枕头、垫褥等。见视，给我看，告诉我。

（2）奉和（hé），作诗词与别人相唱和。唐杨炯有《奉和上元酺宴应诏》诗。一阕，一度乐终，亦谓一曲。宋欧阳修《晚泊岳阳》诗："一阕声长听不尽，轻舟短楫去如飞。"阕，歌曲或词一首叫一阕。此指一首词。

（3）粤秀山，亦称越秀山、越王山，位于中国广州市越秀区，海拔七十米，是白云山的余脉。明朝永乐年间，山上曾建有观音阁，又称观音山。

（4）红棉，木棉的别称，以开花红色得名。近代康有为《伍氏万松园观斗蟋蟀》诗："千古雌雄竟谁是，红棉笑杀贾平章。"按，贾似道曾任同平章事，后被贬行至漳州木棉庵，被杀。

（5）暮春，春末，农历三月。《逸周书·文傅》："文王受命之九年，时维暮春。"南朝梁丘迟《与陈伯之书》："暮春三月，江南草长，杂花生树，群莺乱飞。"

（6）雉堞（zhì dié），古代在城墙上面修筑的矮而短的墙。南朝梁萧统《文选·鲍照〈芜城赋〉》："板筑雉堞之殷，井干烽橹之勤。"李善注："郑玄《周礼》注曰：'雉，长三丈，高一丈。'杜预《左氏传》注曰：'堞，女墙也。'"泛指城墙。

（7）林壑，山林涧谷。南朝宋谢灵运《石壁精舍还湖中作》诗："林壑敛暝色，云霞收夕霏。"陊（duò）贸，毁坏改变。陊，古同"堕"，败坏，破败。贸，改变。

（8）承平日，社会安定、天下太平的时候。

（9）霸气，霸王气象，指王气，国运。唐王勃《江宁吴少府宅饯宴序》："霸气尽而江山空，皇风清而市朝改。"此指南越王赵佗事。秦亡，南海尉赵佗自立为南越武王，高后（吕雉）时又自尊为南越武帝，并发兵攻打长沙连邑。汉景帝时归附于汉。消沉，消逝。唐元稹《刘阮妻》诗："桃花飞尽秋风起，何处消沉去不来？"嵽嵲（dié niè），形容山高峻或高峻的山。唐杜甫《自京赴奉先县咏怀五百字》："凌晨过骊山，御榻在嵽嵲。"

（10）酿花，催花吐放。清袁枚《随园诗话》卷十："（张瑶英）到湖心亭，书二十八字云：'酿花天气雨新晴，一片清光两岸平。最好湖心亭上望，满堤人似水中行。'"

（11）烧空，映红天空。宋孙光宪《河传》词："如花殿脚三千女，争云雨，何处留人住？锦帆风，烟际红，烧空，魂迷大业中。"

（12）芜城，古城名，即广陵城。故址在今江苏江都境。西汉吴王刘濞建都于此，筑广陵城。南朝宋竟陵王刘诞据广陵反，兵败死焉，城遂荒芜，鲍照作《芜城赋》以讽之，因得名。此指广州城。

（13）火树，形容开满红花的树。晋傅玄《庭燎》诗："枝灯若火树，庭燎继天光。"

（14）摇落，凋残，零落。《楚辞·宋玉〈九辩〉》："悲哉秋之为气也！萧瑟兮草木摇落而变衰。"清明节，二十四节气之一，一般在每年公历4月5日前后。

（15）鹧鸪，鸟名。形似雌雉，头如鹑，胸前有白圆点，如珍珠。背毛有紫赤浪纹。足黄褐色。为中国南方留鸟。古人谐其鸣声为"行不得也哥哥"，诗文中常用以表示思念故乡。

（16）山樵，樵夫。宋米芾《观音岩》诗："鲍饵有时邀楚钓，海云常觉护山樵。"指画家黎二樵。樵，樵夫，打柴的人。

【赏析】

《蝶恋花》，又名《黄金缕》《鹊踏枝》《凤栖梧》《卷珠帘》《一箩金》。其词牌始于宋。双片共六十字，前后片各四仄韵。

这首咏物词是首和作，是和龙榆生《咏木棉》词的。龙榆生有《金缕曲》云"尘梦仍来否？爱当春，红棉灿发，料应如旧。几辈难排催鬓白，孰问王前卢后。但夜起，恒依南斗"。红棉是木棉的一种。《金缕曲》就是《蝶恋花》。所以，词人也可能就是和的这首词。当然咏物之作，不见得没有寄托。这首词通过对木棉的礼赞，表现了对战乱造成城市荒芜的不满。乾隆年间，粤人郭乐郊善画木棉鹧鸪，黎二樵喜作红棉碧嶂图，一时齐名。

词的上阕写木棉不自木棉始，而先从广州城的兴衰着笔。"霸气销沉山嵯峨。"首句用典，"霸气"，霸王气象，指王气，国运。唐王勃《江宁吴少府宅饯宴序》："霸气尽而江山空，皇风清而市朝改。"此指南越王赵佗事。秦亡，南海尉赵佗自立为南越武王，高后（吕雉）时又自尊为南越武帝，并发兵攻打长沙连邑。汉景帝时归附于汉。"嵯峨"，形容山高峻或高峻的山。唐杜甫《自京赴奉先县咏怀五百字》："凌晨过骊山，御榻在嵯峨。""酿花"，催花吐放。清袁枚《随园诗话》卷十："（张瑶英）到湖心亭，书二十八字云：'酿花天气雨新晴，一片清光两岸平。最好湖心亭上望，满堤人似水中行。'"三句是说，历史上一度称霸于南方的南越王赵佗的霸气已经销声匿迹，不复可闻，而广州城的山势险峻却没有改变。未写木棉而先写木棉生长的环境，写环境又带着历史的重负。接下来四句才正面描写木棉："望极愁春，春酿花如血。照海烧空夸独绝，东风笑客谁堪折？"四句是说，整天为盼望春天的到来而发愁，春天来了，才能催促木棉吐放。木棉开起花来，照耀大海烧红天空，极为壮观，堪称天下独绝。东风劲吹，好像笑问词人，你想折取哪一枝。写木棉色彩气势俱足，也点明了词人身份。

词的下阕，仍从木棉生长的环境着笔："一片芜城都饱阅。"换头处一句用典，"芜城"，古城名，即广陵城。故址在今江苏江都境。西汉吴王刘濞建都于此，筑广陵城。南朝宋竟陵王刘诞据广陵反，兵败死焉，城遂荒芜，鲍照作《芜城赋》以讽之，因得名。唐李商隐《隋宫》诗："紫泉宫殿锁烟霞，欲取芜城作帝家。"此指广州城。次句是说，广州城饱经战乱已经变成了一个荒芜的城市，包含着对军阀混战给城市带来的破坏和给人民带来的痛苦的谴责。英雄的木棉树生长在这样荒芜的城市里，其境况又会是如何呢？"火树年年，摇落清明节。""火树"，形容开满红花的树。晋傅玄《庭燎》诗："枝灯若火树，庭燎继天光。"此指木棉树。二句是说，木棉树年年照旧开放，花红似火，直到清明节前后才会凋落。字里行间，蕴含着对木棉顽强精神的赞扬。"听取鹧鸪啼木末，画情空忆山樵说。"结末二句，词人巧用清粤人郭乐郊善画木棉鹧鸪、黎二樵喜作木棉碧峰图的典实，赞扬了木棉的英姿堪画，对木棉作出了热情的礼赞。近代夏敬观曰："憬吾词致力姜（夔）、辛（弃疾），自抒怀抱，其品概亦今日之邝湛若也。"明南海邝湛若父子殉难事，《南疆绎史》不载。邝露，字湛若，南海人。会王师至，露与诸将死守，十阅月而城陷，幅巾抱琴而死。露死节。

后 记

本书为集体努力完成，其间收集资料和整理体例，耗时耗力，注释赏析亦为多方执笔献智，后期由本人审读修改，并增补部分篇目。参与相关工作人员有：马惠玲、王宛磐、王震生、毕桂发、毕东民、毕国民、毕英男、毕晓莹、毕维翰、刘磊、朱东方、宋尔康、孙瑾、许娜。任亮直、李景文、齐文榜、杨国安、曾广开、赵玉玲、周杰林、张天祥、邹同庆、陶有才、谢玉娥、萤雪。

必须提及的是，在进行毛泽东同志相关研究的过程中，我荣幸地得到过著名诗人臧克家、魏传统，著名学者周振甫，著名毛泽东研究专家张贻玖，著名古典文学研究家、我的恩师高文教授、于安澜教授的热心指导，著名诗人雷抒雁的大力支持，这是永远不能忘记的！

在本书的编写过程中，我们认真研读了毛泽东的相关著作，也参阅了大量有关的研究专著、文章，恕不一一注明，在此一并致谢！

本书为多人撰稿完成，水平难免参差不齐；一人统稿，难免模式单一，这些缺点是可以预见的，敬希见谅！

毕桂发

2023 年冬